Thomas Asbridge

Die Kreuzzüge

Aus dem Englischen
von Susanne Held

Pantheon

Die Originalausgabe erschien 2010
unter dem Titel *The Crusades: The War for the Holy Land*
bei Simon & Schuster UK Ltd., London

3. Auflage

in der Penguin Random House Verlagsgruppe GmbH,
Neumarkter Straße 28, D-81673 München
produktsicherheit@penguinrandomhouse.de

Redaktion: Brigitte Wormer
Karten: Rudolf Hungreder, Leinfelden-Echterdingen
Umschlaggestaltung: Büro Jorge Schmidt, München
Umschlagabbildung: Schlacht zwischen Kreuzfahrern und Moslems aus
Le Roman de Godefroi de Bouillon (Pergament) © Bridgeman Images
Satz: Buch-Werkstatt GmbH, Bad Aibling
Druck: GGP Media GmbH, Pößneck
Printed in Germany
ISBN 978-3-570-55449-4

www.pantheon-verlag.de

Für meinen Vater
Gerald Asbridge

Inhalt

Die Welt der Kreuzzüge

Vor 900 Jahren führten die Christen Europas eine Reihe von »heiligen Kriegen« gegen die muslimische Welt, die sogenannten Kreuzzüge. Sie kämpften um die Herrschaft über eine Region, die beiden Religionen heilig ist: das Heilige Land. Durch diese blutigen Kämpfe, die über zwei Jahrhunderte wüteten, nahm die Geschichte der islamischen Welt wie des Abendlands eine grundlegend neue Richtung. Im Verlauf dieser Feldzüge durchquerten Hunderttausende von Kreuzfahrern weite Teile der damals bekannten Welt, um einen schmalen Streifen Landes zu erobern und anschließend zu verteidigen, in dessen Zentrum die Heilige Stadt Jerusalem lag. Angeführt von Männern wie Richard Löwenherz, dem englischen Krieger-König, und Ludwig IX. von Frankreich, genannt der Heilige, erlebten die Kreuzfahrer zermürbende Belagerungen und mörderische Schlachten; sie durchquerten Wälder und Wüsten, litten an Hunger und Krankheit, begegneten den sagenumwobenen Kaisern von Byzanz und den angsteinflößenden Tempelrittern. Wer bei dieser Unternehmung den Tod fand, galt als Märtyrer, und die Überlebenden stärkte der Glaube, ihre Seelen hätten in der Hitze des Kampfes und durch die Strapazen des Pilgerns für ihre Sünden gebüßt.

Die Ankunft der ersten Kreuzfahrer zwang die islamische Seite zu handeln und ließ die Idee des Dschihad, des »heiligen Krieges«, wieder lebendig werden. Muslime aus Syrien, Ägypten und dem Irak kämpften mit dem Ziel, ihre christlichen Feinde aus dem Heiligen Land zu vertreiben – angeführt von dem gnadenlosen Kriegsherrn Zangi und dem mächtigen Saladin, bestärkt durch den Aufstieg des Sultans Baibars und seiner Mamelucken, der Elitetruppe aus Sklaven-Soldaten, von Zeit zu Zeit auch unterstützt durch die Machenschaften der grausamen Assassinen. Die fortwährende Konfrontation brachte es unvermeidlich mit sich, dass man miteinander in Berührung kam, einander zeitweise sogar grollend respektierte und, während die Waffen ruhten, auch friedliche Kontakte knüpfte und miteinander Handel trieb. Doch die Konflikte tobten weiter, und das Blatt wendete sich langsam zugunsten des Islam. Während die Christen weiter von einem Sieg träumten, gewann die muslimische Welt die Oberhand und errang auf Dauer die Vorherrschaft über Jerusalem und den Vorderen Orient.

Diese dramatische Geschichte hat schon immer die Fantasie beflügelt und Diskussionen angeheizt. Über Jahrhunderte waren die Kreuzzüge Gegenstand verblüffend unterschiedlicher Interpretationen: Sie wurden herangezogen als Beweis für den Wahnsinn religiöser Überzeugungen und die Grundschlechtigkeit der menschlichen Natur, aber auch als triumphaler Beleg für christliche Ritterlichkeit und die zivilisierende Kraft des Kolonialismus. Sie wurden dargestellt als eine düstere Episode der europäischen Geschichte, als beutegierige Barbaren aus dem Westen ohne Anlass über die hochzivilisierte Welt des Islam herfielen, oder verteidigt als gerechte Kriege, ausgelöst durch muslimische Aggression und geführt mit dem Ziel, ursprünglich christliches Gebiet zurückzuerobern. Die Kreuzfahrer selbst wurden als Rohlinge dargestellt, denen es einzig um die Eroberung von Land gegangen sei, oder als von heiligem Eifer erfüllte Pilger-Soldaten; und in ihren muslimischen Gegnern sah man lasterhafte, tyrannische Unterdrücker, glühende Fanatiker oder den Inbegriff von Frömmigkeit, Ehre und Mildtätigkeit.

Auch als Spiegel der modernen Welt mussten die Kreuzzüge herhalten, indem man wenig tragfähige Vergleiche zwischen aktuellen Ereignissen und der fernen Vergangenheit anstellte oder zweifelhafte historische Parallelen zog. So diente im 19. Jahrhundert die Erinnerung an die Kreuzzüge den Franzosen und Engländern dazu, sich ihres imperialen Erbes zu versichern, während im 20. und 21. Jahrhundert bei einigen Gruppen der muslimischen Welt eine zunehmende Tendenz erkennbar ist, politische und religiöse Auseinandersetzungen der Moderne mit den »heiligen Kriegen« zu vergleichen, die vor neun Jahrhunderten ausgetragen worden sind.

Dieses Buch erkundet die Geschichte der Kreuzzüge sowohl aus christlicher als auch aus muslimischer Perspektive. Es konzentriert sich vor allem auf den Kampf um die Herrschaft über das Heilige Land, und es untersucht, wie die Zeitgenossen im Mittelalter die Kreuzzüge erlebten und erinnerten.[1] Es stützt sich auf den wunderbar reichen Bestand an uns zur Verfügung stehenden mittelalterlichen Schriftzeugnissen wie Chroniken, Briefen, Rechtsdokumenten, Gedichten und Liedern, verfasst in Latein, Altfranzösisch, Hebräisch, Armenisch, Syrisch und Griechisch. Darüber hinaus hat das Studium materieller Zeugnisse – von imposanten Burgen bis hin zu filigraner Buchmalerei und winzigen Münzen – neues Licht auf die Epoche der Kreuzzüge geworfen. Durchgängig wurden die eigenen Forschungen um die Ergebnisse moderner Forschung ergänzt, die auf diesem Gebiet in den letzten 50 Jahren geleistet wurde.[2]

Die Geschichte der Kreuzzüge zwischen 1095 und 1291 in einem einzigen Band darzustellen ist eine immense Herausforderung. Doch bietet das Vorhaben auch enorme Chancen: die große Linie der Ereignisse nachzuzeichnen, die elementare Dimension der menschlichen Erfahrungen aufzudecken – in Verzweiflung und Jubel, Entsetzen und Triumph – und die wechselhaften Geschicke und sich wandelnden Sichtweisen in Islam und Christentum nachzuverfolgen. All das eröffnet uns die Möglichkeit, eine Reihe von Fragen zu dieser von »heiligen Kriegen« gekennzeichneten Epoche neu zu stellen.

Es gilt, nach den Ursprüngen und Gründen des Krieges um das Heilige Land zu fragen: Wie konnte es geschehen, dass zwei Weltreligionen Gewalt im Namen Gottes billigten? Wie konnten sie ihre Anhänger davon überzeugen, dass der Kampf für den Glauben ihnen die Tore zum Himmel oder zum Paradies öffnen würde? Und warum folgten Tausende und Abertausende Christen und Muslime dem Aufruf zum Kreuzzug bzw. zum Dschihad, in dem vollen Bewusstsein, dass ihnen große Entbehrungen und womöglich der Tod bevorstanden? Es gilt auch zu fragen, ob der erste Kreuzzug, der am Ende des 11. Jahrhunderts ausgerufen wurde, ein Akt christlicher Aggression war und warum der Teufelskreis religiös motivierter Gewalt im Vorderen Orient zwei Jahrhunderte lang nicht durchbrochen wurde.

Auch die Folgen und Nachwirkungen dieser »heiligen Kriege« sind umstritten: War die Zeit der Kreuzzüge eine Epoche uneingeschränkter Zwietracht – das Produkt eines unvermeidlichen »Zusammenstoßes der Kulturen« –, oder deutete sich in dieser Zeit die Möglichkeit von Koexistenz und konstruktivem, kulturübergreifendem Nebeneinander von Christentum und Islam an? Zu fragen ist, wer am Ende den Krieg um das Heilige Land gewann und warum; wichtiger aber ist die Frage, wie sich dieses Zeitalter der Konfrontation auf die Geschichte auswirkte und warum diese lang zurückliegenden Kämpfe ihre Schatten noch auf die heutige Welt werfen.

Europa im Mittelalter

Im Jahr 1000 wurde die Grafschaft Anjou im Westen Frankreichs von Fulko Nerra (987–1040), einem brutalen, raubgierigen Kriegsherrn, regiert. Fulko verbrachte den Großteil seiner 53-jährigen Herrschaft mit Machtkämpfen: Kämpfe an allen Fronten, um die Kontrolle über seine ungebärdige Grafschaft nicht zu verlieren, Intrigen zur Aufrechterhaltung seiner Unabhängigkeit vom schwachen König von Frankreich und Überfälle auf seine Nachbarn, deren Ländereien er plünderte und in seine Grafschaft eingliederte. Er war ein Mann der Gewalt, nicht nur auf dem Schlachtfeld, sondern auch im privaten Bereich – sogar fähig, seine Frau wegen Ehebruchs auf dem Scheiterhaufen verbrennen und ein Mitglied des königlichen Hofes skrupellos ermorden zu lassen.

Obwohl so viel Blut an seinen Händen klebte, war Fulko auch ein bekennender Christ, der erkannte, dass seine Gewalttätigkeit gemessen an den Grundsätzen seines Glaubens zutiefst sündig war und ihm ewige Verdammnis einbringen konnte. Der Graf selbst gestand in einem Brief, dass er »in mehreren Schlachten furchtbares Blutvergießen angerichtet« habe und dass ihn deshalb »die Angst vor der Hölle« quäle. In der Hoffnung, seine Seele reinzuwaschen, unternahm er drei Pilgerreisen ins 3000 Kilometer entfernte Jerusalem. Bei seiner letzten Reise, so heißt es, sei er, inzwischen ein alter Mann, mit einem Strick um den Hals nackt zum Heiligen Grab – dem Ort von Tod und Auferstehung Jesu – geführt worden, und ein Knecht habe ihn mit einer Peitsche geschlagen, während er selbst Christus um Vergebung bat.[3]

Was trieb Fulko Nerra zu derart drastischen Bußhandlungen, und warum war sein ganzes Leben von so wildem Aufruhr geprägt? Selbst die Menschen im 11. Jahrhundert waren schockiert von dem ungezügelten Sadismus und den befremdlichen Demutsakten des Grafen, seine Laufbahn war also offenbar ein eher ungewöhnliches Beispiel für ein Leben im Mittelalter. Doch seine Erfahrungen und seine geistige Haltung veranschaulichen die Kräfte, die diese Epoche prägten und den Nährboden für die Kreuzzüge bildeten. Und es sollten Männer wie Fulko sein – darunter viele seiner leiblichen Nachkommen –, die in diesen »heiligen Kriegen« an vorderster Front kämpften.

Westeuropa im 11. Jahrhundert

Viele Zeitgenossen des Grafen Fulko Nerra waren von der Furcht umgetrieben, dass sie die letzten düsteren, verzweifelten Tage der Menschheit erlebten. Die Panik vor der Apokalypse erreichte kurz nach 1030 ihren Höhepunkt, als allgemein angenommen wurde, die tausendste Wiederkehr des Jahrestages von Jesu Tod sei der Vorbote des Jüngsten Gerichts. Ein Chronist schrieb von dieser Zeit: »Die Regeln, die die Welt regierten, wurden durch Chaos ersetzt. Die Menschen wussten damals, dass das [Ende der Tage] gekommen war.« Diese greifbare Angst allein erklärt schon Fulkos Büßergesinnung. Doch auch nach der damaligen kollektiven Erinnerung hatte es friedlichere, glücklichere Tage gegeben, ein Goldenes Zeitalter, als christliche Kaiser von Gottes Gnaden regiert und im Einklang mit seinem göttlichen Willen Ordnung in die Welt gebracht hatten. Dies war nur eine vage Vorstellung, kein präzises Bild von der Geschichte Europas, doch es enthielt einige Körnchen Wahrheit.

Die römische Kaiserherrschaft hatte im Westen bis ins späte 4. Jahrhundert unserer Zeitrechnung für Stabilität und Wohlstand gesorgt. Im Osten lebte das römische Imperium bis 1453 weiter; der Kaiser herrschte von der großen Stadt Konstantinopel aus, die im Jahr 324 von Konstantin dem Großen gegründet worden war – dem ersten Kaiser, der sich zum Christentum bekehrt hatte. Historikerinnen und Historiker bezeichnen diese lang währende Herrschaftsperiode als »Byzantinisches Reich«. Im Westen ging die Macht zwischen dem 5. und dem 7. Jahrhundert auf eine verwirrende Vielzahl »barbarischer« Stämme über, doch um das Jahr 500 herum errang einer dieser Stämme, der der Franken, die Herrschaft über den nordöstlichen Teil Galliens, und es entstand das Fränkische Reich (daher noch der heutige Name Frankreich).[4] Um 800 herum hatte ein Nachfahre dieser Franken, Karl der Große (768–814), ein derart umfangreiches Territorium – das einen Großteil des heutigen Frankreich, aber auch Teile Deutschlands, Italiens und der Niederlande umfasste – auf sich vereint, dass er einen Anspruch auf den längst nicht mehr gebräuchlichen Titel eines Kaisers des Weströmischen Reiches erheben konnte. Karl der Große und seine Nachfolger, die Karolinger, herrschten in einer kurzen Periode wiederhergestellter Sicherheit, doch brach ihr Reich unter den Nachfolgestreitigkeiten und den wiederholten Überfällen durch Wikinger aus Skandinavien und Magyaren aus Osteuropa zusammen. Seit den 850er-Jahren war Europa wieder durch politische Zerstückelung, Kriege und Unruhen zerrissen. Die kriegerischen deutschen Könige versuchten weiterhin einen Anspruch auf den Kaisertitel aufrechtzuerhalten, und in Frankreich überlebte eine verzweifelt kraftlose Karolingerdynastie. Im 11. Jahrhundert waren Konstantin I. und Karl der Große zu Legenden geworden, und im weiteren Verlauf der europäischen Geschichte versuchte noch so mancher christliche König, ihre vermeintlichen Leistungen nachzuahmen. Unter diesen Königen befanden sich auch einige, die in den Kreuzzügen kämpfen sollten.

Zur Zeit des Fulko Nerra ließ das Abendland diese nachkarolingische Phase des Niedergangs (trotz der Vorhersagen, der Jüngste Tag werde bald anbrechen) allmählich hinter sich, doch im Blick auf politische und militärische Macht sowie auf die Organisation von Wirtschaft und Gesellschaft waren die meisten Regionen noch immer hochgradig zersplittert. Europa war nicht in Nationen im modernen Sinn des Wortes aufgeteilt. Die Gebiete des heutigen Deutschland, Spanien, Italien und Frankreich bestanden vielmehr aus zahlreichen kleineren Gemeinwesen und wurden von kriegerischen Feudalherren regiert, die zum größten Teil nur durch lose Treuevereinbarungen mit einem gekrönten Monarchen verbunden waren. Wie Fulko trugen diese Potentaten Titel wie *dux* (Herzog) oder *comes* (Graf), die an römische und karolingische Zeiten erinnerten, und sie entstammten der immer mächtiger werdenden Klasse von gut ausgerüsteten, halbprofessionellen Kämpfern, der neu entstandenen Militäraristokratie der Ritter.

Europa befand sich im 11. Jahrhundert zwar nicht in einem Zustand vollständiger Anarchie, doch blutige Fehden und Rachekämpfe waren allgegenwärtig und Gesetzlosigkeit weit verbreitet. Die Gesellschaft war stark ortsgebunden. Noch immer hatte die Natur den europäischen Westen fest im Griff: Weite Landstriche waren von dichtem Wald bedeckt, und die meisten größeren Straßen stammten aus der römischen Kaiserzeit. Kaum jemand entfernte sich damals weiter als 70 Kilometer von seinem Geburtsort – was Fulkos wiederholte Reisen nach Jerusalem und später die Popularität der Kreuzzüge ins Heilige Land umso erstaunlicher macht. Massenkommunikation, wie wir sie heute kennen, gab es nicht, weil die meisten Menschen weder lesen noch schreiben konnten und der Buchdruck noch nicht erfunden war.

Trotzdem wurden im Lauf des Hochmittelalters (zwischen 1000 und 1300) in der abendländischen Kultur deutliche Zeichen von Entwicklung und Entfaltung spürbar. So entstanden immer mehr Städte, und das Bevölkerungswachstum trug dazu bei, den wirtschaftlichen Aufschwung und die Wiederaufnahme einer Volkswirtschaft auf Geldbasis zu befördern. Italienische Seehandelskaufleute, vor allem aus Amalfi, Pisa, Genua und Venedig, belebten den Fernhandel wieder. Andere verlegten sich auf militärische Expansion. Die Normannen Nordfrankreichs, Nachfahren der Wikinger, waren Mitte des 11. Jahrhunderts besonders aktiv: Sie siedelten sich in England an und eroberten Süditalien und Sizilien von den Byzantinern und den Sarazenen Nordafrikas. Gleichzeitig gewannen auf der Iberischen Halbinsel christliche Reiche Territorien von den Muslimen zurück.

Handel und militärische Eroberungen brachten die Westeuropäer, als sie über ihren frühmittelalterlichen Horizont hinauszublicken begannen, in engeren Kontakt mit der übrigen bekannten Welt, vor allem mit den großen Mittelmeerkulturen: dem Byzantinischen Reich und der sich ausbreitenden arabisch-islamischen Welt. Diese alteingesessenen »Großmächte« waren historische Zentren von Wohlstand, hoher Kultur und militärischer Stärke. Als solche pflegten sie im europäischen Westen lediglich tiefste Provinz zu sehen – die trostlose Heimat wilder Stämme, unter denen es vielleicht tapfere Kämpfer gab, die aber ein Haufen unregierbaren Pöbels waren und daher keine ernst zu nehmende Gefahr darstellten. Mit den Kreuzzügen wurde diese Hierarchie umgestoßen, auch wenn sich viele der Vorurteile bestätigten.[5]

Das lateinische Christentum

Das antike Rom hat zweifellos sämtliche Aspekte der abendländischen Geschichte beeinflusst, doch das nachhaltigste Vermächtnis war sicher die Christianisierung Europas. Der Entschluss Konstantins des Großen, nach einer »Vision« im Jahr 312 den christlichen Glauben anzunehmen, der damals lediglich von einer unbedeutenden Sekte aus dem Orient vertreten wurde, katapultierte diesen Glauben auf die Bühne des Weltgeschehens. In nicht einmal 100 Jahren hatte das Christentum als Staatsreligion die nicht christlichen Religionen im Imperium verdrängt, und durch diesen römischen Einfluss verbreitete sich das Evangelium über ganz Europa. Selbst als die Macht des Staates, der dieser neuen Religion den Antrieb gegeben hatte, zu bröckeln begann, nahm der christliche Glaube an Stärke weiter zu. Die neuen »barbarischen« Stammesfürsten Europas traten zum Christentum über und beriefen sich bald darauf, dass sie das von Gott garantierte Recht hätten, über ihre Stämme als Könige zu herrschen. Der mächtige Vereiniger Karl der Große verstand sich als »sakraler« Herrscher – ihm oblagen das Recht und die Verantwortung, den Glauben zu schützen und zu verteidigen. Im 11. Jahrhundert war die lateinische Christenheit (so genannt aufgrund der in Schrift und Ritus verwendeten Sprache) fast in jeden Winkel des Abendlands vorgedrungen.[6]

Eine zentrale Rolle kam in diesem Prozess dem Papst in Rom zu. Nach christlicher Tradition gab es über den Mittelmeerraum verteilt fünf große Väter oder Patriarchen: in Rom, Konstantinopel, Antiochia, Jerusalem und Alexandria. Der Bischof von Rom – der sich »papa« (Vater, Papst) nennen ließ – strebte unter diesen fünf nach der Vormachtstellung. Während des gesamten Mittelalters kämpfte das Papsttum nicht nur um seine ökumenischen (weltweiten) »Rechte«, sondern auch um eindeutige, klare, unbestrittene Autorität über die kirchliche Hierarchie des lateinischen Westens. Der Untergang des Römischen und des Karolingerreichs hatte die Machtstruktur innerhalb der Kirche ebenso wie diejenige im weltlichen Bereich zerstört. In ganz Europa genossen die Bischöfe jahrhundertelang Autonomie und Unabhängigkeit von der päpstlichen Oberaufsicht; die meisten kirchlichen Würdenträger sahen ihre Beziehung zu den lokalen politischen Machthabern und den »sakralen« Königen des Abendlands als ihre wichtigste Loyalitätsbindung an. Und im frühen 11. Jahrhundert waren die Päpste fast ausschließlich damit befasst, ihre Autorität in Mittelitalien durchzusetzen; in den darauffolgenden Jahrzehnten mussten sie sich mitunter sogar mit einem Exil außerhalb Roms abfinden.

Dennoch war es dann ein römischer Papst, der den Anstoß zu den Kreuzzügen gab und Zehntausende lateinischer Christen dazu brachte, zu den Waffen zu greifen und im Namen der Christenheit zu kämpfen. Das erweiterte und stärkte natürlich auch die päpstliche Macht, doch darf der in Predigten eingebettete Aufruf zu diesen »heiligen Kriegen« nicht nur als zynischer, eigennütziger Akt interpretiert werden. Die

Rolle des Papsttums als Urheber des Kreuzzugsgedankens vermochte die Autorität der römischen Kirche vor allem in Frankreich zu festigen, zumindest anfänglich schienen die Scharen der Kreuzfahrer den Befehlen des Papstes zu folgen, als wären sie päpstliche Armeen. Doch spielten auch weniger eigennützige Motive eine Rolle. Die Päpste betrachteten es als ihre Aufgabe, die Christenheit zu beschützen. Sie rechneten damit, dass sie sich nach ihrem Tod vor Gott für das Schicksal jeder einzelnen ihrem Schutz anvertrauten Seele rechtfertigen mussten. Indem das Papsttum das Ideal eines christlichen »heiligen Krieges« ersann, in welchem alle Akte sanktionierter Gewalt dazu dienen sollten, die Seele des Kriegers von Sünde zu befreien, erschloss es für seine lateinische »Herde« einen neuen Weg zum Heil.

Die Kreuzzüge waren nur eines von mehreren Indizien für einen wesentlich weiterreichenden Versuch, das lateinische Christentum zu erneuern: in der sogenannten Reformbewegung, die seit der Mitte des 11. Jahrhunderts von Rom ausging. Für das Papsttum waren sämtliche Fehler und Schwächen innerhalb der Kirche lediglich Symptome eines tieferliegenden Übels: des verderblichen außerkirchlichen Einflusses weltlicher Herrscher. Und die einzige Möglichkeit, den Würgegriff abzuschütteln, mit dem Kaiser und Könige die Kirche gefangen hielten, sah der Papst darin, endlich sein von Gott verliehenes Recht auf höchste kirchliche Autorität durchzusetzen. Der entschiedenste Vertreter dieser Auffassung war Papst Gregor VII. (1073–1085). Er war zutiefst überzeugt, dass er auserwählt und in diese Welt gekommen war, die Christenheit zu verwandeln, indem er allein die Herrschaft über die Belange der lateinischen Kirche übernahm. Um dieses Ziel zu erreichen, war er bereit, fast alle Mittel einzusetzen – sogar Gewalt durch Truppen im Dienst des Papstes, die er als »Soldaten Christi« bezeichnete. Obwohl Gregor zu rasch zu weit gegangen war und das Ende seiner päpstlichen Herrschaft im Exil in Süditalien erleben musste, haben seine kühnen Schritte viel dazu beigetragen, die ineinandergreifenden Ziele einer Reform der Kirche und einer Stärkung der päpstlichen Autorität voranzutreiben, und er schuf ein Fundament, von dem aus einer seiner Nachfolger (und einst sein Ratgeber), Papst Urban II. (1088–1099), zum Kreuzzug aufrufen konnte.[7]

Urbans Aufruf zum »heiligen Krieg« wurde in ganz Europa gehört und begeistert aufgenommen. Denn hier war der christliche Glaube fast durchgängig fest verwurzelt, und im Unterschied zur heutigen europäischen Gesellschaft war das 11. Jahrhundert eine zutiefst spirituell geprägte Zeit. Die christliche Lehre wirkte sich auf praktisch jeden Bereich des menschlichen Lebens aus – auf Geburt und Tod, Schlafen und Essen, Heirat und Gesundheit –, und die Zeichen für die Allmacht Gottes waren für jeden klar erkennbar: Sie erschienen in »wunderbaren« Krankenheilungen, in göttlichen »Offenbarungen« und in Vorzeichen auf der Erde und am Himmel. Begriffe wie Nächstenliebe, Pflicht und Tradition vermochten im Menschen des Mittelalters eine Grundhaltung der Ergebenheit auszubilden, doch der wohl prägendste Einfluss ging von der Angst aus, ebenjener Angst, die in Fulko Nerra die Überzeugung nährte, seine Seele sei in Gefahr. Die lateinische Kirche des 11. Jahrhunderts lehrte, dass auf jeden Menschen am Ende der Tage ein Augenblick des Gerichts wartete – das sogenannte Wiegen der Seelen. Ein Leben in Reinheit führte zum ewigen Lohn himmlischer Erlösung, der Sünder jedoch endete in Verdammnis und ewiger Höllenqual. Den Gläubigen wurde die physisch erfahrbare Realität der damit verbundenen Gefahren durch Bilder und Skulpturen von den Bestrafungen nähergebracht, die verderbte Seelen zu erdulden hatten: Arme Sünder wurden von Dämonen erwürgt, und die Verdammten wurden von grauenhaften Teufeln scharenweise ins lodernde Höllenfeuer gestoßen.

Unter diesen Umständen konnte es kaum überraschen, dass die meisten lateinischen Christinnen und Christen besessen waren von den Gedanken an Sünde und Unreinheit und an das Leben nach dem Tod. Ein extremer Ausdruck der Sehnsucht, ein unbeflecktes christliches Leben zu führen, war das Mönchtum: Männer und Frauen gelobten Armut, Keuschheit und Gehorsam und lebten in geordneten Gemeinschaften in völliger Hingabe an Gott. Im 11. Jahrhundert bot das Kloster Cluny in Burgund eine besonders anziehende Form monastischen Lebens. Die cluniazensische Bewegung wuchs auf 2000 Konvente an, die sich dem Geist von Cluny verpflichtet fühlten, von England bis nach Italien, und beeinflusste nachhaltig die Ideale der Reformbewegung. Einen Höhepunkt erreichte dieser Einfluss, als Urban II., früher selbst Mönch in Cluny, das Amt des Papstes übernahm.

Natürlich waren die meisten Christinnen und Christen des Mittelalters den Anforderungen des Klosterlebens nicht gewachsen. Für die

Laien war der Weg zu Gott gespickt mit Gefahren der Übertretung, denn zahlreiche unvermeidliche Aspekte des menschlichen Lebens – Stolz, Gier, Wollust und Gewalt – galten als Sünde. Doch es stand auch ein entsprechendes System von Hilfen zur Erlösung zur Verfügung (wobei deren theoretische und theologische Begründung noch nicht vollständig ausgearbeitet war). Die lateinischen Christinnen und Christen waren eingeladen, ihre Übertretungen einem Priester zu beichten, der ihnen eine Buße auferlegte, mit der der Makel der Sünde getilgt werden konnte. Am häufigsten wurde als Buße das Gebet empfohlen, doch auch Almosen für die Armen oder Spenden an geistliche Einrichtungen sowie eine reinigende Pilgerreise waren übliche Sühneakte. Solche verdienstvollen Aktivitäten konnten auch außerhalb des Beichtkontextes unternommen werden, sei es als spirituelle Anzahlung oder um Gott oder einen seiner Heiligen um Beistand zu bitten.

Fulko Nerra bewegte sich also ganz im Rahmen dieser bewährten Glaubensstruktur, als er sich um sein Seelenheil bemühte. In diesem Geist gründete er auch ein Kloster in seiner Grafschaft Anjou, in Beaulieu. Er selbst soll gesagt haben, dass er dies tat, »damit die Mönche dort zusammenkommen und Tag und Nacht für die Rettung meiner Seele beten«. Diese Vorstellung, die in Klöstern entstehende spirituelle Energie zu nutzen, war auch 1091 noch lebendig, als der südfranzösische Adlige Gaston IV. von Béarn dem zu Cluny gehörigen Kloster Sainte-Foy, Morlaàs, in der Gascogne einige seiner Besitztümer überließ. Gaston war ein erklärter Förderer der päpstlichen Reformbewegung; er hatte 1087 auf der Iberischen Halbinsel gegen die Mauren gekämpft und sollte später auch zu den Kreuzfahrern gehören. Die Urkunde, in der seine Schenkung an Sainte-Foy festgehalten ist, bezeugt, dass er dies für sein eigenes Seelenheil, das seiner Frau und das seiner Kinder tat, in der Hoffnung, dass »Gott uns in dieser Welt in all unseren Nöten hilft und uns nach dem Tod das ewige Leben schenkt«. Zur Zeit Gastons hatten die meisten Adligen im christlichen Abendland ähnlich gute Kontakte zu Klöstern, was nach dem Jahr 1095 auf das Tempo, mit dem sich die Begeisterung für den Gedanken eines Kreuzzugs in ganz Europa ausbreitete, erkennbaren Einfluss hatte. Teilweise lag das daran, dass das Gelübde, das die Ritter ablegten, die sich in den Dienst des »heiligen Krieges« stellten, an das Gelübde der Mönche erinnerte – eine Ähnlichkeit, die die Wirksamkeit des Kampfes für Gott zu bestätigen schien. Noch wichtiger war, dass sich das Papsttum mit seinen Beziehungen zu Klöstern wie Cluny darauf verlassen konnte, dass diese den Aufruf zum Kreuzzug verbreiten und unterstützen würden.

Der zweite Weg zum Heil, den Fulko Nerra einschlug, war die Pilgerschaft. Hält man sich seine zahlreichen Reisen nach Jerusalem vor Augen, so war diese Form der Bußpraxis offenbar besonders überzeugend – er schrieb später, die reinigende Kraft seiner Erfahrungen habe seinen »Geist zu großem Jubel erhoben«. Lateinische Pilgerinnen und Pilger machten sich häufig zu weniger weit entfernten Orten auf den Weg – so zu den großen Zentren wie Rom und Santiago de Compostela, aber auch zu örtlichen Heiligtümern und Kirchen –, doch Jerusalem, die Heilige Stadt, entwickelte sich schnell zu dem am meisten verehrten Ort. Jerusalems unvergleichliche Heiligkeit drückte sich etwa in der allgemein verbreiteten mittelalterlichen Gewohnheit aus, die Stadt auf Weltkarten in der Mitte zu platzieren. All das beeinflusste die enthusiastische Reaktion auf den Aufruf zum Kreuzzug unmittelbar, wurde doch der »heilige Krieg« als eine Art bewaffnete Pilgerreise dargestellt, deren Endpunkt Jerusalem war.[8]

Krieg und Gewalt im lateinischen Abendland

Mit dem Aufruf zu den Kreuzzügen versuchte das Papsttum die Mitglieder vor allem einer bestimmten gesellschaftlichen Schicht zu erreichen: die Ritter des lateinischen Abendlands. Diese Militärklasse befand sich zu Beginn des 11. Jahrhunderts noch am Anfang ihrer Entwicklung. Das entscheidende Merkmal mittelalterlicher Ritterschaft bestand darin, als berittener Krieger zu kämpfen.[9] Ritter wurden meist von mindestens vier oder fünf Gefolgsleuten begleitet, die als Knechte dienten, sich also um das Pferd, die Waffen und das Wohlergehen ihres Herrn kümmerten, aber auch als Fußsoldaten kämpfen konnten. Als die Zeit der Kreuzzüge begann, dienten diese Ritter nicht in stehenden Heeren. Sie waren zwar Krieger, doch oft zugleich Feudalherren oder Lehnsmänner, Gutsbesitzer oder Bauern – Männer also, die nur wenige Monate im Jahr mit kriegerischen Aktivitäten zubringen konnten, und selbst die, die Zeit hatten, waren nicht an den Kampf in organisierten, gut ausgebildeten Truppen gewöhnt.

Zu den Methoden der Kriegsführung im Europa des 11. Jahrhunderts, wie sie die meisten Ritter zu praktizieren pflegten, gehörte eine

Mischung aus Überfällen in der näheren Umgebung, Scharmützeln – meist stümperhaften Begegnungen in chaotischem Nahkampf – und der Belagerung der zahlreichen aus Holz oder Stein errichteten Burgen, die überall in Europa zu finden waren. Nur wenige lateinisch-christliche Soldaten hatten Erfahrung mit der offenen Feldschlacht größeren Ausmaßes, weil diese Form der Auseinandersetzung extrem unberechenbar war und deswegen nach Möglichkeit gemieden wurde. Und keiner wird zuvor an einer so langwierigen, geografisch so weit von der Heimat wegführenden Unternehmung wie den Kreuzzügen teilgenommen haben. Die »heiligen Kriege« im Orient verlangten also von den Kriegern der lateinischen Christenheit, ihre Kampftechniken von Grund auf umzustellen und zu verbessern.[10]

Vor dem Aufruf zum ersten Kreuzzug war für die meisten lateinischen Ritter Blutvergießen noch gleichbedeutend mit Sünde, doch hatten sie sich bereits an den Gedanken gewöhnt, dass vor Gott bestimmte Formen der Kriegsführung eher gerechtfertigt waren als andere. Auch hatte sich schon abgezeichnet, dass das Papsttum unter Umständen bereit sein könnte, Gewaltanwendung gutzuheißen.

Auf den ersten Blick scheint das Christentum eine pazifistische Religion zu sein. Die Evangelien berichten von zahlreichen Begebenheiten, bei denen Jesus Gewalt offensichtlich tadelte oder verbot: angefangen bei seiner Warnung, wer Gewalt anwende, werde durch Gewalt umkommen, bis zur Aufforderung in der Bergpredigt, bei einem Schlag auf die Wange auch die andere Wange hinzuhalten. Und das Alte Testament scheint zur Frage der Gewalt mit dem mosaischen Gebot: »Du sollst nicht töten!« ebenfalls eine eindeutige Handlungsmaxime vorzugeben. Im 1. Jahrhundert n. Chr. jedoch machten sich christliche Theologen Gedanken über die Verbindung ihres Glaubens mit der Militärherrschaft Roms, und sie stellten die Frage, ob die Heilige Schrift Krieg tatsächlich so entschieden ablehne. Das Alte Testament war in diesem Punkt nicht eindeutig; als Chronik der Geschichte des verzweifelten Überlebenskampfs der Juden beschrieb es mehrere Kriege, die Gott gutgeheißen hatte, was unter gewissen Bedingungen sogar Rache- oder Angriffskriege einschloss. Im Neuen Testament heißt es dann, Jesus sei nicht gekommen, den Frieden, sondern das Schwert zu bringen, und es wird erzählt, dass er mit einer Peitsche die Geldverleiher aus dem Tempel vertrieb.

Der einflussreichste frühe christliche Philosoph, der sich mit diesen Fragen auseinandersetzte, war der nordafrikanische Bischof Augustinus von Hippo (354–430 n. Chr.). Sein Werk bildete das Fundament, auf dem die Päpste später ihre Vorstellung vom Kreuzzug aufbauen konnten. Augustinus vertrat die These, ein Krieg sei unter bestimmten, streng definierten Voraussetzungen sowohl gerecht als auch zu rechtfertigen. Seine komplexe Theorie wurde später vereinfacht und reduziert auf lediglich drei Bedingungen für einen »gerechten Krieg«: die Kriegserklärung durch eine »rechtmäßige Autorität«, etwa einen König oder Bischof, einen »gerechten Grund«, wie die Verteidigung gegen einen feindlichen Angriff oder die Wiedereroberung von verlorenem Territorium, und die Durchführung mit »gerechter Absicht«, also unter Anwendung von so wenig Gewalt wie möglich. Auf diesen drei augustinischen Prinzipien fußte zwar auch das Ideal der Kreuzzüge; was sie aber durchaus nicht leisteten, war eine Rechtfertigung des Krieges.

Im frühen Mittelalter sah man in den Gedanken des Augustinus den Beweis dafür, dass bestimmte unvermeidliche Formen militärischer Konflikte »gerechtfertigt« und also in den Augen Gottes zulässig waren. Doch auch unter diesen Voraussetzungen war das Kämpfen nach wie vor eine Sünde. Dagegen hielt man einen christlichen »heiligen Krieg«, etwa einen Kreuzzug, für eine Unternehmung, die von Gott ausdrücklich unterstützt wurde und daher den Beteiligten geistlichen Lohn in Aussicht stellte. Beschleunigt wurde das Umdenken durch den martialischen Enthusiasmus der auf die römischen Kaiser folgenden »barbarischen« Machthaber Europas. Ihr neues Christentum vermittelte dem lateinischen Glauben eine neue »germanische« Ausprägung der Anerkennung von Krieg und kriegerischer Existenz. Unter den Karolingern etwa begannen Bischöfe, brutale Eroberungs- und Bekehrungsfeldzüge gegen die Nichtchristen Osteuropas zu unterstützen und sogar anzuführen. Zur Jahrtausendwende war es unter christlichen Geistlichen zur Gewohnheit geworden, Waffen und Rüstungen zu segnen, und man beging die Gedenktage diverser »Krieger-Heiliger«.

In der zweiten Hälfte des 11. Jahrhunderts näherte sich die lateinische Christenheit der positiven Einschätzung des »heiligen Krieges« immer mehr an. In den frühen Phasen der Reformbewegung zeichnete sich für das Papsttum immer deutlicher ab, dass es eines militärischen Armes bedurfte, mit dem es seinen Vorstellungen Nachdruck verleihen und seine

Absichten unterstreichen konnte. Daher ließen sich mehrere Päpste in Folge auf das Experiment ein, Kriege zu unterstützen, indem sie ihre Anhänger als Gegenleistung für verschwommen formulierte Aussichten auf geistlichen Lohn aufforderten, die Kirche zu verteidigen. Unter der energischen Leitung von Papst Gregor VII. nahmen die Lehre und der Einsatz von geheiligter Gewalt neue Formen an. Gregor war fest entschlossen, ein päpstliches, Rom treu ergebenes Heer aufzustellen, deshalb unterzog er die christliche Tradition einer Neuinterpretation. Jahrhundertelang hatten Theologen den inneren, geistigen Kampf, den fromme Christinnen und Christen gegen die Sünde austrugen, als »christlichen Krieg« bezeichnet; manchmal wurden auch Mönche die »Soldaten Christi« genannt. Gregor modifizierte diese Vorstellungen, damit sie zu seinen Zielen passten, und verkündete, jegliche Laiengesellschaft habe vor allem eine Verpflichtung: als »Soldaten Christi« die lateinische Kirche durch tatsächliche, physische Kriegsführung zu verteidigen.

In seinen ersten Jahren als Papst schmiedete Gregor Pläne für ein gewaltiges militärisches Unternehmen, das man als ersten echten Prototyp eines Kreuzzugs verstehen kann. 1074 versuchte er, im östlichen Mittelmeerraum einen »heiligen Krieg« zu beginnen, um den griechisch-orthodoxen Christinnen und Christen in Byzanz zu Hilfe zu kommen, die, wie er erklärte, von den Muslimen Kleinasiens »täglich abgeschlachtet werden wie Vieh«. Den Lateinern, die bei diesem Feldzug mitkämpften, wurde »himmlischer Lohn« versprochen. Sein grandioser Plan war nicht durchführbar, er vermochte nur sehr wenige Gefolgsleute zu mobilisieren, vielleicht wegen seiner verwegenen Ankündigung, den Feldzug höchstselbst anzuführen. Die Formulierung, die der Papst im Jahr 1074 für den militärischen Einsatz für Gott und den daraus resultierenden geistigen Lohn gefunden hatte, war noch zu unspezifisch. Nach 1080 dagegen, als der Streit mit dem deutschen König in vollem Gang war, unternahm Gregor einen entscheidenden Schritt in Richtung Eindeutigkeit. Er schrieb, seine Anhänger sollten gegen den König kämpfen und in der »Gefahr der kommenden Schlacht die Vergebung all ihrer Sünden« erwarten. Das schien darauf hinzudeuten, dass die Teilnahme an diesem »heiligen Streit« die gleiche Macht hatte, die Seele zu reinigen, wie andere Formen der Buße, versprach sie doch, ebenso wie eine Pilgerfahrt, so schwierig wie gefährlich zu sein. Noch hatte sich diese Erklärung für die Heil bringende Wirkung sanktionierter Gewalt nicht durchgesetzt, aber sie lieferte eine wichtige Argumentationsgrundlage für spätere Päpste. Tatsächlich löste Gregors radikaler Versuch, die lateinische Christenheit zu militarisieren, unter einigen Zeitgenossen strikte Ablehnung aus, in kirchlichen Kreisen wurde ihm vorgeworfen, sich »an neuen Praktiken zu versuchen, von denen man noch nie zuvor gehört« habe. Er ging in seinen Vorstellungen so weit, dass sein Nachfolger Papst Urban II., als er ein maßvolleres und sorgfältiger durchdachtes Leitbild vorgab, im Vergleich mit ihm fast konservativ erschien und daher auch auf weniger Kritik stieß.[11]

Gregor VII. brachte die römisch-katholische Theologie bis dicht an den Rand einer Rechtfertigung des »heiligen Krieges«, indem er postulierte, dass der Papst eindeutig das Recht habe, Heere aufzubieten, um für Gott und die Kirche zu kämpfen. Außerdem unternahm er entscheidende Schritte, um das Konzept sanktionierter Gewalt mit einem bußtheologischen Rahmen zu versehen – eine Vorstellung, die zum Kernbestand des Kreuzzugsgedankens gehört. Dennoch kann dieser Papst nicht als der eigentliche Architekt der Kreuzzüge bezeichnet werden, weil es ihm offensichtlich nicht gelang, eine zwingende, überzeugende Vorstellung des »heiligen Krieges« auszuarbeiten, die bei den Christen Europas Anklang gefunden hätte. Dies sollte die Leistung Papst Urbans II. sein.

Die muslimische Welt

Seit dem Ende des 11. Jahrhunderts wurden die westeuropäischen Franken durch die Kreuzzüge mit den Muslimen des östlichen Mittelmeerraums konfrontiert: nicht weil diese Kriege vor allem mit dem Ziel begonnen worden waren, den Islam zu beseitigen, auch nicht, um Muslime zum christlichen Glauben zu bekehren, sondern weil Muslime das Heilige Land und die Heilige Stadt Jerusalem beherrschten.

Die Anfänge des Islam

Nach muslimischer Tradition schlug die Geburtsstunde des Islam 610 n. Chr., als Mohammed – ein des Schreibens und Lesens unkundiger, 40-jähriger Araber aus Mekka (im heutigen Saudi-Arabien) – eine Reihe von »Offenbarungen« von Allah (Gott) empfing, die ihm vom Erzengel Gabriel überbracht wurden. Diese »Offenbarungen« wurden als heilige, unveränderliche Worte Gottes angesehen; in ihrer späteren schriftlichen Form wurden sie zum heiligen Buch, dem Koran. Mohammed brachte sein Leben damit zu, die polytheistischen Araber Mekkas und des umliegenden Hedschas (an der Westküste der Arabischen Halbinsel) zum monotheistischen Islam zu bekehren. Das war keine einfache Aufgabe. Im Jahr 622 war der Prophet gezwungen, in die nahe gelegene Stadt Medina zu fliehen; diese Reise gilt als Anfangsdatum für den muslimischen Kalender. Mohammed führte dann einen langen, blutigen Religionskrieg gegen Mekka und eroberte die Stadt schließlich kurz vor seinem Tod im Jahr 632.

Die von Mohammed begründete Religion – der Islam, was »Unterwerfung unter den Willen Gottes« bedeutet – hat gemeinsame Wurzeln mit dem Judentum und dem Christentum. Der Prophet kam im Lauf seines Lebens in Arabien und im Byzantinischen Reich mit Anhängern dieser beiden Religionen in Kontakt, und seine »Offenbarungen« wurden als die Vollendung dieser älteren Religionen dargestellt. Aus diesem Grund erkannte Mohammed auch Moses, Abraham und sogar Jesus als Propheten an, und eine ganze Sure im Koran ist der Jungfrau Maria gewidmet.

Zu Lebzeiten Mohammeds und in den Jahren unmittelbar nach seinem Tod waren die kriegerischen Stämme der Arabischen Halbinsel unter dem Banner des Propheten vereint. In den nächsten Jahrzehnten erwiesen sich diese muslimischen Araber unter der Führung einiger fähiger und ehrgeiziger Kalifen (der Nachfolger des Propheten) als eine Kriegsmacht, gegen die jeglicher Widerstand fast zwecklos schien. Diese kämpferische Dynamik ging mit einem offenbar unstillbaren Eroberungshunger einher – einem Hunger, der durch die ausdrückliche Forderung im Koran unterstützt wurde, der muslimische Glaube und die Geltung des islamischen Gesetzes sollten unermüdlich über die ganze Erde verbreitet werden. Auch die Art, wie der arabische Islam sich neu eroberte Gebiete unterwarf, trug zu seiner ungewöhnlich raschen Verbreitung bei. Die Muslime verlangten nicht totale Unterwerfung und sofortige Konversion zum Islam, sondern sie erlaubten den »Völkern des Buches«, wie sie die Christen und die Juden nannten, gegen Entrichtung von Steuern an ihrem Glauben festzuhalten.

Um 635 ergossen sich Scharen hochmobiler berittener arabischer Stammesangehöriger über die gesamte Arabische Halbinsel. Bis zum

Jahr 650 hatten sie enorme Erfolge errungen. Mit atemberaubender Geschwindigkeit wurden Palästina, Syrien, der Irak, Iran und Ägypten dem neuen arabisch-islamischen Staat einverleibt. Im folgenden Jahrhundert ließ das Eroberungstempo ein wenig nach, doch die Expansionsbewegung war nicht aufzuhalten: Bis zur Mitte des 8. Jahrhunderts erstreckte sich die muslimische Welt vom Indus und von den Grenzen Chinas im Osten über Nordafrika bis nach Spanien und Südfrankreich im Westen.

Der kritische Punkt im Zusammenhang mit der Geschichte der Kreuzzüge war die Eroberung Jerusalems, das bis dahin zum Byzantinischen Reich gehört hatte. Diese uralte Stadt wurde von den Musliminnen und Muslimen nach Mekka und Medina als drittheiligste Stätte des Islam verehrt, was am abrahamitischen Erbe des Islam lag, aber auch auf der Überlieferung beruhte, dass Mohammed von Jerusalem aus bei seiner »nächtlichen Reise« in den Himmel aufgestiegen sei; damit hing die Tradition zusammen, die Heilige Stadt als Ort des Jüngsten Gerichts anzusehen.

Früher wurde häufig die Auffassung vertreten, dass der Islam über ganz Europa hinweggefegt wäre, wenn die Muslime nicht zweimal bei ihren Versuchen aufgehalten worden wären, Konstantinopel einzunehmen (673 und 718), und wenn nicht der Franke Karl Martell, der Großvater Karls des Großen, die Mauren 732 bei Poitiers besiegt hätte. Diese Niederlagen spielten zwar eine wichtige Rolle, aber schon damals zeichnete sich eine fundamentale Schwäche innerhalb des Islam deutlich ab, die sein Wirken nachhaltig einschränkte: hartnäckige, verbitterte religiöse und politische Spaltung. Im Kern ging es um Kontroversen bezüglich der Rechtmäßigkeit der Kalifen, der Nachfolger Mohammeds, aber auch um die Interpretation seiner »Offenbarungen«.

Diese Probleme machten sich bereits im Jahr 661 bemerkbar, als die Linie der »rechtgeleiteten Kalifen« mit dem Tod Alis (des Vetters und Schwiegersohns des Propheten) und dem Aufstieg einer rivalisierenden Dynastie, der Omaijaden, abgeschnitten wurde. Die Omaijaden verlegten die Hauptstadt der muslimischen Welt erstmals in ein Gebiet jenseits der Grenzen des arabischen Raums: Sie ließen sich in der großen syrischen Metropole Damaskus nieder und waren bis zur Mitte des 8. Jahrhunderts im Besitz der Macht. Zur selben Zeit bildete sich auch die Schia heraus (wörtlich »Partei«, »Gruppe«), eine muslimische Sekte, die ausschließlich die Nachfahren Alis und seiner Frau Fatima (der Tochter Mohammeds) als rechtmäßige Kalifen anerkannte. Die schiitischen Muslime bestritten zu Beginn lediglich die politische Autorität der Sunniten, die sich als Hauptströmung durchgesetzt hatten, doch da die Schiiten im Lauf der Zeit eine eigene Theologie, eigene religiöse Rituale und eine eigene Rechtsprechung entwickelten, erhielt die Spaltung zwischen den beiden Glaubensrichtungen auch eine dogmatische Dimension.[12]

Die Zersplitterung der muslimischen Welt

In den folgenden vier Jahrhunderten vertieften und vermehrten sich die Spaltungen in der muslimischen Welt. 750 beendete ein blutiger Aufstand die Herrschaft der Omaijaden, und eine andere arabische Dynastie – die Abbasiden – kam an die Macht. Sie verlegte das Zentrum des Sunni-Islam noch weiter vom arabischen Kernland weg: in die neu erbaute Stadt Bagdad. Dieser Schritt hatte weitreichende Konsequenzen: Er kündigte eine politische, kulturelle und wirtschaftliche Neuorientierung der herrschenden Elite der Sunniten an, die ihren Schwerpunkt von der Levante nach Mesopotamien verlagerte – in die Wiege der alten Kultur des Orients zwischen den großen Flüssen Euphrat und Tigris, die auch als Fruchtbarer Halbmond bezeichnet wird – und weiter östlich in Richtung persischer Iran und darüber hinaus. Die Herrschaft der Abbasiden verwandelte Bagdad in ein Zentrum wissenschaftlicher und philosophischer Gelehrsamkeit. In den folgenden 500 Jahren befand sich das Herz des sunnitischen Islam nicht in Syrien oder im Heiligen Land, sondern im Irak und Iran.

Der Aufstieg der Abbasiden ging allerdings mit der allmählichen Zerstückelung und Fragmentierung eines monolithischen islamischen Staates einher. Die muslimischen Herrscher auf der Iberischen Halbinsel (auch Mauren genannt) spalteten sich ab und gründeten im 8. Jahrhundert ein unabhängiges Reich, und die Kluft zwischen dem sunnitischen und dem schiitischen Strang des Islam wurde immer größer. Gemeinschaften von schiitischen Musliminnen und Muslimen lebten im Vorderen Orient nach wie vor größtenteils friedlich neben und unter Sunniten. 969 gelangte eine besonders entschlossene Gruppe von Schiiten in Nordafrika an die Macht. Sie wurden von der Dynastie der Fatimiden (die ihre Herkunft von Fatima, der Tochter Mohammeds, ableiten) unterstützt und setzten einen eigenen schiitischen Kalifen ein, womit sie sich von der Autorität der Sunniten in Bagdad lossagten. Die Fatimiden entpuppten sich bald als mächtige Gegner – sie entrissen den Abbasiden große Teile des Vorderen Orients, darunter Jerusalem, Damaskus und Teile der östlichen Mittelmeerküste. Im ausgehenden 11. Jahrhundert waren Abbasiden und Fatimiden unversöhnliche Gegner geworden. Zur Zeit der Kreuzzüge war der Islam also durch ein tiefgreifendes Schisma belastet, das die muslimischen Herrscher Ägyptens und des Irak daran hinderte, der christlichen Invasion einen koordinierten, gemeinsamen Widerstand entgegenzusetzen.

Während sich die Fronten zwischen Sunniten und Schiiten verhärteten, ging der Machteinfluss der abbasidischen und der fatimidischen Kalifen immer mehr zurück. Sie dienten nur noch als Repräsentationsfiguren, die zwar theoretisch die absolute Autorität in Fragen der Religion und der Politik hatten, faktisch aber war die Exekutivgewalt auf ihre Statthalter übergegangen: in Bagdad auf den Sultan, in Kairo auf den Wesir.

Ein weiteres Ereignis veränderte die islamische Welt im 11. Jahrhundert von Grund auf: das Auftauchen der Türken. Seit ungefähr 1040 begannen diese Nomadenstämme aus Zentralasien, die bekannt waren für ihren kriegerischen Charakter und ihre überragenden Fähigkeiten als berittene Bogenschützen, in den Vorderen Orient einzudringen. Ein türkischer Stamm aus den russischen Steppen jenseits des Aralsees, die Seldschuken, führte diese Wanderbewegung an. Diese Furcht einflößenden Krieger traten zum sunnitischen Islam über und sicherten dem Kalifen der Abbasiden unverbrüchliche Treue zu. Kurzerhand lösten sie die mittlerweile sesshaft gewordene arabische und persische Aristokratie im Iran und im Irak ab. Als 1055 der seldschukische Stammesfürst Tughrul Beg zum Sultan von Bagdad ernannt wurde, war er damit faktisch im Besitz der Oberherrschaft über den sunnitischen Islam, ein Amt, das die Angehörigen seiner Dynastie als Erbrecht über ein Jahrhundert lang beibehielten. Das Auftreten der seldschukischen Türken bescherte der abbasidischen Welt einen neuen, vitalen Aufschwung. Ihre energische Rastlosigkeit und kriegerische Wildheit verschaffte ihnen immense Gebietsgewinne. Im Süden wurden die Fatimiden zurückgedrängt, Damaskus und Jerusalem zurückerobert und beachtliche Siege gegen die Byzantiner in Kleinasien davongetragen; später gründete eine seldschukische Splittergruppe ein eigenes unabhängiges Sultanat in Anatolien.

Seit 1090 hatten die Seldschuken die sunnitisch-muslimische Welt grundlegend verändert. Tughrul Begs fähiger, ehrgeiziger Enkel Malik Schah war Sultan und teilte sich mit seinem Bruder Tutusch relativ unangefochten die Herrschaft über Mesopotamien und den größten Teil der Levante. Dieses neue türkische Reich, das Große Seldschukische Sultanat von Bagdad, gründete auf rücksichtslosem Despotismus und einer unerbittlichen Gegnerschaft zu den Schiiten, die als gefährliche, ketzerische Feinde galten, gegen die alle Sunniten vereint auftreten müssten. Als Malik Schah 1092 starb, brach sein mächtiges Reich allerdings rasch im Bürgerkriegschaos zusammen. Seine beiden jungen Söhne kämpften um das Amt des Sultans und stritten um die Herrschaft über den Iran und den Irak; in Syrien versuchte Tutusch an die Macht zu kommen. Als er im Jahr 1095 ebenfalls starb, stritten auch seine Söhne Ridwan und Duqaq um das Erbe, einer riss Aleppo, der andere Damaskus an sich. Im schiitischen Ägypten war die Lage nicht besser. Auch hier hatte der plötzliche Tod des Fatimiden-Kalifen und seines Wesirs 1094 und 1095 zu einem abrupten Wechsel geführt, der im Aufstieg eines neuen Wesirs armenischer Herkunft, al-Afdal, gipfelte. In ebendem Jahr, als die Kreuzzüge begannen, war also der sunnitische Islam in einem Zustand stürmischer Unordnung, und der neue Kalif im fatimidischen Ägypten trat gerade erst seine Herrschaft an. Es gibt keinen Hinweis darauf, dass die Christinnen und Christen im Abendland von alldem Kenntnis hatten; diese Ereignisse können also nicht als Auslöser für den »heiligen Krieg« gelten. Der Beginn des ersten Kreuzzugs erfolgte allerdings zu einem für die Christen bemerkenswert günstigen Zeitpunkt.[13]

Der Vordere Orient am Ende des 11. Jahrhunderts

Die chronische Zwietracht innerhalb der islamischen Welt am Ende des 11. Jahrhunderts sollte den Verlauf der Kreuzzüge entscheidend beeinflussen, ebenso wie die kulturelle, ethnische und politische Beschaffenheit des Vorderen Orients. Streng genommen kann man diese Region – das Schlachtfeld des Krieges um das Heilige Land – nicht als muslimische Welt bezeichnen. Die relativ ausgeprägte Toleranz im Umgang mit Andersgläubigen, wie sie für die frühen arabisch-islamischen Eroberungen typisch war, bedeutete, dass noch Jahrhunderte später in der Levante verhältnismäßig viele einheimische christliche – von Griechen und Armeniern bis zu Syrern und Kopten – sowie jüdische

Bevölkerungsgruppen lebten. Nach wie vor durchstreiften beduinische Nomaden den Orient – Arabisch sprechende Muslime, die kaum feste Bündnisse unterhielten. Über diesem seit Langem bestehenden Siedlungsmuster gab es die kleine muslimische Herrschaftselite, die sich aus Arabern, einigen Persern und den neu hinzugekommenen Türken zusammensetzte. Der Vordere Orient war kaum mehr als ein nur lose zusammengefügter Flickenteppich aus verschiedenartigen gesellschaftlichen und religiösen Gruppen, also alles andere als eine in sich geschlossene islamische Festung.

Mit Blick auf die wichtigsten Schaltstellen der muslimischen Welt war die Levante außerdem eher Provinz – ungeachtet der politischen und geistigen Bedeutung, die einzelnen Städten wie Jerusalem und Damaskus zugeschrieben wurde. Für die sunnitischen Seldschuken und die schiitischen Fatimiden waren die eigentlichen Zentren der regierenden Macht, des Wohlstands und der kulturellen Identität Mesopotamien und Ägypten. Die Levante war der Grenzbereich zwischen diesen beiden Einflusssphären, eine Welt, um die zwar immer wieder gestritten wurde, die aber zumeist dennoch als zweitrangig eingestuft wurde. Selbst während der Regierungszeit des Sultans Malik Schah wurde kein entschlossener Versuch unternommen, Syrien in das Sultanat zu integrieren, und der Großteil des Gebiets verblieb in der Hand machthungriger, relativ unabhängiger Stammesfürsten.

Als daher die Heere der lateinischen Kreuzfahrer dort ankamen, um Kriege zu führen, die eigentlich Grenzkriege waren, drangen sie nicht in das Kernland des Islam ein. Sie kämpften vielmehr um die Herrschaft über einen Landstrich, der in mancherlei Hinsicht auch eine muslimische Grenze war. Hier lebte eine Mischbevölkerung aus Christen, Juden und Muslimen, die sich im Lauf der Jahrhunderte an die Erfahrung gewöhnt hatte, von fremden Mächten – seien es nun Byzantiner, Perser, Araber oder Türken – erobert zu werden.

Islamische Kriegsführung und Dschihad

Am Ende des 11. Jahrhunderts befanden sich Strategie und Taktik der muslimischen Kriegsführung in einem Übergangsstadium. Die Hauptstütze jeglicher türkischen Streitmacht waren berittene Krieger auf schnellen Pferden, leicht bewaffnet mit einem gefährlichen Kompositbogen, mit dem sie einen Hagel von Pfeilen aus dem Sattel abschießen konnten. Teilweise waren sie auch mit einer leichten Lanze, einem einschneidigen Schwert, einer Axt oder einem Dolch ausgerüstet. Der Vorteil dieser Truppen lag in ihrer Schnelligkeit und Wendigkeit, wenn es darum ging, einen Gegner zu überwältigen.

Die Türken machten traditionell von zwei Taktiken Gebrauch: der Einkreisung – bei der der Feind von einer wirbelnden Masse berittener Krieger in schneller Bewegung umringt und mit Pfeilhageln beschossen wurde, und dem Scheinrückzug – der Technik, sich mitten in der Schlacht scheinbar zur Flucht umzuwenden, um den Gegner zu kopfloser Verfolgung zu veranlassen; in der augenblicklich entstehenden allgemeinen Verwirrung löste sich die Formation des Gegners auf, und er wurde für eine unvermittelte Gegenattacke verwundbar. Diesen Kampfstil bevorzugten noch die Seldschuken Kleinasiens; die Türken in Syrien und Palästina dagegen hatten ein größeres Repertoire persischer und arabischer Militärstrategien übernommen, die sich an den Einsatz schwerer bewaffneter Lanzenreiter und größerer Infanterieeinheiten, aber auch an die Erfordernisse eines Belagerungskriegs anpassten. Die bei Weitem verbreitetsten Formen der Kriegsführung waren Überfälle, Scharmützel und vernichtende interne Auseinandersetzungen aufgrund relativ geringfügiger Streitigkeiten um Macht, Land und Besitz.[14] Theoretisch konnten muslimische Truppen dazu aufgerufen werden, sich für eine höhere Sache einzusetzen – etwa für einen »heiligen Krieg«.

Die Idee des »heiligen Krieges« hat von Anfang an zum Islam gehört. Mohammed selbst hatte im Zusammenhang mit der Unterwerfung Mekkas mehrere Feldzüge angeführt, und die rasante muslimische Expansion im 7. und 8. Jahrhundert wurde durch die ausdrückliche Verpflichtung der Gläubigen vorangetrieben, die Herrschaft des Islam auszudehnen. Glaube und Gewalt waren daher im Islam unmittelbarer und natürlicher verbunden als im lateinischen Christentum, das sich erst allmählich an diese Idee gewöhnte.

Die muslimischen Gelehrten forschten im Koran und im Hadith, den »Überlieferungen«, wie die Sammlung der Aussprüche Mohammeds genannt wurde, um die Rolle des Krieges im Islam herauszuarbeiten. Diese Texte enthalten zahlreiche Belege dafür, dass der Prophet den »Kampf auf dem Weg Gottes« befürwortete. In der Frühzeit des Islam diskutierte man die Frage, was zu diesem Kampf oder Dschihad« (wörtlich: Anstrengung) eigentlich gehört – und die Auseinandersetzung dauert bis heute an. Einige Gruppierungen, wie die muslimischen Mystiker, die Sufis, waren der Auffassung, dass der »größere Dschihad« der innere Widerstand gegen Sünde und Irrtum sei. Im ausgehenden 8. Jahrhundert hatten sunnitische Rechtsgelehrte allerdings damit begonnen, eine offizielle Theorie zu der Vorstellung zu entwickeln, die teilweise als »kleinerer Dschihad« bezeichnet wird: »zu den Waffen zu greifen«, um einen Krieg »nach außen«, gegen die Ungläubigen auszutragen. Zur Begründung dieser Lehre zitierten sie Texte aus den heiligen Schriften, so etwa Verse aus der neunten Sure: »Bekämpft die Polytheisten vollständig, so wie sie euch vollständig bekämpfen«, oder aus dem Hadith den Ausspruch Mohammeds: »Ein Morgen oder ein Abend bei einem Feldzug auf dem Weg Gottes ist besser als die Welt und all ihre Güter, und wer von euch tot auf dem Schlachtfeld zurückbleibt, ist besser dran, als wenn er 60 Jahre gebetet hätte.«

Rechtswissenschaftliche Abhandlungen aus dieser frühen Zeit erklärten den Dschihad zu einer Verpflichtung, die allen kampftauglichen Muslimen oblag, wobei dies weniger als eine individuelle denn als eine gemeinschaftliche Pflicht galt und die Verantwortung für den Kriegszug letztlich beim Kalifen lag. Unter Verweis auf Aussprüche aus dem Hadith – etwa »Die Tore des Paradieses sind unter den Schatten der Schwerter« – garantierten die Gelehrten auch, dass jedem, der im Dschihad kämpfte, der Einzug ins Paradies sicher war. Sie postulierten eine förmliche Teilung der Welt in zwei Bereiche: *Dar al-Islam*, das »Haus des Friedens« (der Bereich, in dem muslimisches Recht und Gesetz gelten), und *Dar al-harb*, das »Haus des Krieges« (der Rest der Welt). Eigentliches Ziel des Dschihad war erklärtermaßen der unerbittliche »heilige Krieg« im *Dar al-harb*, so lange, bis die gesamte Menschheit sich zum Islam bekannt oder sich der muslimischen Herrschaft unterworfen hatte. Dauerhafte Friedensverträge mit nichtmuslimischen Feinden waren ausgeschlossen, und eine zeitlich begrenzte Waffenruhe durfte nicht länger als zehn Jahre dauern.

Im Lauf der Jahrhunderte schwand der in dieser klassischen Theorie des Dschihad enthaltene Impuls zur Expansion allmählich. Die arabischen Stämme wurden zum Teil sesshaft und begannen, mit Nichtmuslimen wie den Byzantinern Handel zu treiben. Noch immer gab es »heilige Kriege« gegen Christen, doch sie wurden seltener; oft wurden sie ohne Zustimmung des Kalifen von Emiren betrieben und angeführt. Im 11. Jahrhundert waren dann die Herrscher im sunnitischen Bagdad viel eher daran interessiert, den Dschihad zur Wahrung islamischer Rechtgläubigkeit einzusetzen, indem sie gegen »häretische« Schiiten kämpften, als »heilige Kriege« gegen das Christentum zu führen. Die Vorstellung, dass der Islam sich in einen unabsehbaren Kampf verstricken sollte, um seine Grenzen vorzuschieben und Ungläubige zu unterwerfen, fand wenig Anklang; das Gleiche galt für die Idee eines Zusammenschlusses aller Muslime zur Verteidigung des islamischen Glaubens und seiner Territorien. Als die christlichen Kreuzzüge einsetzten, schlummerte der ideologische Impuls zu einem Glaubenskrieg auf der muslimischen Seite also, doch die Rahmenbedingungen dafür waren vorhanden.[15]

Der Islam und das christliche Europa am Vorabend der Kreuzzüge

Es bleibt die Grundsatzfrage: Provozierte die muslimische Welt die Kreuzzüge, oder handelte es sich bei diesen lateinischen »heiligen Kriegen« um einen Akt der Aggression? Entscheidend für die Beantwortung dieser Frage ist die Einschätzung, wie stark der Islam den christlichen Westen im 11. Jahrhundert bedrohte. In gewisser Weise bedrängten die Muslime die Grenzen Europas tatsächlich. Im Osten war Kleinasien schon seit Generationen Schauplatz von Auseinandersetzungen zwischen dem Islam und dem Byzantinischen Reich, und muslimische Truppen hatten wiederholt versucht, Konstantinopel, die größte Metropole der Christenheit, zu erobern. Im Südwesten beherrschten Muslime nach wie vor ausgedehnte Gebiete auf der Iberischen Halbinsel, es war nicht auszuschließen, dass sie eines Tages weiter nach Norden, über die Pyrenäen hinaus vorstoßen würden. Doch Europa war am Vorabend der Kreuzzüge keineswegs in einen akuten Überlebenskampf verstrickt. Es drohte kein zusammenhängender, gesamtmediterraner Angriff, denn die iberischen Mauren und die Türken Kleinasiens teilten zwar ein gemeinsames religiöses Erbe, hatten sich aber noch nie im Dienst eines gemeinsamen Zieles zusammengeschlossen.

Nach der ersten Welle islamischer Expansion war die Beziehung zwischen benachbarten christlichen und muslimischen Ländern vielmehr bemerkenswert unspektakulär gewesen; sie war, wie bei potenziellen Rivalen üblich, geprägt von Phasen des Konflikts und Phasen der Koexistenz. Es gibt kaum, um nicht zu sagen keinerlei Hinweise darauf, dass diese beiden Weltreligionen sich in einen unumgänglichen, ständigen »Kampf der Kulturen« verrannt hätten. Islam und Byzanz entwickelten vielmehr seit dem 10. Jahrhundert einen zeitweise durch Streitigkeiten belasteten Respekt voreinander, aber ihr Verhältnis war nicht konflikthaltiger als das zwischen den Griechen und deren slawischen oder lateinischen Nachbarn im Westen.

Das heißt nicht, dass auf der Welt eitel Frieden und Harmonie geherrscht hätten. Die Byzantiner nutzten nur zu gern jedes Zeichen muslimischer Schwäche aus. So stießen griechische Truppen 969, während das Reich der Abbasiden auseinanderfiel, ostwärts vor, nahmen einen großen Teil Kleinasiens wieder ein und eroberten die strategisch wichtige syrische Stadt Antiochia. Mit dem Vorrücken der seldschukischen Türken sahen sich dann die Byzantiner neuem militärischen Druck ausgesetzt. 1071 vernichteten die Seldschuken ein kaiserliches Heer in der Schlacht von Manzikert (im östlichen Teil Kleinasiens), und obwohl Historikerinnen und Historiker dieses Ereignis nicht länger als einen verheerenden Rückschlag für die Griechen ansehen, bedeutete die Schlacht doch eine schmerzhafte Niederlage und den Auftakt für beträchtliche türkische Gebietseroberungen in Anatolien. Fünfzehn Jahre später eroberten die Seldschuken auch Antiochia zurück.

Gleichzeitig hatten die Christen auf der Iberischen Halbinsel begonnen, Territorium von den Mauren zurückzuerobern, 1085 errangen die Lateiner dort einen hochsymbolischen Sieg, indem sie Toledo, die alte christliche Hauptstadt Spaniens, wieder einnahmen. Allerdings hatte die Ausweitung des lateinischen Gebiets Richtung Süden offenbar politische und wirtschaftliche Gründe, war also nicht religiös-ideologisch motiviert. Der Konflikt auf der Iberischen Halbinsel bekam nach 1086 neue Nahrung, als eine fanatische islamische Sekte, die Almoraviden, von Nordafrika aus vordrang und die noch bestehende Macht der einheimischen Mauren verdrängte. Dieses neue Regime belebte auch den muslimischen Widerstand neu und errang gegen die Christen im Norden zahlreiche militärische Siege. Trotzdem kann die Angriffspolitik der Almoraviden nicht als Auslöser der Kreuzzüge bezeichnet werden, denn die lateinischen »heiligen Kriege«, die Ende des 11. Jahrhunderts angestoßen wurden, zielten direkt auf die Levante und nicht auf die Iberische Halbinsel.

Was also war es, das den Krieg zwischen Christen und Muslimen im Heiligen Land entfachte? In gewisser Hinsicht waren die Kreuzzüge eine Reaktion auf einen Akt islamischer Aggression, nämlich auf die Eroberung Jerusalems durch die Muslime, doch dieses Ereignis hatte 683 stattgefunden, konnte also kaum als akute Angriffshandlung gewertet werden. Zu Beginn des 11. Jahrhunderts war die Kirche vom Heiligen Grab, die nach christlichem Glauben am Ort von Christi Kreuzigung und Auferstehung errichtet worden war, teilweise von dem unberechenbaren Fatimidenkalifen Hakim zerstört worden. Seine anschließenden Verfolgungsmaßnahmen gegen die örtliche christliche Bevölkerung hielten mehr als ein Jahrzehnt an und fanden erst ein Ende, als er sich selbst zum Gott erklärte und seine Aggressionen gegen seine eigenen muslimischen Untertanen wandte. 1027 erreichten die Spannungen einen neuen Höhepunkt, als Muslime angeblich Steine auf das Gelände des Heiligen Grabes warfen. Später berichteten lateinische Christinnen und Christen, die versuchten, Pilgerreisen in die Levante zu unternehmen – es waren nach wie vor viele Pilgerinnen und Pilger unterwegs –, von Schwierigkeiten, die heiligen Orte zu besuchen, und dass Christinnen und Christen der Ostkirche im muslimischen Palästina unterdrückt würden.

Zwei arabische Zeugnisse bieten wichtige, allerdings widersprüchliche Einsichten zu diesen Fragen. Ibn al-Arabi, ein muslimischer Pilger aus Spanien, der 1092 ins Heilige Land aufbrach, beschrieb Jerusalem als blühendes Zentrum religiöser Verehrung für Muslime, Christen und Juden gleichermaßen, notierte, dass es Christinnen und Christen gestattet war, ihre Kirchen in gutem Zustand zu erhalten, und es findet sich bei ihm keinerlei Hinweis darauf, dass Pilgerinnen und Pilger, seien es nun Griechen oder Lateiner, behindert oder misshandelt worden wären. Im Unterschied dazu schrieb der Chronist al-Azimi aus Aleppo Mitte des 12. Jahrhunderts: »Die Leute in den Häfen Syriens verboten den fränkischen und byzantinischen Pilgern, nach Jerusalem weiterzureisen. Die Überlebenden berichteten das in ihre Heimat. Daher bereiteten sie sich auf eine militärische Invasion vor.« Offensichtlich glaubte zumindest al-Azimi, dass muslimische Übergriffe der Grund für die Kreuzzüge waren.[16]

Ausgehend von dem, was an Zeugnissen auf uns gekommen ist, könnte man die Frage also in beide Richtungen entscheiden. 1095 befanden sich Muslime und Christen bereits seit Jahrhunderten im Kriegszustand; auch wenn das schon lange zurücklag, hatte der Islam ohne Zweifel christliches Gebiet erobert, darunter Jerusalem; und Christinnen und Christen, die im Heiligen Land lebten oder es besuchten, wurden möglicherweise Opfer von Verfolgungen. Andererseits gab es im unmittelbaren Zusammenhang mit dem Aufbruch zum ersten Kreuzzug keinerlei ersichtlichen Hinweis, dass ein gigantischer, nationenübergreifender Krieg unmittelbar bevorstand oder nicht mehr zu vermeiden war. Weder war der Islam im Begriff, eine größere Offensive gegen den Westen zu unternehmen, noch planten muslimische Herrscher des Vorderen Orients ethnische Säuberungen, und sie unterwarfen auch keine religiöse Minderheit anhaltender Verfolgung. Möglicherweise gab es zwischen christlichen und muslimischen Nachbarn Phasen, in denen von einem friedlichen Nebeneinander kaum mehr die Rede sein konnte, vielleicht gab es auch vereinzelt Ausbrüche von Intoleranz in der Levante, aber darin unterschied sich die Situation nicht von den damals auch andernorts herrschenden politischen, militärischen und sozialen Auseinandersetzungen.

Erster Teil

Aufbruch der Kreuzfahrer

Palästina und südlicher Libanon

1

»Heiliger Krieg«, Heiliges Land

An einem Vormittag im späten November des Jahres 1095 hielt Papst Urban II. eine Predigt, die der Geschichte Europas eine ganz neue Richtung geben sollte. Die Menschenmenge, die sich auf einem kleinen Feld außerhalb der Stadtgrenzen von Clermont versammelt hatte, hörte gebannt seinen aufwühlenden Worten zu, in den folgenden Monaten hallte diese Botschaft im ganzen Abendland wider und entfachte einen erbitterten »heiligen Krieg«, der sich über Jahrhunderte hinziehen sollte.

Urban erklärte, das Christentum sei in äußerster Gefahr und werde von Invasion und entsetzlicher Unterdrückung bedroht. Die Heilige Stadt Jerusalem befinde sich nun in der Hand von Muslimen – »einem Volk [...], das Gott fremd ist« und das für seinen Hang zu ritueller Folter und unsäglichen Schändlichkeiten bekannt sei. Er rief das lateinische Europa auf, sich gegen diesen angeblich grausamen Feind als »Soldaten Christi« zu erheben, das Heilige Land zurückzugewinnen und die Christinnen und Christen des Ostens aus der »Knechtschaft« zu befreien. Zehntausende Männer, Frauen und Kinder ließen sich von dem Versprechen verführen, dieser »gerechte Kampf« werde ihre Seele von ihrer Sündenlast befreien, und sie brachen auf, um im ersten Kreuzzug Krieg gegen die muslimische Welt zu führen.[1]

Papst Urban und der Kreuzzugsgedanke

Urban II. war ungefähr 60 Jahre alt, als er im Jahr 1095 zum ersten Kreuzzug aufrief. Er entstammte einer nordfranzösischen Adelsfamilie, war zuvor Mönch in Cluny gewesen und wurde 1088 zum Papst gewählt, in einer Zeit, als das Papsttum sich aufgrund eines schon lang andauernden Machtkampfs mit dem deutschen König in einer schweren Krise befand.

Urbans Position war so prekär, dass er sechs Jahre brauchte, um die Kontrolle über den Lateranpalast in Rom, den traditionellen Sitz der päpstlichen Autorität, zurückzugewinnen. Durch behutsame Diplomatie und nicht mehr aggressive, sondern maßvolle Reformpolitik konnte der neue Papst ein allmähliches Wiedererstarken von Ruf und Einfluss seines Amtes bewirken. Im Jahr 1095 hatte diese Erneuerung begonnen, aber das nominelle Recht des Papstes, als Oberhaupt der lateinischen Kirche und geistlicher Herr aller abendländischen Christinnen und Christen zu agieren, war noch keineswegs durchgesetzt.

Vor diesem Hintergrund entstand die Idee zum ersten Kreuzzug. Im März 1095 leitete Urban ein Kirchenkonzil in Piacenza, wo ihn Gesandte aus Konstantinopel aufsuchten. Sie überbrachten einen Aufruf des griechischen christlichen Kaisers Alexios I. Komnenos. Dieser Herrscher hatte mit seinem klugen, durchsetzungsstarken Regiment einem jahrzehntelangen Niedergang im großen östlichen Reich ein Ende gemacht. Umfangreiche Besteuerungsmaßnahmen hatten die kaiserliche Kasse in Konstantinopel wieder gefüllt und die Aura von Autorität und großzügiger Prachtentfaltung wiederhergestellt, doch sah Alexios sich an seinen Reichsgrenzen nach wie vor von zahlreichen Feinden bedroht, darunter den muslimischen Türken aus Kleinasien. Daher schickte er Boten mit der Bitte um militärische Unterstützung zum Konzil nach Piacenza und ersuchte den Papst dringend, eine Abteilung lateinischer Truppen zu entsenden. Vermutlich rechnete Alexios lediglich mit einer symbolischen Truppe fränkischer Söldner, einem kleinen Heer, mit dem man nach Belieben schalten und walten konnte. Tatsächlich aber wurde sein Reich in den folgenden zwei Jahren von einer Menschenwoge förmlich überrollt.

Urban trug sich offenbar mit Ideen, die mit der Bitte des griechischen Kaisers in Einklang zu bringen waren; diese Vorstellungen entwickelte der Papst im Frühjahr und Sommer des Jahres weiter. Er hatte ein Unternehmen vor Augen, mit dem mehrere Ziele auf einmal zu erreichen waren: eine bewaffnete Pilgerreise in den Orient, das, was heute als »Kreuzzug« bezeichnet wird. Einige Historikerinnen und Historiker sahen in diesem Papst nicht mehr als einen unabsichtlichen Initiator des gewaltigen Projekts; er habe nur mit einigen Hundert Rittern gerechnet, die seinem Ruf zu den Waffen Folge leisten würden. Doch in Wirklichkeit scheint er sich durchaus darüber im Klaren gewesen zu sein, welches Potenzial hinsichtlich Umfang und Perspektiven in seinem Vorhaben schlummerte, offenbar arbeitete er gezielt an einem Programm für ausgedehnte Rekrutierungsmaßnahmen.

Urban erkannte, dass man mit dieser Idee eines Feldzugs mit dem Ziel, Byzanz zu Hilfe zu kommen, nicht nur das Christentum im Osten verteidigen und die Beziehungen zur griechischen Kirche verbessern, sondern auch Roms Autorität unterstreichen und ausweiten sowie die destruktive Streitlust der Christen des lateinischen Westens in geregelte, nützliche Bahnen lenken konnte. Dieses große Vorhaben konnte im Zusammenhang der weiter ausgreifenden Kampagne genutzt werden, die Reichweite des päpstlichen Einflusses über die Grenzen Mittelitaliens hinaus in Urbans Heimatland Frankreich auszudehnen. Im Juli 1095 brach der Papst zu einer ausgedehnten Predigtreise in das Land nördlich der Alpen auf – der erste Besuch eines Papstes seit fast einem halben Jahrhundert –, und für den November kündigte er zu Clermont in der Auvergne ein Konzil an. Im Sommer und Frühherbst besuchte Urban mehrere bedeutende Klöster, darunter sein Heimatkloster Cluny; er warb um Unterstützung für Rom und bereitete den Boden für die Verkündung seiner Kreuzzugsidee. Außerdem sicherte er sich die Unterstützung zweier Männer, die bei der bevorstehenden Unternehmung eine Hauptrolle spielen sollten: Adhémars, des Bischofs von Le Puy, eines führenden provenzalischen Geistlichen und glühenden Anhängers des Papsttums, sowie des Grafen Raimund von Toulouse, des reichsten und mächtigsten weltlichen Herrn in Südfrankreich.

Im November war für den Papst der Zeitpunkt gekommen, seine Pläne zu enthüllen. Zwölf Erzbischöfe, 80 Bischöfe und 90 Äbte versammelten sich in Clermont zur größten Versammlung des Klerus während Urbans Pontifikat. Nach neun Tagen allgemeiner kirchlicher Diskussionen ließ der Papst seine Absicht verkünden, eine besondere Predigt zu halten. Am 27. November versammelten sich viele Hundert Zuschauer auf einem Feld vor der Stadt, um diese Predigt zu hören.[2]

Die Predigt von Clermont

In Clermont rief Urban den lateinischen Westen dazu auf, für zwei miteinander verknüpfte Ziele zu den Waffen zu greifen. Zum einen verkündete er, es sei dringend geboten, die östlichen Grenzen der Christenheit in Byzanz zu schützen; dafür verwies er insbesondere auf die christliche Brüderlichkeit, die die lateinische mit der griechischen Christenheit verband, und auf die Bedrohung durch eine angeblich unmittelbar bevorstehende muslimische Invasion. Einem Bericht zufolge drängte er seine Zuhörer, »euren Brüdern an den Gestaden des Ostens so schnell wie möglich zu Hilfe zu eilen«, weil »die Türken [...] sie schon bis hin zum Mittelmeer überrannt haben«. Doch der epische Nachdruck von Urbans Rede machte bei der militärischen Unterstützung für Konstantinopel nicht halt. Stattdessen erweiterte er in einer visionären Meisterleistung seinen Appell um ein weiteres Ziel, das, wie er sicher wusste, die Herzen aller Franken höherschlagen ließ. Er verknüpfte die Idealbilder von Krieg und Pilgerfahrt und enthüllte eine Unternehmung, die einen Pfad bis ins Heilige Land selbst eröffnen sollte, um dort Jerusalem zurückzuerobern, die heiligste Stätte der Christenheit. Urban erinnerte an die unvergleichliche Heiligkeit dieser Stadt, »Nabel der Welt«, wo »die [Quelle] der gesamten christlichen Lehre« entsprang, der Ort, »an dem Christus lebte und starb«.[3]

Trotz der unbestreitbaren Attraktivität dieser verknüpften Ziele brauchte der Papst wie jeder Herrscher, der zu einem Krieg aufruft, für seine Sache noch einen Anstrich von Rechtfertigung und brennender Dringlichkeit, und hier stieß er auf eine Schwierigkeit: Die jüngere Geschichte bot kein klar benennbares Ereignis, mit dem er brennenden Rachedurst hätte auslösen können. Wohl stand Jerusalem unter muslimischer Herrschaft, aber das war schon seit dem 7. Jahrhundert der Fall. Und so ernsthaft Byzanz durch angriffslustige Türken bedroht sein mochte, so wenig sah sich die Christenheit im Westen kurz vor einer Invasion oder gar Vernichtung durch den Islam. Da dem Papst also unmittelbar keine furchterregenden Gräueltaten oder akuten Bedrohungen zur Verfügung standen, auf die er sich hätte berufen können, griff er, um bei seinen Zuhörern ein Gefühl für die Dringlichkeit der Sache zu erzeugen und zornigen Vergeltungsdrang zu wecken, bei der Darstellung seines geplanten »Kreuzzugs« zum Mittel der Dämonisierung des Feindes.

Muslime wurden nun als tierähnliche Wilde dargestellt, die kein anderes Ziel kannten als die barbarische Misshandlung der Christenheit. Urban beschrieb, wie die Türken »viele [Griechen] abschlachteten und gefangen nahmen, Kirchen in Schutt und Asche legten und das Königreich Gottes zerstörten«. Er fügte hinzu, dass christliche Pilgerinnen und Pilger, die unterwegs waren ins Heilige Land, von Muslimen beschimpft und ausgebeutet würden, dass den Reichen ihre Besitztümer durch illegale Steuern abgenommen und die Armen gefoltert würden:

> Die Grausamkeit dieser gottlosen Männer geht so weit, dass sie, wenn sie vermuten, dass diese armen Menschen ihr Gold oder Silber verschluckt haben, ihnen Scammonie [Brechmittel] zu trinken geben und sie zwingen, sich zu erbrechen oder ihr Gedärm zu entleeren, oder – man wagt es kaum zu schildern – sie schneiden das Fleisch auf, das die Därme bedeckt, nachdem sie den Magen ihrer armen Opfer mit einem Messer aufgeschnitten haben und mit grauenhaften Verstümmelungen offen legen, was die Natur verhüllt hat.

Von Christen, die in der Levante unter muslimischer Herrschaft lebten, wurde behauptet, sie seien durch »Schwert, Raub und Brandschatzung« zu »Sklaven« erniedrigt worden. Diese Unglücklichen seien die Opfer ständiger Verfolgung, man unterwerfe sie der Zwangsbeschneidung, entferne ihnen die Innereien oder verwende sie in grausamen Ritualen als Menschenopfer. »Über die fürchterlichen Schändungen von Frauen«, so der Papst nach einem Bericht, »wäre es schlimmer, zu reden als zu schweigen«. Er scheint ausführlichen Gebrauch von solch aufwieglerischer Rhetorik gemacht zu haben, die Assoziationen hervorrief, die man heutzutage als Kriegsverbrechen und Völkermord bezeichnet. Seine Anschuldigungen hatten nichts oder fast nichts mit der Realität der muslimischen Herrschaft im Vorderen Orient zu tun, doch kann von heute aus nicht mehr beurteilt werden, ob der Papst seiner Propaganda glaubte oder ob er absichtsvolle Manipulation und Verzerrung betrieb. Wie auch immer: Seine drastische Dehumanisierung der muslimischen Welt wirkte für die Sache der »Kreuzzüge« als starker Auslöser und stützte außerdem sein Argument, der Kampf gegen den »fremden« Anderen sei dem Krieg zwischen Christen innerhalb Europas vorzuziehen.[4]

Die Entscheidung des Papstes, den Islam derart zu verteufeln, sollte in den kommenden Jahren finstere, bleibende Folgen nach sich ziehen. Dabei ist es wichtig zu sehen, dass die Vorstellung eines Konflikts mit der muslimischen Welt in das eigentliche Wesen des Kreuzzugs nicht eingeschrieben war. Urbans Vision bestand in einem frommen Feldzug mit dem höchsten Segen Roms, und er zielte zuerst und vor allem auf die Verteidigung oder Rückeroberung heiliger Territorien. In gewisser Weise war die Wahl des Islam als Feindbild fast willkürlich, und es gibt kaum Hinweise darauf, dass die Lateiner oder ihre griechischen Verbündeten die muslimische Welt vor dem Jahr 1095 als ihren erklärten Feind ansahen.[5]

Allein schon die Vorstellung, Rache für die »abscheulichen Frevel« der dämonisierten Muslime zu nehmen, beschleunigte den Puls der Zuhörerinnen und Zuhörer in Clermont und zog sie in ihren Bann, aber die »Kreuzzugsbotschaft« des Papstes enthielt einen weiteren, noch verlockenderen Köder: ein Versprechen, das den Kern der Existenz jedes Christen im Mittelalter traf. Das Religionsverständnis, auf dem dieser Köder beruhte, betonte damals besonders die überwältigende Bedrohung durch Sünde und Verdammnis, was zur Folge hatte, dass die abendländischen Christen in einen lebenslangen verzweifelten geistigen Kampf verstrickt waren, ihre Seele vom Makel der Sünde reinzuwaschen. Die Kirche hatte ihnen eingeschärft, nach Erlösung zu suchen, und sie waren daher hellauf begeistert, als der Papst erklärte, dieser Feldzug in den Osten sei ein heiliges Unternehmen, und jeder, der daran teilnehme, erlange »Vergebung all seiner Sünden«. In der Vergangenheit galten selbst die »gerechten Kriege« (also die Akte von Gewalt, die von Gott als notwendig angesehen wurden) als in sich sündhaft. Jetzt aber stellte der Papst einen Konflikt dar, der über diese traditionellen Grenzen hinausging. Seine Sache sollte sakrale Dimensionen haben – ein »heiliger Krieg«, der von »dem Herrn« nicht nur geduldet, sondern ausdrücklich begünstigt und gutgeheißen war. Im Bericht eines Augenzeugen wird sogar erwähnt, der Papst habe beteuert, »Christus befehle« den Gläubigen, sich diesem Vorhaben anzuschließen.

Urbans Genie bestand darin, seinen Kreuzzugsentwurf in den Rahmen der herrschenden religiösen Praxis einzufügen. Damit garantierte er, dass zumindest unter den Voraussetzungen des 11. Jahrhunderts seine Taktik der Verknüpfung von Krieg und Seelenheil einen klaren, vernünftigen Sinn ergab. Im Jahr 1095 war es für die lateinischen Christen selbstverständlich, dass die Bestrafung, die eine Sünde nach sich zog, durch die Beichte sowie durch anschließende Buße wie Gebet, Fasten oder Pilgern abgewendet werden konnte. In Clermont verband Urban die vertraute Vorstellung einer Erlösung verheißenden Pilgerreise mit dem kühneren Konzept eines Kampfes für Gott, und er forderte »jeden ungeachtet seines Standes, Ritter oder Fußsoldat, ob reich oder arm« dazu auf, sich dem anzuschließen, was im Grunde genommen ein bewaffneter Pilgerzug werden sollte. Diese unglaublich strapaziöse Unternehmung, die nur so strotzte vor Gefahren und der Aussicht auf schreckliche Leiden, sollte jeden, der sich ihr anschloss, bis zu den Toren Jerusalems bringen, dem wichtigsten Pilgerziel der Christenheit. Und dieses Ziel versprach eine Erfahrung, die getränkt war mit überwältigender erlösender Wirkkraft, eine »Super«-Buße, die den Geist von jeglicher Übertretung zu reinigen vermochte.

Um seinen Ruf zu den Waffen zu stützen, beschwor der Papst wortreich eine gefühlsmächtige Mischung von Bildern und Ideen herauf, von der Schändung der Heiligen Stadt durch einen fremdländischen Feind bis zur Verheißung eines neuen Weges zur Erlösung. Auf seine Zuhörer hatte das offenbar eine elektrisierende Wirkung: »Die einen hatten Tränen in den Augen, andere zitterten.« Dass Adhémar, Bischof von Le Puy, als Erster vortrat, um sich der Sache anzuschließen, war wohl vorher abgesprochen. Am nächsten Tag wurde der Bischof zum päpstlichen Legaten ernannt, dem offiziellen Vertreter des Papstes für die bevorstehende Unternehmung. Als ihr geistlicher Führer sollte er die Pläne des Papstes vertreten, wozu nicht zuletzt die Entspannungspolitik gegenüber der griechischen Kirche von Byzanz gehörte. Gleichzeitig trafen Boten von Raimund von Toulouse mit der Nachricht ein, dass auch der Graf das Unternehmen unterstützen werde. Urbans Predigt war ein überwältigender Erfolg. In den anschließenden sieben Monaten konnte er durch eine verlängerte Predigtreise, mit der er seine Botschaft in ganz Frankreich verbreitete, diesen Erfolg noch steigern.[6]

Auch wenn Clermont als Ursprungsort des ersten Kreuzzugs gelten kann, wäre es falsch, in Urban II. den einzigen Architekten der »Kreuzzugsidee« zu sehen. Immer wieder haben Historikerinnen und Historiker zu Recht darauf hingewiesen, dass Urban seinen Vorgängern vieles verdankte, nicht zuletzt Papst Gregor VII. mit seinem bahnbrechenden

Entwurf einer Theorie des »heiligen Krieges«. Genauso wichtig ist aber, dass die Idee des ersten Kreuzzugs – sein Wesen, seine Absichten und sein Ertrag – im Verlauf des Kreuzzugs selbst sich ständig, überwiegend organisch weiterentwickelte. Dieser Prozess setzte sich sogar danach noch fort, als die Welt diese epochale Begebenheit zu deuten und zu verstehen suchte. Es ist viel zu leicht, sich den ersten Kreuzzug als ein einziges, wohlgeordnetes Heer vorzustellen, das sich, durch Urbans leidenschaftliche Predigt in Bewegung gesetzt, auf Jerusalem zubewegte. In Wahrheit gab es in den Monaten und Jahren, die auf den November 1095 folgten, mehrere unzusammenhängende Aufbruchswellen. Selbst die Gruppierungen, die wir gern als die »Haupttruppen« des Kreuzzugs bezeichnen, traten die erste Etappe ihrer Reise nicht als eine geschlossene Streitmacht an, sondern als ein zusammengewürfelter Haufen kleinerer Kontingente, die ihren Weg zu den gemeinsamen Zielen und Befehlsstrukturen mehr ahnten als genau kannten.

Innerhalb eines Monats nach der ersten Predigt des Papstes hatten populistische (oft von der kirchlichen Autorität nicht anerkannte) Prediger begonnen, den Aufruf zum Kreuzzug in ganz Europa zu verbreiten. Durch ihre demagogischen Worte scheinen einige Subtilitäten bezüglich der geistigen Früchte, die das Unternehmen mit sich bringen sollte und die später als Kreuzzugsablass bezeichnet wurden, verwischt worden zu sein. Urban hatte wahrscheinlich beabsichtigt, die in Aussicht gestellte Vergebung sollte sich nur auf die zeitliche Strafe für gebeichtete Sünden beziehen; eine ziemlich komplexe Formel, die den Finessen des Kirchenrechts Rechnung trug. Spätere Ereignisse lassen jedoch vermuten, dass viele Kreuzfahrer glaubten, ihnen sei das himmlische Heil zugesichert worden und jeder, der während des Feldzugs starb, würde dadurch automatisch zum heiligen Märtyrer. Solche Vorstellungen prägten das Denken über die Kreuzzugserfahrungen noch jahrhundertelang und öffneten eine prekäre Kluft zwischen der offiziellen Lehre und dem volkstümlichen Verständnis jener »heiligen Kriege«.

Festzuhalten ist, dass nicht Papst Urban II. den Begriff »Kreuzzug« prägte. Das Unternehmen, das er in Clermont anstieß, war so neuartig und in vielfacher Hinsicht mit seiner Konzeption noch in einem derart embryonalen Zustand, dass es kein Wort gab, mit dem man es angemessen hätte umschreiben können. Zeitgenossen bezeichneten diesen »Kreuzzug« schlicht als *iter* (Reise) oder *peregrinatio* (Pilgerfahrt). Erst gegen Ende des 12. Jahrhunderts bildete sich eine spezifischere Terminologie heraus: zum einen mit dem Wort *crucesignatus* (»mit dem Kreuz [auf der Kleidung] gekennzeichnet«) für einen »Kreuzfahrer«, zum andern schließlich mit der Verwendung des französischen Wortes *croisade* (das damals noch die Bedeutung »Kreuzweg« hatte). Traditionell und um der Klarheit willen verwenden Historikerinnen und Historiker den Begriff »Kreuzzug« für die christlichen »heiligen Kriege« ab dem Jahr 1095, doch sollten wir uns darüber im Klaren sein, dass er für die frühen Unternehmen den etwas irreführenden Eindruck von Struktur und Einheitlichkeit vermittelt.[7]

Der Ruf des Kreuzes

In den Monaten nach dem Konzil zu Clermont verbreitete sich die Kreuzzugsbotschaft in ganz Europa und löste eine beispiellose Reaktion aus. Während Papst Urban seine Botschaft überall in Frankreich verkündete, trugen Bischöfe aus der gesamten lateinischen Welt, die seine Predigt miterlebt hatten, den Aufruf in ihre heimischen Diözesen.

Auch beim Volk beliebte Hetzprediger nahmen sich der Sache an; von der Kirche wurden sie weder bestätigt, noch wurde ihnen Einhalt geboten. Der berühmteste und bemerkenswerteste dieser Prediger war Peter der Einsiedler (Petrus Eremita, Peter von Amiens). Er stammte wahrscheinlich aus einer armen Familie in Amiens im Nordosten Frankreichs und war berühmt für sein asketisches Wanderleben, für sein abstoßendes Äußeres und seine ungewöhnlichen Essgewohnheiten – ein Zeitgenosse vermerkte, dass »er nur von Wein und Fisch lebte; Brot aß er nie oder fast nie«. Nach modernen Maßstäben würde man ihn wohl als Vagabunden bezeichnen, doch unter den ärmeren Schichten Frankreichs wurde er im 11. Jahrhundert als Prophet verehrt. So groß war die ihm nachgesagte Heiligkeit, dass seine Anhänger sogar die Haare seines Maultiers als Reliquien sammelten. Ein griechischer Zeitgenosse schrieb: »Als hätte er eine göttliche Stimme in allen Herzen ertönen lassen, so begeisterte Peter der Einsiedler die Franken aus allen Teilen des Landes, sich mit ihren Waffen, Pferden und ihrer sonstigen militärischen Ausrüstung zu versammeln.« Er muss ein wahrhaft begnadeter Redner gewesen sein – innerhalb von sechs Monaten nach der Predigt von Clermont hatte er ein Heer von über 15 000 Menschen, überwiegend armes Gesindel, um sich versammelt. In die Geschichte ging diese Streitmacht neben einigen anderen Gruppen aus

Deutschland als »Volkskreuzzug« ein. Von heiligem Kreuzzugseifer erfüllt, setzten sich die einzelnen Haufen im Frühjahr 1096, Monate vor jedem anderen Heer, in Richtung Heiliges Land in Bewegung und rückten in undisziplinierten Märschen in Richtung Konstantinopel vor. Unterwegs beschlossen einige dieser »Kreuzfahrer«, dass man die »Feinde Christi« auch schon in größerer Nähe zur Heimat bekämpfen könne, und begingen entsetzliche Massaker unter den Juden im Rheinland. Fast unmittelbar nachdem der Volkskreuzzug muslimisches Gebiet betreten hatte, wurde er aufgerieben, aber Peter der Einsiedler überlebte.[8]

Diese erste Welle des Kreuzzugs endete in einem Misserfolg, doch sammelten sich daheim im Westen schon größere Heere. Öffentliche Kundgebungen, bei denen die Menschenmassen mit gefühlsgeladener Rhetorik bombardiert wurden, lösten fieberhafte Anwerbungswellen aus, und die Kreuzzugsbegeisterung wurde offenbar auch über Verwandtschaftsbeziehungen, in den Netzwerken der Anhänger des Papstes und mittels der Beziehungen zwischen geistlichen Orden und dem Adel weitergegeben. Nach wie vor herrscht unter Historikern keine Einigkeit über die Zahl der Menschen, die mitzogen, vor allem wegen der unzuverlässigen und oft stark übertriebenen zeitgenössischen Schätzungen (einige davon geben mehr als eine halbe Million an). Am wahrscheinlichsten ist wohl, dass zwischen 60 000 und 100 000 lateinische Christen zum ersten Kreuzzug aufbrachen, von denen zwischen 7000 und 10 000 beritten waren, zwischen 35 000 und 50 000 Infanteristen und die verbleibenden vielen Zehntausend Nichtkombattanten: Frauen und Kinder. Fest steht nur, dass der Aufruf zum Kreuzzug eine außerordentliche Reaktion hervorrief, deren Ausmaß die mittelalterliche Welt in Erstaunen versetzte. Seit der fernen Glanzzeit Roms war kein derart großes Heer mehr aufgestellt worden.[9]

Den Kern dieser Heere bildeten adlige Ritter, die aufsteigende kriegerische Elite des Mittelalters.[10] Papst Urban II. kannte nur zu gut die Angst dieser christlichen Krieger, die mit einem weltlichen Beruf geschlagen waren, der sie ständig zu Gewalttaten zwang, und gleichzeitig von der Kirche belehrt wurden, dass Krieg eine Sünde sei und in die sichere Verdammnis führe. Ein Zeitgenosse bemerkte dazu:

> Gott hat in unserer Zeit heilige Kriege eingesetzt, damit der Stand der Ritter und ihr Gefolge […] einen neuen Weg zum Heil finden

> mögen. Sie sind nun nicht mehr gezwungen, die weltlichen Dinge ganz aufzugeben, indem sie sich für das monastische Leben oder einen anderen religiösen Stand entscheiden, wie es früher üblich war; sie können vielmehr ein gewisses Ausmaß an göttlicher Gnade erwerben, während sie in ihrem Beruf tätig sind, mit der Freiheit und in der Aufmachung, an die sie gewöhnt sind.

Der Papst hatte die Idee einer bewaffneten Pilgerfahrt zumindest teilweise mit dem Ziel entworfen, das spirituelle Dilemma zu verkleinern, in dem sich die adlige Ritterschaft befand; außerdem war er sich im Klaren darüber, dass, wenn sich die Adligen seiner Sache anschlössen, auch eine Gefolgschaft von Rittern und Fußsoldaten mitziehen würde, denn die Teilnahme am Kreuzzug setzte zwar eine freiwillige Verpflichtung voraus, aber das komplexe Netz von Verwandtschaftsbeziehungen und Lehnsverpflichtungen verband ganze soziale Gruppen in einer gemeinsamen Sache. Der Papst setzte faktisch eine Kettenreaktion in Gang, weil jeder Adlige, der das Kreuz nahm, im Mittelpunkt einer sich ausbreitenden Welle von weiteren Rekrutierungen stand.

Könige schlossen sich diesem Feldzug zwar nicht an – die meisten waren zu sehr in ihre eigenen politischen Machenschaften verstrickt –, dafür war die Elite des abendländischen Adels beteiligt. Die Mitglieder des Hochadels von Frankreich, den deutschen Ländern, den Niederlanden und Italien, die im Rang direkt unter dem eines Königs standen, trugen häufig den Titel Graf oder Herzog und konnten es durchaus mit der Macht von Königen aufnehmen oder sie sogar in den Schatten stellen. Jedenfalls besaßen sie ein Höchstmaß an unabhängiger Autorität und sind daher als Gruppe am besten mit dem Terminus »Fürsten« zu bezeichnen. Jeder Fürst befehligte und verfügte über seine eigenen Truppen, zog aber auch – auf der Grundlage von Herrschafts- und Familienbeziehungen, verlängert durch gemeinsame ethnische oder sprachliche Wurzeln – weniger eng verbundene, weiter entfernt lebende Gefolgsleute an.

Graf Raimund von Toulouse, der mächtigste weltliche Herr im Süden Frankreichs, war der erste Fürst, der sich dem Kreuzzug verschrieb. Er war ein erklärter Anhänger der päpstlichen Reformbemühungen und ein Verbündeter Adhémars von Le Puy, und er war mit ziemlicher Sicherheit von Urban II. bereits vor der Predigt von Clermont zur Teilnahme aufgefordert worden. Raimund, bereits über fünfzig, war der »Seniorchef« der ganzen Unternehmung: stolz und unerbittlich, strotzend vor Reichtum und einem ausgedehnten Macht- und Einflussbereich. Er übernahm den Oberbefehl über die provenzalisch-südfranzösischen Truppen. Spätere Legenden behaupteten, er habe bereits gegen die Mauren auf der Iberischen Halbinsel gekämpft, ja sogar eine Pilgerfahrt nach Jerusalem unternommen, bei der ihm ein Auge herausgerissen worden sei: Strafe für seine Weigerung, eine völlig überzogene Steuer zu bezahlen, die Muslime von lateinischen Pilgern verlangt hätten. Man erzählte sich sogar, der Graf sei in den Westen zurückgekehrt und habe seinen Augapfel in der Tasche als Talisman mit sich getragen, der ihn immer an seinen Hass auf den Islam erinnern sollte. So abstrus diese Geschichten auch sein mögen – Raimund hatte ohne Zweifel die Erfahrung und, was wichtiger war, die Mittel, um das weltliche Oberkommando über den Kreuzzug für sich zu reklamieren.[11]

Der schärfste Rivale um diese Position war der 40-jährige Normanne Bohemund von Tarent. Als Sohn von Robert »Guiskard« (Robert »dem Gerissenen«), einem der normannischen Abenteurer, die im 11. Jahrhundert Süditalien erobert hatten, hatte Bohemund eine unschätzbare militärische Ausbildung genossen. Nach 1080 kämpfte er an der Seite seines Vaters über vier Jahre lang auf dem Balkan gegen die Griechen, wo er die Realität von Belagerungskämpfen und die Aufgaben eines Befehlshabers auf dem Schlachtfeld kennenlernte. Kein anderer Teilnehmer am Kreuzzug hatte ähnlich viel Kriegserfahrung; in einer fast noch zeitgenössischen Quelle wird er als »unvergleichlich kühn und erfahren in der Kunst der Kriegsführung« beschrieben. Sogar seine byzantinischen Feinde mussten zugeben, dass er eine stupende physische Ausstrahlung hatte:

> Bohemunds Erscheinung war, um es kurz zu sagen, mit der von keinem der anderen Männer vergleichbar, die es damals in der römischen Welt gab, seien es Griechen oder Barbaren. Sein Anblick erregte Bewunderung, die Erwähnung seines Namens Schrecken. […] Er war so groß, dass er noch den größten Mann um fast eine Elle überragte. Taille und Hüften waren schlank, er hatte breite Schultern und eine breite Brust, seine Arme waren stark. […] Die Haut war am ganzen Körper sehr weiß, außer in seinem Gesicht,

> da war sie weiß und rot. Sein Haar war hellbraun und nicht so lang wie das der anderen Barbaren (es hing ihm also nicht bis auf die Schultern herab). […] Seine Augen waren leuchtend blau und kündeten vom Geist und von der Würde dieses Mannes. […] Er hatte einen bestimmten Zauber, doch sein Anblick strahlte auch etwas Wildes aus, was, so nehme ich an, an seiner Körpergröße und an seinen Augen lag; sogar sein Lachen klang für manche wie eine Drohung.

Doch auch wenn sein Auftreten an das eines Löwen erinnerte, so fehlte Bohemund doch etwas Entscheidendes: Er hatte kein Vermögen, denn 1085 war er von seinem habgierigen Halbbruder enterbt worden. Er nahm das Kreuz im Sommer 1096 also durchaus auch aus handfesten materiellen Interessen und schielte mit zumindest einem Auge auf eine Verbesserung seiner privaten Situation; wahrscheinlich träumte er davon, sich in der Levante ein neues eigenes Herrschaftsgebiet zu erobern. Bohemund wurde von seinem Neffen Tankred von Hauteville begleitet. Dieser war gerade 20 Jahre alt und hatte kaum Kriegserfahrung, doch war er besessen von unstillbarem Tatendrang (und konnte offensichtlich Arabisch sprechen), und er übernahm sehr bald den Posten eines zweiten Befehlshabers über das relativ kleine, doch gefürchtete Heer süditalienischer Normannen, die Bohemund in den Orient folgten. Später stieg Tankred zu einem der berühmtesten Repräsentanten des Kreuzzugs auf.[12]

Die führenden südfranzösischen und italienisch-normannischen Kreuzfahrer waren sämtlich Anhänger der päpstlichen Reformbewegung, doch nach 1095 schlossen sich dem Zug nach Jerusalem auch einige der erbittertsten Feinde des Papstes an, darunter Gottfried von Bouillon aus Lothringen. Dieser wurde um das Jahr 1060 als zweiter Sohn des Grafen von Boulogne geboren und konnte seinen Stammbaum bis auf Karl den Großen zurückführen (eine spätere Legende erzählt gar, er sei von einem Schwan geboren). Es hieß, er sei »größer als gewöhnliche Männer […] unvergleichlich stark, mit muskulösen Gliedmaßen und kräftiger Brust, einem einnehmenden Äußeren sowie mittelblonden Haaren und Bart«. Gottfried hatte den Titel eines Grafen von Niederlothringen geerbt, war aber nicht in der Lage, seine Herrschaft über diese notorisch unruhige Region zu festigen. Wahrscheinlich nahm er das Kreuz, um im

Heiligen Land ein neues Leben anzufangen. Obwohl ihm nachgesagt wurde, dass er kirchliches Eigentum geplündert habe, und trotz seiner beschränkten militärischen Erfahrungen bewies er in den folgenden Jahren unerschütterliche Treue zum Kreuzzugsideal und eine Begabung für nüchtern-klarsichtige Befehlsführung.

Gottfried führte einen losen Zusammenschluss von Truppen aus Lothringen, den Niederlanden und dem Rheinland an und wurde von seinem Bruder, Balduin von Boulogne, begleitet. Dieser soll dunklere Haare, jedoch eine blassere Haut als Gottfried und einen durchdringenden Blick gehabt haben. Wie Tankred gewann er während des Kreuzzugs immer deutlichere Konturen, er bewies im Kampf unbeirrbare Hartnäckigkeit und war in seinem Drang weiterzuziehen kaum aufzuhalten.

Diese fünf Fürsten – Raimund von Toulouse, Bohemund von Tarent, Gottfried von Bouillon, Tankred von Hauteville und Balduin von Boulogne – spielten im Feldzug zur Rückeroberung Jerusalems Schlüsselrollen; sie hatten das Oberkommando über drei der bedeutendsten fränkischen Heere und prägten die frühe Geschichte der Kreuzzüge. Ein viertes, letztes Kontingent aus der Normandie schloss sich der Unternehmung ebenfalls an. Dieses Heer wurde befehligt von drei Adligen, die durch verwandtschaftliche Beziehungen eng verbunden waren: dem einflussreichen Robert, Herzog der Normandie, ältester Sohn Wilhelms des Eroberers und Bruder von Wilhelm Rufus, König von England; Roberts Schwager Stephan, Graf von Blois; und seinem Vetter Robert II., Graf von Flandern.

Für diese Potentaten, ihr Gefolge und möglicherweise auch für die ärmeren Schichten war der Akt, sich dem Kreuzzug anzuschließen, mit einer dramatischen und häufig sehr ergreifenden Zeremonie verbunden. Jeder potenzielle Teilnehmer legte ein Kreuzzugsgelübde ab, die Pilgerfahrt nach Jerusalem zu unternehmen, ähnlich dem für eine friedliche Pilgerfahrt, anschließend brachte man den neu erworbenen Status dadurch zum Ausdruck, dass ein Kreuz auf die Kleidung genäht wurde. Als Bohemund von Tarent den Ruf zu den Waffen vernahm, reagierte er offenbar sehr spontan: »Inspiriert vom Heiligen Geist befahl er, seinen kostbarsten Mantel unverzüglich zu zerschneiden und Kreuze daraus herzustellen, und die meisten Ritter schlossen sich ihm sofort an, so voller Enthusiasmus waren sie.«

Diese Identifizierung durch ein sichtbares Symbol diente wahrscheinlich dazu, die Kreuzfahrer als eine Gruppe kenntlich zu machen, und das Pilgergelübde verschaffte ihnen zweifellos mehrere Schutzmaßnahmen für ihr Eigentum und ihr leibliches Wohlergehen. Die zeitgenössischen Schilderungen dieser Gelöbnisse neigen dazu, die spirituelle Motivation zu stark zu betonen. Man könnte diese Zeugnisse anzweifeln, wurden sie doch in den meisten Fällen von kirchlichen Amtsträgern verfasst, aber sie werden durch eine Vielzahl von Rechtsdokumenten gestützt, die Personen erstellten oder erstellen ließen, die vor ihrem Aufbruch nach Jerusalem ihre Angelegenheiten ordnen wollten. Dieses Material scheint zu bestätigen, dass viele Kreuzfahrer ihr Unterfangen tatsächlich als einen Akt der Frömmigkeit ansahen. Bertrand von Moncontour etwa fühlte sich so inspiriert, dass er beschloss, auf Ländereien zu verzichten, die er einem Kloster in Vendôme bis dahin widerrechtlich vorenthalten hatte, weil »er glaubte, dass der Passionsweg [der Kreuzzug] ihm keinerlei Nutzen bringen werde, solange er sich im Besitz dieses Diebesguts befand«.

Die überlieferten Dokumente sprechen außerdem von einer Atmosphäre von Angst und Selbstaufopferung. Zukünftige Kreuzfahrer waren offenbar tief besorgt angesichts der langen, gefährlichen Reise, zu der sie aufbrachen, doch gleichzeitig bereit, fast ihren ganzen Besitz zu verkaufen, um ihre Teilnahme zu finanzieren. Sogar Robert von der Normandie war gezwungen, sein Herzogtum an seinen Bruder zu verpfänden. Der einst verbreitete Mythos, die Kreuzfahrer seien eigennützige, landhungrige jüngere Söhne ohne eigenes Erbteil gewesen, ist nicht haltbar. Die Teilnahme an einem Kreuzzug war vielmehr ein Unternehmen, das geistlichen und materiellen Lohn einbringen konnte, zu Beginn jedoch vor allem furchterregend und extrem kostspielig war. Es war Frömmigkeit, die die Europäer zu den Kreuzzügen inspirierte, und in den langen Jahren, die vor ihnen lagen, bewiesen die ersten Kreuzfahrer immer wieder aufs Neue, dass ihre mächtigste Waffe die Ausrichtung auf ein gemeinsames Ziel und ein unerschütterliches Gottvertrauen war.[13]

Byzanz

Ab November 1096 begannen die bedeutendsten Heere des ersten Kreuzzugs in der großen Stadt Konstantinopel (dem heutigen Istanbul) einzutreffen, dem alten Tor zum Orient. Während der folgenden sechs Monate bewegten sich die verschiedenen Kontingente des Zuges auf ihrem Weg nach Kleinasien an die Grenze zur muslimischen Welt durch das Byzantinische Reich. Seine Hauptstadt Konstantinopel bot sich aufgrund ihrer Lage als Ort an, wo sich die diversen Truppenteile des Kreuzzugs sammeln konnten, denn einerseits lag sie an der traditionellen Pilgerroute ins Heilige Land, andererseits waren die Franken ja mit der erklärten Absicht in den Osten aufgebrochen, ihren griechischen Glaubensbrüdern beizustehen.

Die Absichten des Kaisers

Der byzantinische Kaiser Alexios I. Komnenos war bereits Zeuge des chaotischen Zusammenbruchs des Volkskreuzzugs geworden, und es wird üblicherweise so dargestellt, dass er die Ankunft des eigentlichen Kreuzzugs mit der gleichen argwöhnischen Geringschätzung beobachtet habe. Seine Tochter und Biografin Anna Komnena schrieb, Alexios habe »[die Ankunft der Franken] gefürchtet, weil er ihr unbeherrschtes Temperament, ihren Wankelmut und ihre Unentschlossenheit kannte, ganz zu schweigen von ihrer Habgier«. An anderer Stelle bezeichnet sie die Kreuzfahrer als »all diese Barbaren aus dem Westen«; besonders vernichtend ist ihr Urteil über Bohemund als einen »gewohnheitsmäßigen Gauner«, der »durch und durch verlogen« war. Ausgehend von dieser Schmährhetorik meinten Historikerinnen und Historiker häufig, die frühen griechisch-lateinischen Begegnungen der Jahre 1096/1097 seien vergiftet gewesen von tief sitzendem Misstrauen und alter Feindseligkeit. Allerdings waren zwischen den beschriebenen Ereignissen und dem Bericht der Kaisertochter mehrere Jahrzehnte vergangen; ihre Aufzeichnungen sind also deutlich beeinflusst von dem, was sich danach zutrug. Es ist nicht zu leugnen, dass es unter der Oberfläche der Beziehungen zwischen den Kreuzfahrern und den Byzantinern Unterströmungen von misstrauischer Vorsicht bis hin zur Antipathie gab. Auch kamen bei internen Machtkämpfen gelegentliche Ausbrüche von

Missmut vor. Doch überwogen zumindest anfänglich die Phasen konstruktiver Zusammenarbeit.[14]

Um den Zug der ersten Kreuzfahrer durch Byzanz und darüber hinaus richtig zu verstehen, muss man sich die Vorstellungen und Vorurteile der Franken wie auch der Griechen vor Augen führen. Allgemein verbreitet ist ja die Auffassung, dass Europa im Blick auf Reichtum, Macht und Kultur schon seit je vom Westen dominiert wurde. Im 11. Jahrhundert aber lagen das Zentrum und der Schwerpunkt der Kultur im Osten, in Byzanz, das Macht und Glanz des antiken Griechenland und Rom geerbt hatte und das beständigste Reich der bekannten Welt weiterführte. Alexios konnte den Ursprung seines Kaisertums bis auf Augustus und Konstantin den Großen zurückführen; den Franken erschienen der Kaiser und sein Reich daher als fast mystischer Inbegriff von Majestät.

Als die Kreuzfahrer in Konstantinopel eintrafen, konnte sich dieser Eindruck nur verstärken. Sie standen vor den kolossalen Landmauern, die sich über 6 Kilometer erstreckten, bis zu 5 Meter dick und 20 Meter hoch waren, und es stand außer Frage, dass sie das Herz der »Supermacht« Europas vor sich hatten. Für die Ankömmlinge, denen die Gunst gewährt wurde, die Stadt selbst betreten zu dürfen, vervielfachten sich die Wunder noch. Hier lebte ungefähr eine halbe Million Menschen, was die Einwohnerzahl noch der größten Stadt im lateinischen Europa um ein Zehnfaches übertraf. Die Besucher durften die Hagia Sophia bestaunen, die eindrucksvollste Kirche der Christenheit, und die kolossalen Statuen der legendären Vorfahren des Kaisers bewundern. Konstantinopel barg außerdem eine unübertreffliche Sammlung heiliger Reliquien, darunter die Dornenkrone Christi, Haarlocken der Jungfrau Maria, mindestens zwei Köpfe von Johannes dem Täufer und die Gebeine nahezu sämtlicher Apostel.

Es kann nicht erstaunen, dass die meisten Kreuzfahrer selbstverständlich davon ausgingen, ihr Feldzug werde im Dienst des Kaisers beginnen. Alexios seinerseits entbot den Kreuzfahrern einen vorsichtigen Willkommensgruß, indem er ihnen von den Grenzen seines Reiches bis zu seiner Hauptstadt stets wachsames Geleit gab. Für ihn war der Kreuzzug ein militärisches Werkzeug, das er zur Verteidigung seines Reiches einzusetzen gedachte. Er hatte im Jahr 1095 Papst Urban um Hilfe gebeten, und jetzt war er mit einer Horde lateinischer Kreuzfahrer konfrontiert. Doch obwohl ihn ihre ungezügelte Wildheit befremdete, erkannte er, dass er die rohe Vitalität der Franken für seine Interessen einspannen konnte. Wenn er vorsichtig und überlegt damit umging, konnte sich der Kreuzzug als die entscheidende Waffe in seinem Kampf gegen die seldschukischen Türken erweisen, mit dem er Kleinasien zurückzuerobern gedachte. Sowohl die Griechen als auch die Lateiner waren also bereit zu gemeinsamem Vorgehen, dennoch waren bereits Keime der Zwietracht vorhanden. Die meisten Franken erwarteten, dass der Kaiser selbst die Führung ihrer Heere übernehmen und sie als Teil eines großen Truppenbündnisses bis vor die Tore Jerusalems führen werde. Das aber war ganz und gar nicht die Absicht von Alexios. Für ihn standen immer die Belange von Byzanz und nicht die der Kreuzfahrer an erster Stelle. Er wollte die Lateiner unterstützen und aus ihren etwaigen Erfolgen gern seinen Nutzen ziehen, vor allem wenn sie es ihm ermöglichten, die Bedrohung durch den Islam abzuwehren und womöglich sogar die strategisch hoch bedeutsame syrische Stadt Antiochia einzunehmen. Niemals aber würde er den Sturz seiner Dynastie oder eine Invasion in sein Reich riskieren, indem er sich an die Spitze eines unabsehbaren Feldzugs ins ferne Heilige Land setzte. Diese Kluft zwischen den Zielen und Erwartungen beider Seiten sollte später tragische Konsequenzen haben.

Im Dienst des Kaisers

Alexios war entschlossen, gegenüber den Franken seine Autorität geltend zu machen, und nutzte die Zersplitterung des Kreuzzugsheers sehr geschickt und bewusst aus, indem er mit jedem Fürsten bei dessen Ankunft in Konstantinopel einzeln verhandelte. Er setzte auch den überwältigenden Eindruck seiner großen Hauptstadt ein, um die Lateiner einzuschüchtern. Am 20. Januar 1097 wurde Gottfried von Bouillon, der als einer der ersten Fürsten eintraf, zusammen mit seinen vornehmsten Gefolgsleuten zu einer Audienz bei Alexios in dessen gewaltigen Blachernen-Palast geladen. Gottfried traf den Kaiser »sitzend« an, »wie es seine Gewohnheit war, und er sah auf seinem Kaiserthron sehr Ehrfurcht gebietend aus. Er stand nicht auf, um dem Herzog oder sonst einem Gast einen Willkommenskuss zu entbieten.« Aus dieser Haltung königlicher Majestät heraus forderte Alexios den Franken Gottfried feierlich auf, »jegliche Städte, Länder oder Festungen, die er von

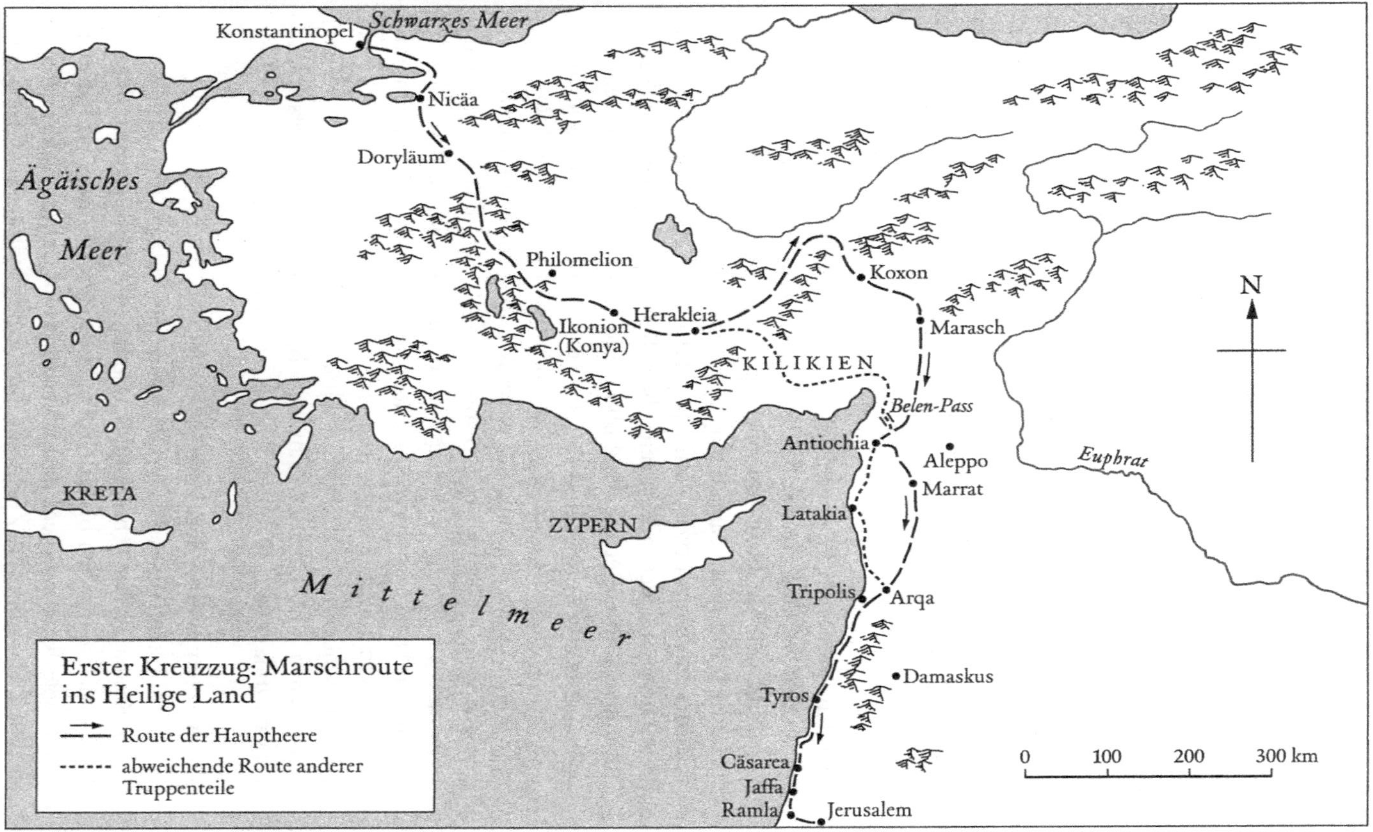
Erster Kreuzzug: Marschroute ins Heilige Land
Route der Hauptheere
abweichende Route anderer Truppenteile
Schwarzes Meer
Konstantinopel
Nicäa
Doryläum
Ägäisches Meer
Philomelion
Ikonion (Konya)
Herakleia
KILIKIEN
Koxon
Marasch
Belen-Pass
Antiochia
Aleppo
Marrat
Latakia
Tripolis
Arqa
Damaskus
Tyros
Cäsarea
Jaffa
Ramla
Jerusalem
KRETA
ZYPERN
Mittelmeer
Euphrat
N
0
100
200
300 km

nun an besiegen würde und die früher einmal zum Römischen Reich gehört hatten, dem Hauptmann zu übergeben, den der Kaiser bestimmte«. Das hieß, dass jegliches Gebiet, das in Kleinasien und auch jenseits davon erobert wurde, den Byzantinern zu überlassen war. Der Herzog leistete dem Kaiser dann einen Vasalleneid, mit dem ein gegenseitiges Band der Verpflichtung entstand: Alexios wurde als Herr des Kreuzzugs bestätigt, und Gottfried durfte im Gegenzug dazu kaiserliche Hilfe und Rat erwarten. In einer typischen Zurschaustellung byzantinischer Freigebigkeit versüßte der Kaiser diesen Kapitulationsakt, indem er den fränkischen Fürsten mit Geschenken überschüttete: mit Gold, Silber, kostbaren Purpurstoffen und wertvollen Pferden. Als das Abkommen geschlossen war, schickte Alexios den Besucher und sein Heer schnell über den Bosporus weiter, die enge Wasserstraße, die das Mittelmeer mit dem Schwarzen Meer verbindet und Europa von Asien trennt, um zu verhindern, dass sich vor der Stadt lateinische Truppen stauten, die womöglich die Stabilität Konstantinopels ins Wanken gebracht hätten.

In den Monaten danach folgten praktisch sämtliche führenden Kreuzfahrer dem Beispiel Gottfrieds. Im April 1097 erschien Bohemund von Tarent, um sich mit seinem ehemaligen griechischen Feind auszusöhnen, und leistete den Eid ohne Widerrede. Ein ganzes Gemach voller Geschenke war sein Lohn, bei dessen Anblick ihm, wie Anna Komnena schrieb, fast die Augen aus dem Kopf fielen. Drei fränkische Adlige versuchten, den Fallstricken des Kaisers zu entkommen. Die ehrgeizigen jungen Fürsten Tankred von Hauteville und Balduin von Boulogne überquerten den Bosporus sofort, um dem Eid aus dem Weg zu gehen, wurden aber später zur Eidesleistung überredet. Einzig Raimund, der Graf von Toulouse, widersetzte sich den Angeboten des Kaisers und stimmte schließlich nur einem modifizierten Vertrag zu, der ihm das Versprechen abverlangte, Macht und Besitztümer des Kaisers unangetastet zu lassen.[15]

Die Belagerung von Nicäa

Die wichtigsten Truppen des ersten Kreuzzugs versammelten sich an der Küste Kleinasiens im Februar 1097, und im Lauf der folgenden Monate fanden sich allmählich bis zu 75 000 Personen, darunter 7500 schwer bewaffnete Ritter zu Pferd und weitere 35 000 leicht bewaffnete Fußsoldaten, dort ein. Der Zeitpunkt ihres Eintreffens an der Grenze zur muslimischen Welt konnte günstiger kaum sein. Mehrere Monate zuvor hatte Kiliç Arslan, der seldschukische Sultan der Region, den Volkskreuzzug ohne größere Schwierigkeiten vernichtet. In der Meinung, dass diese zweite Welle von Franken eine ähnlich leicht zu bewältigende Gefahr darstellte, brach er wegen eines unbedeutenden territorialen Konflikts in den Osten seines Reiches auf. Aufgrund dieser groben Fehleinschätzung konnten die Christen ungehindert den Bosporus überqueren und im Frühjahr östlich des Bosporus einen Brückenkopf befestigen.

Das erste Ziel der Lateiner ergab sich aus ihrem Bündnis mit den Griechen, und das vorrangige Ziel des Alexios war Nicäa, die Stadt unmittelbar hinter dem Bosporus, die Kiliç Arslan zur Empörung der Christen zu seiner Hauptstadt erklärt hatte. Dieser türkische Stützpunkt im Westen Kleinasiens bedrohte die Sicherheit Konstantinopels unmittelbar, doch bislang waren alle Anstrengungen des Kaisers vergeblich gewesen, die Stadt zurückzuerobern. Aber nun setzte Alexios seine neue Waffe ein: die »barbarischen« Franken. Ein lateinischer Augenzeuge beschrieb, dass »die Stadt von kundigen Männern mit so hohen Mauern umgeben worden war, dass sie weder den Angriff von Feinden noch die Kraft irgendwelcher Maschinen zu fürchten hatte«. Diese 10 Meter hohen Festungsmauern von fast 5 Kilometern Länge umfassten auch über 100 Türme. Erschwert wurde die Situation noch dadurch, dass die Stadt mit ihrer Westseite an den großen Askania-See grenzte; auf diesem Weg konnten der türkischen Besatzung, die wahrscheinlich aus kaum mehr als ein paar Tausend Mann bestand, Vorräte und Verstärkung geliefert werden, selbst wenn die Stadt vom Land her von allen Seiten eingeschlossen war.

In der ersten Phase der Belagerung entkamen die Christen nur knapp einer vernichtenden Niederlage. Kiliç Arslan kehrte im späten Frühjahr aus dem Osten Kleinasiens zurück, nachdem er das Ausmaß der Bedrohung für seine Hauptstadt erkannt hatte. Am 16. Mai versuchte er einen Überraschungsangriff auf die vor Nicäa aufgestellten Truppen; plötzlich tauchten seine Krieger aus den steilen, bewaldeten Hängen südlich der Stadt auf. Die Franken hatten zu ihrem Glück einen türkischen Spion gefangen genommen, der, als man ihm Folter und Tod androhte, den Plan der Seldschuken verriet. Als dann der Angriff der Muslime begann, waren die Lateiner wohlvorbereitet und erzwangen allein aufgrund ihrer Überzahl Kiliç Arslans Rückzug. Er konnte entkommen, ohne dass sein Heer allzu sehr dezimiert worden wäre, doch sein militärischer Ruf und die Moral der Besatzung von Nicäa waren durch die Ereignisse ernsthaft beschädigt. Die Kreuzfahrer schlugen, um die Verzweiflung der Feinde noch zu verstärken, vielen Hundert türkischen Toten die Köpfe ab, steckten sie auf Spieße und trugen sie vor der Stadt hin und her; einige Köpfe warfen sie sogar über die Mauer, »um noch mehr Schrecken zu erregen«. Diese Art barbarisch-psychologischer Kriegsführung war für mittelalterliche Belagerungen typisch und gewiss keine Spezialität der Christen. In den Wochen danach revanchierten sich die Türken Nicäas mit makabrer Hartnäckigkeit, indem sie eiserne Haken an Seilen befestigten und damit die Leichen von fränkischen Kämpfern hochzogen, die in Scharmützeln in der Nähe der Mauern gefallen waren; die verwesenden Kadaver ließen sie von der Mauer herabhängen, »um die Christen zu ärgern«.[16]

Nachdem die Kreuzfahrer den Angriff des Seldschuken Kiliç Arslan zurückgeschlagen hatten, wandten sie zur Überwindung der Verteidigungstaktiken Nicäas eine kombinierte Belagerungsstrategie an. Zum einen zogen sie, in der Hoffnung, Nicäa von der Außenwelt abzuschneiden und seine Besatzer durch physische und psychische Isolation zur Aufgabe zu zwingen, enge Belagerungslinien um die landeinwärts weisenden Mauern der Stadt im Norden, Osten und Süden. Da die Franken jedoch keine Möglichkeit hatten, die Kommunikationsverbindungen in Richtung Westen über den See abzuschneiden, verfolgten sie außerdem noch die aggressivere Strategie einer Angriffsbelagerung. Erste Versuche, die Stadt mithilfe von Leitern zu erstürmen, schlugen fehl, und man konzentrierte nun die Bemühungen darauf, eine Bresche in die Mauern zu schlagen. Die Kreuzfahrer bauten einige Steinwurfmaschinen, sogenannte Mangonelle, doch war deren Durchschlagskraft nur begrenzt, und es war nicht möglich, Wurfgeschosse zu schleudern, mit denen man den robusten Wehranlangen nennenswerten Schaden hätte zufügen können. Stattdessen benutzten die Lateiner diese Methode, um die Türken abzulenken und ungestört zu versuchen, Nicäas Mauern buchstäblich zu untergraben.

Das war ein lebensgefährliches Unterfangen. Um an den Fuß der Mauern zu gelangen, mussten die Truppen einen mörderischen Hagel muslimischer Pfeile und Steingeschosse über sich ergehen lassen, und wenn sie ihr Ziel erreicht hatten, waren sie den Angriffen von oben – brennendem Pech und siedendem Öl – ausgesetzt. Die Franken experimentierten mit verschiedenen tragbaren Schutzdächern gegen die Angriffe, mit unterschiedlichem Erfolg. Eine solche Apparatur aus Eichenbalken, die man voller Stolz auf den Namen »Fuchs« getauft hatte, brach prompt zusammen und tötete 20 Kreuzfahrer. Die Südfranzosen hatten mehr Glück, sie bauten eine kräftigere, abgeschrägte Schutzvorrichtung, mit der sie bis zu den Mauern vordringen und beginnen konnten, einen Belagerungsgang auszuheben. Pioniere gruben einen Tunnel unter der südlichen Festungsmauer hindurch; sorgfältig stützten sie den Gang mit Holzbalken ab, bevor sie den Hohlraum dann mit Ästen und Zunderholz anfüllten. An einem Abend um den 1. Juni 1097 herum setzten sie das Holz in Brand, der gesamte Aufbau stürzte ein, und ein kleiner Teil der Befestigungsanlage darüber brach zusammen. Allerdings hatten die Franken das Pech, dass die Mannschaften der türkischen Garnison den Schaden über Nacht reparieren konnten; die Aktion hatte also zu nichts geführt.

Mitte Juni, als die Kreuzfahrer noch immer keinen nennenswerten Fortschritt erzielt hatten, fiel nun den Byzantinern die Rolle des Züngleins an der Waage zu. Alexios hatte sich eine Tagreise nördlich der Stadt stationiert und diskreten, aufmerksamen Abstand vom Belagerungsgeschehen gehalten, während er gleichzeitig Truppen und militärische Berater aussandte, um den Lateinern zu helfen. Der Bemerkenswerteste unter diesen Männern war Tatikios, ein erfahrener Veteran aus dem kaiserlichen Gefolge, halb Araber, halb Grieche und bekannt für seine Treue zum Kaiser.[17] Erst Mitte Juni leistete Alexios seinen entscheidenden Beitrag zur Belagerung von Nicäa, indem er auf die Appelle der lateinischen Fürsten reagierte und eine kleine Flotte 30 Kilometer über Land zum Askania-See transportieren ließ. In der Morgendämmerung des 18. Juni segelte diese Flotte unter Trompetengeschmetter und Trommelwirbeln auf die westlichen Mauern von Nicäa zu, während die Franken gleichzeitig von Land her angriffen. Die seldschukischen Truppen waren regelrecht entsetzt, als sich die Schlinge um die Stadt nun zuzog; es wird berichtet, die Truppen hätten »Todesangst« gehabt, und »sie begannen zu jammern und zu klagen«. Es war nur eine Sache von Stunden, bis sie sich ergaben und Tatikios und die Byzantiner von der Stadt Besitz ergreifen konnten.

Die Einnahme Nicäas im Jahr 1097 markierte den Höhepunkt der griechisch-fränkischen Zusammenarbeit während des ersten Kreuzzugs.

Die einfachen lateinischen Soldaten äußerten sich zwar zunächst unzufrieden darüber, dass man ihnen untersagt hatte, Beute zu machen, doch das legte sich schnell, denn Alexios hatte beschlossen, seine Verbündeten mit üppigen Mengen an Bargeld zu belohnen. Spätere westliche Chronisten übertrieben die Spannungen, die nach der Eroberung Nicäas auftraten; aus einem Brief, den der führende Kreuzfahrer Stephan von Blois nach Hause schrieb, wird dagegen sehr deutlich, dass die freundliche, kollegiale Atmosphäre durchaus anhielt. Der Kaiser berief nun eine Audienz ein, um mit den fränkischen Fürsten die nächste Etappe des Feldzugs zu besprechen. Man verständigte sich in groben Zügen über die Route der Kreuzfahrer durch Kleinasien; als Ziel wurde Antiochia vereinbart. Alexios hatte die Absicht, dem Feldzug zu folgen und den Feind in den Gebieten, die durch die Kreuzfahrer eingenommen wurden, zu eliminieren; und in der Hoffnung, die Kontrolle über die Ereignisse in der Hand zu behalten, entsandte er Tatikios als seinen offiziellen Vertreter und Begleiter der Lateiner, zusammen mit einer kleinen Streitmacht aus byzantinischen Truppen.

Während des gesamten Frühjahrs und Sommers 1097 versorgte Alexios die Lateiner mit unschätzbaren Ratschlägen und Informationen. Anna Komnena bemerkte, dass Alexios »[sie] warnte bezüglich der Dinge, die ihnen auf ihrer Reise zustoßen mochten, und ihnen wertvollen Rat gab. Sie erhielten Informationen zu den Methoden, die die Türken normalerweise im Kampf verwenden; man erklärte ihnen, wie sie eine Schlachtlinie aufstellen und wie sie einen Hinterhalt legen konnten; und empfahl ihnen, den Feind nicht lang zu verfolgen, wenn er sich zur Flucht wandte.« Er riet den Anführern des Kreuzzugs außerdem, rohe Aggression gegenüber dem Islam mit pragmatischer Diplomatie abzumildern. Sie befolgten seinen Rat und versuchten, die politische und religiöse Uneinigkeit der Muslime für sich zu nutzen, indem sie Gesandte zu Schiff in das Kalifat der Fatimiden nach Ägypten entsandten, um die Möglichkeit eines Bündnisses auszuloten.[18]

Als die Kreuzfahrer Nicäa in der letzten Juniwoche des Jahres 1097 verließen, konnte Alexios mit einiger Genugtuung auf die vergangenen Monate zurückblicken. Die fränkische Horde war ohne gravierende Zwischenfälle durch sein Reich geleitet worden, und dem Seldschuken Kiliç Arslan hatte man einen entscheidenden Schlag versetzen können. Trotz gelegentlicher Reibungsmomente hatten die Lateiner sich sowohl hilfsbereit als auch dienstwillig gezeigt. Die Frage war, wie lang dieser erfreuliche Zustand anhalten würde, nun, da der Kreuzzug sich in Richtung Heiliges Land aufmachte und sich vom Zentrum der byzantinischen Befehlsgewalt entfernte.

Der Zug durch Kleinasien

Ohne die Führung des Alexios sahen sich die Franken nun vor Kommando- und Organisationsfragen gestellt. Ihr Heer war ja ein zusammengesetztes Gebilde, eine Masse aus vielen kleineren Teilen, die zwar ein gemeinsamer Glaube verband – der römische Katholizismus –, doch waren sie aus allen möglichen Bereichen Westeuropas zusammengezogen worden. Es gab tatsächlich gravierende Verständigungsprobleme – so fragte sich der nordfranzösische Kreuzfahrer Fulcher von Chartres: »Wer hat je ein solches Sprachengewirr in einem einzigen Heer vernommen?«

Diese disparate Masse brauchte die Führung durch eine starke Hand. Die Gesetze militärischer Logik ließen vermuten, dass der Kreuzzug sich ohne eine klar bestimmte Führungspersönlichkeit auflösen und zusammenbrechen würde. Aber seit dem Sommer 1097 hatte die Unternehmung keinen Oberbefehlshaber mehr. Der päpstliche Legat, Adhémar von Le Puy, konnte den geistlichen Vorrang beanspruchen, und der Grieche Tatikios bot seine Ratschläge an, aber in der Praxis war keiner im Besitz der absoluten Befehlsgewalt. Die Kreuzfahrer mussten sich im Gegenteil durch einen Prozess immer neuen Ausprobierens und Anpassens eine Organisationsstruktur erst erarbeiten und sich dabei weitgehend auf den integrierenden Einfluss ihres gemeinsamen frommen Zieles stützen. Entgegen allen Erwartungen waren sie dabei äußerst erfolgreich. Ihr wertvollstes Entscheidungsinstrument waren die Beratungsgespräche in der Führungsgruppe, eine normalerweise im Rahmen militärischer Unternehmungen völlig verpönte Methode. Von nun an trat ein Gremium aus führenden fränkischen Fürsten – darunter Raimund von Toulouse und Bohemund von Tarent – zur Diskussion und Festlegung der Vorgehensweise zusammen. Schon bald wurde ein gemeinsamer Fonds gegründet, in den die gesamte Beute floss, um anschließend neu verteilt zu werden. Hier musste auch entschieden werden, wie der Zug durch Kleinasien am besten zu bewältigen war.

Wegen seines immensen Umfangs konnte der Kreuzzug sich unmöglich als ein einziges Heer vorwärtsbewegen. Eine Kolonne aus 70 000 Menschen hätte Tage gebraucht, bis alle einen bestimmten Punkt passiert hatten. Auf der Suche nach Proviant hätten sie die Gebiete, durch die sie kamen, wie eine Heuschreckenplage verwüstet. Doch konnten es sich die Christen auch nicht leisten, in kleineren Kontingenten getrennt zu marschieren, wie sie es auf ihrem Weg bis Konstantinopel getan hatten, denn Kiliç Arslan und die seldschukischen Türken stellten nach wie vor eine sehr reale Bedrohung dar. Die Fürsten beschlossen daher schließlich, das Heer in zwei große Gruppen aufzuteilen, die unterwegs in engem Kontakt bleiben sollten.[19]

Die Schlacht von Doryläum

Am 29. Juni 1097 setzte sich die Gruppe aus Bohemunds süditalienischen Normannen und dem Heer Roberts von der Normandie in Marsch; in einigem Abstand folgten ihnen die Truppen Gottfrieds von Bouillon, Roberts von Flandern und die Provenzalen. Man wollte sich nach einem ungefähr viertägigen Marsch in südöstliche Richtung in Doryläum, einem aufgegebenen byzantinischen Militärlager, wiedervereinigen. Die Pläne des Seldschuken Kiliç Arslan sahen allerdings anders aus. Nach seiner schmachvollen Niederlage in Nicäa hatte er jetzt ein schlagkräftiges Heer aufgestellt und hoffte, die Kreuzfahrer aus dem Hinterhalt überfallen zu können, während sie sein Land durchquerten. Die Aufteilung des Kreuzfahrerheers in zwei Gruppen begünstigte sein Vorhaben. Am Morgen des 1. Juli griff er auf einer Ebene in der Nähe von Doryläum, wo zwei Täler aufeinandertrafen, Bohemunds und Roberts Vorausabteilung an. Ein Mitglied der Truppen Bohemunds erinnerte sich an den Schrecken, den das plötzliche Auftauchen der Türken im Heer auslöste: »Sie begannen alle auf einmal zu heulen und zu kreischen und zu schreien und riefen mit lauter Stimme in ihrer eigenen Sprache irgendwelche teuflischen Sprüche, die ich nicht verstand, [...] und schrien wie Dämonen.« Kiliç Arslan war mit einem Trupp leicht bewaffneter, wendiger Reiter gekommen und hoffte, die weniger beweglichen Kreuzfahrerreihen in heilloses Chaos zu stürzen. Die türkischen Krieger umringten die Kreuzfahrer wie ein Wirbelsturm und überschütteten sie mit einem unaufhörlichen Pfeilhagel. Die Lateiner waren durch die Taktik der Angreifer gewaltig erschüttert. Ein Augenzeuge, der den Kampf miterlebte, schrieb später: »Die Türken heulten wie Wölfe und schossen wütend eine Wolke von Pfeilen auf uns ab. Wir wurden völlig überrumpelt. Da wir uns in tödlicher Gefahr sahen und viele von uns verwundet waren, ergriffen wir bald die Flucht; und das kann nicht erstaunen, denn uns allen war diese Art von Kriegsführung völlig unbekannt.«

Einige Kämpfer mögen geflohen sein, doch erstaunlicherweise konnten Bohemund und Robert ihre Truppen wieder sammeln und ein Übergangslager neben einem Moor aufschlagen. Sie ergriffen nicht ungeordnet die Flucht, sondern hielten ihre Stellung, errichteten eine Verteidigungslinie und warteten auf Verstärkung. Einen halben Tag lang verließen sie sich beim Widerstand gegen den türkischen Angriff auf ihre Überzahl und ihre soliden Rüstungen. Um das Durchhaltevermögen angesichts der türkischen Schar zu stärken, wurde ein Spruch zur Hebung der Kampfmoral durch die Reihen geschickt: »Bleibt unerschütterlich zusammen, glaubt an Christus und an den Sieg des Heiligen Kreuzes. Heute werden wir alle reiche Beute machen.« Gelegentlich jedoch gelang feindlichen Truppen ein Durchbruch:

> Die Türken fielen in großer Zahl über das Lager her, schossen Pfeile von ihren Hornbögen ab und töteten unter den Pilgern Fußsoldaten, Mädchen, Frauen, Kinder und alte Leute; keinen verschonten sie aufgrund seines Alters. Wir waren wie betäubt und außer uns über diese entsetzliche Grausamkeit, und einige zarte, sehr vornehme Mädchen kleideten sich schnell in schöne Gewänder und boten sich den Türken an, um sie durch ihre Schönheit zu bewegen und zu beschwichtigen und bei ihnen Mitleid mit den Gefangenen zu erregen.

Dennoch konnten die Kreuzfahrer ihre Stellung behaupten. Im Mittelalter hing der Erfolg eines Feldherrn sehr stark von seiner persönlichen Überzeugungskraft ab, von der Fähigkeit, seine Leute zum Gehorsam zu motivieren, und es spricht sehr für Bohemund und Robert, dass sie angesichts eines derart aggressiven Feindes in der Lage waren, die Kontrolle über ihre Truppen aufrechtzuerhalten. Nach fünf entsetzlichen Stunden traf die Hauptstreitmacht des Kreuzzugs ein, und Kiliç Arslan wurde gezwungen, sich zurückzuziehen. Die Zahl der Opfer war groß, möglicherweise wurden 4000 Christen und 3000 Muslime getötet, doch war der Versuch fehlgeschlagen, den Kreuzfahrern ihr Vorhaben zu verleiden. Von diesem Zeitpunkt an ging Kiliç Arslan ihnen aus dem Weg. Die Seldschuken waren nicht besiegt, doch ihr Widerstand war gebrochen, und nun war der Weg nach Anatolien frei.[20]

Kontakte und Eroberungen

Nach der Schlacht von Doryläum sahen sich die Kreuzfahrer auf ihrem drei Monate langen Marsch Richtung Antiochia mit einem andersgearteten Feind konfrontiert. Durst, Hunger und Krankheit suchten sie während des ganzen Sommers des Jahres 1097 heim, als sie an mehreren Ansiedlungen vorbeizogen, die von den Türken aufgegeben worden waren. Ein Chronist berichtet, der Wassermangel habe irgendwann solche Ausmaße angenommen, dass

> nicht weniger als 500 Menschen, von quälendem Durst übermannt, starben. Außerdem verdursteten auch Pferde, Esel, Kamele, Maultiere, Ochsen und viele andere Tiere elendiglich. Viele waren von der Anstrengung und der Hitze ganz geschwächt, ihre Münder standen offen, und sie versuchten, auch nur den geringsten Nebelhauch einzufangen, um ihren Durst zu stillen. Als nun jeder so fürchterlich unter dieser Heimsuchung litt, stieß man endlich auf einen Fluss, den alle schon lang sehnsüchtig erwarteten. Als sie darauf zueilten, wollte jeder aus der Menschenmenge als Erster da sein, hatten sie doch schon so lange darauf gewartet. Sie tranken gierig, ohne aufzuhören, bis viele der so furchtbar Geschwächten, sowohl viele Menschen als auch Lasttiere, daran starben, dass sie zu viel tranken.

Es fällt auf, dass der Tod der Tiere fast genauso detailliert beschrieben wird wie der Tod von Menschen; diese Aufmerksamkeit für Pferde und Packtiere findet sich in sämtlichen zeitgenössischen Quellen. Das Heer war auf die Packtiere angewiesen, um Ausrüstung und Proviant zu transportieren, und die Ritter brauchten ihre Rösser im Kampf. Früher pflegten Historiker den militärischen Vorteil herauszustreichen, der sich für die Kreuzritter daraus ergab, dass sie über größere, stärkere, eben europäische Pferde verfügten, in Wahrheit aber starben die meisten dieser

Tiere, bevor das Heer Syrien erreichte. Ein fränkischer Augenzeuge berichtete später, dass aus diesem Grund »viele unserer Ritter sich als Fußsoldaten fortbewegen mussten, und da wir keine Pferde hatten, mussten wir Ochsen als Reittiere benutzen«.[21]

Oft gerieten die Kreuzfahrer auch in ganz exotische Gefahren. Gottfried von Bouillon etwa wurde auf der Jagd von einem wilden Bären angegriffen und schwer verwundet. Er hatte Glück, dass er dabei nicht umkam. Gefahren und Bedrängnisse dieser Art scheinen dazu geführt zu haben, dass die nächste Etappe sorgfältiger geplant wurde. Als die Kreuzfahrer in der fruchtbaren südöstlichen Ecke Kleinasiens ankamen, begannen sie mit den ansässigen armenischen Christen, die bis dahin unter türkischer Herrschaft gelebt hatten, Allianzen zu schmieden. Von Herakleia aus wurden Tankred und Balduin von Boulogne Richtung Süden nach Kilikien entsandt, während das Hauptheer die nördliche Route über Koxon und Marasch nahm. Beide Gruppen traten in Verbindung mit den dortigen armenischen Christen, doch Tankred und Balduin taten noch mehr: Sie errichteten ein Depot, von dem aus das gesamte Heer in den folgenden Monaten mit Nachschub beliefert werden konnte, und sicherten für die Verstärkungstruppen, mit denen die Franken in Antiochia zusammenzutreffen hofften, eine kürzere Route nach Syrien hinein.

Nach seiner kilikischen Expedition beschloss Balduin, sich vom Kreuzzug zu trennen und sein Glück im östlichen Grenzland zwischen Syrien und Mesopotamien zu suchen. Er hatte eine Möglichkeit ausfindig gemacht, eine eigene unabhängige levantinische Herrschaft zu begründen, und brach daher mit einer kleinen Truppe von nur 100 Rittern auf. Durch einen brutalen Eroberungsfeldzug in ausschließlich eigener Sache kamen seine Fähigkeiten als militärischer Befehlshaber wie als gewiefter politischer Taktiker zum Vorschein. Er stilisierte sich zum »Befreier«, der die armenischen Christen vom Joch der türkischen Tyrannei erlöst habe, und erlangte auf diese Weise schnell die Herrschaft über ein ausgedehntes Gebiet, das sich in Richtung Osten zum Euphrat hin erstreckte. Sein wachsender Ruhm trug ihm dann die Einladung zu einem Bündnis mit Thoros ein, dem schon älteren armenischen Herrscher über Edessa, einer Stadt im Fruchtbaren Halbmond jenseits des Euphrat. Das Bündnis ging so weit, dass Thoros Balduin in einem seltsamen öffentlichen Ritual als seinen Sohn adoptierte: Beide Männer entblößten ihren

Oberkörper, und Thoros umarmte Balduin und »drückte ihn an seine nackte Brust«, wobei ein langes Hemd über beide gezogen wurde, das ihre neue Verwandtschaft besiegeln sollte. Diese Zeremonie tat allerdings dem rücksichtslosen Ehrgeiz Balduins keinen Abbruch, was Thoros zum Verhängnis werden sollte. Es vergingen nur wenige Monate, bis sein armenischer »Vater« ermordet wurde, wahrscheinlich sogar mit Balduins stillschweigendem Einverständnis. Der Franke ergriff nun die Macht über die Stadt und ihre Umgebung und gründete damit den ersten Kreuzfahrerstaat im Orient: die Grafschaft Edessa.[22]

Unterdessen vereinigten sich Anfang Oktober 1097 die Truppen des ersten Kreuzzugs an der Nordgrenze Syriens; sie hatten die Durchquerung Kleinasiens überstanden, wenn auch mit herben Verlusten. Die Ereignisse des folgenden Jahrhunderts sollten zeigen, dass das bereits eine außerordentliche Leistung war, denn spätere Kreuzfahrer scheiterten in dieser Region. Nun jedoch lag eine immense Aufgabe vor ihnen, die selbst diese Prüfungen in den Schatten stellen sollte: die Belagerung Antiochias.

2

Syrisches Martyrium

Im Frühherbst des Jahres 1097 erreichten die Teilnehmer des ersten Kreuzzugs den Norden Syriens und kamen zu einer der großen Städte des Orients, der wehrhaften Metropole Antiochia. Endlich hatten sie die Grenzen zum Heiligen Land erreicht, und nun lockte im Süden bereits, nur noch drei Wochen Fußmarsch entfernt, Jerusalem. Die direkte Route zur Heiligen Stadt, die alte Pilgerstraße, führte allerdings durch Antiochia hindurch, bevor sie zur Mittelmeerküste abbog, in den Libanon und nach Palästina hinein, vorbei an einigen potenziell feindlichen, von Muslimen besetzten Städten und Festungen.

Allgemein verbreitet ist unter Historikerinnen und Historikern die These, den Franken sei nichts anderes übrig geblieben, als Antiochia einzunehmen, bevor sie ihre Reise in den Süden fortsetzten, weil ihnen die Stadt auf dem Weitermarsch als unüberwindliches Hindernis im Weg stand. Das stimmt nicht ganz. Spätere Ereignisse lassen darauf schließen, dass die Kreuzfahrer theoretisch auch die Möglichkeit gehabt hätten, die Stadt zu umgehen. Wäre es ihnen nur darum gegangen, so schnell wie möglich Jerusalem zu erreichen, hätten sie wahrscheinlich einen befristeten Waffenstillstand aushandeln können, um die Bedrohung durch die muslimische Besatzung Antiochias abzuwenden. Sie hätten dann mit nur geringer Verzögerung ihren Weg fortsetzen können. Dass sie sich stattdessen dafür entschieden, Antiochia zu belagern, lässt wichtige Rückschlüsse auf ihre Pläne, ihre Strategie und ihre Beweggründe zu.[1]

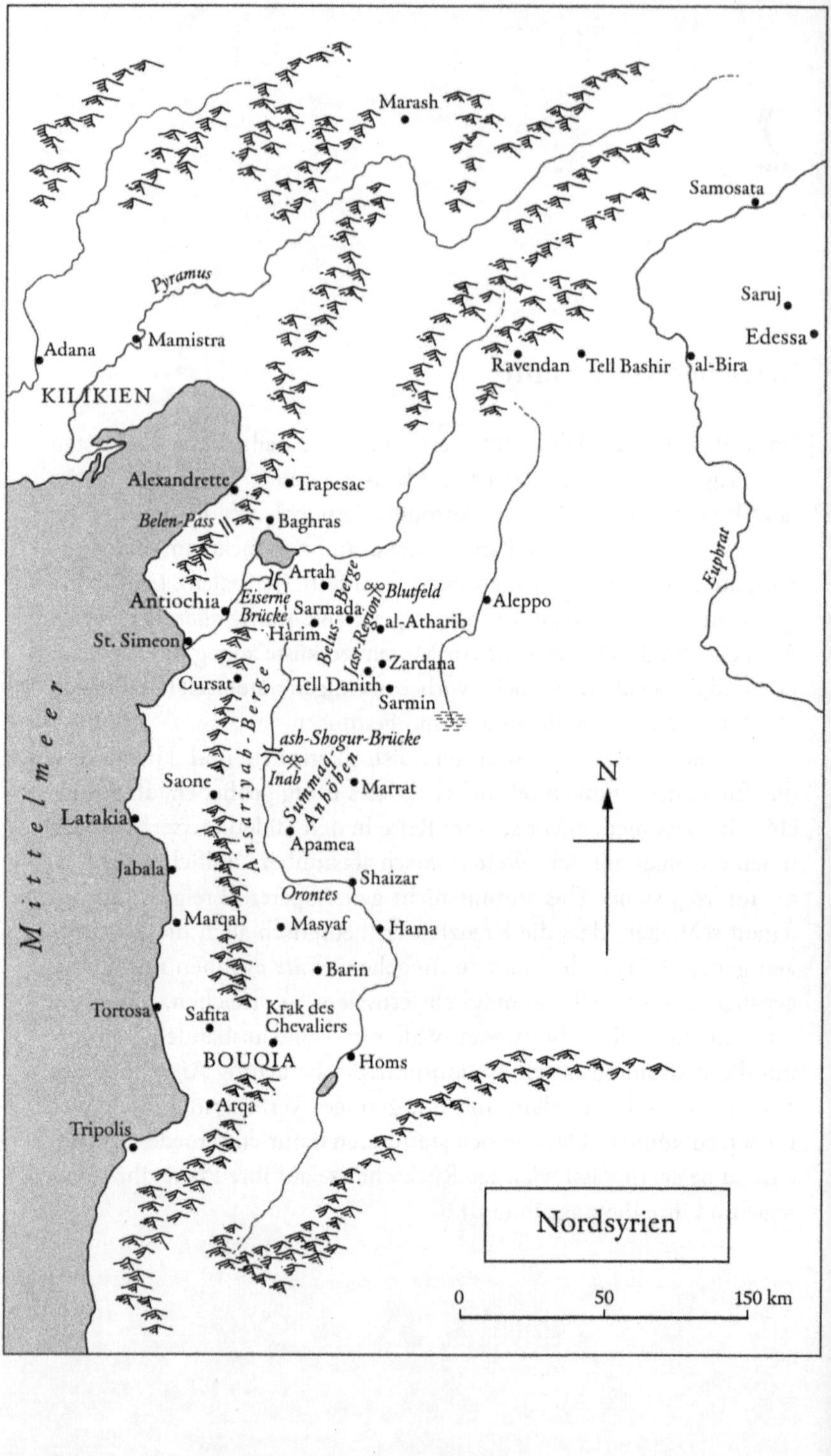
Marash
Samosata
Pyramus
Saruj
Edessa
Adana
Mamistra
Ravendan
Tell Bashir
al-Bira
KILIKIEN
Alexandrette
Trapesac
Belen-Pass
Baghras
Euphrat
Artah
Belus-Berge
Blutfeld
Antiochia
Eiserne Brücke
Sarmada
Aleppo
Jasr-Regom
al-Atharib
St. Simeon
Harim
Zardana
Cursat
Tell Danith
Sarmin
Ansariyah-Berge
ash-Shogur-Brücke
Mittelmeer
Inab
N
Saone
Marrat
Summaq-Anhöben
Latakia
Apamea
Jabala
Shaizar
Orontes
Marqab
Masyaf
Hama
Barin
Tortosa
Safita
Krak des Chevaliers
BOUQIA
Homs
Arqa
Tripolis
Nordsyrien
0
50
150 km

Antiochia

Zunächst einmal scheint Antiochia der Hauptzweck des Bündnisses zwischen den Kreuzfahrern und Byzanz gewesen zu sein. Gegründet 300 v. Chr. durch Antiochos, einen der Generäle Alexanders des Großen, war die Stadt für die Erschließung des Mittelmeerhandels ideal gelegen. Sie diente als ein dynamischer Umschlagplatz zwischen Ost und West und gehörte zu den drei wichtigsten Städten der römischen Welt, ein Zentrum des Handels und der Kultur. Während der ersten Expansionsphase des Islam im 7. Jahrhundert n. Chr. allerdings ging diese Bastion des östlichen Imperiums an die Araber verloren. Ein erstarkendes Byzanz eroberte Antiochia im Jahr 969 zurück, doch die vorrückenden Seldschuken entrissen die Stadt erneut der christlichen Herrschaft. Es war einer der glühendsten Wünsche Alexios' I., dem diese komplexe Vorgeschichte nur zu klar vor Augen stand, Antiochia wieder in sein Reich einzugliedern und es zum Eckstein einer neuen Ära griechischer Herrschaft über Kleinasien zu machen. Aus diesem Grund hörte er nicht auf, die Franken während des Sommers 1097 und darüber hinaus zu unterstützen. Er hoffte, den unerhörten Zuwachs an Schlagkraft, der ihm durch den Kreuzzug zuteilgeworden war, für seine Sache nutzen und als Preis Antiochia für sich beanspruchen zu können.

Der Plan, die Stadt einzunehmen, war also durchaus auch Ausdruck der Fortsetzung der griechisch-lateinischen Zusammenarbeit, doch hieß das nicht, dass die Kreuzfahrer einfach nur als Handlanger ihrer Verbündeten fungierten. Antiochia hatte, ebenso wie Jerusalem, eine tief verwurzelte Bedeutung für die Gläubigen. In ihr soll der Überlieferung zufolge Petrus, der Apostelfürst, die erste christliche Kirche gegründet haben, und es gab immer noch eine herrliche Basilika in der Stadt, die dem Heiligen geweiht war. Außerdem war Antiochia der Sitz eines der fünf Patriarchen, der Oberhäupter der Christenheit. Die Befreiung Antiochias stand also durchaus im Einklang mit den spirituellen Zielen des Kreuzzugs. Mit der Zeit stellte sich allerdings auch heraus, dass führende Kreuzfahrer wie etwa Bohemund von Tarent und Raimund von Toulouse ihre eigenen, eher weltlichen, ganz egoistischen Wünsche auf Antiochia richteten und Ziele verfolgten, die womöglich nicht mit den Erwartungen des Kaisers von Byzanz vereinbar waren.

Abgesehen von Fragen der lateinisch-griechischen Beziehungen und Gebietseroberungen verweist der Versuch, Antiochia zu erobern, auf eine wichtige Eigenschaft der Kreuzfahrer. Sie waren nicht, wie einige mittelalterliche und moderne Kommentatoren zu wissen glaubten, eine wilde Horde zügelloser Barbaren, die planlos in Richtung Jerusalem strömten. Die Ereignisse des Jahres 1097 zeigen, dass ihre Aktionen auf mehr als einem Minimum an strategischer Planung beruhten. Die Belagerung von Antiochia wurde mit einiger Sorgfalt vorbereitet; man eroberte mehrere kleine Siedlungen in der Umgebung, die als logistische Zentren für den Nachschub dienten, und bemühte sich um überseeische Kontakte, um die Unterstützung vom Meer her sicherzustellen; einige dieser Beziehungen waren wohl schon Monate zuvor geknüpft worden. Außerdem rechneten die Franken fest damit, dass sie vor Antiochia durch griechische Truppenkontingente unter Alexios und durch später eintreffende Gruppen von Kreuzfahrern aus dem Westen unterstützt würden, daher befestigten sie die sicherste und kürzeste Route von Kleinasien nach Syrien über den Belen Pass. Ihr gesamtes Verhalten im Herbst des Jahres 1097 offenbart, dass die Franken fest entschlossen waren, Antiochia zu erobern, obwohl sie genau wussten, dass dies keine leichte Aufgabe war.

Doch selbst unter diesen Voraussetzungen waren die Kreuzfahrer, als sie Ende Oktober auf die Stadtmauern zumarschierten, von dem gewaltigen Umfang der Verteidigungsanlagen eingeschüchtert. Ein Franke schrieb in einem Brief nach Europa, dass auf den ersten Blick die Stadt »unglaublich stark befestigt und nahezu uneinnehmbar« wirkte. Antiochia lag eingebettet zwischen zwei Bergen – dem Staurin und dem Silpius – sowie dem Fluss Orontes *(Nahr al-Asi)*. Im 6. Jahrhundert hatten die Römer diese natürlichen Gegebenheiten durch einen Ring von rund 60 durch eine massive Mauer verbundenen Türmen erweitert. Die Mauer war 5 Kilometer lang und bis zu 20 Meter hoch, sie verlief entlang des Flusses und dann hoch über den Staurin bis zu den schroffen Abhängen des Silpius. Einige Hundert Meter über der eigentlichen Stadt, in der Nähe des Gipfels des Silpius, krönte eine imposante Zitadelle die Befestigungsanlagen Antiochias. Ende des 11. Jahrhunderts hatte dieses Verteidigungssystem durch Verwitterung und Erdbeben stark gelitten, doch noch immer war es für etwaige Angreifer ein wehrhaftes Hindernis. Ein fränkischer Augenzeuge sah sich zu der Feststellung veranlasst, dass die Stadt »weder den Angriff von Kriegsmaschinen noch den Ansturm von Menschen zu fürchten hatte, selbst wenn sich alle Menschen verbünden würden, um sie zu belagern«.[2]

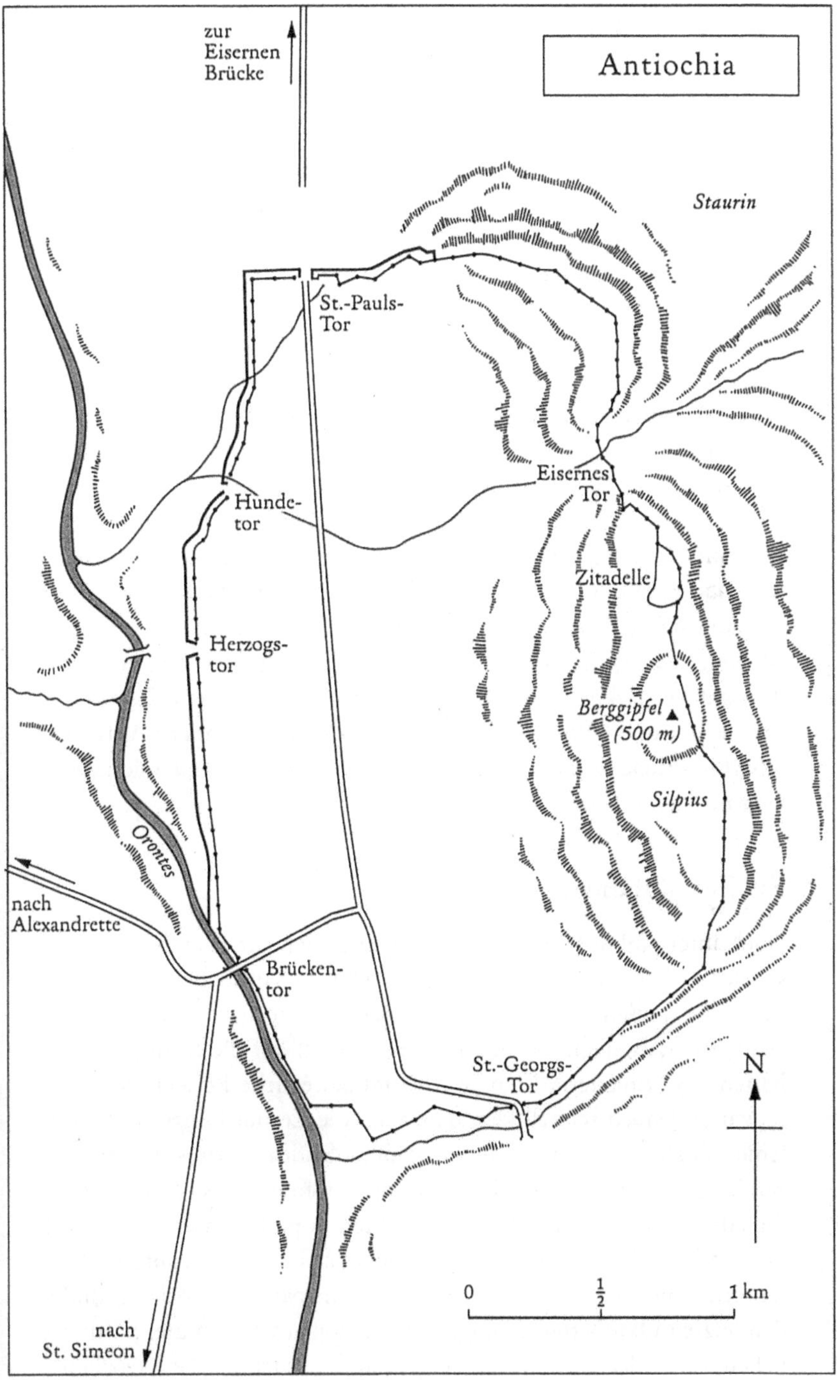

Antiochia
zur
Eisernen
Brücke
Staurin
St.-Pauls-
Tor
Eisernes
Tor
Hunde-
tor
Zitadelle
Herzogs-
tor
Berggipfel
(500 m)
Silpius
Orontes
nach
Alexandrette
Brücken-
tor
St.-Georgs-
Tor
N
0
½
1 km
nach
St. Simeon

Den Kreuzfahrern kam es jedoch sehr zustatten, dass das muslimische Syrien sich in einem vollkommen chaotischen Zustand befand. Seit das seldschukische Reich in den frühen 1090er-Jahren auseinandergebrochen war, wurde die Region von Machtkämpfen zerrissen, und die türkischen Potentaten waren mehr an ihren eigenen kleinlichen internen Machtkämpfen interessiert als daran, schnell, konzentriert und geschlossen auf diese unerwartete lateinische Invasion zu reagieren. Die beiden jungen, einander bekriegenden Brüder Ridwan und Duqaq herrschten über die wichtigen Städte Aleppo und Damaskus, doch ihnen waren durch einen Bürgerkrieg die Hände gebunden. Antiochia selbst, die halbautonome Grenzsiedlung des geschwächten seldschukischen Sultanats von Bagdad, wurde von Yaghi-Siyan regiert, einem hinterhältigen, weißhaarigen Stammesfürsten. Er hatte nur die eine Möglichkeit, auf die stabilen Festungsanlagen seiner Stadt zu vertrauen und zu hoffen, dass er den Ansturm der Kreuzfahrer überstehen werde. Als die Franken sich näherten, sandte er an seine muslimischen Nachbarn in Aleppo, Damaskus und sogar nach Bagdad Hilfsappelle und hoffte von dort auf Verstärkung. Außerdem behielt er die vielen griechischen, armenischen und syrischen Christen unter den Bewohnern Antiochias scharf im Blick, weil er sich von ihrer Seite auf Verrat und Spionage gefasst machen musste.

Ein Zermürbungskrieg

Nach ihrer Ankunft mussten die Lateiner sich für eine Strategie entscheiden. Die massiven Befestigungsanlagen Antiochias waren entmutigend, außerdem fehlten ihnen Handwerker und Material, um die Waffen herzustellen, die sie für einen Angriff auf die Stadt gebraucht hätten – Sturmleitern, Mangonelle und bewegliche Belagerungstürme. Es wurde jedoch schnell klar, dass auch die Zermürbungstaktik Probleme mit sich bringen würde. Die langen Stadtmauern Antiochias, die zerklüfteten Berge vor der Stadt und nicht weniger als sechs Haupttore, die aus der Stadt hinausführten, machten es praktisch unmöglich, die Stadt vollständig zu umzingeln. Die Fürsten einigten sich aufgrund dieser Situation bei einer Versammlung auf eine partielle Blockade, und in den letzten Oktobertagen gingen ihre Truppen vor den drei nordwestlichen Toren der Stadt in Stellung. Später versuchten die Kreuzfahrer, auch die beiden Südeingänge zu sperren. Man baute zu diesem Zweck eine Behelfsbrücke über den Orontes und mehrere provisorische Festungen, mit deren Hilfe die Belagerungsschlinge enger gezogen werden sollte. Aber es blieb ein Zugang frei, das Eiserne Tor, das sich in einer Felsschlucht zwischen Staurin und Silpius befand und für die Kreuzfahrer völlig unzugänglich war. Solange dieses Tor offen war, bildete es für Yaghi-Siyan und seine Truppen in den langen Monaten der Belagerung eine lebenswichtige Verbindungslinie zur Außenwelt.

Vom Herbst des Jahres 1097 an mussten die Franken sich an den zermürbenden Alltag einer Belagerung gewöhnen, wie sie für das ganze Mittelalter typisch war. Diese Form der Kriegsführung brachte zwar häufige kleinere Gefechte mit sich, doch im Wesentlichen bestand die Aufgabe nicht aus bewaffneten Auseinandersetzungen, sondern das physische und psychische Durchhaltevermögen wurde auf die Probe gestellt. Entscheidend war sowohl für die Lateiner als auch für ihre muslimischen Feinde die Kampfmoral, und beide Seiten setzten einige fürchterliche Taktiken ein, um die mentale Widerstandskraft ihrer Gegner zu untergraben. Nachdem die Kreuzfahrer zu Beginn des Jahres 1098 eine größere Schlacht gewonnen hatten, trennten sie mehr als 100 muslimischen Toten die Köpfe ab, steckten sie auf Speere und marschierten damit schadenfroh vor den Mauern Antiochias auf und ab, »um den Schmerz der Türken zu vergrößern«. Nach einem anderen Gefecht schlichen sich die Muslime nach Einbruch der Dämmerung aus der Stadt hinaus, um ihre Toten zu begraben. Als das die Christen bemerkten, so ein lateinischer Augenzeuge,

> befahlen sie, die Leichen auszugraben und die Gräber zu zerstören. Die toten Männer wurden aus ihren Gräbern herausgezogen. Sie warfen sämtliche Leichen in eine Grube, trennten ihre Köpfe ab und brachten sie zu unseren Zelten. Als die Türken das sahen, waren sie sehr bestürzt und außer sich vor Trauer; sie klagten viele Tage lang und taten nichts anderes als weinen und heulen.

Auf der gegnerischen Seite befahl Yaghi-Siyan öffentliche Schikanen an den christlichen Einwohner Antiochias. Der griechische Patriarch, der schon seit Langem in der Stadt friedlich residiert hatte, wurde kopfüber an der Festungsmauer aufgehängt und mit eisernen Ruten ausgepeitscht.

Ein lateinischer Chronist berichtet, dass »viele Griechen, Syrer und Armenier, die in der Stadt lebten, von wütenden Türken abgeschlachtet wurden. Vor den Augen der Franken warfen sie die Köpfe derer, die sie umgebracht hatten, mit Katapulten und Schleudern über die Mauern. Das vor allem bestürzte unsere Leute.« Kreuzfahrer, die den Muslimen in die Hände fielen, erlitten häufig Ähnliches. Der Archidiakon von Metz wurde in einem Garten nahe der Stadt beim »Würfelspiel« mit einer jungen Frau gefangen genommen. Er wurde auf der Stelle enthauptet, die Frau wurde in die Stadt zurückgeholt, vergewaltigt und getötet. Am folgenden Morgen wurden die Köpfe der beiden ins lateinische Lager katapultiert.

Neben den Gräueltaten auf beiden Seiten war der Kampf um die Ressourcen ein Hauptaspekt der Belagerung. Die verzweifelte Situation, in der die Gegner einander belauerten und es beiden darum ging, länger auszuhalten als der andere, hing entscheidend vom Nachschub an Kämpfern, Material und allem voran Nahrungsmitteln ab. Da für die Kreuzfahrer logistische Überlegungen die größte Rolle spielten, befanden sie sich in der schwächeren Position. Die Blockade war nicht vollständig, deshalb konnte die muslimische Besatzung der Stadt nach wie vor von außen Ressourcen und Unterstützung bekommen. Das umfangreichere Heer der Kreuzfahrer dagegen hatte seine Vorräte bald aufgebraucht und musste sich immer weiter in feindliches Gebiet vorwagen, um Proviant zu beschaffen. Im Lauf der Zeit verschlimmerte sich die Lage durch den Wintereinbruch noch. In einem Brief an seine Frau klagte Stephan von Blois: »Vor den Mauern der Stadt Antiochia litten wir den ganzen Winter hindurch für unseren Herrn Jesus Christus unter schrecklicher Kälte und unglaublichen Regengüssen. Einige Leute behaupten, dass es unmöglich ist, die Sonnenhitze in Syrien zu ertragen, das stimmt überhaupt nicht, denn der Winter dort ist unserem Winter im Westen sehr ähnlich.« Ein zeitgenössischer armenischer Christ erinnerte sich später daran, dass in diesem schrecklichen Winter »wegen des Nahrungsmangels Krankheit und Tod in solchem Ausmaß über das fränkische Heer kamen, dass von fünf Menschen einer starb, und alle anderen litten unter dem Gefühl, verlassen und weit weg von ihrer Heimat zu sein«.[3]

Die Qualen im fränkischen Lager erreichten im Januar des Jahres 1098 ihren Höhepunkt. Hunderte, wenn nicht Tausende Menschen kamen um, geschwächt durch Unterernährung und Krankheit. Es hieß, dass die Armen »Hunde und Ratten« aßen, »die Haut von Tieren, und Getreidekörner, die sie im Mist fanden«. Viele konnten diese verzweifelte Notlage nicht verstehen, sie fragten sich, warum Gott den Kreuzzug, Sein heiliges Unterfangen, aufgegeben hatte. In dieser zunehmend schrecklichen Atmosphäre von Verdächtigungen und gegenseitigen Beschuldigungen bot der lateinische Klerus eine Antwort an: Das Unternehmen hatte sich mit Sünde befleckt. Um gegen diesen Makel vorzugehen, ordnete der päpstliche Legat Adhémar von Le Puy mehrere Reinigungsrituale an – Fasten, Beten, Almosengeben, Prozessionen. Gleichzeitig wurden die Frauen, in denen man die Quelle der Unreinheit sah, aus dem Lager vertrieben. Trotz dieser Maßnahmen verließen viele Christen Nordsyrien und flohen; die Ungewissheit der Reise zurück nach Europa zogen sie den entsetzlichen Umständen der Belagerung vor. Sogar Peter der Einsiedler, einst Sprachrohr der Begeisterung für den Kreuzzug, versuchte zu desertieren. Er wurde dabei erwischt, wie er im Schutz der Dunkelheit aufbrechen wollte, und von Tankred kurzerhand wieder zurückgeholt. Ungefähr zur selben Zeit verließ Tatikios die Expedition, offenbar, um in Kleinasien für Verstärkung und Vorräte zu sorgen. Er kam nicht wieder zurück, doch die Byzantiner auf Zypern schickten den Franken vor Antiochia Verpflegung und Ausrüstung.

Ein harter Kern von Kreuzfahrern überlebte die zahlreichen Entbehrungen dieses bitteren Winters, und als der Frühling kam, neigte sich die Waagschale langsam zu ihren Gunsten. Das Netz von Versorgungsstationen, das die Franken eingerichtet hatten, trug erheblich zur Erleichterung der Situation in Antiochia bei: Vorräte aus so weit entfernten Gebieten wie Kilikien und später auch von Balduin von Boulogne aus Edessa trafen ein. Noch wichtiger war die Unterstützung, die über das Mittelmeer kam und durch die mittlerweile von den Lateinern eroberten nordsyrischen Häfen Latakia und St. Simeon geschleust wurde. Am 4. März landete im Hafen von St. Simeon eine kleine Flotte englischer Schiffe mit Verpflegung, Baumaterialien und Handwerkern. Wenige Tage später eskortierten Bohemund von Tarent und Raimund von Toulouse gegen den heftigen Widerstand muslimischer Truppen aus Antiochia die wertvolle Fracht von der Küste her ins eigene Lager. Die neu angelieferten Materialien gestatteten es den Franken, ein entscheidendes Schlupfloch in ihrem Belagerungsring zu schließen.

Bisher hatten die Mannschaften von Yaghi-Siyan das Stadttor, das auf die Brücke hinausführte, relativ ungestört benutzen können und von dort aus auch die Straßen nach St. Simeon und Alexandrette zu sichern vermocht. Die Christen befestigten jetzt eine aufgegebene Moschee, die in der Ebene vor diesem Zugang lag, und bezogen damit einen Festungsstützpunkt, den sie La Mahomerie (Heilige Maria) tauften; von hier aus konnten sie die Umgebung kontrollieren. Graf Raimund bot an, die hohen Kosten für die Besetzung dieses Vorpostens persönlich zu übernehmen, allerdings waren seine Motive wohl nicht völlig frei von Eigennutz. Zu Beginn der Belagerung hatten normannische Truppen das Gebiet vor dem St.-Pauls-Tor besetzt; sie würden also die Ersten sein, die bei einem Sieg der Kreuzfahrer die Stadt stürmen konnten. Damit hatte sich Bohemund eine gute Ausgangsposition geschaffen, um eigene Ansprüche geltend zu machen. Schon früher waren die Fürsten dahingehend übereingekommen, dass sie sich an das »Recht durch Eroberung« halten wollten, wonach Beutegut dem zufällt, der es erobert hat oder für sich beansprucht. Indem Raimund seine eigene Gefolgschaft vor dem zweiten großen Tor Antiochias postierte, konnte er seinem Rivalen nun auf Augenhöhe begegnen.

Innerhalb eines Monats hatten die Franken einen weiteren Belagerungsstützpunkt errichtet, indem sie ein Kloster in der Nähe des St.-Georgs-Tores, des letzten offenen Zugangs zur Stadt Antiochia, befestigten. Tankred erklärte sich bereit, diesen Vorposten zu besetzen, allerdings nur gegen Zahlung der beträchtlichen Summe von 400 Silbermark. Zu Beginn des Kreuzzugs hatte Tankred noch zur zweiten Riege der Adligen gehört und ganz im Schatten seines ruhmreichen Onkels Bohemund gestanden. Inzwischen gewann er allmählich eigenes Profil. Nach seinen Großtaten in Kilikien trugen jetzt dieses ehrenvolle Kommando und der damit verbundene neue Wohlstand dazu bei, seinen Status zu verbessern und ihm ein gewisses Maß an Unabhängigkeit zu verleihen.[4]

Verrat

Im April 1098 hatten die Kreuzfahrer die Schlinge um Antiochia zugezogen. Yaghi-Siyan konnte zwar immer noch in gewissem Umfang durch das Eiserne Tor Nachschub erhalten, doch seine Möglichkeiten, die Franken zu peinigen, waren empfindlich geschrumpft. Nun war es an den Muslimen, sich vor Isolation, schwindenden Ressourcen und einer bevorstehenden Niederlage zu fürchten. Doch große Sorge bereitete den Kreuzfahrern nach wie vor, dass die Muslime sich zu einem Entsatzheer zusammenschließen könnten, um ihren Glaubensbrüdern in Antiochia zu Hilfe zu kommen, und dass sie selbst dann zwischen zwei feindlichen Heeren eingeschlossen wären.

Die Lateiner hatten von der Borniertheit der einzelnen Parteiungen im muslimischen Syrien schon sattsam profitiert. Duqaq von Damaskus und Ridwan von Aleppo dachten gar nicht daran, ihre kleinlichen Querelen hintanzustellen; vielleicht hielten sie die Kreuzfahrer auch einfach für byzantinische Söldner – jedenfalls reagierten sie auf die Hilferufe Yaghi-Siyans nur mit je einzeln entsandten, unkoordinierten Truppen, die im Dezember 1097 und im Februar 1098 gegen die Franken antraten. Hätten diese beiden großen Städte ihre Streitkräfte vereinigt, hätte der erste Kreuzzug in jenem Winter vor den Mauern Antiochias wahrscheinlich mit einer Katastrophe geendet. Tatsächlich aber gelang es den Lateinern, beide Heere zurückzuschlagen, wenn auch nicht ohne beträchtliche Verluste in den eigenen Reihen.

Den Kreuzfahrern war außerdem bekannt, dass der Islam im Vorderen Orient durch ein noch viel tiefergehendes Zerwürfnis zwischen den Sunniten und den Schiiten gespalten war; nachdem Alexios Komnenos ihnen geraten hatte, diese Spaltung zu nutzen, hatten sie zu den schiitischen Fatimiden in Ägypten bereits im Sommer des Jahres 1097 Kontakt aufgenommen. Diese reagierten Anfang Februar des Jahres 1098, als eine Gesandtschaft von al-Afdal, dem Wesir von Ägypten, im christlichen Lager vor den Mauern Antiochias eintraf, um die Möglichkeit eines Abkommens mit den Teilnehmern des ersten Kreuzzugs auszuloten. Aus dem recht ausgedehnten Besuch dieser muslimischen Gesandten wurde kein Geheimnis gemacht. Sie hielten sich mindestens einen Monat lang im Lager der Kreuzfahrer auf, und ihre Anwesenheit ist durch die Aufzeichnungen lateinischer Augenzeugen umfangreich dokumentiert. Dabei scheint der freundliche Empfang dieser Gesandtschaft auf nur geringe, möglicherweise auch gar keine Kritik gestoßen zu sein. Stephan von Blois beispielsweise schrieb ganz unbefangen an seine Frau, dass die Fatimiden »Frieden und Eintracht mit uns geschaffen« hätten. Es kam vor Antiochia nicht zu einem definitiven Abkommen zwischen den Kreuzfahrern und den Ägyptern, doch versprachen Letztere »Freundschaft und wohlwollendes Verhalten«, und um ein solches Bündnis zu festigen, wurden lateinische Gesandte mit dem Auftrag nach Nordafrika zum Gegenbesuch geschickt, »einen Freundschaftspakt abzuschließen«.

Bis zum Frühsommer 1098 war es den ersten Kreuzfahrern gelungen, durch Diplomatie und kurze militärische Vorstöße einen direkten Gegenangriff der Muslime abzuwenden. Ende Mai 1098 jedoch kam ein schreckliches Gerücht auf: Ein neuer Feind sei unterwegs. Offenbar hatte der Sultan von Bagdad endlich auf die verzweifelten Hilferufe aus Antiochia reagiert und ein riesiges Entsatzheer aufgestellt. Am 28. Mai berichteten die ins fränkische Lager zurückkehrenden Kundschafter, dass sie »eine [muslimische] Armee« gesehen hätten, die »überall aus den Bergen und auf verschiedenen Straßen wie Sand am Meer zusammenkommt«. Es war der gefürchtete irakische Hauptmann Kerboga von Mosul, der da an der Spitze von rund 40 000 syrischen und mesopotamischen Soldaten heranmarschierte. Bis zu seinem Eintreffen in Antiochia würde es nicht einmal mehr eine Woche dauern.[5]

Die Nachricht, dass die sunnitischen Muslime es schließlich doch geschafft hatten, sich gegen die Kreuzfahrer zu vereinigen, schockierte die lateinischen Fürsten. Sie versuchten, diese schrecklichen Neuigkeiten vor der großen Menge zu verheimlichen, weil sie befürchteten, dass andernfalls eine Panik ausbrechen könnte und die Menschen scharenweise desertieren würden. Die Fürsten kamen zu einer Krisenbesprechung zusammen, um eine Strategie auszuarbeiten. Obwohl die Umzingelung der Stadt enger geworden war und der Widerstand Yaghi-Siyans zusehends nachließ, war noch kein schnelles Ende der Belagerung abzusehen. Die Franken waren außerstande, Kerboga in offener Schlacht entgegenzutreten – sie verfügten nur über ungefähr die Hälfte an Kämpfern, außerdem hatten sie nicht genug Pferde, mit denen sie eine Reiteroffensive hätten abwehren können. Nach all den fürchterlichen Anstrengungen und Opfern der zurückliegenden Monate hatte es nun den Anschein, als solle das Heer der Christen unter der heranbrandenden Woge des muslimischen Angriffs an den Mauern Antiochias zermalmt werden.

In diesem kritischen Moment, als es ganz so aussah, als stehe der Kreuzzug vor seinem endgültigen Scheitern, trat Bohemund vor. Er vertrat die Meinung, dass bei der gegebenen Notlage jeder, der Antiochias Sturz bewerkstelligen könne, einen rechtmäßigen Anspruch auf die Stadt erheben dürfe, und nach längerem Hin und Her stimmte man dem im Wesentlichen zu, unter der Bedingung, dass dieser Anspruch an den Kaiser Alexios übergehen werde, falls er kommen und ihn für sich reklamieren sollte. Nachdem der listenreiche Bohemund damit die Angelegenheit in seinem Sinn geregelt hatte, legte er die Karten auf den Tisch. Er war, so ließ er wissen, mit einem Überläufer in der eingeschlossenen Stadt, einem armenischen Hauptmann der Turmwache namens Firuz, in Kontakt getreten, der bereit war, die Stadt durch Verrat auszuliefern.

Wenige Tage später, in der Nacht vom 2. auf den 3. Juni, erkletterte eine kleine Gruppe von Männern aus Bohemunds Truppe auf einer Leiter aus Rinderhaut eine abgelegene Sektion der südöstlichen Stadtmauer, wo Firuz auf sie wartete. Sogar mit der Unterstützung durch den Verräter war dieser Einsatz so riskant, dass Bohemund selbst es vorzog, unten zu warten, denn wenn irgendjemand die Sache bemerkt und Alarm geschlagen hätte, wäre der isolierte Voraustrupp mit Sicherheit abgeschlachtet worden. Doch es gelang, die Wachen der drei nächstgelegenen Türme schnell und unauffällig zu überwältigen und in der Mauer unten einen kleinen Seiteneingang zu öffnen. Bis zu diesem Augenblick kam alles darauf an, nicht entdeckt zu werden. Als sich jedoch die Tür in der Mauer öffnete, blies Bohemund in ein Horn, um einen zweiten, koordinierten Angriff auf Antiochias Zitadelle in Gang zu setzen. Die Stille der Nacht wurde zerrissen durch den Schlachtruf der Franken: »Gott will es! Gott will es!« Der wachsende Tumult durchbrach die Dunkelheit und überrumpelte die Besatzung der Stadt vollständig. Einige byzantinische Christen, die noch in Antiochia lebten, griffen ihre muslimischen Herren an und beeilten sich, die übrigen Stadttore aufzustoßen.

Der Widerstand fiel nun mehr und mehr in sich zusammen, und die Kreuzfahrer strömten nach Antiochia hinein, getrieben von dem übermächtigen Wunsch, die Last von acht Monaten aufgestauter Wut und Aggression loszuwerden. Im Zwielicht der nahenden Morgendämmerung begann ein chaotisches Gemetzel. Ein lateinischer Zeitgenosse beschrieb, dass sie »keinen Muslim aufgrund von Alter oder Geschlecht verschonten, die Straßen waren bedeckt mit Blut und Leichen, darunter auch griechische, syrische und armenische Christen –

kein Wunder, denn in der Dunkelheit konnten sie nicht unterscheiden, wen sie verschonen und wen sie abschlachten konnten«. Danach, so der Bericht eines anderen Kreuzfahrers, waren »alle Straßen der Stadt voller Leichen, wegen des Gestanks hielt es dort keiner länger aus, und es konnte auch keiner durch die engen Gassen der Stadt gehen, ohne auf Leichen zu treten«. Mitten in diesem unkontrollierten Blutvergießen und den anschließenden Plünderungen sorgte Bohemund dafür, dass seine blutrote Standarte über der Stadt gehisst wurde, die herkömmliche Methode, um den Anspruch auf erobertes Territorium geltend zu machen. Gleichzeitig eilte Raimund von Toulouse durch das Brückentor und besetzte sämtliche Gebäude in der Umgebung des Tores, darunter den Palast von Antiochia, womit er innerhalb der Stadt einen gewichtigen provenzalischen Stützpunkt markierte. Nur die Zitadelle hoch oben auf dem Silpius blieb in muslimischer Hand, unter dem Kommando des Sohnes von Yaghi-Siyan. Der Hauptmann selbst hatte entsetzt die Flucht ergriffen, wurde aber sofort von einem Bauern aus der Umgebung gefangen genommen und enthauptet.[6]

Bohemunds hinterhältiger Plan war erfolgreich umgesetzt worden, und er beendete die erste Belagerung von Antiochia, doch es blieb kaum Zeit, den Sieg zu feiern. Am 4. Juni, nur einen Tag nach der Eroberung der Stadt, traf die Vorhut von Kerbogas Heer ein. Die heranströmenden muslimischen Truppen hatten Antiochia schnell umzingelt, und die Teilnehmer des ersten Kreuzzugs saßen in der Falle.

Die Belagerten

Die zweite Belagerung Antiochias im Juni 1098 stellte die größte Krise für den Kreuzzug dar. Den Lateinern war es gelungen, eine Zweifrontenschlacht zu vermeiden, doch nun sahen sie sich selbst, umschlossen von den Mauern Antiochias, in der Rolle der Belagerten. Es gab nach der ersten Belagerung fast keine Vorräte mehr in der Stadt, die Kreuzfahrer fanden also kaum Verpflegung oder sonstige Hilfsgüter vor. Und da sich die Zitadelle noch in feindlicher Hand befand, blieb der mächtige Verteidigungsring auf fatale Weise geöffnet. Das gesamte Unternehmen stand am Rand des Zusammenbruchs.

Nur noch ein schwacher Hoffnungsschimmer blieb den Kreuzfahrern: dass endlich die byzantinischen Truppen unter dem Oberbefehl des Alexios Komnenos eintreffen würden, um sie zu retten. Die Franken konnten allerdings nicht ahnen, dass sich der Gang der Dinge selbst gegen sie verschworen hatte, um auch noch diese letzte Aussicht auf Befreiung zunichtezumachen. Am 2. Juni, unmittelbar bevor Antiochia in die Hand der Lateiner gefallen war, befand der Kreuzfahrer Graf Stephan von Blois, dass die Christen keine Überlebenschance mehr hätten, und beschloss zu fliehen. Unter dem Vorwand, krank zu sein, brach er nordwärts auf, um über Kleinasien in seine Heimat zurückzukehren. Seine Abreise muss sich auf die Kampfmoral verheerend ausgewirkt haben, doch fügte Stephan den Zielen dieses Feldzugs und der Sache der Kreuzfahrer insgesamt noch größeren Schaden zu.

In Zentralanatolien traf er auf Kaiser Alexios und seine Truppen, die bei der Stadt Philomelion ihr Lager aufgeschlagen hatten. Während der gesamten Belagerungszeit vor Antiochia hatten die Kreuzfahrer auf griechische Verstärkung gewartet, Alexios jedoch war damit beschäftigt, die Küstengebiete Kleinasiens zurückzuerobern. Als nun Stephan berichtete, die Franken seien höchstwahrscheinlich schon besiegt, fasste der Kaiser den Entschluss, nach Konstantinopel zurückzukehren. In diesem entscheidenden Moment ließ Byzanz die Kreuzfahrer im Stich, was den Griechen auch später nie gänzlich verziehen wurde. Und Stephan kehrte in seine Heimat Frankreich zurück – allerdings nur, um dort von seiner Frau öffentlich als Feigling beschimpft zu werden.

Die ersten Kreuzfahrer waren also in der Konfrontation mit Kerbogas Horde auf sich allein gestellt. Der Hauptmann aus Mosul entpuppte sich als schrecklicher Gegner. Die Franken sahen in ihm den offiziell ernannten »Oberbefehlshaber über das Heer des Sultans von Bagdad«, doch wäre es falsch, in Kerboga lediglich einen Erfüllungsgehilfen des Abbasiden-Kalifats zu sehen. Kerboga hegte seine eigenen Expansionspläne, und er hatte erkannt, dass ein Krieg gegen die Franken in Antiochia eine perfekte Gelegenheit bot, die Herrschaft über Syrien an sich zu reißen. Er hatte sechs Monate damit zugebracht, sorgfältig die militärischen und diplomatischen Fundamente für seinen Feldzug zu legen, und eine einschüchternde muslimische Koalition zusammengebracht. Truppen aus Syrien und Mesopotamien hatten sich bereit erklärt, sich ihm anzuschließen, darunter auch eine Truppe aus Damaskus, allerdings waren sie alle nicht etwa von unbändigem Hass auf die Christen erfüllt, ebenso wenig von religiösem Eifer, sondern einzig von Furcht vor Kerboga, einem Mann, dessen Bestimmung es zu sein schien, die Herrschaft über die seldschukische Welt zu übernehmen.

Anfang Juni 1098 bereitete Kerboga die zweite Belagerung Antiochias umsichtig und zugleich zügig vor. Sein Hauptlager schlug er einige Kilometer nördlich der Stadt auf, stellte einen Kontakt zu den Muslimen her, die die Zitadelle besetzt hielten, und begann, seine Truppen im Umfeld der Festung, die sich an den östlichen, weniger abschüssigen Hängen des Silpius erhob, und in ihr selbst zusammenzuziehen. Außerdem wurden Soldaten zur Blockade des St.-Pauls-Tores im Norden der Stadt abgestellt. Kerbogas Strategie bestand zunächst vor allem in einem über die Zitadelle und ihre Umgebung gelenkten Frontalangriff. Am 10. Juni war alles für seine mörderische Attacke bereit. In den nächsten vier Tagen rollte eine Angriffswelle nach der anderen heran, während Bohemund und die Franken in verzweifelten Nahkämpfen versuchten, die Kontrolle über die östlichen Stadtmauern zu behalten. Einen derart erbitterten, nicht endenden Kampf hatten die Kreuzfahrer bisher noch nicht erlebt. Buchstäblich vom Morgen bis zum Abend wurde ununterbrochen gekämpft, und ein Augenzeuge berichtete, dass »man zwar Proviant hatte, aber keine Zeit zu essen, oder man hatte Wasser, aber keine Zeit zu trinken«. Einige Lateiner hielten es vor Erschöpfung und Panik nicht mehr aus. Ein Kreuzfahrer erinnerte sich später, dass »viele in äußerster Verzweiflung aufgaben und sich hastig an Seilen von den Mauern herunterließen; und in der Stadt streuten Soldaten, die vom Kampf zurückkehrten, das Gerücht aus, dass die Verteidiger reihenweise enthauptet werden sollten«. Tag und Nacht erhöhte sich die Zahl der Desertierenden, und es dauerte nicht lang, bis auch berühmte Ritter wie Bohemunds Schwager sich der Gruppe der sogenannten Seilhänger anschlossen. Als irgendwann das Gerücht die Runde machte, dass sogar die Fürsten ihre Flucht vorbereiteten, sahen sich Bohemund und Adhémar von Le Puy gezwungen, die Stadttore zu verriegeln, um einer Massenflucht vorzubeugen.

Mit dem Mut der Verzweiflung gelang es den Zurückbleibenden, ihre Positionen zu halten. Da tauchte in der Nacht vom 13. auf den 14. Juni eine Sternschnuppe auf, die aus dem Himmel direkt in das Lager der Muslime zu stürzen schien. Die Kreuzfahrer interpretierten das als ein günstiges Vorzeichen, denn gleich am Tag darauf sahen sie, wie sich

Kerbogas Truppen von den Hängen des Silpius zurückzogen. Diese Verlagerung ging jedoch vermutlich auf konkrete strategische Überlegungen zurück. Da Kerboga es nicht geschafft hatte, den Widerstand der Franken durch einen Frontalangriff zu brechen, verlegte er sich auf eine weniger direkte Strategie. Noch immer kam es täglich zu Nahkämpfen, doch vom 14. Juni an setzten die muslimischen Belagerer ihre Energie vor allem dafür ein, Antiochia einzukreisen. Der Großteil des türkischen Heeres blieb im Hauptlager im Norden der Stadt, es wurden jedoch große Truppenabteilungen zur Blockierung des Brückentors und des St.-Georgs-Tors abgestellt. Die Schlinge sollte immer enger gezogen und der Kontakt der Lateiner zur Außenwelt abgeschnitten werden; so hoffte Kerboga, die Kreuzfahrer durch Entzug von Nahrungsmitteln zum Aufgeben zu zwingen.

Schon als die Franken in Antiochia eingefallen waren, hatte Nahrungsmittelknappheit geherrscht. Jetzt aber wurde der Mangel noch schlimmer, und die Lateiner hatten bisher nicht gekannte Qualen zu erdulden. Ein christlicher Zeitgenosse beschreibt diese Tage des Schreckens:

> Die Stadt war von allen Seiten eingeschlossen, die Muslime versperrten sämtliche Wege nach draußen, und nun nahm der Hunger unter den Christen solche Formen an, dass sie, da kein Brot mehr da war, sogar Lederstücke kauten, die sie in Häusern gefunden hatten; diese Stücke waren im Lauf von mehreren Jahren hart geworden oder verrottet. Die Leute aus dem Fußvolk waren gezwungen, ihre Lederschuhe zu verzehren, weil sie so schrecklich hungrig waren. Einige füllten ihre armen Mägen auch mit Brennnesselwurzeln und anderen Pflanzen, die sie über dem Feuer weich kochten, aber davon wurden sie krank, und jeden Tag wurden es weniger, weil viele daran starben.

Furcht und Hunger lähmten die Kreuzfahrer, und ihre Kampfmoral schwand zusehends – offensichtlich gab es keinen Ausweg mehr und kaum noch eine Überlebenschance. In diesen Tagen äußerster Trostlosigkeit waren die meisten überzeugt, dass die Niederlage unmittelbar bevorstand.[7]

Immer wieder wurde von Historikerinnen und Historikern behauptet, dass zu diesem Zeitpunkt ein einziges dramatisches Ereignis den Verlauf der zweiten Belagerung Antiochias, ja das Schicksal des gesamten Kreuzzugs radikal verändert habe. Am 14. Juni fing eine kleine Gruppe von Franken, angeführt von einem Bauern mit seherischen Gaben namens Peter Bartholomäus, mit Ausgrabungsarbeiten in der Basilika St. Petrus an. Bartholomäus behauptete, eine Erscheinung des Apostels Andreas habe ihm den Ort offenbart, an dem sich eine überaus machtvolle geistliche Waffe befinde: die Lanze, mit der die Seite Christi am Kreuz durchbohrt wurde. Einer der Männer, die an der Suche beteiligt waren, Raimund von Aguilers, beschrieb, wie

> wir bis zum Abend gruben; da gaben einige von uns die Hoffnung auf, die Lanze noch zu finden […]. Der jugendliche Petrus Bartholomäus jedoch, als er die Erschöpfung unserer Arbeiter sah, legte seine Oberbekleidung ab und sprang, nur mit einem Hemd bekleidet und ohne Schuhe, in das Loch. Dann bat er uns, zu Gott zu beten, dass er Seine Lanze [den Kreuzfahrern] geben möge, um Seinem Volk Stärke und Sieg zu verleihen. Endlich zeigte uns der Herr in Seiner Güte Seine Lanze, und ich, Raimund, der Verfasser dieses Buches, küsste die Spitze der Lanze, als sie gerade nur aus der Erde herausragte. Übergroße Freude und Jubel erfüllten daraufhin die Stadt.

Lange Zeit wurde angenommen, die Entdeckung dieses kleinen Metallstücks, offenbar einer Reliquie der Passion Christi, habe eine elektrisierende Wirkung auf die Kreuzfahrer ausgeübt. Ihr Auftauchen wurde als unumstößliches Anzeichen dafür gedeutet, dass Gott wieder bereit war, den Kreuzzug zu unterstützen, dass er den Sieg gewähren werde, und angeblich habe der Fund die Lateiner angestachelt, zu den Waffen zu greifen und Kerboga in offenem Kampf entgegenzutreten. Ein anderer fränkischer Augenzeuge beschrieb den Einfluss der Heiligen Lanze:

> [Peter] fand also die Lanze, wie er es vorhergesagt hatte, und alle waren erfüllt von großer Freude und Ehrfurcht, als sie davon erfuhren, und in der ganzen Stadt erhob sich lauter Jubel. Von dieser Stunde an bestimmten wir einen Angriffsplan, und unsere sämtlichen Führer traten unverzüglich zu einer Beratung zusammen.[8]

Allerdings führt der Eindruck, der durch diese Darstellung hervorgerufen wird – dass ein ekstatischer Glaubensimpuls den Kampfgeist der Christen plötzlich belebt und erneuert und sie umgehend dazu getrieben habe, ihren Feind anzugreifen –, völlig in die Irre. Zwei ganze Wochen trennten den Lanzenfund von der Schlacht, die dann gegen Kerboga ausgetragen wurde.

Zweifellos wirkte sich die »Entdeckung« des Peter Bartholomäus irgendwie auf die Moral der Kreuzfahrer aus. Für modernes Empfinden klingt die Geschichte seiner Visionen fantastisch; seine Behauptung, er habe ein echtes Überbleibsel aus dem Leben Jesu entdeckt, erscheint uns absurd, wenn nicht gar bewusst irreführend. Für die Franken des 11. Jahrhunderts jedoch, für die Heilige, Reliquien und wunderbare Vorfälle eine Selbstverständlichkeit waren, klangen die Berichte des Bauern glaubwürdig. Die Christen gründeten ihre Sicht der Welt auf ein wohlgeordnetes Glaubenssystem, in dem die toten Heiligen als Vermittler des Willens Gottes auf Erden fungierten und ihre heiligen Reliquien als Mittel angesehen wurden, durch die die göttliche Macht auf die Erde geleitet wurde. Deshalb waren auch die meisten Kreuzfahrer bereit, an die Echtheit der Heiligen Lanze zu glauben. Adhémar von Le Puy scheint der Einzige unter den Anführern des Kreuzzugs gewesen zu sein, der Zweifel hegte, die aber wohl vor allem auf den niedrigen sozialen Status des Finders zurückzuführen waren. Doch obwohl die Lateiner durch die Auffindung der Reliquie sicher in Hochstimmung versetzt wurden, hielt die Lähmung durch Furcht und Ungewissheit während der gesamten zweiten Junihälfte an. Das Auffinden der Lanze gab keinen umwälzenden Handlungsimpuls, und noch weniger kann man in ihm einen entscheidenden Wendepunkt im Verlauf des gesamten Kreuzzugs sehen.[9]

Am 24. Juni standen die Kreuzfahrer kurz vor dem endgültigen Scheitern, daher beauftragten sie zwei Gesandte, die mit Kerboga über einen Friedensschluss verhandeln sollten. Von Historikerinnen und Historikern wurde diese Aktion in unkritischer Übereinstimmung mit der Selbstdarstellung der Lateiner als Übung in militärischem Draufgängertum interpretiert. In Wahrheit war es wohl eher ein verzweifelter Versuch, Übergabebedingungen auszuhandeln. In einer unparteiischen ostchristlichen Quelle wird beschrieben, wie »die Franken akut durch eine Hungersnot bedroht waren und [daher] beschlossen, von Kerboga ein Versprechen auf Begnadigung zu erbitten, dergestalt dass sie die Stadt in seine Hände übergeben und in ihre eigenen Länder zurückkehren würden«. Eine spätere arabische Chronik scheint diese Version des Geschehens zu stützen; sie berichtet, dass die Anführer der Kreuzfahrer »ein Schreiben an Kerboga schickten, in dem sie ihn um sicheren Abzug durch sein Gebiet baten, doch er wies das Ansinnen zurück und sagte: ›Ihr müsst euch euren Weg nach draußen erkämpfen.‹«

Damit lösten sich sämtliche Chancen, aus Antiochia zu entkommen, in Luft auf. Die lateinischen Fürsten erkannten, dass es nur noch die eine Möglichkeit einer offenen Schlacht gab, wie ungünstig die Erfolgsaussichten auch sein mochten, und sie begannen daher mit den Vorbereitungen zu einer letzten, selbstmörderischen Konfrontation. Nach den Worten eines lateinischen Zeitgenossen waren sie zu dem Schluss gekommen, dass »es besser war, in der Schlacht zu sterben, als an einer grausamen Hungersnot zugrunde zu gehen, von Tag zu Tag immer schwächer zu werden, bis einen schließlich der Tod übermannt«.[10]

In jenen Tagen der Entscheidung trafen die Christen allerletzte Vorbereitungen. Um die Seelen zu läutern, fanden Prozessionen statt, Priester nahmen die Beichte ab und teilten die heilige Kommunion aus. Gleichzeitig machte sich Bohemund, nun erklärter oberster Befehlshaber der Truppen, an die Ausarbeitung eines Schlachtplans. Rechnerisch waren die Franken hoffnungslos in der Minderzahl: Ihre Zahl inklusive der Nichtkämpfenden belief sich noch auf ungefähr 20 000. Ihre Eliteeinheit, die schwer bewaffneten Ritter, hatte mangels Pferden empfindlich an Schlagkraft eingebüßt, und den meisten blieb nichts anderes übrig, als auf Packtieren oder sogar zu Fuß zu kämpfen. Selbst der deutsche Graf Hartmann von Dillingen, einst ein stolzer und reicher Kreuzfahrer, sah sich gezwungen, einen Esel zu reiten, der so klein war, dass die Stiefel des Ritters im Schmutz schleiften. Bohemund hatte also eine Strategie auszuarbeiten, die sich überwiegend auf Fußsoldaten stützte und geeignet war, den Feind mit größtmöglicher Geschwindigkeit und Heftigkeit anzugreifen.

Trotz seiner Größe hatte das Heer Kerbogas zwei potenzielle Schwachpunkte. Die meisten Truppenteile waren noch immer in einiger Entfernung zur Stadt im Norden stationiert, und der Ring, den seine Abteilungen um die Stadt herum bildeten, war relativ spärlich besetzt. Gleichzeitig fehlte Kerbogas Männern das für die Lateiner typische Gefühl, bedingungslos für eine gemeinsame Sache zu kämpfen. Sie waren vielmehr nur durch einen Hauch von Einigkeit verbunden. Sobald die Muslime das Vertrauen in ihren Hauptmann verloren, mussten die Brüche offensichtlich werden.

Am 28. Juni 1098 waren die Kreuzfahrer bereit für die Schlacht. Bei Sonnenaufgang begannen sie aus der Stadt herauszumarschieren; bis zu den Mauern säumten betende Geistliche ihren Weg. Die meisten waren überzeugt, dass sie in den Tod marschierten. Bohemund hatte angeordnet, vom Brückentor aus aufzubrechen und den Orontes zu überqueren, um dann den muslimischen Truppen entgegenzutreten, die die Ebenen jenseits des Flusses bewachten. Wenn sie nicht sofort aufgehalten und bis auf den letzten Mann niedergemacht werden wollten, hing alles von der Schnelligkeit und dem Zusammenhalt des Einsatzes ab. Als die Tore sich öffneten, schoss eine Vorhut von lateinischen Bogenschützen mehrere weit ausgreifende Wellen von Pfeilen ab, um den Feind zurückzudrängen und den Weg über die Brücke frei zu machen. Anschließend marschierten die Franken in vier eng geschlossenen Kampfgruppen mit Bohemund als Nachhut los und schwärmten auseinander zu einem ungefähren Halbkreis, der anschließend zusammengezogen wurde, um die Muslime zu stellen.

Unmittelbar nachdem das Brückentor geöffnet war, wurde Kerboga, der sich in seinem Lager im Norden der Stadt befand, durch eine schwarze Flagge gewarnt, die über der muslimisch besetzten Zitadelle aufgezogen wurde. Jetzt hätte er seine Hauptstreitmacht ins Gefecht schicken können, um die Kreuzfahrer in dem Moment zu überwältigen, als sie die Stadt verließen, und ihre Formation auseinanderzutreiben. Tatsächlich aber zögerte er. Der Grund dafür war nicht, wie die Legende später berichtete, dass er leichtfertig erst ein Schachspiel zu Ende bringen wollte. Vielmehr hoffte er, einen tödlichen Schlag gegen die Franken zu führen, wenn er den christlichen Streitkräften zunächst einmal gestattete, die Stadt vollständig zu verlassen; so würde er sie auf einmal zur Strecke bringen können und die Belagerung von Antiochia schnell und triumphal beenden. Es sprach einiges für diese Strategie, doch die Voraussetzung dafür war ein kühler Kopf. Genau in dem Augenblick, als der Hauptmann seine Position hätte halten müssen, als es notwendig gewesen wäre, die Kreuzfahrer kommen zu lassen, um dann eine Schlacht an einem Ort seiner Wahl auszutragen, verlor er die Nerven. Als er erfuhr, dass sich die Lateiner einen winzigen Vorteil in einem Tumult vor der Stadt erkämpft hatten, befahl er seinem gesamten Heer einen panischen, ungeordneten Vorstoß.

Der Zeitpunkt war erschütternd schlecht gewählt. Die Franken hatten mehrere entsetzliche Gegenattacken der muslimischen Blockadetruppen überlebt, darunter auch einen geradezu mörderischen Angriff durch Truppen, die das südliche St.-Georgs-Tor bewachten und ihnen in den Rücken fielen. Die Zahl der Opfer unter den Christen stieg ständig, doch Bohemund behielt unerschütterlich die Kontrolle, und der Widerstand der Muslime begann brüchig zu werden. Kerbogas Hauptstreitmacht erreichte den Ort des Geschehens genau zu dem Zeitpunkt, als sich das Blatt wendete. Die muslimischen Kämpfer, die in der Nähe des Brückentors stationiert gewesen waren, konnten es nicht fassen, dass es ihnen nicht gelungen war, das heruntergekommene lateinische Heer zu überwältigen, und sie ergriffen die Flucht. Sie rannten direkt in die dichten Reihen ihrer heranrückenden Mitstreiter, was zu heillosem Chaos führte. In diesem einen entscheidenden Moment der Schlacht gelang es Kerboga nicht, die Reihen wieder zu schließen. Die Formation war aufgelöst, die einzelnen Truppenteile versuchten daher jeweils für sich, den Schaden zu begrenzen, und flohen vom Schlachtfeld. Der Schock, den die unerschütterliche Entschlossenheit der Kreuzfahrer auslöste, hatte die Bruchlinien bloßgelegt, die das muslimische Heer durchzogen. Ein empörter muslimischer Chronist schrieb später, dass »die Franken zwar äußerst geschwächt waren, doch in geordneten Reihen gegen die an Stärke und Zahl absolut überlegenen islamischen Truppen marschierten, und die Franken durchbrachen die Reihen der Muslime und trieben die Masse ihrer Kämpfer auseinander«.[11]

Nur ein kleiner Bruchteil von Kerbogas mächtigem Heer war tatsächlich geschlagen, und trotzdem musste er schmählich die Flucht ergreifen. Ohne die Reichtümer seines Heerlagers mit sich zu nehmen, floh er in Schimpf und Schande nach Mesopotamien. Die muslimische Garnison in der Zitadelle Antiochias ergab sich nach der Schlacht. Endlich befand sich die große Stadt wirklich in der Hand der Lateiner. Die Schlacht von Antiochia war ein überwältigender Sieg. Nie zuvor hatte der erste Kreuzzug so kurz vor seiner Auflösung gestanden, und dennoch hatte wider alle Erwartungen das Christentum triumphiert. Natürlich sahen viele hier die Hand Gottes am Werk, und es wurde von zahlreichen spektakulären Wundern berichtet. Ein Geisterheer aus christlichen Märtyrern, alle in Weiß gekleidet und angeführt von Soldaten-Heiligen, sei aus den Bergen heruntergestiegen, um den Franken beizustehen. An einem anderen Ort des Kampfes trug Raimund von Aguilers selbst die Heilige Lanze in der von Bischof Adhémar angeführten Truppe der Südfranzosen, und es hieß später, Kerboga sei beim Anblick der Reliquie wahnsinnig geworden. Ob sich das alles tatsächlich so zugetragen hat oder nicht – außer Zweifel steht, dass Frömmigkeit für den Gang der Dinge eine außerordentlich große Rolle spielte. Die Kreuzfahrer kämpften in einer Atmosphäre glühender Frömmigkeit, sie wurden unterstützt und gestärkt von Priestern, die in ihren Reihen mitliefen, sangen und Gebete sprachen. Vor allem war es das allen gemeinsame Bewusstsein einer frommen Mission in Verbindung mit einer abgrundtiefen Verzweiflung, das die Lateiner in diesem schrecklichen Kampf zusammenschweißte und sie in die Lage versetzte, ihrem fürchterlichen Feind entgegenzutreten, ja ihn in die Flucht zu schlagen.

Verzögerung und Verirrung

In der Zeit unmittelbar nach diesem bemerkenswerten Erfolg kam die Hoffnung auf, der Kreuzzug könnte zu einem schnellen, triumphalen Ende gebracht werden. Tatsächlich aber verlor das Unternehmen seine Ziele aus dem Auge; der Antrieb ging verloren, als die Anführer sich in einen Streit über die Verteilung der syrischen Beute verstrickten. Die Hochsommerhitze löste eine Epidemie aus, und viele Angehörige der kämpfenden Truppen, die den schrecklichen Entbehrungen der vorangegangenen Monate standgehalten hatten, erlagen nun der Krankheit. Selbst die Adligen waren dagegen nicht gefeit, und am 1. August starb Adhémar von Le Puy, der als päpstlicher Legat die Stimme der Vernunft und Versöhnung verkörpert hatte.

In dieser Zeit lähmte ein erbitterter Streit über die Zukunft Antiochias das gesamte Unternehmen und blockierte jeglichen Fortschritt des Zuges in Richtung Palästina. Bohemund beharrte auf seinem Anspruch auf die Stadt, und mittlerweile war seine Ausgangsposition nachhaltig gestärkt. Er war es ja gewesen, der im entscheidenden Augenblick Antiochias Niederlage erzwungen hatte; seine Standarte wehte am Morgen des 3. Juni über der Stadt. Nur Stunden nach dem Sieg über Kerboga hatte er seine Stellung dadurch gefestigt, dass er die Zitadelle besetzte, obwohl Raimund von Toulouse sich nach Kräften bemüht hatte, ihm zuvorzukommen. Bohemund warb dafür, dass die anderen Fürsten sein Recht auf den Besitz der Stadt einstimmig anerkannten, trotz der Zusagen gegenüber dem Kaiser von Byzanz. Die meisten Fürsten willigten ein, war doch die Erinnerung daran, dass Alexios sie bei Philomelion im Stich gelassen hatte, noch frisch; aber wiederum war es Raimund, der sich diesem Ansinnen widersetzte und die nach wie vor bestehenden Verpflichtungen gegenüber den Griechen betonte. Eine Gesandtschaft sollte nach Konstantinopel reisen und den Kaiser ersuchen, höchstselbst seinen Anspruch auf Antiochia zu erheben; als er aber ausblieb, steckte man in einer Sackgasse.

Bohemund wurde häufig als der Bösewicht in dieser Episode hingestellt – seine Gier und sein Ehrgeiz fielen deutlich gegenüber Raimunds selbstlosem Eintreten für die Gerechtigkeit und die Sache des Kreuzzugs ab. Bohemund hatte zweifellos sein persönliches Wohl im Blick, doch ganz so holzschnittartig darf man diesen Protagonisten nicht zeichnen. Da die Griechen keinen Nachschub schickten, musste einer der fränkischen Fürsten in Syrien bleiben und den Oberbefehl und die Besetzung Antiochias übernehmen, wenn das fränkische Blut, das zur Eroberung der Stadt vergossen worden war, kein sinnloses Opfer gewesen sein sollte. In gewisser Hinsicht lag das Argument nahe, dass die Kreuzfahrer Glück hatten, als Bohemund sich bereit erklärte, diese Bürde zu schultern, womit er immerhin selbst der Vollendung seiner Pilgerreise nach Jerusalem entsagte. Gleichzeitig hält Raimunds angebliche Selbstlosigkeit einer genaueren Überprüfung nicht stand. Es ist nicht ausgeschlossen, dass er Antiochia an Byzanz übergeben wollte, doch auch er war nicht frei von Machtgelüsten. Im weiteren Verlauf des Kreuzzugs war das Handeln des Grafen von zwei ineinander verschränkten, teilweise widersprüchlichen Zielsetzungen bestimmt: dem Wunsch, für sich selbst einen eigenen Herrschaftsbereich in der Levante zu erlangen, und gleichzeitig dem Bestreben, als Anführer des Kreuzzugs anerkannt zu werden.

Dieses zweite Ziel war der Grund, warum Raimund eine enge Beziehung zu dem Visionär Peter Bartholomäus und zum Kult um die Heilige Lanze pflegte. Den provenzalischen Grafen scheint echte Verehrung für die Reliquie beseelt zu haben, daher nahm er Peter unter seine Fittiche und wurde zum wichtigsten Fürsprecher der Lanze. In den nächsten Monaten, als die Kreuzfahrer auf die dramatischen Ereignisse im Zusammenhang mit der zweiten Eroberung Antiochias und ihren offenkundig wundersamen Sieg über Kerboga zurückschauten, betonten Raimund und seine Anhänger mit Nachdruck die Idee, die Lanze habe eine entscheidende Rolle bei der Rettung der Christen gespielt. Gleichzeitig berichtete Peter auch weiterhin von neuen Visionen und stilisierte sich immer mehr zum Sprachrohr Gottes. Der prophetische Bauer verkündete, der heilige Andreas habe ihm offenbart, dass »Gott der Herr dem Grafen die Lanze übergeben« habe, zum Zeichen dafür, dass Raimund als Anführer des ersten Kreuzzugs auserwählt sei.[12]

Im August nahmen der Kult um die Lanze und die damit einhergehende günstige Entwicklung von Raimunds politischer Laufbahn einigermaßen makabre Züge an. Zu Lebzeiten hatte Adhémar von Le Puy Zweifel an der Echtheit der Lanze geäußert. Doch nur zwei Tage nach dem Tod des päpstlichen Legaten verkündete Peter Bartholomäus, Adhémars Geist habe ihn heimgesucht, und damit begann ein Prozess, in dem die Erinnerung an den Bischof passend verändert wurde. Er wurde in der Basilika des heiligen Petrus begraben, in ebender Grube, in der die Heilige Lanze entdeckt worden war. Die physische Verschmelzung der beiden Kulte – ein Geniestreich in Sachen Manipulation – wurde ab dem Moment verstärkt, da Peter Adhémars »Worte« von jenseits des Grabes weiterzuleiten begann: In ihnen wurde enthüllt, dass Adhémar nun von der Echtheit der Lanze überzeugt sei, dass seine Seele streng bestraft worden sei und dass sie Auspeitschung und Verbrennung habe erdulden müssen für die Sünde, nicht an die Reliquie geglaubt zu haben. Neben dieser offensichtlichen Kehrtwendung bezüglich der Heiligen Lanze begann der Geist des Bischofs nun auch Raimunds politische Ambitionen zu unterstützen. Bald »erklärte« Adhémar tatsächlich, dass seine ehemaligen Lehnsmänner ihre Loyalität nun auf den Grafen übertragen sollten, und er autorisierte Raimund, den neuen geistlichen Führer des Kreuzzugs persönlich auszuwählen.

Während die Kreuzfahrer in jenem langen syrischen Sommer die Zeit Monat für Monat tatenlos verstreichen ließen, setzte sich der Kult um die Heilige Lanze durch, und die Popularität und der Einfluss von Raimund von Toulouse und Peter Bartholomäus nahmen in gleichem Maße zu. Dennoch hatte es der Graf im Frühherbst noch nicht geschafft, Bohemund aus Antiochia zu verdrängen, und er konnte sich auch noch nicht selbst einfach zum Anführer des Kreuzzugs ernennen. Sein Einfluss war schlicht noch nicht groß genug. Von Ende September an unternahm er einige Feldzüge in die fruchtbare Ebene von Summaq im Südosten. Diese Unternehmungen sind oft fälschlich als Proviantbeschaffung interpretiert worden, wenn nicht gar als Versuche, einen Vorstoß nach Palästina vorzubereiten, doch in Wahrheit wollte Raimund eine eigene unabhängige Enklave gründen, von der aus er Bohemunds Herrschaft über Antiochia eingrenzen und seinen Konkurrenten im Blick behalten konnte.

Zu diesem Prozess gehörte die Eroberung von Marrat, der größten Stadt der Umgebung. Sie ergab sich nach einer harten Phase der Belagerung während der Wintermonate, und Raimund begann sofort, die Stadt zu christianisieren, Moscheen in Kirchen umzuwandeln und eine Garnison einzurichten. Kurz danach jedoch kamen die Proviantlieferungen ins Stocken, und unter den ärmeren Anhängern des Grafen breitete sich eine Hungersnot aus. Damals trug sich eine der abstoßendsten Scheußlichkeiten des Kreuzzugs zu. Eine fränkische Quelle berichtet:

> Unsere Männer litten unter fürchterlichem Hunger. Ich erschaudere, wenn ich berichten muss, dass viele, die der quälende Hunger wahnsinnig gemacht hatte, den toten Sarazenen, die dort lagen, Fleischstücke aus den Hinterteilen herausschnitten. Sie brieten diese Stücke und aßen sie, gierig verschlangen sie das noch halb rohe Fleisch.

Ein lateinischer Augenzeuge vermerkte, dass »nicht nur Fremde von diesem Anblick abgestoßen waren, sondern auch viele Kreuzfahrer«. Es ist zwar kein schöner Gedanke, aber tatsächlich brachten diese grausigen Akte von Barbarei, die sogar von den fränkischen Chronisten verurteilt wurden, den Lateinern einen gewissen vorübergehenden Nutzen ein. Unter den syrischen Muslimen machte jetzt der Ruf von der Wildheit der Kreuzfahrer die Runde, und in den folgenden Monaten zogen es viele lokale Emire daher vor, mit ihren entsetzlichen neuen Feinden zu verhandeln, statt sich von ihnen abschlachten zu lassen.[13]

Als nun die Monate der Zerstrittenheit und der Passivität sich dahinschleppten und eine Ratsversammlung der lateinischen Fürsten nach der anderen sich als unfähig erwies, den Streit um die Herrschaft über Antiochia beizulegen, machte sich unter den einfachen Kreuzfahrern zunehmend schlechte Stimmung breit. Es wuchs der Druck auf die Fürsten, ihre Meinungsverschiedenheiten beizulegen und sich stattdessen wieder den eigentlichen Zielen des Kreuzzugs zu widmen. Mit einem außerordentlichen Ausbruch von Ungehorsam spitzten sich Anfang Januar 1099 die Ereignisse in Marrat zu. Ein Haufe armer Franken war so erbittert darüber, dass selbst Raimund von Toulouse, der Hüter der Heiligen Lanze, lieber um die Herrschaft über Syrien stritt, als nach Jerusalem zu ziehen, dass sie die Festungswälle von Marrat mit bloßen Händen zu schleifen begannen, indem sie die Mauern Stein für Stein niederrissen. Angesichts dieses Protests sah Raimund endlich ein, dass sich seine Hoffnung, er könne gleichzeitig den Kreuzzug anführen und Antiochia beherrschen, unmöglich erfüllen konnte. Am 13. Januar vollzog er die symbolische Geste, Marrat barfuß, nur in ein einfaches Büßerhemd gekleidet, in Richtung Süden zu verlassen; die Stadt und seine Eroberungshoffnungen ließ er als Ruinen hinter sich. Bohemund blieb unterdessen in Antiochia. Sein Traum, alleiniger Herrscher über die Stadt zu werden, hatte sich endlich erfüllt, doch hatte er mit seinem Ehrgeiz den Kreuzzug monatelang völlig unnötig aufgehalten, und, was schwerer wog, den Beziehungen zwischen den Lateinern und Byzanz ernsthaften, nicht wiedergutzumachenden Schaden zugefügt.

Da Raimund offenbar den »heiligen Krieg« zu seinem obersten Ziel erklärt hatte, schlug ihm nun eine Woge des Wohlwollens entgegen, und eine Zeit lang sah es so aus, als sollte aus ihm tatsächlich der anerkannte Anführer des Kreuzzugs werden. Um sich für seinen Zug nach Palästina auch die Unterstützung der anderen Fürsten zu sichern, griff er listig zu dem Mittel, harte Währung einzusetzen. Alle konnte er nicht bestechen – Gottfried von Bouillon etwa hielt sich aus diesem Handel heraus –, doch Robert von der Normandie und sogar Tankred verlagerten nun – für 10 000 beziehungsweise 5000 *solidi* (Goldmünzen) – ihre Loyalität auf die provenzalische Seite. Sie schlossen sich wie viele andere Christen dem Vormarsch nach Süden in Richtung Libanon an.

Raimunds Führungsposition schien nun gesichert, und dabei hätte es wohl auch bleiben können, wenn er sich ausschließlich auf die Aufgabe, in Jerusalem anzukommen, konzentriert hätte. In Wahrheit aber ging es ihm, obwohl er vorgab, nur ein einziges Ziel im Auge zu haben, nach wie vor um ein neues provenzalisches Herrschaftsgebiet im Orient. Mitte Februar 1099 zwang er den Kreuzfahrern die unnötige und völlig sinnlose Belagerung der unbedeutenden libanesischen Festung Arqa auf und versuchte, die benachbarte muslimische Stadt Tripolis einzuschüchtern und zur Unterwerfung zu bewegen. Raimunds offizielle Begründung lautete, man müsse eine Pause einlegen, damit die Kreuzfahrer, die sich noch in der Gegend um oder in Antiochia befanden – darunter auch Gottfried von Bouillon –, sich dem Zug wieder anschließen konnten. Doch auch als dies endlich geschehen war, weigerte er sich weiterzuziehen. Nach zwei vergeudeten Monaten der Belagerung von Arqa, als die Menge bereits zu murren begann, traf ihn ein katastrophaler Schlag.

Die enge Verbindung mit Peter Bartholomäus und der Heiligen Lanze hatte der Graf genutzt, um die allgemeine Anerkennung als Anführer des Kreuzzugs durchzusetzen. Im Lauf der Zeit hatte sich Peter jedoch als zunehmend unzuverlässiger Verbündeter herausgestellt, der immer mehr zu extremen und unberechenbaren Visionen tendierte. Im Frühjahr 1099 waren seine Fantasien immer verstiegener geworden, und als er im April berichtete, Christus habe ihn angewiesen, für die sofortige Hinrichtung vieler Tausender »sündiger« Kreuzfahrer zu sorgen, war der Bann gebrochen. Es kann nicht verwundern, dass jetzt Zweifel an dem selbst ernannten Propheten und der Reliquie, die er angeblich entdeckt hatte, laut wurden. Wortführer der Kritiker war ein normannischer Kleriker, Arnulf von Chocques, dem es nicht zuletzt darum ging, den Einfluss seines Heimatlands wieder zu stärken.

Peter war offenbar von der Echtheit seiner Visionen überzeugt und erklärte sich freiwillig bereit, sich dem Gottesurteil einer Feuerprobe zu unterwerfen, um seine Ehrlichkeit und die Echtheit der Lanze zu beweisen. Er fastete vier Tage, um seine Seele vor dieser Prüfung zu reinigen. Dann, am Karfreitag, in Anwesenheit einer Schar von Kreuzfahrern, betrat er, gekleidet in eine einfache Tunika und mit der Reliquie in Händen, freiwillig ein Inferno – lodernde »Olivenzweige, die zu zwei Haufen aufgeschichtet waren, über vier Fuß hoch, ungefähr einen Fuß voneinander entfernt, und dreizehn Fuß lang«.

Es gibt unterschiedliche Berichte über das, was nun geschah. Peters Anhänger behaupteten, er sei unversehrt aus den Flammen wieder herausgekommen, nur um von einer aufgewühlten Menge von

Zuschauern wieder hineingestoßen zu werden. Andere, skeptischere Beobachter beschrieben, wie

> der Finder der Lanze schnell durch die Mitte des brennenden Scheiterhaufens rannte, um seine Ehrlichkeit zu beweisen, wie er selbst es verlangt hatte. Als der Mann durch die Flammen lief und dann herauskam, sahen sie, dass er schuldig war, denn seine Haut war verbrannt, und sie merkten, dass er innerlich tödlich verletzt war. Das zeigte sich auch in der Folge, denn am zwölften Tag starb er, verbrannt von der Schuld, mit der er sein Gewissen beladen hatte.

Was auch immer der Grund für die Verletzungen gewesen sein mag, die Peter Bartholomäus am Tag seiner Prüfung erhalten hatte – jedenfalls erlag er ihnen. Sein Tod vernichtete den Glauben an seine Prophezeiungen und stellte auch die Wirksamkeit der Heiligen Lanze zutiefst infrage. Außerdem schädigte er Raimunds Ansehen nachhaltig. Dieser versuchte zwar, an der Macht zu bleiben, doch Anfang Mai, als sogar seine südfranzösischen Anhänger nachdrücklich auf einer Fortsetzung des Zuges in Richtung Palästina beharrten, sah er sich gezwungen, einzulenken und Arqa und seine libanesischen Pläne aufzugeben. Als die Franken sich am 16. Mai 1099 von Tripolis aus in Marsch setzten, war die Phase, in der die Provenzalen den Kreuzzug dominierten, zu einem Ende gekommen; von nun an würde sich Raimund bestenfalls die Macht mit den anderen Fürsten teilen müssen. Endlich, nach mehr als zehn Monaten der Verzögerungen und Ernüchterungen, brach der erste Kreuzzug zu seiner letzten Etappe auf dem Weg nach Jerusalem auf.[14]

3

Die Heilige Stadt

Zu Beginn der letzten Etappe des Marsches auf Jerusalem wurden die ersten Kreuzfahrer von einem erneuerten Bewusstsein von Dringlichkeit angetrieben. Jeglicher Gedanke an die Eroberung anderer Städte und Häfen auf ihrer Reise durch den Libanon und Palästina wurde verbannt, und die Franken, die nun nur noch von dem einen Wunsch beseelt waren, ihre Pilgerreise zur Heiligen Stadt zu vollenden, bewegten sich rasch und zielstrebig vorwärts. Dabei war es nicht nur Frömmigkeit, die ihren Schritt beschleunigte; auch strategische Erfordernisse spielten eine Rolle. Im Frühjahr war während der Belagerung von Arqa die Frage der diplomatischen Beziehungen zu Ägypten wiederaufgetaucht, als die lateinischen Gesandten, die ein Jahr zuvor den Wesir al-Afdal aufsuchen sollten, in Begleitung von Beauftragten der Fatimiden zurückkehrten. In der Zwischenzeit hatte sich vieles verändert. Al-Afdal hatte von der Panik der sunnitischen Seldschuken nach der Niederlage Kerbogas bei Antiochia profitiert und im August 1098 Jerusalem den Türken entrissen. Aufgrund dieser radikalen Verschiebung des Gleichgewichts in den Machtverhältnissen im Vorderen Orient versuchten die Anführer des Kreuzzugs, mit den Fatimiden ein Abkommen zu schließen: Sie boten an, einen Teil des von ihnen eroberten Territoriums im Austausch gegen Rechte auf die Heilige Stadt abzutreten. Aber die Verhandlungen scheiterten, als die Ägypter sich rundweg weigerten, auf Jerusalem zu verzichten. Damit sahen sich die Franken einem neuen Feind in Palästina gegenüber, und es kam zu einem Wettlauf mit der Zeit. Die Kreuzfahrer mussten die restlichen 300 Kilometer ihrer Pilgerreise so rasch wie möglich hinter sich bringen, bevor al-Afdal ein Heer aufstellen konnte, um sie abzufangen oder die Verteidigung Jerusalems mit angemessener Gründlichkeit zu organisieren.

Bei ihrem Zug nach Süden entlang der Mittelmeerküste kamen die Kreuzfahrer leichter voran, weil die regionalen, relativ unabhängigen muslimischen Herrscher bereit waren, kurzfristige Waffenruhen auszuhandeln, ja sogar ihre Märkte zu öffnen, auf denen die Reisenden Proviant und sonstige Bedarfsgüter kaufen konnten. Diese Emire waren eingeschüchtert durch den Ruf der Brutalität und Unbesiegbarkeit, der den Lateinern seit Antiochia und Marrat anhaftete, und erleichtert, eine Konfrontation vermeiden zu können. Als die Franken an den größeren Städten Tyros, Akkon und Cäsarea vorbeizogen, stießen sie nur auf geringen Widerstand und stellten erleichtert fest, dass auch einige enge Pässe an der Küste unbewacht waren. Ende Mai wandten sie sich bei Arsuf landeinwärts und schlugen eine direkte Route durch das Flachland in Richtung der Berge von Judäa ein. Sie machten nur kurz halt, als sie sich Ramla näherten, der letzten echten Festung auf dem Weg in die Heilige Stadt, doch hatten die Fatimiden sie aufgegeben. Schließlich, am 7. Juni 1099, tauchte Jerusalem vor ihnen auf. Ein lateinischer Zeitgenosse beschrieb, wie »alle Menschen in Freudentränen ausbrachen, da sie jetzt dem heiligen Ort der heiß ersehnten Stadt so nahe waren, für die sie so viel Mühsal, so viele Gefahren, so viele Arten von Tod und Hunger auf sich genommen hatten«. Al-Afdal hielt still, und so war es den Kreuzfahrern gelungen, in weniger als einem Monat vom Libanon bis nach Jerusalem zu kommen.[1]

Im Himmel und auf Erden

Nach fast drei Jahren und einer Strecke von gut 3000 Kilometern waren die Kreuzfahrer in Jerusalem angekommen. Diese alte Stadt, das heilige Herz der Christenheit, war getränkt mit Religion. Da Christus hier gelitten hatte, war sie für die Franken die heiligste Stätte überhaupt. Innerhalb ihrer hoch aufragenden Mauern befand sich das Heilige Grab, die Kirche, die Konstantin der Große im 4. Jahrhundert n. Chr. über dem vermuteten Ort von Golgatha und dem Grab Jesu errichten ließ. Dieses eine Heiligtum barg in sich den eigentlichen Kern des Christentums: die Kreuzigung, die Erlösung, die Auferstehung. Zu Tausenden waren die Kreuzfahrer von Europa aus ostwärts gezogen, um diese eine Kirche wieder in Besitz zu nehmen – und viele glaubten, die irdische Stadt Jerusalem werde sich, wenn sie erst wieder eingenommen war, in das himmlische Jerusalem, das Paradies der Christen, verwandeln. Zahlreiche wilde Prophezeiungen waren im Umlauf, dass die Tage des Jüngsten Gerichts, ausgehend von der Heiligen Stadt, sofort anbrechen würden, was der Unternehmung der Lateiner eine geradezu apokalyptische Aura verlieh.

Doch im Lauf seiner mehr als 3000-jährigen Geschichte war Jerusalem auch mit zwei anderen Weltreligionen untrennbar verschmolzen: dem Judentum und dem Islam. Auch für diese beiden Religionen war Jerusalem hoch bedeutsam; besondere Verehrung wurde einem Bereich entgegengebracht, der entweder als Tempelberg oder aber als *Haram as-Sharif* bezeichnet wird, einem abgegrenzten, hoch gelegenen Plateau im Osten der Stadt, das den Felsendom und die al-Aqsa-Moschee umfasst und im Westen von der Klagemauer, einem Rest des einstigen jüdischen Tempels, begrenzt wird. Für die Muslime ist dies der Ort, von dem aus Mohammed seine Reise in den Himmel antrat, die drittheiligste Stätte der islamischen Welt. Doch auch für die Juden spielt der Ort eine große Rolle: Es soll der Berg sein, auf dem Abraham seinen Sohn Isaak als Opfer darbringen sollte und auf dem die beiden Tempel erbaut wurden.

Es verhielt sich im Mittelalter nicht anders als heute: Eben wegen seiner unübertroffenen Heiligkeit wurde Jerusalem zum Brennpunkt der Konflikte. Die Tatsache, dass die Stadt entscheidende Bedeutung für die Glaubensinhalte dreier unterschiedlicher Religionen hat, von denen jede überzeugt ist, unverhandelbare, historische Rechte auf die Stadt zu haben, macht sie geradezu zwangsläufig zum Kriegsschauplatz.

Die Aufgabe

Die ersten Kreuzfahrer sahen sich nun vor einer anscheinend unmöglichen Aufgabe: Sie hatten die Absicht, eine der am besten befestigten Städte der damals bekannten Welt zu erobern. Auch heute noch, nachdem sich das moderne Jerusalem nach allen Seiten ausgebreitet hat, vermag die Stadt einen Eindruck von der Größe ihrer Vergangenheit zu vermitteln, befindet sich doch in ihrem Zentrum – umringt von Mauern aus der Zeit der Osmanen, die ungefähr den Mauern ähneln, die sich dort im 11. Jahrhundert erhoben – die »Alte Stadt«. Schaut man vom Ölberg in Richtung Osten und denkt sich das chaotische Durcheinander des 21. Jahrhunderts weg, kann man sich vorstellen, welch grandioser Anblick der Metropole sich den Franken im Jahr 1099 bot.

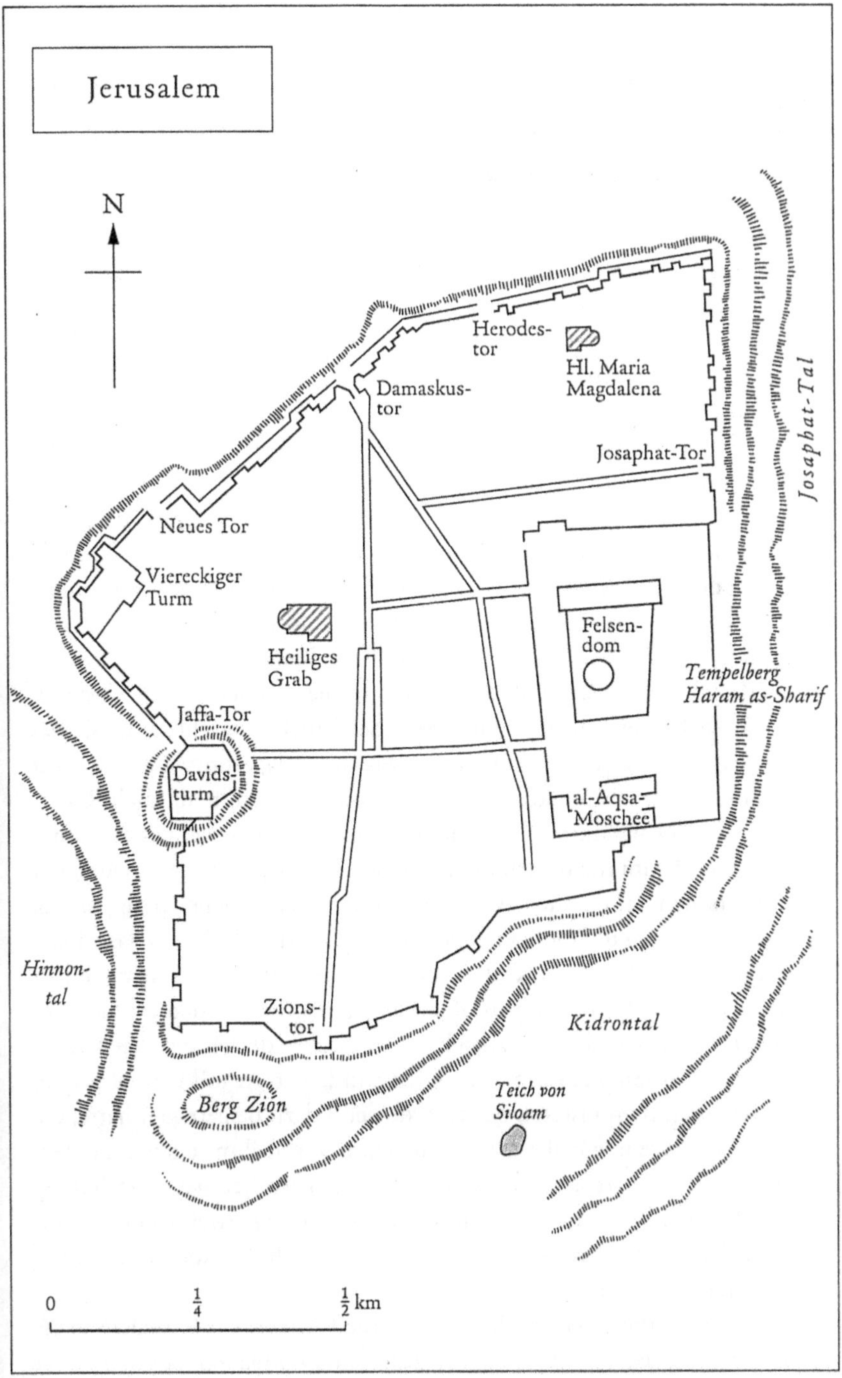

Jerusalem
N
Herodes-
tor
Hl. Maria
Magdalena
Damaskus-
tor
Josaphat-Tor
Josaphat-Tal
Neues Tor
Viereckiger
Turm
Heiliges
Grab
Felsen-
dom
Tempelberg
Haram as-Sharif
Jaffa-Tor
Davids-
turm
al-Aqsa-
Moschee
Hinnon-
tal
Zions-
tor
Kidrontal
Berg Zion
Teich von
Siloam
0
1/4
1/2 km

Die Stadt erhob sich isoliert mitten in den judäischen Bergen auf einem Plateau, von dem aus sich in Richtung Osten, Südosten und Westen tiefe Täler auftaten, und sie war umgeben von einer Ehrfurcht gebietenden, 4 Kilometer langen Runde von 20 Meter hohen und 3 Meter dicken Festungsmauern. Die Stadt konnte eigentlich nur von den ebenen Flächen im Norden und Südwesten aus angegriffen werden, dort aber waren die Festungswälle durch einen zweiten Kurtinenwall und mehrere Festungsgräben verstärkt. Fünf große, jeweils von zwei Türmen flankierte Tore unterbrachen dieses ungefähr rechtwinklige Verteidigungssystem. Jerusalem verfügte außerdem über zwei große Festungen. In der nordwestlichen Ecke der Stadtmauer befand sich der imposante Viereckige Turm, und in der Mitte der westlichen Mauer erhob sich der Davidsturm. Ein lateinischer Chronist berichtet, dass diese Furcht einflößende Zitadelle »aus riesigen Steinquadern zusammengesetzt war, die durch geschmolzenes Blei versiegelt waren«, und er fügte hinzu, dass von hier aus, »wenn die Soldaten ausreichend versorgt waren, 15 oder 20 Männer jeden Angriff abwehren konnten«.[2]

Kaum waren die Kreuzfahrer vor Jerusalem angelangt, machte sich in ihren Reihen ein besorgniserregender Bruch bemerkbar, als sie das Heer in zwei Gruppen aufteilten. Seit der Belagerung von Arqa war Raimunds Ansehen erkennbar geschwunden, und nun, da auch Robert von der Normandie sich von ihm distanziert hatte, gelang es dem Grafen sogar kaum mehr, sich die Loyalität seiner eigenen Landsleute, der Provenzalen, zu erhalten. Er stellte die ihm verbliebenen Truppen auf dem Zionsberg im Südwesten der Stadt auf und bedrohte so das Zionstor im Süden der Stadt. Gottfried von Bouillon, der sich zunehmend als Befehlshaber des Feldzugs profilierte, zog dagegen in den Norden der Stadt, um sie von dort aus zu belagern, zwischen dem Viereckigen Turm und dem St.-Stephans-Tor. Gottfried wurde von Arnulf von Chocques unterstützt, dem Priester, der entscheidend dazu beigetragen hatte, die Heilige Lanze in Misskredit zu bringen, und mit ihm zogen außerdem die beiden Robert sowie Tankred. Strategisch gesehen hatte die Teilung der Truppen ihre Vorteile, weil Jerusalem nun von zwei Seiten aus angegriffen werden konnte, doch war sie eben auch das Resultat einer tief sitzenden Zwietracht.

Das war umso beunruhigender, als die Franken vor Jerusalem keine langwierige Belagerung wie vor Antiochia einplanen konnten. Der immense Umfang der äußeren Stadtmauer machte bei der begrenzten Zahl an Kämpfern eine wirkungsvolle Blockade unmöglich. Noch akuter war das Problem der Zeit. Die Kreuzfahrer waren ein enormes, wenn auch möglicherweise notwendiges Risiko eingegangen, als sie den Libanon so rasch durchquert hatten, ohne ihre Nachhut zu sichern oder verlässliche Proviantversorgung zu organisieren. Nun waren sie viele Hundert Kilometer von ihren nächsten Verbündeten entfernt und praktisch von jeder Verstärkung, jeder logistischen Unterstützung oder etwaigen Zufluchtsmöglichkeiten abgeschnitten. Zudem war ihnen ständig bewusst, dass al-Afdal in größter Eile seine ägyptischen Streitkräfte zusammenzog und nur ein Ziel kannte: die Heilige Stadt zu befreien und die Invasion der Christen zunichtezumachen. Wegen der fast selbstmörderischen Kühnheit ihres Vormarschs blieb den Kreuzfahrern nichts anderes übrig, als den Panzer der Verteidigungsanlagen Jerusalems so schnell wie möglich zu durchbrechen und sich noch vor dem Eintreffen der ägyptischen Truppen den Weg in die Stadt zu erkämpfen.

In diesem letzten, prekären Stadium ihres Unternehmens gab es unter den Franken noch rund 15 000 kampfbewährte Krieger, darunter ungefähr 1300 Ritter, doch verfügte das Heer kaum mehr über die Ausrüstung, die für eine aggressive Belagerungstechnik vonnöten war. Die Stärke der Garnison, mit der sie konfrontiert waren, ist nicht bekannt, doch waren es bestimmt mehrere Tausend Mann, und mit Sicherheit befand sich auch eine Eliteeinheit von mindestens 400 ägyptischen berittenen Soldaten darunter. Jerusalems ägyptischer Kommandant Iftikhar ad-Daulah hatte in der Zwischenzeit alles getan, um der Offensive der Franken effektiv begegnen zu können: Er hatte die Umgebung der Stadt verwüsten, Brunnen vergiften und Bäume fällen lassen, außerdem vertrieb er viele ostchristliche Bewohnerinnen und Bewohner aus der Stadt, um einem Verrat von innen zuvorzukommen. Als die Kreuzfahrer am 13. Juni, nur sechs Tage nach ihrem Eintreffen, den ersten direkten Angriff wagten, leisteten die muslimischen Verteidiger erbitterten Widerstand. Zu diesem Zeitpunkt besaßen die Franken nur eine einzige Sturmleiter, ein äußerst magerer Bestand, doch hatten die Verzweiflung und das prophetische Drängen eines Einsiedlers, der ihnen auf dem Ölberg begegnet war, sie dazu bewegt, einen Angriff zu wagen. Tatsächlich führte Tankred einen machtvollen Schlag gegen die Wälle um das Nordwestquartier der Stadt, und fast gelang ihm ein Durchbruch. Man richtete erfolgreich die einzige Leiter auf, und die lateinischen Truppen kletterten rasch nach oben und versuchten, die Mauer zu übersteigen, aber dem ersten Mann, der sich an der Brüstung hochzuziehen versuchte, wurde sofort von einem mächtigen muslimischen Schwerthieb die Hand abgeschlagen, und damit war der Anschlag gescheitert.

Nach dieser entmutigenden Niederlage überdachten die fränkischen Fürsten ihre Strategie und beschlossen, keinen weiteren Angriff mehr zu unternehmen, bevor nicht die dafür notwendige Kampfausrüstung zur Verfügung stand. Als nun eine fieberhafte Suche nach dem erforderlichen Material begann, spürten die Kreuzfahrer allmählich die Auswirkungen des brütend heißen palästinischen Sommers. Nicht mehr der Proviant war jetzt die Hauptsorge; von Ramla war Getreide gebracht worden. Stattdessen begann die Wasserknappheit die Kampfbereitschaft der Lateiner zu zerrütten. Da sämtliche Wasserlöcher in der näheren Umgebung verunreinigt waren, sahen sich die Christen gezwungen, die weitere Umgebung nach Trinkwasser abzusuchen. Ein Franke berichtet verzweifelt: »Die Situation war so schlimm, dass jeder, der in Gefäßen faules Wasser ins Lager brachte, dafür verlangen konnte, was er wollte, und wenn jemand frisches Wasser haben wollte, konnte er für fünf oder sechs Pfennige nicht genug bekommen, um seinen Durst auch nur einen Tag lang zu löschen. Und Wein wurde überhaupt nicht mehr oder nur noch höchst selten auch nur erwähnt.« Einige der Ärmeren starben, nachdem sie schmutziges, mit Blutegeln versetztes Moorwasser getrunken hatten.[3]

Zum Glück für die Kreuzfahrer kam genau zu der Zeit, als die Wasserknappheit lebensbedrohlich wurde, Hilfe von offenbar unerwarteter Seite. Mitte Juni legte eine Flotte aus sechs Genueser Schiffen in Jaffa an, einem kleinen natürlichen Hafen an der Mittelmeerküste, der Jerusalem am nächsten lag. Die Besatzung, darunter auch einige kundige Handwerker, machte sich auf den Weg, um sich den Belagerern Jerusalems anzuschließen, und sie brachten auch eine große Menge an Rüstungsmaterialien mit, darunter »Seile, Hämmer, Nägel, Äxte, Hacken und Beile«. Gleichzeitig ließen die Fürsten aus einigen nahe gelegenen Wäldern, von denen sie durch einheimische Christinnen und Christen erfahren hatten, auf Kamelen Bauholz herbeischaffen. Beide Ereignisse veränderten die lateinischen Erfolgsaussichten von Grund auf: Endlich konnten die Kreuzfahrer Belagerungsmaschinen bauen. In den folgenden drei Wochen stürzten sie sich in ein fieberhaftes Bauprogramm: Nahezu pausenlos entstanden Belagerungstürme, Katapulte, Rammböcke und Leitern, immer mit einem Auge auf der drohenden Ankunft des Entsatzheers al-Afdals. Unterdessen rechnete innerhalb Jerusalems auch Iftikhar ad-Daulah mit dem Eintreffen seines Herrschers, wobei er gleichzeitig für die Vermehrung seiner eigenen Steinwurfmaschinen sorgte sowie für zusätzliche Verstärkung der Stadtmauern und -türme.

Ihre verbissenen Vorbereitungen unterbrachen Belagerer und Belagerte nur, um barbarische Aktionen zu inszenieren und damit die gegnerische Moral zu untergraben. Regelmäßig wurden hölzerne Kreuze an den Stadtmauern hochgezogen und vor den Augen der aufgebrachten Kreuzfahrer ostentativ entweiht, indem die muslimischen Soldaten sie bespuckten oder sogar darauf urinierten. Die Franken ihrerseits brachten direkt vor der Garnison von Jerusalem buchstäblich jeden Gefangenen um, üblicherweise durch Enthauptung. In einem besonders entsetzlichen Fall trieben die Kreuzfahrer diese Taktik auf die Spitze: Nachdem sie in ihrem Lager einen muslimischen Spion aufgegriffen hatten, wollten sie den Gegner wieder dadurch einschüchtern, dass sie den Spion in die Stadt zurückwarfen, so wie sie es schon mit vielen anderen Opfern in früheren Belagerungen gehalten hatten. Nach dem Bericht eines lateinischen Augenzeugen war bei dieser Gelegenheit der unglückliche Gefangene allerdings noch am Leben: »Er wurde in ein Katapult gelegt, doch sein Körper war so schwer, dass der arme Teufel nicht weit geschleudert werden konnte. Er fiel auf spitze Steine in der Nähe der Mauern, brach sich das Genick und sämtliche Knochen, angeblich war er sofort tot.«[4]

Anfang Juli, als der Bau der Belagerungsmaschinen nahezu abgeschlossen war, erhielten die Franken die Nachricht, dass sich ein ägyptisches Entsatzheer sammelte; ein schneller Sieg wurde nun umso dringlicher. In diesem verzweifelten Augenblick war es wieder eine religiöse Offenbarung, die den Franken Mut machte und sie in dem Gefühl bestärkte, in göttlichem Auftrag zu handeln. Peter Desiderius, ein provenzalischer Priester und Visionär, prophezeite, die Heilige Stadt könne erobert werden, wenn die Kreuzfahrer sich zuvor einem dreitägigen Reinigungsritual unterzögen. Wie in Antiochia wurden mehrere Predigten, öffentliche Beichten und Messen abgehalten. Das Heer hielt sogar um die Mauern der Stadt herum eine feierliche Barfuß-Prozession ab, obwohl die ägyptische Garnison wenig Respekt für dieses Ritual erkennen ließ: Sobald die Kreuzfahrer in Reichweite kamen, regneten massenweise Pfeile auf sie herab. Als am Ende der zweiten Juliwoche der Bau der Belagerungsmaschinen abgeschlossen und der Geist der Kreuzfahrer von frommem Eifer erfüllt war, waren sie bereit für den Angriff.

Die Erstürmung Jerusalems

Die Kreuzfahrer begannen ihren Sturm auf Jerusalem in der Morgendämmerung des 14. Juli 1099. Im Südwesten waren Raimund von Toulouse und seine verbliebenen provenzalischen Anhänger auf dem Zionsberg stationiert, während Graf Gottfried, Tankred und die anderen Lateiner die Ebene im Norden der Stadt besetzten. Als Hornsignale die Franken an beiden Fronten zum Kampf riefen, mussten die muslimischen Truppen, die in der Dämmerung über die nördliche Brüstung spähten, plötzlich feststellen, dass sie übel getäuscht worden waren. Gottfried und seine Männer hatten die letzten drei Wochen damit zugebracht, einen riesigen Belagerungsturm unmittelbar vor dem Viereckigen Turm zu errichten. Die fatimidische Garnison hatte beobachten können, wie dieses dreistöckige Ungetüm Tag für Tag wuchs, bis es eine Höhe von beinahe 20 Metern erreicht hatte, und sie hatte natürlich im Gegenzug alle Anstrengungen unternommen, um die Verteidigungsanlagen in der Nordwestecke der Stadt zu verstärken. Genau darauf hatte Gottfried gesetzt. Sein Belagerungsturm war nämlich so konstruiert, dass er in mehrere transportable Teile zerlegt und an anderer Stelle schnell wiederaufgebaut werden konnte. In der Nacht vom 13. auf den 14. Juli verlagerte der Herzog im Schutz der Dunkelheit sein Bauwerk um mehr als einen halben Kilometer ostwärts, jenseits des Damaskustors, womit er einen ganz anderen Abschnitt der Mauer bedrohte. Nach dem Bericht eines Kreuzfahrers

> waren die Sarazenen am darauffolgenden Morgen wie vom Donner gerührt, als sie sahen, dass der Standort unserer Maschinen und Zelte sich verändert hatte […]. Zwei Gründe hatten zu der Verlagerung der Position geführt. Die Ebene ermöglichte für unsere Kriegsmaschinen einen leichteren Zugang zu den Mauern, und die Abgelegenheit und Schwäche dieses nördlichen Winkels hatte die Sarazenen veranlasst, ihn ungesichert zu lassen.

Es war Gottfried also gelungen, seine Feinde zu täuschen, und sein erstes Ziel war es nun, den niedrigeren äußeren Wall zu durchbrechen, der die wichtigsten nördlichen Festungsbauten schützte; erst durch eine solche Bresche würde er den großen Belagerungsturm in die Nähe der Stadt selbst transportieren können. Die Franken hatten einen riesigen, eisengepanzerten Sturmbock gebaut, um sich einen Weg durch die äußeren Verteidigungsanlagen zu bahnen, und nun mühten sich etliche Kreuzfahrer, diese Waffe vorwärtszubewegen, gedeckt von Mangonelfeuer, während die muslimische Garnison ihrerseits die Angreifer unter Beschuss nahm. Der Sturmbock war auf eine mit Rädern versehene Plattform montiert, trotzdem war er entsetzlich sperrig. Doch nach stundenlanger Anstrengung hatten die Franken ihn endlich in die richtige Position gebracht und rammten ihn mit einer gewaltigen Kraftanstrengung in die äußere Mauer. Es entstand ein beträchtlicher Riss; der Schwung trieb den Rammbock so weit vorwärts, dass die fatimidischen Truppen auf dem Festungswall befürchteten, er würde bis zur Hauptmauer vordringen. Deshalb überschütteten sie die bedrohliche Waffe mit »Feuer aus Schwefel, Pech und Wachs« und setzten sie in Brand. Zunächst taten die Kreuzfahrer alles, um die Flammen zu löschen, doch Gottfried erkannte schnell, dass die angekohlten Reste des Rammbocks das Vorrücken seines großen Belagerungsturms behindern würden. In einer grotesken Vertauschung der Taktiken machten sich also nun die Christen daran, ihre eigene Waffe zu verbrennen, während die Muslime vergeblich versuchten, dieses massive Hindernis auf dem Weg zu den Mauern zu retten, indem sie es von oben mit Wasser begossen. Schließlich gewannen die Christen die Oberhand, und am Ende dieses Tages war es den Franken im Norden gelungen, die erste Verteidigungslinie zu durchbrechen: Der Weg für einen Frontalangriff auf die Mauern war frei.

Im Südwesten der Stadt, am Berg Zion, waren die Provenzalen weniger erfolgreich. Dieser Abschnitt der Befestigungsmauern war nicht mit Kurtinen, sondern durch einen trockenen Festungsgraben verstärkt. In den Wochen zuvor hatte Raimund von Toulouse daher eine Bezahlung von einem Pfennig festgesetzt für jeden, der drei Steine in den Graben warf, wodurch dieses Hindernis rasch beseitigt war. Außerdem beaufsichtigte Raimund den Bau eines eigenen Belagerungsturms, und am 14. Juli wurde, abgestimmt auf Gottfrieds Offensive, auch diese gewaltige Kriegsmaschine eingesetzt. Zentimeterweise bewegten die südfranzösischen Truppen das riesige Gerät in Richtung der Festungsmauern; als sie in die Reichweite der feindlichen Waffen kamen, hagelten zahllose Wurfgeschosse auf sie herab. Iftikhar ad-Daulah hatte angenommen, der Hauptangriff des fränkischen Heeres werde vom Zionsberg ausgehen, daher hatte er seine Streitkräfte in diesem Teil der Stadt konzentriert, und seine Männer begannen jetzt mit einem nicht nachlassenden Beschuss. Ein lateinischer Augenzeuge beschrieb, wie »[von Katapulten] geschleuderte Steine durch die Luft flogen, und Pfeile prasselten wie Hagel herunter«; der langsam vorrückende Belagerungsturm war das Ziel von heimtückischen Feuergeschossen, »sie waren in brennendes Pech, Wachs und Schwefel getaucht, mit Werg und Lumpen umhüllt und mit Nägeln gespickt, sodass sie dort, wo sie aufkamen, haften blieben«. Raimund schaffte es nicht, bis zum Einbruch der Dunkelheit die Mauern zu erreichen, und sah sich zu einem demütigenden Rückzug gezwungen.[5]

Nach einer bangen, ruhelosen Nacht für Verteidiger wie Angreifer wurde die Schlacht am Morgen fortgesetzt. Die Provenzalen mühten sich wieder, ihren Turm vorwärtszubewegen, die Muslime feuerten erneut unermüdlich Wurfgeschosse und erreichten nach einigen Stunden ihr Ziel: Die provenzalische Maschine fing Feuer und brach zusammen. Dieser Angriff war vereitelt, und Raimunds Truppen zogen sich in einem Zustand von »Erschöpfung und Hoffnungslosigkeit« auf den Berg Zion zurück. Allerdings hatte der Umstand, dass die Stadt von zwei Seiten zugleich angegriffen worden war, die fatimidischen Ressourcen so belastet, dass die Nordmauer angreifbar blieb. Dort machten Gottfried und seine Männer am zweiten Tag des Kampfes bedeutende Fortschritte. Die äußere Mauer war durchbrochen, nun konnten sie ihren Belagerungsturm durch diese Lücke in Richtung der eigentlichen Festungsmauern schieben. Unter wahren Wolken von Wurfgeschossen, die den Himmel verdunkelten, bewegte sich der hoch aufragende Bau, dicht besetzt mit Franken, unaufhaltsam vorwärts. Die Zahl der Opfer war immens. Ein lateinischer Chronist erinnert sich, dass »der Tod auf beiden Seiten viele und sehr plötzlich ereilte«. Auf der obersten Plattform des Turmes stand – vollkommen ungeschützt – Gottfried, um die Operation zu leiten. Ein Stein, der einen neben ihm stehenden Kreuzfahrer traf, schlug diesem den Kopf ab.

Von Katapulten abgefeuerte brennende Wurfgeschosse rasten in den fränkischen Turm, der allerdings durch eine Verkleidung aus mit Tierhäuten überzogenem Flechtwerk geschützt war. So konnten die Geschosse keinen Schaden anrichten, und Stück für Stück bewegte sich die Belagerungsmaschinerie vorwärts. Um die Mittagszeit schließlich passierte sie die Bresche in der äußeren Verteidigungsmauer. Nun, da die Kreuzfahrer nur noch wenige Meter von den Hauptwällen entfernt waren und beide Seiten wie besessen mit kleineren Waffen aufeinander feuerten, unternahmen die Ägypter einen letzten Versuch, den Angriff aufzuhalten, indem sie ihrerseits eine »geheime« Waffe einsetzten. Sie hatten einen riesigen hölzernen Balken mit einem dem griechischen Feuer verwandten brennbaren Material auf der Basis von Rohöl getränkt, das mit Wasser nicht gelöscht werden kann. Dieser Balken wurde in Brand gesetzt und dann über die Mauer gehievt, um vor Gottfrieds Maschinerie als brennende Schwelle zu landen. Die Angreifer hatten allerdings zu ihrem Glück von Christen aus Jerusalem den Hinweis bekommen, dass es doch ein Mittel gab, dieses schreckliche Feuer zu löschen: Essig. Gottfried hatte seinen Turm deshalb mit einigen Weinschläuchen ausgerüstet, die mit Essig gefüllt waren und nun zum Einsatz kamen, um das Feuer zu löschen. Als fränkische Soldaten die rauchenden Überreste des Balkens vor dem Turm beiseitegeräumt hatten, war der Weg zur Mauer endlich frei.

Nun hing der Erfolg der lateinischen Offensive davon ab, ob es den Franken gelang, auf der Stadtmauer Fuß zu fassen. Die Höhe des Turmes verschaffte den Franken einen entscheidenden Vorteil, denn die Stadtmauer war an dieser Stelle ungefähr 15 Meter hoch: Gottfried und seine Kämpfer auf der obersten Plattform des Turmes konnten also von oben auf die Verteidiger der Stadtmauer eine Flut von brennenden Wurfgeschossen herabregnen lassen. Und plötzlich, mitten im erbittertsten Kampfgeschehen, bemerkten die Kreuzfahrer, dass ein nahe gelegener Verteidigungsturm und ein Teil der Mauer in Flammen standen. Ob mit brennenden Katapultgeschossen oder mit Brandpfeilen, jedenfalls war es den Franken gelungen, das hölzerne Gerüst der Hauptmauer in Brand zu setzen. Dieser Brand »erzeugte so viel Rauch und Feuer, dass keine der Wachen es in der Nähe aushalten konnte« – in Panik ergriffen nun die Verteidiger die Flucht. Im Bewusstsein, dass dieser Zustand der Wehrlosigkeit womöglich nur wenige Augenblicke anhalten würde, ließ Gottfried eilig eine der Schutzvorrichtungen vom Turm ablösen und zu einer Behelfsbrücke hinüber zu den Zinnen der Mauer umfunktionieren. Zugleich begannen auch die Franken am Fuß der Stadtbefestigung mit ihren Sturmleitern die Mauer hinaufzuklettern, um die Stellung ihrer Kampfgefährten zu stärken.

Kaum hatten Gottfried und seine Truppen diesen ersten spektakulären Durchbruch geschafft, brach die muslimische Verteidigung Jerusalems auf der ganzen Linie zusammen. Als die Ägypter, die an der nördlichen Stadtmauer stationiert waren, sahen, wie die Franken die Zinnen erklommen, flohen sie, in Schrecken versetzt von dem Ruf der Brutalität, der den Kreuzfahrern vorauseilte. Bald befand sich die gesamte Garnison in einem Zustand von Chaos und Auflösung. Am Zionsberg hatten offenbar Raimund von Toulouse und seine Männer eben noch kurz vor einer Niederlage gestanden, als die Nachricht vom Durchbruch von Gottfrieds Truppen eintraf. Plötzlich begannen muslimische Verteidiger an der südlichen Front, die nur wenige Augenblicke zuvor noch mit äußerster Verbissenheit gekämpft hatten, ihre Stellung zu verlassen. Einige sah man sogar in Panik von der Mauer springen. Die Provenzalen verloren keine Zeit, in die Stadt hineinzustürmen, um sich den anderen Kreuzfahrern anzuschließen. Dann begannen die Plünderungen.[6]

Der Horror der »Befreiung«

Nicht lange nach der Mittagsstunde des 15. Juli 1099 ging für die ersten Kreuzfahrer ihr lang gehegter Wunsch in Erfüllung: Jerusalem wurde eingenommen. Blutrünstige, rasende Haufen strömten durch die Straßen und überrannten die Heilige Stadt. Was an muslimischem Widerstand noch übrig war, schmolz vor ihnen dahin, doch waren die meisten Franken nicht in der Stimmung, Gefangene zu machen. Stattdessen mündeten die drei Jahre voller Kämpfe, Entbehrungen und Sehnsucht in eine alles verwüstende Sturzflut barbarischen, wahllosen Abschlachtens. Ein Kreuzfahrer berichtete freudig:

> Beim Fall Jerusalems und seiner Türme sah man wundervolle Dinge. Einige Heiden wurden gnädigerweise enthauptet, andere, durchbohrt von Pfeilen, stürzten von Türmen, und wieder andere, die man lange Zeit gefoltert hatte, gingen in lodernden Flammen zugrunde. Haufen abgeschlagener Köpfe, Hände und Füße lagen

in den Häusern und Straßen; Mannschaften und Ritter eilten auf den Leichen hin und her.

Viele Muslime flohen zum Tempelberg, wo sich einige zusammentaten und für kurze Zeit Widerstand leisteten. Ein lateinischer Augenzeuge beschrieb, wie »alle Verteidiger sich entlang der Mauern und durch die Stadt zurückzogen, und unsere Männer verfolgten sie, töteten sie und stachen sie nieder, bis hin zur [al-Aqsa-Moschee], wo das Gemetzel so groß war, dass unsere Männer bis zu den Knöcheln im Blut der Feinde wateten«. Tankred gab einer Gruppe von Flüchtlingen, die sich auf dem Dach der Moschee zusammengekauert hatten, sein Banner, um sie als seine Gefangenen zu kennzeichnen, doch auch sie wurden später kaltblütig von Franken erschlagen. Das Gemetzel war so grauenhaft, dass nach einer lateinischen Quelle »sogar die Soldaten, die an dem Töten beteiligt waren, kaum die Dämpfe aushielten, die von dem warmen Blut aufstiegen«. Kreuzfahrer durchstreiften die Stadt nach Beute und schlachteten wahllos Männer, Frauen und Kinder ab, Muslime und Juden.[7]

Weder lateinische noch arabische Quellen scheuen sich, das Grauen dieser Plünderungsaktionen zu schildern, die eine Seite im Triumph über den Sieg, die andere abgestoßen von der ungeheuerlichen Brutalität. In den folgenden Jahrzehnten wurden die von lateinischer Seite in Jerusalem verübten Gräueltaten vom Islam des Vorderen Orients als barbarische, schändliche Akte der Kreuzfahrer angesehen, die sofortige Vergeltung forderten. Im 13. Jahrhundert schätzte der irakische Muslim Ibn al-Athir die Zahl der muslimischen Toten auf 70 000. Moderne Historikerinnen und Historiker hielten diese Zahl lange Zeit für eine Übertreibung, aber die lateinischen Schätzungen von mehr als 10 000 Toten nahmen sie als wahrscheinlich an. Jüngste Forschungen förderten jedoch eine zeitgenössische hebräische Quelle zutage, die darauf hinweist, dass die Zahl der Opfer kaum über 3000 ging und dass bei der Einnahme Jerusalems sehr viele Gefangene gemacht wurden. Daraus kann man schließen, dass schon im Mittelalter die Vorstellung von der Brutalität der Kreuzfahrer im Jahr 1099 auf beiden Seiten des Konflikts ein Gegenstand von Übertreibung und Manipulation gewesen ist.

Das ändert aber nichts an dem sadistischen Gemetzel durch die Kreuzfahrer. Gewiss, es wurden einige Einwohnerinnen und Einwohner

Jerusalems verschont; Iftikhar ad-Daulah zum Beispiel fand Zuflucht im Davidsturm und handelte später mit Raimund von Toulouse Bedingungen für seine Freilassung aus. Doch war das fränkische Massaker nicht lediglich ein ungezähmter Ausbruch unterdrückter Wut, vielmehr handelte es sich um eine kaltblütig durchgeführte Mordaktion, die mindestens zwei Tage andauerte. Danach schwamm die Stadt in Blut, und die Straßen waren übersät mit Leichen. In der Hitze des Hochsommers wurde der Gestank bald unerträglich, und man schaffte die Toten vor die Stadtmauern hinaus, sie wurden »aufgeschichtet zu Haufen so groß wie Häuser« und verbrannt. Sogar sechs Monate danach berichtete ein lateinischer Besucher, der zum ersten Mal in Palästina war, dass die Heilige Stadt noch immer nach Tod und Verwesung stank.

Die andere Wahrheit über die Eroberung Jerusalems, die nicht zu leugnen ist: Die Kreuzfahrer waren nicht einfach nur von Blutdurst oder Beutegier getrieben; es erfüllte sie auch tiefe Frömmigkeit und die echte Überzeugung, Gottes Werk auszuführen. Entsprechend ging der erste grauenhafte Tag des Plünderns und Abschlachtens mit einem Gottesdienst zu Ende. Als die Sonne am 15. Juli unterging, versammelten sich die Franken zu tränenreichem Dank an ihren Gott, ein Bild, das wie kaum ein zweites die uns paradox anmutende Vermischung von Gewalt und Glauben veranschaulicht. Ein lateinischer Zeitgenosse schildert freudig erregt, wie »die Kleriker und die Laien sich zum Grab des Herrn und zu seinem glorreichen Tempel begaben, sie sangen vor dem Herrn ein neues Lied mit lauter, jubelnder Stimme, sie brachten Opfer und flehten zum Herrn und besuchten voll Freude den heiligen Ort, nach dem sie sich schon so lange gesehnt hatten«. Nach Jahren verzweifelten Leidens und Kämpfens war das schreckliche Werk der ersten Kreuzfahrer vollendet: Jerusalem befand sich in christlicher Hand.[8]

Nachwirkungen

Die Gedanken der Kreuzfahrer wandten sich bald der Frage zu, was nun mit ihrer neuen Eroberung geschehen sollte. Nachdem sie 3000 Kilometer unterwegs gewesen waren, um Jerusalem für die lateinische Christenheit zurückzufordern, war allen klar, dass die Stadt nun regiert und verteidigt werden musste. Der Klerus äußerte die Überzeugung, dass ein Ort von so einzigartiger Heiligkeit nicht dem Regiment eines weltlichen Monarchen unterstellt werden dürfe; er forderte stattdessen, einen von Klerikern gelenkten Kirchenstaat mit Jerusalem als Hauptstadt zu schaffen. Da allerdings der griechische Patriarch von Jerusalem kürzlich im Exil auf Zypern gestorben war, gab es für diese Option keinen überzeugenden Kandidaten. Raimund von Toulouse liebäugelte mit der Stellung eines lateinischen Königs, doch seit Arqa war sein Ansehen stark zurückgegangen, und am 22. Juli 1099 übernahm Gottfried von Bouillon, der Architekt des Sieges der Kreuzfahrer, die Herrschaft. Als Verbeugung vor dem Klerus nahm er den Titel »Verteidiger des Heiligen Grabes« *(advocatus sancti sepulchri)* an, womit er zum Ausdruck brachte, dass er lediglich als Schutzherr Jerusalems aufzutreten gedachte.[9]

Da Graf Raimund sich in seinen ehrgeizigen Plänen ein weiteres Mal düpiert sah, unternahm er noch einen vergeblichen Versuch, den Davidsturm unter seine persönliche Herrschaft zu bringen, bevor er die Heilige Stadt zutiefst gekränkt verließ. In seiner Abwesenheit wurde der französisch-normannische Kreuzfahrer Arnulf von Chocques, ein Kritiker der Heiligen Lanze, zum neuen Patriarchen Jerusalems ernannt. Dass ein Lateiner dieses heilige Amt übernahm, war ein grober Verstoß gegen die Rechte der griechischen Kirche und brachte einen klaren Bruch der Kooperationspolitik mit Byzanz zum Ausdruck. Bislang war Arnulfs Wahl, die der Zustimmung des Papstes bedurfte, noch unbestätigt, doch hinderte ihn das nicht daran, eine unwürdige Atmosphäre religiöser Intoleranz zu erzeugen. Innerhalb nur weniger Monate wurden ebenjene christlichen »Brüder« aus den verschiedenen Ostkirchen, die die Franken mit ihrem »heiligen Krieg« zu beschützen gedacht hatten, zu Verfolgten: Armenier, Kopten, Jakobiten und Nestorianer wurden aus der Grabeskirche vertrieben.

Die neue Regierung festigte ihre Position, indem sie ihren eigenen Reliquienkult begründete, der die fatalen Erinnerungen an die Heilige Lanze auslöschen sollte. Um den 5. August herum wurde ein Stück des Wahren Kreuzes zur Schau gestellt. Man glaubte, in diesem Reliquiar, wahrscheinlich einem ziemlich abgenutzten Kruzifix aus Silber und Gold, sei ein Stück Holz von dem Kreuz aufgehoben, an dem Christus starb. Offenbar war es über Generationen muslimischer Herrschaft hinweg von christlichen Einwohnern Jerusalems versteckt worden. Arnulf und seine Anhänger eigneten sich dieses angebliche Überbleibsel aus dem Leben Jesu an, und bald wurde es zum Wahrzeichen der neuen lateinischen Herrschaft über Jerusalem – Symbol für den Sieg der Franken und die Wirksamkeit der Kreuzzugsidee.

Die letzte Schlacht

Weder der Patriarch noch Gottfried von Bouillon hatten die Möglichkeit, ihren neu erworbenen Status lange zu genießen. Anfang August traf die Nachricht ein, al-Afdal sei mit einem Heer von 20 000 grimmigen Ägyptern im südpalästinischen Hafen Askalon gelandet. Es würde nur noch wenige Tage dauern, bis der Wesir sich nordwärts in Marsch setzte, um Jerusalem für den Islam zurückzufordern. Die Franken befanden sich in einem Zustand innerer Zerstrittenheit, die Zahl ihrer Kämpfer war betrüblich dezimiert, und nun sahen sie sich nach all ihren Strapazen und Leiden mit der sehr realen Möglichkeit konfrontiert, dass auch sie noch vernichtet würden und ihre beachtlichen Leistungen sich in Luft auflösten.

Gottfried wollte nicht auf die Ankunft der Truppen al-Afdals warten, er entschied sich vielmehr, alles auf eine Karte zu setzen und die Ägypter anzugreifen. Am 9. August verließ er die Heilige Stadt, seine Truppen marschierten barfuß, als reuige Soldaten Christi, und wurden begleitet von Patriarch Arnulf und der Reliquie vom Wahren Kreuz. In den nächsten paar Tagen schaffte es Gottfried, eine eher unwillige letzte lateinische Allianz zusammenzubringen, der sich auch Raimund von Toulouse anschloss. Die Reihen des einst so riesigen fränkischen Heeres waren auf einen harten Kern von Überlebenden des Kreuzzugs zusammengeschmolzen, eine Truppe, die sich insgesamt auf ungefähr 1200 Ritter und 9000 Fußsoldaten belief. Diese marschierten am 11. August Richtung Süden auf Askalon zu; am Ende des Tages fiel ihnen eine Gruppe ägyptischer Spione in die Hände, die ihnen al-Afdals Schlachtplan verrieten und auch die Größe und Aufstellung seiner Streitkräfte. Das feindliche Heer war ihnen an Zahl doppelt überlegen, und deshalb entschieden sich die Kreuzfahrer für einen Überraschungsangriff. Im Morgengrauen des folgenden Tages überfielen sie die vor Askalon stationierten ägyptischen Truppen, die noch schliefen. In allzu großem Vertrauen auf seine Übermacht hatte al-Afdal es versäumt, ausreichend Wachtposten aufzustellen, und die Franken konnten eine Reihe fassungsloser muslimischer Kämpfer einen nach dem anderen niedermachen. Als die lateinischen Ritter dann bis ins Zentrum des Lagers vordrangen und dort al-Afdals Standarte und die meisten seiner Besitztümer an sich rissen, verwandelte sich die Schlacht schnell in einen Rückzug:

> In ihrer großen Furcht kletterten [die Ägypter] auf Bäume und versteckten sich dort, nur um aus den Ästen wie stürzende Vögel wieder herunterzufallen, als unsere Männer sie mit ihren Pfeilen durchbohrten und mit ihren Lanzen töteten. Später enthaupteten die Christen sie überflüssigerweise mit dem Schwert. Andere Ungläubige warfen sich den Christen in höchstem Entsetzen zu Füßen. Dann hieben unsere Männer sie in Stücke, als würden sie Vieh für den Fleischmarkt zurichten.[10]

Al-Afdal floh, außer sich vor Schreck und Entsetzen, nach Askalon und schiffte sich umgehend nach Ägypten ein, sodass die Kreuzfahrer jeglichen noch verbleibenden Widerstand zerschlagen und üppige Beute machen konnten, darunter sogar das kostbare Schwert des Wesirs selbst. Der erste Kreuzzug hatte seine letzte Prüfung bestanden, doch die kleinlichen Streitigkeiten, in die seine Führer schon seit so langer Zeit verwickelt waren, forderten einen hohen Preis. Askalons Besatzer waren in jenem August mehr als bereit, sich zu ergeben, doch sie verlangten, mit Raimund von Toulouse zu verhandeln, dem einzigen Franken, von dem man wusste, dass er während der Plünderung Jerusalems sein Wort nicht gebrochen hatte. Gottfried aber, der befürchtete, Raimund könnte dadurch zu einem eigenen unabhängigen Herrschaftsbereich an der Küste kommen, mischte sich ein, womit die Verhandlungen zum Erliegen kamen. Aufgrund dieser vergeudeten Chance blieb Askalon in muslimischer Hand. In den folgenden Jahrzehnten schaffte es eine wieder erstarkende ägyptische Kriegsflotte, diese Bastion in Palästina zu halten, und das neue Königreich Jerusalem blieb demzufolge ägyptischen Angriffen gefährlich ausgesetzt.

Rückkehr nach Europa

Nach dem Sieg von Askalon sahen die meisten Kreuzfahrer ihre Aufgabe als erfüllt an. Gegen jede Wahrscheinlichkeit und sämtliche Erwartungen hatten sie die mörderische Pilgerreise ins Heilige Land überlebt, sie hatten die »wunderbare« Wiedereroberung Jerusalems geschafft und die Streitmacht des fatimidischen Ägyptens zurückgeschlagen. Von den Zehntausenden, die Jahre zuvor das Kreuz genommen hatten, war nur noch ein Bruchteil übrig, und die große Mehrheit dieser Überlebenden wollte nun so schnell wie möglich in Richtung Westen heimkehren. Am Ende des Sommers hatten sie sich Robert von der Normandie und Robert von Flandern angeschlossen, die auf Schiffen von Syrien aus aufbrachen, und ließen Gottfried mit nur 300 Rittern und ungefähr 2000 Fußsoldaten zur Verteidigung Palästinas zurück. Tankred war der einzige unter den namhafteren Kreuzfahrern, der ebenfalls zurückblieb; er hielt Ausschau nach der Möglichkeit, eine eigene unabhängige Herrschaft im Osten zu begründen.

Es gab, wenn überhaupt, nur wenige Kreuzfahrer, die bei ihrer Rückkehr nach Europa mit Reichtümern beladen waren. Die Beute, die man in Jerusalem und Askalon gemacht hatte, wurde offenbar schnell von den Reisekosten verschlungen, und viele erreichten ihre Heimat in einem Zustand fast völliger Armut, Krankheit und Erschöpfung. Viele hatten eine andere Form frommer »Schätze« bei sich: Reliquien der Heiligen, Stücke von der Heiligen Lanze oder vom Wahren Kreuz oder schlichte Palmzweige aus Jerusalem, Abzeichen der abgeleisteten Pilgerreise. Peter der Einsiedler beispielsweise brachte Reliquien von Johannes dem Täufer und vom Heiligen Grab nach Hause und gründete zu ihren Ehren dann auch ein Augustiner-Priorat in der Nähe von Lüttich. Fast allen Kreuzfahrern wurde große Anerkennung für ihre Leistungen zuteil, und es bürgerte sich die Gewohnheit ein, sie mit dem rühmenden Beinamen *hierosolymitani*, also »Reisende nach Jerusalem« zu bezeichnen.

Natürlich gab es auch Hunderte, wenn nicht Tausende Franken, denen keine »heroische Rückkehr« zuteilwurde – Männer wie Stephan von Blois, die die Expedition vorzeitig verlassen, also ihr Pilgergelübde gebrochen hatten. Diese »Deserteure« wurden bei der Heimkehr mit Schmähungen überschüttet. Stephan wurde von seiner Frau Adela öffentlich beschimpft. Er und viele andere versuchten, den Makel dieser Schande dadurch zu beseitigen, dass sie sich auf ein neues Unternehmen einließen – den Kreuzzug des Jahres 1101. Seit 1096 hatte Papst Urban II. immer wieder größere lateinische Verstärkungstruppen angespornt, sich zur Unterstützung der Kreuzfahrer auf den Weg in die Levante zu machen. Er starb im Sommer 1099, unmittelbar bevor die Botschaft von der Einnahme Jerusalems in Rom eintraf, doch sein Nachfolger, Paschalis II., machte sich Urbans Berufung zu eigen und regte eine groß angelegte Expedition zur militärischen Unterstützung der entstehenden fränkischen Niederlassungen im Osten an. Aufgrund der allgemeinen Begeisterung, die die Geschichten von den Siegen des ersten Kreuzzugs entfacht hatten, fand diese Unternehmung großen Zulauf sowohl aus den Reihen der blamierten Rückkehrer als auch von vielen Tausend neu gewonnenen Anhängern. Es machten sich Menschenmengen auf den Weg, die denen, die 1096/1097 aufgebrochen waren, entsprachen, sie vielleicht sogar übertrafen. Sie zogen nach Konstantinopel, wo der altgediente Fürst Raimund von Toulouse zu ihnen stieß, der vor Kurzem in Byzanz eingetroffen war, um sein Bündnis mit Kaiser Alexios zu erneuern.

Trotz dieser Kampfstärke entwickelte sich der Kreuzzug des Jahres 1101 verheerend. Der Rat Stephans von Blois und Raimunds von Toulouse, nur vereint weiterzumarschieren, wurde in den Wind geschlagen. Stattdessen brachen drei getrennte Heere zur Durchquerung Kleinasiens auf, und jedes ereilte sein Schicksal in Gestalt einer mächtigen Koalition aus einheimischen Seldschuken-Herrschern, die mittlerweile nur zu genau wussten, was für eine Bedrohung die Invasion der Kreuzfahrer darstellte. Die Kreuzfahrer dieses Jahres hatten das Ausmaß des feindlichen Widerstands sträflich unterschätzt, und in mehreren vernichtenden militärischen Zusammenstößen wurden sie praktisch aufgerieben. Von den wenigen, die überlebten, wankte nur noch eine kleine Schar, darunter Stephan und Raimund, weiter nach Syrien und Palästina, und selbst dort war ihnen kein nennenswerter Erfolg mehr beschieden.[11]

Es mag überraschen, dass diese Rückschläge im lateinischen Europa den Enthusiasmus für den Kreuzzugsgedanken nicht zu dämpfen vermochten. Viele Zeitgenossen argumentierten vielmehr, die gescheiterte Unternehmung von 1101, die, wie man annahm, der sündhaften Überheblichkeit der Teilnehmenden geschuldet war, habe den wundersamen Glanz der Leistungen des ersten Kreuzzugs nur noch verstärkt. Und trotzdem, ungeachtet der Versuche des Papstes, mit dieser neuen Art religiös legitimierter Kriegsführung zu experimentieren und das Andenken an den ersten Kreuzzug mit anderen Konfliktherden in Verbindung zu bringen, war der Beginn des 12. Jahrhunderts nicht von überbordender Begeisterung für den Kreuzzugsgedanken gekennzeichnet. Erst einige Jahrzehnte später erhob sich der fränkische Westen selbst, um Kriegszüge zur Verteidigung des Heiligen Landes zu unternehmen, die sich an Umfang mit denen der Jahre 1095 und 1101 vergleichen ließen. Die Lateiner, die nach der Eroberung Jerusalems in der Levante geblieben waren, waren damit bis auf Weiteres gefährlich isoliert.

Erinnerung und Vorstellung

Der Erfolg des ersten Kreuzzugs versetzte die lateinische Christenheit in einen Zustand betäubten Staunens. Für viele Menschen war die einzige Erklärung für das Überleben der Kreuzfahrer in Antiochia und ihren letzten Triumph in Jerusalem das direkte Eingreifen Gottes. Wäre das ganze Unternehmen im Vorderen Orient gescheitert, hätte der Kreuzzugsgedanke wohl keine weitere Wirkung entfaltet. So wie die Dinge lagen, beflügelte der Sieg der Kreuzfahrer den Enthusiasmus für diese neue Form frommer Kriegsführung viele Jahrhunderte lang: Der erste Kreuzzug wurde das wohl am häufigsten beschriebene Ereignis des Mittelalters.

Die Konfigurierung der Kreuzzugserinnerung in Westeuropa

Die Arbeit an der Erinnerung an den Kreuzzug begann fast unmittelbar nach seinem Ende, als einige Teilnehmer in den ersten Jahren des 12. Jahrhunderts sich daranmachten, den Feldzug zu dokumentieren und zu rühmen. Das einflussreichste Zeugnis, die *Gesta Francorum* (»Taten der Franken«), wurde um das Jahr 1100 in Jerusalem abgefasst, wahrscheinlich von einem adligen normannischen Kreuzfahrer aus Süditalien mit einem gewissen Bildungshintergrund. Der Bericht erweckt zwar den Anschein, auf den eigenen Erfahrungen seines anonymen Verfassers zu beruhen, doch darf er nicht als Niederschrift eines echten Augenzeugen von der Art eines Tagebuchs angesehen werden. Vielmehr übernahm der Verfasser der *Gesta Francorum* eine neue Methode, die Vergangenheit darzustellen, wie sie sich im europäischen Mittelalter gerade als Alternative zur traditionellen Chronik, die streng nach der Abfolge der Jahre vorging, herauszubilden begann: Er destillierte aus der Erfahrung von vielen Tausend Teilnehmenden eine einzige, umfassende Erzählung, die erste *Historia* des Kreuzzugs, einen Bericht epischen Ausmaßes und von heroischen Dimensionen. Andere Veteranen des Kreuzzugs wie Raimund von Aguilers, Fulcher von Chartres und Peter

Tudebode benutzten die *Gesta Francorum* als eine Art Ausgangstext, von dem aus sie ihre eigenen erzählenden Berichte verfassten – eine Form von Plagiat, die in dieser Epoche durchaus nichts Ungewöhnliches war. Moderne Gelehrte stützten sich auf diese Materialsammlung sowie auf die Briefe, die Kreuzfahrer während ihrer Reise abgefasst hatten, um die lateinische Sicht auf das Geschehen zu rekonstruieren. Durch den Vergleich dieser Zeugnisse mit außerfränkischen Quellen (von Muslimen, Griechen, Christen aus der Levante und Juden) versuchten sie, ein möglichst genaues Bild dessen zu zeichnen, was auf dem ersten Kreuzzug wirklich passierte – ein Verfahren, das man als empirische Rekonstruktion bezeichnen könnte.[12]

Im ersten Jahrzehnt des 12. Jahrhunderts machten sich jedoch auch einige Lateiner in Europa daran, eine Geschichte des Kreuzzugs zu schreiben – oder besser gesagt umzuschreiben. Besonders drei unter ihnen – Robert von Reims (Robert der Mönch), Guibert von Nogent und Balderich von Bourgueil – sind von Bedeutung, weil ihre Berichte sich besonderer Popularität erfreuten. Alle drei waren hochgebildete Benediktiner, sie lebten in Nordfrankreich und hatten mit dem »heiligen Krieg« außerhalb Europas selbst keine Erfahrungen gesammelt. Sie arbeiteten fast zur gleichen Zeit, doch offenbar ohne voneinander zu wissen. Alle drei Mönche boten neue Darstellungen des ersten Kreuzzugs, und als Grundlage für ihre Arbeit benutzten sie die *Gesta Francorum*. Eigenen Angaben zufolge taten sie dies, weil ihrer Meinung nach die *Gesta* in »ungehobelter Weise« und »unschöner, kunstloser Sprache« abgefasst waren. Robert, Guibert und Balderich taten jedoch weitaus mehr, als nur das mittelalterliche Latein der *Gesta* aufzupolieren. Sie fügten der Geschichte neue Details hinzu, indem sie manchmal Informationen aus anderen »Augenzeugen«-Texten verwendeten, wie etwa dem Bericht Fulchers von Chartres, manchmal mündliche Zeugnisse von Teilnehmern verwendeten, vielleicht auch einiges aus der eigenen Vorstellung hinzufügten. Entscheidend aber ist vor allem, dass alle drei den ersten Kreuzzug einer von Grund auf veränderten Interpretation unterzogen.

So ist etwa Roberts Palette von Anspielungen auf die Heilige Schrift weitaus reichhaltiger als die der *Gesta Francorum*, sie zeugt von der Belesenheit des Verfassers. Er benutzte Zitate aus oder Vergleiche mit Episoden aus dem Alten und Neuen Testament, um den Kreuzzug in einen wohlgeordneten christlichen Kontext einzureihen. Außerdem strich er die ganz eigene Natur des Wunderbaren bei diesem Kreuzzug heraus und betonte, dessen Erfolg sei nicht auf menschliche Anstrengung zurückzuführen, sondern auf das Wirken Gottes. Und schließlich schrieb er die gesamte Geschichte des Kreuzzugs um. Die *Gesta* bezogen sich nur indirekt auf die Kreuzzugspredigt Urbans II.; sie waren so angelegt, dass die Belagerung und Eroberung von Antiochia als Höhepunkt des Unternehmens hervortrat und die Ereignisse in Jerusalem lediglich noch ein unbedeutenderes Nachspiel darstellten. Im Gegensatz dazu ließ Robert seine Geschichte mit einer ausgedehnten Darstellung der päpstlichen Predigt in Clermont beginnen (bei der er, wie er behauptete, selbst zugegen gewesen war) und legte ungleich viel mehr Gewicht auf die Einnahme der Heiligen Stadt. Damit stellte er den Kreuzzug als Unternehmung dar, die durch die Instanz des Papstes eingeleitet, geführt und legitimiert war, und unterstrich, ihr eigentliches Ziel sei die Wiedereroberung Jerusalems gewesen.

Natürlich veränderte Roberts Erzählung die Ereignisse des ersten Kreuzzugs nicht in irgendeiner materiellen Hinsicht, ebenso wenig wie die Berichte Guiberts und Balderichs. Doch spielt ihr Werk für das Verständnis der Kreuzzüge insgesamt eine ganz entscheidende Rolle, weil es im Vergleich mit anderen Texten wie den *Gesta Francorum* von den damaligen Zeitgenossen in viel größerem Umfang rezipiert wurde. Von daher prägten diese benediktinischen Aufarbeitungen die Weise, wie die Menschen im 12. und 13. Jahrhundert sich an den Kreuzzug erinnerten und wie sie ihn einschätzten. Vor allem die Darstellung durch Robert von Reims wurde allgemein bewundert – man kann sie geradezu als eine Art Bestseller unter der Gelehrtenelite jener Zeit bezeichnen. Außerdem diente sie als Quelle für die berühmteste *chanson de geste* (epische Darstellung) über den Kreuzzug, die *Chanson d'Antioche*, die in 10 000 Versen in altfranzösischer Sprache den Kreuzfahrern als christlichen Helden Unsterblichkeit verlieh. Abgefasst war die *Chanson d'Antioche* in der populären epischen Form, die in Westeuropa bald zum beliebtesten Mittel aufstieg, »historische« Ereignisse darzustellen, und sie war zum öffentlichen Vortrag in der Volkssprache vor einem Laienpublikum gedacht. Als solche trug sie beträchtlich dazu bei, die Erinnerung an den ersten Kreuzzug in der lateinischen Christenheit zu prägen.

Von den ersten »Augenzeugen«-Berichten bis zur *Historia* des Robert von Reims und der *Chanson d'Antioche* wirkte sich der Prozess der Erinnerung an diesen Kreuzzug mit weitreichenden Folgen auf die imaginierte Realität der Ereignisse aus: Gottfried von Bouillon stieg zum einzigen Anführer der Expedition auf; die Erinnerung an den »wunderbaren« Einfluss der Heiligen Lanze wurde eingefügt; und es festigte sich die Vorstellung, dass die als Märtyrer gestorbenen Kreuzfahrer ihren Lohn im Himmel empfingen. Die historisch wohl folgenreichste Umformulierung und Manipulation bezog sich auf die Ereignisse in Jerusalem am 15. Juli 1099 und danach. Die Plünderung der Heiligen Stadt durch die Franken konnte von christlichen Zeitgenossen unschwer als der entscheidende Augenblick des von Gott gebilligten Triumphs dargestellt werden, oder von Muslimen als ein Akt absoluter Bestialität, der das ganze Ausmaß der barbarischen Natur der Franken offenbarte. Es ist in der Tat verblüffend, dass die christlichen Verfasser nicht versuchen, die Zahl der »Ungläubigen«, die bei der Einnahme Jerusalems getötet wurden, zu begrenzen – wenn sie Veränderungen vornahmen, dann übertrieben sie eher die Zahl der Toten. Und sie schwelgten in der Darstellung des Gemetzels in der al-Aqsa-Moschee. In den *Gesta Francorum* heißt es, dass die Kreuzfahrer bei dieser Schlachterei bis zu den Knöcheln im Blut wateten. Ein anderer »Augenzeuge«, Raimund von Aguilers, weitete dieses Bild noch aus. Mit Bezug auf eine Stelle in der Offenbarung des Johannes erklärte er, dass die Franken »im Blut [der Feinde] ritten, das bis zu ihren Knien und dem Zaumzeug der Pferde reichte«. Dieses besonders grausige Bild fand breite Aufnahme und wurde im Lauf des 12. Jahrhunderts in zahlreichen westeuropäischen Darstellungen und Chroniken aufgegriffen.[13]

Der erste Kreuzzug und der Islam

In Anbetracht der gewalttätigen Eroberungen rief der erste Kreuzzug in der muslimischen Welt nur ein überraschend verhaltenes Echo hervor. Die Menge der arabischen Zeugnisse, die als Reaktion auf den Kreuzzug entstanden, lässt sich mit der wahren Flut von Kommentaren in lateinisch-christlichen Texten überhaupt nicht vergleichen. Die ersten erhaltenen arabischen Chroniken, die auf den Kreuzzug detaillierter eingehen, entstanden erst in den 1150er-Jahren. Und selbst diese Texte, verfasst von dem aus Aleppo stammenden al-Azimi und dem Damaszener Ibn al-Qalanisi, berichten nur relativ knapp über die Ereignisse – es handelt sich um kaum mehr als einen rudimentären Überblick, der die Durchquerung Kleinasiens und die Ereignisse in Antiochia, Marrat und Jerusalem abdeckt, mit gelegentlichen vernichtenden Seitenhieben auf die von den Franken verübten Gräueltaten. Dazu gehört ein Kommentar auf die nicht abschätzbare Zahl von Antiochiern, die »getötet, gefangen genommen und versklavt« wurden, als die Stadt Anfang Juni 1098 eingenommen wurde, sowie die Feststellung, dass während der Plünderung der Heiligen Stadt durch die Kreuzfahrer »ein großer Teil [der Bevölkerung Jerusalems] getötet wurde«.

In den 1220er-Jahren wurde der irakische Historiker Ibn al-Athir mit seiner Kritik etwas deutlicher; er berichtete, dass »die Franken in der al-Aqsa-Moschee mehr als 70 000 töteten, darunter waren viele Imame, gläubige Gelehrte, rechtschaffene Männer und Asketen, Muslime, die ihre Herkunftsländer verlassen hatten, um an diesem erhabenen Ort ein heiliges Leben zu führen«. Dann beschrieb er, wie die Kreuzfahrer den Felsendom plünderten. Er fügte außerdem hinzu, dass im Spätsommer des Jahres 1099 eine Gesandtschaft syrischer Muslime zum Abbasiden-Kalifen in Bagdad kam und ihn um Unterstützung gegen die Franken bat. Es hieß, sie hätten berichtet, wie sehr sie unter den Lateinern zu leiden hatten, »was alle zu Tränen rührte und die Herzen quälte«, und dass sie während des Freitagsgebets einen öffentlichen Protest formuliert hätten; doch trotz all ihres Flehens wurde kaum etwas unternommen, und der Chronist beschließt seinen Bericht mit den Worten, dass »die Herrscher untereinander uneins waren […], und also wurden die Gebiete von den Franken erobert«.[14]

Wie ist dieses offensichtliche Fehlen eines historischen Interesses am ersten Kreuzzug innerhalb des Islam zu verstehen? In Westeuropa wurde die Unternehmung überall als ein weltbewegender, bedeutender Triumph gefeiert, in der muslimischen Welt des frühen 12. Jahrhunderts jedoch scheint sie noch nicht einmal als kleineres Beben wahrgenommen worden zu sein. In einem gewissen Ausmaß ist das möglicherweise dem Wunsch der islamischen Chronisten geschuldet, die Erwähnung von muslimischen Niederlagen sehr stark einzuschränken, oder vielleicht auch einem generellen Desinteresse vonseiten der islamischen Gelehrten. Dennoch ist es überraschend, dass die meisten zeitgenössischen arabischen Berichte nicht deutlichere Spuren von antilateinischen Schmähungen zeigen oder mehr klare Forderungen nach Rache und Vergeltung laut werden.

Einige wenige isolierte muslimische Stimmen forderten in den Jahren, die unmittelbar auf die Eroberung Jerusalems folgten, eine kollektive Antwort auf den ersten Kreuzzug, darunter mehrere Dichter, deren arabische Verse in spätere Sammlungen aufgenommen wurden. Al-Abiwardi, der in Bagdad lebte und im Jahr 1113 starb, schilderte den Kreuzzug als »eine Zeit der Katastrophen« und verkündete, dass »dies der Krieg ist, und der Ungläubige hält das blanke Schwert in der Hand, bereit, es den Männern in Genick und Schädel zu stoßen«. Ungefähr zur selben Zeit beschrieb der damaszenische Poet Ibn al-Khayyat, der zuvor in Tripolis gelebt hatte, wie die Truppen der Franken »zu einer Sturzflut entsetzlichen Ausmaßes angewachsen« seien. Seine Verse bringen das Bedauern darüber zum Ausdruck, dass die Muslime so schnell bereit waren, sich von christlichen Bestechungsgeldern beruhigen zu lassen, und zudem durch interne Rivalitäten geschwächt waren. Er rief außerdem seine Zuhörer zu gewaltsamer Aktion auf: »Die Köpfe der Polytheisten sind schon reif, verschmäht sie also nicht als Lese und Ernte!« Am interessantesten ist die Reaktion von Ali Ibn Tahir al-Sulami, einem muslimischen Rechtsgelehrten, der an der großen Omaijaden-Moschee in Damaskus lehrte. Um das Jahr 1105 herum muss er einige öffentliche Reden über den Nutzen des Dschihad gehalten haben sowie darüber, wie dringend notwendig eine entschlossene, kollektive islamische Antwort auf den ersten Kreuzzug sei. Seine Gedanken wurden in einem Traktat festgehalten, dem *Buch vom heiligen Krieg (Kitab al-Dschihad)*; Teile davon sind bis heute überliefert. Doch trotz der hellsichtigen Beurteilung der von den Franken ausgehenden Bedrohung verhallte al-Sulamis Aufruf, dass etwas geschehen müsse, ungehört.[15]

Das völlige Ausbleiben einer geschlossenen islamischen Reaktion auf die Invasion der Kreuzfahrer kann auf unterschiedliche Art erklärt werden. Generell scheinen die Muslime im Vorderen Orient nur ansatzweise verstanden zu haben, um wen es sich bei den ersten Kreuzfahrern handelte und warum sie ins Heilige Land gekommen waren. Die meisten nahmen an, dass die Lateiner byzantinische Söldner waren, die sich auf einen raschen militärischen Überfall verlegt hätten, nicht aber hochmotivierte Krieger, die sich der Eroberung und Besiedlung der Levante verschrieben hatten. Diese Fehleinschätzungen führten dazu, dass die Reaktionen des Islam auf die Ereignisse der Jahre 1097 bis 1099 äußerst verhalten ausfielen. Hätten die Muslime das wahre Ausmaß und

Wesen des Kreuzzugs erkannt, hätten sie sich möglicherweise dazu bewegen lassen, zumindest einen Teil ihrer Streitigkeiten beizulegen, um einen gemeinsamen Feind zurückzuschlagen. Tatsächlich aber blieben die grundlegenden Animositäten bestehen. Noch immer trennte ein tiefer Bruch die Sunniten in Syrien und im Irak von den schiitischen Fatimiden Ägyptens. Die Rivalität zwischen den türkischen Herrschern von Damaskus und Aleppo hielt unvermindert an. Und in Bagdad waren der seldschukische Sultan und der Abbasiden-Kalif mit ihren eigenen mesopotamischen Machtkämpfen beschäftigt.

Im Lauf des darauffolgenden Jahrhunderts wurden einige dieser Probleme gelöst, und die Begeisterung für einen Dschihad gegen die eindringenden Franken breitete sich in der muslimischen Welt des östlichen Mittelmeerraums aus. Anfänglich jedoch sahen sich die Lateiner, als sie in die Levante einmarschierten, keinem entschiedenen panislamischen Gegenangriff ausgesetzt. Damit bot sich der abendländischen Christenheit die folgenschwere Chance, ihre Herrschaft über das Heilige Land zu etablieren.

4

Die Entstehung der Kreuzfahrerstaaten

Der erste Kreuzzug brachte der lateinischen Christenheit die Herrschaft über Jerusalem und über die beiden großen syrischen Städte Antiochia und Edessa ein. Infolge dieser erstaunlichen Leistungen entstand, als die Franken ihr Territorium ausdehnten und sich die Kontrolle über die Levante sicherten, im Vorderen Orient ein neuer Außenposten des Abendlands. Im Mittelalter nannte man dieses Gebiet häufig »Outremer«, das Land jenseits des Meeres; heute dagegen werden die vier bedeutendsten Niederlassungen, die in den ersten Jahrzehnten des 12. Jahrhunderts entstanden – das Königreich Jerusalem, das Fürstentum Antiochia und die Grafschaften Edessa und Tripolis –, zumeist als »Kreuzfahrerstaaten« bezeichnet.[1]

Die Kreuzzugsbewegung war in den folgenden Jahrhunderten im Kern von der Notwendigkeit bestimmt, diese isolierten Territorien, diese Inseln lateinischen Christentums im Orient, zu verteidigen. Im Nachhinein vergisst man leicht, dass das schlichte Überleben der Kreuzfahrerstaaten in den Jahren unmittelbar nach dem ersten Kreuzzug an einem seidenen Faden hing. Diese Unternehmung hatte das Unmögliche vollbracht – die Wiedereroberung der Heiligen Stadt –, doch da der Drang, dieses einzige Ziel zu erreichen, so übermächtig war, hatten die Kreuzfahrer weitgehend außer Acht gelassen, dass sie das Land systematisch erobern mussten. Die erste Generation fränkischer Siedler in Outremer erbte also einen Flickenteppich von nur unzureichend versorgten Städten und Ortschaften, und ihre zerbrechliche »neue Welt« war ständig gefährdet. Im Jahr 1100 sah die Zukunft der Kreuzfahrerstaaten äußerst ungewiss aus, und die blutigen Erfolge des Kreuzzugs drohten sämtlich zunichtegemacht zu werden.[2]

Beschützer der Heiligen Stadt

Gottfried von Bouillon, der erste fränkische Herrscher in Jerusalem, erkannte dieses Problem sofort. Da ihm nur kümmerliche Ressourcen an militärischer Schlagkraft zur Verfügung standen und die Streitkräfte des abbasidischen wie auch des fatimidischen Islam zwar eingeschüchtert, aber alles andere als bezwungen waren, waren seine anfänglichen Perspektiven düster. Gottfrieds oberstes Ziel bestand zunächst darin, die Ausgangsposition der Lateiner im Heiligen Land auszudehnen und die Verbindungskanäle mit dem Westen über das Mittelmeer zu sichern. Beide Ziele gedachte er mit der Eroberung von Arsuf, einer kleinen befestigten Hafenstadt nördlich von Jaffa, die sich in der Hand von Muslimen befand, zu verfolgen, doch trotz einer schweren Belagerung im Herbst 1099 vermochte er seine Eroberung nicht zu halten.

In den ersten Dezembertagen kehrte er in die Heilige Stadt zurück, aber er wurde dort mit einer neuen Gefahr konfrontiert: Bürgerkrieg. Seine Erhebung zum Herrscher und seine öffentliche Entscheidung, den Königstitel abzulehnen, war umstritten gewesen, was seine Autorität über die fränkischen Gebiete in Palästina angreifbar machte. Schon allein Tankred, der sich nach wie vor in Jerusalem aufhielt, stellte ein gewisses Problem dar; eine sehr handfeste Möglichkeit interner Umwälzungen zeichnete sich dann allerdings am 21. Dezember 1099 mit der Ankunft einer mächtigen Delegation lateinischer »Pilger« ab. Bohemund von Tarent und Balduin von Boulogne hatten sich von Antiochia und Edessa aus auf den Weg in den Süden gemacht, um mit der Verehrung der heiligen Stätten ihr Kreuzzugsgelübde zu erfüllen. Sie wurden vom neuen päpstlichen Gesandten für die Levante, Erzbischof Dagobert von Pisa, begleitet, einem Mann von großem persönlichem Ehrgeiz und unbeirrbarem Glauben an die Macht der Kirche. Jeder dieser Potentaten hegte insgeheim Hoffnungen, die Herrschaft über Jerusalem, sei es als weltliches oder als geistliches Oberhaupt, erringen zu können, und ihr Erscheinen stellte eine offensichtliche, wenn auch unausgesprochene Bedrohung dar. Trotzdem gelang es Gottfried mit politischem Pragmatismus, diesen Besuch zu seinen Gunsten zu nutzen. Nachdem man in Bethlehem das Fest der Geburt Christi gefeiert hatte, beschloss Gottfried, sich von Arnulf von Chocques zu distanzieren und stattdessen Dagobert zu favorisieren. Indem er die Kandidatur des Erzbischofs für den Sitz des Patriarchen unterstützte, wendete er die unmittelbare Bedrohung ab, die von Bohemund und Balduin ausging, und sicherte sich die dringend benötigte Seestreitkraft der pisanischen Flotte mit 120 Schiffen, die Dagobert in den Vorderen Orient begleitet hatte. Dieses neue Bündnis hatte seinen Preis – die Übergabe eines Teils der Heiligen Stadt an den Patriarchen und das Versprechen, im Hafen von Jaffa ein pisanisches Viertel einzurichten.

Im Januar des Jahres 1100 kehrten Balduin und Bohemund in ihre nördlichen Herrschaftsgebiete zurück, und in den darauffolgenden sechs Monaten festigte Bohemund die fränkische Autorität über Syrien zulasten von Byzanz, indem er den griechischen Patriarchen von Antiochia wegschickte und an seiner Stelle einen Lateiner einsetzte. Im Lauf eines recht überstürzten Feldzugs in das Gebiet jenseits der nördlichen Grenze seines Fürstentums im Juli 1100 wurde Bohemund jedoch von einer Truppe anatolischer Türken überfallen und gefangen genommen. Der große Feldherr der Kreuzfahrer verbrachte drei Jahre in der Gefangenschaft: Spätere Gerüchte behaupteten, er habe diese Zeit damit zugebracht, einerseits eine berückende muslimische Prinzessin namens Melaz zu umwerben und andererseits den heiligen Leonhard, den christlichen Schutzheiligen der Gefangenen, um Hilfe anzuflehen.

In Palästina errang Gottfried einige Erfolge: Es gelang ihm unter Einsatz der pisanischen Flotte, in den ersten Monaten des Jahres 1100 die von Muslimen beherrschten Küstenorte Arsuf, Akkon, Cäsarea und Askalon einzuschüchtern und mit jeder Siedlung Tributzahlungen an die Franken auszuhandeln. Tankred befasste sich unterdessen mit dem Ausbau seiner eigenen halb unabhängigen Herrschaft in Galiläa, indem er ohne größere Anstrengung Tiberias aus muslimischer Hand eroberte. Mit der Abreise der pisanischen Flotte im Frühjahr und der Ankunft einer neuen venezianischen Seestreitmacht im Heiligen Land Mitte Juni wurde auch Gottfrieds Abhängigkeit vom Patriarchen Dagobert erträglicher. Bevor er jedoch von seinem neuen Spielraum als souveräner Herrscher Gebrauch machen konnte, wurde er krank, offenbar nach dem Genuss von Orangen während eines Gastmahls beim muslimischen Emir von Cäsarea. Es gingen Gerüchte um, er sei vergiftet worden, doch höchstwahrscheinlich erkrankte er während eines sogar für levantinische Begriffe glühend heißen Sommers an einer Art Typhus. Am 18. Juli empfing er ein letztes Mal die Sakramente der Beichte und der Kommunion, dann wurde der Kreuzfahrer und Eroberer von Jerusalem im Alter von kaum mehr als 40 Jahren »geborgen und beschützt von einem geistigen Schild [...] von dieser Welt hinweggenommen«, so die Worte eines lateinischen Zeitgenossen. Fünf Tage später wurde der Leichnam beigesetzt, und zwar im Andenken an Gottfrieds Rang und seine Taten am Eingang zum Heiligen Grab.[3]

Das Königreich Gottes

Der Tod Gottfrieds von Bouillon im Juli 1100 hinterließ das neu entstandene fränkische Königreich von Jerusalem in einem Zustand der Orientierungslosigkeit. Der Wunsch des Verstorbenen war wohl, die Herrschaft über die Heilige Stadt solle an seinen jüngeren Bruder Balduin von Boulogne übergehen, den ersten lateinischen Grafen von Edessa. Allerdings hatte der Patriarch Dagobert nach wie vor eigene visionäre Pläne für Jerusalem; er stellte sich vor, dass die Stadt eine wahre Verkörperung von Gottes Reich auf Erden werden sollte, die Hauptstadt eines Kirchenstaats mit dem Patriarchen an der Spitze. Wäre er in der Zeit von Gottfrieds Hinscheiden dort gewesen, hätte sich sein Traum möglicherweise sogar in die Realität umsetzen lassen. Aber er war anderweitig engagiert, nämlich an Tankreds Seite bei der Belagerung des Hafens Haifa. Die Befürworter eines Nachfolgers aus der Familie des Verstorbenen, darunter auch Arnulf von Chocques und Geldemar Carpinel, ergriffen diese Chance: Sie besetzten den Davidsturm (den strategischen Schlüssel zur Herrschaft über Jerusalem) und entsandten Boten in den Norden, die Balduin auffordern sollten, nach Jerusalem zu kommen.

Die Nachricht traf in Edessa ungefähr Mitte September ein. Der Graf, damals Mitte dreißig, soll »sehr groß [und] recht ansehnlich« gewesen sein, »mit dunkelbraunem Haar und Bart, [und einer] Adlernase«; eine vorstehende Oberlippe und ein fliehendes Kinn vermochten seine königliche Erscheinung nur unwesentlich zu beeinträchtigen. Bei Balduins Charakter und Veranlagung – seiner unersättlichen Aufstiegs- und Machtgier und seiner Neigung zur Hartherzigkeit – bot die Einladung aus Palästina eine überwältigende Chance. Selbst sein Kaplan Fulcher von Chartres, ein Veteran des ersten Kreuzzugs, musste eingestehen, dass Balduin »ein wenig über den Tod seines Bruders trauerte, sich jedoch mehr über sein Erbe freute«. In den folgenden Wochen regelte Balduin zügig die Angelegenheiten in seiner Grafschaft während seiner Abwesenheit. Um sicherzustellen, dass diese seine erste levantinische Herrschaft in fränkischer Hand und unter seiner Kontrolle blieb, ernannte er seinen gleichnamigen Vetter Balduin von Bourcq (einen wenig bekannten Kreuzfahrer) zum neuen Grafen von Edessa. Dieser scheint damals Balduin von Boulogne als seinen Herrn anerkannt zu haben.[4]

In den ersten Oktobertagen brach Balduin mit lediglich 200 Rittern und 700 Fußsoldaten von Nordsyrien auf; er nahm den Weg über Antiochia und wehrte anschließend einen beträchtlichen Trupp muslimischer Angreifer unter der Führung von Duqaq von Damaskus in der Nähe des »Hundeflusses« (Nahr al-Kalb) im Libanon ab. Als er in Palästina angekommen war, gelang es ihm schnell, Tankred und Dagobert auszumanövrieren, indem er einen seiner engsten Vertrauten, Ritter Hugo von Falkenberg, vorausschickte, damit dieser sich mit den Anhängern Gottfrieds im Davidsturm direkt in Verbindung setzte und einen würdigen Empfang in der Heiligen Stadt vorbereitete. Als Balduin schließlich am 9. November in Jerusalem eintraf, wurde er von einer wahrscheinlich auch von oben instruierten jubelnden Menge aus Lateinern, Griechen und syrischen Christen sowie mit ausgedehnten Feierlichkeiten begrüßt. Angesichts dieser offensichtlichen Demonstration allgemeiner Zustimmung blieb für Dagobert nicht mehr viel Handlungsspielraum. Der Patriarch hielt sich grollend im kleinen Kloster auf dem Zionsberg unmittelbar vor den Toren auf und blieb am 11. November, als Balduin offiziell zum neuen Herrscher über Jerusalem erklärt wurde, dem Geschehen fern.

Allerdings war es Balduin unter diesen Umständen nicht möglich, den Königstitel anzunehmen; das setzte eine Krönung voraus. Das sichtbarste Symbol dieses jahrhundertealten Ritus war die Übergabe der Krone, doch stellte sie nicht das Kernstück der Zeremonie dar. Dieses bestand vielmehr im Ritus der Salbung, dem Augenblick, da dem Herrscher von einem der Repräsentanten Gottes auf Erden, etwa einem Erzbischof, einem Patriarchen oder einem Papst, das heilige Chrisam aufs Haupt geträufelt wurde. Nur dieser Akt hob den König von anderen Menschen ab, weil er ihn mit der numinosen Macht göttlichen Wohlwollens tränkte. Um solcherart erhoben werden zu können, musste sich Balduin in irgendeiner Weise mit der Kirche verständigen.

Seine Herrschaft begann mit einer nachdrücklichen Demonstration seines Machtbewusstseins: einem vierwöchigen Feldzug entlang der Süd- und Ostgrenzen seines Reiches zur Sicherung der Pilgerrouten und zur Warnung an die ägyptische Garnison in Askalon. Sowohl seinen Untertanen als auch seinen Nachbarn wurde schnell klar, dass die lateinische Regentschaft mit Balduin neue Zielstrebigkeit und neues Machtgespür hinzugewonnen hatte. Dagobert erkannte rechtzeitig, dass es für ihn ratsam war, unter diesem neuen Regime an seinem Amt festzuhalten, statt den Verlust durch seine Absetzung vom Patriarchenthron zu riskieren. Am 25. Dezember 1100 krönte und salbte der Patriarch in der Geburtskirche zu Bethlehem – also zu einem Zeitpunkt und an einem Ort, die von Symbolik nur so überquollen – Balduin von Boulogne zum ersten fränkischen König von Jerusalem. Mit diesem Ritual bereitete Dagobert endgültig jeder Vision ein Ende, das Königreich der Kreuzfahrer könne als Gottesstaat weiterbestehen. Seine Unterwerfung verhinderte nicht zuletzt einen potenziellen Bürgerkrieg, der durchaus katastrophale Formen hätte annehmen können.

Allerdings konnte dieses Zugeständnis dem Patriarchen nicht für allzu lange Zeit Sicherheit verschaffen. In den folgenden Monaten und Jahren sorgte Balduin I. mit präzise kalkulierter Effizienz dafür, dass jeglicher verbleibende Widerstand gegen seine Autorität gebrochen wurde und dass die römische Kirche loyal blieb. Dabei erwies es sich als günstiges Zusammentreffen für den König, dass sein bedeutendster weltlicher Rivale Tankred Palästina im Frühling des Jahres 1101 verließ, um während der Gefangenschaft Bohemunds die Herrschaft über Antiochia zu übernehmen. Ein paar Monate später im selben Jahr, als aufgedeckt wurde, dass Dagobert Gelder unterschlagen hatte, die Apulien als Beitrag zur Verteidigung des Heiligen Landes geschickt hatte, wurde dieser abgesetzt. Nach einer kurzen Rückkehr an die Macht im Jahr 1102 ging Dagoberts Stern endgültig unter, und der Sitz des Patriarchen wurde in der Folgezeit nacheinander von einigen vom Papst abgesegneten Kandidaten eingenommen, was schließlich im Jahr 1112 in der Wiedereinsetzung des alten Verbündeten von Balduin, Arnulfs von Chocques, gipfelte. Diese Patriarchen waren zwar alle gegenüber der Krone nicht gänzlich willfährig, doch durchaus bereit, in ein Verhältnis loyaler Zusammenarbeit und gegenseitiger Unterstützung mit dem König zu treten in seinem Bemühen, die fränkische Herrschaft über Palästina zu festigen.

Ein zentrales Anliegen in diesem Bündnis war es, die Reliquie vom Wahren Kreuz, die von den ersten Kreuzfahrern im Jahr 1099 entdeckt worden war, überall bekannt zu machen und ihre Verehrung zu fördern. In den ersten Jahren des 12. Jahrhunderts wurde dieses Kreuz zum Symbol der lateinischen Herrschaft in der Levante. Es wurde entweder vom Patriarchen oder von einem seiner führenden Kleriker in mehreren Schlachten gegen den Islam mitgeführt, und schnell geriet es in den Ruf, Wunder zu bewirken; bald ging das Gerücht, die Franken seien in der Gegenwart des Wahren Kreuzes unbesiegbar.[5]

Schaffung eines Königreichs

Nachdem Balduins I. Herrschaft gesichert war, stand er vor einer großen Schwierigkeit. Tatsächlich war ja das Königreich, über das er jetzt herrschte, kaum mehr als ein loses Netz verstreuter Außenposten. Die Franken besaßen neben Jerusalem Bethlehem, Ramla und Tiberias, doch waren all diese Orte im Jahr 1100 nur isolierte Enklaven lateinischer Besiedlung. Und selbst dort waren die herrschenden Franken gegenüber der einheimischen muslimischen Bevölkerung und den ostkirchlichen und jüdischen Gemeinden deutlich in der Minderzahl. Der Großteil Palästinas aber war noch nicht erobert und befand sich nach wie vor in der Hand halbautonomer muslimischer Potentaten. Was noch schwerer wog: Die Lateiner hatten noch fast keine Kontrolle über die Küstengebiete der Levante, nur Jaffa und Haifa befanden sich in ihrer Hand, und beide Orte boten keinen idealen natürlichen Hafen. Nur wenn Balduin die palästinischen Häfen in seine Gewalt brachte, konnte er hoffen, die Verkehrsverbindungen nach Westeuropa zu sichern, sein Land für christliche Pilgerinnen und Pilger zu öffnen und gewinnträchtigen Handel zwischen Ost und West in Gang zu bringen. Daher standen die innere Sicherheit und die Notwendigkeit, das Territorium abzusichern, an erster Stelle.

Ein lateinischer Augenzeuge, Fulcher von Chartres, beschrieb die Situation wie folgt:

> Zu Beginn seiner Regierungszeit besaß Balduin erst wenige Städte und Menschen […]. Der Landweg [nach Palästina] war zu dieser Zeit für unsere Pilger vollständig blockiert, [und die Franken, die es sich leisten konnten,] kamen nur sehr zögerlich auf einzelnen

> Schiffen oder in Grüppchen von höchstens drei oder vier Schiffen, deren Kurs mitten durch feindliche Piratengeschwader und an den Häfen der Sarazenen vorbeiführte […]. Einige blieben im Heiligen Land, andere kehrten in ihre Heimatländer zurück. Aus diesem Grund blieben Jerusalem und sein Umland nur spärlich bevölkert, [und] wir hatten zur Verteidigung [des Königreichs] nicht mehr als 300 Ritter und noch einmal so viele Fußsoldaten.

Die Gefahren, die mit diesen Verhältnissen einhergingen, finden ihren Ausdruck auch in den Berichten früher Pilger, die im Vorderen Orient ankamen. Saewulf, ein (sehr wahrscheinlich aus Britannien stammender) Pilger, der seine Reise nach Jerusalem gleich zu Beginn des 12. Jahrhunderts aufzeichnete, beschrieb die in den Bergen von Judäa herrschende Gesetzlosigkeit in verstörenden Details. Die Straße zwischen Jaffa und der Heiligen Stadt, so schrieb er, »war sehr gefährlich, […] weil die Sarazenen ständig aus dem Hinterhalt angreifen […] und Tag und Nacht nach Menschen Ausschau halten, die sie überfallen können«. Unterwegs sah er »zahllose Leichen«, die vermoderten oder »von wilden Tieren zerrissen wurden«, weil keiner das Risiko eingehen wollte, seine Reise zu unterbrechen, um die Toten angemessen zu begraben. Um das Jahr 1107 herum, als ein anderer Pilger, ein als Daniel der Abt bekannter Russe, das Heilige Land besuchte, hatten sich die Verhältnisse ein wenig gebessert, doch auch er beklagte sich bitter darüber, dass es unmöglich sei, ohne den Schutz von Soldaten durch Galiläa zu reisen.

Ein sehr deutliches Zeichen, dass die eigentliche Eroberung des Heiligen Landes noch zu leisten war, setzte im Sommer 1103 ein kleines ägyptisches Überfallkommando, das Balduin I. während eines Jagdausflugs in der Nähe von Cäsarea angriff. Es war offensichtlich ungehindert in lateinisches Gebiet eingedrungen. Der König wurde im Getümmel des Gefechts gestellt und von einer feindlichen Lanze verwundet; exakt lassen sich die Verletzungen nicht rekonstruieren – nach dem einen Zeugnis wurde er »im Rücken nahe des Herzens« getroffen, einem anderen Bericht zufolge wurden ihm »die Hüfte und die Nieren durchbohrt« –, doch müssen sie sehr schwer gewesen sein. Ein lateinischer Zeitgenosse beschrieb, wie »plötzlich auf unheimliche Weise Ströme von Blut aus dieser Wunde austraten […] sein Gesicht wurde blass, [und] dann fiel er vom Pferd zu Boden, als sei er tot«. Dank der umsichtigen Pflege seines Arztes erholte sich Balduin nach langer Rekonvaleszenz wieder, doch blieb er für den Rest seines Lebens von dieser Verletzung gezeichnet.[6]

Dem König blieb also nichts anderes übrig, als sich im ersten Jahrzehnt des 12. Jahrhunderts überwiegend der Stabilisierung seiner Herrschaft über Palästina zu widmen, und er ging dabei mit einer Mischung aus pragmatischer Flexibilität und eiserner Entschlossenheit in seinen Verhandlungen mit den muslimischen Einwohnern des Heiligen Landes vor. Frühzeitigen Auftrieb erhielt diese Strategie, als im Jahr 1101 unmittelbar vor Ostern eine Flotte aus Genua in Jaffa einlief, möglicherweise zusammen mit Schiffen aus Pisa. Diese Seeleute waren wohl mit der Absicht Richtung Osten aufgebrochen, bei der Sicherung und Verteidigung der Levante zu helfen und neue Handelswege zu erkunden. Sie ergänzten Balduins Eroberungskampagne um eine dringend benötigte Streitmacht zur See; im Gegenzug bot er ihnen großzügige Konditionen: ein Drittel jeglicher Beute, die gemacht wurde, und eine halb unabhängige Handelsenklave, die in jeder mit italienischer Hilfe eingenommenen Ansiedlung »durch ewiges, vererbbares Recht« einbehalten werden durfte. Als dieses Abkommen geschlossen war, konnte Balduin endlich in die Offensive gehen.

Sein erstes Ziel, die Stadt Arsuf, hatte im Dezember 1099 einem Angriff vom Land her durch Gottfried von Bouillon mutigen Widerstand geleistet. Nun war Balduin in der Lage, sie von See her zu belagern, und nach nur drei Tagen, am 29. April 1101, war die Bevölkerung zu Friedensverhandlungen bereit. Der König zeigte sich großzügig, er garantierte den Bewohnern sicheren Abzug bis nach Askalon, und sie durften so viel von ihrer Habe mitnehmen, wie sie tragen konnten. Dieser Erfolg konnte ohne Verluste auf christlicher Seite verbucht werden.

Sodann richtete Balduin seine Aufmerksamkeit auf Cäsarea, gut 30 Kilometer nördlich. Diese einst geschäftige griechisch-römische Siedlung war in den Jahrhunderten muslimischer Herrschaft in Bedeutungslosigkeit versunken; ihre alten Mauern standen noch, doch die berühmten Hafenanlagen der Stadt waren längst zerstört, und übrig geblieben war lediglich ein kleiner, seichter Hafen. Balduin entsandte eine Delegation zum Emir von Cäsarea und stellte ihn vor die Alternative, entweder zu kapitulieren oder unerbittlich belagert zu werden; doch die muslimischen Einwohner der Stadt wiesen in der Hoffnung, dass Verstärkung vonseiten der Fatimiden nicht ausbleiben werde, nachdrücklich jegliche Vorstellung einer Übergabe auf Verhandlungsbasis von sich. In Arsuf hatte der lateinische König gegenüber einem unterwürfigen Feind Milde walten lassen; hier, angesichts derart unbeugsamer Halsstarrigkeit, statuierte er ein grausames Exempel. Um den 2. Mai 1101 herum zog er seine Truppen zusammen und begann Cäsarea mit Katapulten zu beschießen. Die Garnison der Stadt leistete 15 Tage lang erbitterten Widerstand, doch dann gelang es den fränkischen Truppen, die bröckelnden Verteidigungsanlagen der Stadt mithilfe von Sturmleitern zu überwinden. Balduin gab nun seinen Truppen die Erlaubnis, ihre ganze Wut ungehemmt an der entsetzten Bevölkerung von Cäsarea auszulassen. Christliche Truppen durchkämmten die Stadt, Straße für Straße, Haus für Haus; sie kannten keine Gnade, schlachteten den Großteil der männlichen Bevölkerung ab, nahmen Frauen und Kinder als Sklaven gefangen und plünderten alles, was ihnen unterkam. Ein lateinischer Beobachter schrieb:

> Wie viel an Gütern verschiedenster Art dort aufgetrieben wurde, kann unmöglich gesagt werden, allerdings wurden viele unserer Männer, die zuvor arm gewesen waren, reich. Ich sah, dass sehr viele Sarazenen, die getötet worden waren, auf einem Haufen zusammengeworfen und verbrannt wurden. Der grauenhafte Gestank ihrer Leichen störte uns sehr. Diese armen Teufel wurden verbrannt, damit man die Goldmünzen fand, die einige von ihnen verschluckt hatten.

Solche Gräueltaten hatte die Levante seit der Plünderung der Heiligen Stadt im Jahr 1099 nicht mehr erlebt. Der erbeutete Reichtum war beträchtlich – allein die Genuesen konnten, nachdem sie ihr vereinbartes Drittel erhalten hatten, an jeden ihrer 8000 Mann 48 *solidi* aus dem Poitou und zwei Pfund wertvolle Gewürze verteilen; außerdem trugen die erbeuteten Reichtümer auch viel zur Aufstockung des königlichen Schatzhauses bei. Dazu erhielten die Italiener eine smaragdgrüne Schale, den *Sacro Catino*, von dem einst angenommen wurde, es handle sich um den Heiligen Gral. Das Gefäß befindet sich noch heute in der Kathedrale San Lorenzo in Genua. Balduin I. legte schließlich noch Wert darauf, den Emir und Kadi (Richter) von Cäsarea zu verschonen, um ein ordentliches Lösegeld einzutreiben. Ein Kleriker, der ebenfalls Balduin hieß und bekannt dafür war, dass er sich vor dem Aufbruch des ersten Kreuzzugs ein Kreuz auf die Stirn hatte brennen lassen, wurde als neuer lateinischer Erzbischof von Cäsarea eingesetzt.[7]

Diese Eroberung vermittelte den verbleibenden muslimischen Ansiedlungen in Palästina eine deutliche Botschaft: Widerstand war gleichbedeutend mit Vernichtung. Es dauerte nicht lang, bis diese Vorstellung den Weg zur bedeutendsten Eroberung in Balduins früher Regierungszeit ebnete. Im April 1104 begann der König mit der Belagerung der Hafenstadt Akkon gut 30 Kilometer nördlich von Haifa, wo sich der größte und am besten geschützte Hafen Palästinas befand. Im Verbund mit einer 70 Schiffe starken Genueser Flotte setzte er zu einer aggressiven Belagerung an, und da die muslimische Garnison von der Möglichkeit abgeschnitten war, von den Ägyptern unterstützt zu werden, kapitulierte sie bald und bat um dieselben Übergabebedingungen, die auch Arsuf gewährt worden waren. Balduin willigte gern ein; er gestattete es muslimischen Bürgern sogar, gegen Entrichtung einer Art Kopfsteuer in Akkon zu bleiben. Mit nur geringen Verlusten an Menschenleben hatte er einen großen Gewinn erzielt – einen Hafen, der unabhängig von den Wetterbedingungen recht sicheres Ankern erlaubte und außerdem als ständig offener Kanal für Kommunikation und Handel mit Westeuropa genutzt werden konnte.[8] Schon nach kurzer Zeit war Akkon zur Hauptstadt des Handels für das lateinische Königreich aufgestiegen.

In den nächsten Jahren fuhr Balduin fort, seine Herrschaft über die Mittelmeerküste allmählich zu erweitern und zu festigen. Beirut wurde im Mai des Jahres 1110 eingenommen, diesmal mit der Hilfe von Schiffen aus Genua und Pisa. Im selben Jahr nahm Balduin sich Sidon vor, das dem fränkischen König eine Zeit lang üppige Abgaben in Form von Gold gezahlt hatte, um einem Angriff vorzubeugen. Mit der tatkräftigen Unterstützung einer großen Gruppe kürzlich eingetroffener norwegischer Kreuzfahrer unter ihrem jungen König Sigurd begann Balduin im Oktober mit der Belagerung von Sidon und erzwang Anfang Dezember die Kapitulation, auch diesmal wieder mit dem Versprechen freien Abzugs und der Möglichkeit, dass ein bestimmter Anteil der muslimischen Bevölkerung zurückbleiben und das Land unter lateinischer Herrschaft bearbeiten durfte.

Im Lauf dieses ersten Jahrzehnts verschaffte Balduin I. seinem aufstrebenden Königreich ein beträchtliches Maß an territorialer Sicherheit, und er schuf eine lebenswichtige Verbindungslinie zurück zum christlichen Westen. Zwei Städte allerdings entzogen sich seinem Zugriff. Im Norden blieb der stark befestigte Hafen von Tyros, der Akkon von Sidon und Beirut trennte, als störrischer muslimischer Vorposten uneinnehmbar; eine massive fränkische Belagerung im Jahr 1111 überstand die Stadt hauptsächlich deswegen, weil ihr Emir sein Bündnis mit Ägypten aufgab und auf Damaskus verlagerte, was ihm wertvolle Verstärkung sicherte. Balduin konnte die Stadt nicht einnehmen und isolierte sie daher, indem er Festungen errichtete: landeinwärts bei Toron und südlich entlang der Küste an dem engen Klippenpass Skandelion.

Und im Süden bekam Balduin Askalon nicht zu fassen. Im Frühjahr 1111 drohte er, die Stadt zu belagern, was ihren damaligen Emir, Shams al-Khilafa, so in Schrecken versetzte, dass er sich auf bemerkenswerte Weise politisch umorientierte. Zunächst erkaufte er sich den Frieden mit dem Versprechen, 7000 Dinare als Tribut zu entrichten. Als al-Afdal, der fatimidische Wesir von Ägypten, diese Pläne von Kairo aus vernehmlich missbilligte, entschied al-Khilafa, dass die für ihn günstigsten Chancen auf politisches Überleben wohl in einem dramatischen Umschwung seiner Gefolgstreue liegen dürften. Er brach die Beziehungen zum fatimidischen Kalifat ab und begab sich nach Jerusalem, um mit Balduin ein neues Abkommen auszuhandeln, und nachdem er dem lateinischen Königreich Treue geschworen hatte, durfte er als halb unabhängiger stellvertretender Herrscher an der Macht bleiben. Bald darauf wurde eine christliche Garnison von 300 Mann in Askalon eingerichtet, und einige Monate lang hatte es den Anschein, als habe Balduin so auf ganz pragmatische Weise endlich den Übergang von Ägypten nach Palästina verriegelt. Doch der unglückliche Shams al-Khilafa überlebte diesen Sommer nicht lang. Eine Gruppe von Berbern aus Askalon, die den Fatimiden nach wie vor ergeben waren, griff ihn bei einem Ausritt an. Er konnte schwer verwundet in sein Haus fliehen, doch dort wurde er aufgespürt und erschlagen. Bevor König Balduin zu Hilfe eilen konnte, wurde die christliche Garnison auf gleiche Weise niedergemacht. Al-Afdal erneuerte dann, nachdem man ihm den Kopf von al-Khilafa hatte zukommen lassen, die fatimidische Herrschaft über Askalon.[9]

Im Dienst der Krone

Balduin I. bewies in seiner Rolle als König eines sich ausdehnenden Reiches ein Talent für energisches Regiment. Während der ersten Phase seiner Herrschaft legte er großen Wert darauf, dass die eigentliche Macht im lateinischen Palästina bei der Krone lag und nicht beim Adel. Er war gegenüber seinen königlichen Kollegen im Westen insofern im Vorteil, als er zumindest in dieser Hinsicht mit einer Tabula rasa beginnen konnte: Er hatte sich nicht mit einer fest verwurzelten, mit jahrhundertealten Herrschafts- und Landbesitzansprüchen belasteten Aristokratie herumzuschlagen, sondern konnte das neue Königreich Jerusalem nach seinen eigenen Prioritäten gestalten.

Ein wesentlicher Bestandteil dieser Politik war die Beibehaltung eines mächtigen königlichen Herrschaftsbereichs – eines Gebiets, das unmittelbar im Besitz der Krone war und von ihr verwaltet wurde. Die Könige in Europa übernahmen in der Regel Reiche, in denen viele der wohlhabendsten und mächtigsten Territorien schon vor langer Zeit an Adlige übergegangen waren; sie wurden als Lehen im Namen der Krone regiert, doch in halbautonomer Weise verwaltet. Balduin I. hielt viele der wichtigsten Siedlungen innerhalb seines eigenen Herrschaftsbereichs, darunter Jerusalem, Jaffa und Akkon, und ließ nur sehr wenige neue Herrschaftsgebiete entstehen. Die Aristokratie hatte ohnehin kaum die Möglichkeit, Erbansprüche auf die verfügbaren Lehen anzumelden, weil ihre Mitglieder stark unter der hohen Sterblichkeit der von Kriegen erschütterten Levante zu leiden hatten. Der König vergab auch häufig Lehen in Form von Geld, belohnte also den Dienst eher in barer Münze als mit Ländereien.

Die frühe Geschichte zweier Herrschaftsgebiete, Haifa und Tiberias, ist besonders bezeichnend für Balduins Umgang mit seinen führenden Vasallen. Als Tankred im Jahr 1101 nach Antiochia aufbrach, teilte Balduin das übermächtige Fürstentum Galiläa. Geldemar Carpinel, ein südfranzösischer Kreuzfahrer, der im Dienst Gottfrieds von Bouillon gestanden hatte, erhielt im März 1101 Haifa, möglicherweise als Belohnung dafür, dass er Balduins Thronanspruch mit unterstützt hatte. Nur sechs Monate später wurde Geldemar im Kampf getötet, und in den folgenden 15 Jahren ging die Herrschaft über Haifa durch die Hände von drei weiteren Männern, die in keinerlei verwandtschaftlicher Beziehung zueinander standen. So fiel die Herrschaft über den Hafen immer wieder an die Krone zurück, und bei jeder Gelegenheit konnte Balduin neu entscheiden, wen er mit diesem Lehen belohnte.

Das Fürstentum Tiberias dagegen erhielt einer der nächsten Gefolgsleute Balduins, Hugo von Falkenberg, ein Ritter aus Flandern, der sich Balduin wahrscheinlich beim ersten Kreuzzug angeschlossen hatte. Hugo leistete dem Königreich gute Dienste, allerdings fiel er der militärischen Unsicherheit in seinem Gebiet zum Opfer und wurde bei einem Anschlag im Jahr 1106 durch einen Pfeil tödlich verletzt. Tiberias wurde dann an den Nordfranzosen Gervaise von Bazoches vergeben, einen Günstling Balduins, der auch zum königlichen Seneschall (verantwortlich für die Verwaltung der Finanzen und für das Gerichtswesen) ernannt wurde. Allerdings wurde Gervaise nur zwei Jahre später bei einem Überfall der Muslime auf Galiläa von damaszenischen Truppen gefangen genommen.

Natürlich starben nicht sämtliche Vasallen Balduins I. eines plötzlichen oder grausamen Todes. Entlang der Nordküste Palästinas, an der Grenze zum Libanon und weit entfernt vom unmittelbaren Einflussbereich Jerusalems, schuf der König einige neue Fürstentümer. Eines davon, Sidon, übergab er dem aufgehenden Stern seines Gefolges, Eustach Garnier. Dieser wahrscheinlich aus der Normandie stammende Ritter hatte Balduin wohl schon in Edessa gedient, mit Sicherheit kämpfte er im Jahr 1105 für ihn gegen die Ägypter. Er stieg beinahe aus dem Nichts auf und häufte rasch eine bedeutende Menge von Herrschaftsbereichen an, darunter Cäsarea und durch die Heirat mit Emma (der einflussreichen Tochter des Patriarchen Arnulf von Chocques) die Stadt Jericho. Eustach allerdings stellte eine Ausnahme dar. Im Ganzen scheint sich Balduin eine treue, effektive Adelsklasse geschaffen zu haben, die bis dahin der Krone im Großen und Ganzen ergeben war.[10]

Die Konfrontation mit dem Islam

Natürlich konnte sich Balduin I. in den frühen Jahren seiner Regentschaft nicht nur der Stabilisierung seines Einflusses auf Palästina widmen; er musste außerdem ständig ein wachsames Auge auf seine muslimischen Nachbarn haben, allen voran die schiitischen Fatimiden Ägyptens. Deren Wesir al-Afdal war durch die ersten Kreuzfahrer schwer gedemütigt worden. Da sich allerdings der Hafen Askalon, ein entscheidendes Verbindungsglied zwischen Palästina und Ägypten, nach wie vor in der Hand der Fatimiden befand, stand die Tür für einen Gegenangriff auf das Königreich Jerusalem offen.

Die Schlachten von Ramla

Im Mai 1101, kurz nachdem Balduin Cäsarea gewaltsam unterworfen hatte, trafen Nachrichten von einer ägyptischen Invasion ein. Al-Afdal hatte eine gewaltige Streitmacht entsandt, die sich jetzt unter dem Befehl eines seiner führenden Generäle, des ehemaligen Statthalters von Beirut, Sa'ad al-Daulah, in Richtung Jerusalem bewegte. Balduin eilte in den Süden, doch statt die offene Schlacht zu suchen, entschied er sich dafür, in der relativen Sicherheit von Ramla seine Stellung zu halten und den nächsten Schritt der Fatimiden abzuwarten. In den folgenden drei Monaten belauerten beide Seiten einander; Sa'ad wartete in Askalon den richtigen Moment für einen Angriff ab, während Balduin besorgt die Gegend zwischen Jaffa und Jerusalem überwachen ließ. Schließlich, in der ersten Septemberwoche, als sich die Kampfsaison ihrem Ende zuneigte, rückten die Ägypter vor.

Balduin verzichtete auf defensives Stillhalten und beschloss, den Feind frontal anzugreifen. Er ordnete umgehende Mobilisierung in Jaffa an. Da ihm nur eine besorgniserregend geringe Zahl von Kriegern zur Verfügung stand, war das eine mutige Entscheidung. Er hatte zwar Truppen aus dem gesamten Königreich zusammengerufen und befohlen, dass wirklich jeder Adlige sich bewaffnen sollte, dennoch verfügte er über lediglich 260 Ritter und 900 Fußsoldaten. Für die Stärke der muslimischen Truppen gehen die lateinischen Schätzungen weit auseinander – sie bewegen sich zwischen 31 000 und 200 000 Mann – und scheinen stark übertrieben zu sein. Von arabischer Seite gibt es keine Angaben, aber höchstwahrscheinlich waren die Franken in jenem Herbst bei Weitem in der Minderzahl. Am 6. September marschierten die Christen von Jaffa los, offenbar verzweifelt entschlossen, die Fatimiden auf der Ebene südlich von Ramla abzufangen. Unter ihnen befand sich auch der Kaplan des Königs, Fulcher von Chartres, der später schrieb, dass »wir uns ernsthaft darauf vorbereiteten, um der Liebe [Christi] willen zu sterben«; Trost spendete ihnen die Anwesenheit der Reliquie vom Heiligen Kreuz, die sie inmitten des Heeres mit sich führten.

Die Atmosphäre in der Morgendämmerung des folgenden Tages vibrierte nur so von Reminiszenzen an den ersten Kreuzzug. Die Streitmacht Sa'ad al-Daulahs war »in der Ferne […] glitzernd in der Ebene« auszumachen, und offenbar fiel der König vor dem Wahren Kreuz auf die Knie, beichtete seine Sünden und empfing die heilige Kommunion. Fulch erinnert sich an den mitreißenden Aufruf des Königs zum Kampf:

> Wohlan denn, Soldaten Christi, seid guten Mutes und fürchtet nichts, [sondern] kämpft, ich beschwöre euch, um das Heil eurer Seelen […]. Wahrhaft selig seid ihr, wenn ihr hier erschlagen werdet. Das Tor zum himmlischen Königreich steht bereits jetzt für euch offen. Wenn ihr überlebt als Sieger, wird euch glänzender Ruhm unter den Christen zuteil. Solltet ihr jedoch fliehen wollen, dann vergesst nicht, dass der Weg nach Frankreich sehr weit ist.

Damit begannen die Franken vorwärtszustürmen und nahmen den Kampf gegen die Ägypter auf, die in fünf oder sechs Abteilungen angetreten waren. Balduin ritt sein leichtfüßiges Streitross mit dem passenden Namen Gazelle, er führte eine Reservetruppe an, die in dem Moment angreifen sollte, wenn sich die Reihen der Kämpfer zu lichten begannen. Fulcher von Chartres befand sich ständig in der Nähe seines Königs und erinnerte sich später an den Schrecken und das Chaos im Verlauf der Schlacht: »Die Anzahl der Feinde war so gewaltig und sie überrannten uns derart schnell, dass kaum jemand den anderen mehr erkennen konnte.« Die lateinische Vorhut war bald bezwungen; unter den Erschlagenen befand sich auch Geldemar Carpinel, und das gesamte Heer wurde umzingelt.

Als eine Niederlage der Christen schon unumgänglich schien, setzte Balduin, neben sich das Wahre Kreuz, seine Reservetruppe in Bewegung. Unter der Gewalt seines Angriffs wich eine Reihe fatimidischer Kämpfer nach der anderen. Fulcher beobachtete, wie der König selbst einen führenden ägyptischen Emir mit seiner Lanze durchbohrte, und ein großer Teil des muslimischen Heeres wandte sich zur Flucht. Wahrscheinlich wurde während dieses Überraschungsangriffs auch Sa'ad al-Daulah getötet. Ein lateinischer Zeitgenosse ist überzeugt, dass der Sieg durch ein Wunder in Verbindung mit dem Wahren Kreuz herbeigeführt wurde: Ein muslimischer Befehlshaber sei erstickt, als er gerade im Begriff war, den Bischof anzugreifen, der die Reliquie trug. Diese Geschichte scheint wie ein Lauffeuer durch die Reihen der Kämpfenden gegangen zu sein und trug mit Sicherheit zur ständig zunehmenden Verehrung des Kreuzes bei, doch in Wirklichkeit stand der Ausgang des Zusammentreffens auf Messers Schneide und führte zu keinem eindeutigen Resultat. Fulcher schreibt, das Schlachtfeld sei mit Waffen, Rüstungen und den Leichen von Muslimen und Christen übersät gewesen, er schätzt die Verluste der Feinde auf 5000 Mann und verschweigt auch nicht, dass auf fränkischer Seite 80 Ritter und eine größere Zahl Fußsoldaten getötet wurden. Und während es Balduin gelang, die Kontrolle über die Ebene sowie über die sich auflösenden Abteilungen der fatimidischen Streitkraft zu behalten, die sich in Richtung Askalon zurückzogen, strebten gleichzeitig Überlebende der lateinischen Vorhut in panischem Schrecken zurück in Richtung Jaffa, unerbittlich verfolgt von muslimischen Truppen, die ihrerseits glaubten, den Sieg davongetragen zu haben.

Die Verwirrung war so groß, dass zwei Franken, die der Schlacht entkommen waren, tatsächlich von einer Niederlage sprachen, als sie in Jaffa eintrafen, »sie behaupteten, der König und alle seine Männer seien tot«. Ein Trupp von 500 fatimidischen Kämpfern näherte sich dem Hafen, was Balduins schockierte Königin, die zu dieser Zeit in Jaffa residierte, veranlasste, schnell einen Botschafter mit dem Schiff Richtung Norden nach Antiochia zu entsenden und Tankred um Hilfe zu bitten. Zum Glück für die Franken lehnten die Bewohner Jaffas eine unverzügliche Übergabe der Stadt ab, und am darauffolgenden Tag traf König Balduin, der als Zeichen seines Sieges die Nacht auf dem Schlachtfeld verbracht hatte, an der Küste ein. Auf den ersten Blick hielten die zurückgebliebenen ägyptischen Soldaten vor Jaffa das herannahende Heer für die eigenen Männer und ritten ihnen voller Wiedersehensfreude entgegen; als sie ihren Irrtum einsahen und erkannten, wie furchtbar sich das Blatt gewendet hatte, ergriffen sie die Flucht. Sofort wurde ein zweiter Bote mit der beruhigenden Nachricht in den Norden gesandt, der König sei am Leben und habe gesiegt.[11]

Mit einer Mischung aus strategischer Kunst und Glück hatte Balduin wider alle Erwartungen die Oberhand behalten, doch jegliche Form von Siegestrunkenheit oder das Gefühl, man sei nun in Sicherheit, war nur von kurzer Dauer. Ägypten war so reich, dass es al-Afdal praktisch unmittelbar danach gelang, eine zweite Invasion in Palästina zu finanzieren. Mit dem Anbruch des Frühjahrs 1102, dem Beginn einer neuen Kampfsaison, versammelte sich ein weiteres fatimidisches Heer in Askalon, diesmal unter dem Befehl von al-Afdals Sohn, Sharaf al-Ma'ali. Im Mai setzten sich die Ägypter erneut in Richtung Ramla in Marsch, lieferten sich ein schnelles Scharmützel mit den 15 Rittern, die den kleinen Festungsturm bewachten, und verwüsteten die Kirche St. Georg im nahe gelegenen Lydda.

Balduin I. hielt sich zu dieser Zeit in Jaffa auf; er verabschiedete die letzten Teilnehmer des unglückseligen Kreuzzugs von 1101, die kürzlich in Jerusalem Ostern gefeiert hatten. Wilhelm von Aquitanien konnte zu Schiff zurück in den Westen segeln, doch Stephan von Blois, Graf Stephan von Burgund und viele andere hatten weniger Glück: Kaum hatten sie Segel gesetzt, gerieten sie in ungünstige Winde und waren gezwungen umzukehren. Daher befanden sie sich beim König, als die Gerüchte von dieser neuerlichen ägyptischen Offensive um den 17. Mai herum eintrafen. Balduin traf nun die fatalste Entscheidung seines Lebens. Er war der Meinung, dass sich die Botschaft aus Ramla lediglich die Anwesenheit eines kleinen fatimidischen Überfallkommandos, nicht aber eines ausgewachsenen Heeres meldete, weshalb er entschied, einen raschen Vergeltungsschlag zu führen. Zusammen mit seinem Hofstaat und einer Handvoll Kreuzfahrern – darunter die beiden Grafen Stephan, Hugo von Lusignan und Konrad, dem Marschalk aus Deutschland – ritt er aus Jaffa heraus, offenbar überschäumend von Siegesgewissheit. Sein kleines Heer umfasste lediglich 200 Ritter und keinerlei Fußsoldaten.

Auf der Ebene von Ramla wurde die ganze Schlagkraft des ägyptischen Angreifers sofort sichtbar, und Balduin stellte schockiert fest, wie sehr er sich verrechnet hatte. Angesichts Tausender muslimischer Kämpfer (eine Schätzung spricht von 20 000) gab es für die Franken keine Hoffnung auf Sieg, ja kaum auf Überleben. Sharaf al-Ma'ali trat gegen die kleine Schar des Königs an, unmittelbar nachdem sie in Sichtweite gekommen war. Balduin versuchte einen beherzten Gegenangriff, doch er hatte keine Chance; das Gemetzel begann, nachdem die Schar umzingelt worden war. Innerhalb weniger Minuten war der Hauptteil seiner Truppe niedergemacht. Unter den Toten befanden sich der Teilnehmer am ersten Kreuzzug, Stabelon, früher einmal Gottfrieds Kämmerer, und der Ritter aus dem Kreuzzug von 1101 Gerbod von Windeke. Inmitten des Chaos schaffte es ein anderer Veteran des ersten Kreuzzugs,

Roger von Rozoy, mit einigen wenigen Männern auszubrechen und nach Jaffa zurückzueilen. Unterdessen schlug sich Balduin mit einer Handvoll Überlebender, unerbittlich von mordlustigen Feinden verfolgt, nach Ramla durch, wo er im Turm der Festung notdürftig Unterschlupf fand.

An jenem Abend steckte Balduin in einer verzweifelten Klemme. Er wusste genau: Sobald der Morgen dämmerte, war mit einem vernichtenden Angriff des Heeres der Fatimiden zu rechnen, mit sicherem Tod oder Gefangennahme, und daher traf er eine Entscheidung, die ihm außerordentlich schwergefallen sein muss: Er gedachte sein Heer zu verlassen und im Schutz der Dunkelheit zu fliehen. In Begleitung von fünf seiner vertrauenswürdigsten und schlagkräftigsten Gefolgsleute stahl er sich, möglicherweise verkleidet, durch ein kleines Seitentor aus der Festung heraus. Doch er wurde bald von muslimischen Truppen gestellt. In der Dunkelheit begann ein blutiges, chaotisches Handgemenge. Ein zeitgenössischer Bericht schildert, wie ein fränkischer Ritter namens Robert »sich mit gezogenem Schwert vor die anderen stellte und [den Feind] zur Rechten und zur Linken niedermähte«, doch als ihm für einen Augenblick seine Waffe aus der Hand glitt, wurde er schnell überwältigt. Als zwei weitere Gefährten Balduins fielen, floh der König auf seinem schnellen Pferd Gazelle. Nun war nur noch ein einziger überlebender Gefolgsmann bei ihm, Hugo von Brulis (von dem wir sonst nichts weiter wissen).

Die Ägypter begannen sofort fieberhaft nach dem flüchtigen Monarchen zu suchen. Dieser war sich darüber im Klaren, dass ihn nur noch wenige Augenblicke davon trennten, ergriffen zu werden, und er versuchte sich in einem überwachsenen Gestrüpp zu verstecken, an das seine Verfolger jedoch Feuer legten. Balduin konnte, nicht ohne einige Brandwunden, nur knapp entkommen. Die nächsten beiden Tage war er auf der Flucht und musste ständig um sein Leben fürchten. Er hatte nichts zu essen und zu trinken und wusste nicht, wohin er sich am besten wenden sollte; zunächst versuchte er, sich durch die Ausläufer der wilden judäischen Berge nach Jerusalem durchzuschlagen, kehrte allerdings angesichts zahlreicher fatimidischer Patrouillen, die diese Gegend durchkämmten, wieder um. Am 19. Mai 1102 wandte er sich nach Nordwesten in Richtung Küste, und es gelang ihm, Arsuf und damit wenigstens ein gewisses Ausmaß an Sicherheit zu erreichen. Während dieser ganzen Zeit muss Balduin furchtbar unter der Erniedrigung und unter tiefen Zweifeln gelitten haben; es war ihm nicht möglich zu erfahren, was mit seinen Kampfgefährten geschehen war, die er in Ramla verlassen hatte, oder ob Jaffa oder gar die Heilige Stadt während seiner Abwesenheit kapituliert hatten. Es zeugt von den physischen und psychischen Strapazen der Tage, die er hinter sich hatte, dass er, als er in Arsuf ankam, erst einmal nur essen, trinken und schlafen wollte. Ein lateinischer Zeitgenosse bemerkte dazu, dass »die menschliche Seite seiner Natur das forderte«.

Am nächsten Tag ging es aufwärts. Hugo von Falkenberg, der Fürst von Tiberias, hatte von dem Angriff der Ägypter erfahren und traf mit 80 Rittern in Arsuf ein. Der König übernahm das Kommando über ein englisches Piratenschiff, das in der Nähe vor Anker lag, und segelte in Richtung Süden nach Jaffa; Hugo marschierte entlang der Küste in dieselbe Richtung. Jaffa befand sich bei Balduins Eintreffen in einem desolaten Zustand: Vom Land wurde es durch die Truppen Sharaf al-Ma'alis belagert, von der See her durch eine ägyptische Flotte von 30 Schiffen, die von Askalon aus Richtung Norden aufgebrochen waren. Der König entrollte auf seinem Schiff kühn seine königliche Standarte, um der Garnison Jaffas Mut einzuflößen; er erreichte den Hafen von Jaffa, wobei er der fatimidischen Flotte nur knapp entkam. Und es erwarteten ihn düstere Nachrichten, als er an Land ging.

Jaffa stand kurz vor der Kapitulation. Niemand wusste, wo sich der König befand und was mit seinem Heer bei Ramla geschehen war; die Stadt befand sich von allen Seiten fest im Griff des Feindes, die Bürgerinnen und Bürger waren also bereits in einer verzweifelten Notlage. Und dann griff Sharaf al-Ma'ali noch zu einem raffinierten Trick: Gerbod von Windeke sah zu seinen Lebzeiten dem König wohl recht ähnlich. Nun verstümmelten die Muslime seine Leiche, trennten Kopf und Beine vom Rumpf, hüllten den grausigen Rest in königlichen Purpur und stellten alles vor den Mauern Jaffas zur Schau. Sie erklärten Balduin für tot und forderten die sofortige Übergabe der Stadt. Viele, darunter auch die Königin, die sich auch diesmal wieder in Jaffa befand, fielen auf diesen Trick herein und begannen, ihre Flucht zu Schiff aus der Hafenstadt zu planen. Genau in diesem Augenblick tauchte von Norden her Balduins Schiff auf. Die rechtzeitige Ankunft des Königs flößte den Bewohnern Jaffas neue Hoffnung ein und scheint Sharafs Angriffslust erschüttert zu haben. Der Großteil des fatimidischen Heeres zog sich nun aus der unmittelbaren Nähe der Stadt in Richtung Askalon zurück, offenbar um Belagerungsmaschinen für einen Generalangriff vorzubereiten. Dies verschaffte den Franken eine unschätzbare Atempause, in der sie ihre Truppen neu aufstellen konnten.

Balduin war rechtzeitig zur Rettung Jaffas eingetroffen, doch an den Ereignissen in Ramla konnte er nichts mehr ändern. Am Morgen nach seiner Flucht stürmten muslimische Truppen die Stadtmauern Ramlas und umzingelten den Festungsturm, in den sich die Männer aus Balduins Gefolgschaft zurückgezogen hatten. Die Ägypter bestürmten das alte Gemäuer, untergruben seine Mauern und legten Feuer, um seine Besatzung auszuräuchern. Am 19. Mai befanden sich die eingeschlossenen Franken in einer hoffnungslosen Zwangslage; der König hatte sie aufgegeben, die Niederlage war unausweichlich, und so beschlossen sie, nach den Worten eines lateinischen Zeitgenossen, »lieber unterzugehen, während sie sich tapfer verteidigten, als zu ersticken und einen elenden Tod zu sterben«. Sie griffen vom Turm aus an, stürzten sich in ein selbstmörderisches letztes Gefecht und wurden sofort bis fast auf den letzten Mann abgeschlachtet. Einer der wenigen, die überlebten, war Konrad, der Marschalk aus Deutschland, der jeden erschlug, der in die Reichweite seines Schwerts kam, und mit solchem Ingrimm kämpfte, dass er schließlich der Letzte war, der umringt von Toten und Sterbenden noch standhielt. Das machte auf die fatimidischen Truppen einen so tiefen Eindruck, dass sie ihm anboten, sich auf das Versprechen hin zu ergeben, dass sein Leben geschont und er als Gefangener nach Ägypten geführt würde. Konrad ließ viele zurück, denen ein weniger günstiges Schicksal beschieden war, unter ihnen auch Stephan von Blois, dessen Tod in Ramla endlich den schmachvollen Ruf von ihm nahm, der ihn seit seinem feigen Verhalten vor Antiochia vier Jahre zuvor verfolgt hatte.

Die Katastrophe von Ramla sollte sich als der Tiefpunkt der fränkischen Geschichte jenes Jahres erweisen. Anfang Juni 1102 versammelte Balduin Truppen aus dem gesamten Königreich, darunter auch ein Kontingent aus Jerusalem, das die Reliquie, das Wahre Kreuz, mit sich führte. Seine Truppen wurden zusätzlich durch die Ankunft einer größeren Pilgerflotte verstärkt. Nun, da er über ausreichend Schlagkraft verfügte, ging er zum sofortigen Gegenangriff auf die schlecht vorbereiteten Ägypter über. Die Unentschlossenheit ihres Anführers Sharaf hatte unter den ägyptischen Truppen bereits zu einer gewissen Unzufriedenheit geführt; als sie sich dann diesem plötzlichen fränkischen Angriff gegenübersahen, waren sie schnell auf und davon. Es gab auf muslimischer Seite kaum Todesopfer, und man hatte auch kaum Beute gemacht – einige Kamele und Esel –, doch jedenfalls war das Königreich der »Kreuzfahrer« gerettet worden.[12]

Zwischen Ägypten und Damaskus

In diesen gefahrvollen, entscheidenden Jahren war es für die Lateiner in Jerusalem von größtem Vorteil, dass es zwischen den Schiiten Ägyptens und der großen syrischen Sunni-Macht Damaskus keine Allianzen gab. Wenn Balduin in den Jahren 1101 oder 1102 einer derart geballten Bedrohung gegenübergestanden hätte, wäre er ihr mit den mageren Mitteln seines Königreichs wohl kaum gewachsen gewesen. Stattdessen verfolgte Duqaq von Damaskus in der Zeit, die ihm noch blieb, gegenüber dem fränkischen Palästina eine zurückhaltende Politik der Entspannung. Die Erinnerung an seine Niederlage am Hundefluss war noch lebendig; außerdem sah er es nicht ungern, dass die Christen die fatimidischen Ausgriffe auf das Heilige Land blockierten, und so blieb Duqaq bei seiner neutralen Haltung. Als er jedoch im Jahr 1104 sehr früh, im Alter von erst 21 Jahren, starb, schlug Damaskus politisch eine neue Richtung ein.

Nach kurzen, allerdings höchst unschönen Streitigkeiten übernahm der Atabeg[13] Tughtegin die Herrschaft über die Stadt. Als Ehemann von Duqaqs intriganter verwitweter Mutter Safwat hatte er schon seit Langem im Hintergrund auf seine Chance gelauert; es wurde sogar gemunkelt, Duqaqs frühzeitiger Tod sei darauf zurückzuführen, dass er auf Betreiben Tughtegins vergiftet worden war. Den Atabeg katapultierte seine Begabung für hinterhältige politische Intrigen sowie sein gelegentlicher Hang zu exzessiver Grausamkeit an die Macht. Im Jahr 1105 akzeptierte er ein erneuertes Angebot der Ägypter zu militärischer Zusammenarbeit. Es war ein Glück für die Franken, dass diese erstmalige Koalition aus Sunniten und Schiiten ihre Grenzen hatte. Tughtegin, der möglicherweise nach wie vor seinen neuen Verbündeten nicht traute, entschied sich sehr bald doch dagegen, einen ausgedehnten Feldzug von Damaskus aus nach Palästina zu beginnen. Stattdessen entsandte er eine Streitmacht von 1500 Bogenschützen, als al-Afdal im Sommer 1105 eine dritte Armee, ebenfalls wieder unter der Führung eines seiner Söhne, in den Norden nach Askalon schickte.

Da außerdem noch eine ägyptische Flotte vor Jaffa lauerte, erkannte Balduin I., dass der Hafen wohl bald wieder belagert und sein Reich erneut in seinen Grundfesten erschüttert würde. Deshalb ergriff er die Initiative, befahl den Patriarchen von Jerusalem mit dem Wahren Kreuz zu sich und brach auf, um dem fatimidischen Heer in Ramla gegenüberzutreten. Er verfügte jetzt zwar über ein Heer von immerhin ungefähr 500 Rittern und 2000 Fußsoldaten, dennoch war er damit seinen Gegnern sicher wieder deutlich unterlegen. Zum dritten Mal innerhalb von vier Jahren aber war es ihm aufgrund der militärischen Disziplinlosigkeit der Ägypter möglich, den Feind in die Flucht zu schlagen und knapp zu besiegen. Die Opferzahlen auf beiden Seiten waren ungefähr gleich, und doch wirkte sich diese Begegnung auf die Kampfmoral der Muslime verheerend aus. Der Emir von Askalon wurde im Kampf erschlagen. Balduin befahl, ihn zu enthaupten, seinen abgeschlagenen Kopf nach Jaffa mitzunehmen und ihn vor der ägyptischen Flotte zu präsentieren, um sie zu einer überstürzten Flucht zu bewegen.

Ägypten bedrohte das von den Franken besetzte Palästina auch weiterhin, doch unternahm al-Afdal keine weiteren Großangriffe; bedeutende Erfolge konnte er nicht mehr verzeichnen. Nun war auch Damaskus teilweise neutralisiert. Tughtegin gewöhnte sich eine differenziertere, überwiegend zurückhaltende Vorgehensweise bei seinen Verhandlungen mit Jerusalem an. Er war zwar bereit, damaszenische Interessen notfalls mit Gewalt zu verteidigen, und er unternahm auch immer wieder Strafexpeditionen auf christliches Gebiet. Doch gleichzeitig schloss er einige zeitlich befristete Verträge mit Balduin ab, in denen es vor allem darum ging, den für beide Seiten förderlichen Handel zwischen Syrien und Palästina zu erleichtern.

Die nachhaltigste Auswirkung dieser Abkommen war ein Waffenstillstand für einen Teil des Territoriums (bestätigt durch einen niedergeschriebenen Vertrag) um das Jahr 1109 herum. Diese bemerkenswerte Vereinbarung bezog sich auf die Gegend östlich des Sees Genezareth – von den Franken wegen ihrer dunklen Basalterde als Terre de Sueth (oder Schwarzes Land) bezeichnet –, die sich um das fruchtbare Anbaugebiet um Hauran herum bis nach Norden in Richtung der Golanhöhen und südlich bis zum Fluss Jarmuk erstreckt. Balduin und Tughtegin kamen überein, etwas zu schaffen, das im Prinzip auf eine teilweise befriedete Zone in diesem Gebiet hinauslief und muslimischen und christlichen

Bauern erlaubte, bei der Bearbeitung der Felder zusammenzuarbeiten. Der Ertrag der Terre de Sueth wurde dann durch drei geteilt – ein Teil verblieb bei den einheimischen Bauern, der Rest wurde zwischen Jerusalem und Damaskus aufgeteilt. Diese Regelung wurde bis weit ins 12. Jahrhundert hinein beibehalten.[14]

In den ersten fünf Jahren seiner Regentschaft war das Überleben König Balduins ebenso wie der Fortbestand seines gesamten Reiches alles andere als gesichert. Nur weil die Muslime unter sich zerstritten und die Ägypter keine besonders guten Krieger waren, hatten sich die Lateiner behaupten können.

Die Krise im lateinischen Syrien (1101–1108)

In den ersten eisig kalten Monaten des Jahres 1105 hatte Tankred, der berühmte Veteran des ersten Kreuzzugs, allen Anlass zu verzweifeln. Er stand zu einer Zeit an der Spitze des lateinischen Fürstentums Antiochia, als dieses neu geschaffene Reich in den letzten Zügen zu liegen schien. Sechs Monate zuvor hatte der Ruf der Franken, unbesiegbar zu sein, gewaltig gelitten, als die Streitmacht Antiochias in der Konfrontation mit dem Islam eine demütigende Niederlage hatte hinnehmen müssen. In deren Folge hatte Tankreds berühmter Onkel und Antiochias angeblicher Fürst Bohemund die Levante fluchtartig verlassen, er hatte die Stadtkasse geplündert und eilig Richtung Westen die Segel gesetzt. Tankred, der mitansehen musste, wie sich die Führungsschicht der Stadt auflöste und an allen Fronten Rebellion und Willkür um sich griffen, wähnte den Untergang nah. Sieben Jahre zuvor hatte er selbst die Gräuel der Eroberung Antiochias miterlebt sowie den ungeheuerlichen Preis für die Übernahme der Stadt durch die Kreuzfahrer. Nun hatte es ganz den Anschein, als sei die schwankende fränkische Enklave, die aus dieser Eroberung hervorgegangen war, dem Untergang geweiht.

An dieser Krise war Tankred ganz oder weitgehend unschuldig. Im Frühling des Jahres 1101 war er von Palästina aus nach Norden aufgebrochen, um in Antiochia während Bohemunds Gefangenschaft die Herrschaft zu übernehmen. In den beiden folgenden Jahren stellte er im Fürstentum sehr bald Stabilität und Sicherheit wieder her und bewies dabei sowohl Stärke als auch Klugheit. Kurz vor seiner Gefangennahme waren die fruchtbaren Ebenen Kilikiens im Nordwesten von Antiochia Bohemunds Herrschaft entglitten. In der Hoffnung auf größere Selbstständigkeit hatte die einheimische christliche Bevölkerung die Seiten gewechselt und sich dem Byzantinischen Reich angeschlossen, aber Tankred trieb sie mit einer kurzen, heftigen Militäraktion in die Unterwerfung zurück. Und er wollte mehr, als nur die Verluste seines Onkels wettzumachen: Ihm ging es auch um Gebietsgewinne für das Fürstentum. Ebenso wie das Königreich Jerusalem war Antiochia auf die Häfen an der östlichen Mittelmeerküste angewiesen, aber die Stadt Latakia mit dem besten natürlichen Hafen Syriens blieb trotz Bohemunds wiederholter Vorstöße in griechischer Hand. Im Jahr 1103 allerdings eroberte Tankred die Stadt nach einer langwierigen Belagerung.

Den Spielraum und die Autorität, die ihm seine neue Stellung boten, scheint Tankred genossen zu haben; er zeigte offensichtlich wenig Interesse daran, für eine baldige Befreiung seines Onkels zu sorgen. Die Aufgabe übernahmen stattdessen Bohemunds damaliger kirchlicher Beauftragter, Patriarch Bernhard, sowie Balduin von Bourcq, nun Graf von Edessa. Diese beiden machten es sich zum Ziel, die riesige Summe Lösegeld zusammenzubringen, die der Danischmenden-Emir, der Bohemund gefangen hielt, verlangte – 100 000 Goldstücke. Der Armenier Kogh Vasil, Herrscher über zwei Städte im Gebiet des oberen Euphrat, trug ein Zehntel zu dieser Summe im Austausch gegen Bündniszusagen bei; ein ziemlich empörter ostchristlicher Zeitgenosse merkt an, dass »Tankred gar nichts gab«. Im Mai des Jahres 1103 wurde Bohemund schließlich wieder auf freien Fuß gesetzt. Für Tankred hatte das bittere Konsequenzen: Er musste nicht nur die Zügel der Herrschaft über Antiochia wieder aus der Hand geben, sondern auch seine eigenen Eroberungen in Kilikien und Latakia.[15]

Die Schlacht von Harran (1104)

Jetzt, wieder im Vollbesitz seiner Freiheit und Autorität, bemühte sich Bohemund, seine Freundschaft mit Graf Balduin II. von Edessa zu erneuern. In den folgenden zwölf Monaten unternahmen sie gemeinsam mehrere Feldzüge, mit denen sie das Gebiet zwischen Antiochia und Edessa unterwerfen sowie Aleppo isolieren und unter Druck setzen wollten. Wahrscheinlich war es das letztere Ziel, das sie im Frühjahr 1104 zu ihrem Kriegszug in die Region östlich des Euphrat bewog. Die Herrschaft über dieses Gebiet konnte die Südgrenze der Grafschaft Edessa sichern, außerdem die Verbindungen zwischen Aleppo und Mesopotamien empfindlich erschweren. Dabei stießen sie jedoch auf den erbitterten Widerstand einer recht umfangreichen muslimischen Streitmacht unter der Führung der seldschukischen Türkenherrscher von Mosul und Mardin.

Um den 7. Mai herum kam es auf der Ebene südlich von Harran zur Schlacht. Bohemund und Tankred hielten die rechte Flanke, während Balduin II. zusammen mit seinem Vetter Joscelin von Courtenay die Truppen Edessas an der linken Seite befehligte. (Joscelin, ein nordfranzösischer Aristokrat aus höherem Adel, war nach 1101 in der Levante eingetroffen und hatte eine Grafschaft um die große Festungsstadt Tell Bashir erhalten.) In der Schlacht, die nun entbrannte, wurden die Truppen aus Edessa vom Rest des Heeres abgeschnitten – bei einem Angriff hatten sie ihre Kräfte überschätzt und wurden Opfer eines unbarmherzigen Gegenangriffs. Balduin und Joscelin wurden gefangen genommen; Tausende ihrer Landsleute wurden getötet oder eingesperrt. Bohemund und Tankred führten eine kleinmütige Schar nach Edessa zurück, wo Tankred mit der Aufgabe betraut wurde, die Stadt zu verteidigen.

Harran bedeutete für die Franken einen furchtbaren Rückschlag. Schon die Verluste auf dem Schlachtfeld – die Zahl der Krieger, die gefallen oder gefangen genommen worden waren – waren beträchtlich, aber den größten Schaden nahm ihr Ansehen in der Region: Diese Niederlage führte zu einer deutlichen Verschiebung der Machtbalance und der Stimmung im Norden der Levante. Allmählich wurde den einheimischen Bevölkerungsgruppen Syriens klar, dass die Lateiner durchaus nicht unbesiegbar waren. Nur unwesentlich später vermerkt ein Zeitgenosse in Damaskus, dass »[Harran] ein großer, unvergleichlicher Sieg gewesen war [...]. Er entmutigte die Franken, dezimierte ihre Truppen und brach ihre Angriffsstärke; die Herzen der Muslime dagegen wurden gestärkt«. Tatsächlich nutzten alle – Muslime, Griechen und Armenier – die Gelegenheit, die Verhältnisse zu ihren Gunsten umzugestalten, und darunter litt nicht in erster Linie Edessa, sondern vor allem Antiochia. Die Byzantiner nahmen Kilikien und Latakia wieder ein, obwohl die Zitadelle von Latakia möglicherweise in fränkischer Hand verblieb. Im Südosten jagten die Städte der Summaq-Region ihre lateinischen Garnisonen davon und baten Aleppo, die Führung zu übernehmen. In einem letzten Akt der Demütigung folgte die strategisch wichtige Stadt Artah diesem Beispiel. Artah, kaum einen Tagesmarsch nordöstlich von Antiochia gelegen, hatte die Funktion, die wichtigste Römerstraße im Inland zu bewachen, und wurde von Zeitgenossen als der »Schutzschild« der Stadt angesehen. Im Spätsommer 1104 war das Fürstentum stark geschrumpft; alles, was von diesem einst blühenden Reich übrig blieb, war ein kleiner Gebietskern um die Stadt selbst herum.[16]

Im Frühherbst desselben Jahres traf Bohemund eine überraschende Entscheidung. Er beorderte Tankred von Edessa zurück, ließ eine Ratsversammlung in der Basilika St. Petrus ansetzen und tat seine Absicht kund, die Levante zu verlassen. Die wahren Motive hinter diesem Schritt sind kaum erkennbar. Öffentlich erklärte Bohemund, dass er, um das lateinische Syrien zu retten, in Westeuropa ein weiteres fränkisches Heer anwerben wolle. Möglicherweise ließ er auch seinen Wunsch erkennen, seine Gelübde gegenüber dem heiligen Leonhard zu erfüllen (um dessen Hilfe er während seiner Gefangenschaft gebetet hatte) und eine Wallfahrt zum Grab des Heiligen im französischen Noblat zu unternehmen. Für sich scheint er allerdings kaum die Absicht gehabt zu haben, schnell wieder nach Outremer zurückzukehren; vielmehr plante er wahrscheinlich, ein Heer zu versammeln, mit dem er das byzantinische Imperium auf dem Balkan direkt angreifen konnte. Das hätte dazu führen können, dass Alexios Komnenos abgelenkt war, womit unter Umständen ein Angriff der Griechen auf Antiochia abgewendet werden konnte. Allerdings hatte Bohemunds Strategie wohl mehr mit seinem Wunsch zu tun, im Mittelmeerraum und in der Ägäis neue Gebiete zu erobern, und mit seinem Traum, den Thron im mächtigen Konstantinopel höchstselbst zu besteigen.

Bohemunds Gleichgültigkeit gegenüber der labilen Lage Antiochias wird auch daran deutlich, dass er sich vor seinem Aufbruch ungerührt alles, was der Stadt noch an materiellen und personellen Gütern geblieben war, aneignete. Sogar der zeitgenössische lateinische Chronist Radulf von Caen, der sich normalerweise durchaus zugunsten Bohemunds äußerte, merkte an, dass dieser »Gold, Silber, Juwelen und Kleidung mit sich nahm und Tankred [die Stadt hinterließ] ohne Schutz, Gelder und Söldner«. Bohemund verließ Syrien zu Schiff wohl noch im September 1104. Während des ersten Kreuzzugs hatte er sein ganzes militärisches Genie, aber auch seine Habgier und Arglist auf die Eroberung Antiochias gerichtet. Als er jetzt der Levante den Rücken kehrte, muss ihm klar gewesen sein, dass er seine damalige Beute einer äußerst finsteren und unsicheren Zukunft auslieferte.[17]

Am Rand des Zusammenbruchs

Für Tankred begann das Jahr 1105 also in größter finanzieller Bedrängnis: Er sah sich als Prinzregent eines Reiches, das dem Untergang geweiht schien. In dieser akuten Krise, der größten Herausforderung seiner bisherigen Laufbahn, zeigte er, was in ihm steckte. Mit einer Mischung aus persönlicher Überzeugungskraft und Zwang gewann er die Unterstützung der einheimischen antiochenischen Bevölkerung; es gelang ihm, von den Bewohnern der Stadt eine Notsteuer einzuziehen, damit den Staatsschatz aufzustocken und neu anzuwerbende Söldner zu finanzieren. Außerdem füllte er seine Reserven auf, indem er sich die einzige positive Folge aus dem Debakel von Harran, die nominelle Herrschaft Antiochias über die Grafschaft Edessa, zunutze machte. Er rief »sämtliche christlichen Männer« Nordsyriens zu den Waffen, zog aus Edessa, Marasch und Tell Bashir alle Bewaffneten außer den Garnisonen ab und konnte so bis zum Beginn des Frühjahrs eine Streitmacht von rund 1000 Rittern und 9000 Fußsoldaten versammeln. Tankreds unerschütterliche Tatkraft und sein strategischer Scharfsinn traten nun deutlich zutage.

Angesichts der Vielzahl seiner Feinde war ihm klar, dass er weder an allen Fronten kämpfen noch sich auf eine Politik der unentschlossenen Defensive zurückziehen konnte. Stattdessen ging er den Weg gezielter, konzentrierter Aggression und wählte seine jeweiligen Ziele mit größter Sorgfalt aus. Mitte April marschierte er auf Artah und erzwang eine entscheidende Begegnung mit Ridwan von Aleppo. Das war ein kühner Schritt. Wenn es ihm gelang, diesen Feind in offener Schlacht zu besiegen, konnte er dadurch die Initiative wieder an sich reißen und den fränkischen Kriegsruhm wiederherstellen, doch muss ihm auch klar gewesen sein, dass Aleppos Truppen an Zahl die seinen – wohl im Verhältnis drei zu eins – übertrafen und dass eine Niederlage gleichbedeutend mit dem Ende der lateinischen Herrschaft in Syrien war.

Bevor die Christen von Antiochia aufbrachen, unterzogen sie sich den Riten spiritueller Reinigung; dazu gehörte dreitägiges Fasten, ein Sündenbekenntnis und die Einstimmung auf den nahen Tod, was deutlich an die Gepflogenheiten der Kreuzfahrer erinnerte. Dann überquerte Tankred den Orontes an der Eisernen Brücke und rückte vor, um Artah zu belagern. Als Ridwan diesen Köder geschluckt hatte und sich mit – zeitgenössischen Angaben zufolge – 30 000 Mann in Bewegung setzte, wich Tankred zurück. Das Herzstück seiner Strategie bestand darin, aus seiner genauen Kenntnis des umliegenden Gebiets und seinem Wissen um die muslimische Taktik Nutzen zu ziehen. Die Straße zwischen Artah und der Eisernen Brücke führte durch ein Gebiet, wo das Gelände zwar flach, doch mit Felsbrocken übersät war; die Pferde konnten sich darauf nur schwer vorwärtsbewegen, bis eine weitläufige Ebene erreicht wurde. Auf diese Ebene zog sich Tankred zurück, und dorthin folgte ihm am 20. April 1105 Ridwan. Ein lateinischer Zeitgenosse beschrieb die anschließende Schlacht:

> Die Christen behielten ihre Stellung bei, als wären sie betäubt […]. Dann, als die Türken den holprigen Boden hinter sich hatten, stürzte sich Tankred mitten unter sie, als sei er plötzlich vom Schlaf erwacht. Die Türken zogen sich schnell zurück und hofften, dass sie wie gewohnt kehrtmachen und dabei gleichzeitig fliehen und schießen könnten. Doch ihre Hoffnungen und ihre Tricks wurden vereitelt […] die Speere [der Franken] trafen sie in den Rücken, und das Gelände behinderte ihre Flucht. Ihre Pferde waren nutzlos.

In der Schlacht rasten die Lateiner in die dicht gedrängten Reihen der entsetzten muslimischen Kämpfer hinein, töteten jeden, der ihnen in die Quere kam, und der Widerstand Aleppos brach in sich zusammen. Ridwan brachte sich in panischem Schrecken rasch in Sicherheit, wobei er seine Fahne verlor, und Tankred blieb als Sieger auf dem Feld zurück, reich an Beute und Ruhm.

Die Schlacht von Artah markiert in der Geschichte der nördlichen Kreuzfahrerstaaten eine Art Wasserscheide. In den wenigen Jahren danach gelang es Tankred ohne große Mühe, die Verluste, die sich aus der Niederlage bei Harran ergeben hatten, wettzumachen. Artah wurde unverzüglich zurückerobert, ebenso kurz darauf die Städte der Summaq-Region. Ridwan bat um Frieden; er war bemüht, als gehorsamer Verbündeter aufzutreten, und Tankred konnte sich nun, da der Grenzbereich zwischen Antiochia und Aleppo gesichert war, anderen schwierigen Vorhaben zuwenden. Um das Jahr 1110 herum hatte er auf Kosten der Griechen die Herrschaft Antiochias über Kilikien und Latakia für lange Zeit wieder gesichert. Gleichzeitig stabilisierte er die südlichen Verteidigungslinien des Fürstentums gegen einen anderen, zweifellos aggressiven muslimischen Nachbarn, die Stadt Shaizar, indem er die benachbarte alte römische Siedlung Apamea einnahm. Für Tankred selbst bedeutete der Erfolg des Jahres 1105 auch eine Festigung seiner eigenen Stellung; sehr bald herrschte er nicht mehr so sehr als Vertreter Bohemunds, sondern als eigenständiger Fürst. Dabei kam ihm auch zustatten, dass der Stern seines berühmten Onkels deutlich im Sinken begriffen war.[18]

Bohemunds Kreuzzug

Bohemund von Tarent brach im Herbst 1104 nach Europa auf. Später wurde unter den Griechen gemunkelt, er habe zu einer absonderlichen List gegriffen, um zu vermeiden, dass byzantinische Spione ihn während seiner Reise über das Mittelmeer festhielten: Er habe seinen eigenen Tod vorgetäuscht und sei in einem mit unsichtbaren Luftlöchern versehenen Sarg Richtung Westen gereist. Um die Täuschung komplett zu machen, habe er neben dem verrottenden Kadaver eines erdrosselten Hahns gelegen; so sollte sichergestellt werden, dass sein eigener »Leichnam« einen angemessen widerwärtigen Fäulnisgestank ausströmte. In der Tat konnte sich Anna Komnena, die Tochter des Kaisers Alexios, eine gewisse Bewunderung für Bohemunds unbezwingbaren »barbarischen« Geist nicht verkneifen, als sie schrieb: »Ich frage mich, wie er um Himmels willen einen solchen Angriff auf seine Nase aushalten und trotzdem weiterleben konnte.« Wie auch immer sich seine Reise gestaltet haben mag – bei seiner Ankunft in Italien Anfang 1105 brandete ihm jedenfalls eine Woge begeisterter Verehrung entgegen. Der selbst ernannte Held des ersten Kreuzzugs war zurückgekehrt. Schnell gewann er die Unterstützung Paschalis' II., des Nachfolgers von Papst Urban, für einen neuen Kreuzzug, zu dem er in den nächsten beiden Jahren aufrief und dafür Italien und Frankreich bereiste. Unterwegs erfüllte er sein Gelübde, das Grab des heiligen Leonhard in Noblat aufzusuchen, wo er als Zeichen der Dankbarkeit für seine Befreiung aus der Gefangenschaft im Jahr 1103 und als Geschenk für den Heiligen silberne Ketten niederlegte. Außerdem sorgte er wohl für die Abschrift und Verteilung einer tendenziösen erzählerischen Darstellung des ersten Kreuzzugs in der Art der *Gesta Francorum*, die seine eigenen Taten stark in den Vordergrund rückte und gleichzeitig den Ruf der Griechen kräftig ramponierte. Da Bohemunds Ruhm noch immer zunahm und seine Aufrufe große, enthusiastische Menschenmengen zu mobilisieren vermochten, gelang es ihm, eine eheliche Verbindung zu arrangieren, die ihn in die höchsten Ränge der französischen Aristokratie katapultierte. Im Frühjahr 1106 heiratete er Prinzessin Konstanze, die Tochter des Königs von Frankreich; ungefähr zur selben Zeit verlobte sich Tankred mit Cäcilia, einer der nicht ehelichen Töchter des Königs. Bohemund nutzte seine Hochzeitsfeierlichkeiten in Chartres dazu, für den neuen Kreuzzug zu werben, wobei er auch eine flammende Angriffsrede gegen seinen erklärten Feind Alexios Komnenos hielt, der, wie er behauptete, die Kreuzfahrer der Jahre 1098 und 1101 verraten und in Antiochia überfallen habe.

Ende 1106 kehrte Bohemund nach Süditalien zurück, um den Bau der Kreuzfahrerflotte zu überwachen, nachdem er viele Tausend Männer für seine Sache gewonnen hatte. Doch trotz des Umfangs der Streitmacht, die sich ein Jahr später in Apulien versammelte – um die 30 000 Mann, die von einer Flotte von über 200 Schiffen über das Meer gebracht werden sollten –, sind sich die Historikerinnen und Historiker uneinig über die Natur dieser Unternehmung. Es herrscht allgemeiner Konsens, dass diese Kampagne, die auf das griechisch-christliche Reich von Byzanz zielte, nicht als Kreuzzug im eigentlichen Sinn gelten kann oder zumindest als Perversion der Kreuzzugsidee bezeichnet werden muss. Natürlich hatte das Unternehmen einige auffallende Ähnlichkeiten mit dem ersten Kreuzzug: Die Teilnehmer legten ein Gelübde ab, sie trugen das Symbol des Kreuzes auf der Kleidung und erhofften sich von der Teilnahme die Vergebung ihrer Sünden. Letztlich hing alles von der Frage ab, wie der Papst dazu stand. Es wäre doch gewiss undenkbar, so die Argumentation, dass der Papst einem Feldzug, der gegen Mitchristen gerichtet war, den privilegierten Status eines Kreuzzugs zugebilligt hätte; viel eher müsse man annehmen, Bohemund habe, getrieben von Ehrgeiz und Hass, Paschalis II. getäuscht und vorgegeben, dass seine Truppen in der Levante kämpfen sollten.

Mit dieser Sicht der Dinge steht man jedoch vor unlösbaren Problemen. Die meisten zeitgenössischen Zeugnisse lassen nämlich darauf schließen, dass der Papst von Bohemunds Absichten wusste und ihn trotzdem unterstützte, ja sogar einen päpstlichen Gesandten freistellte, der die Predigtkampagnen in Frankreich und Italien begleitete und bekräftigte. Selbst für den unwahrscheinlichen Fall, dass der Papst in die Irre geführt wurde, waren zweifellos sehr viele rekrutierte Laien gern bereit, sich einem Kreuzzug gegen die Griechen anzuschließen. Tatsächlich ist die Tendenz, Bohemunds Unternehmung als Perversion der Kreuzzugsidee darzustellen, symptomatisch für ein tiefergehendes Missverständnis: für die Annahme, dass Theorie und Praxis der Kreuzzüge sich bereits so weit konsolidiert hatten, dass sie ein scharf umrissenes Gesamtbild ergaben. Für die meisten Menschen im Westeuropa des 12. Jahrhunderts hatte diese neue Art frommer Kriegsführung keine deutlich fassbare Identität und befand sich nach wie vor in ständiger, organischer Entwicklung. In den Augen dieser Menschen mussten Kreuzzüge nicht notwendig gegen Muslime geführt werden, und viele akzeptierten bereitwillig die Vorstellung, gegen Alexios Komnenos einen »heiligen Krieg« zu führen, nachdem er erst einmal als Feind der lateinischen Christenheit in den Köpfen der Menschen verankert war.

Doch unabhängig davon, wie man den Hintergrund des »Kreuzzugs« der Jahre 1107/1108 bewertet – die Unternehmung selbst entwickelte sich zu einem katastrophalen Chaos. Die Lateiner überquerten die Adria im Oktober 1107 und belagerten dann die Stadt Durazzo (im heutigen Albanien), die von den Zeitgenossen als »westliches Tor zum [griechischen] Imperium« angesehen wurde. Aber trotz seiner militärischen Erfahrungen wurde Bohemund von Alexios überlistet, der seine Streitkräfte dafür einsetzte, die Versorgungslinien der Invasoren zu durchtrennen, und gleichzeitig sorgfältig eine direkte Konfrontation vermied. Geschwächt von Hunger; unfähig, die Verteidigungsanlagen Durazzos zu überwinden, kapitulierten die Lateiner im September des Jahres 1108. Bohemund wurde gezwungen, einem erniedrigenden Friedensabkommen zuzustimmen, dem Vertrag von Devol. Dieser bestimmte, dass Bohemund als Untertan des Kaisers zwar lebenslang Fürst von Antiochia bleiben sollte, aber der griechische Patriarch musste in der Stadt wiedereingesetzt werden; außerdem wurde das Fürstentum dadurch geschwächt, dass Kilikien und Latakia Byzanz direkt unterstellt wurden.

Unter den gegebenen Umständen wurde das Abkommen nicht umgesetzt und hatte kaum Auswirkungen auf spätere Ereignisse, denn Bohemund kehrte nie mehr in die Levante zurück. Nachdem er sich im Herbst des Jahres 1108 zu Schiff nach Italien zurückgezogen hatte, taucht er nur noch schemenhaft in Chroniken auf, sein Ruf war dahin, seine hochfliegenden Träume und ehrgeizigen Ziele zerstoben. Konstanze gebar ihm um das Jahr 1109 herum einen Sohn, der ebenfalls Bohemund genannt wurde, doch im Jahr 1111 wurde der einst strahlende Befehlshaber des ersten Kreuzzugs krank, und am 7. März starb er in Apulien. In Antiochia blieb Tankred an der Macht, vielleicht nominell noch immer als Regent, aber faktisch blieb seine Autorität unter den Franken unangefochten. Aus der Perspektive Outremers hatte die spätere Entwicklung der Geschichte Bohemunds immerhin ein Gutes: Sein Balkanfeldzug lenkte die griechische Aufmerksamkeit von der Levante ab, und so konnte Tankred die Herrschaft in Antiochia auf Dauer für sich beanspruchen.[19]

Herrscher im heiligen Königreich

Tankreds Drang, das Fürstentum Antiochia zu erweitern und seinen Reichtum und seinen Einfluss über die Grenzen hinaus zu vergrößern, nahm nach 1108 immer weiter zu, und er legte unveränderte Bereitschaft an den Tag, diese Ziele mit allen Mitteln zu verfolgen, was nicht einmal ausschloss, dass er mit muslimischen Verbündeten gegen seine lateinischen Landsleute kämpfte. Über die nächsten fünf Jahre war er unermüdlich am Werk, und er schöpfte aus einer anscheinend unerschöpflichen Quelle kriegerischer Energie, die ihm nahezu ständige militärische Einsätze ermöglichte. Er setzte seine Nachbarn und Gegner mit einer Mischung aus Gebietseroberungen, politischem Zwang und wirtschaftlicher Ausbeutung unter Druck, und er stand kurz davor, ein antiochenisches Imperium in der Levante aufzubauen.

Die Grafschaften Edessa und Tripolis

Zwischen 1104 und 1108 hatte Antiochia faktisch die Oberherrschaft über die Grafschaft Edessa. Als Tankred die Regentschaft über das Fürstentum im Herbst 1104 übernahm, setzte er seinen Schwager und Landsmann, den Normannen und Teilnehmer am ersten Kreuzzug Richard von Salerno, als Regenten von Edessa ein. Richard war zwar nicht populär, doch blieb der Einfluss Antiochias während der gesamten Zeit der Gefangenschaft Balduins II. unangefochten.

Antiochia unternahm keine größeren Anstrengungen, die Freilassung des Grafen zu erwirken. Im Sommer 1104, als die Türken, die Balduin gefangen genommen hatten, zum ersten Mal ein Lösegeld auszuhandeln versuchten, zeigte sich bereits Bohemund abweisend. Statt den Aufwand zu vergelten, mit dem Balduin die Freisetzung Bohemunds im Jahr 1103 betrieben hatte, zog der Fürst es vor, die Kontrolle über Edessas beträchtliche agrarische und kommerzielle Reichtümer selbst in der Hand zu behalten, die auf einen Umfang von 40 000 Gold-Bezant pro Jahr geschätzt wurden. Und als Tankred das Ruder im fränkischen Syrien übernommen hatte, zog er seinen Nutzen aus diesen Einkünften und ignorierte geflissentlich Balduins Misere.

Im Jahr 1107 war der Kampfgenosse des Grafen, Joscelin von Courtenay, Herr von Tell Bashir, von der Bevölkerung der Stadt als Geisel genommen worden, und im Jahr darauf hatte Joscelin erfolgreich Balduins Befreiung von Mosul erwirkt. Der türkische Kriegsherr Chavli, damals Herrscher über Mosul, stimmte der Freilassung schließlich zu. Da er jedoch genau wusste, wie gefährdet seine eigene Position und wie zerstörerisch für alle Seiten die innerislamischen Streitigkeiten im Vorderen Orient waren, verlangte er nicht nur ein Lösegeld in barer Münze nebst Geiseln, sondern auch eine Zusage zu militärischer Zusammenarbeit.

Als Balduin im Sommer des Jahres 1108 seinen eigenen Anspruch auf Edessa anmeldete, ergab sich eine spannungsgeladene Pattsituation. Tankred, der vom Reichtum der Grafschaft über vier Jahre lang gern profitiert hatte, gedachte nicht, ein Gebiet, das er selbst vor einer Eroberung gerettet hatte, einfach wieder auszuhändigen; er versuchte nun, Balduin zu zwingen, einen Lehnseid abzulegen: Schließlich, so seine Begründung, sei auch in der Vergangenheit Edessa der Vasall des byzantinischen Herzogtums Antiochia gewesen. Der Graf weigerte sich, nicht zuletzt, weil er bereits im Jahr 1100 gegenüber Balduin von Boulogne seinen Treueeid abgelegt hatte. Keine Seite war zu einem Kompromiss bereit; ein Konflikt schien unausweichlich.

Anfang September stellten beide ihre Truppen auf. Vor kaum zehn Jahren war Jerusalem eingenommen worden, und schon waren Balduin und Tankred – beide Lateiner, beide bewährte Kreuzfahrer – bereit und gewillt, in offener Schlacht gegeneinander anzutreten. Noch erschreckender war, dass Balduin neben seinem neuen Verbündeten, Chavli von Mosul, und rund 7000 muslimischen Kämpfern antrat. In der Schlacht, die wahrscheinlich in der Nähe von Tell Bashir stattfand, gelang es Tankred, obwohl sein Heer in der Minderzahl war, sich zu behaupten. Allerdings waren ungefähr 2000 Christen auf beiden Seiten gefallen, und Patriarch Bernhard, das kirchliche Oberhaupt von Antiochia wie von Edessa, griff vermittelnd in den Streit ein. Als Zeugen öffentlich beteuerten, dass Tankred im Jahr 1104 Bohemund tatsächlich versprochen hatte, die Herrschaft über Edessa wieder an Balduin zurückzugeben, sobald dieser freigelassen war, sah sich Tankred widerwillig zum Nachgeben gezwungen. Die Stadt Edessa wurde zwar zurückgegeben, doch der Hass und die Rivalitäten auf beiden Seiten waren nicht ausgeräumt. Tankred weigerte sich beharrlich, Gebiete im Norden der Grafschaft herauszugeben, und erpresste nicht lange danach von Balduin Tributzahlungen im Austausch gegen Frieden mit Antiochia.[20]

Dieser Konflikt war noch nicht beigelegt, als Tankreds begehrlicher Blick sich auf die neue Grafschaft Tripolis richtete. Unmittelbar im Anschluss an den ersten Kreuzzug hatte sein alter Rivale Raimund von Toulouse versucht, sich ein eigenes levantinisches Herrschaftsgebiet in den nördlichen Regionen des heutigen Libanon aufzubauen. Dabei sah sich Raimund vor eine besonders schwierige Aufgabe gestellt, weil er im Unterschied zu den Gründern der anderen lateinischen Niederlassungen nicht über Eroberungen aus den Kreuzzugsaktivitäten selbst verfügte, auf denen er hätte aufbauen können, und weil die wichtigste Stadt der Gegend, Tripolis, sich nach wie vor in der Hand der Muslime befand.

Dennoch war Raimund in gewisser Weise erfolgreich, als er im Jahr 1102 mit Unterstützung einer Flotte aus Genua und Überlebenden aus dem Kreuzzug von 1101 die Hafenstadt Tortosa einnehmen konnte. Zwei Jahre später eroberte er im Süden einen zweiten Hafen, Jubail, eine Stadt mit prächtigen römischen Ruinen. Gleichzeitig errichtete Raimund auf einer Anhöhe vor Tripolis eine mächtige Burg, die er Pilgerburg nannte. Mit ihr sicherte er sich die Kontrolle über das Umland. Doch trotz seines beharrlichen Mühens war Tripolis, als der Graf mit gut 60 Jahren am 28. Februar 1105 starb, nach wie vor nicht erobert.

In den Jahren danach versuchten zwei Männer, Raimunds Erbe an sich zu reißen. Sein Neffe Wilhelm Jordan, der als Erster in Outremer eintraf, setzte die Angriffe auf Tripolis fort und eroberte außerdem die benachbarte Stadt Arqa. Im März 1109 traf Raimunds Sohn Bertrand von Toulouse im Heiligen Land ein, und er war entschlossen, seine Rechte als Erbe geltend zu machen. Mit ihm kam eine umfangreiche Flotte, mit der die Belagerung von Tripolis verschärft werden konnte, und nun stritten sich zwei Kandidaten um die Rechte an der Stadt, die noch nicht einmal eingenommen war; Wilhelm Jordan verließ den

Pilgerburg in Richtung Norden. Die gerade entstehende Grafschaft Tripolis sollte allem Anschein nach in erbitterten dynastischen Streitereien zerrieben werden.

Im Grunde ging es im Streit um die Herrschaft über Tripolis um wesentlich mehr als nur um schlichte Erbschaftsfragen; der Streit wurde zum Kernstück einer weiter ausgreifenden Auseinandersetzung um die Vorherrschaft in den Kreuzfahrerstaaten insgesamt. Wilhelm Jordan wusste, dass er einen Verbündeten brauchte, wenn er sich noch irgendwelche Hoffnungen auf Tripolis machen wollte, und er wandte sich an Tankred und bot diesem an, sein Vasall zu werden. Selbstverständlich ergriff Tankred diese sich plötzlich anbietende Gelegenheit beim Schopf, den Einflussbereich Antiochias nach Süden zu erweitern; wenn Tripolis seinem Herrschaftsbereich zufiel und seine Pläne mit Edessa umzusetzen waren, konnte das Fürstentum Antiochia zu Recht Anspruch auf den Titel einer Führungsmacht in Outremer erheben. Die moderne historische Analyse hat die Bedeutung dieser Episode immer wieder unterschätzt, ging man doch davon aus, das Königreich Jerusalem habe zu Beginn des 12. Jahrhunderts ganz von allein als Vormacht im fränkischen Orient gegolten. Natürlich war die Heilige Stadt das Ziel des ersten Kreuzzugs gewesen, und Balduin von Boulogne war der einzige lateinische Herrscher in der Levante, der den Königstitel trug, doch sein Königreich umfasste zwar Palästina, nicht jedoch den gesamten Vorderen Orient. Jeder der vier Kreuzfahrerstaaten war als unabhängiges Staatswesen gegründet worden, und einen Vorrang Jerusalems vor den anderen hatte man nie offiziell festgeschrieben. Seit ihrem Streit um die Herrschaft über Kilikien im Jahr 1097 waren Balduin und Tankred Rivalen gewesen; nun, im Jahr 1109, forderte Tankreds forsches Auftreten Balduins Autorität in einer Weise heraus, die auf das Gleichgewicht der Mächte in der lateinischen Levante einen entscheidenden Einfluss ausüben sollte.

In den folgenden zwölf Monaten löste der König von Jerusalem diese politische Krise mit überraschender Raffinesse, indem er seinen alten Widersacher ohne Umschweife an den Rand drängte. Zu seinen Gunsten kann vermerkt werden, dass Balduin keinerlei Versuch unternahm, den Ambitionen Antiochias mit direkter Waffengewalt zu begegnen. Er verlegte sich vielmehr darauf, die Vorstellung von der Geschlossenheit der Franken im Angesicht ihrer muslimischen Gegner deutlich herauszuarbeiten und zu betonen. Mit diplomatischer List bekräftigte er die

Vorrangstellung Jerusalems selbst noch in dem Moment, als es ihm um die innere Sicherheit Outremers ging.

Im Sommer 1109 rief Balduin die Herrscher des lateinischen Orients dazu auf, Bertrand von Toulouse bei der Belagerung von Tripolis zu unterstützen. Oberflächlich betrachtet sollte hier eine mächtige fränkische Allianz entstehen, deren Ziel es war, einen störrischen muslimischen Außenposten in die Knie zu zwingen. Der König selbst machte sich mit rund 500 Rittern auf den Marsch in den Norden; Tankred an der Spitze von 700 Rittern traf in Begleitung seines neuen Verbündeten Wilhelm Jordan ein; auch Balduin II. von Edessa und Joscelin steuerten beträchtliche Truppenkontingente bei. Verstärkt durch die provenzalischen Schiffe unter Bertrand und eine Flotte aus Genua war hier eine beachtliche Streitmacht zusammengekommen. Unter der Oberfläche jedoch brodelten Parteigeist, Feindseligkeit und Argwohn.

Natürlich ging es im Subtext der gesamten Veranstaltung – was wohl auch sämtliche Führungspersönlichkeiten genau wussten – um die Frage der Machtverteilung bei den Franken. Würde Balduin I. es zulassen, dass sich der Einfluss Antiochias weiterhin ungehemmt ausbreitete, und wenn nicht, welche Gegenmaßnahmen gedachte der König dann zu ergreifen? Als alle zusammengekommen waren, enthüllte der König seine wohldurchdachte Strategie. Bertrand von Toulouse hatte er bereits unter seine Fittiche genommen und ihn im Austausch gegen die Unterstützung Jerusalems zu einem Treueeid überredet. Nun berief er einen Rat ein, um über die Zukunft von Tripolis zu diskutieren. Die Meisterleistung des Königs bestand darin, selbst nicht als zorniger, übermächtiger Herrscher aufzutreten, auch nicht als Tankreds Rivale, sondern vielmehr als unparteiischer Anwalt für Recht und Gerechtigkeit. Nach den Worten eines lateinischen Zeitgenossen hörte der König »den Vorwürfen beider Seiten« zusammen mit einem Schiedsgericht »seiner Getreuen« zu und forderte dann zur Versöhnung auf. Die Erben Raimunds von Toulouse »wurden versöhnt«: Bertrand erhielt die Rechte am größten Teil der Grafschaft zugesprochen, darunter Tripolis, den Pilgerberg und Jubail, und Wilhelm wurde mit Tortosa und Arqa abgefunden. Darüber hinaus aber heißt es, dass auch Balduin II. und Tankred zu einer »Einigung bewogen« werden konnten dahingehend, dass Antiochia die Herrschaft über sämtliche Territorien Edessas abtreten sollte. Zum Ausgleich wurde Tankred wieder als Herrscher über Haifa und Galiläa eingesetzt.

Der König schien eine faire Vereinbarung zustande gebracht und die Harmonie in Outremer wiederhergestellt zu haben. Die vereinigten Heere konnten daher die Belagerung von Tripolis mit neuer Energie fortsetzen; am 12. Juli zwangen sie die muslimische Garnison der Stadt zur Übergabe. In Wahrheit jedoch war Tankred vor den Kopf gestoßen und gedemütigt worden. Er unternahm keine Anstrengung, im Königreich Jerusalem auf seinen Machtansprüchen zu bestehen, nicht zuletzt weil das bedeutet hätte, dass er dem König einen Unterwerfungseid hätte leisten müssen. Dieser hatte seinerseits zwar den Anschein von Unparteilichkeit erweckt, doch hinter dieser Fassade durchaus im eigenen Interesse gehandelt, indem er seine Beziehung zu Edessa von Belastungen frei gehalten und seinen eigenen Favoriten als Herrscher über die neu entstandene Grafschaft Tripolis eingesetzt hatte. Er wird kaum über die Maßen betrübt gewesen sein, als bald nach der Kapitulation von Tripolis Wilhelm Jordan »aus dem Hinterhalt ins Herz getroffen wurde und starb«, womit Bertrand nun in eine Position unangefochtener Autorität aufgerückt war.

Im Mai 1110 ergriff Balduin I. eine neue Gelegenheit, seine Position als oberster Herrscher in der lateinischen Levante zu festigen. In jenem Frühjahr reagierte Mohammed, der seldschukische Sultan von Bagdad, endlich auf die Unterwerfung des Vorderen Orients durch die Franken. Er entsandte ein mesopotamisches Heer, um Syrien zurückzugewinnen, und zwar unter die Herrschaft Maududs, eines begabten türkischen Generals, der kürzlich in Mosul an die Macht gekommen war. Sein erstes Ziel war die Grafschaft Edessa. Angesichts dieser Bedrohung schlossen sich die Lateiner zusammen, und Maudud musste, als ein großes alliiertes Heer aus Jerusalem, Tripolis und Antiochia rasch näher rückte, seine kurze Belagerung Edessas abbrechen. König Balduin I. nutzte diese Gelegenheit, als alle fränkischen Fürsten versammelt waren, einen zweiten Schlichtungsrat einzuberufen; diesmal sollte das einzige Thema der fortgesetzte Streit zwischen Tankred und Balduin von Bourcq sein. Einem christlichen Zeitgenossen zufolge sollte die Lösung »entweder durch eine faire Gerichtsverhandlung oder durch Übereinkunft einer Versammlung der Mächtigen« zustande gebracht werden. Tankred, der sich darüber im Klaren war, dass ihn wohl alles andere als »faire« Behandlung erwartete, musste zur Teilnahme von seinen engsten Beratern überredet werden, und unmittelbar nach Beginn der Versammlung sah er seine Befürchtungen auch schon bestätigt. König Balduin war der Vorsitzende der Verhandlung, in der Tankred angeklagt wurde, er habe sich mit den Muslimen verbündet und Maudud von Mosul angestiftet, Edessa anzugreifen. Diese Anschuldigungen waren höchstwahrscheinlich reine Erfindung, und natürlich sprach keiner von dem Bündnis Balduins von Bourcq mit Mosul im Jahr 1108 oder davon, dass Balduin I. selbst bereits in Verhandlungen mit Damaskus eingetreten war. Tankred sah sich mit der geballten Kritik der Versammlung konfrontiert und musste befürchten, aus der Gemeinschaft der Franken ausgeschlossen zu werden, also gab er gezwungenermaßen erneut klein bei. Danach scheint er von Edessa keine Tributzahlungen mehr verlangt zu haben.

Antiochias Nachgeben wurde nicht offiziell festgeschrieben, und in den Jahren danach versuchte das Fürstentum erneut, seine Unabhängigkeit durchzusetzen. In den ersten Jahrzehnten des 12. Jahrhunderts schlug sich dieser weltliche Machtkampf außerdem in einem langwierigen und erbitterten Streit um die kirchliche Gerichtsbarkeit zwischen den lateinischen Patriarchen von Antiochia und Jerusalem nieder. Gleichwohl hatte König Balduin im Jahr 1110 zumindest für den Augenblick seine persönliche Autorität behauptet und Jerusalems Stellung als wichtigste weltliche Macht in Outremer durchgesetzt.[21]

Tankreds Vermächtnis

Trotz der politischen Rückschläge von 1109 und 1110 sollte Tankred in seinen letzten Lebensjahren noch triumphieren. Mit ungebremster Energie dehnte er die Grenzen seines Reiches aus, so weit es irgend möglich war, kämpfte monatelang nahezu pausenlos und unermüdlich und unterwarf seine muslimischen Nachbarn. In dieser Phase stieß Tankred auf ein bedeutsames strategisches Dilemma, das von der modernen Geschichtsschreibung bislang nicht genügend beachtet wurde. Wie für alle Militärstrategen im Mittelalter, so spielten auch für Tankred die topografischen Gegebenheiten eine zentrale Rolle. Im Jahr 1110 waren die Grenzen des Fürstentums bis zu zwei geografisch vorgegebenen Punkten hin ausgedehnt. Im Osten, an der Grenze zwischen Antiochia und Aleppo, erstreckte sich der Machtbereich der Franken nun bis zum Fuß der Belus-Berge, eines felsigen, wasserarmen, nicht allzu hohen Gebirgsrückens. Im Süden reichte das Fürstentum bis zum Summaq-Plateau und zum Tal des Orontes. In diesem Stadium boten diese natürlichen Schwellen, an denen entlang die beiden Grenzen verliefen, dem lateinischen Antiochia wie auch seinen muslimischen Nachbarn eine relativ ausgewogene Balance von Macht und Sicherheit.[22]

Tankred hätte sich mit dieser Situation abfinden und den Status quo beibehalten können, der ja durchaus die Möglichkeit einer dauerhaften friedlichen Koexistenz in sich barg. Er zog jedoch das Risiko und den potenziellen Zugewinn vor, den die Fortsetzung seiner Expansionspolitik versprach. Im Oktober 1110 überquerte er die Belus-Berge und begann einen Winterfeldzug, der zur Einnahme mehrerer Siedlungen in der Jazr-Region (östlich der Belus-Berge) führte, darunter al-Atharib und Zardana. Nun lagen nur noch 30 Kilometer offenes, unverteidigtes Gebiet zwischen dem Fürstentum und Aleppo. Anschließend, im Frühjahr 1111, machte er sich auf, in ähnlicher Weise den Süden zu bedrohen, und begann auf einem Hügel in der Nähe von Shaizar mit dem Bau einer neuen Festung. Anfänglich zumindest reagierten Ridwan von Aleppo und die muslimischen Herrscher von Shaizar, der Munqidh-Clan, auf diesen Angriff mit unterwürfigem Entgegenkommen: Sie boten Tributzahlungen in Höhe von insgesamt 30 000 Gold-Dinaren als Gegenleistung für Frieden an.

Für diese Form finanzieller Ausbeutung gab es ein bewährtes Vorbild: Im 11. Jahrhundert hatten die christlichen Machthaber im Norden der Iberischen Halbinsel ihren Einfluss über die zersplitterten muslimischen Stadtstaaten im Süden stetig erhöht, indem sie ein komplexes System jährlicher Tributzahlungen einführten. Dieses System gipfelte im Jahr 1085 in der friedlichen Übernahme der Hauptstadt Toledo, die zuvor lange Zeit in der Hand der Muslime gewesen war.

Vielleicht hatte Tankred mit Aleppo und Shaizar Ähnliches vor: Möglicherweise wollte er auch hier so lange Abgaben einziehen, bis die Finanzen zusammenbrachen, doch war sein Vorgehen nicht ohne Risiko. Wenn der Druck zu groß, die zu leistenden Zahlungen zu hoch wurden, führte das aufseiten der Ausgebeuteten womöglich zu Gegendruck. In Aleppo hatte die Mischung aus Einschüchterung und Ausbeutung Erfolg; die Stadt leistete auf lange Zeit gehorsam die von ihr verlangten Abgaben. Aber im Jahr 1111 setzte Tankred Shaizar zu stark unter Druck, weshalb sich der Munqidh-Clan nur zu gern mit Maudud von Mosul verbündete, als dieser im September jenes Jahres ein zweites abbasidisches Heer nach Syrien führte. Als nun eine Invasion in die Summaq-Region drohte, mobilisierte Tankred auch noch die letzten Reserven an antiochenischer Schlagkraft. Außerdem rief er seine lateinischen Landsleute zu Hilfe, und trotz der Spannungen, die in jüngster Zeit ihr Verhältnis belastet hatten, eilten die Truppen aus Jerusalem, Edessa und Tripolis erneut herbei. Die vereinte Streitmacht bezog eine Verteidigungsstellung bei Apamea; dieser Standort wurde beharrlich beibehalten, und die Lateiner gingen jedem Versuch Maududs, eine Entscheidungsschlacht herbeizuführen, bewusst aus dem Weg. So erzwangen sie schließlich seinen Rückzug.

Wieder hatte Tankred eine existenzielle Bedrohung seines Fürstentums abgewiesen, allerdings wurde jegliche Hoffnung zunichte, Aleppo oder Shaizar endgültig zu erobern, als sich der Gesundheitszustand des Fürsten nach Jahren rastloser militärischer Unternehmungen in seinem 36. Lebensjahr rapide verschlechterte. Der armenisch-christliche Historiker des frühen 12. Jahrhunderts Matthias von Edessa überhäufte den Verstorbenen im Zusammenhang mit dem Bericht von seinem Tod im Dezember 1112 mit Lobpreisungen: »Er war ein heiliger und frommer Mann von freundlichem und mitfühlendem Wesen, und das Wohl aller christlichen Gläubigen lag ihm am Herzen; außerdem zeigte er immer größte Demut im Umgang mit den Menschen.« Diese hymnischen Töne verbergen die dunkleren Seiten Tankreds: seinen unstillbaren Aufstiegshunger, seine Begabung für politische Intrigen; seine Bereitschaft, alles um sich herum zu verraten oder zu bekämpfen, was seiner Machtgier im Weg stand. Es waren diese letzteren Eigenschaften, in Verbindung mit seiner unbändigen Energie, die Tankreds bemerkenswertes Wirken prägten und es ermöglichten, ein dauerhaftes fränkisches Reich in Nordsyrien zu errichten. Gerechterweise sollte die Geschichtsschreibung in Tankred und nicht in seinem ruhm- und ehrlosen Oheim Bohemund den Gründer des Fürstentums Antiochia erkennen.[23]

Oberster Herr von Outremer (1113–1118)

Tankreds Tod fiel in eine Zeit größerer Veränderungen im Machtgefüge im Vorderen Orient, die sich durch eine Mischung aus dynastischer Nachfolge und politischen Intrigen ergeben hatten. In Antiochia übernahm Tankreds Neffe Roger von Salerno die Macht; er war der Sohn Richards von Salerno, der am ersten Kreuzzug teilgenommen hatte. Roger wurde durch verschiedene Eheschließungen innerhalb der höchsten Kreise, die die herrschende Elite von Outremer enger miteinander verband, schnell in die fränkische Gesellschaft integriert. Dieses komplexe Gewebe familiärer Bindungen leitete eine neue Phase vermehrter Abhängigkeit, aber auch stärkeren Zusammenhalts unter den Kreuzfahrerstaaten ein. Roger heiratete die Schwester des Grafen von Edessa, Balduin von Bourcq; Joscelin von Courtenay, der Herr von Tell Bashir, heiratete seinerseits Rogers Schwester. Zu Beginn des Jahres 1112 starb Bertrand von Toulouse, ihm folgte sein junger Sohn Pons als Graf von Tripolis nach. Dieser nahm bald Abstand von der bisher von Toulouse gepflegten Politik des Gehorsams gegenüber Byzanz und der Antipathie gegen Antiochia; irgendwann zwischen 1113 und 1115 heiratete er Tankreds Witwe, Cäcilia von Frankreich. Pons blieb von Jerusalem abhängig, doch in Verbindung mit Cäcilias Mitgift fiel ihm ein antiochenisches Herrschaftsgebiet im Ruj-Tal zu, eine von nur zwei südlichen Zugangsstraßen nach Antiochia. Diese personellen und bündnispolitischen Verschiebungen wiesen in zwei verschiedene Richtungen: Zum einen verhießen sie eine neue Ära fränkischen Zusammenhalts angesichts äußerer Bedrohungen; zum andern warfen sie erneut die alten Fragen des Machtgleichgewichts in Outremer auf, vor allem das Problem der Beziehung zwischen Antiochia und Edessa.

Gemeinsam stark

Die neue lateinische Einheit wurde bald durch die beständig drohende Invasion aus dem Irak auf die Probe gestellt. Im Mai des Jahres 1113 führte Maudud von Mosul, mittlerweile Bagdads oberster Militärbefehlshaber, ein drittes Abbasiden-Heer heran, und diesmal verließ er die Route Richtung Syrien, um in Palästina einzudringen. Die häufigen und brutalen Überfälle der Franken auf damaszenisches Territorium im Norden und Osten Galiläas scheinen Tughtegin überzeugt zu haben, dass er fortan von jeder Form einer dauerhaften Annäherung an Jerusalem absehen konnte. In der letzten Maiwoche schloss er sich Maudud mit einer starken Truppe an, und gemeinsam setzten sie sich in Richtung Galiläa in Marsch.

Als Balduin I. in Akkon von dieser Bedrohung erfuhr, schickte er einen dringenden Hilferuf an seine neuen Nachbarn, Roger und Pons. Der König stand nun vor einer schwierigen Entscheidung. Sollte er warten, bis sich die gesamte Streitmacht der fränkischen Allianz zusammengefunden hatte, während Maudud und Tughtegin ungehindert den Nordosten seines Reiches verwüsteten, oder sollte er einen schnellen Gegenschlag mit nur eingeschränkten militärischen Mitteln riskieren, um ihren Übergriffen ein Ende zu machen? In der zweiten Junihälfte entschied er sich für letztere Option. Balduins überstürztes Handeln wurde von Zeitgenossen heftig kritisiert – sogar sein Kaplan notierte, der König sei von seinen Verbündeten getadelt worden, weil er »gegen den Feind überstürzt und ungeordnet vorgegangen« sei, »ohne auf ihren Rat und ihre Hilfe zu warten«. Ganz ähnlich argumentiert auch die moderne Geschichtsschreibung. Zur Verteidigung des Königs muss gesagt werden, dass er wohl doch nicht so beklagenswert unbesonnen wie im Jahr 1102 handelte. Unser Wissen um die Einzelheiten der Ereignisse des Sommers 1113 ist lückenhaft, doch es sieht so aus, als sei Balduin von Akkon mit der Absicht aufgebrochen, einen vorgeschobenen Posten zu beziehen, von dem aus er Galiläa überwachen konnte, nicht aber, dem Feind in offener Schlacht entgegenzutreten.

Unglücklicherweise wurden der König und sein Heer Opfer eines Überraschungsangriffs. Balduin, der seine Späher normalerweise so umsichtig einzusetzen verstand, hatte sein Lager offenbar in der Nähe der al-Sennabra-Brücke aufgeschlagen, einem Übergang über den Jordan südlich des Sees Genezareth, aber es entging seiner Aufmerksamkeit, dass seine Feinde ganz in der Nähe, am östlichen Ufer, standen. Muslimische Kundschafter entdeckten den Standort des Königs, und Maudud und Tughtegin gingen zum Blitzangriff über. Die muslimischen Truppen strömten über die Brücke, fielen über die schockierten Franken her und töteten 1000–2000 Mann, darunter auch etwa 30 Ritter. Balduin selbst musste schmachvoll die Flucht ergreifen und verlor dabei seine königliche Standarte und sein Zelt, die wichtigsten Symbole seiner Königswürde.

Eingeschüchtert zog er sich auf den Berg Tabor oberhalb von Tiberias zurück, wo kurz danach die Truppen aus Antiochia und Tripolis zu ihm stießen. Er wählte nun eine entschieden umsichtigere Strategie, indem er seine Truppen in der Defensive beließ und die Region zwar überwachte, aber einer direkten Konfrontation aus dem Weg ging. Fast vier Wochen lang behielten beide Seiten ihre Positionen bei und beobachteten die Angriffsbereitschaft des Gegners, doch konnten es sich Maudud und Tughtegin angesichts eines derart großen lateinischen

Heeres nicht leisten, geschlossen in den Süden Richtung Jerusalem zu marschieren; mehr als einige weit ausgreifende Raubzüge ließ die Situation nicht zu. Im August traten die muslimischen Verbündeten über den Jordan den Rückzug an, sie hinterließen nach den Worten einer damaszenischen Chronik »den Feind erniedrigt, gebrochen, besiegt und entmutigt«. Als Beweis für ihren Triumph schickten sie dem Sultan in Bagdad ein Beutegeschenk: fränkische Gefangene und die Köpfe, die man den Leichen von Christen abgeschlagen hatte. Balduin überlebte, allerdings hatte sein Ruf beträchtlichen Schaden genommen.[24]

Maudud traf die für ihn schicksalhafte Entscheidung, den Frühherbst in Damaskus zu verbringen. Nachdem er zusammen mit Tughtegin am 2. Oktober 1113 das Freitagsgebet in der Großen Moschee besucht hatte, spazierte der Kommandant von Mosul über einen Hof; da wurde er von einem Angreifer überfallen und tödlich verwundet. Der Mörder wurde im Schnellverfahren enthauptet und seine Leiche verbrannt, doch weder seine Identität noch sein Motiv wurden aufgedeckt. Man vermutete, dass er Anhänger einer geheimen Sekte der Nizari war. Diese Splittergruppe des ismailitischen Zweiges der Schiiten stammte ursprünglich aus Nordostpersien und fiel mit ihrem politischen Wirken im Vorderen Orient erstmals zu Beginn des 12. Jahrhunderts auf. Ihre Anhänger verfügten nur über geringe Mittel, gelangten jedoch durch Ermorden ihrer Feinde zu Macht und Einfluss, und da es von ihnen hieß, dass sie haschischsüchtig seien, kam für sie ein neuer Name auf: Assassinen. Zu Lebzeiten des Ridwan Ibn Tutusch gewannen sie in Aleppo beträchtlichen Einfluss, aber nach seinem Tod wurden sie wieder aus der Stadt vertrieben. Die Assassinen fanden sodann in Tughtegin einen neuen Verbündeten, und aus diesem Grund geriet der Atabeg in den Verdacht, den Mord an Maudud mitgeplant zu haben. Wie oder ob Tughtegin beteiligt war, steht nicht fest, doch es genügte das Gerücht, um ihn von Bagdad zu isolieren und eine neue Annäherung zwischen Damaskus und Jerusalem anzubahnen.[25]

Für die Franken führte die Krise des Jahres 1113 unmissverständlich die Notwendigkeit vor Augen, sich gegen die muslimische Aggression zu gemeinsamer Gegenwehr zusammenzuschließen; auch die Vorteile einer überlegten Defensivstrategie waren klar ersichtlich geworden. Insgesamt ergab sich aus den Ereignissen der Jahre 1111 und 1113 eine Grundstruktur lateinischer Militärpraxis, die für den Großteil des 12. Jahrhunderts gültig bleiben und das militärische Handeln der Franken bestimmen sollte: War man mit einer starken Invasionsmacht konfrontiert, verbündete man sich, versammelte sich an einem strategisch günstigen Ort, überwachte die bedrohte Region und schränkte die Bewegungsfreiheit des Feindes ein, aber einer unkalkulierbaren offenen Schlacht wich man konsequent aus.

Genau dieser Methode bediente sich Roger, Fürst von Antiochia, als er im Jahr 1115 mit der ersten echten Bedrohung seiner Herrschaft konfrontiert wurde. Der einzige Unterschied bestand darin, dass er bei dieser Gelegenheit die Unterstützung nicht nur seiner lateinischen Landsleute, sondern auch der muslimischen Machthaber Syriens bekam. In Aleppo herrschte politisches Chaos, und der Sultan von Bagdad erkannte die Gelegenheit, die Stadt zu übernehmen und so seine Autorität im Vorderen Orient zu festigen. Zu diesem Zweck organisierte er einen weiteren Feldzug über den Euphrat, der diesmal von dem persischen Befehlshaber Bursuq von Hamadan angeführt wurde.

Diese bedrohliche Perspektive rief bei den zerstrittenen muslimischen Herrschern in Syrien eine unerwartete Reaktion hervor. Tughtegin verbündete sich mit seinem Schwiegersohn, Il-Ghazi von Mardin, dem Anführer der turkmenischen Dynastie der Artuqiden, die über die Region von Diyar Bakr am Oberlauf des Tigris herrschte. Zusammen übernahmen Tughtegin und Il-Ghazi in Aleppo vorübergehend die Macht und wandten sich an Antiochia, um Friedensgespräche aufzunehmen. Roger begegnete diesem Angebot zunächst mit Misstrauen, doch er konnte schnell umgestimmt werden, möglicherweise von einem seiner führenden Vasallen, Robert fitz-Fulk dem Aussätzigen, der im Osten des Fürstentums herrschte und den mit Tughtegin eine enge Freundschaft verband. Im Frühsommer wurde auch ein Vertrag über militärische Zusammenarbeit unterzeichnet, und man bereitete sich auf Bursuqs Invasion vor.

Als Bursuq in Syrien eintraf und feststellen musste, dass Aleppo ihm verschlossen blieb, folgte er dem Beispiel Maududs von Mosul im Jahr 1111 und bat Shaizar um Unterstützung bei einem Angriff auf Antiochias Südgrenze. Roger handelte entsprechend: Er bezog mit 2000 Mann, wahrscheinlich in Begleitung Balduins II. von Edessa, eine Warteposition bei Apamea. Dort versammelte sich die außergewöhnliche panlevantinische Allianz. Tughtegin hielt Wort und schloss sich Roger mit rund 10 000 Mann an; Balduin I. und Pons von Tripolistrafen im Lauf des August ein. Die vereinten Truppen, die sich schon so oft gegenseitig bekämpft hatten, hielten den ganzen Sommer hindurch ihre Stellung, und das Zusammenleben von Lateinern und Muslimen war offenbar kein Problem.

Angesichts dieser gewaltigen Streitmacht versuchte Bursuq nach Kräften, eine offene Schlacht zu erzwingen, er sandte Männer aus, die im Lager der Bündnistruppen für Unruhe sorgen und die Gegner zum Kampf reizen sollten, daneben unternahm er Raubzüge auf das Summaq-Plateau. Wie schwer es war, die Disziplin angesichts dieser ständigen Provokationen aufrechtzuerhalten, lässt Rogers Drohung erkennen, jeden zu blenden, der aus den Reihen der Alliierten ausbrach. Die Lateiner nebst ihren damaszenischen Kampfgefährten hielten eisern ihre Stellung. Unverrichteter Dinge zog sich Bursuq aus Shaizar zurück, und die große Allianz trennte sich wieder, da die Bedrohung Syriens offensichtlich vorüber war.

Roger kehrte nach Antiochia zurück, doch in den ersten Septembertagen stellte sich Bursuqs Rückzug als Finte heraus. Er war nach Hama abgezogen, hatte dort die Auflösung des Verteidigungsheers abgewartet und zog nun umher und versuchte, eine Schneise in die nördlichen Gebiete des Summaq zu schlagen. Die Gefahr, dass das Fürstentum überrannt wurde, war offensichtlich, und Roger befand sich nun, da seine Verbündeten nicht mehr in der Nähe waren, in einer unerfreulichen Zwangslage. Nur Balduin von Edessa, der während des Sommers in Antiochia als eine Art stellvertretender Herrscher gewirkt und deshalb auch seine Truppen im Fürstentum behalten hatte, war noch geblieben. Sollte Roger jetzt pflichtschuldig abwarten, bis sich die lateinisch-muslimische Allianz wieder zusammengefunden hatte, während Bursuq ungestraft in Syrien sein Unwesen trieb, oder sollte er einen schnellen eigenen Vorstoß riskieren? Letztlich lief das auf dieselbe Frage hinaus, der sich Balduin I. zwei Jahre zuvor gegenübergesehen hatte, und trotz der klaren Lehre aus jenem Zusammenstoß zog der Fürst von Antiochia am 12. September 1115 seine Truppen bei Rugia zusammen und marschierte los, um den Feind aufzuhalten. Das war ein tollkühner Akt. Rogers Streitmacht belief sich auf 500–700 Ritter und vielleicht 2000–3000 Fußsoldaten, während auf der Gegenseite sicher doppelt so viele Kämpfer antraten. Die Lateiner hatten wohl ihre Hoffnungen auf eine antiochenische Reliquie des Wahren Kreuzes gesetzt, die der Bischof von Jabala in ihrer

Mitte mit sich führte, und sich einer Reihe reinigender religiöser Riten unterzogen, doch selbst unter diesen Voraussetzungen muss es Roger klar gewesen sein, dass er die Zukunft des von Franken beherrschten Syriens aufs Spiel setzte.

Diesmal waren es allerdings die Christen, die vom Glück begünstigt wurden und deren Kundschafter mehr Erfolg hatten. Auf seinem Zug durch das Ruj-Tal schlug Roger bei Hab sein Lager auf, wobei er ständig nach Bursuqs Truppen Ausschau halten ließ. Am Morgen des 14. September erhielt er die Nachricht, dass der Feind in der Nähe im Sarmin-Tal kampierte und Rogers Truppen noch nicht bemerkt hatte. Roger wagte einen Überraschungsangriff und zwang die Muslime zum überstürzten Rückzug auf einen nahe gelegenen Berg namens Tell Danith, wo sie rasch überwältigt werden konnten. Bursuq ergriff die Flucht, und Roger erfocht einen glänzenden Sieg. So reich war die Beute aus dem eroberten muslimischen Lager, dass der triumphierende Fürst drei Tage brauchte, um alles unter seine Gefolgschaft zu verteilen. Indem er die verabredeten Regeln gebrochen hatte, hatte Roger gewonnen, doch hatte er damit zugleich ein nicht unbedenkliches Beispiel für impulsives, überstürztes Handeln gegeben.[26]

Die letzten Jahre Balduins von Boulogne

Einige Zeit später im Herbst desselben Jahres bekräftigte König Balduin I. seine Neigung zu kühnen, ja visionären Eroberungen. Im Osten, jenseits des Jordan, zwischen dem Toten und dem Roten Meer, erstreckte sich eine dürre, unwirtliche, kaum besiedelte Gegend, die ungefähr den Grenzen des heutigen Jordanien entspricht; im 12. Jahrhundert wurde sie als Transjordanien bezeichnet. Bei aller Unwirtlichkeit fungierte der Landstrich als wichtiger Handels- und Verkehrsweg zwischen Syrien und den Städten Ägyptens und Arabiens. Balduin hatte schon 1107 und dann wieder 1113 Erkundungszüge in diese Region unternommen. Gegen Ende des Jahres 1115 machte er den kühnen Versuch, dort – als einen ersten Schritt zur Kontrolle des Verkehrs durch die gesamte Levante – Besiedlungen durch Franken anzustoßen. Er marschierte mit nur 200 Rittern und 400 Fußsoldaten zu einem bewaldeten Hügelzug namens Schobak und errichtete dort eine Burg, die er Montreal – königlicher Berg – nannte. Im Jahr darauf kam er wieder in die Region und befestigte am Roten Meer bei Akaba einen Außenposten. Mit diesen

GRAFSCHAFT
EDESSA
Samosata
Edessa
Harran
Euphrat
Tarsus
FÜRSTENTUM
ANTIOCHIA
Antiochia
Aleppo
Rappa
Orontes
ZYPERN
Latakia
Nikosia
Famagusta
Tortosa
Krak des Chevaliers
GRAFSCHAFT
TRIPOLIS
Homs
Limassol
Tripolis
Mittelmeer
Baalbek
Beirut
Sidon
Damaskus
Tyros
Akkon
Tiberias
N
LATEINISCHES
Jordan
Jaffa
Jerusalem
Askalon
KÖNIGREICH
Kerak
al-Arish
JERUSALEM
Montreal
Akaba
Die Kreuzfahrerstaaten
im frühen 12. Jahrhundert
ungefähre Grenzen
0
50
150 km

Vorstößen setzte er einen Prozess territorialer Expansion in Gang, der sich für das Königreich in den folgenden Jahren in vielerlei Hinsicht als nützlich erweisen sollte.

Im Winter 1116/1117 wurde Balduin ernsthaft krank, und es dauerte einige Monate, bis er sich wieder erholt hatte. Anfang 1118 war er bereit zu neuen militärischen Unternehmungen. Im März fiel er in Ägypten ein und gelangte bis zu den östlichen Mündungsarmen des Nil. Doch wieder warf ihn Krankheit nieder; die alte Wunde, die er im Jahr 1103 empfangen und von der er sich nie ganz erholt hatte, brach wieder auf. Mitten im Feindesland wurde der große König von so furchtbaren Schmerzen geplagt, dass er nicht mehr in der Lage war, ein Pferd zu besteigen; auf einer behelfsmäßigen Sänfte musste er die qualvolle Reise zurück nach Palästina antreten. Wenige Tage später, am 2. April 1118, erreichte er die kleine Grenzsiedlung al-Arish; eine Weiterreise von dort war nicht mehr möglich; er bekannte seine Sünden und starb.

Der König hatte bestimmt, dass sein Leichnam nicht in Ägypten zurückgelassen werden sollte. Nach seinem Tod befolgte man also seine sorgfältig-unheimlichen Anweisungen an seinen Koch Addo genau, um zu verhindern, dass sein Leichnam in der Hitze verweste.

> So wie er es ausdrücklich gefordert hatte, wurde sein Bauch [auf-]geschnitten, seine inneren Organe wurden herausgenommen und begraben, sein Körper wurde innen und außen mit Salz eingerieben, in Augen, Mund, Nasenlöchern und Ohren, [außerdem] mit Gewürzen und Balsam gesalbt, dann wurde er in ein Fell eingenäht und in Teppiche eingewickelt, auf den Rücken eines Pferdes gelegt und festgebunden.

Der Leichenzug erreichte Jerusalem am Palmsonntag jenes Jahres, und entsprechend seinen letzten Verfügungen wurde König Balduin I. in der Kirche vom Heiligen Grab neben seinem Bruder Gottfried von Bouillon beigesetzt.[27]

Die erste Invasion der Levante war zwar die Leistung der ersten Kreuzfahrer, doch die eigentliche Aufgabe, den Vorderen Orient zu erobern und die Kreuzfahrerstaaten zu gründen, hatte die erste Generation der Siedler in Outremer vollbracht. Die größten individuellen Beiträge hierzu leisteten ohne Zweifel König Balduin I. und sein Rivale

Tankred von Antiochia. Diese beiden Herrscher steuerten den lateinischen Orient durch eine sehr labile Phase, in der der Mythos von der fränkischen Unbesiegbarkeit zerbrach und sich erste vereinzelte Anzeichen für eine muslimische Gegenoffensive ankündigten. Zwischen 1100 und 1118 enthüllte sich vielleicht mehr noch als während des ersten Kreuzzugs, wie zerrissen und gespalten der Islam wirklich war, denn in diesen Jahren hätte die Ansiedlung der Westeuropäer in Syrien und Palästina mit einer gemeinsamen muslimischen Gegenwehr wohl verhindert werden können.

Balduins und Tankreds Erfolge waren einem flexiblen Vorgehen zu verdanken, in dem sich Rücksichtslosigkeit mit Pragmatismus paarte. Das Werk der Konsolidierung und Unterwerfung geschah nicht nur mithilfe direkter militärischer Eroberung, sondern auch durch Diplomatie, finanzielle Ausbeutung und durch die Eingliederung der ortsansässigen, nicht lateinischen Bevölkerung in das Gefüge der fränkischen Staatsgebilde. Außerdem hing das Überleben der Lateinerinnen und Lateiner im gleichen Maß von der Bereitschaft Balduins, Tankreds und ihrer Zeitgenossen ab, selbstzerstörerische interne Kämpfe und Zwistigkeiten zurückzustellen und gegen Bedrohungen von außen gemeinsam vorzugehen. Anklänge an die »Kreuzzugs-«Ideologie fanden sich im Kampf um die Verteidigung des Heiligen Landes allenthalben, nicht zuletzt in den Reinigungsriten vor dem Beginn von Kampfhandlungen oder in der Verehrung der Reliquie vom Wahren Kreuz. Gleichzeitig aber ließen die frühen lateinischen Siedler deutlich die Bereitschaft erkennen, sich in die Welt des Vorderen Orients zu integrieren: Es wurden Handelsverträge abgeschlossen, begrenzte Waffenstillstände vereinbart, ja es kam sogar zu militärischen Bündnissen mit den muslimischen Nachbarn. Natürlich war diese Vielfalt von Umgangsweisen lediglich ein Spiegel oder eine Erweiterung der Realität des »heiligen Krieges«, die sich schon während des ersten Kreuzzugs gezeigt hatte. Nach wie vor waren die Franken in der Lage, Muslime, ja sogar Griechen als ihre erklärten Feinde zu betrachten, doch gleichzeitig verkehrten Franken mit den in der Levante ansässigen Völkern nach den Gepflogenheiten der fränkischen Gesellschaft.

5

Outremer

Im Morgengrauen des 28. Juni 1119 rief Fürst Roger von Antiochia die Soldaten seines Heeres zusammen. Die Männer versammelten sich, um eine Predigt zu hören, an der Messe teilzunehmen und die antiochenische Reliquie des Wahren Kreuzes zu verehren. Sie bereiteten sich innerlich auf die bevorstehende Schlacht vor. In den Tagen zuvor hatte Roger mit entschlossener Härte auf die Nachricht von einer drohenden muslimischen Invasion reagiert. Nachdem Aleppo es jahrelang untätig hingenommen hatte, dass Antiochia sich immer weiter ausbreitete und wiederholt enorme Tributzahlungen forderte, war die Stadt jetzt in die Offensive gegangen. Der neue Emir in Aleppo, der türkische Artuqide Il-Ghazi, hatte an der Grenze zum fränkischen Antiochia eine Streitmacht von über 10 000 Mann aufgestellt. Roger hätte angesichts dieser Bedrohung auf die Verstärkung durch seine lateinischen Nachbarn warten können, darunter auch Balduin von Bourcq, der im Jahr 1118 den Thron von Jerusalem bestiegen hatte. Stattdessen versammelte der Fürst ungefähr 700 Ritter, 3000 Fußsoldaten und eine Truppe von Turkopolen (christianisierte Söldner türkischer Herkunft) und marschierte zu den östlichen Hängen der Belus-Berge. Roger schlug sein Lager in einem Tal in der Nähe der kleinen Siedlung Sarmeda auf; der Ort war von Hügeln umgeben, und er hielt ihn daher für gut geschützt. An diesem Morgen wollte er einen Überraschungsangriff wagen; er hoffte, die Feinde unvorbereitet zu treffen und seinen Erfolg von 1115 zu wiederholen. Allerdings hatten feindliche Späher am Abend zuvor, ohne dass der Fürst davon wusste, die Position des Lagers der Christen ausfindig gemacht und Il-Ghazi mitgeteilt. Der artuqidische Befehlshaber, der die Gegend genau kannte, entsandte Truppen, die Rogers Lager von drei Seiten einschließen sollten, und so kam es dazu, dass, wie eine arabische Chronik berichtet, »bei Tagesanbruch [die Franken] die Standarten der Muslime erblickten, die vorrückten, um sie vollständig zu umzingeln«.[1]

Das Blutfeld

Hornsignale riefen alle drängend zu den Waffen, und eilig stellte Roger seine Truppen für den Kampf auf, neben ihm trug ein Geistlicher das Wahre Kreuz. Als Il-Ghazis Mannschaften näher kamen, blieb gerade noch genug Zeit, die Schar der Lateiner außerhalb der Begrenzungen des Lagers aufzustellen. Roger befahl die fränkischen Ritter an den rechten Flügel, er hoffte vergeblich, die Initiative an sich reißen zu können, indem er mit einem Sturmangriff auf die Feinde losging. Zuerst sah es so aus, als hätten sie den Vormarsch Aleppos aufgehalten. Als sich der Kampf jedoch ausweitete, gab eine Gruppe turkopolischer Kämpfer am linken Flügel nach, und ihre Flucht brach die lateinische Formation auf. Die eingeschlossenen Antiochier, die noch dazu deutlich in der Minderzahl waren, wurden überrannt.

Fürst Roger befand sich inmitten des hitzigsten Schlachtgetümmels, doch »obwohl rings um ihn herum seine Männer erschlagen und tot dalagen [...], wich er nicht und schaute nicht zurück«. Ein lateinischer Augenzeuge beschrieb, wie »[der Fürst], der energisch kämpfte, von einem muslimischen Schwert mitten auf die Nase bis ins Gehirn getroffen wurde, und er entrichtete neben dem Wahren Kreuz dem Tod seinen Tribut und übergab seinen Körper der Erde und seine Seele dem Himmel«. Der glücklose Priester, der das Wahre Kreuz trug, wurde ebenfalls erschlagen; später wurde berichtet, dass die Reliquie diesen Tod auf ihre eigene Weise gerächt habe, indem sie bei allen Muslimen, die in der Nähe waren, »Gier nach dem Gold und den kostbaren Steinen« hervorgerufen und sie dazu getrieben habe, sich gegenseitig abzuschlachten.

Als der Widerstand zusammenbrach, gelang es einigen wenigen Franken, sich in Richtung Westen in die Belus-Berge zu flüchten, doch die meisten wurden erschlagen. Ein in Damaskus lebender Muslim sprach von »einem der schönsten Siege [des Islam]« und bemerkte, die getöteten Pferde des Feindes hätten wie Igel ausgesehen »wegen der Menge an Pfeilen, die in ihnen steckten«. Die Niederlage war so furchtbar, die

Zahl der getöteten Christen so gewaltig, dass die Antiochier den Ort später *Ager sanguinis*, Blutfeld, zu nennen pflegten.

Das lateinische Fürstentum, das nun keinen Herrscher und kein Heer mehr hatte, schien also weiteren Übergriffen schutzlos ausgeliefert zu sein. Doch Il-Ghazi versuchte nicht, die Stadt Antiochia zu erobern. Dafür, dass er sich diese günstige Gelegenheit entgehen ließ, die fränkische Hauptstadt einzunehmen, wurde er von vielen kritisiert. Tatsächlich jedoch war Antiochia zwar geschwächt, aber alles andere als hilflos. Dank den hervorragenden Befestigungsanlagen konnte die Stadt selbst bei nur geringer Besatzung einer feindlichen Belagerung standhalten. Il-Ghazi hatte weder die Zeit, sich auf eine zermürbende Belagerung einzulassen, noch ausreichend Truppen zur Verfügung, die er gebraucht hätte, um die Stadt zu besetzen, wenn sie erst eingenommen war. Ihm war klar, dass die fränkische Verstärkung aus dem Süden innerhalb weniger Wochen eintreffen musste, und da für ihn vor allem die strategischen Interessen Aleppos eine Rolle spielten, beschloss er, sich auf den Jazr-Grenzstreifen östlich der Belus-Berge zu konzentrieren, wo er al-Atharib und Zardana zurückeroberte. Anfang August hatte er diese Pufferzone wieder in seiner Gewalt, und Aleppos Überleben als muslimische Macht war gesichert.

Inzwischen waren lateinische Truppen aus Jerusalem und Tripolis in Antiochia eingetroffen, und König Balduin II. bereitete einen Gegenschlag vor. Er versammelte die überlebenden Kämpfer des Fürstentums und trat am 14. August in der Nähe von Zardana gegen Il-Ghazi an in einer Schlacht, die allerdings unentschieden blieb. Das Heer der Muslime, verstärkt durch Truppen aus Damaskus, wurde vom Schlachtfeld vertrieben, und da das Kriegsglück sich jetzt gewendet hatte, beendete Il-Ghazi seinen Feldzug. Die Christen hatten herbe Verluste hinnehmen müssen; unter den Gefangenen befand sich auch Robert fitz-Fulk der Aussätzige, der Herr von Zardana. Er wurde nach Damaskus gebracht und hoffte wohl, bei seinem Freund und früheren Verbündeten Tughtegin Gnade zu finden. Als Robert sich jedoch weigerte, seiner Religion abzuschwören, wurde der Atabeg wütend und köpfte ihn »mit einem Schwertstreich«. Es wurde gemunkelt, dass Tughtegin Roberts Schädel in einen goldbeschlagenen, mit Juwelen verzierten Kelch fassen ließ.[2]

Mit der Ankunft von König Balduin II. in Nordsyrien war das unmittelbare Überleben des fränkischen Fürstentums gesichert, doch musste Outremer insgesamt mit den schrecklichen Nachwirkungen der Schlacht auf dem Blutfeld fertigwerden. Die Gebietsverluste waren beträchtlich – abgesehen von den Eroberungen von Il-Ghazi hatte das muslimische Shaizar den geschwächten Zustand der Christen ausgenutzt und das gesamte Summaq-Plateau überrannt, ausgenommen lediglich den Vorposten bei Apamea –, doch damals nach der Niederlage bei Harran 1104 war die Situation für Antiochia noch trostloser gewesen; auch davon hatte sich das Fürstentum erholt. Das eigentlich Schlimme an den Ereignissen des Jahres 1119 war der Tod des Fürsten. Noch nie zuvor war ein regierender lateinischer Fürst in der Schlacht gefallen; erschwerend kam noch hinzu, dass Roger ohne Nachkommen gestorben war, womit sich für Antiochia die Gefahr einer lähmenden Nachfolgekrise abzeichnete. Da es kaum Alternativen gab, füllte Balduin die Lücke aus. Der Anspruch des neunjährigen Sohnes und Namensvetters von Bohemund von Tarent, Bohemunds II., der damals noch in Italien lebte, wurde wieder geltend gemacht, und der König erklärte sich bereit, die Herrschaft so lange zu übernehmen, bis der junge designierte Fürst mit seinem 15. Lebensjahr die Thronfolge antreten konnte.

Auch in einem größeren Zusammenhang war das Blutfeld ein höchst verstörender Schock für die lateinische Christenheit. Es war nicht die erste fränkische Niederlage. Auf die leuchtenden Erinnerungen an den »wundersamen« ersten Kreuzzug hatten auch frühere Rückschläge schon ihre Schatten geworfen: so der Zusammenbruch des Kreuzzugs von 1101, die Niederlage Balduins I. in der zweiten Schlacht von Ramla, die Katastrophe von Harran. Nach den Ereignissen des Jahres 1119 jedoch – diesem »Schmerz, größer als alle anderen Schmerzen«, der »alle Freude fortnahm und die Grenzen und das Maß allen Elends überschritt« – konnte man einer quälenden Frage, die ins Zentrum des Glaubenssystems traf, das der Kreuzzugsidee und der Besiedlung von Outremer zugrunde lag, nicht mehr aus dem Weg gehen: Wenn der »heilige Krieg« tatsächlich dem Wirken Gottes entsprach, wenn er aus Seinem göttlichen Willen Rechtfertigung und Ermächtigung bezog, wie waren dann Niederlagen zu erklären? Die Antwort lautete: aufgrund von Sünde. Ein Erfolg der Muslime im Krieg um die Herrschaft über die Levante war eine im Himmel verfügte Strafe für christliches Fehlverhalten. Zum Sünder – oder zum Sündenbock – auf dem Blutfeld wurde Fürst Roger erklärt, der nun als Ehebrecher und Usurpator gegeißelt wurde. In der Folgezeit sollte die

Vorstellung von Sündhaftigkeit als Grund für Niederlagen immer größere Bedeutung erlangen, und immer neue Individuen und Gruppen wurden für den wechselnden Kriegsverlauf verantwortlich gemacht.[3]

Der Umgang mit Niederlagen

In gewisser Weise stellte sich die Besorgnis wegen der Ereignisse auf dem Blutfeld als unbegründet heraus. Von Aleppo ging keine Bedrohung mehr aus, und Il-Ghazi starb im Jahr 1122, ohne noch einen weiteren nennenswerten Sieg über die Franken errungen zu haben. In den folgenden zwei Jahrzehnten blieb der Islam im Vorderen Orient uneins, verstrickt in interne Machtkämpfe – es gab kaum noch gemeinsame Anstrengungen, sich in einen Dschihad gegen Outremer zu stürzen. Es waren eher die Lateiner, die in dieser Periode eine Reihe bedeutender Eroberungen machten. Balduin II. gewann für Antiochia die verlorenen Gebiete in der Summaq-Ebene und östlich der Belus-Berge zurück. In einer anderen strategisch wichtigen Region – diesmal zwischen Jerusalem und Damaskus – konnte ein wichtiger Stützpunkt gesichert werden, als die Franken die Festungsstadt Banyas einnahmen, am Ostufer des oberen Jordan, von wo aus die gesamte Terre de Sueth überwacht werden konnte. Im Jahr 1142 unterstützte der König von Jerusalem außerdem den Bau von Kerak, einer größeren neuen Burg in Transjordanien. Diese Festung, erbaut auf einem Felsvorsprung über der jordanischen Wüste, sollte eine der wichtigsten großen »Kreuzfahrer«-Festungen der Levante werden und als Verwaltungszentrum der gesamten Region dienen.

Trotzdem befanden sich die Kreuzfahrerstaaten in den Jahren, die auf die Ereignisse auf dem Blutfeld folgten, in einem quälenden Zustand der Instabilität. Dies war hauptsächlich auf unglückliche Umstände zurückzuführen, weniger auf gezielte muslimische Angriffe: Durch Gefangenschaft oder frühen Tod sahen sich die Lateiner zahlreicher Regenten beraubt, was zu Nachfolgezwisten und anhaltenden innenpolitischen Unruhen führte. König Balduin wurde bei einem muslimischen Angriff im April 1123 gefangen genommen und verbrachte 16 Monate in Gefangenschaft, bevor er gegen Zahlung eines Lösegelds wieder freigelassen wurde; in dieser Zeit konnte ein Staatsstreich in Palästina nur knapp verhindert werden. Bohemund II. kam im Jahr 1126 in der Levante an, um seine Herrschaft über Antiochia anzutreten, und wurde mit Alice, der Tochter Balduins II., vermählt, doch wurde der junge Fürst bei einem Überfall auf Kilikien nur vier Jahre später erschlagen; er hinterließ eine Tochter, Konstanze, als Erbin. Alice verbrachte die ersten Jahre nach 1130 damit, sich durch Intrigen die Macht im Fürstentum zu verschaffen. Mit dem Tod Balduins II. nach schwerer Krankheit im Jahr 1131 und kurz danach dem seines Verbündeten und Nachfolgers als Graf von Edessa, Joscelin von Courtenay, traten die letzten Mitglieder der »alten Garde« von Outremer ab. In dieser Atmosphäre zunehmender Schwäche wurden neue Stärke und Rückhalt gebende Impulse immer wichtiger.[4]

Die Ritterorden

Zwei neue Ordensgemeinschaften, die die Ideale der Ritterschaft mit denen des Mönchtums verbanden, spielten eine äußerst wichtige Rolle bei der Stabilisierung der fränkischen Levante. Um das Jahr 1119 verschrieb sich eine kleine Gruppe von Rittern unter der Führung des französischen Adligen Hugo von Payns der karitativen Aufgabe, die Pilger sicher ins Heilige Land zu geleiten. In der Praxis bedeutete das zunächst die Überwachung der Straße von Jaffa nach Jerusalem, aber Hugos kleine Gruppe genoss rasch von vielen Seiten Anerkennung und Unterstützung. Der lateinische Patriarch erkannte bald ihren Status als geistlicher Orden an, und der König überließ ihnen Räume in der ehemaligen al-Aqsa-Moschee, die von den Franken als Tempel Salomos bezeichnet wurde; von diesem Begriff leiteten sie auch ihren Namen ab: Orden vom Tempel des Salomo oder Templerorden. Wie die Mönche legten sie die Gelübde der Armut, der Keuschheit und des Gehorsams ab, doch statt in der behüteten und abgeschiedenen Frömmigkeit klösterlicher Gemeinschaften zu leben, griffen sie zu Schwert, Schild und Rüstung, um für den christlichen Glauben und die Verteidigung des Heiligen Landes zu kämpfen.

Als Großmeister der Templer begab sich Hugo von Payns im Jahr 1127 nach Europa, um für seinen neuen Orden um Unterstützung und Anerkennung zu werben. Im Januar 1129, anlässlich eines großen Kirchenkonzils in Troyes in der Champagne, wurde der Orden durch die lateinische Kirche offiziell anerkannt. In den darauffolgenden Jahren wurde dieses offizielle Zeugnis durch weitergehende päpstliche Unterstützung und ausgedehnte Privilegien und Immunitäten ausgebaut. Die

Templer konnten sich auch die Unterstützung einer der größten religiösen Autoritäten der Christenheit sichern: Bernhard von Clairvaux, Abt eines Zisterzienserklosters, war für seine Weisheit berühmt und an allen Fürstenhöfen des Abendlands als Berater hochgeschätzt. Keiner vor ihm übte in solchem Ausmaß politischen wie auch kirchlichen Einfluss aus. Körperlich war Bernhard allerdings ein Wrack: Er brauchte neben seiner Kirchenbank eine offene Latrinengrube, um sich ständig von den Ausscheidungen einer fürchterlichen chronischen Magenkrankheit befreien zu können.

Um das Jahr 1130 herum verfasste Bernhard eine Abhandlung mit dem Titel *Zum Ruhm der neuen Ritterschaft*, in der er die Tugenden des Lebenswandels der Templer lobte. Der Abt erklärte, dass der Orden »der höchsten Bewunderung wert« sei, und er pries die Brüder als »wahre Ritter Christi, die in den Schlachten ihres Herrn kämpfen«. Wenn sie stürben, sei ihnen die Ehre der Märtyrer sicher. Dieser hymnische Weckruf machte die Templerbewegung im gesamten lateinischen Abendland auf einen Schlag populär und warb Anhänger für einen neuen Spross des Kreuzzugsgedankens, der in vielerlei Hinsicht die Quintessenz, den ultimativen Ausdruck eines christlich geprägten »heiligen Krieges« darstellte.

Das Beispiel der Templer regte noch eine weitere von Lateinern im Vorderen Orient begründete religiöse Bewegung an, sich zu militarisieren. Seit dem späten 11. Jahrhundert befand sich im christlichen Viertel Jerusalems ein Hospital, das von italienischen Händlern gegründet worden war. Es hatte es sich zur Aufgabe gemacht, die Pilger zu versorgen und die Kranken zu pflegen. Durch die Eroberung der Heiligen Stadt durch die ersten Kreuzfahrer und den daraufhin einsetzenden vermehrten Zustrom von Pilgerinnen und Pilgern gewann diese Einrichtung, die Johannes dem Täufer geweiht war und deshalb den Namen »Hospital des heiligen Johannes« trug, an Macht und Einfluss. Im Jahr 1113 wurden die Hospitaliter (Johanniter) vom Papst als Orden anerkannt und erlangten schnell beachtliche Unterstützung in vielen Ländern. Unter der Leitung ihres Meisters Raimund von Le Puy (1120–1160) fügte die Gemeinschaft ihren medizinischen und pflegerischen Aufgaben ein militärisches Element hinzu und entwickelte sich bis zur Mitte des 12. Jahrhunderts zum zweiten Ritterorden.

In der Kreuzzugsgeschichte des 12. und 13. Jahrhunderts, dem Krieg um das Heilige Land, spielten die Templer und die Johanniter eine führende Rolle. Der weltliche Adel brachte im Hochmittelalter seine Frömmigkeit normalerweise dadurch zum Ausdruck, dass er religiösen Bewegungen Spenden zukommen ließ, häufig durch Überlassung von Ländereien oder durch das Recht, Einkünfte daraus zu beziehen. Die Ritterorden hatten eine geradezu magnetische Anziehungskraft: Sie erhielten reiche Schenkungen in Outremer sowie in ganz Europa. Trotz ihrer relativ bescheidenen Anfänge – die im Fall der Templer in ihrem Siegel festgehalten sind: dem Bild von zwei verarmten Rittern, die zusammen auf einem Pferd reiten müssen – verfügten beide Orden bald über ungeheure Reichtümer. Außerdem erfreuten sie sich eines ständigen Zustroms von Rekruten; viele dieser Neulinge entwickelten sich zu hoch qualifizierten, gut ausgerüsteten Krieger-Mönchen (als Ritter oder nicht adlige Sergeantenbrüder). Die meisten mittelalterlichen europäischen Söldnerhorden waren militärisch erstaunlich schlecht ausgebildet, sie kannten überwiegend nur kurze, saisonale kriegerische Unternehmungen und setzten sich aus kaum trainierten, nur leicht bewaffneten Gelegenheitskämpfern zusammen. Die Templer und die Johanniter dagegen stellten ausgebildete hauptberufliche Streitkräfte zur Verfügung: Faktisch waren sie die ersten Berufsheere der lateinischen Christenheit.

Die Ritterorden entwickelten sich zu länderübergreifenden Bewegungen. Ihre oberste Priorität war zwar der Schutz der Kreuzfahrerstaaten, doch verfolgten sie daneben ein ganzes Bündel weiterer militärischer, kirchlicher und finanzieller Interessen in Europa, unter anderem spielten sie eine wichtige Rolle in den Grenzkriegen gegen den Islam auf der Iberischen Halbinsel. In der Levante erlangten sie aufgrund ihrer beispiellosen militärischen und wirtschaftlichen Macht entsprechend großen politischen Einfluss. Beide Orden standen unter dem Schutz des Papstes und waren also der lokalen weltlichen und kirchlichen Rechtsprechung entzogen, von daher hatten sie durchaus das Potenzial, die souveränen Staaten im lateinischen Osten zu destabilisieren. Als Schurkenmächte hätten sie die Autorität der Krone infrage stellen, ja ihr entgegenwirken können, sie hätten kirchliche Edikte und bischöfliche Anweisungen ignorieren können. Diese Gefahr war allerdings durch den entscheidenden Nutzen ihrer Tätigkeiten im Dienst der Verteidigung von Outremer mehr als ausgeglichen.

Die Templer und die Johanniter brachten den Kreuzfahrerstaaten, die unter einem deutlichen Mangel an militärischen Ressourcen litten, den dringend benötigten Zuwachs an Personal und kriegerischer Erfahrung. Und vor allem verfügten sie über die Mittel, um die Festungen und Burgen überall in Outremer zu erhalten und später auch zu erweitern. Nach 1130 begannen die Adligen des lateinischen Orients, die Kontrolle der Wehrbauten zunehmend an die Orden abzutreten, häufig gaben sie ihnen auch die Erlaubnis, in Grenzgebieten halb unabhängige Enklaven zu bilden. Mit dem Kommando über die Burg Baghras gewannen die Templer eine beherrschende Position im Norden des Fürstentums Antiochia. Die Kontrolle über Safed in Galiläa und über Gaza in Südpalästina verschaffte dem Orden ähnliche Rechte und Pflichten. Die Johanniter erhielten ein Zentrum am Krak des Chevaliers, der sich hoch über dem Bouqia-Tal zwischen Antiochia und Tripolis erhebt, und in Bethgibelin, einer von drei Festungen, die man im südlichen Palästina errichtet hatte, um Jerusalem zu verteidigen und das muslimische Askalon militärisch zu bedrohen.[5]

Das Verhältnis zum Ostchristentum

Nach 1119 begannen die Franken der Levante, auch jenseits ihrer eigenen Grenzen nach Hilfe Ausschau zu halten. Zumindest theoretisch hätten die Ostchristen ja eine Hilfe sein können.[6] Outremer war von muslimischen Mächten umgeben, weit entfernt von Westeuropa, und das Land brauchte einen verbündeten Nachbarn, wenn es auf Dauer überleben wollte. Doch wenn auch die Kreuzfahrer demselben christlichen Glauben wie das byzantinische Imperium anhingen – der Großmacht des Mittelmeerraums, die von den Muslimen gefürchtet und geachtet wurde –, so hatten die Griechen doch seit der Eroberung Jerusalems zum Krieg im Heiligen Land kaum etwas beigetragen. Der erbitterte Streit um Antiochia war der eigentliche Grund, warum es nicht gelang, Hilfe von Byzanz zu bekommen; wenn dieses Problem nicht gelöst wurde, drohte es die fränkische Levante auf Jahrzehnte hinaus zu lähmen. Im Jahr 1137, nach langen Jahren des Herumplänkelns in anderen byzantinischen Gebieten, marschierte der Sohn und Erbe Alexios' I., Kaiser Johannes II. Komnenos, in Syrien ein, um den griechischen Anspruch auf das Gebiet zu unterstreichen, das er als die östliche Grenze seines Reiches ansah. Es gelang ihm, sich die formelle Oberhoheit über Antiochia zu sichern, und seitdem waren die Beziehungen des Fürstentums zu den übrigen Staaten in Outremer immer von seinen Verpflichtungen gegenüber Konstantinopel mitgeprägt. In militärischer Hinsicht war der Beitrag des Imperiums allerdings enttäuschend; die Feldzüge gegen Aleppo und Shaizar scheiterten. Johannes kehrte im Spätsommer 1142 in den Osten zurück; wahrscheinlich beabsichtigte er, einen neuen byzantinischen Staat Antiochia unter der direkten Herrschaft seines jüngsten Sohnes Manuel zu gründen. Er starb jedoch im April 1143 bei einem Jagdunfall in Kilikien; dieser plötzliche Tod setzte den griechischen Unternehmungen ein jähes Ende.[7]

Faktisch wandte sich Outremer nach der Schlacht auf dem Blutfeld überwiegend an die Christenheit im Westen, wenn das Land auf Unterstützung angewiesen war. Im Januar 1120 stand bei einer großen Versammlung aller weltlichen und kirchlichen Führer des Königreichs Jerusalem in Nablus (im Norden der Stadt) die Krise, in der sich die Kreuzfahrerstaaten befanden, im Mittelpunkt der Debatten. Daraus ergab sich die erste direkte Bitte an Papst Calixtus II., zu einem weiteren Kreuzzug ins Heilige Land aufzurufen; außerdem eine neuerliche dringende Bitte um Unterstützung an Venedig. Die Seerepublik reagierte im Herbst 1122 mit der Entsendung einer mindestens 70 Schiffe umfassenden Flotte unter der Kreuzzugsflagge. Mit venezianischer Hilfe nahmen die Franken Jerusalems im Jahr 1124 die wehrhafte Stadt Tyros ein – einen von Palästinas letzten Häfen in muslimischer Hand und ein wichtiges Verkehrs- und Handelszentrum im Mittelmeerraum.[8] König Balduin II. versuchte, ein weiteres Kreuzfahrerheer für einen geplanten Angriff auf Damaskus im Jahr 1129 aufzustellen, doch trotz des beträchtlichen Aufgebots an Rittern aus dem Westen, die er dafür gewinnen konnte, endete der Feldzug mit einem Fiasko.

Nicht nur die engere Anbindung an den lateinischen Westen, sondern speziell der Wunsch, Erbfolgefragen zu lösen, veranlasste die levantinischen Franken, sich in Westeuropa nach passenden europäischen Ehegatten für mehrere Erbinnen aus dem Adel in Outremer umzuschauen. In den Kreuzfahrerstaaten gab es wie in der mittelalterlichen Christenheit allgemein ein großes Bedürfnis nach männlicher Führungskraft; man erwartete von weltlichen Herren, angefangen bei den Königen bis hin zu den Grafen, dass sie in Kriegszeiten ein Heer persönlich anführen oder zumindest indirekt leiten konnten, und militärischer Oberbefehl galt prinzipiell als männliche Domäne. Ein idealer Heiratskandidat war ein Mitglied des Hochadels – ein Mann, der bereit war, sich der Verteidigung des Heiligen Landes zu verschreiben, und dessen Stand es ihm erlaubte, neue Reichtümer und militärisches Personal in den Osten zu bringen. Ein Vertreter dieser Spezies war Raimund von Poitiers, der zweite Sohn des Herzogs von Aquitanien, verwandt mit den Kapetingern, die den König von Frankreich stellten. Raimund wurde 1136 mit Konstanze von Antiochia vermählt, womit eine lange Phase politischer Unruhen in Nordsyrien beendet werden konnte. Ein noch bedeutenderer Ehebund wurde in den späten 1120er-Jahren arrangiert. König Balduin II. hatte mit seiner armenischen Gemahlin Morphia vier Töchter, aber keinen Sohn, und hielt also, um die Erbfolge zu sichern, Ausschau nach einer passenden Verbindung für sein ältestes Kind Melisende. Nach langen Verhandlungen heiratete die Prinzessin im Jahr 1129 schließlich den Grafen Fulko V. von Anjou, einen der bedeutendsten Potentaten Frankreichs mit verwandtschaftlichen Verbindungen zu den Monarchen Englands und Frankreichs.

Nach dem Tod Balduins II. wurden Fulko und Melisende am 14. September 1131 gesalbt und gekrönt. Die neue Königin war ungefähr 22 Jahre alt; mit ihr gelangte zum ersten Mal eine Person auf den Thron von Jerusalem, die aus einer gemischten (lateinisch-armenischen) Ehe stammte. Als solche war sie die lebende Verkörperung einer neuen orientalisch-fränkischen Gesellschaft. Um das Jahr 1134 herum geriet das lateinische Palästina allerdings wegen Streitigkeiten um die Rechte der Krone an den Rand eines Bürgerkriegs. Die alteingesessene fränkische Aristokratie Jerusalems störte sich an dem Hang des neuen Königs, seinen eigenen handverlesenen Gefolgsleuten zu mächtigen, einträglichen Posten zu verhelfen; außerdem wurde die zunehmende Entfremdung von seiner Ehefrau Melisende kritisiert. Fulkos Autorität erlitt empfindliche Einbußen, und die Adligen zwangen ihn, mit der Königin gemeinsam zu regieren. Nach einer entschieden frostigen Periode, während der der König offenbar »keinen Ort fand, an dem er vor den Verwandten und Anhängern der Königin sicher war«, wurde das königliche Paar wieder versöhnt. Von diesem Zeitpunkt an spielte Melisende eine wichtige Rolle in der Herrschaft über das Königreich, und ihre Position wurde nach Fulkos Tod im Jahr 1143 noch gestärkt, als sie als Mitregentin ihres jungen Sohnes Balduin III. die Regierung übernahm.

Auf Dauer führten diese Ereignisse dazu, das Wesen und den Wirkungskreis der Autorität des Königs in Palästina neu zu bestimmen.

Balduin I. und Balduin II. hatten oft nahezu autokratisch geherrscht, doch im Lauf des 12. Jahrhunderts wurde immer klarer, dass der lateinische Adel die absolute Macht der Monarchie begrenzen konnte. Mit der Zeit ließen sich die gekrönten Herrscher des fränkischen Jerusalems häufiger auf Beratungen mit ihren führenden Adligen ein, und der Rat der wichtigsten Adligen und Kirchenmänner, *Haute Cour* (Hohes Gericht) genannt, entwickelte sich zum wichtigsten Forum Palästinas für juristische, politische und militärische Entscheidungen.[9]

Eine Kreuzfahrergesellschaft?

Zu den wertvollsten und schönsten Schätzen, die wir aus der Epoche der Kreuzfahrer besitzen, gehört ein kleines Gebetbuch, von dem man annimmt, dass es im Königreich Jerusalem nach 1130 angefertigt wurde; heute befindet es sich in der British Library in London. Der Psalter, so die Bezeichnung für diese Buchgattung, dient als persönlicher Begleiter eines christlichen Lebens und täglicher frommer Andacht, mit den Gedenktagen der Heiligen und Listen von Gebeten. Sein Einband besteht aus zwei Elfenbeinplatten, die mit unglaublich feinen Schnitzereien reich verziert sind; im Innern des Buches findet sich eine Reihe großartiger Illuminationen mit Szenen aus dem Leben Jesu. Es wurde von mehreren Meistern ihres Faches angefertigt und stellt einen Höhepunkt der mittelalterlichen Buchkunst dar.

Vor allem aber macht seine Herkunft dieses bemerkenswerte Zeugnis einer längst vergangenen Epoche so außergewöhnlich. Denn man nimmt an, dass dieser Psalter von König Fulko von Jerusalem in Auftrag gegeben wurde, als ein Geschenk für seine Frau Melisende; möglicherweise sogar als Versöhnungsgeste für die Kränkungen des Jahres 1134. Wäre das der Fall, würde uns das Buch eine außerordentliche, greifbare Verbindung zu Outremer und zu Melisendes Welt eröffnen. Es ist eine erhebende Vorstellung, einen Gegenstand zu betrachten, vielleicht sogar zu berühren, der dieser Königin gehörte und so eng mit ihrem Alltag verbunden war.

Doch der Melisende-Psalter hat uns weit mehr zu berichten; allein seine Existenz führt mitten in die Geschichte der Kreuzzüge. Denn die ganze Anlage und der Schmuck des Buches scheinen von einer Kunst und Kultur zu sprechen, in der lateinische, griechische, ostchristliche und sogar islamische Motive sich mischten und zu einer neuen, einzigartigen Form verschmolzen: ein Phänomen, das man als »Kreuzfahrerkunst« bezeichnen könnte. Mindestens sieben Handwerker, die in der Werkstatt der Grabeskirche beschäftigt waren, arbeiteten bei der Herstellung des Psalters zusammen (darunter ein im byzantinischen Stil geschulter Künstler, der eines der Bilder mit seinem eindeutig griechisch klingenden Namen Basilios signierte). Die mit Edelsteinen verzierten Elfenbeinschnitzereien des Einbands weisen im Großen und Ganzen byzantinische Züge auf, doch sie sind eingefasst von kunstvoll geometrisch verzierten Rahmen, die islamischen Einfluss zeigen. Andere Elemente der Handschrift deuten auf weitere Einflüsse hin: Der Text wird einer französischen Hand zugeschrieben, die reich verzierten Initialen sind westeuropäischen Ursprungs, und der detaillierte Kalender verweist auf englische Traditionen.[10]

Lässt dieser Psalter weitergehende Rückschlüsse auf das Leben in der fränkischen Levante zu? Nach welchen Kriterien war die Gesellschaft, in der Melisende und ihre Zeitgenossen lebten, in sich differenziert? War die Welt der Kreuzfahrer eine Welt dauernder kriegerischer Auseinandersetzungen – eine abgeschlossene Gemeinschaft religiöser und ethnischer Intoleranz – oder ein Schmelztiegel und Ort kulturübergreifenden Austauschs? Diese Fragen führen mitten hinein in die kontroversesten Debatten der gesamten Kreuzzugsforschung. In den letzten 200 Jahren haben Historikerinnen und Historiker aufregend unterschiedliche Interpretationen von den Beziehungen zwischen fränkischen Christen und den einheimischen Völkern des Vorderen Orients formuliert: Einige betonen die Elemente von Integration, Adaptation und Akkulturation, während andere die Kreuzfahrerstaaten als unterdrückerische, intolerante Kolonialmächte darstellen.

Bedenkt man die relative Dürftigkeit des überlieferten Materials, das die sozialen, kulturellen und ökonomischen Zusammenhänge erhellen könnte, so überrascht es nicht, dass das Bild von den Kreuzfahrerstaaten häufig mehr über die Hoffnungen und Vorurteile unserer modernen Welt aussagt als über Mentalität und Lebensgewohnheiten im Mittelalter. Für diejenigen, die an einen unausweichlichen »Zusammenstoß der Kulturen« und eine generelle Unversöhnlichkeit zwischen dem Islam und dem Westen glauben, können die Kreuzzüge und die durch sie entstandenen Gesellschaften als schrecklicher Beweis für die angeborene

Neigung des Menschen zu Gewalt, Heuchelei und tyrannischer Unterdrückung des feindlichen »Anderen« dienen. Umgekehrt könnten transkulturelle Verschmelzungen und friedliches Miteinander, die es in Outremer ja durchaus gab, dazu dienen, das Ideal der *convivencia*, des Miteinander-Lebens, zu untermauern, also zu belegen, dass Völker mit unterschiedlicher ethnischer und religiöser Herkunft in relativer Harmonie zusammenleben können.[11]

Gerade wegen dieser offensichtlichen Vielschichtigkeit müssen wir die Welt der fränkischen Levante genau und sorgfältig untersuchen, um Antworten zu finden auf die zentralen Fragen der Kreuzzugsgeschichte, allen voran die beiden entscheidenden Fragen: War die fränkische Eroberung und Kolonisierung des Vorderen Orients etwas historisch Neues, insofern sie im Kontext eines »heiligen Krieges« geschah, oder handelte es sich um einen eigentlich wenig spektakulären Prozess? Und: Veränderte die Entstehung der Kreuzfahrerstaaten die Geschichte des Abendlands, indem sie Kontakte zwischen den Kulturen und die Verbreitung von Wissen ermöglichte und so zum Nährboden größerer Nähe und Vertrautheit zwischen lateinischen Christen und Muslimen werden konnte?

Das Leben in Outremer

Mehrere Grundgegebenheiten prägten das Leben in den Kreuzfahrerstaaten. Die Gründung von Outremer führte nicht zur Vertreibung oder Deportation der einheimischen Bevölkerung in der Levante. Die fränkischen Siedler regierten vielmehr über Gemeinwesen, deren Bevölkerung die historische Vielfalt dieser Region widerspiegelte: Muslime, Juden und Ostchristen. Die orientalische Christenheit umfasste eine verwirrende Vielzahl christlicher Bekenntnisse und Riten: Armenier, Griechen, Jakobiten, Nestorianer und Kopten; außerdem die syrischen (oder melkitischen) Christen, die den griechisch-orthodoxen Ritus, allerdings in arabischer Sprache, pflegen. Die Verteilung und der jeweilige Anteil dieser unterschiedlichen Bevölkerungsgruppen war in den einzelnen Kreuzfahrerstaaten aufgrund der überkommenen Besiedlungsmuster sehr unterschiedlich: In der Grafschaft Edessa überwogen die Armenier, im Fürstentum Antiochia die Griechen, und im Königreich Jerusalem gab es wohl einen größeren muslimischen Bevölkerungsanteil.

Die Lateiner herrschten über diese ortsansässigen Untertanen als kleine, elitäre Minderheit. Die Sprache scheint der entscheidende Trennungsfaktor gewesen zu sein. Die Lateiner sprachen üblicherweise Altfranzösisch (in offiziellen Dokumenten wurde Latein verwendet); es gab zwar einige unter ihnen, die Arabisch lernten und andere Sprachen des Ostens wie Griechisch, Armenisch, Syrisch und Hebräisch, doch das blieb die Ausnahme. Viele Franken hatten ihren Wohnsitz in städtischen und/oder küstennahen Gemeinden, lebten also nicht in unmittelbarer Nachbarschaft mit der einheimischen bäuerlichen Bevölkerung. Im agrarisch geprägten Landesinnern wohnten die Franken normalerweise in eigenen Herrenhäusern, getrennt von ihren Untertanen, doch die alltägliche Notwendigkeit, knappe Ressourcen wie Wasser zu teilen, führte immer wieder auch zu intensiverem Kontakt. Kleine ländliche Ansiedlungen gehörten normalerweise nur einer einzigen religiösen Gemeinschaft an; ein Dorf etwa hatte nur eine muslimische Bevölkerung, ein anderes nur eine griechische (wie es in Teilen des Vorderen Orients noch heute der Fall ist). Größere Orte und Städte dagegen hatten eine eher gemischte Einwohnerschaft.

Die Franken herrschten also offensichtlich über zahlreiche unterschiedliche »orientalische« Völker, und sie lebten teilweise auch in ihrer Mitte. Isolierten sie sich, oder integrierten sie sich in dieses äußerst vielfältige Umfeld? Nach der Darstellung Fulchers von Chartres, des Kaplans Balduins I., der in den 1120er-Jahren schrieb, scheinen sich die Franken rasch weitgehend eingefügt zu haben:

> Stellt euch vor, ich bitte euch, und erwägt, wie Gott in unserer Zeit den Okzident in den Orient verwandelt hat. Denn wir, die wir Abendländer gewesen waren, sind zu Morgenländern geworden. Wer einst ein Römer oder Franke war, ist in diesem Land zu einem Galiläer oder einem Palästinenser geworden. Wer aus Reims oder Chartres stammte, wurde jetzt ein Bürger von Tyros oder Antiochia. Wir haben unsere Geburtsorte schon vergessen.

Was Fulcher hier schildert, war zwar eine Art Anwerbungsmanifest, mit dem neue lateinische Siedler in den Osten gelockt werden sollten, aber auch mit diesem Vorbehalt scheint sein Zeugnis doch darauf hinzuweisen, dass es so etwas wie Offenheit gegenüber Assimilationsprozessen gab. Fulcher beschreibt noch eine weitere Variante interkulturellen Kontakts: die sogenannte Mischehe. Eheliche Verbindungen zwischen Franken und ostchristlichen Griechen und Armeniern waren relativ üblich, manchmal dienten sie der Festigung politischer Bündnisse. Königin Melisende von Jerusalem war ja selbst das Kind einer solchen Ehe. Fränkische Männer konnten auch muslimische Frauen heiraten, die zum Christentum übergetreten waren. Heiraten zwischen Lateinern und Muslimen scheinen jedoch extrem selten gewesen zu sein. Bei einem Konzil im Jahr 1120 in Nablus, das nicht lang nach der Blutfeld-Krise stattfand, erließ die fränkische Obrigkeit mehrere Gesetze, die solche Verbindungen ausdrücklich untersagten. Geschlechtlicher Umgang zwischen Christen und Muslimen wurde unter schwere Strafen gestellt: Männer sollten kastriert, und den Frauen, die sich darauf einließen, sollte die Nase abgeschnitten werden. Diese Vorschriften waren die ersten festgeschriebenen Verbote für diesen Bereich in der lateinischen Welt. Dasselbe Gesetzeskorpus verbot Muslimen auch, Kleidung »nach Art der Franken« zu tragen. Ob diese Regelungen diskriminierend wirkten oder nicht, kann nicht eindeutig festgestellt werden, allein schon weil jedes Gesetz positiv oder negativ interpretiert werden kann. Verweisen die Erlasse von Nablus auf eine Welt schärfster Ausgrenzung, in der ein solches Verhalten völlig unvorstellbar war; oder hat man diese Gesetze erlassen, um ein inzwischen allgemein üblich gewordenes Verhalten wieder zurückzuändern? Jedenfalls gibt es keinen Hinweis darauf, dass sie umgesetzt wurden, auch wurden sie im 13. Jahrhundert nicht in die Gesetzessammlungen Outremers übernommen.

Als die Lateiner antike Städte wie Antiochia und Jerusalem eroberten und die Entscheidung trafen, sich im Vorderen Orient niederzulassen, mussten sie Strukturen entwickeln, mit denen sie ihre neuen Herrschaftsgebiete regieren konnten, also administrative Rahmenbedingungen schaffen. Viele Verfahren brachten sie aus dem Abendland mit, daneben übernahmen sie die eine oder andere levantinische Variante. Dieses Vorgehen war wohl überwiegend von der Notwendigkeit bestimmt, in kurzer Zeit ein funktionierendes System zu begründen, weniger von dem Wunsch, sich auf irgendwelche neuen Formen von Regierung einzulassen. Darüber hinaus wurden die Entscheidungen von regionalen Gegebenheiten beeinflusst. Im Fürstentum Antiochia, wo eine griechische Herrschaft abgelöst wurde, war der wichtigste Beamte der Stadt der *dux* (Herzog), eine Institution, die sich von einem byzantinischen Vorbild ableitete; im Königreich Jerusalem übernahm ein Vicomte ein ähnliches Amt nach fränkischem Vorbild.

Angehörige der Ostkirchen spielten mit Sicherheit eine gewisse Rolle in lokalen und auch regionalen Regierungen; und von Fall zu Fall waren auch Muslime beteiligt. Die meisten muslimischen Dörfer scheinen von einem »Reis« – der Entsprechung eines Dorfoberhaupts – vertreten worden zu sein, genauso wie es auch schon unter türkischer oder fatimidischer Herrschaft üblich gewesen war. Durch einen einzigen Beleg wissen wir, dass die muslimischen Bürgerinnen und Bürger von Tyros im Jahr 1181 ebenfalls ihren eigenen »Reis«, einen gewissen Sadi, hatten. Ein ähnlich isolierter Beleg weist darauf hin, dass die von den Lateinern besetzte syrische Hafenstadt Jabala einen muslimischen Kadi (Richter) hatte. Welche Kompetenzen mit solchen Ämtern verbunden waren, können wir heute nicht mehr feststellen.[12]

Die wohl faszinierendste Materialsammlung zum Leben in Outremer ist Usama Ibn Munqidhs *Buch der Betrachtung*[13], eine Sammlung von Geschichten und Anekdoten aus der Feder eines nordsyrischen arabischen Adligen, der Zeitzeuge der Entwicklung des Krieges im Heiligen Land im 12. Jahrhundert war. Sein Text enthält viele direkte Kommentare und beiläufige Details zum Kontakt mit den Franken und zum Leben in den Kreuzfahrerstaaten. Er interessierte sich besonders für das Absonderliche, Ungewöhnliche; das von ihm zusammengetragene Material muss also mit einer gewissen Vorsicht verwendet werden; dennoch bleibt sein Werk eine unschätzbare Informationsquelle. Zum Phänomen der orientalisierten Lateiner vermerkt er: »Es gibt einige Franken, die sich hier eingewöhnt haben und Gesellschaft mit den Muslimen pflegen. Sie sind besser als die, die gerade erst aus ihren Heimatländern eingetroffen sind, doch stellen sie eine Ausnahme dar und können nicht als typisch gelten.« Im Lauf seines Lebens traf Usama mit Franken zusammen, die es sich zur Gewohnheit gemacht hatten, levantinische Speisen zu sich zu nehmen, und mit anderen, die das *hammam* (Badehaus) aufsuchten, das sowohl Lateinern als auch Muslimen offen stand.

Einer der überraschendsten Einblicke, die Usamas Schriften gewähren, ist der ungezwungene, fast alltägliche Ton seiner Begegnungen mit Franken. Einige finden zwar im Zusammenhang mit Kämpfen statt, doch es gibt auch viele Situationen, die von freundschaftlicher Höflichkeit geprägt sind. Vielleicht liegt das daran, dass Usama aus dem Adel stammte, doch es wird ganz offensichtlich, dass Lateiner mit Muslimen freundschaftliche Beziehungen pflegten. In einem Fall beschreibt Usama, wie »ein angesehener Ritter [aus dem Heer König Fulkos] anfing, Gefallen an meiner Gesellschaft zu finden, und er wurde mein ständiger Begleiter und nannte mich ›mein Bruder‹. Zwischen uns gibt es Bande der Freundschaft und der Geselligkeit.« Allerdings schwingt in dieser Geschichte ein Unterton mit, der auch für viele andere Passagen im *Buch der Betrachtung* kennzeichnend ist: ein tief verwurzeltes Bewusstsein kultureller und intellektueller Überlegenheit der Muslime. Im Zusammenhang mit seinem Freund, dem Ritter, wird dieser Unterton deutlich, als der Franke anbietet, Usamas 14-jährigen Sohn mit sich zurück nach Europa zu nehmen, damit der Junge eine richtige Erziehung bekommen und »Verstand erwerben« könne. Usama bemerkt dazu, dieser groteske Vorschlag enthülle »den fränkischen Mangel an Intelligenz«.

Ebenfalls überraschend war Usamas freundschaftliches Verhältnis zu den Tempelrittern:

> Als ich in Jerusalem die heiligen Stätten aufsuchte, wollte ich mich zur al-Aqsa-Moschee begeben, neben der eine kleine Moschee stand, die die Franken in eine Kirche umgewandelt hatten. Als ich die Moschee betrat – wo sich die Templer aufhalten, die meine Freunde sind –, räumten sie die kleine Moschee aus, damit ich darin beten konnte.

Usama konnte offenbar ungehindert seine Pilgerreise in die Heilige Stadt unternehmen, und er fand auf fränkischem Gebiet außerdem eine Moschee, in der er seine vorgeschriebenen täglichen Gebete verrichten konnte. Genossen demnach alle Muslime unter lateinischer Herrschaft dieses Recht auf Ausübung ihrer Religion? Wurde die gesamte nicht fränkische Bevölkerung Outremers so behandelt, oder gab es auch Opfer der Unterdrückung und Ausgrenzung? Eines steht fest: Im lateinischen Orient verlief die schärfste Trennungslinie nicht zwischen Christen und Muslimen, sondern zwischen Franken (das heißt lateinischen Christen) und Nichtfranken (seien das nun byzantinische Christen, Juden oder Muslime). Diese letztere Gruppe der unterworfenen einheimischen Völker bestand zum großen Teil aus Bauern und einigen Händlern.[14]

In juristischen Fragen wurden Nichtfranken im Allgemeinen als eigene Klasse behandelt: Wegen gröberer Rechtsverstöße wurden sie (ebenso wie nicht adlige Lateiner) dem »Bürger«-Gericht unterstellt, hier durften Muslime ihre Eide auf den Koran ablegen; doch zivilrechtliche Fälle kamen vor die *Cour de la Fonde* (oder Marktgerichtshof), die eigens für Nichtfranken eingerichtet worden war. Die Einrichtung begünstigte die orientalischen Christen, denn das Richterkollegium bestand aus zwei Franken und vier Syrern; Muslime waren nicht vertreten. Aufgrund der lateinischen Gesetzgebung in Outremer wurden zudem muslimische Straftäter wohl härter bestraft.

Ein Gutteil der historischen Auseinandersetzung um die Behandlung der muslimischen Untertanen konzentrierte sich auf die alltäglichen Rechte zur Religionsausübung und die finanzielle Ausbeutung. In diesen Fragen erhalten wir wertvolle Aufschlüsse von dem muslimischen Reisenden und Pilger Ibn Dschubair, der, von der Iberischen Halbinsel kommend, kurz nach 1180 eine große Reise durch Nordafrika, Arabien, den Irak und Syrien unternahm; er kam durch das Königreich Jerusalem und besuchte Akkon und Tyros, bevor er ein Schiff nach Sizilien bestieg. Von seiner Reise durch Westgaliläa berichtet er:

> Unser Weg führte vorbei an zahlreichen Bauernhöfen und wohlgeordneten Siedlungen, deren Einwohner alle Muslime waren, die friedlich mit den Franken zusammenlebten. Gott beschütze uns vor einer solchen Versuchung. Sie geben die Hälfte ihrer Erträge in der Erntezeit an die Franken ab und zahlen außerdem eine Kopfsteuer von einem Dinar und fünf Qirat pro Person. Ansonsten werden sie nicht beeinträchtigt, außer einer geringen Steuer auf die Früchte der Bäume. Ihre Häuser und ihr gesamtes Vermögen bleiben ganz in ihrem Besitz.

Dieser Bericht scheint darauf hinzudeuten, dass im lateinischen Palästina ein Gutteil der sesshaften muslimischen Bevölkerung in relativem Frieden lebte: Sie zahlten eine Kopfsteuer (ähnlich der Steuer, die von islamischen Herrschern von ihren nichtmuslimischen Untertanen eingezogen wurde) und eine Steuer auf ihre Erzeugnisse. Es gibt Hinweise auf die Höhe der Steuern, die ungefähr zur selben Zeit von islamischen Gemeinwesen erhoben wurden, und sie lassen den Schluss zu, dass die muslimischen Bauern unter fränkisch-christlicher Herrschaft nicht schlechtergestellt waren. Tatsächlich deutet Ibn Dschubair sogar an, dass die Muslime von einem »fränkischen Herrn« mit »Gerechtigkeit« behandelt wurden, unter »einem Herrn [ihres] eigenen Glaubens« dagegen eher »Unrecht« zu erdulden hatten. Das heißt nicht, dass er die friedliche Koexistenz oder die Unterwerfung unter lateinische Herrschaft gutgeheißen hätte. An einer Stelle bemerkt er, dass »es in den Augen Gottes für einen Muslim, der sich in einem Land der Ungläubigen aufhält, keine Entschuldigung geben kann, außer wenn er sich auf der Durchreise befindet«. Allerdings können derartige grundsätzliche Vorbehalte seinen positiven Beobachtungen nur umso mehr Glaubwürdigkeit verleihen.[15]

Ibn Dschubair berichtet auch, dass die muslimischen Untertanen in Akkon und Tyros Zugang zu den Moscheen hatten und dass sie ihre Gebete verrichten durften. Da uns nur wenige Zeugnisse vorliegen, können wir also unmöglich behaupten, sämtliche Muslime in Outremer hätten solche Freiheiten in Glaubensfragen genossen. Mit Sicherheit darf man wohl nur annehmen, dass die fränkischen Siedler, da sie eine Minderheit waren, ein vitales Interesse daran hatten, dass ihre Untertanen zufrieden blieben und nicht emigrierten, und die Lebensbedingungen für die einheimischen Ostchristen, aber auch für Muslime gaben keinen Anlass zu Unruhen oder Auswanderung. Im zeitgenössischen Vergleich mit Westeuropa oder dem muslimischen Orient wurden die in den Kreuzfahrerstaaten lebenden Nichtfranken wahrscheinlich nicht in außergewöhnlichem Maß unterdrückt, ausgebeutet oder misshandelt.[16]

Ein Bereich, in dem die levantinischen Franken und die Muslime ganz sicher in Kontakt kamen, war der Handel. Während der ersten 100 Jahre lateinischer Ansiedlung gab es unverkennbar lebhafte Handelsaktivitäten. Italienische Kaufleute aus Venedig, Pisa und Genua waren führend; sie gründeten Enklaven in den großen Hafen- und Küstenstädten von Outremer und schufen ein komplexes Netzwerk von Handelsrouten über das Mittelmeer. Diese pulsierenden Adern des Handels verbanden den Vorderen Orient mit dem Westen und ließen levantinische Erzeugnisse (wie Zuckerrohr und Olivenöl) und kostbare Güter aus dem Orient und aus Zentralasien auf die europäischen Märkte gelangen. Bislang wurde der größte Anteil der Waren aus dem Orient noch über Ägypten transportiert, trotzdem entwickelte sich die wirtschaftliche Situation in Outremer außerordentlich günstig: Sie bahnte Städten wie Venedig den Weg zu ihrer Stellung als führende Handelsmächte im Mittelalter; und über Zölle und Steuern floss auch viel Geld in die Kassen von Antiochia, Tripolis und Jerusalem. Das heißt nicht, dass es sich bei den lateinischen Niederlassungen im Osten um ausbeuterische europäische Kolonien handelte. Ihre Gründung und ihr Überleben mag teilweise von Handelsmächten wie Genua abhängig gewesen sein, doch wurden sie nicht in erster Linie als Wirtschaftsunternehmen gegründet. Und sie dienten auch nicht in erster Linie den Interessen ihrer Heimatländer im Westen, weil die finanziellen Erträge, die dem »Staat« zuflossen, im Osten verblieben.

Der Transport von Waren aus der muslimischen Welt in die Mittelmeerhäfen der fränkischen Levante war nicht nur für die Lateiner von größter Bedeutung. Er wurde auch zu einem entscheidenden Element für den größeren Zusammenhang der Wirtschaft im Vorderen Orient: überlebensnotwendig für muslimische Händler, die auf den Karawanenrouten Richtung Osten unterwegs waren; entscheidend für die Einkünfte muslimisch beherrschter Großstädte wie Aleppo und Damaskus.

Diese gemeinsamen Interessen führten zu Abhängigkeiten und förderten den rücksichtsvollen (und damit im Wesentlichen »friedlichen«) Kontakt miteinander, selbst in Zeiten erhöhter politischer und militärischer Spannungen. Sogar mitten im »heiligen Krieg« war der Handel zu wichtig, als dass er hätte unterbrochen werden können.

Historikerinnen und Historiker erklären häufig das Jahr 1120 zu einem Jahr der Krise und der Spannungen in der Levante. Schließlich war das Blutfeld in der Erinnerung noch sehr lebendig; außerdem wurden beim Konzil von Nablus die strengen Strafen für Kontakte zwischen Christen und Muslimen festgeschrieben. Doch im selben Jahr ordnete Balduin II. erhebliche Steuersenkungen in Jerusalem an. Fulcher von Chartres (der damals dort lebte) berichtet, der König habe erklärt, dass »Christen ebenso wie Sarazenen die Freiheit haben sollten, zu Handelszwecken – mit wem es ihnen beliebte – in die Stadt hineinzukommen oder sie zu verlassen, wann immer sie es wünschten«. Muslimische Quellen weisen darauf hin, dass etwa zur selben Zeit Il-Ghazi – der Sieger auf dem Blutfeld – in Aleppo Zölle abschaffte und sich mit den Waffenstillstandsbedingungen der Franken einverstanden erklärte. Wie viel Einvernehmen zwischen diesen beiden Männern herrschte, die als Feinde galten, ist natürlich nicht zu ermitteln, doch war offensichtlich beiden sehr daran gelegen, den Handel anzukurbeln. Tatsächlich scheint die ansteigende Begeisterung für den Dschihad innerhalb des Islam die lateinisch-muslimischen Handelsbeziehungen in ihrem Charakter und ihrer Ausrichtung weitgehend unbeeinflusst gelassen zu haben. Selbst Saladin, die Symbolfigur des »heiligen Krieges«, knüpfte enge Verbindungen zu den Kauffahrern aus Italien, als er im muslimischen Ägypten an die Macht kam. Er war äußerst interessiert daran, den gewinnträchtigen Handel zu fördern und vor allem den problemlosen Nachschub an Bauholz zu sichern, das in Nordafrika nur schwer zu beschaffen war, weswegen er im Jahr 1173 den Pisanern in Alexandria eine geschützte Handelsenklave einräumte.[17]

Wissen und Kultur

Es gab während des 12. Jahrhunderts noch eine weitere Form des Austauschs in Outremer: Wissen und Kultur aus muslimischen und ostkirchlichen Quellen verbreiteten sich unter den Mitgliedern der lateinischen intellektuellen Elite. Aus Jerusalem gibt es nur wenige Belege für diese Form des »Dialogs«, doch in Antiochia mit seiner langen Tradition an Gelehrsamkeit stellt sich die Situation ganz anders dar.[18] In der Stadt selbst und in der Umgebung befanden sich schon vor den Kreuzzügen zahlreiche ostkirchliche Klöster, die einen bedeutenden Ruf als Zentren geistigen Lebens hatten. Hier hatten sich schon zuvor mehrere Gelehrte aus der christlichen Welt aufgehalten, um ihren Studien nachzugehen und Texte zur Theologie, Philosophie, Medizin und Naturwissenschaft aus dem Griechischen, Arabischen, Syrischen und Armenischen ins Lateinische zu übersetzen. Als dann die Kreuzfahrerstaaten entstanden, kamen natürlich sehr bald lateinische Gelehrte in der Stadt zusammen. Um das Jahr 1114 besuchte der Philosoph und Übersetzer Adelard von Bath die Stadt, und möglicherweise blieb er zwei Jahre lang. Ein Jahrzehnt später ging Stephan von Pisa – der lateinische Schatzmeister der Kirche St. Paul in Antiochia – seinen bahnbrechenden Studien nach. Im Lauf der 1120er-Jahre fertigte er einige der wichtigsten lateinischen Übersetzungen an, die je in der Levante entstanden. Stephan erlangte den größten Ruhm für seine Übersetzung von al-Majusis *Königlichem Buch*, einem außerordentlichen Werk zur Heilkunde, das später viel zur Erweiterung des Wissens in Westeuropa beitrug.[19]

Im Nachhinein ist schwer festzustellen, in welchem Ausmaß dieses medizinische Wissen die Heilkunde in der lateinischen Levante beeinflusste. Usama Ibn Munqidh berichtet mit einer gewissen Schadenfreude über die eigentümlichen Techniken, die von fränkischen Ärzten angewandt wurden. In einem Fall wurde bei einer Patientin »ein Dämon in ihrem Kopf« diagnostiziert. Usama war offenbar Augenzeuge, als der behandelnde lateinische Arzt ihr erst den Kopf kahl schor, daraufhin »zu einem Rasiermesser griff und dann auf ihrem Kopf einen Schnitt in Form eines Kreuzes anbrachte. Anschließend schälte er die Haut zurück, sodass der Schädel bloßgelegt wurde, und rieb ihn mit Salz ein. Die Frau starb auf der Stelle.« Usama schloss mit den trockenen Worten: »Als ich aufbrach, hatte ich über ihre Medizin Dinge erfahren, die mir bis dahin verborgen geblieben waren.« Lateinische Siedlerinnen und Siedler in den Kreuzfahrerstaaten scheinen bemerkt zu haben, dass die Muslime und die byzantinischen Christen über reiches medizinisches Wissen verfügten; einige, wie in der zweiten Hälfte des 12. Jahrhunderts die fränkische Königsfamilie von Jerusalem, ließen sich von nicht lateinischen Ärzten behandeln. Doch gab es auch unter der Leitung abendländischer Christen einige hervorragende medizinische Zentren wie etwa das riesige, Johannes dem Täufer geweihte Hospital in Jerusalem, das vom Ritterorden der Johanniter betrieben wurde.

Die künstlerische Verschmelzung, aus der auch der Melisende-Psalter hervorging, findet sich in Bauwerken wieder, die damals in den Kreuzfahrerstaaten entstanden; hervorragendstes Beispiel ist das umfassende Wiederaufbauprogramm am Heiligen Grab in Jerusalem während der Regierungszeit Fulkos und Melisendes. Als die Franken Palästina eroberten, befand sich die Kirche in einem Zustand fortschreitenden Zerfalls. In den 1130er- und 1140er-Jahren erneuerten die Lateiner diese heiligste aller heiligen Stätten, sie entwarfen ein angemessenes majestätisches Gebäude, das zum ersten Mal die unterschiedlichen Heiligtümer umschließen sollte, die in Verbindung mit der Passion Christi standen: darunter die Kalvarienkapelle (dort, wo, wie man annahm, die Kreuzigung geschehen war) und das Heilige Grab. In dieser Zeit war auch die Grabeskirche eng mit der fränkischen Krone von Jerusalem verbunden; hier fanden die Krönungen und die Beisetzungen der Könige statt.

In der Grundausrichtung orientierte sich der neue Plan für das Heilige Grab am westeuropäischen »romanischen« Stil des frühen Mittelalters und wies eine gewisse Ähnlichkeit zu anderen großen lateinischen Pilgerkirchen im Abendland auf, darunter der Kirche in Santiago de Compostela. Die »Kreuzfahrer«-Kirche unterschied sich davon noch durch einige weitere Merkmale – wie die große gewölbte Rotunde –, doch ergaben sich diese Besonderheiten zum Teil aus der einzigartigen Lage des Sakralbaus und aus dem Bestreben der Baumeister, so viele »heilige Stätten« wie möglich unter einem Dach zu versammeln. Die Kirche vom Heiligen Grab in ihrem heutigen Zustand ist im Großen und Ganzen noch dieselbe wie im 12. Jahrhundert, allerdings ist das meiste der innenarchitektonischen »Kreuzfahrer«-Ornamentik (ebenso wie die königlichen Gräber) verloren gegangen. Von den großen lateinischen Mosaiken existiert nur noch eines – an der Decke der Kalvarienkapelle, nur schwer zu finden in diesem dämmrigen Gemäuer – mit einer Darstellung Jesu im byzantinischen Stil. Der Haupteingang zum Gebäude durch das große Zwillingsportal im südlichen Querschiff war von einem Paar überreich verzierter steinerner Türstürze überspannt: Auf dem linken sind Szenen aus den letzten Lebenstagen Jesu zu sehen, darunter auch das Abendmahl; der andere zeigt ein komplexes geometrisches Netz von Weinranken, zwischen denen menschliche und mythologische Figuren auftauchen. Diese Türstürze befanden sich bis in die 1920er-Jahre hinein an ihrem angestammten Platz, danach wurden sie zum Schutz vor Verwitterung in ein nahe gelegenes Museum gebracht. Die Skulpturen an der Südfassade spiegeln durchweg fränkischen, griechischen, syrischen und muslimischen Einfluss wider.

Die neue »Kreuzfahrer«-Kirche wurde am 15. Juli 1149 geweiht, auf den Tag genau 50 Jahre nach der Eroberung Jerusalems. Dieses Gebäude sollte die unübertreffliche Heiligkeit des Heiligen Grabes – des geistigen Mittelpunkts der Christenheit – bezeugen, verkünden und preisen. Außerdem war es eine kühne Zurschaustellung der Zuversicht der Lateiner, dass die fränkische Herrschaft und die Macht ihrer königlichen Dynastie von Dauer sei; schließlich diente es als ein Denkmal, das – gerade auch, indem es glanzvoll die kulturelle Vielfalt von Outremer bezeugte – die Leistungen des ersten Kreuzzugs feierte.[20]

Das gottgeweihte Land des Glaubens und der Anbetung

Die »Kreuzfahrer«-Kirche vom Heiligen Grab war nur eines von vielen Zeugnissen für die inbrünstige Verehrung, die der Stadt Jerusalem und dem Heiligen Land insgesamt entgegengebracht wurde. Für die Franken war diese ganze levantinische Welt, durch die Christus selbst geschritten war, schon für sich genommen eine verehrungswürdige Reliquie; die Luft, die Erde waren mit der numinosen Aura Gottes getränkt. Es war unvermeidlich, dass die religiösen Denkmäler, die in diesem geheiligten Land entstanden, und die Glaubensbekundungen, die an den vielen heiligen Orten gepflegt wurden, von einer ganz besonderen fiebrigen Frömmigkeit geprägt waren. Das religiöse Leben der Lateiner blieb außerdem nicht unberührt davon, dass viele Völker, die im Vorderen Orient lebten (darunter die östlichen Christen, die Muslime und die Juden), diesen Hang zu hingebungsvoller Anbetung durchaus teilten.

Im Lauf des 12. Jahrhunderts waren die Menschen, die aus Westeuropa nach Outremer kamen, normalerweise keine Kreuzfahrer, sondern Pilgerinnen und Pilger. Tausende kamen aus der lateinischen Christenheit und gingen in Hafenstädten wie Akkon an Land – gewissermaßen das menschliche Äquivalent der kostbaren Handelslast, die aus dem Osten in den Westen verschifft wurde; und es kamen auch Pilgerinnen und Pilger aus anderen Gegenden der Welt wie Russland und Griechenland. Einige ließen sich auf Dauer im Heiligen Land nieder und ergriffen entweder weltliche Berufe, oder sie wurden Mönche, Nonnen oder Einsiedler. An gänzlich unbesiedelten Orten wurden kaum neue kirchliche Bauten errichtet, vielmehr wurden viele vernachlässigte Stätten wiederbelebt (so der Benediktinerkonvent der heiligen Anna in Jerusalem); und lateinische Klöster, die bereits vor den Kreuzzügen existiert hatten, wie etwa Notre-Dame de Josaphat (unmittelbar vor den Mauern der Heiligen Stadt), wurden immer beliebter und intensiv gefördert.

Auch Frömmigkeitsbräuche brachten die zugewanderten Franken in Kontakt mit den ursprünglichen Bewohnern der Levante. Einige Lateiner bemühten sich, Gott näherzukommen, indem sie ein asketisches, abgeschiedenes Leben in der Wildnis führten, wie etwa am Berg Karmel (in der Nähe von Haifa) und am Schwarzen Berg (bei Antiochia), hier in lose verbundenen Gemeinschaften mit griechisch-orthodoxen Einsiedlern. Eines der bemerkenswertesten Beispiele für religiöse Berührungspunkte war das Liebfrauenkloster in Saidnaya (ungefähr

20 Kilometer nördlich von Damaskus). Dieser griechisch-orthodoxe Glaubensort, tief in muslimischem Gebiet, besaß eine »wundertätige« Marienikone, die sich aus einem Gemälde in eine Gestalt aus Fleisch und Blut verwandelte. Es hieß, dass aus den Brüsten der Ikone Öl floss, und diese Flüssigkeit soll eine unglaubliche Heilkraft besessen haben. Saidnaya war ein bekannter Pilgerort, aufgesucht sowohl von orthodoxen Christen als auch von Muslimen (die Maria als die Mutter des Propheten Jesus verehren). Von der zweiten Hälfte des 12. Jahrhunderts an kamen auch lateinische Pilger; einige nahmen Phiolen mit dem wundertätigen Öl der Jungfrau mit zurück nach Europa. Das Heiligtum sollte sich dann bei den Tempelrittern besonderer Beliebtheit erfreuen.

Ähnlich wie den Franken erlaubt wurde, durch muslimische Landstriche zu ziehen, um nach Saidnaya zu gelangen, durften auch muslimische Pilger in Einzelfällen heilige Stätten in Outremer aufsuchen. Bald nach 1140 erhielten Unur von Damaskus und Usama Ibn Munqidh Zugang zum Felsendom in Jerusalem. Ungefähr zur selben Zeit reiste Usama außerdem in die fränkische Stadt Sebaste (in der Nähe von Nablus), um die Krypta Johannes' des Täufers zu besuchen; wie bereits erwähnt, berichtet er auch, häufig Reisen zur al-Aqsa-Moschee unternommen zu haben. In den frühen 1180er-Jahren machte der muslimische Gelehrte Ali al-Harawi eine ausgedehnte Reise zu heiligen Stätten des Islam im Königreich Jerusalem, später verfasste er einen Pilgerführer durch diese Gegend in arabischer Sprache. Auf der Grundlage dieser wenigen, möglicherweise isolierten Berichte ist es allerdings ausgeschlossen, das tatsächliche Ausmaß des muslimischen Pilgerverkehrs festzustellen.

Trotz dieser diversen Formen von Kontakt, der im Zusammenhang mit religiösen Gebräuchen entstand, war die zugrunde liegende religiöse Atmosphäre doch nach wie vor durch deutlich erkennbare Intoleranz geprägt. Fränkische und muslimische Autoren hörten nicht auf, den Glauben des jeweils anderen schlechtzumachen, zumeist unter Hinweis auf dessen heidnischen, polytheistischen und idolatrischen Charakter. Auch die Beziehungen zwischen den lateinischen und den levantinischen Christen waren nach wie vor von Spannungen und Misstrauen geprägt. Nachdem die Kreuzfahrer den Vorderen Orient erobert hatten, war es (wenn auch nicht auf Dauer) vorbei mit der etablierten griechisch-orthodoxen kirchlichen Hierarchie. Nach Jerusalem und

Antiochia wurden neue lateinische Patriarchen berufen, und in ganz Outremer wurden lateinische Erzbischöfe und Bischöfe eingesetzt. Die Oberen dieser lateinischen Kirche gaben sich alle Mühe, ihre kirchenrechtliche Zuständigkeit zu verteidigen und solche Gewohnheiten so weit wie möglich zu beschneiden, die sie, vor allem im Blick auf das Mönchswesen, für eine gefährliche Vermischung abendländischer mit ostchristlichen Lebensformen hielten.[21]

Der fränkische Osten – Eiserner Vorhang oder offene Tür?

Die Kreuzfahrerstaaten waren keine geschlossenen Gesellschaften, die von der sie umgebenden Welt des Vorderen Orients völlig abgeschottet gewesen wären, aber auch keine durchweg unterdrückerischen, auf Ausbeutung angelegten europäischen Kolonien. Ebenso wenig kann Outremer aber als multikulturelles Utopia gesehen werden – eine Nische der Toleranz, in der Christen, Muslime und Juden es geschafft hätten, in Frieden miteinander zu leben. In den meisten Gebieten des lateinischen Ostens lag die Wirklichkeit – wie im 12. Jahrhundert generell – irgendwo zwischen diesen beiden Extremen.

Die herrschende westeuropäische Minderheit war in einem gewissen, pragmatisch bestimmten Umfang dazu bereit, Nichtfranken in das juristische, soziale, kulturelle und religiöse Gewebe von Outremer mit hineinzunehmen. Auch ökonomische Zwänge – angefangen bei der Notwendigkeit, einheimische Arbeitskräfte einzustellen, bis hin zur Instandhaltung der Handelswege – förderten ein gewisses Maß an fairem Umgang miteinander. Eigentlich wären hinsichtlich der Entwicklung der Kreuzfahrergesellschaft zwei einander widersprechende Tendenzen zu erwarten: zum einen, dass die anfängliche Antipathie allmählich in dem Maß nachlässt, wie die Vertrautheit zunimmt; zum andern die potenziell gegenläufige Dynamik eines wiederbelebten Dschihad-Gedankens innerhalb des Islam. Tatsächlich war keiner dieser beiden Trends sehr deutlich ausgeprägt. Von Anfang an bemühten sich Franken und Muslime um den diplomatischen Dialog, sie handelten Verträge aus und nahmen Handelsbeziehungen auf; das gilt für das gesamte 12. Jahrhundert. Und gleichzeitig fielen die Autoren beider Glaubensrichtungen im Lauf der Jahre und Jahrzehnte immer wieder in die traditionellen Stereotype zurück, ein Hinweis auf den offenbar unüberwindlichen Argwohn und Hass auf den »Anderen«.[22]

Franken, orthodoxe Christen und Muslime, die im Vorderen Orient zusammenlebten, werden wohl im Lauf des 12. Jahrhunderts ihre wechselseitige Kenntnis voneinander etwas vermehrt haben, doch führte das nicht zu echtem Verständnis oder dauerhafter Harmonie. In Anbetracht dessen, was in anderen Weltregionen gang und gäbe war, sollte das nicht überraschen. Das Abendland des 12. Jahrhunderts war seinerseits von innerlateinischen Rivalitäten und endlosen gewalttätigen Zwistigkeiten zerrissen; soziale und religiöse Intoleranz breitete sich immer mehr aus. Unter diesen Voraussetzungen war die prekäre Mischung aus realen Kontakten und unterschwelligen Konflikten, wie sie das Klima der Levante beherrschte, nichts Besonderes. Und das Ethos des »heiligen Krieges« mag die fränkische Gesellschaft vielleicht beeinflusst haben, doch Outremer scheint durch die Kreuzzugsidee nicht entscheidend geprägt worden zu sein.

Dennoch entstand durch die lateinische Besiedelung des Vorderen Orients eine bemerkenswerte, wenn auch nicht völlig einheitliche Gesellschaft – eine Gesellschaft, von der zahlreiche Kräfte und Einflüsse ausgingen. Die Lebensmuster in Outremer deuten in gewissem Umfang auf eine Akkulturation hin, und aus den erhaltenen Zeugnissen künstlerischer und geistiger Bemühungen lassen sich Anzeichen einer kulturellen Verschmelzung ablesen, aber diese war sehr wahrscheinlich das Ergebnis einer ungesteuerten, organischen Entwicklung; eine Assimilation wurde nicht bewusst angestrebt.

Zangi – Tyrann des Ostens

Eine Zeit lang war die These sehr en vogue, die Einstellung der Muslime gegenüber Outremer hätte sich mit dem Aufstieg des türkischen Despoten Zangi im Jahr 1128 entscheidend verändert. Es ist gewiss richtig, dass dieses Jahr in der Politik im Vorderen Orient große Veränderungen mit sich brachte. Es begann mit dem Tod Tughtegins, des Herrschers von Damaskus, dem zunächst einige unbedeutende Emire aus der Buriden-Dynastie nachfolgten, was dieses Reich auf einen Weg innerer Schwäche und fortschreitenden Zerfalls brachte. Im Juni dieses Jahres nutzte Zangi, der Atabeg von Mosul, die sich immer weiter ausbreitende Zersplitterung in Nordsyrien aus, übernahm Aleppo und leitete damit eine neue Phase gesicherter, energischer Herrschaft ein.

Zangi, von dem es hieß, er sei »stattlich, braunhäutig« und habe »schöne Augen«, war ein wahrhaft bemerkenswertes Individuum. Selbst für ein brutales, von Konflikten geschütteltes Zeitalter hatte seine Fähigkeit zu ungezügelter Gewalttätigkeit legendäre Ausmaße, und es gab niemanden, der ihm an Machthunger gleichkam. Ein muslimischer Chronist gab folgende von Panik diktierte, düstere Beschreibung des Atabeg: »Er war von seinem Wesen her wie ein Leopard, im Zorn wie ein Löwe, Nachgiebigkeit war ihm fremd; Freundlichkeit kannte er nicht [...]. Er wurde gefürchtet für seine plötzlichen Wutanfälle, gemieden wegen seiner Brutalität, er war aggressiv, unverschämt, tödlich für seine Feinde und Untertanen.« Um 1084 wurde Zangi als Sohn eines berühmten türkischen Kriegsherrn geboren, er wuchs mitten in der Hölle des Bürgerkriegs auf, in einer Umgebung von Verrat und Mord, und so wuchs er zu einem findigen, gerissenen, skrupellosen Mann heran. Ersten Ruhm erlangte er durch die Unterstützung des seldschukischen Sultans von Bagdad nach 1120, und um das Jahr 1127 wurde er zum Statthalter von Mosul sowie zum Befehlshaber und militärischen Berater der beiden Söhne des Sultans ernannt.

Zangi stand im verdienten und zweifellos von seiner Seite aus sorgfältig kultivierten Ruf von Grausamkeit und gefühlloser, ja willkürlicher Brutalität. Er war felsenfest überzeugt, dass es nichts Besseres gebe, um sich einerseits die Treue seiner Untertanen zu sichern, andererseits seine Feinde zur Unterwerfung zu zwingen, als panische Furcht. Ein arabischer Chronist gab zu, dass der Atabeg seine Truppen auch mit dem Mittel des Terrors zu kontrollieren pflegte: »Er war tyrannisch und schlug mit äußerster Rücksichtslosigkeit zu [...], wenn er mit einem Emir nicht zufrieden war, ließ er ihn töten oder verbannen, und die Söhne des Betreffenden wurden zwar am Leben gelassen, aber kastriert.«[23]

In Anbetracht dieser fürchterlichen Eigenschaften liegt die Erwartung nahe, dass Zangi dem Schicksal des Islam im Krieg um das Heilige Land eine entscheidende Wendung gab. In der Vergangenheit wurde er zu einer Gestalt stilisiert, die für die Geschichte der Kreuzzüge eine ganz zentrale Rolle spielte – als erster Anführer der Muslime, der einen entscheidenden Schlag gegen die Franken führte, der Vater eines muslimischen »Gegenkreuzzugs«, der das Feuer des Dschihad neu entfachte, ein gewaltiger Mudschahid (heiliger Krieger) und Vorkämpfer einer neuen Epoche. Und trotzdem galt für praktisch seine gesamte Laufbahn, dass sein tatsächlicher Einfluss, vor allem aber sein Interesse an der Welt der

Kreuzzüge kaum der Rede wert war. Teilweise liegt das schlicht an geopolitischen Gegebenheiten. Der Atabeg überragte wie ein Koloss Mesopotamien und Syrien, mit dem einen Fuß stand er auf Mosul, der andere Fuß ruhte auf dem Gebiet westlich des Euphrat, in Aleppo. Er war gezwungen, seine Zeit, seine Energie und seine Ressourcen zwischen diesen beiden riesigen Einflusssphären aufzuteilen; er war also zeit seines Lebens gar nicht in der Lage, sich ausschließlich auf den Kampf gegen die Franken zu konzentrieren. Doch selbst diese Hintergründe, die gern als angebliche Verteidigung von Zangis Berechtigung zum Dschihad herausgestellt werden, führen in gewisser Hinsicht in die Irre, weil sie auf zwei falschen Voraussetzungen beruhen.

Für türkische Kriegsherren wie Zangi hatten der westliche Vordere Orient (mit Syrien und Palästina) und der östliche Teil, vor allem der Irak und der Iran, nicht das gleiche politische Gewicht. Der Werdegang des Atabeg zeigt, dass in der ersten Hälfte des 12. Jahrhunderts das Herzland des sunnitischen Islam nach wie vor Mesopotamien war. Dort, in Städten wie Bagdad und Mosul, gab es die größten Reichtümer und die größte Machtfülle zu gewinnen. Für Zangi und viele seiner Zeitgenossen hatte der Kampf gegen die Franken im Westen gerade einmal den Rang eines Grenzkriegs und war als solcher von nur peripherer Bedeutung.

Hinzu kommt, dass für den Atabeg, wenn er sich in die Angelegenheiten der Levante einmischte, nicht die Auslöschung der Kreuzfahrerstaaten im Vordergrund stand, sondern die Eroberung von Damaskus. Im Lauf der 1130er-Jahre, zwischen langen Phasen der Abwesenheit in Mesopotamien, versuchte Zangi wiederholt, im Sinne dieses Zieles den Einflussbereich Aleppos in Richtung Süden zu erweitern, indem er Niederlassungen in muslimischer Hand wie Hama, Homs und Baalbek angriff, die in damaszenischem Schutzgebiet lagen. Zangi zeigte in der Verfolgung seiner Ziele immer wieder eine erstaunliche Bereitschaft, Eide zu brechen, Verbündete zu verprellen und Feinde zu terrorisieren. Im Jahr 1139 wurde die antike römische Stadt Baalbek (im fruchtbaren Biga-Tal im Libanon) nach einer zermürbenden Belagerung in die Unterwerfung geprügelt; sie ergab sich auf das Versprechen hin, dass die Truppen der Stadt verschont würden. Zangi, offenbar in der Absicht, eine unmissverständliche Botschaft an sämtliche syrischen Muslime zu richten, die sich seiner Autorität zu widersetzen gedachten, hielt sich nicht an sein Versprechen und kreuzigte die Besatzung Baalbeks bis auf den letzten Mann. Um sich der anhaltenden Loyalität der Stadt zu versichern, setzte er ein aufstrebendes Mitglied seines Gefolges, den kurdischen Krieger Ajjub Ibn Shadi, als Statthalter ein, einen Mann, dessen Familie im Lauf des 12. Jahrhunderts immer mehr politisches Gewicht erlangen sollte.

Während dieser Zeit stützte sich Zangi in seinem Umgang mit Damaskus selbst auf eine Mischung aus diplomatischer Intrige und offenem militärischen Druck; er hoffte, dass er die Stadt allmählich dazu bringen konnte, sich zu ergeben, oder auch, sie irgendwann einzunehmen. Sein Ziel wurde durch die chaotischen, blutigen internen Kämpfe, die gerade während der 1130er-Jahre in der Stadt wüteten, stark begünstigt. Obwohl die Buriden-Dynastie in Gestalt mehrerer schwacher Strohmänner überlebt hatte, ging die wirkliche Macht in Damaskus allmählich auf Unur über, einen turkmenischen Hauptmann, der als *mamluk* (Mameluck, Sklavensoldat) unter Tughtegin gedient hatte. Er war es also, der sich jetzt dem Schreckgespenst der Aggression Zangis zu stellen hatte. Unmittelbar nach der brutalen Einnahme von Baalbek begann Zangi im Dezember des Jahres 1139 mit der Belagerung von Damaskus, die zunächst, für die folgenden sechs Monate, nur in einer losen Umzingelung und gelegentlichen Ausfällen bestand. Selbst dem Atabeg widerstrebte der Gedanke, einen konsequenten Angriff auf eine Stadt zu befehlen, die für den Islam eine so große historische Bedeutung hatte. Er hoffte, Damaskus stattdessen allmählich in die Unterwerfung zwingen zu können.

Als sich allerdings im Jahr 1140 die Schlinge zuzog, weigerte sich Unur, die Stadt zu übergeben. Statt sich Zangi zu unterwerfen, bat er eine nichtmuslimische Macht um Hilfe: Ein Gesandter reiste nach Jerusalem, um eine neue Allianz gegen Aleppo zu besiegeln. In einer Audienz bei König Fulko wurde Zangi als »grausamer Feind« dargestellt, »der für beide [für die lateinische Bevölkerung Palästinas und für Damaskus] eine Gefahr darstellt«; es wurde eine großzügige monatliche Tributzahlung von 20 000 Goldstücken in Aussicht gestellt, wenn die Franken bereit waren, Damaskus beim Kampf gegen diese Bedrohung zu unterstützen. Außerdem sollte die Stadt Banyas (die von den Muslimen 1132 zurückerobert worden war) wieder an Jerusalem gehen.

Fulko ließ sich vom Wert dieses äußerst großzügigen Angebots sowie von der Notwendigkeit, den Eroberungen Zangis in Syrien einen Riegel vorzuschieben, gern überzeugen und begab sich mit einem Heer in Richtung Norden, um Damaskus zu unterstützen. Zangi erkannte, dass er unter diesen bedrohlichen Umständen mit seiner Strategie gegen die Stadt nicht weiterkam, und zog seine Truppen ab. Er kehrte nach Mosul zurück und wandte seine Aufmerksamkeit wieder der Situation in Mesopotamien zu.[24]

Zangi gegen die Franken

In den 1130er-Jahren zeigte Zangi kaum oder gar kein Interesse am Dschihad gegen die Franken; die Angriffe gegen die Lateiner ergaben sich in dieser Periode entweder eher zufällig, oder sie hingen unmittelbar mit seinem Vorrücken in Richtung Südsyrien zusammen. Der einzige nennenswerte Angriff des Atabeg gegen Outremer fand im Juli 1137 statt, als er die Festung Barin (im Westen der Stadt Hama und des Orontes) einnahm. Doch selbst dieser Feldzug darf nicht falsch verstanden werden: Zangis eigentliche Absicht bestand darin, Barin als Stützpunkt für seinen Angriff auf das muslimische Homs zu nutzen. Sein oberstes Ziel war die Expansion in Richtung Süden und nicht ein tödlicher Schlag gegen die Kreuzfahrerstaaten.

Nach 1140 kümmerte er sich überwiegend um Vorgänge östlich des Euphrat: Er bemühte sich, seinen Einflussbereich im Irak auszudehnen und seine Beziehungen zum seldschukischen Sultan von Bagdad zu vertiefen. Seit 1143 ging es ihm vor allem um die Unterwerfung der artuqidischen Fürsten und der kleineren kurdischen Kriegsherren im Norden, in Diyar Bakr. Angesichts dieser Bedrohung schloss ein Artuqide, Qara Arslan von Hisn Kaifa, einen Pakt mit Joscelin II von Edessa. (der 1131 seinem Vater nachgefolgt war); er bot ihm als Gegenleistung für dessen Unterstützung Gebietsabtretungen an. Im Herbst 1144 machte sich Joscelin demzufolge im guten Glauben, seine Grafschaft sei nicht bedroht, mit einem großen Heer aus Edessa zu Qara Arslan auf. Dieser Aufbruch, der auf einer groben Fehleinschätzung von Zangis Absichten und Fähigkeiten beruhte, sollte gravierende Folgen für die Geschichte von Outremer haben.

Kurz nach dem Aufbruch des Grafen wurden die wenigen Streitkräfte, die in Edessa zusammen mit dem lateinischen Erzbischof zurückgeblieben waren, durch das Auftauchen Zangis vor ihren Mauern überrascht. Der Atabeg hatte ein bewährtes Kundschaftersystem, das immer auf dem neuesten Stand war und für das er gern ein kleines Vermögen ausgab, um dadurch ständig ein ausgedehntes Netzwerk aus Spionen und Spähern im gesamten Orient zu unterhalten. Er erfuhr daher sofort, dass Joscelin aufgebrochen und Edessa nicht mehr verteidigungsfähig war. Zangi witterte eine seltene und wohl auch unerwartete Gelegenheit und gab daher sein ursprüngliches Ziel Diyar Bakr auf, um sich auf die fränkische Hauptstadt zu konzentrieren. Seine Kriegstruppe, die bereits alles Nötige für eine Belagerung mit sich führte, erreichte die Stadt in schnellem Marsch im späten November und begann sofort mit einer zermürbenden Belagerung. In den nächsten vier Wochen hatten die eingeschlossenen Christen unablässiges Bombardement und wiederholte Angriffe durch Wehrtürme und Versuche, die Stadtmauern zu untergraben, auszuhalten. Die Lage der Verteidiger der Stadt war jedoch von Anfang an praktisch hoffnungslos.

Als Joscelin II. von dem Angriff erfuhr, versuchte er, in Tell Bashir ein Entsatzheer zu versammeln. Melisende reagierte umgehend auf seine Bitten um Beistand, sie schickte Truppen in den Norden, doch aus Gründen, die nicht ganz deutlich werden, verweigerte Raimund von Antiochia seine Mithilfe. Der Graf versuchte immer noch verzweifelt, einen Gegenschlag zu organisieren, da traf die entsetzliche Nachricht ein, Edessa sei gefallen. Am 24. Dezember 1144 war es Zangis Leuten gelungen, nach ausgedehnten Grabungsarbeiten ein gewaltiges Stück der städtischen Festungsmauer zum Einsturz zu bringen. Muslimische Krieger fluteten durch die Bresche in die Stadt hinein, und die Christinnen und Christen flohen zu Tode erschrocken in die Zitadelle. Aufgrund der Panik wurden Hunderte zu Tode getrampelt, unter ihnen auch der lateinische Erzbischof, und dann machten sich die Soldaten des Atabeg an ihr grausiges Werk. Ein armenischer Einwohner der Stadt schrieb, dass die Muslime »unbarmherzig Unmengen von Blut vergossen, sie hatten weder vor alten Menschen Respekt, noch kannten sie Mitleid mit den unschuldigen, lämmergleichen Kindern«. Die wenigen, denen es gelang, die innere Festung zu erreichen, hielten noch zwei weitere Tage aus, doch am 26. Dezember befand sich die gesamte Stadt in den Händen der Muslime.

Die Eroberung Edessas war für Zangi ein Gelegenheitssieg gewesen, für die Franken dagegen stellte sie eine vollkommene Katastrophe dar. Allein schon die strategischen Konsequenzen waren im höchsten Maß alarmierend. Nun, da ihre Hauptstadt verloren war, stand die umliegende lateinische Grafschaft ebenfalls am Rand des Ruins. Und wenn dieser nördlichste Kreuzfahrerstaat fiel, waren der Kontakt und die

Kommunikation zwischen den muslimischen Mächten Mesopotamiens und Syriens wesentlich erleichtert und erheblich sicherer als bisher. Vor diesem Hintergrund sah auch die Zukunft des Fürstentums Antiochia finster aus: Sein nördlicher Nachbar und Verbündeter hatte sich in einen Feind verwandelt, und gleichzeitig befand sich sein Gegner Aleppo im Aufwind. Die Gefahr eines Dominoeffekts, mit dem Schwäche und Verwundbarkeit sich in den Süden fortpflanzen und nach und nach zum Zusammenbruch der noch übrig gebliebenen lateinischen Staaten führen konnten, war nur zu offensichtlich. Der fränkische Chronist Wilhelm von Tyrus spricht von der »verhängnisvollen Katastrophe« des Jahres 1144 und bemerkt, dass nun die sehr reale Gefahr bestand, dass die muslimische Welt »den gesamten Osten ungehindert überrannte«.[25] Der Schock, den dieses Ereignis auslöste, muss gewaltig gewesen sein. Nie zuvor war eine der vier großen Hauptstädte von Outremer vom Islam erobert worden. Edessa, die erste Stadt im Osten, die von den Kreuzfahrern erobert worden war, hatte fast ein halbes Jahrhundert unangetastet überstanden. Nach dem plötzlichen Verlust der Stadt durchlief ein Schauder der Furcht und der bösen Vorahnungen die gesamte lateinische Levante, der Zuversicht und Moral nachhaltig untergrub. Das Bewusstsein von der Unbesiegbarkeit der Christen löste sich in Luft auf; der Traum von Outremer – von einer dauerhaften, durch das Wirken Gottes gefestigten Besiedelung des Heiligen Landes – war zerschlagen. Und was die Sache noch schlimmer machte: Zangi, lange Zeit nur eine ferne, ungreifbare Bedrohung, würde wohl wissen, wie er von seinem Sieg profitieren konnte, und den Islam zu noch größeren Anstrengungen im Krieg um die Herrschaft im Vorderen Orient anstacheln.

Als diese schlimmen Nachrichten in Europa eintrafen, fanden sie sogleich ihren Niederschlag in den Schriften des berühmten Abts Bernhard von Clairvaux; in einem Brief heißt es: »[…] die Erde bebt, weil der Herr des Himmels sein Land verliert […]. Der Feind des Kreuzes beginnt, dort sein lästerliches Haupt zu erheben und mit dem Schwert jenes gesegnete Land, jenes Land der Verheißung zu verwüsten.« Bernhard warnte vor der Gefahr, dass das heilige Jerusalem selbst, »die wahre Stadt des lebendigen Gottes«, eingenommen werden könnte. Die Antwort des lateinischen Ostens, aber auch der gesamten abendländischen Christenheit konnte nur der Aufruf und Aufbruch zu einem neuen Kreuzzug sein.[26]

6

Die Wiedergeburt der Kreuzzugsidee

Die Einnahme Edessas erschütterte die Levante. Im Jahr 1145 reisten fränkische und armenische Gesandte nach Europa, um die verhängnisvollen Nachrichten zu überbringen und die tödliche Gefahr zu schildern, die nun sämtlichen Christinnen und Christen im Vorderen Orient drohe. Als Reaktion darauf sollte die lateinische Welt eine riesige militärische Unternehmung in Gang setzen, die unter der Bezeichnung »zweiter Kreuzzug« in die Geschichte einging.[1] Zum ersten Mal waren unter den Beteiligten auch Könige aus Westeuropa, und nach einer gewaltigen Rekrutierungskampagne machten sich ungefähr 60 000 Menschen auf den Weg in den Orient, um Outremer zu retten. Gleichzeitig wurden die Kriege für das Kreuz zu neuen Schauplätzen getragen, auf die Iberische Halbinsel und ins Baltikum. Es handelte sich also um einen gewaltigen, so noch nicht da gewesenen Ausbruch der Begeisterung für den Kreuzzugsgedanken; er übertraf sogar die Begeisterung in den Jahren nach 1095. Vermochte dieser Enthusiasmus den Erfolg zu garantieren? Und wie würde dieses Wiederaufleben des christlichen »heiligen Krieges« die zukünftige Geschichte der Kreuzzüge beeinflussen?

Der Kreuzzugsgedanke im frühen 12. Jahrhundert

Die stürmische Reaktion im lateinischen Europa auf die Aufrufe zum zweiten Kreuzzug lässt sich angemessen nur vor dem Hintergrund der Entwicklungen verstehen, die sich in der ersten Hälfte des 12. Jahrhunderts im Zusammenhang mit der Kreuzzugsvorstellung vollzogen. Die »wundersame« Eroberung des Heiligen Landes durch die ersten Kreuzfahrer hatte in der Levante einen fragilen lateinischen Vorposten entstehen lassen; sie schien einen sicheren Beweis zu liefern, dass Gott diese neue Mischung aus Pilgerschaft und Kriegsführung billigte. Unter diesen Umständen wäre zu erwarten gewesen, dass die ersten Jahrzehnte des 12. Jahrhunderts von einer Flut kreuzzugsähnlicher Aktivitäten geprägt waren, dass Westeuropa also diese Ausdehnung des christlichen »heiligen Krieges« begeistert annehmen und Outremer verteidigen würde. Das war jedoch nicht der Fall. Die Erinnerung an den ersten Kreuzzug behielt zwar ihre Ausstrahlung, doch in den Jahren vor 1144 gab es nur wenige kleinere »Kreuzzüge«. Das lag zum Teil daran, dass viele im ersten Kreuzzug ein einzigartiges, erstaunliches Ereignis sahen, das eigentlich nicht wiederholt werden konnte. Jahrhundertelang betrachtete man die bewaffnete Pilger-Massenbewegung, die nach der Predigt Urbans II. im Jahr 1095 in Gang kam, aus der Perspektive der später Geborenen als den ersten in einer fortgesetzten Reihe von Kreuzzügen, das heißt als den Beginn der Kreuzzugsbewegung. Doch war diese »Zukunft« im frühen 12. Jahrhundert noch überhaupt nicht absehbar, und die Kreuzzugsidee musste sich erst noch herausbilden.

Bis zu einem gewissen Grad kann dieser Mangel an Enthusiasmus und die nur begrenzte ideologische Ausdifferenzierung durch äußere Umstände erklärt werden. Der Spielraum des Papstes, sich die Kreuzzugsidee zunutze zu machen und sie weiterzuentwickeln, war durch einige Faktoren eingeschränkt: zunächst durch ein päpstliches Schisma zwischen 1124 und 1138, als mehrere Gegenpäpste um das höchste Amt stritten; dazu kam der wachsende Druck auf Rom durch die rivalisierenden Mächte im Heiligen Römischen Reich im Norden und durch das aufstrebende normannische Königreich Sizilien im Süden. Einige dieser Probleme waren auch in der Zeit des zweiten Kreuzzugs noch spürbar – im Jahr 1145 war es dem Papst nicht einmal möglich, sich in Rom aufzuhalten. Ähnliche Erschütterungen bewegten die weltlichen Stände. Deutschland war von internen Machtkämpfen zerrissen, die beiden Adelsgeschlechter der Staufer und der Welfen stritten sich um die Macht. England hatte während der stürmischen Regierungszeit von König Stephan (1135–1154), dem Sohn des Kreuzritters Stephan von Blois, unter einem Bürgerkrieg zu leiden. Unter den Kapetingern erfreute sich die französische Monarchie größerer Stabilität, doch fing sie ja auch gerade erst an, ihre Autorität über die Grenzen ihres Territoriums um Paris herum geltend zu machen.

Es gibt einen weiteren Aspekt der Kreuzzugsideologie, der möglicherweise mit der Grund war, warum eine neue Anwerbung nur schleppend in Gang kam. Die Prediger des ersten Kreuzzugs erwähnten zwar die spirituelle oder soziale Verpflichtung, das Heilige Land zurückzuerobern, doch im Wesentlichen kam die Unternehmung von 1095 deswegen bei den lateinischen Christen so gut an, weil sie als ein zutiefst persönlicher Akt von Frömmigkeit vorgestellt wurde. Tausende nahmen das Kreuz, weil sie sich von der Teilnahme am »heiligen Krieg« Vergebung ihrer Sünden versprachen. Der Grund für die Teilnahme am Kreuzzug war Frömmigkeit, doch handelte es sich gewissermaßen um eine eigennützige Form von Frömmigkeit. Die bewaffnete Pilgerfahrt in den Osten war eine äußerst mühevolle, gefährliche und teure Unternehmung; die Teilnahme an einem Kreuzzug war also ein sehr extremer Weg zum Heil. Viele zogen gebräuchlichere, leichter zugängliche Bußaktivitäten vor: Gebet, Almosengeben, Wallfahrten zu heiligen Orten in der näheren Umgebung. In den folgenden Jahrzehnten und Jahrhunderten sollte sich zeigen, dass eigentlich nur welterschütternde Katastrophen in Verbindung mit machtvollen Predigtaktivitäten und der aktiven Teilnahme des hohen Adels Kreuzzugsbewegungen größeren Ausmaßes anstoßen konnten.

Das heißt nun nicht, dass es zwischen 1101 und 1145 keinen Kreuzzug gab. Einige Kirchenmänner und auch ein paar Adlige machten zweifellos sporadische Versuche, in dieser Zeit den ersten Kreuzzug zu wiederholen oder nachzuahmen, indem sie durch Predigten oder aktive Teilnahme Unternehmungen beförderten, die einige oder auch alle Merkmale dessen aufwiesen, was sich irgendwann als notwendige Elemente eines Kreuzzugs herauskristallisieren sollte: der päpstliche Erlass, das Ablegen eines vorgeschriebenen Gelübdes und das Symbol des Kreuzes an der Kleidung sowie das Versprechen eines geistlichen Lohnes (oder eines Ablasses) im Austausch gegen militärischen Dienst. Doch blieb die eigentliche Natur des Kreuzzugs relativ verschwommen und kaum festgelegt. Grundlegende Fragen – etwa: Wer darf zu einem Kreuzzug aufrufen? Welcher Lohn steht den Teilnehmern zu? Gegen wen darf sich diese Form heiliger Kriegsführung richten? – blieben größtenteils unbeantwortet.

Nach 1120 wurden zwei bedeutende Kreuzzüge in das Heilige Land angestoßen. Dabei war der venezianische Kreuzzug (1122–1124) mit

Sicherheit von Papst Calixtus II. verfügt; zu dem Zug nach Damaskus 1129 rief in Europa wohl Hugo von Payns auf, und der Papst war nur wenig oder gar nicht beteiligt. Zur gleichen Zeit wurde zu Kreuzzügen in Regionen außerhalb der Levante aufgerufen, auch gegen Feinde, die nicht zu den Muslimen des Vorderen Orients gehörten. Die Iberische Halbinsel war schon seit Langem Schauplatz des Konflikts zwischen Muslimen und Christen; auch dort sollte es bald zu Kampfhandlungen kommen, die an die Kreuzzüge erinnerten. Der Anführer des Angriffs einer Allianz aus Katalanen und Pisanern auf die Balearen zwischen 1113 und 1115 trug das Zeichen des Kreuzes auf seiner Schulter; und der Papst gewährte denen, die beim Angriff Aragóns auf Saragossa im Jahr 1118 starben, die vollständige Vergebung ihrer Sünden. Calixtus II., vormals päpstlicher Legat in Spanien und daher vertraut mit den dortigen Verhältnissen, unternahm einen großen Schritt in Richtung einer Formalisierung der Aufgabe von Kreuzzügen auf der Halbinsel. Er veröffentlichte im April des Jahres 1123 ein Schreiben, in dem er die Rekruten ermutigte, ein Gelübde abzulegen, in Katalonien »mit dem Zeichen des Kreuzes auf ihren Gewändern« zu kämpfen; als Gegenleistung sollten sie »dieselbe Vergebung der Sünden erhalten, die wir den Verteidigern der Ostkirche gewährt haben«.

Auch Nichtmuslime gehörten zu den Zielgruppen. Der Kreuzzug Bohemunds von Tarent (1106–1108) richtete sich gegen das christliche Byzanz. Und im Jahr 1135 versuchte Papst Innozenz II. sogar, die Kreuzzugsprivilegien auf diejenigen auszudehnen, die gegen seine eigenen politischen Feinde antraten – er sicherte zu, dass seinen Verbündeten »dieselbe Vergebung« gewährt werden sollte, »die Papst Urban beim Konzil von Clermont denen zusicherte, die sich nach Jerusalem aufmachten, um die Christen zu befreien«.

Trotz dieser ständigen Erwähnung einer »Vergebung der Sünden«, wie sie die ersten Kreuzfahrer erhalten hätten, blieb die Formulierung des geistigen Lohnes, der den Kreuzfahrern in Aussicht gestellt wurde, unklar und vieldeutig. Es blieben Fragen offen, die viele Theologen und auch die Kreuzfahrer selbst beunruhigen mussten: Würden durch eine Teilnahme alle Sünden erlassen oder nur die gebeichteten? Erlangten alle, die bei einem Kreuzzug starben, den Status eines Märtyrers? Bernhard, Abt von Clairvaux und Förderer der Tempelritter, setzte sich mit einer der dornigsten theologischen Schlussfolgerungen des Kreuzzugsgedankens auseinander. Als das Papsttum zum ersten Kreuzzug aufrief, hatte es in gewisser Weise unwissentlich eine Büchse der Pandora geöffnet. Der Aufruf, ein Kreuzzugsheer aufzustellen, um den Willen Gottes auf Erden durchzusetzen, konnte die Vermutung nahelegen, dass Gott die Menschen brauchte, dass er also nicht wirklich allmächtig war – ein Gedankengang mit offenkundig explosivem Potenzial. Bernhard behandelte dieses Problem mit der für ihn typischen intellektuellen Wendigkeit. Er argumentierte, dass Gott aus Liebe nur so tat, als sei er bedürftig; er habe die Bedrohung des Heiligen Landes bewusst arrangiert, damit Christen die Möglichkeit hätten, sich auf diese neue Weise spiritueller Vollkommenheit anzunähern. Der Abt verteidigte also die Kreuzzugsidee und warb gleichzeitig für ihre spirituelle Wirksamkeit. Er sollte dann bei der Verkündung des zweiten Kreuzzugs eine zentrale Rolle spielen, doch zunächst übernahmen andere die Aufgabe, zum Kreuzzug aufzurufen.[2]

Der Aufruf zum zweiten Kreuzzug

Im Jahr 1145 wandten sich die levantinischen Christen mit ihren Gesuchen um europäische Hilfe sowohl an kirchliche als auch an weltliche Instanzen. Ein Empfänger der Aufrufe war Papst Eugen III., ein ehemaliger Zisterziensermönch und Protegé Bernhards von Clairvaux. Seit Anfang dieses Jahres saß er auf dem Papstthron. Seine Situation war alles andere als ideal. Vom Beginn seiner Amtszeit an war er in einen schon lange schwelenden Streit mit den Bewohnern Roms wegen der weltlichen Oberherrschaft über die Stadt verstrickt, und er musste im Exil leben. Selbst als er sich entschloss, zu einem großen neuen Kreuzzug aufzurufen, war er gezwungen, sich hauptsächlich in Viterbo, gut 70 Kilometer nördlich des Lateranpalastes, aufzuhalten.

Gesandte aus Outremer suchten außerdem Ludwig VII. auf, den kapetingischen Herrscher Frankreichs – eines Landes, in dem der Kreuzzugsgedanke besonders tief verwurzelt war. Ludwig war im Jahr 1137 zum König gekrönt worden und jetzt Mitte zwanzig; er hatte neuen Schwung und jugendliche Vitalität auf den Thron gebracht. Häufig hat man ihn ganz pauschal als »sehr fromm« bezeichnet. Seine frühe Regierungszeit war jedoch geprägt von hitzigen Streitigkeiten mit Rom wegen des Vorgehens der französischen Krone bei der Ernennung kirchlicher

Würdenträger sowie einer scharfen Auseinandersetzung mit dem Grafen der Champagne. Der Vorgänger Eugens III. hatte das Herrschaftsgebiet der Kapetinger geradezu unter päpstliches Interdikt gestellt (und zeitweise das gesamte Königreich exkommuniziert). Im Jahr 1143, auf dem Höhepunkt des Streites mit der Champagne, griffen Ludwigs Soldaten zu der brutalen Maßnahme, eine Kirche in Vitry, in der sich über 1000 Menschen aufhielten, bis auf die Grundmauern niederzubrennen – eine Gräueltat, die der König später bereut zu haben scheint. Um das Jahr 1145 herum hatte sich der junge König mit dem Papst wieder versöhnt, und seine glühende Frömmigkeit verband sich mit eifriger Bußfertigkeit. Die Nachricht vom Schicksal Edessas wühlte ihn auf, und die Gelegenheit, ein Heer zur Befreiung der Kreuzfahrerstaaten anzuführen, war ihm hochwillkommen.

Eugen III. und Ludwig VII. scheinen gemeinsam geplant zu haben, zu einem Kreuzzug aufzurufen, doch im ersten Anlauf war ihnen kein Erfolg beschieden. Die päpstliche Kurie (das Verwaltungsorgan des Heiligen Stuhles) formulierte eine Bulle, die am 1. Dezember 1145 einen neuen Ruf zu den Waffen ankündigte, doch erreichte dieses Schreiben Ludwig nicht rechtzeitig zur Versammlung seines Hofes zur Feier des Weihnachtsfestes im zentralfranzösischen Bourges. Als der Monarch seine Absicht kundtat, das Kreuz zu nehmen und im Heiligen Land Krieg zu führen, war die Reaktion sehr gedämpft. Eugen III. brachte seine Bulle in fast identischer Form drei Monate später noch einmal heraus, und bei einer zweiten kapetingischen Versammlung in Vézelay zu Ostern 1146 kam seine Botschaft wesentlich besser an. Ab diesem Augenblick sprang der Funke der Kreuzzugsleidenschaft wieder über, und während des gesamten folgenden Jahres und darüber hinaus bahnte er sich seinen Weg durch ganz Europa. Das offizielle Schreiben des Papstes, das nach seinen ersten lateinischen Worten als »Quantum praedecessores« bezeichnet wird, war ein wesentlicher Bestandteil dieses Prozesses. Es fand in den Jahren 1146 und 1147 im gesamten lateinischen Westen weite Verbreitung, wurde bei zahlreichen öffentlichen Versammlungen und Massenkundgebungen verlesen und bildete die Vorlage für die Predigtaufrufe zum zweiten Kreuzzug in Europa. Diese Kreuzzugsbulle verfolgte zwei zusammenhängende Ziele: Einerseits sollte die offizielle päpstliche Haltung zu dem Feldzug formuliert werden, vor allem sollte dargelegt werden, von welcher Seite sich der Papst Hilfe erhoffte und welche Privilegien und Belohnungen damit verbunden sein sollten; andererseits sollte die Anwerbung von Teilnehmern angekurbelt werden, indem Anlass und Dringlichkeit des Kreuzzugs herausgestellt wurden.

Ein halbes Jahrhundert zuvor hatte Papst Urban II. mit seiner Predigt von Clermont zum ersten Kreuzzug aufgerufen; da jedoch von dieser Predigt keine genauen Aufzeichnungen überliefert sind, haben alle Rekonstruktionsversuche von Urbans Ideen und Absichten etwas Spekulatives an sich. Im Gegensatz dazu kann man die Entstehung des zweiten Kreuzzugs zwar nicht auf eine einzige zündende Ansprache zurückführen, doch gestatten es uns die vorliegenden Abschriften von »Quantum praedecessores«, wesentlich genauer die Gedankengänge zu erkennen, die hinter dieser Unternehmung standen, und die Art, wie sie verbreitet wurden.

Eines springt beim Studium der Bulle Eugens III. sofort ins Auge: Die Erinnerung an den ersten Kreuzzug war ein zentraler Bestandteil seiner Vision eines neuen Aufbruchs. Um den eigenen Ruf zu den Waffen nicht nur zu legitimieren, sondern auch zu verstärken, bezog er sich wiederholt auf die Ereignisse des Jahres 1095. Eugen stellte fest, dass er durch das Beispiel »unseres Vorgängers seligen Angedenkens, des Papstes Urban« dazu inspiriert worden sei, zum zweiten Kreuzzug aufzurufen, und er erklärte, der geistige Lohn, der damit zu erwerben war, sei genau derselbe wie »der, den unser vorher erwähnter Vorgänger in Aussicht gestellt hat«. Auch einige Ideen, die Urban in Clermont formuliert hatte, klangen an. Eugen III. wies verschiedentlich mit Nachdruck darauf hin, dass er einen höheren Auftrag habe, eine »Autorität, die uns von Gott verliehen ist«, diesen »heiligen Krieg« zu entfesseln. Auch er beschrieb den Kreuzzug als gerechte Reaktion auf die muslimische Aggression: Er betonte, dass Edessa »von den Feinden des Kreuzes Christi erobert« worden sei, und schilderte, wie Männer der Kirche getötet und die heiligen Reliquien »unter den Füßen der Ungläubigen zertrampelt« worden seien. Diese Ereignisse, so der Papst, bedeuteten eine »große Gefahr für die gesamte Christenheit«.

Gleichzeitig ging er mit dem Bereich der Erinnerung und dem Thema einer beispielhaften Vergangenheit in »Quantum praedecessores« in einer nicht nur neuartigen, sondern auch außerordentlich wirkungsvollen Weise um. Der Papst erklärte, dass Christen das Kreuz nehmen sollten in Erinnerung an ihre Vorväter, die »ihr eigenes Blut« hingaben, um Jerusalem »vom Schmutz der Heiden« zu befreien. »Was durch die Anstrengungen eurer Väter errungen wurde, sollte von euch energisch verteidigt werden«, so lautete die päpstliche Mahnung, denn wenn das nicht geschehe, dann »wird sich erweisen, dass die Tapferkeit der Väter in den Söhnen geschwächt ist«. Mit diesem mächtigen Bild machte er sich die kollektive Erinnerung an den ersten Kreuzzug zunutze und zielte darauf ab, Vorstellungen von Ehre und familiärer Verpflichtung aufzurufen.

Die päpstliche Bulle erklärte zwar die neue Unternehmung zu einer Wiederbelebung des ersten Kreuzzugs, doch tatsächlich modifizierte sie viele Ideen Urbans II. oder entwickelte sie weiter. Ein offensichtliches Problem war von Anfang an die Anwerbung einer ausreichenden Zahl der »richtigen« Art von Kreuzfahrern gewesen (d. h. solcher, die kämpfen konnten). Der Zug des Jahres 1095 war als eine Art Pilgerfahrt dargestellt worden, aber da diese Bußpraxis traditionell einerseits ein freiwilliger Akt war, andererseits aber jedem Christen offenstand, war es für das Papsttum schwierig gewesen, die Zahl der nicht kämpfenden Teilnehmerinnen und Teilnehmer einzuschränken – von Frauen und Kindern bis hin zu Mönchen und Bettlern. Die Kreuzzüge im frühen 12. Jahrhundert hatten sich unterdessen schwer damit getan, größere Menschenmengen zu begeistern. In den 1140er-Jahren war das Gefälle zwischen dem populären, ekstatischen Element der Kreuzzugsbewegung und einem zunehmenden Hang zu regulativer Festschreibung und päpstlicher Kontrolle mit Händen zu greifen. Die Kirche sollte mit diesem Dilemma, den Enthusiasmus des Volkes zu zügeln und zu lenken, ohne dadurch die Glut der Leidenschaft auszulöschen, noch jahrzehntelang zu kämpfen haben. Mit der Bulle »Quantum praedecessores« machte sie einen eher halbherzigen Versuch, dieses Problem anzugehen, indem sie empfahl, dass »diejenigen, die auf Gottes Seite stehen, vor allem aber die Mächtigeren und Vornehmeren« am Kreuzzug teilnehmen sollten, doch konnte diese Formel das Problem nicht lösen, Elitenauswahl und Appell an die Massen auszubalancieren.

Eugen verbesserte auch die verschiedenen Schutzmaßnahmen und Privilegien für die Kreuzfahrer entscheidend. Seine Bulle verkündet, dass die Kirche während der Zeit der Abwesenheit der Kreuzfahrer »ihre Frauen und ihre Kinder, ihre Güter und ihren Besitz« beschützen werde; es dürfe außerdem »bis zu dem Zeitpunkt, wenn sicher feststeht, dass sie gestorben sind, beziehungsweise bis zu ihrer Rückkehr« kein Prozess um das Eigentum der Kreuzfahrer geführt werden. Schließlich wurde ein Kreuzfahrer für die Zeit seiner Abwesenheit von etwaigen Zinszahlungen befreit.

Der größte Fortschritt wurde beim versprochenen Ablass erzielt. Die Formulierung Urbans II. im Jahr 1095 war nicht eindeutig gewesen, die Kreuzzugsbulle hingegen schuf nun die nötige Klarheit mit der Zusicherung, dass der Papst den Teilnehmern »Nachlass und Vergebung ihrer Sünden gewährt«; und erklärte, dass derjenige, »der in frommer Gesinnung eine so heilige Reise antritt und vollendet oder während der Reise stirbt, die Absolution von all seinen Sünden erlangen [wird], die er mit zerknirschtem, demütigem Herzen gebeichtet hat«. Eugen III. gab keine pauschale Heilsgarantie, doch versicherte er, dass der geistige Ertrag des Kreuzzugs auch dem zufallen sollte, der nicht zu Tode kam.

Durch ihre präzisen Formulierungen und die weite Verbreitung prägte diese päpstliche Bulle den zweiten Kreuzzug und bewirkte, dass die Kreuzzugspredigten viel einheitlicher in der Botschaft wurden. Sie trug entscheidend dazu bei, die Vorstellung zu verfestigen, dass ein Kreuzzug von Rechts wegen durch den Papst verkündet werden musste. Die möglicherweise noch größere Bedeutung für die Kreuzzugsgeschichte kommt dem Dokument aufgrund seiner Nachwirkung zu. Die päpstliche Kurie war naturgemäß eine Institution, in der der Blick zurück eine bedeutende Rolle spielte. Wenn es darum ging, eine Entscheidung oder eine Erklärung zu formulieren, suchten die päpstlichen Beamten grundsätzlich nach Präzedenzfällen in der Vergangenheit. In diesem Zusammenhang wurde die Bulle »Quantum praedecessores« zum Fixpunkt des Kreuzzugswesens: Sie enthielt die offizielle Erinnerung an das, was Papst Urban II. im Jahr 1095 wahrscheinlich gepredigt hatte, und bewahrte außerdem bestimmte Vorstellungen über das Wesen des ersten Kreuzzugs. Seit der zweiten Hälfte des 12. Jahrhunderts definierte die Bulle den Geltungsbereich, die Identität und die Praxis der Kreuzzüge. Spätere Päpste sollten dieses Dokument als Vorlage benutzen, einige übernahmen es sogar unverändert.

Dabei blieb die Bulle auf eine entscheidende Frage eine klare Antwort schuldig: Welches war das eigentliche Ziel des zweiten Kreuzzugs? Das Schicksal Edessas wurde zwar hervorgehoben, doch es fehlte die explizite Aufforderung, die Stadt zurückzuerobern, und Zangi, der Feind, wurde namentlich nicht genannt. Stattdessen wurden die Kreuzfahrer ermahnt, »die Ostkirche […] zu verteidigen« und »die vielen Tausende unserer gefangenen Brüder« zu befreien, die sich derzeit in der Hand der Muslime befanden. Genaue Angaben fehlten wohl auch deshalb, weil man zu einem strategisch realistischen Ziel in den Jahren 1145 und 1146 tatsächlich keine präzisen Aussagen machen konnte, doch sollte das der gesamten Unternehmung in der Zukunft immer wieder Streitigkeiten bezüglich Richtung und Zielsetzung bescheren.[3]

Dieses Manko in der Formulierung der Bulle spiegelte zudem ein tieferes Problem in der Beziehung zwischen der Kreuzzugsbewegung und den Kreuzfahrerstaaten wider. Am Ende passte beides auf tragische Weise nicht zusammen. Ein Kreuzzug war eigentlich eine geistliche, auf den einzelnen Menschen bezogene fromme Übung von begrenzter Dauer, durchgeführt von Individuen mit je eigenen Vorstellungen, Absichten und Zielen (darunter nicht zuletzt dem Ziel, als Pilger die heiligen Stätten aufzusuchen). Die fränkischen Niederlassungen im Orient hingegen brauchten, um zu überleben, militärische Verstärkung: zuverlässige, gehorsame Soldaten, die bereit waren, das zu tun, was ihnen von den Herrschern in Outremer befohlen wurde.

Ein Heiliger spricht – Bernhard von Clairvaux und der zweite Kreuzzug

Die Bulle »Quantum praedecessores« von Papst Eugen III. rief zum zweiten Kreuzzug auf. Der Text, explizit als Predigthandreichung entworfen, die leicht vom Lateinischen in die Volkssprachen des Abendlands übersetzt werden konnte, bildete den Kern der Kreuzzugsbotschaft, die in den Jahren 1146 und 1147 verbreitet wurde. Allerdings war der Papst, der nicht einmal mehr Mittelitalien in der Hand hatte, außerstande, eine ausgedehnte Predigtkampagne nördlich der Alpen durchzuführen. Er wandte sich deswegen an Bernhard, den Abt von Clairvaux.

Bernhard war der mächtigste und einflussreichste Prediger des zweiten Kreuzzugs. Er hat vor allen anderen Kirchenmännern die Botschaft der päpstlichen Bulle verbreitet und dem Volk zugänglich gemacht. In Burgund um das Jahr 1090 herum geboren, trat Bernhard mit 23 Jahren einer Gemeinschaft von Benediktinern bei, die sich kurz zuvor in Cîteaux zusammengefunden hatte, und errang rasch größte Bekanntheit. Nach nur zwei Jahren erhielt er den Auftrag, in Clairvaux ein neues Zisterzienserkloster (mit einer Gemeinschaft, die nach den Regeln von

Cîteaux lebte) zu gründen, und sein Ruhm verbreitete sich schnell im ganzen lateinischen Westen. Bernhard war als Redner und eifriger Briefschreiber berühmt, er pflegte eine rege Korrespondenz mit zahlreichen politischen und kirchlichen Größen seiner Zeit und gehörte selbst zu den herausragendsten Gestalten des 12. Jahrhunderts.

Der Einfluss des Abtes nahm in dem Maß zu wie der des Zisterzienserordens, zu dem er gehörte. Diese neue monastische Bewegung wurde im Jahr 1098 gegründet und verbreitete sich schnell in ganz Europa; ihr Anliegen war eine strenge Interpretation der Regel des heiligen Benedikt von Nursia, die den Alltag der Mönche bestimmte und äußerste Schlichtheit in der Lebensführung forderte. Die zisterziensische Bewegung wuchs schnell – von zwei Konventen im Jahr 1113 auf 353 im Jahr 1151. In der Mitte des 12. Jahrhunderts befand sich Cîteaux auf dem gleichen, wenn nicht auf höherem Niveau als die etablierten Formen des Mönchtums wie etwa in Cluny. Diese Verschiebung machte sich sogar in der Herkunft einzelner Päpste bemerkbar: Während Urban II. aus dem Umkreis von Cluny stammte, war Eugen III. vor seiner Erhebung zum Papst Mönch in Clairvaux gewesen.[4]

Seine erste Kreuzzugspredigt hielt Bernhard vor einer riesigen Versammlung in Vézelay in der Osterwoche des Jahres 1146. Der Schauplatz dieses Treffens, den der Papst und der König von Frankreich gemeinsam als Ort für die Erneuerung der Kreuzzugsidee bestimmt hatten, war höchst bedeutsam: Vézelay, im burgundischen Zentrum des Mönchtums von Cluny und des Zisterzienserordens gelegen, hatte für eine Anwerbungsversammlung die perfekte Lage. Von dort brachen auch die Pilger nach Santiago de Compostela auf, also gab es bereits eine enge Beziehung zum Pilgerwesen; außerdem erhob sich dort die herrliche Abteikirche der heiligen Maria Magdalena.

Die Versammlung in Vézelay war von bisher nicht da gewesenen Ausmaßen. Das Konzil von Clermont im Jahr 1095 war weitgehend eine innerkirchliche Veranstaltung gewesen; nun, im Jahr 1146, versammelte sich die Blüte des west- und nordwesteuropäischen Adels. König Ludwig VII. kam in Begleitung seiner schönen, eigenwilligen jungen Gemahlin Eleonore, der Erbin des ungeheuer mächtigen Herzogtums Aquitanien.

Die Hochzeit hatte im Jahr 1137 stattgefunden, als sie 15 Jahre alt war und Ludwig (im Alter von 17 Jahren) kurz vor der Thronbesteigung stand, doch kühlte die anfängliche Leidenschaftlichkeit in ihrer Ehe ein wenig ab, als der König frömmer wurde. Die spürbar lebensfrohe Eleonore sollte Ludwig auf dem Kreuzzug begleiten; die später kolportierte Geschichte, sie habe ein Heer von Amazonen angeführt, gehört allerdings ins Reich der Legende.

Auch Robert, Graf von Dreux und Bruder des Königs, war in Vézelay, und neben ihm mehrere andere fränkische Potentaten, viele aus Familien mit historischer Verbindung zum Kreuzfahrertum. Dazu gehörten Graf Thierry von Flandern, der wahrscheinlich schon in den späten 1130er-Jahren eine Pilgerfahrt nach Jerusalem unternommen hatte; und Graf Alfons Jordan von Toulouse, der Sohn des Kreuzzugsfeldherrn Raimund und Verwandter der lateinischen Herrscher von Tripolis. Mit den zahlreichen Adligen kamen so große Scharen von Menschen, dass die Versammlung außerhalb der Kirche abgehalten werden musste. Von einer erhöhten, rasch zusammengenagelten hölzernen Plattform aus hielten am Ostersonntag der König und der Abt ihre mitreißenden Ansprachen. Das Gewand des Königs war bereits mit einem Kreuz geschmückt, das ihm der Papst eigens zugesandt hatte, und ein Zeuge erinnert sich, dass nach dem Ende der aufwühlenden Rede des Abtes »jeder in der Menge laut nach Kreuzen verlangte. Als [Bernhard] das vorbereitete Bündel von Kreuzen verteilt – ja, wir können sagen: ausgesät – hatte, sah er sich gezwungen, seine Kleidung zu zerreißen und auszuteilen [...].« Der Andrang war offenbar so gewaltig, dass das hölzerne Podium zusammenbrach; glücklicherweise wurde niemand verletzt (was seinerseits wieder als Zeichen göttlicher Gunst gedeutet wurde).

Die Versammlung in Vézelay war ein enormer Erfolg und löste ansteckende Begeisterung aus, doch musste der Ruf zu den Waffen, um sein volles Potenzial zu entfalten, noch weiterverbreitet werden. Mit diesem Ziel vor Augen ergriff Bernhard mehrere Maßnahmen. Es wurden weitere Prediger ernannt, die die Botschaft in sämtliche Regionen Frankreichs tragen sollten; viele Hundert Briefe, in denen der Wert des Kreuzzugsgedankens gepriesen wurde, wurden in andere Länder geschickt, darunter England, Norditalien und die Bretagne. In diesen Sendschreiben bekommt die für den Kreuzzug werbende Sprache des Abtes teilweise fast schon marktschreierische Züge. In einem Brief bezeichnet er die Unternehmung als einmalige Gelegenheit, die Sünde zu besiegen: »Dieses Zeitalter gleicht keinem der vergangenen; eine neue Überfülle göttlicher Gnade ergießt sich vom Himmel; selig, die dieses Jahr erleben, das dem Herrn gefällt, dieses Jahr der Vergebung. […] Ich sage euch: Der Herr hat noch an keiner Generation zuvor so gehandelt.« In einem anderen Brief ermutigt er die Christen, »die Gelegenheit nicht ungenutzt verstreichen zu lassen«, für Gott zu kämpfen und sich dadurch »Lohn« zu verdienen, »die Vergebung ihrer Sünden und ewigen Ruhm«.[5]

Gleichzeitig begab sich Bernhard selbst, obwohl er bereits weit über fünfzig und körperlich gebrechlich war, auf eine ausgedehnte Rundreise durch Nordostfrankreich, Flandern und Deutschland, und überall, wo er auftrat, löste er wahre Anwerbungswellen aus. Im November 1146 traf der Abt Konrad III., den deutschen König, damals wohl der mächtigste weltliche Herrscher der gesamten lateinischen Christenheit. Er war zwar schon 50 Jahre alt, aber bisher noch nicht vom Papst gesalbt worden und durfte daher auch nicht wie seine Vorgänger den Kaisertitel führen, doch schien es nur noch eine Frage der Zeit zu sein, dass ihm diese Ehre zuteilwerden sollte. Während des ersten Kreuzzugs waren das Papsttum und der deutsche König in einen erbitterten Streit verstrickt gewesen, der jegliche Hoffnung auf eine direkte Beteiligung des Staufers an der Unternehmung zunichtemachte. Doch in der Mitte des 12. Jahrhunderts hatten sich die Beziehungen zwischen den beiden Mächten entscheidend verbessert. Konrad hatte sich als treuer und wertvoller Verbündeter des Papstes erwiesen, nicht zuletzt gegen die normannischen Vorstöße von Süden her; er hatte außerdem, als er wahrscheinlich in den 1120er-Jahren die Levante besuchte, seine Verbundenheit mit dem Heiligen Land gezeigt. Trotzdem war Konrad anfänglich nicht gewillt, das Kreuz zu nehmen, denn er war sich der Gefahr nur zu bewusst, dass während seiner Abwesenheit politische Rivalen wie Welf, der Herzog von Baiern, nach der Krone greifen könnten. Als sich Bernhard und Konrad zum ersten Mal in Frankfurt trafen und der Abt den König aufforderte, sich dem Kreuzzug anzuschließen, sträubte sich dieser zunächst.

Die Reaktion des Abtes bestand darin, sich im Winter auf eine weitere strapaziöse Predigtreise zu begeben; er hielt Ansprachen in Freiburg, Zürich, Basel und an anderen Orten. Zahlreiche Wunder, so wird berichtet, hätten seine Reise begleitet – über 200 Gelähmte wurden offenbar geheilt, Dämonen wurden ausgetrieben, sogar ein Toter soll auferweckt worden sein. Und obwohl Bernhard nicht Deutsch sprach und für seine Predigten einen Dolmetscher brauchte, erreichten seine Worte dennoch, dass die Zuhörerinnen und Zuhörer »Ströme von Tränen« vergossen. Im November und Dezember ließen sich Hunderte, wenn nicht Tausende anwerben. Und es war sicher kein Zufall, dass seine Reiseroute den Abt auch in die Nähe des Herzogtums Baiern führte und dass seine Reise von der erfolgreichen Anwerbung des Herzogs Welf selbst gekrönt wurde.

Im Aufwind dieses Erfolgs kehrte Bernhard am 24. Dezember noch einmal zu Konrad nach Speyer zurück. Der Abt predigte im Lauf dieser Weihnachtsfeiertage wieder öffentlich, und dann, am 27. Dezember, wurde er vom König zu einer Privataudienz empfangen. Am Tag danach nahm Konrad endlich das Kreuz. Man ist sich unter Historikerinnen und Historikern bis heute nicht einig, wie groß der Einfluss Bernhards bei dieser Entscheidung war; einige sind der Meinung, dass er den König gegen dessen Willen zur Teilnahme gedrängt habe, andere gehen im Gegenteil davon aus, dass Konrad seine Entscheidung schon zuvor selbst gefällt habe. Es trifft zwar zu, dass von Zeitgenossen erwähnt wird, die »gewohnte Freundlichkeit« des Abtes sei, um den König auf seine Seite zu ziehen, durchsetzt gewesen mit düsteren Warnungen vor dem unmittelbar bevorstehenden Weltende, doch war es wohl letztlich die Anwerbung Welfs von Baiern, die den Ausschlag gab.

Ungeachtet dieser Diskussion ist und bleibt Bernhard von Clairvaux die wichtigste Kraft hinter den Aufrufen zum zweiten Kreuzzug. Der Abt selbst gibt an, dass die lateinischen Truppen dank seiner Bemühungen »sich unermesslich vervielfachten« und dass in den Orten, durch die er gekommen war, auf sieben Frauen vielleicht gerade noch ein Mann kam, der sich dem Kreuzzug nicht angeschlossen hatte. Allerdings waren in dieser Phase auch noch andere Personen und Strömungen wirksam. Die Themenkomplexe von Erinnerung und Familienerbe, die in der Kreuzzugsbulle hervorgehoben wurden, hatten deutlichen Einfluss auf die Anwerbungen. Ludwig VII. war durch Verwandtschaft mit dem ersten Kreuzzug verbunden – sein Großonkel Hugo von Vermandois hatte daran teilgenommen. Schaut man sich den Stammbaum anderer Teilnehmer am zweiten Kreuzzug genauer an, kommen ähnliche Verknüpfungen zum Vorschein.[6]

Mittelalterliche Textzeugnisse liegen uns üblicherweise in Form von Dokumenten vor, die von Kirchenmännern geschrieben wurden; daraus folgt, dass die auf uns gekommene Kreuzzugsvorstellung unvermeidlich von der klerikalen Sichtweise geprägt ist. Im Großen und Ganzen müssen sich Forscherinnen und Forscher, die die Geschichte dieser Epoche rekonstruieren wollen, auf Materialien stützen, die von Weltgeistlichen und Mönchen geschrieben wurden. Und diese Quellen unterliegen deutlichen Unwägbarkeiten, Voreingenommenheiten und Aussparungen. Nun war aber an den Kreuzzügen nicht nur die Kirche, sondern auch der Laienstand beteiligt – wie ist es also möglich, die Laienperspektive der Ritter und Soldaten einzunehmen? Eine vielversprechende Möglichkeit bietet das Studium von Liedern, die im Volk gesungen und vorgetragen wurden und eher in der Volkssprache als in Latein abgefasst waren. Solche Lieder spielten mit großer Wahrscheinlichkeit schon gleich zu Beginn der Kreuzzugsepoche eine Rolle, wenn es darum ging, die Anwerbungskampagnen zu intensivieren und die Kampfmoral zu stärken; die ersten Zeugnisse liegen uns allerdings erst aus den 1140er-Jahren vor. Dazu gehört auch das altfranzösische Lied »Ritter, die Verheißung ist groß«, das von höfischen Sängern, den Troubadouren, in den Monaten nach der Versammlung von Vézelay vorgetragen wurde. Sein Refrain und die ersten Strophen lauten:

Wer mit König Ludwig zieht,
Muss die Hölle nie mehr fürchten,
Seine Seele wird ins Paradies gelangen,
Wo die Engel des Herrn wohnen.

Edessa ist, ihr wisst es, erobert,
Und die Christen dort leiden schon lange schlimme Qualen.
Die Kirchen stehen jetzt leer,
Keine Messen werden mehr gesungen.

O Ritter, denkt daran,
Ihr, die ihr für eure Wehrhaftigkeit berühmt seid,
Und dann gebt eure Leiber für den hin,
Der für euch mit Dornen gekrönt wurde.

Dieses rare Zeugnis der Verherrlichung und Werbung für den Kreuzzugsgedanken von weltlicher Seite zeigt deutliche Anklänge an bestimmte Botschaften aus den kirchlichen Predigten: das Versprechen geistlichen Lohns, das Leiden der Christen im Orient, den Kampf im Dienst und in der Nachfolge Christi. Doch die Sprache ist direkter, und es gibt auch bezeichnende inhaltliche Unterschiede. Ludwig VII. wird als eigentlicher Anführer angesprochen, der Papst wird nicht erwähnt. Die komplexe Ablasslehre wird ersetzt durch die argumentativ überschaubare Zusage eines Platzes im »Paradies«. Im weiteren Verlauf des Liedes wird außerdem Zangi als der eigentliche Feind der gesamten Unternehmung genannt. Während also die Kirche mit »Quantum praedecessores« argumentierte und Abt Bernhard den Ruf zu den Waffen verbreitete, bewiesen die Laien, dass sie durchaus in der Lage waren, ihre eigene Vision des zweiten Kreuzzugs zu formulieren.[7]

Das Ideal wird ausgeweitet

Der Verlust von Edessa war die Initialzündung für den zweiten Kreuzzug, und im Jahr 1147 machte sich der Großteil der Heere unter Ludwig VII. und Konrad III. auf den Weg, um in der Levante zu kämpfen. Allerdings war der Wirkungsbereich der Aktivitäten der Kreuzfahrer in den späten 1140er-Jahren nicht auf den Vorderen Orient beschränkt; in dieser Phase beteiligten sich lateinische Soldaten an ähnlichen »heiligen Kriegen« auf der Iberischen Halbinsel und im Ostseeraum. Für einige Beobachter hatte es den Anschein, als habe in einer Art paneuropäischem Kreuzzug das gesamte Abendland zu den Waffen gegriffen. Papst Eugen III. selbst schrieb im April des Jahres 1147, dass »eine so große Menge von Gläubigen aus unterschiedlichsten Gebieten sich auf den Kampf gegen die Ungläubigen vorbereitet [...], dass fast die gesamte Christenheit für diese riesige Aufgabe versammelt zu sein scheint«. Zwei Jahrzehnte später scheint der lateinische Chronist Helmold von Bosau (an der Ostseeküste) diese Sicht bestätigt zu haben, wenn er schreibt, dass »die Initiatoren des Feldzugs es für das Beste hielten, wenn ein Teil des Heeres in das [Heilige Land] entsandt wurde, ein zweiter nach Spanien und ein dritter gegen die Slawen, die ganz in unserer Nähe leben«. Einige Zeitgenossen sahen also im zweiten Kreuzzug eine einzige große Unternehmung, entworfen und geleitet von deren visionären »Initiatoren« Papst Eugen und dem Abt von Clairvaux. In den letzten Jahrzehnten schlossen sich auch moderne Historikerinnen und Historiker dieser Vorstellung an und vertraten die Auffassung, das erstaunliche Engagement für die Kreuzzugsidee zwischen 1147 und 1149 sei ein Resultat bewusster, von Anfang an betriebener Planung vonseiten der römischen Kirche gewesen. Das Papsttum hatte demnach die Macht, die Kreuzzugsaktivitäten zu strukturieren und zu definieren, und es soll einzig auf die elementare Kraft der Predigten für den zweiten Kreuzzug zurückzuführen gewesen sein – auf die ausgesprochen subtile Botschaft der Bulle »Quantum praedecessores« sowie auf Bernhards inspirierende rhetorische Fähigkeiten –, dass es nach 1146 möglich war, die Kreuzzugsaktivitäten in bislang nicht gekanntem Ausmaß auf neue Schauplätze auszudehnen.

Die Kämpfe auf der Iberischen Halbinsel und im Baltikum hatten keine unmittelbaren Auswirkungen auf den Krieg um das Heilige Land, sieht man von einer gewissen Umleitung von Kämpfern und Ressourcen ab. Die Folgen einer solchen Interpretation des zweiten Kreuzzugs sind allerdings gravierend und reichen weit, weil sie sich auf den späteren Umfang und Charakter des christlichen »heiligen Krieges« beziehen. Zwei Fragen sind hier entscheidend: Gab die römische Kirche tatsächlich von sich aus den Anstoß, das Kreuzzugswesen im Zusammenhang mit einem zuvor ausgearbeiteten Entwurf zu erweitern, oder ergab sich diese Entwicklung eher zufällig? Außerdem: Kann man tatsächlich davon ausgehen, dass der Papst in der Mitte des 12. Jahrhunderts die Kreuzzugsbewegung in der Hand hatte?

Die Vorstellung, auch Kriege außerhalb der Levante könnten durch die Kirche gerechtfertigt werden, war sicher nicht neu, und zwischen 1147 und 1149 wurden andere Krisengebiete zweifellos in das Umfeld des zweiten Kreuzzugs mit hineingezogen. Im Sommer 1147 kämpften im Ostseeraum sächsische und dänische Christen als Kreuzfahrer gegen ihre nicht christlichen Nachbarn, die Wenden. Noch deutlicher machte sich der Einfluss des zweiten Kreuzzugs auf der Iberischen Halbinsel bemerkbar. Eine Flotte von gut 200 Schiffen, besetzt mit Kreuzfahrern aus England, Flandern und dem Rheinland, setzte im Mai des Jahres 1147 von Dartmouth aus in Richtung Levante die Segel. Diese Schiffe legten einen Zwischenhalt in Portugal ein, wo sie am 24. Oktober den christlichen König Alfons I. dabei unterstützten, die von den Muslimen besetzte Stadt Lissabon zu erobern. König Alfons VII. von León und Kastilien engagierte sich mit der Unterstützung Genuas in einer weiteren christlichen Offensive, die ebenfalls den Status eines Kreuzzugs hatte. Sie kulminierte im Oktober des Jahres 1147 in der Einnahme von Almería in Andalusien und im Dezember des Jahres 1148 in der Eroberung von Tortosa in Katalonien.

Christliche Soldaten unter dem Banner der Kreuzfahrer kämpften in den späten 1140er-Jahren an vielen verschiedenen Fronten, doch es wäre falsch anzunehmen, dass diese unterschiedlichen Stränge Bestandteil eines einzigen umfassenden Unternehmens gewesen seien, Elemente eines alles umgreifenden, gezielten Planes. Nimmt man die Ereignisse genauer unter die Lupe, so wird klar, dass Zufall und unstrukturierte organische Entwicklungen am Werk waren. Der Zweig des zweiten Kreuzzugs an der Ostsee kam dadurch zustande, dass die Kirche einem bereits schwelenden Konflikt die Kreuzzugsidee überstülpte. Bei der Versammlung in Frankfurt im Mai 1147 gab eine sächsische Delegation Bernhard von Clairvaux zu verstehen, dass ihnen der Gedanke, ins Heilige Land zu ziehen, zutiefst widerstrebe. Stattdessen waren diese Männer damit beschäftigt, in größerer Nähe zu ihrer Heimat gegen ihre nicht christlichen Nachbarn, die Wenden, zu kämpfen. Der Abt bemerkte sehr bald, dass er die Sachsen nicht überreden konnte, an der Hauptunternehmung, dem Zug in den Vorderen Orient, teilzunehmen, doch war er dessen ungeachtet daran interessiert, die Macht und den Einfluss des Papstes auf die Ereignisse in Osteuropa auszudehnen. Daher bezog er diese Aktivitäten in die Kreuzzugssphäre ein und versprach den Beteiligten »dieselben geistlichen Privilegien, wie sie die erhalten, die nach Jerusalem ziehen«; und im April des Jahres 1147 erschien eine Bulle Eugens III., in der diese Zusage bestätigt wurde.

Auch die iberischen Schauplätze des zweiten Kreuzzugs müssen neu bewertet werden. Der Beitrag vonseiten der Kreuzfahrer zur Einnahme Lissabons war mit größter Wahrscheinlichkeit das Ergebnis einer spontanen Entscheidung, die Kämpfe in Portugal zu beenden. Die Feldzüge gegen Almería und Tortosa wurden wohl der Kreuzzugssache nachträglich zugeordnet. Die Teilnehmer aus Katalonien, Südfrankreich und Genua sahen sich offensichtlich auch als Kämpfer in einem »heiligen Krieg«, mit etlichen Anklängen an den ersten Kreuzzug. Aber es gibt keine klaren Hinweise auf eine Beteiligung des Eugen III. an der Planung dieser Kriege oder am Aufruf dazu, und höchstwahrscheinlich wurden sie von den weltlichen christlichen Herrschern auf der Iberischen Halbinsel initiiert und geführt. Die päpstliche Billigung dieser

Unternehmungen, die im April des Jahres 1148 erfolgte, hatte eher den Charakter einer nachträglichen Hinzufügung, mit der die Halbinsel unter das Dach der Kreuzzugsidee geholt werden sollte.

Die moderne Forschung hat sich allzu bereitwillig von der Vorstellung leiten lassen, der zweite Kreuzzug sei ein Ausdruck der Fähigkeit des Papstes gewesen, sich an die Spitze der Kreuzzugsbewegung zu stellen und diese auszuweiten. In Wahrheit deuten die Ereignisse der späten 1140er-Jahre darauf hin, dass Eugen, Bernhard und die päpstliche Kurie noch immer damit rangen, diese Art kirchlich gerechtfertigter Kriegsführung zu lenken und nutzbar zu machen, während sie gleichzeitig damit beschäftigt waren, den Primat Roms innerhalb der lateinischen Christenheit durchzusetzen.[8]

Das Werk der Könige

Der Beginn des zweiten Kreuzzugs war in einer weiteren Hinsicht etwas Besonderes. Bis dahin waren die Kreuzzugstruppen von prominenten Adligen in die Schlacht geführt worden – von Grafen, Herzögen und Fürsten –, die aus den oberen Rängen der lateinischen Gesellschaft stammten, doch bislang hatte noch kein König das Kreuz genommen.[9] Die Entscheidung Ludwigs VII. von Frankreich und des deutschen Königs Konrad III., dem Ruf zu den Waffen zu folgen, der von der päpstlichen Bulle ausging, markierte daher eine entscheidende Wende und fügte der Kreuzzugsidee eine gewaltige neue, folgenreiche Dimension hinzu. Die unmittelbaren Konsequenzen waren beträchtlich. Die Anwerbungsaktivitäten erhielten neuen Auftrieb, zum Teil durch die machtvolle Ausstrahlung des königlichen Beistands und Vorbilds; außerdem löste die hierarchische Struktur der mittelalterlichen Gesellschaft eine Kettenreaktion bei den Anwerbungen aus. Die Beteiligung der Krone vermehrte auch die materiellen Ressourcen, die für die Sache des Kreuzes eingesetzt werden konnten, zumindest in einem gewissen Umfang. Erst kürzlich hatte es in Europa eine Serie von Missernten gegeben, sodass sogar Männer mit der Machtfülle eines Ludwigs oder Konrads Schwierigkeiten hatten, den finanziellen Anforderungen einer so langen und bindenden Unternehmung gerecht zu werden. Keinem von beiden scheint es möglich gewesen zu sein, allgemeine Steuern in seinem Reich zu erheben, stattdessen trieben sie von Städten und Kirchen Geld ein, doch auch das war nur teilweise erfolgreich, und der König von Frankreich befand sich bereits wenige Wochen nach seinem Aufbruch in finanziellen Nöten.

Die Beteiligung der Könige forderte ihren Tribut. In der Vergangenheit war es den meisten Kreuzfahrern ein Anliegen gewesen, ihre Angelegenheiten in Ordnung zu bringen, bevor sie aufbrachen; aber die Bereiche, mit denen es ein König zu tun hat, der seinem Land für Monate, wenn nicht gar Jahre den Rücken kehrt, übertrafen das Ausmaß und die Dauer derartiger Vorbereitungen natürlich bei Weitem. Im Jahr 1147 wurden Regenten ernannt, die den Thron hüten und die Geschäfte, von der öffentlichen Ordnung bis hin zur Wirtschaft, führen sollten: In Frankreich wurde Abt Suger von Saint-Denis gewählt, schon seit Langem ein Verbündeter der Kapetinger und der Lehrer Ludwigs, als dieser noch ein Knabe war; in Deutschland wurde Konrads zehnjähriger Sohn Heinrich zum Erben ernannt, und die Verantwortung für das Königreich ging auf Abt Wibald von Stablo und Corvey, einen führenden Mann der Kirche, über.

Die Instabilität der europäischen Politik im Mittelalter brachte es außerdem mit sich, dass durch die Teilnahme der Krone am Kreuzzug das Potenzial für konfliktträchtige Gegensätze zwischen den einzelnen Truppenkontingenten erhöht wurde. Allein schon die Spannungen zwischen Nord- und Südfrankreich hatten ja bereits den ersten Kreuzzug an den Rand des Scheiterns gebracht. Noch hatte sich in den beiden Ländern kein ausgeprägtes Nationalbewusstsein entwickelt, doch machten sich im Jahr 1147 die Kreuzfahrer aus Frankreich und Deutschland in getrennten Heeren, angeführt von ihren Monarchen, auf den Weg ins Heilige Land. Alte Rivalitäten zwischen den Völkern und überkommenes Misstrauen gefährdeten das Unternehmen von Anfang an. Allerdings brachten die beiden Mächte zumindest anfänglich deutlich ihren Willen zum Ausdruck, diszipliniert zusammenzuarbeiten und gemeinsam und einvernehmlich vorzugehen. Ludwig traf am 2. Februar 1147 in Châlons-sur-Marne in der Anwesenheit Bernhards von Clairvaux mit Konrads Gefolgschaft zusammen, um die Vorbereitungen zu besprechen. In Étampes und Frankfurt wurden weitere, allerdings getrennte Versammlungen abgehalten.

Die Teilnahme der beiden Könige am Kreuzzug drohte das empfindliche diplomatische Gleichgewicht zu stören, das sich in der Mitte des 12. Jahrhunderts in Westeuropa etabliert hatte. Das galt insbesondere mit

Blick auf Roger II. von Sizilien, das Haupt des mächtigen Königreichs der Normannen in Süditalien, das sich rasch zu einer Großmacht im Mittelmeerraum entwickelte. In den 1140er-Jahren bedrohte Rogers Expansionspolitik sowohl das Papsttum als auch Byzanz unmittelbar; beide zählten daher auf ihren deutschen Verbündeten und hofften, dass dieser sich dem sizilischen Expansionsdrang widersetzen werde. Doch Konrads Entscheidung, am Kreuzzug teilzunehmen, drohte dieses Abhängigkeitsgewebe zu zerreißen und Rom und Konstantinopel wehrlos zurückzulassen. Dass Ludwig VII. mit König Roger auf recht vertrautem Fuß stand, erfüllte Eugen III. mit Sorge und ließ bei den Griechen die Befürchtung aufkommen, Sizilien plane zusammen mit Frankreich eine Invasion. Manuel Komnenos, der damalige Herrscher von Byzanz, schickte Gesandte zu Ludwig VII. und Konrad III., die versuchen sollten, den Weg für eine friedliche Zusammenarbeit mit den Kreuzfahrern zu ebnen, doch konnte das die Zweifel des Kaisers nicht ausräumen; auch der Papst sah es wahrscheinlich nur höchst ungern, dass der Staufer Europa verließ.

Die königliche Diplomatie hatte auch Auswirkungen auf die Route der Kreuzfahrer. Beim damaligen Stand der westlichen Schifffahrtstechnik war es kaum möglich, sämtliche Kreuzfahrer per Schiff in die Levante zu befördern. Das Angebot Rogers II., französische Truppen in den Osten zu transportieren, wurde letztlich wegen der Spannungen zwischen Sizilien und Byzanz abgelehnt. So nahm die große Masse der Kreuzfahrer wie beim ersten Kreuzzug die Route über Land in den Vorderen Orient, vorbei an Konstantinopel und quer durch Kleinasien. Das sollte schwerwiegende Konsequenzen haben.

Auch eine weitere Frage war noch offen: Wie würde die Begegnung von zwei der mächtigsten Herrscher der Christenheit mit den Herrschern der Kreuzfahrerstaaten aussehen? Würden Ludwig und Konrad zulassen, dass ihnen ein Fürst von Antiochia, ein Graf von Edessa oder selbst ein König von Jerusalem Befehle gab? Oder würden sie ihre eigenen Ziele und Programme verfolgen?

Die unmittelbaren oder kurzfristigen Auswirkungen der Teilnahme Ludwigs und Konrads am zweiten Kreuzzug waren zwar bemerkenswert, doch wurden sie in den Schatten gestellt von der größeren historischen Bedeutung der Verquickung des Kreuzzugsgedankens mit dem mittelalterlichen Königtum. Beide Bereiche sollten in dieser engen, häufig aufreibenden Beziehung über die folgenden Jahrzehnte und Jahrhunderte entscheidend verwandelt werden. Outremer und die abendländischen Christen erwarteten von den Herrschern Europas, dass sie sich für das Kreuzzugsanliegen engagierten, doch spätere Unternehmungen, an denen sich lateinische Monarchen beteiligten, hatten mit den gleichen Möglichkeiten und Problemen zu tun – es standen zwar mehr Ressourcen zur Verfügung, die Teilnehmerzahlen waren höher, doch gleichzeitig wurde der Fortgang durch Uneinigkeit und den Mangel an gemeinsamen Zielen gelähmt und behindert. Kreuzzüge, an denen sich Könige beteiligten, waren zumeist sperrige Unternehmungen, die den Bedürfnissen der Herrscher im Vorderen Orient vielfach nur wenig entsprachen. Gleichzeitig begann das Ideal eines »heiligen Krieges« im gesamten lateinischen Westen das Bild des Königtums zu verändern. Der Einsatz für die Sache der Kreuzfahrer wurde zu einem Akt, der von einem christlichen Herrscher erwartet werden konnte, einer frommen Verpflichtung, die zwar die kriegerischen Fähigkeiten der Könige unter Beweis stellte, die aber auch neben den Regierungsgeschäften bewältigt werden musste.[10]

Unterwegs ins Heilige Land

Papst Eugen III., der sich in Rom mittlerweile wieder sicherer fühlen konnte, kam im Jahr 1147 zu Ostern nach Paris, um die letzten Vorbereitungen für den zweiten Kreuzzug zu begleiten. Auch eine Gruppe von rund 100 Tempelrittern stieß in jenem April zu dem französischen Kreuzfahrerheer. Am 11. Juni 1147 stand der Papst neben Abt Bernhard, seinem Mentor, einer symbolträchtigen öffentlichen Zeremonie vor, die in der riesigen königlichen Kathedrale Saint-Denis einige Kilometer nördlich von Paris stattfand, von wo Ludwig im Rahmen eines öffentlichkeitswirksamen Ritus ins Heilige Land aufbrach. In dieser Versammlung verdichtete sich die neu hinzugekommene königliche Dimension der Kreuzzugsidee, sie warf außerdem ein bezeichnendes Licht auf die zunehmende persönliche Frömmigkeit des jungen Königs. Auf dem Weg zur Feier in Saint-Denis beschloss Ludwig, zum Zeichen seiner religiösen Demut einen »spontanen« zweistündigen Umweg zur dortigen Leprakolonie zu machen; den Papst und seine glamouröse Ehefrau Eleonore von Aquitanien ließ er buchstäblich am Altar warten. Es hieß von der Königin, sie sei »vor Ergriffenheit und wegen der Hitze fast in Ohnmacht gefallen«.

Als Ludwig schließlich in Saint-Denis eintraf, beobachtete die schweigende Menge der Adligen, die dicht gedrängt in den Seitenschiffen stand, ehrfürchtig, wie »er sich demütig zu Boden warf und zu seinem Schutzpatron, dem heiligen Dionysius, betete«. Der Papst übergab dem König Pilgerstab und Pilgertasche; dann hob Ludwig die alte Oriflamme in die Höhe, die als Schlachtenstandarte Karls des Großen und eigentliches Symbol der französischen Monarchie galt. In einer einzigen Handlung vermittelte diese leidenschaftliche Geste mehrere wirkungsvoll miteinander verknüpfte Botschaften: Ein Kreuzzug war ein Akt wahrer christlicher Frömmigkeit; Ludwig war ein wahrhaft hoheitsvoller König; und die römische Kirche stand im Mittelpunkt der Kreuzfahrerbewegung.[11]

Die meisten Truppen des zweiten Kreuzzugs brachen im Frühsommer 1147 in die Levante auf. Auf den ruhmvollen Spuren des ersten Kreuzzugs wollten sie durch Byzanz und Kleinasien ostwärts ziehen. Nach der Zeremonie in Saint-Denis brach Ludwig an der Spitze seines Heeres von Metz auf; Konrad III., der seine deutschen Truppen in Regensburg versammelt hatte, machte sich im Mai auf den Weg. Dieser gestaffelte Aufbruch war wohl abgesprochen und möglicherweise das Ergebnis von Plänen, die in Châlons-sur-Marne vereinbart worden waren. Man wollte erreichen, dass beide Kontingente dieselbe Strecke – durch Deutschland und Ungarn – nach Konstantinopel nehmen konnten, ohne die lokalen Ressourcen zu stark zu strapazieren. Doch trotz dieser frühen Absprachen und all der eifrig genährten Träume von einer Wiederbelebung einstiger Heldentaten und Leistungen entwickelte sich der Versuch, das Heilige Land zu erreichen, zu einer fast vollständigen Katastrophe.

Das lag zu einem Großteil daran, dass es nicht gelungen war, konstruktiv mit dem byzantinischen Imperium zusammenzuarbeiten. Ein halbes Jahrhundert zuvor hatte auch Alexios I. Komnenos zu denen gehört, die den ersten Kreuzzug befürworteten, und es war ihm gelungen, dessen Kampfkraft zur Rückeroberung des westlichen Kleinasiens zu nutzen. Im Jahr 1147 befand sich sein Enkel, Kaiser Manuel, in einer ganz anderen Situation, und er hatte ganz andere Perspektiven. Manuel war nicht daran interessiert, dass zu diesem neuen lateinischen Feldzug aufgerufen wurde; nun, da sich die Truppen in Marsch gesetzt hatten, sah er im Gegenteil seine Macht und seinen Einfluss beschnitten. Im Westen eröffnete die Abwesenheit Konrads III. dem Normannenkönig Roger von Sizilien die Möglichkeit, griechisches Territorium anzugreifen, und die Vorstellung, dass zwei riesige fränkische Heere durch sein Imperium und geradewegs auf Konstantinopel zumarschierten, bereitete dem Kaiser größte Sorge. Im Osten deutete gleichzeitig alles darauf hin, dass der neue Kreuzzug die geschwächte Stellung von Outremer wieder stärken und das jüngst erst zustande gebrachte Wiederaufleben der byzantinischen Autorität in Nordsyrien zum Stillstand bringen würde – eine Befürchtung, die durch die Familienbande zwischen Raimund, dem Fürsten von Antiochia, und König Ludwig VII. nur noch verschärft wurde. Für Kaiser Manuel bedeutete der zweite Kreuzzug eine unliebsame Bedrohung. Als die fränkischen Truppen sich seinem Imperium näherten, nahmen die Sorgen des Kaisers ein solches Ausmaß an, dass er beschloss, wenigstens seine Ostgrenze zu sichern, indem er mit Masud, dem seldschukischen Sultan von Anatolien, einen befristeten Waffenstillstand vereinbarte. Für die Griechen war dieser Schritt ohne Weiteres nachvollziehbar, erlaubte er es dem Kaiser doch, sich auf die lateinischen Truppen zu konzentrieren, die seinen Westgrenzen immer näher rückten. Als die Kreuzfahrer jedoch von der Abmachung erfuhren, sahen viele darin einen Akt des Verrats.

Kaum hatten die Franken die Donau überschritten und das Imperium betreten, begannen auch schon die Probleme. Konrads großes, schwer zu kontrollierendes Heer marschierte undiszipliniert durch Philippopolis und Adrianopolis in südöstlicher Richtung; immer wieder kam es zu Plünderungen und Scharmützeln mit griechischen Truppen. In höchster Sorge um seine Hauptstadt schleuste Manuel die Deutschen, so schnell er konnte, über den Bosporus. Anfänglich bewegte sich das kleinere französische Kontingent disziplinierter voran, doch als die Franken vor Konstantinopel ihr Lager aufschlugen, wurden sie zunehmend aggressiver. Die Nachricht von Manuels Bündnis mit Masud stieß auf Entsetzen, Spott und abgrundtiefes Misstrauen. Gottfried, Bischof von Langres, einer der führenden Kleriker des Kreuzzugs, schlug sogar einen Angriff auf Konstantinopel vor, was König Ludwig jedoch verwarf. Der Kaiser stellte den Kreuzfahrern Führer zur Verfügung, aber selbst deren Beistand scheint nur begrenzt gewesen zu sein.

Da sie von byzantinischer Seite nicht mit Unterstützung rechnen konnten, war es für die Lateiner, als sie Kleinasien erreicht hatten, vor allem wichtig, ihre eigenen Kräfte gegen den Islam zu bündeln. Fatalerweise brach die Koordination zwischen den französischen und den deutschen Kontingenten im Herbst des Jahres 1147 zusammen. Konrad fasste Ende Oktober den unklugen Beschluss, ohne Ludwig vorzustoßen, und er brach von seinem Stützpunkt bei Nicäa in eine unwirtliche Wüstenlandschaft auf, in der die Griechen nur noch sporadisch präsent waren. Erneut hatte man die Absicht, auf den Spuren der ersten Kreuzfahrer vorzurücken, doch diesmal waren die Seldschuken Anatoliens besser vorbereitet als im Jahr 1097. Die deutschen Truppen, die auf die muslimischen Gefechtstaktiken nicht vorbereitet waren, hatten schnell genug von den ständigen zermürbenden Angriffen der türkischen hochmobilen berittenen Bogenschützen. Als die Kreuzfahrer sich mühsam in Richtung Osten über Doryläum hinaus schleppten, als die Verluste immer größer und die Vorräte immer weniger wurden, beschlossen sie schließlich umzukehren. Bei ihrer Ankunft in Nicäa Anfang November waren Tausende gestorben, und sogar Konrad war verwundet worden. Die Kampfmoral war völlig am Boden. Viele deprimierte Überlebende hatten nur noch eines im Sinn: den Schaden zu begrenzen und sich auf den Rückweg nach Deutschland zu machen.

Konrad schloss sich nun ernüchtert doch mit den Franzosen zusammen, die mittlerweile den Bosporus überquert hatten, und es wurde ein zweiter Vorstoß unternommen. Sie begaben sich auf einer anderen Route Richtung Süden zu der alten römischen Metropole Ephesus, wo der deutsche König krank wurde und gezwungen war zurückzubleiben. Ende Dezember, durch Regen und Schnee, verließ Ludwig die Küste und führte sein Heer durch das Tal des Mäander ins anatolische Hochland. Zunächst konnte die militärische Disziplin aufrechterhalten werden, und die ersten seldschukischen Angriffswellen wurden abgewehrt, doch um den 6. Januar 1148 herum löste sich die Formation der Kreuzfahrer auf, als diese versuchten, die Barriere des Kadmos zu überwinden, und Opfer eines verheerenden türkischen Angriffs wurden. Es gab gravierende Verluste; Ludwig selbst wurde eingekreist, und er konnte sich nur knapp retten, indem er sich auf einen Baum flüchtete. Diese Erfahrung erschütterte den König derartig, dass er nun die Templer, die sich seinem Heer in Frankreich angeschlossen hatten, darum bat, die Überlebenden unter scharfer Überwachung in Richtung Südosten zu dem griechischen Hafen Atalia (Antalya) zu führen – eine

Entscheidung, die nicht nur die schlimme Notlage veranschaulicht, in der sich die Kreuzfahrer befanden, sondern auch zeigt, wie viel Prestige der Templerorden aufgrund seiner kriegerischen Fähigkeiten bereits genoss. Später schickte Ludwig einen Brief an den Abt von Saint-Denis, in dem er von diesen bitteren Tagen berichtet: »Ständig gerieten wir in den Hinterhalt irgendwelcher Banditen, hatten größte Schwierigkeiten, voranzukommen, und täglich mussten wir mit den Türken kämpfen [...]. Wir selbst befanden uns häufig in Lebensgefahr, doch dank der Gnade Gottes wurden wir aus all diesen Schrecknissen befreit und konnten entfliehen.« Erschöpft und hungrig erreichten die Franzosen um den 20. Januar die Küste. Man war zunächst unschlüssig, welchen Weg man nun nehmen sollte, doch dann beschloss Ludwig, sich per Schiff mit einem Teil seines Heeres nach Syrien zu begeben. Den Kreuzfahrern, die zurückgelassen wurden, sagte man byzantinische Hilfe zu, allerdings verhungerten später die meisten, oder sie wurden bei Angriffen der Türken getötet. Der französische König traf im März des Jahres 1148 in Antiochia ein. Gleichzeitig beschloss Konrad, der sich mittlerweile in Konstantinopel wieder erholt hatte, ebenfalls, seine Reise zu Schiff zu beenden, und segelte nach Akkon.

Die Teilnehmer am zweiten Kreuzzug, die auf dem Landweg in den Vorderen Orient noch stolz gehofft hatten, dem »Heldenmut« ihrer Vorfahren nachzueifern, waren vernichtet; Tausende waren desertiert, verhungert oder in der Schlacht gefallen. Die Unternehmung war gescheitert, noch bevor sie das Heilige Land erreicht hatte. Viele gaben den Griechen die Schuld an dieser schrecklichen Niederlage und warfen ihnen Treulosigkeit und Verrat vor. Doch obwohl es zutraf, dass Kaiser Manuel die beiden Könige nur begrenzt unterstützt hatte, war es doch letztlich der Leichtsinn der Lateiner angesichts der gestiegenen türkischen Aggression, der zur Katastrophe geführt hatte. Wilhelm von Tyrus bemerkte zur vollständigen, schmachvollen Niederlage der Deutschen und der Franken, dass die »einst so viel gepriesene Tapferkeit« der Kreuzfahrer jetzt in Scherben lag. »Von da an«, so Wilhelm, »war sie nur noch ein Witz in den Augen jener unreinen Völker, für die sie vormals ein Grauen gewesen war.« Ludwig und Konrad waren schließlich in der Levante angekommen; die Frage war nun, ob sie mit ihren empfindlich geschwächten Streitkräften überhaupt noch hoffen konnten, irgendetwas Entscheidendes auszurichten und das Kreuzzugsfeuer neu zu entfachen.[12]

Zweiter Teil

Die Antwort des Islam

7

Wiedererwachen des Islam

In dem halben Jahrhundert seit der Ankunft des ersten Kreuzzugs hatte sich kaum etwas ereignet, das auf eine geschlossene oder entschiedene muslimische Reaktion auf die Eroberung des Heiligen Landes durch die Christen hingedeutet hätte. Jerusalem – die drittheiligste Stadt in der muslimischen Welt nach Mekka und Medina – war nach wie vor in lateinischer Hand. Und nach wie vor standen sich der Irak und Syrien, wo die Sunniten herrschten, und das schiitische Ägypten unversöhnlich gegenüber. Abgesehen von gelegentlichen muslimischen Siegen, vor allem dem Sieg auf dem Blutfeld im Jahr 1119, war das frühe 12. Jahrhundert von fränkischer Expansion und Aggression geprägt. In den 1140er-Jahren jedoch hatte es den Anschein, als sollte das Blatt sich wenden, als Zangi, der Atabeg von Mosul und Aleppo, und seine Familie, die Dynastie der Zangiden, die Fackel des Dschihad übernahmen.

Zangi, Vorkämpfer des Islam

Die Eroberung Edessas durch Zangi im Jahr 1144 war ein Triumph für den Islam – eine muslimische Chronik spricht vom »Sieg der Siege«. Als seine Truppen die Stadt am 24. Dezember stürmten, gestattete der Atabeg ihnen zunächst, nach Belieben zu plündern und zu töten. Nach dieser ersten Welle der Gewalt jedoch änderte er sein Vorgehen dahingehend, dass er – in einer zumindest für seine Verhältnisse recht moderaten Form – die Franken zwar leiden ließ (alle Männer wurden abgeschlachtet und die Frauen als Sklavinnen mitgenommen), die überlebenden Ostchristen jedoch verschonte und ihnen gestattete, in ihren Häusern zu bleiben. Ebenso wurden die lateinischen Kirchen zerstört, aber die armenischen und syrischen Gotteshäuser blieben unangetastet.

Außerdem wurde sorgfältig darauf geachtet, dass die Beschädigungen der Festungsanlagen Edessas sich in Grenzen hielten, und man begann umgehend mit dem Wiederaufbau der in Mitleidenschaft gezogenen Abschnitte der Mauern. Zangi wusste um die strategische Bedeutung seiner Neuerwerbung, und er sorgte dafür, dass die Stadt auch weiterhin bewohnt und verteidigt werden konnte.

Da Edessa nun in seinem Besitz war, konnte er auf einen breiten zusammenhängenden Landstreifen syrischen und mesopotamischen Territoriums von Aleppo bis Mosul hoffen. Und für die muslimische Welt schien seine verblüffende Leistung eine neue Ära anzukündigen, in der es vielleicht sogar gelingen würde, die Franken wieder aus der Levante zu vertreiben. Ohne Zweifel war das Jahr 1144 für den Islam ein Wendepunkt im Krieg um das Heilige Land. Zugleich ist klar, dass Zangi alles unternahm, um seinen Erfolg als einen entscheidenden Schlag darzustellen, ausgeführt im Namen aller Muslime durch einen von brennendem Glaubenseifer erfüllten Mudschahid.

Innerhalb der islamischen Kultur spielte die arabische Dichtung schon seit Langem eine wichtige Rolle, sie beeinflusste und reflektierte die öffentliche Meinung. Auch an den Hof von Zangi kamen Dichter, darunter syrische Flüchtlinge, die der lateinischen Herrschaft entkommen waren, und in ihren Werken feierten sie die Erfolge des Atabeg und stellten ihn als den Anführer einer umfassenden Dschihad-Bewegung dar. Ibn al-Qaysarani aus Cäsarea schrieb, wie wichtig es sei, dass Zangi die gesamte syrische Küste *(Sahil)* zurückeroberte; dies sollte das oberste Ziel des »heiligen Krieges« sein. »Fordert die Herrscher der Ungläubigen auf, […] all ihre Gebiete aufzugeben«, so seine Worte, »denn dies ist [Zangis] Land.« Gleichzeitig wurde diese Vorstellung einer Eroberung der ganzen Levante mit einem präziseren Ziel gekoppelt, einem Ziel mit einem klaren religiösen Schwerpunkt: Jerusalem. Edessa lag zwar viele Hundert Kilometer nördlich von Palästina, dennoch wurde diese Eroberung als erster Schritt auf dem Weg einer Wiedereroberung der Heiligen Stadt gedeutet. »Wenn die Eroberung von Edessa das hohe Meer ist«, so Ibn al-Qaysaranis Bild, »dann sind Jerusalem und die Sahil seine Gestade.«

Viele muslimische Zeitgenossen scheinen diese Darstellung Zangis als eines Dschihad-Kriegers akzeptiert zu haben. Der Abbasiden-Kalif in Bagdad verlieh ihm nun den volltönenden Titel »Helfer des

Herrn der Gläubigen, des von Gott unterstützten Königs«. Diese Bestätigung durch den Kalifen trug beträchtlich zur Stärkung von Zangis Position bei, denn immerhin waren die Zangiden in gewissem Maße noch Außenseiter – türkische Emporkömmlinge, Kriegsherren ohne angeborenes Recht, über die traditionellen arabischen und persischen Hierarchien zu herrschen. Außerdem wurde die Vorstellung zunehmend populärer, dass die gesamte Laufbahn des Atabeg auf diesen einen großen Erfolg zulief. Sogar ein Chronist im rivalisierenden Damaskus erklärte, dass »Zangi schon immer erpicht darauf gewesen war, Edessa zu erobern, und auf eine Möglichkeit wartete, seinem Ehrgeiz Genüge zu tun. Immer dachte er an Edessa und vergaß es nie.« Aufgrund seines Sieges von 1144 bezeichneten ihn spätere islamische Chronisten als *shahid* (Märtyrer), eine Ehre, die nur denen zuteilwurde, die »auf dem Pfad Gottes« als dem Dschihad ergebene Kämpfer zu Tode kamen.

Das soll nun nicht heißen, dass Zangi erst nach seinem überraschenden Erfolg von Edessa erkannte, wie politisch nützlich es für ihn sein konnte, die Prinzipien des »heiligen Krieges« hochzuhalten. Eine Inschrift in einer von Zangi geförderten *madrasa* (theologische Hochschule) in Damaskus beschrieb ihn bereits im Jahr 1138 als »Kämpfer für den Dschihad, den Verteidiger der Grenzen, den Bändiger der Polytheisten und den Vernichter der Ketzer«; dieselben Titel wurden vier Jahre später für eine Inschrift in Aleppo verwendet. Aufgrund der Ereignisse von 1144 konnte Zangi diesen Aspekt seines Werdegangs stärker betonen und ausweiten, allerdings blieb der Dschihad gegen die Franken nach wie vor nur ein Thema unter vielen. Zu Lebzeiten war es Zangis oberstes Bestreben, sich als Herrscher der gesamten islamischen Welt darzustellen. Dieses Ziel drückte sich auch darin aus, dass er zahlreiche Ehrentitel verwendete, die auf die unterschiedlichen Bedürfnisse (und verschiedenen Sprachen) von Mesopotamien, Syrien und Diyar Bakr zugeschnitten waren. Im Arabischen wurde er als *Imad ed-Din Zangi* bezeichnet (»Zangi, die Säule der Religion«), im Persischen trat er als »Wächter der Welt« oder »großer König des Iran« auf, in der türkischen Sprache der Nomaden schließlich gab er sich den Titel »Fürst der Falken«.[1]

Kaum etwas deutet darauf hin, dass Zangi den Dschihad vor oder sogar nach 1144 allen anderen Interessen übergeordnet hätte. Anfang 1145 unternahm er zwar Schritte, um seinen Einfluss auf die Grafschaft

Edessa zu festigen, indem er den Franken die Stadt Saruj abnahm und eine lateinische Entsatztruppe besiegte, die sich bei Antiochia gesammelt hatte. Doch es dauerte nicht lange, und er kämpfte, diesmal im Irak, wieder gegen seine muslimischen Glaubensbrüder. Zu Beginn des Jahres 1146 machte das Gerücht die Runde, Zangi bereite eine weitere Offensive gegen Syrien vor. Es wurde mit der Herstellung von Belagerungswaffen begonnen, die nach der offiziellen Version für den Dschihad eingesetzt werden sollten, doch ein Chronist aus Aleppo gab zu, dass »einige Leute annahmen, er wolle eigentlich Damaskus angreifen«.

Zangi war jetzt 62 Jahre alt und erfreute sich immer noch einer bemerkenswert robusten Gesundheit. In der Nacht des 14. September 1146 jedoch, während der Belagerung der muslimischen Festung Qalat Jabar am Ufer des Euphrat, fiel er einem plötzlichen, unerwarteten Anschlag zum Opfer. Die Einzelheiten des Attentats sind unklar. Es heißt, dass Zangi sehr viele aufmerksame Leibwächter hatte, die ihn vor Mördern schützen sollten, doch wurden diese offenbar alle irgendwie umgangen, und der Atabeg wurde in seinem eigenen Bett überfallen. Später äußerten viele den Verdacht, ein für zuverlässig gehaltener Eunuch, Sklave oder Soldat habe die Tat begangen, und es konnte kaum überraschen, dass das Gerücht aufkam, der Anstoß zu der blutigen Tat sei von Damaskus ausgegangen. Die Wahrheit wird sich wohl nicht mehr ermitteln lassen. Ein Wächter, der den schwer verwundeten Zangi fand, schildert die Szene:

> Ich ging zu ihm, als er noch am Leben war. Als er mich sah, dachte er, dass ich gekommen war, ihn zu töten. Flehentlich gestikulierte er mit seinem Zeigefinger in meine Richtung. Ich blieb ehrfürchtig stehen und fragte: »Mein Herr, wer hat Euch das angetan?« Er aber konnte nicht mehr sprechen und starb unmittelbar danach. (Gott sei ihm gnädig.)[2]

Die stürmische Laufbahn des wilden, immer ehrgeizigen Kriegsherrn war abrupt zu Ende gegangen. Zangi, der Herr von Mosul und Aleppo, der Eroberer von Edessa, war tot.

Aufstieg des Emirs Nur ad-Din

Der Tod Zangis war eine schmachvolle Angelegenheit. Entsetzt über das Geschehen waren nicht einmal seine Verwandten in der Lage, den Verstorbenen zu ehren: Die Leiche des Atabeg wurde ohne Zeremonie begraben, »seine Geldvorräte und Schatzhäuser geplündert«. Die gesamte Aufmerksamkeit richtete sich stattdessen auf die Frage, wer nun die Macht übernehmen würde.

Zangis Erben handelten schnell: Sein ältester Sohn, Saif ad-Din, beanspruchte Mosul für sich – ein Hinweis darauf, dass Mesopotamien noch immer als die eigentliche Wiege des sunnitischen Islam galt; der jüngere Sohn, Nur ad-Din Mahmud, begab sich gleichzeitig in den Westen, um die Herrschaft über die syrischen Gebiete seines Vaters anzutreten. Diese Teilung von Zangis Herrschaftsbereich hatte schwerwiegende Konsequenzen. Ohne größere Interessen am Irak konnte sich Nur ad-Din, der neue Emir von Aleppo, auf die Vorgänge in der Levante konzentrieren, eine wahrscheinlich bessere Voraussetzung, um die Ziele des Dschihad zu verfolgen. Gleichzeitig war allerdings sein syrisches Reich dadurch geschwächt, dass es keinen Zugang zum Wohlstand und zu den Ressourcen des Fruchtbaren Halbmonds gab.

Nur ad-Din kam an die Macht, als er ungefähr 28 Jahre alt war. Er wurde beschrieben als »ein großer, dunkelhäutiger, bärtiger Mann mit hoher Stirn und angenehmer Erscheinung, die durch schöne, schmelzende Augen noch gesteigert wurde«. In späteren Jahren sollte er eine Machtfülle erlangen, die sogar die seines Vaters übertraf. Er entwickelte sich zum meistgefürchteten und respektierten muslimischen Gegner der lateinischen Christenheit im Vorderen Orient – ein Herrscher, der die Sache des islamischen »heiligen Krieges« voranbrachte und mit neuer Energie erfüllte. Sogar Wilhelm von Tyrus konnte nicht umhin, ihn »nach den abergläubischen Traditionen seines Volkes« als »weisen, klugen Mann« zu beschreiben, »der Gott fürchtete«. Aber im Jahr 1146 war die Position des Emirs noch gefährdet, und die Aufgabe, die vor ihm lag, war allem Anschein nach nicht zu bewältigen.[3]

Nach dem Attentat versank Syrien im Chaos. Wie despotisch Zangis Regime war, trat jetzt darin zutage, dass in weiten Gebieten der muslimischen Levante die nackte Anarchie ausbrach. Sogar ein Zeitgenosse in Damaskus gab zu, dass »sämtliche Städte sich in Aufruhr befanden, die Straßen waren nach einer angenehmen Periode der Sicherheit wieder gefährlich«. Da Nur ad-Din sein Recht und seine Fähigkeit zu herrschen noch nicht unter Beweis gestellt hatte, orientierten sich einige von Zangis treuen Hauptleuten um. Unter dem Druck Unurs, des eigentlichen Herrschers von Damaskus, übergab der kurdische Kriegsherr Ajjub Ibn Shadi die Stadt Baalbek und zog in die südsyrische Hauptstadt. Nur ad-Din behielt die Unterstützung des zangidischen Hauptmanns von Aleppo, Sawar, sowie die Rückendeckung durch den Bruder Ajjubs, Schirkuh, doch insgesamt gesehen waren die Erfolgsaussichten, ja sogar die Überlebenschancen des jungen Emirs äußerst bescheiden.

Als Emir von Aleppo beherrschte Nur ad-Din eine der wichtigsten Städte im Vorderen Orient. Schon im 12. Jahrhundert blickte die Stadt auf eine fast unvorstellbar lange Geschichte zurück – schon seit mindestens 7000 Jahren hatten dort Menschen gelebt. Architektonisch beherrscht wurde die Stadt Nur ad-Dins von einer mächtigen Zitadelle, die sich auf dem Gipfel eines steilen, 50 Meter hohen natürlichen Hügels im Herzen der Stadt erhob. Ein zeitgenössischer Besucher schrieb, diese Festung sei »für ihre Unbezwingbarkeit bekannt, und da man sie wegen ihrer Höhe schon aus weiter Entfernung erblickt, ist sie mit keiner anderen Burg zu vergleichen« – selbst heute noch dominiert sie die Stadt. Die große Moschee von Aleppo, die sich etwas westlich von der Festung befindet, wurde um das Jahr 715 unter den Omaijaden gegründet; im späten 11. Jahrhundert fügten die Seldschuken ein markantes Minarett mit quadratischem Grundriss hinzu. Die Stadt hatte auch einen Ruf als Drehscheibe des Handels, sie beherbergte ein ganzes Netzwerk von überdachten *souqs* (Märkten). Aleppo war im 12. Jahrhundert vielleicht nicht die bedeutendste Stadt Syriens, aber ein Zentrum politischer, militärischer und wirtschaftlicher Macht und bot damit dem Emir die unerlässliche Plattform und den Ausgangspunkt für seine weitere Karriere.[4]

Im Jahr 1146, in der Zeit des chaotischen Machtvakuums nach Zangis Tod, musste Nur ad-Din vor allem seine Autorität unter Beweis stellen. Eine günstige Gelegenheit ergab sich sehr bald, als Eilnachrichten von einer plötzlichen Krise eintrafen. Der fränkische Graf von Edessa, Joscelin II., unternahm einen verzweifelten Versuch, seine Hauptstadt zurückzuerobern. An der Spitze einer eilig zusammengestellten Streitmacht marschierte er im Oktober des Jahres 1146 auf Edessa zu und durchbrach mit Unterstützung von dessen christlicher Einwohnerschaft nachts die äußeren Verteidigungsmauern. Die muslimische Besatzung floh in die stark befestigte Zitadelle, und jetzt war die Stadt von allen Seiten eingeschlossen.

Nur ad-Dins Reaktion zeugt von großer Entschlusskraft: Er konnte nicht zulassen, dass Edessa an die Franken zurückfiel oder dass sein Bruder Saif ad-Din seinen Einflussbereich westwärts ausdehnte. Er warb mehrere Tausend Männer aus Aleppo und turkmenische Krieger an und begann einen Gewaltmarsch, der ihn ohne Pause in Windeseile nach Edessa brachte. Er war mit einer solchen Geschwindigkeit unterwegs, »dass die Pferde am Straßenrand vor Übermüdung zusammenbrachen«. Das Tempo machte sich bezahlt. Joscelins Heer hatte weder genügend Kämpfer noch die notwendigen Belagerungsmaschinen, um die Zitadelle einzunehmen; seine Truppen hielten sich daher noch in der Unterstadt auf, als Nur ad-Din eintraf. Der Graf sah sich zwischen zwei feindlichen Kontingenten eingekeilt und ergriff – um den Preis enormer lateinischer Verluste – die Flucht. Nun, da Edessa zurückgewonnen war, beschloss der Emir, seine Unnachgiebigkeit und Willensstärke unzweideutig zu demonstrieren. Zwei Jahre zuvor hatte Zangi die orthodoxen Christen der Stadt verschont; jetzt aber, als Bestrafung dafür, dass sie die Franken unterstützt hatten, fegte Zangis Sohn und Erbe sie aus Edessa hinaus. Sämtliche Männer wurden getötet, Frauen und Kinder in die Sklaverei verschleppt. Ein muslimischer Chronist notierte, dass »die Existenz sämtlicher Christen mit dem Schwert vernichtet wurde«; ein schockierter syrischer Christ beschrieb, dass es in Edessa nach diesem Massaker »kein Leben mehr gab: Die Stadt bot einen entsetzlichen Anblick, sie war in eine schwarze Wolke gehüllt, ertrunken im Blut, infiziert von den Leichen ihrer Söhne und Töchter.« Die einst so dynamische Metropole sollte sich von diesem Schlag für lange Zeit nicht erholen; auf Jahrhunderte hinaus blieb sie Provinz.[5]

Die Erbarmungslosigkeit, mit der Nur ad-Din in Edessa zugeschlagen hatte, kam ihm bei der Festigung seiner Herrschaft über Aleppo sehr zustatten. Der Emir war bei dieser Gelegenheit dem Vorbild seines Vaters gefolgt: Zur Durchsetzung seiner Autorität verließ er sich auf brutale Gewalt und die Verbreitung von Angst und Schrecken. Im Lauf der Zeit jedoch zeigte es sich, dass Nur ad-Din neben seinem eisernen Durchsetzungswillen durchaus auch zu differenzierteren Formen der Machtausübung in der Lage war – angefangen bei politischen Absprachen bis hin zur Manipulation der öffentlichen Meinung. Er hatte dasselbe Ziel wie sein Vater: Er hoffte, Aleppo und Damaskus politisch vereinen zu können, zunächst jedoch war ihm daran gelegen, die Kooperation mit seinen Nachbarn im Süden Syriens wieder zu verbessern. Mit der Tochter Unurs von Damaskus wurde eine Ehe arrangiert. Der Emir brachte außerdem seine Großherzigkeit dadurch zum Ausdruck, dass er einer jungen Sklavin die Freiheit schenkte, die Zangi im Jahr 1138 in Baalbek gefangen genommen hatte und von der es hieß, sie sei früher Unurs Geliebte gewesen. Nach Meinung eines muslimischen Chronisten war das »der wichtigste Grund für die Freundschaft zwischen [Nur ad-Din und dem Damaszener]«.

Während das Machtgleichgewicht nach Zangis Tod neu austariert wurde, versuchten Aleppo und Damaskus eine vorsichtige Annäherung. Unurs Autorität hatte nun, da er nicht mehr ständig mit einer Invasion vonseiten Zangis rechnen musste, erheblich zugenommen, und allmählich löste er sich aus der Abhängigkeit von den Franken. Als einer seiner Unterführer, Altuntasch von Bosra, im Frühjahr 1147 versuchte, sich von Damaskus abzuwenden und mit dem Königreich Jerusalem ein Bündnis zu schließen, schritt Unur energisch ein. Nur ad-Din begab sich in den Süden, um ihn zu unterstützen, und vereint schlugen sie die Lateiner zurück, die versucht hatten, Bosra zu besetzen. Dieser bemerkenswerte Erfolg verschaffte Unur die Anerkennung der rivalisierenden Kalifen von Bagdad und Kairo, beide schickten Ehrengewänder und Einsetzungsurkunden. Vor diesem Hintergrund scheint Damaskus und nicht Aleppo im Jahr 1147 die dominante muslimische Instanz in Syrien gewesen zu sein.

Den Sommer dieses Jahres verbrachte Nur ad-Din damit, seine Stellung im Norden zu festigen und Feldzüge zur Westgrenze zu Antiochia zu unternehmen. Dann jedoch drängten beunruhigende Nachrichten den Emir in die Defensive: Ein »unermessliches« lateinisches Heer »halte auf das Gebiet des Islam zu«; es hieß, so viele Christen hätten sich dieser riesigen Streitmacht angeschlossen, dass es im Westen keine Männer mehr gebe, die das Land hätten verteidigen können. Diese Botschaften alarmierten Aleppo und seine muslimischen Nachbarn, und man bereitete sich auf den zweiten Kreuzzug und einen neuen Krieg vor.[6]

Widerstand gegen den Kreuzzug

In den folgenden sechs Monaten gelangten Berichte von den Widrigkeiten, die die deutschen und französischen Kreuzfahrer durchmachen mussten, allmählich auch in den Vorderen Orient. Ein Damaszener erfuhr, dass in Kleinasien »sehr viele von ihnen zugrunde gingen«; sie »wurden umgebracht, starben an Krankheit oder Hunger«, und zu Beginn des Jahres 1148 verbreitete sich die Nachricht, dass Masud, der seldschukische Sultan von Anatolien, den Franken schwere Verluste beigebracht hatte. Für Nur ad-Din und Unur, die in Aleppo und Damaskus besorgt die Stellung hielten, dürften diese Berichte eine willkommene, wenn auch überraschende Erleichterung bedeutet haben. Ihre türkischen Nachbarn im Nordwesten, die in den letzten Jahrzehnten häufiger als Rivalen denn als Verbündete aufgetreten waren, hatten dem christlichen Kreuzzug einen entscheidenden Dämpfer versetzt, noch bevor er auch nur die Grenze zur Levante überschritten hatte.

Doch das hieß nicht, dass die Gefahr abgewendet war. In jenem Frühjahr trafen nach und nach die lateinischen Überlebenden (immer noch mehrere Tausend) in den Häfen Syriens und Palästinas ein. Nun stellte sich die Frage: Wo würden sie zuschlagen? Nur ad-Din rüstete Aleppo gegen einen Angriff; sein Bruder, Saif ad-Din, schickte im Sommer jenes Jahres Verstärkung von Mosul. Die fränkische Offensive jedoch, als sie schließlich im Juli des Jahres 1148 kam, richtete sich gegen Damaskus im Süden.

Als König Ludwig VII. von Frankreich in jenem März nach Antiochia kam, geriet er in eine Auseinandersetzung mit Raimund von Antiochia. Die Verwüstung Edessas vereitelte sämtliche Pläne auf eine sofortige Rückeroberung; stattdessen empfahl Raimund, einen Angriff auf Aleppo und Shaizar zu unternehmen. Es sprach viel für diesen Plan, mit dem man den mächtigen Zangiden einen Schlag versetzen konnte, während Nur ad-Din noch damit beschäftigt war, seine Herrschaft über Nordsyrien zu sichern, doch der König verwarf das Vorhaben und brach sofort in südlicher Richtung nach Palästina auf. Über die Gründe für Ludwigs. Entscheidung wurde viel gerätselt. Vielleicht fehlten ihm die Mittel, vielleicht trieb ihn die Frage um, was der deutsche König im Königreich Jerusalem vorhatte, und vielleicht wollte er seine eigene Pilgerreise nach

Jerusalem vollenden. Der eigentliche Kern der Angelegenheit jedoch war wahrscheinlich eine skandalöse Liebesaffäre. Seit Ludwigs junge, charismatische Frau Eleonore von Aquitanien in Antiochia angekommen war, hatte sie sehr viel Zeit in der Gesellschaft ihres Onkels, Fürst Raimunds, verbracht. Es kam das Gerücht auf, dass sich zwischen ihnen ein leidenschaftliches inzestuöses Verhältnis entsponnen habe.

Der gedemütigte, entsetzte Monarch sah sich gezwungen, seine Frau gegen ihren Willen aus der Stadt zu entfernen, was ihre Beziehung unwiderruflich zerrüttete und jegliche Hoffnung auf eine Kooperation zwischen Antiochia und den Kreuzfahrern zunichtemachte.

Konrad war im April dieses Jahres im Heiligen Land angekommen, und im frühen Sommer vereinten sich die französischen und deutschen Truppen in Nordpalästina. Am 24. Juni fand in Akkon eine Ratsversammlung der führenden Kreuzfahrer und des Hofes von Jerusalem statt, um den weiteren Verlauf des Feldzugs zu besprechen, und man wählte Damaskus als neues Ziel. Wegen des gerade erst ausgehandelten Bündnisses der muslimischen Stadt mit den Franken in Palästina und ihres Widerstands gegen die erstarkenden Zangiden wurde diese Entscheidung früher von Historikerinnen und Historikern als ein Akt nahezu unfassbarer Torheit interpretiert. Doch dieses Urteil wurde zu Recht korrigiert: Zangis Tod im Jahr 1146 hatte die Machtbalance im muslimischen Syrien entscheidend verändert. Früher war Damaskus für Jerusalem im Kampf gegen Aleppo lediglich eine gehorsame Marionette gewesen, doch bis zum Jahr 1148 hatte sich die Stadt zu einem wesentlich bedrohlicheren und aggressiveren Nachbarn entwickelt. Daher war es vernünftig, sie auszuschalten und zu erobern, und wenn die Stadt eingenommen war, konnte Outremer auf Dauer überleben.[7]

Im Hochsommer des Jahres 1148 rückten die christlichen Könige aus Europa und von Jerusalem auf Banyas vor und marschierten weiter nach Damaskus. Unur versuchte nach Kräften, die Stadt abwehrbereit zu machen, er ließ die Verteidigungsanlagen verstärken und sammelte seine Truppen. Außerdem entsandte er Boten mit der Bitte um Hilfe an seine muslimischen Nachbarn, darunter auch an die Zangiden. Am 24. Juli näherten sich die Franken durch die dicht bewachsenen, üppig bewässerten Obstgärten südwestlich von Damaskus. Diese von niederen Lehmmauern umgebenen Haine erstreckten sich gut acht Kilometer weit um die Stadt herum. Nur enge Pfade führten hindurch, und diese

Haine dienten schon seit Langem als eine erste natürliche Verteidigungslinie. Die Muslime versuchten alles, um den lateinischen Vormarsch aufzuhalten, sie machten einzelne Ausfälle, schossen von den Wachttürmen unaufhörlich Pfeilhagel herab und lagen hinter Bäumen in den Gärten auf der Lauer, doch der Feind rückte unerbittlich weiter vor.

Am Abend gelang es den Franken, auf der offenen Ebene vor der Stadt ein Lager aufzuschlagen; von dort hatten sie Zugang zum Wasser des Flusses Barada. Im Gegensatz zu anderen Städten wie Antiochia und Jerusalem verfügte Damaskus nicht über größere Befestigungsringe, sondern wurde lediglich durch eine niedrige äußere Mauer und das schwer zugängliche Dickicht seiner äußeren Randbezirke geschützt. Da die Christen unmittelbar am Stadtrand lagerten, schien die Stadt schrecklich verwundbar. Unur befahl, die Straßen mit riesigen Barrikaden aus Holz und Geröll zu versperren, und um die Kampfmoral zu heben, wurde in der großen Moschee der Omaijaden eine große allgemeine Versammlung abgehalten. Einer der heiligsten Schätze von Damaskus, eine hochverehrte Abschrift des Korans, die einst einem frühen Nachfolger Mohammeds, dem Kalifen Uthman, gehört hatte, wurde der Menschenmenge gezeigt, »und die Leute streuten sich Asche aufs Haupt und flehten unter Tränen um Hilfe«.

Es folgten drei Tage verzweifelter Kämpfe: Die Muslime taten alles, um die Franken zurückzuhalten, und beide Seiten hatten schwere Verluste durch erbitterte Nahkämpfe zu beklagen. Der Widerstand der muslimischen Seite wurde durch neu hinzukommende Truppen aus dem Biqa-Tal verstärkt, und da Unur damit rechnen konnte, dass Nur ad-Din und Saif ad-Din bald eintreffen würden, spielte er auf Zeit. Er scheint als Gegenleistung für den Abbruch der Kampfhandlungen erneute Tributzahlungen versprochen zu haben. Außerdem wusste er um die unterschwelligen Rivalitäten unter den verbündeten Christen und versuchte auf recht raffinierte Weise, Zweifel und Misstrauen zu säen. Man hatte offenbar den Kreuzfahrerkönigen eine Botschaft zukommen lassen, die vor der Ankunft der Zangiden warnte, während ein anderer Gesandter gleichzeitig Kontakt mit den Franken der Levante aufnahm und sie zu überzeugen suchte, dass ihr Bündnis mit den Leuten aus dem Westen nur zu einer neuen Konfrontation im Osten führen würde, denn »ihr wisst: Wenn sie Damaskus einnehmen, werden sie die Regionen an der Küste an sich reißen, die sich jetzt in eurer Hand befinden.« Die

Christen waren ganz offensichtlich von inneren Spannungen zerrissen; lateinische Quellen bestätigen, dass unter den Franken ein Streit um die Frage entbrannte, wem nach der Eroberung der Stadt die Rechte über Damaskus zustanden.

Die Franken machten nur geringfügige Fortschritte, es wurden immer mehr Zweifel an der gegenwärtigen Taktik laut, daher traf man sich am Abend des 27. Juli zu einer Beratung. Die Anführer fassten den von einer gewissen Panik geprägten Beschluss, sich in den Osten der Stadt zu verlagern, von wo aus, wie die Franken glaubten, ein direkter Angriff auf die Stadt leichter zu bewerkstelligen war. Es stellte sich allerdings heraus, dass dieser Bereich von Damaskus genauso massiv verteidigt wurde, und nun befanden sich die Christen und ihr Lager in einer exponierten Position ohne Zugang zu Wasser. Unter der sengenden Sommersonne verließ sie der Mut. Ein muslimischer Augenzeuge berichtet, dass »bei den Franken aus verschiedenen Richtungen Nachrichten vom schnellen Vorrücken der islamischen Truppen eintrafen, die im »heiligen Krieg« gegen sie antreten wollten, und es machte sich bei ihnen die Überzeugung breit, dass sie vernichtet waren und die Katastrophe unmittelbar bevorstand«. Lateinische Quellen deuten Verrat innerhalb des christlichen Heeres an, Bestechung durch Unur und allseitige erbitterte Schuldzuweisungen. Am 28. Juli traten die vereinigten levantinischen und Kreuzfahrertruppen einen furchtbar demütigenden Rückzug an, während damaszenische Reiter nicht aufhörten, ihnen zuzusetzen. König Konrad schrieb später, dass die Christen »sich voller Gram zurückzogen, da die Belagerung gescheitert war«, Wilhelm von Tyrus dagegen bemerkt, dass der Rückzug der Kreuzfahrer sich »in großer Unordnung und Angst« vollzogen habe. Der französische und der deutsche König erwogen zunächst noch Pläne für einen zweiten, besser ausgerüsteten Angriff auf Damaskus oder einen Feldzug gegen das fatimidische Askalon, doch beide Ziele wurden fallen gelassen. Konrad machte sich im September auf den Rückweg nach Europa, und nachdem er die heiligen Stätten besucht hatte, folgte Ludwig ihm im Frühjahr 1149. Ein muslimischer Chronist erklärte erleichtert, dass »Gott die Gläubigen [in Damaskus] von ihrer Heimsuchung erlöst hat«.[8]

Was die Franken betrifft, so war der wichtigste Vorstoß des zweiten Kreuzzugs in der Levante auf eine verheerende Niederlage hinausgelaufen. Nach den grandiosen königlichen Vorbereitungen waren die christlichen Pläne vollständig durchkreuzt, und auch die Vorstellung eines lateinischen »heiligen Krieges« war zutiefst fragwürdig geworden. Popularität und Praxis des Kreuzzugsgedankens hatten einen schwerwiegenden Rückschlag erlitten, und die Folgen davon sollten noch lange Zeit spürbar bleiben. Die Historikerinnen und Historiker haben zwar die Frage ausgiebig diskutiert, wie klug oder töricht die Entscheidung der Franken gewesen war, Damaskus zu belagern, doch dabei wurde häufig der Einfluss des Kreuzzugs auf den Islam im Vorderen Orient vernachlässigt. Oberflächlich betrachtet schien sich an der Machtbalance nichts geändert zu haben – Unur behielt die Herrschaft über Damaskus; die Christen waren zurückgedrängt. Im Augenblick höchster Gefahr jedoch waren die Damaszener gezwungen gewesen, Aleppo und Mosul um Unterstützung zu bitten. Für kurze Zeit hatte es in der Mitte der 1140er-Jahre so ausgesehen, als sei Unur in der Lage, der Vormachtstellung der Zangiden die Stirn zu bieten; nun, nach dem Ende des zweiten Kreuzzugs, musste er sich mit einer zunehmend unterwürfigen Beziehung zu Nur ad-Din zufriedengeben.

Der lateinische Angriff auf Damaskus im Jahr 1148 führte außerdem dazu, dass sich die antifränkische Haltung in der breiten Öffentlichkeit von Damaskus noch weiter vertiefte. Schon nach relativ kurzer Zeit öffneten Unur und die herrschende Elite der Buriden die diplomatischen Kanäle zum Königreich Jerusalem wieder, doch die Bereitschaft für eine Bündnispolitik mit Palästina war deutlich im Schwinden begriffen.

Die Grafschaft Edessa wird verteilt

Die Stadt Aleppo hatte den zweiten Kreuzzug unversehrt überstanden; der lateinische Feldzug hatte Nur ad-Dins Position in Nordsyrien wohl eher noch gefestigt. Natürlich war durch den Kreuzzug nichts geschehen, was die Eroberungen der Zangiden in der Grafschaft Edessa rückgängig gemacht hätte. In den folgenden Jahren wurden die Scherben des einstigen ersten Kreuzfahrerstaates allmählich vom Islam aufgesammelt. Graf Joscelin sah sich von drei Seiten bedrängt – denn Nur ad-Din, Masud von Konya und die Artuqiden von Diyar Bakr stritten sich um das Territorium von Edessa –, und er versuchte, sich ein gewisses Maß an Sicherheit zu erkaufen, indem er mit Aleppo einen für ihn selbst demütigenden Waffenstillstand aushandelte. Als er jedoch im Jahr 1150 gefangen genommen wurde, ließ den Emir der Zustand seines »Verbündeten« fast ungerührt; der Franke wurde in den Kerker geworfen, möglicherweise seines Augenlichts beraubt, und blieb dort bis zu seinem Tod neun Jahre später.

Anhänger der Zangiden nutzten Joscelins Machtverlust nach Kräften aus. Ein muslimischer Chronist beschrieb ihn als einen »unversöhnlichen Teufel«, einen »grimmigen, grausamen Gegner der Muslime«, dessen »Gefangennahme der gesamten Christenheit einen Schlag versetzt« habe. Der Dichter Ibn al-Qaysarani (der mittlerweile zu Nur ad-Dins Hof gehörte) ging noch einen Schritt weiter, indem er versicherte, dass auch Jerusalem selbst bald »gesäubert« werde.[9]

Während Joscelins Gefangenschaft trat seine Gemahlin Beatrice die Reste der lateinischen Grafschaft an die Byzantiner ab, womit sie einen Flüchtlingsstrom fränkischer und orthodoxer Christen auslöste, die allesamt Zuflucht in Antiochia suchten. Die Gräfin siedelte nach Palästina über, wo ihre beiden Kinder – Joscelin III. und Agnes – später eine bedeutende politische Rolle spielen sollten. Es stellte sich dann heraus, dass selbst die Griechen nicht in der Lage waren, diese isolierten Außenposten zu verteidigen, und als Tell Bashir sich im Jahr 1151 den Truppen Nur ad-Dins ergeben musste, war es mit der Grafschaft Edessa ein für alle Mal vorbei. Die Zangiden hatten einen der vier Kreuzfahrerstaaten ausgelöscht.

8

Nur ad-Din – Licht des Glaubens

Nur ad-Din entwickelte sich in der Phase, die auf den zweiten Kreuzzug folgte, zur bedeutendsten muslimischen Herrscherpersönlichkeit im Vorderen Orient. Er sollte später Syrien zu einer Einheit zusammenführen, die zangidische Macht bis nach Ägypten ausdehnen und mehrere Siege gegen die christlichen Franken erringen. Er wurde zu einer der wichtigsten Lichtgestalten des mittelalterlichen Islam, gefeiert als unermüdlicher Kämpfer für die sunnitische Orthodoxie und als Vorkämpfer des Dschihad gegen das lateinische Outremer. Tatsächlich bedeutet ja der Name »Nur ad-Din«, mit dem er in die Geschichte einging, wörtlich »Licht des Glaubens«.

Muslimische Chronisten jener Zeit stellten Nur ad-Din überwiegend als den Archetyp eines vollkommenen islamischen Herrschers dar – von tiefer Frömmigkeit, milde und gerecht; bescheiden und ernst, dabei gebildet; tapfer und gewandt in der Schlacht und der Sache des Krieges um das Heilige Land ganz und gar ergeben. Diese Sicht wurde am prägnantesten von dem großen irakischen Historiker Ibn al-Athir (gest. 1233) zum Ausdruck gebracht, der im frühen 13. Jahrhundert in Mosul schrieb, als diese Stadt noch von den Mitgliedern der Zangiden-Dynastie regiert wurde, der auch Nur ad-Din angehörte. Neben vielen anderen Werken verfasste Ibn al-Athir auch eine umfangreiche Darstellung der Geschichte der Menschheit, die mit der Schöpfung begann, und sogar in dieser Chronik erscheint Nur ad-Din als die wichtigste Hauptfigur. »Der Ruhm seiner guten Herrschaft und seiner Gerechtigkeit«, so hieß es dort, »ging um die Welt«, und »seine guten Eigenschaften waren so zahlreich und seine Tugenden so überreich, dass dieses Buch sie nicht alle fassen kann«.[1]

Moderne Historikerinnen und Historiker haben – mit unterschiedlichem Erfolg – versucht, hinter diese panegyrischen Kulissen zu schauen, um zu einem authentischen Bild Nur ad-Dins zu kommen, was erstaunlich unterschiedliche Ergebnisse zeitigte. Ein wichtiges Element dieser Forschungen war der Versuch, den Zeitpunkt der Umkehr im Leben des Emirs festzumachen, den Moment spiritueller Erleuchtung, nach dem er sich im Gewand des Mudschahid zeigte.[2] Im Zusammenhang mit den Kreuzzügen sind zwei ineinander verschränkte Komplexe von Bedeutung. Nur ad-Din verbrachte einen beträchtlichen Teil seines Lebens damit, gegen muslimische Glaubensgenossen zu kämpfen – tat er das um eines höheren Zieles willen, wollte er den Islam für den Dschihad vereinen, oder war der »heilige Krieg« lediglich ein bequemer Vorwand, hinter dem er ein zangidisches Reich aufbauen konnte? Außerdem: Begann Nur ad-Din als ehrgeiziger, auf seine eigenen Interessen bedachter türkischer Kriegsherr, der (an einem gewissen Punkt) eine religiöse Erweckung erlebte und sich mit umso größerem Eifer ganz dem »heiligen Krieg« verschrieb? Zum Teil kann man diese Fragen beantworten, wenn man den Werdegang Nur ad-Dins verfolgt – wenn man genauer untersucht, wann und warum er gegen die Lateiner kämpfte, und wenn man erwägt, wie sich seine Beziehungen zu den sunnitischen Muslimen von Syrien, den schiitischen Fatimiden Ägyptens und den byzantinischen Griechen gestalteten.

Die Schlacht von Inab

Im Sommer 1149 griff Nur ad-Din, um seinen Einflussbereich in Nordsyrien auszuweiten, das christliche Fürstentum Antiochia an. Seit Ende 1148 war seine Gefolgschaft verschiedentlich – allerdings ohne nennenswertes Ergebnis – in kleineren Gefechten mit antiochenischen Truppen zusammengestoßen. Im Juni 1149 nun profitierte Nur ad-Din von der Wiederannäherung an Unur von Damaskus und bat diesen um Verstärkung; dann stellte er ein stattliches Invasionsheer mit 6000 berittenen Kriegern an der Spitze auf. Die Geschichtswissenschaft hat sich nicht sonderlich bemüht, die Motive des Herrschers von Aleppo zu verstehen; man nahm an, dass er lediglich die Konfrontation mit Fürst Raimund von Antiochia suchte. Aber ebenso wie bei seinem Vorgänger Il-Ghazi im Jahr 1119 hatten Nur ad-Dins Aktionen wahrscheinlich einen sehr genau definierten strategischen Zweck.

Im Jahr 1149 beschloss Nur ad-Din, zwei lateinische Vorposten – Harim und Apamea – zu erobern. Die Festungsstadt Harim lag am

Westrand der Belus-Berge, in einer beherrschenden Position mit Ausblick über die Ebenen von Antiochia. Sie war von der Stadt Antiochia nur 20 Kilometer entfernt; seit der Zeit des ersten Kreuzzugs befand sich der Ort in der Hand der Lateiner. Die natürliche Barriere der Belus-Berge spielte in den Auseinandersetzungen zwischen Aleppo und dem Fürstentum seit Langem eine wichtige Rolle. Zu Beginn des 12. Jahrhunderts, als Antiochia im Aufstieg begriffen war, hatten die Franken Gebiete östlich dieser zerklüfteten Berge eingenommen und damit die Sicherheit Aleppos unmittelbar bedroht. Sie wurden erst von Il-Ghazi, anschließend von Zangi zurückgedrängt, und als Grenze ergab sich wieder die Linie, die dem natürlichen Verlauf des Gebirges folgte. Doch mit diesem Gleichgewicht wollte Nur ad-Din sich nicht zufriedengeben. Ihm ging es um die Einnahme von Harim, das heißt darum, jenseits der Gebirgskette Fuß zu fassen und damit die geschützte Ostgrenze Antiochias aufzubrechen.

Außerdem hatte Nur ad-Din Apamea am südlichen Rand des Summaq-Plateaus zum strategischen Ziel erklärt. Bislang hatte Antiochia das Summaq-Gebiet kontrolliert und so die wichtigsten Verkehrswege zwischen Aleppo und Damaskus bedroht, doch in den späten 1130er-Jahren hatte Zangi bereits einen großen Teil dieses Bereichs zurückerobert. Im Jahr 1149 blieb den Franken nur noch ein schmaler Korridor, der das südliche Orontes-Tal mit dem zunehmend isolierten Außenposten Apamea verband. Das Hauptziel Nur ad-Dins im Jahr 1149 scheint die Eroberung dieser befestigten Siedlung gewesen zu sein, womit er den Rest lateinischer Präsenz in der Summaq-Region beseitigen wollte. Seine bisherigen Versuche, das auf einem aus der Antike stammenden Tell gelegene Apamea im direkten Angriff zu nehmen, waren gescheitert. Nur ad-Din änderte daraufhin seine Taktik und versuchte, die Stadt zu isolieren und die wichtigste Verbindungslinie nach Antiochia abzuschneiden, indem er die ash-Shogur-Brücke über den Orontes besetzte.

Im Juni war er vor Ort und begann mit Vorkehrungen für eine Belagerung der kleinen Festung Inab. Als Fürst Raimund in Antiochia davon erfuhr, reagierte er schnell, möglicherweise unüberlegt. In der späteren lateinischen Überlieferung heißt es, er sei sofort aufgebrochen, um die Besetzung von Inab zu verhindern, »ohne auf die begleitende Reiterei zu warten, um so schnell wie möglich an diesen Ort zu gelangen«, doch das klingt übertrieben, denn ein muslimischer Zeitgenosse aus

Damaskus gibt an, dass die Franken mit 4000 Rittern und 1000 Fußsoldaten eintrafen. Im Heer des Fürsten befand sich außerdem eine Gruppe von Assassinen, die von Raimunds kurdischem muslimischem Verbündeten Ali Ibn Wafa angeführt wurde. Nur ad-Din reagierte auf den Vormarsch der Antiochier mit Vorsicht, er zog sich von Inab zurück, um die Stärke seines Feindes abschätzen zu können, doch hielt er wachsam nach einer Möglichkeit zum Gegenangriff Ausschau, und es dauerte nicht lange, bis sich diese Möglichkeit bot.

Als Raimund vor Inab ankam, ging er davon aus, dass er die Streitkräfte Nur ad-Dins in die Flucht geschlagen und das Gebiet erfolgreich gesichert habe. Er beschloss daher, die Nacht in der Ebene zu verbringen, statt sich an einen gesicherten Ort zurückzuziehen – eine fatale Fehlentscheidung. Nur ad-Din hatte sich jedoch nur eine kurze Strecke entfernt; als er erfuhr, wie klein das Heer Raimunds war und wo es sich befand, kehrte er im Schutz der Nacht sofort um. Bei Tagesanbruch am 29. Juni 1149 mussten die erwachenden Lateiner feststellen, dass sie umzingelt waren. Der Herr von Aleppo spürte genau, dass ein grandioser Sieg unmittelbar bevorstand, er verschwendete keine Zeit, sondern, wie ein Christ es formulierte, »stürmte in das Lager, als wolle er eine Stadt überrennen«. Die Chronik von Damaskus gibt an, Fürst Raimund habe vergeblich versucht, seine Truppen zu sammeln und in Verteidigungsstellung zu bringen, »doch die Muslime teilten sich in einzelne Gruppen auf, sie griffen aus verschiedenen Richtungen an und wimmelten um sie herum«. Es entbrannten hitzige Gefechte Mann gegen Mann, dann kam Wind auf, Staub wirbelte durch die Luft und vergrößerte das Chaos noch. Die Franken, in der Minderzahl und umzingelt, erkannten schnell ihre Unterlegenheit, doch selbst als sich seine Männer schon scharenweise davonmachten, hielt Raimund die Stellung und kämpfte unermüdlich weiter. In einem zeitgenössischen arabischen Text heißt es, dass »die Schwerter des Islam das letzte Wort hatten, [und] als sich die Staubwolken verzogen, sah man die Christen, staubbedeckt, am Boden liegen«.

Die Muslime hatten gesiegt, aber das volle Ausmaß ihres Triumphs wurde erst klar, als Nur ad-Dins Leute das Schlachtfeld absuchten. Dort wurde Raïmund, der Herrscher von Antiochia, »hingestreckt gefunden inmitten seiner Wachen und seiner Ritter; man erkannte ihn, und sein Kopf wurde abgehauen und zu Nur ad-Din gebracht, der den Überbringer mit einem stattlichen Geschenk belohnte«. Man munkelte, der Fürst sei durch einen Schwertstreich des kurdischen Kriegsherrn Schirkuh getötet worden. Nur ad-Din ließ den Schädel des Franken offenbar in ein silbernes Gehäuse einfassen und nach Bagdad senden, um den Sieg über einen Feind zu feiern, der, so die Muslime, »besonders bekannt war für die Furcht, die er einflößte, seine große Härte und grimmige Grausamkeit«. Lateinische Quellen bestätigen, dass Raimunds Leiche keinen Kopf mehr hatte, und es fehlt auch nicht die grausige, jedoch lebensnahe Bemerkung, dass der Fürst, als die Antiochier endlich seinen verstümmelten Körper fanden, nur aufgrund »bestimmter Merkmale und Narben« identifiziert werden konnte.[3]

Die Bedeutung der Schlacht von Inab im Jahr 1149 ist in mancher Hinsicht mit der Niederlage auf dem Blutfeld 30 Jahre zuvor zu vergleichen. Das fränkische Fürstentum hatte wiederum einen mächtigen Herrscher verloren und blieb führerlos und verwundbar zurück, denn es gab keinen unmittelbaren männlichen Erben. Nur ad-Din befand sich jetzt in der Position des Überlegenen, und bezeichnend ist das, was er nach dem Sieg vor Inab unternahm: Er versuchte gerade nicht, auch noch Antiochia zu unterwerfen, sondern entsandte stattdessen einen großen Teil seines Heeres in den Süden nach Apamea. Den Rest seiner Truppen führte er nach Antiochia, war jedoch nach einer kurzen Belagerung damit einverstanden, die Stadt gegen Zahlung eines beträchtlichen Lösegelds unangetastet zu lassen. Dann zog er an die Küste und nahm ein symbolträchtiges Bad im Mittelmeer – womit er zum Ausdruck brachte, dass sich der Machtbereich des Islam jetzt im Westen bis zum Meer hin erstreckte.

Die eigentliche Eroberung begann Mitte Juli mit einem Angriff auf Harim. Die lateinische Garnison war nach der Schlacht von Inab geschwächt, die Stadt ergab sich sehr bald, und umgehend wurden Schritte unternommen, um ihre Verteidigungsanlagen zu verstärken. Ende desselben Monats marschierte Nur ad-Din nach Süden in Richtung Apamea. Die dort stationierten Franken waren von Antiochia abgeschnitten und konnten nicht auf Unterstützung hoffen, also ergaben sie sich auf das Versprechen hin, dass sie am Leben gelassen würden.

Wie Il-Ghazi im Jahr 1119 hatte Nur ad-Din aus seinem Sieg über die Antiochier strategisches Kapital geschlagen: In seinem Fall war Antiochia jetzt entmachtet und die Vorherrschaft über die Gebiete östlich des Orontes gesichert. Von der Möglichkeit, Antiochia einzunehmen, machte er keinen Gebrauch – vielleicht auch, weil er nicht genug Truppen und Mittel hatte, um die gewaltigen Festungsanlagen der Stadt zu überwinden, und weil er wusste, dass aus Palästina bald fränkische Verstärkung eintreffen würde. Ganz sicher hatte im Jahr 1119 und ebenso wieder 1149 die Eroberung von Antiochia nicht die oberste Priorität.

Trotz dieser deutlichen Parallelen war die Schlacht von Inab keine schlichte Neuauflage der Kämpfe auf dem Blutfeld. Im Jahr 1119 war König Balduin II. von Jerusalem dem Fürstentum zu Hilfe geeilt und hatte im Lauf der folgenden Jahre die Gebietsverluste wiedergutgemacht. Auch sein Enkel, Balduin III., begab sich im Sommer 1149 in den Norden nach Syrien, doch er war nicht in der Lage, das Geschick Antiochias wirklich zu wenden. Apamea blieb in der Hand der Muslime, und auch ein kurzer Versuch, Harim zurückzuerobern, scheiterte. Nur ad-Dins Soldaten hatten sich in unmittelbarer Nähe der Hauptstadt festgesetzt; die Möglichkeiten, Aleppo zu bedrohen, waren für das Fürstentum also empfindlich eingeschränkt. Später im selben Sommer wurden die Lateiner zu einem demütigenden Vertrag mit Nur ad-Din gezwungen: Die Rechte Aleppos über das Summaq-Plateau und das Gelände östlich der Belus-Berge mussten anerkannt werden, das bedeutete, dass Antiochia sich stillschweigend mit der Entmachtung abfand.

Auch mit seinen Beweggründen und Zielen unterschied sich Nur ad-Din im Jahr 1149 grundsätzlich von Il-Ghazi, und schon das allein verrät einiges über die Verschiebung der Machtbalance in Syrien. Die Schlacht auf dem Blutfeld war damals ein Ausdruck der Rivalität zwischen Antiochia und Aleppo gewesen, ein letzter verzweifelter Versuch, die nach Osten rollende Woge der fränkischen Expansion zurückzudrängen. Im Unterschied dazu und trotz zunächst scheinbar gegenteiliger Anzeichen ging der Feldzug, der in der Schlacht von Inab kulminierte, letztlich auf innermuslimische Feindseligkeiten zurück. Nur ad-Din wollte Apamea nicht einnehmen, um die Franken abzuwehren, sondern um sich eine sichere Route von Aleppo in Richtung Süden zu seinem eigentlichen Ziel, der von den Buriden beherrschten Stadt Damaskus, zu öffnen. Die Antiochier waren jetzt über den Orontes zurückgedrängt und hatten deshalb keine Möglichkeit mehr, sich in dieses größere Spiel einzumischen.

Generationen moderner Historikerinnen und Historiker haben die Gründe für die Schlacht von Inab und ihre Bedeutung falsch interpretiert; einige gingen sogar so weit zu behaupten, dass dieser Sieg genau den Moment markierte, an dem aus Nur ad-Din ein wahrer Mudschahid wurde. Natürlich ist nicht abzustreiten, dass der Herr von Aleppo sich mit seinem Erfolg gegen die Christen brüstete. Ein muslimischer Chronist bemerkt, dass »die Dichter Nur ad-Din über die Maßen rühmten und ihm zu seinem Sieg gratulierten, denn der Tod von [Fürst Raimund] hatte große Bedeutung für beide Seiten«, und er zitiert die folgende Strophe von Ibn al-Qaysarani:

Deine Schwerter haben die Franken erzittern lassen,
Und die Herzen in Rom schlagen schnell.
Du hast ihrem Hauptmann mit dem Schwert einen vernichtenden Schlag versetzt,
Der sein Rückgrat zerbrach und die Kreuze zu Fall brachte.
Du hast das Land des Feindes von ihrem Blut gereinigt,
So sehr, dass nun die Schwerter ganz befleckt sind.

Wer allerdings diese Propaganda wörtlich nimmt, der übersieht, was Nur ad-Din im Jahr 1149 mit dieser Strategie tatsächlich beabsichtigte: Es ging ihm um Damaskus. Der weitere Verlauf der Ereignisse sollte zeigen, dass es durchaus Nur ad-Dins Absichten entsprach, Antiochia in den schwachen Händen der Franken zu belassen: So war die Stadt im Spiel der levantinischen Kräfte als Bedrohung neutralisiert, und das lateinische Fürstentum konnte als nützlicher Pufferstaat zwischen Aleppo und dem griechischen Byzanz herhalten. Eigentlich ging es Nur ad-Din in diesen frühen Jahren seiner Herrschaft immer um die Eroberung von Damaskus.

Die Ereignisse im August 1149 erweckten zunächst ganz den Anschein, als böte sich für Nur ad-Din nun die perfekte Gelegenheit, seinen Einfluss im muslimischen Syrien weiter auszudehnen. Nach einer besonders deftigen Mahlzeit »lösten« sich bei Unur von Damaskus, seinem zeitweiligen Verbündeten und Rivalen, »plötzlich die Gedärme«, was sich zu einer auszehrenden Diarrhö-Attacke entwickelte. Ende des Monats war Unur tot, und in Damaskus brach ein chaotischer Machtkampf aus.

Allerdings lösten sich für Nur ad-Din alle Hoffnungen, von dieser Situation profitieren zu können, in Luft auf, als ihn die Nachricht von einem zweiten Todesfall erreichte: Sein älterer Bruder, Saif ad-Din, war am 6. September gestorben. Nur ad-Din eilte in den Irak und versuchte für kurze Zeit, sich die Herrschaft über Mosul zu sichern, versöhnte sich dann aber widerwillig mit seinem jüngeren Bruder, dem designierten Erben Qutb ad-Din Maudud. Vorerst musste Nur ad-Din die Chance, in Damaskus das Ruder zu übernehmen, ungenutzt verstreichen lassen. Die geschwächten Buriden blieben an der Macht, doch sollte es nicht lange dauern, bis sich der Blick von Nur ad-Din wieder von Aleppo aus nach Süden richtete.[4]

Die Straße nach Damaskus

Im Jahr 1150 wurde das lateinische Outremer von Widrigkeiten und Schicksalsschlägen unterschiedlichster Art heimgesucht. Es gab wohl kaum einen günstigeren Augenblick für die muslimischen Herrscher im Vorderen Orient, vor allem aber für Nur ad-Din, die Kreuzfahrerstaaten ins Mark zu treffen und die Franken ins Mittelmeer zu treiben. Die Christen hatten in schneller Folge das Scheitern des zweiten Kreuzzugs, die Niederlage von Inab und die Auflösung der Grafschaft Edessa zu verkraften. Nach 1149 wurden die Probleme noch drängender. Man schickte verzweifelte Hilferufe in den Westen, um einen neuen Kreuzzug anzuregen, doch die Erinnerung an die gerade erlittene Demütigung war noch zu frisch, und so erhielt man keine Reaktion. In Antiochia verursachte der plötzliche Tod von Fürst Raimund eine weitere Nachfolgekrise, denn sein Sohn und Erbe, Bohemund III., war erst fünf Jahre alt, und seine Witwe Konstanze widersetzte sich mit Nachdruck allen Plänen ihres Vetters König Balduin III. von Jerusalem, sie mit einem Kandidaten seiner Wahl zu verheiraten. Wie schon ihre Mutter Alice wollte Konstanze ihr Schicksal selbst in der Hand behalten, wodurch allerdings das Fürstentum vier Jahre lang ohne einen amtierenden Militärbefehlshaber auskommen musste und sie Balduin III. auch die Aufsicht über Antiochia aufbürdete. Die Pflichten des jungen Königs wuchsen im Jahr 1152 weiter, als Raimund II. von Tripolis von einer Assassinen-Bande ermordet wurde. Der Sohn und Namensvetter des Grafen, Raimund III. , war erst zwölf Jahre alt, und so musste Balduin auch hier das Wächteramt übernehmen.

Balduin III. selbst war noch nicht sehr viel älter als zwanzig, und nun lastete die Herrschaft über alle drei noch existierenden Kreuzfahrerstaaten auf ihm. Erschwerend kam hinzu, dass die Beziehung zu seiner Mutter Melisende immer problematischer wurde. Gemeinsam hatten sie seit dem Jahr 1145 (als der junge König im Alter von 15 Jahren volljährig wurde) in Jerusalem geherrscht, und zu Beginn waren die Klugheit und die Erfahrung der Königin eine willkommene Quelle der Sicherheit und Kontinuität gewesen. Als Balduin aber erwachsen war, empfand er die Mutter an seiner Seite zunehmend als ein Hindernis. Melisende dagegen dachte gar nicht daran, auf ihre Macht zu verzichten, sie genoss auch nach wie vor hohes Ansehen im Königreich. Seit 1149 verschlechterten sich die Beziehungen zwischen den beiden Regenten immer mehr, und bis 1152 wurde das lateinische Palästina von bürgerkriegsähnlichen Zuständen fast zerrissen. Am Ende sah Balduin sich sogar gezwungen, Melisende von ihren Ländereien in Nablus zu vertreiben und die Königin in der Heiligen Stadt selbst zu belagern, um ihre Abdankung zu erzwingen und sein Recht auf unabhängige Regierung durchzusetzen.

Trotz des chronisch geschwächten Zustands seines angeblichen Feindes unternahm Nur ad-Din kaum etwas, um gezielt die Interessen des Dschihad gegen die Christen zu verfolgen. Stattdessen konzentrierte er auch weiterhin den Hauptteil seiner Energie und seiner Ressourcen auf die Eroberung von Damaskus. Diejenigen, die Nur ad-Din zu einem Helden des »heiligen Krieges« für den Islam stilisieren wollten – seien dies nun muslimische Chronisten im Mittelalter oder moderne Historikerinnen und Historiker –, vertraten die These, dass diese verbissene Konzentration auf die Unterwerfung Syriens lediglich ein Mittel zum Zweck war; dass der Herr von Aleppo sich nur dann Hoffnungen auf einen Sieg im eigentlich bedeutsamen Kampf gegen die Franken machen konnte, wenn er verhinderte, dass Damaskus von den Christen eingenommen wurde, und wenn er den Islam vereinte und die Muslime zu gemeinsamem Handeln bewegte.[5] Zangi hatte Damaskus lange im Visier gehabt, war jedoch immer wieder von Ereignissen in Mesopotamien abgelenkt worden. In den nächsten fünf Jahren blieb Nur ad-Din dieser Beute mit größerer Konsequenz auf der Spur und bediente sich dafür unterschiedlichster Taktiken. Die wichtigsten Waffen seines Vaters waren immer Einschüchterung und Angst gewesen. Er hatte die Bevölkerung von Baalbek abgeschlachtet, nachdem er ihr versprochen hatte, sie für den Fall, dass sie sich ergäbe, am Leben zu lassen – in der vergeblichen Hoffnung, damit Damaskus derartig in Angst und Schrecken zu versetzen, dass es einlenken würde. Nur ad-Din hatte möglicherweise aus diesem Scheitern gelernt. Er ging anders vor, indem er sich um den Kampf um Herz und Verstand der Menschen genauso kümmerte wie um den Einsatz von Waffengewalt.

Die Herrschaft über Damaskus lag nun in der Hand Abaqs, eines weiteren Mitglieds der schwachen Buriden-Dynastie, sowie seinem engen Kreis von Beratern, doch war ihre Machtposition alles andere als stabil. Im April 1150 reagierte Nur ad-Din auf Berichte von Überfällen der Lateiner auf den Hauran, das Grenzgebiet zwischen Jerusalem und Damaskus, indem er Abaq aufforderte, ihn bei der Vertreibung der Franken zu unterstützen. Dann begab er sich mit seinem eigenen Heer ins südliche Syrien und marschierte in Richtung Baalbek. Genau wie er es erwartet hatte, entzog sich Abaq mit »fadenscheinigen Argumenten und Heuchelei«, während er gleichzeitig Gesandte losschickte, um mit König Balduin III. einen neuen Pakt auszuhandeln.

Nur ad-Din hatte sein Lager jetzt nördlich von Damaskus aufgeschlagen und behielt ein wachsames Auge auf die Disziplin seiner Truppen; er verhinderte, dass sie »in den Dörfern plünderten oder sich sonst etwas zuschulden kommen ließen«, während er gleichzeitig den diplomatischen Druck auf Abaq erhöhte. In Damaskus tauchten Botschaften auf, die den Buriden-Herrscher dafür kritisierten, dass er die Franken unterstützte und ihnen Abgaben leistete, finanziert von Geldern, die er »den Armen und Schwachen unter [den Damaszenern]« gestohlen habe. Nur ad-Din versicherte Abaq, dass er nicht die Absicht habe, die Stadt anzugreifen, sondern dass ihm vielmehr Allah Macht und Mittel verliehen habe, damit er »den Muslimen Hilfe bringen und einen heiligen Krieg gegen die Anhänger der Vielgötterei führen« könne – worauf Abaq nur unverblümt antwortete, dass »es zwischen uns nichts gibt außer dem Schwert«. Nur ad-Dins bestimmtes und doch maßvolles Vorgehen scheint dennoch erfolgreich gewesen zu sein, denn die öffentliche Meinung in Damaskus veränderte sich allmählich zu seinen Gunsten. Ein muslimischer Bewohner der Stadt bezeugte sogar, dass »das Volk von Damaskus unablässig für ihn betete«.

Nur ad-Din beendete dann diesen ersten Schlagabtausch, dessen Ertrag nur relativ dürftig war. Aber trotz seiner erwiesenen Tapferkeit willigte Abaq später doch noch ein, den Waffenstillstand mit Aleppo zu erneuern; er fügte sich der Oberherrschaft Nur ad-Dins und ordnete an, dass sein Name im Freitagsgebet vom Vorbeter genannt und auf damaszenische Münzen geprägt wurde. Man mag diese Gesten als nur symbolisch abtun, doch damit würde man verkennen, dass so die Unterwerfung von Damaskus mit einem Minimum an Blutvergießen begonnen wurde. In den nächsten Jahren behielt Nur ad-Din den diplomatischen und militärischen Druck auf die Buriden bei, wobei er nach wie vor alles tat, um einen direkten Angriff auf die Stadt zu vermeiden. Die Bewohner von Damaskus registrierten auch weiterhin, dass es ihm »zutiefst zuwider war, Muslime zu töten«, und im Jahr 1151 gab es viele, die sich einem Aufruf Abaqs widersetzten, gegen Aleppo ins Feld zu ziehen.

Ungefähr zu dieser Zeit begann Ajjub, der Bruder von Schirkuh Ibn Shadi, als Beauftragter Nur ad-Dins in der Stadt zu wirken. Ajjub hatte im Jahr 1146 seine Loyalität auf die Buriden-Dynastie übertragen, jetzt aber beschloss er in gewohnter politisch flexibler Manier, zu den Zangiden zurückzukehren, womit er zu einem Fürsprecher der Zangiden am damaszenischen Hof wurde und gleichzeitig die Kontrolle über die lokale Miliz errang. In kleinen Schritten verwandelte Nur ad-Din Damaskus in einen Satellitenstaat. Im Oktober 1151 begab sich Abaq tatsächlich nach Aleppo, um seine Gefolgschaftstreue zu erklären; stillschweigend akzeptierte er die Unterwerfung, hoffend, die vollständige Eroberung noch abwenden zu können. Nur ad-Din nutzte dies lediglich als Rechtfertigung dafür, seine Propaganda noch gehässiger zu gestalten – wiederholt formulierte er unter dem Deckmantel des besorgten Herrschers Warnungen an Abaq, es gebe an dessen eigenem Hof in Damaskus Personen, die sich mit Aleppo in Verbindung gesetzt hätten, um die Kapitulation von Damaskus in die Wege zu leiten.

Im Winter 1153/1154 verstärkte Nur ad-Din schließlich den Druck, indem er die Getreidetransporte aus dem Norden nach Damaskus unterband. Bald wurden dort die Lebensmittel knapp. Im Frühjahr, als die Unzufriedenheit in der Bevölkerung zunahm, schickte er eine Vorhut unter Schirkuh in den Süden, im späten April des Jahres 1154 wurde unter der Führung Nur ad-Dins selbst die Stadt eingeschlossen. Am Ende war ein regelrechter Angriff gar nicht nötig. Eine jüdische Frau soll ein Seil über die Stadtmauer geworfen haben, an dem einige Männer aus dem Heer Nur ad-Dins sich auf die östliche Festungsmauer hieven und seine Standarte hissen konnten. Als Abaq entsetzt in die Zitadelle floh, öffnete das Volk von Damaskus die Stadttore und kapitulierte bedingungslos.

Mit Geduld und Zurückhaltung hatte Nur ad-Din die Herrschaft über diesen historischen Sitz muslimischer Macht gewonnen – nun gab er sich alle Mühe, diese Prinzipien beizubehalten. Abaq traf entgegen seinen Befürchtungen auf Gleichmut, er erhielt Homs als Lehen und Belohnung dafür, dass er auf die Herrschaft über Damaskus verzichtete; später siedelte er in den Irak über. Nahrungsmittel im Überfluss strömten jetzt in die Stadt, und die Großzügigkeit des neuen Herrschers wurde bestätigt durch die »Abschaffung von Abgaben auf dem Melonen- und dem Gemüsemarkt«.

Nur ad-Dins Eroberung von Damaskus im Jahr 1154 war eine bemerkenswerte Leistung. Er trat damit aus dem Schatten seines Vaters heraus, hatte er doch etwas vollbracht, woran sein Vater in mehreren Anläufen gescheitert war. Nur ad-Din konnte jetzt die Herrschaft über fast das gesamte muslimische Syrien beanspruchen: Zum ersten Mal seit dem Beginn der Kreuzzüge waren Aleppo und Damaskus vereint. Und all dies war gelungen, ohne dass muslimisches Blut unnötig vergossen worden war.

Die Unterwerfung von Damaskus wurde häufig als einer der glorreichen Höhepunkte im Leben Nur ad-Dins dargestellt. Er selbst war sich dieser Bedeutung bewusst und machte seither ausgiebigen Gebrauch von dem Titel *al-Malik al-Adil* (der gerechte König). Außerdem kam die Idee auf, die Unterwerfung eines zweiten islamischen Gemeinwesens sei ein notwendiger Vorläufer für den Krieg gegen die Franken gewesen. Ein Chronist aus Aleppo schrieb später, dass »Nur ad-Din sich von diesem Zeitpunkt an ganz dem Dschihad verschrieb«.

Diese Sicht der Ereignisse hält einer genaueren Betrachtung nicht stand. Nur ad-Din hatte wohl tatsächlich eine Abneigung dagegen, seine Glaubensbrüder zu töten, doch war er sich offensichtlich auch durchaus bewusst, welchen praktischen und propagandistischen Wert seine Milde hatte. Viel wichtiger ist jedoch, dass er zwar zur Legitimierung und Stärkung seiner Kampagne gegen die Buriden in Damaskus von antilateinischen Gefühlen profitiert hatte, dass er jedoch nach dem Jahr 1154 keine neue Dschihad-Offensive mehr plante. Seine Rhetorik hätte erwarten lassen, dass der Emir nun, da er das Königreich Jerusalem unmittelbar vor sich hatte, eine Lawine schlimmster Angriffe gegen die

Franken lostreten würde. Tatsächlich aber belegen zeitgenössische arabische Zeugnisse, dass Nur ad-Din nach der Besetzung von Damaskus neue Friedensverträge mit dem lateinischen Palästina aushandelte. Am 28. Mai 1155 wurden mit Jerusalem für die Dauer eines Jahres Waffenstillstandsbedingungen vereinbart. Im November 1156 wurde der Vertrag um ein weiteres Jahr verlängert, diesmal mit der Klausel, »dass der Tribut, der [den Franken] von Damaskus bezahlt wird, 8000 Dinare von Tyros betragen soll«. Nur ad-Din konzentrierte sich nach 1154 ganz und gar nicht auf den »heiligen Krieg«, sondern widmete sich überwiegend der Eroberung weiterer von Muslimen gehaltenen Gebieten – er bezwang Baalbek und profitierte vom Tod Masuds, des seldschukischen Sultans von Anatolien, indem er sich Gebiete im Norden aneignete. Die Verträge mit den Christen und die Tributzahlungen an sie, die in den Jahren zuvor immer so geschmäht worden waren, hatten nun den Zweck, das damaszenische Territorium für Nur ad-Din zu sichern.[6]

Damaskus – »Paradies des Orients«

Nur ad-Dins Eroberung von Damaskus leitete zwar keine sofortige Wiederbelebung des Dschihad-Gedankens ein, aber sie war ein Wendepunkt in der Geschichte der Zangiden. Die Dynastie regierte jetzt die größte Stadt Syriens – die Stadt, die ein muslimischer Pilger im 12. Jahrhundert als »Paradies des Orients [...] das strahlende Siegel der Länder des Islam« beschrieben hatte. Damaskus ist eine der ältesten ständig bewohnten Siedlungen auf der ganzen Welt, es blickt auf eine Geschichte zurück, die bis etwa 9000 v. Chr. reicht.

Mitten in Damaskus stand die große Omaijaden-Moschee – wohl das erhabenste muslimische Bauwerk jener Epoche. Sie war an einem Platz erbaut worden, wo früher eine römisch-christliche, Johannes dem Täufer geweihte Kirche stand (die ihrerseits einen monumentalen Jupitertempel abgelöst hatte). Die Große Moschee wurde im frühen 8. Jahrhundert unter dem Kalifen al-Walid erbaut; der Bau verschlang die ungeheure Summe von sieben Jahreseinkünften der Damaszener Schatzkammer. Die Außenmauer der Moschee umschließt eine Fläche von 160 auf 100 Meter; darin erhebt sich die verschwenderisch ausgeschmückte Gebetshalle, die man über einen ausgedehnten Innenhof erreicht, dessen Mauern unvergleichlich große, herrliche Mosaiken zieren; für die Herstellung wurden 40 Tonnen Glas verbraucht. Obwohl sie sich über die

Jahrhunderte aufgrund von Schäden und baulichen Reparaturen (vor allem nach einem größeren Brand im Jahr 1893) verändert hat, kann die Große Moschee noch heute besucht werden. Der iberische Pilger Ibn Dschubair schrieb im 12. Jahrhundert in hymnischen Tönen und großer Ausführlichkeit über die »vollendete Architektur, die wundervollen, üppigen Verzierungen und Ausschmückungen« der Moschee und nannte ihren *mihrab* (die Gebetsnische) den »herrlichsten des gesamten Islam wegen seiner Schönheit und außerordentlichen Kunstfertigkeit«.

Damaskus, die Stadt, die dieses großartige Bauwerk beherbergte, galt deswegen im Islam als Ort von besonderer religiöser Bedeutung. Die Heiligkeit der Stadt wurde durch mehrere Höhlenheiligtümer noch gesteigert – darunter eines, in dem angeblich Abraham geboren wurde, und ein anderes, von dem es hieß, es sei von Moses, Jesus, Lot und Hiob (die im Islam alle als Propheten gelten) besucht worden. In Damaskus liegen Mitglieder der Familie Mohammeds sowie einige seiner treuesten Anhänger begraben, es gibt außerdem die Glaubenstradition, dass der Messias selbst am Tag des Endgerichts am »Weißen Minarett« der Stadt, in der Nähe des Osttores, auf die Erde herabkommen werde.

Das von historischer und religiöser Bedeutung erfüllte Damaskus brauchte jedoch nach der Eroberung durch Nur ad-Din im Jahr 1154 dringend eine Erneuerung. Der Emir machte sich an die Arbeit, er verstärkte die seldschukische Zitadelle westlich der Großen Moschee (sie stammte aus dem späten 11. Jahrhundert) und reparierte und verstärkte die Stadtmauern. Da sich inzwischen unter den Zangiden stabile Herrschaftsverhältnisse abzeichneten, stieg auch die Einwohnerzahl von Damaskus, die bis auf 40 000 Einwohner zurückgegangen war, sehr bald wieder an. Außerdem erhielt der Handel Auftrieb, und der arabische Besucher al-Idrisi vermerkt:

> In Damaskus gibt es alle möglichen Arten guter Dinge und Straßen unterschiedlichster Handwerker, [Händler] verkaufen die vielfältigsten Arten Seide und Brokat von ausgesuchter Seltenheit und hergestellt mit erlesener Kunstfertigkeit. [...] Was hier produziert wird, gelangt in alle anderen Städte und wird mit Schiffen in alle Gegenden getragen, in alle Hauptstädte nah und fern. [...] Die Stadt selbst ist die herrlichste von ganz Syrien und die vollkommenste aufgrund ihrer Schönheit.[7]

Es verwundert daher nicht, dass im Lauf der Zeit Nur ad-Din seinen Herrschaftssitz von Aleppo nach Damaskus verlegte. Während zunächst Schirkuh als Statthalter von Damaskus eingesetzt wurde, bestätigte Nur ad-Din nach 1157 Damaskus als neue Hauptstadt des expandierenden Reiches, und die Stadt entwickelte sich zu einem Mittelpunkt der abbasidischen Sunniten-Orthodoxie.

Neue Aufgaben

In den 1150er-Jahren gab es im Dschihad gegen die Franken nur unbedeutende Fortschritte. Schon als Nur ad-Din Damaskus unterwarf, zeichnete sich für die Lateiner eine deutliche Wende ihres Schicksals zum Besseren ab. König Balduin III., nun als einziger Herrscher anerkannt, erkämpfte bald einen wichtigen Sieg für Jerusalem. Im letzten halben Jahrhundert war die Hafenstadt Askalon in ägyptischer Hand gewesen und diente den muslimischen Herrschern in Ägypten als strategischer und wirtschaftlicher Stützpunkt in Südpalästina. Im Jahr 1150 hatte Balduin den Bau einer Festung südlich von Askalon, auf den Ruinen der alten Siedlung Gaza, veranlasst, mit der er es der Stadt unmöglich machte, auf dem Landweg in Kontakt mit Kairo zu treten. Im Januar 1153 versammelte der junge König die komplette Streitmacht seiner Truppen und marschierte gegen Askalon; nach achtmonatiger schwerer Belagerung erzwang er die Übergabe der Stadt. Der Hafen, bis dahin Zugang der Fatimiden zum Heiligen Land, wurde jetzt zum wichtigen Ausgangspunkt für den weiteren Ausgriff der Lateiner in Richtung Süden bis nach Ägypten. Die Folgen dieses Sieges sollten in den kommenden Jahren noch deutlich zu spüren sein.

Auch im Fürstentum Antiochia brachen neue Zeiten an. Nach vier Jahren Alleinherrschaft fand sich die junge Fürstin Konstanze von Antiochia endlich zu einer Heirat bereit, aber ihr Erwählter brachte weder Reichtum noch Macht mit in die Ehe. Im Frühjahr 1153 heiratete sie Rainald von Châtillon, einen attraktiven jungen französischen Ritter und Kreuzfahrer aristokratischer Herkunft, doch von nur begrenztem Wohlstand. Er hatte in der ersten Phase der Belagerung von Askalon an der Seite Balduins gekämpft und erhielt jetzt die Erlaubnis des Königs – seines Herrn und Konstanzes Vormund – für diese Heirat. Antiochias neuer Fürst offenbarte bald seine politische Anpassungsfähigkeit.

Vormals hatte er sich für die Interessen der Byzantiner eingesetzt, als er in Kilikien gegen den Machtzuwachs des armenischen Rubeniden-Herrschers Thoros (Sohn Leons I.) kämpfte; nun verbündete er sich mit Thoros, um die griechisch besetzte Insel Zypern anzugreifen. Von seinen Zeitgenossen wie auch von modernen Historikerinnen und Historikern wurde Rainald häufig wegen seines rücksichtslosen Ehrgeizes, seines Mangels an diplomatischem Gespür und seiner Grausamkeit getadelt, doch er war ein vorzüglicher Krieger, der sich später als beharrlicher Gegner des Islam erweisen sollte.

Die neue Herrschaft in Jerusalem und Antiochia brachten es mit sich, dass Nur ad-Din sich in zwei wichtigen Grenzgebieten bedroht sah. Im Norden konzentrierten sich die Ereignisse auf die Gegend um Harim. Da dieser Vorposten nur einen Tagesmarsch von Antiochia entfernt und seit 1149 in der Hand Nur ad-Dins war, konnte das fränkische Fürstentum für Aleppo kaum noch bedrohlich sein. Im Jahr 1156 begannen die Lateiner, Überfälle auf das Umland zu unternehmen, doch sie wurden zunächst erfolgreich abgewehrt. Nur ad-Din hatte sogar die makabre Genugtuung, die Köpfe der bei diesen Kämpfen getöteten Christen triumphierend durch die Straßen von Damaskus tragen zu lassen. Währenddessen brach jedoch 1157 Balduin III. im Süden seinen Waffenstillstand mit Nur ad-Din; er hoffte, die Herrschaft Jerusalems auf die Terre de Sueth ausdehnen zu können. Einige ergebnislose Scharmützel schlossen sich an, vor allem in der Gegend des fränkischen Banyas; dort entkam der lateinische König im Juni des Jahres 1157 seinen Gegnern nur knapp, als er bei einem Überfall aus dem Hinterhalt gefangen genommen wurde.

Ungefähr zur selben Zeit wurde der Handlungsspielraum Nur ad-Dins durch ein Zusammentreffen unglücklicher Umstände jedoch empfindlich beschnitten. Syrien war schon immer eine erdbebengefährdete Region gewesen, und nun, in den späten 1150er-Jahren, ereigneten sich in dem Land mehrere heftige Erdstöße, die zahlreiche muslimische Siedlungen in der Gegend zwischen Aleppo und Homs schwer beschädigten. Ein zeitgenössischer Chronist in Damaskus beschrieb, wie »ständige Erdbeben und Erschütterungen [...] die [muslimischen] Burgen, Festungen und Wohnhäuser verheerten«. Während dieser schlimmen Zeit musste Nur ad-Din all seine Kräfte auf den Wiederaufbau konzentrieren, wobei ein Großteil dieser seiner Bemühungen durch neue Erdbeben wieder zunichtegemacht wurde.

Dann, im Oktober 1156, wurde Nur ad-Din während eines Aufenthalts im Summaq schwer krank. Man weiß nicht genau, um was für eine Krankheit es sich handelte, doch sie war so schwer, dass der große Emir bald um sein Leben zu fürchten begann. Er wurde in einer Sänfte nach Aleppo gebracht, wo er umgehend seinen Letzten Willen aufsetzen ließ: Er bestimmte einen seiner Brüder, Nusrat ad-Din, als seinen Erben und Herrn von Aleppo, während Schirkuh Damaskus behalten sollte. Trotz dieser Vorkehrungen dauerte es nicht lange, bis innere Unruhen das Land zu erschüttern begannen, und in den folgenden Wochen verschlechterte sich Nur ad-Dins Zustand. Er überlebte diesen ersten Anfall zwar, doch scheint er nicht wieder ganz gesund geworden zu sein, und Ende des Jahres 1158 wurde er wieder für mehrere Monate krank, dieses Mal in Damaskus. Leider gibt es keinen Bericht aus seiner Umgebung, dem wir entnehmen könnten, welchen Einfluss diese Phasen akuter Lebensgefahr auf die Gemütsverfassung Nur ad-Dins hatten. Es heißt, er habe in diesen Jahren die Erfahrung einer geistigen Umkehr gemacht und danach ein bescheideneres, weniger prunkvolles Leben geführt. Wir wissen sicher, dass er sich trotz anhaltender Spannungen in der Levante im Jahr 1161 die Zeit nahm, den Hadsch zu vollziehen, also nach Mekka zu pilgern.[8]

Bedrohungen von außen

Kundschafter brachten die Nachricht von der Krankheit Nur ad-Dins schnell zu seinen Feinden – teilweise wurde sogar gemunkelt, er sei schon tot –, und die Franken beeilten sich, die Wirren zu nutzen, die sich im Land des Emirs ausbreiteten. Verstärkung erhielten sie durch den Grafen Thierry von Flandern, einen mächtigen Adligen und Veteranen des zweiten Kreuzzugs, der erneut das Kreuz genommen hatte und in den Osten gezogen war. Im Herbst des Jahres 1157 stieß seine Gefolgschaft zu einem Verbund verschiedener christlicher Truppen – darunter Männer aus Antiochia, Tripolis und Jerusalem, außerdem eine armenische Abteilung unter Thoros –, die in Richtung Shaizar marschierten. Nach einer kurzen Belagerung ergab sich die untere Stadt; die Verbündeten standen kurz davor, die Zitadelle zu stürmen, als ein erbitterter Streit ausbrach. Balduin III. hoffte, Thierrys Reichtum und Erfahrungen für die Verteidigung Outremers nutzen zu können, und hatte dem Grafen eine erbliche Herrschaft über Shaizar in Aussicht gestellt; Rainald von

Châtillon jedoch erklärte dieses Vorhaben für unrechtmäßig und beharrte darauf, dass die Stadt zu Antiochia gehöre. Da keine Seite bereit war nachzugeben, kam die Offensive der Christen zum Stillstand, und die Verbündeten gaben die Belagerung unter gegenseitigen Anschuldigungen auf, womit sie sich eine seltene Gelegenheit verscherzt hatten, die fränkische Herrschaft über das südliche Orontes-Gebiet wiederzuerringen. Trotz ihrer Uneinigkeit gelang es den Lateinern, sich Anfang 1158 erneut zusammenzufinden. Sie sammelten sich in Antiochia und zogen dann Richtung Harim; nach einer massiven Belagerung erzwangen sie die Übergabe der Zitadelle. Diesmal entstand kein Streit über die Rechte, und die Stadt wurde an das Fürstentum übergeben. Damit war an der Ostgrenze eine gewisse Sicherheit wiederhergestellt.

Auch Byzanz trat wieder als ausschlaggebender Machtfaktor im Vorderen Orient in Erscheinung. Seit dem Tod des Kaisers Johannes Komnenos war der griechische Einfluss in der Region nahezu vollständig geschwunden. Die Macht war auf seinen Sohn Manuel übergegangen, der nach dem Debakel des zweiten Kreuzzugs mit Schwierigkeiten in Italien und auf dem Balkan beschäftigt gewesen war. In den späten 1150er-Jahren war Manuel bestrebt, die Beziehungen zu den Franken nach den von Misstrauen geprägten Feindseligkeiten der Jahre 1147 und 1148 wieder positiver zu gestalten – er wollte seine kaiserliche Autorität in Antiochia und Kilikien wiederherstellen und engere Bande zum fränkischen Palästina knüpfen. Der Hintergrund dieses Sinneswandels waren Heiratsverbindungen. Im September 1158 heiratete König Balduin III. eine Frau aus den obersten Rängen der Dynastie der Komnenen, Manuels Nichte Theodora. Sie brachte eine üppige Mitgift in die Ehe ein. Der Kaiser ging im Dezember des Jahres 1161 noch einen weiteren Schritt auf die Franken zu, indem er Maria von Antiochia, die Schwester Bohemunds III., heiratete.

Die Konsequenzen aus diesen Verbindungen waren für Nur ad-Din ebenso offensichtlich wie beunruhigend: Byzanz, der christliche Gegner des Islam von alters her, würde seine legendäre Macht wieder in der Levante geltend machen. Und während die Lateiner für seine Pläne eine eher lästige und vorübergehende Bedrohung darstellten, scheint der Herr von Aleppo und Damaskus in den Byzantinern eine chronische und schwerer zu bewältigende Gefahr gesehen zu haben. Nur ad-Din reagierte daher mit einer Mischung aus Respekt, Besorgnis und

Entschlossenheit, als Manuel Komnenos im Oktober 1158 an der Spitze eines gewaltigen Heeres nach Nordsyrien zog.

Im Herbst dieses Jahres nahm der Kaiser die Unterwerfung Rainalds entgegen; er geruhte, dessen Reue für den Anschlag auf Zypern zu akzeptieren, und machte sich die nach immer größerer Unabhängigkeit strebenden armenischen Rubeniden gefügig. Im April 1159, nachdem seine widerspenstigen Untertanen befriedet waren, ritt Manuel in majestätischer Pracht in Antiochia ein, umgeben von seiner glänzenden Waräger-Garde und geleitet von seinem Knecht Rainald. Sogar König Balduin brachte seine Ergebenheit zum Ausdruck, indem er dem Kaiser in einem gewissen Abstand folgte, zwar ebenfalls zu Pferd, doch ohne seine Herrschaftszeichen. Die Botschaft war deutlich: Die Überlegenheit Manuels als Herrscher der christlichen Großmacht im östlichen Mittelmeerraum war unanfechtbar. Wenn ihn danach verlangte, hatte er die Macht, eine Schneise quer durch Syrien zu schlagen.

Nur ad-Din, der sich im Frühjahr 1159 gerade erst von seiner zweiten Krankheitsattacke erholt hatte, beherzigte diese Drohung und versammelte Truppen auch aus weiter entfernten Regionen wie Mosul, um im Zeichen des Dschihad zu kämpfen und Aleppos Verteidigungsanlagen zu verstärken. Dennoch – als sich im Mai die christlichen Truppen in Antiochia unter dem Befehl Manuels versammelten und sich auf einen Sturmangriff auf Aleppo vorbereiteten, müssen die Muslime klar in der Minderzahl gewesen sein. Angesichts einer so bedrohlichen Konfrontation hätte sich ein eher kriegerisch gesinnter seldschukischer Kriegsherr von Zangis Format mit stolzer Verachtung in den Kampf gestürzt und wahrscheinlich eine Niederlage hinnehmen müssen. Nur ad-Din hatte dagegen im Umgang mit Damaskus die Gabe bewiesen, sich der Finessen der Diplomatie zu bedienen. Nun machte er sich daran, auszuloten, wie weit Manuels Bereitschaft ging, sich an einem kostspieligen Feldzug an der entlegenen Ostgrenze des Byzantinischen Reiches zu engagieren. Durch Gesandte schlug er dem Kaiser einen Waffenstillstand vor, verbunden mit dem Angebot, gut 6000 Franken freizulassen, die während des zweiten Kreuzzugs gefangen genommen worden waren, und außerdem Byzanz bei seinem Vorgehen gegen die Seldschuken Anatoliens zu unterstützen. Zur Bestürzung seiner fränkischen Verbündeten erklärte der Kaiser sich mit diesen Bedingungen umgehend einverstanden und befahl den sofortigen Abbruch des Feldzugs.

Manuels Verhalten war wohl vorhersehbar – wieder einmal waren die Interessen des Reiches denen von Outremer übergeordnet worden. Nur ad-Dins Handlungsweise jedoch bewies, dass er alles andere als ein unversöhnlicher, ideologisch verbohrter Vertreter des Dschihad war, dem es um nichts anderes ging als um den Konflikt mit den Christen. Stattdessen war er ganz pragmatisch und klug einer Konfrontation mit einem der wahren, übermächtigen Gegner des Islam aus dem Weg gegangen. In der Beziehung zwischen Nur ad-Din und Manuel sanken die Kreuzfahrerstaaten zu einem Nebenschauplatz herab.

Alles, was Nur ad-Din in diesen Jahren unternahm, lässt darauf schließen, dass er trotz seiner offensichtlichen religiösen Erweckung und des verstärkten Einsatzes von Propaganda für den Dschihad nach wie vor das lateinische Outremer als nur einen unter mehreren Gegnern auf dem komplexen, dornigen Feld der Machtpolitik im Vorderen Orient ansah. Zu Beginn der 1160er-Jahre unternahm er keinen gezielten Versuch, auf die Franken direkten militärischen oder diplomatischen Druck auszuüben – im Gegenteil, zwei Gelegenheiten ließ der Emir ungenutzt verstreichen. Im Jahr 1160 wurde Rainald von Châtillon von einem der Hauptleute Nur ad-Dins gefangen genommen und in Aleppo eingekerkert (er sollte dort die folgenden 15 Jahre verbringen), doch statt die Periode der Schwäche auszunutzen, in der sich Antiochia befand, nachdem der junge Bohemund III. an die Macht gekommen war, zog Nur ad-Din es vor, mit Jerusalem einen neuen Waffenstillstand auf zwei Jahre auszuhandeln. Auch im Frühjahr 1163, als König Balduin III. im Alter von erst 33 Jahren an einer Krankheit starb, kam von Nur ad-Din keine Reaktion. Ein lateinischer Chronist schrieb dies dem vornehmen Charakter des Emirs zu:

> Als man ihm nahelegte, er könne ja, während wir mit den Begräbnisfeierlichkeiten beschäftigt waren, in das Land seiner Feinde eindringen und es verwüsten, soll er geantwortet haben: »Wir sollten in ihrer Trauer mit ihnen fühlen und sie aus Mitleid verschonen, denn sie haben einen Fürsten verloren, wie es auf der Welt heute keinen mehr gibt.«

In diesem Zitat bei Wilhelm von Tyrus klingt die tiefe Bewunderung durch, die der Erzbischof für Balduin III. hegte; in arabischen Quellen findet sich allerdings kein Hinweis darauf, dass Nur ad-Dins Entscheidung irgendetwas mit Mitgefühl zu tun hatte. Teilweise ist seine Untätigkeit darauf zurückzuführen, dass er, wie wir noch sehen werden, begonnen hatte, seine Ambitionen in Richtung Süden, nach Ägypten, zu verlagern. Doch hängt sie auch mit seinen ständigen Problemen in Kleinasien und Mesopotamien zusammen und damit, dass der Dschihad gegen die Franken nicht den absoluten Vorrang hatte.[9]

Versuch und Erfolg

Seit dem Frühjahr 1163 jedoch scheint sich Nur ad-Dins Einschätzung seiner eigenen Rolle im Krieg um das Heilige Land geändert zu haben, und sein Engagement für die Sache nahm zu. Im Mai führte der Emir einen Stoßtrupp in die nördlichen Gebiete der Grafschaft Tripolis und schlug im Bouqia-Tal sein Lager auf, in der weiten Ebene zwischen den Ansariyah-Bergen im Norden und den Bergen des Libanon im Süden. Als das bekannt wurde, beschlossen die Franken Antiochias, kürzlich verstärkt durch eine Pilgergruppe aus Aquitanien und durch griechische Soldaten, unter der Führung des Tempelritters Gilbert von Lacy einen Angriff zu wagen.

Die zangidischen Truppen rechneten nicht mit einer solchen Bedrohung: Schockiert sah eine Vorhut der Zangiden das riesige christliche Heer aus den Ausläufern des Ansariyah-Gebirges herankommen. Nach einem kurzen Schlagabtausch wurde die Vorhut in die Flucht geschlagen, die Truppen eilten zurück in das Hauptlager Nur ad-Dins, der Feind folgte ihnen direkt auf den Fersen. Ein muslimischer Chronist beschrieb später, wie beide Heere »gleichzeitig ankamen«, sodass die überrumpelten Muslime »ihre Pferde nicht mehr besteigen und nicht zu den Waffen greifen konnten, bevor die Franken auch schon da waren und viele von ihnen töteten und gefangen nahmen«. Ein lateinischer Zeitgenosse erinnert sich, dass »[Nur ad-Dins] Heer fast vernichtet wurde, [während] der Fürst selbst, dem es nur noch ums nackte Überleben ging, die Flucht ergriff. All seine Habe und sogar sein Schwert ließ er zurück. Barfuß, auf einem Lasttier reitend, entging er nur knapp der Gefangennahme.« Muslimische Quellen bestätigen, wie schmachvoll diese Niederlage und der Rückzug Nur ad-Dins waren, und sie fügen hinzu, er habe in seiner Verzweiflung ein Pferd bestiegen, dessen Beine noch zusammengebunden waren, und sei nur durch die Tapferkeit eines Kurden aus seinem Gefolge gerettet worden, der herbeieilte und die Fesseln löste, aber dabei selbst ums Leben kam.

Fassungslos über diese Erniedrigung eilte Nur ad-Din mit einer kleinen Gruppe Überlebender nach Homs zurück. Der Schrecken dieser unvorhergesehenen Katastrophe scheint sich tief in seine Seele eingebrannt zu haben, und seine Reaktion in den folgenden Monaten ist bezeichnend. Voller Zorn und leidenschaftlich entschlossen soll er geschworen haben: »Bei Gott, ich werde mich nicht mehr unter den Schutz irgendeines Daches begeben, bevor ich nicht mich und den Islam gerächt habe.« Man ist geneigt, das für pure Rhetorik zu halten, doch er ließ den Worten Taten folgen. Nur ad-Din ersetzte mit hohem Kostenaufwand aus seinem persönlichen Vermögen sämtliche Waffen, Ausrüstungsgegenstände und Pferde – eine derartige persönliche Haftung war für einen muslimischen Kriegsherrn durchaus unüblich –, damit »das Heer wieder in einen Zustand versetzt wurde, als ob es keine Niederlage gegeben hätte«. Er ordnete außerdem an, der Grundbesitz von erschlagenen Soldaten sollte an deren Familien übergehen und nicht an ihn zurückfallen. Am bemerkenswertesten war allerdings, dass er, als die Franken im selben Jahr Waffenstillstandsverhandlungen anboten, dieses Angebot rundweg ausschlug.[10]

Nur ad-Din machte sich nun daran, ein Bündnis mit den Muslimen aus dem Irak und aus al-Dschazira abzuschließen, und er versammelte ein großes Heer, um einen Vergeltungsschlag gegen die Lateiner zu führen. Im gesamten Vorderen Orient verbreitete sich die Nachricht, dass der Emir sich der frommen Übung des »Fastens und Betens« unterzog, außerdem unterstützte er in ganz Syrien und Mesopotamien zunehmend Asketen und heilige Männer, die er ersuchte, die mannigfaltigen Verbrechen der Lateiner gegen den Islam publik zu machen. Die Idee des Dschihad gewann an Kraft.

Im Sommer des folgenden Jahres war Nur ad-Din bereit zuzuschlagen, und er hatte sich gewaltige strategische Ziele gesetzt. Es gibt keine Angaben zu Truppenstärken, doch wir wissen, dass sein Heer aus Soldaten aus seinen eigenen syrischen Territorien bestand wie auch aus den weit östlich gelegenen Städten Mosul, Diyar Bakr, Hisn Kifr und Mardin. Die Stärke seines Heeres erfüllte ihn offenbar mit großer Zuversicht, denn es ging ihm bei seinem Aufbruch nicht nur darum, die Christen zu einer Entscheidungsschlacht zu zwingen, sondern auch um Gebietseroberungen. Nur ad-Din setzte sich in Richtung Harim in Marsch, das seit 1158 zu Antiochia gehörte; er belagerte die Zitadelle und ließ die Festung mit Belagerungsmaschinen bombardieren. Mit einem Gegenangriff der Franken hat er sicher gerechnet. Anfang August 1164 verließ ein Heer von wahrscheinlich über 10 000 Mann, darunter 600 Ritter, Antiochia; an seiner Spitze ritten als Befehlshaber Fürst Bohemund III., Graf Raimund III. von Tripolis und Joscelin III. von Courtenay, außerdem Thoros von Armenien und der griechische Statthalter von Kilikien.

Als Nur ad-Din erfuhr, dass die Christen anrückten, verlegte er sein Heer in Richtung der lateinisch besetzten Siedlung Artah in der Ebene von Antiochia; damit wollte er seinen Feind weiter von der Sicherheitszone um Antiochia weglocken. Am 11. August, als die christlichen Verbündeten ein chaotisches Täuschungsmanöver in Richtung Harim unternahmen, rückte er an, um die feindlichen Truppen auf offenem Feld zu stellen. Als die Schlacht begann, unternahm die rechte Flanke Nur ad-Dins einen Scheinrückzug und verleitete damit die lateinischen Ritter zu einem überstürzten Angriff. Die christlichen Fußsoldaten blieben isoliert und ungeschützt zurück, sie wurden vehement angegriffen und schnell überrannt. Als sich der Verlauf der Schlacht zugunsten der Muslime wendete, brachen die berittenen Franken ihren überstürzten Vorstoß ab – allerdings nur, um sich gleich danach umzingelt zu sehen, weil Nur ad-Dins rechter Flügel seine vorgetäuschte Flucht beendete und »ihnen auf den Fersen folgte«; auf der anderen Seite wurden die christlichen Kämpfer vom Zentrum des muslimischen Heeres bedrängt. Ein arabischer Chronist beschrieb, wie »der Mut [der Christen] sank, als sie erkennen mussten, dass sie verloren waren; sie standen mitten im Getümmel und waren von allen Seiten von Muslimen umgeben«. Ein lateinischer Zeitgenosse notierte entsetzt: »Überwältigt und zerschmettert von den Schwertern des Feindes, wurden [die Franken] schändlich abgeschlachtet, wie Opfertiere vor dem Altar. […] Ihre Ehre bedeutete ihnen nichts mehr, alle warfen überstürzt ihre Waffen nieder und bettelten feige um ihr Leben.« Thoros floh vom Schlachtfeld; Bohemund, Raimund und Joscelin dagegen ergaben sich, »um ihr Leben zu retten, und sei es auch um den Preis von Schmach und Schande«. »Sie wurden nach Aleppo gebracht, schmachvoll in Ketten, als wären sie ganz armselige Sklaven, dort ins Gefängnis geworfen, und den Ungläubigen dienten sie als Zielscheibe des Spottes.«

Nur ad-Din hatte auf der ganzen Linie gesiegt und seinen Durst nach Rache für Bouqia gestillt. Er hatte die syrischen Franken vernichtend geschlagen und eine unerwartet reiche Ernte an hochrangigen Gefangenen eingebracht. Nur wenige Tage später war er wieder in Harim, das sich nun, nachdem jegliche Hoffnung auf Unterstützung dahin war, auch sofort ergab. Seitdem blieb die Stadt in der Hand der Muslime, Antiochia dagegen hatte sich hinter einer Ostgrenze zu ducken, die endgültig bis zum Orontes verschoben war. Genau wie im Jahr 1149, nach seinem Triumph bei Inab, sah Nur ad-Din davon ab, die Stadt Antiochia selbst anzugreifen. Der Chronist Ibn al-Athir erklärte später, dass der Emir von der Abwehrstärke der Zitadelle abgeschreckt war und dass er, was tiefer blicken lässt, nicht riskieren wollte, einen Gegenangriff durch Antiochias obersten Herrn, Kaiser Manuel, zu provozieren. Ibn al-Athir zitiert Nur ad-Din mit den Worten: »Lieber will ich Bohemund als Nachbarn haben, als der Nachbar des Herrschers von Konstantinopel zu sein.« Ganz in diesem Sinn erklärte er sich bald darauf bereit, den jungen Fürsten Antiochias gegen ein beträchtliches Lösegeld wieder freizulassen; allerdings weigerte er sich, Raimund von Tripolis, Joscelin von Courtenay oder seinem anderen fürstlichen Gefangenen, Rainald von Châtillon, die Freiheit zu gewähren.[11]

Im Oktober 1164 wandte Nur ad-Din seine Aufmerksamkeit auf die Südgrenze zu Jerusalem. Die strategisch wichtige Grenzstadt Banyas war momentan angreifbar, weil sich ihr Herr, Konnetabel Humfried von Toron, mit dem König von Jerusalem in Ägypten aufhielt. Der Emir rückte mit schwerem Kriegsgerät an und begann mit der Belagerung der Stadt; er kombinierte unaufhörlichen Beschuss mit dem Untergraben der Mauern, um die Festung zu beschädigen und den Willen der kleinen Besatzungstruppe zu brechen. Möglicherweise flossen auch Bestechungsgelder, um den Hauptmann von Banyas umzustimmen. Nach nur wenigen Tagen ergab sich die Stadt unter der Bedingung sicheren Abzugs, und Nur ad-Din besetzte sie mit seinen eigenen gut ausgestatteten Truppen. Banyas wurde ebenso wie Harim von den Franken später nicht mehr zurückerobert. Die Tragweite dieses Wendepunkts in der regionalen Machtbalance spiegelt sich in den Strafmaßnahmen wider, die Nur ad-Din den Franken in Galiläa jetzt auferlegte: ein Anteil an den Einkünften von Tiberias und eine jährliche Tributzahlung. Drei Jahre später knüpfte der Emir an diesen Erfolg an, indem er die lateinische Festung Chastel Neuf zerstörte. Damit entstand im fränkischen Palästina ein neuer Korridor, durch das hügelige Gebiet von Marj Ayun, zwischen dem Tal des Litani und dem Oberlauf des Jordan. Nun war es ganz offensichtlich, dass Nur ad-Din für Outremer eine echte Bedrohung darstellte.

Der Traum von Jerusalem

Nur ad-Dins Unternehmungen in den 1160er-Jahren lassen darauf schließen, dass er in seinem Verhältnis zu den Franken eine entschiedenere, aggressivere Haltung einnahm und sich dezidiert für den Dschihad gegen sie einsetzte. Seit seiner Eroberung von Damaskus im Jahr 1154 hatte er dort ständig monumentale Bauprogramme gefördert, um den Status von Damaskus als einem der wichtigsten Macht- und Kulturzentren des Vorderen Orients zu untermauern. Er hatte damit praktisch unmittelbar nach der Eroberung angefangen, zunächst mit dem Bau eines neuen Krankenhauses *(bimaristan)*, das bald zum weltbekannten Zentrum medizinischer Forschung und Heilung werden sollte, sowie eines luxuriösen Badehauses, genannt *Hammam Nur ad-Din*, das – nahezu unverändert – auch heute noch besucht werden kann.

Seit den späten 1150er-Jahren war dieses Programm für öffentliche Bauten zunehmend von einer religiösen Dimension geprägt, die von Nur ad-Dins vertiefter persönlicher Frömmigkeit und seiner Beschäftigung mit der sunnitischen Orthodoxie inspiriert war oder diese zum Ausdruck brachte. Im Jahr 1163 finanzierte er den Bau eines neuen »Hauses der Gerechtigkeit«, wo er sich später jede Woche zwei Tage lang aufhielt, um die Beschwerden seiner Untertanen entgegenzunehmen. Es folgte der Bau des *Dar al-hadith al-Nuriyya*, eines neuen Zentrums für das Studium des Lebens Mohammeds und der islamischen Traditionen; an dessen Spitze stand ein Vertrauter Nur ad-Dins, der berühmte Gelehrte Ibn Asakir. Auch Nur ad-Din selbst betrieb dort Studien.

Um Damaskus zu einem Zentrum des sunnitischen Islam zu machen, ließ Nur ad-Din im Westen der Stadt ein neues Viertel zur Beherbergung von Pilgern auf dem Weg nach Mekka erbauen, und im Jahr 1159 gründete er ungefähr zwei Kilometer nördlich von Damaskus die

Stadt al-Salihiyya, wo Flüchtlinge aus Palästina wohnen durften. Nur ad-Dins Hof in Damaskus zog bald Fachleute und Gelehrte aus den Bereichen Staatsführung, Gesetzgebung und Kriegswesen aus der gesamten muslimischen Welt an. Unter ihnen befand sich der persische Intellektuelle Imad ed-Din al-Isfahani, der später einige besonders aufschlussreiche und enthusiastische Geschichtswerke in arabischer Sprache verfasste. Er wurde in Bagdad ausgebildet und begleitete im Jahr 1167 den Emir als *katib* (Sekretär/Gelehrter); später beschrieb er seinen neuen Herrn als den »schlichtesten, frömmsten, weisesten, reinsten und tugendhaftesten aller Könige«.

In dieser gesamten Periode trat Nur ad-Din als frommer Muslim auf, als Erneuerer des sunnitischen Gesetzes und der sunnitischen Orthodoxie. Bezeichnenderweise trug das mächtigste und am leichtesten zu verbreitende Propagandawerkzeug, das ihm zur Verfügung stand, nämlich die Münzen, die er prägen ließ, die Inschrift »Der gerechte König«. Seit den frühen 1160er-Jahren jedoch scheint er größeren Wert auf die Rolle des Dschihad gelegt zu haben: In Inschriften an öffentlichen Bauten strich er seine Tugenden als heroischer Mudschahid heraus. Außerdem begann sich in dieser Periode die zentrale Rolle Jerusalems im Rahmen der Dschihad-Ideologie herauszukristallisieren. Der Vertraute des Emirs, Ibn Asakir, war aktiv daran beteiligt, die Tradition der Preisgedichte auf die Tugenden der Heiligen Stadt wiederzubeleben, und er pflegte diese Texte vor großem Publikum in Damaskus vorzutragen. Die Dichter am Hof Nur ad-Dins verfassten Schriften, in denen sie betonten, wie dringlich nicht nur der Angriff auf die Lateiner, sondern auch die Wiedereroberung der drittheiligsten Stadt des Islam war. Diese Schriften fanden große Verbreitung. Einer der Dichter feuerte seinen Herrn an, so lange Krieg gegen die Franken zu führen, »bis Ihr Jesus aus Jerusalem fliehen seht«. Ibn al-Qaysarani, der auch schon Zangi gedient hatte, formulierte seinen Wunsch, dass »die Stadt Jerusalem durch Blutvergießen gereinigt« werden möge, und er verkündete, Nur ad-Din sei »so stark wie je zuvor, und das Eisen seiner Lanze zielt genau auf die al-Aqsa-Moschee«. Der Emir selbst äußerte in einem Schreiben an den Kalifen von Bagdad seinen Wunsch, »die Verehrer des Kreuzes aus der al-Aqsa-Moschee zu vertreiben«.

Es gibt einen weiteren Beleg für die neue Hauptrolle Jerusalems sowohl in der Ideologie, die Nur ad-Din verbreiten ließ, als auch möglicherweise in seiner eigenen Zielsetzung. In den Jahren 1168 und 1169 ließ er von dem bekannten Kunsthandwerker al-Akharini ein herrlich verziertes *minbar* (eine Kanzel aus Holz) herstellen, die der Emir in der al-Aqsa-Moschee aufzustellen hoffte, wenn die Heilige Stadt erst zurückerobert war. Einige Jahre später ließ sich der Pilger Ibn Dschubair anlässlich seiner Reise durch die Levante über die außerordentliche Schönheit dieser Kanzel aus; er versicherte, es gebe in der ganzen Welt nichts Eindrucksvolleres. Dieses *minbar* sollte zweifellos eine imponierende öffentliche Willenserklärung darstellen, trug es doch eine Inschrift, die den Emir preist als »Kämpfer für den Dschihad auf Seinem Weg, Verteidiger der Grenzen gegen die Feinde Seiner Religion, der gerechte König, Nur ad-Din, die Säule des Islam und der Muslime, Spender der Gerechtigkeit«. Es gibt jedoch in dieser Selbstdarstellung zusätzlich einen sehr persönlichen, fast schon demütigen Ton: Nur ad-Din gibt sich Gott mit der schlichten, anrührenden Bitte hin: »Möge Er ihm den Sieg gewähren und seinen eigenen Händen.« Nach der Fertigstellung ließ der Emir die Kanzel in der großen Moschee von Aleppo aufstellen, wo sie, wie Imad ed-Din schrieb, aufgehoben wurde »wie ein Schwert in der Scheide« und auf den Tag des Sieges wartete, an dem es Nur ad-Din gelingen würde, sich seinen Traum von der Wiedereroberung Jerusalems zu erfüllen.[12]

Wie also ist Nur ad-Din zu beurteilen? Beweist sein Vorgehen gegen die Franken nach der Schmach von Bouqia und sein Einsatz für die Verbreitung der Dschihad-Ideologie, dass er sich gänzlich der Vorstellung des »heiligen Krieges« verschrieben hatte? Kann man die folgenden Worte aus einer Damaszener Chronik, die der Emir über sich selbst geäußert haben soll, wörtlich nehmen?

> Ich strebe nach nichts anderem als dem Wohl der Muslime und danach, gegen die Franken Krieg zu führen […]. [Wenn] wir uns gegenseitig im heiligen Krieg unterstützen, und wenn die Verhältnisse harmonisch, im Blick auf das Gute, geordnet sind, dann wird mein Wunsch und mein Ziel vollkommen erfüllt sein.[13]

Es gibt einerseits einen klaren Unterschied zwischen Nur ad-Dins Vorgehen und Zielen in den 1140er-Jahren und seinen Aktivitäten 20 Jahre danach; und die Unterschiede zu den Taten und Methoden seines Vaters Zangi liegen auf der Hand. Doch es bleiben offene Fragen und

Vorbehalte. Bedenkt man den historischen Kontext und die Komplexität der menschlichen Natur, so kann eine eindeutige Antwort – in der Nur ad-Din entweder ein ergebener Anhänger des Dschihad war oder ausschließlich seinen eigenen Interessen folgte – nur in die Irre führen. Die Christen, die zum ersten Kreuzzug aufbrachen, waren ganz offensichtlich durch eine Mischung aus Frömmigkeit und Habgier motiviert, und ebenso kann auch Nur ad-Din durchaus in der Lage gewesen sein, den politischen und militärischen Wert des Engagements für eine religiöse Sache zu erkennen, und gleichzeitig von echter Frömmigkeit angetrieben worden sein. Im Orient waren alteingesessene arabische und persische Eliten an der Macht, als die Kriegsherrendynastie der Zangiden sich allmählich emporarbeitete. Ihr Bedarf an sozialer, religiöser und politischer Legitimierung muss also beträchtlich gewesen sein.

Im Lauf des 12. Jahrhunderts setzte sich die Idee einer Wiedergeburt des Dschihad in der Levante durch, und dieser Prozess beschleunigte sich während der Wirkungszeit Nur ad-Dins geradezu exponentiell. Im Jahr 1105, als al-Sulami in Damaskus den Nutzen des »heiligen Krieges« gerühmt hatte, war er kaum auf Resonanz gestoßen. In den späten 1160er-Jahren hatte sich die Atmosphäre in Damaskus und Aleppo grundlegend gewandelt, und Nur ad-Din war wohl an der Entstehung dieser Begeisterung nicht ganz unbeteiligt; jedenfalls war ihm bewusst, dass eine Botschaft, die auf die spirituelle Dimension des Kampfes gegen die Feinde des sunnitischen Islam zielt, nun bei vielen Gehör finden würde.

9

Der Reichtum Ägyptens

Der Konflikt zwischen dem Islam der Zangiden und den levantinischen Franken entzündete sich in den 1160er-Jahren überwiegend an Ägypten: Beide Seiten versuchten, die Kontrolle über die Nilregion zu erringen. Strategisch gesehen hätte die Herrschaft über Ägypten für Nur ad-Din bedeutet, dass er Outremer umzingeln konnte – Aleppo und Damaskus waren gesichert, und wenn Kairo noch dazukäme, würde sich das Gleichgewicht der Macht im Vorderen Orient unwiderruflich zu seinen Gunsten verschieben. Die Spaltung zwischen dem sunnitischen Syrien und dem schiitischen Ägypten hatte seit Langem jegliche Hoffnung auf ein geeintes Vorgehen gegen die Lateiner zunichtegemacht. Wenn diese Spaltung irgendwie überwunden werden könnte, wäre der Islam zum ersten Mal seit dem Eintreffen der Kreuzfahrer geeint.

Verlockend war außerdem der fabelhafte Wohlstand des Landes am Nil. Die jährliche Überschwemmung im August machte das urbare Land an seinen Ufern im gesamten Nildelta äußerst fruchtbar. In einem guten Erntejahr erzielte Ägypten unglaubliche Gewinne aus der Landwirtschaft und infolgedessen reichlich Steuereinkünfte. Außerdem profitierte die Region von dem ständig zunehmenden Handel zwischen dem Indischen Ozean und dem Mittelmeer, weil die wichtigste Landroute, die beide verband, durch Ägypten führte. In der Nilregion verkehrten auch italienische und byzantinische Kaufleute, und so stieg sie zu einem führenden Zentrum des Welthandels auf.

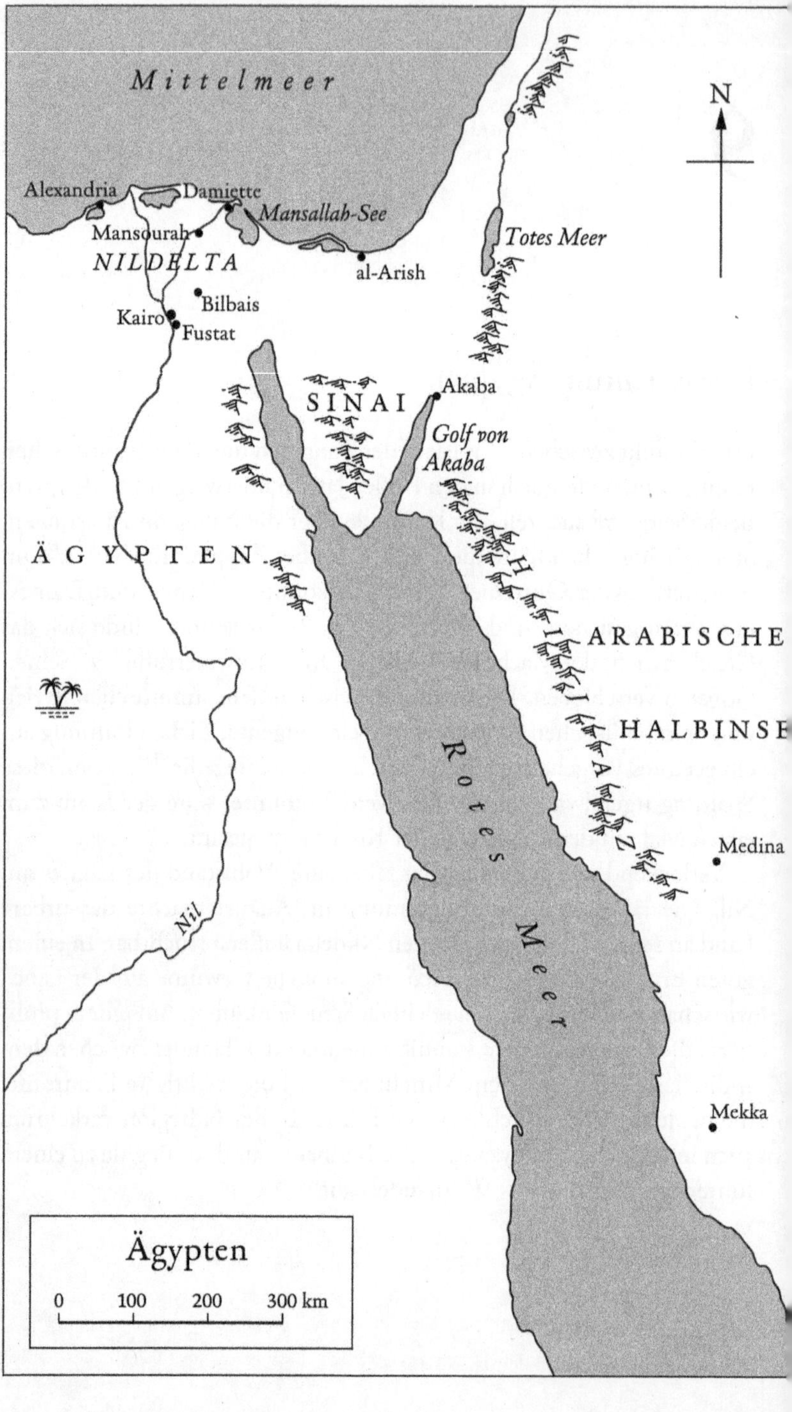
Mittelmeer
Alexandria
Damiette
Mansallah-See
Mansourah
NILDELTA
al-Arish
Totes Meer
Bilbais
Kairo
Fustat
SINAI
Akaba
Golf von Akaba
ÄGYPTEN
HIJAZ
ARABISCHE HALBINSE
Rotes Meer
Nil
Medina
Mekka
N
Ägypten
0 100 200 300 km

Ägypten im Mittelalter

Man liest immer wieder, Ägypten sei zur Zeit der Kreuzzüge muslimisches Territorium gewesen, doch das ist eine unzulässige Vereinfachung.

Das Gebiet wurde im Jahr 641 n. Chr. während der ersten Welle der arabisch-islamischen Expansion erobert, doch das Leben der herrschenden arabischen Elite konzentrierte sich hauptsächlich an zwei Punkten: in der Hafenstadt Alexandria, die Alexander der Große 1500 Jahre zuvor gegründet hatte, und in der von den Arabern neu gegründeten Stadt Fustat an der Spitze des Nildeltas. Ansonsten überwog in Ägypten die einheimische koptisch-christliche Bevölkerung. Im Lauf der Jahrhunderte glichen sich die Kopten den Arabern in kultureller Hinsicht an, indem sie beispielsweise die arabische Sprache übernahmen, doch die Übernahme des islamischen Glaubens vollzog sich weitaus langsamer. Auch im 12. Jahrhundert gab es außerhalb der Städte noch eine koptisch-christliche Unterschicht.

Seit 969 wurde Ägypten von der schiitischen Dynastie der Fatimiden regiert, die sich von den sunnitischen Herrschern in Bagdad, den Abbasiden, losgesagt hatten. Die Fatimiden schufen eine beachtliche Flotte, mit der sie zunehmend den Schiffsverkehr im Mittelmeerraum dominierten. Außerdem bauten sie nördlich von Fustat eine neue Hauptstadt, die sie Kairo (»die Eroberin«) nannten; und sie setzten einen zweiten, rivalisierenden schiitischen Kalifen (»Nachfolger« des Propheten Mohammed) ein und boten damit der bis dahin allgemein anerkannten Autorität des sunnitischen Kalifen in Bagdad die Stirn. Im 12. Jahrhundert war die von Mauern umgebene Stadt Kairo das politische Zentrum Ägyptens. Hier standen, als Zeugen des grenzenlosen Reichtums der Fatimiden, zwei fabelhaft reich ausgestattete, labyrinthische Kalifenpaläste, in deren Mauern es auch Menagerien mit exotischen Tieren und zahllose Palasteunuchen gab. Außerdem erhob sich in der Stadt die im 10. Jahrhundert erbaute al-Azhar-Moschee, ein bekanntes Zentrum islamischer Gelehrsamkeit und Theologie. Am Ende des Kanals, der zum Nil führte, befand sich auf der kleinen Insel Roda der Nilometer, eine sorgfältig kalibrierte Vorrichtung, mit der die Höhe des Wasserspiegels genau gemessen und damit der Umfang der Ernte vorausgesagt werden konnte.

In Kairo herrschten die Fatimiden, doch das antike Alexandria behielt während der Epoche der Kreuzzüge seinen Status als Zentrum der ägyptischen Wirtschaft. Der Hafen von Alexandria an der Mittelmeerküste im Westen des Nildeltas, überragt von dem einzigartigen Leuchtturm auf der Insel Pharos, hatte die perfekte Lage für den Handel mit Luxusgütern wie Gewürzen und Seide aus Asien, die durch das Rote Meer und weiter nach Europa befördert wurden. Ein damals in Palästina lebender Lateiner beobachtete, dass »Menschen aus Ost und West in Scharen nach Alexandria kommen; die Stadt ist ein öffentlicher Marktplatz für beide Welten«.

Zur Zeit der Kreuzzüge hatte allerdings der Einfluss der fatimidischen Kalifen in der Nilregion stark nachgelassen, und Ägypten wurde überwiegend vom Wesir, dem wichtigsten Verwalter des Kalifen, regiert. Nach dem Tod des Wesirs al-Afdal im Jahr 1121 jedoch brach dieses politische System zusammen, und in Kairo griffen politische Intrigen um sich. Ein verhängnisvoller Kreislauf von Verrat, Grausamkeit, Verschwörung und Mord zwang das fatimidische Ägypten in die Knie. Ein muslimischer Chronist schreibt, dass »in Ägypten das Amt des Wesirs demjenigen zufiel, der der Stärkste war. Die Kalifen wurden hinter Vorhängen versteckt, und die Wesire waren praktisch die Herrscher [...]. Kaum jemand konnte ein Amt erringen, wenn er nicht kämpfte und tötete und ähnliche Dinge tat.« Es ging bergab mit der Nilregion, die politischen Verhältnisse wurden immer instabiler, und die einst so imposante fatimidische Flotte verfiel zusehends. Vor diesem Hintergrund eines fortschreitenden Schwächezustands war es kein Wunder, dass Ägypten bei den Herrschenden in Syrien und Palästina größte Begehrlichkeiten weckte.[1]

Ein neues Schlachtfeld

In den frühen 1160er-Jahren glitt Ägypten immer tiefer ins Chaos ab. Im Jahr 1163 lag die Macht nominell in den Händen des elfjährigen Kalifen al-Adid (1160–1171), das Amt des Wesirs hatte Shawar inne, der frühere Statthalter von Oberägypten. Er kam zu Beginn des Jahres 1163 an die Macht, wurde jedoch innerhalb von acht Monaten von seinem arabischen Haushofmeister Dirgham entmachtet. Shawar gelang es nur knapp, lebend nach Syrien zu entkommen; Dirgham jedoch, wie so viele Usurpatoren vor ihm, »tötete viele von den ägyptischen Emiren, um das Land von Rivalen zu säubern«. Nach jahrzehntelangen internen Machtkämpfen war von der herrschenden Elite im Land fast nichts mehr übrig. Das geschwächte Ägypten war der Raubgier seiner christlichen und muslimischen Nachbarn wehrlos ausgeliefert.

Das Königreich Jerusalem zeigte schon seit einigen Jahren starkes Interesse an Ägypten. Die Eroberung Askalons im Jahr 1153 hatte die Küstenstraße von Palästina in den Süden – die *Via Maris* – geöffnet, und im Jahr 1160 drohte König Balduin III. in das Land einzufallen; er gab seine Pläne später jedoch gegen die horrende Tributzahlung von jährlich 160 000 Golddinaren auf. Als Balduin viel zu früh im Jahr 1163 starb, ohne Nachkommen zu hinterlassen, folgte ihm sein jüngerer Bruder Amalrich auf dem Thron. Der große lateinische Chronist von Outremer, Wilhelm von Tyrus, der unter der Herrschaft Amalrichs berühmt wurde, liefert eine verblüffend freimütige Beschreibung des neuen Monarchen. Amalrich war 27 Jahre alt; es hieß von ihm, er sei ernst und wortkarg, »ein Mann von Klugheit und Besonnenheit«; er verfügte nicht über den unbeschwerten Charme und die Eloquenz seines Vorgängers, was wohl zum Teil daran lag, dass er unter einem leichten Stottern litt. Von Statur war Amalrich »recht groß«, hatte »funkelnde Augen«, einen »sehr dichten Bart« und etwas schütteres blondes Haar. Wilhelm rühmte sein königliches »Auftreten«, musste jedoch zugeben, dass der König, obwohl er nur maßvoll aß und trank, »außerordentlich fett war, mit Brüsten wie eine Frau, die ihm bis zum Bauch herabhingen«.[2]

Zu Amalrichs ersten Zielen als Monarch gehörte die Vorherrschaft Jerusalems über Ägypten. Zu diesem Zweck belagerte er – wenn auch vergeblich – die Stadt Bilbais an einem der Nebenflüsse des Nil. Obwohl die Lateiner zum Rückzug gezwungen wurden, sollte der fränkische König in den folgenden Jahren einen beträchtlichen Teil seiner Energie und seiner Ressourcen in den Kampf um die Macht in Ägypten investieren.

Schirkuh Ibn Shadi in Ägypten

Auch Nur ad-Din richtete seinen Blick auf Ägypten. Ende 1163 traf der abgesetzte Wesir Shawar in Damaskus ein; er hoffte, dort politische und militärische Unterstützung für einen Gegenschlag zu finden. Historikerinnen und Historiker haben teilweise Nur ad-Dins Entscheidung,

Shawar zu unterstützen, als visionär gepriesen; Nur ad-Din habe sofort die Gelegenheit ergriffen, auf ägyptischem Boden einen neuen Stellvertreterkrieg gegen die Lateiner zu führen, aber er habe sein eigentliches Ziel nie aus dem Auge verloren, die Herrschaft über Aleppo, Damaskus und Kairo in einer Hand zu vereinigen, um das fränkische Palästina einkreisen zu können.

Zunächst hielt sich Nur ad-Din allerdings eher zurück. Er wusste genau, dass ein langwieriges Engagement in Nordafrika die Ressourcen abziehen würde, die er brauchte, um seine Herrschaft über Syrien zu festigen, und er zweifelte an Shawars Verlässlichkeit als Bündnispartner (Shawar hatte versprochen, Nur ad-Din mit einem Drittel der ägyptischen Weizenernten zu entlohnen). Nach einigen Monaten jedoch war es gelungen, den Emir zum Handeln zu überreden. Seine Entscheidung hing teilweise von strategischen Erfordernissen ab, denn wenn er nicht eingriff, würden sich die Franken Jerusalems womöglich – mit verheerenden Folgen für die Machtbalance in der Levante – unwiderruflich in der Nilregion festsetzen. Allerdings berücksichtigte er auch die ehrgeizigen Ziele seines altgedienten kurdischen Heerführers Schirkuh, eines erfahrenen Veteranen, der sich Zangi in den 1130er-Jahren angeschlossen und dann auch Nur ad-Din die Treue gehalten hatte. Sogar ein lateinischer Zeitgenosse gab zu, dass Schirkuh, obwohl er durch grauen Star auf einem Auge erblindet war, »von kleiner Statur, sehr stämmig und fett und schon in fortgeschrittenem Alter«, als »fähiger, starker Krieger« gefürchtet und respektiert wurde, »begierig nach Ruhm und sehr erfahren in militärischen Fragen«. Dieser schlaue alte Kämpfer hatte sich zwar im Kreis von Nur ad-Dins Vertrauten bereits eine Machtposition erarbeitet, aber in Ägypten sah er für sich noch ergiebigere Aufstiegsmöglichkeiten. Muslimische Chronisten bemerkten, er sei »sehr begierig« gewesen, an der Spitze eines Heeres nach Nordafrika zu ziehen, und er war entscheidend daran beteiligt, dem Engagement der Zangiden in dieser Region in den folgenden Jahren Impulse zu geben und es zu prägen.[3]

Nur ad-Din setzte Schirkuh im April 1164 an die Spitze einer beträchtlichen, gut ausgerüsteten Streitmacht und ordnete an, er solle »Shawar in sein Amt zurückbringen«. Zunächst verlief der Feldzug erfolgreich. Die Verbündeten drangen in Ägypten ein und bemächtigten sich der Stadt Fustat südlich von Kairo. Ende Mai war Dirgham tot – er war während eines Scharmützels von einem verirrten Pfeil aus den eigenen Reihen getroffen worden –, und der Kalif setzte Shawar wieder als Wesir ein. Nach diesem anfänglichen Erfolg jedoch verschlechterten sich die Beziehungen zwischen den Verbündeten. Shawar versuchte, sich von Schirkuh mit dem Versprechen von 30 000 Golddinaren als Gegenleistung für dessen Abzug aus Ägypten freizukaufen, doch der kurdische Hauptmann weigerte sich.

Der neu eingesetzte Wesir legte nun genau die Art von bündnispolitischer Geschmeidigkeit an den Tag, die Nur ad-Din befürchtet hatte: Er bat Amalrich von Jerusalem, Ägypten zu Hilfe zu kommen, und versprach reichen Lohn. Der fränkische König war einverstanden; im Sommer 1164 marschierte er nach Ägypten, um sich Shawar anzuschließen und Schirkuh zu belagern, der sich nach Bilbais geflüchtet hatte. Die Stadt war nur schwach befestigt, es gab nur eine niedrige Stadtmauer und keinen Graben, doch Schirkuh organisierte eine disziplinierte Verteidigung, und drei Monate lang war die Situation unentschieden. Im Oktober erhielt Amalrich Kenntnis von Nur ad-Dins Siegen bei Harim und Banyas; nachdem er rasch ein Ende der Feindseligkeiten in Ägypten ausgehandelt hatte, konnten sowohl die Lateiner als auch die Syrer friedlich in ihre eigenen Länder abziehen, und Shawar behielt die Herrschaft über Kairo.

In den darauffolgenden Jahren hieß es, Schirkuh habe »nicht aufgehört, von dem Plan einer Invasion [in Ägypten] zu sprechen«. Im Jahr 1167 hatte der kurdische Kriegsherr eine Invasionstruppe aufgestellt, um Shawar zu stürzen. Schirkuh agierte zunehmend unabhängig, und Nur ad-Din kommandierte zwar mehrere Truppenführer ab, die Schirkuh begleiten sollten, doch missfiel ihm offenbar der Plan, Ägypten anzugreifen. An diesem Feldzug nahm unter anderen auch ein vielversprechender junger Mann vom Hof von Damaskus teil, der 29-jährige Neffe Schirkuhs, Yusuf Ibn Ajjub. Es war bekannt, dass er zu Nur ad-Dins Lieblingspartnern beim Polo gehörte; möglicherweise hat er in der Schlacht von Harim mitgekämpft, und mit Sicherheit wurde er im Jahr darauf zum *shihna* (einem Polizeichef vergleichbar) von Damaskus ernannt. In dieser Position erwarb er sich einen Ruf als strenger, aber gerechter Hüter des Gesetzes und, was vielleicht nicht ganz so zuverlässig belegbar ist, als Eintreiber der Gelder von Prostituierten.

Im Januar des Jahres 1167 führte Schirkuh seine Truppen über die Halbinsel Sinai. Diese bedrohliche Aktion veranlasste Shawar, sich erneut an Palästina um Hilfe zu wenden; in tiefster Verzweiflung versprach er den Franken, ihnen die immense Summe von 400 000 Golddinaren zu bezahlen. Also setzte sich Amalrich im Februar wieder Richtung Ägypten in Marsch, und erneut wurde das Land zum Schlachtfeld, stellvertretend für den größeren Kampf zwischen dem muslimischen Syrien und Outremer. Die Gegner trafen in einer Schlacht bei al-Babayn aufeinander, in der Wüste ein ganzes Stück südlich von Kairo, und trennten sich ohne klare Entscheidung. Yusuf bewies später seine Fähigkeiten als militärischer Befehlshaber während einer mörderischen Belagerung von Alexandria, doch weder die Franken noch die Syrer konnten einen eindeutigen Sieg erringen.

Schirkuh musste sich wie schon 1164 ohne nennenswerte Erfolge nach Syrien zurückziehen. Shawar blieb an der Macht, und die jüngsten Ereignisse hatten lediglich dazu geführt, dass sich der fränkische Einfluss in der Region noch erhöht hatte: Amalrich hatte mit dem Wesir einen neuen Vertrag abgeschlossen, der ihm einen jährlichen Tribut von 100 000 Dinaren zusicherte. In Kairo selbst wurden eine lateinische Präfektur und Garnison stationiert. Damit war Ägypten zum Vasallenstaat des Königreichs Jerusalem geworden. Nur ad-Din jedoch dachte gar nicht daran, Schirkuh für seinen Misserfolg zu bestrafen; er übertrug ihm vielmehr den Oberbefehl über Homs und beschenkte Yusuf Ibn Ajjub mit Ländereien in der Gegend um Aleppo. Zumindest zu diesem Zeitpunkt war der Herrscher von Damaskus offenbar sehr daran interessiert, die Energien dieser beiden kurdischen Feldherren auf syrische Angelegenheiten zu lenken; er wollte sie in seiner Nähe haben, um etwaige Unabhängigkeitsbestrebungen im Auge behalten zu können.

Wäre es bei dieser Situation geblieben, dann hätte das Schirkuhs ägyptische Ambitionen endgültig zunichtegemacht. Amalrich aber versuchte, sein Blatt zu überreizen. Schon seit ein paar Jahren bemühte sich der König, engere Bande zu Byzanz zu knüpfen, nicht zuletzt, um sich die Beteiligung der Griechen an einer gemeinsamen Invasion in Ägypten zu sichern, und die ersten Früchte trug diese diplomatische Strategie, als er im August 1197 Maria Komnena, die Nichte des Kaisers, heiratete. Es wurden bereits detaillierte Pläne für die Koordination des Feldzugs angestellt, und Wilhelm von Tyrus begab sich als königlicher Gesandter nach Konstantinopel, um die Verhandlungen abzuschließen. Als er jedoch im Herbst 1168 zurückkehrte, war Amalrich schon selbst tätig geworden. Er hoffte, seine Pläne auch ohne die Hilfe der Griechen umzusetzen und damit zu verhindern, die Reichtümer Ägyptens mit dem Kaiser teilen zu müssen. Es genügte Amalrich nicht, dass Ägypten ein Vasallenstaat war, er wollte den Nil erobern. Die Johanniter bestärkten ihn in dieser Einschätzung; also drang er im späten Oktober überraschend in Ägypten ein: Er brach von Askalon auf, um Bilbais anzugreifen. Die Stadt ergab sich nach nur wenigen Tagen, am 4. November, und die Franken begannen mit einer blutigen, verheerenden Plünderung: Von der Bevölkerung wurde kaum jemand verschont, und es wurde hemmungslos Beute gemacht.

Nach diesem Anfangssieg jedoch bröckelte die lateinische Offensive. Amalrich hatte wohl erwartet, ein plötzlicher brutaler Überfall werde den ägyptischen Widerstand brechen; tatsächlich aber hatte der Bruch des Vertrags mit Kairo und das Entsetzen über die hemmungslose Brutalität der Franken in Bilbais die Antipathien der Muslime in der gesamten Nilregion nur verschärft. Die Situation verschlimmerte sich noch dadurch, dass der König nun das Tempo seiner Invasion drosselte – vielleicht nahm er an, dass der Wesir Shawar sich bereitwillig ergeben würde –, und er ließ es geschehen, dass man ihn mit Verhandlungsangeboten und der Zusage neuer Tributzahlungen hinhielt. Im Grunde beruhte die gesamte Strategie des Königs in den letzten Monaten des Jahres 1168 auf einer verhängnisvollen Fehleinschätzung: Amalrich war überzeugt, dass die Ereignisse des Jahres 1167 einen Keil zwischen Kairo und Damaskus getrieben hätten; er glaubte, Shawar habe keine Verbündeten mehr und sei entsprechend verwundbar, aber er hatte zum einen die diplomatische Wendigkeit des Wesirs und zum andern den Ehrgeiz der Zangiden unterschätzt.

Rückkehr an den Nil

Als die Franken Ägypten angriffen, schickte Shawar mehrere Hilferufe an Nur ad-Din, und der Emir reagierte – ungeachtet seiner früheren Bedenken, sich in die ägyptischen Angelegenheiten einzumischen –, indem er umgehend zur Tat schritt. Anfang Dezember 1168 war südlich von Damaskus eine starke syrische Streitmacht versammelt, darunter 7000 Berittene und ein Vielfaches an Fußsoldaten. Schirkuh erhielt das Oberkommando, eine Kriegskasse von 200 000 Dinaren und sämtliche Mittel, die er brauchte, um sein Heer auszurüsten. Um allerdings den

Spielraum des Kurden etwas einzugrenzen, stellte Nur ad-Din ihm einige andere bewährte Kriegsherren zur Seite, darunter den Türken Ayn al-Daulah. Außerdem brachte Nur ad-Din offenbar auch Schirkuhs Neffen, Yusuf Ibn Ajjub, trotz dessen Verwandtschaft mit Schirkuh beträchtliches Vertrauen entgegen; es scheint allerdings nicht leicht gewesen zu sein, diesen zu einer Rückkehr an den Nil zu überreden, weil er die Belagerung von Alexandria noch in allzu düsterer Erinnerung hatte.

Als Amalrich erfuhr, dass Schirkuh »an der Spitze eines riesigen Heeres« durch die Wüste Sinai heranrückte, war der fränkische König entsetzt. Er zog seine Streitkräfte in Bilbais zusammen und marschierte Ende Dezember Richtung Osten in die Wüste; er hoffte, die Syrer noch ablenken zu können, bevor sie sich mit Shawars Truppen zusammenschließen konnten. Doch er kam zu spät. Kundschafter meldeten, Schirkuh habe bereits den Nil überquert, und Amalrich, der damit rechnen musste, dass sein Heer hoffnungslos in der Minderzahl war, fasste den schweren, demütigenden Entschluss, mit leeren Händen nach Palästina zurückzukehren.[4]

Endlich stand der Weg nach Ägypten für Schirkuh offen, und er nutzte die Gelegenheit umgehend. Anfang 1169 versuchte Shawar noch verzweifelt, irgendwelche Bedingungen zu formulieren, doch sein politischer und militärischer Rückhalt schwand rasch dahin. Seine Bündnispolitik mit den Franken – zu der schließlich auch das äußerst unpopuläre, ja skandalöse Zugeständnis gehört hatte, sogar Kairo für lateinische Soldaten zu öffnen – war gescheitert. Schirkuh war zwar ein Repräsentant des sunnitischen Syrien, seit Jahrhunderten ein Feind der schiitischen Fatimiden, doch für viele Bewohnerinnen und Bewohner der ägyptischen Hauptstadt war er den Christen aus Jerusalem immer noch vorzuziehen, und am 10. Januar ließ offenbar Kalif al-Adid selbst im kleinen Kreis erkennen, dass er den Kurden unterstützte. An einem nebligen Morgen acht Tage später brach ein argloser Shawar zu Pferd zum Lager Schirkuhs auf, um die Verhandlungen fortzusetzen; er wurde allerdings von Yusuf Ibn Ajjub und Jurdik, einem zweiten Syrer, angegriffen und vom Pferd gezerrt. Nur wenige Stunden später war der Wesir hingerichtet, sein Kopf wurde dem Kalifen überbracht. Doch noch immer war der syrische Erfolg nicht gänzlich gesichert. Schirkuh, der nach Kairo hineinritt, um sich zu al-Adids neuem Regierungschef ernennen zu lassen, sah sich einer aufgebrachten Menge gegenüber. In den engen Gassen der Altstadt habe er, so heißt es, »um sein Leben fürchten« müssen. Dann hatte er jedoch den genialen Einfall, die renitente Schar zum Wohnsitz des verblichenen Shawar umzuleiten, sodass es ihm gelang, den Kalifenpalast unversehrt zu erreichen.

Theoretisch festigte die Ernennung Schirkuhs zum Wesir der Fatimiden die zangidische Macht in der Nilregion und leitete eine neue Phase muslimischer Einheit ein, in der Aleppo, Damaskus und Kairo ihre Heere zum Dschihad gegen die Franken vereinen konnten. Zeitgenössische muslimische Quellen lassen darauf schließen, dass Nur ad-Din zumindest in der Öffentlichkeit Schirkuhs Erfolge rühmte; er ließ dessen »Eroberung von Ägypten« in ganz Syrien verkünden, obwohl er noch immer Bedenken hatte, was die Loyalität seines Heerführers in Zukunft anbelangte. Wie die Absichten Schirkuhs tatsächlich aussahen, ist allerdings nicht mehr zu rekonstruieren, weil er nur knapp zwei Monate später an einer akuten eitrigen Racheninfektion infolge übermäßigen Essens starb.

Die Angaben zur Wahl eines Nachfolgers für Schirkuh – als Befehlshaber des syrischen Feldzugs wie auch als Wesir – sind verworren und widersprüchlich. Nach wie vor war da sein kurdischer Neffe, Yusuf Ibn Ajjub, der Veteran von al-Babayn und Alexandria, der damit rechnen durfte, dass ihn der größte Teil des militärischen Gefolges seines Onkels (dessen *askar*), bestehend aus 500 Mamelucken, unterstützen würde. Es gab allerdings auch andere, womöglich auf den ersten Blick fähigere Anwärter, darunter den prozangidischen Türken Ayn al-Daulah und einen weiteren von Schirkuhs Hauptleuten, den begabten kurdischen Krieger al-Mashtub. Aus tagelangen Diskussionen und Intrigen ging Yusuf als Sieger hervor. Schirkuhs Neffe verfügte über ein bemerkenswertes Gespür für die Raffinessen höfischer Politik, er spielte die übrigen syrischen Kandidaten gegeneinander aus, arbeitete mit Andeutungen und Unterstellungen, und bot sich schließlich als Kompromisskandidat an. Sein Fürsprecher und Anwalt während des gesamten Verfahrens war Isa, ein verschlagener kurdischer Jurist und Imam. Lediglich Ayn al-Daulah ließ sich nicht herumkriegen, er kehrte nach Damaskus zurück mit der Versicherung, er werde nie einem solchen Emporkömmling dienen. Dem ägyptischen Kalifen und seinem Beraterkreis zeigte Yusuf ein ganz anderes Gesicht – er erweckte bei ihnen den Anschein, dass er ein leicht zu beeinflussender, schwacher Regierungschef sein werde, ein Außenseiter, den man später, wenn die Fatimiden wieder die ganze Macht zurückgewonnen hätten, mit Leichtigkeit würde beseitigen können. Ende März 1169 wurden sein »Oberkommando über die syrischen Truppen und seine Ernennung zum Wesir al-Adids« erwartungsgemäß bestätigt.[5]

Was auch immer der ägyptische Kalif erhofft haben mag – Yusuf Ibn Ajjub enthüllte seine wahren Qualitäten rasch, als er innerhalb weniger Monate nach seinem Amtsantritt einen versuchten Palastaufstand vereitelte und eine Militärrevolte brutal niederschlug. In den folgenden Jahren stellte sich mit aller Deutlichkeit heraus, dass sein Ehrgeiz den seines Onkels Schirkuh um einiges übertraf. Yusuf konnte je nach Bedarf äußerst unbarmherzig und besonders großmütig sein, er verfügte über enorme politische und militärische Begabung, und seine Erfolge sollten sogar die seines Herrn Nur ad-Din überstrahlen. Bald verdiente er sich den großen Namen, unter dem er der Geschichte besser bekannt ist: *Salah ad-Din*, »die Güte des Glaubens«, oder, wie er im Abendland hieß: Saladin.

Saladin, Herrscher Ägyptens (1169–1174)

Trotz seines gewaltigen Einflusses auf die Geschichte und den Krieg im Heiligen Land ist uns keine Beschreibung seiner äußeren Erscheinung überliefert. Im Jahr 1169 hätte wohl kaum jemand vorausgesagt, dass dieser 31-jährige kurdische Krieger die Dynastie der Ajjubiden (benannt nach Saladins Vater Ajjub) zur neuen beherrschenden Macht innerhalb des Islam machen sollte. Einige mittelalterliche Chronisten und zahlreiche moderne Historikerinnen und Historiker sind der Meinung, dass die Beziehung Saladins zu seinem syrischen Herrn Nur ad-Din praktisch unmittelbar nach Saladins Ernennung zum Wesir erste Risse zu zeigen begann, dass sich also ein drohender Konflikt zwischen Kairo und Damaskus sehr bald abzeichnete. In Wirklichkeit deutet vieles darauf hin, dass Saladin und Nur ad-Din – trotz gelegentlicher kleinerer Reibereien während einer ersten Phase der Anpassung – auch weiterhin kooperierten; kaum etwas spricht dafür, dass Saladin sich schon in dieser ersten Phase um Unabhängigkeit bemüht haben soll. Die Machtbalance und die wechselseitigen Treueverpflichtungen zwischen diesen beiden Machthabern – den Vorkämpfern der zangidischen und der ajjubidischen Dynastie – sollten zu gegebener Zeit ein akutes Problem werden, doch im Jahr 1169 hatte Saladin Wichtigeres zu tun.[6]

Erste Schwierigkeiten

Saladins Überlebenschancen als Nachfolger seines Onkels im Amt eines Wesirs des Fatimiden-Kalifen al-Adid waren minimal. In den zurückliegenden 15 Jahren war das Wesirat nicht weniger als achtmal von einer Hand in die nächste gegangen; die Politik in Kairo war geprägt und durchdrungen von erbitterten Grabenkämpfen, Verrat, Betrug und Mord. Saladin kam in diese unberechenbare, mörderische Umgebung als isolierter Fremder – ein sunnitischer Kurde in einer schiitischen Welt –, und es standen ihm nur begrenzte militärische und finanzielle Mittel zur Verfügung. Kaum jemand dürfte erwartet haben, dass er in der Lage wäre, sich durchzusetzen.

Im Frühjahr 1169 bestand Saladins erste gewissermaßen instinktive Handlung darin, um sich herum so schnell wie möglich einen Kreis von treuen und fähigen Helfern zu bilden. Während seiner gesamten Laufbahn verließ er sich offenbar immer stark auf die Tragfähigkeit von Verwandtschaftsbeziehungen; in Ägypten praktisch auf sich allein gestellt, wandte er sich an seine Familie und bat Nur ad-Din, er möge es Mitgliedern der Ajjubiden erlauben, Syrien zu verlassen und an den Nil zu kommen. Nach nur wenigen Monaten hatte sich zu Saladin sein älterer Bruder Turan-Shah gesellt sowie sein Neffe, Taqi ad-Din. Später kamen noch weitere Verwandte, darunter Saladins Vater Ajjub und ein weiterer – diesmal jüngerer – Bruder, al-Adil; auch dieser sollte sich noch einen großen Namen machen. Saladin besetzte die Schlüsselpositionen der Macht in Ägypten mit seinen Verwandten, doch konnte er auch viele Getreue aus dem *askar* seines verstorbenen Onkels Schirkuh gewinnen, die als die Asadijjaden bezeichnet wurden – ein Wortspiel mit dem vollen Namen Schirkuhs: Asad ad-Din Schirkuh Ibn-Shadi.

Zu diesen gehörte der Kurde al-Mashtub, der auch selbst das Amt des Wesirs angestrebt hatte; der energische, freimütige Mameluck Abu'l Haija der Dicke, der in seinen späteren Jahren einen solchen Grad an Fettleibigkeit erreichte, dass er kaum mehr aufrecht stehen konnte; und dazu der gerissene, allerdings reichlich brutale kaukasische Eunuch Qaragush. Saladin begann außerdem, ein eigenes *askar* zu versammeln, die Salahiyya. Sogar innerhalb des zerstrittenen Fatimiden-Hofs konnte

Saladin einige Verbündete gewinnen. Der aus Askalon stammende Schreiber, Poet und Verwalter al-Fadil, der schon zahlreichen Wesiren gedient hatte, trat jetzt in den Dienst Saladins, er wurde sein Sekretär und ein enger persönlicher Vertrauter. Al-Fadil war ein eifriger Briefeschreiber, und Abschriften seiner Briefe sind für uns heute ein wertvoller Fundus historischer Zeugnisse.

Saladin brauchte schon innerhalb der ersten Monate nach seinem Amtsantritt die Hilfe dieser eingeschworenen Verbündeten, weil mehrere Anschläge auf seine Person unternommen wurden. Er bewies eine bemerkenswerte Fähigkeit, mit derartigen Bedrohungen politisch differenziert umzugehen – diese Fähigkeit sollte sich in seiner Laufbahn noch als charakteristisch herausstellen. Wenn es nötig war, konnte Saladin mit erbarmungsloser Entschlossenheit zuschlagen, doch war er auch fähig, vorsichtig und diplomatisch zu handeln. Im Frühsommer des Jahres 1169 zettelte Mutamin, der oberste Eunuch im Palast des Kalifen, eine Verschwörung gegen Saladin an: Er nahm mit dem Königreich Jerusalem Kontakt auf und hoffte, die Franken zu einer weiteren Invasion in Ägypten bewegen und so die Ajjubiden stürzen zu können. Ein geheimer Gesandter machte sich, als Bettler verkleidet, von Kairo aus auf den Weg, doch als er durch Bilbais kam, fiel einem syrischen Türken auf, dass er neue Sandalen trug, deren Eleganz zu seinem ansonsten abgerissenen Äußeren nicht passte. Der Bote wurde festgenommen; man fand Briefe an die Franken, die in seine Schuhe eingenäht waren, und der Plan flog auf. Saladin beschnitt daraufhin die Unabhängigkeit des Fatimiden-Hofs: Er ließ den Eunuchen Mutamin im August hinrichten und ersetzte ihn durch Qaragush, der von da an sämtlichen Palastangelegenheiten vorstand.[7]

Saladins energisches Durchgreifen löste Unruhen in Kairos Garnison aus. In der Stadt befanden sich um die 50 000 Soldaten aus dem Sudan, die dem Kalifen treu ergeben waren und daher für die Autorität der Ajjubiden eine echte Gefahr darstellten. Zwei Tage lang tobten sie in den Straßen und drohten, den Amtssitz Saladins im Wesirpalast zu stürmen. Abu'l Haija der Dicke erhielt den Auftrag, ihren Vormarsch aufzuhalten, doch Saladin wusste, dass ihm nicht genügend Männer für einen offenen Kampf zur Verfügung standen, daher bediente er sich einer eher indirekten Taktik. Die meisten Sudanesen lebten mit ihren Familien im al-Mansurah-Viertel von Kairo. Saladin befahl, die gesamte Gegend in

Brand zu stecken und, wie es ein muslimischer Zeitgenosse beschrieb, »dort alles mitsamt dem Besitz, den Kindern und Frauen [der rebellierenden Truppen] niederzubrennen«. Diese kaltblütige Schreckenstat zerbrach natürlich die Kampfmoral der Sudanesen, und sie stimmten einem Waffenstillstand zu, der ihnen sicheren Abzug nilaufwärts garantierte. Als sie aber erst aus der Stadt heraus waren und sich in kleineren, ungeordneten Gruppen auf den Weg in Richtung Süden machten, fielen sie heimtückischen Gegenangriffen von Turan-Shah zum Opfer und wurden praktisch ausgelöscht.

Saladin behielt diese Methode kaltblütiger Vergeltung bei, wenn er den Eindruck hatte, dass es nicht anders ging, doch bediente er sich im Umgang mit seinen Gegnern auch subtilerer und differenzierterer Methoden. Nachdem er in sein Amt als Wesir der Fatimiden eingesetzt worden war, wurde er wiederholt vom Kalifen in Bagdad und von Nur ad-Din in Damaskus unter Druck gesetzt, den schiitischen Kalifen Ägyptens zu entmachten, der ja in den Augen der sunnitischen Orthodoxie ein Ketzer war. Doch Saladin kam diesen Aufforderungen nicht nach, er unternahm keinen unüberlegten Schritt, um al-Adid zu stürzen, vielmehr pflegte er eine von gegenseitigem Wohlwollen geprägte Beziehung zu dem jungen Herrscher – eine Beziehung, die ansatzweise vielleicht tatsächlich so etwas wie Freundschaft war. Saladins Stellung in der Nilregion war viel zu instabil, als dass er sich einen direkten dynastischen Umsturz hätte leisten können. Er war sich darüber im Klaren, dass er, um als Wesir überleben zu können, zumindest anfänglich ein gewisses Ausmaß an Stabilität brauchte und, was noch wichtiger war, die üppige finanzielle Versorgung, die mit der Unterstützung des Kalifen verbunden war.

Im Spätsommer 1169 wurde der Wert dieser Politik sichtbar. König Amalrich litt noch immer unter der Schmach seines Rückzugs aus Ägypten im vergangenen Winter, und er nahm sich – verstärkt durch eine große byzantinische Flotte – ein neues Angriffsmanöver vor, diesmal auf den Hafen von Damiette im östlichen Nildelta. Dieser Angriff stellte für Saladin eine akute Bedrohung dar, der weitere Verlauf der Ereignisse bewies jedoch, dass er dieser Herausforderung mehr als gewachsen war. Er versammelte ein gewaltiges Heer und rüstete es aus – unter Verwendung der wahrhaft kolossalen Summe von einer Million Golddinaren aus al-Adids Schatzkammer. Anstatt die Befreiung Damiettes selbst anzuführen und so Kairo für den Fall einer Revolte ungeschützt zurückzulassen, übertrug Saladin das Oberkommando klugerweise seinem Neffen, Taqi ad-Din, und er selbst blieb in der Hauptstadt. Als diese Streitmacht sich mit den syrischen Truppen verband, die Nur ad-Din entsandt hatte, erkannte Amalrich, dass er diesem Riesenheer hoffnungslos unterlegen war, und da er die lateinisch-griechischen Operationen nicht angemessen koordinieren konnte, brach seine Offensive zusammen. Dieser muslimische Sieg bereitete dem Kampf um die Herrschaft über Ägypten, den die Lateiner in den 1160er-Jahren geführt hatten, ein definitives Ende. Die Franken träumten auch weiterhin von einer Eroberung, doch nun blieb die Nilregion erst einmal in der Hand des Islam, in der Hand Saladins.[8]

Da Saladin die Schwierigkeiten seines ersten Jahres im Amt des Wesirs überwunden hatte, leitete er – ähnlich wie Nur ad-Din in der ersten Zeit seiner Herrschaft als Emir – einige zivile und religiöse Reformen ein. Alexandrias Festungsanlagen wurden verstärkt, während in Kairo und seiner südlichen Vorstadt Fustat neue Zentren sunnitischer Rechtsprechung entstanden. Saladin schaffte später die nicht durch den Koran legitimierte Besteuerung des Handels in Ägypten ab; gleichzeitig erhöhte er andere Abgabenarten, um den Ausfall von Staatseinkünften auszugleichen. Im November 1170 scheint er sich außerdem den Mantel des Mudschahid übergeworfen zu haben: Er führte eine erste Invasion in das fränkische Palästina an. An der Spitze eines stattlichen Heeres überrannte er die kleine lateinische Festung Darum, genau südlich von Gaza, und kämpfte gegen eine von König Amalrich hastig zusammengestellte Entsatztruppe, bevor er zur Küste des Roten Meeres weitermarschierte, um die Hafenstadt Akaba zu besetzen. Bei diesem Feldzug kämpfte Saladin zwar unter anderem gegen die Christen, doch sein vorrangiges Interesse galt wohl doch eher der sicheren Landverbindung zwischen der Nilregion und Damaskus, und es wäre wahrscheinlich falsch, in dieser Unternehmung einen ersten Vorschein seines Engagements für den »heiligen Krieg« zu sehen.

Heerführer oder Herrscher

Als sich Saladins Stellung in Ägypten zunehmend stabilisierte, wurde der Widerspruch zu seiner mangelnden Selbstständigkeit immer deutlicher. Er war ein Feldherr der Sunniten, dessen Macht und Reichtum ständig im Wachsen begriffen war, doch nach wie vor stand er nur in der zweiten Reihe hinter einem schiitischen Kalifen und zudem im Dienst Nur ad-Dins. Bislang war er mit seiner Zurückhaltung gut beraten gewesen, doch im Spätsommer 1171, als er sich seiner Machtposition in Kairo sicher sein konnte, war er bereit, die Fatimiden zu verdrängen. Nach wie vor ging er jedoch mit deutlicher Zurückhaltung vor; von den in der ägyptischen Politik üblichen Verirrungen wie etwa einem blutigen Staatsstreich oder Massakern im großen Maßstab sah er ab. Sein Vorgehen wurde teilweise durch den betrüblichen Gesundheitszustand des jungen Kalifen begünstigt. Ende August wurde dieser – noch kaum zwanzigjährig – schwer krank, und es dauerte nicht lang, bis er an der Schwelle des Todes stand.[9]

Am Freitag, dem 10. September 1171, unternahm Saladin seinen ersten vorsichtigen Schritt in Richtung Autonomie. Seit Jahrhunderten wurde während des Freitagsgebets in sämtlichen Moscheen Ägyptens der Name des schiitischen Kalifen genannt, vorgetragen in ehrfürchtiger Anerkennung der Autorität der Fatimiden. An diesem Tag nun wurde in Fustat al-Adids Name durch den des sunnitischen Abbasiden-Kalifen von Bagdad ersetzt. Saladin prüfte sozusagen die Wassertemperatur, ob ein solcher Schritt zu einer offenen Rebellion führen würde, bevor er in Kairo selbst seine Karten aufdeckte – und es geschah nichts. Am nächsten Tag ritt er an der Spitze einer imposanten Militärparade durch die Hauptstadt, und seine gesamte Streitmacht zog durch die Straßen. Sein Sekretär al-Fadil bemerkte dazu, dass »kein König des Islam jemals ein Heer besaß, das diesem gleichkam«. Für seine ägyptischen Untertanen sowie für die lateinischen und griechischen Repräsentanten, die sich damals zufällig in Kairo aufhielten, war die Botschaft unmissverständlich: Saladin war jetzt der Herrscher Ägyptens. Als al-Adid auf dem Sterbebett davon erfuhr, ließ er Saladin, der ja immerhin nominell noch sein Wesir war, inständig bitten, an sein Krankenbett zu kommen; er hoffte, Saladin überreden zu können, seine Familie zu verschonen. Saladin, der eine Verschwörung befürchtete, weigerte sich – es hieß immerhin, er habe diese hartherzige Entscheidung später bereut –, und am 13. September starb der Kalif. Saladin nahm demonstrativ an den Bestattungsfeierlichkeiten teil und unternahm nichts, um die Nachkommen des Kalifen zu eliminieren. Stattdessen erhielten sie innerhalb des Kalifenpalasts Wohnung und wurden versorgt, doch um ihre Linie aussterben zu lassen, wurde ihnen verboten, Kinder zu zeugen. Die Konsequenzen dieses Staatsstreichs waren, obwohl er sich nicht auf einen Schlag, sondern schrittweise vollzogen hatte, nichtsdestoweniger dramatisch. Die Tage der Fatimiden waren vorüber; das religiöse und politische Schisma, das Ägypten seit dem 10. Jahrhundert vom Rest des muslimischen Vorderen Orients getrennt hatte, löste sich auf, und zurück blieb Saladin als Lichtgestalt der sunnitischen Orthodoxie.

Bedenkt man den fast legendären Ruf, der vom Reichtum des Kalifen ausgegangen war, so hätte eine der unmittelbarsten positiven Auswirkungen von al-Adids Tod für Saladin ein massiver Zuwachs an Bargeld sein müssen. Als Saladin jedoch den Fatimiden-Palast bezog, fand er nur einen erstaunlich kleinen Vorrat an Geldmitteln; ein großer Teil der Rücklagen musste für die enormen Tributzahlungen des verblichenen Wesirs Shawar an Jerusalem und Damaskus ausgegeben worden sein sowie für Saladins Kampf um Damiette im Jahr 1169. Die Schätze, die er entdeckte – ein »Berg« Rubine, ein riesiger Smaragd und eine Auswahl an großen Perlen –, wurden schnell verkauft.

Die Aufhebung des Fatimiden-Kalifats durch Saladin und die Unterwerfung Ägyptens im Jahr 1171 waren, zumindest äußerlich, keine rein persönlichen Siege; sie bedeuteten auch einen Triumph für Nur ad-Din, Saladins Dienstherrn, dessen Reich sich nun tatsächlich von Ägypten bis Syrien und darüber hinaus erstreckte. Beide Männer erhielten in jenem Herbst mit Sicherheit formidable Zeremonialgewänder für ihren Sieg vom Kalifen von Bagdad. Hinter der Fassade der Erfolgsgeschichte von der sunnitischen Einheit jedoch machten sich erste Spannungen zwischen dem Herrscher und seinem immer mächtiger werdenden Heerführer bemerkbar. Nachdem Aleppo, Damaskus und Kairo vereinigt und das fränkische Königreich Jerusalem von ihnen eingekreist war, dürfte Nur ad-Din wohl erwartet haben, dass er einen Anspruch auf die Reichtümer und Ressourcen der Nilregion, aber auch auf Saladins militärische Unterstützung hatte, um einen großen Angriff auf Palästina zu unternehmen. Nach dem Herbst 1171 jedoch begann Saladin, der neue Herr über Ägypten, als souveräner Herrscher eigenen Rechts zu handeln. Seit den Tagen von Schirkuhs Vorstößen war das Engagement der Ajjubiden in dieser Region nie frei von Eigennutz gewesen, und die Eroberung Ägyptens hatte letztlich vor allem etwas mit Saladins persönlichen Stärken zu tun: seiner präzisen politischen und militärischen Vision; seiner Geduld, Klugheit und Grausamkeit. Nun konnte er mit Recht beanspruchen, nicht länger Nur ad-Dins Untergebener, sondern dessen gleichrangiger Verbündeter zu sein.

Ein offener Konflikt wurde teilweise dadurch vermieden, dass Nur ad-Din mit ganz anderen Problemen in seinem Reich beschäftigt war. Syrien und Palästina wurden unmittelbar nach 1170 wieder von einigen verheerenden Erdbeben erschüttert, und es musste viel Geld in ausgedehnte Wiederaufbaumaßnahmen gesteckt werden. Im Irak musste Nur ad-Din sich nach dem Tod seines Bruders sowie dem anschließenden Ableben des Abbasiden-Kalifen wieder einmal mit den Angelegenheiten Mesopotamiens befassen, während sich auf der Arabischen Halbinsel und in Anatolien gleichzeitig neue Möglichkeiten zu territorialer Expansion eröffneten, die seine Aufmerksamkeit erforderten. Dann führte im Jahr 1172 ein Streit mit den Franken um die Handelsrechte entlang der Küste Syriens zu mehreren Strafexpeditionen gegen Antiochia und die Grafschaft Tripolis.

Trotz dieser Umstände ersuchte Nur ad-Din Saladin an einem entscheidenden Konfliktherd um Hilfe: in Transjordanien, dem Wüstengebiet östlich des Jordan, das sich in der Hand der Lateiner befand. Dieses Gebiet war von einigem Wert: Im frühen 12. Jahrhundert hatten es die Lateiner durch den Bau der fränkischen Festungen Montreal und Kerak eingenommen, womit sie zumindest in einem gewissen Ausmaß die wichtigste Landverbindung von Damaskus entweder nach Ägypten oder nach Mekka und Medina, die heiligen Städte auf der Arabischen Halbinsel, kontrollierten. Saladin wurde – von einigen mittelalterlichen Chronisten wie auch von manchen modernen Historikerinnen und Historikern – vorgeworfen, er habe sich in den frühen 1170er-Jahren einer Mitwirkung an zwei Versuchen, dieses Grenzgebiet zu erobern, entzogen. Dieser »Verrat« soll angeblich beweisen, dass Saladins eigentliches Motiv egoistischer Natur gewesen sei und dass es ihm gerade nicht um die übergreifenden Interessen des Islam ging. Aber trifft es überhaupt zu, dass er sich von Nur ad-Din abwandte und damit die Gelegenheit vertat, einen Sieg im Krieg um das Heilige Land zu erringen?

Ende September 1171, kurz nach dem Untergang des Fatimiden-Kalifats, marschierte Saladin in Transjordanien ein, offenkundig mit der Absicht, zusammen mit Nur ad-Din militärisch aktiv zu werden. Letzterer brach von Damaskus in Richtung Süden auf, und Saladin begann mit der Belagerung von Montreal, doch nach kurzer Zeit beschloss er plötzlich, sich nach Ägypten zurückzuziehen, und das Zusammentreffen der beiden muslimischen Heere fand nicht statt. Ibn al-Athir, der Chronist aus Mosul, ein Fürsprecher der zangidischen Dynastie Nur ad-Dins, interpretierte diese Ereignisse als den Augenblick der definitiven Trennung Saladins von seinem Herrn: Er schreibt, eine »tiefe Kluft« habe sich zwischen ihnen aufgetan. Seiner Darstellung zufolge wurde Saladin erst vor Montreal von seinen Beratern über die tatsächlichen strategischen und politischen Folgen der Eroberung Transjordaniens aufgeklärt. Man habe ihn darauf hingewiesen, eine sichere Straße von Damaskus nach Ägypten werde dazu führen, dass Nur ad-Din auf die Nilregion ausgreifen würde, und Saladin sei gewarnt worden: »Wenn Nur ad-Din Euch hier antrifft, werdet Ihr ihm begegnen müssen, und dann wird er ganz nach Gutdünken seine Autorität über Euch geltend machen.« Daraufhin habe Saladin die Flucht ergriffen.

Problematisch an der Darstellung Ibn al-Athirs ist, dass Saladin als naiver Befehlshaber geschildert wird, dem jeglicher Weitblick abging. Aber seine durchschlagenden Erfolge in Ägypten zeigen klar, dass er durchaus nicht naiv, sondern vorausschauend und scharfsinnig zu handeln pflegte. Er hätte mit Sicherheit von vornherein die weiterreichenden Folgen des Transjordanien-Feldzugs erkannt, schon lange bevor er tatsächlich vor Montreal eintraf. Leider schaffen die anderen uns vorliegenden Quellen kaum zusätzliche Klarheit über die Ereignisse: In einem Bericht wird vermerkt, Saladin habe seinen Rückzug mit dem Hinweis erklärt, dass in Ägypten ein Aufstand drohe; ein anderer zeitgenössischer arabischer Autor gibt nur an, es sei »etwas passiert«, das seinen überstürzten Aufbruch nach Kairo erzwang.

Ibn al-Athir beschuldigt Saladin, noch eine weitere gemeinsame Operation mit den Zangiden sabotiert zu haben, bevor Nur ad-Din eintreffen konnte, diesmal gegen Kerak im Frühsommer 1173. Saladin belagerte zwar damals diese Festung, doch wahrscheinlich agierte er unabhängig von Damaskus, denn Nur ad-Din hatte sich um Konflikte in Nordsyrien zu kümmern und war gar nicht in der Lage, Truppen nach Transjordanien zu führen.[10]

Die Beweislage gegen Saladin für die Phase zwischen 1171 und 1173 ist also insgesamt uneindeutig. Man kann nicht kategorisch behaupten, er habe Nur ad-Din verraten, auch war er nicht als Einziger schuld daran, dass der Dschihad nicht erfolgreicher war. Öffentlich bekräftigte Saladin jedenfalls nach dem Ende der Herrschaft der Fatimiden im Jahr 1171 seine ungeschmälerte Ergebenheit gegenüber der zangidischen Dynastie – Nur ad-Din wurde in das Freitagsgebet eingeschlossen, und auf ägyptischen Münzen erschien sein Name neben dem des Abbasiden-Kalifen.

Tatsächlich hatten etwaige Feindseligkeiten zwischen Damaskus und Kairo in den frühen 1170er-Jahren nicht unbedingt etwas mit gemeinsamen militärischen Aktionen zu tun, sondern es ging schlicht um Geld. Nur ad-Din wollte vor allem die Reichtümer Ägyptens anzapfen und forderte einen jährlichen Tribut von der Region. Zu diesem Zweck entsandte er einen Beamten aus Damaskus, der Ende 1173 die ägyptischen Einkünfte erfassen sollte. Als die finanziellen Nachforschungen in Ägypten in den ersten Monaten des Jahres 1174 ausgeweitet wurden, nahmen auch die Spannungen zu. Nur ad-Din wie auch Saladin stellten Truppen auf, wobei nicht mehr genau auszumachen ist, ob sie dies tatsächlich als Vorbereitung auf eine direkte Konfrontation taten oder ob es um einen erneuten Versuch ging, gemeinsam zu kämpfen. Sehr wahrscheinlich wollten beide, bevor sie sich auf intensivere diplomatische Streitigkeiten einließen, im Vorfeld ihre Stärke demonstrieren, aber sie wussten sehr wohl, dass sich daraus ein offener Konflikt ergeben konnte. Es lag eindeutig Zwietracht in der Luft, wie sogar Saladin selbst später gegenüber seinem Biografen zugab: »Wir hatten gehört, dass Nur ad-Din uns womöglich in Ägypten angreifen wollte. Mehrere unserer Vertrauten rieten uns, ihm offen Widerstand zu leisten und uns seiner Autorität nicht zu beugen; man solle gegen sein Heer in der Schlacht antreten und es zurücktreiben, wenn er seine feindselige Haltung beibehielt.« Dann fügte er offenbar noch, etwas weniger überzeugend, hinzu: »Ich allein war nicht dieser Meinung und bestand darauf, dass es nicht richtig war, so etwas zu äußern.«[11]

Das Schicksal griff ein und verhinderte, was sich womöglich zu einem verheerenden sunnitischen Bürgerkrieg ausgeweitet hätte. Noch während Nur ad-Din auf den Bericht seines Finanzprüfers aus Kairo wartete, wurde er im späten Frühjahr 1174 krank. Bei einem Polospiel vor den Toren von Damaskus am 6. Mai erlitt er eine Art Hustenanfall, und als er in die Zitadelle zurückkehrte, ging es ihm schon sehr schlecht. Er litt möglicherweise unter einer Art Angina, und zunächst weigerte er sich hartnäckig, Ärzte zurate zu ziehen. Als al-Rahbi, sein Hofarzt, eintraf, kauerte Nur ad-Din in einem kleinen Gebetsraum, tief im Innern der Zitadelle, er war »dem Tod nahe [...], seine Stimme war kaum mehr zu vernehmen«. Als man vorschlug, ihn zur Ader zu lassen, weigerte er sich rundweg und sagte: »Einen Mann von 60 Jahren lässt man nicht mehr zur Ader«, und keiner wagte es, dem großen Herrscher zu widersprechen.

Am 15. Mai 1174 starb Nur ad-Din und wurde später in einer der theologischen Schulen beigesetzt, die er in Damaskus hatte bauen lassen. Sogar von seinen Feinden, den Franken, wurde Nur ad-Din als »mächtiger Verfolger des christlichen Namens und Glaubens« geachtet: »ein gerechter, tapferer Fürst«. Er war der erste muslimische Herrscher, dem es seit dem Beginn der Kreuzzüge gelungen war, Aleppo und Damaskus zu vereinen. Seine Vision und seine im Lauf der Zeit zunehmende Frömmigkeit hatten in der Welt der Sunniten eine Periode religiöser Erneuerung eingeleitet, sie hatten die Idee des Dschihad gegen die Feinde des Islam als zentrale, verpflichtende Vorstellung wiederbelebt. Dennoch waren die Franken bei seinem Tod unbesiegt, und die Heilige Stadt Jerusalem befand sich noch immer in der Hand der Christen.[12]

10

Erbe oder Usurpator

Nur ad-Dins Tod im Mai 1174 scheint Saladin die ideale Gelegenheit geboten zu haben, aus dem alles beherrschenden Schatten der syrischen Zangiden herauszutreten, nicht länger nur Heerführer im Dienst eines anderen Herrn, sondern selbst Herrscher zu werden, sein Recht auf eigenständige Herrschaft durchzusetzen und die Rolle des führenden Kämpfers im »heiligen Krieg« gegen die Franken zu übernehmen. Zu schnell bietet es sich an, die Geschichte des Islam im Vorderen Orient während des 12. Jahrhunderts als eine Zeit linearen Fortschritts zu interpretieren, in der eine ständig anschwellende Woge der Begeisterung für den Dschihad, angefangen bei Zangi über Nur ad-Din bis schließlich zu Saladin, zunehmend an Durchschlagskraft gewann und die Fackel der Führerschaft mit nahezu zwingender Logik von einem muslimischen »Helden« an den nächsten weitergereicht worden wäre. So sah jedenfalls das von einigen islamischen Zeitgenossen entworfene und engagiert vertretene Bild aus.

Die entscheidende Schwachstelle an diesem zugegeben verlockenden Konstrukt ist die Tatsache, dass Saladin im Jahr 1174 nicht als Nachfolger Nur ad-Dins ausgerufen wurde. Nur ad-Din hinterließ vielmehr einen elfjährigen Sohn, al-Salih, der, wie er hoffte, einst die Macht übernehmen sollte. Außerdem gab es noch einige andere Blutsverwandte, die womöglich ein Interesse an einer Fortsetzung des zangidischen Aufstiegs im Orient anmelden würden. Nach Lage der Dinge bestand also im Jahr 1174 für Saladin keine Möglichkeit des Aufstiegs, die von selbst auf ihn zukam. Er musste sich vielmehr entscheiden: War ihm seine Herrschaft über die Nilregion wichtiger, und wollte er dort ein überwiegend selbstständiges ägyptisches Reich schaffen; oder war ihm eher daran gelegen, Nur ad-Dins Vorbild nachzueifern, es gar zu übertreffen und oberster Führer der Muslime in der Levante zu werden?

Ein Held für den Islam

Saladin schlug mit einzigartiger Kraft und Hingabe den zweiten Weg ein. Die entscheidende Frage lautet nun, ähnlich wie bei Nur ad-Din: Warum tat er das? Ging es ihm um Macht, wollte er ein von ihm allein beherrschtes, panlevantinisches islamisches Reich aufbauen, um seinen persönlichen, selbstsüchtigen Ehrgeiz zu befriedigen? Oder trieb ihn ein höheres Ziel an, strebte er die muslimische Einheit an, um erfolgreich den Dschihad gegen die christlichen Franken führen zu können? Wir müssen versuchen, Saladins Motive, seine Geisteshaltung wenigstens ansatzweise zu verstehen, nicht zuletzt, weil er als historische Gestalt, vor allem innerhalb der islamischen Kultur, so große Bedeutung hat. In der Moderne galt Saladin als der bedeutendste Vertreter der Muslime in der Epoche der Kreuzzüge; eine außerordentlich mächtige Lichtgestalt der islamischen Vergangenheit, in der viele einen verehrungswürdigen Helden sahen. Die Aufgabe, von diesem Idol die Schichten von Legende, Propaganda und Voreingenommenheit abzutragen, um zum tatsächlichen Kern dieser Figur vorzustoßen, ist in diesem Fall also besonders schwierig und erfordert gewissenhafte Recherche.

Für das Leben Saladins liegen uns relativ viele, allerdings nicht unproblematische zeitgenössische Quellen vor. Einige muslimische Augenzeugen beschrieben seine bemerkenswerten Leistungen, darunter zwei seiner wichtigsten Helfer – der Sekretär Imad ed-Din al-Isfahani (seine Schriften stammen aus dem Jahr 1174) und sein Berater Baha ad-Din Ibn Shaddad (der im Jahr 1188 schrieb) –; beide allerdings bieten Biografien ihres Herrn, die im Nachhinein das Geschehene stark idealisieren. Ihre Werke beruhen auf der Überzeugung, dass Saladin aus echter Frömmigkeit und dem Drang heraus handelte, dem Islam zu dienen und die Franken zu bekämpfen. Baha ad-Din zufolge vertiefte sich Saladins Frömmigkeit, nachdem er im Jahr 1169 in Ägypten an die Macht gekommen war: er »verzichtete auf den Genuss von Wein und kehrte sich von jeglicher Form von Leichtlebigkeit ab«, und ab diesem Zeitpunkt war sein Glaube geprägt von »Leidenschaft, Beständigkeit und Eifer«. An allererster Stelle stand für ihn sein Engagement für den »heiligen Krieg«:

> Saladin setzte sich mit großem Eifer und Nachdruck für den Dschihad ein. Würde jemand schwören, dass er, seit er sich dem Dschihad verschrieben hatte, nicht einen einzigen Dinar oder Dirham für irgendetwas anderes als den Dschihad oder dessen Förderung ausgegeben hätte, dann würde, der das behauptet, die Wahrheit sagen und darauf einen Eid ablegen können. Der Dschihad und die leidenschaftliche Liebe zu ihm hatten Saladins Herz und sein ganzes Wesen so vollständig ergriffen, dass er von nichts anderem mehr sprach und an nichts anderes mehr dachte, als ihm nachzugehen.

Diese außerordentlich positive Beschreibung wird durch andere Zeugnisse ein wenig relativiert. Der irakische Chronist Ibn al-Athir, Anhänger der rivalisierenden Dynastie der Zangiden, bot eine nüchternere Darstellung der Persönlichkeit Saladins. Außerdem liegen Handschriften mit Kopien der öffentlichen und privaten Korrespondenz Saladins vor, die von seinem Schreiber und Vertrauten al-Fadil hergestellt wurden. Dieses hochbedeutsame (dabei noch kaum erforschte) Corpus bietet wertvolle Einblicke in die Mentalität Saladins, in die Art, wie er sich propagandistischer Mittel bediente, und in sein Interesse an der öffentlichen Meinung über seine Person.[1]

Auch sämtliche Urteile zu Saladins Charakter und Laufbahn müssen in ihrem jeweiligen Kontext betrachtet werden. Als mittelalterlicher Herrscher lebte und handelte er in einem von Gewalt geprägten politischen Umfeld voller Niedertracht und Bosheit – um hier zu überleben und weiterzukommen, verbot es sich für ihn geradezu, ständig nur aus reiner Hochherzigkeit, Ehrbarkeit, Gerechtigkeit und Milde zu handeln. Letztlich verfügten – wenn überhaupt – nur ganz wenige große historische Herrschergestalten über solche Qualitäten, ungeachtet der Epoche, in der sie jeweils lebten.

Allerdings steht auch eindeutig fest, dass Saladin nicht einfach nur ein blutrünstiger Tyrann war. Als er nach der Macht der Erben Nur ad-Dins griff, hätte er Zangis Beispiel folgen und sich ausschließlich auf die Verbreitung von Furcht und Schrecken stützen können, um an die Macht zu kommen und sie zu behalten. Er dagegen ging mit Methoden vor, die sich eher an seinem vormaligen Dienstherrn Nur ad-Din orientierten – man könnte ihn zumindest in dieser Hinsicht geradezu als den wahren Nachfolger Nur ad-Dins bezeichnen. Saladins Aufgabe im Jahr 1174 bestand praktisch darin, die Leistungen der Zangiden, allerdings in umgekehrter Reihenfolge, zu wiederholen: Es ging um die Herrschaft in Damaskus, Aleppo und Mosul. Zu diesem Zweck bediente er sich einer vorsichtigen Mischung aus militärischer Machtausübung und geschickter politischer Manipulation. Und durchgehend legte er großen Wert darauf, den Eindruck zu erwecken, dass es ihm um eine legitime und gerechte Sache ging. Eine solche positive Anerkennung brauchte Saladin wegen seiner sozialen und ethnischen Herkunft umso dringender. Was für die zangidischen Türken gegolten hatte, traf auf die Ajjubiden als kurdische Söldner und Kriegsherren in erhöhtem Maß zu: Es lag nur allzu nahe, sie im gesamten Orient, der schon immer von arabischen und persischen Eliten dominiert wurde, als Emporkömmlinge und Randfiguren abzutun.

In den 1170er-Jahren und darüber hinaus wollte Saladin seinen Aufstieg zu Macht und Ruhm dadurch legitimieren, dass er seine Rolle einerseits als Verteidiger des Islam und der sunnitischen Rechtgläubigkeit, andererseits als angeblicher Diener des Abbasiden-Kalifen in Bagdad herausstrich. Außerdem benutzte er die Idee des Dschihad, um zu begründen, warum es so notwendig war, die islamische Einheit unter einem einzigen Herrscher zu stiften. Genau wie einst Papst Urban II. sich die Macht zunutze gemacht hatte, die von der Vorstellung eines allgemein gefürchteten, bedrohlichen muslimischen Feindes ausging, um das Abendland zu einem ersten Kreuzzug zu vereinen, so war auch Saladin nur allzu bereit, die levantinischen Franken als bedrohliche und einzigartige Feinde darzustellen.

Gleichzeitig war er offensichtlich bestrebt, seine eigene Hausmacht auszubauen und die Grundlage für eine stabile Dynastie zu schaffen. Nach 1170 ließ er sich »Sultan« (König oder Herrscher) nennen, ein Titel, der autonome Regierungsgewalt ausdrückt. Außerdem ließ er sich die Zeugung einer neuen Generation potenzieller Erben angelegen sein. Über die zahlreichen Frauen und Sklavenmädchen, die seine Kinder empfingen, wissen wir nur wenig, doch bereits 1174, als Saladin 36 Jahre alt war, hatte er fünf Söhne; der älteste, al-Afdal, wurde 1170 geboren.

Der Nachfolger Nur ad-Dins

Im Sommer 1174 und in der Zeit danach war Saladin nicht der Einzige, der das Machtvakuum füllen wollte, das der Tod Nur ad-Dins im Vorderen Orient hinterlassen hatte. Mitglieder des Hofes und seines weiteren Familienumkreises, der Zangiden-Dynastie, versuchten entweder, sich auf eigene Füße zu stellen, oder sie erhoben direkten Anspruch auf die Nachfolge Nur ad-Dins. Es dauerte nur wenige Monate, bis das Reich der Zangiden, das über 28 Jahre hinweg so geduldig errichtet worden war, fast bis zur Unkenntlichkeit aufbrach und eine verwirrende Vielfalt von Protagonisten auf der politischen Bühne auftreten ließ.

Im Osten, in Mesopotamien, waren zwei Neffen Nur ad-Dins an der Macht: Saif ad-Din in Mosul und Imad ad-Din Zangi im nahe gelegenen Sindschar. Zwischen ihnen erhob sich nun ein Streit um die Herrschaft über das Gebiet westlich in Richtung Euphrat. In Syrien wurde Nur ad-Dins kleiner Sohn al-Salih zum politischen Pfand, indem sich diverse Gruppierungen als seine »Beschützer« aufspielten. Der Junge verschwand irgendwann, um dann in Aleppo wiederaufzutauchen, wo der Eunuch Gumushtegin sich nach blutigen Intrigen als beherrschende Kraft durchgesetzt hatte. Gleichzeitig griff in Damaskus eine Gruppe von Emiren, angeführt von dem Militärhauptmann Ibn al-Muqaddam, nach der Macht. Selbstverständlich erkannten in jenem Sommer auch die Lateiner einen ganz neuen Handlungsspielraum. Das vorrangige Ziel Amalrichs war die Rückgewinnung der Grenzsiedlung Banyas, die er ein Jahrzehnt zuvor an Damaskus verloren hatte. Zwei Wochen lang belagerte er die Stadt, doch eine plötzliche Krankheit machte es ihm unmöglich, seinen Vorteil zu nutzen, und er ließ sich gegen Zahlung von Bargeld und die Freilassung einiger christlicher Gefangener auf einen Waffenstillstand mit Ibn al-Muqaddam ein.

Diese Welle hektischer Aktivitäten erfasste ganz Syrien, während Saladin in Ägypten den richtigen Augenblick abwartete. Im Sommer griff eine sizilische Flotte Alexandria an, und in Oberägypten versuchten einige fatimidische Emire, einen Aufstand anzuzetteln. Mit diesen Bedrohungen wurde Saladin schnell fertig, doch nach wie vor ging er das Problem der Nachfolge im Reich Nur ad-Dins mit großer Zurückhaltung an. Er war sich offenbar bewusst, dass man ihm nur allzu leicht vorwerfen konnte, in

Despotenmanier nach der Macht gegriffen zu haben, daher verzichtete er auf die groben Werkzeuge von Invasion und gewaltsamer Unterdrückung und ging stattdessen mit diplomatischer List und gezielter Propaganda vor. Als Erstes schrieb er an al-Salih und versicherte ihn seiner Loyalität: Er erklärte, der Name des jungen Herrschers sei beim Freitagsgebet in Ägypten ordnungsgemäß an die Stelle des Namens von Nur ad-Din gerückt, und er, Saladin, sei als »Diener« bereit und willens, al-Salih gegen alle Rivalen zu verteidigen. In einem anderen Brief verkündete der Sultan, er werde »als Schwert gegen [al-Salihs] Feinde« kämpfen, und er wies gleichzeitig darauf hin, dass Syrien »von allen Seiten« von Feinden wie den Franken umgeben sei, gegen die es zu streiten gelte.

Diese beiden Dokumente belegen, dass Saladin schon wenige Wochen nach Nur ad-Dins Tod mit dem Programm an die Öffentlichkeit trat, unter dem sein Handeln für den größten Teil der 1170er-Jahre stehen sollte. In den nun folgenden Jahren sollte er sich mit nahezu unerschütterlicher Beharrlichkeit darum bemühen, seine persönliche Autorität über die Reste von Nur ad-Dins Reich immer weiter auszudehnen. Doch blieb dieser zunehmend festere Griff nach der Macht grundsätzlich hinter dem Schleier der Proklamation zweier paralleler Prinzipien verborgen: Saladin versicherte, er sei zum einen als ausgesuchter Beschützer al-Salihs ebenso unermüdlich wie uneigennützig nur am Machterhalt der Zangiden interessiert; und zum andern sei sein Einsatz für die Einheit des Glaubens von überragender Bedeutung, gerade weil die muslimische Welt in einen historischen Kampf gegen einen unerbittlichen christlichen Feind verwickelt sei, in dessen Händen sich nach wie vor die Heilige Stadt Jerusalem befinde.[2]

Natürlich gab es unter den Feinden des Sultans viele, die nur allzu genau begriffen, dass Saladin in Wahrheit am Aufbau seines eigenen Reiches arbeitete, auch wenn dies im Interesse des Dschihad geschah; und häufig waren sie auch bereit, ihre Ängste und Anschuldigungen öffentlich zu äußern. Wenn das geschah, verlegte sich Saladin auf eine Politik der Erzeugung von Angst, um seiner geheimen Strategie Nachdruck zu verleihen. Wenn die Ereignisse in Syrien sich harmonisch entwickelten, dann würde der Sultan keinen Grund haben einzugreifen – und so kam es, dass Saladin im Jahr 1174 ironischerweise hoffen musste, seine Rivalen würden al-Salihs Interessen zuwiderhandeln und die Franken einen Angriff wagen.

Die Besetzung von Damaskus

Saladins Operationsbasis befand sich in Ägypten, infolgedessen musste sein erstes Ziel, wenn er den Herrschaftsbereich Nur ad-Dins unter seiner eigenen Regentschaft versammeln wollte, Damaskus sein. Der Sultan erinnerte also an Ibn al-Muqaddams Entscheidung, sich bei Banyas aus der Belagerung durch die Christen freizukaufen, und warf dem Hof von Damaskus Schwäche vor. Aus dieser Schwäche im »heiligen Krieg« konstruierte Saladin einen ausreichenden Grund, sich in die Angelegenheiten Syriens einzumischen. Der frühere Sekretär Nur ad-Dins, der persische Schreiber und Gelehrte Imad ed-Din al-Isfahani, hielt den Briefwechsel fest, der sich daran anschloss. Ibn al-Muqaddam tadelte Saladin und schrieb an ihn: »Es kann ja wohl nicht sein, dass Ihr nach dem Haus dessen trachtet, dem Ihr alles verdankt, denn das stünde Eurem guten Charakter nicht wohl an.« Der Sultan antwortete mit einer nachdrücklichen Beteuerung seiner guten Absichten:

> Wir wählen für den Islam und für das Volk des Islam nur das, was ihre Einheit fördert, und für das Haus [der Zangiden] nur das, was seine Wurzeln und seine Zweige schützt. [...] Ich befinde mich im einen Tal; die, die Schlechtes von mir denken, sind in einem anderen Tal. [...] Hätten wir uns für einen wie auch immer gearteten anderen Pfad entschieden, dann hätten wir nicht das Mittel der Beratung und des Schreibens gewählt.

So lautete die Botschaft, die Saladin gern in ganz Syrien verbreitet sehen wollte, doch so pathetisch seine Worte auch klangen, war es doch unwahrscheinlich, dass sie für sich genommen die Politik entscheidend zu beeinflussen vermochten. Viel eher war es wohl die Angst vor einem Bündnis zwischen Mosul und Aleppo, die Ibn al-Muqaddam Ende des Sommers 1174 bewog, für Saladin Partei zu ergreifen und ihn zu bitten, Damaskus zu Hilfe zu kommen. Das war genau die Gelegenheit, auf die der Sultan gehofft und gewartet hatte. Er übergab die Regierungsgeschäfte in Ägypten an seinen Bruder al-Adil und marschierte im Oktober 1174 nach Syrien, ausgestattet mit zwei entscheidenden Waffen: einem Heer, mit dem er jedes Widerstandsnest ausheben konnte, und zudem, vielleicht noch wichtiger, mehreren Zehntausend Golddinaren, mit denen er sich Unterstützung zu kaufen gedachte. Sein Einzug in die alte Stadt am 28. Oktober gestaltete sich friedlich.

Einer der zeitgenössischen Biografen Saladins beschrieb jenen Tag, wobei es ihm besonders darauf ankam, die persönliche Beziehung des Sultans zu Damaskus, der Stadt seiner Jugend, herauszustreichen: »Er begab sich direkt zu seinem Haus, und um ihn sammelte sich die jubelnde Menge.« Auch auf seine verschwenderische Freigebigkeit wurde hingewiesen: »An jenem Tag verteilte er riesige Mengen Geld an die Leute, und er zeigte sich froh und zufrieden mit den Damaszenern, ebenso wie diese mit ihm. Er begab sich in die Zitadelle, und seine Macht wurde fest begründet.« Um die Rechtgläubigkeit und Seelengröße seiner Regentschaft zu demonstrieren, begab sich Saladin zum Gebet in die große Omaijaden-Moschee; er veranlasste, dass Steuern, die nicht im Koran begründet waren, abgeschafft wurden, und untersagte Plünderungen. Später rechtfertigte er die Besetzung der Stadt als einen Schritt auf dem Weg zur Rückeroberung Jerusalems: »Sich nicht im heiligen Krieg zu engagieren ist ein Verbrechen, das nicht vergeben werden kann.« Dennoch gab es viele, die sich von Saladins markigen Worten nicht täuschen ließen – so solidarisierte sich etwa Jurdik, sein früherer Verbündeter in Ägypten, mit Aleppo. Sogar die Franken in Palästina wurden auf den sich abzeichnenden Machtkampf aufmerksam, und ein lateinischer Zeitgenosse schrieb, dass Saladins Besetzung von Damaskus »gegen die Treue verstieß, die er seinem Herrn und Meister [al-Salih] schuldete«.[3]

Dennoch schlossen sich Ende 1174 mehrere Potentaten Syriens Saladin an – wohl in der Annahme, dass sie mit ihm die größten Überlebenschancen hätten –, und der Sultan konnte mit einigen überwiegend unblutigen Militärkampagnen seine Macht in Richtung Norden ausdehnen: In Homs, Hama und Baalbek (wo Ibn al-Muqaddam für seine Unterstützung gebührend entlohnt wurde, indem er das Oberkommando erhielt) übernahm er die Macht. Wieder gab er sich alle Mühe, diese Eroberungen zu rechtfertigen. Nach der Einnahme von Homs schrieb er in einem öffentlichen Bericht nach Ägypten, dass »wir diese Aktion nicht unternommen haben, um für uns selbst ein Königreich zu erobern, sondern um die Fahne des heiligen Krieges zu hissen«. Seine Gegner in Syrien waren, so seine Begründung, »Feinde geworden, weil sie die Durchsetzung unserer Absichten bezüglich dieses

Krieges verhindern wollten«: Eigens wies er darauf hin, dass er bewusst die Beschädigung der Stadt Homs vermieden habe, »da ich wusste, wie nahe sie bei den Ungläubigen liegt«. Ein privaterer Brief allerdings, den er ungefähr zur selben Zeit an seinen Neffen Farrukh-Shah (einen aussichtsreichen Leutnant) schrieb, liefert eine weniger verbrämte Darstellung der Ereignisse. Darin kritisiert Saladin unverblümt den »kraftlosen Geist« der Bevölkerung von Homs, und er räumt ein, dass der »Schlüssel zu den Ländern« darin besteht, den eigenen guten Ruf eines gerechten, milden Herrschers zu kultivieren. Er ging sogar so weit, über seine Zukunftsperspektiven Scherze zu machen. Sein wichtigstes Ziel war nun Aleppo, dessen Name *(Halab)* im Arabischen auch »Milch« bedeutet. Saladin sagte die unmittelbar bevorstehenden Eroberung der Stadt voraus und fügte hinzu: »Wir brauchen nichts zu tun, als zu melken, und die Stadt wird uns gehören.«[4]

Aleppo unter Druck

Anfang 1175 war Saladin so mächtig, dass er Aleppo bedrohen konnte, doch trotz seiner siegessicheren Vorhersage leistete ihm die Stadt hartnäckigen Widerstand und brachte seine Ambitionen, ganz Syrien zu beherrschen, für lange Jahre ins Stocken. Aleppos hoch aufragende Zitadelle und seine starke Garnison machten jeden Versuch eines Belagerungsangriffs zu einer Frage der Geduld und erheblicher militärischer Ressourcen. Aber auch eine erfolgreiche Belagerung hätte womöglich einen langwierigen, blutigen Konflikt nach sich gezogen, war also nicht unbedingt eine Aktion, die sich in Saladins bevorzugtem Selbstbild als einem demütigen Wächter des Islam sonderlich vorteilhaft ausnehmen würde. Der Sultan hoffte wohl, dass seine Gegner ihm einen Anlass lieferten, die Stadt anzugreifen, vielleicht indem sie al-Salih misshandelten oder gar ermordeten, doch Gumushtegin war viel zu gerissen, um sich einen so offensichtlichen Schnitzer zu erlauben. Der junge Erbe der Zangiden, Spross der rechtmäßigen Dynastie, war lebendig, als Marionettenherrscher in Aleppo, entschieden wertvoller. Gumushtegin hatte den Jungen sogar veranlasst, eine anrührende, tränenreiche Rede vor der Stadtbevölkerung zu halten und sie um ihren Schutz vor der Tyrannei Saladins anzuflehen.

Was Saladins Lage noch erschwerte, war die Entscheidung der Herrscher von Aleppo und Mosul, ihre Streitigkeiten beizulegen, um sich gemeinsam gegen die drohende Flut ajjubidischer Herrschaft zu stemmen. Für die nun folgenden anderthalb Jahre blieb Saladin in Syrien, wo er mit mäßigem Erfolg einige begrenzte Belagerungsaktionen vor Aleppo und einigen Außensiedlungen der Stadt durchführte. Im April 1175 und dann ein Jahr später, im April 1176, stieß er mit den vereinten Streitkräften von Aleppo und Mosul in offener Schlacht zusammen und konnte bei beiden Gelegenheiten überzeugende Siege verbuchen. Diese beiden Konfrontationen vermehrten Saladins Ruhm als führender Feldherr des Islam und bewiesen die deutliche Überlegenheit seiner zunehmend erfahrenen Truppen aus Ägypten und Damaskus. In praktischer Hinsicht brachten sie jedoch keine greifbaren Erfolge. Nach Saladins Überzeugung konnte echte Herrschaft in Syrien nicht dadurch errungen werden, dass muslimisches Blut vergossen wurde; daher bemühte er sich, das Ausmaß der Kämpfe zwischen Muslimen so gering wie möglich zu halten; für seinen Sieg baute er mehr auf die Disziplin seiner Soldaten als auf martialische Grausamkeiten, und er setzte der Misshandlung von zurückweichenden Feinden, sobald sie das Schlachtfeld verlassen hatten, enge Grenzen. Seine Gegner erhielten somit die Möglichkeit, ihre Wunden zu lecken und sich neu aufzustellen.

Im Sommer 1176 scheint die Kombination von dosierter militärischer Aggression und unaufhörlicher Propaganda Wirkung gezeigt zu haben. Gumushtegin behielt – neben al-Salih – die Macht in Aleppo, und Saif ad-Din herrschte auch weiterhin in Mosul, doch wurden die Verbündeten schrittweise genötigt, einige Zugeständnisse zu machen: Im Mai 1175 bekam Saladin das Recht, über das von ihm besetzte syrische Territorium südlich von Aleppo zu herrschen; formal festgeschrieben wurde diese Abmachung durch eine Einsetzungsurkunde des Kalifen in Bagdad. Als im Juli 1176 der Friedensvertrag unterzeichnet wurde, war es Saladin klar, dass er nicht länger behaupten konnte, al-Salihs einziger Beschützer zu sein (obwohl er sich auch weiterhin als Diener der Zangiden bezeichnete); zu diesem Zeitpunkt hatte Aleppo, wenn auch in reichlich unpräzisen Formulierungen, zugesagt, Truppen für den »heiligen Krieg« zur Verfügung zu stellen.

Während dieser ganzen Zeit hatte Saladin mit gewissem Erfolg versucht, das Ansehen Gumushtegins und Saif ad-Dins dadurch zu untergraben, dass er ihnen wiederholt Verhandlungen mit den Lateinern vorwarf. Immer wieder schrieb er an den Kalifen und beklagte sich, diese

Verräter hätten mit den Christen Verträge abgeschlossen, die durch den Austausch von Gefangenen besiegelt wurden. Darin klang seine Verurteilung des unterwürfigen Waffenstillstands an, den Ibn al-Muqaddam im Jahr 1174 mit Jerusalem vereinbart hatte. Dem Sultan ging es darum, seine eigenen syrischen Feldzüge als Maßnahmen in einem aufrechten ideologischen Kampf um die Vereinigung des Islam gegen den bedrohlichen fränkischen Feind zu präsentieren. Das war allerdings nichts als rhetorische Spiegelfechterei, denn Saladin schloss in dieser Phase selbst ebenfalls zwei Waffenstillstandsverträge mit den Lateinern ab.[5]

Der Alte vom Berg

Saladins Versuche Mitte der 1170er-Jahre, Syrien zu unterwerfen, wurden durch Einmischung der Assassinen erschwert. Damals hatte der syrische Flügel dieses Geheimordens eine sichere Basis in den Ansariyah-Bergen und wuchs und gedieh unter der Leitung des herausragenden Irakers Raschid ad-Din Sinan, besser bekannt als der Alte vom Berg. Sinan gab bei den Assassinen in der zweiten Hälfte des 12. Jahrhunderts fast drei Jahrzehnte lang den Ton an und galt sowohl unter Muslimen als auch unter Christen allgemein als Mann von »außerordentlicher Intelligenz«. Sinan verlangte, so Wilhelm von Tyrus, von seinen Anhängern absolute Treue und vollkommenen Gehorsam: »Ihnen ist nichts zu widrig oder zu schwer, und bereitwillig unterziehen sie sich auf seinen Befehl hin sogar den gefährlichsten Aufgaben.«[6]

Im Rahmen der Auseinandersetzungen im Vorderen Orient stellten die Assassinen eine integrierte, unabhängige und nahezu unberechenbar operierende Streitmacht dar; ihre wichtigste Waffe – politische Attentate – erwies sich immer wieder als äußerst wirksam. Saladin geriet durch seinen Kampf um die Vorherrschaft in Syrien, vor allem durch seine Aktionen gegen Aleppo, ins Blickfeld der Assassinen. Zu Beginn des Jahres 1175 wurde er für Sinan zu einem Zielobjekt, wahrscheinlich war zumindest teilweise auch der Herrscher von Aleppo, Gumushtegin, an dieser Strategie beteiligt. Der Sultan hatte sein Lager außerhalb von Aleppo aufgeschlagen, und eine Gruppe von 13 mit Messern bewaffneten Assassinen schaffte es, bis ins Zentrum des Lagers vorzudringen und Saladin anzugreifen. Seine Leibwächter kamen ihm zu Hilfe; einen der Angreifer stachen sie nieder, als dieser sich schon auf den Sultan werfen wollte. So wurde der Anschlag zwar vereitelt, doch unter den Salahiyya gab es einige Opfer. Kurz darauf empfahl Saladin seinem Neffen Farrukh-Shah in einem Brief, jederzeit wachsam zu sein, und infolge des Anschlags wurde außerdem die Lage der Zelte Saladins innerhalb des Lagers entscheidend verändert: Sie wurden seitdem innerhalb einer befestigten, schwer bewachten Zone, isoliert vom Rest des Lagers, aufgeschlagen.

Trotz dieser Vorsichtsmaßnahmen gelang es den Assassinen, im Mai des Jahres 1176 erneut zuzuschlagen. Saladin hielt sich im Zelt eines seiner Emire auf, als er von vier Assassinen angegriffen wurde, die diesmal der erfolgreichen Durchführung ihres blutigen Auftrags gefährlich nahekamen. Im anfänglichen Chaos des Anschlags wurde der Sultan getroffen, und nur seine Rüstung verhinderte, dass er lebensgefährlich verwundet wurde. Wieder stürzten sich seine Männer auf die Attentäter und schlachteten sie bis auf den letzten Mann ab, doch Saladin war im Gesicht verwundet worden und hatte einen schweren Schock erlitten. Sämtliche Mitglieder seines Gefolges, die er nicht persönlich kannte, wurden anschließend entlassen.

Im August des Jahres 1176 beschloss Saladin, sich dieser unberechenbaren Bedrohung direkt zu stellen. Er begann mit einer Belagerung der großen Assassinen-Festung Masyaf, die er allerdings nach kaum einer Woche abbrach, um sich wieder nach Hama zurückzuziehen. Der Grund für den Rückzug des Sultans sowie die Details etwaiger Abkommen, die er mit Sinan abgeschlossen hat, bleiben im Dunkeln. Einige muslimische Quellen geben an, es habe die Drohung gegeben, ein Mitglied der Ajjubiden-Familie nach dem anderen umzubringen, woraufhin Saladin sich auf einen Nichtangriffspakt mit dem Alten vom Berge eingelassen habe. Eine noch grausigere Erklärung bietet ein Chronist aus Aleppo: Ein Abgesandter Sinans sei in das Lager des Sultans gekommen. Nachdem er nach Waffen abgesucht worden war, erhielt er die Erlaubnis, vor Saladin zu erscheinen; der Bote bestand jedoch darauf, ihn allein zu sprechen. Der Sultan ließ sich darauf ein – lediglich seine beiden fähigsten und vertrauenswürdigsten Leibwächter sollten bei ihm bleiben, Männer, die er als seine »eigenen Söhne« ansah.

> Der Bote wandte sich an die beiden Leibwächter und sagte: »Wenn ich Euch im Namen meines Meisters befehlen würde, diesen Sultan zu töten, würdet Ihr das dann tun?« Sie sagten, ja, das

> würden sie, und zogen ihr Schwert mit den Worten: »Befiehl uns, was du willst.« Saladin war bestürzt, und der Bote verließ ihn in Begleitung der beiden Leibwächter. Nach diesem Zwischenfall war Saladin bereit, mit [Sinan] Frieden zu schließen.[7]

Man mag bezweifeln, ob sich diese Geschichte wirklich so zugetragen hat – wenn die Assassinen tatsächlich über Männer verfügt hätten, die so nahe an Saladin herankamen, dann wäre es ihnen in den Jahren 1175 und 1176 mit Sicherheit gelungen, ihn umzubringen –, doch die Moral dieser Geschichte ist eindeutig: Es war völlig ausgeschlossen, sich auf Dauer vor den Assassinen zu schützen. Irgendwie brachten Saladin und Sinan offenbar im Jahr 1176 eine Abmachung zustande, denn der Sultan sah von da an von jeglichen Angriffen auf die Bergenklave der Assassinen ab, und es wurde kein weiterer Anschlag auf sein Leben mehr verübt.

Saladins ajjubidisches Reich

Im Spätsommer des Jahres 1176 beendete Saladin die Auseinandersetzung mit Aleppo, die sich über fast zwei Jahre hingezogen hatte. Es gelang ihm, einen Vertrag auszuhandeln, in dem seine Herrschaft über Damaskus und einen Großteil Syriens festgeschrieben wurde, und so hielt er bereitwillig an der Fiktion fest, im Dienst al-Salihs zu stehen. Nach wie vor erschien der Name des jungen Herrschers in Saladins Territorien auf Münzen und wurde beim Freitagsgebet genannt. Zur weiteren Festigung seiner Autorität heiratete der Sultan Ismat, die Witwe Nur ad-Dins und Tochter Unurs, des lang verstorbenen Buriden-Herrschers von Damaskus. Dies war zunächst und vor allem eine politische Verbindung, denn die Ehe mit ihr erlaubte es Saladin, sich mit den beiden historischen Herrscherdynastien der Stadt zu verbinden, doch scheint auch echte Freundschaft, vielleicht sogar Liebe das Paar verbunden zu haben.[8] Gleichzeitig ergriff der Sultan anderweitige Maßnahmen, mit denen er sich den Apparat der Zangiden-Regierung zu eigen machte. Er nahm Nur ad-Dins Sekretär, Imad ed-Din al-Isfahani, in seinen Dienst, der neben al-Fadil bald zu den engsten Vertrauten des Sultans gehörte.

Im September 1176 kehrte Saladin nach Ägypten zurück. Das verschaffte ihm nach den Gefahren und Konfrontationen der vergangenen Monate eine gewisse Ruhepause – er blieb im März 1177 mit seinem sechsjährigen Sohn al-Afdal drei Tage in Alexandria, um den Geschichten aus dem Leben des Propheten Mohammed zu lauschen –, doch spiegelt es auch die neue Ausrichtung seines Lebens wider. Er herrschte nun über ein Reich, das sich vom Nil bis zum syrischen Orontes erstreckte, und sah sich den praktischen Problemen gegenüber, wie sie die Herrschaft über ein so riesiges Reich im Mittelalter mit sich brachte. Ein ganz entscheidender Aspekt dabei war die Kommunikation. Nur ad-Din, der mit denselben Schwierigkeiten zu tun hatte, stützte sich auf ein Netzwerk von berittenen Boten und Kurieren, ergänzt durch zahlreiche Brieftauben, und Saladin folgte diesem Beispiel. Er beschäftigte außerdem Spione und Kundschafter, um Informationen zu sammeln. Doch wie auch immer die Botschaften transportiert wurden, es bestand ständig die Gefahr, dass sie von den Gegnern abgefangen wurden, weshalb sich der Sultan hin und wieder auch auf Geheimschriften verließ. Entscheidend in dieser Epoche – für Muslime wie für Christen – war, dass die Nachrichtenübermittlung höchst unzuverlässig war, und die Absichten und Aktionen des Feindes zu erkennen glich oft reinem Rätselraten. Unwissen, Irrtum und Falschinformation – all das trug zur Entscheidungsfindung bei, und in den folgenden Jahren bemühte sich Saladin immer nach Kräften, über alle Ereignisse in der muslimischen Welt informiert zu sein und wenigstens ansatzweise auch über die Pläne und Aktionen der Franken. In dieser Situation waren die Dienste al-Fadils und Imad ed-Dins als Schreiber, Boten und Verbreiter von Propaganda von kaum zu überschätzender Bedeutung.

Die Vereinigung von Kairo und Damaskus unter der Herrschaft der Ajjubiden nötigte den Sultan, Statthalter einzusetzen, die die Regierung in den Zeiten seiner Abwesenheit übernahmen. Während seiner gesamten Wirkungszeit wandte sich der Sultan zu diesem Zweck immer erst an seine Blutsverwandten, und manchmal bewährte sich dieses System, das schlicht auf dem Vertrauen in die eigene Sippe beruhte, durchaus. Im Herbst 1176, als er nach Ägypten zurückkehrte, konnte er feststellen, dass sein Bruder al-Adil und sein Neffe Farrukh-Shah das Land mit umsichtiger Klugheit regiert hatten. In Syrien jedoch erwies sich diese Praxis als weniger erfolgreich. Saladins älterer Bruder Turan-Shah, eingesetzt als Regent von Damaskus, war inkompetent und entwickelte sich zu einer Belastung. Er neigte zu sinnloser Verschwendung (bei seinem Tod beliefen sich seine Schulden auf die unglaubliche Summe von

200 000 Gold-Dinaren) und hatte einen fatalen Hang zu Ausschweifung und Zügellosigkeit. Als dann in den späten 1170er-Jahren eine lang anhaltende Dürreperiode über das Land kam, wurde immer deutlicher, dass Turan-Shah ersetzt werden musste. Im Jahr 1178 räumte Saladin verzweifelt ein, dass »man kleine Fehler übersehen und weniger gravierende Angelegenheiten mit Schweigen übergehen kann; wenn jedoch ein ganzes Land verzehrt wird, [...] dann erschüttert das die Säulen des Islam«.

Erfolgreicher war der Sultan bei seinen Versuchen, die materiellen und finanziellen Ressourcen in den nun von ihm beherrschten Ländern gleichmäßig zu verteilen. Im Jahr 1177 konzentrierte er sich auf die Nilregion, er verstärkte die Verteidigungsanlagen von Alexandria und Damiette und begann mit dem Bau einer massiven Festungsmauer, die nicht nur Kairo, sondern auch die Vorstadt Fustat im Süden umschließen sollte. Außerdem fasste er den mit hohen Kosten verbundenen, doch weitsichtigen Entschluss, die einst berühmte Flotte Ägyptens wiederaufzubauen. Einige Materialien für den Schiffsbau sowie Seeleute holte man aus Libyen; Saladin jedoch hielt Ausschau nach dem besten Bauholz, woraus sich binnen Kurzem Handelsbeziehungen mit Pisa und Genua ergaben. Dies war nur ein Beispiel für den zunehmenden Fernhandel mit militärischer Ausrüstung, technischen Neuerungen und sogar Waffen zwischen dem ajjubidischen Islam und dem Westen, der auch dann ungehindert beibehalten wurde, als sich die Spannungen im »heiligen Krieg« verschärften. Der Einsatz des Sultans hatte durchschlagende strategische Folgen, denn innerhalb weniger Jahre verfügte er über eine Seestreitmacht von 60 Galeeren und 20 Lastschiffen. Der islamische Vordere Orient, der seit Langem in der Handels- und Kriegsschifffahrt im Mittelmeerraum keine Rolle mehr gespielt hatte, war nun wieder ein ernst zu nehmender Konkurrent im Wettstreit um die Vormachtstellung geworden.[9]

Der Leprakönig

Zu der Zeit, da Saladin seine Macht über Ägypten und Damaskus festigte, kam in Jerusalem ein neuer lateinischer König an die Macht. 1174 hatte König Amalrich die Belagerung von Banyas abgebrochen, weil er sich krank fühlte. Tatsächlich hatte er einen heftigen Anfall von

Ruhr und verstarb im Juli desselben Jahres im Alter von nur 38 Jahren. Ihm folgte sein Sohn, Balduin IV., ein junger Monarch, dessen gesamte Regierungszeit von persönlicher Tragik und einer ständig sich ausweitenden politischen Krise überschattet war. Schon als Balduin so plötzlich den Thron bestieg, war sein Status problematisch. Denn im Jahr 1163, bevor er zum König von Jerusalem gekrönt wurde, hatte Amalrich auf Betreiben des Hochgerichts der Scheidung von seiner Ehefrau Agnes von Courtenay, der Tochter von Graf Joscelin II. von Edessa, zugestimmt. Offiziell wurde die Aufhebung der Ehe mit dem Verwandtschaftsgrad der Eheleute begründet (Agnes war eine Cousine dritten Grades von Amalrich), doch tatsächlich hat wohl vor allem die Befürchtung eine Rolle gespielt, dass Agnes den Versuch unternehmen könnte, auf Kosten der amtierenden Adelsschicht die Interessen der nun nahezu landlosen Familie der Courtenay in Palästina zu vertreten. Aus der Ehe von Amalrich und Agnes waren zwei Kinder hervorgegangen, Balduin und seine ältere Schwester Sibylla; sie sollten, so wurde vereinbart, nach wie vor als rechtmäßige Erben gelten. Allerdings ging Amalrich bald darauf mit der byzantinischen Prinzessin Maria Komnena eine neue Ehe ein.

Kindheit und Jugend Balduins IV.

1163 war Balduin erst zwei Jahre alt gewesen, er wuchs also in einem schwierigen familiären Umfeld auf. Auch seine Mutter Agnes hatte sehr bald wieder geheiratet und spielte, da sie fast nie an den Hof kam, wenn überhaupt, nur eine sehr geringe Rolle bei der Erziehung ihres Sohnes. Ebenso wahrte die Stiefmutter Maria Distanz zu dem Knaben; die Interessen des eigenen Nachwuchses waren ihr wichtiger. Und die Schwester Sibylla war für den jungen Fürsten praktisch eine Fremde, weil sie hinter den hohen Mauern des Klosters ihrer Tante Yvetta in Bethanien erzogen wurde.

Einer der wichtigsten Gefährten seiner Kindheit sollte der Kleriker und Geschichtsschreiber Wilhelm von Tyrus werden. Um das Jahr 1170 wurde ihm die Erziehung des jungen Fürsten übertragen, seine Aufgabe war es, »den Charakter [des designierten Erben] zu bilden und zu erziehen und den Knaben lesen und schreiben zu lehren« und in einer Reihe von Wissenschaften zu unterrichten. Wilhelms Darstellung der Geschichte des lateinischen Ostens enthält eine ergreifende, intime

Charakterskizze von Balduin aus der Zeit, als er noch ein Kind war. Der Prinz hatte äußerlich große Ähnlichkeit mit dem Vater, die bis in seine Art zu gehen und zu reden reichte; er wurde als »hübsches Kind« beschrieben, mit schneller Auffassungsgabe, einem exzellenten Gedächtnis und großer Freude am Lernen und am Reiten. Wilhelm beschrieb jedoch auch mit herzzerreißender Offenheit jenen Augenblick, da eine schreckliche Wahrheit über Balduins körperliche Verfassung offenkundig wurde.

Eines Tages – der Knabe war neun Jahre alt und lebte bei seinem Lehrer Wilhelm – spielte Balduin mit einer Gruppe anderer adliger Jungen. Es ging um die Frage, wer in einer beliebten Variante des Kräftemessens der Stärkste war: »Sie zwickten sich gegenseitig mit den Fingernägeln in die Hände und Arme, wie Kinder es häufig zu tun pflegen«, um herauszufinden, wer als Erster vor Schmerzen in Tränen ausbrechen würde. Obwohl sie sich nach Kräften mühten, war keiner in der Lage, bei Balduin auch nur das leiseste Zeichen von Unbehagen hervorzurufen. Zunächst schob man das einfach darauf, dass er als königlicher Spross besonders tapfer und leidensfähig war, doch:

> […] als das öfter passierte und ich davon erfuhr […], begann ich ihn auszufragen [und] musste feststellen, dass sein halber rechter Arm und seine Hand tot waren, sodass er das Zwicken nicht und nicht einmal Bisse spürte. Das besorgte mich sehr […]. Man berichtete es seinem Vater, und nachdem die Ärzte befragt worden waren, versuchte man mit großer Vorsicht, ihm mit Umschlägen, Salben und sogar mit Zaubersprüchen zu helfen, doch es nützte alles nichts. Mit der Zeit mussten wir einsehen, dass dies der Beginn einer schlimmeren, völlig unheilbaren Krankheit war. Man kann sich der Tränen nicht enthalten, wenn man von diesem großen Unglück spricht.[10]

Tatsächlich litt Balduin unter den frühen Symptomen von Lepra. Es ist allerdings unwahrscheinlich, dass zu diesem Zeitpunkt bereits eine definitive Diagnose gestellt wurde. Die besten Ärzte wurden geholt, um den Prinzen zu betreuen, darunter auch der arabische Christ Abu Sulaiman Dawud, und zunächst scheint sich der Zustand des Kindes nicht weiter verschlimmert zu haben. Um Balduin in der für Ritter elementaren

Kunst des berittenen Kampfes auszubilden, wurde der Bruder von Abu Sulaiman als Reitlehrer für den Jungen verpflichtet. Der Prinz lernte, ein Schlachtross nur mit den Knien zu lenken, sodass sein funktionstüchtiger linker Arm eine Waffe führen konnte, und er wurde ein bemerkenswert guter Reiter.

In den frühen 1170er-Jahren suchte Amalrich für den Fall, dass es nötig werden sollte, Balduin als Thronfolger ersetzen zu müssen, einen Ehemann für seine Tochter Sibylla. Doch als der König im Jahr 1174 unerwartet starb, hatte sich noch keine passende Verbindung für Sibylla gefunden, und das einzige überlebende Kind aus seiner Ehe mit Maria Komnena war ebenfalls ein Mädchen, Prinzessin Isabella. Balduin war alles andere als ein idealer Thronanwärter. Er entstammte einer Ehe, die annulliert worden war; er war erst 13 Jahre alt (also noch zwei Jahre von der gesetzlichen Volljährigkeit entfernt); und es war bekannt, dass er an einer auszehrenden Krankheit litt. Dennoch stimmte das Hochgericht seiner Ernennung zu, und am 15. Juli wurde Balduin vom Patriarchen von Jerusalem in der Kirche des Heiligen Grabes gekrönt und gesalbt, am bedeutungsschweren Jahrestag der Eroberung der Stadt durch die ersten Kreuzfahrer.

Historikerinnen und Historiker pflegten die Regierungszeit Balduins IV. als eine einzige Katastrophe für den lateinischen Osten zu beschreiben. Während Saladin immer mächtiger wurde und von Ägypten aus die muslimische Welt einte, sei das fränkische Palästina von einem schwachen, kranken Monarchen zugrunde gerichtet worden. Man warf Balduin vor, weit über den Zeitpunkt hinaus, an dem er eigentlich hätte abdanken sollen, egoistisch an der Krone festgehalten zu haben, und gab ihm die Schuld daran, dass nun, da die Adligen Outremers zunehmend nach Macht und Einfluss strebten, eine Zeit erbitterter Parteienkämpfe anbrach.

Der junge König gewann in den letzten Jahren wieder etwas an Ansehen; es wurde verstärkt hingewiesen auf die Belastung, der er wegen seines sich ständig verschlechternden Gesundheitszustands ausgesetzt war, auf sein vergleichsweise hohes Engagement zu Beginn der Regierungszeit und auf seine Bemühungen, nicht nur das Königreich zu verteidigen, sondern auch einen passenden Nachfolger zu finden. Eine Tatsache jedoch bleibt davon unberührt. Die Kreuzfahrerstaaten waren häufig von Nachfolgekrisen heimgesucht worden, die sich dann besonders verhängnisvoll auswirkten, wenn ein Herrscher plötzlich starb, sei es im Kampf, durch einen Unfall oder durch Krankheit. In Balduins Fall verhält es sich genau umgekehrt: Der durch seine Regierungszeit angerichtete Schaden reichte tiefer, eben weil der König nicht starb. Er hielt sich auf dem Thron, musste allerdings die Regierungsgewalt während schlimmer Schwächephasen häufig an eine Art Regenten abgeben; diese instabile Herrschaft des Leprakönigs versetzte Jerusalem in einen heiklen Zustand erhöhter Verwundbarkeit.[11]

In den ersten Jahren seiner Herrschaft war Balduin noch minderjährig, ein Großteil der Regierungsarbeit wurde von einem seiner Vettern, Graf Raimund III. von Tripolis, übernommen, der als Regent fungierte.

Raimund war Anfang dreißig, gerade erst aus neunjähriger muslimischer Gefangenschaft entlassen und deshalb eine noch unbekannte Größe in Outremer. Er war zierlich, dunkelhäutig, mit einem stechenden Blick, und seine steife Körperhaltung entsprach dem zurückhaltenden Auftreten. Von Natur aus vorsichtig, doch nicht minder ehrgeizig, machte ihn die Ehe mit einer der reichsten Erbinnen des Königreichs, Prinzessin Eschiva von Galiläa, zu einem der wichtigsten Vasallen Jerusalems. Als Regent verfolgte er in seinen Verhandlungen mit dem Hochgericht eine versöhnliche Linie und ging einer direkten Konfrontation mit Saladin aus dem Weg: Im Jahr 1175, als der Sultan nach Aleppo zog, wurde ein Stillhalteabkommen vereinbart.

Raimunds vorrangige Sorge in diesen Jahren war die Nachfolgefrage, denn kurz nach der Krönung Balduins verschlechterte sich dessen Gesundheitszustand dramatisch. Möglicherweise verschlimmerte die einsetzende Pubertät seinen Zustand; die Krankheit entwickelte sich zur schlimmsten Form der Lepra, der lepromatösen Lepra, und schon bald waren die Zeichen der Krankheit nicht mehr zu übersehen: Seine »Extremitäten und sein Gesicht waren besonders befallen, sodass seine treuen Gefolgsleute von Mitleid gepackt wurden, wenn sie ihn erblickten«. In späteren Jahren war er nicht einmal mehr in der Lage zu laufen oder zu sehen, sogar sein sprachliches Artikulationsvermögen ging verloren. Doch noch befand er sich auf dem leidvollen Abstieg in die körperliche Behinderung, immer wieder litt er unter schweren Krankheitsschüben, die ihn völlig handlungsunfähig machten. Die sozialen und religiösen Stigmata der Lepra waren immens. Die Krankheit galt als Strafe Gottes, als ein Zeichen dafür, dass der Betroffene bei Gott in Ungnade gefallen war; außerdem ging man von einer extrem hohen Ansteckungsgefahr aus, was dazu führte, dass Leprakranke aus der Gesellschaft ausgeschlossen wurden.[12]

Balduins Situation war äußerst heikel – als Monarch war er kritischen Fragen ausgesetzt; als Herrscher war er unfähig, für Stabilität zu sorgen; und in dynastischer Hinsicht war es ihm nicht vergönnt, die königliche Erbfolge fortzusetzen, weil man zu seiner Zeit davon ausging, dass sexueller Kontakt zur Übertragung der Krankheit führte, aber wohl auch weil Balduin infolge seiner Krankheit unfruchtbar war.

So ruhten die Hoffnungen für die Zukunft auf Balduins Schwester Sibylla. Die Jahre ihrer Kindheit und Jugend in einem beschützten klösterlichen Umfeld ließen erwarten, dass sie kaum in die Fußstapfen ihrer Großmuter Melisende treten und selbst nach der königlichen Macht streben würde. Raimund begann also, intensiv nach einem passenden Ehemann für Sibylla zu suchen. Der Kandidat, der dann schließlich ausersehen wurde, war Wilhelm von Montferrat, ein Fürstensohn aus Norditalien, dessen Vettern zwei der mächtigsten Monarchen Europas waren: König Ludwig VII. von Frankreich und der deutsche Kaiser Friedrich Barbarossa (Neffe Konrads III., der am zweiten Kreuzzug teilgenommen hatte). Sibylla und Wilhelm von Montferrat wurden Ende des Jahres 1176 vermählt, im Juni 1177 wurde Wilhelm jedoch krank und starb, und Sibylla blieb als schwangere Witwe zurück. Im Dezember 1177 oder im Januar 1178 wurde dann Balduin V. geboren, er war nun der potenzielle Erbe des Thrones von Jerusalem.

Mitte der 1170er-Jahre verhalf Raimund von Tripolis Wilhelm von Tyrus zu einem großen Schritt auf der Karriereleiter: Er wurde Kanzler des Königs und später Erzbischof von Tyros, was die weitgehend wohlwollende Darstellung Raimunds in Wilhelms Chronik immerhin teilweise zu erklären vermag. Von dieser privilegierten Position im Zentrum der politischen und kirchlichen Hierarchie des lateinischen Königreichs aus beobachtete und beschrieb Wilhelm die Geschichte von Outremer.

Die ersten Regierungsjahre Balduins IV.

Im Sommer des Jahres 1176 wurde Balduin IV. volljährig, was die Regentschaft Raimunds beendete. Der junge Monarch stürzte sich trotz seines sich verschlechternden Gesundheitszustands in die Regierungsgeschäfte und ließ von Anfang an deutlich seine Richtung erkennen. Raimunds Politik diplomatischer Annäherung verwarf Balduin, er weigerte sich, den Friedensvertrag mit Damaskus zu erneuern, und im August führte er eine Überfalltruppe in das Biqa-Tal im Libanon, wo er Turan-Shah in einem kleineren Gefecht besiegte. Dieser Umschwung im politischen Verhältnis zum Islam brachte es mit sich, dass der Einfluss des Grafen von Tripolis zurückging, und in den letzten Jahren dieses Jahrzehnts suchte Balduin andernorts nach Orientierung und Unterstützung. Seine Mutter Agnes von Courtenay war an den Hof zurückgekehrt, und offenbar entstand zwischen ihr und ihrem früher so distanzierten Sohn eine enge Beziehung. Sicherlich wurde sie zu einer wichtigen Gestalt in seinem Leben, und es dauerte nicht lang, bis ihrem Bruder Joscelin III. das Amt des königlichen Seneschalls übertragen wurde, das höchste Regierungsamt im Königreich, zu dem die Verwaltung des Staatsschatzes und des königlichen Vermögens gehörte. Nach langen Jahren in muslimischer Gefangenschaft war Joscelin gerade erst – im Zusammenhang mit einem Vertrag, in dem Unterstützung durch das fränkische Antiochia festgeschrieben wurde – von Gumushtegin von Aleppo freigelassen worden.

Dieser Vertrag verhalf einem weiteren Edelmann zur Freiheit, der später die Geschichte Jerusalems entscheidend mitgestaltete: Rainald von Châtillon. Er war im Jahr 1161 – damals als Fürst von Antiochia – von Nur ad-Din gefangen gesetzt worden, und in den 15 Jahren seiner Haft hatte sich vieles verändert. Der Tod seiner Frau Konstanze und die Regierungsübernahme seines Stiefsohns Bohemund III. im Jahr 1163 beraubten ihn der Herrschaft über das syrische Fürstentum, doch gleichzeitig verhalf ihm die Heirat seiner Stieftochter Maria von Antiochia mit dem byzantinischen Kaiser zu hohem Ansehen. Als er aus der Gefangenschaft entlassen wurde, konnte er als kampfgestählter Veteran mit Beziehungen zu den höchsten Kreisen auftreten, obgleich er praktisch keine Ländereien mehr besaß. Diese Unverhältnismäßigkeit wurde schnell durch Rainalds von König Balduin abgesegnete Heirat mit der Herrin von Transjordanien, Stephanie von Milly, ausgeglichen, wodurch Kerak und Montreal zu Herrschaftsgebieten Rainalds wurden und dieser damit in die vorderste Linie im Kampf gegen Saladin geriet.

Als syrischer Fürst stand Rainald im Ruf ungezügelter Gewalt, den er sich anlässlich seines Überfalls auf die von den Byzantinern besetzte

Insel Zypern erworben hatte sowie im Zusammenhang mit seinen unverschämten Versuchen, um das Jahr 1154 herum vom lateinischen Patriarchen von Antiochia, Aimery von Limoges, Geld zu erpressen. Der unglückselige Kirchenmann wurde verprügelt, zum Dach der Zitadelle geschleppt und gezwungen, einen ganzen Tag dort in der brütenden Sommerhitze zu sitzen; seine geschundene Haut hatte man mit Honig beschmiert, um Insekten anzulocken. In den späten 1170-Jahren jedoch stieg Rainald in den Kreis von Balduins engsten Vertrauten und Verbündeten auf, der ihm in strategischen, diplomatischen und politischen Fragen mit klugem Rat zur Seite stand.

Ägypten und Damaskus waren unter Saladin vereint, und der Gesundheitszustand Balduins IV. verschlechterte sich immer mehr. In dieser Situation unternahmen die Franken in Palästina wiederholte, letztlich allerdings fruchtlose Versuche, Hilfe von außerhalb ihrer Grenzen zu bekommen. Im Winter 1176/1177 reiste Rainald von Châtillon als königlicher Gesandter nach Konstantinopel, um mit Manuel Komnenos ein neues Bündnis zu vereinbaren. Im September 1176 waren die Byzantiner in der Schlacht von Myriokephalon (im westlichen Kleinasien) von dem seldschukischen Sultan von Anatolien, Kiliç Arslan II. (seit 1156 Nachfolger Masuds), klar besiegt worden. Die Verluste an Männern und die Gebietseinbußen bei dieser Niederlage hielten sich in Grenzen, aber das Ansehen von Byzanz hatte sowohl in Europa als auch in der Levante ernsthaft Schaden genommen, und es machte dem Kaiser schwer zu schaffen, sich mit dieser Machteinbuße abzufinden. Da er hoffte, den griechischen Einfluss auf der internationalen Bühne wieder stärker geltend zu machen, stimmte er dem Angebot Rainalds von Châtillon zu und versprach, für eine Offensive gegen das ajjubidische Ägypten eine Flotte zur Verfügung zu stellen. Im Gegenzug sollte das lateinische Königreich den Untertanenstatus mit byzantinischer Oberhoheit akzeptieren, und in Jerusalem sollte wieder ein orthodoxer christlicher Patriarch eingesetzt werden.

Eine Zeit lang sah es ganz so aus, als könnte diese Unternehmung Früchte tragen. Im Spätsommer 1177 lief wie angekündigt eine griechische Flotte im Hafen von Akkon ein; gleichzeitig erreichte Graf Philipp von Flandern an der Spitze eines großen militärischen Kontingents die Levante; er war der Sohn des engagierten Kreuzfahrers Thierry von Flandern. Philipp hatte im Jahr 1175 das Kreuz genommen, er reagierte damit auf die immer häufigeren und dringlicheren Appelle der Lateiner in Outremer, einen neuen Kreuzzug ins Heilige Land zu unternehmen. Doch trotz seiner guten Absichten endete Philipps Unternehmung mit einem Fiasko. Die abschließenden Vorbereitungen für den Angriff auf Ägypten waren schon in vollem Gang, als über der Frage, wem im Fall des Sieges die Rechte über die Nilregion zufallen sollten, kleinliche Streitigkeiten ausbrachen und das gesamte Projekt unter gegenseitigen Beschuldigungen zusammenbrach. Verstimmt und befremdet segelten die Byzantiner nach Konstantinopel zurück. Im September 1177 tat sich Graf Philipp mit seinen Streitkräften mit Raimund III. von Tripolis zusammen, und gemeinsam verbrachten sie den Winter mit dem Versuch, erst Hama, dann Harim einzunehmen, aber sie scheiterten beide Male. Eine echte Chance, Saladins Stellung in Ägypten zu erschüttern, womöglich gar zu überrennen, war vertan worden. Der Sultan hatte ein Verteidigungsheer aufgestellt, um der erwarteten Invasion der Christen zu begegnen, aber er konnte plötzlich feststellen, dass sich die Bedrohung verflüchtigt hatte.

Konfrontation

Im Spätherbst 1177 brach Saladin zu seinem ersten großen Feldzug gegen das lateinische Königreich Jerusalem seit dem Tod Nur ad-Dins auf. Trotz der Bedeutung dieser Unternehmung – gewissermaßen dem Eröffnungstusch des Sultans für seine Rolle als selbst ernannter neuer Vorkämpfer des Dschihad – bleiben seine eigentlichen Motive und Ziele recht verschwommen. Sehr wahrscheinlich war die Offensive des Jahres 1177 letztlich nicht als Invasion in Palästina mit dem Ziel der Rückeroberung Jerusalems geplant gewesen, es handelte sich vielmehr um einen Überfall, der sich aus den Umständen ergab. Seine Truppen waren bereits versammelt, um einen erwarteten Angriff abzuwehren, und Saladin ergriff lediglich die Gelegenheit, eine sichtbare Bestätigung seines Einsatzes für den »heiligen Krieg« zu liefern; er wollte seine kriegerische Überlegenheit über die Franken unter Beweis stellen und einen Ausgleich zu deren Angriff in Nordsyrien schaffen.

Saladin brach an der Spitze von über 20 000 Reitern von Ägypten auf und errichtete bei der Grenzsiedlung al-Arish einen Vorposten. Dort ließ er die schwere Ausrüstung zurück und zog in Richtung Norden nach

Palästina; um den 22. November herum kam er in Askalon an. Dort traf er auf den völlig überraschten Balduin IV. Der Großteil von dessen Streitmächten befand sich im Norden und kämpfte unter Philipp von Flandern und Raimund III.; dennoch versammelte der König in großer Eile so viele Truppen, wie er konnte, an der Küste. Ein ostchristlicher Beobachter schrieb, dass »kaum jemand noch daran glaubte, dass der kranke, schon halb tote König noch lange leben werde, doch der nahm all seinen Mut zusammen und zog gegen Saladin in den Kampf«. Mit Balduin zogen sein Seneschall Rainald von Châtillon und Joscelin von Courtenay sowie ein Heer von ungefähr 600 Rittern und ungefähr drei- bis viermal so viel Fußsoldaten, außerdem noch der Bischof von Bethlehem, der das Wahre Kreuz mit sich führte. Dieses Heer versuchte, die muslimische Vorhut anzugreifen. Da aber die Franken hoffnungslos in der Minderzahl waren, zogen sie sich schnell hinter die Mauern von Askalon zurück, und Saladin konnte ungehindert plündernd landeinwärts Richtung Judäa vorrücken.[13]

Die Schlacht am Mont Gisard

Nun machte der Sultan einen verhängnisvollen Fehler. Er war offenbar überzeugt, dass die Franken sich aus Askalon nicht herauswagen würden, und erlaubte seinen Truppen, auszuschwärmen und lateinische Siedlungen wie Ramla und Lydda zu überfallen. Dabei hielt er es nicht für nötig, ein wirkungsvolles Spionagenetz auszuwerfen, um die Aktionen Balduins zu überwachen. Der junge König jedoch, unterstützt und ermutigt von Rainald von Châtillon, hatte ganz und gar nicht die Absicht, tatenlos herumzusitzen und zuzuschauen, wie sein Reich verwüstet wurde. Er tat sich mit 80 Tempelrittern zusammen, die unter ihrem Meister Odo von St. Amand in Gaza stationiert waren, und fasste den tapferen, ja geradezu tollkühnen Entschluss, Saladin anzugreifen. Wilhelm von Tyrus notiert, dass »[der König] glaubte, es sei klüger, sich auf das unsichere Schicksal einer Schlacht gegen den Feind einzulassen, als hinzunehmen, dass sein Volk unter Raub, Feuer und Massakern zu leiden hatte« – ein allerdings tödliches Risiko.

Am Nachmittag des 25. November befand sich der Sultan auf dem Vormarsch nach Ibelin; ein Großteil seines Heeres war über die Küstenebene verteilt, als plötzlich und unangekündigt das lateinische Heer auftauchte. Die Abteilung, die sich noch bei Saladin befand, überquerte gerade einen kleinen Fluss in der Nähe des Mont Gisard (Tell Dschazar). Als Rainald von Châtillon mit seinen Reitern zum Überraschungsangriff gegen die aufgelösten Reihen der Männer Saladins ansetzte, konnte der Sultan keine wirkungsvolle Verteidigungslinie mehr aufstellen, und seine viel größere Truppe wurde schnell zum Rückzug gezwungen. Ein muslimischer Zeitgenosse räumt ein, dass das »eine komplette Niederlage war. Einer der Franken griff Saladin an, er näherte sich ihm und hatte ihn schon fast erreicht, doch wurde er ganz in der Nähe [des Sultans] getötet. Die Franken drängten ihm nach, da ergriff er die Flucht.«

Der Sultan entkam dem Schlachtfeld nur knapp, während der erbitterte Kampf weiterging. Schließlich ließen auch seine Soldaten Rüstung und Waffen zurück und rannten um ihr Leben, doch die Lateiner verfolgten sie verbissen über 15 Kilometer, und erst der Einbruch der Nacht verschaffte den Muslimen eine gewisse Ruhepause. Auf beiden Seiten waren viele Männer gefallen; auch die siegreichen Christen hatten 1100 Todesopfer zu beklagen, außerdem wurden 750 Verwundete später in das Spital des heiligen Johannes in Jerusalem gebracht. Zu den Verlusten auf muslimischer Seite sind keine genauen Angaben überliefert, aber es steht außer Frage, dass die Niederlage gravierende psychologische Konsequenzen hatte. Saladin wurde am Mont Gisard tief gedemütigt. Sein bester Freund und Berater Isa wurde von den Franken gefangen genommen und musste einige Jahre in Gefangenschaft verbringen, bevor er dann gegen die horrende Summe von 60 000 Golddinaren Lösegeld freigelassen wurde. Der Sultan musste den Schauplatz fluchtartig verlassen, und sein schmählicher Rückzug nach Ägypten wurde durch einen zehn Tage anhaltenden, ungewöhnlich starken eisigen Regen verschlimmert, aber auch durch die unangenehme Entdeckung, dass die unberechenbaren Beduinen seinen Standort bei al-Arish geplündert hatten. Ohne ausreichende Nahrungs- und Wasservorräte musste Saladin den Heimweg antreten und kam Anfang Dezember 1177, geschlagen und erschöpft, wieder in Ägypten an.

Er konnte die Augen vor der Wahrheit nicht verschließen, dass seine Truppen aufgrund seiner eigenen sträflichen Nachlässigkeit besiegt worden waren und dass infolgedessen sein Ruf als herausragender Heerführer stark beschädigt war. In der Öffentlichkeit bemühte sich Saladin nach Kräften, den Schaden zu begrenzen. Er wies darauf hin, dass die Lateiner in der Schlacht mehr Männer verloren hatten als die Muslime und dass er nur deswegen so spät nach Kairo zurückgekehrt sei, weil »wir die Schwachen und Hilflosen getragen haben und uns nur langsam vorwärtsbewegt haben, damit die Nachzügler [aufholen] konnten«. Saladin steckte anschließend viel Zeit und Geld in den Wiederaufbau seines Heeres. Aber die Wunde, die durch die Ereignisse am Mont Gisard geschlagen worden war, ließ Narben zurück. Imad ed-Din gab zu, die Schlacht sei »ein verheerendes Ereignis, eine schreckliche Katastrophe« gewesen, und noch über zehn Jahre später, als der Sultan einräumte, dass dies »eine schlimme Niederlage« gewesen sei, war die schmerzhafte Erinnerung an dieses »fürchterliche Debakel« lebendig.[14]

Familienbande

Saladin sah sich außerstande, sofort auf diese Schmach zu reagieren, weil er das schwelende Problem von Turan-Shahs Inkompetenz angehen musste. Er kehrte im April 1178 nach Damaskus zurück und enthob seinen Bruder der Regierungsgeschäfte, was ihn dann aber in eine peinliche Zwickmühle brachte. Als Ausgleich für seine Entlassung forderte Turan-Shah die Herrschaft über Baalbek, die reiche antike Stadt im fruchtbaren Biqa-Tal. Fatalerweise hatte der Sultan diese Region bereits Ibn al-Muqaddam versprochen, als Zeichen der Dankbarkeit für dessen Hilfe beim Aushandeln der Übergabe von Damaskus im Jahr 1174, und der Emir war verständlicherweise dem Gedanken höchst abgeneigt, seinen Lohn wieder herauszugeben. Aufschlussreich war der weitere Verlauf dieser Affäre in den folgenden Monaten. Einerseits kam darin eine Problematik zum Ausdruck, mit der Saladin es während seiner gesamten Herrschaft immer wieder zu tun hatte. Um sein »Imperium« aufzubauen, wählte der Sultan nicht so sehr solche Kandidaten aus, die sich in irgendeiner Art verdient gemacht hatten, sondern griff in den meisten Fällen eher auf seine Familie zurück. Dieses Vertrauen erwies sich allerdings einige Male als unbegründet. Inkompetente, unzuverlässige und mitunter sogar illoyale Figuren wie Turan-Shah waren eine Belastung, die dem großen Traum von der Herrschaft der Ajjubiden gravierenden Schaden zufügen konnten, doch es kam immer wieder vor, dass Saladin nicht zu bewegen war, sich von seinen Blutsverwandten zu distanzieren. Es zeigte sich andererseits, dass der Sultan, um die Krise in Baalbek in seinem Sinne beizulegen, nicht vor Doppelzüngigkeit und politischer Intrige zurückschreckte.

Nachdem im Sommer sämtliche Versuche gescheitert waren, das Problem auf diplomatische Weise zu lösen, setzte sich Saladin im Herbst 1178 in Richtung Baalbek in Marsch. Imad ed-Din berichtet, dass Saladin zunächst »Ibn al-Muqaddam trotz seines Alters wie ein Kleinkind angebettelt« habe, und als das zu nichts führte, belagerte er die Stadt den gesamten Winter hindurch. Gleichzeitig inszenierte Saladin einen dreisten Propagandafeldzug, um sein Handeln zu rechtfertigen. Ibn al-Muqaddam wurde beschuldigt, ein Feind der Regierung zu sein, und in mehreren Briefen nach Bagdad wurde ihm vorgeworfen, er befehlige zur Verteidigung der Grenze gegen die Franken eine nutzlose Bande »unwissender Taugenichtse«; später warf Saladin ihm sogar vor, mit diesen christlichen Feinden verräterische Kontakte zu unterhalten. Im darauffolgenden Frühjahr war der Ruf des »rebellischen« Emirs ruiniert, er selbst war zum Aufgeben gezwungen worden, und man handelte einen Vertrag aus. Turan-Shah bekam tatsächlich seine geforderte Entschädigung, die Herrschaft über Baalbek, doch auch dort verhielt er sich derart ungeschickt, dass er bald nach Ägypten zurückkehren musste, wo er 1180 starb. Gleichzeitig wurde Ibn al-Muqaddam, nachdem er sich Saladins Willen unterworfen hatte, wieder in den Kreis der Günstlinge aufgenommen. Er wurde reich entlohnt mit Ländereien im Süden von Antiochia und Aleppo und blieb dem Sultan zeit seines Lebens treu ergeben.[15]

Das Haus der Trauer

Saladin war noch verstrickt in die Streitigkeiten um Baalbek, als er von einer alarmierenden Entwicklung im Grenzgebiet zwischen Damaskus und dem Königreich Jerusalem erfuhr. Balduin IV. wollte den Vorsprung nutzen, den er durch seinen Sieg am Mont Gisard errungen hatte, und machte sich an die Umsetzung eines gefährlichen Projekts, mit dem er die Verteidigungsanlagen Palästinas zu verstärken und den ajjubidischen Einfluss auf Syrien zurückzudrängen gedachte.

Um die Bedeutung dieser Ereignisse richtig einzuschätzen, muss man sich die Beschaffenheit von Grenzen im 12. Jahrhundert vor Augen halten. Ebenso wie die meisten anderen Territorien im Mittelalter waren das muslimische und das fränkische Territorium in der Levante ganz überwiegend nicht durch Bauten voneinander getrennt, die einer modernen Grenze entsprochen hätten, sondern es handelte sich um eine

Art Grenz*zone* – um Bereiche, in denen sich der politische, militärische und wirtschaftliche Einfluss beider Seiten überschnitt, in denen aber keine Seite ihre Herrschaft konsequent geltend machte. Die Lage dieser Gebiete unter nicht eindeutig definierter Kontrolle stand häufig, vergleichbar mit dem Niemandsland zwischen einzelnen Ländern, in engem Bezug zu topografischen oder anderen geografischen Gegebenheiten, etwa Gebirgszügen, Flüssen, dichten Wäldern oder sogar Wüsten. Und Versuche des einen Landes, seinen Einfluss auf eine solche Region zu festigen oder auszudehnen, konnten zu gravierenden Verschiebungen in der Machtbalance des Gebiets selbst sowie zwischen den betreffenden Mächten führen.

Ein typisches Beispiel für eine solche Verschiebung war im frühen 12. Jahrhundert die Erweiterung des lateinischen Fürstentums Antiochia gewesen: Es hatte seine Einflusssphäre in Richtung Osten verschoben, über die Belus-Berge hinaus, die bis dahin die natürliche Grenzzone zu Aleppo gebildet hatten. Diese erhöhte Bedrohung für Aleppo hatte prompt zu muslimischen Vergeltungsmaßnahmen geführt, die in der Schlacht auf dem Blutfeld im Jahr 1119 kulminierten. In den späten 1170er-Jahren zeichnete sich eine ähnliche Konfrontation zwischen Balduin IV. und Saladin ab. In dieser Zeit verlief die kritische Grenzzone zwischen ihren Ländern nördlich des Sees Genezareth und entsprach im Großen und Ganzen dem Oberlauf des Jordan. Zuvor hatte sich das Zentrum des Streites um die Vorherrschaft im Nordosten befunden, bei der befestigten Siedlung Banyas. Als Banyas jedoch im Jahr 1164 von Nur ad-Din eingenommen wurde, ging der lateinische Einfluss östlich des Jordan zurück, und aufgrund der jetzigen Situation war das muslimische Damaskus im Vorteil.

Im Oktober 1178 unternahm Balduin IV. einen gewagten Schritt, um die Machtverhältnisse in der Grenzzone am oberen Jordan zu seinen Gunsten zu verschieben. Sein Ziel war nicht die Wiedergewinnung von Banyas, sondern er wollte eine völlig neue Festung am Westufer des Jordan bauen, neben einem Flussübergang, der bei den Franken Jakobsfurt und im Arabischen Bail al-Ahzan, Haus der Trauer, genannt wurde (da hier, wie es hieß, Jakob um seinen Sohn trauerte, den er tot glaubte). Flussaufwärts erstreckten sich Sümpfe, und Richtung Süden begannen Stromschnellen, sodass die Furt auf viele Kilometer hinaus die einzige Möglichkeit bot, den Jordan zu überqueren. Daher bildete sie einen wichtigen Übergangspunkt zwischen dem lateinischen Palästina und dem muslimischen Syrien und ermöglichte den Zugang zur fruchtbaren Region der Terre de Sueth. Außerdem war die Jakobsfurt auch nur einen Tagesmarsch von Damaskus entfernt.

Balduin hoffte, die regionale Machtbalance zugunsten der Franken verschieben zu können, indem er an dieser Stelle eine große Burg erbauen ließ. Unterstützt wurde er von den Tempelrittern, die bereits über eigenes Territorium im nördlichen Galiläa verfügten, und mit vereinten Kräften ging man daran, Balduins Pläne umzusetzen. Zwischen Oktober 1178 und April 1179 verlegte der König tatsächlich seinen Regierungssitz in die Nähe der Baustelle, um dort als Schutzherr und zur Aufsicht vor Ort zu sein; es wurde sogar eine Münzanstalt eingerichtet, die spezielle Münzen zur Bezahlung der zahlreichen Arbeitskräfte herstellte; auch königliche Urkunden wurden direkt von dort ausgegeben.

Diese Burg bedeutete eine akute Bedrohung für das aufstrebende ajjubidische Imperium Saladins, konnte sie doch den Franken als Verteidigungsanlage wie auch als Ausgangspunkt für einen Angriff dienen. Mittelalterliche Festungen waren selten geeignet, eine Grenze vollständig abzuriegeln oder zu versperren – Angriffsheere konnten um eine Festung herummarschieren oder sich sogar, wenn ausreichend Truppen und Vorräte zur Verfügung standen, einen Weg durch die Verteidigungsanlagen hindurch erzwingen. Burgen dagegen boten eine recht sichere Möglichkeit, eine bewaffnete Besatzung dort zu stationieren, und solche Truppen waren sehr wohl in der Lage, eine feindliche Invasion abzuwehren oder zumindest zu erschweren. Eine Templerfestung bei der Jakobsfurt hätte die Möglichkeiten des Sultans, auf das lateinische Königreich auszugreifen, mit Sicherheit empfindlich eingeschränkt. Die Besatzung hätte sich außerdem in einer günstigen Ausgangsposition für Überfälle auf muslimisches Territorium befunden, sie hätte Handelskarawanen überfallen und sogar Damaskus bedrohen können. Und wenn seine Hauptstadt bedroht gewesen wäre, dann wären Saladins ehrgeizige Pläne, seine Herrschaft auf Aleppo und Mesopotamien auszudehnen, sehr wahrscheinlich ins Wanken geraten. Die Gefahr, die vom Bau der Festung am Jordan ausging, durfte er also auf gar keinen Fall unterschätzen. Unglücklicherweise waren Saladins Truppen vor Baalbek gebunden, ein direkter Militärschlag war also nicht möglich. Der Sultan versuchte es daher zuerst mit Bestechung statt mit roher Gewalt und bot den Franken erst 60 000, dann sogar 100 000 Dinare an, um sie zu bewegen, die Bauarbeiten einzustellen und den Standort aufzugeben. Balduin und die Tempelritter jedoch lehnten das Geld trotz des beachtlichen Betrags ab.

Auf den ersten Blick scheinen sämtliche überlieferten Quellen nahezulegen, dass die Burg an der Jakobsfurt im April 1179 fertiggestellt war, zu dem Zeitpunkt also, als der Leprakönig das Kommando über die Festung an die Tempelritter übergab. Wilhelm von Tyrus jedenfalls beschreibt sie als »vollständig fertig in all ihren Teilen«, nachdem er sie im Frühjahr 1179 mit eigenen Augen gesehen hatte. Muslimische Augenzeugen bestätigen dies, und eine arabische Quelle gibt an, dass die Mauern »ein unüberwindliches Bollwerk aus Stein und Eisen« darstellten. Bis in die 1990er-Jahre hinein waren die Historikerinnen und Historiker überzeugt, dass es sich bei dem Bauwerk an der Jakobsfurt um eine vollständige Ringburg gehandelt habe, eine Burg mit einer äußeren und einer inneren Ringmauer, also eine unglaublich wehrhafte Festung. Im Jahr 1993 jedoch entdeckte der israelische Gelehrte Ronnie Ellenblum den Standort dieser lange unbekannten fränkischen Festung. Seine weiteren archäologischen Forschungen vor Ort, die er als Leiter eines internationalen Expertenteams betreibt, haben unsere Auffassung von den damaligen Ereignissen wie auch die Interpretation der schriftlichen Quellen von Grund auf verändert. Durch Ausgrabungen konnte schlüssig nachgewiesen werden, dass das Bauwerk an der Jakobsfurt im Jahr 1170 keine Ringburg war, dass es vielmehr lediglich über eine Umfassungsmauer verfügte sowie über einen einzigen Turm und dass es sich zu dieser Zeit noch im Bau befand. Daraus kann zum einen geschlossen werden, dass für Wilhelm von Tyrus und seine Zeitgenossen eine »vollständige« Festung von einer Mauer umschlossen war und verteidigt werden konnte, dass sie aber nicht notwendig fertiggestellt sein musste; zum andern ergibt sich daraus, dass an dieser Festung zum besagten Zeitpunkt tatsächlich noch gebaut wurde.

Entscheidend für Saladin war nun, dass die Jakobsfurt noch vergleichsweise leicht anzugreifen war, und im Frühjahr 1179, als Baalbek unterworfen war, kehrte er nach Damaskus zurück, um sich dem Problem dieser Festung zu widmen. In den nun folgenden Monaten gab es einige unentschiedene Gefechte, beide Seiten erprobten die Stärke des Gegners. Saladin zog an der Spitze eines Heeres gegen die Festung bei der Jakobsfurt, um ihre Kampfkraft zu erkunden, zog sich aber schnell zurück, als einer seiner Hauptleute vom Pfeil eines Tempelritters tödlich getroffen wurde. Bei zwei weiteren Konfrontationen jedoch bezwangen die Truppen des Sultans Balduins Mannschaften. In einem Kampf wurde der Oberbefehlshaber des Königs – sein wichtigster Militärberater – getötet; im Verlauf eines anderen Gefechts wurde der Großmeister der Tempelritter, Odo von St. Amand, zusammen mit 270 Rittern gefangen genommen. Diese Erfolge brachten die militärische Befehlsstruktur der Christen ins Wanken und trugen stark dazu bei, die muslimische Erniedrigung am Mont Gisard wiedergutzumachen. Während das politische Gleichgewicht sich wieder zugunsten Saladins verschob, zog sich König Balduin nach Jerusalem zurück, um seine Truppen neu aufzustellen. Der Sultan ließ derweil Verstärkung aus Nordsyrien und Ägypten kommen.

Ende August 1179 war Saladin bereit für einen groß angelegten Angriff bei der Jakobsfurt. Am Samstag, dem 24. August, begann er mit einer aggressiven Belagerung; er wollte so schnell wie möglich in die Burg eindringen. Die Zeit für eine langwierige Umzingelung hatte er nicht, weil der Leprakönig mittlerweile in der Nähe, in Tiberias, stationiert war, am Ufer des Sees Genezareth, nur einen halben Tag Fußmarsch Richtung Südwesten entfernt. Sobald dieser von dem Angriff erfuhr, konnte er eine Entsatztruppe aufstellen. Die Belagerung ähnelte also mehr einem Wettrennen: Die Muslime taten alles, um die Verteidigungslinien zu sprengen, bevor die Lateiner eintrafen. Die schriftlichen Zeugnisse der Zeitgenossen in Verbindung mit den archäologischen Befunden bieten uns mittlerweile einen lebhaften Eindruck von den Geschehnissen in den folgenden fünf harten Tagen. Als Erstes ließ Saladin aus östlicher und westlicher Richtung die Festung mit Pfeilen beschießen – an diesen Fronten wurden viele Hundert Pfeilspitzen gefunden –, um die Tempelritter in der Burg zu demoralisieren. Gleichzeitig begannen professionelle Sappeure, wahrscheinlich aus dem syrischen Aleppo, einen Tunnel unter der Nordostecke der Mauern hindurchzugraben; sie hofften, den Festungswall durch Unterminieren zum Einsturz bringen zu können. Der Tunnel war schnell gegraben und mit Holz aufgefüllt, aber als das Holz angezündet wurde, erwies sich das Feuer als zu schwach, um die Mauern darüber zum Einsturz zu bringen. Verzweifelt bot der Sultan jedem Soldaten einen Golddinar, der in einer Ziegenhaut Wasser aus dem Fluss herbeischleppte, um die Flammen wieder zu löschen, und dann wurde Tag und Nacht daran gearbeitet, den unterirdischen Gang zu vergrößern. Gleichzeitig bereitete Balduin seinen Abmarsch von Tiberias vor.

Am frühen Morgen des 29. August brach der Leprakönig mit seiner Mannschaft auf, um die Festung zu befreien. Er wusste nicht, dass im selben Moment Feuer in Saladins erweiterten Belagerungstunnel gelegt wurde. Die hölzernen Stützbalken entzündeten sich plangemäß, der Tunnel brach zusammen und mit ihm die Mauer darüber. Saladin schrieb später, dass in dem Moment, als sich die Flammen ausbreiteten, die Burg ausgesehen habe wie »ein Schiff, das auf einem Flammenmeer dahinsegelt«. Als seine Männer durch die Bresche in der Mauer hineinströmten, entbrannten verzweifelte Kämpfe Mann gegen Mann; die Besatzung der Festung, lauter Elitekämpfer aus den Reihen der Tempelritter, lieferten ein blutiges, doch schlussendlich aussichtsloses letztes Gefecht. Mit dem Mut der Verzweiflung bestieg der Anführer der Tempelritter sein Kriegsross und galoppierte mitten hinein in die lodernde Bresche; ein muslimischer Augenzeuge beschrieb später, wie »er sich ohne Angst vor der entsetzlichen Hitze in ein Loch aus Flammen warf, und aus dieser Glut wurde er sogleich in eine andere geschleudert – nämlich in die Glut der Hölle«.

Die Verteidigungsanlagen der Burg waren durchbrochen, die lateinische Besatzung besiegt, und eine blutige Plünderung folgte. Die Überreste menschlicher Skelette, die kürzlich innerhalb der Ringmauer ausgegraben wurden, legen Zeugnis ab von der Brutalität des Angriffs. Ein Schädel weist die Spur von drei Schwerthieben auf; der letzte Hieb spaltete den Kopf des Mannes und zerquetschte das Gehirn. Einem anderen Kämpfer wurde der Arm oberhalb des Ellbogens abgeschlagen, bevor er getötet wurde. Während ein Großteil der Gebäude schon in Flammen stand, brachten Saladins Männer mehr als die Hälfte der Besatzung um und machten überreiche Beute, darunter auch 1000 Rüstungen. Um die Mittagszeit an jenem Donnerstag erblickte Balduin, der sich auf dem Eilmarsch in Richtung Norden befand, die ersten unheilvollen Zeichen eines großen Brandes am Horizont – untrüglicher Beweis für das Zerstörungswerk, das sich zur selben Zeit an der Jakobsfurt ereignete. Er kam sechs Stunden zu spät.

In den beiden anschließenden Wochen schleifte Saladin die Burg an der Jakobsfurt, er ließ sie bis auf die Grundmauern Stein für Stein niederreißen. Später behauptete er sogar, er habe die Fundamente mit eigenen Händen herausgerissen. Die meisten der bei der Schlacht getöteten Lateiner wurden mitsamt ihren Pferden und Maultieren in die geräumige Zisterne der Festung geworfen. Das war ein höchst unkluger Schritt, weil kurz danach eine »Seuche« ausbrach, die viele Opfer unter den Muslimen forderte und auch zehn von Saladins Hauptleuten das Leben kostete. Mitte Oktober beschloss der Sultan, der sein Hauptziel erreicht hatte, den offenbar verfluchten Ort zu verlassen, und die Jakobsfurt blieb als aufgegebene, vergessene Ruine zurück.[16]

Saladins Erfolge im Sommer 1179 brachten die seit den Ereignissen am Mont Gisard ständig steigende Woge fränkischer Siege zum Stillstand. Der Versuch der Lateiner, die Kontrolle über das Grenzgebiet am Oberlauf des Jordan an sich zu reißen und Damaskus unter Druck zu setzen, war gescheitert. Dem Sultan war es gelungen, die Einheit von Ägypten und Syrien aufrechtzuerhalten. Noch aber stand ihm die Aufgabe bevor, den Islam durch die Unterwerfung von Aleppo und Mosul zu einen.

11

Der Sultan des Islam

Obwohl Saladin im Lauf des Jahres 1179 mehrfach siegreich gegen die Franken gekämpft hatte, wandte er sich in den frühen 1180er-Jahren wieder verstärkt seinen Bemühungen zu, ein eigenes Reich aufzubauen: Den Großteil seiner Energie und seiner Mittel verwandte er darauf, seine Herrschaft über Ägypten und Damaskus zu sichern und seine Macht auf die Muslime von Aleppo und Mosul auszuweiten. Im Frühjahr 1180, als Syrien unter den Nachwirkungen einer lang anhaltenden Dürreperiode und unter Hungersnöten zu leiden hatte, vereinbarte er mit den Lateinern einen auf zwei Jahre befristeten Waffenstillstand – ein Vertrag, der offenbar vorteilhaft für beide Seiten war, weil keiner sich verpflichtete, zur Sicherung des Friedens einen finanziellen Tribut zu entrichten. Der Vertrag ermöglichte es Saladin, einige Angelegenheiten innerhalb der muslimischen Welt zu regeln.

Herrschaftsdrang

Zu den dringlichsten Anliegen Saladins gehörte es, den Einfluss und die ständig zunehmende Macht von Kiliç Arslan II. einzudämmen, des seldschukischen Sultans von Anatolien. Kiliç Arslan legte, seit er im Jahr 1176 die Byzantiner bei Myriokephalon vernichtend geschlagen hatte, großes Selbstbewusstsein an den Tag und konnte mit gewissem Recht durchaus von sich behaupten, er sei der eigentliche Vorkämpfer des islamischen Dschihad. Saladin verbreitete denunzierende Äußerungen, mit denen er das seldschukische Oberhaupt in Misskredit bringen wollte: Er behauptete, Kiliç Arslan sei ein Gegner der Einheit – Saladin ging so weit, in Bagdad zu erklären, dass sein eigener Vertrag mit den Franken Jerusalems aus dem Jahr 1180 nur deswegen zustande gekommen sei, weil er es nicht gleichzeitig mit der gravierenden Bedrohung durch Kiliç Arslan und die lateinischen Christen aufnehmen konnte. Im Sommer 1180 übergab Saladin die Herrschaft über Damaskus an seinen Neffen Farrukh-Shah und zog mit Truppen in den Norden, um sich mit mehreren Städten im Gebiet des oberen Euphrat zu verbünden und damit Kiliç Arslans Ambitionen in Kleinasien zu vereiteln. Saladin zwang außerdem mit militärischem Druck den damaligen armenischen Herrscher über Kilikien, Ruben III., einen Nichtangriffspakt zu unterzeichnen, womit er die armenischen Christen als mögliche Gegner der ajjubidischen Expansion wirkungsvoll ausschaltete.

In diesen Jahren veränderten mehrere Todesfälle die politische Landschaft. Im Jahr 1180 starb der byzantinische Kaiser Manuel Komnenos; er hinterließ einen elfjährigen Sohn und Erben, der zwei Jahre später durch Manuels Vetter Andronikos Komnenos verdrängt wurde. Das Klima war von einer allmählichen Abkühlung der Beziehungen zwischen den Griechen und den Kreuzfahrerstaaten geprägt, was Saladin nur gelegen kommen konnte. Im Jahr 1181 unterzeichneten die Byzantiner einen Friedensvertrag mit dem Sultan, ein erstes Indiz dafür, dass sie in ihrem Verhältnis zur Levante wieder auf einen Neutralitätskurs umschwenkten. Bei Andronikos' Thronbesteigung im Jahr 1182 kam es zu einem Massaker an den Lateinern, die in Konstantinopel lebten und Handel trieben, und der neue Kaiser unternahm kaum irgendwelche Versuche, die frühere Zusammenarbeit mit Outremer wiederaufzunehmen.

Ganz ähnliche Veränderungen traten im Osten ein. Im Jahr 1180 starben der Abbasiden-Kalif und sein Wesir. Saladin wusste, dass das einen gefährlichen Rückgang der Unterstützung mit sich bringen konnte, die er bisher von Bagdad erfahren hatte, und er bemühte sich daher mit Nachdruck um gute Beziehungen zu dem neuen Kalifen an-Nasir. Auch die Zangiden hatten Verluste zu beklagen. Im Sommer des Jahres 1180 starb Saif ad-Din von Mosul, sein Nachfolger war sein jüngerer Bruder, Izz ad-Din. Noch schwerer wog Ende des Jahres 1181 der Tod von Nur ad-Dins Sohn und offiziellem Erben: Al-Salih starb infolge von Krankheit im Alter von nur 19 Jahren. Dieses Ereignis war für Saladins Zukunftspläne von entscheidender Bedeutung. In den Jahren zuvor hatte sich al-Salih allmählich zu einem potenziell mächtigen Gegner entwickelt, nachdem er nach dem Tod Gumushtegins, der einer

Intrige am Hof von Aleppo zum Opfer fiel, die Macht ergriffen hatte. Als Galionsfigur zangidischer Rechtmäßigkeit repräsentierte al-Salih das Versprechen dynastischer Kontinuität und erfreute sich bei den Bewohnern Aleppos größter Beliebtheit. Hätte al-Salih weitergelebt, dann wäre er für die Expansionsbestrebungen der Ajjubiden zu einer ernsthaften Belastung geworden; zumindest hätte seine Existenz Saladins Behauptung relativiert, der einzige, wahre Vorkämpfer des Islam zu sein, und wahrscheinlich auch die Hoffnung des Sultans zunichtegemacht, sich Nordsyrien ohne offene Kampfhandlungen einverleiben zu können. Obwohl die Macht in Aleppo bald an Saif ad-Dins älteren Bruder Imad ad-Din Zangi von Sindschar überging, bot der Tod al-Salihs dem Sultan doch die lang erhoffte Gelegenheit, seinen Einflussbereich innerhalb der muslimischen Welt weiter auszudehnen.[1]

Sorgfältig bereitete Saladin einen neuen Feldzug gegen die Zangiden in Aleppo und Mosul vor. Nachdem er den größten Teil des Jahres 1181 und die ersten Monate von 1182 mit Regierungsgeschäften in Ägypten zugebracht hatte, brach er im Frühjahr 1182 nach Syrien auf. Al-Adil und Qaragush vertraute er die Verwaltung über die Nilregion an. Rainald von Châtillon wurde von der Nachricht, dass der Sultan im Mai durch Transjordanien ziehen werde, in höchste Alarmbereitschaft versetzt, vor allem, weil er eine Verwüstung der bald erntereifen Getreidefelder befürchtete, und forderte Balduin IV. daher auf, die gesamte militärische Streitmacht des Königreichs in Kerak zu versammeln. Als es so weit war, führte Saladin seine Truppen in geschlossener Formation an der Burg vorbei, er griff aber nicht an, und es kam nicht zum Kampf.

Der mit den Franken 1180 abgeschlossene Friedensvertrag lief nun aus, und in diesem Sommer versuchten die Ajjubiden mehrfach, das lateinische Königreich Jerusalem anzugreifen. Als Saladin durch Transjordanien zog, nutzte Farrukh-Shah von seinem Standort Damaskus aus die Gelegenheit, als praktisch sämtliche Truppen aus dem lateinischen Galiläa abgezogen waren, und eroberte Cave de Sueth, die kleine, dreistöckige Höhlenfestung südöstlich des Sees Genezareth, den letzten befestigten Vorposten der Christen in der Terre de Sueth. Im Juli und August unternahm der Sultan zwei Feldzüge gegen die Franken. Der erste, eine massive Invasion im südlichen Galiläa und eine kurze Belagerung der Festung bei Bethsan, zwang König Balduin, sein Heer bei Saffariya zu versammeln. Dieser Ort lag auf halbem Weg zwischen Akkon und

Tiberias, inmitten fruchtbarem Acker- und Weideland, und bot sich als geeigneter Stützpunkt für das Heer der Christen an. In der Nähe von Bethsan trafen die Truppen am 15. Juli unter der sengenden Hochsommersonne aufeinander, aber es gab keinen eindeutigen Sieger. Die Kämpfenden kamen fast um vor Hitze; der lateinische Geistliche, der das Wahre Kreuz trug, erlitt einen tödlichen Hitzschlag, während Saladins Männer, nachdem sie den Jordan wieder überschritten hatten, es in ihrem Lager nicht aushielten; einem Augenzeugen zufolge führten das abgestandene Wasser und die verpestete Luft dazu, dass »die Ärzte einen enormen Umsatz machten«, und bald zogen sich die Truppen nach Damaskus zurück.[2]

Im August 1182 griff Saladin erneut an, diesmal das an der Küste gelegene Beirut. Die wiederaufgebaute ägyptische Kriegsflotte war schon 1179 und 1180 in Betrieb genommen worden, damals hatte sie den lateinischen Schiffsverkehr um Akkon und Tripolis drangsaliert; nun jedoch setzte der Sultan seine Flotte für einen Doppelangriff auf Beirut ein, er bedrängte die Stadt von Land und von See her. Drei Tage lang ließen seine Bogenschützen Pfeile auf die Stadt regnen, während Sappeure versuchten, die Mauern zu untergraben; als jedoch Balduins Entsatzheer anrückte, brach Saladin den Angriff ab, verwüstete die umliegenden Gebiete und zog sich eilig wieder auf muslimisches Territorium zurück.

Keine einzige Kampagne in diesem Jahr 1182 hatte ein klares Ergebnis, es handelte sich vielmehr um opportunistische Beutezüge, mit denen die Stärke und die Reaktion der Franken getestet werden sollten, während gleichzeitig mit so wenig Aufwand wie möglich Schaden angerichtet und territoriale und materielle Beute gemacht wurde. Diese Vorgehensweise bestimmte den Ton für die folgenden Jahre. Saladin konnte mit derartigen deutlichen Demonstrationen seines Engagements für den Dschihad vor allem seine fortgesetzten Versuche rechtfertigen, sich das muslimische Syrien und Mesopotamien zu unterwerfen – was für ihn ganz offensichtlich absoluten Vorrang hatte. Mehrere Briefe Saladins an den Kalifen in Bagdad dokumentieren die lautstarken Proteste und gewundenen polemischen Argumente, die in dieser Zeit von den Ajjubiden immer wieder vorgebracht wurden. Der Sultan beklagte sich, dass er seine Bereitschaft gezeigt habe, den »heiligen Krieg« gegen die Lateiner zu führen, doch ständig durch die bedrohliche Aggressivität der Zangiden davon abgelenkt worden sei. Nichts sei dringlicher als die Einheit des Islam; Saladin schlug daher vor, ihm die Vollmacht zu geben, sämtliche Muslime zu unterwerfen, die sich weigerten, sich ihm zum Dschihad anzuschließen. Gleichzeitig wurden die Zangiden-Herrscher von Aleppo und Mosul als aufrührerische Feinde des Staates dargestellt. Sie wurden beschuldigt, nur aufgrund der Erbfolge nach der Macht gegriffen zu haben, während von Rechts wegen das Herrscheramt für diese Städte doch jeweils vom Kalifen verliehen werden sollte. Izz ad-Din von Mosul wurde vorgeworfen, mit Jerusalem einen unterwürfigen Waffenstillstandsvertrag auf elf Jahre hinaus abgeschlossen (womit er das vorgeschriebene Limit von zehn Jahren für Verträge zwischen Muslimen und Nichtmuslimen überschritt) und die Zahlung eines jährlichen Tributs von 10 000 Dinaren an die Christen versprochen zu haben. Ähnliche Vorwürfe wurden später gegen Imad ad-Din Zangi im Zusammenhang mit seinen Verhandlungen mit Antiochia erhoben. Saladin warb um die Unterstützung des Kalifen und das Wohlwollen der Öffentlichkeit und stellte mit diesem Propagandafeldzug die Weichen für eine größere antizangidische Offensive.

Der entscheidende Handlungsanstoß kam für Saladin im Spätsommer des Jahres 1182. Er war noch mit der kurzen Belagerung von Beirut beschäftigt, als ihn eine Nachricht von Kukburi von Harran erreichte, einem türkischen Kriegsherrn, der bis dato die Zangiden unterstützt und im Jahr 1176 gegen Saladin gekämpft hatte. Nun lud Kukburi die Ajjubiden ein, den Euphrat zu überqueren, und brachte so faktisch seine Bereitschaft zum Ausdruck, die Fronten zu wechseln.[3] Der Sultan reagierte auf dieses Angebot, indem er ein Heer aufstellte und im Herbst zu einem Feldzug in den Irak aufbrach, ohne mit Jerusalem einen weiteren Waffenstillstand zu vereinbaren.

Saladins Feldzüge gegen Aleppo und Mosul (1182–1183)

Ende September 1182 nutzte Saladin Kukburis Aufforderung als Anlass für den Aufbruch zu einem Feldzug; er setzte sich in Richtung Osten in Marsch, um in der Nähe des Euphrat mit dem Herrn von Harran zusammenzutreffen und dann in das Dschazira-Gebiet weiterzuziehen. In den folgenden Monaten bemühte sich der Sultan nach Kräften, offene Kampfhandlungen gegen seine muslimischen Rivalen zu vermeiden; Methoden der Nötigung, der Diplomatie und der Propaganda zog er der direkten Gewaltausübung vor. Schon nach kurzer Zeit forderte er von Damaskus und Ägypten weitere finanzielle Unterstützung zur Bestechung seiner Gegner an. Sogar Wilhelm von Tyrus bemerkt, dass der Sultan verschwenderisch mit Bestechungsgeldern umging, um eine schnelle Unterwerfung »fast der gesamten Region [...], die ehemals unter der Herrschaft von Mosul stand«, zu erreichen, wozu auch Edessa gehörte.[4]

Im November setzte sich Saladin direkt gegen Mosul in Marsch. Trotz der Unterstützung durch Kukburi zögerte er, sich auf eine langwierige, blutige Belagerung der Stadt einzulassen, doch seine Hoffnung, Izz ad-Din so sehr einschüchtern zu können, dass dieser sich ergab, erfüllte sich nicht. Zu Beginn des Winters hatte sich eine Pattsituation ergeben, und nun trafen Gesandte vom Kalifen an-Nasir ein, um zwischen den Parteien zu vermitteln und einen Frieden auszuhandeln. Zu Saladins Verdruss nahmen sie eine neutrale Position ein und favorisierten weder die Ajjubiden noch die Zangiden. Ohne nennenswerte Fortschritte gemacht zu haben, zog sich der Sultan zurück. Im Dezember setzte er sich in Richtung des 120 Kilometer östlich gelegenen Sindschar in Bewegung und zwang die große Festungsstadt, sich zu ergeben; dann zog er, nachdem er wegen des grimmigen Winterwetters eine kurze Pause eingelegt hatte, in den ersten Frühlingswochen des Jahres 1183 nach Diyar Bakr weiter und nahm die angeblich unbezwingbare Hauptstadt im April ein. Nach diesem Erfolg stimmte der Artuqiden-Herrscher von Mardin einem Unterwerfungsbündnis zu. Indem Saladin einen großen Teil der Dschazira und von Diyar Bakr mit einer Mischung aus Überredung und Gewalt auf seine Seite gezogen hatte, war es ihm also im Verlauf von sechs Monaten gelungen, Mosul zu isolieren und empfindlich zu schwächen. Den Zangiden blieb kaum noch irgendwelcher Handlungsspielraum. Ende Februar versuchten Izz ad-Din und Imad ad-Din Zangi einen Gegenangriff zu organisieren, doch im Endeffekt fehlten ihnen dafür sowohl die materiellen Mittel wie auch das Durchhaltevermögen.

Saladin hatte befriedigende Fortschritte gemacht, doch Mosul entzog sich seinem Zugriff nach wie vor. In jenem Frühjahr setzte er eine zunehmend lautstarke diplomatische Attacke in Gang, mit der er die Stimmung in Bagdad zu seinen Gunsten zu wenden hoffte. In seinen Schreiben an den Kalifen warf er den Zangiden vor, die Franken angestiftet zu haben, ajjubidische Gebiete in Syrien anzugreifen, ja sogar christliche Kampfhandlungen zu unterstützen. Der Sultan unterließ es auch nicht, an eigene Bestrebungen des Kalifen zu appellieren, seine politische sowie geistliche Macht zu mehren: Er versprach, dass die Ajjubiden Mesopotamien zwingen würden, die Autorität des Kalifen anzuerkennen. Und Saladin fügte das verwegene Versprechen hinzu, er werde, wenn Bagdad ihn nur bei seinem Anspruch auf Mosul unterstützen wolle, durchaus in der Lage sein, Jerusalem zu erobern, dazu Konstantinopel, Georgien und Marokko. Ungefähr gleichzeitig machte der Sultan den doppelzüngigen Versuch, die Solidarität der Zangiden aufzusprengen, indem er Imad ad-Din Zangi warnend darauf hinwies, dass Izz ad-Din von Mosul angeblich den Ajjubiden angeboten habe, sich mit ihnen gegen Aleppo zu verbünden.

Seit dem späten Frühjahr richtete Saladin seinen Feldzug auf Aleppo, er begab sich über den Euphrat zurück, um am 21. Mai 1183 die Stadt mit seinen Truppen zu umzingeln. Wieder hoffte der Sultan, offene Kampfhandlungen zu vermeiden, doch die Einwohner Aleppos machten umgehend deutlich, dass sie gewillt waren, ihr Eigentum zu verteidigen, indem sie Saladins Männer täglich erbittert angriffen. Zum Glück für Saladin zeigte sich Imad ad-Din Zangi gefügiger. Dieser war überzeugt, dass an der Herrschaft der Ajjubiden über Syrien nichts mehr zu ändern war und daher seine eigene isolierte Position sich nicht länger halten ließ, also trat er in geheime Unterhandlungen mit dem Sultan ein. Am 12. Juni stimmte er dessen Bedingungen zu und öffnete zum großen Entsetzen der Bevölkerung die Tore der Zitadelle von Aleppo für die feindlichen Truppen. Als Entschädigung erhielt Imad ad-Din Zangi ein Gebiet in der Dschazira, darunter auch die von ihm früher beherrschte Stadt Sindschar, und er versprach dem Sultan als Gegenleistung außerdem, künftig Truppen zu dessen Verfügung zu stellen, wann immer sie gebraucht wurden. Auch Jurdik, der syrische Kriegsherr, der Saladin im Jahr 1169 geholfen hatte, den ägyptischen Wesir Shawar festzunehmen, schloss sich in jenem Sommer Saladin wieder an. Seit 1174 hatte Jurdik Aleppo die Treue gehalten und sich standhaft geweigert, die Ajjubiden zu unterstützen. Nun endlich trat er in den Dienst des Sultans und war bald einer seiner treuesten und fähigsten Gefolgsleute.

Unmittelbar nach seinem Herrschaftsantritt in Aleppo tat Saladin alles, um Unruhen unter der Bevölkerung zu begrenzen und eine Atmosphäre der Einheit zu schaffen. Steuern, die nicht dem Koran entsprachen, wurden abgeschafft, und im weiteren Verlauf des Sommers wurde ein Gesetz erlassen, das den Nichtmuslimen innerhalb der Stadt vorschrieb, sich so zu kleiden, dass sie sich von den muslimischen Bewohnern unterschieden – eine Maßnahme, die offensichtlich darauf abzielte, den Zusammenhalt zwischen den Sunniten und den Schiiten in Aleppo zu fördern und ihre Bereitschaft zu erhöhen, das ajjubidische Regime anzuerkennen.

Die Eroberung Aleppos bedeutete für Saladin einen gewaltigen Fortschritt. Nach fast einem Jahrzehnt hatte er das muslimische Syrien vereint; sein Reich erstreckte sich nun über das gesamte Gebiet zwischen dem Nil und dem Euphrat. Es sind einige Briefe auf uns gekommen, denen man entnehmen kann, wie der Sultan seinen Erfolg feierte und in der Öffentlichkeit darstellte. Wie schon zuvor war ihm sehr daran gelegen, seine Eroberung zu rechtfertigen, und er betonte, dass er, wenn es möglich wäre, gern die Rolle eines Anführers des Islam mit anderen teilen würde, doch sei es im Krieg unumgänglich, dass nur einer die Befehle erteile. Die Unterwerfung der Stadt Aleppo interpretierte er als einen Schritt auf dem Weg zur Wiedereroberung Jerusalems und erklärte stolz, dass »der Islam jetzt erwacht ist und das finstere Phantom des Unglaubens vertreiben kann«.[5]

Vor dem Hintergrund dieser Rhetorik war es im Spätsommer 1183 offensichtlich, dass Saladin zumindest in gewissem Umfang das Versprechen einlösen musste, das seine Propaganda bezüglich eines Angriffs auf die Franken enthielt. Zum Schutz seiner Grenzen in Nordsyrien schloss er mit Bohemund III. von Antiochia einen Waffenstillstandsvertrag, wobei er für den Islam äußerst günstige Bedingungen aushandelte – darunter auch die Freilassung muslimischer Gefangener und territoriale Zugeständnisse –; dann brach er in Richtung Süden nach Damaskus auf, um von dort aus die muslimische Stärke gegen das Königreich Jerusalem zu demonstrieren.

Der Krieg gegen die Franken

In jüngster Zeit hatte sich das Gleichgewicht der Macht im fränkischen Palästina signifikant verschoben. Der Gesundheitszustand Balduins IV. wurde immer schlechter, und man plante eine eheliche Verbindung seiner verwitweten Schwester Sibylla mit dem hochrangigen Herzog

Hugo III. von Burgund. Der Tod König Ludwigs VII. von Frankreich im Jahr 1180, der seinen jungen Sohn Philipp II. August als Thronerben hinterließ, durchkreuzte jedoch diesen Plan, weil Hugo aufgrund des zu erwartenden Machtkampfs in Frankreich nicht gewillt war, sein Herzogtum zu verlassen. Also musste für Sibylla ein anderer Ehepartner gefunden werden. Damals scheinen Raimund III. von Tripolis und Bohemund III. von Antiochia – im Interesse ihrer eigenen Pläne und um die Sicherheit von Jerusalem auch weiterhin zu garantieren – die Absicht gehabt zu haben, Balduin IV. vom Thron zu verdrängen. Im Jahr 1180, um die Osterzeit herum, versuchten die beiden eine Aktion, die letztlich in einen Staatsstreich gemündet wäre, indem sie Sibylla zwangen, den von ihnen favorisierten Verbündeten, Balduin von Ibelin, zu heiraten, ein Mitglied der immer mächtiger werdenden Ibelin-Dynastie. Wäre diese Ehe zustande gekommen, dann wäre der Leprakönig ausgegrenzt gewesen; Balduin IV. aber war nicht bereit, sich seinen Einfluss auf die Nachfolge streitig machen zu lassen. Ermutigt von seiner Mutter Agnes und seinem Onkel Joscelin von Courtenay ergriff er die Initiative. Bevor Raimund und Bohemund ihren Einfluss geltend machen konnten, verheiratete der König seine Schwester mit dem ihm genehmen Kandidaten, Guido von Lusignan, einem adligen Ritter aus dem Poitou, der kürzlich in der Levante eingetroffen war.

Zum Teil war Balduins Wahl von den Umständen diktiert, denn Guido war damals in Palästina der einzige unverheiratete Mann von ausreichend hoher Geburt. Auch mag Guidos Verbindung mit dem Poitou – einer Region, über die der angevinische König Heinrich II. von England herrschte – eine Rolle gespielt haben: Da im kapetingischen Frankreich Unruhen herrschten, stieg Englands Bedeutung als möglicher Verbündeter. Dennoch kam Guidos Aufstieg zum führenden Politiker ebenso plötzlich wie unerwartet. Durch seine Vermählung mit Sibylla wurde Guido von Lusignan der designierte Erbe des Thrones von Jerusalem. Wenn es Balduin IV. aufgrund seiner Krankheit nicht mehr möglich war weiterzuregieren, dann wurde von Guido auch erwartet, die Rolle des Regenten zu übernehmen. Die Frage war, ob Guidos plötzliche Erhebung andere führende Mitglieder des Hofes, darunter Raimund von Tripolis und die Ibelinen, befremden oder verbittern würde. Guido hatte sich bislang weder als politischer oder als militärischer Führer bewährt, noch war es ausgemacht, ob er seinen Ehrgeiz, selbst nach der Krone zu greifen, so lange zügeln konnte, wie Balduin IV. noch am Leben war und an seinem Amt festhielt.[6]

Der Stachel lateinischer Aggression

Saladins Entscheidung, im Herbst 1183 einen Angriff auf das fränkische Palästina zu unternehmen, hatte ihren Grund nicht nur in dem Wunsch des Sultans, seine Eignung als Kämpfer im Dschihad unter Beweis zu stellen. In gewissem Ausmaß waren seine Angriffe auch eine Vergeltungsmaßnahme für die jüngsten lateinischen Übergriffe. Ende 1182, als der Sultan sich im Irak aufhielt, überfielen die Franken Gebiete in der Nähe von Damaskus und Bosra und eroberten die Cave de Sueth zurück.

Im Süden Transjordaniens unternahm Rainald von Châtillon ein offensichtlicheres kriegerisches Manöver, eine Aktion, auf die er sich, wahrscheinlich in Zusammenarbeit mit dem König, ungefähr zwei Jahre lang vorbereitet hatte. Saladins Netz von Kundschaftern hatte bereits warnend gemeldet, dass der Herr von Kerak einen Angriff plante, aber der Sultan ging irrtümlich davon aus, dass die Gefahr an der Straße durch den Sinai drohte, die Ägypten mit Damaskus verband. Er hatte daher auch al-Adil aufgetragen, die Befestigungen am wichtigsten Sammelpunkt al-Arish zu verstärken. Rainalds Plan hingegen war viel kühner und hatte ganz andere Dimensionen, wenn er auch vielleicht vom strategischen Gesichtspunkt her weniger sinnvoll war. In den Wochen um den Jahreswechsel 1182/1183 wurden fünf in Kerak gebaute Galeeren, in Einzelteile zerlegt, auf dem Rücken von Kamelen zum Golf von Akaba transportiert, dort zusammengebaut und im Roten Meer zu Wasser gelassen. Zum ersten Mal seit Jahrhunderten bewegten sich Schiffe von Christen auf diesen Gewässern. Rainald teilte dann seine Flotte auf: Zwei Schiffe blockierten den Hafen von Akaba, der sich in der Hand der Muslime befand; er selbst griff vom Land aus an. Die drei übrigen Galeeren wurden in den Süden geschickt, sie waren mit arabischen Navigationsspezialisten und Soldaten bemannt. Offenkundig kamen Nachrichten über die außerordentlichen Abenteuer dieser kleinen, aus drei Schiffen bestehenden Flottille nie bei den Franken an. Eine einzige lateinische Quelle vermeldet, dass nach ihrem Auslaufen »nichts mehr von ihnen vermeldet wurde, und keiner weiß, was aus ihnen wurde«;

und Rainald kehrte wieder nach Hause zurück, nachdem er in Akaba ein wenig Unruhe gestiftet hatte.

In der muslimischen Welt jedoch stieß der schockierende, unerhörte Ausgriff auf das Rote Meer auf größte Empörung. Wochenlang machten die drei Galeeren der Christen die Häfen Ägyptens und Arabiens unsicher und erschreckten deren ahnungslose Bewohner, sie drangsalierten Pilger und Kaufleute und bedrohten Mekka und Medina, die beiden heiligsten Stätten des Islam. Es gab sogar Gerüchte, dass die Christen den Leichnam Mohammeds stehlen wollten. Erst als al-Adil seine eigene Flotte von Kairo zum Roten Meer befördern ließ, konnten sie zur Strecke gebracht werden. Sie wurden genötigt, mit ihren Schiffen die arabische Küste anzusteuern; die christliche Besatzung floh in die Wüste, doch die Männer wurden eingeholt, und 170 von ihnen ergaben sich, wahrscheinlich gegen das Versprechen, sicher abziehen zu dürfen. Am Ende wurden sie aber doch alle getötet.

Saladin wurde von den Ereignissen in Kenntnis gesetzt, während er sich noch im Irak befand, und er bestand darauf, ein Exempel statuieren zu lassen: Offiziell verkündete er, dass Nichtmuslime, denen der Weg zu den heiligsten Stätten des Islam bekannt war, kein Recht auf Leben hatten; insgeheim muss er sich allerdings nur zu sehr einer unbequemen Wahrheit bewusst gewesen sein: Im Augenblick dieser skandalösen Krise war er, der selbst ernannte Vorkämpfer des Glaubens, abwesend, und zwar, weil er gegen muslimische Glaubensbrüder kämpfte. Daher verlangte der Sultan, trotz al-Adils offensichtlicher Bedenken, Vergeltung für diese »unerhörte Ungeheuerlichkeit« der Verbrechen, die die lateinischen Gefangenen verübt hatten, und er bestand darauf, dass – wie es ein arabisches Zeugnis festhält – »die Erde von ihrem Unflat und die Luft von ihrem Atem gereinigt werden muss«. Die meisten Gefangenen wurden einzeln oder paarweise in diverse Städte und Siedlungen im ajjubidischen Reich gebracht und öffentlich hingerichtet, zwei allerdings wurden für ein noch grausigeres Schicksal aufgespart. Zur Zeit des nächsten Hadsch wurden sie an einen Ort am Stadtrand von Mekka geführt, zu dem normalerweise das Vieh zum Schlachten gebracht und das Fleisch anschließend an die Armen verteilt wurde; hier wurden die beiden unglücklichen Gefangenen vor einer wutschäumenden Pilgermenge »wie Tiere für das Opfer« abgeschlachtet. Die Schändung Arabiens war bestraft, das Ansehen des Sultans als entschiedener Verteidiger des Islam wiederhergestellt, doch die bittere Erinnerung an das skandalöse Manöver der Franken auf dem Roten Meer konnte damit nicht ausgelöscht werden, und sein Initiator Rainald von Châtillon war von da an eine verachtete, gehasste Unperson.[7]

Eine anschwellende Woge des Konflikts?

Als Saladin im Herbst 1183 das Königreich Jerusalem tatsächlich angriff, enthüllte sich die tiefe Zerrissenheit des christlichen Palästina in aller Deutlichkeit. In jenem Sommer hatte sich die Gesundheit Balduins IV. erneut verschlechtert. Die Verheerungen der Lepra waren in seinem Körper schon weit fortgeschritten, »sein Augenlicht ließ nach, und seine Extremitäten waren mit Geschwüren übersät, sodass er weder seine Hände noch seine Füße noch gebrauchen konnte«. Reiten konnte er überhaupt nicht mehr, er ließ sich daher normalerweise in einer Sänfte transportieren. Doch nach dem Zeugnis Wilhelms von Tyrus »war er zwar körperlich schwach und gebrechlich, geistig jedoch noch immer stark, und er bemühte sich mit übermenschlicher Kraft, seine Krankheit zu verbergen und sich der Bedrängnisse des Königreichs anzunehmen«. Nun allerdings, im Jahr 1183, erkrankte er an einer Art Sekundärinfektion, »er bekam Fieber [...] und verlor seinen Lebensmut«. Der junge König befand sich in einem ausweglosen Dilemma: Zusätzlich eingeschränkt durch die neu hinzugekommene Krankheit, musste er, ohne den geringsten Anhaltspunkt bezüglich des Ortes zu haben, befürchten, dass Saladin ein neues Angriffsmanöver wagen würde. Er befahl seinen eigenen Streitkräften, sich mit den Truppen aus Tripolis und Antiochia in Saffariya zu sammeln; er selbst zog sich nach Nazareth zurück und übergab die Exekutivgewalt vorübergehend seinem Schwager, dem designierten Erben Guido von Lusignan.

Als Regent hatte Guido auch das Amt des fränkischen Oberbefehlshabers inne, als Saladin Ende September 1183 in Galiläa einmarschierte. Guido stand an der Spitze eines der größten fränkischen Heere, die je in Palästina aufgestellt worden waren – es umfasste um die 1300 Ritter und 15 000 Fußsoldaten –, dennoch war es im Verhältnis zur Streitkraft der Muslime deutlich in der Minderzahl. Mit der Lenkung eines solchen Heeres mitten in einem ausgewachsenen Krieg hatte Guido kaum, wenn überhaupt Erfahrung, es verstand sich also von selbst, dass seine Fähigkeiten unter genauer Beobachtung standen, und nach den Kriterien der Militärwissenschaft machte er seine Sache nicht schlecht – nicht spektakulär, aber effektiv. Als Saladin erneut Bethsan überfiel und plünderte, befahl Guido einen geordneten Vormarsch; er setzte während des Marsches die Infanterie ein, um die Ritter zu schützen, untersagte kleinere Scharmützel und vermied es, sich überstürzt in eine offene Schlacht hineinziehen zu lassen. Saladin, der hoffte, die Formation der Lateiner aufbrechen zu können, zog sich eine kurze Strecke nordwärts zurück, doch konnte er die Franken nicht zur Verfolgung bewegen, und beide Seiten bezogen in der Nähe des Dorfes Ain Dschalut im Abstand von anderthalb Kilometern ihre Verteidigungsstellungen. Fast zwei Wochen lang änderte sich an dieser Situation nichts, trotz der Versuche des Sultans, einen Angriff zu provozieren, und Mitte Oktober zog sich das muslimische Heer wieder über den Jordan zurück. Die Franken hatten den Sturm überlebt.

Während des gesamten Feldzugs hatte Guido die bewährten Prinzipien der Defensivstrategie der Kreuzfahrer fast buchstabengetreu befolgt: Er sorgte für die Aufrechterhaltung der Truppendisziplin; versuchte, die Mobilität des Feindes durch geordneten Vormarsch zu begrenzen, verzichtete dabei jedoch auf jegliche waghalsige Konfrontation. Trotz seiner Umsicht und Kompetenz wurde er von seinen Rivalen am Hof jedoch in Bausch und Bogen verurteilt, weil er Saladin nicht daran gehindert hatte, das Königreich zu verwüsten; außerdem bemängelten seine Kritiker pauschal seine übertriebene Zaghaftigkeit, die sich mit echter Ritterkultur nicht vereinbaren lasse. Vorsichtiges Abwarten war eben möglicherweise taktisch klug, aber unter lateinischen Soldaten nicht sonderlich beliebt. Selbst erfahrenen Herrschern und bewährten Hauptleuten fiel es schwer, Befehle durchzusetzen, die auf den ersten Blick den Eindruck von armseliger Feigheit erweckten – im Jahr 1115 hatte Roger von Salerno gedroht, seine Männer zu blenden, wenn sie nicht in Reih und Glied blieben, und in späteren Jahren sollte Richard Löwenherz ähnliche Probleme mit dem Gehorsam seiner Gefolgschaft haben. Guido war ein unerfahrener Feldherr, dem erst vor Kurzem die Regentschaft übertragen worden war und dessen Recht auf die Herrschaft noch nicht definitiv abgeklärt war. Was er im Herbst des Jahres 1183 am nötigsten gebraucht hätte, wäre eine klare Demonstration martialischer Unerschütterlichkeit gewesen, vielleicht sogar ein breitbrüstiger militärischer Sieg, um die Zweifler auf seine Seite zu ziehen und die Kritiker zum Schweigen zu bringen. Zumindest hätte er beweisen müssen, dass er die Willenskraft besaß, die nach Unabhängigkeit strebenden Aristokraten Jerusalems zu zügeln. Faktisch erwies Guido, indem er das für die Verteidigung des Königreichs Richtige tat, sich selbst einen gewaltigen Bärendienst. Es überrascht nicht, dass seine politischen Gegner diese Gelegenheit ergriffen, um seinen Ruf zu ruinieren.[8]

Nach einer kurzen Pause zog Saladin Ende Oktober 1183 Richtung Süden nach Transjordanien, um Kerak zu belagern. Diesmal handelte es sich um eine sehr eindeutige Aggression, denn er führte schwere Belagerungswaffen mit sich, darunter mehrere Belagerungsmaschinen für den Sturm auf die Burg, doch es war auch eine willkommene Gelegenheit, sich mit seinem Bruder al-Adil zu treffen, der aus Ägypten gekommen war, um die Herrschaft über jüngst erobertes ajjubidisches Territorium in Nordsyrien zu übernehmen. Die Belagerung von Kerak fiel, möglicherweise bewusst, außerdem mit einer Hochzeitsfeier in den höchsten Kreisen des fränkischen Adels zusammen: Humfried IV. von Toron heiratete Isabella, die Halbschwester des Königs; die Hochzeit wurde von Rainald von Châtillon ausgerichtet; anwesend waren seine Frau Stephanie von Milly sowie Isabellas Mutter, Maria Komnena. Saladin mag erwogen haben, eine so erlesene Gesellschaft christlicher Adliger als Geiseln zu nehmen, das Lösegeld für sie wäre auf jeden Fall ein wahrer Goldregen gewesen.[9] Später machte die Geschichte die Runde, dass Stephanie, ganz höfische Dame, mitten im Sturm der Belagerung Speisen vom Hochzeitsbankett zum Sultan hinausbringen ließ und dass dieser als Dank dafür versprach, den Teil der Festung, in dem die Frischvermählten sich aufhielten, nicht zu bombardieren. Wenn an dieser Geschichte irgendetwas Wahres sein sollte – in muslimischen Quellen wird sie nicht erwähnt –, dann war ein Motiv für Saladins galante Geste unter Umständen schlicht der Wunsch, das Leben derart wertvoller Geiseln zu schonen.

Die Nachricht von der Belagerung von Kerak traf am lateinischen Hof in Jerusalem zu einem Zeitpunkt ein, als die Franken ohnehin schon tief in Zwistigkeiten verstrickt waren. Wider Erwarten war Balduins Fieber zurückgegangen, und der geschwächte Körper des Leprakönigs erholte sich ein wenig. Nach den Ereignissen bei Ain Dschalut stritt er sich mit Guido von Lusignan um die Herrschaftsrechte, und der junge Monarch wandte sich, möglicherweise negativ beeinflusst durch

Raimund III. und die Brüder Ibelin, von Guido ab und widerrief dessen Regentschaft. Noch während Kerak belagert wurde, berief Balduin einen Rat ein, um die Wahl eines neuen Erben zu diskutieren, und die Wahl fiel schließlich auf den kleinen Sohn Sibyllas aus ihrer ersten Ehe – den Neffen und Namensvetter des Königs, Balduin (V.). Am 20. November 1183 wurde der Fünfjährige zum Thronfolger ernannt und als Mitregent in der Grabeskirche gekrönt und gesalbt. Sogar Wilhelm von Tyrus musste zugeben, dass »die Meinungen kluger Männer bezüglich dieser großen Veränderung sehr weit auseinandergingen [...] denn weil ja beide Könige behindert waren, der eine durch seine Krankheit und der andere aufgrund seines kindlichen Alters, war die ganze Sache völlig sinnlos«. Seine eigene Auffassung machte der Erzbischof dann doch noch kaum verhüllt deutlich, indem er schloss, diese Abmachung habe immerhin jede noch bestehende Hoffnung erstickt, die dieser »absolut unfähige« Guido möglicherweise noch auf die Königswürde gehegt haben sollte.[10]

Nachdem diese Regelung getroffen war, brach Balduin IV. nach Transjordanien auf. Er hoffte, Kerak befreien zu können. Wegen seiner Gebrechlichkeit musste er wahrscheinlich in einer Sänfte getragen werden, und Raimund von Tripolis wurde zum Befehlshaber des fränkischen Heeres ernannt. Obwohl die Lateiner erst so spät anrückten, war es Saladin bisher noch nicht gelungen, den riesigen Festungsgraben von Kerak zu überqueren, und da das Heer der Christen nun immer näher rückte, brach der Sultan seine Belagerung am 4. Dezember 1183 ab. Es hatte sich bei diesem Angriff von vornherein um eine halbherzige Unternehmung gehandelt, und ganz sicher wollte Saladin vermeiden, den Franken in einer offenen Schlacht gegenüberzutreten. Der Leprakönig konnte also in der Rolle des siegreichen Retters Einzug in die Wüstenfestung halten.

In diesem Winter kam es zum offenen Bruch zwischen Balduin IV. und Guido von Lusignan, und während der gesamten ersten Hälfte des Jahres 1184 war das Königreich Jerusalem durch Zwietracht geschwächt. Saladin konzentrierte sich währenddessen auf seinen diplomatiegestützten Kampf um Mosul und unternahm bis zum späten Sommer keinen Angriff gegen die Franken. Um den 22. August herum begann er erneut, Kerak zu belagern, aber als der Leprakönig seine letzten Kräfte zusammennahm und ein Entsatzheer aufstellte, zog sich der Sultan wiederum zurück und schlug in einer Entfernung von einigen Kilometern in Richtung Norden ein gut geschütztes Lager auf. Als die Lateiner keine Anstalten machten, ihn anzugreifen, zog er weiter. Nach einer kurzen Überfallkampagne im Tal des Jordan und einem raschen Überfall auf Nablus zog er sich nach Damaskus zurück.

Saladin verfolgte bei diesen beiden Feldzügen gegen das Königreich Jerusalem durchgehend, sowohl 1183 als auch 1184, eine Strategie vorsichtiger Aggression: Er übte probeweise Druck auf die Franken aus, ging nur geringe Risiken ein und vermied jegliche Kampfhandlung, wenn der Feind sich weigerte, zu Saladins Bedingungen und an Plätzen seiner Wahl zu kämpfen. Diese Gefechte sind oft als genau kalkulierte, langsam ansteigende Stufen auf dem Weg zur vollständigen Invasion interpretiert worden, doch man kann in ihnen genauso gut Versuchsballons sehen, Testattacken in einem Kampf, der bislang für den Sultan nur untergeordnete Bedeutung hatte. Auffällig ist ja, dass Saladins Dschihad gegen die Lateiner in den frühen 1180er-Jahren sich fast ausschließlich auf zwei Gebiete beschränkte, die für das Reich der Ajjubiden in strategischer, politischer und wirtschaftlicher Hinsicht besonders wichtig waren: zum einen Transjordanien, die Landroute von Ägypten nach Damaskus und außerdem Hauptdurchgangsstraße von Handelskarawanen und Pilgern nach Arabien; und zum andern Galiläa, das Territorium in lateinischer Hand, das für Damaskus die größte Bedrohung darstellte.

Tatsächlich ließ Saladin damals keinerlei Bereitschaft erkennen, eine echte Invasion Palästinas zu beginnen, und er machte auch keine verbissenen Versuche, die Franken in der Schlacht direkt zu stellen. Kurz gesagt: Die lateinische Herrschaft über Jerusalem blieb unangefochten. Der Sultan führte Krieg gegen Outremer, doch scheinen seine Bemühungen zumindest teilweise eher dem Wunsch geschuldet, öffentlich sein Engagement für den Dschihad zu bekunden – gelegentlich hatten seine Angriffe fast eine Art Alibifunktion. Wenn man aus der heutigen Perspektive der Nachgeborenen auf die Ereignisse zurückblickt, wird schlagend deutlich, dass aufgrund der extremen Verwundbarkeit der Franken eine entschlossene ajjubidische Offensive gegen das Königreich Jerusalem dem Sultan umgehend den Sieg beschieden hätte, gerade in den Jahren 1183/1184. Zu seiner Verteidigung kann man vorbringen, dass er wohl vom wahren, erschütternden Ausmaß der Zwietracht und Schwäche der Christen nichts gewusst hat.

Außerdem ist zu beachten, dass einige arabische und lateinische Chroniken und Biografien, die sich auf die politischen und militärischen Ereignisse beziehen, zwar in den 1180er-Jahren wachsende Spannungen zwischen dem christlichen Outremer und dem ajjubidischen Islam verzeichnen, dass andere zeitgenössische Quellen dagegen ganz andere Eindrücke vermitteln. Der Pilger und Reisende Ibn Dschubair reiste genau in diesen Jahren durch das Heilige Land, er schloss sich im Herbst 1184 einer muslimischen Handelskarawane von Damaskus nach Akkon an und erlebte so viele Kontakte zwischen den Religionen und ein so friedliches Zusammenleben, dass er dies als ganz außergewöhnlich notierte:

> Zu den erstaunlichsten Dingen, die zu erwähnen sind, gehört, dass zwar Flammen der Zwietracht zwischen diesen beiden Parteien – den Muslimen und den Christen – brennen, doch es können zwei Heere von ihnen aufeinandertreffen und einander in der Schlacht bekämpfen, und trotzdem bewegen sich muslimische und christliche Reisende unbehelligt unter ihnen hin und her. Wir haben zum Beispiel Saladin mit all seinen muslimischen Mannen aufbrechen sehen, um die Burg Kerak zu belagern, eine der größten Festungen der Christen, die an der Straße [nach Mekka und Medina] liegt und die Überlandreisen der Muslime erschwert [...]. Dieser Sultan belagerte die Burg, er bedrängte sie hart, und die Belagerung dauerte lang, doch die Karawanen zogen weiterhin eine nach der anderen von Ägypten nach Damaskus, sie durchquerten das Land der Franken, ohne von ihnen behindert zu werden. Ebenso waren die Muslime ständig [durch fränkisches Gebiet] von Damaskus nach Akkon unterwegs, und genauso wenig wurden die christlichen Händler [auf muslimischem Territorium] angehalten oder schikaniert.

Dieser faszinierende, erhellende Beleg lässt erkennen, dass die florierenden Handelsbeziehungen, die die Welten der Christen und der Muslime verbanden, in jenen Jahren unvermindert weiterbestanden. Ibn Dschubairs Zeugnis scheint die Vorstellungen von einem heftigen, unerbittlichen Konflikt zwischen den beiden rivalisierenden Mächten zu widerlegen. Wenn seine Darstellung der levantinischen Welt repräsentativ ist – Ibn Dschubair war ja ein Außenseiter und verbrachte nur wenige Monate in der Region –, gewinnt die Vermutung, dass der Dschihad für Saladin ganz offensichtlich *nicht* absoluten Vorrang hatte, doch eine gewisse Plausibilität.[11]

Doch wie tief auch immer die Kluft der Feindschaft zwischen dem Islam und den Franken gewesen sein mag – im darauffolgenden Jahr verschärfte sich die Führungskrise innerhalb des Königreichs Jerusalem entscheidend. Im Herbst 1184 verschlimmerte sich der Gesundheitszustand Balduins IV. wieder, und nun war ganz klar, dass er bald sterben würde. Trotz seiner wiederholten Zweifel an der Treue Raimunds von Tripolis bestimmte Balduin ihn zum Regenten – die einzige realistische Alternative wäre Rainald von Châtillon gewesen, der jedoch mit der Verteidigung Transjordaniens völlig ausgelastet war. Ungefähr Mitte Mai 1185 starb Balduin IV. im Alter von erst 23 Jahren und wurde neben seinem Vater Amalrich in der Grabeskirche beigesetzt. Während fast der gesamten Regierungszeit hatte sich Balduin in einer tragischen Zwangslage befunden: Er wusste, dass er nicht in der Lage war, sich als Herrscher wirklich durchzusetzen, doch er konnte auch keinen angemessenen Ersatz finden oder eine tragfähige Teilung der Macht in die Wege leiten, selbst dann nicht, als eine muslimische Invasion immer bedrohlicher am Horizont auftauchte. Sein ganzes Leben lang hatte er seine Behinderung mit größter Tapferkeit ertragen. Trotzdem war es ihm nicht gelungen, den Ehrgeiz seiner mächtigsten Untertanen zu bändigen, und es waren ihm einige herbe Fehleinschätzungen unterlaufen; die verhängnisvollste war wohl seine Entscheidung, dem Grafen Guido von Lusignan Ende 1183 seine Unterstützung zu entziehen. Man muss ihn als tragische Figur in Erinnerung behalten – als einen Mann, der sich nach Kräften bemühte, das Heilige Land zu verteidigen, dessen Herrschaft jedoch in eine Phase gefährlichen Niedergangs fiel.

Verwandlung

Im Jahr 1185 nahm Saladin seine Anstrengungen wieder auf, Mesopotamien für sich zu gewinnen. Erneute Versuche, mit Mosul eine Einigung auf Verhandlungsbasis zu erreichen, waren zu Beginn des Jahres 1184 gescheitert, obwohl der Sultan seinen Einfluss in der Region weiterhin ausdehnte und sich mit einer Mischung aus Einschüchterung, Überredung und schlichter Bestechung die Unterstützung benachbarter irakischer Siedlungen sicherte. Bis zum Jahr 1185 war es schließlich völlig klar, dass er einen zweiten Feldzug über den Euphrat unternehmen musste, wenn er seine Autorität wirklich durchsetzen und Mosul gefügig machen wollte. Für Syrien und Ägypten verschaffte er sich in jenem Frühjahr durch einen auf ein Jahr befristeten Waffenstillstandsvertrag mit Raimund von Tripolis einen gewissen Sicherheitsspielraum, und dann brach Saladin von Aleppo aus mit einem großen Heer in Richtung Osten auf; in seiner Begleitung befanden sich Isa und al-Mashtub, später gesellte sich auch noch Kukburi dazu.

Nach wie vor war Saladin daran gelegen, sein Ansehen als Verteidiger und Integrationsfigur für alle Muslime zu festigen, er entsandte daher Boten nach Bagdad, um seinen Feldzug zu rechtfertigen, wobei er auf die mittlerweile bekannte Serie von Behauptungen zurückgriff. Zunächst sah es so aus, als wäre Izz ad-Din von Mosul bereit, sich auf Verhandlungen einzulassen, aber er brachte letztlich nur halbherzige diplomatische Vorschläge vor, möglicherweise ging es ihm einfach darum, dem militanten Vorgehen der Ajjubiden die Spitze zu nehmen. Es dauerte nicht lang, bis der Sultan – mitten in einem glühend heißen Sommer – mit einer zweiten Belagerung Mosuls begann. Das Unternehmen entwickelte sich zu einer relativ ereignisarmen Angelegenheit – Saladin machte so wenig Fortschritte, dass er sogar die verwegene Möglichkeit in Betracht zog, den Widerstand Mosuls durch Umleiten des Tigris zu brechen: Er erwog, den mächtigen Fluss von der Stadt weg umzuleiten und sie so zum Aufgeben zu zwingen. Im August zog er in den Norden und machte in der Diyar-Bakr-Region am oberen Tigris einige einfachere Eroberungen. Im Herbst standen die meisten muslimischen Herren in Mesopotamien entweder auf seiner Seite, oder er hatte sie zur Unterwerfung gezwungen. Noch war Izz ad-Din ungebeugt, aber sein Widerstand schien allmählich nachzulassen.

Im Angesicht des Todes

Zu dieser Zeit, am 3. Dezember 1185, erkrankte der Sultan an einem Fieber und zog sich nach Harran zurück. Aus Wochen wurden Monate, seine Kräfte schwanden zusehends, und sein Gefolge wurde immer besorgter. Während dieser ganzen Zeit wechselte Imad ed-Din, der Saladin in den Osten begleitet hatte, mit al-Fadil in Damaskus zahlreiche angsterfüllte Briefe. Sie verraten die tiefe Sorge und Bestürzung, die Saladins Krankheit in der ajjubidischen Welt hervorrief. Zweimal sah es so aus, als würde der Sultan wieder gesund, als sei die Gefahr vorüber – einmal berichtet al-Fadil glücklich, er habe eine handschriftliche Mitteilung von Saladin erhalten –, doch beide Male erlitt der Sultan einen Rückfall. Seine Hofärzte, die nun aus Syrien eintrafen, berieten mögliche Behandlungsmethoden, während Saladin gleichzeitig immer wieder das Bewusstsein verlor und stark abmagerte. Imad ed-Din, der ständig bei ihm war, schrieb: »Im gleichen Maße, wie die Schmerzen [des Sultans] zunahmen, vermehrte sich auch seine Hoffnung auf die Gnade Gottes«, und grimmig stellte er fest: »Die Ausbreitung der schlechten Neuigkeiten [...] konnte nicht verhindert werden, vor allem, als die Doktoren heraus[kamen] und sagten, dass es keine Hoffnung mehr gebe [...] konnte man beobachten, dass die Leute ihre Schätze fortschafften.« Zu Beginn des Jahres 1186 schrieb al-Fadil, dass in Damaskus »die Herzen zittern und die Zungen voller Gerüchte sind«, und er bat inständig, man solle den Sultan doch aus dem Grenzgebiet seines Reiches ins sichere Syrien zurückbringen.

Im Januar ließ Saladin sein Testament niederschreiben, und Mitte Februar traf al-Adil aus Aleppo ein, einerseits um zu helfen, doch auch, um in der Nähe zu sein, wenn es darum ging, die Macht zu übernehmen, falls dies notwendig werden sollte. Ein anderer Ajjubide kehrte gleichzeitig Harran den Rücken: Nasir ad-Din, der Sohn Schirkuhs, war offenbar zerfressen von Eifersucht auf den Aufstieg und die Machtfülle Saladins in Ägypten – ein Gebiet, auf das auch er selbst als Schirkuhs Erbe im Jahr 1169 einen Anspruch gehabt hätte. Er hatte die Stadt Homs bekommen, was ihn in den 1170er-Jahren, wenn auch widerwillig, einigermaßen bei der Stange gehalten hatte, doch als nun der Tod des Sultans offenbar direkt bevorstand, sah Nasir ad-Din eine Chance, selbst an die Macht zu kommen. Er heckte den Plan aus, Damaskus einzunehmen, und zog heimlich Truppen in Syrien zusammen. Sein Timing allerdings erwies sich als miserabel. Ende Februar besserte sich der Zustand des Sultans entscheidend; langsam, aber stetig erholte er sich. Am 3. März war Nasir ad-Din tot. Offiziell war er einer Krankheit erlegen, die »schneller als ein Augenzwinkern« zugeschlagen hatte, doch es ging das Gerücht, er sei von einem der damaszenischen Agenten Saladins vergiftet worden.

In den ersten Wochen des Jahres 1186 war Saladin nur zu deutlich mit seiner eigenen Sterblichkeit konfrontiert worden. Immer wieder hieß es, er sei daraus verwandelt hervorgegangen: Er habe innehalten müssen, habe nachgedacht über sein Leben, seinen Glauben und seine Taten in den vielen Kriegen gegen die Franken und seine muslimischen Glaubensbrüder. Natürlich stellten einige Zeitgenossen dies als Phase eines tiefgreifenden Umbruchs in der Vita des Sultans dar; danach habe er sich ganz der Sache des Dschihad und der Rückeroberung Jerusalems verschrieben. Am Tiefpunkt seiner Krankheit legte er offenbar das Gelübde ab, all seine Kräfte in den Dienst dieser Aufgabe zu stellen, wie hoch auch immer das Opfer an Menschen und Geldmitteln ausfallen sollte. Imad ed-Din schrieb, diese Krankheit sei von Gott geschickt worden, »um [Saladin] aus dem Schlaf des Vergessens aufzuwecken«, und er fügte hinzu, dass der Sultan sich in der Folgezeit mit islamischen Rechtsgelehrten und Theologen beriet, um mehr über seine spirituellen Verpflichtungen zu lernen. Al-Fadil hatte sich schon von Anfang an gegen den Mosul-Feldzug ausgesprochen; jetzt bemühte er sich, Saladin zu überreden, auf seine feindselige Haltung gegenüber Muslimen zu verzichten. Konkret hatte Saladins Krankheit also zunächst zur Folge, dass er gezwungen war, im März 1186 einem Kompromiss mit Mosul zuzustimmen. Der Zangiden-Herrscher Izz ad-Din blieb an der Macht, erkannte jedoch den Sultan als seinen Herrn an, ließ seinen Namen im Freitagsgebet nennen und versprach, Truppen für den »heiligen Krieg« zur Verfügung zu stellen.[12]

Saladins Entwicklung bis zum Jahr 1186

Für moderne Gelehrte – repräsentativ ist die klassische, politisch ausgerichtete Biografie Saladins von Malcolm Lyons und David Jackson aus dem Jahr 1982 – war Saladins schwere Krankheit noch in einer anderen Hinsicht aufschlussreich, denn man kann in diesem Zusammenhang die interessante Frage stellen, welches Bild wir heute von Saladin hätten, wenn das Schicksal eine andere Wendung genommen hätte, wenn Saladin also Anfang 1186 in Harran gestorben wäre. Lyons und Jackson stellen die These auf, dass man Saladin in diesem Fall als »mäßig erfolgreichen Feldherrn [sowie als] Dynasten, der den Islam für seine eigenen Zwecke einspannte«, ansehen würde – eine instruktive, wenn auch etwas undifferenzierte Behauptung.[13] Bis zu diesem Zeitpunkt hatte der Sultan sich nur begrenzt für den Dschihad eingesetzt, seit 1174 hatte er 33 Monate lang gegen die Muslime und nur elf Monate gegen die Franken gekämpft. Er war ein Usurpator mit deutlich ausgeprägtem Machthunger und einer bemerkenswerten Fähigkeit, Macht zu akkumulieren – ein aggressiver Autokrat, der immer wieder muslimische Gebiete einnahm, die ihm von Rechts wegen nicht zustanden, und der mit übertriebenen Propagandamitteln arbeitete, um seine Unternehmungen zu rechtfertigen und den Ruf seiner Gegner in Misskredit zu bringen. Natürlich haben nicht alle Historikerinnen und Historiker diese Auffassung geteilt. Noch immer vertreten einige die Meinung, er sei während seiner gesamten Wirkungszeit vom Gedanken des »heiligen Krieges« gegen die Franken besessen gewesen – er habe unablässig auf einen groß angelegten Angriff auf das Königreich Jerusalem hingearbeitet und ständig den Kampf gegen seine christlichen Feinde gesucht –, doch alles in allem belegen die zeitgenössischen Quellen, dass diese Auffassung falsch ist.[14]

Es überrascht nicht, dass die Ziele, die Saladin bis zum Jahr 1186 verfolgte, nach wie vor umstritten sind, denn nicht einmal seine Zeitgenossen waren sich in dieser Frage einig. Einige priesen den Sultan in den höchsten Tönen. Wilhelm von Tyrus etwa war zwar überzeugt, dass der Ajjubiden-Herrscher für das Überleben der Kreuzfahrerstaaten eine schwere, akute Bedrohung darstellte, doch er schrieb auch (wahrscheinlich kurz vor seinem Tod im Jahr 1185), Saladin sei »weise im Rat, tapfer in der Schlacht und über die Maßen großzügig«.[15] Andere Gegner und Anhänger jedoch – angefangen bei dem prozangidischen irakischen Chronisten Ibn al-Athir bis zu al-Fadil, dem persönlichen Sekretär des Sultans – wussten nur zu gut, dass Saladin sich durchaus nicht selbstlos und mit ganzem Herzen für den Dschihad einsetzte und dass ihn dies gefährlich angreifbar für die Anschuldigung machte, es gehe ihm lediglich ganz eigennützig um den Aufbau seines eigenen Imperiums. Wenn der Sultan Anfang 1186 gestorben wäre, wären die Fragen nach seinen Absichten unbeantwortet geblieben. Aber er lebte weiter, und nun vernahm er den machtvollen Ruf zum »heiligen Krieg«.

12

Der heilige Krieger

Im Frühjahr 1186 reiste Saladin, nachdem er die schlimmste Phase der Krankheit hinter sich hatte, nach Damaskus zurück. Er war nun ungefähr 48 Jahre alt. Den größten Teil dieses Jahres brachte er damit zu, wieder zu Kräften zu kommen; er widmete sich erholsamen Beschäftigungen wie theologischen Debatten und der Jagd, und allmählich kehrte seine körperliche Vitalität zurück. Eine ganz besondere Zerstreuung bot dieser Sommer insofern, als ein Weltuntergang prophezeit war. Seit Jahrzehnten hatten Astrologen schon vorhergesagt, dass am 16. September 1186 eine bestimmte lineare Planetenanordnung einen verheerenden Sturm auslösen und alles Leben von der Erde hinwegfegen werde. Diese finstere Prophezeiung hatte sowohl unter den Muslimen als auch unter den Christen die Runde gemacht; trotzdem hielt der Sultan sie für lächerlich. Ostentativ veranstaltete er in der angeblichen Katastrophennacht unter freiem Himmel ein Fest im Schein von Fackeln, während sich gleichzeitig »törichte« Angsthasen in Höhlen und unterirdischen Schutzräumen verkrochen. Es braucht nicht erwähnt zu werden, dass der Abend ohne Zwischenfälle vorüberging; einer der Mitfeiernden stellte sogar die markige Behauptung auf, dass »wir noch nie eine so windstille Nacht erlebt haben«.

Saladins Gesundheitszustand besserte sich zusehends, und er machte sich nun daran, das Gleichgewicht und die Verteilung der Macht in dem Gebilde neu zu organisieren, das er mit Fug und Recht als sein ajjubidisches Reich bezeichnen konnte. Besonders wichtig war ihm, seinen ältesten Sohn al-Afdal als seinen Haupterben einzusetzen. Der junge Prinz, damals ungefähr 16 Jahre alt, wurde aus Ägypten in den Norden nach Syrien geholt. In Damaskus wurde er mit Feierlichkeiten empfangen, die eines Sultans würdig gewesen wären, und offiziell zum Herrscher der Stadt ernannt, obwohl er in den Jahren danach seinen Vater häufig begleitete und von ihm in den Künsten der Staats- und Kriegsführung unterwiesen wurde. Ähnlich wurden zwei der jüngeren Söhne Saladins befördert. Der 14-jährige Uthman wurde als Herrscher über Ägypten eingesetzt, und al-Adil, Saladins treuer Bruder, kehrte aus Aleppo in die Nilregion zurück, um dem Jungen als Beschützer und Mentor zur Seite zu stehen. Aleppo wurde dem 13-jährigen az-Zahir übergeben. Das einzige Problem bei dieser erheblichen Neuverteilung war Saladins Neffe Taqi ad-Din. Er war seit dem Jahr 1183 Statthalter in Ägypten gewesen und neigte in besorgniserregendem Ausmaß zu unabhängigem Handeln. Mit der Unterstützung Qaragushs (den Saladin 1169 mit der Beaufsichtigung des Hofes in Kairo beauftragt hatte) schmiedete Taqi ad-Din Pläne für einen Feldzug in Richtung Westen an der nordafrikanischen Küste entlang, was dem Sultan wertvolle Truppen abgezogen hätte. Es gab außerdem Gerüchte, Taqi ad-Din sei in der Zeit, als der Sultan krank war, drauf und dran gewesen, seine Unabhängigkeit zu erklären. Im Herbst 1186 wurde Isa, der stets vollendete Diplomat, mit der delikaten Aufgabe betraut, Taqi ad-Din zum Rücktritt von seinem Posten in Ägypten und zur Rückkehr nach Syrien zu bewegen. Isa tauchte unangekündigt in Kairo auf; zunächst wurde er mit Ausflüchten abgefertigt, doch dann muss er Taqi ad-Din wohl den Rat gegeben haben: »Geht, wohin Ihr wollt.« Diese scheinbar neutrale Aufforderung hatte einen eisig-bedrohlichen Unterton, und Saladins Neffe brach kurz darauf nach Damaskus auf, wo er am Hof wieder aufgenommen wurde; man belohnte ihn mit seiner ehemaligen Herrschaft über Hama und weiteren Ländereien in der jüngst unterworfenen Region um Diyar Bakr.[1]

Mit der Frage, ob Taqi ad-Din sich auch künftig der Herrschaft Saladins beugen würde, war eine Problematik von größerer Tragweite angeschnitten. Zur Stärkung seines wachsenden Reiches verließ sich Saladin auf die Hilfe von Mitgliedern seines Familienverbands, doch war der Sultan daneben auch noch besonders bestrebt, die Interessen seiner Söhne zu schützen, weil sie den Stammbaum der Ajjubiden in direkter Linie weiterführten. Saladin musste ein empfindliches Gleichgewicht austarieren – er musste sich den Tatendrang und den Ehrgeiz von Gefolgsleuten wie Taqi ad-Din zunutze machen, denn ihre Energie wurde für den künftigen Erhalt und die Ausdehnung des Reiches unbedingt gebraucht; aber gleichzeitig mussten ihrem Unabhängigkeitsdrang Grenzen gesetzt werden. In Bezug auf Taqi ad-Din hoffte Saladin, sich dessen Loyalität zu erhalten, indem er ihm weitergehende Entfaltungsmöglichkeiten im oberen Mesopotamien eröffnete.

Ein vereinter Islam?

Saladins Versuche in diesem Jahr 1186, die dynastischen Perspektiven des ajjubidischen Reiches festzulegen, ergaben sich quasi unmittelbar aus seinen Zugewinnen an Macht und Land. Seit er erstmals im Jahr 1169 als politische und militärische Größe in Erscheinung getreten war, hatte er die Unterwerfung der muslimischen Völker im Vorderen Orient geplant und gemeistert, seine Autorität erstreckte sich jetzt über Kairo, Damaskus, Aleppo und große Teile Mesopotamiens. Die Vertreibung des Fatimiden-Kalifats hatte der lähmenden Spaltung zwischen dem sunnitischen Syrien und dem schiitischen Ägypten ein Ende bereitet und eine neue Ära panlevantinischer muslimischer Einigkeit eingeleitet. Diese Leistungen, zu denen es in der neueren Geschichte nichts Vergleichbares gibt, übertrafen sogar die Erfolge Nur ad-Dins. Es sah so aus, als habe Saladin die muslimischen Völker vom Nil bis zum Euphrat geeint; seine Münzen, die im gesamten Reich und weit darüber hinaus im Umlauf waren, trugen die Inschrift: »Der Sultan des Islam und der Muslime«, eine deutliche Proklamation seiner alles umfassenden, geradezu hegemonialen Autorität. Moderne Historikerinnen und Historiker haben dieses Bild häufig unkritisch übernommen, wie sich beispielsweise an der Äußerung ablesen lässt, dass nach 1183 »die Herrschaft über ganz Syrien und Ägypten in [Saladins] Hand lag«.[2]

Die Vorstellung, Saladin hätte nun über eine Welt vollständiger, dauerhafter muslimischer Einheit geherrscht, ist allerdings äußerst irreführend. Sein »Reich«, errichtet mithilfe von militärischer Eroberung und repressiver Diplomatie, war in Wahrheit nicht mehr als eine brüchige Mischung aus disparaten, weit auseinanderliegenden politischen Gebilden; viele wurden von Statthaltern regiert, deren Loyalität sich jederzeit in Luft auflösen konnte. Sogar in Kairo, Damaskus und Aleppo – den Stützpfeilern seines Reiches – musste sich der Sultan auf die fortgesetzte Treue und Kooperationsbereitschaft seiner Familie verlassen, auf Tugenden also, derer er sich letztlich nie ganz sicher sein konnte. Andernorts, etwa in Mosul, Kleinasien und in der Dschazira, bildete die Vormacht der Ajjubiden lediglich eine dünne Schicht, sie hing von oberflächlichen Allianzen ab und verbarg kaum die darunterliegenden Antipathien.

Im Jahr 1186 konnte die Balance aufrechterhalten werden. Das gelang aber nur, weil Saladin seine schwere Krankheit überlebt hatte und nach wie vor über genügend Geld, Macht und Einfluss verfügte, um seinen Willen durchzusetzen. Die Aufgabe, ein geografisch so ausgedehntes und politisch so uneinheitliches Reich zusammenzuhalten und zu regieren, sollte den Sultan in den folgenden Jahren bis aufs Äußerste beanspruchen. Im ajjubidischen Reich wirkten zentrifugale Kräfte, die ohne Weiteres imstande waren, das gesamte Gebilde aufzusprengen, und es erwies sich als chronische und kräftezehrende Anstrengung, diesen Tendenzen entgegenzuarbeiten.

Auch nach gut 17 Jahren unaufhörlichen Kämpfens war Saladins Arbeit noch nicht getan. Es gab für den bevorstehenden Krieg einen harten Kern engagierter, treuer, kampferprobter Männer, auf die der Sultan sich verlassen konnte; im Großen und Ganzen jedoch stand er an der Spitze einer zerbrechlichen, häufig widerspenstigen Koalition und lebte im ständigen Bewusstsein, dass sein Reich durch Aufstände, Rebellion oder Verweigerung gefährdet war. Diese Verhältnisse bestimmten sein Denken und seine Strategie wesentlich und zwangen ihn häufig, den Weg des geringsten Widerstands zu gehen, um schnelle, stabile und gewinnbringende Siege zu erringen. Sowohl Zeitgenossen als auch moderne Historikerinnen und Historiker haben immer wieder Saladins Qualitäten als Heerführer in Abrede gestellt; sie wiesen darauf hin, dass ihm das Durchhaltevermögen für aufwendige, langwierige Belagerungen fehlte. Doch das lag einfach daran, dass für ihn alles vom Tempo seiner Unternehmungen abhing; er brauchte die schnellen Erfolge, damit die Eigendynamik des Krieges nicht abgebremst wurde, denn er wusste genau, dass die Maschinerie des muslimischen Krieges, wenn sie erst zum Stillstand kam, sehr schnell zusammenbrechen würde.

Letztlich gründete Saladins Reich ja darauf, dass es vor dem Hintergrund des Dschihad errichtet worden war; jeden einzelnen Schritt zur Ausweitung ajjubidischer Autorität rechtfertigte er als Mittel zu einem bestimmten Zweck. Die Einheit unter seinem Banner mag zu einem hohen Preis erkauft worden sein, Saladin aber wies unermüdlich darauf hin, dass sie nur einem einzigen Ziel diente: dem Dschihad, der die

Franken aus Palästina vertreiben und die Heilige Stadt befreien sollte. Dieser ideologische Impuls hatte sich als äußerst wirkmächtiges Mittel erwiesen, das den Motor territorialer Expansion antrieb und rechtfertigte, doch er hatte einen nahezu unvermeidlichen Preis: Wollte Saladin nicht als heuchlerischer Despot entlarvt werden, so musste er all die Beteuerungen seiner unbedingten Hingabe an die Sache wahr machen und den seit Langem in Aussicht gestellten Krieg auch tatsächlich beginnen.

Sicherlich kristallisierte sich in der Zeit nach seiner Krankheit, in der er möglicherweise eine Vertiefung seiner Spiritualität erfuhr, immer deutlicher das Engagement des Sultans für den Dschihad heraus. Hoch angesehene islamische Gelehrte wie etwa die Brüder Ibn Qudama und Abd al-Ghani, beide von jeher Befürworter von Saladins Anliegen, trugen zur Verbreitung von religiösem Fanatismus bei. In Damaskus und im gesamten Herrschaftsbereich Saladins wurden immer häufiger vor Massenpublikum religiöse Traktate und Gedichte über den Glauben, über die Verpflichtung zum Dschihad und die überragende spirituelle Bedeutung Jerusalems vorgetragen. Ende 1186 hatte der Sultan offenbar nicht nur erkannt, dass ein radikaler Schlag gegen die Lateiner zu führen war, sondern er hatte sich den bevorstehenden Kampf auch auf einer sehr persönlichen Ebene zu eigen gemacht. Das kommt im Zeugnis des Historikers Ibn al-Athir aus Mosul zum Ausdruck. Er war einer der wenigen Kritiker Saladins unter den zeitgenössischen muslimischen Kommentatoren. Im Rückblick auf einen Kriegsrat zu Beginn des Jahres 1187 schrieb er:

> Einer der Emire [Saladins] sagte zu ihm: »Der beste Plan wäre in meinen Augen eine Invasion in ihr Territorium, [und] wenn sich uns die fränkischen Streitmächte entgegenstellen, dann sollten wir gegen sie kämpfen. Die Leute im Osten verwünschen uns und sagen: ›Er kämpft nicht mehr gegen die Ungläubigen, sondern widmet sich nur noch dem Kampf gegen die Muslime.‹ [Wir sollten uns] für ein Vorgehen entscheiden, das uns rechtfertigt und die Leute zum Schweigen bringt.«

Ibn al-Athir wollte mit diesem Bericht den Expansionsdrang der Ajjubiden kritisieren, indem er den öffentlichen Erwartungsdruck beschrieb, der nunmehr auf dem Sultan lastete. Im weiteren Verlauf jedoch deutet er an, dass Saladin bei dieser Zusammenkunft einen kurzen, doch hochbedeutsamen Augenblick der Selbsterkenntnis erlebte. Ibn al-Athir zufolge brachte der Sultan seinen festen Entschluss zum Ausdruck, in den Krieg zu ziehen, und fügte an, dass »der Gang der Dinge sich nicht an den Entscheidungen des Menschen ausrichtet, und wir wissen nicht, wie viele von uns überleben werden«. Vielleicht hatte den Sultan das neu gewonnene Bewusstsein der Endlichkeit seiner Existenz zum Handeln gedrängt; worin die Gründe auch immer liegen mögen – es scheint sich jedenfalls ein Wandel vollzogen zu haben. Offenbleiben muss nach wie vor die Frage, inwieweit er schon in den langen Jahren zwischen 1169 bis 1186 entschlossen war, die Franken zu vertreiben. Doch unabhängig davon versammelte Saladin im Jahr 1187 die gesamte Streitmacht seines Reiches, um gegen das Königreich Jerusalem anzutreten. Nun war er unwiderruflich bereit, gegen die Christen in einen alles entscheidenden Krieg zu ziehen.[3]

Ein Königreich in Scherben

Diese rasch zunehmende Kriegsbereitschaft des Ajjubiden fiel mit einer sich ständig verschärfenden Krise im lateinischen Palästina zusammen. Irgendwann zwischen Mai und Mitte September 1186 starb der junge König Balduin V. von Jerusalem, und es entbrannte ein erbitterter Streit um die Nachfolge. Graf Raimund von Tripolis, der als Regent geherrscht hatte, wollte nach dem Thron greifen, doch er wurde von Sibylla (der Schwester Balduins IV.) und ihrem Ehemann, Guido von Lusignan, verdrängt. Sibylla und Guido hatten sich die Unterstützung des Patriarchen Heraklios gesichert sowie die Hilfe großer Teile des Adels und der Ritterorden. So schafften sie es, sich als Königin und König krönen und salben zu lassen. Raimund versuchte, einen regelrechten Bürgerkrieg anzuzetteln, indem er Humfried von Toron und seine Frau Isabella zu den rechtmäßigen Monarchen Jerusalems erklärte. Humfried jedoch, möglicherweise im Bewusstsein der schrecklichen Folgen, die dieser Schritt haben konnte, lehnte ab.

Gleich nach der Krönung gewann Guido gegen Bezahlung einen Aufschub, um im Königreich wieder eine gewisse Ordnung herstellen zu können: Um den Preis von 60 000 Gold-Bezant verlängerte er den

Vertrag mit Saladin bis zum April 1187. Guido war eine höchst kontroverse Figur – Balduin von Ibelin war so abgestoßen von dessen Krönung, dass er auf seine Herrschaft verzichtete, Jerusalem den Rücken kehrte und sich in Antiochia niederließ –, und nachdem Guido König geworden war, sorgte seine Gewohnheit, die Machtpositionen im Königreich mit Mitgliedern seiner Familie aus dem Poitou zu besetzen, für weiteren Verdruss. Um mit seinem mächtigsten Feind, Raimund von Tripolis, fertigzuwerden, scheint er den Plan verfolgt zu haben, die Herrschaft über Galiläa mit Gewalt an sich zu reißen. Raimund reagierte darauf mit der drastischen Maßnahme, Saladin persönlich um Schutz zu bitten. Muslimische Quellen deuten an, viele Berater des Sultans hätten dieser Annäherung nicht getraut, Saladin jedoch habe richtig erkannt, dass dies ein ernst gemeintes Bündnisangebot war, das Ergebnis des verhängnisvollen Risses, der die Franken in zwei Lager spaltete. Zum größten Entsetzen vieler Zeitgenossen öffnete Raimund die Tore von Tiberias für muslimische Truppen, um die Besatzung der Stadt aufzustocken, und erlaubte den ajjubidischen Kämpfern, ungehindert durch seine galiläischen Lande zu ziehen. In diesem schlimmsten Moment beging der Graf einen Verrat, der die Uneinigkeit unter den Christen noch vergrößerte.

In den Wintermonaten 1186/1187, brach Rainald von Châtillon, Herr von Kerak, den Waffenstillstand mit den Ajjubiden, indem er eine muslimische Karawane angriff, die auf ihrem Weg von Kairo nach Damaskus durch Transjordanien zog. Seine Motive sind nicht eindeutig festzumachen, doch wahrscheinlich war es schlichte Habgier in Verbindung mit der Erkenntnis, dass Saladin sich auf eine größere Offensive vorbereitete, was Rainald zu seiner Aktion bewog. Fest steht, dass er in den Wochen danach keinerlei Anstrengungen unternahm, den Schaden wiedergutzumachen: Die Aufforderung des Sultans, die gestohlenen Waren zurückzugeben, wies er brüsk zurück. Doch auch ohne Rainalds Überfall hätte Saladin mit größter Wahrscheinlichkeit einer Verlängerung des Waffenstillstands mit dem fränkischen Palästina nicht zugestimmt, man sollte also nicht an der einst allgemein akzeptierten Behauptung festhalten, der Herr von Kerak habe faktisch den nun ausbrechenden Krieg entfacht. Auf jeden Fall aber wurde damit seine Rolle als meistgehasster Feind der muslimischen Welt zementiert, und der Überfall lieferte Saladin einen eindeutigen Kriegsgrund, mit dem er die Herzen der Muslime noch weiter empören konnte.

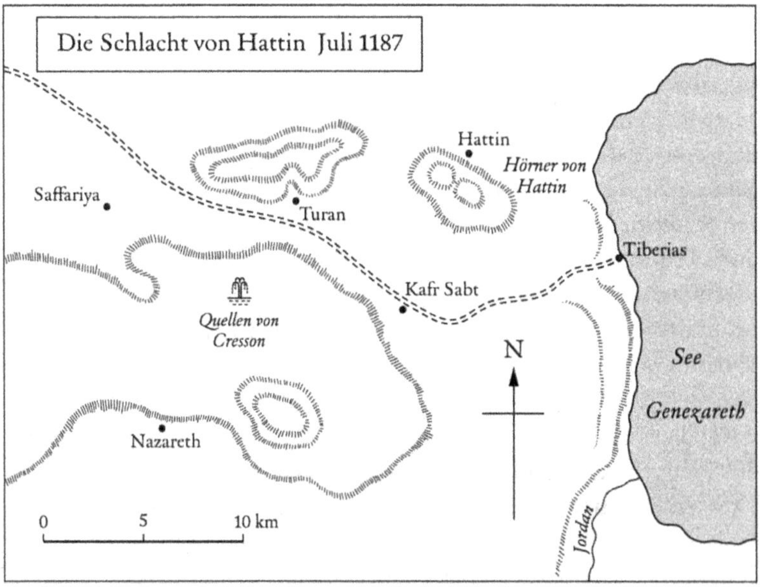

Zu den Hörnern von Hattin

Im Frühjahr 1187 begann Saladin, seine Streitkräfte für eine Invasion Palästinas zusammenzuziehen. Er ließ Truppen aus Ägypten, Syrien, der Dschazira und Diyar Bakr versammeln und stellte ein riesiges Heer auf, dessen Elite aus ungefähr 12 000 professionellen Reitern bestand, dazu rund 30 000 Freiwillige. Ein muslimischer Augenzeuge verglich sie mit einem Rudel »alter Wölfe und reißender Löwen«; der Sultan beschrieb, wie die Staubwolke, die von dem Heer aufgewirbelt wurde, wenn es sich in Marsch befand, »das Auge der Sonne verdunkelte«. Eine derart riesige Streitmacht zu befehligen war an sich schon eine Großtat. In der fruchtbaren Hauran-Gegend im Süden von Damaskus wurde ein Sammelplatz festgelegt, und da die Soldaten teilweise von sehr weit her kamen, zog sich die Truppenaufstellung über Monate hin. Saladins ältester Sohn al-Afdal leitete diese Aktion; es war seine erste größere Aufgabe als Befehlshaber.[4]

In den frühen Phasen des Feldzugs von 1187 folgte die muslimische Strategie im Großen und Ganzen dem Muster, das auch den ajjubidischen Attacken der Jahre zuvor zugrunde gelegen hatte. Im April marschierte der Sultan in Transjordanien ein, um die Truppen einzugliedern, die aus Ägypten zu ihm stießen, und unternahm mehrere Vergeltungszüge gegen Kerak und Montreal, wobei er fast überall die Ernten vernichten ließ. Die Franken jedoch reagierten kaum oder gar nicht auf diese Provokation. Währenddessen unternahm al-Afdal am 1. Mai eine kombinierte Aufklärungs- und Überfallaktion jenseits des Jordan, um die Verteidigungsstärke der Stadt Tiberias einzuschätzen, während Kukburi eine berittene Streitmacht von ungefähr 7000 Kämpfern zum Sammelplatz der Franken bei Saffariya führte. Wachtposten in Nazareth bemerkten die vorbeiziehenden Muslime, und eine kleine Gruppe aus Tempelrittern und Johannitern, die damals in Galiläa unter dem Kommando ihrer Großmeister unterwegs waren, entschloss sich, gegen sie anzutreten. An den Quellen von Cresson entspann sich ein blutiger Kampf. Die Franken waren an Zahl hoffnungslos unterlegen, und ungefähr 130 lateinische Ritter und 300 Fußsoldaten wurden getötet oder gefangen genommen. Der Großmeister der Templer, Gerhard von Ridefort, gehörte zu den wenigen, denen die Flucht gelang; sein Amtskollege von den Johannitern dagegen wurde getötet. Eine erste Schlacht war geschlagen, die der Kampfmoral der Muslime Auftrieb gab und das Selbstbewusstsein der Christen empfindlich traf. Nach dieser schockierenden Niederlage war die akute Bedrohung, die von den Ajjubiden ausging, nicht mehr zu ignorieren, weswegen König Guido und Raimund von Tripolis sich widerwillig versöhnten und der Graf seine Verbindung zu Saladin abbrach.

In der zweiten Maihälfte setzte sich der Sultan selbst in Richtung des Hauran in Marsch, und als die letzten Truppenteile dort eintrafen, begab er sich zu dem vorgeschobenen Stützpunkt Ashtara, ungefähr einen Tagesmarsch vom See Genezareth entfernt. Dort stieß Taqi ad-Din zu ihm, der aus Nordsyrien zurückkehrte, wo er mit einigen wilden Raubzügen den fränkischen Fürsten Bohemund III. genötigt hatte, einem Waffenstillstand zuzustimmen, der Angriffe auf Aleppo ausschloss. Im Juni war Saladin mit abschließenden Plänen und Vorbereitungen beschäftigt, er drillte seine Männer und stellte Schlachtreihen auf, um aus seinem riesigen Heer ein Werkzeug zu machen, das mit größter Disziplin und Effizienz zuschlagen konnte. Drei Hauptkontingente wurden gebildet: Die rechte und die linke Flanke befehligten Taqi ad-Din und Kukburi, und die Kerntruppe stand unter dem persönlichen Kommando Saladins. Schließlich, am Freitag, dem 27. Juni 1187, waren die Muslime zur Schlacht bereit. Sie überquerten den Jordan unmittelbar südlich des Sees Genezareth, und die Invasion Palästinas begann.

König Guido reagierte auf das Schreckgespenst einer islamischen Offensive mit der Umsetzung des bekannten fränkischen Protokolls: Er versammelte das Heer der Christen in Saffariya. Angesichts des unerhörten Umfangs von Saladins Heer hatte der König zu der drastischen Maßnahme eines allgemeinen Aufrufs zu den Waffen gegriffen, um auch noch den letzten Rest an verfügbarer Kampfkraft aus Palästina zu mobilisieren. Außerdem setzte er Geld ein, das König Heinrich II. von England (als Ersatz für die persönliche Teilnahme am Kreuzzug) ins Heilige Land geschickt hatte, und bezahlte davon Söldner, die sein Heer zusätzlich verstärkten. Ein Augenzeuge aus dem Gefolge des Sultans berichtet, dass die Lateiner »in unzählbarer Menge anrückten, so zahlreich wie Kieselsteine, 50 000 oder sogar noch mehr«; tatsächlich wird Guido wohl ungefähr 1200 Ritter und zwischen 15 000 und 18 000 Fußsoldaten und Turkopolen zusammengezogen haben. Es war eines der größten Heere, die sich je unter dem Wahren Kreuz – dem fränkischen Symbol für Tapferkeit im Krieg und fromme Hingabe – versammelt hatten, und trotzdem war es den Heerscharen der Muslime bei Weitem unterlegen. Der christliche König war, als er sein Heer aufstellte, zudem ein erhebliches Risiko eingegangen: Von den Festungen Palästinas hatte er bis auf das absolute Minimum an Soldaten die gesamte Besatzung abgezogen. Wenn dieser Konflikt mit einer vernichtenden Niederlage der Lateiner endete, würde das Königreich Jerusalem praktisch ohne Verteidiger dastehen.[5]

Saladin wollte natürlich gerade einen solchen klaren Sieg erringen. Dafür musste er die Franken aus der Sicherheit von Saffariya in eine offene Schlacht großen Ausmaßes an einem von ihm vorgegebenen Ort locken. Seine bisherigen Erfahrungen in der Kriegsführung gegen Jerusalem jedoch hatten ihn gelehrt, dass der Feind sich nicht so ohne Weiteres zu unbesonnenem Vorpreschen verleiten ließ. In den letzten Junitagen begab sich der Sultan aus dem Jordantal hinauf ins Hochland von Galiläa; sein umfangreiches Lager schlug er in der Nähe des kleinen Ortes Kafr Sabt (ungefähr 10 Kilometer südwestlich von Tiberias und 15 Kilometer östlich von Saffariya) auf, mitten in einer ausgedehnten Landschaft weiter Ebenen und sanfter Hügelketten, in der vereinzelte Felsen aufragten. In einem ersten Schritt versuchte er den Feind aus der Reserve zu locken, er schickte Überfallkommandos los, die die umliegenden Felder verwüsteten, während er selbst aus der Ferne Guidos Lager erkundete. Nach wenigen Tagen stand fest, dass eine lateinische Reaktion wie erwartet nur durch eine kräftigere Provokation auszulösen war.

Am 2. Juli 1187 bereitete Saladin seine Falle vor: Er überfiel in der Morgendämmerung die nur schwach verteidigte Stadt Tiberias, und der Widerstand der Christen brach dort schnell zusammen. Nur die Zitadelle hielt stand; sie bot der Gemahlin Raimunds von Tripolis, Eschiva, eine vorläufige Zuflucht. Umgehend – wahrscheinlich konnten die Boten der Gräfin passieren, weil der Sultan es gestattete – erreichte die Nachricht von diesen Geschehnissen in Verbindung mit der dringenden Bitte um Hilfe das Lager in Saffariya. Saladin hoffte, dass die Botschaft von der Bedrängnis, in der Tiberias sich befand, den König in Zugzwang bringen würde. Als es Abend wurde, beobachtete der Sultan gespannt, ob der ausgelegte Köder seine Beute anlocken würde.

Am 20 Kilometer entfernten Standort der Franken hatte König Guido eine Versammlung der führenden Adligen des Königreichs einberufen, deren Teilnehmer in eine hitzige Debatte verstrickt waren. Graf Raimund plädierte offenbar für Vorsicht und Geduld. Er argumentierte, man dürfe das Risiko einer direkten Konfrontation mit einer so gewaltigen muslimischen Streitmacht nicht eingehen, selbst dann nicht, wenn mit der Eroberung von Tiberias und der Gefangennahme seiner Gemahlin gerechnet werden musste. Zu gegebener Zeit würde Saladins Heer – wie schon so oft in der Vergangenheit – auseinanderbrechen, was Saladin zwingen würde, sich zurückzuziehen; dann könne man Tiberias zurückerobern und Eschiva gegen Zahlung eines Lösegelds befreien. Andere, darunter Rainald von Châtillon und Gerhard von Ridefort, der Großmeister der Templer, waren anderer Ansicht. Sie empfahlen dem König, den bekanntermaßen verräterischen, unzuverlässigen Grafen zu ignorieren; warnten ihn vor der Blamage, die feiges Zögern mit sich bringen würde, und drängten Guido, Tiberias umgehend zu befreien. Nach einer zeitgenössischen Darstellung der Ereignisse beschloss Guido zunächst, in Saffariya zu bleiben, aber im Verlauf der Nacht wurde er von Gerhard überredet, seinen Entschluss umzustoßen. Wahrscheinlich jedoch spielte Guidos persönliche Erfahrung mit den Strategien der Lateiner die größte Rolle. Er sah sich vor eine Entscheidung gestellt, die fast genau einer anderen entsprach, die er vier Jahre zuvor zu treffen gehabt hatte: Damals war er der Schlacht gegen Saladin aus dem Weg gegangen, wofür ihm Hohn und Verachtung entgegenschlugen. Nun, im Jahr 1187, entschied er sich für Angriff und Kampf, und am Morgen des 3. Juli setzte sich sein Heer von Saffariya aus in Marsch.

Als Saladin vom Aufbruch der Franken erfuhr, begab er sich umgehend in die Berge von Galiläa zurück und ließ nur eine kleine Mannschaft vor Ort zurück, um die soeben eroberte Stellung in Tiberias zu halten. Der Feind rückte – sehr wahrscheinlich auf der breiten Römerstraße, die von Akkon zum See Genezareth führte – in geschlossenen Reihen vor, die Vorhut leitete Raimund von Tripolis, die Nachhut bildeten die Templer, und Fußtruppen schirmten die Reiter nach beiden Seiten ab. Ein muslimischer Augenzeuge beschrieb, wie »Welle auf Welle« der Franken erschien, und er bemerkte, dass »sich in der Luft Gestank ausbreitete, das Licht verdunkelte sich, [und] die Wüste erdröhnte« von ihrem Vormarsch. Welche Ziele Guido von Lusignan an diesem ersten Tag erreichen wollte, lässt sich kaum rekonstruieren, doch ging er möglicherweise – recht optimistisch – davon aus, am selben Tag noch in Tiberias oder zumindest am Ufer des Sees Genezareth anzukommen. Der Sultan war entschlossen, beide Pläne zu durchkreuzen. Er sandte einzelne Bogenschützen voraus, die den Tross der Christen drangsalieren sollten, während er den Großteil seines Heeres auf der offenen Ebene nördlich von Kafr Sabt aufstellte und den Franken so den Weg versperrte.

Saladin hatte richtig erkannt, dass in diesem Konflikt der Zugang zum Wasser eine entscheidende Rolle spielen würde. Im Hochsommer konnte es schnell geschehen, dass Soldaten und Pferde, die in wasserarmen Regionen unterwegs waren, aufgrund von Wassermangel in Lebensgefahr gerieten. Er ließ daher sämtliche Quellen in der Umgebung zuschütten und sorgte gleichzeitig dafür, dass seine eigenen Truppen genügend Nachschub erhielten: einerseits von der Quelle bei Kafr Sabt, andererseits wurden auf dem Rücken von Kamelen Wasservorräte aus dem Jordantal herauftransportiert. Zugänglich blieb nur die große Quelle im Dorf Hattin, am nördlichen Rand des Steilhangs;

die Wege dorthin wurden scharf bewacht. Der Sultan hatte eine staubtrockene Todeszone vorbereitet.[6]

Um die Mittagsstunde des 3. Juli machten die Franken neben dem Dorf Turan kurz halt, dessen Quelle ihren Durst für den Augenblick löschen konnte, aber für den Bedarf so vieler Tausend Männer viel zu klein war. Guido muss noch angenommen haben, dass ihm der Vorstoß nach Tiberias gelingen würde, denn auch diesen kleinen Zufluchtsort ließ er hinter sich und setzte den schleppenden Vormarsch in den Osten fort. Er hatte allerdings die schiere Zahl der Kämpfer unterschätzt, die Saladin zur Verfügung standen. Der Sultan behielt die Stellung seines mittleren Kontingents bei, um den Vormarsch der Christen zu blockieren, während er die flankierenden Truppen unter Kukburi und Taqi ad-Din aussandte und eilig Turan besetzen ließ, womit den Lateinern jegliche Möglichkeit des Rückzugs abgeschnitten war. Schließlich erreichten die Franken bei ihrem Weitermarsch die Hochebene, die Saladin so sorgfältig für den Kampf und seinen Sieg vorbereitet hatte. Die Falle war zugeschnappt.

Gegen Abend zögerte der König. Ein konzentrierter Frontalangriff, entweder in Richtung Osten und See Genezareth oder in Richtung Nordosten, nach Hattin zu, hätte vielleicht noch eine gewisse Aussicht auf Erfolg gehabt, und seine Truppen wären an Wasser gekommen. Stattdessen fasste er den fatalen Entschluss, an einem unmöglich zu verteidigenden Ort ohne den geringsten Zugang zu Wasser das Lager aufzuschlagen, eine Entscheidung, mit der er die bevorstehende Niederlage geradezu schon vorwegzunehmen schien. In jener Nacht war die Atmosphäre in den beiden Lagern denkbar verschieden. Die Franken waren »so eng« von muslimischen Soldaten umzingelt, »dass sie miteinander hätten sprechen können«; und so nah waren die Muslime herangerückt, dass »nicht einmal eine fliehende Katze hätte entkommen können«. Die Franken standen in der tiefen Dunkelheit kampfbereit, ihre Kräfte aber ließen wegen ihres schrecklichen, unstillbaren Durstes stündlich nach. Gleichzeitig erhoben sich bei den Truppen des Sultans Gesänge in die Nacht, das *Allahu akbar* erklang und bestärkte ihren Kampfwillen, »sie ahnten ihren Triumph voraus«, und ihr Anführer traf letzte sorgfältige Vorbereitungen für seinen *coup de grâce*.

Die eigentliche Schlacht begann nicht gleich mit dem Anbruch des 4. Juli. Stattdessen erlaubte Saladin den Christen, ihren erbarmungswürdig langsamen Vormarsch – wahrscheinlich auf der großen Römerstraße in Richtung Osten – fortzusetzen. Er wartete darauf, dass die Hitze des Tages sich ausbreitete, um die zermürbende Auswirkung des Durstes auf seine Feinde weiter zu verschlimmern. Dann legten seine Männer außerdem noch Buschfeuer, deren beißender Rauch durch die Reihen der erschöpften Lateiner zog. Später kommentierte der Sultan diesen Schritt als »Hinweis auf das, was Gott für sie in der nächsten Welt bereithält«; jedenfalls reichte es aus, um mehrere Gruppen von Fußsoldaten und sogar einige namhafte Ritter zu bewegen, die Reihen zu verlassen und sich zu ergeben. Ein muslimischer Augenzeuge beschrieb, wie »die Franken auf eine Pause hofften, und das Heer suchte verzweifelt nach einer Fluchtmöglichkeit. Doch von allen Richtungen waren sie eingeschlossen, gequält von der Hitze des Krieges und ohne eine Aussicht auf Rast.«[7]

Bis dahin hatten einzelne muslimische Kämpfer die Franken zwar immer wieder schikaniert, doch die tödlichste Waffe Saladins war noch nicht zum Einsatz gekommen. In der Nacht zuvor hatte er gut 400 Pfeilbündel an seine Bogenschützen verteilt, und nun gab er ihnen den Befehl, mit einer vollen Attacke zu beginnen und alles niederzumähen. »Die Bogen summten und die Sehnen sangen«, als die Pfeile »wie Heuschreckenschwärme« durch die Luft flogen, Männer und Pferde töteten und »große Lücken in die Reihen [der Franken] rissen«. Die Fußsoldaten gerieten in Panik, und ihre Formation löste sich auf, woraufhin Raimund von Tripolis zu einem Angriff auf das Kontingent Taqi ad-Dins im Nordosten ansetzte, doch die muslimischen Truppen teilten sich einfach und ließen den Vorstoß ins Leere laufen. Da sie sich jetzt außerhalb des Kampfgeschehens befanden, beschlossen Raimund, Rainald von Sidon, Balian von Ibelin und die kleine Gruppe der Ritter, die sich ihnen angeschlossen hatte, in die Schlacht zurückzukehren und ihren Ausfall wiedergutzumachen. Ein muslimischer Zeitgenosse schrieb:

> Als der Graf floh, sank der Mut [der Lateiner], und sie hätten sich schon fast ergeben. Dann jedoch erkannten sie, dass sie dem Tod nur entrinnen konnten, indem sie sich ihm kühn stellten; sie unternahmen mehrere Attacken hintereinander, mit denen sie die Muslime fast gezwungen hätten, ihre Position aufzugeben, obwohl diese so in der Überzahl waren, aber Gott stand uns gnädig bei. Jedenfalls zogen sich die Franken nach ihren Angriffen stark

> dezimiert zurück, sie waren entscheidend geschwächt [...]. Die Muslime umgaben sie wie ein Kreis seinen Mittelpunkt.[8]

Verzweifelt bereitete Guido ein letztes Gefecht vor, er erkämpfte sich einen Weg in Richtung Nordosten auf höheres Gelände, wo zwei markante Felsen – die Hörner von Hattin – sich gleich Wächtern an einem Bergsattel und über einem darunterliegenden Krater erhoben. Hier hatten 2000 Jahre zuvor eisenzeitliche Siedler eine primitive Bergfestung errichtet, deren alte, zerfallene Mauern den Franken immerhin noch ein Minimum an Deckung bieten konnten. Der König versammelte finster entschlossen seine Gefolgschaft unter dem Wahren Kreuz, ließ sein rotes Königszelt aufrichten und bereitete die Ritter, die ihm noch blieben, auf einen letzten, verzweifelten Angriff vor. Die Christen hatten jetzt nur noch eine Möglichkeit: direkt ins Herz des ajjubidischen Heeres, zu Saladin selbst, vorzustoßen. Denn wenn das Banner des Sultans zu Fall gebracht werden konnte, würde das Blatt sich wenden.

Jahre später berichtete al-Afdal, dass er neben seinem Vater schreckerfüllt zugesehen habe, wie die Franken zwei Sturmangriffe vom Bergsattel zwischen den Hörnern aus unternahmen und ihre Pferde direkt auf sie zutrieben. Beim ersten Mal konnten sie kaum aufgehalten werden, und als der Prinz sich seinem Vater zuwandte, sah er, dass dieser »außer sich war vor Gram [...] und völlig fahl im Gesicht«. Ein anderer Augenzeuge beschrieb die entsetzlichen Verluste, die den Lateinern zugefügt wurden, als sie zu den Hörnern zurückgetrieben wurden: Die »federnden Lanzen« der sie verfolgenden Muslime »tanzten und wurden gefüttert mit Eingeweiden«, ihre »Schwerter saugten das Leben aus ihnen heraus und zerschmetterten sie an den Hängen«. Dennoch, so die Erinnerung al-Afdals,

> [...] sammelten sich die Franken noch einmal und stürmten heran wie zuvor und trieben die Muslime dorthin zurück, wo mein Vater stand, wir aber zwangen sie wieder, sich auf den Hügel zurückzuziehen. Ich rief aus: »Wir haben sie geschlagen!«, doch mein Vater wandte sich zu mir und sagte: »Sei still! Wir haben sie nicht geschlagen, bevor dieses Zelt nicht fällt.« Aber während er sprach, wurde das Zelt eingerissen. Der Sultan stieg vom Pferd, fiel auf die Knie, dankte Gott und weinte vor Freude.

Als die Stellung des Königs gefallen war, erbeuteten die Muslime auch noch das Wahre Kreuz, und die letzten Reste des christlichen Widerstands fielen in sich zusammen. Guido und die anderen Führer des lateinischen Königreichs, außer den wenigen, die geflohen waren, wurden gefangen genommen, und mit ihnen viele Tausend fränkische Überlebende. Tausende mehr waren gefallen.[9]

Als der Lärm der Schlacht verstummt war, saß Saladin im Eingang seines prächtigen Zeltes – das noch gar nicht vollständig aufgebaut war –, um seine wichtigsten Gefangenen zu empfangen und in Augenschein zu nehmen. Der Brauch wollte es, dass man sie höflich behandelte und eventuell zu gegebener Zeit gegen Lösegeld freiließ. Besonders zwei Gefangene empfing der Sultan zu einer persönlichen Audienz: seinen Gegner, den König von Jerusalem, und seinen erklärten Feind, Rainald von Châtillon. Als die beiden sich neben ihm niederließen, wandte sich Saladin zu Guido, »der vor Durst fast umkam und vor Angst wie ein Betrunkener zitterte«. Huldvoll reichte ihm der Sultan einen eisgekühlten Trunk in einem goldenen Kelch. Der König nahm einige Schlucke von der erfrischenden Flüssigkeit, doch als er den Kelch an Rainald weitergab, schaltete sich der Sultan ein und ließ dem König durch einen Dolmetscher sagen: »Ihr hattet nicht meine Erlaubnis, ihm etwas zu trinken zu geben; diese Gabe bedeutet also nicht, dass er von meiner Hand nichts zu befürchten hat.« Denn nach arabischer Tradition versprach derjenige, der einem Gast Nahrung anbot, damit gleichzeitig, dass er ihn beschützen werde. Ein muslimischer Zeitzeuge beschreibt, wie Saladin sich dann an Rainald wandte und »ihn für seine Sünden und […] seine heimtückischen Taten tadelte«. Als der Franke das Angebot, zum Islam zu konvertieren, rundweg ablehnte, »stand der Sultan auf und schlug ihm den Kopf ab […]. Nachdem er getötet war und man ihn fortgeschafft hatte, zitterte Guido vor Furcht, doch Saladin beruhigte ihn«, er versicherte ihm, dass er nicht dasselbe Schicksal erleiden werde, und der König von Jerusalem wurde in die Gefangenschaft abgeführt.[10]

Der Privatsekretär des Sultans, Imad ed-Din, nahm all seine schriftstellerischen Fähigkeiten zusammen, um die Atmosphäre zu beschreiben, die herrschte, als sich an diesem Abend die Dämmerung über Galiläa senkte. Er schrieb: »Der Sultan lagerte auf der Ebene von Tiberias wie ein Löwe in der Wüste oder der Mond in seinem vollen Strahlenglanz«, während »die Toten über die Hügel und Täler verstreut waren, unbeweglich lagen sie da. Dem Ort Hattin waren ihre Leichen gleichgültig, und der Duft des Sieges war ganz durchsetzt mit ihrem Gestank.« Imad ed-Din ging über das Schlachtfeld, das zu einem »Meer von Blut« geworden war, die Erde war »blutgetränkt«, und er bezeugt das entsetzliche Ausmaß des Gemetzels an diesem Tag:

> Ich ging an ihnen vorbei und sah die Gliedmaßen der Gefallenen, die nackt auf dem Schlachtfeld herumlagen. Sie waren auf dem Kampfplatz verstreut, zerfleischt, abgetrennt: aufgespaltene Schädel, aufgeschlitzte Kehlen, gebrochene Wirbelsäulen, zerschmetterte Nacken, abgetrennte Füße, verstümmelte Nasen, abgerissene Arme und Beine, zerstückelte Gliedmaßen, zerfleischte Körperteile.

Sogar zwei Jahre später, als ein Muslim aus dem Irak an der Kampfstätte vorbeikam, konnte man noch von Weitem die Gebeine der Toten sehen: »Einige waren aufgehäuft, andere lagen verstreut herum.«

Am 4. Juli 1187 wurde das Heer des fränkischen Palästina vernichtend geschlagen. Die Muslime hatten auch das Wahre Kreuz erobert, was der Moral der Christen im gesamten Vorderen Orient einen empfindlichen Schlag versetzte. Imad ed-Din erklärte, dass »das Kreuz ein Preis ohnegleichen« sei, »denn es war der wichtigste Gegenstand ihres Glaubens«, und er war der Meinung, dass »sein Verlust für sie schwerer wog als der Verlust des Königs, und es war der schwerste Schlag von allen, die sie in der Schlacht hinnehmen mussten«: Die Reliquie wurde auf dem Kopf stehend an einer Lanze festgebunden und nach Damaskus gebracht.[11]

Die Zahl der lateinischen Gefangenen war so groß, dass es auf den syrischen Märkten zu einer Sklavenschwemme kam und der Preis pro Sklave auf drei Golddinare fiel. Getötet wurden von den Gefangenen außer Rainald von Châtillon nur die Angehörigen der Ritterorden. Man hielt diese aggressiven fränkischen »Brandstifter« für zu gefährlich, und es war bekannt, dass sie als Geiseln nutzlos waren, weil sie sich normalerweise weigerten, gegen Lösegeld freigelassen zu werden. Imad ed-Din beschreibt, wie am 6. Juli »Saladin mit erfreuter Miene auf seinem Podium saß«, als 100 bis 200 Angehörige der Templer und der Johanniter vor ihm versammelt wurden. Einige ließen sich auf ein letztes Angebot ein, sich zum Islam zu bekehren; der Rest wurde einer Gruppe abgerissener »Gelehrter und Sufis« ausgeliefert, »frommen Männern und Asketen«, die eigentlich mit Gewaltausübung überhaupt nichts zu tun hatten.

Imad ed-Din war dabei, als das Gemetzel begann.

> Ein paar wenige führten saubere Streiche, was man ihnen dankte; einige weigerten sich und waren unfähig, es zu tun, und man entschuldigte sie; einige blamierten sich, woraufhin andere ihren Platz einnahmen [...]. Ich sah, wie sie den Unglauben töteten, um dem Islam neue Lebenskraft einzugeben, und wie sie den Polytheismus vernichteten, um den Monotheismus an die Macht zu bringen.

Saladin hatte einen umfassenden Sieg über die Streitkräfte der lateinischen Christenheit erstritten. Nur sechs Tage später schrieb er einen Brief, in dem er seinen Erfolg noch einmal aufleben ließ: »Der Glanz von Gottes Schwert hat den Anhängern der Vielgötterei Angst und Schrecken eingejagt« und »das Gebiet des Islam hat sich ausgedehnt«. »Es war« nach den Worten Saladins »ein Tag der Gnade, an dem der Wolf und der Geier sich zueinandergesellten, während Tod und Gefangenschaft ihnen folgten«, ein Augenblick, da »der Nacht des Unglaubens ein Morgen dämmerte«. Schon bald danach ließ er eine triumphale Kuppel an den Hörnern von Hattin errichten; der Umriss ihrer Ruine ist heute noch zu sehen.[12]

Der Sturz des Kreuzes

In der Zeit nach dem Triumph bei Hattin stand weiteren muslimischen Erfolgen nichts mehr im Weg. Das Königreich Jerusalem hatte am 4. Juli immense Verluste hinnehmen müssen und war nun, da fast alle Besatzungen der Städte, Ortschaften und Festungen abgezogen worden waren, im höchsten Maß verwundbar. Doch hätte Saladin nicht mit solch eiserner Entschlossenheit agiert und hätten ihm nicht diese großen Ressourcen zur Verfügung gestanden, wäre die überlegene Stellung der islamischen Seite noch gefährdet gewesen. So aber brach das fränkische Palästina im Lauf jenes Sommers nahezu ohne Gegenwehr zusammen.

Tiberias kapitulierte sofort, innerhalb weniger Tage ergab sich auch Akkon, das wirtschaftliche Zentrum von Outremer. In den folgenden

Wochen und Monaten konzentrierte Saladin seine Bemühungen auf die Häfen und Küstenstädte, in kurzer Folge fielen von Norden nach Süden nacheinander Beirut, Sidon, Haifa, Cäsarea und Arsuf. Mittlerweile war al-Adil, der Bruder des Sultans, der sofort von den Ereignissen in Hattin unterrichtet worden war, von Ägypten aus in den Norden aufgebrochen und nahm den besonders wichtigen Hafen Jaffa ein; er unternahm auch erfolgreiche Vorstöße ins Landesinnere. Askalon leistete hartnäckig Widerstand, doch im September war auch dieser Hafen unterworfen, es folgten Darum, Gaza, Ramla und Lydda. Als Gegenleistung für die Freilassung ihres Großmeisters Gerhard von Ridefort gaben sogar die Templer ihre Festung bei Latrun in den Ausläufern der judäischen Berge an der Straße nach Jerusalem auf.

Die unglaubliche Geschwindigkeit, mit der all diese Erfolge errungen wurden, war zu Teilen schlicht der großen Zahl Soldaten geschuldet und dem Aufgebot an verlässlichen Hauptleuten in Saladins Diensten wie al-Adil und Kukburi. Auch einige halbautonome ajjubidische Kriegerbanden konnten sich im Königreich austoben, was die muslimischen Operationen deutlich stärkte und einen lateinischen Zeitgenossen zu der Bemerkung verleitete, dass die Muslime sich »wie Ameisen« ausbreiteten und »das gesamte Land bedeckten«. Und doch gingen die entscheidenden Ereignisse in jenem Sommer vor allem auf Saladins Strategie zurück. Da ihm allzu bewusst war, dass die islamische Einheit nur durch unermüdliche Aktivität auf dem Schlachtfeld aufrechterhalten werden konnte, versuchte er den Widerstand der Christen durch eine Politik der Milde und des Entgegenkommens zu schwächen. Von Anfang an wurden den Bewohnern der fränkischen Siedlungen äußerst großzügige Übergabebedingungen angeboten – sogar lateinische Quellen geben an, dass »den Bewohnern von Akkon« die Möglichkeit geboten wurde, in der Stadt zu bleiben, »sicher und wohlbehalten« unter muslimischer Herrschaft zu leben und »die Steuer zu zahlen, die zwischen Christen und Sarazenen üblich ist«, während denjenigen, die die Stadt verließen, »40 Tage eingeräumt wurden, in denen sie ihre Frauen und Kinder mitnehmen und ihre Habseligkeiten fortschaffen konnten«.[13]

Gleiche Bedingungen scheinen jeder Stadt oder Festung gewährt worden zu sein, die sich widerstandslos ergab, und – was noch wichtiger war – diese Vereinbarungen wurden tatsächlich eingehalten. Indem Saladin sein Wort hielt und die Levante nicht einfach ausplünderte, festigte sich sein Ruf eines integren, ehrbaren Kriegers und entwickelte sich damit zu einer mächtigen Waffe: Denn wenn feindliche Garnisonen mit der Alternative konfrontiert wurden, letztlich aussichtslosen Widerstand zu leisten oder unter sicheren Bedingungen zu überleben, ergaben sich die meisten. Dank dieser Methode wurde das Königreich Jerusalem in atemberaubender Geschwindigkeit und mit minimalem Aufwand erobert. Allerdings hatte diese Vorgehensweise auch ihre Schattenseiten. In den Monaten nach der Schlacht von Hattin wurden große Teile der lateinischen Bevölkerung zu Flüchtlingen, und gemäß seinen Zusagen garantierte ihnen der Sultan sicheres Geleit zu einer Hafenstadt, von wo aus sie – so die Erwartung – nach Syrien oder in den Westen aufbrechen würden. Aber in Wirklichkeit suchten Hunderte, später Tausende Franken Zuflucht in der Stadt, die als einziger Hafen in christlicher Hand übrig blieb – im wehrhaft befestigten Tyros.

Saladin stand nun vor einer folgenschweren Entscheidung. Große Teile der Küste und des Landesinnern waren unterworfen, und als der Sommer sich dem Ende zuneigte, war klar, dass vor Wintereinbruch, dem Ende der Kampfsaison, nur noch ein letzter Eroberungsschlag möglich war. Dafür musste ein prominentes Ziel ausgemacht werden. Unter rein strategischen Gesichtspunkten musste das Tyros sein: Die Stadt war eine Bastion lateinischen Widerstands, die täglich stärker wurde; außerdem ging von hier durch den Schiffsverkehr eine lebendige Kommunikationsader aus, die Tyros mit den Überresten von Outremer im Norden und mit der ferneren christlichen Welt jenseits des Vorderen Orients verband. Insofern vermochte die Hafenstadt dem Feind als sicherer Stützpunkt zu dienen, von dem aus zu gegebener Zeit womöglich ein Versuch gestartet werden konnte, das zerschlagene Königreich der Kreuzfahrer wiederaufzubauen. Dennoch beschloss der Sultan, Tyros nicht anzugreifen; zweimal zog er auf seinen Feldzügen in den Norden und in den Süden daran vorbei. Der irakische Chronist Ibn al-Athir missbilligte diese Entscheidung: »Tyros lag offen und ungeschützt vor den Muslimen, und wenn Saladin es [früher im Sommer] angegriffen hätte, hätte er es mit Leichtigkeit einnehmen können.« Einige moderne Historikerinnen und Historiker schlossen sich dieser Einschätzung an und warfen dem Sultan mangelnden Weitblick vor. Solche Urteile verdanken sich zu einem großen Teil der Klugheit, die sich im Nachhinein einstellt. Zu Beginn des Septembers 1187 wusste Saladin, dass eine langwierige Belagerung von Tyros seine gesamte Unternehmung plötzlich zum Stillstand bringen konnte, was in der Konsequenz zur Auflösung des von den Ajjubiden geführten islamischen Bündnisses hätte führen können. Der Sultan wollte das nicht riskieren und besann sich stattdessen auf sein zentrales ideologisches Ziel: Er begab sich ins Landesinnere, um die geballte Kraft seines Heeres gen Osten, nach Jerusalem zu führen.[14]

Nach Jerusalem

Der militärische Wert der Heiligen Stadt – isoliert mitten in den Bergen Judäas gelegen – war begrenzt. Doch nach den Jahrzehnten, in denen Nur ad-Din und Saladin ihre religiöse Bedeutung mittels Predigten und Propaganda nachdrücklich ins Bewusstsein gehoben hatten, war der Status Jerusalems als heiligster Ort des Islam außerhalb Arabiens fest verankert. In einem Krieg, der auf der Vorstellung des Dschihad aufbaute, musste Jerusalem das letzte Ziel sein. Saladin beorderte in weiser Voraussicht die ägyptische Flotte in den Norden, um Jaffa gegen einen christlichen Angriff zu verteidigen; die lateinischen Vorposten, die Judäa gegen Angriffe aus dem Osten schützen sollten, waren schon besiegt; nun, am 20. September 1187, rückte das Heer Saladins gegen Jerusalem vor. Der Sultan kam mit mehreren 10 000 Mann und schweren Belagerungswaffen, er hatte sich auf eine längere Konfrontation eingerichtet. Die Stadt hingegen war zwar voller Flüchtlinge, aber an kampffähigen Männern gab es bitteren Mangel. Königin Sibylla und der Patriarch Heraklios nahmen gewisse Führungsfunktionen wahr, doch die eigentliche Last der Verantwortung lag auf Balian von Ibelin. Balian hatte nach der Katastrophe von Hattin in Tyros Zuflucht gesucht, später hatte Saladin ihm sicheres Geleit zur Heiligen Stadt zugebilligt, damit er dort seine Frau Maria Komnena und ihre Kinder abholen und in Sicherheit bringen konnte. Man hatte sich darauf geeinigt, dass Balian nur eine Nacht in Jerusalem bleiben sollte, doch konnte er nach seiner Ankunft schnell überredet werden, sich nicht an diese Vereinbarung zu halten, sondern in der Stadt zu bleiben und die Verteidigung zu organisieren. Es stand ihm gerade einmal eine Handvoll Ritter zur Verfügung, daher erhob Balian jeden Knaben aus einer Adelsfamilie, der älter als 16 war, und 30 Männer aus den Reihen der reicheren Jerusalemer Bürger in den Ritterstand. Zudem ließ er so weit wie möglich die Festungsanlagen der Stadt verstärken. Doch all seine Anstrengungen vermochten der überwältigenden Übermacht der Muslime kaum etwas entgegenzusetzen.

Saladin begann seine Offensive mit einem Angriff auf die Mauern im Westen; nach fünf Tagen unentschiedener Kämpfe am Davidsturm verlagerte er den Schwerpunkt auf den Nordsektor am Damaskustor, der mit mehr Aussicht auf Erfolg angegriffen werden konnte – vielleicht folgte er unwillkürlich dem Beispiel der ersten Kreuzfahrer. Am 29. September schafften es die muslimischen Sappeure trotz des erbitterten, doch letztlich erfolglosen Widerstands der Franken, in die Mauern Jerusalems eine größere Bresche zu schlagen. Nun stand die Heilige Stadt völlig wehrlos da. Fränkische Mütter schoren ihren Kindern als Zeichen der Sühne den Kopf, und angeführt von Geistlichen zogen Barfußprozessionen durch die Straßen, doch es war nichts mehr zu machen; die Eroberung war unausweichlich.

Saladins Absichten im September 1187

Wie im Einzelnen der Sultan auf diese Lage reagierte und Jerusalem unterwarf, hat sehr wesentlich das Saladin-Bild in der Geschichte geprägt. Einige Fakten, die sowohl von muslimischen wie von christlichen Quellen erwähnt werden, sind unumstritten. Die ajjubidischen Truppen haben die Heilige Stadt nicht geplündert. Stattdessen handelten der Sultan und Balian von Ibelin wahrscheinlich am 30. September die Bedingungen für die Kapitulation der Lateiner aus, und ohne weiteres Blutvergießen zog Saladin am 2. Oktober 1187 in Jerusalem ein. In den folgenden Jahrhunderten wurde auf diese »friedliche« Besetzung immer wieder mit Nachdruck hingewiesen, und zwei miteinander verknüpfte Vorstellungen wurden nun zum Allgemeingut. Beispielhaft dienten diese Ereignisse dazu, einen entscheidenden Unterschied zwischen dem Islam und dem lateinischen Christentum aufzuzeigen: Während die Eroberung von 1099 im ersten Kreuzzug mit einem furchtbaren Massaker endete, scheint der Triumph der Ajjubiden die Fähigkeit zu Mäßigung und menschlichem Mitleid auszudrücken. Außerdem wurde immer wieder behauptet, Saladin sei sich des Vergleichs mit dem ersten Kreuzzug nur zu bewusst gewesen, dass er sich also darüber im Klaren war, was eine Verhandlungslösung für das Ansehen des Islam bedeuten würde –

und für das Urteil über seine Person und Lebensleistung sowohl der Zeitgenossen als auch der Nachwelt.[15]

Problematisch ist diese Darstellung, weil sie sich nicht durch gewichtige zeitgenössische Zeugnisse stützen lässt. Es gibt zwei entscheidende Quellen – zum einen den Bericht von Saladins Sekretär Imad ed-Din, der am 3. Oktober 1187 in Jerusalem eintraf; zum anderen einen Brief Saladins an den Kalifen in Bagdad, geschrieben kurz nach der Übergabe Jerusalems. Natürlich muss man diesen Texten nicht schon deswegen Glauben schenken, weil sie von Personen verfasst wurden, die unmittelbar an den Geschehnissen beteiligt waren; sie vermitteln vielmehr, wie der Sultan selbst das darstellte, was in der Heiligen Stadt in jenem Herbst geschehen war, und wie er die Ereignisse präsentiert wissen wollte.

Beide Quellen deuten klar darauf hin, dass Saladin Ende September 1187 die feste Absicht hatte, Jerusalem zu plündern. Imad ed-Din berichtet, dass der Sultan bei der ersten Begegnung mit Balian diesen wissen ließ: »Ihr werdet weder Straffreiheit noch Gnade erlangen! Unser einziger Wunsch ist es, euch unwiderruflich und auf Dauer zu unterwerfen [...]. Wir werden euch alle töten oder gefangen nehmen, wir werden das Blut der Männer vergießen und die Armen und die Frauen in die Sklaverei verschleppen.« Bestätigt wird das durch den Brief Saladins, in dem es heißt, die Reaktion auf die erste Bitte der Franken nach Übergabebedingungen habe darin bestanden, dass »wir rundweg ablehnten; wir wollten nichts anderes als das Blut der Männer vergießen und die Frauen und Kinder in die Sklaverei verschleppen«. Nun aber drohte Balian, dass die Lateiner, wenn keine gerechten Übergabebedingungen zu erreichen waren, bis zum letzten Mann kämpfen würden, dass sie die heiligen Stätten des Islam in Jerusalem zerstören und die vielen Tausend muslimischen Gefangenen umbringen würden, die sich in der Heiligen Stadt befanden. Diese rein aus der Verzweiflung geborene Ankündigung brachte den Sultan in Zugzwang, nur widerwillig stimmte er einer Vereinbarung zu. Denn folgt man den Berichten der Augenzeugen, so bereitete es Saladin Sorgen, dass dieses Entgegenkommen als Zeichen ajjubidischer Schwäche interpretiert werden könnte. Deshalb rechtfertigt Saladin sich in seinem Brief für die Entscheidung in jeder Einzelheit; er berichtet, seine Emire hätten ihn überredet, einer Einigung zuzustimmen, um weiteren Blutzoll zu vermeiden, da der Sieg ja schon vollständig feststand. Auch bei Imad ed-Din taucht dieses Argument auf: Er beschreibt in aller Ausführlichkeit eine Versammlung, auf der der Sultan sich mit seinen führenden Hauptleuten beriet.[16]

Diese Zeugnisse erlauben Rückschlüsse auf die innere Einstellung Saladins im Jahr 1187. Sie belegen, dass es ihm zunächst nicht darum ging, als gerechter und großherziger Sieger dazustehen. Auch dachte er zu Beginn nicht daran, sein eigenes Handeln mit den Taten der ersten Kreuzfahrer in Beziehung zu setzen oder in einer großen Geste den Islam zur Friedensmacht zu verklären. Tatsächlich erwähnt weder der Brief des Sultans noch der Bericht von Imad ed-Din explizit das Massaker, das im Jahr 1099 in Jerusalem stattgefunden hatte. Saladin fühlte sich vielmehr gedrängt zu erklären und zu entschuldigen, warum er davon abgesehen hatte, die Franken in Jerusalem abzuschlachten, nachdem man die Stadtmauer durchbrochen hatte. Denn was er mehr als alles andere fürchtete, war ein Angriff auf seine Stellung als Vorkämpfer des Dschihad – auf ihn als Herrscher, der dem Islam mit dem Versprechen, die Franken zu bekämpfen, die Vorherrschaft der Ajjubiden aufgenötigt hatte.

Diese Einsicht muss eine Neubewertung Saladins und seiner Absichten nach sich ziehen, allerdings darf das Pendel jetzt nicht zu weit in die entgegengesetzte Richtung ausschlagen. Das Verhalten des Sultans muss in seinem Zeitkontext, also in Bezug auf die zeitgenössischen Wertvorstellungen interpretiert werden. Unter diesen Voraussetzungen agierte Saladin im Herbst des Jahres 1187 tatsächlich vergleichsweise milde.[17] Es entsprach den Gepflogenheiten der mittelalterlichen Kriegsführung – Gepflogenheiten, die im Großen und Ganzen sowohl die Muslime der Levante als auch die fränkischen Christen anerkannten –, dass die Einwohnerschaft einer belagerten Stadt, die sich einer Kapitulation bis zu dem Moment verweigerte, da ihre Verteidigungsanlagen zerstört oder überwunden waren, mit gnadenloser Härte rechnen musste. War eine derartige Situation eingetreten, dann war normalerweise die Zeit vorüber, in der die Verteidiger noch verhandeln konnten; die Männer wurden getötet, Frauen und Kinder versklavt. Selbst wenn die Regelung, die für Jerusalem getroffen wurde, stark beeinflusst war von Balians Drohungen, so waren im Vergleich zu dem, was damals üblich war, die Bedingungen, denen Saladin zustimmte, doch tatsächlich großzügig – und, was wichtiger ist, sie wurden auch als solche gewürdigt.

Auch in den Verhandlungen mit seinen aristokratischen »Standesgenossen« unter den Franken zeigte sich der Sultan ausgesprochen höflich und gnädig. Balian von Ibelin verzieh er, dass dieser sein Versprechen gebrochen hatte, nicht in Jerusalem zu bleiben, und für Maria Komnena wurde eine Eskorte bereitgestellt, die sie nach Tyros begleitete. Stephanie von Milly, die Witwe Rainalds von Châtillon, wurde ohne Lösegeldforderung freigelassen.

Die Übergabebedingungen, die um den 30. September herum ausgehandelt wurden, enthielten mehrere interessante Klauseln. Den christlichen Einwohnerinnen und Einwohnern von Jerusalem wurde ein Zeitraum von 40 Tagen eingeräumt, in denen sie sich zu einer festgesetzten Summe (zehn Dinare für einen Mann, fünf für eine Frau und ein Dinar für ein Kind) ihre Freiheit erkaufen konnten. Sie erhielten sicheres Geleit zu den lateinischen Außenposten in Tyros oder Tripolis und das Recht, ihre persönliche Habe mitzunehmen. Nur Pferde und Waffen mussten zurückgelassen werden. Nach 40 Tagen sollten diejenigen, die das Lösegeld nicht zahlen konnten, gefangen genommen werden. Im Großen und Ganzen wurde diese Vereinbarung eingehalten; in Einzelfällen zeigte Saladin sich sogar noch großzügiger. Balian beispielsweise wurde es gestattet, gegen die Zahlung einer Summe von 30 000 Dinaren 7000 Christen freizukaufen, und es scheint auch Versuche gegeben zu haben, für die Armen eine generelle Amnestie auszuhandeln.

Als die Kapitulationsvereinbarungen in Kraft traten, ergoss sich ein nahezu ununterbrochener Strom von Flüchtlingen aus Jerusalem; große Gruppen unbewaffneter Franken wurden in Richtung Küste geleitet. Die Lösegeldregelung scheint sich für die Beamten Saladins zu einem administrativen Albtraum entwickelt zu haben. Imad ed-Din gibt zu, dass Bestechung an der Tagesordnung war, und er beklagt, dass nur ein Bruchteil des geschuldeten Geldes je in der Schatzkammer des Sultans landete. Offenbar schlüpften zahlreiche Lateiner durch das Netz: »Einige Leute wurden an Seilen über die Mauern heruntergelassen, einige im Gepäck versteckt hinaustransportiert, einige verließen als [muslimische] Soldaten verkleidet die Stadt.« Da der Sultan den Franken erlaubt hatte, ihre Habseligkeiten mitzunehmen, verringerte sich auch das Beuteaufkommen. Als der Patriarch Heraklios die Stadt verließ, war er ganz gebeugt von der Last der Reichtümer, die er mit sich führte, doch »Saladin erhob keinen Einspruch, und als man ihm riet, er solle doch all diese Schätze für den Islam beschlagnahmen, erwiderte er, er werde sein Wort nicht brechen. Er nahm von [Heraklios] lediglich die zehn Dinare und ließ ihn gut bewacht nach Tyros abziehen.« Als die vereinbarten 40 Tage vorüber waren, sollen insgesamt 7000 Männer und 8000 Frauen nicht ausgelöst worden sein; sie wurden gefangen genommen und in die Sklaverei geführt.[18]

Alles in allem ging Saladin in jenem Herbst weder mit der Milde eines Heiligen vor, noch kann man ihm vorwerfen, er habe sich barbarisch verhalten oder ein doppeltes Spiel gespielt. Der Sultan zeichnete in der Darstellung jener Ereignisse, die er an die muslimische Welt vermittelte, ein Bild von sich selbst als einem Mudschahid, der willens, ja begierig ist, die Franken in Jerusalem gewaltsam zu vernichten, und es ist unmöglich zu sagen, ob das seiner wahren Absicht entsprach. Als Saladin mit den Drohungen Balians konfrontiert wurde, entschied er sich gegen die Gewalt und für Verhandlungen, wobei er sich im Umgang mit den Lateinern bemerkenswert zurückhielt.

Die triumphale Wiedereroberung Jerusalems war der Höhepunkt von Saladins bisheriger Laufbahn. Nun konnte er auf diese epochale Leistung verweisen, um seine Bemühungen um die Einheit des Islam zu legitimieren und jeglichen Vorwurf eigennützigen Despotentums zurückzuweisen. Diese beiden Themen – der überwältigende Sieg und die damit bewiesene Lauterkeit der Motive – bilden den Grundton seines Briefes an den Kalifen, und sie bestimmen auch die Tendenz der 70 Briefe, die Imad ed-Din in jenem Herbst verfasste, um den Erfolg der Ajjubiden für die Öffentlichkeit darzustellen.[19]

Das wiedergewonnene Jerusalem

Der Termin für die offizielle Übergabe Jerusalems wurde sehr bewusst gewählt, denn auch damit sollte das Ansehen des Sultans als eines bewährten Vorkämpfers des Glaubens betont werden. Jahrhunderte zuvor war Mohammed nach seiner nächtlichen Reise am 2. Oktober vom Tempelberg aus zum Himmel aufgefahren. Saladin wählte im Jahr 1187 ebendieses Datum für seinen triumphalen Einzug in die Stadt und zog damit deutliche Parallelen zwischen seinem eigenen Leben und dem des Propheten. Danach setzten rasch die Umbauten und die Islamisierung ein. Viele christliche Andachtsstätten und Kirchen wurden ihrer

Schätze beraubt und geschlossen; einige wurden in Moscheen, in *madrasas* (Schulen) oder Gebäude für religiöse Gemeinschaften verwandelt. Intensiv diskutiert wurde das Schicksal des Heiligen Grabes; einige plädierten dafür, es vollständig zu zerstören. Viele andere rieten zu weniger radikalem Vorgehen: Sie argumentierten, christliche Pilgerinnen und Pilger würden die Stätte auf jeden Fall auch weiterhin aufsuchen und verehren, selbst wenn das Gebäude dem Erdboden gleichgemacht wäre, und sie erinnerten Saladin daran, dass Umar, der erste muslimische Eroberer Jerusalems, die Kirche ebenfalls nicht angerührt habe.

Die geistige Dimension von Saladins Erfolg kam am klarsten in der Sorgfalt zum Ausdruck, mit der er und seine Männer sich an die »Reinigung« der heiligen Orte Jerusalems machten. Zu den bedeutendsten gehörten zwei Stätten innerhalb des *Haram as-Sharif* (heute als Tempelberg bezeichnet) – der Felsendom und die al-Aqsa-Moschee. In den Augen der Muslime hatten die Franken diese beiden heiligen Gebäude auf schändliche Weise entweiht, was nun unter Einsatz aller Kräfte rückgängig gemacht wurde. Der von den Muslimen im späten 7. Jahrhundert erbaute Dom, in dem sich der Felsen befinden soll, auf dem Abraham das Opfer seines Sohnes vorbereitete und von dem aus Mohammed nach seiner nächtlichen Reise zum Himmel auffuhr, war unter lateinischer Herrschaft in ein *Templum Domini* (Kirche Unseres Herrn) umgewandelt und die glänzende Goldkuppel mit einem riesigen Kreuz geschmückt worden. Das Kreuz wurde umgehend abgerissen; der christliche Altar im Innern, sämtliche Bilder und Statuen wurden entfernt, und mit Rosenwasser und Weihrauch wurde das gesamte Gebäude gereinigt. Ein muslimischer Augenzeuge beschreibt stolz, wie danach »der Felsen vom Schmutz der Ungläubigen durch die Tränen der Frommen gesäubert« war und wieder einen Zustand der Reinheit gleich »einer jungen Braut« erlangte. Später wurde an der Kuppel eine Inschrift mit dem Hinweis auf die Leistung des Sultans angebracht: »Saladin hat dieses heilige Haus von den Ungläubigen gereinigt.«

Ähnlich ging man in der al-Aqsa-Moschee vor, die die Franken zunächst als Königspalast und dann als Teil des Hauptquartiers der Tempelritter benutzt hatten. Eine Mauer, die den *mihrab* (eine Nische, die die Gebetsrichtung anzeigt) verbarg, wurde entfernt und das gesamte Gebäude renoviert, sodass – nach den Worten von Imad ed-Din – »die Wahrheit triumphierte und der Irrtum zuschanden wurde«. Hier fand am 9. Oktober das erste Freitagsgebet statt, und die Ehre, an diesem Tag zu predigen, war unter den Rednern und heiligen Männern hart umkämpft. Saladin bestimmte Ibn al-Zaki, einen Imam aus Damaskus; er sollte vor der dicht gedrängten, erwartungsvollen Menge sprechen. Ibn al-Zakis Predigt kreiste offenbar um drei ineinandergreifende Themen: Er bezeichnete diese Eroberung als eine Form von Reinigung; Gott wurde dafür gepriesen, dass er »Sein Heiliges Haus vom Schmutz des Polytheismus und seinen Verunreinigungen« gesäubert habe, und die Zuhörer wurden aufgefordert, »den Rest des Landes von diesem Unrat zu befreien, der Gott und seinen Propheten beleidigt«. Gleichzeitig wurde der Sultan in den höchsten Tönen gepriesen und als »Vorkämpfer und Beschützer von [Gottes] heiligem Land« gerühmt. Seine Taten wurden mit denen Mohammeds verglichen. Und schließlich verwies der Prediger noch auf die Wirksamkeit des Dschihad: »Haltet fest am heiligen Krieg; es gibt nichts, womit ihr Gott besser dienen könntet, und es ist das Hehrste, was ihr in eurem Leben zu vollbringen vermögt.«[20]

Saladins Leistung

Im Sommer des Jahres 1187 hatte Saladin zwei überwältigende Siege errungen. Er nutzte die Situation nach der Schlacht von Hattin und eroberte Jerusalem zurück, womit er die Leistungen all seiner muslimischen Vorgänger im Zeitalter der Kreuzzüge in den Schatten stellte. Jahrzehnte zuvor hatte sein Schutzherr Nur ad-Din eine über die Maßen prachtvoll verzierte Kanzel in Auftrag gegeben, um sie eines Tages in der al-Aqsa-Moschee aufzustellen. Nun erfüllte der Sultan den Traum seines Vorgängers und eignete sich dessen Vermächtnis an, indem er die Kanzel von ihrem Aufbewahrungsort in Aleppo in die große Moschee von Jerusalem bringen ließ, wo sie für 800 Jahre bleiben sollte.

Sogar Saladins kritischer Zeitgenosse, der Muslim Ibn al-Athir, erkannte an, welch uneinholbaren Ruhm der Sultan im Jahr 1187 erworben hatte: »Diese herrliche Tat, die Eroberung Jerusalems, hat kein anderer als Saladin vollbracht [...] als Erster seit den Tagen von Umar.« Und al-Fadil pries in einem Brief an den Kalifen in Bagdad die verwandelnde Kraft von Saladins Sieg über die Franken: »Von ihren Gebetsorten entfernte er das Kreuz und richtete den Ruf zum Gebet ein [...] die Anhänger des Koran lösten die Anhänger des Kreuzes ab.«[21] Achtundachtzig Jahre nach dem überwältigenden Triumph der ersten

Kreuzfahrer hatte Saladin die Heilige Stadt für den Islam zurückerobert und Outremer einen furchtbaren Schlag versetzt. Er hatte den Vorderen Orient von Grund auf umgestaltet und stand jetzt offenbar kurz davor, den endgültigen, dauerhaften Sieg im Krieg um das Heilige Land zu erringen. Als sich die Nachricht von Saladins Siegen in der gesamten muslimischen Welt und darüber hinaus verbreitete und allgemein Schrecken und Staunen hervorrief, fühlte sich die lateinische Christenheit zu sofortigem Handeln gedrängt. Rachedurst und Kriegsgier breiteten sich im Abendland aus, und wieder einmal brachen riesige Heere in Richtung Levante auf. Bald sollte Saladin gezwungen sein, seine schwer erkämpften Eroberungen gegen einen dritten Kreuzzug zu verteidigen und gegen eine überragende neue Lichtgestalt für die Sache der Christen anzutreten: Richard Löwenherz.

Dritter Teil

Kampf der Titanen

13

Zum Kreuzzug gerufen

Im Spätsommer 1187, als Outremer noch immer wie gelähmt war von der Katastrophe bei Hattin und Saladin ungehindert weiter das fränkische Palästina zerschlug, schiffte sich Erzbischof Joscius von Tyrus aus in Richtung Westen ein. Er überbrachte dem gebrechlichen Papst Urban III. die Nachricht von der verheerenden Niederlage der Christenheit; der Papst war so entsetzt und bekümmert über den Bericht des Erzbischofs, dass er unmittelbar danach starb. In den folgenden Wochen und Monaten verbreiteten sich die schrecklichen Neuigkeiten wie ein Lauffeuer, sie riefen im gesamten christlichen Westen Verzweiflung und Empörung hervor sowie höchste Alarmbereitschaft. Ein neuer Ruf zu den Waffen wurde ausgelöst, der Aufruf zu einer Unternehmung, die als der dritte Kreuzzug in die Geschichte einging. Die mächtigsten Männer der lateinischen Welt nahmen das Kreuz, angefangen bei Friedrich Barbarossa, dem römisch-deutschen Kaiser, bis hin zu Philipp II. August, dem klugen jungen König von Frankreich. Am Ende aber war es Richard Löwenherz, König von England – einer der bedeutendsten Krieger des Mittelalters –, der zum prominentesten Vorkämpfer für die christliche Sache aufstieg und Saladins Herrschaft über das Heilige Land ernsthaft ins Wanken brachte. Mehr als alles andere war der dritte Kreuzzug vom Wettstreit zwischen diesen beiden Titanen geprägt: dem König und dem Sultan, dem Kreuzfahrer und dem Mudschahid. Nach fast einem Jahrhundert führte der Krieg um das Heilige Land diese beiden Heroen zusammen und ließ sie in einer Konfrontation von geradezu mythischem Ausmaß aufeinandertreffen, die beider Qualitäten auf eine ungeheuerliche Probe stellte und in der Legenden geschmiedet und Träume zertrümmert wurden.[1]

Predigten für den dritten Kreuzzug

Die Schläge, die der Christenheit durch die Ereignisse von Hattin und Jerusalem im Jahr 1187 versetzt worden waren, lösten im lateinischen Westen eine Woge der Handlungsbereitschaft aus und entzündeten aufs Neue die Flamme des Kreuzzugsfiebers, die schon seit Jahrzehnten erloschen war. Nachdem der zweite Kreuzzug in den späten 1140er-Jahren so kläglich gescheitert war, hatte die Begeisterung des christlichen Europa für den »heiligen Krieg« stark nachgelassen. Damals gab es sogar Stimmen, die an der Aufrichtigkeit des Papstes und der Kreuzfahrer Zweifel äußerten. Ein deutscher Chronist sprach ein vernichtendes Urteil über den zweiten Kreuzzug: »Gott ließ es zu, dass die Kirche des Abendlands wegen ihrer Sünden niedergeschlagen wurde. Es erhoben sich ja sogar gewisse falsche Propheten, Söhne Belials und Zeugen des Antichrist, die die Christen mit leeren Worten verführten.« Auch Bernhard von Clairvaux, der Vater der Kreuzzugspropaganda und leidenschaftlicher Verfechter des Kreuzzugsgedankens, hatte nur mageren Trost zu bieten: Er erklärte, dass die Rückschläge, die den Franken widerfahren waren, zum unerforschlichen Ratschluss Gottes gehörten. Auch die Sündhaftigkeit der Christen wurde als Erklärung für die göttliche Strafe angeführt – und in den meisten Fällen sah man die wahren Schuldigen in den Franken, die im Orient wahrscheinlich in Ausschweifung und Saus und Braus lebten.[2]

Unter diesen Umständen überrascht es nicht, dass sämtliche Versuche scheiterten, nach 1149 eine größere Kreuzzugsbewegung in Gang zu bringen. Im Vorderen Orient nahmen die militärische Stärke und die religiöse Einigkeit der Muslime stetig zu, während Outremer eine Abfolge von Krisen durchlitt: den Tod des Fürsten Raimund von Antiochia in der Schlacht bei Inab; die Niederlage von Harim im Jahr 1164, die sich stetig verschlimmernde Krankheit des Leprakönigs Balduin. Immer wieder und zunehmend dringlicher baten die levantinischen Franken um Hilfe, doch war diesen Appellen, abgesehen von vereinzelten kleineren Verteidigungsunternehmungen, nahezu kein Erfolg beschieden.

Und die abendländischen Monarchen, mittlerweile unentbehrlicher Bestandteil jeder größeren Kreuzzugsunternehmung, hatten in ihren eigenen Königreichen mit Regierungs- und Verteidigungsaufgaben genug zu tun; sie mussten Pflichten erfüllen, die, so die damalige Überzeugung, gleichfalls von Gott vorgegeben waren. Sie hatten sich mit Fragen der Politik, der Kriegsführung, des Handels und der Wirtschaft zu befassen, und die Aussicht, Monate, wenn nicht Jahre mit Kreuzzugsaktivitäten im Vorderen Orient zu verbringen, war alles andere als verlockend. Untätigkeit prägte die Atmosphäre, von Tatendrang war nichts zu spüren.

Verschärft wurde dieses Problem durch die zunehmenden Rivalitäten zwischen den Herrschern im lateinischen Europa. Im Jahr 1152 wurde Friedrich I. Barbarossa, ein Veteran des zweiten Kreuzzugs, zum deutschen König gewählt. Bereits drei Jahre später wurde er zum Kaiser gekrönt, doch er war jahrzehntelang damit beschäftigt, die zerstrittenen Parteien in seinem eigenen Reich zu unterwerfen und seine Herrschaft über Norditalien zu befestigen; gleichzeitig war er in einen erbitterten Streit mit dem Papsttum und dem normannischen Sizilien verstrickt. In Frankreich war es der Dynastie der Kapetinger zwar gelungen, die Krone zu behalten, doch waren König Ludwig VII. und sein Sohn und (seit 1180) Nachfolger Philipp II. August in ihrer tatsächlichen Machtausübung – sowohl in der Ausdehnung ihres Herrschaftsgebiets als auch in ihrem Handlungsspielraum – nach wie vor empfindlich eingeschränkt. Am stärksten sahen sich die Kapetinger herausgefordert durch den Aufstieg der Grafen von Anjou.

Im Jahr 1152, nur wenige Jahre nach den Tiefschlägen des zweiten Kreuzzugs, betrieb Eleonore von Aquitanien, die Ehefrau Ludwigs VII., die Annullierung ihrer Ehe – aus der Verbindung waren zwei Töchter hervorgegangen, aber kein Sohn; Eleonore machte sich über Ludwigs verhaltene sexuelle Begierde lustig und verglich ihn mit einem Mönch. Acht Wochen später war sie mit dem temperamentvolleren Grafen Heinrich von Anjou verheiratet, der zwölf Jahre jünger war als sie und seinem Herrschaftsgebiet bereits das Herzogtum Normandie angegliedert hatte. Im Jahr 1154 bestieg er als König Heinrich II. den Thron von England, und gemeinsam schuf das Paar ein neues, ausgedehntes angevinisches »Reich«, in dem sich England, die Normandie, Anjou und Aquitanien vereinten. Ein Großteil des heutigen Frankreich gehörte zu Heinrichs und Eleonores Einflussbereich, mit ihrem Reichtum und ihrer Macht übertrafen sie den König von Frankreich bei Weitem, auch wenn sie, zumindest nominell, hinsichtlich ihrer Territorien auf dem Kontinent nach wie vor Vasallen des Kapetingers waren. Und so war es ganz unvermeidlich, dass aus den Kapetingern und dem Haus Anjou unversöhnliche Gegner wurden. Während der gesamten zweiten Hälfte des 12. Jahrhunderts schränkten die unterschwellige Antipathie und das Ressentiment zwischen diesen beiden Dynastien die Teilnahme der Westeuropäer am Krieg um das Heilige Land empfindlich ein. Heinrich II. von England war so verstrickt in diese Auseinandersetzung, dass er seinen wiederholten Versprechungen, an einem Kreuzzug teilzunehmen, nicht nachkommen konnte oder wollte; um dieses Versäumnis auszugleichen, unterstützte er Outremer immer wieder mit Geld.[3]

Erst die wahrhaft umstürzenden Ereignisse des Jahres 1187 vermochten diese festgefahrene Situation aufzubrechen und wieder echtes Engagement wachzurufen. Die alten Streitigkeiten gerieten deswegen nicht in Vergessenheit – die Feindschaft zwischen den Kapetingern und den Anjous hatte vielmehr weitreichende Auswirkungen auf den dritten Kreuzzug. Die entsetzlichen Nachrichten aus dem Vorderen Orient brachten die Gemüter so in Wallung, dass die Herrscher der lateinischen Christenheit den Ruf zu den Waffen nicht nur ernst nahmen; diesmal hielten sie auch ihr Versprechen und zogen tatsächlich in den Krieg.

Ein Grund für Tränen

Papst Urban III. wurde nach seinem Tod am 20. Oktober 1187 von Gregor VIII. abgelöst, und schon Ende Oktober erschien eine neue päpstliche Bulle – »Audita tremendi« –, in der zum dritten Kreuzzug aufgerufen wurde. Wie zuvor handelte es sich um eine fundierte Rechtfertigung des »heiligen Krieges«. Die Katastrophe von Hattin wurde als »gewichtiger Grund zur Trauer für das gesamte Volk der Christenheit« beschrieben; Outremer, so hieß es, sei »einem strengen, schrecklichen Gericht« unterzogen worden; und die muslimischen »Ungläubigen« wurden als »wilde Barbaren« dargestellt, die »nach dem Blut der Christen dürsten und die heiligen Stätten [entweihen]«. Die Bulle schloss mit den Worten, dass jeder normale Mensch, »der nicht in Tränen ausbricht über einen solchen Grund für Tränen«, wohl seinen Glauben und seine Menschlichkeit verloren haben müsse.

In vielerlei Hinsicht lehnte sich dieser leidenschaftliche Mahnruf an die früheren Kreuzzugsaufrufe an; zwei Themen wurden allerdings neu aufgenommen: Zum einen erhielt das Böse zum ersten Mal ein Gesicht.

Die früheren Aufrufe hatten die Muslime als sadistische, allerdings anonyme Gegner dargestellt. Nun wurde Saladin zur Personifikation des Feindes, man verglich ihn mit dem Teufel. Das deutet sowohl auf die größere Vertrautheit mit dem Islam im Abendland hin als auch auf das gigantische Ausmaß der »Verbrechen«, die der Sultan begangen hatte. Zum anderen sollte mit der Bulle »Audita tremendi« erklärt werden, warum Gott es zugelassen habe, dass sein Volk »von einem derart immensen Schrecken heimgesucht wurde«. Die Antwort lautete, dass die Lateiner als Strafe für ihre Sünden »von Gottes Hand gezüchtigt« wurden. Vor allem die Franken in der Levante wurden als Schuldige dargestellt, weil sie nach dem Fall von Edessa nicht Buße getan hatten, doch auch die Christen in Europa waren nicht frei von Schuld. »Wir alle sollten uns von unseren Sünden lossagen [...] und uns Gott, unserem Herrn, zuwenden, mit Bußfertigkeit und Werken der Barmherzigkeit«, so die Aufforderung der Bulle, »und erst danach unser Augenmerk auf die Tücke und Bosheit des Feindes richten.« In Verbindung mit diesem Aufruf zu Buße und Reue wurden die Kreuzfahrer aufgefordert, sich nicht »um des Geldes oder um des weltlichen Ruhmes willen« am Kreuzzug zu beteiligen, »sondern um den Willen Gottes zu tun«; man sollte in einfacher Kleidung reisen, ohne »Hunde oder Vögel«, bereit, Buße zu tun und nicht »eitle Pracht zu entfalten«.

Der Text »Audita tremendi« erwähnt zwar die »Schicksalsschläge, [...] die Jerusalem und das Heilige Land jüngst getroffen haben«, allerdings wurde besonderer Nachdruck auf den Verlust des Wahren Kreuzes, der Reliquie vom Kreuz Christi, bei Hattin gelegt – möglicherweise war die Botschaft von der tatsächlichen Eroberung Jerusalems durch Saladin noch nicht eingetroffen. Den Gegenstand der frommen Verehrung zurückzugewinnen wurde nun zu einem der obersten Ziele des Kreuzzugs.

Wie in der ersten Kreuzzugsbulle widmeten sich die abschließenden Absätze der Verlautbarung von 1187 dem geistlichen und zeitlichen Lohn, der den Teilnehmenden winkte. Es wurde ihnen volle Vergebung all ihrer gebeichteten Sünden gewährt, und denen, die während des Feldzugs starben, wurde das »ewige Leben« versprochen. Für die Dauer der Unternehmung sollten sie von Zinsen auf ihre Schulden befreit sein und nicht vom Gesetz verfolgt werden dürfen; ihr Besitz und ihre Familien stünden unter dem Schutz der Kirche.[4]

Die Botschaft breitet sich aus

Die Katastrophen, die den Franken im Jahr 1187 widerfahren waren, hatten ein so gewaltiges, umfassendes Ausmaß, dass eine massive Reaktion im Abendland gar nicht ausbleiben konnte. Schon in ihrer knappsten Form vermochten die Nachrichten, die Joscius von Tyrus mit in die Heimat brachte, im gleichen Maß Entsetzen hervorzurufen wie zu Taten anzustacheln: Noch bevor der Erzbischof mit dem Papst zusammentraf, ging er im normannischen Königreich Sizilien an Land und hatte den dortigen Herrscher Wilhelm II. im Handumdrehen überzeugt, eine Flotte zur Verteidigung Outremers zu entsenden.

Letztlich war es dann aber die Bulle »Audita tremendi«, die den Tenor für die Predigtaufrufe zum dritten Kreuzzug vorgab. Tatsächlich war die gesamte Verbreitung der Kreuzzugsbotschaft zunehmend einer zentralisierten kirchlichen und weltlichen Kontrolle unterworfen, und die Methoden der Rekrutierung wurden immer komplexer und ausgeklügelter. Der Papst ernannte zwei päpstliche Legaten – Joscius von Tyrus und Kardinal Heinrich von Albano, einen ehemaligen Abt von Clairvaux –, die jeweils den Aufruf, das Kreuz zu nehmen, in Frankreich und Deutschland organisieren sollten. Große Rekrutierungsversammlungen wurden abgehalten und die Termine so gelegt, dass sie mit hohen Kirchenfesten zusammenfielen: Im Jahr 1187 fand eine Versammlung zu Weihnachten in Straßburg statt und 1188 zu Ostern in Mainz und Paris, als schon beträchtliche für fromme Botschaften aufgeschlossene Menschenmengen zusammengeströmt waren.

Die Predigtreisen in den angevinischen Ländern Englands, der Normandie, im Anjou und in Aquitanien wurden bei Zusammenkünften in Le Mans im Januar 1188 und in Geddington, Northamptonshire, am 11. Februar 1189 sorgfältig vorbereitet. Bei der Versammlung in Geddington nahm Balduin, der Erzbischof von Canterbury – auch er ein ehemaliger Zisterzienser-Abt –, selbst das Kreuz und führte anschließend die Anwerbungskampagne an. Er unternahm eine ausgedehnte Reise durch Wales, um dort überall die Botschaft zu verbreiten und gleichzeitig die angevinische Autorität in diesem halb unabhängigen Gebiet wieder zu stabilisieren; bis zum Ende seiner Rundreise hatte er 3000 Waliser für den Kreuzzug gewonnen, »geübt im Gebrauch von Bogen und Lanze«.[5]

Seit dieser Zeit scheint die Aktivität der Kreuzfahrer eine eindeutige Bezeichnung zu haben, aber es ist nicht auszumachen, ob das nun infolge der strafferen Organisation geschah oder ob es schlicht ein Nebenprodukt des Wiedererkennungseffekts war, der sich mit den Jahren verstärkte. Kreuzfahrer wurden zuvor als »Pilger«, »Reisende« oder »Soldaten Christi« bezeichnet; nun taucht in den Dokumenten zum ersten Mal *cruce signatus* (mit dem Kreuz gekennzeichnet) auf – aus diesem Wort entwickelten sich die Begriffe »Kreuzzug« und »Kreuzfahrer«.

Der Aufruf zum dritten Kreuzzug wurde auch unter den Laien verbreitet. Im Lauf des 12. Jahrhunderts spielten die Troubadoure (höfische, oft adlige Sänger und Dichter) in Adelskreisen eine immer wichtigere Rolle, und es begannen sich allmählich – vor allem in Südfrankreich – die Vorstellungen vom höfischen Leben und von den Tugenden der Ritterlichkeit auszuprägen. Vierzig Jahre zuvor hatten sich erstmals aus Anlass des zweiten Kreuzzugs höfische Dichter zu Wort gemeldet. Nach 1187 entstand – ausgehend von der Botschaft der Bulle »Audita tremendi«, sie teilweise auch weiterführend – ein wahrer Strom von Troubadour-Liedern über den bevorstehenden »heiligen Krieg«.

Conon de Béthune, ein Ritter aus der Picardie, der am dritten Kreuzzug teilnahm, komponierte zwischen 1188 und 1189 ein solches Lied. Es klangen darin bekannte Themen an – die Klage über den Verlust des Wahren Kreuzes; die Feststellung, dass »jeder niedergeschlagen und voller Kummer sein sollte«. An anderer Stelle hebt er die Begriffe »Schande« und »Verpflichtung« hervor: »Nun werden wir sehen, wer wirklich tapfer ist, […] und wenn wir unseren Todfeinden erlauben, [im Heiligen Land] zu bleiben, dann werden wir uns den Rest unseres Lebens schämen müssen«; er fügt hinzu, keiner, der »gesund, jung und reich« sei, »kann zurückbleiben, ohne sich mit Schande zu bedecken«. Das Heilige Land wurde als Gottes Erbschaft und als sein Herrschaftsbereich dargestellt, der in höchster Gefahr sei. Und in derselben Weise, wie ein Vasall verpflichtet sei, Land und Eigentum seines Herrn zu beschützen, so sollten Christen als Diener Gottes sich nun eilends auf den Weg machen, um Gottes geheiligtes Land zu verteidigen.[6]

Mehrere Zehntausend Christen ließen sich durch den Ruf zu den Waffen unter dem Kreuz anwerben. Ein Kreuzfahrer bemerkt, dass »der Enthusiasmus für die neue Pilgerfahrt so groß« war, »dass es bereits [im Jahr 1188] nicht die Frage war, wer das Kreuz empfangen hatte, sondern wer noch nicht«. Nun war das zwar eine gewisse Übertreibung, weil die Zahl der Menschen, die daheimblieben, immer noch größer war als die

Zahl derer, die ins Heilige Land aufbrachen; dennoch setzte dieser Feldzug in der europäischen Gesellschaft eine gewaltige Migration in Gang. Vor allem in Frankreich führten große Teile der Aristokratie bewaffnete Truppen in den Krieg. Wieder erwies sich die Beteiligung der Könige, ebenso wie in den 1140er-Jahren, als problematisch; sie löste im lateinischen Westen aufgrund der Vasallen- und Gefolgschaftsbindungen eine regelrechte Kettenreaktion an Anwerbungen aus. Der Kreuzfahrer Gaucelm Faidit beschreibt dieses Phänomen um 1189 herum in einem Lied: »Jeder sollte erwägen, dorthin mitzuziehen, vor allem die Fürsten, da sie einen so hohen Rang haben, denn es gibt keinen, der von sich sagen kann, er sei ihnen treu und ergeben, wenn er [seinem Herrn] bei diesem Unternehmen nicht beisteht.«[7]

Doch noch bevor die unheilvollen Neuigkeiten von Saladins Siegen die Runde machten, noch bevor das gesamte Abendland von fiebrigem Enthusiasmus ergriffen wurde, schloss sich ein politischer Führer der Sache unverzüglich an. Im November 1187 nahm Richard Cœur de Lion (Löwenherz) als erster Adliger nördlich der Alpen in Tours das Kreuz.

Cœur de Lion

Heute gehört Richard Löwenherz zu den bekanntesten Gestalten des Mittelalters. In der Erinnerung lebt er als Englands großer Krieger-König weiter. Wer aber war Richard? Eine viel diskutierte Frage – wurde er doch schon zu seinen Lebzeiten zur Legende. Richard wusste sicher ganz genau, wie viel Macht mit großem Kriegsruhm verbunden ist, und er war selbst am Kult um seine Person beteiligt, indem er Vergleiche mit den großen mythischen Gestalten der Vergangenheit wie etwa Roland, der Geißel der iberischen Mauren, und König Artus lancierte. Er brach sogar mit einem Schwert namens Excalibur zum Kreuzzug auf; später verkaufte er es allerdings, um noch weitere Schiffe bezahlen zu können. In der Mitte des 13. Jahrhunderts wurden von seinen Heldentaten zahlreiche Geschichten erzählt. Ein Dichter versuchte, den berühmten Beinamen Richards damit zu erklären, dass dieser einmal ohne Waffen gegen einen Löwen gekämpft habe. Er habe dem Ungetüm in den Rachen gegriffen und ihm das noch schlagende Herz herausgerissen; und angeblich habe er das bluttriefende Organ dann mit Genuss verspeist.

Ein Augenzeuge und glühender Verehrer lieferte folgende mitreißende Schilderung seiner äußeren Erscheinung:

> Er war groß, gut gebaut; die Farbe seiner Haare ein Ton zwischen Rot und Gold; seine Gliedmaßen geschmeidig und gerade. Er hatte ziemlich lange Arme, die ihn gut dazu befähigten, ein Schwert zu ziehen und es höchst wirkungsvoll zu schwingen. Seine langen Beine passten gut zur Gestalt seines gesamten Körpers.
> Im selben Text heißt es, Richard sei von Gott »mit Gaben« gesegnet worden, »die eher zu einem früheren Zeitalter zu gehören scheinen. In unserer Zeit, da die Welt alt wird, gibt es kaum mehr jemanden mit solchen Tugenden, es ist, als wären die Menschen nur noch leere Hüllen.« Im Vergleich dazu [...] hatte Richard die Tapferkeit von Hektor, den Heldenmut von Achill; er war Alexander ebenbürtig [...]. Und er hatte, was für einen so berühmten Ritter ungewöhnlich ist, die Zunge eines Nestor und die Weisheit eines Odysseus; so konnte er in allem, was er tat, die anderen übertreffen, sei es nun im Reden oder im Handeln.[8]

Es kann nicht überraschen, dass die gelehrte Welt dieses umwerfende Bild von Richard Löwenherz als einem geradezu übermenschlichen Helden nicht immer unwidersprochen hingenommen hat. Schon im 18. Jahrhundert kritisierten englische Historiker Richard I. als König wie als Mensch – nur auf seinen eigenen Nutzen bedacht, habe er England ausgebeutet und sei außerdem grausam und unberechenbar gewesen. In den vergangenen Jahrzehnten hat der brillante Londoner Gelehrte John Gillingham diese Auffassung und diese Interpretation von Richards Werdegang zurechtgerückt. Gillingham streitet nicht ab, dass Richard von den zehn Jahren seiner Herrschaft höchstens eines in England verbrachte, doch er stellt dies in den größeren Zusammenhang, dass Richard nicht nur König von England war, sondern auch, in einer kritischen Phase für die gesamte Christenheit, Herrscher über das angevinische Reich. Auch Starrköpfigkeit wird ihm bescheinigt, allerdings verwirft Gillingham das Bild eines wilden, jähzornigen Rohlings. Mittlerweile gilt Richard allgemein als Herrscher, der eine gute Erziehung genossen hatte, als erfahrener Politiker und gewandt in Verhandlungen, und vor allem als Mann der Tat, begeisterter Krieger und als militärischer Befehlshaber begabt mit einem visionären Gespür. Obwohl diese Neubewertung noch immer in großen Teilen zutrifft, hat Gillingham doch, um den Ruf seines Helden aufzupolieren, einige Leistungen Richards während des dritten Kreuzzugs in allzu günstigem Licht gesehen und sich stellenweise mit Kritik etwas zu sehr zurückgehalten, wo sie angebracht wäre.[9]

Graf von Poitou und Herzog von Aquitanien

Obwohl Richard Löwenherz einmal König von England werden sollte, war er weder durch seine Geburt noch hinsichtlich der Umgebung, in der er aufwuchs, ein Engländer. Seine Muttersprache war Französisch, und er war der Erbe von Anjou und Aquitanien. Er wurde am 8. September 1157 als Sohn Heinrichs II. von England und Eleonores von Aquitanien geboren. Mit solchen Eltern war der junge Prinz geradezu prädestiniert, zur markanten historischen Gestalt heranzuwachsen; allerdings sah es nicht so aus, als würde er das gesamte angevinische Reich erben. Diese glanzvolle Karriere war seinem älteren Bruder bestimmt, der als Heinrich der Jüngere in die Geschichte einging. Zunächst eröffnete sich für Richard lediglich die Rolle des Statthalters, nicht des Befehlshabers. Im 12. Jahrhundert war die Sterblichkeit bei Kindern und Jugendlichen allerdings so hoch, dass sich diese Perspektiven jederzeit ändern konnten.

In seinen Jugendjahren hielt Richard sich ausschließlich in Aquitanien auf. Man erwartete nicht, dass er den Thron von England besteigen würde; und wahrscheinlich ist es dem Einfluss seiner Mutter zu verdanken, dass er zum Herrscher über dieses ausgedehnte Herzogtum in Südwestfrankreich ausersehen wurde. Im Jahr 1169 leistete Richard dem Kapetinger Ludwig VII. den Lehnseid für Aquitanien und wurde im Jahr 1172, im Alter von 15 Jahren, offiziell als Herzog von Aquitanien (und in Verbindung damit zum Grafen von Poitou) eingesetzt. Richards Einbindung in das komplexe Beziehungsnetz zwischen dem Haus Anjou und den Kapetingern ging noch weiter: Er wurde im Jahr 1169 mit Ludwigs Tochter Alice verlobt – allerdings lebte die französische Prinzessin von da an am Hof Heinrichs II. und nicht bei Richard; es wurde gemunkelt, dass sie Heinrichs Geliebte war.

Aquitanien war eine der wohlhabendsten und kultiviertesten Regionen Frankreichs, ein lebendiges Zentrum der Musik, Dichtung und Malerei, was Richard durchaus nicht unbeeinflusst ließ. Er war ein großzügiger Gönner der Troubadoure und auch selbst ein begeisterter Sänger; er komponierte Lieder und schrieb Verse. In der lateinischen Sprache bewegte er sich gewandt und verfügte über einen freundlichen, manchmal bissigen Humor. Sein Herzogtum blickte auf eine ruhmreiche Geschichte in den legendären »heiligen Kriegen« gegen den Islam zurück, die zur Zeit Karls des Großen in Spanien ausgetragen wurden. Mehrere Kirchen in Aquitanien nahmen für sich in Anspruch, den Leichnam Rolands, des strahlenden Helden jener Schlachten, in ihren Mauern zu hüten sowie sein Horn, das er in der Schlacht blies, um das fränkische Heer gegen die Mauren zu Hilfe zu holen.

Bei allem kulturellen Glanz war Aquitanien jedoch auch eine Brutstätte der Gesetzlosigkeit und der Zwietracht – eigentlich nicht mehr als eine nur lose zusammenhängende Ansammlung von verbissen auf ihre Unabhängigkeit bedachten Regionen, bevölkert von mächtigen, widerspenstigen Familien wie den Lusignans. Unter diesen Voraussetzungen sah es so aus, als stünde dem jungen Richard die Herrschaft über ein Gemeinwesen bevor, das geradezu unregierbar war; er jedoch erwies sich als erstaunlich kompetenter Herrscher. In den 1170er- und 1180er-Jahren gelang es ihm nicht nur, die Ordnung aufrechtzuerhalten und zahlreiche Aufstände zu unterdrücken, er schaffte es außerdem, zum Nachteil der Grafschaft Toulouse sein herzogliches Territorium auszudehnen. Im Rahmen dieser Herausforderungen eignete Richard sich wertvolle militärische Erfahrung an, vor allem auf dem Gebiet der Belagerungstechnik, und er erwies sich als bemerkenswert begabter Krieger und Stratege.

Richard musste auch mit den schwierigen politischen Verhältnissen seiner Zeit zurechtkommen. In den ersten Jahren seines Wirkens war er in einen komplexen Machtkampf mit ständig sich verschiebenden Frontlinien innerhalb der angevinischen Dynastie verstrickt – Heinrich II. verteidigte geschickt seine eigene Position gegen die wachsende Macht seiner Söhne und die ehrgeizigen Pläne seiner Frau, während sich Löwenherz und seine Brüder genauso oft untereinander um das angevinische Erbe stritten, wie sie sich gegen ihren Vater zusammenschlossen. Bereits 1173 war Richard zusammen mit seinen Brüdern in eine ausgewachsene Rebellion gegen Heinrich II. verwickelt. 1183 änderte sich seine Stellung, als im Verlauf einer weiteren Rebellion sein Bruder, Heinrich der Jüngere, starb und Richard damit als Heinrichs II.

ältester Sohn zum designierten Erben aufstieg – womit die zerstörerische Familienfehde durchaus nicht beendet war, im Gegenteil: Nun war Richard noch mehr das Ziel von Angriffen und Intrigen, weil Heinrich die Herrschaft über Aquitanien wieder an sich reißen und die Verteilung des angevinischen Gebiets zugunsten seines jüngsten Sohnes Johann neu ordnen wollte. Richard ging aus all diesen verworrenen Machenschaften zwar nicht als Sieger hervor, doch im Großen und Ganzen konnte er sich gegen Heinrich II. behaupten, den vielleicht verschlagensten und geschicktesten Politiker des 12. Jahrhunderts im Abendland.

Als Angehöriger des Hauses Anjou war Richard außerdem Teil der fortgesetzten Rivalität mit der Dynastie der Kapetinger und hatte häufige Kontroversen mit Ludwig VII. und, nach 1180, mit dessen Erben Philipp II. August. Auch der zögerliche Fortgang seiner Verbindung mit Alice von Frankreich war ein Problem, denn Heinrich benutzte die angestrebte Heirat als diplomatisches Druckmittel; sie hatte bislang noch nicht stattgefunden. Dieses Konfrontationsmuster schien sich im Juni 1187 fortzusetzen, als Philipp II. August bei Berry in angevinisches Territorium eindrang, womit er Heinrich II. und Richard zwang, sich zu verbünden und gegen ihn vorzurücken. Eine große Schlacht schien unausweichlich zu sein, doch in letzter Minute zeichnete sich eine friedliche Lösung ab, und es wurde ein zweijähriger Waffenstillstand ausgehandelt. Als dieses Abkommen jedoch unterzeichnet war, wechselte Richard plötzlich die Fronten und ritt mit dem Kapetinger – in einer öffentlichen Demonstration freundschaftlicher Beziehungen – nach Paris zurück. Das war ein geschickter diplomatischer Schachzug, den selbst der bereits betagte Heinrich II. nicht vorhergesehen hatte, und die damit vermittelte Botschaft war eindeutig: Sollte der angevinische Monarch versuchen, Richard von Aquitanien sein Erbe streitig zu machen, war dieser durchaus bereit, mit seiner Familie zu brechen und sich dem kapetingischen Feind anzuschließen. Heinrich sah sich ausmanövriert und unternahm endlich Schritte, um sein Verhältnis zu Richard wieder einzurenken; dessen territoriale Rechte wurden sämtlich bestätigt. Der alte König hatte seinen Sohn in den Kreis der Anjou zurückgeholt, und für den Moment war die Situation zwar frostig, aber einigermaßen stabil. Ein ernsterer Konflikt zwischen Heinrich, Richard und Philipp II. August warf jedoch schon seine Schatten voraus.

Richard Löwenherz und der Kreuzzug

Kaum eine Woche später, am 4. Juli 1187, besiegte Saladin die Franken Jerusalems bei Hattin. Im November desselben Jahres nahm Richard in Tours das Kreuz, offenbar ohne sich zuvor mit seinem Vater beraten zu haben. Unter den gegebenen Umständen war dies ein wahrhaft außergewöhnlicher Schritt. Im Jahr 1187 war Richard tief in die Machtpolitik Westeuropas verwickelt und hatte klar erkennen lassen, dass er nach dem Tod Heinrichs II. die feste Absicht hatte, das Herzogtum Aquitanien zu behalten und die Herrschaft über das angevinische Reich anzutreten. Dann schloss er sich dem Kreuzzug an, offenbar ohne an die Folgen zu denken – ein Schritt, der seine eigenen Zukunftsperspektiven wie auch die seiner Dynastie ins Wanken brachte. König Heinrich war außer sich über diese Entscheidung, die er als unüberlegten, eigenmächtigen Akt des Wahnsinns ansah. Auch Philipp August war bestürzt über die Aussicht, dass ein potenziell so entscheidender Verbündeter sich ins Heilige Land auf den Weg machte. Dass Löwenherz sich für den dritten Kreuzzug einschrieb, ließ eine massive Störung der empfindlichen Macht- und Einflussbalance in England und Frankreich befürchten. Auf den ersten Blick sah es so aus, als wolle Richard mit der Aussicht auf wenig Gewinn praktisch alles aufs Spiel setzen.

Wie ist diese höchst ungewöhnliche Entscheidung zu erklären? Die Wissenschaft hat im Rückblick gemeint, dass das ganze Abendland ohnehin bald danach vom Kreuzzugsfieber erfasst werden sollte; Heinrich II. und Philipp August selbst würden nur wenige Monate später das Kreuz nehmen, und Richards Entscheidung wurde einfach in dieser umfassenden Bewegung als normal und unumgänglich subsumiert. Versteht man sie jedoch in ihrem Kontext und von ihren Voraussetzungen her, war sie alles andere als selbstverständlich.

Möglicherweise spielte ein ganzes Bündel von Motiven eine Rolle.

Ein wichtiger Faktor war sicher Richards Impulsivität. Wenn er irgendeine Schwäche hatte, dann war es ein deutlicher Hang zu allzu selbstsicherer, rücksichtsloser Arroganz. Sogar ein Anhänger gab zu, dass »man ihm unüberlegtes Handeln vorwerfen konnte«, doch erklärte er zugleich, dass er »einen unbezwinglichen Geist hatte, er konnte Beleidigungen oder Unrecht nicht ertragen, und sein vornehmer Charakter zwang ihn, sich das Recht zu verschaffen, das ihm zustand«. Möglicherweise kam noch, wie bei so vielen Kreuzfahrern vor Richard, ein aufrichtig empfundener religiöser Impuls hinzu. Solche Gefühle wurden sicherlich noch durch seine familiären und feudalen Verbindungen mit dem fränkischen Palästina verstärkt: Er war der Urenkel Fulkos von Anjou, des Königs von Jerusalem (1131–1142); ein Vetter der Königin Sibylla sowie ehemaliger Feudalherr Guidos von Lusignan aus dem Poitou. Außerdem war er bemüht, sich aus dem Schatten seiner Eltern herauszukämpfen. Einen Großteil seines bisherigen Lebens hatte er damit zugebracht, den Leistungen seines Vaters (und in gewisser Hinsicht auch seiner Mutter) nachzueifern und sie nach Möglichkeit zu übertreffen. Vor dem Jahr 1187 verfolgte er dieses Ziel, indem er Aquitanien verteidigte und sich die angevinische Herrschaft sicherte. Die Ereignisse von Hattin aber und der Aufruf zum dritten Kreuzzug eröffneten einen ganz anderen Weg zu persönlicher Größe – eine neue Möglichkeit, der Geschichte seinen Stempel aufzudrücken, als Anführer von Kämpfern, als militärischer Befehlshaber in einem »heiligen Krieg« weit jenseits der Grenzen Europas. Der Kreuzzug mag auch ihn, den begeisterten Krieger, gereizt haben, der in eine Welt hineingeboren wurde, in der sich gerade die neuen Vorstellungen von den Tugenden des Rittertums und höfischer Ehre herauszukristallisieren begannen. Der bevorstehende Kreuzzug versprach ein vortreffliches Forum zur Bewährung von Tapferkeit und Heldenmut zu bieten.[10]

Es ist nicht möglich, das jeweilige Gewicht dieser einzelnen Faktoren und ihr Verhältnis zueinander zu bestimmen. Sehr wahrscheinlich hätte nicht einmal Richard selbst ein einziges Motiv oder Ziel auszumachen vermocht, das sein Handeln Ende 1187 bestimmte. Zweifellos neigte er in den folgenden Jahren zu heftigen Zornausbrüchen. Auch eine tief sitzende Identitätskrise und damit verbunden eine gewisse Unsicherheit bezüglich seiner Ziele machten sich immer wieder bemerkbar – gewiss war es für ihn nicht einfach, seine verschiedenen Rollen als Kreuzfahrer, König, Feldherr und Ritter miteinander zu versöhnen.

Die Könige nehmen das Kreuz

Der Schock, den Richards Entscheidung ausgelöst hatte, sich dem dritten Kreuzzug anzuschließen, führte zu einer politischen Krise: Philipp II. August von Frankreich drohte, in angevinisches Territorium einzumarschieren, wenn Heinrich II. keine territorialen Zugeständnisse machte; außerdem sollte Heinrich seinen Sohn zwingen, endlich Philipp Augusts Schwester, Alice von Frankreich, zu heiraten. Am 21. Januar 1188 kamen Philipp August und Heinrich II. in Begleitung ihrer wichtigsten Gefolgsleute bei der Grenzfestung Gisors zusammen, um eine Einigung auszuhandeln. Allerdings war auch Erzbischof Joscius von Tyrus bei der Versammlung zugegen. Er hielt wie gewohnt eine mitreißende Predigt über die äußerste Gefährdung des Heiligen Landes und die Verdienste des Kreuzzugs, und er sprach »so wunderbar, dass er ihre Herzen dafür gewann, das Kreuz zu nehmen«. In diesem Moment soll am Himmel ein Kreuz erschienen sein – ein »Wunder«, nach dem dann auch noch viele weitere nordfranzösische Adlige den Entschluss fassten, sich dem Zug anzuschließen, darunter die Grafen von Flandern, Blois, Champagne und Dreux.[11]

Vor dem Hintergrund einer ständig anschwellenden Woge der Kreuzzugsbegeisterung verkündeten Heinrich II. und Philipp August öffentlich, dass sie entschlossen waren, im levantinischen »heiligen Krieg« zu kämpfen. Ob der eine König seine Bereitschaft zuerst erklärte und damit den anderen praktisch zwang, sich ihm anzuschließen, bleibt unklar. Fest steht, dass sich bis zum Ende der Zusammenkunft beide verpflichtet hatten, das Kreuz zu nehmen. Die Gleichzeitigkeit ist bezeichnend: Beide waren entschlossen, das eigene Handeln gänzlich von dem des anderen abhängig zu machen, und beide hatten gelobt, sich dem Kreuzzug in den Orient anzuschließen, doch es wurde schnell klar, dass keiner ohne den anderen aufbrechen würde; das wäre politischem Selbstmord gleichgekommen – brach der eine allein auf, war sein Reich schutzlos dem Übergriff des anderen, des verhassten Erzfeinds, ausgesetzt. Es war und blieb also absolut notwendig, koordiniert vorzugehen und gleichzeitig aufzubrechen, was den dritten Kreuzzug entscheidend prägte: Immer wieder kam es zu endlosen Verzögerungen, wenn der englische und der französische Monarch sich gegenseitig mit Argwohn und Misstrauen belauerten.

Friedrich Barbarossa und der deutsche Kreuzzug

Friedrich Barbarossa, der deutsche Kaiser aus dem Geschlecht der Staufer, war im Jahr 1187 der älteste und erfahrenste Herrscher Europas. Mit einer Mischung aus unermüdlicher militärischer Aktivitäten und kluger Politik hatte er die notorisch aufmüpfigen deutschen Fürsten in einem bisher ungekannten Ausmaß einer Zentralgewalt unterworfen und vorteilhafte Übereinkünfte mit Norditalien und dem Papsttum ausgehandelt. Er war nun Mitte sechzig und herrschte über ein Reich, das sich von der Ostsee bis zur Adria und zum Mittelmeer erstreckte. Was Reichtum, militärische Ressourcen und internationales Ansehen anging, stellte er mit seiner Macht die Anjous und die Kapetinger weit in den Schatten. Es war daher unvermeidlich, dass er in den Augen der meisten Zeitgenossen für eine führende Rolle im dritten Kreuzzug geradezu prädestiniert war.

Der erste Ruf zu den Waffen fand im Rahmen von Friedrichs Winterhof in Straßburg im Jahr 1187 statt. Damit war ein Zustrom eifriger Rekruten garantiert; der Kaiser jedoch wartete den richtigen Moment noch ab, er wollte zuerst einen Überblick über die Reaktion seiner Landsleute gewinnen, bevor er bei einer zweiten großen Versammlung in Mainz am 27. März 1188 ebenfalls das Kreuz nahm und seine feste Absicht kundtun ließ, binnen eines Jahres aufzubrechen. Anschließend machte er sich schnell und gründlich an die Vorbereitungen: Er schickte seinen politischen Feind Heinrich den Löwen ins Exil; er ließ seinen ältesten Sohn, Heinrich VI., in Deutschland als designierten Erben zurück, während er seinen zweiten Sohn, Friedrich von Schwaben, auf den Kreuzzug mitnahm. Er bündelte seine eigenen finanziellen Ressourcen in einer wohlgefüllten kaiserlichen Kriegskasse; die Verantwortung für die Finanzierung des Feldzugs wurde jedoch auch auf die einzelnen Kreuzfahrer übertragen, jeder Teilnehmer musste selbst Geld mit in den Orient nehmen.

Einige deutsche Kreuzfahrer begaben sich zu Schiff in die Levante – darunter die Kölner, die Friesen und wahrscheinlich die Truppen unter Herzog Leopold V. von Österreich –; Friedrich jedoch beschloss, die große Mehrheit des Heeres auf dem Landweg zu führen, den schon die Vorgänger genommen hatten. In der Hoffnung, die Reise in den Orient zu erleichtern, knüpfte er diplomatische Kontakte zu Ungarn, Byzanz, ja sogar zu dem muslimischen Herrscher über das seldschukische Anatolien, Kiliç Arslan II. Am 11. Mai 1189, also nur wenig später als angekündigt, brach er von Regensburg aus an der Spitze eines riesigen Heeres auf: Es umfasste elf Bischöfe, ungefähr 28 Grafen, rund 4000 Ritter und einige Zehntausend Fußsoldaten.

Die deutschen Kreuzfahrer kamen auf ihrer Reise gut voran, bis sie Ende Juni in Byzanz anlangten. Kaiser Isaak II. Angelos hatte sich geweigert, Friedrichs Verhandlungsangebote um sichere Durchreise durch griechisches Gebiet anzunehmen. Er hatte bereits ein Abkommen mit Saladin geschlossen, in dem er versprach, den Vormarsch der Kreuzfahrer zu behindern, und er fühlte sich außerdem durch die Verhandlungen des Deutschen mit Kiliç Arslan verunsichert; er befürchtete von dieser Seite einen gemeinsamen Angriff auf Konstantinopel. Friedrich wandte sich daraufhin in südöstliche Richtung und besetzte Philippopolis, dann marschierte er im November 1189 nach Adrianopel, mittlerweile unverkennbar im Krieg gegen die Griechen. In Adrianopel schlug er sein Winterlager auf, ohne die Drohung eines direkten Angriffs auf Konstantinopel zurückzunehmen. Im Februar 1190 wurde ein Kompromiss mit Isaak ausgehandelt. Die Deutschen blieben auf Abstand zu Konstantinopel und zogen weiter nach Kallipolis; von dort überquerten sie mit der Unterstützung pisanischer und griechischer Schiffe den Hellespont hinüber nach Kleinasien. Friedrichs langjährige Feldzugserfahrungen hatten sich bewährt. Als entschlussfreudiger, erfahrener Befehlshaber, der es auch ausgezeichnet verstand, die Disziplin in seinem Heer aufrechtzuerhalten, hatte er die deutschen Kreuzfahrer wohlbehalten an die Grenze zur muslimischen Welt gebracht.[12]

Verzögerungen in England und Frankreich

Obwohl die Könige Englands und Frankreichs Monate vor Friedrich Barbarossa ihre Bereitschaft erklärt hatten, am dritten Kreuzzug teilzunehmen, dauerte es viel länger, bis sie tatsächlich aufbrachen. Es vergingen mehr als zweieinhalb Jahre, bis die Hauptkontingente der angevinischen und kapetingischen Heere auch nur die Grenzen ihrer Heimatländer überschritten. Anfang 1188 wurden erste Vorbereitungen getroffen, doch nach einer kurzen Atempause fing die Fehde zwischen den beiden Dynastien wieder an. Erschwerend kam noch hinzu, dass Richard von einem Aufstand in Aquitanien und kriegerischen Auseinandersetzungen mit der Grafschaft Toulouse abgelenkt wurde.

Von jenem Frühjahr an sah Richard sich mit einer Reihe von Probeangriffen Philipps II. August konfrontiert; Heinrich verließ seinerseits den Rand des Spielfelds nicht, um seinem Sohn beizustehen, er war zufrieden, dass sich seine beiden jungen Rivalen gegenseitig die Hölle heißmachten. Im Spätherbst des Jahres 1188 hatte Richard genug davon, dass sein Vater die Klärung der Nachfolgefrage ständig nur immer wieder mit durchsichtigen Ausflüchten hinauszögerte. Richard war überzeugt, dass der alte König seinen Sohn Johann zum Erben machen würde – der Prinz hatte bewusst davon abgesehen, das Kreuz zu nehmen –, und so wechselte Richard zur Gegenseite über, verbündete sich wieder mit Philipp August und machte aus seinem Treueschwur vor dem Kapetinger im November einen dramatischen öffentlichen Auftritt.

Diesmal sollte es keine Versöhnung mit Heinrich II. mehr geben.

In jenem Winter – ausgerechnet in dem Moment, da er seine Fähigkeit hätte unter Beweis stellen müssen, dass er noch immer das Feld beherrschte – verurteilte eine Krankheit den alten König zur Untätigkeit. Unaufhaltsam verschob sich das Machtgleichgewicht, und etliche einst treue Anhänger Heinrichs unter den angevinischen Edelleuten liefen zu Richard über. Als Richard und Philipp August im Juni 1189 einen vernichtenden Angriffsfeldzug gegen die Normandie unternahmen und zahlreiche Burgen sowie Le Mans und Tours eroberten, blieb Heinrich nichts anderes übrig, als um Frieden zu bitten. Bei einer Verhandlung am 4. Juli 1189 stimmte er sämtlichen Bedingungen zu: Er ernannte Richard zu seinem Nachfolger, versprach, dem Kapetinger einen Tribut in Höhe von 20 000 Mark zu zahlen, und gelobte, dass sie alle drei in der Fastenzeit des kommenden Jahres zum Kreuzzug aufbrechen würden. Heinrich war zwar körperlich sehr geschwächt, fast nicht mehr in der Lage, auf dem Pferd zu sitzen, doch man sagt, er habe noch genug Kraft gehabt für eine letzte gehässige Bemerkung. Als er sich vorbeugte, um das Abkommen mit seinem Sohn mit dem rituellen Friedenskuss zu besiegeln, soll Heinrich geflüstert haben: »Gebe Gott, dass ich noch lange genug lebe, um dir das heimzahlen zu können.« In einer Sänfte wurde er dann nach Chinon getragen, wo er zwei Tage später starb.[13]

Richard I., König von England

Die Ereignisse im Juli 1189 machten aus Richard Löwenherz, dem intriganten Fürsten und tatendurstigen Kreuzfahrer, einen König und Herrscher über das mächtige Haus Anjou. In Rouen wurde er am 20. Juli 1189 als Herzog der Normandie bestätigt und am 3. September 1189 in der Westminster Abbey zum König von England gekrönt.

Bis er sein Ziel erreicht hatte, war er vor Intrige und Verrat nicht zurückgeschreckt; als er nun an der Macht war, veränderten sich sein

1 Wie heute wurde Jerusalem im Mittelalter von Juden, Christen und Muslimen als ein Ort höchster spiritueller Bedeutung verehrt. Das Schicksal der Heiligen Stadt ist mit der Geschichte der Kreuzzüge untrennbar verbunden. Die Karte vom Ende des 12. Jahrhunderts zeigt die Stadt mit ihren Mauern und den wichtigsten Heiligtümern – dem Felsendom, der al-Aqsa-Moschee und dem Heiligen Grab.

2 Papst Urban II. ruft 1095 zum ersten Kreuzzug auf.

3 Ungefähr 100 000 Menschen schlossen sich dem Kreuzzug an, darunter Herzog Gottfried von Bouillo[n] und Adhémar, Bischof von Le Puy, hier dargestellt beim Aufbruch ins Heilige Land.

Die große Stadt Antiochia am Fuß des Berges Silpius umgab ein stark befestigter Mauerring it einer Gesamtlänge von fünf Kilometern.

5 Als die Kreuzfahrer am 3. Juni 1098 Antiochia eroberten, gingen sie mit unerhörter Grausamkeit gegen die Einwohner vor, hier dargestellt in einer Handschrift aus dem 13. Jahrhundert.

6 Der Felsendom auf dem Haram as-Sharif, dem Tempelberg.

7|8 Das Heilige Grab: Hier soll Jesus gestorben und auferstanden sein, und hier sprachen die Kreuzfahrer ihre Dankgebete, nachdem sie Jerusalem am 15. Juli 1099 erobert und geplündert hatten.

9 1124 eroberten die lateinischen Christen des Königreichs Jerusalem mit dem Beistand venezianischer Seeleute (im Bild rechts) die Stadt Tyros, die über einen der am besten ausgebauten Häfen der Levante verfügte. Diese Illumination stammt aus einer Handschrift der Chronik Outremers des Wilhelm von Tyrus aus der zweiten Hälfte des 13. Jahrhunderts.

10 Die Zitadelle von Aleppo.

11 Die Omaijaden-Moschee in Damaskus.

12 Eines der beiden Elfenbeintäfelchen, die den Einband des Melisende-Psalters bilden. Das kleine, reich verzierte Gebetbuch soll König Fulk von Jerusalem um 1135 seiner Gemahlin Melisende zum Geschenk gemacht haben. Die Abbildung zeigt einen König in griechischem Kaiserornat, der Werke der Barmherzigkeit vollbringt: Er kleidet die Armen und pflegt die Kranken.

13 Der heilige Bernhard von Clairvaux, eine der bedeutendsten spirituellen Gestalten des 12. Jahrhunderts, unterstützte den Orden der Tempelritter und rief in seinen Predigten zum zweiten Kreuzzug auf.

14 Die reich verzierte Kanzel, die Nur ad-Din 1168 in Auftrag gab, ließ Saladin 1187 nach der Rückeroberung Jerusalems durch die Muslime in der al-Aqsa-Moschee in Jerusalem aufstellen. Sie wurde 1969 durch ein Feuer zerstört, das ein australischer Fanatiker gelegt hatte.

5 Saladin, der Gründer der Ajjubiden-Dynastie und Vorkämpfer des Islams, in einer eitgenössischen Darstellung.

16 Die sogenannten Hörner von Hattin, eine Felsformation in Galiläa. Saladin griff dort am 4. Juli 1187 die Lateiner an.

17 Gustave Doré, ein französischer Illustrator des 19. Jahrhunderts, malt sich de Augenblick aus, als die Muslin ihre Feinde an den Hörnern v Hattin umzingelten.

8 Akkon heute. Hinter dem Yachthafen sind die Überreste des Fliegenturms zu erkennen.

9 Das Bildnis des Richard Löwenherz, König von England. Im dritten Kreuzzug ämpfte er erfolgreich gegen die Streitmacht Saladins, es gelang ihm aber nicht, Jerusalem urückzuerobern.

20 Die mächtige Johanniterburg Krak des Chevaliers.

21 Zu den Verteidigungsanlagen der syrischen Kreuzfahrerburg Saone gehörte auch ein tiefer Graben, der in den massiven Fels gehauen wurde die Felsnadel, die man in der Mitte stehen ließ, trug eine Brücke.

2 Die Wüstenfestung Kerak war ein wichtiger Vorposten für die Verteidigung Jerusalems d diente der Überwachung der Route durch Transjordanien.

23 Papst Innozenz III., leidenschaftlicher Verfechter der Kreuzzugsidee.

24 Der Stauferkaiser Friedrich II., der mächtigste weltliche Herrscher Europas, hatte mannigfaltige Interessen, darunter auch die Falkenjagd, über die er ein Buch verfasste.

25 Die Kämpfer des fünften Kreuzzugs greifen Damiette an. Um den Kettenturm einzunehmen klettern sie auf den schwimmenden Belagerungsturm, den Oliver von Paderborn konstruiert ha

26 Ludwig IX. von Frankreic im blauen Königsmantel mit den goldenen Lilien, führt sei Heer in die Schlacht von Ma sourah.

27 Mamluken beim Exerzieren.

28 Das Löwenemblem am Baibars-Turm in Kairo. Dieses Symbol trugen alle Gebäude im Vorderen Orient, die Baibars gestiftet hatte. Der »Löwe von Ägypten« besiegte die Mongolen und führte zahlreiche vernichtende Angriffe gegen die Kreuzfahrerstaaten.

29 Akkon, im 13. Jahrhundert die Hauptstadt des fränkischen Palästinas, wird 1291 von den Mamluken eingenommen. An diese Schlacht erinnert das Gemälde aus dem 19. Jahrhundert, das in den Salles des Croisades in Versailles ausgestellt ist.

30 Die große Reiterstatue Saladins, die Syriens Präsident Hafiz al-Assad 1992 vor der Zitadelle von Damaskus aufstellen ließ.

31 Nachdem der britische General Allenby 1917 in Jerusalem eingetroffen war, spielte die satirische Zeitschrift Punch auf die Kreuzfahrervergangenheit an.

32 George W. Bush bezeichnete den »Krieg gegen den Terror« nach dem 11. September 2001 als Kreuzzug. Islamistischen Extremiste wie Osama bin Laden kam das sehr gelegen.

Auftreten und seine Haltung von Grund auf: Er zeigte sich der Königswürde durchaus gewachsen und verhielt sich deutlich besonnener und reifer. Beim Besuch der Abteikirche von Fontevraud, wo sein Vater aufgebahrt lag, zeigte er offenbar nicht den geringsten Anflug von Trauer. Im Sommer jenes Jahres belohnte er demonstrativ nicht nur seine eigenen Gefolgsleute, wie etwa Andreas von Chauvigny, sondern auch andere, die Heinrich II. die Treue gehalten hatten, beispielsweise den berühmten Ritter William Marshal. Andere hingegen, die sich in den letzten Monaten von dem alten König abgewandt hatten, wurden weniger reich beschenkt.

Richards Thronbesteigung brachte außerdem eine fundamentale Veränderung seiner Beziehung zu Philipp II. August mit sich. Als Verbündete hatten sie Heinrich II. besiegt. Nun nahm Richard die Position des Herrschers über das angevinische Reich ein, womit sie sich als Feinde gegenüberstanden. Vermehrt wurde das Hasspotenzial durch den Rangunterschied zwischen Philipp August und Richard. Es waren nur noch wenige Tage bis zu Richards 32. Geburtstag, als er König wurde, und er war sechs Jahre älter als Philipp August. Aber er war ein Neuling auf dem Thron, wohingegen der junge Kapetinger, der den Königstitel schon seit fast einem Jahrzehnt trug, über beträchtlich mehr Erfahrung verfügte. Als gekrönte Herrscher waren sie sich ebenbürtig, faktisch jedoch herrschte Richard über das mächtigere Reich, auch wenn er offiziell – für die angevinischen Territorien wie die Normandie, Anjou und Aquitanien – Philipp Augusts Lehnsmann war. Sie waren außerdem charakterlich recht verschieden, Richard tatendurstig und ein Mann des Krieges, was politischen Scharfsinn nicht ausschloss; Philipp August dagegen konzentrierte sich stärker auf seinen Einsatz für die Krone der Kapetinger und handelte geschickter und vorsichtiger.

Seit dem Sommer 1189 stellte sich für beide Herrscher die entscheidende Frage: Wann würden sie sich zum Kreuzzug in Bewegung setzen? Kein König wollte sein Land verlassen, ohne dass ihm der andere einen Waffenstillstand zugesichert hatte und ein genau koordinierter, gleichzeitiger Aufbruch organisiert war. Es verstrich dann letztlich der größte Teil eines weiteren Jahres, bevor sie ihre Reise antraten. Zahlreiche französische Kreuzfahrer, darunter Jakob von Avesnes und Heinrich von Champagne, waren bereits aufgebrochen.

Der Zeitverlust durch Rivalität und Streitigkeiten hatte natürlich starken Einfluss auf den Verlauf des dritten Kreuzzugs, und es liegt nahe, den beiden Königen vorzuwerfen, sie hätten im höheren Interesse der Christenheit und des Kreuzzugs ihre Differenzen zurückstellen sollen. In Wahrheit brachten Richard und Philipp August noch Opfer genug und nahmen große Risiken auf sich, um im »heiligen Krieg« mitkämpfen zu können. Als neu gekrönter König, dessen Stellung durch Johann, den machtgierigen jüngeren Bruder, bedroht war, hätte Richard gute Gründe gehabt, im Land zu bleiben und seine Macht zu sichern. Stattdessen ließ er sich auf einen nicht ungefährlichen Balanceakt ein: Als er – wohl wissend, für lange Zeit – in den Orient aufbrach, übertrug er Personen aus seinem Gefolge, denen er trauen konnte, die Aufgabe, das angevinische Reich zu bewachen und zu schützen, darunter seiner Mutter Eleonore von Aquitanien und Wilhelm von Longchamp. Außerdem verließ er sich auf einen nahezu ununterbrochenen Strom von Briefen, die ihn über die Ereignisse in Europa auf dem Laufenden hielten. Philipp August hätte seinerseits seine Teilnahme am Kreuzzug im März des Jahres 1190 zurückziehen können, als seine Frau mit den Zwillingen, die sie geboren hatte, im Kindbett starb. Wie nun die Nachfolge in der kapetingischen Dynastie geregelt werden sollte, war völlig offen – der dreijährige Sohn Ludwig war der einzige noch mögliche Erbe –, und dennoch verließ Philipp August sein Land.

Vorbereitungen: Finanzen und Logistik

Es mag seine Zeit gedauert haben, bis beide aufbrachen, jedenfalls hatten sie ihre Unternehmung akribisch und umfassend vorbereitet. Das hatte zur Folge, dass Richard I. Europa an der Spitze des am besten organisierten und finanzierten Kreuzfahrerheers des 12. Jahrhunderts verließ. Kurz nachdem sie im Januar 1188 das Kreuz genommen hatten, erhoben Heinrich II. und Philipp August sowohl in England als auch in Frankreich eine eigene Kreuzzugssteuer, mit der dieser Kreuzzug finanziert werden sollte. Man nannte diese Steuer den »Saladin-Zehnten«, und es handelte sich um eine Abgabe von zehn Prozent auf alles bewegliche Vermögen; sie musste von jedem bezahlt werden, widrigenfalls drohte die Exkommunikation. Mitglieder des Templer- und des Johanniterordens halfen beim Eintreiben der Steuer.

Bei denen, die sich nicht den Kreuzfahrern anschlossen, stieß diese neue Steuer auf empörte Ablehnung, und von weltlicher wie auch von kirchlicher Seite wurde wortreich Einspruch erhoben. Im angevinischen Reich jedoch funktionierte die Besteuerung. Vor seinem Tod war es Heinrich II. gelungen, rund 100 000 Mark einzuziehen. Richard intensivierte die Eintreibungsmaßnahmen noch und weitete sie aus. Ein Zeitgenosse berichtet, dass er »alles zum Verkauf anbot, was er hatte, Kronämter, Herrschaftsgebiete, Grafschaften, Gerichtsbezirke, Burgen, Städte, Ländereien, alles«. Es wird sogar berichtet, er habe gescherzt, dass er, wenn er könnte, sogar London verkaufen würde.[14]

Die Riesenmenge an eingetriebenem Geld hatte direkten Einfluss auf den Verlauf des dritten Kreuzzugs. Teilweise lag das daran, dass von Richard wie auch von Philipp August erwartet wurde, dass sie ihren Soldaten Sold für die Dauer des Feldzugs bezahlten; ein verlässlicher Geldnachschub hatte also unmittelbaren Einfluss auf Durchhaltewillen und kämpferischen Einsatz. Richard griff außerdem bereits vor dem Aufbruch vorsorglich auf seine Steuereinnahmen zurück, um die Logistik zu beschaffen. Dank der außerordentlich peniblen englischen Buchhaltung können wir heute diese Vorbereitungen in allen Einzelheiten rekonstruieren. Im Finanzjahr (gerechnet ab Michaeli, dem 29. September) 1189/1190 gab Richard rund 14 000 Pfund aus – was mehr als der Hälfte dessen entsprach, was die Krone an jährlichem Einkommen aus ganz England erhielt. Man weiß, dass Richard im königlichen Forest of Dean and Hampshire 60 000 Hufeisen bestellte, 14 000 geräucherte Schweine, Unmengen Käse aus Essex und Bohnen aus Kent und Cambridgeshire, außerdem Tausende Bögen und Armbrustbolzen.

Philipp August war bei der Durchsetzung des Saladin-Zehnten wesentlich weniger erfolgreich. Er besaß nicht die absolute königliche Autorität, wie sie die englischen Könige seit der Zeit der Eroberung durch die Normannen genossen, und er verfügte auch nicht über ein vergleichbar ausgeklügeltes Verwaltungssystem wie Heinrich II. und Richard. Obwohl also sein Recht, die Steuer einzutreiben, im März 1188 in Paris anerkannt wurde, musste er innerhalb eines Jahres die Steuer zurückziehen und sich sogar dafür entschuldigen, dass er sie gefordert hatte. So trat er den Kreuzzug mit einer wesentlich schmaleren Kriegskasse an, obwohl Richard ihm offenbar die 20 000 Mark ausbezahlte, die Heinrich II. im Rahmen der Vereinbarung vom Juli 1189 zugesichert hatte.

Sorgfältige ökonomische Planung und Vorbereitung waren auch deswegen so entscheidend, weil die Angeviner und die Kapetinger beschlossen hatten, ihre Reise in die Levante zu Schiff zu machen, eine wahrscheinlich schnellere und effizientere Form des Transports. Und da damit erhebliche Kosten verbunden waren, war die Seeroute keine Option für arme, schlecht ausgerüstete Menschen. Anders als in früheren Zeiten war es deshalb für arme Leute praktisch unmöglich, sich dem Kreuzzug anzuschließen. Da Richard und Philipp August fähige Berufskrieger in den Orient zu führen gedachten und so bald wie möglich wieder in ihre Länder zurückkehren wollten, kamen ihnen diese Faktoren sehr gelegen. Allerdings war es teuer, Schiffe zu mieten oder bauen zu lassen; schon vor dem eigentlichen Aufbruch mussten enorme Vorauszahlungen geleistet werden. Außerdem barg der Seeweg erhebliche Risiken: Es konnte Navigations- und Koordinierungsprobleme geben, und ein möglicher Schiffbruch war nie auszuschließen.

Es waren besondere Vorkehrungen nötig, um die militärische Disziplin während einer unbequemen, gefährlichen Seereise aufrechtzuerhalten. Daher erließ Richard im Jahr 1190 ein detailliertes Regelwerk, das für ungebührliches Verhalten schwere Strafen vorsah: Ein Soldat, der einen anderen umbrachte, wurde an die Leiche seines Opfers gefesselt und über Bord geworfen (falls das Verbrechen an Land geschah, wurde er an die Leiche gefesselt und mit ihr zusammen lebendig begraben); wer einen anderen mit dem Messer angriff, dem wurde die Hand abgehackt; wer einen anderen mit der Faust schlug, wurde dreimal ins Meer getaucht; Diebe wurden kahl geschoren, anschließend wurde ihnen siedendes Pech über den Kopf gegossen, und sie wurden mit Federn beworfen, »damit man sie gleich erkennt«.[15]

Im weiteren Verlauf des dritten Kreuzzugs bewältigten Richard und Philipp August die potenziellen Probleme der Seeroute im Großen und Ganzen gut. Damit schufen sie einen wichtigen Präzedenzfall; seitdem war es für Kreuzfahrerheere ganz üblich, ihre Ziele zu Schiff zu erreichen.

Aufbruch ins Heilige Land

Richard und Philipp August kamen am 30. Dezember 1189 und noch einmal am 16. März 1190 zusammen, um die letzten Vorbereitungen zum Kreuzzug miteinander zu beraten. Am 24. Juni empfing Richard im Rahmen einer öffentlichen Zeremonie in Tours seine Pilgertasche und den Pilgerstab, und der französische König unterzog sich demselben

Ritual am gleichen Tag in Saint-Denis (womit er in die Fußstapfen seines Vaters Ludwig VII. trat). Am 2. Juli trafen sie sich in Vézelay und kamen überein, dass alles, was sie sich auf dem kommenden Feldzug aneigneten, zwischen ihnen geteilt werden sollte. Dann, am 4. Juli 1190, genau drei Jahre nach der Niederlage der Franken bei Hattin, brach der Großteil der beiden Kreuzfahrerheere gleichzeitig auf. Um die beiden Gruppen unterscheiden zu können, war bestimmt worden, dass Philipp Augusts Truppen rote und Richards Truppen weiße Kreuze tragen sollten. Die beiden Heere trennten sich bei Lyon; in Messina wollten sie wieder zusammenkommen, um gemeinsam in Richtung Levante in See zu stechen.

Richard war in der Lage gewesen, ein riesiges Heer zu versammeln und auszustatten – ihm standen die Ressourcen des großen angevinischen Reichs sowie die Gelder zur Verfügung, die durch den Saladin-Zehnten zusammengekommen waren. Wahrscheinlich brach er von Vézelay mit einem Kontingent von rund 6000 Soldaten auf; als er Europa verließ, umfasste seine gesamte Streitmacht möglicherweise sogar 17 000 Mann. Er zog südlich in Richtung Marseille, von wo er zu Schiff an der italienischen Küste südwärts segelte, und traf am 23. September in Messina ein; ein Teil seines Heeres segelte unter dem Kommando des Erzischofs Balduin von Canterbury direkt ins Heilige Land. Richard hatte außerdem eine Flotte von mehreren Hundert Schiffen aus England, der Normandie, der Bretagne und Aquitanien ausgerüstet, die auf der Route um die Iberische Halbinsel herum nach Sizilien segelte, um dort wieder mit dem König zusammenzutreffen. Das Kontingent Philipp Augusts scheint sehr viel kleiner gewesen zu sein. Er marschierte von Lyon nach Genua, wo er die Bedingungen für den Transport nach Sizilien und in den Vorderen Orient aushandelte: Er bezahlte eine Schiffsmiete von 5850 Mark für 650 Ritter und 1300 Knappen und kam Mitte September in Messina an.

Der Winter kam nun schnell näher, und der Seeweg wurde gefährlich, weshalb man beschloss, dass die Weiterreise in die Levante bis zum kommenden Frühjahr verschoben werden sollte. Richard hatte außerdem politische Probleme in dieser Region zu lösen. Wilhelm II., König von Sizilien, durch seine Ehe mit Richards Schwester Johanna mit Richard verschwägert, starb im November 1189, was in Sizilien Streitigkeiten um die Nachfolge auslöste, die Richard schnell beenden konnte.

Als der Friede wiederhergestellt war, nutzten die Kreuzfahrer den Winter, um ihre Flotte instand zu setzen und weitere Vorräte an Waffen und Ausrüstung zu beschaffen – so orderte Richard beispielsweise eine Lieferung gewaltiger Katapultsteine. Außerdem traf er in dieser Zeit mit Joachim von Fiore zusammen, einem Zisterzienserabt, der wegen seiner prophetischen Fähigkeiten einen bemerkenswerten Ruf genoss. Joachim konnte auch prompt von einer Vision berichten, die Richard die Eroberung von Jerusalem verhieß und den unmittelbar anschließenden Anbruch des Jüngsten Tages. Er sicherte dem König offenbar zu, dass »der Herr dir den Sieg über seine Feinde schenken wird, und er wird dir einen Namen machen, der größer ist als die Namen aller Fürsten auf Erden« – was dessen ohnehin schon vorhandene selbstbewusste Zuversicht noch verstärkt haben mag.[16]

Auch das chronische Problem von Richards Verlobung mit Philipp Augusts Schwester Alice von Frankreich wurde endlich gelöst. Richard war der Sache ausgewichen, seit er den englischen Thron bestiegen hatte, obwohl der französische König immer wieder verlangt hatte, die Hochzeit solle endlich stattfinden. Nun, da der Aufbruch ins Heilige Land erfolgt und Philipp August in die Unternehmung eingebunden war, legte Richard die Karten auf den Tisch. Er hatte weder den Wunsch noch die Absicht, Alice zu heiraten. Stattdessen wurde eine neue eheliche Verbindung angebahnt, und zwar mit Navarra, dem christlichen Königreich auf der Iberischen Halbinsel, mit dessen Hilfe das angevinische Territorium in Südfrankreich während Richards Abwesenheit gegen den Grafen von Toulouse verteidigt werden konnte. Im Februar 1191 traf die navarresische Prinzessin Berengaria in der Obhut von Richards unverwüstlicher, schon über 70-jähriger Mutter Eleonore von Aquitanien in Süditalien ein.

Philipp August sah sich nun vor vollendete Tatsachen gestellt. Als Richard drohte, durch Zeugen beweisen zu lassen, dass Alice die Geliebte Heinrichs II. gewesen war und dem alten König sogar noch ein Kind geboren hatte, bemühte sich der kapetingische Monarch nur noch um Schadensbegrenzung. Gegen Zahlung von 10 000 Mark entließ er Richard aus seinem Versprechen. Ein offener Konflikt konnte vermieden werden, doch Philipp August war gedemütigt, und die ganze ungute Affäre heizte seine unterschwellige Feindseligkeit gegenüber dem Engländer wieder neu an.

Schließlich kam der Frühling, die Seewege waren wieder offen, und die Kreuzzugskönige brachen zur letzten Etappe ihrer Reise ins Heilige Land auf. Am 20. März 1191 setzte Philipp August Segel, und Richards Flotte folgte ihm am 10. April; mit ihm unterwegs waren Johanna und Berengaria. Vier Jahre waren seit der Schlacht von Hattin vergangen. In der Levante hatte sich in dieser Zeit vieles verändert.

14

Neue Herausforderungen für den Eroberer

Die Eroberung Jerusalems am 2. Oktober 1187 war der ruhmreiche Höhepunkt im Leben Saladins – die Erfüllung eines glühend verfolgten persönlichen Zieles und die Verwirklichung einer öffentlich vertretenen und beharrlich betriebenen Dschihad-Kampagne. Das lateinische Königreich stand kurz vor seiner Auflösung, sein Herrscher war in Gefangenschaft, sein Heer empfindlich dezimiert. Man ist geneigt anzunehmen, dass sich die muslimische Welt im Sog einer so titanischen Leistung einhellig wie nie zuvor hinter den Sultan und seine Sache stellen würde, vereint in ihrer Bewunderung für seine Taten und in ihrer Bereitschaft, ihn bis hin zur Unterwürfigkeit als rechtmäßigen Anführer des Islam anzuerkennen. Auch Saladin selbst hatte doch wohl einen Moment des Innehaltens verdient, um auf all das zurückzuschauen, was er erreicht hatte; um seinen Triumph zu feiern, als die ersten Herbststürme durch die Heilige Stadt brausten. Doch ganz im Gegenteil: Die Eroberung Jerusalems verschaffte ihm kaum eine Ruhepause, sondern brachte nur neue Belastungen und Aufgaben mit sich.

Nach dem Sieg

Die Zurückeroberung Jerusalems bedeutete allerdings nicht das Ende des Krieges gegen die lateinische Christenheit. Saladin musste nun ganz unterschiedliche Verpflichtungen gegeneinander abwägen: Sein ausgedehntes Reich musste regiert werden; die Zerstörung der fränkischen Siedlungen im Osten war zu Ende zu bringen; und gleichzeitig musste er sich darauf vorbereiten, das Heilige Land gegen den geballten Zorn der Kreuzfahrer aus Europa zu verteidigen, die, wie er richtig annahm, bald eintreffen würden, um Rache für Hattin zu üben und Jerusalem wieder einzunehmen. Trotzdem hätte er sich im Jahr 1187 im Aufwind befinden müssen, aber in Wahrheit schwand seine Macht seitdem zusehends. In all den Widrigkeiten, die ihm bevorstanden, war er häufig erschreckend isoliert – er, der einst so große Feldherr, sah sich erniedrigt, verlassen von seinen Truppen, und war verzweifelt bemüht, den Sturm des dritten Kreuzzugs einfach nur noch zu überstehen.

Schon immer war es leichter, große Reiche aufzubauen, als sie zu regieren; auf den Sultan kam jedoch nach dem Oktober 1187 eine regelrechte Sturzflut von Problemen zu. An erster Stelle standen die Ressourcen. Seit dem Sommer waren die Untertanen und Verbündeten finanziell völlig am Ende, und die schlecht verwalteten Geldmittel des Sultans waren durch die Kosten für die ausgedehnten kriegerischen Unternehmungen bereits erschöpft. In den folgenden Jahren, als der Strom an Reichtümern aus neuen Eroberungen sich in ein dünnes Rinnsal verwandelte, hatten die Verwalter der ajjubidischen Schatzkammer alle Hände voll zu tun, um die Geldgier der Anhänger Saladins zu befriedigen, und es wurde immer schwieriger, riesige Truppenkontingente auf dem Schlachtfeld zu bewaffnen und zu ernähren.

Die Eroberung der Heiligen Stadt hatte noch andere, weniger offensichtliche Folgen. Saladin hatte unter dem Banner des Dschihad alle Muslime geeint. Als aber das oberste Ziel dieses Kampfes erreicht war, kamen all die Feindseligkeiten, Unstimmigkeiten und Verdächtigungen, die eine Zeit lang zum Schweigen gebracht werden konnten, allmählich wieder an die Oberfläche. Es dauerte nicht lang, und das Gefühl, ein gemeinsames Ziel zu haben, das die Muslime vor der Schlacht von Hattin für kurze Zeit zusammengeschweißt hatte, löste sich auf. Nach dem historisch so bedeutsamen Erfolg der Eroberung Jerusalems stellten sich mehrere Muslime auch die Frage, worauf Saladin seinen Blick des Allereroberers wohl als Nächstes richten würde, und in Verbindung damit stieg die Furcht auf, dass er selbst sich womöglich als tyrannischer Despot entpuppte, der die etablierte Ordnung umstoßen und das Abbasiden-Kalifat hinwegfegen würde, um eine neue Dynastie, ein neues Reich zu begründen.

Als kurdischer Außenseiter, der eigenmächtig nach der Macht der Zangiden gegriffen hatte, konnte sich Saladin der ungeteilten Unterstützung der türkischen, arabischen und persischen Muslime nie ganz sicher sein. Er war auch kein von Allah legitimierter Herrscher. Um diesen

Mangel auszugleichen, hatte der Sultan sich als Verteidiger der sunnitischen Rechtgläubigkeit und als Inbegriff des Mudschahid dargestellt und nachdrücklich für die öffentliche Ausbreitung dieses Selbstbilds gesorgt. Außerdem folgte er der Empfehlung seiner Berater al-Fadil und Imad ed-Din und bemühte sich immer wieder um die Unterstützung des Kalifen an-Nasir in Bagdad, weil ihm diese Rückendeckung das Siegel der Rechtmäßigkeit verschaffte. Nach 1187 setzte der Sultan diese Politik demonstrativer Ergebenheit gegenüber an-Nasir fort, aber da sich offen gezeigt hatte, wie groß die Macht der Ajjubiden war, verschärften sich die Spannungen in der Beziehung zum Kalifen deutlich.[1]

Die Franken ins Meer treiben?

Saladins oberstes strategisches Ziel Ende 1187 bestand darin, die noch bestehenden lateinischen Vorposten in der Levante einzunehmen und den Vorderen Orient gegen jegliche Kreuzzugsunternehmungen aus Westeuropa abzuschotten. Allerdings war die Aufgabe, die noch bestehenden Überreste fränkischer Macht zu beseitigen, weder schnell noch leicht zu lösen. Nach dem Sieg von Hattin war ein Großteil Palästinas erobert worden, und die wichtigen Häfen Akkon, Jaffa und Askalon waren in muslimischer Hand, doch mehrere fränkische Festungen in Galiläa und Transjordanien konnten die Christen noch halten. Und die nördlichen Kreuzfahrerstaaten Tripolis und Antiochia waren noch völlig intakt, auch wenn einer von Saladins möglichen Gegnern, Graf Raimund III. von Tripolis, im September an einer Krankheit gestorben war. Nachdem er dem Schlachtfeld von Hattin hatte entkommen können, war er in den Nordlibanon geflohen.

Das vordringlichste Problem war Tyros. Während des Sommers 1187 war die Hafenstadt zu einem Zentrum des lateinischen Widerstands in Palästina geworden, und Saladin hatte vielen Tausend christlichen Flüchtlingen erlaubt, sich innerhalb der Stadtmauern von Tyros zu sammeln. Unmittelbar nach dem Sieg von Hattin hätte Saladin Tyros wohl erobern können, wenn nicht Konrad, Graf von Montferrat, den Befehl über die Garnison und die Verteidigung der Stadt übernommen hätte. Konrad stammte aus Norditalien, er war der Bruder des verstorbenen Wilhelm von Montferrat, des ersten Ehemanns Sibyllas von Jerusalem und Vaters Balduins V. Konrad stand im Dienst des damaligen Kaisers von Byzanz Isaak II. Angelos in Konstantinopel. Nachdem er im Frühsommer 1187 einen der politischen Gegner Isaaks ermordet hatte, beschloss er, Konstantinopel zu verlassen und sich auf Pilgerfahrt ins Heilige Land zu begeben. Er traf im Juli 1187 in Palästina ein – zufällig nur wenige Tage nach der Schlacht von Hattin.

Tyros befand sich, als Konrad dort eintraf, in einem verzweifelten Zustand der muslimischen Belagerung. Für die Franken stellte sich Konrads Ankunft als wahrer Segen heraus, für Saladin dagegen als ärgerliche Einmischung. Konrad war äußerst ehrgeizig, ein durchtriebener, skrupelloser Politiker und kompetenter und energischer Befehlshaber; und er ergriff sofort die Gelegenheit, sich die Notlage der Stadt für seinen eigenen Aufstieg zunutze zu machen und die Herrschaft zu übernehmen. Er riss die lateinische Bevölkerung aus ihrer Lethargie und begann umgehend mit der Verstärkung der schon zuvor höchst wehrhaften Befestigungsanlagen der Stadt. Durch Saladins Entscheidung, seine Energie im September 1187 ganz auf die Belagerung Jerusalems zu konzentrieren, hatte Konrad wertvolle Zeit gewonnen. Er nutzte sie, indem er Tyros auf Saladins Angriff vorbereitete und dazu auch die Ritterorden sowie pisanische und genuesische Flotten zu Hilfe rief.[2]

Mehr als sechs Wochen lang, bis in den tiefen Winter hinein, belagerte Saladin Tyros vom Land her und vom Meer aus; er hoffte, Konrad mit Gewalt zur Übergabe der Stadt zu bewegen. Die Muslime stellten 14 Katapulte auf, und »Tag und Nacht [ließ der Sultan damit] unablässig Steine auf die Stadt schießen«. Bald erhielt er außerdem Verstärkung von prominenten Mitgliedern seiner Familie: Es gesellten sich zu ihm sein Bruder und wichtigster Verbündeter al-Adil, außerdem al-Afdal, der älteste Sohn des Sultans und designierte Nachfolger im ajjubidischen Reich, und schließlich al-Zahir, einer der jüngeren Söhne Saladins, der später über Aleppo herrschen sollte und vor Tyros seine ersten Kampferfahrungen sammelte. Gleichzeitig wurde die ajjubidische Flotte von Ägypten herbeordert; sie sollte den Hafen von Tyros blockieren. Doch trotz aller Anstrengungen des Sultans war kaum ein Fortschritt zu verzeichnen. Um den 30. Dezember erkämpften sich die Franken einen bedeutenden Sieg: Bei einem Überfall auf die Flotte des Sultans erbeuteten sie elf Schiffe. Der Rückschlag entmutigte die Ajjubiden sichtlich. Ein Tempelritter schrieb später in einem Bericht nach Europa, Saladin sei von dieser Niederlage so erschüttert gewesen, dass er »seinem Pferd die Ohren und den Schwanz abschnitt und darauf durch sein gesamtes Heer ritt, sodass alle ihn sehen konnten«. Die Kampfmoral seiner erschöpften Armee sank immer tiefer, und daher beschloss der Sultan, alle Kräfte auf eine letzte Offensive zu konzentrieren. Am 1. Januar 1188 versuchte er einen mörderischen Frontalangriff über den Damm, doch auch dieser wurde abgewehrt. Saladin gab sich für diesmal geschlagen, er brach die Belagerung ab, und Konrad behielt die Herrschaft über die Stadt.

Saladin ist für diesen Rückzug oft kritisiert worden. Sein irakischer Zeitgenosse Ibn al-Athir liefert eine matte Würdigung der Leistung des Sultans und bemerkt: »So war die Gewohnheit Saladins: Wenn eine Stadt seinen Angriffen standhielt, dann wurde er der Sache überdrüssig, er brach die Belagerung ab und zog von dannen […]. Keiner trägt die Schuld für das [was in Tyros geschah] außer Saladin, denn er war es, der die Franken scharenweise nach Tyros schickte.« Bis zu einem gewissen Grad kann man die Entscheidung des Sultans mit den Schwächen erklären, die seinen militärischen Führungsstil kennzeichneten. Ende 1187, nach monatelangen Feldzügen, bei denen die ajjubidischen Ressourcen bis zur Erschöpfung aufgebraucht wurden und die Gefolgstreue einiger Verbündeter schon nicht mehr sicher war, fiel es Saladin ganz offensichtlich schwer, die Soldaten bei der Truppe zu halten. Er wusste genau, wie entscheidend die Schlagkraft seines Heeres davon abhing, dass er die Männer regelmäßig bezahlen und belohnen konnte; außerdem wollte er sich mit der Belagerung von Tyros nicht zu lange aufhalten und womöglich eine Meuterei riskieren; daher beschloss er, sich leichter zu erreichenden Zielen zuzuwenden. Tatsächlich wurde jedoch an der schmerzlichen Demütigung vor Tyros einiges deutlich. Als der Sultan im September 1187 beschloss, dem religiös aufgeladenen politischen Ziel Jerusalem oberste Priorität einzuräumen, folgte er damit einer ganz bestimmten Logik. Als er im Januar 1188 unverrichteter Dinge von Tyros wieder abzog, wurden seine Grenzen deutlich sichtbar. Saladin hatte zwar ungeheuer viel an Mitteln und Energie in sein Vorhaben investiert, den Islam zu vereinigen und einen »heiligen Krieg« zu führen, doch letztlich besaß er weder die Willenskraft noch die Ressourcen, die Eroberung der Küste Palästinas zu Ende zu führen. Zum ersten Mal seit Hattin hatte es ganz den Anschein, als könnten die übermächtigen Ajjubiden mit ihrem Ziel scheitern, die Franken ins Meer zurückzutreiben.[3]

Kleinvieh

Saladin legte für den Rest des Winters in Akkon eine Ruhepause ein. Da ihm die Möglichkeit eines Gegenangriffs der Christen Sorgen bereitete, erwog er, die Stadt zu schleifen, um zu verhindern, dass sie in die Hand des Feindes fiel, beschloss dann aber, dieses »Tor zur Küstenregion« unangetastet zu lassen; zur Verteidigung Akkons ließ er Qaragush aus Ägypten kommen. Ab dem Frühjahr 1188 zog Saladin durch Syrien und Palästina, er suchte sich leicht angreifbare lateinische Siedlungen, Vorposten und Festungen aus und bekam dadurch recht viele relativ unaufwendige Eroberungen zusammen. Anschließend zog er durch Damaskus und das Biqa-Tal und griff im Sommer das Fürstentum Antiochia und die nördlichen Gebiete der Grafschaft Tripolis mehrfach an. Die große syrische Hafenstadt Latakia wurde eingenommen, und ein Stück weiter südlich arrangierte der muslimische Kadi (geistliche Richter) der Stadt Jabala, die in christlicher Hand war, die Übergabe an Saladin. Außerdem nahm der Sultan einige Burgen wie etwa Baghras und Trapesac in den Amanus-Bergen nördlich von Antiochia ein sowie Saone und Bourzey am Südrand der Ansariyah-Berge.

In den nördlichen Kreuzfahrerstaaten gelangen ihm beträchtliche Gebietsgewinne, allerdings ließ er sich nicht auf irgendwelche längeren Belagerungen ein. Krak des Chevaliers, Marqab und Safita, die imposanten Burgen der Johanniter und der Tempelritter, ließ Saladin links liegen, und er unternahm auch keine ernsthafte Anstrengung, die lateinischen Hauptstädte Tripolis und Antiochia zu bedrohen – Saladin ließ sich sogar, wenn auch zu harschen Bedingungen, auf einen achtmonatigen Waffenstillstand mit Antiochia ein, bevor er nach Damaskus zurückkehrte. Dann begann er eine Winterkampagne in Galiläa und erzwang die Übergabe der letzten Festungen, die noch in fränkischer Hand waren: die Templerburg Safed und die Johanniterburg Belvoir. Ungefähr zur selben Zeit nahmen ajjubidische Truppen Kerak in Transjordanien ein, und sechs Monate später kapitulierte auch das nahe gelegene Montreal. Das gemeinsame Merkmal dieser Erfolge war die isolierte Lage der eroberten Orte: Diese mächtigen Kreuzfahrerburgen standen allesamt mitten in nunmehr muslimischem Gebiet, und es bestand für sie keinerlei Aussicht, eine längere Belagerung durchhalten zu können, daher ergaben sie sich, und Saladin konnte seine Herrschaft über Palästina weiter festigen. Bei seinem Kriegszug durch die Levante war es ihm gelungen, seine Kriegsmaschinerie über das ganze Jahr 1188 pausenlos in Schwung zu halten, allerdings um den Preis, dass Antiochia und Tripolis völlig ungeschoren davonkamen.

Im Lauf der Eroberungsaktivitäten dieses Jahres stieß Baha ad-Din Ibn Shaddad zum inneren Kreis der Berater Saladins. Er stammte aus Mosul und war ein religiöser Gelehrter mit einer profunden Ausbildung; er hatte in Bagdad studiert. Baha ad-Din war im Jahr 1186 als Unterhändler für die Zangiden aufgetreten, als er nach der schweren Krankheit des Sultans eine Vereinbarung mit Izz ad-Din von Mosul getroffen hatte. 1188 nutzte Baha ad-Din die Lage nach den jüngsten muslimischen Eroberungen im Heiligen Land, um eine Pilgerreise nach Mekka und nach Jerusalem zu unternehmen. Damals lud Saladin, offenbar beeindruckt von der Frömmigkeit und Weisheit des Mannes aus Mosul, Baha ad-Din ein, sich seinem Gefolge anzuschließen. Bei der ersten Begegnung überreichte Baha ad-Din dem Sultan eine Abschrift seines gerade abgeschlossenen Werkes *Die Tugenden des Dschihad*; er wurde daraufhin zum Kadi des Heeres ernannt. Schnell stieg er zu einem der wichtigsten Berater Saladins auf und begleitete ihn in den folgenden Jahren fast überallhin. Später verfasste er eine detaillierte Biografie über seinen Dienstherrn, die heute als maßgebliche historische Quelle vor allem für die Zeit nach 1188 dient.[4]

Ablenkungen

Obwohl Saladin geplant hatte, mit Beginn der neuen Kampfsaison Tripolis und Antiochia wieder und diesmal entschlossener anzugreifen, kehrte er im Jahr 1189 nicht in den Norden zurück. Stattdessen zeigte er eine für ihn bislang völlig untypische entscheidungsträge Tatenlosigkeit. Anscheinend war er zermürbt von der Last des Regierens und den nahezu ununterbrochenen Kriegszügen. Gleichzeitig nahm mit jedem Monat, der verstrich, die Aussicht auf einen Gegenschlag des christlichen Abendlands bedrohlichere Dimensionen an. Saladin wusste zweifellos sehr gut, dass der dritte Kreuzzug immer näher rückte – in einem später im selben Jahr abgefassten Brief bewies sein Berater Imad ed-Din unglaublich detaillierte Kenntnisse vom Umfang, von der Organisation und den Zielen des Kreuzfahrerheers. Der Sultan aber machte keinen letzten Versuch, große Städte wie Tyros zu erobern, bevor der unvermeidliche Sturm losbrach. Stattdessen verschwendete er unbegreiflicherweise das Frühjahr und die ersten Wochen des Sommers 1189 mit langwierigen Verhandlungen um die Zukunft von Beaufort, einer relativ unbedeutenden und isolierten lateinischen Festung, hoch oben in den Bergen des südlichen Libanon über dem Fluss Litani.

Eine andere fragwürdige Entscheidung sollte sich noch verhängnisvoller auswirken. Saladin, der Sieger auf dem Schlachtfeld bei Hattin im Juli 1187, hatte Guido von Lusignan, den lateinischen König von Jerusalem, gefangen genommen. Im Sommer des Jahres 1188 beschloss er, Guido aus der Gefangenschaft zu entlassen (offenbar nach wiederholten Aufforderungen vonseiten Sibyllas, Guidos Ehefrau). Es ist kaum möglich, das Motiv für diesen offenkundig unüberlegten Akt der Großherzigkeit auszumachen. Vielleicht war Saladin der Ansicht, dass von Guido nichts mehr zu befürchten war, dass es ihm nicht mehr gelingen werde, die Franken noch zu irgendwelchen größeren Taten anzustacheln; oder er hoffte, mit der Freilassung unter den Franken Zwietracht zu säen, weil Guido eine Belastung für Konrad von Montferrat und dessen Machtstreben bedeuten musste. Was seine Gründe auch immer gewesen sein mögen – er wird wohl kaum erwartet haben, dass Guido sich an die Versprechen hielt, die er im Zusammenhang mit seiner Freilassung gegeben hatte, nämlich auf sämtliche Ansprüche auf das Königreich Jerusalem zu verzichten und umgehend die Levante zu verlassen; Versprechen, die Guido praktisch unmittelbar nach seiner Freilassung auch schon brach.[5]

Sollte Saladin angenommen haben, Guido sei inzwischen ein gebrochener Mann, so hatte er sich gründlich getäuscht. Zunächst bemühte sich der lateinische König, den Franken seinen Willen aufzuzwingen, Konrad jedoch verwehrte ihm zweimal den Einzug in Tyros. Und dann, im Sommer des Jahres 1189, holte Guido zu einem überraschend kühnen Schlag aus.

Die große Belagerung von Akkon

In der sengenden Hitze des Hochsommers 1189 war Saladin noch immer mit der Eroberung der widerspenstigen Festung Beaufort beschäftigt. Ende August erreichten ihn allerdings in den Ausläufern des Libanongebirges Neuigkeiten, die Furcht und Schrecken auslösten: Die Franken waren in die Offensive gegangen. 1187/1188 hatte Konrad von Montferrat in der Rolle des Verteidigers von Tyros gegen den Islam geglänzt, doch war er bisher vor dem Schritt zurückgeschreckt, einen Angriffskrieg zu beginnen, einen Krieg mit dem erklärten Ziel, verlorenes Territorium zurückzuerobern. Er verließ die sicheren Mauern seiner Stadt nicht; offenbar genügte es ihm, die Ankunft des dritten Kreuzzugs sowie der großen Monarchen des lateinischen Europa abzuwarten – die Zeit bis dahin gedachte er durchzuhalten, und in dem Krieg, der daraufhin ausbrechen musste, würde er schon jede Gelegenheit für sein eigenes Fortkommen zu nutzen wissen.

Da ergriff ein Mann die Initiative, von dem man es am wenigsten erwartet hätte. Guido von Lusignan, der glücklose König von Jerusalem, dessen schmachvolle Niederlage bei Hattin sein Königreich an den Rand der Vernichtung gebracht hatte, versuchte das Unmögliche. Zusammen mit seinem gefürchteten Bruder Gottfried von Lusignan, der kürzlich in der Levante eingetroffen war, und einer Gruppe von Tempelrittern und Johannitern sowie einigen Tausend Soldaten zog Guido von Tyros aus in südlicher Richtung auf die muslimisch besetzte Stadt Akkon zu – ein offenbar selbstmörderischer Versuch, sein Königreich zurückzugewinnen.

Zunächst nahm Saladin diesen Vorstoß nicht ganz ernst. Er war überzeugt, dass es sich lediglich um eine Finte handelte, um ihn von Beaufort wegzulocken, und hielt seine Stellung. Damit konnte König Guido den engen Skandelion Pass überwinden, wo ihn, wie ein Franke schrieb, »alles Gold von Russland« nicht gerettet hätte, wenn die Muslime ihn dort abgefangen hätten. Als Saladin erkannte, dass er einen Fehler gemacht hatte, begann er vorsichtig in südlicher Richtung auf Marj Ayun und den See Genezareth zuzumarschieren; er wollte abwarten, was die Christen als Nächstes vorhatten, bevor er sich nach Westen der Küste näherte. Guido profitierte von der zurückhaltenden Umsicht seines Feindes, er nahm die Straße nach Süden und kam am 28. August 1189 vor Akkon an.[6]

Akkon war eine der bedeutendsten Hafenstädte im Vorderen Orient. Unter fränkischer Herrschaft stieg die Stadt zur wichtigen Königsresidenz auf – eine quirlige kosmopolitische Handelsmetropole und der wichtigste Ankunftshafen für die lateinischen Pilgerinnen und Pilger, die das Heilige Land besuchten. Im Jahr 1184 beschrieb ein muslimischer Reisender die Stadt als »einen Anlaufhafen für alle Schiffe«.

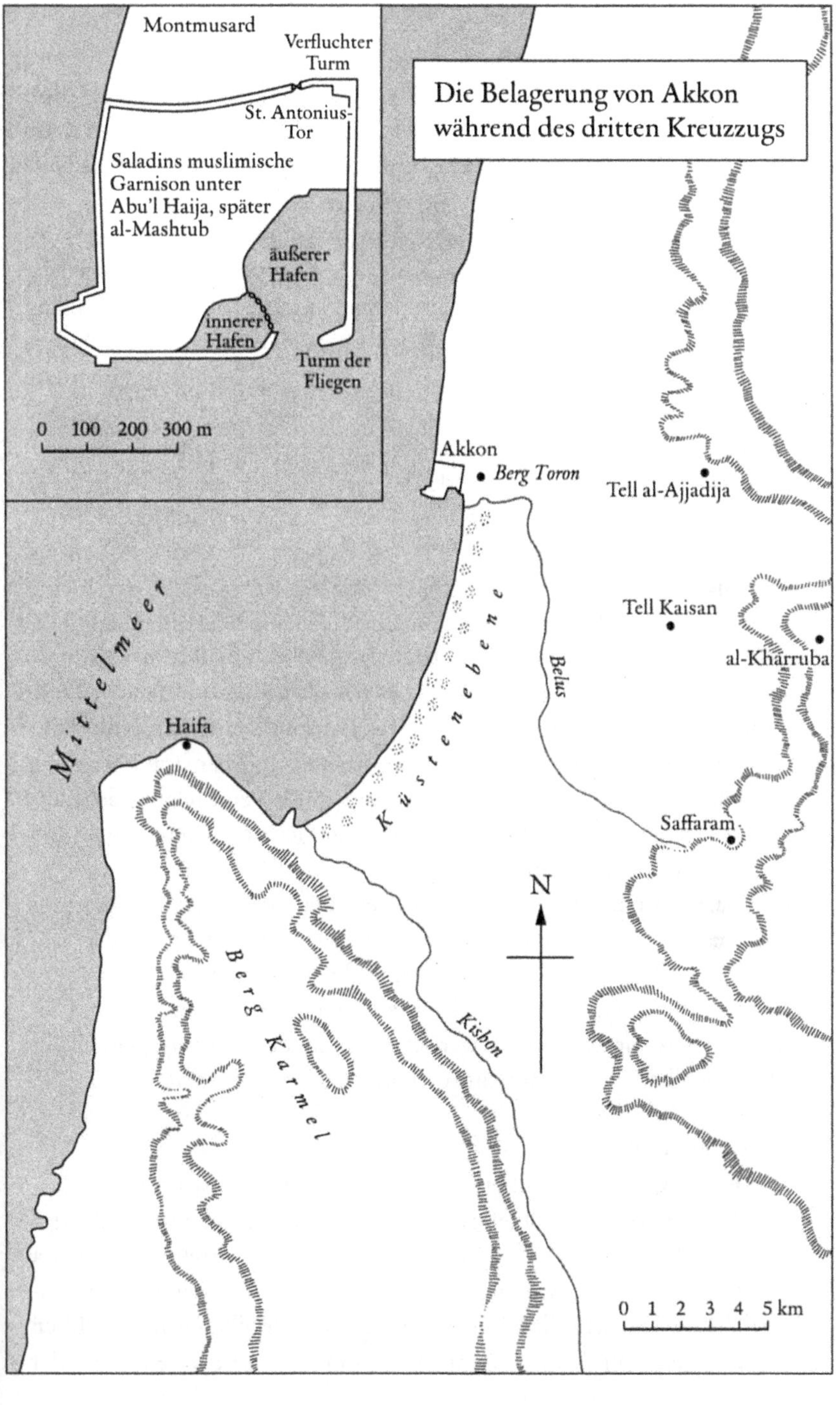

Die Belagerung von Akkon während des dritten Kreuzzugs
Montmusard
Verfluchter Turm
St. Antonius-Tor
Saladins muslimische Garnison unter Abu'l Haija, später al-Mashtub
äußerer Hafen
innerer Hafen
Turm der Fliegen
0 100 200 300 m
Akkon
Berg Toron
Tell al-Ajjadija
Tell Kaisan
al-Kharruba
Mittelmeer
Küstenebene
Belus
Haifa
Saffaram
N
Berg Karmel
Kisbon
0 1 2 3 4 5 km

»Die Straßen und Wege dort sind von dem Menschengedränge ganz verstopft, man bekommt kaum einen Fuß auf den Boden«, und er fährt fort: »Die Stadt stinkt und ist schmutzig, überall liegen Abfälle und Exkremente herum.«

Akkon war auf einem dreieckigen, ins Mittelmeer ragenden Vorgebirge erbaut und von einer quadratischen Festungsmauer umgeben. Ein Kreuzfahrer schrieb später, dass »mehr als ein Drittel seiner Außengrenze, in Richtung Süden und in den Westen, von Wellen eingeschlossen ist«. Im Nordosten, im Landesinnern, liefen die Befestigungsmauern auf eine größere Festung zu, den sogenannten »Verfluchten Turm«, da hier angeblich »die Silberlinge hergestellt wurden, für die der verräterische Judas den Herrn verkauft hatte«. In der südöstlichen Ecke der Stadt erstreckten sich die Stadtmauern ins Meer hinaus und umfassten eine kleine, abgetrennte innere Anlegestelle sowie ein äußeres Hafenbecken. Schützend eingefasst wurde die Hafenanlage durch eine massive, in Nord-Süd-Richtung erbaute Mauer, die auf einem aus dem Meer ragenden Felsen endete. Darauf erhob sich eine kleine Festungsanlage, Turm der Fliegen genannt. Die Stadt lag am nördlichen Ende einer ausgedehnten Bucht, die sich in Richtung Süden auf Haifa und zum Berg Karmel öffnete, dahinter erstreckte sich über eine Länge von 30 Kilometern und 2 bis 6 Kilometer landeinwärts eine relativ flache, offene Küstenebene. Ungefähr 2 Kilometer südlich des Hafens von Akkon mündete der seichte Fluss Belus ins Meer.

Die Stadt bildete nun das Tor zu Palästina – eine Bastion gegen jegliche christliche Invasion aus dem Norden, sei es vom Land oder vom Meer her. Hier sollten sich der Islam und das Christentum in einer der erbittertsten Belagerungen der Kreuzzüge ineinander verbeißen, und Saladins Belastbarkeit, sein kriegerisches Genie und sein Engagement für den Dschihad wurden auf eine extrem harte Probe gestellt.[7]

Erste Zusammenstöße

Als König Guido vor Akkon ankam, waren seine Aussichten sehr düster. Ein fränkischer Zeitgenosse kommentierte, er habe seine dürftige Streitmacht »zwischen Hammer und Amboss« aufgestellt; ein anderer meinte, es wäre ein Wunder, wenn er das überstehen sollte. Nicht einmal die muslimische Garnison zeigte sich beeindruckt, vielmehr johlten die Soldaten von den Festungsmauern von Akkon herunter, als sie der

»Handvoll Christen« ansichtig wurden, die da ihren König begleiteten. Guido jedoch stellte umgehend unter Beweis, dass seine Kompetenz in Strategiefragen mittlerweile zugenommen hatte; nachts, im Schutz der Dunkelheit, hatte er das Feld auskundschaften lassen und bezog auf dem rund 700 Meter hohen befestigten Berg Toron Stellung. Dieser erhob sich gut einen Kilometer östlich der Stadt und bot den Franken ein wenig natürlichen Schutz sowie einen strategisch wichtigen Ausblick über die Ebene von Akkon. Innerhalb weniger Tage traf eine Gruppe von Schiffen aus Pisa ein. Trotz der zermürbenden Belagerung, die bevorstand, hatten viele italienische Kreuzfahrer ihre Familien mit ins Heilige Land genommen. Diese kühnen Männer, Frauen und Kinder gingen am Strand südlich von Akkon an Land und schlugen dort ihr Lager auf.[8]

Das gemächliche Tempo, mit dem Saladin sich auf die Küste zubewegte, hatte verheerende Folgen. Guidos Truppen waren an Zahl klar unterlegen, sein Standort war extrem exponiert, daher riskierte er einen sofortigen Frontalangriff auf die Stadt, obwohl ihm bis zu diesem Augenblick noch kein Katapult oder andere Belagerungsmaschinen zur Verfügung standen. Am 31. August griffen die Lateiner an, sie bestiegen die Mauern mit Leitern, schützten sich nur mit ihren Schilden, und womöglich hätten sie die Mauern sogar stürmen können, wenn nicht die Kundschafter der Vorhut des Sultans in der Ebene aufgetaucht wären, woraufhin sich die Franken in panischem Schrecken zurückzogen. In den nächsten Tagen traf Saladin mit dem restlichen Heer ein, und die Hoffnungen der Lateiner, eine schnelle Kapitulation von Akkon erzwingen zu können, lösten sich in Luft auf; stattdessen mussten sie einen Zweifrontenkrieg befürchten und die nahezu sichere Vernichtung durch die Hand des Siegers von Hattin.

In dem Moment jedoch, da Saladin energisch hätte handeln müssen, zögerte er. Es war schon ein Fehler gewesen, den König bis Akkon passieren zu lassen, doch unterlief ihm ein noch schwerwiegenderes Fehlurteil. Die Überzahl seiner Truppen war zwar nicht überwältigend, doch er hatte in jedem Fall ein größeres Heer als die Franken, und wenn er zusammen mit der Garnison von Akkon eine sorgfältig koordinierte Attacke unternommen hätte, hätte er die Franken umzingeln und überwältigen können. Stattdessen gelangte er zu der Überzeugung, dass ein schneller, konzentrierter Angriff zu riskant sei, und bezog daher eine vorsichtig abwartende Stellung am Hang von al-Kharruba, ungefähr neun Kilometer südöstlich der Stadt, von wo aus er die Ebene von Akkon überblicken konnte. Es gelang ihm (wahrscheinlich im Schutz der Dunkelheit), von den Lateinern unbemerkt eine Gruppe seiner Männer zur Verstärkung der Verteidiger in die Stadt einzuschleusen, und während er regelmäßig Kämpfer aussandte, um die Mannschaften in Guidos Lager in Scharmützel zu verwickeln, hielt er den Großteil seines Heeres zurück und wartete geduldig auf Unterstützung durch seine Verbündeten. In dieser Situation war diese für den Führungsstil des Sultans so typische Vorsicht unangebracht, sie war das Ergebnis einer eklatanten Fehleinschätzung der strategischen Möglichkeiten. Es gab einen entscheidenden Faktor, der es Saladin hätte verbieten müssen, auf Zeit zu spielen: das Meer.

Als Saladin Anfang September 1189 vor Akkon ankam, wurde die Stadt von Guidos Heer und von den Pisanern belagert. Nach der Schlacht von Hattin und der Eroberung Jerusalems war es nahezu unvermeidlich, dass die Belagerung dieser Hafenstadt durch die Franken zum Fokus der Vergeltungsmaßnahmen der erzürnten Kreuzfahrer wurde. Bei einer Belagerung im Landesinnern wäre es ein Leichtes gewesen, die Truppen des Königs von jeglichem Nachschub abzuschneiden, und hier wäre Saladins Zurückhaltung am Platz gewesen. In Akkon dagegen wirkte das Mittelmeer wie eine ständig pulsierende, nie versiegende Ader, die Palästina mit dem Westen verband, und während der Sultan abwartete, dass sich seine Streitmacht vollständig versammelte, trafen Schiffe ein, die von christlichen Kämpfern nur so wimmelten und das Belagerungsheer ständig verstärkten. Imad ed-Din, der sich damals in Saladins Lager aufhielt, beschrieb später, wie er von einem Ausblick über die Küste einen offenbar konstanten Strom fränkischer Schiffe bei Akkon einlaufen sah; die Flotte, die da am Ufer ankerte und sich ständig vergrößerte, habe ausgesehen »wie dichtes Gestrüpp«. Dieser Anblick beunruhigte die Muslime in der Stadt und außerhalb, und um die Kampfmoral zu heben, ließ Saladin wohl ein Gerücht in Umlauf bringen: Die Lateiner zögen jede Nacht ihre Schiffe aufs Meer hinaus, und »wenn es hell wird, […] segeln sie zurück, und es sieht aus, als seien sie gerade erst angekommen«. Mit seiner Hinhaltetaktik erreichte der Sultan allerdings nur, dass Guido die zur Aufstockung seiner Truppen so dringend benötigte Gnadenfrist erhielt.[9] Ein bedeutender Verstärkungsschub traf um den 10. September herum ein – eine Flotte von 50 Schiffen mit gut 12 000 friesischen und dänischen Kreuzfahrern mitsamt Pferden. Die lateinischen Quellen beschreiben diese Ankunft als einen Moment der Rettung, einen Wendepunkt, ab dem die lateinischen Belagerer sich immerhin mit gewissem Recht Hoffnungen auf Erfolg machen konnten. Unter den Neuankömmlingen war Jakob von Avesnes, ein berühmter Krieger aus dem Hennegau (an der heutigen Grenze zwischen Frankreich und Belgien). Von einem Zeitgenossen wurde Jakob, ein Veteran nicht nur auf dem Schlachtfeld, sondern auch in Fragen der Machtpolitik, mit »Alexander, Hektor und Achill« verglichen; damals, im November 1187, gehörte er zu den ersten Rittern, die das Kreuz nahmen.

Den ganzen September über riss der Strom der ankommenden Kreuzfahrer nicht ab, und die Reihen der fränkischen Armee vergrößerten sich kontinuierlich. Es waren auch Würdenträger aus den obersten Rängen der europäischen Aristokratie darunter. Philipp von Dreux, der Bischof von Beauvais, von dem es hieß, er sei »ein Mann, der sich mehr für Schlachten als für Bücher begeistern konnte«, kam mit seinem Bruder Robert von Dreux aus Nordfrankreich, ebenso Everard, Graf von Brienne, und sein Bruder Andreas. Auch Ludwig III. von Thüringen, einer der mächtigsten deutschen Aristokraten, traf ein. Bis zum Ende des Monats hatte sich sogar Konrad von Montferrat, offenbar auf das Drängen Ludwigs hin, entschlossen, Tyros zu verlassen und sich dem Belagerungsheer anzuschließen. Er kam mit einigen Tausend Rittern und 20 000 Fußsoldaten.[10]

Auch Saladin erhielt Verstärkung. In der zweiten Septemberwoche war der Großteil des nach Akkon gerufenen Heeres eingetroffen. Zusammen mit al-Afdal, al-Zahir, Taqi ad-Din und Kukburi rückte der Sultan in die Ebene von Akkon vor und bezog entlang einer halbrunden Linie Stellung, die sich von Tell al-Ayyadiya im Norden über Tell Kaisan (später umbenannt zu Saladins Toron) zum Belus im Südwesten hinzog. Er hatte seine neue Front gerade aufgestellt, als die Franken den Versuch machten, Akkon in einem lockeren Halbkreis vom Land aus ganz zu umzingeln, ausgehend von der nördlichen Küste über den Berg Toron und über den Belus (der zur Wasserversorgung genutzt wurde) bis zu der sandigen Küste im Süden. Saladin beendete diesen ersten lateinischen Blockadeversuch ohne größere Anstrengung. Noch verfügten die Kreuzfahrer nicht über die Ressourcen, um den Zugang zur Stadt effektiv abriegeln zu können, und ein kombinierter Angriff der Garnison Akkons und einer Gruppe muslimischer Kämpfer unter Taqi ad-Din durchbrach den schwächsten Teil der nördlichen Reihen der Franken. Am Samstag, dem 16. September, konnte die Stadt durch das St.-Antonius-Tor betreten werden, und auf Kamelen gelangten Vorräte in die Stadt.

Saladin selbst hatte sich an diesem Vormittag nach Akkon begeben und war auf die Festungsmauer gestiegen, um sich einen Überblick über das feindliche Lager zu verschaffen. Als er von oben auf die wimmelnden Reihen der Kreuzfahrer herunterschaute, die sich in Haufen in der Ebene unter ihm drängten und jetzt von einem Meer muslimischer Kämpfer umstellt waren, muss er sich seiner Sache sehr sicher gewesen sein. Die Stadt war gerettet; sein Heer, mit langem Atem versammelt, konnte sich der Aufgabe zuwenden, die Franken zu vernichten, die sich angemaßt hatten, Akkon zu bedrohen, und der Sieg wäre ihm sicher. Aber der Sultan hatte zu lange gewartet. In den nächsten drei Tagen versuchten seine Truppen immer wieder, die lateinischen Stellungen entweder zu überrennen oder den Feind zu einer offenen Entscheidungsschlacht zu zwingen, doch der Erfolg blieb aus. In den Wochen seit Guidos Ankunft hatten sich die ständig größer werdenden Reihen der Kreuzfahrer in ihren Stellungen fest eingegraben und konnten sämtliche Angriffe abwehren. Ein muslimischer Zeuge beschreibt, dass sie »hinter ihren Schilden und Lanzen, mit den Armbrüsten im Anschlag, wie hinter einer Wand standen« und dass ihre Formation einfach nicht aufgebrochen werden konnte. Die Christen klammerten sich hartnäckig in ihrer Stellung fest, und nun machte sich die angespannte Situation wohl auch bei Saladin bemerkbar. Einer seiner Ärzte berichtete später, Sorgen hätten den Sultan derart niedergedrückt, dass er tagelang fast nichts zu sich nahm. Die Unbezwingbarkeit der Franken ließ auch den Kreis seiner Berater bald unschlüssig und uneinig werden. Einige vertraten die Auffassung, man solle auf die Ankunft der ägyptischen Flotte warten; andere plädierten dafür, dass man es dem nahen Winter überlassen solle, die Reihen der Kreuzfahrer zu lichten; der Sultan konnte sich nicht entscheiden, und die Angriffe auf die Christen wurden abgebrochen. Ein Brief an den Kalifen in Bagdad stellte die Ereignisse in positivem Licht dar – die Lateiner seien einer Flutwelle gleich angekommen, doch »durch ihre Kehlen wurde ein Zugang zur Stadt geschlagen«, und sie seien praktisch bezwungen – in Wahrheit dämmerte es Saladin wohl allmählich, dass die Belagerung von Akkon so schnell nicht zu beenden war.[11]

Die erste Schlacht

In den folgenden Wochen kam es immer wieder zu kleineren Scharmützeln, während weiterhin unablässig immer mehr Kreuzfahrer auf fränkischen Schiffen eintrafen und sich den Belagerern Akkons anschlossen. Am 4. Oktober 1189 war die Zahl der Christen so stark angewachsen, dass eine Offensive – ein Überfall auf Saladins Lager – geplant werden konnte; dieser Zusammenstoß sollte die erste regelrechte Feldschlacht des dritten Kreuzzugs werden. König Guido ließ seinen Bruder Gottfried zurück, um den Berg Toron zu verteidigen; er selbst versammelte den Großteil des fränkischen Heeres am Fuß des Hügels und stellte mit der Hilfe der Ritterorden und von Fürsten wie Everard von Brienne und Ludwig von Thüringen die Kampflinie auf. In den vordersten Reihen standen die Fußsoldaten und Bogenschützen, sie schirmten die berittenen Kämpfer hinter sich ab. Nun setzten sich die Christen in Marsch und überquerten die offene Ebene in Richtung der Muslime, langsam rückten sie geschlossen vor. Die Kreuzfahrer wollten keinen Blitzangriff riskieren, sondern diszipliniert vorrücken, um als kompaktes Heer und im Schutz ihrer dicht geschlossenen Formation auf den Feind zu treffen. Saladin überblickte das Feld von seinem Posten oben auf dem Tell al-Ayyadiya aus, und er hatte ausreichend Zeit, seine eigenen Truppen in der Ebene aufzustellen. Schwadrone unter bewährten Kommandanten wie al-Mashtub und Taqi ad-Din stellte er neben Gruppen, die noch relativ unerfahren waren, wie die Männer aus Diyar Bakr am oberen Tigris. Er selbst hielt neben Isa die Stellung in der Mitte des Heeres, wobei er sich als Oberbefehlshaber auch immer wieder in Bewegung setzte und zu den Stellen im Heer eilte, an denen Kampfmoral und Disziplin seines Zuspruchs bedurften. Jetzt war auch der Sultan auf die Konfrontation mit den Franken vorbereitet.

Vor den Toren Akkons bot sich in der Morgendämmerung dieses Tages ein außergewöhnlicher, beunruhigender Anblick. Mehr als zwei Stunden lang bewegten sich Tausende Kreuzfahrer in geordneten Reihen mit erhobenen Bannern langsam und stetig auf die kampfbereiten Truppen Saladins zu. Es muss den Soldaten beider Seiten schwergefallen sein, Ruhe zu bewahren. Dann, als die linke Flanke der Christen auf die muslimischen Reihen im Norden traf, wo Taqi ad-Din stand, begann schließlich am späteren Vormittag die Schlacht. Taqi ad-Din hoffte, die Franken in einen Kampf zu verwickeln, mit dem er ihre Formation auflösen konnte, und er beorderte Einzelkämpfer gegen die fränkischen Reihen und täuschte einen begrenzten Rückzug vor. Fatalerweise war sein Manöver derart überzeugend, dass Saladin glaubte, sein Neffe sei tatsächlich bedroht, und Truppen aus der Mitte seines Heeres abstellte, die den Kämpfenden an der nördlichen Front zu Hilfe kommen sollten. Durch diese Störung des Gleichgewichts bot sich den Kreuzfahrern eine günstige Gelegenheit. Sie rückten weiter mit äußerster Disziplin vor und griffen den rechten Flügel von Saladins Hauptabteilung an – »als wären sie nur ein Mann, ein Pferd und ein Fuß« –, und schnell waren die unerfahrenen Männer aus Diyar Bakr, die dort standen, in die Flucht geschlagen. Panik breitete sich aus, und die rechte Hälfte der mittleren Formation um den Sultan herum brach ein.

Einen Moment lang sah es so aus, als stünde die Niederlage des Sultans kurz bevor. Plötzlich war der Weg zum Lager der Muslime auf dem Tell al-Ayyadiya frei, und die Franken eilten den Hügel hinauf. Eine Abteilung von Kreuzfahrern erreichten tatsächlich das Zelt des Sultans, und einer der Bediensteten Saladins wurde getötet. Die sichere Erwartung eines Sieges jedoch und natürlich reicher Beute ließ die Situation kippen. In der Hitze des Gefechts brach die Formation der Kreuzfahrer, die bis dahin mit solcher Umsicht aufrechterhalten werden konnte, auseinander: Viele Männer begannen mit der Plünderung, während die Tempelritter weiterhin verbissen die zurückweichenden Muslime verfolgten, nur um schließlich feststellen zu müssen, dass die Verbindung zur Hauptstreitmacht abgebrochen war und dass sie keine Unterstützung mehr erwarten konnten. Sie versuchten einen verzweifelten Rückzug, doch Saladin hatte die Ordnung in seinen Truppen wiederhergestellt. In Begleitung von nur fünf Leibwächtern ritt er die Reihen ab, feuerte seine Männer aufs Neue an und fiel über die fliehenden Templer her. Im anschließenden Kampf wurden die Brüder dieses stolzen Ordens systematisch niedergemacht. Gerhard von Ridefort, ihr Großmeister, der Veteran von Hattin, wurde mitten im Gefecht gefangen genommen. Da jedoch »seine Männer rund um ihn herum dahingemetzelt wurden«, lehnte er es ab, sich in Sicherheit zu bringen, und wurde erschlagen.

Der Verlauf der Schlacht entwickelte sich zugunsten Saladins, und schließlich besiegelten zwei Zwischenfälle das Schicksal der Christen. Während der Kampf in der Ebene zwischen dem Berg Toron und Tell al-Ayyadiya tobte, machte die muslimische Garnison von Akkon einen Ausfall hinaus vor die Mauern der Stadt und bedrohte damit sowohl das Lager der Kreuzfahrer als auch die Rückseite des christlichen Heeres auf dem Schlachtfeld. Als die Franken merkten, dass sie bald umzingelt waren, versuchten sie zwar noch einen Anschein von Ordnung und Disziplin aufrechtzuerhalten, doch waren sie von einer Panik nicht mehr allzu weit entfernt. Ein eigentlich unbedeutender unglücklicher Zufall brachte das Fass zum Überlaufen. Eine Gruppe von Deutschen, die noch immer mit Plünderungen in Saladins Lager beschäftigt war, verlor die Kontrolle über eines ihrer Pferde, und als das Tier in Richtung Akkon durchging, nahmen sie die Verfolgung auf. Der Anblick dieser Gruppe von Kreuzfahrern, die in höchster Eile scheinbar vor den Muslimen Reißaus nahmen, stiftete bei den anderen fränkischen Kämpfern Verwirrung; Furcht breitete sich in den Reihen aus, und es kam zu einer Massenflucht. Tausende rannten, erbittert verfolgt von den Männern Saladins, in die relative Sicherheit der lateinischen Verschanzungen, und Chaos brach aus. »Das Töten nahm kein Ende«, schrieb der Augenzeuge Baha ad-Din, »bis die Flüchtlinge, die überlebt hatten, im feindlichen Lager angekommen waren.« Andreas von Brienne wurde niedergestreckt, als er versuchte, der Fluchtbewegung Einhalt zu gebieten; er rief seinem vorbeieilenden Bruder zu, er solle ihm helfen, aber Graf Everards Panik war so groß, dass er nicht anhalten konnte. Jakob von Avesnes wurde vom Pferd gestoßen, einer seiner Ritter gab ihm sein eigenes Pferd, damit er entkommen konnte, und starb anstelle von Jakob. Es hieß sogar, König Guido selbst habe Konrad von Montferrat aus der Hand von Muslimen gerettet, die ihn umzingelt hatten.

Es war Saladin nicht vergönnt, seinen Vorsprung auszunutzen, als sich die Schlacht ihrem Ende zuneigte. Die lateinischen Truppen im Lager der Kreuzfahrer leisteten den muslimischen Versuchen, ihre Stellung zu überrennen, erbitterten Widerstand, und was sich wohl noch verhängnisvoller auswirkte: Auch im Lager des Sultans herrschte noch größte Konfusion. Als sich die Kreuzfahrer den Weg über die Abhänge des Tell al-Ayyadiya hinauf zum Lager freikämpften, hatten zahlreiche Pferdeknechte aus dem muslimischen Heer beschlossen, dass der Kampf für die Muslime wohl verloren und es deshalb am besten sei, sich mit so viel Beute wie möglich aus dem Staub zu machen. Gerade als Saladin die konzentrierte Wucht seiner Streitmacht auf die zurückweichenden Franken hätte loslassen müssen, waren große Gruppen seines Heeres damit beschäftigt, ihrem eigenen diebischen Gesinde nachzujagen.

Trotz allem war die Schlacht, oberflächlich betrachtet, für den Islam siegreich ausgegangen. Die Christen waren am Morgen ausgezogen, um die Muslime anzugreifen, und sie waren zurückgeschlagen worden; als die Nacht hereinbrach, lagen 3000–4000 Mann tot oder sterbend auf den Feldern vor Akkon. Wie grauenhaft und erniedrigend die Ereignisse dieses Tages waren, wurde dem Kreuzfahrerheer erschütternd deutlich, als eine verstümmelte, halb nackte Gestalt sich mitten in der Nacht ins fränkische Lager schleppte. Dieser arme Kerl, ein Ritter namens Ferrand, war im Lauf der Schlacht schwer verletzt worden, er hatte sich unter seinen gefallenen Kameraden versteckt, wurde von muslimischen Plünderern ausgeraubt und, da sie ihn für tot hielten, einfach liegen gelassen. Als er später endlich die Sicherheit der fränkischen Reihen erreichte, »war er durch seine Wunden so entstellt, dass ihn seine Leute nicht erkannten, und er konnte sie fast nicht dazu bewegen, ihn ins Lager zu lassen«. Am nächsten Morgen beschloss Saladin, seinen Feinden eine Botschaft zukommen zu lassen: Er ließ die toten Christen einsammeln und warf die Leichen in den Belus, und sie trieben flussabwärts, ins Lager der Lateiner. Es heißt, der Gestank der Leichen habe noch lange, nachdem sie begraben waren, in der Luft gehangen.[12]

Und doch war am Ende die Schlacht vom 4. Oktober für die Perspektiven Saladins wesentlich verhängnisvoller. Tote und Verletzte hatte es unter den Muslimen nur wenige gegeben, doch die Leute aus Saladins Heer, die an jenem Tag geflohen waren, kamen nicht zurück – es gab ein Gerücht, dass sie den ganzen Weg bis zum See Genezareth gerannt seien –, und es stellte sich als fast unmöglich heraus, sie zu ersetzen. Und was noch schlimmer war: Das Debakel in Saladins Lager wirkte sich verheerend auf die Moral aus und säte Misstrauen unter den Männern. Baha ad-Din vermerkt, bei der Plünderungsaktion hätten »die Leute große Summen verloren«, und das sei »schlimmer als der Diebstahl selbst« gewesen. Saladin gab sich alle Mühe, so viel wie möglich von den Verlusten zu ersetzen, er ließ einen riesigen Haufen Beute in seinem Zelt aufschütten, von dem sich die Männer bedienen konnten, wenn sie einen Eid schworen, dass es sich um ihr Eigentum handelte, doch der psychologische Schaden war nicht wiedergutzumachen.

In der Zeit nach der Schlacht beschloss Saladin, seine Strategie zu überdenken. Nach 50 Tagen an der Front klagten seine Mannschaften über Erschöpfung, und Saladin selbst wurde krank. Um den 13. Oktober herum zogen sich sein Heer und sein Tross vom blutgetränkten Schlachtfeld zurück in Richtung der entfernteren Belagerungsposition bei al-Kharruba, um dort die Ankunft al-Adils abzuwarten. Damit gestand Saladin stillschweigend sein Scheitern ein; er hatte erkannt, dass es ihm in dieser ersten entscheidenden Belagerungsphase nicht gelungen war, das Heer der Kreuzfahrer zu vertreiben. Nach militärwissenschaftlicher Logik hatten die Franken das Unmögliche vollbracht: Sie hatten tief in feindlichem Territorium eine Belagerungsstellung halten können, obwohl sie zwischen zwei feindlichen Linien eingeklemmt waren.

Immer wieder haben sich Historikerinnen und Historiker über diese offensichtliche Ausnahme von der Regel gewundert. Dabei liegt die Erklärung auf der Hand: Der Belagerungsort lag an der Küste, die Franken verfügten also gewissermaßen über eine Nabelschnur, über die sie ständig mit allem Notwendigen versorgt werden konnten. Noch wichtiger war, dass die ersten Feindkontakte in diesem Konflikt Saladins ständig wachsende Schwierigkeiten mit dem Umfang seines Heeres offenlegten und gleichzeitig seine Unfähigkeit, als resoluter Befehlshaber aufzutreten. Er verfiel wieder in seine alte Gewohnheit, ausgewachsenen Konfrontationen aus dem Weg zu gehen, solange sein Heer sich nicht in erdrückender militärischer Überzahl befand; so glaubte er, auf der sicheren Seite zu sein. In diesem entscheidenden Moment wäre allerdings entschlossenes Vorgehen und nicht Vorsicht angebracht gewesen. Wenn er gleich zu Beginn der Belagerung von Akkon einen Frontalangriff auf die Stellung der Kreuzfahrer unternommen hätte, dann wäre er damit zwar ein Risiko eingegangen, aber, wenn auch wohl in Verbindung mit beträchtlichen Opfern, durchaus mit einer guten Erfolgschance. Als er sich im Oktober entschloss, nicht mit aller Härte frontal anzugreifen, ließ er sich die Chance entgehen, den Funken der Bedrohung durch die Kreuzfahrer auszutreten, bevor er sich richtig ausbreitete. Nun aber gab es kein Zurück mehr.[13]

Die Kreuzfahrer nutzten die hochwillkommene Atempause, um ihre Stellungen vor den Stadtmauern Akkons zu sichern. Mitte September hatten sie begonnen, rudimentäre Verteidigungswälle aus Erde aufzuschütten. Da kein unmittelbarer Angriff mehr zu befürchten war, »häuften sie Erdwälle auf und gruben tiefe Gräben von Küste zu Küste aus, um die Zelte zu schützen«. Es entstand ein ausgeklügeltes System von im Halbkreis angeordneten Festungsanlagen, das Akkon einschloss und wesentlich besseren Schutz vor muslimischen Übergriffen bot, ob von der Garnison her oder von Saladin selbst. Um berittene Angreifer abzuschrecken, pflasterte man das Niemandsland zwischen den Gräben mit der mittelalterlichen Entsprechung von Tretminen – tiefen, mit Nägeln gefüllten, gut getarnten Gruben, die Pferd und Reiter zu Fall brachten und grässlich verletzten. Ibn al-Athir, der auch immer wieder Kritik an Saladin übte, vermerkte sardonisch: »Nun endlich wurde deutlich, wie klug es von Saladin gewesen war, sich zurückzuziehen.« Gleichzeitig berichteten muslimische Kundschafter den ganzen Oktober hindurch vom nahezu täglichen Zustrom von Verstärkung für die Lateiner. Saladin schrieb an den Kalifen in Bagdad, die Schiffe, die den Christen zu Hilfe kamen, seien zahlreicher als die Wellen des Meeres, und er beklagte, dass für jeden getöteten Kreuzfahrer tausend hinzukamen, um ihn zu ersetzen.[14]

Auszeit

Bei Wintereinbruch im Dezember 1189 wurden die Belagerungsaktivitäten noch weiter reduziert. Die See wurde rauer, und da der lateinischen Flotte der Zugang zum sicheren Binnenhafen von Akkon verwehrt war, musste sie Richtung Norden nach Tyros und noch weiter segeln, um den Winter im Schutz eines Hafens zu überstehen. Auch Konrad von Montferrat kehrte nach Tyros zurück. An Kampfhandlungen war nicht zu denken, weil der Regen die Ebene zwischen den Gräben der Kreuzfahrer und dem Lager Saladins bei al-Kharruba in eine Schlammwüste verwandelte; es war praktisch unmöglich, auf einem solchen Untergrund anzugreifen. Der Sultan entließ den Großteil seiner Truppen, er selbst blieb an Ort und Stelle, und die Franken zogen sich in ihr Lager zurück, um die nächste Kampfsaison abzuwarten. Sie hofften, Nahrungsmittelknappheit und Seuchen so gut es ging zu überstehen, und steckten ihre gesamte Energie in den Bau von Belagerungsmaschinen.

Baha ad-Din, Saladins vertrauter Berater, berichtet, der Sultan habe erkannt, »welche Bedeutung die Franken [...] Akkon beimaßen und dass die Stadt das Ziel war, auf das all ihre Pläne ausgerichtet waren«. Er beschloss, vor der Stadt zu überwintern, was klar erkennen lässt, dass er Akkon als den entscheidenden Kriegsschauplatz betrachtete. Wenn ihm in den zurückliegenden Herbstmonaten die Courage gefehlt hatte, einen umfassenden Angriff auf das Lager der Kreuzfahrer zu unternehmen, so zeigte er sich immerhin entschlossen, die Kampagne nicht abzubrechen. Die beiden Jahre nach dem Sieg von Hattin hatte er damit zugebracht, leichte Eroberungen zu machen und echten Konfrontationen aus dem Weg zu gehen; vor Akkon hatte er offenbar beschlossen, andere Saiten aufzuziehen, also die Lateiner umgehend vom weiteren Vordringen nach Palästina abzuhalten.

Saladin sah klar voraus, dass im Frühjahr große Belastungen auf Akkon zukommen würden, und er begann daher, »ausreichend Proviant, Vorräte, Ausrüstung und Truppen in die Stadt zu schaffen, damit er das Gefühl haben konnte, dass die Stadt sicher war«. Wahrscheinlich setzte er auch in diesen Wochen Abu'l Haija den Dicken neben Qaragush als militärischen Befehlshaber in der Stadt ein. Sogar die Kreuzfahrer zeigten sich von diesen Maßnahmen beeindruckt, einer von ihnen bemerkte später, es habe »nie eine Festung oder eine Stadt gegeben, die mit so hohen Kosten so viele Waffen, solche Verteidigungsanlagen und so viel Proviant bekam«. Inmitten dieser Geschäftigkeit erlitt der Sultan einen schweren persönlichen Verlust, als sein Freund und scharfsinniger Berater Isa nach einer Krankheit am 19. Dezember 1189 starb.[15]

Doch waren die langen Monate mit der durch die Jahreszeit erzwungenen Kampfpause nicht nur eine Zeit grimmiger Blickwechsel und martialischer Vorbereitungen. Eines der letzten lateinischen Schiffe, das im Jahr 1189 eintraf, brachte eine andere Sorte Verstärkung mit: »Dreihundert reizende fränkische Frauen, sprühend von Jugend und Schönheit, die von jenseits des Meeres herbeigebracht wurden, damit sie sich hier für die Sünde anboten.« Saladins Sekretär Imad ed-Din beschrieb in einer Mischung aus Empörung und Vergnügen, wie diese Prostituierten, die außerhalb der Stadtmauern von Akkon ihre Dienste feilboten, »mit ihren silbernen Fußspangen ihre goldenen Ohrringe berührten und sich den Pfeilen der Männer als Ziele anboten«. Imad ed-Din musste allerdings auch empört feststellen, dass sogar Muslime »sich wegstahlen«, um in den Genuss ihrer Reize zu kommen.

Ein anderer muslimischer Augenzeuge schildert, wie die christlichen und muslimischen Feinde sich irgendwann »besser kennenlernten, indem sie miteinander sprachen und nicht mehr kämpften. Zeitweise sangen die Leute miteinander, und andere tanzten, so vertraut waren sie miteinander geworden.« Später wird einfach die räumliche Nähe der beiden fest verschanzten Parteien zu dieser Vertrautheit beigetragen haben, denn es hieß von den Muslimen, sie seien »dem Feind auf Sichtweite nahe gewesen [...] die Feuer des einen Lagers waren jeweils im anderen sichtbar. Wir konnten ihre Glocken hören, und sie konnten unseren Gebetsruf vernehmen.« Zumindest die Garnison der Stadt verdiente sich den widerwilligen Respekt der Kreuzfahrer, von denen einer bemerkte, dass »es nie ein Volk gab, das sich so gut auf die Kunst der Verteidigung verstand wie diese Günstlinge des Teufels«.

Man darf dieses Bild einer aufkeimenden Nähe und fast freundschaftlichen Vertrautheit aber auch nicht überzeichnen. Vor Kurzem haben Forscherinnen und Forscher eine faszinierende lateinische Überblicksliste der von Saladin in Akkon zusammengezogenen Truppen ausgegraben, die wahrscheinlich während der Belagerung entstand. Dieses Dokument, eine Mischung aus zusammengestückelten Wissensfetzen und Animositäten, bietet genaue Details zu den Eigenheiten und zur Bewaffnung der einzelnen muslimischen Abteilungen, und das Ganze ist durchgängig gespickt mit Diffamierungen und freier Erfindung. Es heißt da, dass Araber ihre Ohren »beschneiden« würden, während Türken angeblich – durchaus im Einklang mit den Vorschriften des Propheten Mohammed – in Homosexualität und Sodomie schwelgten.

Auch die informellen »Umgangsregeln«, die sich allmählich zwischen den feindlichen Reihen herausbildeten, wurden hin und wieder überschritten. Es scheint eine stillschweigende Übereinkunft gegeben zu haben, dass Männer, die den Schutz ihres Lagers verließen, um sich zu erleichtern, nicht angegriffen wurden. Daher waren die Kreuzfahrer empört, als bei einer Gelegenheit »ein Ritter, der tat, was jeder tun muss [...], am Boden kauerte« und ein berittener Türke aus der gegnerischen Reihe ausbrach, um ihn mit seiner Lanze zu durchbohren. Der Ritter selbst merkte nichts von der Gefahr, die da auf ihn zukam, aber er wurde gerade noch rechtzeitig durch Rufe aus den eigenen Reihen gewarnt: »Rennt, Sir, rennt!« Er »erhob sich mit Mühe [...], nachdem er sein Geschäft beendet hatte«, konnte knapp dem ersten Angriff ausweichen, und schaffte es, als er den Feind unbewaffnet vor sich hatte, ihn mit einem gut gezielten Steinwurf niederzustrecken.[16]

Kriegssturm

Als der Frühling, »die heitere Jahreszeit«, begann, brachen auch die offenen Kriegshandlungen wieder aus. Ende März 1190, kurz nach Ostern, traf die Nachricht in Akkon ein, dass sich von Tyros aus 50 Schiffe näherten. Im Lauf des Winters hatte sich Konrad halbherzig auf eine Versöhnung mit Guido eingelassen, er wurde zu einem »Vertrauten des Königs« ernannt und erhielt dafür Tyros, Beirut und Sidon zugesprochen. Die Flotte, die er nun Richtung Süden steuerte, sollte die Herrschaft der Christen über die Mittelmeerküste wiederherstellen, um die Verbindung der Kreuzfahrer mit der Außenwelt aufrechtzuerhalten. Saladin konnte es sich nicht leisten, diesen Kampf zu verlieren, denn die besten Chancen, in Akkon einen Sieg zu erringen, hatte er wohl dann, wenn es ihm gelang, die fränkischen Belagerer zu isolieren. Er beschloss, den Schiffen aus Tyros mit allen Mitteln Widerstand zu leisten, und eröffnete damit eine der spektakulärsten Seeschlachten des 12. Jahrhunderts.

Kampf zur See

Als die lateinische Flotte, vom Nordwind längs der Küste südwärts getrieben, in Sicht kam, verließen ungefähr 50 Schiffe Saladins den Hafen von Akkon; sie segelten paarweise nebeneinander, und ihre grünen und goldenen Standarten flatterten im Wind. Die Franken besaßen vor allem zwei Schiffstypen: »lange, schmale, niedrige« Galeeren, auf denen Rammböcke befestigt waren; diese hatten zwei Ruderreihen (eine unter und eine auf Deck); und »Galioten«, kürzere, leichter zu steuernde Kriegsschiffe mit nur einer Ruderreihe. Als die Flotte näher kam, wurden auf Deck die Schilde hochgenommen, und die Schiffe der Christen formierten sich zu einem v-förmigen Keil, dessen Spitze die Galioten bildeten. Von beiden Seiten erklang eine schrille Kakofonie von Schlachttrompeten, dann trafen die beiden Flotten aufeinander, und die Schlacht begann.

Im Jahr 1190 war die Technik der Seeschlacht noch nicht sehr weit entwickelt. Größere Schiffe waren vielleicht in der Lage, die feindlichen Galeeren zu rammen und zu versenken, aber in der Regel wurden Nahkämpfe ausgetragen: Man schleuderte Wurfgeschosse auf kurze Distanz und versuchte, das gegnerische Schiff mit Haken beizuziehen und zu entern. Den ärgsten Schrecken verbreitete das griechische Feuer unter den Seeleuten, denn es konnte mit Wasser nicht gelöscht werden, und in dieser Schlacht verfügten beide Seiten über diese Waffe. Eine fränkische Galiote wurde mit griechischem Feuer bombardiert und geentert, die Besatzung sah sich voller Entsetzen gezwungen, ins Meer zu springen. Eine kleine Gruppe von Rittern, beschwert mit ihren mächtigen Rüstungen und des Schwimmens ohnehin unkundig, hielt die Stellung »in nackter Verzweiflung« und schaffte es, die Kontrolle über das bereits halb ausgebrannte Schiff zurückzuerobern. Schlussendlich war keiner Seite ein klarer Sieg bestimmt, aber die muslimische Flotte erwischte es wohl am schlimmsten, weil sie gezwungen war, sich hinter die Hafenkette von Akkon zurückzuziehen. Eine ihrer Galioten wurde an Land gedrängt und geplündert, die Besatzung an den Strand gezerrt und alle bis auf den letzten Mann von einer gnadenlosen Rotte Messer schwingender lateinischer Frauen niedergemetzelt und geköpft. In einer makabren Randbemerkung schrieb ein Kreuzfahrer später, dass »die körperliche Schwäche der Frauen die Todesqual verlängerte«, weil sie länger brauchten, um ihre Feinde zu enthaupten.

Mit dieser Schlacht verlor Saladin für den Rest des Jahres 1190 die Herrschaft über das Meer. Die Kreuzfahrer konnten nun die Gewässer um Akkon herum überwachen, sie trieben die restlichen Schiffe des Sultans im Hafen zusammen und unterbanden sämtliche Versuche, die Garnison der Stadt mit Nahrungs- und Materiallieferungen zu versorgen. In den nächsten sechs Monaten waren Akkons Bewohner ständig von Hungersnöten bedroht. Gegen Ende des Frühjahrs waren ihre Vorräte erschöpft, und sie waren gezwungen, »ihre Tiere vollständig auf[zu]essen, mit den Hufen, den Innereien, Hals und Kopf«; alte oder schwache Gefangene wurden vertrieben (die Jungen behielt man zum Beladen der Katapulte). Saladin versuchte – mit unterschiedlichem Erfolg – immer wieder, die Seeblockade zu durchbrechen. Mitte Juni gelang es einer Flotte aus 25 Schiffen, sich den Weg freizukämpfen. Gegen Ende August ließ der Sultan ein riesiges Transportschiff mit 400 Säcken Weizen, mit Käse, Mais, Zwiebeln und Schafen beladen. Um die Blockade passieren zu können, wurde es in Beirut als gegnerisches Schiff getarnt. Die Männer der Besatzung »waren gekleidet wie Franken, sie rasierten sogar ihre Bärte«; auf dem Deck wurden gut sichtbar Schweine platziert und Kreuze geschwenkt. Die Kreuzfahrer fielen auf den Trick herein, und das Schiff konnte seine gefahrvolle Reise erfolgreich beenden.

Für eine Stadt, die ständig versorgt werden musste, waren das allerdings nur bescheidene Erfolge. Anfang September konnte Qaragush einen Brief an Saladin aus der Stadt herausschmuggeln lassen, in dem er den Sultan informierte, dass es in zwei Wochen in Akkon nichts mehr zu essen geben werde. Saladin war so beunruhigt, dass er die Botschaft aus Angst, die Kampfmoral in seinem Heer könnte zu sehr darunter leiden, für sich behielt. Drei Proviantschiffe mit Weizen wurden aus Ägypten erwartet, aber aufgrund widriger Winde trafen sie nicht rechtzeitig ein. Baha ad-Din schildert, wie Saladin am 17. September am Ufer stand »mit gequältem Herzen […] wie eine um ihre Kinder besorgte Mutter« und zuschaute, wie die Schiffe sich endlich an der Küste entlang in Richtung Akkon bewegten; er wusste genau, dass es aus war mit der Stadt, wenn die Schiffe nicht durchkamen. Nach heftigen Gefechten »langten die Schiffe sicher im Hafen an, und sie wurden empfangen wie Regen nach einer langen Trockenzeit«.[17]

Ein Lichtblick in dieser Mühsal war der Umstand, dass es den Kreuzfahrern nicht gelang, den inneren Hafen von Akkon einzunehmen. Hätten sie das geschafft, wäre die Stellung der Garnison wohl nicht lange zu halten gewesen. Im Spätsommer 1190 unternahmen die Franken einen gezielten Angriff auf den Fliegenturm, die Festungsanlage auf einem Felsen in der Bucht von Akkon; sie wachte über die Kette, mit der das Hafenbecken abgesperrt war. Die Franken rüsteten zwei oder drei Schiffe um zu einer Art schwimmender Belagerungstürme, doch ihr Anschlag wurde vereitelt, die Schiffe verbrannten unter dem Beschuss mit griechischem Feuer.

Mit Ausnahme dieser einen Attacke unternahmen die Franken vom Meer aus keinen Angriff auf Akkon; eigentlich war der Kampf um die Kontrolle der Seewege aus ihrer Sicht nur ein Ableger und eine Ergänzung ihrer Belagerung zu Land. Die Kreuzfahrer blieben auf die Unterstützung vom Meer her angewiesen, nur so erhielten sie Verstärkung, Vorräte und Material, und die Seeblockade von Akkon erweiterte ihre Belagerung sicherlich um ein wichtiges Element der Zermürbungstaktik, aber ihre Gesamtstrategie im Jahr 1190 beruhte überwiegend auf den kriegerischen Aktivitäten an Land.

Der Kampf an Land

Hier fiel der eigentliche Beginn der Kampfsaison auf Ende April, Anfang Mai 1190. Im Frühjahr rief Saladin seine Truppen aus Syrien und Mesopotamien zurück. Am 25. April verlegte er zusammen mit seinem Sohn al-Afdal sein Lager wieder an die Frontlinie bei Tell Kaisan. In den nächsten beiden Monaten erhielten sie Verstärkung aus Aleppo, Harran und Mosul.[18]

Natürlich kamen gleichzeitig auch im Lager der Kreuzfahrer neue Rekruten an, darunter eine umfangreiche Vorausabteilung aus den Heeren der Könige von Frankreich und von England. Der wichtigste Mann dieser Gruppe war Heinrich II. von Champagne, Graf von Troyes, ein Neffe sowohl Richards I. als auch Philipps II. August. Heinrich erreichte Akkon im August, begleitet von seinen Onkeln: Theobald V., Graf von Blois, und Stephan, Graf von Sancerre; er brachte 10 000 Kämpfer mit und übernahm unverzüglich das militärische Oberkommando für die Belagerung. Eine große Gruppe englischer Kreuzfahrer traf Ende September ein, angeführt wurde sie von Erzbischof Balduin von Canterbury, von dem vortrefflichen Hubert Walter, Bischof von Salisbury, und von Huberts Onkel, Ranulf von Glanville; er hatte früher zum engsten Beraterkreis Heinrichs II. gehört.

Trotz des weiteren Zustroms von Kreuzfahrern aus dem Westen hätte Saladin in der langen Kampfsaison des Jahres 1190 eigentlich über so viele Männer verfügen müssen, dass er den christlichen Belagerern ebenbürtig, wenn nicht gar überlegen gewesen wäre. Ein Faktor schränkte jedoch seinen Handlungsspielraum empfindlich ein: die zu erwartende Ankunft der deutschen Kreuzfahrer. Schon im Herbst 1189 hatte Saladin erfahren, dass Kaiser Friedrich Barbarossa an der Spitze einer Viertelmillion Kreuzfahrer ins Heilige Land unterwegs war – Nachrichten, die natürlich »den Sultan sehr beunruhigten und ihn mit großer Sorge erfüllten«. Die Bedrohung durch solch ein Riesenheer war der Grund, warum der Sultan von April bis September nie seine gesamten militärischen Ressourcen und seine strategischen Überlegungen ausschließlich auf Akkon konzentrieren konnte. Er war überzeugt, die kaiserlichen Truppen würden sich wie eine unaufhaltsame Flutwelle durch Syrien und den Libanon wälzen, und bereitete sich auf einen schwierigen Zweifrontenkrieg vor. Praktisch unmittelbar nachdem die Truppen des Sultans in Akkon eingetroffen waren, schickte er sie auch schon wieder weg, damit sie im Norden des Landes die Verteidigungslinien verstärkten. Ortschaften im Landesinnern erhielten die Anweisung, für den Belagerungsfall ihre Ernten einzulagern, und entlang der Küste sollten Städte wie Latakia und Beirut, die keine Chance hatten, dem Kaiser Widerstand zu leisten, ihre Mauern schleifen, damit sie nicht in lateinische Festungen verwandelt werden konnten. Diese Maßnahmen waren unter strategischen Gesichtspunkten vollkommen sinnvoll – doch sie hatten, indem sie eine massive Umverteilung der Ressourcen erforderlich machten, die Nebenwirkung, dass sie die Anstrengungen der Muslime in Akkon empfindlich einschränkten.[19]

Solcherart geschwächt und abgelenkt blieb dem Sultan nichts anderes übrig, als die Verteidigung von Akkon seinerseits eher defensiv anzugehen. Er konnte hoffen, die fränkischen Versuche einer Einnahme der Stadt zu vereiteln, aber irgendwelche Pläne, die Belagerer konzentriert anzugreifen und zu vernichten, mussten wieder aufgegeben werden. Anfang Mai hatte der Sultan die Front wieder aufgestellt, mit der er die Kreuzfahrer zwischen seinem Heer und den Mauern von Akkon einschloss. So konnte er auf Angriffe der Christen auf die Stadt immer sehr direkt mit Gegenangriffen reagieren und zwang seinerseits den Kreuzfahrern einen kräftezehrenden Zweifrontenkrieg auf. Gleichzeitig versuchte er, mit Qaragush und seiner Garnison in Kontakt zu bleiben, aber das war schwierig, weil die Stadt sowohl vom Land wie vom Meer her blockiert wurde. Brieftauben gehörten zu den wichtigsten Vermittlern im Kommunikations- und Spionagenetz, das das ausgedehnte ajjubidische Reich überspannte, doch in Akkon scheinen sie nur eine begrenzte Rolle gespielt zu haben, wahrscheinlich, weil sie ein zu einfaches Ziel für feindliche Bogenschützen abgaben. Saladin stützte sich daher hier vorwiegend auf eine Gruppe geschickter, mutiger Kuriere, die im Schutz der Dunkelheit versuchten, schwimmend Akkons inneren Hafen zu erreichen. In Taschen aus Otterhaut führten sie Briefe, Geld, ja sogar Behälter mit griechischem Feuer mit sich. Aber das war ein gefährlicher Auftrag. Es gab einen erfahrenen Schwimmer namens Isa, der in der Lage war, »unter einem feindlichen Schiff hindurchzutauchen und an der anderen Seite wieder hochzukommen«. Isa verschwand bei einem Einsatz und wurde wenige Tage später tot im Hafen angespült, und die Dinge, die er überbringen sollte – Nachrichten und Gold –, waren noch immer fest um seine Hüften geschlungen.[20]

Im Jahr 1190 hatte Saladin es ganz überwiegend mit einem Feind zu tun, der nur ein Ziel kannte: die Überwindung von Akkons Verteidigungsanlagen auf dem Festland. Die Franken hatten nicht einen ausschließlichen, von allen anerkannten Anführer; das Oberkommando wechselte vielmehr zwischen König Guido, Jakob von Avesnes und Heinrich von Champagne, weshalb ihren Angriffen teilweise die klare Linie fehlte. Dennoch stellten sie eine ernst zu nehmende Bedrohung dar. Die Franken verfolgten eine aggressive Belagerungsstrategie, sie versuchten, die Stadtmauern durch eine Kombination von Steinwürfen, Erstürmung über Leitern und Unterminieren der Mauern zu Fall zu bringen. Im Winter hatten sie mehrere Katapulte gebaut, nun hagelten fast täglich Steingeschosse auf die Mauern ein. Die Maschinen der Franken scheinen keine besondere Durchschlagskraft gehabt zu haben, richtig massive Felsbrocken konnten mit ihnen nicht geschleudert werden; wahrscheinlich sollten mit den Angriffen auch nicht nur die Stadtmauern durchlöchert, sondern auch die Wachen der muslimischen Garnison drangsaliert und verletzt werden. Natürlich gingen die Angriffe nicht nur von den Franken aus. Innerhalb der Stadt verfügte auch Qaragush über ein Arsenal an schweren Waffen, mit dem er die Belagerungsmaschinen der Kreuzfahrer – häufig sehr erfolgreich – zu zerstören versuchte. Ein Katapult soll besonders durchschlagskräftig gewesen sein; es hieß, es könne Steine mit solcher Wucht schleudern, dass sie sich beim Aufprall 30 Zentimeter tief in den Boden bohrten.

Die landseitigen Mauern Akkons waren von einem trockenen Festungsgraben umgeben, der Angreifer aufhalten und vor allem verhindern sollte, dass der Feind sich den Stadtmauern mit Belagerungstürmen näherte. Die Kreuzfahrer nahmen ungeheure Strapazen auf sich, um den Graben stellenweise mit Geröll und Steinen aufzufüllen; zum Teil wurden sie dabei gedeckt durch die eigenen Katapulte, die gleichzeitig die Mauern beschossen. Die Garnison bemühte sich nach Kräften, diese Anstrengungen zu vereiteln, indem sie die Arbeiter mit Pfeilen überschüttete, doch das konnte sie nicht aufhalten. Es gab sogar eine fränkische Frau, die, als sie beim Steintransport tödlich verwundet wurde, verlangte, man solle auch ihre Leiche als Auffüllmaterial in den Graben werfen. Anfang Mai 1190 war zum großen Entsetzen der Muslime tatsächlich ein Zugang zum Fuß der Mauern entstanden.

Nun breitete sich Panik aus. Wochenlang hatten Qaragush und Saladin im Lager der Kreuzfahrer fieberhafte Bautätigkeit beobachtet: Drei riesige Belagerungsmaschinen wuchsen langsam in die Höhe, bis auf eine Größe von ungefähr 20 Metern. Sie waren aus Holz hergestellt, das man eigens aus Europa herangeschafft hatte; die dreistöckigen, auf Rädern befestigten Giganten waren mit essiggetränktem Leder bezogen, um das griechische Feuer abzuwehren, und mit einem Netzwerk aus Seilen überspannt, um den Einschlag der Katapultgeschosse abzudämpfen. Ein muslimischer Augenzeuge schrieb, dass die Türme sich über den Wehrmauern von Akkon »wie Berge« erhoben. Dieser Anblick versetzte die Muslime in Furcht. In Saladins Lager »glaubte keiner mehr an die Rettung der Stadt, und die Stimmung bei den Verteidigern war äußerst niedergeschlagen«, während in Akkon »Qaragush vor Angst ganz außer sich war« und sich auf Kapitulationsverhandlungen vorbereitete. Ein Schwimmer wurde losgeschickt, um dem Sultan zu melden, dass der Zusammenbruch unmittelbar bevorstand, und Saladin antwortete sofort mit einem Gegenangriff. Zugleich begann die Garnison, die Türme, als sie nah genug herangerückt waren, mit griechischem Feuer zu bewerfen, doch nichts vermochte ihr Näherkommen aufzuhalten.

Es war ein junger Schmied aus Damaskus – sein Name ist nicht überliefert –, der die Situation rettete. Die Eigenschaften des griechischen Feuers faszinierten ihn, und er hatte eine Variation der Herstellungsformel herausgefunden, die noch intensivere Brenneigenschaften versprach. Qaragush war zunächst skeptisch, stimmte dann jedoch einem Versuch zu, und der Schmied »vermischte die erforderlichen Zutaten in Kupferkesseln mit etwas Naphtha, bis die ganze Mischung aussah wie glühende Kohlen«. Am gleichen Tag hatten die fruchtlosen Versuche der Muslime, das übliche griechische Feuer einzusetzen, bei den Franken schon Freudentänze ausgelöst, und sie überschütteten ihre Gegner mit Hohn und Spott; als jedoch ein Tongefäß mit dieser neuen Mischung einschlug, verstummte ihr Gejohle. »Kaum hatte es sein Ziel erreicht, explodierte es, und das Ganze verwandelte sich in einen einzigen Flammenberg«, so beschrieb ein muslimischer Beobachter die Wirkung. Die beiden anderen Türme ereilte kurz danach dasselbe Schicksal. Für die Kreuzfahrer auf den oberen Etagen gab es kein Entkommen, sie starben in der Feuersbrunst; die anderen entflohen, wenn möglich, und mussten mitansehen, wie ihre großen Maschinen »zu Asche verbrannten«. Akkon war, zumindest bis auf Weiteres, gerettet.[21]

In den Monaten danach entwickelte sich der meisterliche Umgang der Muslime mit dieser Feuerwaffe zu einem entscheidenden Faktor in der Auseinandersetzung mit den Franken. Im August, als die Franken ihr Bombardement verschärften, als sie in Schichten Tag und Nacht gegen die Stadt vorgingen und immer durchschlagskräftigere Katapulte bauten, organisierten Qaragush und Abu'l Haija einen Überraschungsangriff: Sie entsandten »Feuerspezialisten«, die die feindlichen Maschinen abfackelten und darüber hinaus noch 70 christliche Ritter töteten. Im September wurde eine massive Steinwurfmaschine, die auf Anweisung Heinrichs von Champagne zum Preis von 1500 Golddinaren gebaut worden war, ebenfalls binnen weniger Minuten zerstört. Dass die Kreuzfahrer eine ganz besondere Abneigung gegen griechisches Feuer entwickelten, ist dabei mehr als verständlich. Deswegen zahlte ein glückloser türkischer Emir auch einen fürchterlichen Preis, als er in einem Handgemenge neben einem fränkischen Belagerungsturm verwundet wurde. Er hatte einen Behälter mit griechischem Feuer bei sich, mit dem er den Turm zerstören wollte, doch jetzt »streckte ihn« ein lateinischer Ritter »zu Boden und leerte den Inhalt des Gefäßes über seinen Geschlechtsteilen aus, sodass sie verbrannten«.[22]

Auch auf andere, hinterhältigere Weise wurden in diesem Sommer Kämpfe ausgetragen. Die Sorge um die Aufrechterhaltung der Stimmung im eigenen Heer und die Anstrengungen, die unternommen wurden, um den Willen des Feindes zu brechen, waren schon seit jeher Hauptbestandteile mittelalterlicher Belagerungsstrategien. Und obwohl in und um Akkon von beiden Seiten nicht gerade ungewöhnlich viele Akte außergewöhnlicher Brutalität oder Barbarei vorkamen, machte die Garnison von Qaragush doch fallweise von solchen Taktiken Gebrauch. Im November 1189 ließ man die Leichen getöteter Lateiner von den Festungsmauern herabhängen, um die Kreuzfahrer in Rage zu bringen. Nun, im Jahr 1190, holten muslimische Soldaten immer wieder einmal Kreuze und Bilder mit christlichen Motiven hinauf in den Wehrgang und setzten sie öffentlicher Schändung aus. Dazu gehörten Stockschläge, Bespeiung und sogar Urinieren, wobei ein Soldat, der Letzteres versuchte, angeblich von einem fränkischen Armbrustschützen in den Unterleib getroffen wurde.

Die Probleme bei jeder länger andauernden Belagerung – Nahrungsmittelknappheit und Seuchen – warfen im Jahr 1190 auch ihre Schatten über Akkon. Hunger und Unzufriedenheit trieben einige ärmere Kreuzfahrer dazu, auf der Suche nach Nahrungsmitteln am 25. Juli einen schlecht organisierten und letztlich nutzlosen Angriff auf Saladins Lager zu unternehmen; mindestens 5000 Männer kamen dabei ums Leben. Während ihre Leichen, umschwirrt von riesigen Fliegenschwärmen, in der Sommerhitze verfaulten, wurde das Leben in beiden Lagern immer unerträglicher, und unaufhaltsam breiteten sich über den Feldern vor Akkon die Seuchen aus.

Wieder ließ Saladin, um das Schlachtfeld zu säubern, die Überreste der toten Kreuzfahrer in den Fluss werfen, womit eine grausige Mischung aus »Blut, Leichen und Fett« den Fluss in Richtung des Lagers der Franken trieb. Die Taktik zeigte Wirkung. Ein Lateiner beschrieb, wie »nicht wenige Kreuzfahrer, kurz nachdem die Leichen angetrieben wurden, starben: an der verpesteten Luft, die durch den Gestank der Leichen vergiftet war, erschöpft von den angstvollen Nächten auf Wache und zermürbt von anderen Härten und Bedrängnissen«. Die tödliche Mischung aus schlechter Ernährung und entsetzlichen sanitären Bedingungen machte den Leuten im Lager für die noch verbleibenden Wochen der Kampfsaison das Leben schwer, und die Sterblichkeit schnellte in die Höhe. Es waren natürlich vor allem die Armen, die starben, doch auch der Adel blieb nicht verschont: Theobald von Blois »überlebte nicht mehr als drei Monate«, sein Landsmann Stephan von Sancerre »kam und starb ohne Beistand«. Ranulf von Glanville überlebte lediglich drei Wochen. Akkon wurde schnell zum Friedhof der Edlen Europas.[23]

Das Schicksal des deutschen Kreuzzugs

Andernorts sollte ein weiterer Todesfall den Verlauf des Kreuzzugs entscheidend verändern. Ende März 1190 hatte Kaiser Friedrich Barbarossa mit den Byzantinern Vereinbarungen getroffen und führte daraufhin den deutschen Kreuzzug über den Hellespont nach Kleinasien. Die Deutschen stießen in südöstlicher Richtung durch griechisches Territorium vor und zogen Ende April durch das türkische Anatolien. Interne Machtkämpfe innerhalb des seldschukischen Sultanats von Konya hatten zur Folge, dass frühere Versuche des Kaisers, einen sicheren Durchzug durch Syrien auszuhandeln, vor Ort kaum Wirkung zeigten, und bald trafen die

Kreuzfahrer auf den vereinten Widerstand der Muslime. Trotz Nahrungsmittelknappheit gelang es dem Kaiser, die Disziplin unter seinen Truppen aufrechtzuerhalten – in muslimischen Quellen wird erwähnt, dass er drohte, jedem Kreuzfahrer die Kehle durchzuschneiden, der es wagte, sich den Befehlen zu widersetzen –, und die Marschkolonne rückte weiter vor. Am 14. Mai wurde ein größerer Angriff der Türken zurückgeschlagen, und Friedrich Barbarossa zog weiter zu einem Angriff auf Konya selbst. Er besetzte die Unterstadt der seldschukischen Hauptstadt und zwang die Türken zu einer vorläufigen Unterwerfung.

Die Durchquerung von Kleinasien war fast bewältigt, und Barbarossa zog in großer Eile nach Süden auf die Küste und das von Christen bewohnte kilikische Armenien zu. Sein Heer hatte beträchtliche Verluste an Männern und Pferden erlitten, doch alles in allem war er äußerst erfolgreich gewesen: Er hatte sich durchgesetzt, wo die Kreuzfahrer in den Jahren 1101 und 1147 gescheitert waren. Dann, als die schlimmsten Prüfungen vorüber zu sein schienen, kam es zur Katastrophe. Auf dem Weg nach Silifke am 10. Juni 1190 beschloss der ungeduldige Kaiser, vor seinen Truppen den Fluss Saleph zu überqueren. Sein Pferd strauchelte in der Mitte des Stromes, und Friedrich wurde abgeworfen – an einem sengend heißen Tag bewirkte das eiskalte Wasser einen Schock, und der deutsche Kaiser, der nicht schwimmen konnte, ertrank. Sein Körper wurde sofort an Land gezogen, doch es war zu spät. Der mächtigste Monarch in Westeuropa, der bedeutendste Herrscher, der je das Kreuz genommen hatte, war tot.

Dieser unerwartete Schicksalsschlag lähmte Lateiner und Muslime gleichermaßen. Ein fränkischer Chronist notiert, dass »der Christenheit durch den Tod [Friedrichs] großer Schaden zugefügt wurde«, während im Irak ein anderer Zeitgenosse frohlockend verkündete, dass »Allah uns von diesem Übel befreit hat«. Im deutschen Kreuzfahrerheer verursachte der Tod des Kaisers eine tiefe Führungskrise, verbunden mit einer ernsthaften Erschütterung des Durchhaltewillens. Der jüngere Sohn des Kaisers, Friedrich von Schwaben, versuchte, die Unternehmung zu retten. Er übernahm das Kommando, ließ die Leiche des verstorbenen Kaisers einbalsamieren und in Tücher hüllen, anschließend brach er an der Spitze des Heeres nach Nordsyrien auf. Unterwegs jedoch »wurden sie von Seuchen heimgesucht, und der Tod raffte viele dahin; die Überlebenden sahen aus, als wären sie gerade ihren Gräbern entstiegen«. Tausende starben, und viele desertierten. In Antiochia wurde ein Teil der sterblichen Überreste Barbarossas in der St.-Petrus-Basilika, neben dem Fundort der Heiligen Lanze, beigesetzt. Seine Gebeine wurden in Wasser gekocht und in einem Beutel verwahrt; man hoffte, sie in Jerusalem beisetzen zu können (sie wurden später in der Kirche St. Maria in Tyros bestattet). Friedrich von Schwaben schleppte sich mit den Resten des deutschen Heeres an der syrischen Küste entlang Richtung Süden, wobei er immer wieder von ajjubidischen Truppen angegriffen wurde, die im Norden Stellung bezogen hatten.[24]

Es ist nicht genau zu rekonstruieren, wann die Nachricht vom Tod des Kaisers den Sultan erreichte – Baha ad-Din gibt an, dass er durch einen Brief Basils von Ani, des Oberhaupts der armenisch-christlichen Kirche, von dem Ereignis in Kenntnis gesetzt wurde, doch ein Datum wird nicht genannt. Natürlich lösten die Neuigkeiten Jubel unter den Muslimen aus. Ein Kreuzfahrer schrieb, dass »in Akkon die Trommeln geschlagen [...] und getanzt wurde«, und berichtet, dass Mitglieder der ajjubidischen Garnison voll Schadenfreude auf die Zinnen stiegen und »immer wieder mit lauter Stimme riefen: [...] ›Euer Kaiser ist ersoffen.‹« Trotzdem entsandte der Sultan noch bis zum 14. Juli 1190 Truppen zur Verteidigung Syriens, und erst im Frühherbst zog er wieder alle seine Streitkräfte in Akkon zusammen. Obwohl also der Tod des Kaisers dem deutschen Kreuzzug schweren Schaden zugefügt hatte, verlor auch Saladin in jenem Sommer entscheidende militärische Ressourcen. Friedrich von Schwaben traf Anfang Oktober 1190 zusammen mit ungefähr 5000 Mann in Akkon ein. Saladin scheint erwartet zu haben, dass die Ankunft der Deutschen trotz ihrer herben Verluste den Belagerern neuen Auftrieb geben würde, aber in Wirklichkeit wurde die Sache der Franken dadurch kaum befördert.[25]

Stillstand

In einer Hinsicht war die Kampfsaison von 1190 für Saladin ein Erfolg. Akkon hatte jeden lateinischen Angriff abgewehrt, die Garnison hatte sich sämtlichen fränkischen Experimenten mit neuen Kriegsmaschinen gewachsen gezeigt. Dem Sultan war es, wenn auch mit gewissen Mühen, gelungen, die Nachrichten- und Versorgungskanäle zur Stadt offen zu halten, während seine eigenen Truppen die belagernden Kreuzfahrer drangsalierten und ablenkten. Nach zwölf Monaten Belagerung war Akkon noch immer nicht bezwungen.

Betrachtet man aber die Lage in einem größeren Zusammenhang, so war Saladin gescheitert. Er war gezwungen, seine Truppen aufzuteilen, um sich der vorweggenommenen Bedrohung durch den deutschen Kreuzzug in den Weg zu stellen, daher hatte er nicht genügend Truppen, um in Akkon die Initiative zu ergreifen. Wenn ihm seine gesamte Streitmacht zur Verfügung gestanden hätte, hätte er in jenem Sommer einen konzentrierten Angriff auf die fränkischen Stellungen unternehmen und danach die Kreuzfahrer aus Palästina vertreiben können. Als Saladin seine Truppen Anfang Oktober wieder in Akkon zusammengezogen hatte, scheint er jedoch zu dem Schluss gekommen zu sein, dass zumindest für den Augenblick die Gelegenheit zu einem forcierten Vorgehen verpasst war. Die Lage wurde noch erschwert durch den Ausbruch eines »Brechfiebers«, weshalb Saladin Mitte Oktober sein Heer in ein ungefähr 15 Kilometer südöstlich gelegenes Winterlager bei Saffaram zurückzog. Damit war die Kampfsaison effektiv beendet. Saladins Optimismus war merklich gedämpft: Er ordnete die Schleifung von Cäsarea, Arsuf und Jaffa an – der Schlüsselhäfen südlich von Akkon – und befahl sogar den Abbruch der Mauern von Tiberias. In den folgenden Monaten hatte Saladin große Mühe, sein Heer zusammenzuhalten. Einige, wie etwa die Herren von Dschazirat und Sindschar, baten wiederholt, in ihre Länder zurückkehren zu dürfen; andere, darunter Kukburi, erhielten den Auftrag, sich um die vernachlässigten Interessen des Sultans in Mesopotamien zu kümmern, standen also für den Dschihad nicht mehr zur Verfügung.[26]

Saladin zog sich genau wie im Jahr zuvor von der Front zurück und verließ sich wieder darauf, dass die unbarmherzige Natur den Feind entscheidend schwächen würde; er konnte abwarten, ob die Kreuzfahrer noch einen zweiten Winter in der Bedrängnis ihrer Belagerungsposition vor Akkon durchhalten würden. Es dauerte nicht lang, bis der Wechsel der Jahreszeiten sein grimmiges Gesicht zeigte. Wie schon im Jahr zuvor endete mit dem Herbst auch die Möglichkeit, zu Schiff längere Strecken zurückzulegen, womit das fränkische Heer faktisch wieder isoliert war. Schon im November wurden im Lager der Kreuzfahrer die Lebensmittel knapp, was sie zu einem Beutezug zur Nahrungsbeschaffung in Richtung Süden nach Haifa veranlasste, doch schon nach zwei Tagen waren sie zurückgeschlagen.

Torturen

Ende November entließ Saladin sein Heer endlich in die Winterpause; wieder blieb er selbst mit nur einer kleinen Streitmacht zurück, um die Situation in Akkon im Auge zu behalten, während »das Meer stürmisch wurde und unablässig heftiger Regen fiel«. Für die Muslime waren die folgenden Monate viel unwirtlicher und beschwerlicher als der Winter zuvor. Die Garnison der Stadt verriet Anzeichen von Schwäche, aber auch Saladin und seine Truppen waren erschöpft und verdrossen. Der Nachschub traf nicht mehr regelmäßig ein, die Nahrungsmittel wurden knapp, und es wurden auch nicht genügend Waffen nachgeliefert; außerdem gab es für die vielen Kranken zu wenige Ärzte. »Der Islam bittet um Eure Unterstützung«, schrieb der Sultan in einem flehentlichen Brief an den Kalifen, »wie ein Ertrinkender, der um Hilfe ruft.« Und dabei waren diese Probleme lediglich ein blasser Widerschein der Qualen, unter denen die Kreuzfahrer litten. Ein muslimischer Augenzeuge bestätigte: »Die Ebene [vor Akkon] wurde zu einem äußerst ungesunden Ort« und »das Meer war ihnen verschlossen«, deshalb »war die Sterblichkeit unter den Feinden sehr hoch«; 100–200 Männer starben täglich.

Schon für Außenstehende waren die Leiden der Lateiner offensichtlich, aber die Innenperspektive auf das Lager der Christen war noch um einiges schlimmer. Die Kreuzfahrer waren völlig von der Außenwelt abgeschnitten, die Nahrungsvorräte waren also irgendwann erschöpft. Ende Dezember zogen die Männer »edlen Pferden« die Haut ab und aßen mit Genuss ihr Fleisch und ihre Eingeweide. Als der Hunger schlimmer wurde, schrieb ein Kreuzfahrer, dass es etliche gab,

> die wegen des Hungers ihr gesamtes Schamgefühl verloren hatten; sie ernährten sich vor aller Augen von unsäglicher Nahrung, die sie gerade fanden, egal, wie schmutzig sie war, Dinge, von denen man nicht sprechen sollte. Ihre entsetzlichen Mäuler verschlangen, was Menschen nicht essen dürfen, als wäre es eine Köstlichkeit.

Möglicherweise deutet das auf Ausbrüche von Kannibalismus hin.

Geschwächt durch den Hunger, wurden die Franken von Krankheiten wie Skorbut und einer üblen Entzündung des Mund- und Rachenraums heimgesucht:

> Eine Krankheit befiel das Heer […] infolge von unablässigen Regengüssen, sodass das ganze Heer halb ertrunken war. Jeder hustete und sprach heiser; ihre Beine und Gesichter schwollen an. An einem Tag lagen tausend [Männer auf] Bahren; ihre Gesichter waren derart angeschwollen, dass ihnen die Zähne aus dem Mund fielen.

Die Sterblichkeit erreichte eine Höhe, wie sie seit der Belagerung von Antiochia durch die ersten Kreuzfahrer nicht mehr vorgekommen war. Tausende starben, darunter große Herren wie der Erzbischof Balduin von Canterbury, Theobald von Blois und sogar Friedrich von Schwaben. In diesen düsteren Wintertagen brach die Widerstandskraft der Christen zusammen. Ein Kreuzfahrer schrieb, dass »nichts der Raserei gleichkommt, die aus dem Hunger geboren wird«, und er beobachtete, dass inmitten dieses Grauens Wut und Verzweiflung dazu führten, dass viele von ihrem Glauben abfielen und desertierten. »Viele unserer Leute liefen zu den Türken über und schworen ihrem Glauben ab«, schrieb er, »sie leugneten Christus, das Kreuz und die Taufe – einfach alles.« Als Saladin diese Überläufer empfing, dürfte er wohl gehofft haben, dass die Belagerung von Akkon sich bald von allein erledigen werde.

Aber die Kreuzfahrer ließen nicht locker. Einige verlegten sich darauf, »wie Tiere« Gras und Kräuter zu essen, andere nahmen die fremdartigen »Carob-Bohnen«, die Früchte des Johannisbrotbaums, zu sich, die sie »sehr süß zu essen« fanden. Hubert Walter, der Bischof von Salisbury, spielte bei den Bemühungen, wenigstens noch einen Anschein von Ordnung in dem von Chaos bedrohten Lager aufrechtzuerhalten, eine Hauptrolle: So organisierte er etwa mildtätige Sammlungen unter den Reichen, damit auch an die Armen Nahrung verteilt werden konnte. Als etliche hungrige Kreuzfahrer sündigten, indem sie während der Fastenzeit das wenige Fleisch aßen, das sie fanden, legte ihnen Hubert eine Buße auf – drei Backenstreiche mit einem Stock, die der Bischof selbst ausführte, »allerdings keine schweren Schläge«, denn er »züchtigte wie ein Vater«. Schließlich traf Ende Februar oder Anfang März das erste kleine Versorgungsschiff mit Weizen ein, das begeistert begrüßt wurde, und als der Frühling kam, war die Nahrungskrise vorüber. Die Franken waren durch eine Hölle aus Tod und Elend gegangen, und noch immer bevölkerten sie die Ebene vor den Mauern Akkons.[27]

Für den Islam kam die Hartnäckigkeit der Kreuzfahrer einer Katastrophe gleich. Wie schon im Jahr zuvor bemühte sich Saladin während des Winters, Akkons Stellung zu festigen und zu stärken, allerdings diesmal mit wesentlich weniger Erfolg. Al-Adil wurde entsandt, ein Vorratslager in Haifa anzulegen, von wo aus Nachschub aus Ägypten an der Küste entlang nach Norden in die Garnison transportiert werden konnte. Am 31. Dezember 1190 liefen sieben voll beladene Transportschiffe im Hafen von Akkon ein, aber sie wurden an den Felsen zerschmettert und von der tückischen See verschlungen. Die gesamte Ladung an Nahrung, Waffen und Geld, mit der die Stadt auf Monate hinaus hätte versorgt werden können, war verloren. Am 5. Januar 1191 brach während schwerer Regenfälle eine Außenmauer von Akkon zusammen, und die Stadt stand plötzlich schutzlos offen gegen mögliche Angriffe. Die von Hunger und Seuchen gequälten Kreuzfahrer waren außerstande, diese Situation auszunutzen, und Saladins Männer füllten die Bresche umgehend wieder auf, doch insgesamt waren es böse Vorzeichen für den Islam. Die unguten Vorahnungen des Sultans häuften sich, und er war bemüht, die Verteidigungssituation in Akkon zu verbessern. Abu'l Haija der Dicke wurde seines Amtes als militärischer Oberbefehlshaber des Hafens am 13. Februar enthoben und durch al-Mashtub ersetzt, während Qaragush als Statthalter im Amt blieb. Auch die erschöpften Truppen der Garnison wurden ersetzt, was allerdings Saladins Sekretär Imad ed-Din später kritisierte: Er gibt an, dass eine große Truppe von 20 000 Mann und 60 Emiren gegen lediglich 20 Emire und wesentlich weniger Männer ausgetauscht wurde, weil Saladin nur Freiwillige als Garnison in die Stadt schicken wollte.

Die Niedergeschlagenheit des Sultans wird in einem Brief offensichtlich, den er im selben Monat an den Kalifen schreiben ließ. Darin sprach er warnend von der Möglichkeit, dass der Papst an der Spitze der Kreuzfahrer kommen könnte, und er beklagte, dass die Anführer von muslimischen Truppen, die aus den entfernteren Regionen des Vorderen Orients zusammengezogen wurden, gleich bei ihrer Ankunft in Akkon wissen wollten, wann sie wieder gehen könnten. Gleichzeitig nahmen die Probleme wegen der großen Ausdehnung seines Herrschaftsgebiets zu, während er selbst im Kampf um Akkon festgehalten wurde. Im März gab Saladin endlich widerwillig Taqi ad-Dins wiederholten Bitten statt, zum Herrscher über die Städte Harran und Edessa im Nordosten ernannt zu werden. Der Sultan konnte schlecht auf den Beistand seines Neffen im Dschihad verzichten, aber er brauchte auch jemanden, der die Kontrolle über die Region am oberen Euphrat in der Hand behielt, andernfalls riskierte er den Zerfall seines Reiches.[28]

Im April 1191 schien es für Saladin und Akkon kaum mehr Hoffnung zu geben. Eineinhalb Jahre lang hatte die Belagerung der Stadt durch die Kreuzfahrer den Sultan praktisch zur Unbeweglichkeit verurteilt; es war ihm nicht möglich gewesen, seine Siege von 1187 zu nutzen, und eine defensive Strategie wurde ihm geradezu aufgezwungen. Er hatte versucht, die Flutwelle rachedurstiger Kreuzfahrer abzuwehren, die aus Westeuropa an die Küsten Palästinas anbrandete, und er war gescheitert. Der plötzliche Tod Friedrich Barbarossas im Juni 1190 war zwar ein höchst willkommener Zwischenfall gewesen, aber in Akkon selbst, angesichts eines offensichtlich unbezwingbaren fränkischen Feindes, war Saladin vom Glück entschieden weniger begünstigt. Akkon hielt zwar stand, aber dasselbe galt für das Heer der lateinischen Belagerer. Die Kreuzfahrer waren niedergestreckt, aber nicht vernichtet, und sie hatten eine gewaltige kriegerische Leistung vollbracht: Tief in feindlichem Gebiet hatten sie eine Belagerung durchgehalten, während sie gleichzeitig selbst von den Truppen des Feindes bedrängt wurden.

Einen wichtigen positiven Aspekt hatte Saladins Umgang mit dem titanischen Kampf vor Akkon. Zum ersten Mal im Krieg um das Heilige Land war er einer langwierigen militärischen Konfrontation nicht ausgewichen, er hatte vielmehr über eineinhalb Jahre hinweg und zwei bittere Winter lang eiserne Willenskraft bewiesen. Doch trotz aller Widrigkeiten, denen der Sultan sich gegenübersah, verdient seine Unfähigkeit, die Christen zwischen 1189 und 1191 zu vernichten, herbste Kritik. Denn er muss gewusst haben, dass die ganze fränkische Streitmacht, die sich vor Akkon zusammengefunden hatte, und die gesamte Waffengewalt, die gegen Akkons Mauern gerichtet wurde, nur ein harmloses Rumoren vor dem eigentlichen Erdbeben war, das unweigerlich ausbrechen musste, sobald die Könige von England und Frankreich eintrafen. Trotzdem fehlte ihm die für entschiedenes Handeln notwendige Entschlusskraft und Weitsicht. Nun, da das Einfallstor zum Heiligen Land offen stand, sollte der Islam den Kreuzzugszorn der lateinischen Christenheit mit voller Wucht zu spüren bekommen.

15

Die Ankunft der Könige

Als König Richard I. von England am Morgen des 8. Juni 1191, einem Samstag, auf seinem Schiff an der Küste Palästinas entlang südwärts fuhr, erhielt er einen ersten Eindruck von dem Furcht einflößenden Schauspiel der Belagerung von Akkon. Die Türme und Mauern der Stadt tauchten auf, dann die gedrängten Reihen Zehntausender Kreuzfahrer, die »aus jeder christlichen Nation unter dem Himmel« zusammengekommen waren: »die Blüte der Welt«, die sich um ihre Beute scharte. Schließlich »sah er die Abhänge und Berge, die Täler und Ebenen, auf denen es nur so wimmelte von Türken und Zelten und Männern, deren Herzen erfüllt waren von dem Wunsch, dem Christentum zu schaden«, und mitten unter ihnen Saladin. Dreieinhalb lange Jahre nachdem Richard das Kreuz genommen hatte, war er endlich im Heiligen Land angekommen. Die Franken begrüßten sein Erscheinen mit einer stürmischen Jubelfeier. Ein Mann aus Richards Heer schrieb über die Festlichkeiten jenes Abends:

> Groß war die Freude, und die Nacht war klar. Ich glaube nicht, dass je der Sohn einer Mutter einen solchen Jubel erlebte oder davon gehört hat, wie ihn das Heer über die Anwesenheit des Königs zum Ausdruck brachte. Glocken und Trompeten erklangen. Schöne Lieder und Balladen wurden gesungen. Alle waren voller Hoffnung. Es brannten so viele Feuer und Kerzen, dass es den Türken im gegnerischen Heer so vorkam, als würde das Tal in Flammen stehen.

Im Lager Saladins beschrieb einer der Berater des Sultans, dass

> […] der verfluchte König von England mit gewaltigem Pomp daherkam, an der Spitze von 25 Schiffen voller Männer, Waffen und Vorräte […] er war klug und erfahren, und seine Ankunft löste in den Herzen der Muslime Grauen und Furcht aus.

Da war er: Richard Löwenherz.[1]

Die Reise ins Heilige Land

Richard hatte bereits vor seiner Ankunft im Vorderen Orient einen bedeutenden Sieg errungen. Die Kreuzfahrerheere von Frankreich und England verließen Sizilien im Frühjahr 1191. Philipp II. August segelte am 20. März von Messina ostwärts und traf einen Monat später in der Levante ein. Richard I. dagegen nahm am 10. April mit einer Flotte, die auf mehr als 200 Schiffe angewachsen war, Kurs auf Kreta. Nach drei Tagen jedoch wurden 25 dieser Schiffe von einem Sturm nach Zypern abgetrieben, der Insel, die seit dem Jahr 1184 als unabhängiges griechisches Territorium unter der Herrschaft des byzantinischen Kaisers Isaak Komnenos stand. Auf einem dieser Schiffe reisten auch Johanna, Richards Schwester, und seine Verlobte Berengaria mit. Drei Schiffe erlitten vor der Insel Schiffbruch, und diejenigen, die an Land gingen, wurden von den Einheimischen ausgesprochen feindselig empfangen. Man versuchte sogar, die beiden lateinischen Fürstinnen gefangen zu nehmen, deren Schiff in der Nähe von Limassol an der Südküste vor Anker lag.

Nach seiner Ankunft auf Rhodos um den 22. April erfuhr König Richard von diesen Zwischenfällen und beschloss, Zypern umgehend vom Meer aus anzugreifen, ungeachtet der Tatsache, dass die Insel christliches Territorium und er selbst ein Kreuzfahrer war. Er landete am 5. Mai in einem kühnen Manöver am Strand von Limassol und schlug die Truppen Isaaks schnell zurück. Sie waren gezwungen, sich an die Ostküste nach Famagusta zurückzuziehen. In der anschließenden Kampfpause wurden Richard und Berengaria am 12. Mai in der Kapelle des heiligen Georg in Limassol getraut.

Isaak unterbreitete einige halbherzige Friedensangebote, doch Richard segelte nach Famagusta weiter, besiegte die Griechen auch in einer zweiten Schlacht und machte sich mit bemerkenswerter Effizienz an die Unterwerfung der gesamten Insel. Am 1. Juni ergab sich Isaak und wurde sofort mit eigens angefertigten silbernen Ketten gefesselt (Richard hatte ihm nämlich zuvor versprochen, ihn nicht in Eisen schlagen zu lassen).

Richard begann also seinen Kreuzzug gleich mit einem größeren Sieg, der nur den kleinen Schönheitsfehler hatte, dass er über Mitchristen errungen wurde. Durch die Eroberung Zyperns und die damit verbundenen Ressourcen profitierte das angevinische Heer reichlich. Der König erhob eine 50-prozentige Steuer auf die Bevölkerung von Zypern und verkaufte die Insel wenige Wochen nach seiner Abreise für 100 000 Gold-Bezant an die Templer (allerdings erhielt er von dieser Summe nie mehr als eine erste Anzahlung in Höhe von 40 000 Gold-Bezant). Die Insel diente während des gesamten Kreuzzugs als wertvoller Stützpunkt. Die lateinische Besetzung Zyperns beeinflusste die Geschichte der Kreuzzüge und der Kreuzfahrerstaaten nachhaltig.

Während Richard in Zypern aufgehalten wurde, erreichte ihn eine Gesandtschaft von Guido von Lusignan. Richard war als Graf von Poitou der Feudalherr der Lusignan-Dynastie, und Guido wollte diese Beziehung nun ausnutzen, indem er Richard bat, ihn in seinem Machtkampf gegen Konrad von Montferrat zu unterstützen. Außerdem trafen Neuigkeiten aus Palästina ein, die von Philipp August und seinen Fortschritten vor Akkon berichteten. Ein Kreuzfahrer notierte, dass »der [angevinische] König, als er das hörte, tief aufseufzte [und sagte]: ›Gott möge verhüten, dass Akkon in meiner Abwesenheit eingenommen wird.‹« Richard, zur Eile genötigt, verließ Zypern daher am 5. Juni 1191 und ließ, als er in Syrien an Land ging, Isaak Komnenos in Marqab, einer Burg der Johanniter, internieren. Dann wandte er sich nach Süden, und als ihm die Garnison von Konrad von Montferrat den Einzug in Tyros verweigerte, reiste er zu Schiff weiter und traf am 8. Juni in Akkon ein.[2]

Die Könige greifen ein

Richards Ankunft – ebenso wie die Anwesenheit Philipp Augusts – veränderte die Erfolgsaussichten der Lateiner grundlegend. Das Eintreffen der beiden Monarchen erfüllte den Kreuzzug mit neuem Leben, die Belagerung von Akkon erhielt neuen Schwung und neue Schubkraft; auch die Ressourcen – an Menschen, Geld und Material – wurden gewaltig aufgestockt und ließen ein siegreiches Ende dieser verbissen durchgehaltenen Belagerung in erreichbare Nähe rücken.

Die Ankunft Philipp Augusts

In einem Punkt entsprachen die Gerüchte, die Richard auf Zypern erreichten, der Wahrheit: Philipp August konnte tatsächlich seit seiner Ankunft am 20. April 1191 vor Akkon beträchtliche Fortschritte verzeichnen. Baha ad-Din hielt zwar einerseits fest, dass der König nur mit der relativ überschaubaren Zahl von sechs Schiffen eingetroffen war, doch er vermerkte auch, dass er »ein bedeutender Mann und ein von allen respektierter Anführer [war], einer ihrer großen Könige, dem alle Mitglieder des Heeres gehorchen würden«. Mit ihm kamen viele französische Adlige: so der Kreuzfahrerveteran Graf Philipp von Flandern (der schon am 1. Juni starb) und der stolze, mächtige Graf Hugo von Burgund. Zeitgenössische Autoren, die eher zu den Anhängern Richards gehörten, pflegten die Leistungen des Königs von Frankreich vor Akkon zwar herunterzuspielen; tatsächlich aber machte sich Philipp Augusts Einfluss von Anfang an bemerkbar: Er verstärkte den militärischen Druck auf die Garnison von Akkon und festigte die Stellung der Franken.

Der König wies »seine Armbrust- und Bogenschützen an, ständig zu schießen, damit keiner auch nur seinen Finger über die Mauern der Stadt erheben konnte«; gleichzeitig beaufsichtigte er den Bau von sieben massiven Steinschleudermaschinen und die Verstärkung der Palisaden, die die Gräben der Kreuzfahrer absicherten. Am 30. Mai waren die Katapulte einsatzbereit, und Philipp August begann mit einem derart intensiven Bombardement der Stadt, dass »Steine Nacht und Tag auf [Akkon] regneten« und Saladin zwangen, seine Truppen an die Frontlinie zurückzubeordern. Am 5. Juni traf der Sultan in Tell al-Ayyadiya ein und griff täglich die lateinischen Gräben an. Er hoffte, den schweren Beschuss der Franken zu stören oder zu beenden, doch offenbar waren die französischen Belagerungsmaschinen durch nichts aufzuhalten.

Gleichzeitig bereiteten sich die Kreuzfahrer auf einen frontalen Bodenangriff vor. Sie versuchten erneut, an einzelnen Abschnitten den Festungsgraben der Stadt aufzufüllen, um direkten Zugang zu den Mauern zu gewinnen. Die Franken warfen tote Pferde, ja sogar menschliche Leichen in den Graben, und der muslimischen Garnison fiel die grauenhafte Aufgabe zu, den Graben schneller auszuräumen, als die Franken ihn auffüllen konnten. Ein muslimischer Zeuge beschreibt, dass die Verteidiger sich in drei Gruppen aufteilten: Die erste Gruppe »stieg in den Festungsgraben hinunter und zerstückelte die Leichen der Menschen und Pferde, damit sie wegtransportiert werden konnten«, eine zweite Gruppe schaffte die grausige Last zum Meer, und eine dritte hatte die Aufgabe, Angriffe der Christen abzuwehren. Es hieß, dass eigentlich »kein beherzter Mann« eine so fürchterliche Tätigkeit »aushalten konnte«, aber »trotzdem hielten sie durch«, zumindest fürs Erste.

In einem nur wenig später veröffentlichten profranzösischen Dokument heißt es, dass sich die Dinge deutlich auf einen fränkischen Angriff hin entwickelten, und König Philipp August »hätte ohne Weiteres die Stadt einnehmen können, wenn er es gewollt hätte«, doch habe er beschlossen, Richards Ankunft abzuwarten, damit er sich mit ihm den Sieg teilen konnte. Das mag übertrieben klingen, und Philipp August dürfte zu solcher Großmut wohl auch schwerlich in der Lage gewesen sein; andererseits ist es auch zu einfach, geblendet vom Glanz der Löwenherz-Legende zu vergessen, dass es der Kapetinger und nicht der Anjou war, der als Erster dem dritten Kreuzzug Zuversicht und neues Leben einhauchte.[3]

Richard Löwenherz vor Akkon

Dennoch war es Richards grandiose, dramatische Landung in Akkon am 8. Juni, die die militärische Machtbalance zugunsten der Lateiner verschob. Ein muslimischer Augenzeuge stellte folgenden Vergleich zwischen den beiden christlichen Monarchen an: »Der englische König hatte reiche militärische Erfahrung und war ein unerschrockener Kämpfer, doch in ihren Augen hatte er nicht ganz den königlichen Rang wie der König von Frankreich, obwohl er reicher und als mutiger Kämpfer berühmter war.« Mit Richard Löwenherz trafen im Vorderen Orient viele der mächtigsten Edelleute Englands und der Normandie ein – darunter Robert IV., Earl von Leicester, und Roger von Tosny –, die über ausgedehnte Territorien beiderseits des Ärmelkanals herrschten. Außerdem begleitete ihn ein innerer Kreis von *familiares*, Ritter aus seinem persönlichen Gefolge, mit so unerschrockenen, loyalen Kriegern wie Andreas von Chauvigny.[4]

Richard kam mit mehr Gefolgschaft, ungleich reicheren finanziellen Mitteln und einer viel größeren Seestreitmacht ins Heilige Land als Philipp August. Tatsächlich hatte er an der Spitze der 25 Schiffe, die seiner Flotte als Vorhut voraussegelten, sogar schon seinen ersten militärischen Erfolg gegen Saladin errungen, noch bevor er auch nur einen Fuß auf das levantinische Festland gesetzt hatte. Richard segelte von Tyros aus in südlicher Richtung auf Akkon zu, als er auf der Höhe von Sidon den Weg eines riesigen muslimischen Proviantschiffs kreuzte. Dieses kam aus dem ajjubidischen Beirut, es beförderte sieben Emire, 700 Elitesoldaten, Nahrungsmittel, Waffen und viele Behälter mit griechischem Feuer, außerdem 200 »hochgiftige Schlangen«, die »[die Muslime] auf das Heer [der Christen] loslassen wollten«. Während einer Flaute gelang es Richard, dieses Schiff einzuholen; die muslimische Besatzung versuchte zwar, als Franken verkleidet unbeschadet davonzukommen, doch Richard durchschaute den Trick und griff an. Er stieß auf erbitterten Widerstand, und da es nicht gelang, das Schiff zu entern und unversehrt zu übernehmen, ließ Richard es versenken, damit die kostbare Last nicht bei den Feinden ankam. Für den demoralisierenden Effekt seines Sieges sorgte Richard, indem er einen einzigen Gefangenen verstümmeln ließ und mit der Nachricht von der Katastrophe nach Akkon schickte.

Als Richard am Ort der Belagerung eintraf, schlug er sein Lager im Norden der Stadt auf; Philipp August hatte eine Stellung östlich der Stadt bezogen. Umgehend begann Richard, die Lage zu analysieren, er untersuchte, »wie die Stadt so schnell wie möglich eingenommen werden konnte und welche Mittel, welche Kriegslisten und welche Belagerungsmaschinen einzusetzen waren«. Dann jedoch, als er die letzten Vorbereitungen für den Kampf traf, kaum eine Woche nach seiner Ankunft, wurde er durch eine Krankheit außer Gefecht gesetzt. In deutlichem Kontrast zu seinem Triumph zur See und dem Glanz seiner Ankunft fand er sich tagelang aufs Krankenlager geworfen, heimgesucht von einer skorbutähnlichen Krankheit, damals *Arnaldia* genannt; Zähne und Fingernägel begannen sich abzulösen, und das Haar fiel ihm büschelweise aus. Das muss für ihn eine schreckliche Erniedrigung gewesen sein, nicht zuletzt, weil Krankheit so leicht als Strafe Gottes gedeutet werden konnte. In Saladins Lager wurde die Not des Königs als Segen begrüßt, denn sie »raubte [den Franken] den Mut zum Angriff«.

Doch selbst auf dem Krankenlager ließ Richard sich nicht davon abhalten, die Sache der Kreuzfahrer voranzutreiben.[5]

Er hatte sich sofort bemüht, diplomatische Kontakte zu Saladin zu knüpfen, womit er eine Raffinesse zeigte, die seinen Ruf eines raubeinigen Kämpfers Lügen zu strafen scheint. Seine Erfahrungen im Abendland hatten ihn gelehrt, dass nur dem der Sieg beschieden war, der die Kunst politischen Handelns mit der Kunst der Kriegsführung zu verbinden wusste. Er hatte keinerlei Skrupel, Verhandlungen als Waffe im Kampf gegen die sogenannten Ungläubigen einzusetzen, obwohl er diese Kontakte zumindest vorerst vor der Menge der Kreuzfahrer geheim hielt. Schon vor dem Ausbruch seiner Krankheit hatte Richard sich um eine persönliche Begegnung mit Saladin bemüht. Er entsandte einen Boten, der ein Gespräch mit dem Sultan vereinbaren sollte, doch dieser lehnte höflich, aber bestimmt ab: »Könige treffen sich erst, wenn es zu einer Vereinbarung gekommen ist«, soll er geantwortet haben, »es ist ungehörig zu kämpfen, nachdem man sich getroffen und miteinander gespeist hat.«

Richard versuchte bald darauf erneut zu verhandeln und schlug einen Austausch von Geschenken vor. Am 1. Juli ließ er als Zeichen der Lauterkeit seiner Absichten einen Ägypter frei, »den sie vor langer Zeit gefangen genommen hatten«. Kurze Zeit später empfing Saladin den Besuch von drei angevinischen Boten, die um »Früchte und Eis« für ihren König nachsuchten. Richard scheint gern nach solchen Delikatessen gefragt zu haben – vielleicht war es Bestandteil eines durchtriebenen diplomatischen Spiels, vielleicht wollte er ausprobieren, wie dehnbar die Grenzen der Gastfreundschaft waren, doch scheint er auch schlicht Geschmack an den Delikatessen des Orients, vor allem an Pfirsichen und Birnen, entwickelt zu haben. Saladin, seinerseits ein gewiefter Diplomat, ermöglichte den drei Franken einen Besuch des Marktes in seinem Heerlager, um sie mit der spektakulären Vielfalt an Läden, Bädern und Waren zu blenden. Baha ad-Din, der zum engsten Kreis um Saladin gehörte, war Zeuge dieser frühen Kontakte und bemerkte ganz richtig, dass diese Boten einerseits in Wahrheit Spione waren, die die Stimmung und die Kampfmoral der Muslime abschätzen sollten, und dass man sie andererseits freundlich empfangen hatte, um genau dieselben Erkenntnisse über die Situation der Feinde zu bekommen. Richard war auch nicht der Einzige, der bei Akkon mit den Muslimen in Verhandlungen zu treten suchte. Philipp August hatte seinerseits private Unterredungen mit den Befehlshabern der Garnison, obwohl auch dabei nicht sehr viel herauskam. Doch allein schon die Tatsache, dass die beiden Könige auf dem Feld der Diplomatie wetteiferten, weist darauf hin, dass die tief verwurzelte Rivalität, die ihre Ankunft im Heiligen Land so lange verzögert hatte, unterschwellig noch immer bestand.[6]

Rivalität oder Einvernehmen?

Die ersten Reaktionen auf Richards Ankunft in Akkon ließen vermuten, dass die alte Zwietracht angesichts des gemeinsamen Zieles keine Rolle mehr spielte. Philipp August höchstpersönlich begrüßte Richard, als dieser vor Akkon an Land ging, und die beiden Monarchen »erwiesen einander hochachtungsvoll jeglichen Respekt«. Der König von Frankreich zügelte sogar seinen Ärger über die Hochzeit Richards mit Berengaria, obwohl seine eigene Schwester damit endgültig zurückgewiesen war. Doch bald machten sich Risse im Lack des freundschaftlichen Umgangs bemerkbar. Richard scheute keine Mühe zu beweisen, dass sein Reichtum den seines französischen Amtskollegen übertraf, er bot »jedem Ritter, aus jedem Land, der sich diesen Lohn verdienen will«, vier Gold-Bezant pro Monat, nachdem Philipp August drei geboten hatte. Das klingt ganz nach der Arroganz eines Menschen, der immer besser sein muss als die anderen, andererseits hatte es den sehr praktischen Effekt, dass sich die Reihen in Richards Heer weiter füllten und seine Vormachtstellung unter den Kreuzfahrern unangefochten blieb.[7]

Auch die heikle Frage der politischen Zukunft des Königreichs Jerusalem schürte die Rivalität. Seit der schmählichen Niederlage und Gefangennahme bei Hattin im Jahr 1187 war das Recht Guidos von Lusignan auf den Thron von Jerusalem immer wieder infrage gestellt worden. Konrad, Graf von Montferrat, der unerschütterliche Verteidiger von Tyros und Retter des lateinischen Orients, schien der ideale Mann für den Thron zu sein. Als er Guido nach dessen Freilassung aus der Gefangenschaft den Einzug in Tyros verweigerte, artete der Streit in eine offene Fehde aus. Und die Krise verschärfte sich noch, als im Frühherbst 1190 Königin Sibylla (die Schwester Balduins IV.) und ihre beiden kleinen Töchter während eines Aufenthalts im Lager der Kreuzfahrer vor Akkon schwer erkrankten. Ihr Tod bedeutete einen schrecklichen Schlag für Guidos politisches Überleben, denn damit war seine einzige auf

Blutsverwandtschaft beruhende Verbindung zum Thron von Jerusalem durchtrennt. Ob Guido nun noch ein Recht auf die Krone hatte, wurde zu einer offenen Frage, und viele Adlige im lateinischen Königreich fassten den Entschluss, Konrad zu unterstützen.

Im November 1190 wurde eine reichlich dubiose politische Lösung konstruiert. Die nächste rechtmäßige Thronerbin war nun Sibyllas schöne jüngere Schwester Isabella, daher arrangierten Guidos Gegner ihre Vermählung mit Konrad. Einige Schwierigkeiten mussten noch aus dem Weg geräumt werden, bevor die Verbindung vollzogen werden konnte. Da war zum einen das Gerücht, dass mindestens eine von den beiden früheren Ehefrauen Konrads irgendwo im Abendland noch lebte. Was aber schwerer wog: Isabella hatte bereits einen Ehemann – Humfried von Toron. Das Paar war sogar im Kreuzfahrerlager vor Akkon anwesend. Isabella wurde aus ihrem Zelt entführt und von ihrer Mutter Maria Komnena genötigt, sich mit einer dubiosen Annullierung ihrer Ehe abzufinden; schließlich fügte sie sich und wurde mit Konrad verheiratet. Jahrzehnte später verurteilte eine päpstliche Kommission diese Ehe als Bigamie wie auch als Inzest (Isabellas Schwester war früher mit Konrads Bruder verheiratet gewesen); in diesem Augenblick allerdings siegte das Bedürfnis nach straffer militärischer Führung über die Finessen des Gesetzes. Konrad ging nicht so weit, sich und Isabella anstelle Guidos krönen zu lassen, er zog sich stattdessen, da jetzt die Autorität des »Königs« in Scherben lag, nach Tyros zurück.

Im Sommer 1191 nun schrie diese ganze Situation förmlich nach einer Lösung. Natürlich standen Richard und Philipp August nicht auf derselben Seite. Als Graf von Poitou war Richard Löwenherz der Herr der Familie Lusignan; es wurde also erwartet, dass er Guido unterstützte. Das zeichnete sich bereits im Mai ab, als Guido nach Zypern kam und den König um Hilfe anflehte, noch bevor dieser überhaupt in Akkon angekommen war. Philipp August setzte sich dagegen für die Interessen seines Verwandten Konrad ein, der sich dem Belagerungsheer mittlerweile wieder angeschlossen hatte. Vor Akkon trat der König von Frankreich am 7. Mai 1191 als Mitunterzeichner einer Vereinbarung auf, mit der im Austausch gegen Handelsprivilegien die Unterstützung der Venezianer erkauft wurde; Konrad bezeichnete sich in diesem Zusammenhang selbstbewusst als »gewählter König«. Die Genuesen waren bereits mit den Franzosen verbündet, die Pisaner waren von Richard gekauft, und es sah nun ganz so aus, als sollte dieses komplexe Gewebe aus sich überschneidenden Gruppierungen und ineinander verhakten Streitigkeiten den dritten Kreuzzug sprengen. Ein offener Konflikt brach jedoch nie richtig aus. Ende Juni beschuldigte Gottfried von Lusignan mit Richards Unterstützung Konrad des Verrats, woraufhin dieser beschloss, nach Tyros zu fliehen, statt sich festnehmen zu lassen, und daher wurde die Angelegenheit zumindest für den Augenblick zurückgestellt.[8]

Trotz der Animositäten und der erkennbaren Spannung zwischen Richard und Philipp August gelang es den beiden Königen – wenn auch widerstrebend – so weit zu kooperieren, dass an der militärischen Front Fortschritte möglich waren. Im Juni und Anfang Juli 1191 arbeiteten die angevinischen und die kapetingischen Truppen zusammen und wechselten sich bei ihren Angriffen ab – die eine Seite sicherte die Gräben gegen Saladin, die andere griff die Stadt an. Ende Juni wurde Philipp August ungeduldig, weil alles wegen der Krankheit Richards nur schleppend voranging, und er unternahm auf eigene Faust einen Angriff auf Akkon, der jedoch nicht sonderlich erfolgreich war. Doch sogar bei dieser Gelegenheit halfen Richards Bündnispartner, das Lager der Kreuzfahrer zu verteidigen; allein Gottfried von Lusignan tötete mit seiner Streitaxt zehn Muslime.

Die Belagerungstaktik der Kreuzfahrer

Im Frühsommer 1191 waren rund 25 000 Kreuzfahrer um Akkon herum aufgestellt, und Richard und Philipp August gingen nun mit einer relativ gut koordinierten aggressiven Belagerungsstrategie vor. Sappeure gruben Gänge unter den Stadtmauern, um die Fundamente zum Einsturz zu bringen, und immer wieder wurde versucht, die Stadtmauern Akkons im Frontalangriff zu stürmen. Im Juni sah der Schlachtplan der beiden Könige jedoch vor allem einen unablässigen Beschuss durch Katapulte vor, um sowohl die Verteidigungsanlagen der Stadt zu erschüttern als auch die seelischen Widerstandskräfte ihrer Garnison. Die beiden Könige stellten um die Stadt herum zahlreiche mächtige Steinschleudern auf. Nie zuvor hatte es in den Kreuzzügen eine solche Ansammlung von zerstörerischem Kriegsgerät gegeben; deshalb markiert die Belagerung von Akkon auch einen Wendepunkt in der Geschichte der Belagerungstechnik.

Natürlich waren seit Beginn dieser heiligen Kriege bei Belagerungen Katapulte zur Bombardierung eingesetzt worden, und sowohl die Angreifer als auch die Verteidiger benutzten unterschiedliche Typen von Steinschleudermaschinen. Bislang allerdings war die Leistungsfähigkeit dieser Maschinen hinsichtlich der Größe und des Gewichts der Geschosse sowie ihrer tatsächlichen Reichweite stark beschränkt. Belagerer setzten Katapulte ein, um eine feindliche Garnison zu demoralisieren, doch es war wenig aussichtsreich, allein durch Bombardement die Mauern oder Türme eines wehrhaften Zieles zu Fall zu bringen.

Richard und möglicherweise auch Philipp August brachten offenbar bei der Belagerung von Akkon weiterentwickelte Formen der Katapulttechnik zum Einsatz, sie verwendeten Maschinen, die mit höherer Zielgenauigkeit schwerere Geschosse auf eine größere Distanz schleudern konnten. Schon Philipp August hatte die Katapultangriffe verstärkt, und nach Richards Ankunft wurden immer mehr Teile von Akkon unter beständigen Beschuss genommen. Das durchschlagskräftigste französische Katapult nannten die Kreuzfahrer »Mal Voisine«, »böse Nachbarin«, und das muslimische Pendant, das zur Abwehr auf die »böse Nachbarin« gerichtet war, erhielt den Namen »Mal Cousine«, »böse Verwandte«. Es gelang der Garnison von Akkon immer wieder einmal, die »böse Nachbarin« zu beschädigen, doch Philipp August ließ sie dann umgehend wieder instand setzen. Er konzentrierte seinen Beschuss auf den »Verfluchten Turm« am nordöstlichen Ende der Stadtmauern. Eine weitere Belagerungsmaschine, der die Franken den Namen »Katapult Gottes« gaben, wurde aus einer Gemeinschaftskasse finanziert: »Ein Priester, ein sehr rechtschaffener Mann, stand immer neben ihr«, so ein Zeitgenosse, »und er predigte und sammelte Geld für die Instandhaltung sowie als Entgelt für Leute, die Steine für die Munition zusammentrugen.«

Unter den Katapulten, die Richards Männer einsetzten, befanden sich zwei neue Maschinen, die »aus sehr soliden Materialien außerordentlich gut konstruiert« waren. Mit diesen konnten die schweren Katapultsteine geschleudert werden, die der König aus Messina mitgenommen hatte. Unter den Franken wurde gemunkelt, dass ein einziges dieser Geschosse zwölf Menschen in Akkon getötet habe und dann anschließend zu Saladin gebracht worden sei, der es selbst in Augenschein nehmen wollte – eine Geschichte, die eher nach Lagerklatsch zur Hebung der Kampfmoral klingt und durch muslimische Berichte nicht gestützt wird. Ein anderes Katapult Richards hatte eine solche Reichweite, dass es ein Geschoss bis ins Herz der Stadt in die Fleischergasse schleudern konnte, eine Straße, die offenbar direkt zum Hafen hinunterführte.[9]

Ende Juni begann die Gewalt der fränkischen Offensive erste Auswirkungen zu zeigen. Ein Beobachter in Saladins Lager notierte, »der unaufhörliche Beschuss der Stadtmauern« durch die Franken führe dazu, dass die Fundamente »erzitterten«; auch die Kreuzfahrer bemerkten, wie sie »wankten«. »Die Verteidiger in der Stadt sind sehr geschwächt, und die Schlinge um sie herum ist schon sehr eng.« Es waren nicht mehr genug Soldaten in Akkon, dass sie sich regelmäßig hätten ablösen können, und die meisten hatten tagelang keine Möglichkeit zu schlafen. Im Lager des Sultans trafen warnende Botschaften ein: Die Garnison sei erschöpft von den unaufhörlichen Kampfhandlungen, und es gebe deutliche Anzeichen von Schwäche.

Saladin tat, was in seiner Macht stand, um von seiner Seite her den Druck zu mildern, und unternahm regelmäßige Gegenangriffe auf die feindlichen Gräben. In den letzten Frühjahrswochen und zu Beginn des Sommers füllten sich die Reihen seines Heeres, als Truppen aus seinem gesamten Reich nach Akkon zurückkehrten. Ende Juni trafen auch noch beträchtliche Kontingente aus Mesopotamien und Ägypten ein. Hin und wieder gelang es muslimischen Überfallkommandos, in das feindliche Lager einzudringen – bei einer Gelegenheit schafften sie es, fränkische Kochtöpfe zu stehlen –, doch sie wurden jedes Mal davongejagt. Nachts versuchte es Saladin mit hinterhältigeren Methoden. Gewiefte Diebe sollten hinter die lateinischen Zäune und zu den Zelten schlüpfen, wo sie sich ein Opfer aussuchten. Baha ad-Din beschreibt, wie »sie mit Leichtigkeit die Männer ergreifen konnten, indem sie sich ihnen, während diese schliefen, näherten, ihnen ein Messer an die Kehle setzten, sie dann aufweckten und mit Gesten zu verstehen gaben: ›Wenn du redest, schneiden wir dir die Kehle durch.‹« Dann nahmen sie sie gefangen und fragten sie aus. Doch letztlich führten diese recht verzweifelten Versuche, die Offensive der Christen aufzuhalten und die Moral der Kreuzfahrer zu untergraben, zu nichts. Anfang Juli war es offensichtlich, dass die Niederlage Akkons unmittelbar bevorstand. Ein muslimischer Augenzeuge berichtet von Saladins Entsetzen: »Tränen rannen aus seinen Augen [...], als er auf Akkon blickte und sah, in welcher Bedrängnis die Stadt sich befand.« Er war so erschüttert, »dass er an jenem Tag überhaupt nichts mehr aß, [sondern] nur noch einige Schalen eines Trankes zu sich nahm, den ihm sein Arzt empfahl. [Er war] überwältigt von Müdigkeit, Schwermut und Kummer.«[10]

Das Schicksal Akkons

Am 2. Juli 1191 passten die Kreuzfahrer ihre Strategie an die veränderten Verhältnisse an. Sie hatten Akkon derart bestürmt, dass die Stadt nun kurz davorstand, sich zu ergeben, und nun wollte man die Schäden an den Verteidigungsanlagen endlich ausnutzen. Der »Verfluchte Turm« war schwer angeschlagen, und in der Nähe begann ein zehn Meter langes Stück der Stadtmauer zusammenzubrechen; im Norden war außerdem ein zweiter größerer Turm stark beschädigt. Lateinische Sappeure verstärkten ihre Bemühungen, diese Bereiche zu unterminieren; über der Erde wurde der Katapultbeschuss zurückgenommen, und man verlegte sich stattdessen auf einen Frontalangriff. »Mit grimmiger Entschlossenheit« bereiteten sich die Franken darauf vor, die Mauern Akkons zu durchbrechen.

Nach dem ersten Tag dieser Angriffe erreichte den Sultan eine dringende Botschaft von Qaragush und al-Mashtub: »Wenn Ihr nicht etwas für uns tut, dann werden wir in Verhandlungen eintreten und die Stadt übergeben.« Ein Augenzeuge im muslimischen Lager berichtet, »der Sultan [sei] am Boden zerstört« gewesen. Er war über die unmittelbar bevorstehende Katastrophe so erschüttert, dass er al-Adil befahl, am 3. Juli einen weiteren verzweifelten Angriff auf das Lager der Christen zu unternehmen, aber »die fränkische Infanterie stand mit ihren Armbrüsten, Bolzen und Bögen unerschütterlich wie eine massive Mauer hinter ihren Verteidigungsanlagen«. Zur selben Zeit stellten in der Nähe des »Verfluchten Turmes« französische Sappeure einen Tunnel fertig. Der mit Holz vollgepackte unterirdische Gang wurde angezündet, stürzte ein, und mit ihm brach auch ein großes Stück der Brüstung darüber zusammen. Nun rannten die Franken scharenweise mit Sturmleitern auf die Bresche zu, während die muslimische Garnison auf die Trümmer stieg und sich für den Kampf Mann gegen Mann wappnete.

Aubery Clements, Marschall von Frankreich, einer der führenden Ritter Philipp Augusts, war der erste Kreuzfahrer, der über eine Leiter das Mauerwerk erkletterte. Man erzählte sich später im Heer der

Christen, dass Aubery, bevor er die Leiter bestieg, herausfordernd gerufen habe: »Entweder werde ich heute sterben, oder ich werde, so Gott will, in Akkon ankommen.« Als Aubery das Ende der Leiter erreichte, brach diese unter dem Gewicht der Kreuzfahrer zusammen, die sich ihm angeschlossen hatten, und der fränkische Angriff geriet ins Stocken. Aubery war jetzt ganz auf sich allein gestellt, und er soll »unglaublich tapfer« gekämpft haben; seine schreckensstarren Kampfgenossen mussten von unten mitansehen, wie »die Türken ihn umringten und niederschlugen und mit Messerstichen töteten«. So lautete zumindest die Darstellung der Kreuzfahrer von dem Ereignis. Muslimische Zeugen dagegen beobachteten, dass Aubery ziemlich erbärmlich um sein Leben gebettelt und sogar angeboten habe, den Abzug sämtlicher Kreuzfahrer in die Wege zu leiten, bevor er von einem tatkräftigen Kurden abgeschlachtet wurde. Dieser lateinische Angriff war zwar gescheitert, aber doch nur knapp, und der prekäre Zustand der Verteidigungsanlagen von Akkon versetzte die Stadt in Furcht und Schrecken. Drei Emire flohen nachts im Schutz der Dunkelheit in kleinen Booten aus der Stadt; einer beging den Fehler, in Saladins Lager Zuflucht zu suchen, und wurde prompt in Ketten gelegt. In Wahrheit jedoch brachte ihre Unternehmung nur zum Ausdruck, was bereits allen bewusst gewesen sein muss: Die Niederlage Akkons stand unmittelbar bevor.[11]

Der endgültige Durchbruch wurde in dem Abschnitt der nördlichen Verteidigungsanlagen erzielt, der unter dem Kommando Richards angegriffen wurde. Der kranke König, noch zu schwach, um aufrecht zu gehen, wurde, bedeckt »mit einer großen Seidendecke«, auf einer königlichen Sänfte zur Front getragen. Er ließ sich hinter einem Schutzzaun absetzen und schoss glücklose muslimische Kämpfer mit seiner Armbrust ab; darunter befand sich auch ein Krieger, der törichterweise Aubery Clements' Rüstung angelegt hatte. Am 5. Juli setzten Richards Sappeure eine weitere Mine in Brand, was den Nordturm zum Einsturz brachte und mit ihm einen Teil der anschließenden Mauern. Wie am »Verfluchten Turm«, so waren die Kreuzfahrer nun auch hier mit einem Riss voller Trümmer konfrontiert. Es war schwierig, über dieses holprige Terrain einen Sturmangriff zu führen. Richards Lösung bewies seine Genialität ebenso wie sein Wissen um die grundlegenden Mechanismen des Krieges. Er wusste, so ein Zeitgenosse trocken, dass »jeder vom Geruch des Geldes angezogen wird«, und bot jedem Mann, der es schaffte, einen Stein von der zertrümmerten Mauer wegzutragen, zwei Goldmünzen. Es handelte sich dabei um eine nahezu selbstmörderische Tätigkeit: Man musste Pfeilen und Armbrustbolzen ausweichen und sich dann an der Mauer einer wütenden Nahkampfverteidigung der Muslime erwehren. Es meldeten sich trotzdem viele freiwillig, vor allem als Richard den Lohn erst auf drei, dann auf vier Goldmünzen erhöhte. Die Garnison gab ihr Bestes; trotzdem ging Richards listige Rechnung im Lauf der nächsten fünf Tage auf: Es hatte zwar beträchtliche menschliche und finanzielle Opfer gekostet, doch am 11. Juli öffnete sich in der Mauer eine große Lücke. An anderen Stellen der Front wurden die Katapulte der Kreuzfahrer wieder in Betrieb genommen; der Druck auf die Stadt wurde derartig verschärft, dass einige verzweifelte Muslime es vorzogen, von den Stadtmauern in den Tod zu springen.[12]

Verhandlungen

Obwohl die erbitterten Kämpfe noch weitergingen, begannen die Befehlshaber der Garnison Akkons nun, da die Niederlage offensichtlich unmittelbar bevorstand und durch nichts mehr abgewendet werden konnte, die Kapitulation zu erwägen. Die Angaben zu den genauen Details und zur Chronologie der Kapitulation sind widersprüchlich. Es ist nicht auszuschließen, dass al-Mashtub und Qaragush bereits am 4. Juli Verhandlungsangebote machten; es wäre dann unangemessen, Richard im Vergleich mit Philipp August das größere Verdienst zuzuschreiben, wenn es um die Frage geht, wer die Belagerung Akkons zu einem erfolgreichen Ende brachte. Es war die kombinierte Schlagkraft der beiden christlichen Heere, die Akkon am Ende zur Unterwerfung zwang. Fest steht, dass die Garnison an der Grenze ihres physischen und psychischen Durchhaltevermögens angekommen war. Ein Augenzeuge aus der Reihe der Kreuzfahrer beschrieb die Notlage der Muslime:

> Sie fürchteten sich vor dem Wunder, mit dem sie konfrontiert waren: Wie sich die ganze Welt versammelt hatte, um sie zu vernichten; sie sahen ihre Mauern zusammengebrochen, durchstoßen und zerstört; sie sahen ihre Angehörigen verletzt, getötet, in Stücke gehauen. In der Stadt waren noch 6000 Mann [...], aber das war nicht genug.

Gleichzeitig bemerkte ein Muslim im Lager Saladins in aller Deutlichkeit, dass die Garnison Akkons in diesen Julitagen »dem Tod ins Angesicht sah«. Die Muslime, die befürchten mussten, bis auf den letzten Mann niedergemetzelt zu werden, wenn die Stadt erstürmt wurde, entschieden sich fürs Überleben und für die Kapitulation. Um den 6. Juli herum gestatteten Richard und Philipp August muslimischen Gesandten unter der Zusicherung freien Geleits, die Stadt zu verlassen, um ihnen die Möglichkeit zu geben, die Übergabebedingungen mit Saladin zu besprechen, doch es kam keine Einigung zustande. Der Sultan hoffte noch immer, dass die totale Niederlage abgewendet werden könnte. Man arbeitete einen Plan aus, die Garnison nachts im Schutz der Dunkelheit aus der Stadt zu holen, doch wurde dieses Vorhaben den Christen von einem abtrünnigen Mamelucken, einem Überläufer aus dem ajjubidischen Heer, verraten. Die Kreuzfahrer setzten daraufhin zusätzliche Wachen ein, und obwohl die Männer Saladins die gesamte Nacht in Waffen verbrachten, war es nicht möglich, die fränkischen Linien zu durchbrechen. Gleichzeitig trafen im Lager der Muslime weitere Verstärkungstruppen aus Syrien ein, wodurch die Hoffnung auf einen letzten Gegenangriff neue Nahrung bekam.

Im Kreuzfahrerlager aber konnten Richard und Philipp August völlig sicher sein, dass sie nun eindeutig die Oberhand gewonnen hatten. In den Tagen danach verfolgten sie eine beinharte Verhandlungstaktik und lehnten jegliches Angebot kurzerhand ab, das ihren üppigen Forderungen nicht gerecht wurde. Die Rolle Saladins in diesen Verhandlungen ist nicht ganz klar. Muslimische Augenzeugen geben sich alle Mühe, ihn aus dem ganzen Vorgang herauszuhalten, um seine Aura der Unbesiegbarkeit nicht antasten zu müssen. Es hieß sogar, der Sultan habe, als er einen Entwurf der endgültigen Bedingungen zu Gesicht bekommen habe, »sein großes Missfallen zum Ausdruck gebracht«. Saladin selbst habe beabsichtigt, jegliche Übergabebemühungen zu verwerfen, was jedoch durch die übereilte Kapitulation Akkons vereitelt worden sei. Christliche Zeitgenossen bezeugen im Gegensatz dazu, dass Saladin »der Übergabe der Stadt zustimmte, als sie nicht länger verteidigt werden konnte«, und dass er seine Befehlshaber angewiesen habe, »bei Friedensgesprächen die bestmöglichen Bedingungen auszuhandeln«. Es ist völlig unwahrscheinlich, dass die Kreuzfahrerkönige sich auf Friedensgespräche eingelassen hätten, wenn sie nicht ganz sicher gewesen wären, dass der Sultan einer abschließenden Einigung zustimmen würde.[13]

Kapitulation

Auf jeden Fall wurde am 12. Juli eine Vereinbarung getroffen, die die Belagerung von Akkon beendete. Die Stadt und alles, was sich in ihr befand, musste den Franken übergeben werden, die muslimischen Bewohner wurden am Leben gelassen. Die Soldaten der Garnison wurden als Geiseln genommen, damit die weiteren Entschädigungsbedingungen eingehalten wurden: Zahlung von 200 000 Golddinaren; Rückgabe der bei Hattin geraubten Reliquie des Wahren Kreuzes und die Freilassung von 1500 fränkischen Gefangenen »einfacher Herkunft« sowie 100–200 namhaften, ranghohen Personen. Zugeständnisse in diesen Dimensionen stellten unzweideutig klar, welch einen überwältigenden Sieg die lateinische Christenheit errungen hatte.

Nach zwei Jahren erbitterter Konfrontationen endete der Kampf um Akkon nicht in einer barbarischen, bluttriefenden Plünderung, sondern in plötzlichem Frieden. Nachdem man sich auf die Übergabebedingungen geeinigt hatte, wurde ein Ausrufer durch die Reihen der Kreuzfahrer geschickt, der die sofortige Einstellung sämtlicher Feindseligkeiten verkündete. Es erging der Befehl, dass »keiner es wagen dürfe, irgendetwas zu tun oder zu sagen, womit er einen der Türken verletzen oder provozieren könnte; es darf auch nicht mehr auf die Mauern geschossen werden oder auf Türken, die sich auf den Stadtmauern bewegen«. Eine seltsame Stille senkte sich über den Schauplatz, als »die Christen an jenem Tag mit sehr neugierigen Augen die türkischen Leute oben auf den Mauern herumlaufen sahen«. Schließlich wurden die Stadttore aufgestoßen, und die Garnison kam herausmarschiert, um sich zu ergeben. Der Anblick überraschte viele Kreuzfahrer: Die gesichtslosen Feinde der vergangenen Monate waren kein »barbarischer Abschaum«, sie entpuppten sich vielmehr als »Männer von bewundernswerter Tapferkeit und außerordentlichem Heldenmut […] ungebeugt von den widrigen Umständen, mit entschlossenen Mienen«. Es gab auch Franken, die nicht so viel Gleichmut aufbringen konnten; sie beklagten die Schändung der »zerstörten und verunstalteten« Kirchen Akkons durch diesen »verfluchten Menschenschlag«, doch im Großen und Ganzen vollzog sich die Übergabe ohne gewalttätige Zwischenfälle.[14]

Wie ihre muslimischen Feinde, so hatten auch die Soldaten des dritten Kreuzzugs bei Akkon enorme Ausdauer bewiesen. In sengender Hitze und beißender Kälte, hungernd, von Seuchen heimgesucht und unablässig kämpfend hatten sie hartnäckig die Belagerung aufrechterhalten. Tausende, wenn nicht gar Zehntausende starben im Verlauf dieser Unternehmung – eine genaue Schätzung der Gesamtzahl der Toten ist nicht möglich. In den Reihen des Adels, die man leichter überblicken kann, waren die Verluste so groß wie nie zuvor: es starben ein Patriarch, sechs Erzbischöfe und zwölf Bischöfe, um die 40 Grafen und 500 weitere namhafte Edelleute. Die Könige von England und Frankreich kämpften nicht von Anfang an mit, doch trugen sie natürlich viel dazu bei, dass alles so triumphal endete. Vor der Ankunft der Könige hatten sich die gegnerischen Seiten in einen Zustand der Stagnation hineinmanövriert. Der neue Kampfesmut und die Ressourcen, die Richard und Philipp August mitbrachten, verschob dann die Balance zugunsten der Kreuzfahrer. Am Ende konnten die beiden Monarchen diesen Sieg als ihre Leistung proklamieren, was sie auch taten. Als die Garnison entwaffnet war, zogen sie in die Stadt ein, um sich ihre Belohnung zu sichern.

Schon vor ihrem Aufbruch hatten sich Richard und Philipp August darauf geeinigt, dass sie ihre Eroberungen im Heiligen Land gerecht teilen wollten. So erhoben sich also ihre beiden Standarten gemeinsam über Akkon: Richard besetzte den Königspalast und nahm al-Mashtub und die Hälfte der Gefangenen in Gewahrsam, während Philipp August die alten Viertel der Templer übernahm und außerdem noch Qaragush und die restlichen Gefangenen. Wegen der Habgier der beiden blieb nun allerdings nur wenig Beute für die anderen übrig. Um seine königlichen Rechte durchzusetzen, riss Richard eine Fahne von den Mauern herunter, die Herzog Leopold V. von Österreich gehörte, einem Kreuzfahrer, der im April vor Akkon eingetroffen war. Von Historikerinnen und Historikern wurde dieser Akt oft als Beweis für die Hitzköpfigkeit und Brutalität Richards angeführt, doch damit tut man ihm unrecht. Richard sollte die durch diesen Zwischenfall ausgelösten unguten Gefühle noch bedauern, doch zunächst stand ihm der Sinn einfach nur nach einer robusten Verteidigung seiner unveräußerlichen Rechte, und die Art, wie er mit Leopold umsprang, fand durchaus auch Philipp Augusts stillschweigende Billigung. Es gab vereinzelt Verstimmung unter den Kreuzfahrern, weil ihnen nur ein so geringer Anteil an der Beute zufiel, doch die meisten Männer im fränkischen Heer genossen einfach ihr Leben, das nun nicht mehr ständig vom Tod bedroht war. Sie strömten »tanzend und freudig erregt« nach Akkon hinein, wo sie, wie ein lateinischer Zeitgenosse steif bemerkte, »sich jetzt nach Herzenslust amüsierten und die lang ersehnte Ruhe fanden«. Es dauerte wahrscheinlich nicht lang, bis sich die meisten den unter Soldaten üblichen Erholungsbeschäftigungen hingaben: Trinken, Spielen und Herumhuren.[15]

Auswirkungen der Eroberung von Akkon

Die Einnahme Akkons markierte nicht das Ende des Kreuzzugs, doch sie bedeutete immerhin einen riesigen Schritt in Richtung Rückeroberung des Heiligen Landes – unter anderem, weil der Hafen jetzt als Brückenkopf für die Truppen aus dem christlichen Abendland dienen konnte, doch die Vorstellung von Akkon als dem einen entscheidenden »Tor nach Palästina« darf nicht überstrapaziert werden. Tyros im Norden war die ganze Zeit über in christlicher Hand gewesen, und wenn Akkon nicht gefallen wäre, hätte Tyros durchaus als zweiter Stützpunkt vor dem Festland fungieren können. Die eigentliche Bedeutung dieser Kapitulation lag woanders.

Saladins ägyptische Flotte, das Juwel seiner Kriegsmacht, lag im geschützten inneren Hafen Akkons vor Anker. Für die Versorgung der Stadt war sie unentbehrlich gewesen, doch als die Belagerung andauerte, war der Großteil der Seestreitmacht Saladins – alles in allem rund 70 Schiffe – im Hafen eingeschlossen worden. Die Kreuzfahrer nahmen diese Armada jetzt in Besitz, womit sie ihre eigene Seestreitmacht beträchtlich vergrößerten und mit einem Schlag sämtliche Hoffnungen des Sultans zerschlugen, den Christen ihre Vormacht im Mittelmeer streitig zu machen. Im weiteren Verlauf des dritten Kreuzzugs blieben dann auch die Franken die unangefochtenen Herren des östlichen Mittelmeers.

Die Eroberung Akkons hatte auch weniger handfeste Auswirkungen. Das Selbstbewusstsein der Kreuzfahrer wurde nachhaltig und genau im richtigen Augenblick gestärkt. Nun erhielten die Kreuzfahrer Grund zur Hoffnung, dass sich das Blatt gewendet hatte: dass die Schrecken von 1187, die Niederlage von Hattin und der Verlust Jerusalems hinter ihnen lagen; dass es ihnen wieder gelingen sollte, in Gottes Krieg zu triumphieren. Den Königen Richard Löwenherz und Philipp August fiel nun die Aufgabe zu, das neue Selbstvertrauen und die keimende Hoffnung in Richtung auf eine Rückeroberung der Heiligen Stadt zu kanalisieren.

Im Unterschied dazu sah die Realität Saladins wesentlich düsterer aus. Einundzwanzig Monate lang hatte er sich ausschließlich der Verteidigung Akkons gewidmet und sämtliche Ressourcen seines riesigen Reiches in den Dienst dieser einen Aufgabe gestellt. Zuvor hatte er sich immer geweigert, sich im Dschihad auf die zermürbende Mühsal einer Belagerung einzulassen. Hier jedoch, in Akkon, hatte er durchgehalten. Und angesichts der scheinbar immer gleichen Größe des Kreuzzugsheers war der Sultan gescheitert. In entscheidenden Momenten – vor allem im Herbst 1189 und im Sommer 1190 – hatte er die notwendige entschiedene Führungsautorität vermissen lassen. Körperlich war er durch wiederholte Krankheiten geschwächt. Während der gesamten Belagerungszeit hatte er mit der Aufgabe gerungen, ausreichend Männer und Materialien zur Verfügung zu haben. Er konnte die Bedürfnisse in seinem Reich nicht vernachlässigen; er musste Syrien gegen die Deutschen sichern; immer wieder wurde seine Aufmerksamkeit also von den Aktivitäten in Akkon abgezogen. Und ständig war er damit beschäftigt, eine muslimische Welt wachzurütteln, die von dem langjährigen »heiligen Krieg« schon völlig erschöpft war.

Hinsichtlich der Verluste an Menschenleben, ja selbst der strategischen Bedeutung Akkons als Hafen fiel diese Niederlage nicht allzu sehr ins Gewicht. Ganz anders verhielt es sich mit Saladins Ansehen als Kriegsherr, mit seinem Ruf als siegreicher Vorkämpfer des Islam: Dieser hatte unermesslichen Schaden erlitten. Es war seine mit so viel Engagement kultivierte Aura frommer Unbesiegbarkeit gewesen, die den Islam geeint hatte, und der Mythos von Salah ad-Din *an-Nasir* (der Verteidiger), des idealisierten Mudschahid, hatte seine Truppen auf dem Schlachtfeld angefeuert. Die Brüche in dieser Fassade reichten daher tief. Inmitten des »Schreiens, des Ächzens, des Jammerns und Klagens« seiner erschütterten Gefolgschaft befahl Saladin einen allgemeinen Rückzug nach Saffaram, um dort sein Ansehen neu aufzubauen und über die Schritte nachzudenken, die für eine Racheaktion erforderlich waren.[16]

Der Einzige König

Nur wenige Tage nach der Eroberung Akkons wandelte sich die Rolle Richards Löwenherz im Rahmen des dritten Kreuzzugs grundlegend. Er hatte das Abendland als soeben gekrönter König verlassen, der Philipp August zwar an Alter, Reichtum und militärischer Macht überlegen war, aber sich immer wieder damit abfinden musste, im Schatten des Kapetingers zu agieren. Mitte Juli 1191 kamen allerdings Gerüchte auf, Philipp August beabsichtige, das Heilige Land zu verlassen. Am 22. Juli, nachdem Richard vorgeschlagen hatte, eine gemeinsame Erklärung herauszugeben, mit der versichert werden sollte, dass die beiden Herrscher drei Jahre lang im Osten zu bleiben gedachten oder so lange, bis Jerusalem wiedererobert war, deckte der König von Frankreich seine Karten auf. Er sah mit der Eroberung Akkons sein Kreuzfahrergelübde als erfüllt an und wollte nun so schnell wie möglich nach Frankreich zurückkehren. »Um Gottes willen! Welch eine Wendung!«, so der schriftlich festgehaltene Stoßseufzer eines Kreuzfahrers.

Es ist nicht leicht, die Motive auszumachen, die hinter dieser plötzlichen Entscheidung stehen, weil die zeitgenössischen Quellen nur so wimmeln von parteiischen, also widersprüchlichen Mutmaßungen. Einige behaupten, Philipp August sei ernsthaft krank gewesen; Richard habe das üble Gerücht in die Welt gesetzt, der Sohn und Erbe des Kapetingers sei gestorben; oder der feige König von Frankreich habe schnöde den Kreuzzug abgebrochen und seine Truppen mittellos zurückgelassen. In Wahrheit hat wohl vor allem eine Erwägung die Pläne Philipp Augusts beeinflusst: Er war in erster Linie König und erst in zweiter Linie Kreuzfahrer. In einem »heiligen Krieg« zu kämpfen mochte Gott wohlgefällig sein, und Philipp August war auch durchaus bereit, seine Rolle in diesem Kampf zu übernehmen. Sein eigentliches Streben aber galt ausschließlich der Bewahrung, der Führung und der Vergrößerung seines Königreichs. Und es eröffnete sich ihm hier nun eine Gelegenheit, die er nicht vorübergehen lassen konnte: Graf Philipp von Flandern war im Juni in Akkon gestorben und hinterließ dem König einen Teil seiner Grafschaft, die fruchtbare Region Artois. Um sich diesen wertvollen Zugewinn zu sichern, war es notwendig, dass der Souverän sich im eigenen

Land aufhielt, und so ist es verständlich, dass Philipp August die Interessen seines Königreichs denen des Kreuzzugs überordnete.

Was auch Philipp Augusts Motive gewesen sein mögen, eines stand fest: Die Umstände seines Aufbruchs schadeten ihm eher. Selbst einige der schärfsten Kritiker Richards missbilligten die überstürzte Abreise des Königs von Frankreich. Noch verschlimmert wurde die Situation dadurch, dass die große Mehrheit der französischen Aristokratie beschloss, im Heiligen Land zu bleiben; nur Philipp von Nevers begleitete den Exodus des Souveräns. Sein Rückzug führte unter den Zeitgenossen zu weitverbreiteter Kritik an seiner Person. Auch ein moderner Kommentator merkt an, dass »seine Leistungen als Kreuzfahrer sein Ansehen auf Dauer beschädigten«, aber das sollte uns nicht den Blick dafür verstellen, dass Philipp August durchaus seinen Beitrag zum Gelingen des dritten Kreuzzugs geleistet hat. Es gab im Mittelalter in der lateinischen Christenheit genügend Könige, die ein Kreuzzugsgelübde ablegten und nie einen Fuß in das Heilige Land setzten – darunter auch Richards eigener Vater, der viel gerühmte Heinrich II. von England. Vielleicht hat Philipp August nicht gerade geweint, wie einer seiner treuen Anhänger es uns glauben machen will, als sein Schiff schließlich in Richtung Westen Segel setzte. Doch er hatte in jedem Fall die Sache des »heiligen Krieges« vorangebracht.[17]

Für Richard Löwenherz war die Ankündigung der unmittelbar bevorstehenden Abreise Philipp Augusts in fast jeder Hinsicht ein Segen. Er musste zwar jetzt die finanzielle Last der gesamten Unternehmung allein schultern, doch seine Taschen waren dafür groß genug. Wenn der französische König nicht mehr da war, konnte Löwenherz das Heft der Kontrolle über den Kreuzzug allein in die Hand nehmen. Und da praktisch das gesamte Kontingent der französischen Kreuzfahrer unter dem Oberbefehl Hugos von Burgund in der Levante blieb, war auch das lateinische Heer ungeschwächt. Für Richard bot sich nun die Möglichkeit, den Mythos seiner Person in der großen Arena des »heiligen Krieges« aufzubauen, und umgehend ergriff er die Initiative.

Als Erstes suchte er eine gute Lösung im Streit um das weitere Schicksal des Königreichs Jerusalem. Philipp Augusts Aufbruch stand unmittelbar bevor, und nun, am 26. Juli, wurde der politisch isolierte Konrad von Montferrat gezwungen, sich, wenn auch widerwillig, dem englischen König zu unterwerfen. Er sollte sich an die Entscheidung eines

Versöhnungskonzils halten, das unweigerlich den Interessen Richards folgen würde. Zwei Tage später taten beide Könige ihre Entscheidung kund: Guido von Lusignan sollte zeit seines Lebens König bleiben. Die Einkünfte aus seinem Reich sollte er mit Konrad teilen, und nach seinem Tod sollte die Krone auf diesen übergehen. Konrad sollte schon gleich die erbliche Herrschaft über Tyros, Beirut und Sidon erhalten. Falls Guido und Konrad sterben sollten, fiel die Königswürde an Richard Löwenherz.

Als diese Verhandlungen beendet waren, wandte sich Richard dem einzigen echten Problem zu, das sich für ihn aus Philipp Augusts Rückkehr nach Europa ergab. Die beiden Monarchen hatten ja sehr penibel darauf geachtet, gleichzeitig in die Levante aufzubrechen, gerade weil keiner von beiden sicher sein konnte, ob nicht der andere sein eigenes Land in seiner Abwesenheit angreifen würde. Wenn Philipp August erst wieder in Frankreich angekommen war, dann war die Herrschaft der Anjous bedroht. Richard tat sein Bestes, um dieser Gefahr entgegenzuwirken, und überredete Philipp August, einen sehr genau formulierten Friedenseid abzulegen, was dieser am 29. Juli auch tat. Ganz nach überkommener Sitte hielt der Kapetinger eine Abschrift der Evangelien in der einen Hand und berührte mit der anderen Hand Reliquien, um die heilige, bindende Gewalt seiner Versprechen zu unterstreichen. Während Richard sich noch auf dem Kreuzzug befand, sollten keinerlei Angriffe auf angevinische Truppen oder Territorien unternommen werden. Wenn Richard Löwenherz nach Europa zurückkehrte, sollte ein Moratorium von 40 Tagen eingehalten werden, bevor es wieder zu Feindseligkeiten kam. Um die Zusage noch weiter abzusichern, wurden Hugo von Burgund und Heinrich von Champagne als Garanten des Abkommens eingesetzt.

Am 31. Juli 1191 segelte Philipp August zusammen mit Konrad in Richtung Norden nach Tyros, mit sich führte er auch die Hälfte der Gefangenen der Garnison Akkons; und wenige Tage später verließ der König von Frankreich das Heilige Land und den dritten Kreuzzug. Trotz des Eides blieb Richard argwöhnisch. Er entsandte umgehend einige seiner vertrauenswürdigsten Gefolgsleute, um den König während seiner Rückreise zu beschatten und in England und darüber hinaus warnend auf dessen Rückkehr hinzuweisen. Am 6. August setzte er einen Brief an einen seiner höchsten Ministerialen in England auf, der einen gewissen

Einblick in seine damalige Gemütsverfassung zu geben vermag: seinen Wunsch, von Philipp Augusts Rückzug zu profitieren, gepaart mit neu aufkommenden Befürchtungen.

> Fünfzehn Tage [nach der Einnahme von Akkon] verließ uns der König von Frankreich, um in sein Land zurückzukehren. Für uns hingegen ist die Liebe zu Gott und Seine Ehre wichtiger als unsere eigene [Ehre] und die Eroberung vieler Gebiete. Wir werden so schnell wie möglich das [lateinische Königreich] wiederherstellen, so wie es ursprünglich war, und erst dann kehren wir in unser eigenes Land zurück. Ihr sollt aber sicher wissen, dass wir in der Fastenzeit des nächsten Jahres die Segel setzen werden.

Bis jetzt hatte Richard sich ganz auf das Geschehen des dritten Kreuzzugs konzentrieren können. Mit Philipp August neben sich konnte er sicher sein, dass sein Königreich nicht in Gefahr war. Jetzt hatte er mehr Grund zur Sorge – jeder Tag, den er im Orient verbrachte, verschaffte seinem Rivalen wertvolle Zeit. Nie wieder konnte er so zielstrebig die Rettung des Heiligen Landes betreiben.[18]

Kaltblütig

Da Richard nun als Einziger die Befehlsgewalt über den Kreuzzug hatte, wollte er als Erstes die Übergabebedingungen für Akkon umsetzen, damit die Zurückeroberung des lateinischen Ostens weitergehen konnte. Zeit war nun zu einem entscheidenden Faktor geworden, und es hing daher alles davon ab, jetzt nicht nachlässig zu werden. In knapp zwei Monaten endete die übliche Kampfsaison, man musste sich also praktisch umgehend Richtung Süden in Marsch setzen, um einen umfassenden Sieg zu erkämpfen, bevor der Winter begann. Richard brauchte ein paar Wochen, um die Festungsanlagen von Akkon wiederaufbauen zu lassen, damit die Stadt in seiner Abwesenheit verteidigt werden konnte; gleichzeitig begann er den Sultan zu drängen, nach einem genauen Zeitplan die einzelnen Punkte des Friedensvertrags zu erfüllen.

Beide Seiten traten nun in einen heiklen, wenn nicht gar lebensgefährlichen diplomatischen Tanz ein. Der Sultan wusste, dass Zeit für Richard eine äußerst wichtige Rolle spielte. Solange der König allerdings auf seiner Seite viele Tausend Kriegsgefangene festhielt und die im Vertrag ausgehandelte immense Summe noch ausstand, war er faktisch zur Bewegungslosigkeit verurteilt. Wenn man die Verhandlungen lang genug hinzog, waren die Kreuzfahrer vielleicht sogar gezwungen, den gesamten Herbst und Winter hindurch in Akkon zu bleiben. Richard war sich andererseits ebenso klar darüber, dass sein Gegner sich genau solcher Verzögerungstaktiken bedienen würde. Er wusste genauso gut wie Saladin, dass hier ein Spiel gespielt wurde; was sie allerdings nicht so genau kannten, war das Temperament des Gegners. Würde er sich an die Regeln halten? Gab es überhaupt gemeinsame Regeln? Und auf welche Risiken und Opfer würde sich der andere einlassen?

Beiden Seiten drohten ernste Gefahren, wenn sie sich verrechneten. Dem König würde ein beträchtliches Lösegeld entgehen, außerdem die Befreiung von mehr als 1000 lateinischen Gefangenen und die heiligste Reliquie Outremers. Was aber noch gefährlicher war: Wenn er zuließ, dass die Verhandlungen verschleppt wurden und ins Stocken gerieten, riskierte er den Zusammenbruch des gesamten Kreuzzugs. Denn wenn es keine deutlichen Fortschritte gab, musste das gesamte Unternehmen mit Sicherheit unter dem Gewicht von Uneinigkeit, Trägheit und Erschöpfung zusammenbrechen. Die Entscheidung, die Saladin zu treffen hatte, war vergleichsweise einfach: Auf der einen Seite stand das Leben von rund 3000 muslimischen Gefangenen, das auf der anderen Seite gegen die Notwendigkeit, den Kreuzzug aufzuhalten, abgewogen werden musste.

Die Vereinbarung vom 12. Juli sah ursprünglich einen Zeitrahmen von 30 Tagen für die Umsetzung der Bedingungen vor. Saladin zeigte sich zwar bereit, einigen fränkischen Forderungen nachzukommen – so erlaubte er etwa einer Gruppe lateinischer Gesandter, Damaskus zu besuchen, um die christlichen Gefangenen in Augenschein zu nehmen; einer anderen Gruppe wurde es gestattet, einen Blick auf die Reliquie des Wahren Kreuzes zu werfen –, aber gleichzeitig war er offenbar entschlossen, mehr Zeit zu gewinnen. Richard wurde überrannt von Scharen seidenzüngiger, geschenkbeladener muslimischer Unterhändler, und am 2. August scheint er nachgegeben zu haben. Seine Truppen waren zwar fast schon bereit, Akkon zu verlassen, trotzdem ließ sich Löwenherz auf einen Kompromiss ein: Die Übergabebedingungen sollten jetzt in zwei bis drei Schüben umgesetzt werden; die erste Rate sollte die

Freilassung von 1600 lateinischen Gefangenen und die Herausgabe des Wahren Kreuzes sowie die Zahlung der Hälfte des versprochenen Geldes, 100 000 Dinare, umfassen. Wahrscheinlich sah Saladin darin einen Hinweis darauf, dass der englische König manipulierbar war, doch das sollte sich als böser Irrtum herausstellen. Richard hatte schlicht seine eigenen Gründe, einem Aufschub zuzustimmen – Konrad von Montferrat weigerte sich nämlich beharrlich, den Anteil Philipp Augusts an den muslimischen Gefangenen herauszugeben, die sich jetzt in Tyros aufhielten. Damit war Richard zeitweise außerstande, seinen Teil der Abmachung einzuhalten.

Mitte August jedoch war dieses Hindernis beseitigt, Hugo von Burgund hatte den Grafen zur Räson gebracht, und die Gefangenen waren übergeben worden. Nun, da alles geregelt war, wollte Richard nur noch so bald wie möglich aufbrechen. An dieser Stelle werden die zeitgenössischen Berichte immer verworrener; die lateinischen und die muslimischen Augenzeugen hüllen die genauen Details der Ereignisse in einen Nebel gegenseitiger Beschuldigungen. Saladin muss aber wohl seinen Gegner falsch eingeschätzt haben. Mancher moderne Kommentator vermutet, der Sultan habe nicht so ohne Weiteres das nötige Geld sowie die auszutauschenden Gefangenen zusammenbekommen, doch das ist durch zeitgenössische Zeugnisse nicht zu belegen. Wahrscheinlicher ist, dass Saladin, als der Termin für die erste Rate – der 12. August – verstrich, sich ganz bewusst auf Ausweichmanöver verlegte. Zu Richards offensichtlicher Empörung versuchten die Unterhändler Saladins nun, der Vereinbarung neue Bedingungen hinzuzufügen, sie forderten die Freilassung der gesamten Garnison gleich im ersten Schritt, später sollten Geiseln ausgetauscht werden, um die Zahlung der noch ausstehenden 100 000 Dinare zu garantieren. Der König lehnte rundweg ab. Damit war ein toter Punkt erreicht.

In seinem Heerlager bei Saffaram muss der Sultan wohl gedacht haben, dass es noch einen Verhandlungsspielraum gab, dass Richard in der Hoffnung, irgendwann zu einer Lösung zu kommen, einen weiteren Aufschub hinnehmen würde. Er täuschte sich. Am Nachmittag des 20. August marschierten Richards Männer in großer Zahl aus Akkon heraus und schlugen auf der Ebene vor Akkon jenseits der alten Kreuzfahrergräben ein provisorisches Lager auf. Saladins Vorhut, die von ihrem Beobachtungsposten Tell al-Ayyadiya her Ausschau hielt, war irritiert von dieser plötzlichen Hektik. Die Männer der Vorhut zogen sich nach Tell Kaisan zurück und schickten eine dringende Nachricht an den Sultan. Dann enthüllte Richard seine wahren Absichten. Der größte Teil der muslimischen Garnison Akkons – um die 2700 Mann – wurde in Fesseln aus der Stadt herausgebracht und auf dem Feld vor den Zelten der Franken aufgestellt. Sie drängten sich verwirrt und furchtsam zusammen. Sollten sie etwa freigelassen werden?

> Dann machten sich die Franken wie ein Mann über sie her, und mit Schwertstreichen und -hieben metzelten sie sie kaltblütig nieder, während die muslimische Vorhut aus der Ferne zuschaute und nicht wusste, was sie tun sollte.

Die Männer Saladins unternahmen – zu spät, um noch irgendjemanden zu retten – einen Gegenangriff, wurden aber schnell zurückgeschlagen. Als die Sonne unterging, zog sich Richard nach Akkon zurück. Er hinterließ die Ebene leichenübersät, blutgetränkt. Seine Botschaft an den Sultan war überwältigend eindeutig: So sah das Spiel aus, das Richard zu spielen gedachte. Skrupellosigkeit brachte er in den Krieg um das Heilige Land ein.

Kein Ereignis in Richards Leben stieß auf stärkeren Widerspruch und mehr Abscheu als dieses kühl kalkulierte Massaker. Saladins Berater Baha ad-Din beschrieb, wie einzelne Muslime am nächsten Morgen die Ebene absuchten, und er denkt über die Gründe für das Gemetzel nach:

> Sie fanden die Märtyrer, wo sie gefallen waren, und einige konnten sie identifizieren. Große Trauer und Verzweiflung überwältigte sie, denn der Feind hatte nur Männer von Ansehen und Rang verschont oder solche, die körperlich stark und leistungsfähig genug waren, um bei den Aufbauarbeiten zu helfen. Es wurden verschiedene Gründe für das Massaker genannt. Es hieß, sie seien aus Rache für die eigenen Gefallenen getötet worden, oder der König von England habe beschlossen, nach Askalon zu marschieren, um es einzunehmen, und es für unklug befunden, eine so große Anzahl von Gefangenen zurückzulassen. Gott allein weiß es.

Baha ad-Din zufolge war Richard Löwenherz »gegenüber den muslimischen Gefangenen wortbrüchig geworden«, weil sie sich ja »unter der Bedingung« ergeben hatten, »dass sie in jedem Fall mit dem Leben davonkommen«, schlimmstenfalls in die Sklaverei verkauft würden, falls Saladin das Lösegeld für sie nicht zahlen sollte. Der Sultan reagierte auf die Hinrichtungen mit einer Mischung aus Entsetzen und Zorn. Zweifellos ließ er in den Wochen danach die Kreuzfahrer, die das Pech hatten, in seine Hände zu fallen, ohne Ausnahme exekutieren. Gleichzeitig stimmte er aber am 5. September der Wiederaufnahme diplomatischer Beziehungen zum englischen König zu, und einige Angehörige seines Gefolges sollten enge, fast herzliche Beziehungen zu Richard entwickeln. Insgesamt haben sie wie auch Saladin selbst die ganze entsetzliche Tat wohl so verstanden, wie sie höchstwahrscheinlich gemeint war: als einen Akt militärischer »Zweckmäßigkeit«, eine besonders grausame Absichtserklärung. Das Gemetzel löste in der gesamten islamischen Welt des Vorderen Orients offenbar eine Schockwelle aus. Saladin musste einsehen, dass seine Garnisonen künftig ihre Stellungen wohl besser frühzeitig räumten, bevor sie sich auf eine Belagerung und womöglich eine anschließende Gefangennahme einließen. Aber selbst unter den muslimischen Zeitgenossen hatten die Ereignisse vom 20. August keine allumfassende, absolute Diffamierung des englischen Königs zur Folge. Er war nach wie vor nicht nur »der verwünschte Mann«, sondern auch »*Melec* Ric«, »König Ric«, der über die Maßen versierte Krieger und Feldherr. Mit der Zeit wurde das Massaker mit anderen Gräueltaten der Kreuzfahrer wie der Plünderung Jerusalems im Jahr 1099 in eine Reihe gestellt, als ein Verbrechen, das am Ende doch keinen verheerenden Feuersturm des Hasses entfachte, sondern sich gut als Argument in der Dschihad-Werbung eignete.[19]

Natürlich hatte Richards Umgang mit seinen Gefangenen auch Auswirkungen auf sein Ansehen in der abendländischen Christenheit, und zwar in mehrfacher Hinsicht mit wesentlich nachhaltigerem Effekt. Ob dem Gemetzel nun Berechnung zugrunde lag oder nicht, jedenfalls konnte man in seinem Handeln einen eklatanten Verstoß gegen die Übergabebedingungen von Akkon sehen. Wenn Richard sein Versprechen gebrochen haben sollte, dann war der Vorwurf, er habe die herkömmlichen Vorstellungen von Ritterlichkeit und Ehre missachtet, vollkommen berechtigt. Dass Richard derartige Kritik befürchtete, kann man an der maßvollen, vorsichtigen Art ablesen, wie er und seine Gefolgschaft die Ereignisse darstellten.

Es ging dabei vor allem um Rechtfertigung. In seinem Brief an den Abt von Clairvaux vom 1. Oktober 1191 verwies er auf die Ausweichmanöver Saladins und erklärte, dass aus diesem Grund »die Frist ablief, und als die Abmachung, die er mit uns getroffen hatte, völlig nichtig geworden war, haben wir ganz zu Recht die Sarazenen, die sich in unserer Gewalt befanden – rund 2600 Mann –, getötet«. Einige lateinische Chronisten versuchten ebenfalls, dem Sultan die Schuld zuzuschieben – sie behaupteten, Saladin habe zwei Tage vor der Massenhinrichtung schon selbst begonnen, die Christen, die sich in seinem Gewahrsam befanden, umzubringen, und erklärten außerdem, Richard habe erst gehandelt, nachdem er eine Beratung angesetzt habe, und alles sei mit der Zustimmung Hugos von Burgund geschehen (der jetzt die französischen Kreuzfahrer anführte). Einige wenige kritische Stimmen wurden laut – der deutsche Chronist »Ansbert« beispielsweise verurteilte dieses barbarische Gemetzel –, aber insgesamt blieb der englische König von öffentlicher Kritik verschont.

Auch das Urteil der modernen Geschichtswissenschaft unterlag im Lauf der Zeit deutlichen Schwankungen. In den 1930er-Jahren, als Richard Löwenherz noch allgemein als impulsiver, unbeherrschter Monarch galt, verurteilte René Grousset das Massaker als barbarisch und dumm und kam zu dem Schluss, Richard sei ausschließlich von rasendem Zorn getrieben gewesen. In jüngerer Zeit hat John Gillingham mit seinen eingehenden, einflussreichen Forschungen viel zur Ehrenrettung des Königs beigetragen. In Gillinghams Rekonstruktion der Ereignisse vor Akkon tritt Richard als planvoll handelnder, klarsichtiger Befehlshaber auf, der wusste, dass ihm die Mittel zur Versorgung und Bewachung von mehreren Tausend muslimischen Gefangenen einfach nicht zur Verfügung standen, und deshalb aus militärischem Zweckdenken heraus eine durchaus logische Entscheidung traf.[20]

Letztlich können wir weder Richards Geistesverfassung noch seine Motive im August 1191 zweifelsfrei rekonstruieren. Eine logische Erklärung für sein Handeln gibt es, was allerdings die Möglichkeit nicht ausschließt, dass ihn auch Zorn und Ungeduld antrieben.

16

Löwenherz

König Richard I. von England hatte nun freie Hand, den dritten Kreuzzug zum Sieg zu führen: Die Mauern Akkons waren wiederaufgebaut, die muslimische Garnison der Stadt erbarmungslos beseitigt; Richard hatte sich außerdem die Unterstützung zahlreicher führender Kreuzfahrer gesichert, darunter die seines Neffen Heinrich II., Graf von Champagne; sogar Hugo von Burgund und Konrad von Montferrat hatten zumindest mündlich Richards Recht auf den Oberbefehl anerkannt, obwohl Konrad sich nach wie vor nicht von Tyros wegbewegte.[1] Jetzt ging es darum, das nächste Ziel des Feldzugs zu bestimmen. In Akkon zu bleiben wäre fast oder völlig sinnlos gewesen. Wenn man die Stadt allerdings auf dem Landweg verließ, war der Kreuzzug der grenzenlosen Wut muslimischer Truppen ausgesetzt. Im Mittelalter war ein Heer am verwundbarsten, wenn es sich in feindlichem Territorium bewegte. Die einzige Alternative, die sich Richard für den Zug über Land bot, war der Seeweg, doch verwarf er offenbar schnell die Idee einer Strategie, die sich ausschließlich auf den Seekrieg stützte. Er hatte jetzt zwar eine sehr große Flotte zur Verfügung, aber der Transport der gesamten Militärmaschinerie des Kreuzzugs wäre eine fast unlösbare Aufgabe gewesen; und was noch schwerer wog: Wenn es ihm nicht gelang, einen geeigneten Hafen weiter im Süden einzunehmen, musste die gesamte Offensive zusammenbrechen. Er entschied sich für eine Kombination beider Strategien: für einen Vormarsch zu Land, der sich entlang der Mittelmeerküste südwärts bewegen sollte und dabei von der lateinischen Flotte auf Sichtweite begleitet und unterstützt wurde. Damit war ein Marsch nach Jerusalem über Land ausgeschlossen, aber die übliche Route in die Heilige Stadt verlief ohnehin entlang der Küstenstraße nach Jaffa und dann in östlicher Richtung in die Berge von Judäa. Einen ähnlichen Weg hatten fast ein Jahrhundert zuvor auch schon die ersten Kreuzfahrer eingeschlagen.

Allerdings sind Richards strategische Ziele im Sommer 1190 nicht klar zu erkennen. Der dritte Kreuzzug war zur Wiedereroberung Jerusalems begonnen worden, doch es ist alles andere als ausgemacht, dass Jerusalem in jenem August das oberste Ziel des Königs war. Möglicherweise hatte er tatsächlich die Absicht, die Hafenstadt Jaffa als Ausgangsbasis für einen direkten Vormarsch auf die Heilige Stadt zu nutzen. Aber denkbar war auch eine eher indirekte Strategie, die die Küstenstadt Askalon im Süden miteinbezog, womit man die Verbindungskanäle Saladins mit Ägypten durchtrennen konnte. Der Sultan war auf den Reichtum und die Ressourcen aus Ägypten angewiesen, und mit dieser letzteren Möglichkeit hätte man die gesamte muslimische Militärmaschinerie empfindlich treffen und zusätzlich noch die Tür zu einer späteren Wiedereroberung Jerusalems öffnen können oder womöglich sogar zu einem Ausgriff auf das Nildelta.

Natürlich sind Richards Pläne auch deshalb nicht eindeutig festzumachen, weil der König selbst sich entschieden bedeckt hielt. Für ihn war es ganz schlüssig, seine Strategie vor Saladin geheim zu halten, weil dies den Sultan zwang, seine Ressourcen aufzuteilen: Er konnte sich nicht auf eine Stadt konzentrieren, sondern musste sich vielmehr auf die Verteidigung von zwei Städten vorbereiten. Muslimische Quellen verweisen darauf, dass diese Kriegslist einigermaßen erfolgreich war. Ende August kamen dem Sultan Gerüchte zu Ohren, die Kreuzfahrer hätten die Absicht, nach Askalon zu ziehen, doch er wusste, dass sie sich, wenn sie erst in Jaffa angekommen waren, genauso gut landeinwärts weiterbewegen konnten. Von seinen Generälen wurde er darüber informiert, dass sowohl in Askalon als auch in Jerusalem Garnisonen von jeweils 20 000 Mann gebraucht wurden, und so beschloss er, eine der beiden Städte zu opfern.

Es ist allerdings auch möglich, dass Richard sich noch gar nicht auf ein definitives Ziel festgelegt hatte. Der Großteil seines Heeres war innerlich wohl unerschütterlich auf Jerusalem eingestellt, aber er selbst wollte sich möglicherweise eine gewisse Flexibilität erhalten; er hoffte, das Zwischenziel Jaffa zu erreichen und dann eine endgültige Entscheidung treffen zu können. Das mag damals wie eine vernünftige Strategie ausgesehen haben, in Wirklichkeit aber schob der König damit nur die Probleme vor sich her.

Die größte Stunde

Richards nächstes Ziel war es, mit den Truppen des dritten Kreuzzugs – insgesamt zwischen 10 000 und 15 000 Mann – an der Küste Palästinas entlang in Richtung Süden zu marschieren, und zwar mindestens bis zur Hafenstadt Jaffa. Als er die relative Sicherheit Akkons hinter sich ließ, bestimmten weder die Aussicht auf Gebietseroberungen noch auch irgendwelche Schlachtpläne seine Taktik. Es ging ihm vielmehr vor allem ums Überleben – um das Leben seiner Soldaten und um seine militärischen Ressourcen, darum, dass die Kriegsmaschinerie unversehrt in Jaffa ankam, was an sich schon eine unerhört schwierige Aufgabe war. Richard wusste, dass sein Heer, während es sich auf dem Marsch befand, besonders angreifbar war und dass es das begehrteste Ziel für unaufhörliche Übergriffe der feindlichen Soldaten darstellte, die jetzt nach nichts so sehr lechzten wie nach fränkischem Blut. Außerdem musste er damit rechnen, dass Saladin versuchen würde, die Kreuzfahrer zu einer offenen Schlacht an einem Schauplatz seiner Wahl zu zwingen.

Unter diesen Voraussetzungen mag es zunächst so aussehen, als sei erhöhtes Tempo die Lösung, als wäre es für Richard am aussichtsreichsten gewesen, den 120 Kilometer langen Marsch nach Jaffa in der Hoffnung, dem Feind auszuweichen, so schnell wie möglich hinter sich zu bringen. Schließlich konnte man die Strecke in vier bis fünf Tagen bewältigen, und der König hatte nur wenig Zeit. Richard aber entschied sich im Gegenteil dafür, von Akkon in äußerst gemäßigtem, fast schon schleppendem Tempo aufzubrechen. Die damalige militärische Logik gab vor, dass für einen erfolgreichen Heeresmarsch Kontrolle das Allerwichtigste war: Die Truppen mussten strikt in enger Formation bleiben, alles hing von der kompakten Masse und dem Schutz ab, den ihre Rüstungen boten; nur so konnten sie dem Ansturm der Feinde und unaufhörlichem Beschuss standhalten. Richard dehnte bei seinem Aufbruch diese Theorie bis an ihre äußersten Grenzen aus.

Historikerinnen und Historiker haben die Heerführung Richards in diesem Stadium des Feldzugs gerühmt und gepriesen. Der Marsch von Akkon nach Süden wurde als »klassische Demonstration fränkischer Militärtaktik in Reinkultur« beschrieben, und man lobte die »bewundernswerte Disziplin und Selbstkontrolle« der Kreuzfahrer. In vielerlei Hinsicht war dies Richards Sternstunde als militärischer Befehlshaber. Besonders genial war sein Einfall, den Vormarsch zu Lande mit dem Kurs seiner Flotte in Richtung Süden zu koordinieren. Das östliche Mittelmeer war fest in lateinischer Hand, und der König wollte seine Flotte möglichst nutzbringend einsetzen. Ein Heereszug auf dem Marsch war durch einen großen Gepäcktross eher behindert, konnte andererseits nicht auf Nachschub an Proviant und Waffen verzichten. Während nun die Landstreitmacht nur das mit sich trug, was an Grundnahrungsmitteln für zehn Tage gebraucht wurde, nämlich »Zwieback und Weizen, Wein und Fleisch«, wurde der größte Teil der Kriegsausrüstung auf Transportschiffe verladen, die mit dem Heer an vier Punkten zusammentreffen sollten – in Haifa, Le Destroit, Cäsarea und Jaffa –, während kleinere Schiffe mit weniger Ladung im gleichen Tempo wie das Heer direkt an der Küste entlangsegelten und für den regelmäßigen Nachschub sorgten. Ein Kreuzfahrer schrieb: »Es hieß also, dass sie in zwei Heeren vorrückten, eines zu Land, eines zu Wasser, denn es war nicht möglich, Syrien auf andere Art einzunehmen, solange die Türken das Land in ihrer Gewalt hatten.«

Richards Vormarsch in Richtung Süden, bei dem er sich praktisch direkt links und rechts von der Küstenlinie bewegte, bot seinen Truppen außerdem wirkungsvollen Schutz vor feindlicher Umzingelung. Wo immer es möglich war, marschierten die Kreuzfahrer auf der rechten Flanke praktisch mit einem Fuß im Wasser, womit sämtliche Angriffe von dieser Seite ausgeschlossen waren. So hoffte Richard, die Gefahren eines Zuges durch Feindesland auf ein Minimum reduzieren zu können. Diese ausgefeilte Taktik beruhte offensichtlich auf sorgfältiger Vorausplanung und stützte sich wahrscheinlich zum Teil auf die genauen Ortskenntnisse der Ritterorden. Der Erfolg hing von der Truppendisziplin ab, und in dieser Hinsicht würden Richards Persönlichkeit und seine unerschütterliche Tapferkeit ausschlaggebend sein.

Und dennoch sollte man weder Richards Leistungen noch die mechanistische Präzision des Heereszugs überbewerten. Selbst in dieser Phase des Kreuzzugs hatte der König mit Schwierigkeiten zu kämpfen, was von modernen Interpreten meist übersehen wird. Schon sein erstes Problem – der eigentliche Aufbruch – geriet zu einer echten Blamage. Man hätte erwarten können, dass seine Autorität als einziger noch anwesender Monarch außer Frage stand; schließlich hatte er es sogar auf sich genommen, potenziell widerspenstige französische Kreuzfahrer wie Hugo von Burgund mit Geld zu motivieren, um sich ihrer Loyalität zu versichern. Trotzdem bereitete es ihm zahllose Schwierigkeiten, seine Landsleute zum Verlassen der Stadt Akkon zu bewegen.

Diese Hafenstadt war zu einem bequemen, ja verführerischen Zufluchtsort vor den Schrecken des »heiligen Krieges« geworden. Sie war »so vollgestopft mit Leuten, dass kaum alle Platz fanden«, und hatte sich dabei in eine Lasterhöhle verwandelt, in der alle möglichen verbotenen Vergnügungen zu kaufen waren. Ein Kreuzfahrer gesteht, es sei »sehr angenehm« gewesen, »mit gutem Wein und Mädchen, darunter einige äußerst hübsche«, mit denen viele lateinische Kreuzfahrer »ihren inferioren Spaß« gehabt hätten. Unter diesen Bedingungen fiel es Richard schwer, seine Befehle durchzusetzen. Am Tag nach dem Massaker an den muslimischen Gefangenen ließ er einen Stützpunkt auf der Ebene im Südosten des Hafens errichten, jenseits der alten Kreuzfahrergräben. Seine treuesten Gefolgsleute begleiteten ihn, andere jedoch zögerten. Ein Anhänger Richards gestand, dass der König eine Mischung aus Schmeichelei, Bitten, Bestechung und Gewalt anwenden musste, um eine einigermaßen ansehnliche Streitmacht zusammenzubekommen, und selbst dann blieben noch viele in Akkon zurück. Tatsächlich stießen während der ersten Phase des Marsches immer noch Nachzügler zum Hauptheer. Zumindest zu Beginn war wohl das zurückhaltende Tempo von Richards Vormarsch, das heute von Militärhistorikerinnen und -historikern so bewundert wird, vor allem darauf zurückzuführen, dass man diesen Nachzüglern den Anschluss an den Tross noch ermöglichen wollte.[2]

Abmarsch

Das Hauptheer brach am Donnerstag, dem 22. August 1191, in Richtung Süden auf. Um jeglicher Form von »Liederlichkeit« unter seinen Männern zuvorzukommen, befahl Richard, sämtliche Frauen in Akkon zurückzulassen. Nur für ältere Pilgerinnen wurde eine Ausnahme gemacht, die, wie es hieß, »die Kleider und Köpfe [der Soldaten] wuschen und beim Lausen genauso nützlich waren wie Affen«. In den ersten beiden Tagen ritt Richard mit der Nachhut, um für die Aufrechterhaltung der Ordnung zu sorgen, doch wider Erwarten gab es kaum Probleme. Saladin, der nicht wusste, was Richard vorhatte, und möglicherweise einen Überfall auf sein Lager bei Saffaram fürchtete, unternahm in die-

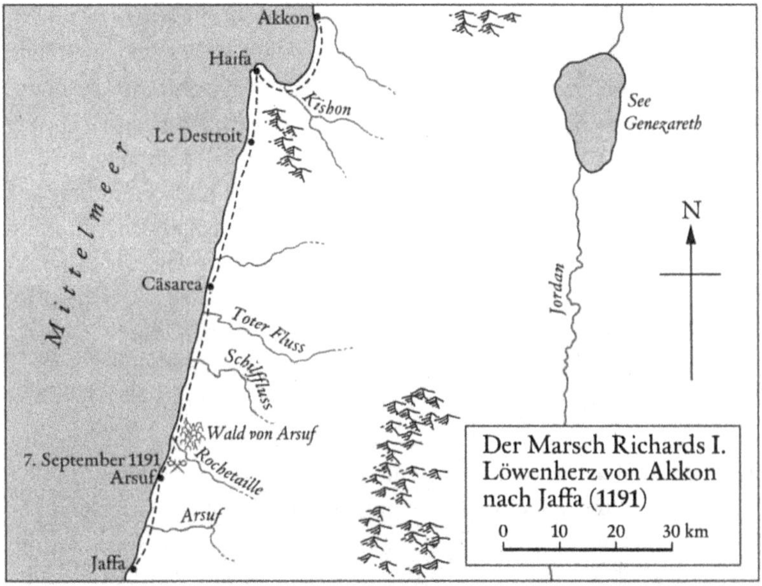

sem Stadium lediglich einige Scheinangriffe. Nachdem die Kreuzfahrer binnen zwei Tagen kaum 15 Kilometer hinter sich gebracht hatten, überquerten sie den Fluss Belus und schlugen ihr Lager auf; dort verbrachten sie den gesamten 24. August und »warteten auf diejenigen aus dem Volk Gottes, die aus Akkon nur mit Mühe abzuziehen waren«.[3]

Am frühen Morgen des nächsten Tages brach Richard auf, um den Rest des Weges nach Haifa zurückzulegen. Das Heer war in drei Abteilungen aufgegliedert: Der König ritt an der Spitze, in der Mitte marschierte die Kerntruppe aus englischen und normannischen Kreuzfahrern, und Hugo von Burgund und die Franzosen bildeten die Nachhut. Eine Koordination dieser Gruppen fand vorerst nur begrenzt statt, doch zumindest waren alle durch den Blick auf Richards königliche Standarte vereint, die aus der Mitte des Heeres emporragte. Mit dem Zug des Heeres Richtung Süden bewegte sich auch das königliche Drachenbanner, das an einem riesigen, eisenbeschlagenen Fahnenmast befestigt war. Dieser stand auf einer hölzernen Plattform auf Rädern und wurde von einer Elitetruppe bewacht. Das Banner war für alle sichtbar, auch für den Feind (der es mit einem »riesigen Leuchtfeuer« verglich), und solange es über dem Heer flatterte, zeigte es das ungebrochene Überleben der Franken an und half den Männern, ihre Furcht angesichts muslimischer Anschläge im Zaum zu halten. An jenem Sonntag waren Unbeirrbarkeit und Furchtlosigkeit besonders wichtig.

Um nach Haifa zu gelangen, führte Richard das Kreuzfahrerheer auf den sandigen Küstenstreifen südlich von Akkon. Saladin hatte, ohne dass es die Lateiner bemerkten, an diesem Morgen (des 25. August) sein Lager abgebrochen, er hatte seinen Tross in Sicherheit bringen lassen und seinem Bruder al-Adil die Anweisung gegeben, die Stärke und den Zusammenhalt des fränkischen Heereszugs auf die Probe zu stellen. Eine Konfrontation stand bevor. Im weiteren Verlauf des Tages machte sich eine Atmosphäre fast greifbaren Unbehagens unter den langsam sich vorwärtsbewegenden Kreuzfahrern breit. Zu ihrer Linken, in den Dünen, tauchten muslimische Truppen auf, die ihren Vormarsch beschatteten, beobachteten, abwarteten. Dann senkte sich Nebel auf die Marschierenden herab, und Panik breitete sich aus. In dem Durcheinander verlangsamte sich die französische Nachhut, bei der sich auch die Wagen und Karren mit den nötigsten Materialien befanden; der Kontakt zum Rest des Heeres war abgebrochen, und in diesem Moment schlug al-Adil zu. Ein Kreuzfahrer beschrieb den anschließenden muslimischen Überraschungsangriff:

> Die Sarazenen jagten heran, sie nahmen sich zuerst die Fuhrleute vor, brachten Männer und Pferde um, raubten große Teile des Gepäcks und hieben auf die Führer [des Konvois] ein, sie schlugen sie in die Flucht und jagten sie in die schäumenden Wellen. Dort kämpften sie so erbittert, dass die Hand eines bewaffneten Mannes namens Evrart [einer der Männer des Bischofs Hubert Walter] abgehauen wurde; der machte darum überhaupt kein Aufhebens, […] sondern nahm sein Schwert in die linke Hand und wich keinen Zoll zurück.

Die Nachhut »war zum Stillstand gebracht«, eine Katastrophe stand unmittelbar bevor, als Richard von dem Angriff erfuhr. Er erkannte, dass er sofort handeln musste, wenn er eine tödliche Umzingelung der Franzosen vermeiden wollte, und ritt also unverzüglich zurück. Ein christlicher

Augenzeuge beschrieb, wie der König »gegen die Türken galoppierte, direkt in ihre Mitte hinein, schneller als ein Blitz«, wie er die muslimischen Angreifer mit Waffengewalt zurückzwang und die Nachhut wieder mit dem Hauptteil des Heeres verband. Der Feind zog sich hinter die Dünen zurück und ließ das lateinische Heer erschüttert, aber doch weitgehend unbeschadet zurück. Diese erste Herausforderung hatten sie bestanden, und sie erreichten Haifa entweder in jener Nacht oder am Morgen des nächsten Tages. Dort blieben sie den gesamten 26. und 27. August.[4]

Ganz offensichtlich musste der Heereszug der Kreuzfahrer neu aufgestellt werden. In der modernen Forschungsliteratur wurde gerühmt, wie virtuos Richard beim Aufbruch von Akkon die fränkische Marschformation organisiert und aufrechterhalten habe. Dabei wird allerdings übersehen, dass Richard und seine Männer eigentlich erst durch Schaden klug wurden. Ein Kreuzfahrer schrieb, dass die Franken nach den Erfahrungen des 25. August »große Anstrengungen unternahmen und sich klüger verhielten«. Während der König also immer noch abwartete, bis sein Heer sich endlich vollständig versammelte – es trafen nämlich nach wie vor Truppen aus Akkon ein, mittlerweile überwiegend zu Schiff –, organisierte er seine Streitmacht neu. Er reduzierte die Ausrüstung; vor allem die Armen waren mit zu viel »Verpflegung und Waffen« aufgebrochen, deshalb »mussten einige von ihnen zurückgelassen werden, die dann vor Hitze und Durst umkamen«. Gleichzeitig wurde eine wesentlich klarer strukturierte Marschordnung eingeführt, die offenbar für den weiteren Weg in den Süden beibehalten wurde.

Die Kreuzfahrer folgten so weit irgend möglich ihrer Route entlang der Küste, und der Kontakt zur Flotte wurde eher noch verstärkt. Elitetruppen der Templer und Johanniter bekamen die heikle Aufgabe zugeteilt, die Spitze und die Nachhut zu bilden; an der linken Flanke wurden der König und die große Menge der berittenen Kämpfer von dichten Reihen gut bewaffneter Fußsoldaten abgeschirmt. Ein muslimischer Augenzeuge, der das Heer einige Tage später beobachtete, beschrieb diese Fußtruppe als eine undurchdringliche »Wand«. Die Männer waren alle geschützt durch »lange, gut gearbeitete Kettenhemden« und gegen leichten Beschuss völlig immun: »Wenn sie von Pfeilen getroffen wurden, fielen diese völlig wirkungslos von ihnen ab«, und er sah sogar »Franken, die mit zehn Pfeilen im Rücken völlig ungerührt weitermarschierten«. Diese Fußsoldaten konnten Bogen und Armbrust benutzen, um etwaige Angreifer abzuschrecken, doch konzentrierten sie sich vor allem darauf, unbeirrt voranzukommen. Richard wusste genau, dass dieses Abschirmen einen enormen physischen und psychischen Kraftaufwand erforderte, daher teilte er die Infanterie in zwei Abteilungen auf, die sich ablösen konnten; die Gruppe, die sich erholen durfte, marschierte an der geschützten rechten, meerseitigen Flanke, neben dem Zug mit dem leichten Gepäck.[5]

In dieser Formation verließen die Christen – zweifellos in dem Bewusstsein, dass sie von diesem Augenblick an mit heftigen, unaufhörlichen Störmanövern durch Saladins Truppen rechnen mussten – am 28. August Haifa. Richard achtete sorgfältig darauf, die Kräfte seiner Männer zu schonen; auf jede Marschetappe folgte ein Tag Rast, manchmal sogar zwei. Die muslimischen Truppen blieben ihnen auf den Fersen, nachts stellten sie vor den lateinischen Lagern sogar Posten auf und suchten ständig nach einer Möglichkeit, die Marschordnung der Kreuzfahrer aufzubrechen. Unbeantwortet bleibt die Frage, inwieweit der Sultan versuchte, die Franken in eine offene Schlacht zu verwickeln. Historikerinnen und Historiker haben hier Saladins Absichten immer wieder falsch gedeutet: Er habe von Anfang an geplant, eine Schlacht auf dem ihm genehmen Gelände im Süden, in der Nähe von Arsuf, zu schlagen. Die detaillierten Berichte des Augenzeugen Baha ad-Din, der den Sultan ständig begleitete, ergeben ein völlig anderes Bild. Saladin war offenbar von Richards Taktik völlig verunsichert. Die unerwartete Entscheidung des Königs, immer wieder Ruhetage einzulegen, führte dazu, dass der Sultan das Tempo des fränkischen Vormarschs falsch einschätzte und somit auch die Zeit, die seine eigenen Truppen unterwegs verbringen mussten, was dazu führte, dass die Verpflegung knapp wurde. Es sah jetzt ganz so aus, als sei Saladin von Richard überlistet worden; ihm wurde eine reaktive Strategie aufgezwungen, die auch nicht frei war von Verzweiflungstaten. Truppen wurden zwar ausgesandt, die den Christen auf den Fersen bleiben sollten, doch begann der Sultan auch mit einer hektischen Suche nach einem passenden Schlachtfeld; er selbst erkundete die südwärts führende Küstenroute und begutachtete sogar, wie angreifbar mögliche Lagerplätze der Kreuzfahrer waren. Während dieser gesamten Phase versuchte er wiederholt, den Zug der Lateiner zum Stillstand zu bringen.

Acht Tage lang kamen die Kreuzfahrer nur quälend langsam voran. Am Freitag, dem 30. August, brachen sie von der Festungsruine bei Le Destroit in Richtung Cäsarea auf. Die sengende Sommersonne machte ihnen schwer zu schaffen. Einer der Mitmarschierenden beschrieb, dass

> […] die Hitze so unerträglich war, dass einige starben; sie wurden sofort beerdigt. Die Leute, die nicht weitergehen konnten, die Ermatteten und Erschöpften, von denen es oft viele gab, die Kranken und Kraftlosen, ließ der König sehr umsichtig von den Schiffen und den kleinen Booten zum nächsten Haltepunkt bringen.

Am nächsten Tag, auf dem Weg zu einem Gewässer mit dem unheilvollen Namen Toter Fluss, errangen die Franken in einem längeren Gefecht einen beachtlichen Erfolg. An jenem Tag befand sich unter den Feinden Ayas der Gewaltige, einer von Saladins berühmtesten, wildesten Mamelucken, der alles, was ihm in die Quere kam, mit einer riesigen Lanze niedermähte. Ein gezielter Hieb stürzte ihn vom Pferd, und Ayas, von seiner Rüstung zu Boden gezogen, wurde überrannt und abgeschlachtet. Baha ad-Din gestand, dass »die Muslime sehr um ihn trauerten«. Vielleicht noch wichtiger war, dass der Sieg bei den Christen die Stimmung wieder verbessern konnte. Dazu trug auch ein Ritual bei: Jeden Abend richteten die Kreuzfahrer gemeinsam das Gebet zum Himmel: »Heiliges Grab, hilf uns!«, bevor sie sich niederlegten, um sich einige wenige Stunden unruhigen Schlafes zu verschaffen.

Was es ihnen jedoch vor allem ermöglichte, angesichts der ständigen Bedrohung ihre Fassung zu bewahren, war die unermüdliche Anwesenheit von Richard Löwenherz, der immer wieder Beistand leistete, keine Anstrengung und keinen Kampf scheute und immer bereit war, die Truppen moralisch aufzurichten. Er legte offenbar großen Wert darauf, die Stimmung seiner Soldaten ständig im Auge zu behalten und mit allen Mitteln zu verhindern, dass er ihr Durchhaltevermögen zu stark belastete. Anfang September, als es zu Versorgungsengpässen kam, brachen Streitigkeiten aus. Fußsoldaten sammelten sich um die Überreste der »fettesten toten Pferde« herum, die im Lauf des Tages im Kampf umgekommen waren, und sie prügelten sich um das Fleisch, was die Ritter, denen die Rösser gehört hatten, aufs Äußerste empörte. Der König trat dazwischen und versprach, er werde jedes Pferd ersetzen, wenn man das Fleisch des Tieres »tapferen Kämpfern« überließ. Die dankbaren Franken »aßen [das] Pferdefleisch, als wäre es Wild. Sie hielten es für eine wahre Köstlichkeit, auch wenn es nur vom Hunger und nicht mit Sauce gewürzt war.«[6]

Natürlich war die Kehrseite von Richards segensreicher Omnipräsenz ein beträchtliches Risiko. Als sie am 3. September vom Toten Fluss aus weitermarschierten, zwang ein »unwegsamer« Abschnitt an der Küste die Kreuzfahrer, sich ein Stück weit landeinwärts zu bewegen. Saladin hatte auf diesen Augenblick gewartet, um einen Kampf zu eröffnen; er selbst führte drei Abteilungen gegen die dicht gedrängten Reihen der Kreuzfahrer. Wieder und wieder beschossen die Muslime die Christen mit Pfeilen und griffen sie dann direkt an. Baha ad-Din beobachtete den Ansturm:

> Ich sah tatsächlich Saladin unter den Angreifern reiten, und die Pfeile der Feinde umschwirrten ihn. Er wurde lediglich von zwei Dienern mit zwei Ersatzpferden begleitet, und er ritt von Abteilung zu Abteilung, drängte sie vorwärts, befahl ihnen, den Feind hart zu bedrängen und in einen Kampf zu verwickeln.

Der Sultan kam unverletzt davon, im Gegensatz zu Richard: Da er sich wie immer mitten im Schlachtgetümmel aufhielt, wurde er plötzlich vom Geschoss einer Armbrust in die Seite getroffen. Glücklicherweise gelang es ihm, trotz der Kämpfe, die um ihn herum tobten, im Sattel zu bleiben: Seine Rüstung hatte die größte Wucht des Geschosses abgefangen, und »er war nicht ernsthaft verletzt worden«. Doch wirft die Episode ein Licht auf die zwar notwendigen, aber auch gewaltigen Risiken, die er als der mittelalterliche Krieger-König auf sich nahm. Wenn er an diesem Tag gefallen wäre, hätte sich wohl bald der gesamte Kreuzzug aufgelöst. Und ohne seine spürbare, offenbar unbeirrbare Anwesenheit in den vordersten Reihen hätte der Widerstand der Christen wohl sehr schnell nachgelassen. So aber hatten sowohl Richard als auch Saladin das erste direkte Aufeinandertreffen überlebt. Am Ende des Tages erreichten die nachhaltig erschütterten Christen den Schilffluss. Als sie an seinem Ufer ihr Lager aufschlugen, scheint ihnen nicht klar gewesen zu sein, dass nur ungefähr knapp zwei Kilometer flussaufwärts auch die

Muslime ihre Zelte aufgestellt hatten. Baha ad-Din beschreibt mit einer gewissen Ironie, dass »wir aus dem oberen, die Feinde dagegen aus dem unteren Flussabschnitt tranken«.[7]

Die Schlacht von Arsuf

Richard war jetzt nur noch 35 Kilometer von Jaffa entfernt. Der Marsch war bisher zwar gefahrvoll und anstrengend gewesen, aber auch ein überwältigender Erfolg. Der König muss allerdings geahnt haben, dass Saladin nun wirklich sämtliche Reserven mobilisierte, um den weiteren Vormarsch der Franken aufzuhalten, denn der Verlust Jaffas wäre für den Islam ein schrecklicher Schlag gewesen. Die geplante Route führte weiter durch den Wald von Arsuf zu einem günstigen Lagerplatz neben einem Fluss namens Rochetaille, auf dessen anderer Seite sich vor der kleinen Siedlung Arsuf eine weite, sandige Ebene erstreckte. Im lateinischen Heer machten Gerüchte die Runde, ein Überfall aus dem Hinterhalt oder ein Angriff stehe unmittelbar bevor. Richard ließ seine Truppen neben dem Schilffluss am 4. September ausruhen, und an jenem Abend gelang ihm ein meisterhafter Schachzug. Das unberechenbare Tempo, mit dem die Kreuzfahrer sich voranbewegten, hatte bei Saladin schon für Verwirrung und Zweifel gesorgt und ihn gehindert, die Initiative zu ergreifen. Nun bediente sich der König einer ganz unerhörten List, indem er Boten zur Vorhut der Muslime schickte und darum bat, mit al-Adil in Friedensverhandlungen einzutreten.

Der Sultan hatte den ganzen Tag damit zugebracht, auf der Suche nach einem geeigneten Schlachtfeld den Wald und die Ebene südlich davon auszukundschaften, bevor er sich eilends in den Norden zurückbegab. Er war so rasch unterwegs, dass bei Einbruch der Dämmerung viele seiner Männer, »die noch im Wald herumirrten, zurückgelassen wurden«. Offenbar begann Saladin die Kontrolle über sein Heer zu verlieren. Als ihm an jenem Abend die Nachricht von Richards Anfrage überbracht wurde, stimmte er zu und wies seinen Bruder an, »die Gespräche in die Länge zu ziehen«. Wenn er genügend Zeit hatte, konnte er seine Truppen aufstellen und eine Offensive vorbereiten.

Allerdings hatte der König von England seinen Gegner ein weiteres Mal ausmanövriert. Es war nämlich durchaus nicht seine Absicht, in irgendwelche Verhandlungen einzutreten; er hatte um eine Unterredung gebeten, um Saladin hinsichtlich seiner eigenen Pläne in die Irre zu führen und vielleicht auch um Einblick in die Pläne und Vorbereitungen aufseiten der Muslime zu gewinnen. Verabredungsgemäß traf er am Abend des 5. September mit al-Adil zu einer privaten Unterredung zusammen, doch ihr Gespräch war weder ausgedehnt noch freundlich. Der König forderte ganz direkt die Rückgabe des Heiligen Landes und von Saladin den Rückzug in muslimisches Gebiet. Natürlich war al-Adil empört, doch das Gespräch war noch kaum beendet, als Richard seinem Heer befahl, unverzüglich in den Wald von Arsuf weiterzuziehen. Das traf den Sultan völlig unvorbereitet, und da seine Truppen noch nicht aufgestellt waren, war er außerstande zu reagieren. Die meisten Kreuzfahrer waren nicht frei von Furcht, als sie den Wald betraten, »denn es hieß, die Muslime würden den Wald anzünden und ein solches Feuer entfachen, dass das Heer [der Christen] gebraten würde«. Aber das Täuschungsmanöver ihres Anführers war so überzeugend gewesen, dass sie den Wald ungehindert und unversehrt passieren konnten und wohlbehalten am Rochetaille ankamen. Richard ließ seine Truppen am 6. September ausruhen – er gab ihnen vor dem Spießrutenlauf nach Arsuf und darüber hinaus noch ein letztes Mal die Möglichkeit, Atem zu holen. Gleichzeitig suchte der bestürzte Sultan in Gesprächen mit al-Adil fieberhaft nach einer Strategie, mit der die Katastrophe vielleicht noch abzuwenden war.[8]

Als Richard am Samstag, dem 7. September, erwachte, muss er gewusst haben, dass der Feind die offene Ebene vor ihnen nutzen wollte, um einen weiteren mörderischen Angriff zu unternehmen. Vielleicht ahnte er auch schon, dass diese Konfrontation größere Ausmaße annehmen würde als die vorige vom 3. September. Für die Kreuzfahrer begann dieser Samstag wie jeder Tag ihres Marsches bisher, seit sie Haifa verlassen hatten: mit der peniblen Aufstellung aller Truppenteile. Zu diesem Zeitpunkt umfasste das Heer ungefähr 15 000 Mann, 1000–2000 von ihnen waren beritten. Ein Kreuzfahrer erinnert sich, dass »Richard, der ruhmreiche König von England, der so viel vom Krieg und vom Heer verstand, die Befehle nach seinen Vorstellungen gab, wer vorn und wer hinten stehen sollte«. Die Templer sollten, wie gewohnt, die Führung übernehmen, ihre Brüder vom Johanniterorden wurden zusammen mit einer starken Gruppe von Bogen- und Armbrustschützen als Nachhut aufgestellt. Die Mitte bestimmte eine Gruppe von Poitevinern, Normannen und Engländern. Heinrich von Champagne befehligte die linke, landeinwärts gewandte Flanke; der König und Hugo von Burgund schließlich führten eine mobile Reserve an, die im gesamten Heer eingesetzt werden und, wo nötig, Schwachstellen verstärken konnte. Wie immer war es das oberste Ziel, die Reihen so eng wie möglich zu schließen und eine dichte Formation zu bilden. Es hieß, dass die Franken, als sie vom Ufer des Rochetaille aufbrachen, »so diszipliniert und so dicht nebeneinander aufgestellt waren, dass ein [in ihre Mitte geworfener] Apfel unfehlbar einen Mann oder ein Pferd getroffen hätte«.

Der Kreuzfahrer und Chronist Ambroise berichtet allerdings, dass die Vorbereitungen an diesem Tag anders abliefen. Danach bereitete der König sein Heer nicht nur auf den Weitermarsch vor, sondern ausdrücklich auf eine Schlacht. Ambroise war im Gefolge Richards in den Orient gekommen, und er verfasste später ein Versepos über diesen Kreuzzug in altfranzösischer Sprache. Bei ihm wird dieser 7. September 1191 als ein Tag beschrieben, der ganz im Zeichen der Konfrontation stand; ein glanzvoller Tag des Sieges von geradezu homerischen Ausmaßen. Sein Held Richard Löwenherz fasst in der Darstellung von Ambroise selbst den Entschluss, Saladin anzugreifen. Als hätte er seherische Fähigkeiten, erkennt der König, »dass es nicht möglich war, ohne eine Schlacht weiterzumarschieren«, und er plant deshalb, die mächtigste Waffe der Christen – die Gruppe der schwer bewaffneten Ritter – in dem Moment gegen den Feind einzusetzen, wenn die Kampfkraft von Saladins Heer erkennbar nachließe. Alles hing dabei vom richtigen Zeitpunkt ab; da aber im Mittelalter eine Verständigung auf dem Schlachtfeld nur sehr begrenzt möglich war, musste Richard sich auf akustische Signale stützen, um die Attacke zu befehlen. Ambroise beschreibt, dass »sechs Trompeten an drei verschiedenen Punkten in der Armee postiert wurden, die ein Signal geben sollten, wenn der Augenblick für den Angriff gegen die Türken gekommen war«.

Ambroise' Darstellung der Ereignisse bei Arsuf war ungeheuer einflussreich, oft übernommen von Zeitgenossen und immer wieder nachgebetet von modernen Historikerinnen und Historikern. Das epische Bild jenes Samstagmorgens an der Küste Palästinas, das diese Beschreibung liefert, hat sich weitgehend durchgesetzt: wie sich das blitzende Heer der Kreuzfahrer in Marsch setzt, wie sich die Truppen auf den kommenden Kampf vorbereiten, eigentlich nichts anderes mehr im Sinn haben, einem eingelegten Pfeil gleich, der an der gespannten Sehne bebt, bereit, jeden Augenblick abgeschossen zu werden. Doch so detailfreudig, farbig und verführerisch Ambroise' Schilderung ist, so wird sie doch durch andere Augenzeugen widerlegt. Das wichtigste dieser Zeugnisse ist ein Brief, den die Historikerinnen und Historiker sträflich unterschätzten, ein Brief von König Richard I. selbst. Dieses Schreiben, eine Botschaft direkt von der Front an Garnier von Rochefort, den Abt der Zisterzienserabtei Clairvaux, wurde nicht, wie Ambroise' Versfassung, gut sechs Jahre später verfasst, sondern nur drei Wochen nach der Schlacht von Arsuf, am 1. Oktober 1191. Die Ereignisse des 7. September werden darin nur kurz, fast nebenbei erwähnt, was darauf schließen lässt, dass Richards Hauptinteresse an diesem Tag darin bestand, in die relative Sicherheit der Außenbezirke von Arsuf zu gelangen, nicht aber, eine endgültige Entscheidung in der Auseinandersetzung mit Saladin herbeizuführen.

Im Zeitalter der Kreuzzüge waren offene Schlachten ausgesprochen selten. Die damit verbundenen Risiken und der unkalkulierbare Zufall veranlassten kluge Feldherren, den offenen Konflikt nach Möglichkeit zu vermeiden, wenn ihr Heer nicht in erdrückender Überzahl antrat. Richard wollte in dieser Phase des Kreuzzugs vor allem in Jaffa ankommen und von dort aus Askalon und Jerusalem bedrohen. Wäre es ihm wirklich um eine Entscheidungsschlacht gegen Saladin gegangen, solange dieser militärisch ebenbürtig oder gar überlegen war und den Ort der Schlacht selbst bestimmen konnte, hätte er damit das Schicksal des gesamten »heiligen Krieges« aufs Spiel gesetzt und vom Zufall wie von einem Würfelwurf abhängig gemacht. Vielleicht (sein Brief gibt dazu keine Auskunft) bereitete der König seine Soldaten auf eine Schlacht bei Arsuf vor – für den Fall, dass ihm nichts anderes übrig blieb –, doch es gibt einen signifikanten, wenn auch subtilen Unterschied zwischen der Vorbereitung auf einen Waffengang und der Absicht, ihn wirklich zu betreiben. Für Saladin dagegen war eine Entscheidungsschlacht unumgänglich. Angesichts des offenbar unaufhaltsamen Vormarschs der Christen war ihm eines völlig klar: Wenn er nicht umgehend handelte, war er binnen weniger Tage gezwungen, in erbärmlicher Ohnmacht mitanzusehen, wie Richard Löwenherz Jaffa erreichte. So unmittelbar nach der Niederlage von Akkon wären die strategischen und politischen Folgen verheerend gewesen, die islamische Herrschaft über Palästina wäre ins Wanken geraten und sein eigenes Ansehen als Mudschahid nachhaltig beschädigt. Die Franken mussten hier aufgehalten werden, auf der staubigen Ebene von Arsuf. Baha ad-Din konstatierte nüchtern: »[Der Sultan war] fest entschlossen, den Feind an diesem Tag in offener Schlacht zu stellen.«[9]

Als die Kreuzfahrer sich kurz nach der Morgendämmerung vom Fluss Rochetaille aus in Marsch setzten, empfing sie ein furchterregender Anblick: Dort, wo links die bewaldeten Hügel auf die Ebene trafen, hatte Saladin sein gesamtes Heer aufgestellt. In unzähligen Reihen erstreckte es sich vor ihnen, »versammelt wie eine dichte Hecke«, rund 30 000 muslimische Krieger, darunter zahlreiche berittene Kämpfer. Die Franken verfügten über höchstens halb so viele Männer. Ungefähr um 9 Uhr am Vormittag raste die erste Welle von 2000 feindlichen Kämpfern auf sie zu, und die Schlacht begann. Im Lauf des Vormittags schickte Saladin praktisch seine gesamte Streitmacht ins Gefecht, nur eine Eliteeinheit von ungefähr 1000 Mann aus der königlichen Garde hielt er zurück, die er zu einem gezielten Angriff nutzen wollte, sobald sich in der Formation der Lateiner eine Lücke auftat. Stunde um Stunde, in mittlerweile sengender Hitze, marschierten die Christen weiter, während die Muslime unaufhörlich auf sie einstürmten.

Ein Kreuzfahrer beschrieb den ohrenbetäubenden Lärm auf dem Schlachtfeld – das Gewimmel von Männern, die »schrien, heulten und brüllten«, die Trompeten und Trommeln der Feinde, die den entsetzlichen Schlachtrhythmus vorgaben – sodass »man Gott nicht donnern gehört hätte, so groß war der Lärm«. Die Muslime griffen vor allem mit Geschossen an: »Noch nie zuvor fiel Regen oder Schnee oder Hagel im Winter so dicht, wie hier die Bolzen flogen, die unsere Pferde töteten«, erinnert sich ein Augenzeuge, und er fügt hinzu, dass man die Pfeile bündelweise hätte auflesen können wie Korngarben vom Feld. Unter den feindlichen Truppen befanden sich auch Angehörige eines Volkes, das den meisten Kreuzfahrern völlig fremd war: furchterregende Afrikaner. Ein lateinischer Augenzeuge erklärte, dass sie »›Schwarze‹ genannt würden – das ist die Wahrheit –, [und sie kamen] aus dem wilden Land, hässlich waren sie und schwärzer als Ruß [...] ein sehr schnelles und wendiges Volk«.

Der Horror des unablässigen Angriffssturms an diesem Morgen war schier unerträglich.

> Die Franken dachten, ihre Reihen würden aufgebrochen, und sie glaubten nicht mehr daran, dass sie auch nur noch eine Stunde weiterleben und das alles überleben würden; Ihr müsst wissen, dass [einige] Feiglinge nicht anders konnten, als ihre Bögen und Armbrüste von sich zu werfen und [von der Frontlinie weg] in das Heer hinein zu fliehen. [...] Keiner war so zuversichtlich, dass er sich nicht von Herzen gewünscht hätte, seine Pilgerreise abzubrechen.[10]

Richards oberste Priorität war und blieb in diesem Getümmel, die Truppendisziplin zu wahren und den Marsch nach Arsuf geordnet fortzusetzen. Jede Pause und jede Lücke in der Formation musste tödliche Folgen haben; dabei waren seine Truppen fast unwiderstehlich versucht zurückzuschlagen. Ein Bote aus der Nachhut der Johanniter galoppierte nach vorn und bat um die Erlaubnis, sich zu wehren, doch Richard lehnte ab. Die Formation konnte beibehalten werden, jedenfalls für den Moment. Es zeugt von der Willenskraft des Königs und von seinem Charisma als Heerführer, dass er seine Autorität angesichts einer so extremen Bedrohung durchsetzen konnte. Die Christen waren nun »wie eine Schafherde von wütenden Wolfsrachen umzingelt, sie konnten nichts mehr sehen außer dem Himmel über sich und um sich herum ihre entsetzlichen Feinde«. Dennoch setzten sie ihren Marsch fort.

Als sich die Vorhut der Templer den Gärten in den Außenbezirken von Arsuf näherte, ritt der Großmeister der Johanniter, Garnier von Nablus, selbst nach vorn, um den König ein zweites Mal um die Erlaubnis zum Angriff zu bitten; beschwörend verwies er darauf, wie schändlich solche Untätigkeit sei, doch wieder bekam er ablehnenden Bescheid. Richard gibt in seinem Brief vom 1. Oktober an, dass die ersten Reihen des Heeres den Rand von Arsuf erreichten und begannen, »ein Lager aufzuschlagen«. Das bestätigt Baha ad-Din, der berichtet, dass »die ersten Abteilungen der Infanterie [der Christen] die Gärten von Arsuf erreichten«. Damit ist die Annahme widerlegt, Richard habe an diesem 7. September durchgehend irgendeine größer angelegte Strategie verfolgt und seine Truppen nur deswegen zurückgehalten, um sie dann in einer offenen Schlacht richtig zuschlagen zu lassen. Genau wie während seines gesamten Marsches von Akkon her war auch bei Arsuf Richards größtes Anliegen Sicherheit und Überleben. Es fehlte nicht viel, und er hätte sein Ziel erreicht, doch plötzlich geriet er in Zugzwang.[11]

Er wandte sich um und musste feststellen, dass die Kreuzfahrer zum Angriff übergegangen waren. Ohne Vorankündigung hatten zwei Ritter aus der Nachhut – der Marschall der Johanniter und Balduin von Carew – die Formation verlassen. Angetrieben von einer Mischung aus Zorn, Demütigung und Blutdurst, unter lauter Anrufung des heiligen Georg, »brachen sie aus der Reihe aus, und in vollem Galopp warfen sie sich auf die Türken«. Wie ein Blitz zuckte dieser Impuls durch das gesamte Heer, und binnen Kurzem folgten ihnen Tausende Kreuzfahrer. Die Nachhut der Johanniter warf sich in die Schlacht. Richard sah dem Treiben noch entsetzt zu, als auch schon Heinrich von Champagne, Jakob von Avesnes und Robert, Earl von Leicester, die linke Flanke und die Mitte des Heeres ebenfalls zum Angriff führten.

Nun war der entscheidende Moment gekommen. Richard hatte den Kampf zwar nicht gesucht, aber da es völlig aussichtslos war, seine Truppen zurückzuholen, musste er sich darauf einlassen. Wenn er nicht reagiert hätte, wären die Folgen katastrophal gewesen, und so zögerte er keinen Augenblick: »Er gab seinem Pferd die Sporen und galoppierte schneller los als ein Armbrustgeschoss«, hinter sich seine restlichen Truppen. Natürlich war von dem Trompetensignal, das Ambroise erwähnt, nichts zu hören.[12]

Der König traf auf ein wüstes Gemetzel. Der erste Angriff der Kreuzfahrer hatte zu einem chaotischen Blutbad geführt, als die schockierten Kämpfer in der ersten Linie von Saladins Heer in die Flucht geschlagen und überrannt wurden. Die Verletzten schrien, »während andere, in ihrem Blut liegend, ihr Leben aushauchten. Viele waren nur noch kopflose Leichen, die von Freunden wie Feinden achtlos niedergetrampelt wurden.« Als sich nun aber Richard ins Getümmel stürzte, sammelte der Sultan seine Männer und ging zum Gegenangriff über. Wie viel der König selbst zur Schlacht beitrug, ist nicht genau überliefert. Er selbst machte nicht viel Aufhebens von seiner eigenen Tapferkeit; in seinem Brief an den Abt von Clairvaux berichtet er von der Begegnung nur in ziemlich dürren Worten:

> Unsere Vorhut marschierte voran und begann schon mit dem Aufschlagen des Lagers bei Arsuf, als Saladin und seine Sarazenen zu einem heftigen Angriff auf unsere Nachhut ansetzten, doch dank der Gnade Gottes wurden sie von den vier Schwadronen, die sich ihnen stellten, in die Flucht geschlagen.

Andere lateinische Zeitgenossen, darunter auch Ambroise, stellten die Szene entschieden mitreißender dar, sie machten daraus ein Paradebeispiel königlichen Heldenmuts, mit dem Richard Löwenherz im Alleingang den Sieg erfocht:

> König Richard verfolgte die Türken mit aberwitzigem Ingrimm, er fiel über sie her und schlug sie nieder, und wohin er sich auch wandte, tat sich durch seine Schwerthiebe eine breite Schneise vor ihm auf [...]. Er metzelte dieses abscheuliche Volk nieder, als würde er mit der Sichel die Ernte einholen, sodass man im Umkreis von einer halben Meile wegen all der Leichen der Türken, die er getötet hatte, den Boden nicht mehr sehen konnte.[13]

Vielleicht reichte Richards Tapferkeit an dieses epische Ausmaß nicht ganz heran, doch sein persönlicher Einsatz mag dennoch der Faktor gewesen sein, der die Schlacht entschied. Im Mittelalter kam es immer wieder vor, dass Krieger-Könige, die von ihrer Gefolgschaft im Schlachtgetümmel gesehen wurden, den Verlauf des Kampfes entscheidend zu wenden und den Sieg zu sichern vermochten. Jedenfalls gelang es den Franken bei Arsuf, einen oder vielleicht sogar zwei muslimische Gegenangriffe abzuwehren. Saladins Truppen wurden größtenteils in die Flucht geschlagen, und Saladin selbst sah sich zu einem schmählichen Rückzug gezwungen. Verfolgt von den Kreuzfahrern, flüchteten er und mit ihm die geschundenen Überlebenden seines Heeres in die umliegenden Wälder. Den Sieg mussten sie diesmal an die Christen abtreten.

Die kampfmüden Franken sammelten sich, um sich dann bis nach Arsuf zu schleppen, wo ein sicheres Lager aufgeschlagen wurde. Die meisten brachen erschöpft zusammen, doch es gab auch wie immer einige »habgierige« Plünderer, die zwischen den Sterbenden und Toten nach Beute suchten. Bei Einbruch der Dämmerung zählten sie 32 muslimische Emire unter den Gefallenen, dazu noch ungefähr 700 feindliche Soldaten, die meisten von ihnen waren beim ersten Angriff der Lateiner erschlagen worden. Auf den ersten Blick schienen die lateinischen Opfer im Vergleich dazu minimal.

In dieser Nacht verbreitete sich allerdings ein beunruhigendes Gerücht unter den Kreuzfahrern. Jakob von Avesnes, der angesehene Kreuzfahrer aus dem Hennegau, wurde vermisst. Gleich zu Beginn des folgenden Tages machte sich ein Suchtrupp aus Templern und Johannitern auf den Weg zum Schlachtfeld, und dort, zwischen den toten Christen und Muslimen, fanden sie schließlich seine verstümmelte Leiche. Es hieß, sein Pferd sei im Kampfgetümmel gestürzt; Jakob wurde aus dem Sattel geschleudert, kämpfte aber wie ein Löwe weiter, doch als das Schlachtgeschehen eine neue Wendung nahm, habe sein alter Waffenkamerad, Graf Robert von Dreux, seine Hilferufe überhört und ihn allein zurückgelassen. Jakob habe ein verzweifeltes letztes Gefecht geliefert und 15 Feinde getötet, bevor er selbst erschlagen wurde. Man fand ihn inmitten toter Muslime, »sein Gesicht so mit getrocknetem Blut verschmiert, dass sie ihn erst richtig erkennen konnten, nachdem sie das Blut mit Wasser abgewaschen hatten«. Man brachte in einer feierlichen Prozession seine Leiche nach Arsuf zurück; beerdigt wurde er in einer Zeremonie in der Anwesenheit König Richards und Guidos von Lusignan. »Jeder klagte und weinte und jammerte« über seinen Tod; der dritte Kreuzzug hatte einen seiner bewährtesten, angesehensten Krieger verloren.[14]

Die Bedeutung der Schlacht von Arsuf

Diese Schlacht galt lange Zeit als ein historischer Triumph der Kreuzfahrer. Ambroise, der Richard als den monumentalen Helden des »heiligen Krieges« darstellen wollte, beschrieb die Schlacht als die entscheidende Begegnung zwischen Richard Löwenherz und Saladin – eine Begegnung, die Richard willentlich herbeigeführt und in der er einen vollständigen Sieg errungen habe. Diese Darstellung der Ereignisse bei Arsuf wurde weitgehend übernommen, und Richards Erfolg am 7. September 1191 wurde zu einem der Eckpfeiler seines Ruhmes als Krieger und Kämpfer. Jean Flori, ein moderner Biograf Richards, bemerkt, die Schlacht habe des Königs »Fähigkeiten in der ›Kriegswissenschaft‹« offenbart, und er fügt hinzu, sie sei »zu Richards Bedingungen geschlagen« worden, und der König habe »sein Heer bereits in Schlachtordnung aufgestellt«.[15]

Tatsächlich ist die Rekonstruktion mittelalterlicher Schlachten eine höchst unpräzise Angelegenheit, und Richards Absichten können gar nicht mit absoluter Sicherheit nachvollzogen werden. Genauso viele Indizien sprechen dafür, dass Richard sich bei Arsuf auf keine größere Schlacht einlassen wollte. Es mag sein, dass er am 7. September mit einer muslimischen Attacke rechnete, doch scheint er vor allem sein oberstes

Ziel verfolgt zu haben – den geplanten Lagerplatz bei Arsuf zu erreichen und dann nach Jaffa weiterzumarschieren. Als die Nachhut der Kreuzfahrer ausbrach und die Muslime angriff, war es natürlich die schnelle und mutige Reaktion Richards, der damit eine Katastrophe verhinderte und einen Sieg erstritt, der zwar den Gegebenheiten geschuldet war, aber die Kampfmoral ganz beträchtlich hob. Entscheidend aber ist, dass er den Kampf nicht selbst herbeiführte, sondern nur *re*agierte.

Damals erwähnte er mit keinem Wort, dass er die Schlacht geplant habe – diese Vorstellung scheint erst in der Zeit nach dem dritten Kreuzzug aufgekommen zu sein; allerdings schreibt er in seinem Brief vom 1. Oktober, dass die Muslime bei Arsuf einen herben Schlag hinnehmen mussten:

> Das Gemetzel unter den Vornehmeren von Saladins Sarazenen war so groß, dass er an jenem Tag bei Arsuf mehr Männer verlor [als] an irgendeinem andern Tag in den 40 Jahren zuvor […]. [Seit] jenem Tag hat Saladin es nicht mehr gewagt, gegen die Christen anzutreten. Stattdessen liegt er in einiger Distanz auf der Lauer, unsichtbar, wie ein Löwe in seiner Höhle, [und wartet auf eine Gelegenheit], die Freunde des Kreuzes wie Schafe [zu töten].

Arabische Quellen gaben zu, dass die Ajjubiden bei Arsuf vernichtend geschlagen wurden. Baha ad-Din, selbst Augenzeuge bei Arsuf, vermerkt, dass viele »den Märtyrertod gestorben« seien, und er gesteht ein, dass al-Adil und al-Afdal zwar sehr tapfer gekämpft hätten, doch Letzterer habe sich »bis zum heutigen Tag noch nicht von seiner Erschütterung erholt«. Faktisch war der Verlust an Menschenleben nicht so entscheidend gewesen – Saladin war geschlagen worden, doch der »heilige Krieg« sollte weitergehen. Schon wenige Tage danach forderte Saladin in verschiedenen Schreiben von seinen »weit verstreuten Gebieten« Verstärkung an. Der eigentliche Schaden war wieder genau wie in Akkon ein psychologischer. Als Saladin sich nach Kräften bemühte, die Kontrolle über seine Truppen nicht zu verlieren, soll sein »Herz voller Gefühle gewesen« sein, »die Gott allein kannte, und auch die kämpfenden Männer wurden entweder körperlich oder im Herzen verwundet«. In seiner Korrespondenz bemühte sich der Sultan in dieser Zeit, eine positive Darstellung der Ereignisse zu geben: Er behauptete, die Angriffe der

Muslime hätten den Vormarsch der Franken derartig verlangsamt, dass sie für eine Zweitagesreise ganze 17 Tage brauchten; außerdem feierte er den Umstand, dass »Sir Jak« (Jakob von Avesnes) erschlagen wurde. Doch die Wahrheit war nicht zu leugnen: Erneut war Saladin mit einem Versuch gescheitert, den dritten Kreuzzug aufzuhalten.[16]

Am 9. September 1191 machten sich die Franken wieder auf den Weg und gelangten ohne größere Schwierigkeiten zum Fluss Arsuf. Am nächsten Tag erreichte Richard die Ruinen von Jaffa – die Mauern der Hafenstadt waren auf Saladins Befehl im Herbst des Jahres 1190 geschleift worden. So groß war die Verwüstung, dass das gesamte lateinische Heer in den Olivenhainen und Gärten der Umgebung untergebracht werden musste, doch die Kreuzfahrer waren angenehm überrascht, dort eine Fülle an Nahrungsmitteln vorzufinden: Trauben, Feigen, Granatäpfel und Mandeln. Nach kurzer Zeit liefen die ersten Schiffe der Christen mit Nachschub aus Akkon ein. An der Küste Palästinas wurden Verteidigungsanlagen errichtet. Richard Löwenherz hatte den dritten Kreuzzug in unmittelbare Nähe des entscheidenden Sieges geführt:

Jerusalem im Landesinnern war nur noch 60 Kilometer entfernt.

17

Jerusalem

Im Spätsommer 1191 befehligte König Richard I. von England einen äußerst disziplinierten und gnadenlos erfolgreichen Marsch von Akkon nach Jaffa. Saladin fügte er im Vorübergehen eine demütigende, fast schon vernichtende Niederlage zu. Mit seiner Ankunft im Heiligen Land hatte Richard Löwenherz den dritten Kreuzzug wach gerüttelt und neu belebt; die Kreuzfahrer drückten sich nicht länger kleinlaut und tatenlos in Nordpalästina herum, sondern standen selbstbewusst an der Schwelle zum Sieg. Der Erfolg hing allerdings davon ab, dass diese Dynamik nicht zum Stillstand kam – nur rasches Handeln konnte das zerbrechliche Bündnis der Franken aufrechterhalten, aber auch der Druck auf einen ins Wanken geratenen Feind durfte nicht nachlassen. Doch ausgerechnet in diesem Moment, als höchste Konzentration auf ein klar definiertes militärisches Ziel vonnöten gewesen wäre, zögerte der König.

Entscheidungen und Enttäuschungen

Um den 12. September 1191 herum, nur wenige Tage nach der Ankunft in Jaffa, machten im Lager der Kreuzfahrer besorgniserregende Berichte aus dem Süden die Runde. Saladin, so hieß es, sei nach Askalon weitergezogen und schleife nun die muslimisch besetzte Hafenstadt bis auf die Grundfesten. Die Gerüchte stießen auf eine Mischung aus Ungläubigkeit, Schrecken und Argwohn. Der König entsandte Gottfried von Lusignan (der nominell zum Grafen der Region ernannt worden war) und den vertrauenswürdigen Ritter Wilhelm von L'Estang dorthin; sie sollten der Sache auf den Grund gehen. Zu Schiff reisten sie in Richtung Süden, und als sie der Stadt allmählich näher kamen, bot sich ihnen ein Anblick wüstester Zerstörung. Die ganze Stadt brannte, die entsetzte Bevölkerung war zwangsweise evakuiert worden, während die Männer des Sultans sich über die gewaltigen Verteidigungsanlagen des Hafens hermachten und Mauern und Türme abrissen.

Das Ganze war ein Resultat von Saladins ganz neuer Strategie. Tief getroffen von seiner demütigenden Niederlage bei Arsuf, hatte er seine Berater für den 10. September in Ramla zusammengerufen, um das weitere Vorgehen der Ajjubiden zu besprechen. Da er mit seinem Versuch gescheitert war, die Kreuzfahrer bei ihrem Marsch in den Süden frontal anzugreifen, beschloss er, von nun an eher defensiv vorzugehen. Wenn Richard in offener Schlacht nicht zu besiegen war, mussten drastische Schritte unternommen werden, um diesen Vormarsch aufzuhalten – eine Politik der verbrannten Erde sollte die vorrückenden Franken behindern, wozu auch die Zerstörung strategisch wichtiger Festungen gehörte.

Das wichtigste Ziel war Askalon, Haupthafen in Südpalästina und Sprungbrett nach Ägypten. Sollte es den Franken gelingen, die Stadt unzerstört einzunehmen, hätte Richard über einen Brückenkopf verfügt, von dem aus er nicht nur Jerusalem, sondern auch das Reich am Nil bedrohen konnte. Saladin wusste, dass ihm für einen Zweifrontenkrieg die Ressourcen fehlten; die Verteidigung der Heiligen Stadt hatte Vorrang, daher ordnete er an, die Mauern von Askalon zu schleifen. Leicht dürfte ihm diese Entscheidung nicht gefallen sein – der Sultan soll gesagt haben: »Bei Gott, ich würde lieber alle meine Söhne verlieren, als auch nur einen einzigen dieser Steine niederzureißen« –, doch es führte kein Weg daran vorbei. Die Zeit drängte, denn wenn Richard weitermarschierte, konnte er bald schon den wichtigen Hafen einnehmen. Saladin entsandte daher al-Adil, der die Kreuzfahrer bei Jaffa im Auge behalten sollte, und eilte selbst mit al-Afdal südwärts, um die entsetzliche Arbeit zu überwachen. Tag und Nacht, in ständiger Sorge, der Feind könnte schon auftauchen, trieb er seine Soldaten zu äußerster Eile an.[1]

Als die Abgesandten Gottfried und Wilhelm nach Jaffa zurückkehrten und berichteten, was sie gesehen hatten, bestand für den König noch die Möglichkeit zu handeln. Den ganzen Sommer hindurch hatte er es geflissentlich vermieden, seine Ziele zu benennen, jetzt stand eine eindeutige Entscheidung an. Für ihn schien die Sache klar: Die Eroberung von Askalon musste der folgerichtige nächste Schritt für den Kreuzzug sein. Als Befehlshaber wusste er, dass die bisherigen Erfolge seines Heeres der Überlegenheit zur See zu verdanken waren. Wenn sich der Kreuzzug weiter an der Küste entlangbewegte, konnte die Seeherrschaft der Lateiner im Mittelmeer verhindern, dass ihr Landheer abgeschnitten und aufgerieben wurde, weil ja ständig ein Versorgungs- und Nachschubkanal offen stand. Bis jetzt hatten die Teilnehmer des dritten Kreuzzugs eigentlich noch überhaupt nicht in feindlichem Territorium gekämpft; der echte Kampf würde erst beginnen, wenn sie sich landeinwärts wandten. Wenn sie die Stadt Askalon erobern und wiederaufbauen konnten, musste es gelingen, Saladins Macht in Palästina weiter zurückzudrängen, indem an der Küste eine sichere Enklave geschaffen wurde, die Richard künftig beide Optionen offenhielt: sowohl den Angriff auf Jerusalem als auch den auf Jaffa.

Als Richard in Jaffa ankam, erwartete er offenbar, man werde ihm, dem König und Befehlshaber, gehorchen, und der Marsch in Richtung Süden könne praktisch ohne Pause fortgesetzt werden. Allerdings hatte er einen entscheidenden Punkt übersehen. Die Gattung Krieg, zu der auch der Kreuzzug gehörte, war weder nur von den Regeln der Militärwissenschaft noch auch nur von Postulaten der Politik, der Diplomatie oder der Ökonomie geprägt. Hier handelte es sich um einen Konflikt, der mit Religion und Mentalitäten reichlich unterfüttert war – er hing ab vom überwältigenden, anspruchsvollen religiösen Reiz eines Zieles wie Jerusalem, und allein ein solches Ziel vermochte es, in dem zusammengewürfelten Heer eine einheitliche Ausrichtung herzustellen. Für die überwiegende Mehrheit der Männer im disparaten Kreuzfahrerheer Richards aber war der Weitermarsch von Jaffa aus in Richtung Süden gleichbedeutend damit, dass sie Jerusalem nicht nur im wörtlichen Sinne links liegen lassen mussten.

Bei einer Ratsversammlung, die Mitte September 1191 außerhalb Jaffas abgehalten wurde, sah Richard Löwenherz sich mit diesem Dilemma konfrontiert. Er versuchte alles, um seinen Plan durchzusetzen, Askalon zu erobern, doch ein großer Teil der lateinischen Edelleute widersetzte sich ihm – darunter auch Hugo von Burgund und die Franzosen –; alle plädierten für eine Verstärkung Jaffas und den direkten Vorstoß landeinwärts in Richtung Jerusalem. Letztendlich »setzte sich die laute Stimme des Volkes durch«, wie ein Kreuzfahrer es formulierte, und man beschloss, zu bleiben, wo man war. Richard scheint damals nicht bemerkt zu haben, dass er eine entscheidende Prüfung nicht bestanden hatte. Die Ereignisse in Jaffa offenbarten einen bedenklichen Mangel an Führungsqualitäten. Seit seiner Kindheit hatte er eine solide Ausbildung in kriegerischen Fertigkeiten erhalten; seit 1189 hatte er sich als König bewähren können. Aber die Realität eines Kreuzzugs hatte er bis dato noch nicht wirklich verstanden.

Mit der Entscheidung, in Jaffa zu bleiben, verlor der Kreuzzug seine Schubkraft. Man begann mit Wiederaufbauarbeiten am Hafen und an den Wehranlagen, noch während Saladin die Zerstörung Askalons zu Ende brachte. Die Kreuzfahrer genossen nach den ungeheuren Strapazen des Marschs von Akkon nach Jaffa den plötzlichen Abbruch der Feindseligkeiten. Unter den zuverlässig einlaufenden Nachschubschiffen befanden sich bald auch Schiffe mit vielen Prostituierten an Bord. Ein christlicher Augenzeuge bemängelt, dass nach ihrem Eintreffen das Heer wieder »mit Sünde und Unflat, Übeltaten und Lüsternheit« vergiftet wurde. Als aus den Tagen Wochen wurden, ließ schließlich auch der Wille spürbar nach, die Heilige Stadt so schnell wie möglich zu erreichen, und die Expedition begann sich aufzulösen. Es gab sogar Franken, die nach Akkon zurücksegelten, um noch luxuriöseren Genüssen zu frönen, und schließlich musste Richard selbst in den Norden reisen, um die Ausreißer wieder zu ihrer eigentlichen Aufgabe zurückzuholen.[2]

Auf dem Weg nach Jerusalem

Der dritte Kreuzzug blieb alles in allem fast sieben Wochen lang in Jaffa und seiner Umgebung stecken. Dieser Aufschub gewährte dem Sultan genug Zeit, seine Strategie der verbrannten Erde zu verfolgen und alle Festungen, die von der Küste landeinwärts den Weg in Richtung Jerusalem säumten, zu zerstören. Richard verbrachte fast den ganzen Oktober 1191 damit, sein Heer wieder zu sammeln, und erst in den letzten Tagen des Monats, als sich die Kampfsaison bereits ihrem Ende zuneigte, setzte sich der Kreuzzug Richtung Jerusalem in Marsch. Hier wartete nun eine Schwierigkeit auf die Kreuzfahrer, die ihre Vorgänger so nicht gekannt hatten. Im Jahr 1099 war der erste Kreuzzug nahezu ungehindert auf die Heilige Stadt zumarschiert, und die anschließende Belagerung war zwar beschwerlich, doch hatten es die Franken nur mit einer relativ kleinen, isolierten feindlichen Streitmacht zu tun. Nun, fast ein Jahrhundert später, mussten die Lateiner mit sehr viel härterem Widerstand rechnen.

Saladins Macht mochte seit 1187 geschwächt worden sein, aber noch immer verfügte er über ungeheure militärische Ressourcen, mit denen er die Christen bei ihrem Marsch in Richtung Jerusalem auf Schritt und Tritt drangsalieren und schikanieren konnte. Sollten die Kreuzfahrer schließlich doch nach Jerusalem gelangen, würde die Eroberung der Stadt sie noch einmal vor zahlreiche ganz eigene Schwierigkeiten stellen. Die Verteidigungssituation der Stadt – eine umfangreiche Garnison und starke Wehranlagen – würde sie praktisch uneinnehmbar machen, und gleichzeitig wäre ein Belagerungsheer vor den Mauern Jerusalems mit Sicherheit erbitterten Gegenangriffen von weiteren muslimischen Truppen ausgesetzt. Noch problematischer war die Frage der Versorgung und des Nachschubs: Wenn der dritte Kreuzzug die Küste erst hinter sich gelassen hatte, bestand nur noch eine ganz brüchige Verbindung mit Jaffa; wenn diese auch noch durchtrennt worden wäre, wären Richard und sein Heer isoliert gewesen, was einer Niederlage schon sehr nahekam.

Richard wollte also zunächst vor allem eine Versorgungskette ins Landesinnere aufbauen. Die wichtigste Route nach Jerusalem führte über die Küstenebene östlich von Jaffa bis Ramla und nach Latrun, bevor sie sich nordöstlich nach Beit Nuba in die Ausläufer der Berge von Judäa schwang und dann östlich auf die Heilige Stadt zulief (es gab auch Alternativen, etwa die Route weiter nördlich über Lydda). Im Lauf des 12. Jahrhunderts hatten die Franken zahlreiche Festungen errichtet, um den Zugang nach Jerusalem wirksam verteidigen zu können. Die meisten Festungen hatten sich in der Hand der Ritterorden befunden, doch nach der Niederlage von Hattin waren sie allesamt an die Muslime gefallen.

Saladin hatte gemäß seiner neuen Strategie den Weg, der nun vor den Kreuzfahrern lag, völlig verwüsten lassen. Jede größere Festungsanlage – darunter auch Lydda, Ramla und Latrun – war niedergerissen worden. Am 29. Oktober marschierte Richard weiter zu den Ebenen östlich von Jaffa und begann mit der mühseligen Arbeit des Wiederaufbaus einiger landeinwärts führender Stationen, zunächst mit dem Bau von zwei Forts in der Nähe von Yasur. Der Krieg setzte sich in mehreren kleineren Gefechten fort. Saladin versammelte seine Truppen bei Ramla und unternahm Störmanöver gegen die Franken, behinderte ihre Aufbauarbeiten, ging aber einer direkten Konfrontation aus dem Weg. Als der Vormarsch nach Jerusalem begann, griff der König häufig

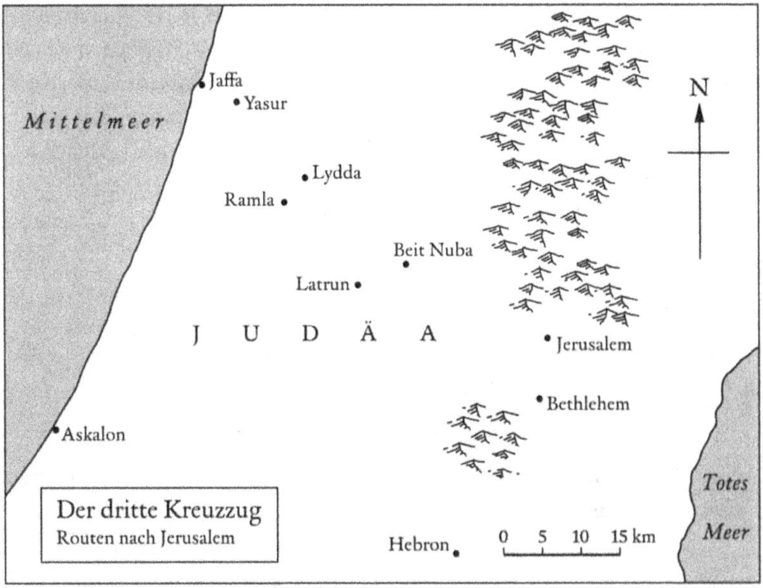

auch selbst in diese Kämpfe ein. Anfang November 1191 scheiterte ein routinemäßig vorausgeschickter Erkundungstrupp, als eine Gruppe von Tempelrittern angegriffen wurde. Die Tempelritter befanden sich deutlich in der Minderheit, und als der König davon erfuhr, kam er ihnen in Begleitung von Andreas von Chauvigny und Robert, dem Earl von Leicester, unverzüglich zu Hilfe. Löwenherz erreichte den Ort des Geschehens »schäumend« vor Kampfeswut, er schlug zu wie ein »Donnerschlag« und trieb die Muslime schnell zum Rückzug.

Lateinische Augenzeugen berichten, einige Gefährten des Königs hätten tatsächlich bezweifelt, ob er an jenem Tag klug gehandelt habe. Sie tadelten ihn, weil er sein Leben so bereitwillig aufs Spiel setzte, und ermahnten ihn: »Wenn Euch ein Unglück widerfährt, ist das der Tod der Christenheit.« Richard soll daraufhin wütend geworden sein: »Seine Gesichtsfarbe veränderte sich. Dann sagte er: ›Ich habe diese Soldaten hierhergeschickt und habe sie gebeten, zu gehen, und wenn sie dort ohne mich sterben, will ich den Königstitel nicht mehr tragen.‹« Diese Episode zeigt ganz deutlich, wie entschlossen er war, als Krieger-König in den vordersten Linien dieses Krieges zu agieren, aber es wird ebenso deutlich, dass er in diesem Stadium Risiken auf sich nahm, die sogar seinen engsten Beratern Sorgen bereiteten. Ganz sicher waren diese Kämpfe alles andere als ungefährlich. Nur wenige Wochen später brach sich Andreas von Chauvigny den Arm, als er bei einer Auseinandersetzung in der Nähe von Lydda einen muslimischen Gegner niederstach.[3]

Gespräche mit dem Feind

Richard beteiligte sich mit größter Kühnheit an diesen Ausfällen ins Landesinnere, und doch war kämpferischer Einsatz in seiner Strategie nur eine Facette unter mehreren. Im gesamten Herbst und zu Beginn des Winters 1191 gehörten neben militärischer Bedrohung auch diplomatische Kontakte zu seinen Aktivitäten – möglicherweise hoffte er, Saladin mit der Kombination dieser beiden Strategien zur Unterwerfung zu zwingen, wodurch sich ein direkter Angriff auf Jerusalem erübrigt hätte.

So hatte er schon wenige Tage nach der Schlacht bei Arsuf erste Versuche unternommen, wieder diplomatische Fühler zum Feind auszustrecken. Um den 12. September herum hatte er Humfried von Toron, den entmachteten früheren Ehemann Isabellas, ausgesandt; er sollte um Wiederaufnahme der Gespräche mit al-Adil bitten. Saladin kam der Bitte nach und gab seinem Bruder »die Erlaubnis, Gespräche zu führen, sowie die Vollmacht, selbstständig zu verhandeln«. Einer der Vertrauten Saladins erklärte, dass »[Saladin] meinte, die Treffen seien in unserem Interesse, denn er spürte, dass seine Männer ermattet waren und enttäuscht von den Kämpfen, den Mühen und der Last der Pflichten auf ihrem Rücken«. Sehr wahrscheinlich spielte Saladin auch auf Zeit und war auf Informationen über den Feind aus.[4]

In den folgenden Monaten scheinen verlässliche Informationen ein hochgeschätztes Handelsgut gewesen zu sein, und offensichtlich waren in beiden Lagern Spione tätig. Ende September 1191 konnte Saladin in letzter Minute ein potenziell katastrophales Leck stopfen, als eine Gruppe von orientalischen Christen auf ihrem Weg durch die Berge von Judäa festgenommen und durchsucht wurde. Man fand Dokumente mit streng geheimen Angaben bei ihnen – Briefe des ajjubidischen Statthalters von Jerusalem an den Sultan, in denen dieser berichtete, dass es in der Heiligen Stadt besorgniserregend an Getreide, Ausrüstung und Soldaten mangele –; die Christen hatten die Absicht, diese Dokumente

König Richard vorzulegen. Um außerdem regelmäßigen Nachschub an fränkischen Gefangenen zur Befragung zur Verfügung zu haben, stellte Saladin 300 reichlich verrufene Diebe aus dem Volk der Beduinen ein, die in nächtlichen Aktionen Männer aus dem Lager der Franken entführten. Allerdings waren sowohl für die Lateiner als auch für die Muslime die Erkenntnisse der Spione von den Aktionen und Absichten des Feindes prinzipiell anfällig für Irrtümer. Saladin glaubte beispielsweise offensichtlich, Philipp August sei im Oktober 1191 gestorben. Noch verhängnisvoller war, dass Richard für den gesamten noch verbleibenden Zeitraum des Kreuzzugs die militärische Stärke Saladins chronisch überschätzte.

Im Herbst und zu Beginn des Winters 1191 führte Richard regelmäßig Gespräche mit al-Adil, und zumindest zu Beginn scheinen die Franken von diesem Kontakt nichts gewusst zu haben. Teilweise hatte den König wohl ein Gerücht veranlasst, Verhandlungen aufzunehmen: dass nämlich Konrad von Montferrat seinerseits auf eigene Faust mit Saladin in Gespräche eingetreten sei. Wie immer deutete die Bereitschaft Richards, mit dem Feind mögliche Wege zum Frieden zu erörtern, nicht auf irgendwelche pazifistischen Tendenzen der Konfliktvermeidung hin. Verhandeln war eine Waffe im Krieg: Es war nicht ausgeschlossen, dass mit ihr eine Einigung erzielt werden konnte, wenn sie mit militärischer Offensive kombiniert wurde; man konnte sicher sein, mit dem Mittel der Verhandlung entscheidende Erkenntnisse zu gewinnen; und, was in dieser Phase des Kreuzzugs entscheidend war, Verhandlungen eröffneten die Möglichkeit, innerhalb der Reihen des Islam Zwietracht zu säen.

Noch vor seinem Aufbruch von Jaffa begann Richard zwischen dem 18. und dem 23. Oktober mehrere intensive Gespräche mit al-Adil zu führen. Zunächst wollte er das Verhältnis seines Feindes zu Jerusalem erkunden und herausfinden, inwieweit die Möglichkeit bestand, dass Saladin auf die Stadt verzichtete, die, wie Richard ganz unverblümt feststellte, »der Mittelpunkt unseres Glaubens ist, auf den wir niemals verzichten werden, selbst wenn nur noch ein letzter Mann übrig ist«. Al-Adil überbrachte eine nahezu gleichlautende Antwort vom Sultan, der betonte, Jerusalem werde vom Islam als Heiligtum verehrt, und er legte dem König nahe, »nicht zu glauben, dass wir sie aufgeben werden, denn von einer solchen Absicht könnten wir unter den Muslimen nicht ein Wort verlauten lassen«.

Und dann nahm Richard einen kühnen Richtungswechsel vor, der damals seine Gegner überraschte und die Historikerinnen und Historiker bis auf den heutigen Tag irritiert. Der König hatte schon zuvor besonderen Wert darauf gelegt, mit al-Adil eine freundschaftliche Beziehung zu pflegen; im Gespräch bezeichnete er ihn als »mein Bruder und mein Freund«. Nun ging er noch einen bedeutenden Schritt weiter: Er schlug eine außergewöhnliche eheliche Verbindung zwischen der lateinischen Christenheit und dem Islam vor, nämlich die Heirat al-Adils mit Richards Schwester Johanna. Dieser Ehebund sollte die Grundlage für ein Friedensabkommen bilden, in dem »der Sultan al-Adil sämtliche Küstenstriche überlassen sollte, die sich in seiner Hand befanden, und ihn zum König von [Palästina] machen« sollte, und Jerusalem würde »als Regierungssitz des Reiches [des königlichen Paares]« dienen. Dieses neue politische Gebilde sollte Teil von Saladins Reich bleiben, Christen sollten jedoch freien Zugang zur Heiligen Stadt haben. Al-Adil und Johanna sollten über die Burgen der Region herrschen, während die christlichen Ritterorden die Kontrolle über die Dörfer erhielten. Durch den Austausch von Gefangenen und die Rückgabe des Wahren Kreuzes sollte das Abkommen besiegelt werden. Mit einer Geste scheinbarer Großherzigkeit verkündete Richard Löwenherz, mit der Besiegelung dieses Vertrags sei der Kreuzzug sofort beendet, und die Kreuzfahrer würden in ihre Heimat zurückkehren.

Da dieses Angebot in keiner der auf uns gekommenen zeitgenössischen christlichen Quellen erwähnt wird (nur in arabischen Texten ist davon die Rede), ist schwer einzuschätzen, wie Richards fränkische Landsleute auf ein derart unerhörtes Arrangement reagierten. Der König scheint die ganze Angelegenheit streng geheim gehalten zu haben, zu Beginn sogar vor seiner Schwester, und ob er die ganze Idee tatsächlich ernst nahm oder nur als Köder verwendete, bleibt völlig offen. Fest steht, dass al-Adil darin ein aufrichtiges Angebot sah. Richards Vorschlag war ein diplomatisches Meisterwerk. Er wusste um die potenziellen Spannungen zwischen Saladin und al-Adil: Letzterer genoss zwar die Stellung des vertrauten Bruders, doch zugleich konnte er eine Bedrohung für den Sohn und Erben des Sultans sein, was das Vertrauen etwas einschränkte. Richard hatte al-Adil also ein Angebot unterbreitet, das dieser zwar nicht ignorieren konnte, das ihm allerdings auch den Vorwurf eintragen musste, persönliche Ziele zu verfolgen. Al-Adil war sich dieses

Aspekts nur zu bewusst und weigerte sich daher, seinem Bruder diesen Plan persönlich zu unterbreiten; stattdessen schickte er Baha ad-Din und gebot ihm, die Sache nur ganz taktvoll vorzutragen.

Saladin stimmte den Bedingungen tatsächlich zu, obwohl er möglicherweise überzeugt war, dass Richard den Plan niemals umzusetzen gedachte und ihn lediglich »verspotten und täuschen« wollte. Fest steht, dass dieser nur wenige Tage später die Botschaft überbringen ließ, seine Schwester könne keinen Muslim heiraten; er schlug nun vor, dass al-Adil zum Christentum übertreten solle, und damit könne »die Tür für Verhandlungen geöffnet« bleiben.[5]

Wenige Wochen später, als der dritte Kreuzzug sich allmählich mühsam auf den Weg machte, bat Richard erneut um eine Unterredung. Er traf mit al-Adil am 8. November 1191 in einem opulent ausgestatteten Zelt zusammen, das dicht hinter der muslimischen Front bei Ramla aufgeschlagen war. Die Atmosphäre war geradezu heiter und gesellig. Die beiden Männer tauschten »Speisen, Kostbarkeiten und Geschenke« aus und genossen die Köstlichkeiten aus beiden Kulturen; Richard bat, arabische Musik hören zu dürfen, und sogleich wurde eine Musikerin hereingeführt, die den König mit Gesang und Harfenspiel unterhielt. Nachdem sie sich den ganzen Tag unterhalten hatten, »gingen sie auseinander«, wie ein muslimischer Zeuge beschreibt, »in Gewogenheit und einander wohlgesonnen als feste Freunde«, obwohl Richards wiederholte Bitte, mit Saladin selbst zusammenzutreffen, abgelehnt wurde.

Nun wurden die Verhandlungen des Königs mit dem Feind im Lager erstmals allgemein bekannt – und sie lösten heftige Kritik aus. Ein christlicher Augenzeuge bemerkt, dass Richard und al-Adil »sich offenbar angefreundet« und dass sie Geschenke ausgetauscht hätten, darunter sieben Kamele und ein wertvolles Zelt. Insgesamt haben die Franken wohl den Eindruck gewonnen, dass diese diplomatischen Vorstöße unklug waren. Es hieß, der König sei mittels einer Fassade aus Großzügigkeit und Wohlwollen verleitet worden, den Vormarsch nach Jerusalem aufzuschieben – ein Irrtum, »der ihm häufig vorgeworfen und für den er oft kritisiert worden ist« –, und Saladins Bruder, der »mit seiner Gerissenheit den allzu vertrauensseligen König in eine Falle gelockt habe«, habe ihn ausgetrickst. Diese Vorstellung von Richard als einer orientierungslosen Marionette, die von einem verschlagenen politischen

Taktiker wie al-Adil gegen ihren Willen manipuliert worden sei, passt nicht im Geringsten zur Beschreibung des Diplomaten Richard Löwenherz in muslimischen Quellen. Ibn al-Athir, der Chronist in Mosul, rühmt im Gegenteil Richard ganz offen und bemerkt, dass »der König [sich mit al-Adil traf] als gewandter Stratege«.

Der englische König war zweifellos ein gewiefter Verhandlungspartner. Ein anderer hätte sich durch die fortgesetzte Zurückweisung direkter Gespräche mit dem Sultan womöglich entmutigen lassen; dem König dagegen gelang es, diese Situation für sich zu nutzen. Am 9. November schickte er an den Sultan eine raffinierte Nachricht, in der er auf die Wochen zuvor ausgehandelten Zugeständnisse zu sprechen kam: »Ihr habt gesagt, dass Ihr diese Küstengebiete Eurem Bruder zusprecht. Ich bitte Euch, zwischen ihm und mir als Schiedsrichter tätig zu werden und diese Gebiete zwischen [uns] aufzuteilen.« Die Christen würden »einen gewissen Zugang zu Jerusalem« brauchen, doch er wolle »verhindern, dass [al-Adil] von den Muslimen und ich von den Franken deswegen angegriffen würden«. Seine implizite Absicht war es, die Verhandlungsbasis als Ganze zu verlagern, indem er Saladin nahelegte, sich nicht mehr so sehr als Erzfeind, sondern als großzügigen Schiedsrichter zu sehen. Zumindest einige unter den Beratern des Sultans »waren von diesem [Vorschlag] tief beeindruckt«.[6]

Auf dem Feld diplomatischen Ränkeschmiedens war Saladin dem König allerdings mindestens ebenbürtig. In diesen Herbstwochen stand er in regelmäßigem Kontakt mit Konrad von Montferrat, und er bemühte sich auch überhaupt nicht, dies vor Richard zu verheimlichen – im Gegenteil, es konnte geschehen, dass Konrads Gesandte »mit al-Adil ausritten und die Franken beobachteten, wie sie von den Muslimen in Kämpfe verwickelt wurden«. Dieser Anblick bewog den englischen König, so nahm man an, seine eigenen Verhandlungsbemühungen zu verdoppeln. Saladin versuchte die Kluft zwischen Richard und dem Grafen auszunutzen und drängte darauf, »den Franken von jenseits des Meeres deutliche Signale von Feindseligkeit zu geben«. Er versprach Konrad für den Fall, dass dieser die von den Kreuzfahrern besetzte Stadt Akkon angriff, ein unabhängiges Fürstentum mit Beirut und Sidon. Mit der Gewandtheit eines Jongleurs gestaltete der Sultan die Verhandlungen mit Richard und Konrad: Er ging so weit, ihre jeweiligen Gesandten am gleichen Tag in verschiedenen Teilen seines Lagers unterzubringen, und zielte eigentlich, mit den Worten von einem seiner Berater, nur darauf, »zwischen ihnen Zwietracht zu säen«.

Am 11. November – die Kreuzfahrer bedrohten nun Ramla – war Saladin bereit, sich auf ernsthafte Gespräche einzulassen. Er versammelte seine Berater, um zu erwägen, ob es ratsamer war, mit Konrad oder mit Richard einen Waffenstillstand auszuhandeln. Der Graf war zwar inzwischen sehr einflussreich – er wurde mittlerweile von einem großen Teil des ehemaligen lateinischen Königreichs unterstützt –, aber im Grunde hielt man ihn für weniger zuverlässig als den König. Die Berater sprachen sich für ein Abkommen mit diesem aus, das auf einer gerechten Teilung von Palästina beruhen sollte. Es umfasste die Eheschließung al-Adils mit Johanna, und christliche Priester sollten Zutritt zu den »Heiligtümern und Kirchen Jerusalems« haben. Doch Richard reagierte auf dieses sehr beachtliche Angebot mit Ausflüchten – möglicherweise aufgrund des Eindrucks, er habe Saladin in die Enge getrieben. Damit der Ehebund zustande kommen könne, so sein Einwand, müsse der Papst seinen Segen geben, und das werde drei Monate dauern. Noch während diese Botschaft überbracht wurde, sammelte Richard seine Truppen und rückte in Richtung Ramla vor.[7]

Die Einnahme der Heiligen Stadt

Anfang November 1191 waren die Arbeiten der erneuten Befestigung der Region um Yasur abgeschlossen. Richard tat den nächsten Schritt in Richtung Jerusalem am 15. November, indem er das Heer der Kreuzfahrer auf eine Position zwischen Lydda und Ramla vorrücken ließ. Saladin wich vor ihm zurück; die beiden Siedlungen überließ er, nachdem er ihre Wehranlagen zerstört hatte, den Franken. In den folgenden Wochen zog er sich zuerst nach Latrun zurück, und um den 12. Dezember herum nahm er Zuflucht in Jerusalem selbst. Obwohl muslimische Truppen auch in dieser Phase die Lateiner wie zuvor mit kleineren Gefechten behelligten, konnte man nun mit gewissem Recht sagen, dass der kurze Weg zu den Toren der Heiligen Stadt frei war.

Aber noch während Richards Truppen damit zu tun hatten, Ramla eilig wiederaufzubauen, stand dieser einem neuen Feind gegenüber: Der Winter brach ein. Auf der offenen Ebene brachte der Winteranfang einen grimmigen Wetterumschwung. Regenströme prasselten hernieder, es wurde viel kälter, und die Kreuzfahrer mussten sechs erbärmliche Wochen damit zubringen, Nahrungsmittel- und Waffenlager in Ramla anzulegen und die Nachschubverbindung nach Jaffa zu sichern, bevor sie sich langsam auf Latrun zubewegten und dann, kurz nach Weihnachten, weiter zur Ruine einer kleinen Festung in der Nähe von Beit Nuba, am Fuß der judäischen Berge. Jetzt waren sie nur noch 18 Kilometer von Jerusalem entfernt.

Die Zustände im Heer in jenem Dezember waren grauenhaft. Ein Augenzeuge schrieb:

> Es war kalt und trübe […]. Regen und Hagel setzten uns zu und ließen unsere Zelte einstürzen. Wir verloren an Weihnachten und davor und danach sehr viele Pferde, der Zwieback wurde matschig, Mengen von Salzfleisch verdarben in den Stürmen; Halsberge rosteten, sodass man sie kaum mehr reinigen konnte; Kleider zerfielen; die Leute litten unter der schlechten Ernährung, und sie waren in großer Bedrängnis.

Und dennoch war nach übereinstimmenden Zeugnissen die Stimmung unter den einfachen Soldaten nicht schlecht. Nach monate-, manchmal sogar jahrelangen Strapazen hatten sie ihr Ziel direkt vor Augen. »Sie fühlten eine unbeschreibliche Sehnsucht, die Stadt Jerusalem zu sehen und ihre Pilgerreise zu vollenden«, so ein lateinischer Zeitgenosse, und ein Kreuzfahrer erinnert sich, dass bei den Truppen »niemand zornig oder traurig« gewesen sei; »überall herrschten Freude und Glück, und man sagte einhellig: ›Gott, nun sind wir, geführt von Deinem Erbarmen, auf dem richtigen Weg.‹« Trotz aller Qualen eines Winterfeldzugs waren sie offenbar von ungebrochener Begeisterung für den »heiligen Krieg« beseelt. Wie ihre Vorfahren beim ersten Kreuzzug, damals im Jahr 1099, waren sie nicht nur bereit, sondern lechzten geradezu danach, die Heilige Stadt zu belagern, welche Risiken und Entbehrungen auch damit verbunden sein mochten.[8]

Allerdings blieb es fraglich, ob König Richard diesen Enthusiasmus teilte. Zu Beginn des neuen Jahres 1192 stand er vor einer schweren Entscheidung. Der Kreuzzug hatte fast zwei Monate gebraucht, um gerade einmal 40 Kilometer näher an Jerusalem heranzukommen. Die Nachschublinie zur Küste existierte noch, doch sie war fast täglich Ziel von muslimischen Anschlägen. Die Stadt unter diesen Umständen zu belagern, mitten im bitterkalten Winter, wäre ein gigantisches Unternehmen und äußerst riskant gewesen. Dennoch nahm der Großteil des lateinischen Heeres ganz selbstverständlich an, dass der Angriff unmittelbar bevorstand.

Um den 10. Januar herum berief der König eine Ratsversammlung ein, um das weitere Vorgehen zu überdenken. Das schockierende Ergebnis dieser Beratung: Der dritte Kreuzzug sollte Beit Nuba verlassen und Jerusalem den Rücken kehren. Offiziell hieß es, eine mächtige Lobby aus Templern, Johannitern und ortskundigen lateinischen Baronen aus der Levante habe Richard dazu überredet. Die Gefahren einer Belagerung, solange Saladin noch über ein stehendes Heer außerhalb Jerusalems verfüge, seien zu groß; außerdem seien die Franken nicht zahlreich genug, um die Heilige Stadt zu halten, wenn es ihnen denn wider Erwarten doch gelingen sollte, sie einzunehmen. »[Diese] klügeren Männer waren der Meinung, dass man sich auf den unbesonnenen Wunsch des gemeinen Volkes, [Jerusalem zu belagern], nicht einlassen solle«, erinnert sich ein Zeitgenosse; sie rieten stattdessen, dass der Feldzug »umkehren und Askalon befestigen solle«, um Saladins Nachschublinie zwischen Palästina und Ägypten zu durchtrennen. Tatsächlich wird der König in den Kreis seiner Berater wohl nur die Personen berufen haben, die seine eigene Auffassung vertraten; von vornherein wusste er nur zu gut, wie der Rat ausfallen würde. Vorerst war Richard nicht gewillt, das Schicksal des gesamten »heiligen Krieges« vom Ergebnis einer derart tollkühnen Unternehmung abhängig zu machen. Am 13. Januar ordnete er den Rückzug von Beit Nuba an.

All das erschütterte die Kreuzfahrer zutiefst, aber in der neueren Forschung hat man Richards Entscheidung in günstigerem Licht gesehen. John Gillingham etwa und andere, die ihn als scharfsinnigen Strategen beschreiben, dessen Entschlüsse auf dem nüchternen Denken des Kriegers und nicht auf frommen Fantasien fußten, lobten ihn für seine Vorsicht. So kam etwa Hans Mayer zu dem Schluss, dass »angesichts der Taktik Saladins Richards Entscheidung richtig war«.[9]

Die Wahrheit lässt sich kaum rekonstruieren. Ein Augenzeuge unter den Kreuzfahrern stellte später fest, dass sich die Franken eine äußerst günstige Gelegenheit entgehen ließen, Jerusalem einzunehmen, weil sie das Ausmaß »der Erschöpfung, des Leidens und der Schwäche« der muslimischen Truppen nicht kannten, die sich in der Stadt aufhielten, und diese Beobachtung war gar nicht so falsch. Saladin brauchte die Truppen außerhalb der Stadt und war daher gezwungen, nach dem 12. Dezember den Großteil seines Heeres zu entlassen, was dazu führte, dass die Heilige Stadt gefährlich unterbesetzt war. Es vergingen zehn Tage, bis Abu'l Haija der Dicke mit Verstärkungstruppen aus Ägypten eintraf. Inzwischen hätte ein konzentrierter Angriff auf Jerusalem womöglich den Willen Saladins gebrochen, seine bereits nachlassende Kontrolle über die muslimische Allianz wäre noch mehr ins Wanken geraten und hätte den Islam im Vorderen Orient noch tiefer gespalten. Alles in allem aber tat Richard wohl gut daran, sich auf ein derart hohes Risiko nicht einzulassen.

Trotzdem ist an seinem Verhalten während dieser Phase des Kreuzzugs Kritik angebracht. Bis heute übersehen Historikerinnen und Historiker einen ganz wichtigen Aspekt seiner Entscheidung. Wenn es im Januar 1192 für seine Militärberater und wahrscheinlich auch für ihn selbst so offensichtlich war, dass die Heilige Stadt weder erobert noch im Fall eines Sieges gehalten werden konnte – warum hatte man dann nicht schon Monate zuvor entsprechend gehandelt, noch bevor der Kreuzzug überhaupt von Jaffa aufbrach? Der König – angeblich ein Meister der Kriegskunst – muss schon im Oktober 1191 erkannt haben, dass Jerusalem ein fast unmögliches militärisches Ziel war, zudem eines, das keinesfalls gehalten werden konnte. Ibn al-Athir, der im frühen 13. Jahrhundert schrieb, versuchte, Richards Überlegungen in Beit Nuba zu rekonstruieren. Er stellte sich eine Szene vor, in der Richard sich eine Landkarte der Heiligen Stadt bringen lässt; nachdem er ihre topografische Lage studiert hatte, soll er zu dem Schluss gekommen sein, dass Jerusalem nicht eingenommen werden konnte, solange Saladin noch ein Heer außerhalb der Stadt stehen hatte. Dabei handelt es sich allerdings um wenig mehr als eine Veranschaulichung im Nachhinein. Es hätte wohl gänzlich Richards Veranlagung sowie seiner Erfahrung widersprochen, wenn er sich nicht schon vor seinem Aufbruch von Jaffa einen möglichst umfassenden Eindruck von den strategischen Gegebenheiten verschafft hätte.

Als er Ende Oktober 1191 nach Jerusalem aufbrach, hatte er wohl nicht einmal ansatzweise die Absicht, die Stadt wirklich anzugreifen. Das heißt, dass sein Vormarsch eigentlich eine Finte war – das militärische Element in einem kombinierten Angriff, in dem die Demonstration kämpferischer Aggression den intensiven diplomatischen Kontakt ergänzte und vertiefte. Ihm kam es in diesem Herbst und Winter darauf an, Saladins Entschlusskraft und seine Ressourcen auf die Probe zu stellen, und er blieb stets bereit, sich von der Front zurückzuziehen, wenn sich keine eindeutige Siegeschance abzeichnete. Damit blieb er den bewährten Richtlinien mittelalterlicher Heeresführung treu. Was er allerdings vollständig verkannte, waren die Besonderheiten eines Kreuzzugs.

Der Rückzug wirkte sich auf die Verfassung der Christen wie auf die Erfolgsaussichten des Kreuzzugs katastrophal aus. Sogar Ambroise, engagierter Anhänger Richards, musste zugeben:

> Als es sich herumgesprochen hatte, dass das Heer umkehrte (wir wollen nicht von Rückzug sprechen), waren die Männer, die mit so viel Begeisterung vorgerückt waren, derart entmutigt, dass es, seit Gott die Zeit erschaffen hat, kein so betrübtes und niedergeschlagenes Heer mehr gab. […] Nichts war mehr übrig von der Freude, die sie zuvor empfanden, als sie noch das Heilige Grab als ihr Ziel sahen. […] Jeder verfluchte den Tag, an dem er geboren wurde.

Das Heer, jetzt nur noch eine fassungslose, durchnässte Schar, humpelte nach Ramla zurück. Dort rissen Schwermut und Enttäuschung das ganze Unternehmen auseinander. Hugo von Burgund und viele Franzosen zogen davon. Einige begaben sich wieder nach Jaffa, andere nach Akkon, wo es Lebensmittel und andere irdische Vergnügungen in Hülle und Fülle gab. Richard musste sich mit einem ernsthaft geschwächten Heer auf den Weg Richtung Südwesten, nach Askalon machen.[10]

Neuorientierung

Der König gelangte am 20. Januar, bei tosendem Wintersturm, der die Stimmung noch weiter verschlechterte, in die zerstörte Hafenstadt. Die Kreuzfahrer versuchten, mit ihrem Rückzug von Jerusalem so gut es ging fertigzuwerden; auch Richard gab sich alle Mühe, sich vom ersten echten Rückschlag seines Feldzugs zu erholen. Er setzte die Truppen, die ihm noch geblieben waren, für den Wiederaufbau Askalons ein – er war entschlossen, diesen trostlosen Winter wenigstens noch dafür zu nutzen, an der Küste sichtbare Fortschritte zu machen. Heinrich von Champagne war seinem Onkel treu geblieben und unterstützte ihn bei diesem Vorhaben, doch der Wiederaufbau der Festungsanlagen einer derart verwüsteten Stadt war ein gigantisches Unternehmen – das schließlich fünf Monate harter Arbeit in Anspruch nahm und den König ein Vermögen kostete.

Im Februar brach in Nordpalästina eine Krise aus, die chronische Rivalitäten unter den Franken offenbarte. Obwohl der Krieg um das Heilige Land alles andere als beendet war, begannen die Lateiner, sich offen um Akkon zu streiten. Seeleute aus Genua versuchten, die Herrschaft über die Stadt an sich zu reißen, wahrscheinlich mit stillschweigender Billigung Konrads von Montferrat und Hugos von Burgund, und nur der erbitterte Widerstand der pisanischen Verbündeten Richards konnte verhindern, dass der Hafen an Tyros fiel. Der König war empört über diese Aktion, die er als unverschämten Verrat betrachtete, und brach in Richtung Norden auf, um mit Konrad zu verhandeln. Auf halbem Weg zwischen Akkon und Tyros traf man sich. Offenbar fanden »ausgedehnte Diskussionen« statt, doch eine Einigung konnte letztlich nicht erzielt werden, und der Graf kehrte nach Tyros zurück.[11]

Richards Feldherrenglück hatte sich in den Bergen von Judäa gewendet, und nun, an der Nordküste, schien ihn auch sein untrüglicher Sinn für diplomatisches Handeln im Stich zu lassen. Er war enttäuscht, dass es ihm nicht gelungen war, Konrad zum Einlenken zu zwingen, daher berief er eine Versammlung ein, in der dem Grafen offiziell alle Anteile an den Einkünften aus dem Königreich Jerusalem, die man ihm im Sommer 1191 zugestanden hatte, abgesprochen wurden. In Wahrheit handelte es sich dabei um kaum mehr als eine leere Geste. Konrad hatte zwei entscheidende Vorteile: zum einen ein uneinnehmbares Machtzentrum in Tyros, zum anderen die ständig wachsende Unterstützung durch die dauerhaft in Outremer lebenden fränkischen Barone, wie etwa Balian von Ibelin. Der Graf war möglicherweise ein doppelzüngiger Opportunist, der auch durchaus bereit war, mit Saladin über Dinge zu verhandeln, die gegen die Interessen des Kreuzzugs gerichtet waren, aber durch seine Gemahlin Isabella von Jerusalem hatte er einen Anspruch auf den Thron. Außerdem hatte er überzeugendere Führungsqualitäten bewiesen als Guido von Lusignan, sein Rivale um die Krone von Jerusalem, und im Unterschied zu Richard war er ganz offenbar bereit, auf Dauer in der Levante zu bleiben. In jenem Februar wollte Richard das Offensichtliche noch nicht wahrhaben, doch irgendwann musste er sich der unbequemen Realität stellen: Konrad konnte weder bezwungen noch zum Umdenken überredet werden, es war also auf Dauer unumgänglich, ihn in jede politische und militärische Ordnung im Vorderen Orient einzubinden, wenn diese einigermaßen stabil sein sollte.

In dieser Zeit kam es zwischen Richard und Saladin auch wieder zu Verhandlungen. Der Sultan ließ sich wie zuvor durch seinen Bruder al-Adil vertreten, und für den König sprach Humfried von Toron. Ende März fanden in der Nähe von Akkon Gespräche statt, und irgendwann sah es ganz so aus, als hätte man sich in einigen Punkten (darunter die Teilung Jerusalems) tatsächlich einigen können. Anfang April jedoch brach Richard die Gespräche ab und begab sich zu Schiff in Richtung Süden, um das Osterfest in Askalon zu feiern. Der Grund für diesen plötzlichen Kurswechsel bleibt unklar, doch wahrscheinlich waren dem König Gerüchte zu Ohren gekommen, dass es in Saladins erschöpftem Heer Anzeichen von Meuterei gegeben habe und dass der Sultan außerdem in Mesopotamien mit einem Aufstand konfrontiert war. Als Richard von dieser Schwächung des Gegners erfuhr, gelangte er wohl zu der Überzeugung, dass er es jetzt nicht mehr nötig hatte, andere Bedingungen als die für ihn günstigsten zu akzeptieren. Zurück in Askalon, begann er mit den Vorbereitungen für eine neue Offensive.

Krise und Verwandlung

Am 15. April 1192 traf aus England Robert, der Prior von Hereford, zu Schiff in Askalon ein. Er brachte Neuigkeiten, die sämtliche Pläne Richards umwarfen. Der Berater und Repräsentant des Königs, Wilhelm von Longchamp, war vom Prinzen Johann des Landes verwiesen worden, und nun setzte Richards ehrgeiziger jüngerer Bruder alles daran, seine eigene Macht im Königreich auszudehnen. Nach zehn Monaten, die Richard als Kreuzfahrer im Heiligen Land verbracht hatte, bedeutete diese Botschaft eine nachdrückliche Erinnerung an seine Pflichten als Herrscher über das angevinische Reich. Er erkannte sofort, dass er es sich nicht leisten konnte, in der Levante zu bleiben, während sich in Europa eine derart bedrohliche Krise abzeichnete; doch genauso wenig wollte er den Kreuzzug einfach aufgeben und als Versager nach Hause zurückkehren. Offensichtlich kam er zu dem Schluss, dass er noch für eine weitere Kampfsaison im Dienst des Kreuzes bleiben konnte. Um allerdings den Krieg in Palästina zu einem schnellen, erfolgreichen Ende zu bringen, musste er die über das ganze Heilige Land verstreuten lateinischen Truppen zusammenführen.

Ein Kompromiss musste gefunden werden, und daher berief der König am 16. April eine Ratsversammlung der Kreuzfahrerbarone ein. Er kündigte an, er müsse angesichts der Ereignisse in England bald abreisen, und wies die Versammelten an zu entscheiden, wer in Jerusalem König sein solle. Das einhellige Votum, das sicher auch Richards stillschweigende Zustimmung hatte, lautete: Konrad von Montferrat solle die Krone erhalten. Guido von Lusignan wurde für seinen Statusverlust reichlich entschädigt: Richard bewog die Templer, Zypern zum Preis von 40 000 Bezant an Guido zu verkaufen, wodurch das Haus Lusignan eine mächtige und dauerhafte Herrschaft im östlichen Mittelmeer etablieren konnte. Heinrich von Champagne wurde nach Tyros entsandt, er sollte den Grafen von seiner unerwarteten Beförderung in Kenntnis setzen und, was wichtiger war, ihn überreden, seine eigenen und die Truppen Hugos von Burgund mit dem Kreuzfahrerheer in Askalon zu vereinen, damit der »heilige Krieg« fortgesetzt werden konnte.

Innerhalb weniger Tage kam die Nachricht bei Konrad an, und nach übereinstimmenden Zeugnissen reagierte er mit geradezu ekstatischem Überschwang. Nachdem er monatelang in den Kulissen auf seinen großen Auftritt gewartet, immer nur mit Vorsicht und List agiert hatte, gingen seine Träume vom Griff nach der Krone Jerusalems endlich in Erfüllung. Vorbei war die Zeit verstockter Zurückhaltung; unverzüglich begann er mit den Vorbereitungen für einen Feldzug. Außerdem sandte er, ohne dass Richard oder die Franken davon wussten, eine dringende Nachricht an Saladin: Unter den Lateinern sei es zu einer unerwarteten Einigung gekommen; Konrad drohte dem Sultan, wenn dieser nicht »in den nächsten paar Tagen zu einer Einigung [mit Konrad]« gelange, müsse er mit einem ausgewachsenen militärischen Zusammenstoß rechnen. Ein muslimischer Augenzeuge am Hof des Sultans berichtet, Saladin habe diese Botschaft äußerst ernst genommen. In Mesopotamien drohten Aufstände, daher »glaubte der Sultan, […] es sei am besten, mit dem Grafen Frieden zu schließen«, und am 24. April entsandte er Boten nach Tyros, um die Bedingungen auszuhandeln. In den letzten Tagen des April 1192 waren König Richard und Saladin überzeugt, dass sie Wege gefunden hatten, den Krieg um das Heilige Land abzuschließen: der eine durch die Wiederaufnahme von Kampfhandlungen, der andere durch Frieden. Beider Pläne hingen ganz wesentlich von Konrad von Montferrat ab.[12]

Am Abend des 28. April begab sich Konrad zum Abendessen in die Residenz des französischen Kreuzfahrers Philipp, Bischof von Beauvais, in Tyros. Sie hatten sich im Lauf des Kreuzzugs angefreundet, und Konrad war in entspannter, feierfröhlicher Stimmung. Als er später in der Nacht nach Hause ritt, begleitet von zwei Leibwächtern, kam er an den Wechselstuben vorbei und bog in eine enge Gasse ein.

> Dort saßen an beiden Seiten der Gasse zwei Männer. Als Konrad zwischen ihnen hindurchkam, erhoben sie sich und stellten sich ihm in den Weg. Einer kam und zeigte ihm einen Brief, und der Marquis streckte seine Hand aus, um ihn entgegenzunehmen. Der Mann zog ein Messer und stach es ihm in den Leib. Der Mann auf der anderen Seite sprang hinter Konrad aufs Pferd und stach ihn in die Seite, und er brach tot zusammen.

Es stellte sich heraus, dass die beiden Mörder Konrads Mitglieder des Ordens der Assassinen waren und dass Sinan, der alte Mann vom Berge, sie geschickt hatte. Einer wurde sofort enthauptet; der andere gefangen genommen, befragt und dann durch die Straßen geschleift, bis er tot war. Die Verbindung zu den Assassinen stand nun zwar fest, doch weniger klar war, wer hinter dem Anschlag steckte. Hugo von Burgund und die Franzosen in Tyros verbreiteten das Gerücht, König Richard habe die Mörder gedungen, während in einigen Teilen der muslimischen Welt gemunkelt wurde, Saladin sei beteiligt gewesen. Vor dem Hintergrund der jüngsten Ereignisse hätte jedoch keiner der beiden Herrscher von Konrads Tod sonderlich profitiert. Was dem Attentat wirklich zugrunde lag, ist nicht mehr zu ermitteln – womöglich handelte Sinan sogar gänzlich unbeeinflusst, um den Grafen aus dem Weg zu räumen, der in seinen Augen vielleicht eine dauerhafte Bedrohung für die Machtbalance in der Levante darstellte.[13]

Die politische Situation unter den Lateinern war nun äußerst verworren. Hugo von Burgund versuchte, die Herrschaft über Tyros an sich zu reißen, doch offenbar stellte sich ihm Konrads Witwe Isabella in den Weg, die Erbin des Königreichs Jerusalem. Als ein weiterer Ausbruch von internen Streitigkeiten drohte, wurde in aller Eile eine neue Regelung getroffen. Graf Heinrich von Champagne wurde als Kompromisskandidat ausgewählt – er war ein Neffe Richards wie auch Philipp Augusts –; innerhalb einer Woche wurde er mit Isabella verheiratet und zum neuen König über das fränkische Palästina gewählt.

Inwieweit der König selbst an dieser schnellen Lösung beteiligt war, bleibt unklar. Im Großen und Ganzen jedoch kam der neue Stand der Dinge seinen Interessen und denen des dritten Kreuzzugs durchaus entgegen. Mit Heinrichs Ernennung waren endlich sämtliche lateinischen Truppen in Palästina vereint – von den in Outremer ansässigen Franken über die französischen Kontingente Hugos von Burgund bis hin zu den angevinischen Streitkräften Richards. In Anbetracht der jüngsten Geschichte dieser Allianz bestand auch durchaus Hoffnung, dass die beiden gut miteinander auskamen.

Im Mai 1192 verstärkte Richard seinen Stützpunkt in Südpalästina, indem er die Festung Darum eroberte; gleichzeitig näherte sich die Arbeit am Wiederaufbau der Festungsanlagen von Askalon ihrem Ende, und Graf Heinrich und Herzog Hugo versammelten Truppen im Norden. Die Kampfmoral der Christen war offenbar wiederhergestellt, und alles schien denkbar gut vorbereitet für den Beginn einer neuen, gemeinsamen Kampagne – obwohl angesichts der jüngsten Vorstöße Richards entlang der Küste nach Süden in Richtung Ägypten das Ziel einer etwaigen Unternehmung durchaus noch nicht feststand.

Am 29. Mai jedoch traf ein weiterer angevinischer Bote aus Europa ein, und die Neuigkeiten bestätigten die schlimmsten Befürchtungen des Königs. Seit sein Rivale Philipp II. August von Frankreich im Sommer 1191 den Kreuzzug verlassen hatte, war Richard ständig in Sorge gewesen, dass die Kapetinger versuchen könnten, während seiner Abwesenheit angevinisches Territorium zu bedrohen. Nun erfuhr er, dass Philipp August Verbindungen zu Richards Bruder Johann aufgenommen hatte und dass sie sich gegen Richards Thronansprüche verschworen hatten. Der Bote warnte: Falls nicht etwas unternommen würde, »um diesen entsetzlichen Verrat [zurückzudrängen], bestand die Gefahr, dass

England sehr bald der Herrschaft von König Richard entrissen würde«. Es heißt, dieser sei »bestürzt« gewesen, »als er die Neuigkeiten erfuhr, danach saß er lange Zeit still, bedachte die Dinge bei sich und erwog, was jetzt zu tun sei«. Im April hatte er beschlossen, im Heiligen Land zu bleiben, doch im Licht der jüngsten Ereignisse im Westen erschien diese Entscheidung nun problematisch. Ambroise berichtet, Richard sei »melancholisch, niedergeschlagen und traurig« gewesen, und »seine Gedanken verwirrt«.[14] Der große Krieger der Christenheit war an einer kritischen Wegscheide angelangt – sollte er als Kreuzfahrer kämpfen, oder sollte er dem Ruf in sein angevinisches Reich folgen und als König in seine Heimat zurückkehren?

18

Schwere Entscheidungen

Im Frühsommer 1192 begann Saladin seine Truppen wieder zu sammeln und bereitete die muslimische Welt auf eine neue Offensive der Christen vor. Im Jahr zuvor hatte der Sultan mit zahlreichen erschütternden Niederlagen fertigwerden müssen. In ohnmächtiger Erniedrigung war er am 12. Juli 1191 Zeuge der Einnahme Akkons gewesen, anschließend, am 20. August, traf ihn der Schock des kaltblütigen Massakers an der muslimischen Garnison der Stadt durch König Richard. Sodann scheiterten alle Versuche, Richards Vormarsch auf Jaffa aufzuhalten, und am 7. September wurden Saladins Truppen bei Arsuf vom Schlachtfeld gefegt. Saladin sah sich gezwungen, seine Strategie zu überdenken; er ging in die Defensive und zerstörte die Festungen in Südpalästina, um den mühsamen Vormarsch der Kreuzfahrer ins Landesinnere zu erschweren, aber am Ende musste er sich – um den 12. Dezember herum – hinter die Mauern Jerusalems zurückziehen und dort den Angriff der Kreuzfahrer abwarten.

Seit seinen glanzvollen Siegen bei Hattin und Jerusalem im Jahr 1187 war Saladin seinem Engagement für den Dschihad treu geblieben – möglicherweise hatte sich seine Hingabe sogar vertieft. Trotzdem musste er die Initiative allmählich an die Franken abgeben. Geschwächt durch Krankheit, gelähmt durch die sinkende Kampfmoral und physische Erschöpfung seiner Truppen und abgelenkt durch anderweitige Probleme in seinem ajjubidischen Reich – eine Niederlage des Sultans schien zunehmend unausweichlich. Dann aber, als sich am 12. Januar 1192 die Kreuzfahrer von Beit Nuba zurückzogen, kam unter den Muslimen neue Hoffnung auf, und Saladin ergriff die unerwartete Chance der Erholung und Neuorientierung.

Die ajjubidische Strategie Anfang 1192

Nachdem Saladin den Vormarsch der Christen auf Jerusalem unbeschadet hinter sich gebracht hatte, überdachte er in den ersten Monaten des Jahres 1192 seine Lage. Das Reich der Ajjubiden befand sich in einem besorgniserregend zerrütteten Zustand. Jahrelang war die Verwaltung der Staatskasse vernachlässigt worden, das Budget des Sultans war nun gefährlich überzogen, und ohne einen sofortigen Geldnachschub konnte dieser kaum mehr seine Truppen und die für die Kriegsführung notwendigen Hilfsgüter bezahlen. Am Wohlstand Ägyptens hatte sich nichts geändert, und von dort flossen ihm auch stetig neue Mittel zu; da aber Richard die Stadt Askalon zurückerobert hatte, waren die Verbindungswege zwischen Syrien und der Nilregion ernsthaft bedroht.

Diese wirtschaftlichen Probleme berührten auch seine zweite Sorge: Die Truppen standen ihm nicht mehr so selbstverständlich zur Verfügung, auch die Loyalität seiner Verbündeten hatte nachgelassen. In den vergangenen vier Jahren nahezu ununterbrochener Militäraktionen hatte er von seinen Truppen, die er aus seinen eigenen Territorien in Ägypten, Syrien und der Dschazira rekrutiert hatte, zu viel verlangt. Darüber hinaus hatte er auch seine Verbündeten in Mesopotamien und Diyar Bakr über die Maßen beansprucht. Es zeugt von seinem überragenden Charisma als Heerführer, von der Wirksamkeit seiner politischen und religiösen Propaganda, auch von der Faszination der Dschihad-Idee für die Muslime, dass selbst potenzielle Rivalen wie Zangid Izz ad-Din von Mosul und Imad ad-Din Zangi von Sindschar ihrem Bekenntnis zum »heiligen Krieg« treu geblieben waren und Saladins Ruf zu den Waffen nach wie vor folgten. Doch grenzenlos war diese Bereitschaft nicht. Wenn der Konflikt in Palästina unvermindert weiterbestand, war es nur eine Frage der Zeit, bis die Bande der Loyalität und des einen gemeinsamen Zieles, die die muslimische Welt zusammenhielten, anfingen brüchig zu werden. Daher ließ Saladin sich im Dezember des Jahres 1192 auf das Risiko ein, sein Heer aufzulösen.

Zum Verdruss des Sultans wurden diese vielfältigen Probleme noch verschlimmert durch erste Anzeichen nachlassender Loyalität innerhalb seiner eigenen Familie. Im März 1191 hatte Saladin seinem geschätzten und fähigen Neffen Taqi ad-Din einen Gebietsanteil in der Dschazira östlich des Euphrat zugesprochen, der auch die Städte Edessa und Harran umfasste. Im November desselben Jahres, gerade als die Lateiner auf die Heilige Stadt zumarschierten, erreichte den tief betrübten Sultan die Nachricht, dass Taqi ad-Din nach einer Krankheit gestorben war. Zu Beginn des Jahres 1192 zeigten sich dann bei al-Mansur Muhammad, dem erwachsenen Sohn Taqi ad-Dins, erste »Anzeichen von Rebellion« (so beschrieb es einer von Saladins Beratern). Al-Mansur befürchtete, ein Teil seines Erbes sei gefährdet, und versuchte seinen Großonkel zu überreden, ihm entweder seine Rechte auf das Territorium in der Dschazira zu bestätigen oder ihm stattdessen andere Landstriche in Syrien zu übereignen. In dieser Bitte schwang ganz deutlich die Drohung mit, al-Mansur werde andernfalls im Nordosten Aufstände gegen die Ajjubiden anzetteln.

Saladin war erschüttert, dass ein Mitglied seiner eigenen Familie so eklatant die übliche Loyalität vermissen ließ, und seine Stimmung verbesserte sich nicht im Geringsten, als al-Mansur versuchte, al-Adil als Vermittler einzuschalten – im Gegenteil: Als der Sultan von diesem intriganten Verhalten erfuhr, geriet er offenbar »außer sich vor Wut«. Die ganze Angelegenheit entwickelte sich zu einem verhängnisvollen Nebenkriegsschauplatz, auf dem es noch den ganzen Frühsommer des Jahres 1192 über gärte. Als erste Reaktion entsandte Saladin im April seinen ältesten Sohn al-Afdal, der die Dschazira wieder in Besitz nehmen sollte; er gab ihm außerdem die Vollmacht, falls es notwendig sein sollte, seinen Bruder al-Zahir aus Aleppo zu Hilfe zu holen. Ende Mai schließlich lenkte der Sultan ein. Al-Adil scheint als Schiedsrichter einen gewissen Druck ausgeübt zu haben, und der Emir Abu'l Haija riet während einer Versammlung, in der dieser Fall besprochen wurde, ebenfalls nachdrücklich zur Milde: Er gab zu bedenken, dass es nicht anging, gleichzeitig muslimische Glaubensbrüder und »Ungläubige« zu bekämpfen. Saladin gab schließlich den Ansprüchen al-Mansurs doch statt und übereignete ihm Land in Nordsyrien, außerdem wurden al-Adil Rechte an Harran und Edessa zugesprochen. Allerdings tat sich aufgrund dieser ziemlich unvermittelten Versöhnung ein Riss zwischen Saladin und al-Afdal auf. Dieser war verärgert über die schwankende Haltung seines Vaters und dessen Entscheidung, al-Adil zu belohnen, und er zeigte sich daraufhin auffallend unwillig, nach Palästina zurückzukehren: Zuerst blieb er in

Aleppo, später hielt er sich noch eine Weile in Damaskus auf und entzog damit dem Sultan wertvolle Kampfkraft.[1]

Anfang 1192 hatte Saladin mit finanzieller Unsicherheit, Einschnitten bei seinen Truppen und Aufständen zu kämpfen. Es überrascht nicht, dass er in dieser Situation sein Vorgehen im »heiligen Krieg« sorgfältig überdachte. Im Herbst des Vorjahrs hatte er sich auf eine eher defensive Strategie verlegt; größeren Konfrontationen mit den Franken war er aus dem Weg gegangen, doch blieb er in relativ engem Kontakt mit dem Feind. Seit dem Frühjahr 1192 zog er fast alle seine Soldaten vom Feld ab. Abgesehen von gelegentlichen Überfällen und spontanen Raubzügen setzten sich die ajjubidischen Truppen an leicht zu verteidigenden, über die gesamte Länge Palästinas verteilten Stützpunkten fest, um etwaige Angriffe vonseiten der Christen abzuwehren. Gleichzeitig befahl Saladin ausgedehnte Aufbauarbeiten, um seine wichtigsten Festungen und die Abwehranlagen von Jerusalem zu verstärken.

Diese Vorbereitungen offenbarten eine radikale politische Kehrtwende. Im Jahr 1192 muss Saladin erkannt haben, dass er nicht mehr sicher sein konnte, aus dem dritten Kreuzzug tatsächlich als Sieger hervorzugehen. Diese Erkenntnis veranlasste ihn, den diplomatischen Kontakt wieder aufzunehmen – er suchte Gespräche mit Richard Löwenherz und Konrad von Montferrat. Außerdem musste er seine Verhandlungsposition überdenken. Er schloss nun nicht mehr aus, einen Vertrag auszuhandeln, der auf eine Teilung des Heiligen Landes hinauslief: Die Lateiner sollten dadurch die Herrschaft über einen Teil des Küstengebiets behalten. An zwei Forderungen hielt Saladin allerdings fest: Die Herrschaft über Jerusalem musste in muslimischer Hand bleiben, und Askalon, das Tor nach Ägypten, musste an Saladin zurückgegeben werden.

Saladins Gesamtstrategie in militärischer wie auch in diplomatischer Hinsicht orientierte sich nun vor allem an einem Ziel: den dritten Kreuzzug zu überleben. Er wusste, dass die lateinischen Christen, die zu Tausenden in den Osten gezogen waren, um einen Rückeroberungskrieg zu führen, eines Tages wieder in ihre Heimat zurückkehren würden. Vor allem König Richard konnte es sich nicht leisten, auf unbestimmte Zeit in der Levante zu bleiben. Saladin wollte nur den Sturm überstehen: soweit irgend möglich Verluste vermeiden, direkter Konfrontation unter allen Umständen aus dem Weg gehen, dabei aber den Krieg in Palästina so schnell wie möglich beenden, bevor die ajjubidische Kriegsmaschinerie zusammenbrach. Wenn die Kreuzfahrer den Orient endlich verlassen hatten, konnte der Sultan sich ungestört der Erholung und Wiedereroberung zuwenden.

Der zweite Vormarsch auf Jerusalem

Saladin hatte sein Bestes getan, sich auf einen Angriff entweder auf Jerusalem oder auf Ägypten vorzubereiten. Ende Mai und Anfang Juni 1192 sammelten sich nach und nach wieder Truppen aus dem gesamten Vorderen Orient in der Heiligen Stadt. Der Sultan unterhielt außerdem mehrere Spähtrupps, darunter einen unter der Führung Abu'l Haijas, die alle Aktionen der Franken beobachten sollten. Diese hatten ihren Hauptstützpunkt jetzt in der Umgebung von Askalon.

Unentschieden

Am 6. Juni erhielt Saladin eine dringende Warnung: Die Kreuzfahrer marschierten in voller Kampfstärke von Askalon weg in Richtung Nordosten – eine Aktion, die ganz offensichtlich auf Jerusalem zielte. Es schien, als hätten Richard und die Lateiner beschlossen, einen zweiten Anlauf zur Belagerung und Eroberung der Heiligen Stadt zu wagen. Tatsächlich hatte Richard die ersten Junitage in quälender Unentschlossenheit zugebracht. Die Perspektive, dass in Europa ein Bündnis zwischen seinem habgierigen Bruder Johann und Philipp August von Frankreich zustande kam, hatte ihn erschüttert, und er fühlte sich hin- und hergerissen zwischen dem Wunsch, in den Westen zurückzukehren, und der Alternative, in der Levante zu bleiben und sein Kreuzfahrergelübde zu erfüllen. Erschwerend kam die Frage nach der richtigen Strategie hinzu. Das eigentliche Ziel des dritten Kreuzzugs war die Wiedereroberung Jerusalems, doch Richard hielt dies nach wie vor für eine Illusion.

In mancherlei Hinsicht waren die Voraussetzungen für einen Feldzug der Franken ins Landesinnere nun zwar günstiger als ein halbes Jahr zuvor. Die fränkischen Truppen waren jetzt vereinigt, sie konnten sich auf stabiles Sommerwetter verlassen, und es standen ihnen die Festungen zur Verfügung, die Ende 1191 wiederaufgebaut worden waren. Alle anderen Prämissen jedoch waren unverändert – nach wie vor bedeutete die Belagerung Jerusalems ein übergroßes Risiko. Selbst wenn ein Angriff wie durch ein Wunder erfolgreich sein sollte, wäre es kaum möglich, die Stadt zu halten. Daher sprach sich Richard für einen Angriff auf Ägypten aus: Ein solcher Schlag musste das ajjubidische Reich in seinen Grundfesten erschüttern, und dann wäre es wohl denkbar gewesen, dass Saladin sich auf einen Friedensvertrag nach den Vorgaben Richards einließ. In militärischer Hinsicht war Richards Plan sinnvoll, doch er verkannte die religiöse Unterströmung eines Kreuzzugs. Wenn der König seine Strategie durchsetzte – wenn er die Herzen und Köpfe der Kreuzfahrer gewann, wenn er die Franken überzeugen konnte, dass der Weg zum endgültigen Sieg über den Nil führte –, dann durfte er nicht mehr mit der Einmütigkeit rechnen, die sein Heer im Herbst und Winter des Vorjahrs zusammengehalten hatte. Er musste absolut zwingende Führungsqualitäten beweisen und das Kommando mit Willenskraft und visionärem Nachdruck führen.

Stattdessen schwankte er in den Tagen nach dem 29. Mai, er zog sich zurück zu einsamer Erwägung seiner Alternativen und strategischen Möglichkeiten. Und dann wurde er von den Ereignissen überholt. Unter den Kreuzfahrern wurde der allgemeine Wunsch, nach Jerusalem zu ziehen, immer lauter ausgesprochen. Eine Gruppe lateinischer Barone, wahrscheinlich unter der Leitung Hugos von Burgund, hielt am 31. Mai eine Versammlung ab und beschloss, nach Jerusalem zu marschieren – mit oder auch ohne den englischen König. Die Nachricht von diesem Beschluss sickerte durch, was wohl durchaus im Sinn der Barone war, verbreitete sich sofort im ganzen Heer und rief eine »stürmisch freudige« Reaktion hervor; die Kreuzfahrer tanzten bis nach Mitternacht.

Sogar Ambroise erwähnt, der König sei in diesen Tagen wie gelähmt gewesen: »Er war überhaupt nicht glücklich, sondern zog sich auf sein Nachtlager zurück, ganz aufgebracht von den Nachrichten, die er erhalten hatte.« Und er fügt hinzu: »Ständig erwog er in seinem Zelt [die Neuigkeiten aus England] und grübelte endlos darüber nach.« Er zauderte, die Tage vergingen – und dann ergriff eine Woge von Enthusiasmus das gesamte Lager, getragen von dem einen einzigen Gedanken: Auf nach Jerusalem. Am 4. Juni soll der König, so Ambroise, in seinen Gewissensnöten eine Art religiöse Erleuchtung erfahren haben. Das hatte zur Folge, dass er plötzlich verkündete, er werde »im [Heiligen Land] bis Ostern [1193] bleiben, ohne zurückzukehren, und alle sollen sich auf [die Belagerung von] Jerusalem vorbereiten«. Vielleicht hatte er tatsächlich ein Umkehrerlebnis, doch sehr viel wahrscheinlicher ist, dass er angesichts des zunehmenden Drucks von außen der Stimme und den Sehnsüchten des Volkes nachgab. Er muss wohl, wenn auch nicht deutlich ausgesprochen, einen Feldzug nach Ägypten angestrebt haben, aber auch seine tiefen Zweifel an der Durchführbarkeit eines Angriffs auf die Heilige Stadt waren wohl kaum verschwunden. Trotzdem stimmte er dem Vormarsch nach Judäa hinein zu. Dieses Nachgeben lässt darauf schließen, dass ihm zumindest für den Augenblick die Kontrolle über den dritten Kreuzzug entglitten war. Und obwohl Saladin den Abmarsch der fränkischen Truppen am 6. Juni als Zeichen neu erstarkter Willenskraft deutete, begannen sich in der Befehlsstruktur der Christen fatale Brüche abzuzeichnen.[2]

Drohgebärden

Der Vormarsch der Kreuzfahrer auf Jerusalem vollzog sich, als sie erst aufgebrochen waren, bemerkenswert schnell. Am 9. Juni kamen die Franken in Latrun an und zogen am folgenden Tag weiter nach Beit Nuba. Im Herbst 1191 hatten die Christen Monate gebraucht, bis sie so weit vorgedrungen waren. Nun waren sie nach nur fünf Tagen wieder in unmittelbarer Nähe der Heiligen Stadt, nur noch 18 Kilometer von ihren heiligen Mauern entfernt. Saladin ließ immer wieder Überfälle auf den fast ununterbrochenen Strom lateinischer Nachschubkonvois unternehmen, die sich von Jaffa weg landeinwärts bewegten, doch abgesehen von diesen Einzelgefechten versuchte er nicht ernsthaft, das Hauptlager der Kreuzfahrer bei Beit Nuba anzugreifen. Stattdessen begann er seine Truppen innerhalb der Stadtmauern in Erwartung des drohenden Angriffs in Stellung zu bringen.

Nach den ersten hektischen Aktivitäten geriet die fränkische Initiative offenbar ins Stocken. Ursprünglich wurde diese Verzögerung dadurch verursacht, dass die Lateiner beschlossen hatten, auf Heinrich von Champagne zu warten, der mit weiterer Verstärkung aus Akkon zu ihnen stoßen sollte. Als jedoch immer mehr Zeit verstrich und nichts geschah, wurden die tief verwurzelten Unstimmigkeiten spürbar, die in Askalon noch überspielt werden konnten, und bald hatten sich die Franken in eine erbitterte Debatte um Strategie und Führungsfragen verrannt.

Am 20. Juni berichteten Saladins Späher, eine große Gruppe Kreuzfahrer sei von Beit Nuba aufgebrochen. Das versetzte den Sultan in große

Unruhe, weil er genau in diesen Tagen eine große Karawane mit Nachschub aus Ägypten erwartete. Saladin befürchtete, die Franken könnten die Kolonne abfangen und sich die überlebenswichtigen Waren aneignen, die sie mit sich führte, daher schickte er unverzüglich Boten aus, um den muslimischen Geleitzug zu warnen. Diese trafen mit der Karawane zusammen, und man bewegte sich gemeinsam vorsichtig weiter in Richtung Hebron, als Richard noch vor Tagesanbruch am 24. Juni einen dreisten Überfall anführte. Wie von Saladin befürchtet, hatte der König durch einen seiner Spione von der Karawane erfahren und war, wie elektrisiert von der Aussicht auf reiche Beute, sofort in Richtung Süden aufgebrochen. Drei Tage lang ließ er die Karawane durch seine örtlichen Informanten beobachten und entfesselte dann einen auf die Minute genau geplanten Überraschungsangriff. Nach erbitterten Kämpfen siegten die Lateiner. Der Großteil der muslimischen Eskorte konnte entkommen, doch sie hinterließ überreiche Beute: kostbare Waren, darunter Gold, Silber und Seide, Waffen und Rüstungen, Zelte, Nahrungsmittel wie Zwieback, Weizen, Mehl, Gewürze wie Pfeffer, Zucker und Zimt und »eine große Menge an Likören und Medizin«. Wahrscheinlich noch nützlicher waren buchstäblich Tausende Lasttiere: Kamele, Dromedare, Pferde, Maulesel und Esel.

Die Nachricht von dieser Katastrophe versetzte Jerusalem in den Alarmzustand. Saladin hatte nicht nur Riesenmengen an dringend benötigten Vorräten verloren, die jetzt allesamt seinen Feinden zugutekamen, es war ihm natürlich auch klar, dass die Lateiner den enormen Zuwachs an Packtieren benutzen konnten, um weitere Ressourcen von Jaffa aus landeinwärts zu transportieren. Als das Überfallkommando der Kreuzfahrer am 29. Juni nach Beit Nuba zurückkehrte, begann der Sultan, »die Voraussetzungen dafür zu schaffen, dass man einer Belagerung standhalten konnte«. Baha ad-Din, der sich damals auch in der Stadt aufhielt, erinnert sich, dass sein Herr »begann, die Wasserquellen außerhalb Jerusalems zu vergiften, er ließ die Wasserlöcher und Zisternen zerstören, sodass es um Jerusalem herum überhaupt kein Trinkwasser mehr gab«, und er fügt hinzu, dass der Sultan außerdem »Truppen aus allen Teilen seines Landes zusammenzog«.[3]

Die Entscheidung

Anfang Juli 1192 stand es für Saladin offenbar unumstößlich fest, dass die Franken in Kürze zu ihrem letzten Schlag gegen Jerusalem ausholen würden. Der Augenblick der Entscheidung, die Krise, der er hoffte ausweichen zu können, stand unmittelbar bevor. Am Donnerstag, dem 2. Juli, versammelte der Sultan seine engsten Vertrauten unter den Emiren, um das weitere Vorgehen zu beraten. Die Zusammenkunft fand in grimmig-düsterer Atmosphäre statt: Saladin saß inmitten seiner Feldherren und Berater, die ihm in langen Kriegs- und Eroberungsjahren treu gedient hatten. Auch Abu'l Haija der Dicke war dabei, obwohl sein legendärer Körperumfang nun zu einem solchen Ausmaß angeschwollen war, dass er kaum mehr laufen konnte und »einen Stuhl« brauchte, »auf dem er in Gegenwart des Sultans sitzen musste«.

Auch Baha ad-Din war anwesend, und er berichtet, Saladin habe bei seinen Hauptleuten ein Gefühl von Standhaftigkeit und Entschlossenheit hervorrufen wollen, indem er sie wiederholt an ihre Pflichten und an ihre Verantwortung erinnerte: »Ihr wisst, dass ihr heute das Heer und das Bollwerk des Islam seid [...]. Es gibt außer euch keinen Muslim, der dem Feind entgegentreten kann, und die Muslime aller Länder hängen von euch ab.« Die Emire antworteten auf diesen Appell, indem sie ihre Bereitschaft bekundeten, für den Sultan, ihren Herrn und Meister, bis zum Tod zu kämpfen, was, so wird berichtet, das Herz des Sultans »höchlich erfreute«.

Später am selben Tag jedoch, nachdem die Teilnehmer an der Unterredung sich entfernt hatten, empfing Saladin ein privates Sendschreiben von Abu'l Haija. Darin warnte dieser den Sultan, unter der Fassade von Treue und Einheit braue sich ein Aufruhr zusammen. Viele im Heer seien dagegen, »sich auf eine Belagerung vorzubereiten«, weil sie eine Wiederholung der Katastrophe von Akkon befürchteten. Außerdem bestand die reale Gefahr, dass die alten Feindseligkeiten zwischen den Kurden und den Türken in Saladins Heer in einen offenen Konflikt mündeten. Abu'l Haija riet dem Sultan, den Großteil seines Heeres aus der Heiligen Stadt herauszuholen, solange das noch möglich war, und nur pro forma eine Garnison zurückzulassen.

Am Abend dieses Tages befahl der Sultan Baha ad-Din zu sich und teilte ihm den Inhalt von Abu'l Haijas Botschaft mit. Baha ad-Din erinnerte sich, dass »Saladin sich mit einer Intensität um Jerusalem sorgte, die Berge hätte versetzen können, und er war von der Mitteilung sehr aufgewühlt. Ich blieb in dieser Nacht bei ihm; es ging die ganze Nacht nur um die Sache des heiligen Krieges.« Als es schließlich dämmerte, beschloss Saladin schweren Herzens, Jerusalem zu verlassen – »am liebsten wäre er selbst in der Stadt geblieben, doch seine Vernunft verbot es ihm wegen des Risikos, das es für den Islam bedeutet hätte«. Die Entscheidung war gefallen; am Morgen des 3. Juli, einem Freitag, begannen die Vorbereitungen für den Auszug. Saladin ergriff die Gelegenheit, das *Haram as-Sharif* aufzusuchen, dort leitete er ein letztes Freitagsgebet in der heiligen al-Aqsa-Moschee, in der er vier Jahre zuvor die herrliche Siegeskanzel von Nur ad-Din hatte aufrichten lassen. Baha ad-Din schrieb: »Ich sah [den Sultan], wie er sich niederwarf und einige Worte sprach, und Tränen fielen auf seinen Gebetsteppich.«

Aber als es schon Abend wurde, trafen neue, überraschende Nachrichten ein – Nachrichten, die Saladins Pläne über den Haufen warfen und dem gesamten Krieg um das Heilige Land eine neue Richtung gaben. Jurdik, der syrische Emir, der die ajjubidische Vorhut befehligte, berichtete, die Franken befänden sich in einem deutlichen Zustand der Verwirrung: »Die Feinde hatten sich gesammelt, erst bestiegen sie auf dem Feld vor dem Lager ihre Pferde, dann gingen alle zu ihren Zelten zurück«, und er fügte hinzu: »Wir haben Späher ausgesandt, um herauszufinden, was sie vorhaben.« Gleich am nächsten Morgen, am 4. Juli 1192, auf den Tag genau fünf Jahre nach der Schlacht von Hattin, brachen die Teilnehmer des dritten Kreuzzugs ihr Lager ab, kehrten Jerusalem den Rücken und begannen mit ihrem Rückzug in Richtung Ramla. »Begeisterter Jubel« erhob sich, als klar wurde, dass die Heilige Stadt gerettet war.[4]

Das Scheitern der Franken

Der Aufbruch der Kreuzfahrer ließ die Muslime in einem Zustand ungläubiger Hochstimmung zurück. Was hatte diese plötzliche Umkehr bewirkt? Jurdiks Spione konnten nur eine verworrene Darstellung der Ereignisse abliefern, sie sprachen von einem Streit zwischen Richard und den Franzosen. Tatsächlich war der Keim für den fränkischen Rückzug bereits in Askalon gelegt worden, als Richard die Kontrolle über den Kreuzzug verlor und dem Drängen der Mehrheit auf einen zweiten Marsch landeinwärts nachgegeben hatte. Als der Feldzug am 10. Juni

Beit Nuba erreichte, wurde schnell klar, dass Richard nicht die Absicht hatte, Jerusalem zu belagern, obwohl die Franzosen entschieden dafür plädierten, dass man einen Angriff versuchen sollte. Am 17. Juni kamen die Anführer des Kreuzzugs zusammen, um die Angelegenheit zu beraten. Sogar zwei christliche Augenzeugen, die eindeutig auf Richards Seite standen, gaben offen zu, dass der König sich mit aller Schärfe gegen jeden weiteren Vormarsch aussprach.

Richard Löwenherz brachte offenbar drei überzeugende Gründe vor, warum eine Belagerung sinnlos war: die unsichere Nachschubverbindung zwischen den Kreuzfahrern und der Küste, die gewaltigen Verteidigungsanlagen der Heiligen Stadt und Saladins genaue Kenntnis der Stärke der Franken und ihrer Truppenbewegungen. Der König gab auch unumwunden zu, dass er sich rundweg weigerte, den Kreuzzug in ein derart »überstürztes Unternehmen« zu führen, weil dies mit einer »fürchterlichen Blamage« enden musste, für die er »auf ewig beschuldigt, beschämt und weniger geliebt« werden sollte. Diese bemerkenswerte Formulierung lässt vermuten, dass es ihm nicht in erster Linie um den Erfolg des Kreuzzugs ging, sondern vor allem um sein eigenes Prestige. Der König hatte dies offenbar bereits in Askalon vertreten, weil er sich jetzt mit der Rückendeckung durch mehrere seiner Anhänger für einen Strategiewechsel einsetzte und den Rat gab, dass die Lateiner sich sofort zu einem Feldzug nach Ägypten auf den Weg machen sollten – er hatte ja in Akkon schon eine Flotte vor Anker liegen, die nur darauf wartete, Hilfsgüter an den Nil zu transportieren. Er versprach, aus seiner eigenen Kasse 700 Ritter und 2000 Bewaffnete zu finanzieren; auch anderen Teilnehmern bot er finanzielle Hilfe an. So sah das Programm aus, das er wohl schon in Askalon vorgetragen hätte, wenn er nicht von seinen Zweifeln und Bedenken so zermürbt gewesen wäre.

Allerdings hatte der König nun zugelassen, dass die Kreuzfahrer sich schon zum zweiten Mal nur wenige Wegstunden von Jerusalem entfernt befanden. In dieser Situation war jeder Versuch, militärischen Realismus über religiösen Eifer zu stellen, höchst problematisch. Trotzdem tat er alles, um seinen Plan durchzusetzen: Er bestellte eine voreingenommene Jury, die natürlich zu dem Schluss kam, dass »es für das Land am besten ist, wenn [Ägypten] erobert wird«. Als Hugo von Burgund und die Franzosen dieser Erklärung widersprachen und verkündeten, dass »sie keinesfalls anderweitig vorrücken würden außer zu einer Belagerung Jerusalems«, war ein toter Punkt erreicht.[5]

Richard hatte zugelassen, dass der dritte Kreuzzug in dieser tödlichen Sackgasse endete, und seine Reaktion darauf war erschreckend unprofessionell. In einem Anfall erbärmlicher Dickköpfigkeit trat er als Oberbefehlshaber zurück: Er verkündete, dass er zwar bleiben, aber das Unternehmen nicht mehr leiten werde. Womöglich war das eine Provokation, die seine Gegner vor den Kopf stoßen und zum Schweigen bringen sollte, aber wenn das der Fall war, dann lief sie ins Leere. Als er an diesem kritischen Punkt seine Verantwortung abgab, bekannte er nur eine vernichtende Wahrheit: Der große König von England war nicht mehr im Besitz der Macht und der visionären Kraft, mit der er den Kreuzzug hätte anführen können.

Am 20. Juni beflügelte die Nachricht von der Nachschubkarawane aus Ägypten für kurze Zeit wieder die allgemeine Handlungsbereitschaft, und die Zwistigkeiten wurden kurz zurückgestellt, doch als das Überfallkommando am 29. Juni wieder nach Beit Nuba zurückkehrte, ging das Gezänk weiter. Lateinische Augenzeugen beschrieben, wie die Leute »jammerten und klagten«; sie »trauerten«, weil ihnen der Vormarsch auf die Heilige Stadt wieder verwehrt war. Anfang Juli hatten die anhaltenden Wirren den Kreuzzug regelrecht schachmatt gesetzt. Die Franzosen scheinen am 3. Juli einen letzten Versuch unternommen zu haben, die Stadt anzugreifen, doch ohne Richards Unterstützung brach die Initiative schnell zusammen. Da der Weg nach Jerusalem also verschlossen war, fügte sich das Heer der Christen schließlich in das Unausweichliche und trat niedergeschlagen den Rückzug an. Ambroise berichtet: Als sich die Nachricht im Heer verbreitete, dass »sie nicht das Heilige Grab würden verehren können, das nur vier Wegstunden entfernt war, füllte sich ihr Herz mit Kummer, und sie machten sich so entmutigt und unglücklich auf den Rückweg, dass es noch nie ein erwähltes Volk gab, das bedrückter und verstörter gewesen wäre«.[6]

Dieser Umschwung markierte den Tiefpunkt in Richards Karriere als Kreuzfahrer. In diesem Sommer hatte er sich als Feldherr eines fatalen Fehlgriffs schuldig gemacht. Sein Irrtum bestand nicht in dem Entschluss, von einer Belagerung von Jerusalem abzusehen – wie schon im Januar 1192 hielt er sich zu Recht an die Vorgaben militärischer Logik und kam zu dem Schluss, dass die mit einem Angriff auf die Heilige

Stadt verbundenen Risiken zu groß waren. Sein Fehler war vielmehr, dass er sein Wissen nicht zum Ausdruck gebracht hatte, als er noch in Askalon war; dass er es versäumte, den Feldzug sicher unter Kontrolle zu behalten, und dass er den lateinischen Truppen dann noch erlaubte, sich der Heiligen Stadt ein zweites Mal bis auf einen Tagesmarsch Entfernung zu nähern. Die Erfolgsaussichten des dritten Kreuzzugs waren bereits durch Richards Unentschlossenheit beim ersten abgebrochenen Marsch auf Jerusalem Ende 1191 ernsthaft geschmälert worden. Jetzt, im Juli 1192, hatte der erneute Abbruch einen verheerenden Effekt auf die Moral der Franken und versetzte der Christenheit im Heiligen Land einen tödlichen Schlag.

Endspiel

Bis zum Sommer 1192 hatten sich Saladin und Richard gegenseitig in eine Sackgasse manövriert. Der Sultan hatte den zweiten Vorstoß der Kreuzfahrer ins Landesinnere überlebt, und Jerusalem befand sich nach wie vor in seiner Hand, doch die muslimischen Truppen waren völlig erschöpft, und das ajjubidische Reich stand kurz vor dem Zusammenbruch. Der dritte Kreuzzug hatte unterdessen keine tödliche Niederlage hinnehmen müssen, allerdings war sein kriegerisches Potenzial durch unentschlossenen Führungsstil verschleudert worden. Die fränkische Einheit, die vor noch gar nicht so langer Zeit durch die Wahl Heinrichs von Champagne als Titularkönig des lateinischen Palästina einen so produktiven Auftrieb erhalten hatte, war unwiderruflich zerbrochen, und der Verbund der lateinischen Truppenteile löste sich auf (Hugo von Burgund und die Franzosen sammelten sich in Cäsarea). Richard hatte nun weder genügend Kämpfer noch ausreichend materielle Ressourcen zur Verfügung, und daher gab er den Plan, in Ägypten eine neue Front zu eröffnen, irgendwann auf. Gleichzeitig beschäftigte ihn ständig die Sorge um die Vorgänge in Europa. Weder das Heer der Christen noch die Truppen der Muslime waren in der Lage, den Krieg in Palästina zu gewinnen. Es blieb also nichts anderes übrig, als sich ernsthaft auf Friedensverhandlungen einzulassen.

Viel Zeit verging in diesem Sommer mit langwierigen Verhandlungen; jede Seite bemühte sich um die für sie günstigsten Bedingungen, immer auf der Suche nach Gelegenheiten, diplomatische Druckmittel einzusetzen. Eine solche Chance kam Ende Juli 1192: Richard befand sich zeitweise in Akkon, und Saladin nutzte dessen Abwesenheit für einen Angriff auf Jaffa. Nur noch wenige Stunden, und der Sultan hätte den Hafen eingenommen, doch der König kehrte zu Schiff zurück, nachdem er von dem Angriff erfahren hatte, um die fränkische Besatzung zu befreien. Der König watete durchs Wasser an Land und stürzte sich sofort in einen kühnen Gegenangriff, mit dem er die Muslime zurücktrieb. Außerhalb Jaffas schlug Richard ein Lager auf und wehrte zornentbrannt alle Versuche ab, seine Stellung zu überrennen, obwohl er mit seinen Gefolgsleuten an Zahl deutlich unterlegen war. Unterstützt wurde er von einer kleinen Gruppe Getreuer – darunter Heinrich von Champagne, Robert von Leicester, Andreas von Chauvigny und Wilhelm von L'Estang –, und es hieß, der König habe »sein Schwert mit schnellen Schlägen geschwungen, er kämpfte sich durch die angreifenden Feinde, hieb sie entzwei, wo er sie traf, erst auf der einen Seite, dann auf der anderen«. Als Befehlshaber des Kreuzzugs mochte Richard Löwenherz gescheitert sein, doch er war und blieb ein zweifellos überragender Krieger von Furcht einflößendem Ruf. Ein muslimischer Zeuge berichtet, um den 4. August herum sei Richard sogar allein vor den ajjubidischen Reihen erschienen, mit der Lanze in der Hand, ganz der kühne Herausforderer, »doch keiner wollte gegen ihn antreten«. Kurz darauf befahl Saladin seinen Truppen, sich zurückzuziehen, doch er war sehr erzürnt, weil sich seine Leute sträubten, gegen diese Naturgewalt anzutreten.

Faktisch kann der Ärger des Sultans – und die ungewöhnliche Widerspenstigkeit seiner Soldaten im Kampf vor den Toren Jaffas – zumindest teilweise dadurch erklärt werden, dass Richard sich auf verschlungenere Methoden im diplomatischen Krieg verlegt hatte. Zum Verdruss des Sultans unternahm sein christlicher Gegner unaufhörliche und zunehmend erfolgreiche Versuche, freundschaftliche Beziehungen zu führenden ajjubidischen Emiren zu knüpfen. Schon 1191 hatte der König ein gewisses Interesse gezeigt, das Rivalitäts- und Konfliktpotenzial zwischen dem Sultan und seinem Bruder al-Adil auszutesten. Nun, in der zweiten Hälfte des Jahres 1192, als das Tempo und die Intensität der Verhandlungen zunahmen, weitete Richard diese Strategie aus, er nahm die Gespräche mit al-Adil wieder auf, leitete aber auch Kontakte zu mehreren anderen muslimischen Potentaten in die Wege, die zu Saladins innerem Beraterkreis gehörten. Die Personen, die er anvisierte, verhielten sich gegenüber dem Sultan nicht unbedingt illoyal, doch sie waren sich wie alle anderen auch darüber im Klaren, dass der Kreuzzug sich seinem Ende zuneigte, und sie konnten zu Recht annehmen, dass ihre Rolle in etwaigen künftigen Vereinbarungen deutlich zu verbessern war, wenn sie als Friedensvermittler auftraten.

Richard pflegte seine Kontakte bewusst öffentlich – wahrscheinlich wollte er Saladin demonstrieren, dass das Bedürfnis seiner Emire nach erbitterter Konfrontation im Schwinden begriffen war. Sogar in Jaffa lud Richard am 1. August eine Gruppe hochrangiger ajjubidischer Befehlshaber ein, ihn während einer Kampfpause in seinem Lager zu besuchen. Man verbrachte den Abend mit Unterhaltung und Scherzen, und Richard sprach »über ernste wie auch über unbelastete Themen«. Fatalerweise verlor er den Vorsprung, den er durch dieses Vorgehen erzielen konnte, weitgehend dadurch, dass er Mitte August schwer krank wurde. Bis dahin hatte er hartnäckig darauf bestanden, dass Askalon – die Stadt, die er selbst mit so viel Aufwand nur wenige Monate zuvor hatte wiederaufbauen lassen – in der Hand der Christen zu bleiben hatte, wobei er regelmäßig hinzufügte, dass er auf jeden Fall bis Ostern 1193 in der Levante zu bleiben gedachte. Ende August jedoch, als er vom Fieber sehr geschwächt war, hatte es mit dem Feilschen ein Ende.[7]

Nach langwierigen diplomatischen Verhandlungen wurden die Bedingungen für einen dreijährigen Waffenstillstand am Mittwoch, dem 2. September 1192, festgeschrieben. Jerusalem sollte in Saladins Hand bleiben, doch sollten christliche Pilger ungehinderten Zugang zum Heiligen Grab haben. Die Franken behielten den schmalen Küstenstreifen zwischen Jaffa und Tyros, den sie während des Kreuzzugs erobert hatten, Askalons Verteidigungsanlagen aber mussten wieder eingerissen werden. Seltsamerweise scheint das Wahre Kreuz in den Verhandlungen nicht vorgekommen zu sein – jedenfalls blieb die von den Christen so hochverehrte Reliquie in der Hand der Ajjubiden.

Selbst in dieser letzten Phase der Einigung kam es zwischen Saladin und Richard nicht zu einer persönlichen Begegnung. Al-Adil brachte Richard den schriftlich festgehaltenen Vertrag nach Jaffa. Den arabischen Text hatte Imad ed-Din, der Sekretär des Sultans, niedergeschrieben. Der kranke König war so schwach, dass er das Dokument nicht einmal lesen konnte, und er bot lediglich seine Hand als Zeichen für sein Einverständnis. Heinrich von Champagne und Balian von Ibelin legten einen Schwur ab, sich an die Vereinbarungen zu halten; auch die Templer und die Johanniter stimmten zu. Am nächsten Tag wurde eine lateinische Delegation, in der sich auch Humfried von Toron und Balian befanden, in Ramla vor den Sultan geführt. Dort »ergriffen sie ehrfürchtig seine Hand und empfingen seinen Eid, sich nach den vereinbarten Bedingungen an den Friedensschluss zu halten«. Wichtige Mitglieder aus Saladins Familie – al-Adil, al-Afdal und al-Zahir – und einige führende Emire legten anschließend ihrerseits Eide ab. Und mit dem Ende dieses ausgeklügelten Rituals war auch der Krieg zu Ende.[8]

Im Monat danach machten sich drei Gruppen von Kreuzfahrern auf den Weg nach Jerusalem – der Friedensvertrag ermöglichte ihnen, was ihnen der Krieg vorenthalten hatte. Unter denen, die nun ihr Pilgergelübde erfüllten, befanden sich auch Andreas von Chauvigny und Hubert Walter, der Bischof von Salisbury. Richard jedoch unternahm keinen Versuch, in die Heilige Stadt zu reisen. Das mag an seiner Krankheit gelegen haben; aber vielleicht empfand er es auch als zu große Schmach, das Heilige Grab zu besuchen, während sich Jerusalem noch in der Hand der Muslime befand. Am 9. Oktober 1192, nach 16 Monaten in der Levante, trat der König von England seine Rückreise nach Europa an. Als seine königliche Flotte in See stach, soll er ein Gebet gesprochen haben, in dem er Gott darum bat, er möge ihn eines Tages wieder zurückkehren lassen.

Das Ergebnis des dritten Kreuzzugs

Am Ende konnte weder Saladin noch Richard Löwenherz für sich beanspruchen, den Krieg um das Heilige Land gewonnen zu haben. Dem König war es nicht gelungen, Jerusalem zurückzuerobern oder wieder in den Besitz des Wahren Kreuzes zu gelangen. Aber die lateinische Christenheit konnte durch Richards Einsatz und den seiner Kreuzzugsgefährten ihre Stellung in Palästina behaupten, und die Eroberung Zyperns durch die Franken hatte eine neue Fackel der Hoffnung für das Überleben von Outremer entzündet.

Nachdem Saladin den Islam im Jahr 1187 zum Sieg geführt hatte, musste er während des dritten Kreuzzugs einige demütigende Rückschläge hinnehmen – in Akkon, Arsuf und Jaffa. Trotz unerschütterlicher Hingabe an die Sache des Dschihad war er außerstande gewesen, die Wiedereroberung der Küste durch die Franken zu verhindern. In Belagerungen und Schlachten hatte Richard gesiegt, und in der Kunst der Diplomatie hatte er sich dem Sultan zumindest ebenbürtig gezeigt. Saladin aber war zwar geschlagen, jedoch nicht besiegt. Jerusalem war dem Islam erhalten geblieben; das ajjubidische Reich bestand fort. Und nun, da der Kreuzzug zu Ende war und König Richard sich auf dem Weg zurück nach Europa befand, taten sich neue Perspektiven auf zukünftige Triumphe auf – die Möglichkeit, das Werk zu vollenden, das bei Hattin begonnen worden war.

Das Ende eines langen Weges

Als die Nachricht, dass König Richard das Heilige Land verlassen habe, definitiv bestätigt war, konnte Saladin endlich seine Truppen entlassen. Er erwog, eine Pilgerreise nach Mekka zu unternehmen, doch die Aufgaben in seinem Reich waren vordringlicher. So reiste er durch seine Territorien in Palästina und kehrte dann nach Syrien zurück, wo er einen verregneten Winter in Damaskus verbrachte. Beim Abschied von seinem Sohn al-Zahir soll er diesem geraten haben, sich nicht zu sehr auf Gewalt zu verlassen – er warnte ihn: »Blut schläft nie.«

Anfang 1193 verschlechterte sich Saladins Gesundheitszustand, und er zeigte erste besorgniserregende Zeichen von Erschöpfung. Baha ad-Din stellte fest, dass »sein Körper ganz geschwollen aussah, und er war insgesamt sehr ermattet«. Am 20. Februar wurde der Sultan krank, er bekam hohes Fieber und litt unter starker Übelkeit. In den folgenden Tagen wurde er immer schwächer. Baha ad-Din und al-Fadil suchten ihren Herrn jeden Morgen und jeden Abend in seinen Gemächern in der Zitadelle auf; auch al-Afdal blieb immer in seiner Nähe. Anfang März hatte sich das Fieber so verschlimmert, dass der Schweiß des Sultans durch die Matratze auf den Boden tropfte und der Kranke immer wieder das Bewusstsein verlor. Baha ad-Din beschreibt, wie am 3. März 1193

> […] die Krankheit des Sultans immer schlimmer wurde und seine Kräfte immer mehr schwanden […] [ein Imam] wurde aufgefordert, die Nacht in der Zitadelle zu verbringen, er sollte, wenn der Todeskampf einsetzte, beim Sultan sein, ihm sein Glaubensbekenntnis vorsprechen und Gott in seinem Geist gegenwärtig

> halten. Das wurde ausgeführt, und wir verließen die Zitadelle, jeder Einzelne bereit, sein Leben für das des Sultans zu geben.

Am frühen Morgen, während der Imam neben ihm aus dem Koran vorlas, starb Saladin im Alter von 55 Jahren. Beigesetzt wurde er in einem Mausoleum auf dem Gelände der großen Omaijaden-Moschee in Damaskus. Sein Grab befindet sich dort noch heute.[9]

Saladins frühe Jahre waren geprägt von Ehrgeiz und Ruhmsucht, von dem Willen, den Zangiden die Macht zu entreißen und ein neues, ausgedehntes ajjubidisches Reich zu begründen. Er war nur allzu bereit gewesen, seine Feinde, seien es nun Muslime oder Christen, mit gezielter Propaganda zu diffamieren. Sein Engagement für den Dschihad, das in seinem Leben erst nach einer Krankheit eine entscheidende Rolle spielte, war immer begleitet von dem Willen, im »heiligen Krieg« ein Führer des Islam zu sein und nicht nur als Gefolgsmann zu dienen.

Gleichwohl scheint er von wahrem religiösem Eifer beseelt gewesen zu sein, und er war zutiefst überzeugt von der Heiligkeit Jerusalems für den Islam. In jüngster Zeit kam die Meinung auf, nach 1187 habe »Saladins innere Hingabe an den Dschihad nachgelassen«, als er das große Ziel der Rückeroberung der Heiligen Stadt erreicht hatte. Das Gegenteil ist der Fall: Wenn sich etwas an seinem Engagement änderte, dann vertiefte es sich während des dritten Kreuzzugs eher – trotz aller Rückschläge und Niederlagen. Außerdem war seine Vision von einer Einheit aller Muslime zwar nicht absolut, aber im 12. Jahrhundert reichte nichts an sie heran. In der Welt der Kreuzzüge erkannten seine Gegner wie auch seine Verbündeten, dass der Sultan ein herausragender Menschenführer war. Selbst sein zeitweiliger Kritiker, der irakische Historiker und Sympathisant der Zangiden Ibn al-Athir, bezeugt:

> Saladin (möge Gott ihm gnädig sein) war großzügig, nachsichtig, von guter Wesensart, demütig, bereit, sich mit Ärgernissen abzufinden, und durchaus willens, die Fehler seiner Gefolgsleute zu verzeihen [...]. Kurz, er war zu seiner Zeit ein Mann, wie man nur wenige findet, er hatte viele gute Eigenschaften und vollbrachte viele gute Taten, er war ein mächtiger Kämpfer im Dschihad gegen die Ungläubigen, was seine Eroberungen beweisen.[10]

Vor allem eine Frage steht über jedem Versuch, Saladins Leben und seine Leistungen zu beurteilen: Ging es ihm in seinem Engagement für den Dsçhihad, bei seiner Eroberung und Verteidigung Jerusalems um seinen persönlichen Ruhm und Gewinn oder um die größeren Interessen des Islam? Vielleicht kannte nicht einmal der Sultan selbst die Antwort.

Richard Löwenherz in seinen späteren Jahren

Der Ajjubiden-Sultan starb, aber sein Erzfeind Richard Löwenherz wurde in neue Kämpfe verwickelt. Er entging nur knapp einer Katastrophe, als er in einem Sturm vor Venedig Schiffbruch erlitt, und setzte seine Heimreise über Land fort. Um seinen europäischen Feinden auszuweichen, reiste er verkleidet; trotzdem wurde er in Wien von seinem alten Rivalen bei der Belagerung von Akkon, Leopold V. von Österreich, gefangen genommen – offenbar war Richards Versuch, als niedriger Küchengehilfe durchzugehen, fehlgeschlagen, weil er nicht daran gedacht hatte, einen auffallenden juwelenbesetzten Ring abzulegen.

Zur Empörung des gesamten Abendlands wurde er in einer Burg hoch über der Donau mehr als ein Jahr lang gefangen gehalten. Erst nach ausgedehnten Verhandlungen und der Zahlung eines ungeheuren Lösegelds wurde er im Februar 1194 freigelassen. Im späten 13. Jahrhundert erzählte man sich allerdings eine hochromantische Geschichte: Der Minnesänger und Freund des Königs mit Namen Blondel suchte verzweifelt ganz Europa nach dem Verbleib seines angeblich »vermissten« Herrn ab – am Fuß zahlreicher Burgmauern soll er haltgemacht haben, um ein Lied zu singen, das er mit Richard gemeinsam verfasst hatte. Tatsächlich schrieb der König mindestens zwei melancholische Klagelieder, während er sich in Gefangenschaft befand (beide sind heute noch bekannt), aber die Geschichte von Blondel ist reine Erfindung – eine weitere Schicht der Legenden um Richard Löwenherz.

Entgegen seinen Befürchtungen und trotz seiner langen Abwesenheit stellte Richard bei seiner Rückkehr fest, dass er die Herrschaft über das angevinische Königreich nicht verloren hatte – die treuen Anhänger des Königs hatten Johanns Versuche, eine Rebellion anzuzetteln, vereitelt. Philipp August allerdings hatte Richards Abwesenheit ausgenutzt und mehrere Burgen entlang der Grenze zur Normandie erobert; Richard verbrachte einen Großteil der folgenden fünf Jahre mit Feldzügen gegen die Kapetinger. Er war so beschäftigt mit den Streitigkeiten in Europa, dass er nicht mehr ins Heilige Land zurückkehren konnte. Am Ende des 12. Jahrhunderts fiel er seiner Vorliebe für Gefechte an vorderster Front zum Opfer. Während der Belagerung der kleinen Burg Chalus in Südfrankreich wurde er von einem Armbrustbolzen in die Schulter getroffen und schwer verwundet. Die Wunde entzündete sich, und Richard starb am 6. April 1199, im Alter von 41 Jahren. Er wurde in Fontevraud, neben seinem Vater Heinrich II., beigesetzt; sein Herz bestattete man dagegen in Rouen.[11]

Die Zeitgenossen behielten Richard Löwenherz als unvergleichlichen Krieger und überragenden Kreuzfahrer in Erinnerung: als den König, der den mächtigen Saladin in die Knie zwang. Man kann mit Fug und Recht behaupten, dass die Rettung Outremers zu einem guten Teil Richards Verdienst war. Er war tapfer und klug, ein versierter Kämpfer, und er zeigte sich der Herausforderung, dem ajjubidischen Sultan gegenüberzutreten, durchaus gewachsen. Doch neben all seinen Verdiensten im »heiligen Krieg« hatte der englische König immer damit zu kämpfen, seine diversen Verpflichtungen miteinander zu vereinbaren – er wurde zerrissen zwischen der Notwendigkeit, sein Königreich im Abendland zu verteidigen, und dem Wunsch, in Palästina eine Legende zu begründen. Fatalerweise verstand er außerdem nicht, worin die besondere Natur und Aufgabe der Kreuzzugskriegsführung bestand, und daher war es ihm nicht vergönnt, den dritten Kreuzzug zum Sieg zu führen.

[illegible] Flotte [illegible] konnte. Am Ende [illegible] Vorliebe für [illegible] zum [illegible] [illegible]

[illegible]

[illegible] und [illegible] [illegible] Verständnis für [illegible] Wunsch [illegible] [illegible] nicht vorangetrieben [illegible] zu führen.

Vierter Teil

Der Kampf ums Überleben

19

Erneuerung

Im Anschluss an den dritten Kreuzzug wurden im Abendland besorgte Fragen zu Wert und Wirksamkeit eines christlichen »heiligen Krieges« laut. Die »Schrecken« des Jahres 1187 – die Niederlage der Franken bei Hattin und die Wiedereroberung Jerusalems durch die Muslime – hatten in Europa den größten und am besten organisierten Feldzug in den Orient ausgelöst. Die bedeutendsten Könige der lateinischen Christenheit hatten Zehntausende Kreuzfahrer in die Schlacht geführt. Und trotzdem war die Heilige Stadt nach wie vor in der Hand des Islam, und Gleiches galt für die heiligste Reliquie der Christen, das Wahre Kreuz. Bedenkt man die Opfer an Menschenleben, die Enttäuschungen und die horrenden Kosten, die zwischen 1188 und 1192 zu bewältigen waren und am Ende doch nicht zu einem echten Sieg geführt hatten, war es unvermeidlich, dass die lateinische Christenheit die Idee des Kreuzzugs, dieser besonderen Form des »heiligen Krieges«, neu überdachte – dass sie den Blick auf ihren eigenen inneren Zustand richtete, um sich Theorie und Praxis des Kampfes im Namen Gottes einmal mehr zu vergegenwärtigen und neu zu formulieren.

Wandel im lateinischen Westen

Grundlegende Veränderungen im lateinischen Europa trugen ebenfalls dazu bei, die Neuausrichtung der christlichen Idee vom »heiligen Krieg« in Gang zu bringen. Die Welt des 11. und frühen 12. Jahrhunderts hatte das Phänomen Kreuzzug hervorgebracht und ausformuliert. Aber an der Wende vom 12. zum 13. Jahrhundert befanden sich viele entscheidende Bereiche der abendländischen Gesellschaft in Bewegung: Aufgrund der zunehmenden Urbanisierung veränderten sich die Bevölkerungsstrukturen, soziale Mobilität wurde begünstigt, die Schicht der Kaufleute gewann an Einfluss, und in einigen Ländern wie Frankreich erstarkte die zentralisierte Macht des Königtums. Noch markanter waren die damit zusammenhängenden Veränderungen in der intellektuellen und religiösen Landkarte Europas. Von Anfang an stützte sich der Kreuzzugsenthusiasmus darauf, dass fast alle lateinischen Christen ein überwältigendes Bedürfnis nach Sündenvergebung hatten. Im Lauf des 12. Jahrhunderts allerdings veränderte sich die Einstellung zu Buß- und Opferbräuchen, und neue Antworten auf die Frage, was unter einem »guten christlichen Leben« eigentlich zu verstehen sei, begannen sich in der lateinischen Christenheit zu verbreiten.

Eine Veränderung bestand darin, dass allmählich innere Formen von Religiosität gegenüber der äußeren Demonstration von Frömmigkeit an Gewicht gewannen. Zum ersten Mal im Mittelalter wurde das, was der Einzelne wirklich dachte, fühlte und glaubte, wichtiger als das, was er nach außen hin sagte und tat. Damit zusammenhängend kam eine andere Bewegung auf: Die Beziehung des Menschen zu Gott, zu Jesus Christus wurde in persönlichere, direktere, »verinnerlichte« Begriffe gefasst. Diese Vorstellungen hatten das Potenzial, das überkommene Gerüst der mittelalterlichen Religion umzustoßen. Eine Erlösungshandlung wie das Pilgern etwa – einer der Grundpfeiler des Kreuzzugsgedankens – erschien jetzt erheblich weniger sinnvoll, weil das eigentlich Entscheidende die im Herzen vollzogene Reue war. Und wenn, wie mittlerweile viele Theologen lehrten, Gottes Gnade in allem und jedem gegenwärtig war, warum sollte es dann erforderlich sein, eine Reise um die halbe Welt auf sich zu nehmen, um an einem Ort wie Jerusalem Seine Vergebung zu erlangen? Es dauerte noch viele Jahre, bis sich diese weltanschauliche Revolution mit ganzer Wucht in der abendländischen Christenheit durchsetzte, aber erste Anzeichen ihres Einflusses machten sich im 13. Jahrhundert bereits bemerkbar.

Um das Jahr 1200 herum stand das lateinische Christentum außerdem dringlicheren Belastungen gegenüber, an erster Stelle der »Häresie«. Früher war Europa eine Festung der Rechtgläubigkeit und Einigkeit gewesen, aber in den letzten 100 Jahren hatte das Abendland einen Ausbruch »häretischer« Glaubensrichtungen und Bewegungen erlebt, der fast epidemische Ausmaße annahm. Das reichte von den vergleichsweise harmlosen aufwieglerischen Hetzreden nicht ordinierter Prediger bis zur Verbreitung hochkomplexer, differenziert ausgeprägter alternativer Glaubensrichtungen, wie etwa der dualistischen Katharer, die an zwei Mächte glaubten, das Gute und das Böse in der Welt. Sie bestritten, dass Christus wirklich als Mensch in einem menschlichen Körper gelebt hatte, und verwarfen daher auch die wichtigsten Glaubensinhalte wie Kreuzigung, Erlösung und Auferstehung. Neben denen, die als »Häretiker« abgeurteilt wurden, gab es neue Gemeinschaften, die der Grenze zur »Häresie« gefährlich nahekamen. Ihnen gelang es trotzdem, vom Papst anerkannt zu werden. Dazu gehörten die Bettelorden der Franziskaner und der Dominikaner, die sich für Einfachheit und Armut einsetzten und ihre Aufgabe darin sahen, den Gläubigen Gottes Wort mit neuem Nachdruck und in neuer Klarheit zu vermitteln. Schnell bemühte sich die Kirche, den Predigtschwung der Bettelorden für sich zu nutzen, nicht zuletzt zur Neubelebung von Kreuzzugspredigten. Doch hatte der Verkündigungseifer der Mendikanten auch das Potenzial, die Ziele eines »heiligen Krieges« zu beeinflussen und in das bekannte Schema von Eroberung und Verteidigung den neuen Aspekt der Umkehr einzubringen.[1]

Die Welt des 13. Jahrhunderts brachte neue Ideen und bisher unbekannte Schwierigkeiten mit sich, und der Kreuzzugsgedanke musste in dieser Welt eine andere Funktion bekommen und veränderte Formen annehmen. Die Frage, die sich den Zeitgenossen bald stellte, lautete: Was bedeutet das für den Krieg im Heiligen Land?

Papst Innozenz III.

Der Mann, dem sich diese Frage besonders dringlich stellte, war Papst Innozenz III. – vielleicht der mächtigste und einflussreichste römische Pontifex im gesamten Mittelalter, mit Sicherheit auch unter den Päpsten des Hochmittelalters der aktivste und enthusiastischste Fürsprecher des Kreuzzugsgedankens. Innozenz wurde am 8. Januar 1198 zum Papst gewählt und brachte sofort neuen Schwung in das Amt. In den 17 Jahren davor waren nacheinander nicht weniger als fünf schon betagtere Päpste bald nach ihrer Amtseinsetzung gestorben. Innozenz dagegen war erst 37 Jahre alt, er sprühte vor Eifer und war erfüllt von brennendem Ehrgeiz.

Seine Herkunft prädestinierte ihn geradezu für seine neue Rolle. Er entstammte der römischen Aristokratie und verfügte in Mittelitalien über exzellente politische und kirchliche Beziehungen. Außerdem hatte er an den europäischen Hochburgen akademischer Bildung studiert: Kirchenrecht an der Universität Bologna und Theologie in Paris.

Der Zeitpunkt seines Amtsantritts konnte nicht günstiger liegen. Seit den Tagen Gregors VII. und der Reformbewegung des 11. Jahrhunderts war die päpstliche Autorität ständig durch aggressive Übergriffe der deutschen Staufer und Welfen stark eingeschränkt gewesen. Im Jahr 1194 verschärfte sich die missliche Lage, als Kaiser Heinrich VI. (Sohn und Erbe Friedrich Barbarossas) durch Heirat auch noch König von Sizilien wurde, was dazu führte, dass der Kirchenstaat von Norden *und* Süden her bedrängt wurde. Im September 1197 jedoch starb Heinrich VI. ganz plötzlich an Malaria und hinterließ einen erst dreijährigen Sohn, Friedrich, als Erben. Das Reich der Staufer wurde dadurch plötzlich in eine lähmende dynastische Krise gestürzt, mit der es noch jahrzehntelang zu kämpfen hatte. Das verschaffte dem Papsttum unter Innozenz III. die außergewöhnliche Gelegenheit, auf der europäischen Bühne relativ ungehindert zu operieren.[2]

Innozenz' Vision von päpstlicher Autorität

Papst Innozenz war bemerkenswert überzeugt von der wesensmäßigen – und seiner Ansicht nach gottgewollten – Autorität seines hohen Amtes. Er verstand sich als Stellvertreter Christi auf Erden. Frühere Päpste hatten vielleicht davon geträumt, dass sich ihre Herrschaft tatsächlich und nicht nur theoretisch über die gesamte lateinische Kirche erstreckte; Innozenz' Bestrebungen dagegen gingen weit über die kirchliche oder religiöse Sphäre hinaus. Nach seiner Auffassung sollte der Papst als Oberhaupt der Kirche über alle abendländischen Christen herrschen, wenn nicht gar alle Christen überhaupt; er sollte der Vollstrecker des Willens Gottes sein, dessen Macht ihn über weltliche Herrscher setzte und ihm die Vollmacht verlieh, Könige und Kaiser zu ernennen und abzusetzen.

Darüber hinaus hatte er eine klare Vorstellung von dem, was er mit seiner absoluten Macht erreichen wollte: die Rückgewinnung Jerusalems. Er war offenbar von einer tiefen, aufrichtigen Liebe zur Heiligen Stadt erfüllt; ein großer Teil seines Pontifikats war in der einen oder anderen Weise den Plänen gewidmet, diese Stadt zurückzuerobern. Allerdings war auch der neue Papst wie viele seiner Zeitgenossen im Abendland vom dürftigen Ergebnis des dritten Kreuzzugs entmutigt. Seiner

Meinung nach war es vor allem auf zwei Gründe zurückzuführen, dass es den Kreuzfahrern nicht gelungen war, Jerusalem wiederzuerobern, und er glaubte die Lösung für beide zu kennen:

Danach lasse Gott die Niederlage der Franken in der Levante zu, weil er die offenkundigen Sünden der gesamten lateinischen Christenheit bestrafen wollte. Daher müssten die Reform- und Läuterungsanstrengungen im Abendland verdoppelt werden. Europa sei – wenn nötig, mit Gewalt – in einen neuen Zustand der Vollkommenheit zu versetzen: Es müsse geistig und politisch unter der gerechten Autorität Roms vereinigt und von dem furchtbaren, verderblichen Makel der »Häresie« gereinigt werden. Außerdem müsse die Herde der Gläubigen zu einem tugendhaften Leben angeleitet und geführt werden; man müsse ihnen möglichst viele Gelegenheiten bieten, für ihre Sünden zu büßen, damit für sie der Weg zum Heil klar erkennbar werde. Mit diesen Mitteln sei es möglich, die lateinische Welt zu läutern, sodass Gott der Herr der Christenheit dann zum Sieg im Kampf um das Heilige Land verhelfen könne.

Papst Innozenz war außerdem überzeugt, dass die Kreuzzugspraxis einer gründlichen Überarbeitung bedürfe, und er zog offenbar den Schluss, dass äußere, funktionale Schritte eine geistige Erneuerung nach sich ziehen würden. Daher machte er sich daran, die Organisation und Durchführung des »heiligen Krieges« weiterzuentwickeln, er wollte die Teilnehmer dazu bringen, die Ausrichtung ihres Handelns zu läutern.

Im Rückblick auf das vergangene Jahrhundert der Kreuzzüge erkannte der Papst drei entscheidende Probleme: Zu viele ungeeignete Menschen (vor allem solche, die nicht kämpften) nahmen das Kreuz, die Unternehmungen waren unterfinanziert, und schließlich fiel die Energie der Kreuzfahrer einem ineffektiven Oberkommando zum Opfer. Natürlich glaubte der Papst zu wissen, wie diese drei Probleme zu beheben waren – die lateinische Kirche würde vortreten, sie würde auf ihr »Recht« verweisen, die Kreuzzugsbewegung anzuführen, und sie würde selbst die Rekrutierung, Finanzierung und Führung in die Hand nehmen. Die Schönheit dieses Plans bestand für den Papst darin, dass Kreuzfahrer, die in einem solcherart »perfektionierten heiligen Krieg« kämpften, nicht nur bessere Aussichten hatten, den Islam aus Jerusalem zu entfernen; die Beteiligung der Lateiner an einem solchen Bußakt wäre gleichzeitig eine Buße für ihre Sünden und würde so der ganzen abendländischen Christenheit helfen, auf dem Pfad der Rechtgläubigkeit zu bleiben.

Mit all diesen Vorstellungen machte sich Innozenz daran, kurz nach seiner Inthronisierung zu einem neuen Kreuzzug ins Heilige Land aufzurufen: Am 15. August 1198 erließ er einen Ruf zu den Waffen. Er sah eine ruhmreiche Unternehmung vor sich: Aufruf, Organisation und Durchführung sollten unter seiner päpstlichen Aufsicht stehen, und er war überzeugt, dass ein so gut geplantes und heiliges Unterfangen unweigerlich Gottes Wohlgefallen fände.

Der Aufruf zum Kreuzzug

In seinen ersten Jahren als Papst bemühte sich Innozenz III. , den Organisationsapparat der Kreuzzugsbewegung nach Rom zu holen; er hoffte, den »heiligen Krieg« als Unternehmung zu etablieren, die unter der Leitung des Papsttums stand. In den Jahren 1198 und 1199 führte er zahlreiche Reformen durch, die während seiner gesamten Amtszeit das Rückgrat seiner Kreuzzugspolitik bildeten. Er hat auch den Gedanken des spirituellen Lohnes (des Ablasses) für die Kreuzfahrer neu und klarer formuliert. Denen, die das Kreuz nahmen, wurde die sichere Zusage gemacht, dass »ihre Sünden vollständig vergeben werden«, und sie erhielten die Garantie, aufgrund ihres militärischen Engagements von jeglicher Strafe auf Erden oder im Jenseits freigesprochen zu sein.

Allerdings wurde von ihnen verlangt, dass sie für ihre Übertretungen »Bußfertigkeit in Wort und Gesinnung« zeigen mussten – das heißt, äußere und innere Reue. Die Ablassvorstellung dieses Papstes setzte außerdem die reinigende Kraft des »heiligen Krieges« sorgfältig von den körperlichen Anstrengungen des Menschen ab: Es hieß jetzt nicht mehr, dass die Leiden und Härten, die während eines Kreuzzugs auszuhalten waren, für sich genommen schon der Rettung der Seele dienten; der geistige Ertrag, den der Ablass einbrachte, wurde vielmehr als Gabe dargestellt, die Gott als gerechten Lohn für verdienstvolle Taten gnädig gewähre. Damit wurden die Akzente subtil verschoben, und einige theologische Probleme, die der Kreuzzugsgedanke ursprünglich mit sich gebracht hatte (wie etwa die Beziehung Gottes zum Menschen), konnten ausgeräumt werden. Die Formulierung der Ablassidee durch Innozenz wurde Kirchenlehre und blieb während des gesamten Mittelalters und darüber hinaus praktisch unverändert.

Innozenz versuchte zudem ein neues Finanzierungssystem zu etablieren, das die Last der Finanzierung des Kreuzzugs auf die Kirche verlagerte. Dazu gehörte eine Abgabe von einem Vierzigstel auf fast alle Bereiche des kirchlichen Einkommens für die Dauer eines Jahres und eine zehnprozentige Abgabe auf das päpstliche Einkommen. Der neue Papst ließ außerdem Spendenkassen in den Kirchen ganz Europas aufstellen, in die alle Gläubigen ihren Beitrag zur Unterstützung der Kriegsvorbereitungen einlegen sollten. Und er ließ in diesem Zusammenhang verkünden, dass diese Geldspenden den Wohltätern zu einem Ablass verhelfen würden ähnlich dem, der den tatsächlichen Kreuzfahrern gewährt wurde. Im Lauf der Zeit sollte diese Vorstellung die Kreuzzugsidee grundlegend verändern und weitreichende Konsequenzen für die gesamte Geschichte der römischen Kirche nach sich ziehen.

Innozenz gab offen zu, dass er sich wegen der Bürde seiner Pflichten in Rom unmöglich selbst an die Spitze eines Kreuzzugs setzen könne; stattdessen ernannte er in den Jahren 1198 und 1199 mehrere päpstliche Legaten, die seine Interessen vertreten und den »heiligen Krieg« beaufsichtigen sollten. Außerdem begrenzte er den Kreis der Personen, die zum Kreuzzug aufrufen durften. Er engagierte den bekannten französischen Prediger Fulko von Neuilly, der den Aufruf verbreiten sollte. Gleichzeitig setzte der Papst ein striktes zeitliches Minimum für künftige Kreuzfahrer fest: Er erklärte, dass der Ablass erst nach einer bestimmten Zeitspanne des Kampfes um das Kreuz verdient war (zunächst betrug diese Spanne zwei Jahre, sie wurde später auf ein Jahr reduziert).

Dies alles vermittelte einen hervorragend effizienten Eindruck. Doch trotz des Schwungs und der Zuversicht des visionären Papstes lösten die vielfältigen Bemühungen lediglich verhaltene Reaktionen aus: Die erhofften Scharen enthusiastischer Kämpfer meldeten sich nicht (obwohl viele Arme das Kreuz nahmen); die Spendenströme in die über alle Kirchen im Abendland verteilten Kassen blieben aus. Die erste Kreuzzugsbulle dieses Papstes hatte zu einer Unternehmung aufgerufen, die im März 1199 aufbrechen sollte, doch kam und verstrich dieser Termin ohne irgendwelche nennenswerten Aktivitäten, und im Dezember 1199 wurde ein zweiter Aufruf erlassen. Zu diesem Zeitpunkt hatte der Papst die Aufsicht über den geplanten vierten Kreuzzug bereits weitgehend verloren.

Das neue Kreuzzugskonzept hatte allerdings auch entscheidende Schwachstellen. Es war von einem absolutistischen Grundton beherrscht und sah nicht vor, dass zwischen der Kirche und den weltlichen Herren irgendeine Zusammenarbeit auf Augenhöhe stattfand. Der Papst hing der Vorstellung an, dass er die Könige und Fürsten der lateinischen Christenheit als Werkzeuge des Willens Gottes schlicht seinem eigenen Willen unterwerfen könne. Das aber erwies sich als ganz abwegig. Seit dem ersten Kreuzzug waren die Aristokraten Europas für die Kreuzzugsbewegung von allergrößter Bedeutung gewesen. Ihr feuriger Enthusiasmus konnte in den sozialen Netzwerken der Verwandtschafts- und Vasallenverbünde wie ein Lauffeuer Anwerbungsschübe anstoßen, und ihre militärische Führungskompetenz vermochte dem »heiligen Krieg« eine Richtung zu geben. Papst Innozenz hatte sicher gehofft, dass er Ritter, Fürsten und womöglich sogar Könige für seinen Kreuzzug gewinnen konnte, doch sah er in ihnen lediglich gehorsame Marionetten, keine ebenbürtigen Partner oder Verbündeten.

Von Historikerinnen und Historikern wurde häufig die Meinung vertreten, dass Innozenz die Zahl der gekrönten Häupter beim Kreuzzug bewusst begrenzt habe, doch das stimmt nicht ganz. Zumindest zu Beginn versuchte er, zwischen dem angevinischen England und dem kapetingischen Frankreich einen Friedensschluss zu vermitteln, und er unternahm auch den einen oder anderen Versuch, König Richard I. dazu zu bewegen, das Kreuz zu nehmen. Als dieser jedoch im Jahr 1199 starb, lösten sich diese verschwommenen Pläne, die lateinischen Monarchen noch irgendwie in den »päpstlichen Kreuzzug« mit einzubinden, in Luft auf. Nach Richards Tod war sein Bruder Johann zu sehr damit beschäftigt, seine Herrschaft über England und das angevinische Reich zu konsolidieren; für ihn kam eine Teilnahme am Kreuzzug nicht infrage. Auch König Philipp II. August von Frankreich stellte klar, dass er Europa nicht verlassen werde, bevor die angevinische Nachfolgefrage nicht geklärt war. Und im Heiligen Römischen Reich war eine direkte Beteiligung der Staufer durch den anhaltenden Machtkampf ausgeschlossen. Doch selbst als klar feststand, dass sich aus diesen drei Imperien kein Herrscher beteiligen würde, versuchte Innozenz nicht, andere weltliche Vertreter aus der hohen Aristokratie als Berater hinzuzuziehen oder zur Teilnahme zu gewinnen. Er nahm wohl an, dass die Angehörigen dieses Standes sich sozusagen automatisch seiner Sache anschließen würden, erpicht darauf, nach seiner Pfeife zu tanzen – damit befand er sich allerdings im

Irrtum, und diese Fehleinschätzung sollte für das Christentum tragische Folgen haben.[3]

Der vierte Kreuzzug

Im Gegensatz zu den Hoffnungen und Erwartungen des Papstes wurde der vierte Kreuzzug weitgehend von nicht kirchlicher Seite geprägt, von weltlichen Heerführern und von weltlichen Interessen. Erst nachdem zwei prominente französische Fürsten – Graf Thibaut III. von Champagne und sein Vetter Ludwig, der Graf von Blois – Ende November 1199 im Rahmen eines Turniers in Écry nördlich von Reims das Kreuz nahmen, breitete sich echter Enthusiasmus aus, und erst danach fanden unter der europäischen Kriegerelite ausgedehntere Anwerbungen statt. Im Februar 1200 folgte Graf Balduin von Flandern. Alle drei Männer gehörten zur obersten Schicht des lateinischen Adels und hatten Verbindungen zum englischen und zum französischen Königshaus. Jeder verfügte über einen eindrucksvollen »Kreuzfahrer-Stammbaum«: Viele ihrer Vorfahren hatten im Krieg um das Heilige Land gekämpft. Nun kannten diese Männer zwar offenbar die Kreuzzugspredigten Fulkos von Neuilly, doch es gibt keinen Hinweis darauf, dass sie von einem Repräsentanten des Papstes gezielt aufgefordert worden wären, sich dem Kreuzzug anzuschließen. Natürlich verstanden sie, wie auch die meisten Kreuzfahrer vor ihnen, ihre Teilnahme am Kreuzzug als Reaktion auf einen Ruf zu den Waffen, der vom Papst ausging und sanktioniert wurde – doch sie empfanden offenbar kein besonderes Bedürfnis, sich in Kooperation mit Rom auf ihre Unternehmung vorzubereiten oder diese später durchzuführen. Das führte zu einem besorgniserregenden Auseinanderdriften zwischen ihrer eigenen Einstellung und den hochfliegenden Idealen des Papstes.

Unheilträchtige Umwege

Im April des Jahres 1201 handelte eine Gruppe von Vertretern der Kreuzfahrer im Auftrag von Thibaut, Ludwig und Balduin mit der italienischen See- und Handelsgroßmacht Venedig einen unheilvollen Vertrag aus. Man gab die Herstellung einer riesigen Flotte in Auftrag, die 33 500 Kreuzfahrer und 4500 Pferde über das Mittelmeer transportieren sollte; der Preis dafür wurde auf 85 000 Silbermark festgesetzt. Wegen dieses umfangreichen Auftrags unterbrachen die Venezianer zeitweise ihre anderweitigen Handelstätigkeiten und steckten ihre gesamte Energie in die rasche Herstellung der erforderlichen Zahl von Schiffen.

Dieses Programm stand von Anfang an auf tönernen Füßen. Die Gewohnheit, für die Anreise ins Heilige Land Schiffe zu benutzen, hatte sich während des dritten Kreuzzugs durchgesetzt, als die englischen wie auch die französischen Truppen per Schiff in das Kriegsgebiet transportiert wurden. Allerdings war die Seereise kostspielig und verlangte im Unterschied zur Landroute gewaltige Anfangsinvestitionen. Die für den dritten Kreuzzug eingesetzten Schiffe waren aus königlichen Kassen bezahlt worden, und selbst damals war es nicht leicht gewesen, die erforderlichen Mittel zusammenzubekommen. Da nun kein gekröntes Haupt beteiligt war, geriet der vierte Kreuzzug unvermeidlich in Schwierigkeiten, als es darum ging, die Rechnung der Venezianer zu begleichen. Außerdem ging der Vertrag von der unrealistischen Annahme aus, dass jeder Lateiner, der das Kreuz nahm, bereit war, von einem einzigen Hafen an einem festgesetzten Termin aufzubrechen; dabei hatte es bisher noch nie einen allgemeinen und gemeinsamen Aufbruch gegeben, und das Kreuzzugsgelübde umfasste auch nicht die Verpflichtung, sich in Venedig einzuschiffen.

Der Plan hätte trotzdem aufgehen können, wenn die weltlichen Aristokraten ihre Bemühungen mit dem Papst abgestimmt und einen übergreifenden Ruf zu den Waffen organisiert hätten – doch es scheint, als habe man den Vertrag mit Venedig mit dem Papst nicht einmal besprochen. Da dieser feststellen musste, dass ihm jeglicher Anschein von Kontrolle über die Unternehmung immer mehr entglitt, gab er widerwillig sein Einverständnis. Von da an sah er sich zwischen zwei widerstreitenden Impulsen eingeklemmt: dem Bedürfnis, den Kreuzzug unter seine Kontrolle zu bekommen, indem er seine Unterstützung zurückzog; und der noch nicht aufgegebenen Hoffnung, dass es der Unternehmung doch noch vergönnt sein möge, irgendwie als Werkzeug Gottes zu dienen.

Einen schweren Schlag erlitten die Erfolgsaussichten des vierten Kreuzzugs, als Thibaut von Champagne, kaum zwanzigjährig, krank wurde und im Mai 1201 starb. Der Oberbefehl ging nun an den norditalienischen Aristokraten Bonifaz von Montferrat, der durch seine Brüder Wilhelm und Konrad über einen eigenen eindrucksvollen »Kreuzfahrer-Stammbaum« verfügte; dennoch führte Thibauts Tod zu einem Rückgang der Werbungen in Nordfrankreich. Als die Kreuzfahrer ab dem Juni 1202 in Venedig zusammenströmten, wurde schnell klar, dass es ein Problem gab. Bis zum Sommer 1202 waren lediglich ungefähr 13 000 Kreuzfahrer zusammengekommen. Viel weniger Franken als erhofft hatten das Kreuz genommen, und von denen, die sich verpflichteten, hatten viele beschlossen, von anderen Häfen wie etwa Marseille in den Orient aufzubrechen.

Selbst nachdem sie auch den letzten Rest an verfügbaren Geldern zusammengekratzt hatten, standen die Anführer des Kreuzzugs noch vor einer massiven finanziellen Lücke. Die Venezianer hatten ihren Teil des Vertrags erfüllt – die große Armada stand bereit –, doch es waren noch 34 000 Mark zu bezahlen. Nur durch das Eingreifen des allseits verehrten Dogen von Venedig, Enrico Dandolo, wurde das Unternehmen vor dem sofortigen Zusammenbruch gerettet. Dandolo, ein alter, halb blinder Mann von über 80 Jahren, strafte sein Alter mit seinem Temperament und seiner unbändigen Energie Lügen; er verfügte außerdem über ein ausgeprägtes politisches und militärisches Gespür. Und er kannte nur ein einziges Ziel, nämlich alles zu tun, was den Interessen Venedigs irgend nützen konnte. Nun bot er an, die Schulden der Kreuzfahrer zu begleichen und seine eigenen Männer als Teilnehmer für den Krieg in der Levante zur Verfügung zu stellen, wenn sich die Kreuzfahrer im Gegenzug bereit erklärten, Venedig gegen seine Feinde zu verteidigen. Die Anführer des vierten Kreuzzugs ließen sich auf diesen Handel ein, kamen damit allerdings zugleich vom Weg ins Heilige Land ab.

Es dauerte nur wenige Monate, bis die Kreuzfahrer die christliche Stadt Zara, einen politischen und wirtschaftlichen Rivalen Venedigs an der Dalmatinischen Küste, eingenommen hatten. Innozenz war entsetzt, als er von diesem Affront erfuhr, und exkommunizierte umgehend den gesamten Kreuzzug. Zunächst schien durch diese Strafmaßnahme – die härteste, die dem Papst zur Verfügung stand – der Kreuzzug akut vom Scheitern bedroht. Innozenz jedoch kam inkonsequenterweise den französischen Kreuzfahrern, die um Vergebung baten, entgegen und machte die Bestrafung für sie rückgängig (die Venezianer dagegen, die keine Zeichen von Reue erkennen ließen, blieben exkommuniziert). Gleichzeitig begannen unterschiedliche Stimmen im Kreuzfahrerheer, die Zielsetzung des Feldzugs infrage zu stellen; einige Franken gingen sogar so weit, in eigener Regie ins Heilige Land aufzubrechen. Die Mehrheit jedoch folgte auch weiterhin dem Rat und der Führung von Männern wie Bonifaz von Montferrat und dem Dogen Dandalo.

Die Beute aus der Eroberung von Zara erwies sich als recht dürftig, weswegen der Kreuzzug sich nun in Richtung Konstantinopel auf den Weg machte. Die »gerechte Sache«, die für diese ungewöhnliche Entscheidung bemüht wurde, war das Anliegen der Kreuzfahrer, in Byzanz wieder den »legitimen« Erben Prinz Alexios Angelos (den Sohn des abgesetzten Kaisers Isaak II. Angelos) an die Macht zu bringen, der dann die Schulden an Venedig bezahlen und einen Angriff auf den muslimischen Vorderen Orient finanzieren sollte. Seit Jahrzehnten schon hatten die Griechen die Venezianer bei ihren Bestrebungen, den Mittelmeerhandel zu dominieren, stark eingeschränkt. Das Mindeste, was Dandalo sich von dieser Aktion versprach, war, dass er einem »zahmen« Kaiser zum Thron verhalf; vielleicht zielte er auch bereits auf eine direktere Eroberung – auf jeden Fall aber kam es dem Dogen äußerst gelegen, dass er den Kreuzzug nach Konstantinopel zu dirigieren vermochte.

Als die Kreuzfahrer in Konstantinopel eintrafen, verloren sie schnell ihr »heiliges« Ziel, Jerusalem zurückzuerobern, aus den Augen. Nach einer kurzen militärischen Offensive wurde der Kaiser im Juli 1203 gestürzt, wobei nur wenig griechisches Blut floss, und Alexios wurde zum Kaiser ernannt. Als er sich jedoch außerstande sah, seine üppigen finanziellen Zusagen, die er den Kreuzfahrern gegeben hatte, zu halten, verschlechterten sich die Beziehungen. Im Januar 1204 glitt dem jungen Kaiser die Herrschaft immer mehr aus der Hand, und er wurde von einem Mitglied der rivalisierenden Familie der Doukas mit dem Spitznamen Murtzurphlos (dem Mann mit den »mächtigen Augenbrauen«) gestürzt und später erwürgt. Trotz der eigenen Differenzen mit dem dahingeschiedenen Kaiser interpretierten die Kreuzfahrer diese Absetzung als Staatsstreich und bezeichneten Murtzurphlos als tyrannischen Usurpator, der nicht länger an der Macht bleiben durfte. Und nun, da sie über den erforderlichen Grund für einen Krieg verfügten, rüsteten sich die Lateiner für einen Großangriff auf die Metropole des Byzantinischen Reiches.

Am 12. April 1204 fielen Tausende fränkische Ritter über die Stadt her und brachten über die christliche Bevölkerung in krassem Widerspruch zu ihren Kreuzzugsgelübden eine grauenhafte, drei Tage dauernde Orgie aus Gewalt, Schändung und Raub. Im Verlauf dieser Plünderung wurde der Glanz Konstantinopels ausgelöscht, die Stadt ihrer größten Schätze beraubt – unter ihnen heilige Reliquien wie die Dornenkrone und das Haupt Johannes' des Täufers. Der Doge Dandalo eignete sich eine imposante Bronzestatue von vier Pferden an und ließ sie nach Venedig bringen, wo sie vergoldet und über dem Eingang des Doms San Marco aufgestellt wurde, ein Wahrzeichen des venezianischen Triumphs. Heute befindet sich die Original-Quadriga im Museo Marciano, und die Pferde über dem Eingang sind durch Kopien ersetzt.

Die Teilnehmer des vierten Kreuzzugs segelten dann nicht nach Palästina weiter. Stattdessen blieben sie in Konstantinopel und gründeten ein neues lateinisches Reich, das sie Romania nannten. In Anlehnung an byzantinische Bräuche legte der erste Kaiser – Balduin, der Graf von Flandern – aus Anlass seiner Krönung am 16. Mai 1204 die kostbaren, juwelenbesetzten Gewänder des byzantinischen Kaisers an und wurde in der monumentalen Hagia Sophia, dem spirituellen Zentrum der griechisch-orthodoxen Christenheit, zum Kaiser gesalbt. Jenseits des Bosporus, in Kleinasien, gründeten die Angehörigen der griechischen Aristokratie, die den Anschlag auf ihre Stadt überlebt hatten, ihr eigenes Exilreich in Nicäa und warteten auf den Tag der Rache.

Gründe und Folgen

Zeitgenössische ebenso wie heutige Kommentatorinnen und Kommentatoren haben sich gefragt, was die Teilnehmer des vierten Kreuzzugs bewogen haben mag, die alte Hauptstadt des Byzantinischen Reiches anzugreifen. War das Abweichen vom ursprünglich gesetzten Ziel die letzte Konsequenz eines Prozesses, in dem sich Misstrauen und Antipathie immer weiter ausbreiteten und der die Beziehungen zwischen Byzanz und den Kreuzfahrern bereits das gesamte 12. Jahrhundert hindurch zunehmend geprägt hatte? Schließlich hatte es ja schon unter den Teilnehmern des zweiten Kreuzzugs Stimmen gegeben, die einen Angriff auf die byzantinische Hauptstadt befürworteten, und während des dritten Kreuzzugs war Zypern, eine byzantinische Provinz, gewaltsam eingenommen worden. Vereinzelt findet sich sogar die Auffassung, dass die gesamte Unternehmung lediglich Bestandteil einer komplexen antigriechischen Verschwörung war, dass die Einnahme Konstantinopels also als erklärtes Ziel des Kreuzzugs von Anfang an bewusst angestrebt war. Das allerdings ist doch recht unwahrscheinlich – allein schon deshalb, weil dem gesamten Unternehmen effektive Organisation so völlig abging.

Tatsächlich bestimmte der wenig durchdachte Vertrag mit Venedig aus dem Jahr 1201 die Richtung des Kreuzzugs, und dass man schließlich vor den Mauern Konstantinopels landete, war das Ergebnis einer Abfolge von ungeplanten, pragmatischen Entscheidungen und zahlreichen Kursänderungen. Doch wenn den Aktionen auch vielleicht kein durchdachter Plan zugrunde lag, so heißt das andererseits nicht, dass die blutige Eroberung Konstantinopels den Venezianern nicht gelegen kam und auch den Plänen einiger Anführer des Kreuzzugs durchaus entsprach.

Der Kreuzzug machte außerdem mit aller Deutlichkeit klar, dass Innozenz' III. großes Projekt eines »päpstlichen Kreuzzugs« komplett gescheitert war. Der Gang der Ereignisse zeigte, dass er völlig außerstande war, von Rom aus seine Ziele durchzusetzen. Im Juni 1203, als er erstmals von der Kursänderung in Richtung Konstantinopel erfuhr, hatte er ein Schreiben an die Kreuzfahrer gerichtet, in dem er ihnen ausdrücklich jeden Angriff auf die christliche Metropole untersagte, eine Aufforderung, die schlicht ignoriert wurde. Dann, irgendwann vor dem November des Jahres 1204, erhielt Innozenz einen Brief vom neuen lateinischen Kaiser Balduin, in dem dieser von der Eroberung Konstantinopels berichtete. Balduins Schreiben bot eine offenbar stark geschönte Darstellung der Ereignisse, es feierte die Eroberung als großen Triumph für die Christenheit, und trotz seiner vorherigen Missbilligung reagierte der Papst zunächst begeistert. Es hatte den Anschein, dass aufgrund des unerforschlichen göttlichen Ratschlusses die Kirchen des Ostens und des Westens auf wunderbare Weise unter römischer Herrschaft zusammengeführt seien und dass mit der Gründung des neuen lateinischen Reiches den Kreuzfahrerstaaten in der Levante nun wesentlich effektiver geholfen werden könne. Erst später erfuhr der Papst von der gemeinen Habsucht der Kreuzfahrer; seine anfängliche Freude verwandelte sich in Empörung, und er widerrief seine anfängliche Zustimmung und verurteilte das Ergebnis des Kreuzzugs als schändliche Perversion.[4]

Das Feuer bewachen

Der Papst war entsetzt über die Art, wie der vierte Kreuzzug außer Kontrolle geraten war, doch es dauerte nicht lang, bis sein angeborener Pragmatismus und der ihm eigene Optimismus ihn veranlassten, seine Absicht, sich die Dynamik eines »heiligen Krieges« zunutze zu machen, wieder aufzunehmen. Im Lauf des folgenden Jahrzehnts versuchte er verschiedentlich, die Kreuzfahrerbewegung zu benutzen und zu überwachen. Während dieser Zeit richtete er jedoch die Waffen seiner päpstlichen Politik auch auf neue Konfliktschauplätze und gegen mehrere Feinde. Teilweise reagierte er auf neue Bedrohungen; so wurden etwa Feldzüge gegen die nicht christlichen Liven im Baltikum und gegen die almohadischen Mauren Spaniens unternommen. Und obwohl der Papst die Umstände der Entstehung des neuen lateinischen Reiches zutiefst missbilligte, war er sich doch darüber im Klaren, dass das neu gegründete »Romania« nicht ohne Schutz bleiben durfte, wenn es im größeren Kampf um die Rettung des Heiligen Landes irgendeine tragende Rolle spielen sollte. Daher wurden weitere Kreuzfahrer angespornt, Konstantinopel zu stützen und zu verstärken. Außerdem entschied der Papst, dass Kreuzzüge auch eine wichtige und unmittelbare Funktion im Rahmen seiner Bemühungen übernehmen konnten, das Abendland selbst einer Reinigung zu unterziehen. Im Jahr 1209 rief er zum sogenannten Albigenser-Kreuzzug gegen die »häretischen« Katharer im Südosten Frankreichs auf, doch die anschließenden Kampagnen waren von einer schockierenden Brutalität und dabei praktisch wirkungslos, weil sie vollständig den eigennützigen Zielen der nordfranzösischen Teilnehmer untergeordnet wurden.

Ein volkstümlicher Ausbruch ekstatischer Frömmigkeit ereignete sich im Jahr 1212, als aus Gründen, die nicht mehr genau festzustellen sind (die vielleicht aber etwas mit den Aufrufen zum Albigenser-Kreuzzug zu tun hatten), große Gruppen von Kindern und Jugendlichen in Nordfrankreich und Deutschland spontan ihre Bereitschaft erklärten, sich für die Kreuzzugsidee einzusetzen. Für den daraus entstehenden »Kinderkreuzzug« versammelten zwei Jugendliche, ein französischer Schäfer aus der Vendôme namens Stephan von Cloyes und ein gewisser Nikolaus von Köln, Scharen junger Gefolgsleute um sich. Sie versprachen,

Gott werde sie auf ihrer Reise in die Levante beschützen und ihnen die wundersame Kraft geben, den Islam zu besiegen, Jerusalem zurückzuerobern und das Wahre Kreuz wiederzuerlangen. In ihrer Unschuld könnten Kinder den Willen Gottes in einer Weise erfüllen, die den von Sünde besudelten Erwachsenen versagt bleibe. Über das Schicksal dieser »Kreuzfahrer« gibt es kaum überlieferte Zeugnisse, doch erinnerte die Bewegung die Zeitgenossen in Frankreich, Deutschland und Italien und eben auch Papst Innozenz III. in heilsamer Weise daran, dass der Ruf zum Kreuz die Herzen und Gemüter des einfachen Volkes nach wie vor zu bewegen vermochte.[5]

Im Jahr 1213 gelangte Innozenz zu der Erkenntnis, dass die erweiterten Ziele des »heiligen Krieges« letztlich zu einer Schwächung des lateinischen Orients geführt hatten, weil sie den Westen von der Notlage im Heiligen Land abgelenkt hatten. Daher revidierte er seine Politik: Er entzog den Konflikten in Spanien, im Baltikum und in Südfrankreich den Rang von Kreuzzügen, leitete die geballte Energie der Kreuzzugsbegeisterung wieder auf die Eroberung Jerusalems zurück und verkündete ein neues, großes Unternehmen: den fünften Kreuzzug. Gleichzeitig unternahm er erneut Anstrengungen, als Papst selbst die vollständige Kontrolle über die Organisation und den Einsatz religiös legitimierter Gewalt in der Hand zu behalten.

Stärker als zuvor war er bemüht, die Aufrufe zum fünften Kreuzzug zu reglementieren. Innozenz berief Gruppen handverlesener Kleriker, die den Ruf zu den Waffen unters Volk bringen sollten, und regionale Verwalter, die die Anwerbungskampagnen leiteten. Außerdem regte er die Herstellung von Predigthandbüchern an, in denen Modellpredigten zusammengefasst waren, und brachte Richtlinien zum Verhalten von Predigern heraus. Aus Frankreich, bislang immer Zentrum des Kreuzzugsenthusiasmus, leisteten nur wenige dem Aufruf Folge, dafür war die Reaktion in anderen Ländern dramatisch. Hingerissen von virtuosen Rednern wie dem französischen Kleriker Jakob von Vitry oder dem deutschen Prediger Oliver von Paderborn, deren Predigten häufig von »Wundern« begleitet wurden, wie etwa dem Auftauchen strahlender Kreuze am Himmel, nahmen Tausende erfahrene Ritter aus Ungarn, den deutschen Ländern, Italien, den Niederlanden und England das Kreuz.

Innozenz' Initiativen auf dem Sektor der Finanzierung des Kreuzzugs hatten aber noch andere, problematischere Folgen. Bisher hatte er immer gefordert, dass nur erfahrene Krieger das Schwert nehmen sollten, denn nur so ließ sich seiner Meinung nach ein kompaktes, schlagkräftiges Kreuzzugsheer aufstellen. Im Jahr 1213 vollzog er scheinbar eine Kehrtwende: Er verkündete, möglichst viele Menschen sollten ermutigt werden, sich für die Teilnahme am Kreuzzug eintragen zu lassen, ungeachtet der Frage, ob sie zum Kämpfer im »heiligen Krieg« taugten oder nicht. Mit diesem Öffnen der Schleusen reagierte Innozenz möglicherweise auf den »Kinderkreuzzug« der jüngsten Vergangenheit, der so nachdrücklich vor Augen geführt hatte, wie weit der Kreuzzugsenthusiasmus im Abendland nach wie vor verbreitet war und wie tief er reichte.

Die neue Richtung des Papstes hatte jedoch noch einen weiteren Aspekt. Jahre zuvor, als er den Aufruf zum vierten Kreuzzug vorbereitete, hatte er verkündet, dass Geldbeträge, die zur Unterstützung des »heiligen Krieges« gespendet wurden, mit einem Ablass belohnt werden konnten. Nun erweiterte er diese Vorstellung. Innozenz hoffte zwar, viele Tausende würden seinem erneuten Aufruf nachkommen, aber er verkündete gleichzeitig, dass diejenigen, die das Kreuz nahmen und sich außerstande sahen, selbst mit der Waffe zu kämpfen, ihr Kreuzzugsgelübde ohne Weiteres dadurch ablösen konnten, dass sie Geld bezahlten; auch so sei ihnen der geistige Gewinn sicher. Diese außerordentliche Reform war vielleicht durchaus gut gemeint – sie sollte einerseits dem Kreuzzug zusätzliche finanzielle und militärische Ressourcen erschließen und andererseits das Erlösungspotenzial eines »heiligen Krieges« einer größeren Zielgruppe zugänglich machen. Allerdings wurde damit ein gefährlicher Präzedenzfall geschaffen. Die Idee, dass spirituelles Verdienst mit Geld erkauft werden könne, führte zur Entwicklung eines komplexen Ablasssystems, das zum wohl bedenklichsten Stolperstein des lateinischen Katholizismus im Spätmittelalter werden sollte und dann zum entscheidenden Auslöser für die Reformation. Diese bedrohlichen Langzeitfolgen waren natürlich im Jahr 1213 noch nicht abzusehen, doch schon damals stieß die Neuerung des Papstes auf erregte Kritik unter seinen Zeitgenossen und führte im Lauf des 13. Jahrhunderts zu schweren Missbräuchen der Kreuzzugsbewegung.

Doch der Papst ließ sich von seinem Vorhaben nicht abbringen. Der Aufruf zu einem neuen Kreuzzug ins Heilige Land wurde im Jahr 1215 verbreitet, und zwar im Rahmen eines großen kirchlichen Konzils (dem

Vierten Laterankonzil), das Innozenz einberufen hatte, um die Lage des Christentums zu erörtern. Diese spektakuläre Versammlung – die größte ihrer Art – war nicht zuletzt ein Beweis für den Machtzuwachs des Papstes, der sich während dieses Pontifikats ergeben hatte. Auch hier war der Papst von dem Wunsch getrieben, Geld für den »heiligen Krieg« zu beschaffen; daher führte er die höchst unbeliebte Kirchensteuer wieder ein, diesmal mit dem empfindlich erhöhten Satz von einem Zwanzigstel über drei Jahre, und er ernannte Beamte, die für die lückenlose Eintreibung sorgen sollten.

Nicht einmal ein Jahr später, am 16. Juli 1216, noch bevor der fünfte Kreuzzug begann, starb Papst Innozenz III. an einem Fieber, das er sich wahrscheinlich während einer verregneten Kreuzzugspredigt in der Nähe von Perugia zugezogen hatte.[6] Während seines gesamten Pontifikats hatte er sich für den »heiligen Krieg« eingesetzt. Die auf sein Geheiß durchgeführten Unternehmungen waren zwar nur begrenzt erfolgreich gewesen, doch der unbedingte Wille dieses Papstes, die Kreuzzugsbewegung zu unterstützen und zu optimieren, trug viel dazu bei, ein Phänomen neu zu beleben, das andernfalls womöglich untergegangen wäre. In vielerlei Hinsicht brachte er den Kreuzzugsgedanken in eine Form, die das kommende Jahrhundert und auch die Zeit danach überdauern sollte. Allerdings stellten die viel zu hohen Ziele, die Innozenz sich gesetzt hatte, eine Überforderung der tatsächlich vorhandenen päpstlichen Autorität dar, und seine Versuche, direkten kirchlichen Einfluss auf Kreuzzugskampagnen zu nehmen, waren unausgereift und weltfern.

Outremer im 13. Jahrhundert

Im frühen 13. Jahrhundert, als der Papst intensiv bemüht war, das Potenzial des Kreuzzugsgedankens zu gestalten und zu nutzen, wurde das Gleichgewicht der Macht im Vorderen Orient empfindlich gestört. In den Jahren nach dem dritten Kreuzzug und dem Tod Saladins waren sowohl Franken als auch Muslime durch den Ausbruch verwickelter Nachfolgekrisen in Palästina, Syrien und Ägypten geschwächt und abgelenkt. Die lateinischen Christen kämpften in der Levante um ihr Leben; nach wie vor hofften sie, die verlorenen Gebiete wiederzuerobern und weiter auszudehnen, doch mussten sie nun neue Wege finden, Outremer zu verteidigen und mit den Muslimen in Kontakt zu treten.

Samosata
Edessa
Harran
Euphrat
Tarsus
Aleppo
FÜRSTENTUM ANTIOCHIA
Antiochia
Rappa
Orontes
ZYPERN
Latakia
Nikosia
Famagusta
Tortosa
Krak des Chevaliers
GRAFSCHAFT TRIPOLIS
Homs
Limassol
Tripolis
Mittelmeer
Baalbek
Beirut
Sidon
Damaskus
Tyros
Akkon
Tiberias
N
LATEINISCHES KÖNIGREICH JERUSALEM
Jordan
Jaffa
Jerusalem
Askalon
Kerak
al-Arish
Montreal
Die Kreuzfahrerstaaten im frühen 13. Jahrhundert
ungefähre Grenzen
0
50
150 km
Akaba

Im Sommer 1216 hatte der französische Geistliche Jakob von Vitry dringende Angelegenheiten in Mittelitalien zu erledigen. Jakob war wohl Anfang fünfzig, ein gelehrter Kleriker und glühender Reformer mit einer erstaunlichen Redebegabung. Er hatte sich bereits als Prediger in den Aktivitäten der Kirche gegen die Albigenser sowie während des Aufrufs zum fünften Kreuzzug hervorgetan, und seine Predigten trugen möglicherweise auch dazu bei, den sogenannten »Kinderkreuzzug« ins Leben zu rufen. Jakob sollte ein außerordentlich wertvolles, für die Kreuzzugsbewegung höchst aufschlussreiches Corpus an Schriften hinterlassen, das von Briefen und Berichten bis zu Zusammenstellungen von »Modell«-Predigten reicht. Im Jahr 1216 war er zum neuen Bischof von Akkon gewählt worden, und bevor er in die Levante aufbrechen konnte, brauchte er die päpstliche Einwilligung und Weihe. Jakob erwartete mit Papst Innozenz III. zusammenzutreffen, doch er kam erst am 17. Juli in Perugia an, einen Tag nach dem Tod des Papstes. Als er die Kirche betrat, in der Innozenz aufgebahrt war, entdeckte er, dass in der Nacht Räuber den Leichnam des großen Papstes all seiner kostbaren Gewänder beraubt hatten; nur die halb nackte, in der Hochsommerhitze schon verwesende Leiche hatten die Räuber zurückgelassen. »Wie vergänglich und eitel ist doch der trügerische Glanz dieser Welt«, schloss Jakob, als er den Anblick beschrieb.

Am Tag darauf wurde Honorius III. zum Nachfolger des Verstorbenen gewählt, und Jakob erhielt die notwendige Einwilligung. Im Herbst bestieg er das Schiff von Genua in Richtung Orient – er hatte eine fünf Wochen lange, gefährliche Reise vor sich und musste mehrere Spätherbststürme über sich ergehen lassen, in denen die Passagiere an Bord »aus lauter Furcht um ihr Leben weder essen noch trinken konnten«. In Akkon traf er Anfang November 1216 ein und begab sich in den Monaten danach auf eine ausgedehnte Predigttour durch Outremer. Er hoffte, vor Beginn des fünften Kreuzzugs die religiöse Begeisterung der christlichen Bevölkerung wieder anzufachen. Die Welt des Vorderen Orients, die er vorfand, war gezeichnet von politischer Instabilität, in der alte Rivalitäten weiterschwelten, während sich neue Mächte aus dem Nichts erhoben.[7]

Die Machtbalance im fränkischen Orient

Mit den ihnen verbliebenen Territorien waren die Kreuzfahrerstaaten kaum mehr ein Schatten ihrer selbst. Jerusalem und das Landesinnere von Palästina befanden sich in muslimischer Hand, und das lateinische Königreich Jerusalem hätte jetzt eigentlich Königreich Akkon heißen müssen. Es erstreckte sich über einen schmalen Küstenstreifen von Jaffa im Süden bis Beirut im Norden – Beirut war mit der Unterstützung einer Gruppe deutscher Kreuzfahrer im Jahr 1197 zurückerobert worden. Als Jakob von Vitry im Osten ankam, hatte das Königshaus von Jerusalem seinen Sitz nach Akkon verlegt. Nördlich schloss sich die Grafschaft Tripolis an, die im Libanon einen Stützpunkt halten konnte, während mehrere Festungen der Templer und Johanniter das fränkische Gebiet noch ein Stück weit in den Norden ausdehnten. Da aber die Muslime nach wie vor das Gebiet um Latakia herum beherrschten, gab es zum Fürstentum Antiochia keine Landverbindung, und das vormals so stolze Fürstentum selbst war auf ein winziges Stück Land um die Stadt Antiochia herum geschrumpft.

Die einzelnen Kreuzfahrerstaaten wurden durch erbitterte Erbfolgestreitigkeiten noch verletzlicher. Heinrich von Champagne, Herrscher im fränkischen Palästina seit dem Ende des dritten Kreuzzugs, starb im Jahr 1197 durch einen Unfall – er stürzte in Akkon aus dem Fenster seines Palasts, als ein Geländer nachgab. Das einzige überlebende Mitglied der königlichen Familie, Isabella (die Witwe Heinrichs), wurde mit Aimery vermählt, einem Mitglied der Lusignan-Dynastie, der dann bis zum Jahr 1205 regierte; er starb, weil er zu viel Fisch gegessen hatte. Isabella starb nur kurze Zeit danach. Daraufhin ging der Königstitel an Isabellas Kind aus ihrer früheren Ehe mit Konrad von Montferrat über, und die Erbfolge im Königreich Jerusalem wuchs sich zu einem höchst verwickelten Gewebe aus Heiraten, minderjährigen Herrschern und Regentschaften aus, das sich fast über das gesamte 13. Jahrhundert erstreckte – eine Situation, in der ein Großteil der Macht an die fränkischen Barone überging.

In den ersten Jahrzehnten ragten vor allem zwei Persönlichkeiten aus diesem Durcheinander heraus: Johann von Ibelin, Sohn Balians von Ibelin, amtierte zwischen 1205 und 1210 als Regent für die königliche Erbin Maria und wurde zum wichtigsten lateinischen Baron in Palästina. Zwar hatte die Ibelin-Dynastie ihr früheres Stammland Ibelin und

Ramla an die Muslime verloren, dennoch war die Familie in diesem Zeitraum erfolgreich. Johann erhielt die wertvolle Lehnsherrschaft über Beirut, und seine Familie pflegte wichtige Beziehungen mit dem fränkischen Zypern.

Der Einfluss Ibelins wurde durch den neu in der Levante eingetroffenen Johann von Brienne bedroht, einen französischen Ritter aus der Champagne aus dem mittleren Adel. Im Jahr 1210 heiratete Johann Maria und herrschte nach ihrem Tod im Jahr 1212 als Regent für Isabella II., ihre kleine Tochter. Johann, um die 40 Jahre alt, war ein erfahrener Krieger, und viele seiner Vorfahren waren Kreuzfahrer gewesen, allerdings fehlten ihm Vermögen sowie Beziehungen zu den europäischen Monarchen. Er verwandte viel Energie und Zeit darauf, sein Recht auf die Krone von Jerusalem zu verteidigen, und trat trotz des Protests der alteingesessenen Aristokraten als König auf. Als weiteren Versuch, seine Stellung zu verbessern, heiratete er im Jahr 1214 Prinzessin Stephanie, die Erbin des christlich-armenischen Königreichs.

Unter der geschickten Führung seines letzten Rubeniden-Herrschers König Leon I. (er regierte als Fürst Leon II. zwischen 1187 und 1198 und als König zwischen 1198 und 1218) wurde das christliche Königreich Kilikien während des 13. Jahrhunderts in Nordsyrien und Kleinasien zu einer einflussreichen Größe. Durch eine Mischung aus militärischer Konfrontation und Heiratspolitik wurde Leons Rubeniden-Dynastie eng in die Geschichte des lateinischen Antiochia und Tripolis eingebunden. Nach dem Tod des Grafen Raimund III. von Tripolis verwischte sich die Trennung der Erbfolgelinien der Grafschaft und des Fürstentums, und bis zum Jahr 1219 zog sich ein Machtkampf zwischen fränkischen und armenischen Anwärtern hin, der noch verwickelter als die Streitigkeiten in Palästina war. 1219 sicherte sich schließlich Bohemund IV. die Herrschaft über Antiochia wie auch über Tripolis.[8]

Diese anhaltenden Konflikte schwächten die Christen Outremers in den ersten Jahrzehnten des neuen Jahrhunderts, und eine klare Linie im Blick auf etwaige Wiedereroberungen war nicht mehr zu erkennen. (Vergleichbare Probleme prägten dann auch das restliche Jahrhundert.) In gewisser Weise wurde allerdings der Schaden, der durch diese kleinlichen Zänkereien entstand, durch die Uneinigkeit relativiert, die auch den Islam zerriss.

Das Schicksal des ajjubidischen Reiches

Nach Saladins Tod im Jahr 1193 zerbrach das Ajjubiden-Reich, das er im Lauf zweier Jahrzehnte aufgebaut hatte, fast über Nacht. Der Sultan hatte verfügt, dass der Großteil seines Territoriums unter dreien seiner Söhne als eine Art Konföderation aufgeteilt werden sollte: Sein ältester Sohn al-Afdal erhielt Damaskus und die Oberherrschaft über das gesamte ajjubidische Gebiet. Al-Zahir sollte Aleppo übernehmen, und Uthman sollte von Kairo aus Ägypten regieren. In Wirklichkeit verschob sich jedoch die Machtbalance binnen Kurzem in Richtung von Saladins cleverem Bruder al-Adil. Ihm war die Herrschaft über die Dschazira (im Nordwesten Mesopotamiens) übertragen worden, doch mit seiner diplomatischen Gewitztheit und seinem Geschick als politischer und militärischer Stratege gelang es ihm, seine Neffen zu entmachten. Al-Adils Aufstieg wurde durch al-Afdals Unfähigkeit als Herrscher in Damaskus weiter begünstigt. Al-Afdal machte sich dort binnen kürzester Zeit viele der engsten Vertrauten seines Vaters zu Feinden und war im Jahr 1196 nicht mehr in der Lage, Syrien zu regieren. Al-Adil trat in diesem Jahr – zumindest offiziell – als Gesandter Uthmans auf und übernahm die Macht in Damaskus, al-Afdal wurde als ohnmächtiger Exilant in die Dschazira geschickt. Als Uthman 1198 starb, übernahm al-Adil die Herrschaft über Ägypten, und bis zum Jahr 1202 hatte al-Zahir sich mit der Vormachtstellung seines Onkels abgefunden.

In der ersten Hälfte des 13. Jahrhunderts befand sich also der Löwenanteil der ajjubidischen Welt in der Hand al-Adils und seiner direkten Nachkommen, während al-Zahir und seine Nachfahren die Herrschaft über Aleppo behielten. Al-Adil regierte als Sultan und setzte drei seiner eigenen Söhne als Emire für einzelne Gebiete ein: al-Kamil in Ägypten, al-Muazzam in Damaskus und al-Ashraf in der Dschazira. Jerusalem spielte in der Politik der Ajjubiden nur eine untergeordnete Rolle und fungierte mit Sicherheit in keiner Weise als Hauptstadt. Trotz seiner religiösen Bedeutung hatte Jerusalem aufgrund seiner isolierten Lage in den Bergen Judäas kaum irgendeinen politischen, ökonomischen oder strategischen Wert. Al-Adil und seine Nachfolger unternahmen zwar immer wieder sporadische Versuche, die heiligen Stätten zu pflegen und zu verschönern, doch im Großen und Ganzen wurde die Stadt vernachlässigt. Auch die Idee des Dschihad gegen die Franken geriet in Vergessenheit, obwohl die Ajjubiden sich noch immer mit Titeln schmückten, die aus der Rhetorik des »heiligen Krieges« stammten.

Faktisch ging al-Adil gegenüber Outremer höchst pragmatisch vor, teilweise weil es unmittelbarere Bedrohungen von anderen Konkurrenten gab: von den zangidischen Muslimen Mesopotamiens, den seldschukischen Türken Anatoliens und dazu noch den orientalischen Christen Armeniens und Georgiens. Zu Beginn seiner Herrschaft schloss al-Adil mit den Franken mehrere Verträge ab, die in den frühen Jahren des 13. Jahrhunderts (1198–1204, 1204–1210, 1211–1217) fast nahtlos aneinander anschlossen und weitgehend eingehalten wurden. Als Sultan vertiefte al-Adil außerdem die Wirtschaftsbeziehungen zu den Handelsmächten Venedig und Pisa.

Trotz der recht zurückhaltenden Beziehungen zwischen Muslimen und Lateinern hätten die Ajjubiden sich wohl durchaus um weiteren Gebietsgewinn auf Kosten Outremers bemüht, wenn es nicht einige weitere Faktoren gegeben hätte, die für die Geschichte der Kreuzfahrerstaaten und den Vorderen Orient insgesamt ausschlaggebend waren.[9]

Die Ritterorden

Im Lauf des 13. Jahrhunderts spielten die Ritterorden, also die religiösen Bewegungen, in denen die Berufung zum Mönchtum und die zum Ritterwesen miteinander verschmolzen, eine zunehmend bedeutende Rolle in der Geschichte von Outremer. Die Probleme, mit denen die Kreuzfahrerstaaten von Anfang an zu kämpfen hatten – ihrer isolierten Lage fern von Europa und der Unterversorgung mit Menschen und Material –, vertieften sich nach dem dritten Kreuzzug noch weiter. Die Ausdehnung des Kreuzzugsgedankens auf Regionen wie die Iberische Halbinsel und das Baltikum, die »heiligen Kriege« gegen Feinde des Papstes und »Häretiker«, außerdem die Aufteilung der finanziellen Mittel, die nötig war, um das neu gebildete Staatswesen des lateinischen Staates Romania zu verteidigen – all das trug dazu bei, dass sich die Notlage der fränkischen Levante immer mehr verschärfte. Und natürlich wirkten sich auch die ausgedehnten politischen Querelen innerhalb der noch existierenden Kreuzfahrerstaaten lähmend aus.

Vor diesem Hintergrund konnten sich die Templer und die Johanniter prächtig entfalten; zu den beiden etablierten Orden kam außerdem noch eine dritte große Gruppe hinzu, der Deutsche Orden. Diese Bewegung war während des dritten Kreuzzugs entstanden, als deutsche Kreuzfahrer vor den Mauern von Akkon ein Feldspital gründeten. Im Jahr 1199 erkannte Papst Innozenz III. ihren Status als neuer Ritterorden an. Besonders eng waren die Deutschordensritter mit der Staufer-Dynastie und mit dem Heiligen Römischen Reich verbunden. In den folgenden Jahren wurden die Deutschordensritter ebenso wie schon die Templer und die Johanniter vor ihnen zunehmend militarisiert. Damals hatte es sich für die Templer eingebürgert, einen weißen Mantel mit einem roten Kreuz zu tragen, die Johanniter trugen ein weißes Kreuz auf schwarzem Grund. Der Mantel der Deutschordensritter hingegen war weiß mit einem schwarzen Kreuz.

Infolge ihrer zunehmenden militärischen, politischen und wirtschaftlichen Macht entwickelten sich diese drei Orden zu den entscheidenden Stützen des lateinischen Ostens, und ihr überragender Beitrag zum weiteren Überleben Outremers war bereits zu der Zeit offensichtlich, als Jakob von Vitry in Akkon eintraf. Der große Einfluss der Orden hing eng mit der päpstlichen Unterstützung zusammen, die sie nach wie vor genossen, denn nur so konnten sie ihre Unabhängigkeit von der lokalen kirchlichen und staatlichen Rechtsprechung bewahren; zudem waren sie von der Besteuerung ausgenommen. Die Orden waren vor allem sehr gut darin, vom westeuropäischen Adel Spenden einzuwerben; dadurch besaßen sie schließlich überall ausgedehnte Ländereien. Außerdem fiel ihnen Land auf Zypern zu.

Ihre Popularität und ihre länderübergreifende Verfassung versetzte die Ritterorden in die Lage, neue Mitglieder anzuwerben (und damit Kämpfer für Outremer zu gewinnen) sowie finanzielle Mittel aus Westeuropa in den Krieg um das Heilige Land fließen zu lassen, wobei sie eine Steuer, die sogenannte Responsion, in Höhe eines Drittels des gespendeten Geldes für sich beanspruchten. Ende des 12. Jahrhunderts hatten die Orden ein derart ausgeklügeltes und sicheres System internationalen Geldhandels entwickelt, dass sie faktisch zu den Bankiers Europas und der Kreuzfahrerbewegung aufstiegen. Es war nun möglich – in einem Verfahren, das der Erfindung des Schecks gleichkam –, im Westen Geld zu hinterlegen und dafür einen Kreditschein zu bekommen, gegen den man im Heiligen Land wieder Bargeld ausbezahlt bekam.

Auch die militärische Rolle der Ritterorden wurde immer bedeutender. Den Templern und den Johannitern standen in der Levante rund 300

Ritter und rund 2000 Sergeanten (Mitglieder niedrigeren Standes) zur Verfügung. Das bedeutete, dass sie zu Kriegszeiten im fränkischen Heer häufig die Hälfte der Kämpfer oder mehr stellten. Ihre gut geschulten und ausgerüsteten Truppen waren außerdem bereit und in der Lage, das ganze Jahr über zur Verfügung zu stehen und nicht nur in begrenzten Phasen wie ein Heer, das aus den üblichen Feudalabgaben finanziert wurde. Es sind Abschriften der »Regeln« (schriftlich niedergelegter Vorschriften) erhalten geblieben, die das Leben der Mitglieder bestimmten und in denen zum Ausdruck kommt, wie außerordentlich viel Wert auf allerstrengste militärische Disziplin auf dem Schlachtfeld gelegt wurde. So enthält etwa die Regel der Templer detaillierte Anweisungen, vom Abmarsch bis hin zum Aufschlagen des Lagers und der Beschaffung von Proviant, und immer wird die große Bedeutung des bedingungslosen Gehorsams innerhalb einer Befehlskette und im Rahmen einer Aktion betont – die entscheidenden Bedingungen für Erfolg und Überleben in einer Gruppe schwer bewaffneter Krieger. Regelverstöße wurden streng bestraft: Das reichte von dem zeitweiligen Verbot, den Habit zu tragen, über Arrest in Ketten bis hin zum Ausschluss aus dem Orden.

Neben den offensichtlichen Stärken der drei wichtigsten Ritterorden gingen von ihnen im Lauf des 13. Jahrhunderts aber unbestreitbar auch Probleme und Gefahren aus. Als die Autorität von König und Adel in Gebieten wie Akkon und Antiochia immer weiter abnahm, wurde der Spielraum für die Orden, ihre eigenen Vorstellungen und Ziele zu verfolgen, immer größer und damit auch das Potenzial einer verhängnisvollen Rivalität zwischen den drei Bewegungen – so unterstützten etwa die Templer und die Johanniter während der Streitigkeiten um die Nachfolgeregelung in Antiochia verschiedene Parteien. Auch der Einsatz der Orden an weit entfernten Konfliktschauplätzen, etwa das ausgedehnte Engagement der Deutschordensritter im Baltikum, wurde für die kriegerischen Bemühungen in der Levante zu einer Belastung.

Im Lauf der Zeit mussten sich Verbände wie die Templer auch mit einer allmählich nachlassenden Spendenflut von lateinischen Gönnern abfinden, was teilweise mit Veränderungen der religiösen Lebensgewohnheiten zu tun hatte sowie damit, dass das Interesse am Schicksal Outremers immer mehr nachließ. Die Ritterorden standen im »heiligen Krieg« an vorderster Front und hatten im Lauf der Jahrzehnte von der Freigebigkeit der lateinischen Christen am meisten profitiert, doch dadurch waren sie auch die Ersten, die von der teilweise sehr harschen Kritik an den Rückschlägen im Kampf gegen den Islam getroffen wurden. Diese Entwicklungen zeigten sich allerdings erst um die Mitte des 12. Jahrhunderts, und selbst danach flossen den Templern, den Johannitern und den Deutschordensrittern noch immer beträchtliche Spenden zu, und es traten auch weiterhin neue Mitglieder ein.[10]

Kreuzfahrerfestungen

Im 12. und 13. Jahrhundert spielten die Ritterorden vor allem in Verbindung mit den großen »Kreuzfahrer«-Festungen im Vorderen Orient eine entscheidende Rolle, weil sie um 1200 die einzige lateinische Macht waren, die es sich leisten konnte, die extrem hohen Kosten aufzubringen, die mit dem Bau und der Erhaltung dieser Festungen verbunden waren, und außerdem über die Mannschaften verfügte, die für die Besetzung dieser Festungen gebraucht wurden. Nach den massiven Verlusten an Territorium nach 1187 spielten die Festungen eine immer wichtigere Rolle bei der Verteidigung der zersplitterten, exponierten Reste der Kreuzfahrerstaaten. Und auch der Rückgang der Zahl der fränkischen Siedler in der Levante erhöhte die Abhängigkeit von der materiellen Substanz der Festungsanlagen.

Keine mittelalterliche Burg war völlig uneinnehmbar, auch wurde durch eine Festung kein heranrückendes Heer aufgehalten. Allerdings konnten die Ritterorden von den Festungen aus Gebiete beherrschen und Grenzen verteidigen; außerdem stellten sie relativ sichere Außenposten dar, von denen Überfälle und Angriffe ausgehen konnten, und sie dienten als Verwaltungszentren. Im 13. Jahrhundert war jedoch im Vergleich zu früher wesentlich weniger Land unter ihrer Kontrolle, die Christen mussten sich auf weniger Festungen stützen, die sich entweder in Küstennähe befanden (um Nachschublieferungen zu erleichtern) oder hoch entwickelte Verteidigungssysteme besaßen. Unter diesen Bedingungen konnten nur die Ritterorden Burgen von ausreichender Größe und Stärke ausbauen und halten.

In der ersten Hälfte des 13. Jahrhunderts steckten die drei wichtigsten Orden sehr viel Geld und Energie entweder in die Erneuerung und den Ausbau vorhandener Festungen oder, wie im Fall der mächtigen deutschen Burg Montfort (im Landesinnern hinter Akkon), in den Entwurf und den Bau einer komplett neuen Festung. Seit den

1160er-Jahren hatten die Franken begonnen, Festungen mit mehr als einer Festungsmauer zu bauen – die sogenannten Ringburgen –, und nach 1200 gelangte diese Bauweise zu neuer Blüte. Auch die Techniken der Steinbearbeitung entwickelten sich rasant weiter und parallel dazu die Möglichkeit, stabilere (architektonisch jedoch kompliziertere) runde Verteidigungstürme zu bauen sowie schräge Mauern zu errichten, um Sappeure abzuwehren. Durch Verbesserungen bei der Konstruktion von Gewölbedecken konnten die Lateiner zudem riesige Lagerräume und Ställe bauen – ein entscheidender Vorteil bei der Versorgung großer Garnisonen. Während dieses Goldenen Zeitalters des Burgenbaus erstellten die Ritterorden einige der fortschrittlichsten Festungsanlagen des Mittelalters.[11]

Nach der Ankunft in der Levante, zu Beginn des Jahres 1217, besuchte der neue Bischof von Akkon Jakob von Vitry viele Festungen dieser Art und beschrieb seine Besuche in einem Brief, den er in jenem Frühjahr verfasste. Die beeindruckendste Festung, die in Jakobs Reisebericht erwähnt wird, war der über dem Bouqia-Tal thronende Krak des Chevaliers am südlichen Ende der Ansariyah-Berge. Seit dem Jahr 1144 befand sich die Burg im Besitz der Johanniter und galt schon seit Langem als ideale Festung, was sie nicht zuletzt ihrer Lage verdankte – sie war hoch auf der Klippe eines steil abfallenden Gebirgsausläufers erbaut. Saladin machte nach seinem Sieg bei Hattin keinen Versuch, den Ort einzunehmen. Im frühen 13. Jahrhundert begannen die Johanniter mit umfassenden Wiederaufbauarbeiten (die beim Besuch Jakobs wahrscheinlich gerade im Gang waren), und als sie alle Veränderungen und Verbesserungen abgeschlossen hatten, war aus dem Krak eine fast perfekte Festung geworden, die eine Garnison von 2000 Mann in ihren Mauern aufnehmen konnte.

Die noch heute gut erhaltene Burg ist ohne Zweifel das spektakulärste Baudenkmal aus der Zeit der Kreuzfahrer. Erbaut ist sie aus Kalkstein, und sie verfügt über eine elegante Schönheit der Proportionen. Das außerordentliche handwerkliche Können, mit dem hier gearbeitet wurde, bringt dieselbe Neigung zu Präzision und architektonischer Meisterschaft zum Ausdruck wie die riesigen gotischen Kathedralen, die zur selben Zeit im Abendland entstanden. Das ausgeklügelte Verteidigungssystem umfasst zwei Mauerringe mit einem Festungsgraben im Innern und einem äußeren Ring von runden Türmen und Maschikuli (vorstehende Konstruktionen, die Bogenschützen und Verteidigern bessere Schusslinien ermöglichten). Man betritt die Burg durch einen engen, aufwärtsführenden Tunnel, der durch zahlreiche Mörderlöcher und Übergänge weiter verstärkt wird. Und die Qualität der Mauerarbeiten ist durchweg außerordentlich – die Kalksteine wurden so präzise zugeschnitten, dass kaum Mörtel zu sehen ist.[12]

Die Wirtschafts- und Handelssituation in Outremer

Die Ritterorden und Burgen wie der Krak des Chevaliers trugen zwar viel dazu bei, Outremers Bestand zu sichern, doch muss das Überleben der Kreuzfahrerstaaten vor allem auf einen anderen, nichtmilitärischen Faktor zurückgeführt werden: auf den Handel. Die fränkischen Siedler im Orient hatten während des gesamten 12. Jahrhunderts mit der größeren levantinischen Welt Handelsbeziehungen unterhalten, und nach dem dritten Kreuzzug nahmen Ausmaß und Bedeutung dieser Beziehungen sogar noch zu. Im Lauf der Zeit entwickelten die benachbarten lateinischen und muslimischen Mächte im Vorderen Orient ein so enges Netz wirtschaftlichen Austauschs, dass die Muslime Syriens und Ägyptens es vorzogen, den Christen ihre wenigen Stützpunkte entlang der Küste zu belassen, statt durch Unterbrechung der Handels- und Verdienstmöglichkeiten Verluste zu riskieren.

In diesem Zusammenhang erwies es sich als ausschlaggebend, dass die Kontrolle über die Häfen Syriens und Palästinas, die Tore zum Mittelmeerhandel, in der Hand der Franken war. Auch größere Zusammenhänge wirkten sich zugunsten von Outremer aus. Bis zum 13. Jahrhundert war der ägyptische Hafen Alexandria die Drehscheibe des Handels zwischen Ost und West gewesen. Nach 1200 jedoch verschoben sich das Muster und die Richtung des Handelsverkehrs allmählich. Die Eroberung Konstantinopels durch die Lateiner im Jahr 1204 wirkte sich auf die Verteilung der Märkte aus; und, noch wichtiger: Als die Mongolen auftauchten, wurden die Überlandrouten Asiens wiederbelebt. Nutznießer war der lateinische Orient, während Ägypten seine dominante Stellung allmählich verlor. Alexandria behielt seine Bedeutung als Umschlagplatz für hochwertige Waren aus Indien, darunter auch Gewürze wie Pfeffer, Zimt und Muskat sowie Heilpflanzen und »Medikamente« wie Ingwer, Aloe und Sennesblätter. Außerdem blieb Ägypten für Europa der Hauptlieferant für Alaun (eine wichtige Zutat bei der

Ledergerbung). Ansonsten entwickelte sich Outremer in fast jeder Hinsicht zum führenden Handelszentrum der Levante.

Da die Lateiner seit mehr als einem Jahrhundert im Orient siedelten, hatten sie genügend Zeit, ein komplexes Transport- und Kommunikationsnetzwerk aufzubauen und zu konsolidieren. Die Voraussetzung für den Aufstieg zur führenden Handelsmacht war also gegeben. Die ökonomische Vitalität der Kreuzfahrerstaaten wurde in dieser Phase noch weiter befördert durch die Finanzierung und ständige Weiterentwicklung der ausgesprochen gewinnträchtigen gewerblichen Herstellung von Zuckerrohr, Seide und Baumwolle sowie Glaswaren. Diese Produkte wurden in den noch bestehenden lateinischen Territorien angebaut oder hergestellt und dann nach Europa verschifft und dort verkauft.

Dies alles hatte zur Folge, dass sich im 13. Jahrhundert fränkische Städte wie Antiochia, Tripolis, Beirut und Tyros eines bemerkenswerten Wohlstands erfreuten. Ganz ohne Zweifel war jedoch Outremers führendes Handelszentrum Akkon. Nach dem dritten Kreuzzug stieg es zur neuen Hauptstadt des fränkischen Palästina auf, wo auch der König – in der königlichen Zitadelle – residierte. Innerhalb der »alten« Grenzen der Stadt, wie sie im 12. Jahrhundert verliefen, hatte jede der führenden Mächte im Königreich ihren eigenen Bereich – von den Templern, Johannitern und Deutschordensrittern bis zu den Händlern aus Venedig, Pisa und Genua –, und aus vielen dieser Bereiche entstanden durch Mauern abgegrenzte Enklaven, in denen mehrstöckige Gebäude aufragten. Die Stadt umfasste auch zahlreiche Märkte, einige davon waren überdacht, um vor der sengenden Sonne im Sommer Schutz zu bieten; andere Gebäude beherbergten verschiedene Gewerbebetriebe. Die Anlage zur Zuckerproduktion in Akkon war im Jahr 1187 von den Ajjubiden zerstört worden, doch Glas- und Metallwerkstätten gab es nach wie vor, außerdem eine Straße, in der die Gerber tätig waren, und im Viertel der Genuesen befand sich ein Betrieb, in dem hochwertige Seife hergestellt wurde.

Vor 1193 hatte es innerhalb der Stadtmauern weiträumige leer stehende Bereiche gegeben, vor allem in den landeinwärts, abseits der geschäftigeren Hafenanlagen gelegenen Vierteln im Norden und Süden der Stadt. Nun nahmen die Bevölkerung und die Urbanisierung Akkons einen raschen Aufschwung, was dazu führte, dass die Stadtmauern im Norden erweitert wurden, um den Vorort Monmusard mit einzuschließen. Und obwohl es in vielen Vierteln Akkons bemerkenswert gut entwickelte Abwassersysteme gab, führte dieses intensive Wachstum dazu, dass die dicht besiedelte Metropole unter fürchterlicher Verschmutzung und den damit verbundenen gesundheitlichen Gefahren zu leiden hatte. Die meisten Abfälle, darunter auch solche aus dem königlichen Schlachthaus und dem Fischmarkt, wurden in den Hafen gekippt, der so zu dem Namen »Lordemer« (schmutziges Meer) kam. Mitte des 13. Jahrhunderts hatte sich die Lage so weit verschärft, dass man in einer Kirche im venezianischen Viertel die zum Hafen hinausgehenden Fenster zumauern musste, um zu verhindern, dass der Wind Abfall auf den Altar wehte.

In dieser geschäftigen Hauptstadt ließ sich nach 1216 Jakob von Vitry als neuer lateinischer Bischof nieder. Er empfand Akkon als eine regelrechte Lasterhöhle – er nannte sie »ein zweites Babylon«, eine »schreckliche Stadt [...], voll zahlloser Schandtaten und Bosheiten«, und die Bewohner seien »nur den fleischlichen Lüsten zugeneigt«. Der kosmopolitische Charakter der Hafenstadt verwirrte ihn. Altfranzösisch war zwar nach wie vor die wichtigste Handelssprache, doch im Gewimmel der Straßen von Akkon hörte man zahllose andere europäische Sprachen – Provenzalisch, Englisch, Italienisch und Deutsch –, vermischt mit den levantinischen Sprachen von Besuchern oder den orientalisch-christlichen und den jüdischen Stadtbewohnern.

Akkon war im 13. Jahrhundert der wichtigste Berührungspunkt von Ost und West. Das lag hauptsächlich daran, dass die Stadt mittlerweile der führende Umschlagplatz des Mittelmeerraums war – das Lagerhaus der Levante, in das Waren aus ganz Outremer, dem Vorderen Orient und den Ländern jenseits davon transportiert wurden, um dann in den Westen verschifft zu werden. Außerdem wurde Akkon auch zu einem Portal für die ständig zunehmende Menge an Gütern, die in die andere Richtung, von Europa in den Orient, befördert wurden.

Zahlreiche ganz unterschiedliche Waren passierten die Stadt. Rohmaterialien wie Seide, Baumwolle und Leinen kamen in Ballen aus lokalen Produktionsstätten in Palästina und dem muslimischen Aleppo, aber auch verarbeitete Güter wie etwa in Antiochia hergestellte Seidenkleider wurden angeboten. Viele Waren wurden sowohl in Akkon selbst verwendet als auch an entferntere Märkte weiterverkauft, so etwa Zuckerrohr von Plantagen in Palästina; Wein aus Südgaliläa, Latakia und Antiochia; Datteln aus dem Jordantal. Soda – gewonnen aus der Alkaliasche, die durch die Verbrennung von Pflanzen aus Gegenden mit hoher Salzkonzentration wie den Küstenregionen entstand – wurde zum Färben von Textilien und zur Herstellung von Seife verwendet; außerdem spielte es eine wichtige Rolle bei der Herstellung von Glas. Für die lokale Glasherstellung wurde der ausgezeichnete Sand aus dem Belus verwendet.

Eine deutliche Zunahme verzeichnete im 13. Jahrhundert der Handelsverkehr vom Westen in den Osten. Für lateinische Kaufleute wurde es immer mehr zur Gewohnheit, in muslimisches Gebiet wie etwa nach Damaskus zu reisen; dort handelten sie mit Erzeugnissen aus Wolle (vor allem aus Flandern) und mit Safran, dem einzigen Gewürz aus dem westlichen Mittelmeerraum, das auf einem orientalischen Markt angeboten wurde. Wenn sie nach Akkon zurückkehrten, brachten sie neue Ladungen Seide, Edelsteine und Halbedelsteine mit.

In einem normalen Jahr erlebte Akkon zwei Phasen intensiver Aktivitäten – unmittelbar vor Ostern und zum Ende des Sommers –; dann trafen viele Schiffe aus dem Westen mit Scharen von Händlern und Reisenden ein. Zu diesen Zeiten waren die Kais überschwemmt mit Geldwechslern und Kundenfängern, die den Neuankömmlingen Unterkünfte oder Führungen durch die Stadt anboten. Der Hafen hatte bereits eine lange Geschichte als wichtigster Ankunftshafen für christliche Pilger im Heiligen Land, doch da nach dem dritten Kreuzzug der Zugang zu Jerusalem und anderen heiligen Stätten nicht mehr so einfach möglich war, entwickelte sich Akkon selbst zu einem neuen Pilgerziel. Die Stadt beherbergte immerhin rund 70 Kirchen, Heiligtümer und Hospitäler, mit denen sie den Bedürfnissen der Pilger gerecht werden konnte, und es entwickelte sich ein lebhafter Handel mit vor Ort hergestellten Devotionalien, darunter auch Ikonen. Akkon wurde außerdem zu einem der wichtigsten Zentren der Buchherstellung im lateinischen Osten. Im dortigen Skriptorium arbeiteten einige der besten Schreiber des Mittelalters, die für eine wohlhabende kosmopolitische Kundschaft kostbare Abschriften historischer und literarischer Werke herstellten.[13]

Akkon gehörte aufgrund seiner weit gefächerten Handelsbeziehungen zu den Zentren des Lebens im lateinischen Orient. Die Geschichte der Stadt bezeugt nicht zuletzt, dass der internationale Handel eine tragende Säule für das Weiterbestehen Outremers im gesamten 13. Jahrhundert war.

20

Neue Wege

Während in Outremer die Dynamik von Handel und Kommerz das Leben prägte, bereitete sich das Abendland auf eine weitere große Offensive im Krieg um das Heilige Land vor, die mit dem Auslaufen des letzten Waffenstillstands mit den Ajjubiden im Jahr 1217 zusammenfallen sollte. Es handelte sich dabei um die Kampagne, die Papst Innozenz III. vor seinem Tod geplant und angekündigt hatte und die als fünfter Kreuzzug in die Geschichte eingehen sollte. Der weitaus mächtigste Teilnehmer war Kaiser Friedrich II., der Enkel Friedrich Barbarossas, der beim dritten Kreuzzug mit dabei gewesen war. Friedrich II. wurde im Jahr 1194 als Erbe der Staufer geboren und hatte Anspruch sowohl auf das Heilige Römische Reich als auch auf das wohlhabende Königreich Sizilien. Der frühe Tod seines Vaters Heinrich VI. im Jahr 1197 jedoch ließ das Schicksal des jungen Prinzen ungewiss erscheinen, und Friedrich wuchs in Sizilien auf, während sich andere Kandidaten um die Nachfolge im Reich stritten.

Friedrich bestieg im Jahr 1208, als er volljährig wurde, den Thron in Sizilien. Innozenz III. hatte den Eindruck gewonnen, dass der junge Monarch eine zuverlässige, fügsame Figur abgeben würde, und beschloss daher, Friedrichs Kandidatur um die deutsche Krone zu unterstützen. Im Jahr 1211 wurde Friedrich als neuer König eingesetzt. Sein Status wurde später, im Jahr 1215, noch unterstrichen durch eine Krönungszeremonie in Aachen, dem traditionellen Krönungsort im Deutschen Reich. Damals legte Friedrich II. zwei Gelübde ab: Er schwor, an einem Kreuzzug teilzunehmen, und er versprach, nicht gleichzeitig über das Deutsche Reich und über Sizilien herrschen zu wollen. Die Herrschaft über Sizilien übertrug er seinem eigenen jungen Sohn Heinrich (VII.). Das verleitete Papst Innozenz zu der Annahme, dass er sich einen unschätzbaren Beistand im

»heiligen Krieg« gesichert und Rom vor der befürchteten Bedrohung bewahrt habe, von den Staufern eingekreist zu werden. Als der Papst starb, glaubte er immer noch, dass diese Vereinbarung Bestand haben werde; der weitere Verlauf der Ereignisse allerdings hätte ihn aufs Bitterste enttäuschen müssen. Bald wurde deutlich, dass Friedrich II. mit allen Mitteln ein vereintes Stauferreich anstrebte – ihm ging es offensichtlich darum, ein großes, expandierendes christliches Reich zu regieren, das an Macht und Ausdehnung alle bisher im Mittelalter existierenden Reiche übertreffen sollte. Seine erstaunliche Entwicklung sollte einen langen Schatten über die Kreuzzugsbewegung werfen.[1]

Im Jahr 1216, als Innozenz III. gestorben und sein Nachfolger Honorius III. zum Papst erhoben war, begann Friedrich, seine eigenen Interessen zu vertreten. Sein oberstes Ziel war die Kaiserwürde, die nur mit päpstlicher Beteiligung zu erlangen war; gleichzeitig war er nicht bereit, auf die Kontrolle über Sizilien zu verzichten. Um den Papst von den zweifelhaften Vorteilen dieses Planes zu überzeugen, benutzte er sein Kreuzzugsgelübde als Druckmittel und erklärte, dass er sich dem Kreuzzug erst anschließen werde, wenn er zum Kaiser gesalbt war. Das führte zu langwierigen, heiklen Verhandlungen, und die Perspektive von Friedrichs Teilnahme hing teils verheißungsvoll, teils lähmend über dem fünften Kreuzzug.

Der fünfte Kreuzzug

Friedrich II. und Papst Honorius befanden sich noch mitten in ihren Verhandlungen, als die ersten Kontingente von Kreuzfahrertruppen aus Österreich und Ungarn in Palästina eintrafen. Im Jahr 1217 unternahmen die Lateiner drei ergebnislose Ausfälle in ajjubidisches Territorium, doch waren diese frühen Täuschungsmanöver lediglich Vorläufer für die Hauptaktion. Als im Sommer 1217 Kreuzfahrer aus Friesland und aus deutschen Landen eintrafen, unter ihnen der Prediger und Gelehrte Oliver von Paderborn, waren alle Voraussetzungen für einen großen Angriff gegeben. Johann von Brienne, der jetzt den Titel eines Königs von Jerusalem für sich beanspruchte, die Ritterorden, die fränkischen Barone aus der Levante und Jakob von Vitry, der Bischof von Akkon, alle schlossen sich der Unternehmung an. Im Jahr 1218 waren die Teilnehmer des fünften Kreuzzugs bereit, ihr Augenmerk auf ein neues Ziel zu richten.

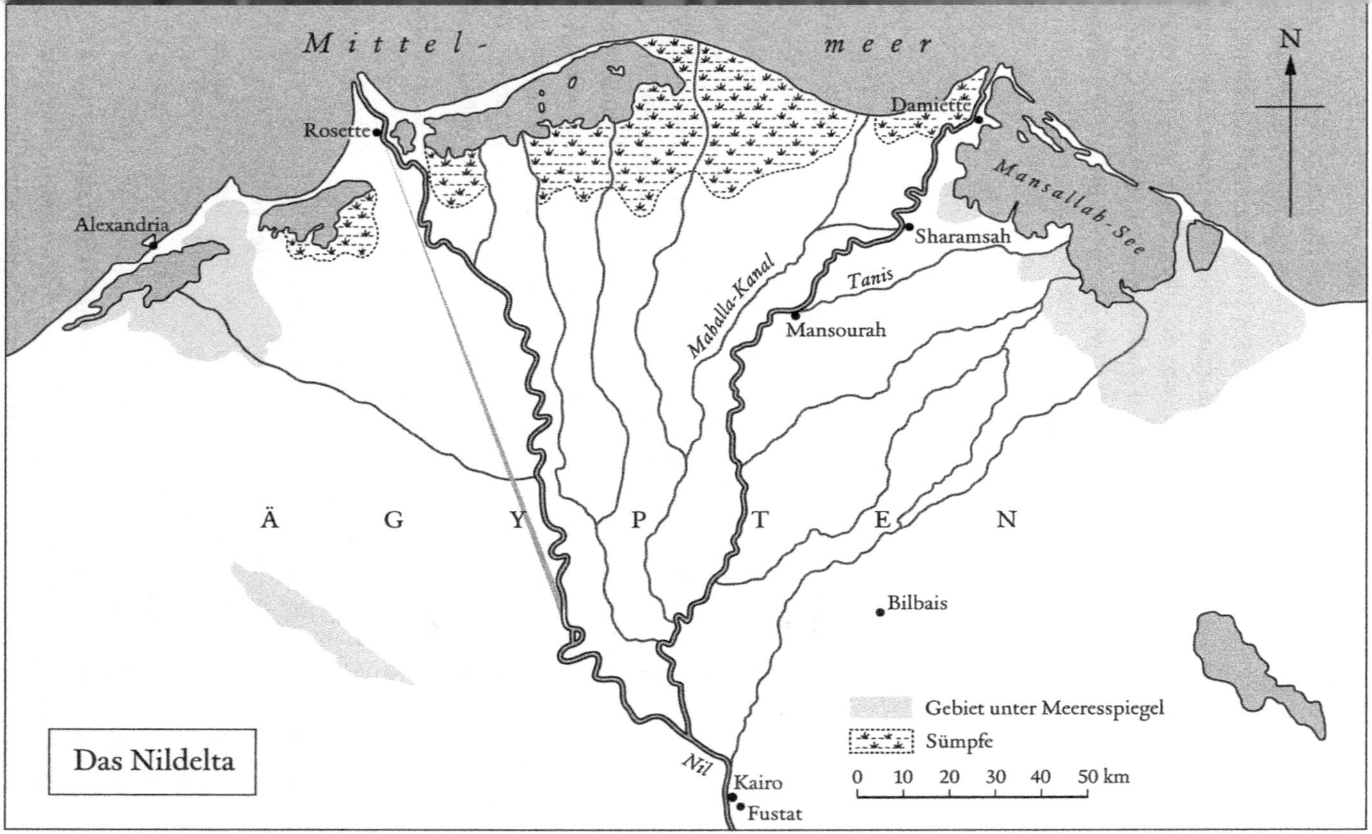
Mittel- meer
N
Rosette
Alexandria
Damiette
Mansallah-See
Sharamsah
Tanis
Mahalla-Kanal
Mansourah
ÄGYPTEN
Bilbais
Nil
Kairo
Fustat
Gebiet unter Meeresspiegel
Sümpfe
0 10 20 30 40 50 km
Das Nildelta

Das erklärte Ziel des Kreuzzugs war nach wie vor die Zurückeroberung Jerusalems aus den Händen des Ajjubiden-Sultans al-Adil, doch beschlossen die Franken, sich zunächst nicht gegen das muslimische Palästina in Marsch zu setzen. Stattdessen, so Jakob von Vitry, »planten wir, nach Ägypten zu ziehen; es ist ein fruchtbares Land und das reichste im Orient, von dort beziehen die Sarazenen die Macht und die Mittel, die sie befähigten, unser Land zu besetzen, und nachdem wir uns jenes Landes bemächtigt haben, können wir leicht das gesamte Königreich Jerusalem wieder einnehmen«. Diese Strategie erinnert an die Pläne Richards I. Löwenherz aus den frühen 1190er-Jahren, und nach Angaben einiger Anführer des vierten Kreuzzugs hatte es auch damals – bevor der Kreuzzug nach Konstantinopel umgeleitet worden war – die Absicht gegeben, die Nilregion anzugreifen. Wahrscheinlich war ein Angriff auf Ägypten von Anfang an Bestandteil der Kreuzzugspläne Innozenz' III.[2]

Das erste Ziel der Christen war die Stadt Damiette, ungefähr 150 Kilometer nördlich von Kairo – ein Vorposten, den Oliver von Paderborn als »den Schlüssel zu ganz Ägypten« bezeichnete. Die Kreuzfahrer erreichten im Mai 1218 zu Schiff die Küste Nordafrikas und landeten an der Westseite eines großen Nilarms, wo dieser ins Mittelmeer mündete. Die wehrhaft befestigte Stadt Damiette lag ein kurzes Stück landeinwärts, zwischen dem Ostufer des Nil und einem großen Binnengewässer, dem Mansallah-See. Nach Olivers Beschreibung war die Stadt durch eine dreifache Festungsmauer geschützt; hinter der ersten Mauer befand sich ein breiter, tiefer Ringgraben, und die zweite Mauer war durch einen Kreis von 28 Türmen verstärkt.

Nachdem Johann von Brienne zum Befehlshaber gewählt worden war, schlugen die Kreuzfahrer ihr Lager am Westufer, gegenüber der Stadt, auf. Gleichzeitig brach al-Adils Sohn al-Kamil, der Emir von Ägypten, von Kairo aus in Richtung Norden auf und stellte seine Truppen als Bewachung für Damiette an der Ostseite des Nil auf. Die erste Aufgabe der Franken bestand darin, freien Zugang zum Fluss zu gewinnen. Ihr Weg war blockiert durch eine stabile Kette, die zwischen der Stadt und einer mitten im Nil gelegenen befestigten Insel, dem sogenannten Kettenturm, gespannt war.

Diese Kette machte es Schiffen unmöglich, stromaufwärts zu segeln (der Bereich des Nil zwischen Turm und Westufer war stark versandet, also unpassierbar). Im Verlauf des Sommers unternahmen die

Kreuzfahrer mehrere fruchtlose Versuche, diesen Außenposten einzunehmen, wobei sie Feuerschiffe und Bombardements einsetzten. Dann konstruierte der erfindungsreiche Oliver von Paderborn einen genialen Belagerungs-»Turm« aus zwei Schiffen, die mit Zugbrücken durch ein Flaschenzugsystem gelenkt werden konnten – er beschrieb die Konstruktion als »eine Vorrichtung aus Holz; nie zuvor wurde dergleichen zu Wasser eingesetzt« –, und die Franken benutzten diese schwimmende Festung, um am 24. August 1218 einen erfolgreichen Angriff durchzuführen. Sie schnitten die Kette durch und gewannen Zugang zum Fluss.

Die Überlegenheit der Franken in jenem Sommer war offensichtlich. Ihr Angriff auf Ägypten hatte al-Adil nicht nur überrascht, er fiel auch in die gleiche Zeit wie ein störender, wenn auch letztlich unwirksamer Versuch von Saladins exiliertem Sohn al-Afdal, mit der Hilfe von Seldschuken aus Anatolien die Herrschaft über Aleppo an sich zu reißen. Al-Adil hatte den Sommer damit zubringen müssen, die Verhältnisse in Syrien wieder zu ordnen, und auf dem Rückmarsch nach Ägypten wurde er krank und starb am 31. August. Als die Kreuzfahrer von seinem Tod erfuhren, glaubten sie, der Schreck über ihren jüngsten Erfolg am Kettenturm hätte ihn umgebracht, und Oliver folgerte aufgeräumt, dass der verblichene Sultan »in der Hölle begraben« werde. Al-Adil war ein großer Kämpfer für die Sache der Ajjubiden gewesen. Sein Tod schwächte den Islam zwar, aber er führte nicht zu einem Zusammenbruch des muslimischen Widerstands. Al-Kamil war durchaus imstande, die Lücke auszufüllen, die sein Vater hinterlassen hatte – die einzige Frage war, ob die Brüder al-Kamils, al-Muazzam in Damaskus und al-Ashraf in der Dschazira, ihn unterstützen würden. Wenn nicht, musste al-Kamil sich entscheiden, wo seine Prioritäten lagen: in der Abwehr der Kreuzfahrer oder in der Sicherung seiner Macht innerhalb des ajjubidischen Reiches.[3]

Kardinal Pelagius

Die Vormachtstellung der Kreuzfahrer im Spätsommer des Jahres 1218 geriet allerdings schnell ins Wanken. Zum Teil lag das an der neuen Organisation des Kreuzzugs. Aufgrund der administrativen und finanziellen Reformen, die Papst Innozenz III. eingeführt hatte, war das ganze Unternehmen relativ solide finanziert und wurde ständig von einer großen Flotte unterstützt und begleitet. Das bot den Kreuzfahrern die Möglichkeit, ohne größere Umwege nach Europa zurückzukehren, während ja auch immer wieder neue Truppenkontingente aus dem Westen eintrafen, um sie zu ersetzen. Auf den ersten Blick scheint das eine vernünftige Regelung gewesen zu sein, wodurch die Unternehmung durch ständigen Nachschub an ausgeruhten Kräften immer wieder regeneriert werden konnte, aber in Wirklichkeit wirkte sie sich auf die Befindlichkeit der Franken, die an der Front zurückblieben, eher ungünstig aus und erschwerte die Entstehung von freundschaftlichen und familiären Beziehungen unter den Kreuzfahrern, die für die früheren Unternehmungen so wichtig gewesen waren.

Mit dem Kommen und Gehen lateinischer Truppen wechselten auch die Befehlshaber und die von ihnen vertretenen Strategien. Im Spätsommer 1218 brachen sehr viele deutsche und friesische Kreuzfahrer wieder in die Heimat auf. Gleichzeitig traf der spanische Kleriker Pelagius, Kardinal von Albano, im Lager der Kreuzfahrer ein; mit ihm kamen Truppen aus Frankreich, England und Italien. Pelagius, ein energischer, sturer Charakter, stieß als päpstlicher Legat zur Belagerung von Damiette mit der festen Absicht, die Vorstellung Innozenz' III. von einem Kreuzzug unter kirchlicher Führung umzusetzen. Einige moderne Historikerinnen und Historiker stellten dem Kardinal ein vernichtendes Zeugnis aus; in einer Untersuchung heißt es sogar, er sei »hoffnungslos kurzsichtig [und] ungewöhnlich halsstarrig« gewesen. Außerdem habe er sofort den Oberbefehl über den gesamten fünften Kreuzzug an sich gerissen. Das ist beides nicht ganz zutreffend. In Wirklichkeit nahmen Autorität und Einfluss des Pelagius nur allmählich zu, und zumindest zu Beginn kooperierte er noch erfolgreich mit anderen führenden Aristokraten wie Johann von Brienne. Die Anwesenheit eines hohen Würdenträgers der Kirche ließ außerdem unter den Kreuzfahrern ein neues Gefühl religiöser Hingabe aufkommen und hob die Moral und die seelische Verfassung. Das sollte in den bevorstehenden Strapazen eine wichtige Rolle spielen.

In den Monaten nach Pelagius' Ankunft mussten die Lateiner eine Mühsal auf sich nehmen, die schon einigen Kreuzfahrertruppen vor ihnen schwer zu schaffen gemacht hatte: eine Belagerung im Winter. Zusammengedrängt am Westufer des Nil, gegenüber der Stadt Damiette, hatten sie schreckliche Qualen durchzustehen. In der Nacht des 29. November bewirkten Wirbelstürme auf dem Meer, dass sich die

Wellen bis ins fränkische Lager ergossen; beim Aufwachen fanden die Kreuzfahrer Fische in ihren Zelten. Die schlechte Ernährung führte zum Ausbruch von Skorbut. Oliver von Paderborn beschrieb, wie bei den Befallenen »absterbendes Fleisch Zähne und Zahnfleisch überdeckte«, sodass sie »nicht mehr kauen konnten, und an den Schienbeinen verursachte es schreckliche schwarze Flecken«. Jakob von Vitry erinnerte sich an Kreuzfahrer, die an dieser auszehrenden Krankheit litten und in ein tödliches Koma fielen, »als würden sie einschlafen«. Es hieß, alle Christen hätten den Anblick von Sand nicht mehr ertragen können und nach grünen Wiesen gelechzt. Natürlich litten auch die Bewohner von Damiette sowie al-Kamil in seinem Lager im Süden. Anfang 1219 wurde er gezwungen, nach Kairo zurückzukehren, um einer Verschwörung zuvorzukommen, aber sein Bruder al-Muazzam eilte ihm zu Hilfe, und die Gefahr wurde abgewendet. Al-Kamil kehrte zum Ort der Belagerung zurück, bevor die Franken ihren Vorteil nutzen konnten.[4]

Stillstand

Die ersten acht Monate des Jahres 1219 brachten keine neue Entwicklung. Die Kreuzfahrer hatten zwar dafür gesorgt, dass ihre Seite des Nil ausreichend befestigt war, um vor einem Angriff sicher zu sein, doch es fehlten ihnen die Truppen und die Mittel, um entweder die Verteidiger von Damiette zu besiegen oder al-Kamil zu vertreiben. Ihre Lage verschlechterte sich noch, als ein weiteres Truppenkontingent im Mai nach Europa zurückkehrte. Während dieser ganzen Zeit richteten sich alle Hoffnungen auf die baldige Ankunft Friedrichs II. Sämtliche Kreuzfahrer und auch Pelagius rechneten damit, dass der Staufer an der Spitze eines riesigen, unbezwinglichen Heeres eintreffen werde, das den gesamten ajjubidischen Widerstand zu Staub zermalmen würde. Allerdings war Friedrich nach wie vor in Europa und stritt sich mit dem Papst wegen seiner Krönung, und schließlich traf die Nachricht in Ägypten ein, dass er frühestens im März 1220 zum Kreuzzug stoßen würde. Jakob von Vitry beschrieb die Reaktion der Kreuzfahrer: »Die meisten unserer Männer ergriff tiefe Verzweiflung.«[5]

In diese Zeit fiel der Besuch einer der seltsamsten Gestalten, die je an den Schauplätzen der Kreuzzugskriege aufgetaucht waren. Im Sommer 1219 traf der allseits verehrte lebende Heilige Franz von Assisi im Lager der Christen ein, Bettelmönch und Verfechter konsequenter Armut und von einer visionären Religiosität. Er hatte sich in den zerlumpten Kleidern eines heiligen Mannes auf den Weg nach Ägypten gemacht und hoffte, der Welt Frieden zu bringen (und dem Kreuzzug zum Erfolg zu verhelfen), indem er die Muslime zum Christentum bekehrte. Er überquerte die feindlichen Linien in der Funktion eines Unterhändlers und bat die befremdeten ägyptischen Soldaten, ihn zu al-Kamil zu bringen. Sie hielten ihn für einen verrückten, aber harmlosen Bettler und taten, was er von ihnen verlangte. In dem bizarren Zusammentreffen, das sich nun anschloss, lehnte al-Kamil höflich das Angebot Franziskus' ab, die Macht des christlichen Gottes dadurch zu beweisen, dass er durch Feuer ging, und der Heilige kehrte unverrichteter Dinge nach Hause zurück.

Trotz dieses bemerkenswerten Zwischenspiels zog sich die Belagerung weiter hin, und der Spätsommer brachte weitere Strapazen mit sich. Der Erfolg der Ernte in Ägypten war seit jeher von der Höhe der jährlichen Nilschwemme abhängig. In jenem Jahr war der Fluss in vielen Gebieten nicht über seine Ufer getreten, was zu unerhörter Teuerung beim Getreide und zu Hungersnöten führte. Im September musste al-Kamil einsehen, dass die erschöpfte Garnison von Damiette am Rand des Zusammenbruchs stand; daher bot er den Kreuzfahrern Friedensverhandlungen an. Als Gegenleistung für ein Ende der Belagerung versprach er, Jerusalem und fast ganz Palästina an die Franken zurückzugeben; möglicherweise stellte er auch die Rückgabe des Wahren Kreuzes in Aussicht. Die Festungen Kerak und Montreal in Transjordanien sollten in ajjubidischer Hand bleiben, doch die Muslime wollten dafür einen beträchtlichen jährlichen Tribut entrichten.

Dieses außerordentliche Angebot bestätigte, dass die eigentlichen Prioritäten der Ajjubiden in Ägypten und Syrien lagen und nicht in Palästina. Der Vorschlag schien ganz dazu angetan zu sein, das Heilige Land wieder dem Regiment der Christen zu unterstellen und dem Königreich Jerusalem und ganz Outremer neues Leben einzuhauchen. An diesem kritischen Wendepunkt aber wurden die ersten klaren Anzeichen von Uneinigkeit unter den Anführern des Feldzugs sichtbar. Johann von Brienne und der Deutsche Orden sprachen sich ebenso wie viele Kreuzfahrer nachdrücklich für diese Lösung aus. Letztendlich aber setzte sich die Ansicht des Kardinals Pelagius durch, der von den Templern, den Johannitern und den Venezianern unterstützt wurde, und das Angebot al-Kamils wurde abgelehnt. Es wurden berechtigte

Bedenken vorgetragen, dass ein fränkisches Königreich ohne seine transjordanischen Festungen nur noch schlecht zu verteidigen war – obwohl realistischerweise zugegeben werden musste, dass Kerak und Montreal genau die gleiche Bedeutung für al-Kamil hatten: die Aufrechterhaltung sicherer Verkehrsverbindungen zwischen Ägypten und Damaskus. Bei den Venezianern kam wohl noch dazu, dass sie mehr Interesse am kommerziellen Potenzial von Damiette als an der Zurückgewinnung Jerusalems hatten. Den Ausschlag bei der Entscheidung des Kardinals gab wohl die feste Überzeugung, Friedrich II. werde bald eintreffen, und man könne dadurch noch größere und deutlichere Vorteile erzielen.

Nach dem Ende der Verhandlungen brachte das Ende des Sommers eine weitere störende Runde von Aufbrüchen und Neuankünften im Kreuzfahrerheer mit sich. Anfang November 1219 unternahm al-Kamil mit einer größeren Offensive einen letzten Versuch, die Franken zu vertreiben, aber seine Truppen wurden zurückgeschlagen. Die Bevölkerung von Damiette war mittlerweile in einem verzweifelten Zustand. In der Nacht des 5. November bemerkten einige italienische Kreuzfahrer, dass einer der teilweise zerstörten Türme der Stadt unbesetzt war. Sie begaben sich mit einer Sturmleiter schnell zu den Mauern, stiegen hinauf und forderten kurz danach weitere Männer auf, ihnen zu folgen. Innerhalb der Stadtmauern bot sich den Lateinern ein entsetzlicher Anblick. Oliver beschrieb, dass »die Straßen übersät waren mit den Toten, die an Seuchen gestorben und verhungert waren«; bei der Durchsuchung der Häuser stießen die Franken auf entkräftete Muslime, die neben Leichen in ihren Betten lagen. Die 18 Monate anhaltende Belagerung der Kreuzfahrer hatte von den Verteidigern einen schrecklichen Tribut gefordert – Zehntausende waren umgekommen. Dennoch feierten die Franken den lang ersehnten Erfolg und erbeuteten große Mengen Gold, Silber und Seide. Jakob von Vitry beaufsichtigte währenddessen die sofortige Taufe der überlebenden muslimischen Kinder.[6]

Sobald al-Kamil von der Einnahme erfuhr, zog er sich eilig am Nil entlang 60 Kilometer südlich nach Mansourah zurück. Er hatte nun mehr als genug Zeit, seine Verteidigungstruppen aufzustellen, weil Unschlüssigkeit den fünften Kreuzzug so unmittelbar nach seinem großen Erfolg lähmte. Der erste strittige Punkt war Damiette selbst. Johann von Brienne erhob Anspruch darauf, er ließ später sogar Münzen prägen, die sein Recht auf die Stadt unterstrichen, doch Pelagius forderte Damiette (und den Löwenanteil der Beute) für das Papsttum und Friedrich II. ein. Man konnte sich schließlich auf einen vorläufigen Kompromiss einigen, und Johann durfte die Stadt bis zum Eintreffen des deutschen Königs behalten.

Noch umstrittener war die Frage nach dem weiteren Vorgehen. Der Angriff auf Damiette war nur Mittel zum Zweck gewesen, und nun folgten erbitterte Auseinandersetzungen über die nächsten Schritte. Sollte die Stadt als Bestandteil im Rahmen von Verhandlungen benutzt werden, mit denen die Rückgabe des Heiligen Landes zu noch günstigeren Bedingungen zu erzielen war, als sie bereits angeboten worden waren? Oder sollte der fünfte Kreuzzug sich zu einem ausgedehnten Angriff auf ganz Ägypten aufmachen, nilaufwärts marschieren, al-Kamil überwältigen und Kairo erobern?

Der Griff nach dem Sieg

In einem bislang ungekannten Zustand beklagenswerter Unentschlossenheit verbrachten die Teilnehmer des fünften Kreuzzugs die nächsten 18 Monate in ihrem Lager bei Damiette und erwogen diese Fragen – ständig heimgesucht von der Vorstellung, Friedrich II. werde bald eintreffen. Johann von Brienne verließ Ägypten, unter anderem weil er Anspruch auf die Krone des kilikischen Armenien erheben wollte, nachdem König Leon I. gestorben war, aber auch, um die Verteidigung Palästinas gegen neuerliche Angriffe al-Muazzams zu organisieren. Als er jedoch auch nach Monaten noch nicht zurückgekehrt war, erntete Johann herbe Kritik vonseiten der Kreuzfahrer.

In Damiette übernahm Pelagius unterdessen die alleinige Befehlsgewalt über die verbleibenden fränkischen Truppen und tat sein Bestes, die Disziplin aufrechtzuerhalten. Irgendwann um diese Zeit ließ der Kardinal ein mysteriöses arabisches Buch, das den Kreuzfahrern angeblich von syrischen Christen überlassen worden war, übersetzen und den Kreuzfahrern vorlesen. Es soll sich um eine Sammlung von im 9. Jahrhundert niedergeschriebenen Prophezeiungen gehandelt haben, die sich auf Offenbarungen des Apostels Petrus beriefen. Das Buch schien die Ereignisse des dritten Kreuzzugs »vorherzusagen«, so auch die Eroberung von Damiette. Außerdem wurde darin verheißen, dass der fünfte Kreuzzug unter der Führung eines »großen Königs aus dem Westen« siegreich enden werde. Die ganze Episode mutet fantastisch an, doch Oliver von Paderborn und Jakob von Vitry nahmen die »Prophezeiungen« des Buches sehr ernst. Sicher hat Pelagius die Voraussagen dazu benutzt, seine fortgesetzte Weigerung zu rechtfertigen, mit den Ajjubiden zu verhandeln, sowie die hartnäckige Geduld, mit der er die Ankunft Friedrichs II. erwartete.[7]

Schließlich, am 22. November 1220, gab Papst Honorius III. Friedrichs Forderungen nach und salbte ihn zum Kaiser des Heiligen Römischen Reiches. Als Gegenleistung erneuerte Friedrich sein Kreuzzugsgelübde. Zum Frühlingsanfang 1221 schien nun dem fünften Kreuzzug tatsächlich ein neuer Morgen zu dämmern. Im Mai traf ein erster Schub staufischer Kreuzritter unter dem Kommando Ludwigs von Baiern ein, und ermutigt von dieser Verstärkung entschloss sich Pelagius nun endlich, in den Süden vorzustoßen und al-Kamils mittlerweile solide befestigtes Lager bei Mansourah anzugreifen. Fatalerweise wurde dieser Plan nur höchst stümperhaft umgesetzt. Die Entscheidung war zwar gefallen, aber das veranlasste die Christen durchaus nicht zu sofortigem Handeln; der Vormarsch begann vielmehr erst am 6. Juli 1221. Am nächsten Tag kehrte Johann von Brienne nach Ägypten zurück und schloss sich den Truppen des Pelagius und Ludwigs an. Ein Teil der Kreuzfahrer wurde zur Verteidigung von Damiette zurückgelassen, doch die Lateiner verfügten auch dann noch über immerhin rund 1200 Ritter, ungefähr 4000 Bogenschützen und zahlreiche Fußsoldaten. Außerdem wurde der Marsch in den Süden am Ostufer des Nil von einer umfangreichen Flotte begleitet.

Das Problem bestand darin, dass Pelagius kaum Kenntnis von dem Gebiet um Mansourah hatte und offenbar völlig ahnungslos war, was die Strömungsverhältnisse im Nildelta betraf. Ganz anders al-Kamil: Er hatte den Standort für sein neues Lager mit großer Umsicht gewählt. Es lag unmittelbar südlich der Abzweigung eines Nebenflusses, des in den Mansallah-See mündenden Tanis, und war praktisch uneinnehmbar. Außerdem wäre jedes angreifende Heer zwischen zwei Wasserläufen eingeschlossen gewesen. Die jährliche Nilschwemme stand ebenfalls unmittelbar bevor. Wenn die Kreuzfahrer sich also weiterhin so schleppend vorwärtsbewegten, dann würde ihr Angriff nicht von muslimischen Schwertern, sondern von den unaufhaltsamen Fluten des großen Flusses aufgehalten.

Vielleicht zielte al-Kamil genau auf eine solche Verzögerung, als er nun sein Friedensangebot zu denselben Bedingungen wiederholte, die er bereits im Jahr 1219 vorgetragen hatte. Ein Aufschub der Feindseligkeiten wäre ihm auch deshalb gelegen gekommen, weil er dringend die Ankunft von Verstärkungstruppen unter al-Ashraf und al-Muazzam erwartete. Doch trotz Meinungsverschiedenheiten – und Warnungen vonseiten der Templer und Johanniter wegen der zunehmenden Konzentration ajjubidischer Streitkräfte in Ägypten – verweigerte sich Pelagius den Verhandlungen erneut, und die Kreuzfahrer setzten ihren Marsch fort. Ob al-Kamil sich in diesem späten Stadium tatsächlich auf irgendwelche Verhandlungen eingelassen hätte, ist nicht mehr festzustellen.

Um den 24. Juli kamen die Franken bei der Siedlung Sharamsah an, sie waren jetzt nur noch wenige Tagesmärsche von Mansourah entfernt. Bei Sharamsah schlugen sie einen Angriff der Muslime zurück, was offenbar die Stimmung der Truppe merklich hob. Da aber die Nilschwemme unmittelbar bevorstand, riet Johann von Brienne zu einem sofortigen Rückzug nach Damiette. Sein Rat wurde von Pelagius abgeschmettert, der nun offenbar völlig überzeugt war, dass die Lateiner vor einem entscheidenden Sieg standen. In Wirklichkeit aber marschierten sie in eine sorgfältig vorbereitete Falle.

Bei ihrem Weitermarsch in Richtung Süden passierten die Franken achtlos einen kleinen Nebenfluss, der aus westlicher Richtung in den Nil mündete. Das war ein verhängnisvoller Fehler. Bei dem scheinbar harmlosen »Nebenfluss« handelte es sich um den Mahalla-Kanal, einen Wasserlauf, der sich einige Kilometer weiter südlich wieder mit dem Nil vereinigte. Als das Kreuzfahrerheer an der Mündung vorübergezogen war, schickte al-Kamil ein paar seiner eigenen Schiffe den Kanal hinauf und dann in den Nil, um jegliche Rückzugsbemühungen zu vereiteln. Al-Kamil ging sogar so weit, vier seiner eigenen Schiffe zu versenken, damit der Fluss nicht mehr passiert werden konnte. Um den 10. August bezogen die Christen ihre Stellung vor Mansourah, in der Gabelung zwischen dem Nil und dem Tanis. Ungefähr zur selben Zeit trafen al-Ashraf und al-Muazzam in Ägypten ein und zogen mit ihren Truppen Richtung Nordosten, womit sie jeglichen Rückzugsweg zu Land abschnitten. Kurz darauf setzte die Überschwemmung ein.

Die Stellung der Kreuzfahrer war nicht mehr lange zu halten. Mit dem Steigen der Wasser wurde die Flotte unmanövrierbar, und einige überladene Schiffe begannen zu sinken. Eine Zeit lang wurde erwogen, ein befestigtes Lager aufzuschlagen und auf Verstärkung zu warten, doch am Abend des 26. August war die Lage so verzweifelt, dass es zu einem überstürzten chaotischen Rückzug kam, nur die Templer in der Nachhut bewahrten noch einen Rest an Disziplin. Nun befahl al-Kamil, die Deichtore zu öffnen, was dazu führte, dass die Felder überschwemmt und seine Feinde noch mehr isoliert wurden – das Terrain war so stark überflutet, dass die Franken bis zu den Hüften im Wasser wateten. Nachdem sie einen fürchterlichen Tag lang versucht hatten, sich in Richtung Norden fortzuschleppen, musste Pelagius eingestehen, dass ihre Stellung nicht mehr zu halten war, und bat am 28. August 1221 um Friedensverhandlungen.

Zweimal war ihm Jerusalem angeboten worden. Nun mussten er wie auch die anderen Anführer des Kreuzzugsheers sich mit einer vernichtenden Niederlage abfinden. Al-Kamil behandelte die Franken mit ausgesuchtem Respekt – er wollte die ganze leidige Angelegenheit zu einem schnellen Ende bringen, damit er sich endlich der Sicherung seiner Herrschaft über Ägypten zuwenden konnte –; dennoch verlangte er die sofortige Rückgabe Damiettes und die Freilassung sämtlicher muslimischer Gefangener. Das einzige Zugeständnis an die Franken sah vor, dass der achtjährige Friedensvertrag zwischen den lateinischen Christen und den Ajjubiden sich nicht auf den kürzlich gesalbten Kaiser Friedrich II. beziehen sollte. Am 8. September zog al-Kamil in Damiette ein, er reklamierte für sich die Herrschaft über die Nilregion, und in den Wochen danach verließen die Franken Ägypten mit leeren Händen.

Der Kreuzzug Friedrichs II.

Diese für die Teilnehmer des fünften Kreuzzugs vernichtende Schicksalswende löste in der gesamten lateinischen Christenheit in den frühen 1220er-Jahren heftige Kritik aus. Dem Kardinal warf man Unfähigkeit und Dummheit in der Heerführung vor – einige Kritiker sahen in seinem Scheitern in Ägypten lediglich ein Symptom dafür, dass schon die Vorstellung eines von der Kirche selbst geführten Kreuzzugs, wie sie Papst Innozenz III. vorgeschwebt hatte, prinzipiell verfehlt war. Johann von Brienne wurde dafür getadelt, dass er seine Rolle als Oberbefehlshaber im Feld vernachlässigt und zugelassen hatte, dass der Kreuzzug im Jahr 1220 und danach tatenlos bei Damiette feststeckte. Die schwersten Vorwürfe wurden allerdings gegen Friedrich II. erhoben, den großen Kaiser, der trotz all seiner Versprechen nie in Nordafrika eingetroffen war. Sogar im Jahr 1221 hatte er seinen Aufbruch noch einmal verschoben; politische Unruhen in Sizilien hielten ihn auf, und im Spätsommer, nach der Katastrophe am Nil und dem Ende des Kreuzzugs, war es zu spät, um noch etwas zu unternehmen.[8]

Friedrich hatte deutlich zu erkennen gegeben, dass er zunächst und vor allem sein Reich verteidigen, festigen und ausweiten wolle. Für einen mittelalterlichen Monarchen war dies nichts Ungewöhnliches. Dieselben Zwänge königlicher Herrschaftssicherung hatten die Kreuzfahrerlaufbahn Heinrichs II. und Richards I. von England und auch diejenige Philipp Augusts von Frankreich bestimmt. Im Grunde hatten aus einem gewissen Blickwinkel Friedrichs Engagement und sein entschiedener Ehrgeiz durchaus ihr Gutes. In der Zeit nach dem fünften Kreuzzug jedoch geriet der neue Kaiser immer mehr unter Druck, seine Gelübde einzulösen und sich am Krieg um das Heilige Land zu beteiligen. Zum Teil ging dieser Druck von der Öffentlichkeit aus, am stärksten jedoch vom Papsttum. Honorius III. war verzweifelt bemüht, ein neues Unternehmen zur Wiedereroberung Jerusalems zu organisieren und sein eigenes Schuldbewusstsein zu beschwichtigen, das ihn wegen des trostlosen Ausgangs der Ereignisse bei Damiette plagte. Zudem war ihm klar, dass Friedrich den Kirchenstaat und damit die Souveränität des Papsttums nun von Süden und von Norden her bedrohte. Im Kreuzzug sah er ein nützliches Mittel, diesen potenziellen Gegner in Schach zu halten.

Stupor mundi

Kaiser Friedrich II. gehört zu den umstrittensten Gestalten des gesamten Mittelalters. Im 13. Jahrhundert wurde er von Anhängern als *stupor mundi* (das Erstaunen der Welt) gepriesen, seine Gegner jedoch verdammten ihn als die »Bestie der Apokalypse«; und noch heute lebt unter Historikerinnen und Historikern die Auseinandersetzung weiter, ob er nun ein tyrannischer Despot oder aber ein visionäres Genie war, ein erster Vorläufer der Renaissanceherrscher. Friedrichs äußere Erscheinung – untersetzt, zur Kahlköpfigkeit neigend und kurzsichtig – hatte wenig Einnehmendes. In den 1220er-Jahren jedoch war er der mächtigste Herrscher der christlichen Welt: Römisch-deutscher Kaiser und König von Sizilien.

Immer wieder wird die Meinung vertreten, Friedrich habe ein besonders aufgeklärtes Verhältnis zu Herrschaft, Religion und Philosophie gehabt, mit dem er seiner Zeit weit voraus war, und diese seine revolutionär neue Sicht der Dinge habe er in die Kreuzzugsbewegung eingebracht, womit er den »heiligen Krieg« und das Schicksal Outremers mit einer einzigen Geste seiner mächtigen Hand umgestaltet habe. In Wirklichkeit war Friedrich nicht ganz so radikal, weder als Monarch noch als Kreuzfahrer. Er wuchs in Sizilien auf, einem Land, in dem auch eine arabische Bevölkerung lebte und Kontakte zu Musliminnen und Muslimen eine Selbstverständlichkeit waren. Friedrich war also mit dem Islam vertraut: Er sprach Arabisch, bediente sich einer ihm treu ergebenen Gruppe muslimischer Leibwächter und verfügte sogar über einen Harem. Außerdem war er sehr wissbegierig, interessierte sich für die Wissenschaften und war ein leidenschaftlicher Anhänger der Jagd mit Falken. Mit seinem kulturell so aufgeschlossenen Hof stand er allerdings durchaus nicht allein. Die christlichen Könige von Kastilien waren in dieser Zeit für muslimischen Einfluss wohl noch empfänglicher. Und Friedrich war in seiner Haltung zum Glauben und zum christlichen Dogma durchaus nicht nur tolerant: So unterdrückte er zwischen 1222 und 1224 gewaltsam einen arabischen Aufstand in Sizilien und verfolgte Andersgläubige in seinem eigenen Reich.

Zeitgenössische und moderne Kritik hat außerdem bemängelt, dass der neue staufische Kaiser am »heiligen Krieg« offenbar wenig interessiert war. Doch obwohl er am fünften Kreuzzug nicht teilnahm, sollte er zu gegebener Zeit unter Beweis stellen, dass er von ehrlichem Eifer für die Kreuzzugsidee erfüllt war. Sein Engagement im Kampf um die Herrschaft über das Heilige Land war jedoch geprägt von der festen Überzeugung, dass es ihm bestimmt war, seine kaiserliche Autorität über die gesamte Christenheit auszudehnen. Indem Friedrich sich an die Spitze eines Kreuzzugs setzte, wollte er also einerseits dem gerecht werden, was er für die natürliche Pflicht eines christlichen Kaisers hielt, und andererseits sein als ebenso natürlich betrachtetes Recht ausüben, die Heilige Stadt Jerusalem zurückzuerobern und zu beherrschen.[9]

Kaiserlicher Kreuzfahrer, König von Jerusalem

Mitte der 1220er-Jahre versuchte Papst Honorius immer wieder, Friedrich zu einem neuen Kreuzzugsgelübde zu verpflichten. Ursprünglich sollte das Heer im Jahr 1225 aufbrechen, doch im März 1224 bat der Kaiser wegen der anhaltenden Unruhen in Sizilien um weiteren Aufschub. Die Geduld des Papstes war nun fast erschöpft, als im Juni 1225 im nordwestitalienischen San Germano eine neue Vereinbarung festgeschrieben wurde. Der Vertrag enthielt mehrere bindende Klauseln: Friedrich sollte ein Heer aus 1000 Rittern aufstellen und zusichern, im Heiligen Land zwei Jahre lang für sie aufzukommen; zusätzlich sollte er 150 Schiffe bereitstellen, um die Kreuzfahrer in den Osten zu bringen, und dem Großmeister des Deutschen Ordens Hermann von Salza (einem treuen Verbündeten der Staufer) 100 000 Unzen Gold aushändigen. Ganz entscheidend war das Versprechen des Kaisers, um den 15. August 1227 zum Kreuzzug aufzubrechen; bei Zuwiderhandeln drohte ihm die Exkommunikation. Friedrich erklärte sich mit diesen Bedingungen teilweise deswegen einverstanden, weil er selbst bereit und willens war, einen Feldzug in den Orient zu unternehmen, aber auch, weil er innerhalb des staufischen Königreichs für eine Kreuzzugssteuer Unterstützung gewinnen wollte – eine Abgabe, die alles andere als populär war, weil viele befürchteten, die Erträge würden früher oder später in der kaiserlichen Schatztruhe enden. Mit seiner Zustimmung zum Vertrag von San Germano machte Friedrich unmissverständlich klar, dass er diesmal seine Gelübde zu erfüllen gedachte. Das gewann ihm die Unterstützung seiner Untergebenen, doch war er dadurch gleichzeitig an einen gefährlich engen Zeitplan gebunden.

Zu dieser Zeit hatte der Kaiser schon begonnen, seinen Zug in den Vorderen Orient durch diplomatische Schritte vorzubereiten. Er knüpfte Kontakte mit zwei Herrschern in der Levante, Johann von Brienne und al-Kamil, die offenbar beide annahmen, sie könnten Friedrich für ihre eigenen Pläne einspannen. Allerdings hatten sie nicht mit einem derart versierten Politiker und Verhandlungsführer gerechnet, einem Mann mit der bemerkenswerten Fähigkeit, Pragmatismus und energisches Vorgehen zu verbinden. In den frühen 1220er-Jahren beanspruchte Johann von Brienne nach wie vor aufgrund seines Amtes als Regent für seine Tochter Isabella II. den Titel »König von Jerusalem«, befand sich wegen der Anerkennung seiner Rechtmäßigkeit jedoch ständig in erbitterten

Auseinandersetzungen mit den fränkischen Baronen Outremers, die auf ihre Unabhängigkeit bedacht waren und mittlerweile eine bemerkenswerte Fähigkeit entwickelt hatten, die Gesetze und Gebräuche des Königreichs in Anschlag zu bringen, um die königliche Autorität einzuschränken. Im Jahr 1223 stimmte Johann daher – im Glauben, der Staufer werde seine Position als König ein für alle Mal stärken – einer Heirat Isabellas mit Kaiser Friedrich zu. Die Verbindung wurde im November 1225 mit einer Zeremonie in Brindisi formell geschlossen und abgesegnet; anwesend waren neben Johann auch die führenden Mitglieder der Aristokratie Jerusalems. Wie überrascht und bestürzt war Johann dann aber, als Friedrich, kaum waren die Feierlichkeiten beendet, seinerseits Rechte auf die Herrschaft über das fränkische Palästina anmeldete und die versammelten lateinischen Adligen zwang, sich seiner Autorität zu unterwerfen. Johann stand nach diesem Manöver nicht nur verärgert und seiner Rechte enthoben da, auch die Regeln für die Führungsrolle in einem Kreuzzug wurden neu formuliert, und die Bühne war nun bereitet für das Eintreffen des Kreuzzugs und seines Anführers, der bislang als Einziger die Aufgaben des Kreuzfahrers, des römischen Kaisers und des Königs von Jerusalem in sich vereinte.

Außerdem trat Friedrich um das Jahr 1226 herum mit dem Sultan al-Kamil in einen Dialog ein, wobei nicht auszumachen ist, wer ihn begann. Al-Kamil scheint von der geplanten Unternehmung des Kaisers gewusst zu haben und schlug, um gleich von vornherein etwaigen Angriffen auf die Nilregion vorzubeugen, einen ungewöhnlichen Pakt vor. Wie sein Vater al-Adil vor ihm war auch der neue Sultan wesentlich mehr daran interessiert, mit den Franken in einen ersprießlichen diplomatischen Kontakt zu treten und so die gemeinsamen kommerziellen Interessen zu schützen, als sich in einen blutigen, destruktiven Dschihad zu stürzen. Außerdem war im Jahr 1226 al-Kamils Stellung als Herr über das Bündnis der Ajjubiden bedroht. Nach dem Ende des fünften Kreuzzugs hatten sich die Beziehungen zu seinem Bruder al-Muazzam, dem Emir von Damaskus, verschlechtert, und dieser hatte den reichlich drastischen Schritt gewagt, sich mit den Choresmiern zu verbünden, einer Bande wilder türkischer Söldner, die durch den Mongolensturm aus Zentralasien vertrieben worden waren und nun vom Nordirak aus operierten. Um dieser Gefahr zu begegnen, lud al-Kamil den Kaiser ein, mit seinen Truppen nach Palästina zu kommen; als Gegenleistung für das

Versprechen, ihn gegen al-Muazzam zu unterstützen, bot er dem Kaiser an, Jerusalem an die Lateiner zurückzugeben. Um die Details dieser bahnbrechenden Vereinbarung auszuhandeln, schickte der Sultan einen seiner zuverlässigsten Hauptleute, Fakhr ed-Din, als Gesandten an den staufischen Hof. Fakhr ed-Din und Friedrich verkehrten dort freundschaftlich miteinander, und als Zeichen ihrer Freundschaft schlug der Kaiser den Hauptmann sogar zum Ritter.[10]

Im Jahr 1227 war Friedrich II. wohlvorbereitet, zu seinem Kreuzzug aufzubrechen: Er verfügte über eine ganz einzigartige, bislang ungekannte militärische und politische Machtfülle und war durch einen vielversprechenden Pakt mit den Ajjubiden abgesichert. Seine deutschen und sizilischen Kreuzzugstruppen versammelten sich im August erwartungsgemäß in Brindisi, um ins Heilige Land aufzubrechen, doch dann schlug das Schicksal zu. In der Sommerhitze begann sich eine verheerende Krankheit (möglicherweise Cholera) unter den Kreuzfahrern auszubreiten. Dem Kaiser drohte die Exkommunikation, er wusste also, dass er sich keine Verspätung mehr leisten konnte, daher begann der Aufbruch nach Plan. Friedrich selbst stach am 8. September in See, in seiner Begleitung befand sich der deutsche Edelmann Ludwig IV. von Thüringen, aber beide wurden innerhalb weniger Tage krank. In Sorge um seine Gesundheit kehrte der Kaiser um und ging bei Otranto (südlich von Brindisi) wieder an Land. Es kann kaum bezweifelt werden, dass die Sorge und die Verspätung berechtigt waren – Ludwig immerhin starb auf See. Friedrich erklärte, er wolle im Mai 1228 erneut aufbrechen, nachdem er sich in Süditalien erholt hatte, und schickte Hermann von Salza in die Levante voraus; er sollte an seiner Statt das Kreuzfahrerheer anführen. Besorgt um die Wirkung der Ereignisse auf Rom schickte der Kaiser außerdem einen Boten an den Papst.[11]

Honorius III. war im März jenes Jahres gestorben, und sein Nachfolger Gregor IX. war ein radikaler Reformer und Verteidiger der päpstlichen Rechte, der für die Sache des Staufers kaum oder gar keine Sympathie aufbrachte. Schon zuvor hegte er Argwohn gegenüber den wahren Beweggründen Friedrichs und reagierte daher auf die Neuigkeiten mit sturer, verständnisloser Konsequenz. Er nutzte die Gelegenheit, dem nach seiner Ansicht übersteigerten Machtstreben des Kaisers die Spitze zu nehmen, setzte unverzüglich die Bedingungen des Vertrags von San Germano in Kraft und exkommunizierte Friedrich am 29. September.

Das war ein äußerst ernst zu nehmender Verweis, vor allem, weil der Kaiser immerhin gemäß damaliger Vorstellung ein von Gott gesalbter Monarch war; theoretisch schloss der Papst ihn damit aus der christlichen Gemeinschaft aus, der Kaiser war nun eine Unperson, die von den Gläubigen gemieden werden musste. Wahrscheinlich erwartete der Papst, dass Friedrich sich um Versöhnung und Absolution bemühen – dass er sich Rom unterwerfen und damit stillschweigend die päpstliche Vormachtstellung anerkennen werde.

Aber Friedrich dachte gar nicht daran. Er weigerte sich, seine Exkommunikation anzuerkennen, und schickte im April 1228 Riccardo Filangieri, einen seiner führenden Militärs, mit 500 Rittern nach Palästina voraus. Am 28. Juni folgte der Kaiser, er brach mit einer Flotte von rund 70 Schiffen von Brindisi aus auf. Indem er Sizilien verließ, ging er ein sehr hohes Risiko ein, denn das Land blieb der Habgier eines ehrgeizigen und skrupellosen Papstes wehrlos ausgeliefert – doch Friedrich scheint nun endgültig entschlossen gewesen zu sein, sein Kreuzzugsgelübde zu erfüllen. Er sollte im Heiligen Land als der mächtigste Herrscher eintreffen, der je das Kreuz genommen hatte, aber ebenso als Ausgestoßener, als aus dem Schoß der Kirche Verbannter.

Friedrich II. im Vorderen Orient

In den vorausgegangenen Monaten hatten sich die Dinge in eine Richtung entwickelt, die die Erfolgsaussichten des Kaisers in der Levante noch weiter schmälerten. Zwei Todesfälle spielten dabei eine entscheidende Rolle. Ende 1227 starb al-Muazzam an einem akuten Anfall von Ruhr, was die geplante Allianz des Kaisers mit al-Kamil faktisch aufhob. Dann, im Mai 1228, starb Friedrichs junge Ehefrau, Königin Isabella II. von Jerusalem, nachdem sie einen Sohn geboren hatte. Das Kind, Konrad, war nun der Erbe sowohl des Stauferreichs als auch – über seine Mutter – des Königreichs Jerusalem. Diese Entwicklung schwächte die Machtposition Friedrichs in gewisser Hinsicht. Er war nun nicht mehr der Ehemann einer Königin, sondern amtierte nur noch als Regent des minderjährigen Erben.

Diese deutlichen Rückschläge konnten den Kaiser nicht aufhalten. Er traf am 21. Juli 1228 auf Zypern ein und machte sich sofort daran, die Herrschaft der Staufer über die Insel zu unterstreichen – ein Recht, das sein Vater als Erster Ende des 12. Jahrhunderts beansprucht hatte.

Friedrich setzte Johann von Ibelin ab (der als Regent für den jungen König Heinrich I. geherrscht hatte), indem er ihm Bestechlichkeit vorwarf, und sicherte sich die Rechte an den königlichen Einnahmen Zyperns, bevor er im frühen September nach Tyros und dann Richtung Süden nach Akkon weitersegelte.

Als Friedrich schließlich in der Levante angekommen war, stellte die Tatsache seiner Exkommunikation nur ein begrenztes Problem dar. Der lateinische Patriarch Gerold war merklich zurückhaltend; auch die Templer und Johanniter unterstützten den Kaiser nur zögerlich, doch das lag wahrscheinlich eher daran, dass die Staufer den Deutschen Orden vor allen Ritterorden offen begünstigten. Hinderlicher war die Verringerung der militärischen Ressourcen, die der Herbst mit sich brachte. Ein großer Teil des Kreuzfahrerheers hatte den Sommer damit zugebracht, die Deutschordensritter beim Bau ihrer neuen Burg Montfort in den Bergen östlich von Akkon zu unterstützen, und segelte dann zurück nach Europa. Ohne sich auf eine deutliche militärische Übermacht stützen zu können, wandte sich Friedrich daher nun wieder dem Verhandlungsweg zu und suchte erneut Kontakt mit al-Kamil und den direkten Austausch mit dessen Vertreter Fakhr ed-Din.

Da al-Muazzam gestorben war und die Machtbalance in der ajjubidischen Welt sich entscheidend verschoben hatte, war al-Kamil dem Gedanken eher abgeneigt, seine Zusagen gegenüber dem Kaiser einzulösen, denn das hätte ihm womöglich Kritik vonseiten seiner Glaubensbrüder eingetragen, Zugeständnisse an die Franken gemacht zu haben. Andererseits wollte der Sultan vor allem seine Herrschaft über Damaskus festigen, nicht aber in einen kostspieligen Krieg gegen Friedrich hineingezogen werden. Um den drohenden Konflikt für sich zu nutzen, marschierte der Kaiser mit den Truppen, die ihm noch verblieben, von Akkon aus Richtung Süden nach Jaffa, womit er sich auf den Spuren von Richard Löwenherz bewegte, der im Jahr 1191 auf derselben Route südwärts gezogen war. Der Druck machte sich bemerkbar, und als die Gespräche fortgeführt wurden, setzte sich Friedrich mit allen möglichen Argumenten und Winkelzügen dafür ein, eine günstige Vereinbarung sowie die Rückgabe der Heiligen Stadt zu erreichen. Zeitweise gab er sich als kulturbeflissener Partner, mit dem man in freundschaftlicher Atmosphäre Fragen der Wissenschaft und Philosophie erörtern konnte, schaltete dann jedoch wieder auf Kriegsdrohungen um; er argumentierte, dass Jerusalem für die Muslime ohnehin nur eine trostlose Ruine darstellte, während die Heiligkeit der Stadt für die Christen schlicht nicht zu überbieten sei. Al-Kamil, dessen Blick von Anfang an mehr auf Syrien als auf Palästina gerichtet war, lenkte schließlich, zermürbt von Friedrichs Argumenten, ein.

Am 18. Februar 1229 war der Vertrag zwischen Friedrich und dem Sultan perfekt. Als Gegenleistung für einen zehnjährigen Frieden und Friedrichs militärischen Schutz gegen sämtliche – auch christliche – Feinde übergab al-Kamil Jerusalem, Bethlehem und Nazareth sowie einen Landkorridor, der die Heilige Stadt mit der Küste verband. Muslime sollten freien Zugang zum *Haram as-Sharif*, dem Tempelberg, haben sowie einen eigenen Kadi, der den heiligen Bezirk überwachte, ansonsten hatten sie die Stadt zu verlassen. Zum ersten Mal seit 40 Jahren war das Heilige Grab nun wieder in christlicher Hand – ein exkommunizierter Kaiser hatte erreicht, was die Kreuzfahrer seit 1187 vergeblich versucht hatten, und dabei nicht einen einzigen Tropfen Blut vergossen.

Auf den ersten Blick scheint diese eindrucksvolle Leistung ein außergewöhnlicher Bruch mit der Tradition zu sein – ein Akt, der die herkömmlichen Kreuzzugsprinzipien auf den Kopf stellte: Bemühung um Frieden und Abkehr von roher Gewalt. So jedenfalls wurde Friedrichs Rückgewinnung Jerusalems von einigen modernen Historikerinnen und Historikern dargestellt – als Beweis dafür, dass der Kaiser über eine Vision und ein politisches Gespür verfügte, mit dem er seiner Zeit weit voraus war. Doch solche Interpretationen beruhen auf unzulässigen Vereinfachungen und Verzerrungen. Es stimmt zwar, dass Friedrich der erste Anführer eines Kreuzzugs war, der derart wertvolle Zugewinne durch Diplomatie erreichte, doch auch in den früheren Kampagnen hatten Verhandlungen eine wichtige Rolle gespielt. Tatsächlich haben die Methoden und Ziele des Staufers große Ähnlichkeit mit Strategien Richards I. während des dritten Kreuzzugs. Außerdem bleibt festzuhalten, dass Friedrich ebenso wie Richard darauf angewiesen war, seine Friedensgespräche mit militärischer Einschüchterung zu unterfüttern. Friedrich entschied sich für den diplomatischen Weg nicht aus einem wie auch immer gearteten tief empfundenen Bedürfnis, Blutvergießen zu vermeiden, sondern weil dieses Vorgehen sich als das effektivste anbot.

Als der Vertrag im Jahr 1229 unterzeichnet war, ging alles sehr schnell. Ein muslimischer Chronist beschrieb, wie »der Sultan nach der Vereinbarung eine Proklamation verbreitete, wonach die Muslime Jerusalem verlassen und den Franken übergeben mussten. Die Muslime zogen weinend, seufzend und wehklagend ab.« Friedrich zog am 17. März 1229 in Jerusalem ein, er besuchte den Felsendom und die al-Aqsa-Moschee in Begleitung eines muslimischen Führers. In der Grabeskirche setzte er sich im Rahmen einer zeremoniellen Bestätigung seiner einzigartigen Erhabenheit eigenhändig stolz die Kaiserkrone aufs Haupt. Um seine Leistung bekannt zu machen und zu feiern, schrieb der Kaiser am selben Tag aus Jerusalem einen Brief an König Heinrich III. von England. In diesem Schreiben verglich Friedrich sich mit König David und erklärte, dass »[Gott] Uns hoch über die Fürsten der Welt erhoben« habe. Nach diesem eiligen Besuch kehrte der Kaiser nach Akkon zurück.[12]

Wenn Friedrich nun aber angenommen hatte, sein Erfolg werde mit großem Jubel begrüßt, so täuschte er sich. In einem eigenen Brief verurteilte der Patriarch Gerold das Verhalten des Kaisers als »beklagenswert« und stellte fest, dass er »der Sache Jesu Christi großen Schaden zugefügt« habe. Zum Teil rührte sein Ärger daher, dass Friedrichs Vereinbarung mit den Ajjubiden »nach langen und geheimnisvollen Gesprächen« formuliert worden war, »ohne die Hinzuziehung auch nur eines einzigen [einheimischen Franken]«. Wie die Templer und Johanniter beklagte auch Gerold, dass die Zahl der verbliebenen Festungen – von denen viele zuvor den Ritterorden gehört hatten – nicht ausreichte, um die Heilige Stadt zu verteidigen, und er wies darauf hin, dass der Kaiser auch nichts unternommen habe, um den Wiederaufbau der Befestigungsanlagen Jerusalems zu organisieren. Unter der Oberfläche all dieser Angriffe jedoch war die zunehmende Sorge spürbar, dass Friedrich sich nun in der Lage sehen könnte, seine ganze autokratische Autorität über das lateinische Königreich auszuspielen.

Es mag sein, dass der Kaiser diese Absicht hegte, doch nun trafen beunruhigende Nachrichten aus Europa ein. In Friedrichs Abwesenheit hatte Papst Gregor IX. einen vernichtenden Angriff auf Süditalien unternommen, er wollte Sizilien erobern und damit der Bedrohung Roms durch staufische Herrschaftsgebiete ein Ende machen. Selbst vor dem Hintergrund der Exkommunikation des Kaisers war das ein zynisches, offensichtlich eigennütziges Manöver, das später in ganz Europa auch auf Kritik stieß. Um alles noch zu verschlimmern, bot der Papst denjenigen, die sich seiner Sache anschlossen, geistigen Lohn als Entgelt an, der an den Ablass für die Kreuzfahrer erinnerte. Unter denen, die dem Papst folgten, befanden sich – jetzt in trautem Einvernehmen – auch die beiden Rivalen des fünften Kreuzzugs, Kardinal Pelagius und Johann von Brienne.

Da sein abendländisches Reich nun unter solchem Druck stand, drängte Friedrich auf einen schnellen Kompromiss mit der lateinischen Aristokratie des Königreichs Jerusalem. Er setzte keinen Mann aus den Reihen seiner eigenen von außen kommenden Gefolgsleute ein, sondern zwei einheimische Barone, die Palästina während seiner Abwesenheit regieren sollten. Das war kaum mehr als ein zeitweiliger Notbehelf, doch es ermöglichte dem Kaiser einen schnellen Aufbruch nach Italien. Trotzdem gab es unter den levantinischen Franken nach wie vor viele Vorbehalte und Ressentiments gegen Friedrichs herrisches Vorgehen. Im Wissen um diese aufgeheizte Atmosphäre wollte der Kaiser am 1. Mai 1229 so unauffällig wie möglich von Akkon aus aufbrechen, indem er schon im Morgengrauen ein Schiff bestieg. Doch nach dem Bericht eines lateinischen Chronisten blieb ihm auch eine letzte Demütigung nicht erspart, als eine Gruppe von »Metzgern und alten Leuten von der Straße« ihn auf seinem Weg hinunter zum Hafen ausfindig machten, und der aufgebrachte Mob »lief neben ihm her und bewarf ihn mit Eingeweiden und Fleischstücken«. Der Kaiser hatte die Heilige Stadt für die Christenheit zurückgewonnen, doch er verließ den Orient als ein, wie es hieß, »verhasster, verfluchter und geschmähter« Mann.[13]

Ein neuer Horizont

Friedrich II. kam rechtzeitig in Süditalien an, um das Heer zurückzuschlagen, das im Namen Gregors IX. kämpfte. Trotz einer Atmosphäre wechselseitiger Verstimmung und Verärgerung erkannten beide Seiten, dass irgendeine Art von Versöhnung zum jetzigen Zeitpunkt im gemeinsamen Interesse liegen musste. Im Jahr 1230 wurde die Exkommunikation des Kaisers aufgehoben. Gregor erklärte den Vertrag für gültig, den Friedrich mit al-Kamil im Osten ausgehandelt hatte, und es kam zu einer wenngleich noch immer spannungsgeladenen Wiederannäherung.

Gleichzeitig kehrten in Palästina die Franken allmählich wieder nach Jerusalem zurück. Trotz ihrer vormaligen Kritik gründeten der Patriarch Gerold, die Templer und die Johanniter jeweils neue Niederlassungen in der Stadt, und man begann mit dem langwierigen Wiederaufbau der Festungsanlagen. Die Ajjubiden waren nach wie vor in interne Machtkämpfe verstrickt, die Richtlinien des Vertrags von 1229 wurden daher eingehalten, und die Lateiner blieben von Bedrohungen weitgehend verschont.

Allerdings dauerte es nicht lange, bis auch unter den Christen Streitigkeiten ausbrachen. Da Friedrich im Jahr 1229 in aller Eile nach Europa zurückkehren musste, war er gezwungen gewesen, gegenüber seiner Wunschvorstellung einer direkten staufischen Herrschaft über das Heilige Land Kompromisse einzugehen. Als nun die Konflikte in Sizilien beigelegt waren, entsandte er 1231 Riccardo Filangieri, der den Anspruch des Kaisers auf Zypern und Palästina bekräftigen sollte. Dieser rücksichtslose Autokrat war bei den meisten fränkischen Baronen verhasst und stieß vor allem heftig mit Johann von Ibelin zusammen, der nun zum Wortführer des antistaufischen Widerstands wurde. Während des gesamten Jahrzehnts und darüber hinaus schwelte der Widerstand gegen die kaiserliche Autorität weiter – das ging so weit, dass die Regierenden in Akkon ihre Stadt sogar zu einem unabhängigen Gemeinwesen erklärten, das nicht mehr zum Königreich Jerusalem gehörte. Diese erbitterten Streitereien nahmen die Lateiner so in Anspruch, dass sie kaum irgendwelche Versuche unternahmen, ihre momentanen territorialen Zugewinne zu sichern oder die Schwäche der Ajjubiden auszunutzen.

Die Situation wurde noch dadurch verschlimmert, dass die kaum gezügelten Animositäten zwischen Friedrich II. und Gregor IX. im Jahr 1239 erneut aufflammten. Wieder wurde der Kaiser exkommuniziert, und diesmal rief der Papst zu einem regelrechten Kreuzzug gegen seinen staufischen Gegner auf; dieser wurde nun als Feind der Christenheit und Verbündeter des Islam verunglimpft. Ein weiterer Kreuzzug gegen den Kaiser wurde im Jahr 1244 ausgerufen, und er führte zu offenen Kriegshandlungen, die bis zu Friedrichs Tod im Dezember 1250 anhielten. Das Papsttum zeigte keinerlei Kompromissbereitschaft in seinem Bestreben, die Macht der Kirche zu erhalten und zu vermehren, und hatte sich schließlich die Idee des »heiligen Krieges« in der Form zu eigen gemacht, dass der Papst ihn gegen die eigenen politischen Feinde einsetzte.

Vergleichbare militärische Aufrufe sollten in den folgenden Jahrzehnten und Jahrhunderten immer wieder vorkommen. Das führte zu Protesten bis hin zu gelegentlichen lautstarken Verurteilungen; dennoch fanden sich viele, die sich bereitwillig anwerben ließen, die das Kreuz nahmen und nichts dagegen einzuwenden hatten, auf lateinischem Boden gegen christliche Glaubensbrüder zu kämpfen, um einen Ablass für ihre Sünden zu erwerben. Das aufschlussreichste Argument gegen die Verwässerung der »Kreuzzugsidee« durch den Papst war die häufige Klage, dass sich das eigentliche Schlachtfeld des »heiligen Krieges« im Orient befand. Und es trifft mit Sicherheit zu, dass im Lauf der Zeit die Umleitung der Kreuzzugsheere, wie sie von Rom vorgenommen wurde, sowohl innerhalb Westeuropas als auch zu anderen Konfliktherden wie der Iberischen Halbinsel, dem Baltikum und dem kränkelnden lateinischen Kaiserreich Romania, dazu führte, dass das fränkische Outremer weiter isoliert und geschwächt wurde.

Der Kreuzzug der Barone

Trotz dieser Entwicklungen gab das Papsttum den lateinischen Orient nicht mit einem Schlag verloren. Die Levante wurde vielmehr zu einem Kriegsschauplatz unter anderen, und manchmal fiel daher die Aufgabe, die Interessen der überlebenden Kreuzfahrerstaaten zu verteidigen, den weltlichen Feldherren zu. Das war der Fall zwischen 1239 und 1241, als Thibaut IV. von Champagne – Abkömmling einer der großen abendländischen Kreuzfahrerfamilien – und Richard von Cornwall, Bruder Heinrichs III. von England, zwei vergleichsweise kleine Kampagnen (häufig als »Kreuzzug der Barone« bezeichnet) anführten. Sie waren damit bemerkenswert erfolgreich, teils weil sie von Friedrich II. die Technik forcierten diplomatischen Verhandelns übernahmen, vor allem aber, weil die Ajjubiden sich nach al-Kamils Tod im Jahr 1238 erneut in einer Phase politischer Instabilität befanden. Mehrere Mitglieder der Familie des verstorbenen Sultans stritten sich um die Kontrolle über Ägypten und Syrien, und Thibaut und Richard konnten die ajjubidischen Rivalen gegeneinander ausspielen, wodurch es ihnen gelang, Galiläa zurückzuerobern und den südlichen Vorposten Askalon an der Küste neu zu befestigen.

Nach diesen Erfolgen konnte das Königreich Jerusalem schließlich das Joch der staufischen Herrschaft abschütteln. Um das Jahr 1243 herum lehnten es die Barone ab, die Autorität des Kaisersohns und Erben Konrad anzuerkennen. Der Kaiser selbst war von den Ereignissen in Europa absorbiert, er konnte lediglich mit der Einsetzung eines neuen Stellvertreters in Tripolis reagieren. Von da an ging die Krone Jerusalems auf die königliche Familie des lateinischen Zypern über, faktisch jedoch blieben die Barone an der Macht.[14]

Im Jahr 1244 hatte es ganz den Anschein, als ginge es mit dem fränkischen Palästina wieder aufwärts. Weite Landstriche waren zurückerobert worden, und Jerusalem war wieder in christlicher Hand, auch wenn die Neubesiedelung nur langsam voranschritt. Es sah so aus, als könnte das Königreich wieder zu demselben Zustand relativer Stärke und Sicherheit wie vor den Verheerungen des Jahres 1187 zurückkehren. Tatsächlich jedoch handelte es sich bei diesen Anzeichen für eine Erholung nur um eine Illusion, die nicht von Dauer sein konnte, denn die Lateiner befanden sich in Wirklichkeit in einem Zustand äußerster Verwundbarkeit. Vom staufischen Imperium hatten sie sich losgesagt, daher beruhte ihre militärische Schlagkraft fast ausschließlich auf den Ritterorden und auf direkter Hilfe aus dem Westen in Form von Kreuzzügen – also auf einem Zufluss von Unterstützung, der jederzeit versiegen konnte. Vor allem aber hing die momentane günstige Lage der Franken unmittelbar mit der Schwäche der Ajjubiden zusammen. Wenn sich die muslimische Dynastie wieder erholte oder wenn sie, womöglich noch schlimmer, durch eine andere Macht ersetzt wurde, konnte sich das für Outremer katastrophal auswirken.

Der Untergang Palästinas

Durch die Wirren der frühen 1240er-Jahre gelangte ein Ajjubide an die Macht: al-Salih Ajjub, al-Kamils ältester Sohn. Bis zum Jahr 1244 hatte al-Salih seine Stellung in Ägypten gesichert, damit jedoch gleichzeitig Damaskus an seinen Onkel Ismail verloren. Um seine Autorität über Syrien wiederherzustellen, wollte al-Salih – wie andere ajjubidische Herrscher vor ihm – die Choresmier mit ihren brutalen Kampfmethoden für sich einspannen, die jetzt unter der Führung von Berke Khan standen. Berke Khan reagierte auf den Ruf al-Salihs, indem er seine Horde von rund 10 000 rasenden Söldnern im Frühsommer 1244 nach Palästina führte. Offenbar aus eigenem Entschluss führten die Choresmier einen Überraschungsangriff auf Jerusalem. Als sie näher kamen, strömten Tausende Christinnen und Christen aus der Stadt, sie hofften, an die Küste entkommen zu können, und ließen lediglich eine kleine Garnison zur Verteidigung zurück. Die Flüchtlinge hatten auf ihrem Weg in Richtung Westen Fürchterliches zu erdulden: In den Bergen Judäas wurden sie von muslimischen Räubern und Banditen überfallen, von choresmischen Reitern in der Ebene bei Ramla abgeschossen, sodass nicht einmal 300 Personen in Jaffa ankamen.

Die Lage in der Heiligen Stadt war noch schlimmer. Die Franken, die zurückgeblieben waren, leisteten Widerstand, aber sie waren an Zahl und Kampfkraft hoffnungslos unterlegen. Am 11. Juli 1244 fielen die Männer Berke Khans über Jerusalem her und verwüsteten die Stadt. Ein lateinischer Chronist berichtet, dass die Choresmier »Christen fanden, die sich geweigert hatten, mit den anderen die Grabeskirche zu verlassen. Denen schlitzten sie vor dem Grab Unseres Herrn den Bauch auf, und sie köpften die Priester, die im Ornat an den Altären die heilige Messe lasen.« Sie rissen die Marmoreinfassung herunter, die das Grab selbst umgab, dann öffneten und plünderten sie die Gräber der großen fränkischen Könige Palästinas wie Gottfrieds von Bouillon und Balduins I. Es hieß, dass sie »sehr viel mehr schändliche, schmutzige, zerstörerische Akte gegen Jesus Christus und die heiligen Stätten und die Christenheit begangen« hätten »als all die Ungläubigen dieses Landes je zuvor im Frieden oder im Krieg«. Als das Werk der Zerstörung und Schändung getan war, führte Berke Khan seine Streitkräfte in die Nähe von Gaza (in Südpalästina), wo er sich mit einem Heer von rund 5000 Kriegern aus Ägypten zusammenschloss.[15]

Der Schock über diese Abscheulichkeiten trieb die Franken zum Handeln an. Sie verbündeten sich mit Ismail von Damaskus und einem weiteren muslimischen Dissidenten, dem Emir von Homs; dann setzten sie sich in Richtung Süden in Marsch, um die ägyptisch-choresmischen Truppen anzugreifen. Es gelang den Christen, aus den Reihen des fränkischen Adels und der Ritterorden rund 2000 Ritter sowie 10 000 Fußsoldaten zu versammeln. Dieses Heer – das größte, das seit dem dritten Kreuzzug im Orient aufgestellt worden war – umfasste sämtliche kampffähigen Männer des lateinischen Königreichs. Doch selbst als die muslimischen Verbündeten dazustießen, waren sie immer noch in der Minderzahl. Die Frage nach der besten Strategie war umstritten. Der Emir von Homs, der sich schon früher gegen die Choresmier behauptet hatte, riet zu Geduld und Vorsicht: Man solle erst ein gut verteidigtes Lager aufbauen, den Männern unter Berke Khan werde dann der lange Atem fehlen, und sie würden sich zerstreuen. Die auf einen Kampf erpichten, allzu selbstbewussten Lateiner jedoch verwarfen diesen weisen Ratschlag. Am 18. Oktober 1244 griffen sie an, und es kam auf der Sandebene in der Nähe des Dorfes La Forbie (nordöstlich von Gaza) zur Schlacht.

Für die Franken und ihre Verbündeten entwickelte sich die Schlacht zu einem kompletten Desaster. An Zahl waren sie nicht klar überlegen, daher mussten sie sich auf präzise Koordination und eine Portion Glück verlassen – und beides blieb aus. Zu Beginn scheinen die Lateiner und die Soldaten aus Homs durchaus erfolgreich gekämpft zu haben, und sie konnten ihre Stellung gut halten. Angesichts der nicht nachlassenden choresmischen Angriffe jedoch verloren die Truppen aus Damaskus die Nerven und flohen. Da ihre Formation nun aufgebrochen war, konnten die franko-syrischen Verbündeten schnell umzingelt werden, und obwohl sie, selbst als die Zahl der Opfer immer mehr anstieg, tapfer weiterkämpften, endete der Tag mit einer Niederlage. Die Verluste waren niederschmetternd: Von den 2000 Mann aus Homs waren 1720 getötet oder gefangen genommen worden; von 348 Templern entkamen nur 36; der Deutsche Orden verlor von ursprünglich 440 Rittern alle bis auf drei. Der Großmeister der Templer wurde gefangen genommen, sein Amtsbruder bei den Johannitern erschlagen. Diese Katastrophe war der Schlacht von Hattin im Jahr 1187 durchaus vergleichbar – ein vernichtender Schlag, der Outremers militärische Stärke in Grund und Boden stampfte. In den darauffolgenden Monaten wurde ein halbes Jahrhundert allmählicher territorialer Erholung vollkommen zunichtegemacht.

In einem Zustand fassungslosen Entsetzens versammelten sich die wenigen Überlebenden der Franken in jenem Sommer in Akkon, »sie klagten, jammerten und weinten, als sie dahinzogen, es war herzzerreißend, sie zu hören«. Sie schickten Warnungen nach Zypern und Antiochia, und Bischof Galeran von Beirut wurde entsandt, »um an den Papst und die Könige von Frankreich und England nachdrückliche Botschaften zu überbringen und zu betonen, wenn nicht schnelle Entscheidungen bezüglich des Heiligen Landes getroffen würden, dann wäre es bald vollständig und unwiederbringlich verloren«.[16] Die herben Rückschläge des Jahres 1244, die zu diesem flehentlichen Appell geführt hatten, erinnerten an die Hilferufe, die 50 Jahre zuvor den dritten Kreuzzug ausgelöst hatten. In der Zwischenzeit hatten sich die Grundlagen der christlichen Vorstellung vom »heiligen Krieg« allerdings verschoben: Die Gebräuche waren andere geworden; die Begeisterung hatte nachgelassen oder sich auf andere Objekte gerichtet. In dieser veränderten Realität des 13. Jahrhunderts muss eine Frage die levantinischen Franken ganz besonders beschäftigt haben: Würde es dem lateinischen Westen noch einmal gelingen, ein schlagkräftiges Kreuzzugsheer aufzustellen, mit dessen Hilfe das Heilige Land gesichert werden konnte?

21

Ein Heiliger im Krieg

Galeran, Bischof von Beirut, traf mit seiner Botschaft von La Forbie und der Zerschlagung des fränkischen Heeres im Jahr 1245 im Westen ein. Ende Juni nahm er an einem Konzil teil, das der neue Papst Innozenz IV. nach Lyon einberufen hatte – der päpstliche Hof war wegen der Konflikte mit Kaiser Friedrich II. aus Italien geflohen. Doch so prekär die Notlage Outremers auch war, hatten der Papst und seine Prälaten doch dringlichere Probleme, allen voran ihr eigenes Überleben. Friedrichs Exkommunikation wurde bestätigt, und diesmal wurden ihm offiziell seine Kronrechte auf das Heilige Römische Reich und Sizilien abgesprochen, was zu offenem Krieg zwischen dem Papsttum und dem Reich der Staufer führte. Innozenz IV. musste sich außerdem um die Versorgung Romanias, des lateinischen Königreichs in Konstantinopel, kümmern, das dem endgültigen Zusammenbruch immer näherkam. Der Papst stimmte dem Aufbruch zu einem neuen Kreuzzug in den Vorderen Orient zwar zu und setzte den französischen Kardinalbischof Odo von Châteauroux als päpstlichen Legaten für die Kampagne ein, aber es war offensichtlich, dass die Krise in der Levante keinesfalls oberste Priorität hatte.

Auch die Aussichten, von den mächtigen Königen im lateinischen Europa Unterstützung zu bekommen, waren für Bischof Galeran offensichtlich minimal. Kaiser Friedrich war eindeutig nicht in der Lage, Europa zu verlassen. Heinrich III. von England befand sich mitten in einem Machtkampf mit der übermächtigen Aristokratie seines Landes, er versuchte sogar, Galeran zu verbieten, seine Kreuzzugspredigten auf englischem Boden zu halten. Es gab nur einen einzigen König, der aus diesem Sumpf aus lokalen Sorgen und Gleichgültigkeit herausragte und auf den Hilferuf aus Outremer reagierte, der bereit war, sich für den Krieg im Heiligen Land einzusetzen: Ludwig IX. von Frankreich, der später von der römischen Kirche heiliggesprochen wurde.

König Ludwig IX. von Frankreich

1244 war König Ludwig 30 Jahre alt. Er war eher schmächtig, mit heller Haut und blonden Haaren, und er gehörte einer Dynastie mit reicher Kreuzzugserfahrung an, stammte er doch direkt von kapetingischen Königen wie Ludwig VII. und Philipp II. August ab, die am »heiligen Krieg« teilgenommen hatten. König Ludwig IX. übernahm ein Reich, das sich im Vergleich mit seiner Schwäche zu Beginn des frühen 12. Jahrhunderts grundlegend gewandelt hatte.

Philipp II. August hatte sich in seiner langen Regierungszeit von 43 Jahren als begabter Herrscher erwiesen, der die Staatsführung und die Finanzverwaltung in Frankreich enorm verbessern konnte. Erfolgreich waren auch die Auseinandersetzungen mit England, die in der Eroberung der Normandie und ausgedehnter Gebiete des angevinischen Territoriums in Westfrankreich gipfelten.

Nach Philipp Augusts Tod im Jahr 1223 lebte auch sein Sohn Ludwig VIII. nur noch drei Jahre. Ludwig IX. war erst zwölf Jahre alt, als die Königswürde auf ihn überging. Seine Mutter Blanka von Kastilien, eine starke Persönlichkeit, übernahm die Regentschaft und regierte mit sicherer Kompetenz; ihrem Sohn war es auch mit 30 Jahren noch nicht ganz gelungen, aus ihrem übermächtigen Schatten herauszutreten.

Ganz offenbar war er ein frommer Christ. Es war bekannt, dass er täglich die Messe besuchte und großes Interesse an Predigten hatte. 1238 erwarb er die Dornenkrone Christi, die während des vierten Kreuzzugs in Konstantinopel erbeutet und anschließend vom mittellosen Herrscher Romanias verkauft worden war. Im darauffolgenden Jahrzehnt ließ Ludwig für diese Reliquie aus der Passion Christi eine herrliche neue Kirche in Paris bauen, die Sainte-Chapelle, ein überwältigendes Monument der technisch avancierten gotischen Architektur, die sich mittlerweile in ganz Westeuropa durchgesetzt hatte. Ludwig unterstützte außerdem großzügig die Klöster in ganz Frankreich. Im Umgang mit dem Papst zeigte der Kapetinger die gebotene Ehrerbietung vor der lateinischen Kirche, ohne sich jedoch in seiner königlichen Autorität oder in seinen eigenen religiösen Überzeugungen einschränken zu lassen. So ließ er zwar zu, dass die Nachricht von der Exkommunikation Friedrichs II. in Frankreich verbreitet wurde, nicht jedoch, dass zu einem Kreuzzug gegen den Kaiser aufgerufen wurde.

In seiner frühen Regierungszeit hatte Ludwig einige Kenntnisse in der Kriegsführung erworben, allerdings noch keine kriegerische Begabung oder irgendwelche strategischen Visionen gezeigt, die etwa mit denen eines Richard Löwenherz zu vergleichen waren. Dabei verfügte der Kapetinger durchaus über die Fähigkeit, seine Männer zu Treue und Ergebenheit zu motivieren, nicht zuletzt dadurch, dass er sich intensiv um ihr körperliches und seelisches Wohlbefinden kümmerte. Ludwigs Stil als König und Heerführer war stark beeinflusst von seinen Vorstellungen von Ehre, Gerechtigkeit und Verpflichtung. Diese Prinzipien bildeten das Kernstück des ritterlichen Verhaltenskodex, der sich im Lauf des späten 12. und frühen 13. Jahrhunderts herausgebildet hatte und mittlerweile fast alle Bereiche christlich-ritterlicher Kultur prägte. Schon von Anfang an hatten die Ideale des Rittertums für die Kreuzzugsbewegung ansatzweise eine Rolle gespielt; ganz sicher waren sie für den dritten Kreuzzug ausschlaggebend gewesen. Und nun, in den 1240er-Jahren, waren sie allgemein akzeptiert und beeinflussten die Kreuzzugsidee in hohem Maß.

Für Ludwig IX. und seine Gefolgsleute war das Kreuzzugswesen ein Mittel, Gott einen Dienst zu erweisen, den der Gläubige ihm schuldete, und es war ein Kampf, in dem der Einzelne sein Ansehen bestätigen und fördern konnte. Man konnte durch Tapferkeit auf dem Schlachtfeld Ruhm und Ansehen gewinnen, obwohl natürlich auch Feigheit und Scheitern – und damit die Gefahr von Schmach und Schande – nicht ausgeschlossen waren. Nach wie vor verlockte der spirituelle Lohn der Sündenvergebung potenzielle Kreuzfahrer zur Teilnahme, doch während sich viele noch selbst als Pilger sahen, wurde diese Vorstellung vom »heiligen Krieg« als einer Pilgerreise zunehmend abgelöst durch das Bild des Kreuzzugs als einer ritterlichen Bewährung. Diese Verschiebung sollte auf dem Schlachtfeld zu bezeichnenden Veränderungen führen, nicht zuletzt, weil sich damit eine Kluft zwischen Gehorsam und dem Streben nach persönlichem Ruhm auftat.

Möglicherweise hegte Ludwig bereits in den 1230er-Jahren den Plan, bei einem Kreuzzug mitzuwirken, jedenfalls unterstützte er den Kreuzzug der Barone finanziell, doch erst Ende 1244 fasste er den Entschluss, selbst das Kreuz zu nehmen. Damals war im Abendland wohl schon bekannt, dass Jerusalem von den Choresmiern erobert worden war, wenn auch Bischof Galeran mit der Nachricht von der vernichtenden Niederlage bei La Forbie noch nicht eingetroffen war. Im Winter jedoch erkrankte der König an einem heftigen Fieber, im Dezember war sein Befinden so schlecht und er war »dem Tod so nah, dass einer [seiner Diener] ihm bereits das Leintuch über das Gesicht ziehen wollte, denn er glaubte, der König sei tot«. In dieser Situation äußerster Hinfälligkeit erklärte Ludwig seinen festen Entschluss, einen Kreuzzug anzuführen, und es hieß, er habe verlangt, dass man ihm sofort und auf der Stelle »ein Kreuz in die Hand geben möge«. Der Kreuzzug veränderte sein Leben; durch ihn wurde er erwachsen und unabhängig, weil er sich dieser Sache ganz und gar verschrieb.[1]

Kriegsvorbereitungen

Fast vier Jahre verstrichen, bis Ludwig IX. sich zum Kreuzzug einschiffte. Der Aufschub ergab sich nicht aus bewussten Verzögerungsmanövern, sondern war eher eine Folge der Akribie, mit der er seinen Aufbruch vorbereitete. Das ganze Unternehmen war klar französisch dominiert. Der Konflikt zwischen den Staufern und dem Papsttum schloss deutsche und italienische Beteiligung aus, obwohl Friedrich II. dem Kapetinger die Häfen und Märkte Siziliens öffnete. Einige wenige englische Edelleute nahmen trotz der Bedenken Heinrichs III. das Kreuz, allen voran William Longsword, Earl von Salisbury, der Halbbruder des Königs.

In Frankreich stieß der Aufruf zum Kreuzzug wegen der Begeisterung des Königs und durch die Bemühungen des päpstlichen Legaten Odo von Châteauroux auf große Resonanz. Alle drei Brüder des Königs schlossen sich an: Robert von Artois, Alfons von Poitiers und Karl von Anjou. Bei einer großen Zusammenkunft in Paris im Oktober 1245 nahmen weitere Grafen, Herzöge und Prälaten das Kreuz. Der Graf von Champagne hielt sich zu dieser Zeit zwar in Nordspanien auf, doch viele führende Mitglieder seines Hofes schlossen sich an, unter ihnen auch ein 23-jähriger Ritter namens Jean de Joinville, der den Titel eines Seneschalls von Champagne geerbt hatte (ein Seneschall fungierte zu dieser Zeit als Stellvertreter seines Herrn). Jean erlebte während des Kreuzzugs seinen König aus nächster Nähe und war unmittelbarer Zeuge des »heiligen Krieges«. Viele Jahre später verfasste er einen sehr anschaulichen Bericht über alles, was er gesehen und erlebt hatte, allerdings stellte er den König in sehr heroischem Licht dar. Joinvilles Aufzeichnungen in altfranzösischer Sprache – eine Mischung aus persönlicher Erinnerung und Königsvita mit hagiografischen Zügen – bieten viele aufschlussreiche Einsichten in die Erlebniswelt der Kreuzfahrer.[2]

Aus Joinvilles Aufzeichnungen und zahlreichen weiteren zeitgenössischen Berichten geht hervor, dass Ludwig IX. die Vorbereitungen für den Kreuzzug mit großem Nachdruck betrieb. Die verschiedenen Maßnahmen verraten kluge Vorausplanung und einen ausgeprägten Sinn für Details. Außerdem wird deutlich, dass der König überzeugt war, der Erfolg des Kreuzzugs hänge genauso von praktischen wie von spirituellen Erwägungen ab.

Er betrieb die logistischen Vorbereitungen mit bemerkenswerter Nüchternheit und bediente sich dabei des zunehmend perfektionierten französischen Verwaltungsapparats des 13. Jahrhunderts. Nichts lag ihm ferner, als im Orient ein schlecht organisiertes Heer anzuführen, dessen Hauptbeschäftigung in der Suche nach Nahrungsmitteln bestand. Zypern wählte er als Vorposten aus, und dort ließ er ein Lager für die Nahrungsmittel, Waffen und sonstigen Hilfsgüter errichten, die ihm für den Krieg erforderlich schienen. Nach über zweijährigem Aufhäufen von Vorräten auf der Insel glichen die Weizen- und Gerstemengen, die nun auf das Heer warteten, einem Gebirge, während die zusammengetragenen Weinfässer aus der Ferne wie Scheunen aussahen. Aigues-Mortes, ein neu befestigter Hafen am Mittelmeer, diente als Operationsbasis für die gesamte Unternehmung.

Diese fieberhaften Aktivitäten kosteten ein Vermögen. Das kapetingische Königshaus engagierte sich in außerordentlichem Ausmaß für den Kreuzzug; Ludwig stellte eine gut gefüllte Kriegskasse zur Finanzierung der Kampagne bereit. Aus Haushaltsunterlagen des königlichen Hofes geht hervor, dass seine Ausgaben sich in den ersten beiden Jahren auf zwei Millionen *livres tournois* (Gold-»Pfund« mit dem in Tours gebräuchlichen Gewicht) beliefen; ein großer Anteil davon wurde als Lohn oder Unterstützung an französische Ritter ausbezahlt. Geht man davon aus, dass damals das gesamte königliche Einkommen 250 000 *livres tournois* nicht überstieg, dann war der ökonomische Aufwand für den Kreuzzug enorm. Um alles bezahlen zu können, erhielt Ludwig vom Papst ein Zwanzigstel sämtlicher Einkünfte der Kirche in Frankreich, was später für die Dauer von drei Jahren auf ein Zehntel aufgestockt wurde. Beamte der Krone pressten außerdem »Häretikern« und Juden Geld ab, und insgesamt war Ludwig durchaus bereit, im Namen des »heiligen Krieges« zu betteln, zu borgen und zu stehlen. Außerdem bewog er andere führende Kreuzfahrer, sich eigene Geldmittel zu beschaffen und einen Beitrag zur Organisation des Transports zu leisten.[3]

Rivalitäten innerhalb der lateinischen Christenheit hatten früher schon so manchen Kreuzzug empfindlich behindert. Politische Verwerfungen hatten dazu geführt, dass Monarchen ihre Pläne, in der Levante zu kämpfen, aufschoben oder ganz aufgaben, weil sie befürchten mussten, ihre lange Abwesenheit werde unerfreuliche politische Folgen haben. Doch obwohl Ludwig IX. sich seiner Verantwortung gegenüber seinem Land bewusst war, erachtete er es offenbar dennoch als absolut vorrangig, einen Kreuzzug anzuführen. Bevor er aufbrach, übertrug der König die Regentschaft seiner erfahrenen Mutter Blanka von Kastilien. Außerdem unternahm er alles, um die politischen Streitigkeiten in Europa beizulegen: Er versuchte, eine Einigung zwischen dem Papst und Friedrich II. zustande zu bringen, und setzte sich für einen Frieden mit England ein. Seine Initiativen hatten zwar (wie im Fall des Konflikts zwischen den Staufern und Rom) nur begrenzten Erfolg, und nach wie vor waren Frankreich und auch Ludwigs eigene Stellung bedroht, dennoch sah der König davon ab, seinen Aufbruch aufzuschieben oder sein Gelübde abzuändern.

Neben diesen Bestrebungen, unter den abendländischen Herrschern des Westens Frieden – im Sinn seiner eigenen Auffassung von christlicher Brüderlichkeit – zu stiften, bemühte sich der Kapetinger auch darum, mit seinen Untertanen und mit seiner Seele Frieden zu schließen. Er war zutiefst überzeugt, dass sein Kreuzzug nicht nur einfach aufgrund der kämpferischen Leistung seiner Truppen siegreich enden werde, nötig waren außerdem ein Geist reuevoller Hingabe und ein reines Herz. Er ließ von Bettelmönchen Nachforschungen anstellen, mit denen er sämtliche Rechtsstreitigkeiten in seinem Reich beizulegen und jeglichen Fall von Korruption und Unrecht zu bereinigen gedachte, der von ihm selbst, seinen Beamten, ja sogar von seinen Vorfahren begangen worden war. Schon beim ersten Kreuzzug hatte es unter den Kreuzfahrern vereinzelt Männer gegeben, die ihre Angelegenheiten regelten und Streitigkeiten beilegten, bevor sie aufbrachen, nie zuvor jedoch war es in diesem Ausmaß geschehen.

Ludwigs Kreuzzug begann in Paris am 12. Juni 1248 mit einer sehr bewegenden öffentlichen Zeremonie, die an die Frömmigkeit der Kreuzfahrer unter seinen Vorfahren anschließen sollte. Der König empfing in der Kathedrale Notre-Dame Tasche und Stab, die Symbole des zum Kreuzzug aufbrechenden Pilgers, und begab sich dann barfuß zur königlichen Kathedrale von Saint-Denis, um dort die Oriflamme entgegenzunehmen, die traditionelle Kampfstandarte Frankreichs. Von dort zog er in Richtung Süden zur Küste und brach Ende August mit seinem Heer von Aigues-Mortes und Marseille aus auf.

Ludwigs Heer soll Schätzungen zufolge insgesamt zwischen 20 000 und 25 000 Mann umfasst haben. Dazu gehörten rund 2800 Ritter, 5600 berittene Sergeanten und weitere 10 000 Fußsoldaten. Außerdem kämpften rund 5000 Bogenschützen mit; aufgrund bedeutender Fortschritte in der Bogentechnik spielten sie während des Feldzugs eine gewichtige Rolle. Ein riesiges Heer war das nicht, allerdings hatte der König offenbar auch die bewusste Entscheidung getroffen, lieber mit ausgesuchten Kämpfern als mit einem nur zahlenstarken Heer in den Krieg zu ziehen – er ließ Tausende Männer und andere nicht kämpfende Personen zurück, die sich in der Hoffnung, sich dem Kreuzzug anschließen zu können, in Aigues-Mortes versammelt hatten.

Mittlerweile war es üblich geworden, dass die Kreuzfahrer sich auf dem Seeweg in den Osten begaben. Ludwig reiste auf einem großen königlichen Schiff, das – nach dem Ort, von dem aus die Jerusalem-Pilger zum ersten Mal die Heilige Stadt erblickten – den Namen *Montjoie*, »Berg der Freude«, trug. Für die meisten Franken war die Fahrt durch das östliche Mittelmeer allerdings eine verzweifelt unbequeme Angelegenheit. Ein durchschnittliches Transportschiff bot ungefähr 150 Quadratmeter freie Fläche auf Deck (das entspricht gut der Hälfte eines modernen Tennisplatzes), und diesen Platz mussten sich 500 Passagiere, manchmal auch wesentlich mehr, teilen. Es kann daher nicht verwundern, dass ein Kreuzfahrer die Reise zu Schiff mit einem Gefängnisaufenthalt verglich. In den unteren Decks wurden häufig Pferde befördert, obwohl Ludwig für den Transport der kostbaren Tiere, die für den bevorzugten Kampfstil der Lateiner eine so wesentliche Rolle spielten, auch eigene Schiffe bereitstellen ließ.

Jean de Joinville beschrieb den Aufbruch von Marseille Ende August 1248. Von seinem Schiff aus beobachtete er, wie die Pferde durch ein Tor im Schiffsrumpf unter Deck geführt wurden. Dieses Tor wurde dann sorgfältig mit Pech verschlossen und abgedichtet, »so wie man es auch mit einem Fass macht, bevor man es ins Wasser lässt, denn wenn das Schiff erst auf hoher See ist, liegt das Tor vollständig unter Wasser«. Der Kapitän des Schiffes ließ dann die Besatzung und seine Passagiere die populäre Kreuzzugshymne »Veni Creator Spiritus« (Komm, Schöpfer Geist) anstimmen, die Segel wurden gesetzt, und die Reise begann. Das hob zwar bei allen die Stimmung, doch Joinville gestand, dass ihn wegen der bevorstehenden Seefahrt auch größte Beklommenheit beschlich, denn »keiner kann sicher sein, wenn er sich abends zum Schlafen niederlegt, dass er nicht am nächsten Morgen auf dem Grund des Meeres liegt«. Diesmal stellten sich seine Befürchtungen als unbegründet heraus, und ungefähr drei Wochen später kam der Seneschall in Zypern an. König Ludwig war bereits am 17. September eingetroffen.[4]

Sturmangriff am Nil

Nach seiner Ankunft auf Zypern beeilte sich Ludwig IX. nicht, militärisch tätig zu werden, stattdessen verbrachte er den nun folgenden Winter und das Frühjahr damit, sein Heer aufzustellen und seine Strategie endgültig festzulegen. Aus dem lateinischen Palästina kamen weitere Truppen hinzu, darunter führende fränkische Adlige und umfangreiche Kontingente aus jedem der drei großen Ritterorden; außerdem traf Robert von Nantes ein, der ehrwürdige Patriarch von Jerusalem, ein alter Mann hoch in seinen Siebzigern, der zusammen mit dem päpstlichen Legaten Odo von Châteauroux die geistliche Führung des Heeres übernahm. Ludwigs Anspruch auf den Oberbefehl über den Kreuzzug blieb dabei offenbar unbestritten.

In dieser Phase – möglicherweise auch schon früher – wurde festgelegt, dass wegen der anhaltenden Schwäche des ajjubidischen Regimes unter Sultan al-Salih das Ziel des Feldzugs Ägypten sein sollte. Ludwig scheint die Eroberung von ganz Ägypten angestrebt zu haben. Statt sich mit Verhandlungen aufzuhalten, sei es vor einem Angriff oder nachdem erste Gebietseroberungen gelungen waren, wollte er das Zentrum ajjubidischer Macht treffen und dann von der Nilregion aus den Rest des

Heiligen Landes zurückerobern. Das war ein ehrgeiziger, dabei nicht völlig unrealistischer Plan. Nachdem man noch erwogen hatte, ob man zuerst Alexandria oder Damiette angreifen sollte, fiel die Wahl auf Damiette, und die Kreuzfahrer unter Ludwig setzten sich auf den Spuren des fünften Kreuzzugs in Marsch.

Nach Monaten nervöser Vorbereitungen auf Zypern brach das Heer mit einem allgemein akzeptierten Anführer und einem gemeinsamen Ziel auf – zwei vielversprechende Voraussetzungen. Doch hatte die Verzögerung auch ihre Schattenseiten. Al-Salih war von der Ankunft Ludwigs unterrichtet, und er konnte in Ägypten seine Verteidigung vorbereiten. Außerdem starben noch vor dem eigentlichen Beginn der Kampagne ungefähr 260 lateinische Barone und Ritter, rund ein Zehntel des gesamten Heeres, an einer Krankheit (möglicherweise Malaria). Bei anderen Kreuzfahrern führte die lange Wartezeit dazu, dass ihre finanziellen Mittel sich erschöpft hatten: Ähnlich wie viele seiner Landsleute hatte Joinville kaum mehr genug Geld, um seine Ritter zu bezahlen, und trat daher in Ludwigs Dienste.

Im späten Frühjahr waren die Vorbereitungen jedoch abgeschlossen. Am 13. Mai 1249 stach eine gewaltige Flotte von rund 120 großen Galeeren und weiteren 1000 kleineren Schiffen von Zypern aus in See. Joinville schrieb, es habe »ausgesehen, als sei das gesamte Meer, so weit das Auge reichte, mit dem Tuch der Segel bedeckt«. Stürme und widrige Winde trieben einige Schiffe auseinander, und es dauerte 23 Tage, bis endlich die ägyptische Küste in Sicht kam. Gegen Ende ihrer Reise trafen die Kreuzfahrer auf eine Gruppe von vier muslimischen Schiffen. Drei davon konnten mit Katapultsteinen, die von Maschinen abgeschossen wurden, die auf dem Deck der fränkischen Schiffe montiert waren, und mit Brandpfeilen versenkt werden; ein Schiff jedoch entkam, wenn auch schwer angeschlagen, und versetzte wahrscheinlich die an der Küste Ägyptens stationierten Muslime in Alarmzustand.[5]

Anfang Juni gingen die Lateiner an der Küste vor Damiette vor Anker. Die Teilnehmer am fünften Kreuzzug hatten noch unangefochten und unbemerkt an den Stränden im Norden der Stadt, westlich des Nilarms, an Land gehen können; dieser Luxus war den Männern Ludwigs nicht vergönnt. Die gesamte Küstenlinie war besetzt mit vielen Tausend ajjubidischen Soldaten unter dem Kommando des Emirs Fakhr ed-Din, der in den 1220er-Jahren mit Friedrich II. verhandelt hatte und mittlerweile zu einem der führenden Generäle unter al-Salih aufgestiegen war. Auch die Nilmündung wurde von einer muslimischen Flotte bewacht. Angesichts dieses geballten Widerstands berief Ludwig auf der *Montjoie* einen Kriegsrat zusammen, und man beschloss, am folgenden Morgen eine Massenlandung zu unternehmen. Der König und seine Berater müssen gewusst haben, dass sie damit ein hohes Risiko eingingen – es war die kühnste amphibische Aktion der gesamten Kreuzzugsgeschichte. Der geringste Fehler in der Koordination der Schiffe bei der Landung würde fränkische Krieger isolieren und der Vernichtung preisgeben. Und wenn die massive Schlagkraft eines Überraschungsangriffs abflaute, bevor die Truppen an Land Fuß fassen konnten, wäre die gesamte Unternehmung bereits mit der ersten Offensive gescheitert.

Die Küstenattacke

Als am Samstag, dem 5. Juni 1249, die Sonne aufging, drängten sich viele Tausend Lateiner betend auf ihren Schiffen zusammen. Alle waren aufgefordert worden, in der Nacht zuvor zu beichten. Auf der *Montjoie* besuchte Ludwig die Messe, wie er es jeden Morgen zu tun pflegte. Dann begann für die gesamte Besatzung der Flotte die komplizierte Aufgabe, von den großen Transportschiffen in die kleineren Boote umzusteigen, die auch im seichten Wasser noch manövrierfähig waren. Jean de Joinville und seine Gefolgschaft schwangen sich in ein Langboot, das unter der Last beinah zu sinken drohte. Kurz danach beobachtete Jean, wie ein unglücklicher Ritter zum falschen Zeitpunkt absprang, als das Boot »gerade ablegte, sodass er ins Meer stürzte und ertrank«.

Sehr anschaulich beschreibt Joinville die Szene an der Küste des Nildeltas: »Das ganze Aufgebot der Streitkräfte des Sultans stand am Gestade aufgereiht. Es war ein fesselnder Anblick, denn die Standarten des Sultans waren alle aus Gold, und wo die Sonnenstrahlen darauf fielen, blitzten sie glänzend auf. Das Getöse, das dieses Heer mit seinen Pauken und sarazenischen Hörnern vollführte, war entsetzlich für die Ohren.« Um ihn herum landeten Hunderte von Booten am Strand, viele grell bemalt mit Wappen, über ihnen flatterten Fahnen, und die Ruderer bewegten sich mit aller Kraft vorwärts.

Das Langboot, in dem sich Jean de Joinville befand, war eines der ersten, die am Gestade anlangten, und es wurde direkt vor einer Gruppe muslimischer Reiter an Land gezogen, die sich sofort in Bewegung setzten. Jean beschrieb, wie er und seine Männer in das seichte Wasser sprangen, und »wir rammten die scharfe Kante unserer Schilde in den Sand und stießen unsere Lanzen sicher in die Erde, die Spitzen richteten wir gegen die Feinde«. Dieser bedrohlich-aggressive metallene Schutzwall rettete Joinville und seine Mannschaft, denn »in dem Moment, da [die angreifenden Feinde] sahen, dass die Lanzen direkt auf ihre Bäuche zielten, kehrten sie um und flohen«. Eine erste Begegnung hatte die Gruppe um Jean überlebt, und sie behielt ihre Position bei, während weitere Scharen lateinischer Kämpfer an Land gingen.[6]

Entlang des gesamten Küstenabschnitts brachen heftige Kämpfe aus, und die Muslime ließen vernichtende Pfeil- und Speerhagel über den anlandenden Franken niedergehen. Es stellte sich schnell heraus, dass nicht jedes Boot bis ganz an den Strand heranfahren konnte, und es sah eine Zeit lang so aus, als würde der Angriff dadurch aufgehalten, doch dann wurde der dringende Befehl gegeben, die Boote zu verlassen und an Land zu waten. Einige sprangen »in fiebriger Ungeduld« zu früh aus den Booten und ertranken; andere wateten, so schnell es ging, durch hüft-, teilweise sogar brusthohes Wasser vorwärts. Viele Ritter bemühten sich, ihre Pferde von den Booten zu ziehen, um beritten kämpfen zu können, während christliche Bogenschützen ihnen mit einem Hagel von Pfeilen Deckung gaben, die nach dem Bericht eines Kreuzfahrers »so dicht und schnell geflogen kamen, dass es ein sehr verwunderlicher Anblick war«. Zunächst brachen allenthalben erbitterte Einzelkämpfe aus, doch bald fanden sich die wehrhaft gerüsteten fränkischen Ritter zu disziplinierten Einheiten zusammen, und als die Formationen standen, wurden die Angriffe der Muslime immer unwirksamer.

Die Schlacht entwickelte sich zugunsten der Lateiner, was Ludwig IX. neben Odo von Châteauroux von seinem Landungsschiff aus beobachten konnte. Es war vorgesehen, dass der König in Sicherheit an Bord blieb, doch als er sah, dass seine königliche Standarte, die Oriflamme, im ägyptischen Sand aufgepflanzt wurde, konnte er sich nicht länger zurückhalten. Obwohl der päpstliche Legat ihm dringlich davon abriet, sprang er über Bord ins brusthohe Wasser und arbeitete sich vorwärts, »sein Schild hing ihm im Nacken, den Helm hatte er auf dem Kopf und die Lanze in der Hand, und so gesellte er sich zu seinen Leuten am Strand«. Dort musste der erregte König davon abgehalten werden, sich direkt in die Schlacht zu stürzen.

Einzelne Kämpfe zogen sich noch bis zur Mittagszeit hin, doch war die ajjubidische Verteidigung insgesamt schlecht koordiniert, und es fehlte ihr die notwendige Schlagkraft. Fakhr ed-Din zog sich bald landeinwärts in Richtung Damiette zurück. Es heißt, die Muslime hätten 500 Mann, darunter drei Emire, außerdem viele Pferde verloren, die Franken dagegen hatten nur wenige Verluste zu beklagen. Das Landungsmanöver war insgesamt ein überwältigender Erfolg. Viele Kreuzfahrer waren überzeugt, dass sie durch die Hand Gottes zum Sieg gelangt seien; im Brief eines Kreuzfahrers heißt es, dass die Lateiner »wie starke Streiter für den Herrn« gekämpft hätten.[7]

Und es sollte für sie noch besser kommen. König Ludwig hatte sich sehr wahrscheinlich auf eine schwierige Belagerung von Damiette eingestellt; nur zu präsent waren noch die 18 harten Monate, die die Kämpfer des fünften Kreuzzugs vor der Stadt ausgehalten hatten. Als der Tag zu Ende ging, ließ Ludwig Vorräte an Land bringen; er wollte seine Position festigen und, falls nötig, einen Gegenangriff abwehren. Doch bereits am nächsten Tag konnten die Franken erstaunt feststellen, dass Damiette aufgegeben worden war. Rauch stieg über der Stadt auf, und Kundschafter kehrten mit der Nachricht zurück, dass die Garnison geflohen war, einige zu Land, andere auf dem Nil stromabwärts. Mit einem einzigen Streich hatte Ludwig das erste Ziel seines Feldzugs erreicht: Er hatte sich am Nil einen Stützpunkt geschaffen und das Tor zu Ägypten geöffnet. Damit war ihm der überwältigendste Eröffnungsschlag aller bisherigen Kreuzzüge gelungen. Der Anblick der Ajjubiden, wie sie fluchtartig den Strand verließen und danach Damiette aufgaben, brannte sich dem König und seinen Gefährten tief ein, und sie genossen dieses Bild, schien es doch einerseits von einer muslimischen Welt Zeugnis abzulegen, die kurz vor dem Zusammenbruch stand, und andererseits auf einen endgültigen Sieg des Christentums vorauszudeuten.

Der Niedergang der Ajjubiden

Die Kreuzfahrer interpretierten ihren Erfolg in den ersten Junitagen des Jahres 1249 als Resultat ihrer eigenen kämpferischen Überlegenheit und eines geschwächten Islam. Doch so richtig diese Einschätzung zu sein schien, verhüllte sie doch auch die Realität hinter diesen Ereignissen.

Fakhr ed-Dins Entschluss am 5. Juni, sich zurückzuziehen, war wohl nicht in erster Linie eine Reaktion auf die überlegene Kampfkraft der Lateiner. Er gab den Strand auf und marschierte dann mit dem gesamten ägyptischen Landheer an Damiette vorbei südwärts, weil seine wahren Prioritäten anderswo lagen. Die Garnison der Stadt bestand aus Kämpfern der Kinanijja, einem Regiment, das für seine Tapferkeit berühmt war; als diese jedoch feststellen mussten, dass man sie allein zurückgelassen hatte, flohen auch sie im Schutz der Nacht. Sämtliche Truppenteile strömten in den Süden und versammelten sich wieder im ajjubidischen Hauptlager, wo dem Sultan al-Salih die Macht endgültig zu entgleiten drohte.

Nach dem muslimischen Triumph bei La Forbie im Jahr 1244 hatte sich al-Salih von den Choresmiern abgewandt. Er war zu der Erkenntnis gelangt, dass man dieser Söldnerhorde nicht trauen konnte, und verbot seinen früheren Verbündeten, den Fuß auf ägyptischen Boden zu setzen. Planlos verwüsteten sie daraufhin Gebiete in Palästina und Syrien; irgendwann hatte sich die Wildheit ausgetobt, und 1246 wurden sie von einem vereinten syrischen Heer vernichtend geschlagen. In den folgenden Jahren sicherte sich al-Salih die Herrschaft über Damaskus und besetzte weitere Teile Palästinas.

Um diese Zeit erkrankte der Sultan schwer an Schwindsucht. 1249 verschlechterte sich sein Gesundheitszustand dramatisch, und er konnte nur noch in einer Sänfte unterwegs sein. Von daher fiel König Ludwigs Kreuzzug in eine für ihn günstige Periode: Er überschnitt sich mit einer Phase ernsthafter Führungsschwäche bei den Ajjubiden. Nun lag al-Salih zwar im Sterben, doch es gab andere, die begierig darauf warteten, seinen Platz einzunehmen, darunter auch Fakhr ed-Din. Aus diesem Grund hatte der Emir im Frühsommer 1249 so bereitwillig seinen Platz in Damiette geräumt: Ihn trieb die Sorge um, dass er, wenn er sich in ausgedehntere militärische Aktivitäten an der Küste verwickeln ließ, die Gelegenheit verpassen könnte, beim Tod des Sultans an die Macht zu kommen. Über den Ausgang der Ereignisse an der Nilmündung war al-Salih erzürnt. Er scheint den wahren Grund für den Rückzug Fakhr ed-Dins geahnt zu haben, wagte allerdings nicht, einen so bedeutenden Emir öffentlich abzustrafen. Weniger gut ging es den Kinanijja: Der Sultan ließ das gesamte Regiment aufhängen.[8]

Diese aufgeheizte Atmosphäre aus Misstrauen, Betrug und Rivalität war lediglich ein Aspekt einer grundlegenden Krise ajjubidischer Herrschaft in der Levante. Nach langen Jahrzehnten der Stärke geriet die von Saladin und seinem Bruder al-Adil begründete Dynastie, belastet durch schwache Führer und gelähmt durch interne Intrigen, immer mehr in einen Sog der Auflösung. Doch das bedeutete nicht, dass die Eroberung Ägyptens oder des Heiligen Landes durch die Franken nicht auf Gegenwehr stoßen sollte. Tatsächlich erhob sich schon jenseits der Träume Fakhr ed-Dins von künftiger Größe eine andere äußerst schlagkräftige Macht: die Mamelucken.

Die Schwerter des Islam

Mamelucken, Militärsklaven, wurden von muslimischen Herrschern in der Levante schon seit Jahrhunderten eingesetzt, und sie hatten im 12. und 13. Jahrhundert wichtige Funktionen in den Heeren der Zangiden und Ajjubiden. Diese äußerst loyalen, hochprofessionellen Krieger waren das Produkt eines ausgeklügelten Systems aus Sklavenhandel und militärischer Ausbildung. Die meisten Mamelucken waren Angehörige von Turkstämmen aus den sibirischen Kyptschaken-Steppen weit oben im Norden, jenseits des Schwarzen Meeres; sie wurden als Jungen (üblicherweise im Alter zwischen acht und zwölf Jahren) von organisierten Sklavenhändlerringen gefangen genommen, an islamische Potentaten im Vorderen Orient verkauft und dort im muslimischen Glauben und in der Kunst der Kriegsführung unterwiesen.

Der Ruf der Mamelucken beruhte nicht nur auf ihren exzellenten kriegerischen Qualitäten, sondern auch auf ihrer Loyalität. Da ihr Schicksal und ihr Überleben unmittelbar mit nur einem Herrn verknüpft waren, blieben sie diesem einen Herrn meist treu ergeben – eine seltene Eigenschaft im Intrigensumpf mittelalterlicher islamischer Machtpolitik. Im 11. Jahrhundert bemerkte ein seldschukischer Herrscher über ihre außerordentliche Verlässlichkeit, dass »ein gehorsamer Sklave besser [ist] als 300 Söhne; Letztere sehnen den Tod ihres Vaters herbei, der Sklave dagegen wünscht seinem Herrn ein langes Leben«. Das klingt befremdlich, doch rührte die Treue der Mamelucken auch daher, dass ihre Lebensumstände vergleichsweise angenehm waren: Viele berühmte Mamelucken hatten führende Positionen inne und genossen Freiheit und Wohlstand.

Herrscher von Nur ad-Din bis hin zu al-Kamil setzten Mamelucken unter anderem als »königliche« Leibwächter und als Befehlshaber auf dem Schlachtfeld ein. Kein Sultan jedoch stützte sich in solchem

Ausmaß auf ihre Dienste wie al-Salih. Seit etwa 1240 nahm sein Argwohn hinsichtlich der Vertrauenswürdigkeit seiner übrigen Gefolgsleute und Soldaten stetig zu, und er bediente sich einer sehr viel größeren Schar von Mamelucken. Den Kern seiner Truppen bildete ein Regiment aus 1000 Mann, das als die Bahrijja bezeichnet wurde (der Name leitete sich von ihrer Garnison ab, die auf einer Nilinsel in der Nähe von Kairo stationiert war, dieser Ort hieß im Arabischen *bahr al-Nil*, »das Meer des Nil«). Ein muslimischer Zeitgenosse berichtete, dass die Bahrijja schnell »eine mächtige Streitmacht wurde, außerordentlich kühn und mutig, die den Muslimen sehr große Dienste erwies«. Tatsächlich waren die Aufstellung dieser Truppe sowie der weitere Einsatz anderer Mameluckeneinheiten für al-Salih von großem Nutzen. Es dauerte nicht lang, bis sein politisches Überleben vom ständigen Beistand der Bahrijja abhängig wurde. Wenn al-Salih jedoch einmal sterben sollte, war die Treue zu einem ajjubidischen Nachfolger durchaus nicht garantiert – vielmehr war nicht auszuschließen, dass sich die Mamelucken dann die Frage stellten, ob sie nicht lieber befehlen als folgen wollten.

Zunächst einmal blieb die Balance jedoch stabil. Al-Salih überlebte den Sommer und Herbst des Jahres 1249 und schuf sich bei der Festungsstadt Mansourah eine gut geschützte Operationsbasis – denselben Ort hatten seine ajjubidischen Vorgänger zur Zeit des fünften Kreuzzugs gewählt. Die Muslime hatten sich in einer stabilen Verteidigungsstellung verschanzt, und ihre Truppen waren verstärkt durch die Anwesenheit der Bahrijja; Ludwigs Kreuzfahrer mussten also im Unterschied zu der Situation in Damiette mit wesentlich hartnäckigerem Widerstand rechnen, wenn sie es wagten, am Nilufer weiter südwärts vorzurücken.[9]

Die Eroberung Ägyptens

Auf die Einnahme Damiettes durch die Franken folgte auf Ludwigs Seite eine weitere Phase vorsichtigen Zuwartens. Der König hatte nicht die Absicht, Damiette als Verhandlungsmasse zu benutzen, um für Palästina territoriale Zugeständnisse zu erwirken – sein Ziel war vielmehr die vollständige Eroberung des ajjubidischen Ägypten; wenn der muslimische Widerstand zerschlagen war, wollte er ostwärts nach Jerusalem ziehen. Diese Strategie brachte es mit sich, dass der Kreuzzug sich irgendwann einmal ins Landesinnere hineinbewegen musste. Der König kannte offenbar die Schwierigkeiten, mit denen Kardinal Pelagius und Johann von Brienne 28 Jahre zuvor zu kämpfen hatten, und einige christliche Zeitzeugen, die 1249 in Damiette dabei gewesen waren, beziehen sich ausdrücklich auf die Rückschläge, die den fünften Kreuzzug damals getroffen hatten. Jedenfalls versuchte Ludwig nicht, da die Überflutung des Nil bevorstand, sofort in den Süden vorzustoßen. Stattdessen wartete die Expedition das Ende des Sommers ab.

In diesen Monaten erörterten der König und seine Berater den nächsten Schritt. Man erwog Alexandria als mögliches Ziel, aber Robert von Artois, einer der Brüder des Königs, riet offenbar, sich direkt in südliche Richtung zu bewegen: Man müsse, »wenn man die Schlange töten will, als Erstes ihren Kopf zerschmettern«. Da al-Salihs ajjubidisches Heer nun bei Mansourah stationiert war, musste Ludwigs Heer sich auf eine ähnliche strategische Aufgabe gefasst machen wie zuvor die Truppen des Kardinals Pelagius. Allerdings schienen die Ereignisse bei Damiette darauf hinzuweisen, dass die muslimische Seite geschwächt war, und wenn man auf dem Nil militärisch erfolgreich war, dann hätten die Gewinne spektakulär ausfallen müssen. Ein muslimischer Chronist war sich über diese Gefahr im Klaren, als er schrieb: »Wenn das [ajjubidische] Heer bei Mansourah auch nur ein kleines Stück zurückweichen muss, dann wird ganz Ägypten binnen Kurzem erobert sein.«[10]

Um den 20. Oktober 1249, als das Hochwasser zurückging, begannen Ludwigs Truppen ihren Vormarsch am Ostufer des Nil entlang. Im Vergleich zu Pelagius hatte der König eine bessere, wenn auch nicht völlig zutreffende Vorstellung von der Geografie des Nildeltas sowie von den Schwierigkeiten, die auf die Kreuzfahrer warteten. Er folgte dem Flussverlauf in Richtung Süden und marschierte in Sichtweite zu einer Flotte »vieler großer und kleiner Schiffe, die mit Nahrungsmitteln, Waffen, Kriegsmaschinen, Rüstungen und all dem anderen beladen waren, was man im Krieg braucht«. Es ging nur langsam voran, was teilweise daran lag, dass ihnen aus dem Süden scharfer Wind entgegenwehte, der das Navigieren gegen die Strömung erschwerte, doch wurden einige Angriffsversuche der Ajjubiden ohne größere Schwierigkeiten zurückgeschlagen, und unaufhaltsam näherten sich die Christen der Festung Mansourah.

Während einer der letzten Etappen der Reise muss Ludwig – wie Pelagius vor ihm – die Stelle passiert haben, wo der Mahalla-Kanal in den

Nil mündete, doch findet diese entscheidende Wasserstraße in keinem einzigen Bericht über den Vormarsch der Christen Erwähnung, und es hat ganz den Anschein, als hätten die Franken nichts unternommen, um den Kanal zu blockieren oder zu überwachen. Bedenkt man, welch entscheidende Rolle der Kanal 1221 gespielt hatte, scheint dies auf den ersten Blick eine tollkühne Unterlassung gewesen zu sein. Allerdings haben wohl weder Ludwig und seine Zeitgenossen noch die Teilnehmer des fünften Kreuzzugs je ganz verstanden, wie es al-Kamil gelungen war, seine Flotte nilaufwärts zu bewegen. Und selbst wenn sich der König 1249 die Zeit nahm, den Kanal auszukundschaften, führte dieser wohl außerhalb der Nilschwemme im Sommer so wenig Wasser, dass er nicht schiffbar war.

Wie auch immer – am 21. Dezember erreichten die Franken das Ziel ihres Vormarschs und schlugen an genau demselben Ort ihr Lager auf wie die Truppen des fünften Kreuzzugs, nördlich der Gabelung von Nil und Tanis. Die Ajjubiden hatten eine Zeltunterkunft am gegenüberliegenden, südlichen Ufer des Tanis errichtet, aber der Großteil der Truppen war ein Stück weiter südlich untergebracht. Die Bahrijja-Mamelucken hingegen hatten ihr Quartier innerhalb von Mansourah (der Ort war seit 1221 nicht mehr nur ein Lagerplatz, er hatte sich zu einer dauerhaft befestigten Siedlung entwickelt). Während Ludwig sich von Damiette aus südwärts bewegte, hatten sich die Ereignisse am Hof der Ajjubiden überstürzt. Nach langem Leiden starb al-Salih am 22. November. Fakhr ed-Din verbündete sich nun mit Schadschar ed-Durr, einer der Witwen des verstorbenen Sultans. Aus muslimischen Quellen geht hervor, dass das Paar alle Anstrengungen unternahm, den Tod al-Salihs zu verheimlichen: Sein Leichnam wurde sorgfältig in Tücher gewickelt, in einen Sarg gelegt und schnell beiseitegeschafft; es wurden Dokumente mit gefälschter Unterschrift erstellt, die das Oberkommando über das Heer Fakhr ed-Din übertrugen; und jeden Abend wurde der Tisch für den Sultan gedeckt und dann behauptet, er sei zu krank, um bei Tisch zu erscheinen.

Schadschar ed-Durr beabsichtigte, mit diesem Täuschungsmanöver den Schein ajjubidischer Einheit angesichts der heranrückenden Kreuzfahrer zu wahren und so die Nachfolgefrage in Ruhe klären zu können. Zu diesem Zweck wurde Aqtay, der Oberbefehlshaber der Bahrijja, der Elitetruppe der Mamelucken, nach Mesopotamien entsandt, um al-Salihs Sohn und Erben al-Muazzam Turanshah zu bitten, die Herrschaft über Ägypten anzutreten. Fakhr ed-Din war mit diesem Plan einverstanden, zum einen, weil er keinen Verdacht erregen wollte, aber auch, weil mit diesem Vorgehen Aqtay, ein potenzieller Rivale, aus dem Feld geräumt werden konnte. Für sich scheint Fakhr ed-Din allerdings gehofft zu haben, dass bei diesen Entfernungen und in dem feindlichen Territorium, das der Bote durchqueren musste, die Botschaft entweder nicht an ihr Ziel kommen oder dass es Turanshah nicht gelingen würde, nach Ägypten zu kommen. Ein muslimischer Chronist schrieb, dass Fakhr ed-Din »nach unumschränkter Alleinherrschaft strebte«.

Trotz dieser komplizierten Intrige sickerte die Nachricht vom Tod des Sultans irgendwann durch und führte in Kairo zu Unruhen. Auch dauerte es nicht lange, bis Ludwig IX. entdeckte, dass, wie er es später formulierte, »das erbärmliche Leben des Sultans von Ägypten gerade zu Ende gegangen war« – eine Neuigkeit, die seine Hoffnungen auf einen Sieg noch beflügelte.[11]

Das größte Problem, vor dem die Kreuzfahrer nun standen, war die Überquerung des reißenden Flusses Tanis. Ludwig hatte – offenbar schon in Damiette – beschlossen, über den Fluss einen Damm »aus Holz und Lehm« zu bauen. Der König beauftragte seinen obersten Baumeister, Joscelin von Cornaut, nach einem Plan in zwei Phasen vorzugehen. Zunächst wurden zwei »Katzenhäuser« errichtet, mobile Türme mit davorgespannten »Katzen« oder Schutzschirmen, unter denen die Arbeiter an dem Damm bauen konnten. Gleichzeitig wurden von der Küste 18 Steinwurfmaschinen herbeigeschafft, die für Feuerschutz sorgen sollten. Als all diese Vorrichtungen an Ort und Stelle einsatzbereit standen, begann die zweite, gefährlichere Phase der eigentlichen Arbeiten am Damm.

Fatalerweise verfügte das ägyptische Heer am Südufer des Tanis ebenfalls über einen Bestand an Wurfmaschinen, insgesamt 16 an der Zahl. Sobald die Kreuzfahrer in Reichweite kamen, begann Fakhr ed-Din mit einem pausenlosen Bombardement, »die Männer lösten sich Tag und Nacht in Schichten ab« und sorgten für ständigen Beschuss mit »Steinen, Speeren, Pfeilen und Armbrustbolzen, die herunterprasselten wie dichter Regen«. Wie so viele muslimische Heere vor ihnen verfügten auch die bei Mansourah stationierten Ajjubiden außerdem über einen tödlichen technischen Vorsprung: einen gewaltigen Vorrat an hochentzündlichem griechischem Feuer (oder, wie ein Franke es sehr passend nannte, »Höllenfeuer«). Fakhr ed-Din nahm die hölzernen »Katzenhäuser« der Lateiner mit Salven von griechischem Feuer unter Beschuss, was verheerende Folgen hatte. Jean de Joinville hatte mehrere Nächte lang die Aufgabe, einen dieser leicht angreifbaren Türme zu besetzen, und beschrieb später offenherzig den panischen Schrecken, dem er und seine Männer ausgesetzt waren, als sie mitansehen mussten, wie die Behälter mit griechischem Feuer durch den Nachthimmel zischten wie »Drachen, die durch die Luft fliegen«, und lange »Feuerschweife hinter sich« herzogen. Anfang 1250 – Jean war zu diesem Zeitpunkt nicht im Einsatz – zeigte der feindliche Beschuss schließlich Wirkung, und die Türme gingen in Flammen auf. Sehr erleichtert darüber, dass er zu diesem Zeitpunkt keinen Dienst hatte, schrieb Joinville: »Ich und meine Ritter priesen Gott für diesen Zufall.«[12]

Trotz der »Katzenhäuser« scheiterten die Versuche, einen Damm zu bauen, weil die Konstruktion immer wieder durch die reißende Strömung des Flusses zerstört wurde. In der ersten Februarwoche ließ Ludwig die vergeblichen Versuche abbrechen, und die Stimmung im Lager sank beträchtlich, weil keiner wusste, wie es nun weitergehen sollte. Um diese Zeit herum trat jedoch ein muslimischer Überläufer auf – einige Quellen bezeichnen ihn als Beduinen oder auch als Deserteur aus dem Heer der Ägypter –, der den Lateinern von einer Furt ein Stück flussabwärts berichtete, über die sie ans Südufer des Flusses gelangen konnten. Diese Nachricht war ein Hoffnungsschimmer, und der König beschloss sofort, die Furt für einen direkten Angriff auf das Lager der Ajjubiden zu nutzen.

Ludwig war sich über die beträchtlichen Risiken einer solchen Operation und die tödlichen Konsequenzen im Klaren, die es haben würde, wenn die Kreuzfahrer am anderen Ufer des Tanis vom Feind empfangen und umzingelt würden; daher traf er seine strategischen Vorbereitungen mit großer Umsicht. Damit die Überquerung so unauffällig wie möglich vonstattenging, sollte sie vor Tagesanbruch beginnen. Wegen der Wassertiefe und weil schnelles Handeln vonnöten war, verbot sich der Einsatz der Infanterie, es wurden also nur Ritter und berittene Sergeanten ausgewählt. Um die Disziplin so gut wie möglich zu wahren, stellte der König nur Männer aus den ihm vertrauten französischen Truppen auf, dazu Mitglieder der Templer und der Johanniter. Die Franken aus Outremer und die Deutschordensritter sollten zurückbleiben und das Lager am Nordufer des Flusses verteidigen. Vor allem musste die gesamte Angriffstruppe das Südufer erreichen und sich dort sammeln, bevor es zu einem Angriff kam. Ludwig wies daher »sämtliche Männer, die Vornehmen und die Gemeinen«, an, »keinesfalls die Formation zu verlassen«.[13]

Die Schlacht von Mansourah

Noch vor Sonnenaufgang des 8. Februar 1250 wurde der Plan des Königs in die Tat umgesetzt. Die Templer wiesen den Weg, direkt hinter ihnen folgte eine Gruppe von Rittern, die Ludwigs Bruder Robert von Artois anführte; mit ihnen ritt auch der Engländer William Longsword, Earl von Salisbury. Schnell stellte sich heraus, dass die Furt tiefer war als vermutet, die Pferde mussten in der Mitte des Flusses schwimmen, und an den steilen, schlammigen Ufern zu beiden Seiten des Flusses stürzten einige Kreuzfahrer von ihren Reittieren und ertranken. Trotzdem erreichten nach und nach Hunderte von Franken das andere Ufer.

Dann, gerade als die Sonne aufging, entschloss sich Robert von Artois urplötzlich, einen Angriff zu wagen. Er setzte sich an die Spitze seiner Truppe und stürmte in Richtung des ajjubidischen Lagers. Die Templer schlossen sich ihm in dem nun ausbrechenden Durcheinander direkt an und ließen Ludwig und den Großteil des Heeres an der Furt zurück. In diesem Augenblick zerstoben alle Hoffnungen auf eine geordnete Offensive. Was Robert zu diesem überstürzten Akt trieb, ist nicht rekonstruierbar: Vielleicht befürchtete er, dass bald keine Möglichkeit mehr für einen Überraschungsangriff bestand; vielleicht trieben ihn auch Ehrgeiz und Ruhmsucht an. Eine Mischung aus Schreck, Verwunderung und Ärger muss alle Zurückbleibenden mitsamt dem König ergriffen haben, als Robert von Artois so plötzlich ausbrach.

Und zunächst hatte es ganz den Anschein, als sollte sich Roberts Tollkühnheit bezahlt machen. Sein Stoßtrupp von rund 600 Kreuzfahrern und Tempelrittern brach über das Lager der ahnungslosen Muslime herein, von denen viele noch schliefen, und traf kaum auf Widerstand. Roberts Männer stürmten zwischen die Zelte des Feindes und richteten ein Blutbad an. Fakhr ed-Din, der noch mit seinen morgendlichen Waschungen beschäftigt war, warf sich schnell einige Gewänder über, bestieg ein Pferd und ritt ohne Rüstung hinaus in das Getümmel. Eine Gruppe von Templern stellte ihn, er wurde vom Pferd heruntergerissen und mit zwei mächtigen Schwerthieben erschlagen. Rings umher wurden die Muslime erbarmungslos abgeschlachtet. In einem fränkischen Bericht wird beschrieben, wie die Lateiner »alle umbrachten und keinen verschonten [...] es war wirklich furchtbar, so viele Leichen zu sehen und so viel vergossenes Blut, doch es waren ja alles Feinde des christlichen Glaubens«.[14]

Dieser brutale Angriff überwältigte die Männer im Lager der Ajjubiden vollständig, und wenn Robert nun beschlossen hätte, seine Stellung zu halten, seine Truppe neu aufzustellen und Ludwigs Ankunft abzuwarten, wäre ein glänzender Sieg wohl in Reichweite gewesen. Doch es sollte nicht sein. Angesichts der geschlagenen Muslime, die sich in Richtung Mansourah zurückzogen, verfiel der Graf von Artois auf die bestürzend unüberlegte Idee, ihnen nachzusetzen. Als er Befehle für diesen zweiten Angriff gab, riet der Anführer der Templer zur Vorsicht, aber Robert warf ihm Feigheit vor. Einem christlichen Bericht zufolge soll der Templer darauf geantwortet haben: »Weder ich noch meine Brüder haben Angst [...]. Aber ich muss Euch sagen, dass keiner von uns erwartet, das zu überstehen, weder Ihr noch wir.«

Gemeinsam ritten sie mit ihren Truppen die kurze Strecke südwärts nach Mansourah und stürmten in die Stadt. Hier nun erwies sich sehr schnell, wie aberwitzig ihr tollkühner, selbstmörderischer Plan in Wirklichkeit war. Auf offenem Feld und auch noch im Lager der Ajjubiden war es den Christen möglich gewesen, zu manövrieren und in eng verbundenen Gruppen zu kämpfen. In den engen Straßen und Gassen der Stadt jedoch war an eine solche Kampfmethode nicht zu denken. Und was noch schlimmer war: Als sie in Mansourah eindrangen, prallten sie mit der Eliteeinheit der Bahrijja zusammen, die in der Stadt stationiert war. Das sollte die erste, tödliche Begegnung der Lateiner mit diesen »Löwen der Schlacht« werden. Ein muslimischer Chronist beschrieb, wie unbarmherzig und entschlossen die Mamelucken kämpften. Sie umzingelten die Kreuzfahrer »von allen Seiten«, griffen mit Speeren, Schwertern und Pfeilen an und »brachten ihre Kreuze zu Fall«. Von den rund 600 Rittern, die in Mansourah eingefallen waren, überlebte kaum eine Handvoll; sowohl Robert von Artois als auch William Longsword wurden getötet.[15]

Am Ufer des Tanis unternahm Ludwig, der noch nichts von dem entsetzlichen Gemetzel ahnte, das gleichzeitig in Mansourah begann, den tapferen Versuch, die Kontrolle über die Truppen zurückzugewinnen, die ihm noch geblieben waren, während gleichzeitig Scharen berittener Mamelucken zu einem Gegenangriff ansetzten. Ein Kreuzfahrer beschrieb, wie »ein entsetzlicher Lärm von Hörnern und Trommeln ausbrach«, als sie näher kamen, »Männer schrien, Pferde wieherten; es war ein fürchterlicher Lärm und ein schrecklicher Anblick«. Doch selbst mitten im Gewühl bewahrte der König seine ruhige Besonnenheit und kämpfte sich langsam voran bis zu einem Punkt, an dem er am Südufer des Flusses, gegenüber dem Kreuzfahrerlager, eine Stellung befestigen konnte. Hier sammelten sich die Franken nun um die Oriflamme und versuchten verzweifelt, ihre Stellung zu halten, während die Mamelucken »dichte Wolken von Armbrustbolzen und Pfeilen« auf sie abschossen und dann heranstürmten und die Kreuzfahrer in erbitterte Einzelkämpfe verwickelten. Die Verluste dieses Tages waren beträchtlich. Ein Ritter aus dem Gefolge Joinvilles erhielt »einen Lanzenhieb zwischen die Schultern, was eine so große Wunde verursachte, dass das Blut aus seinem Körper strömte wie die Flüssigkeit aus dem Zapfloch eines Fasses«. Ein anderer wurde von einem Schwertstreich im Gesicht getroffen, der ihm »die Nase abschnitt, sodass sie über seine Lippen herunterhing«. Er kämpfte weiter, starb dann jedoch an seinen Verletzungen. Von sich selbst berichtet Joinville: »Ich wurde lediglich an fünf Stellen von feindlichen Pfeilen verwundet, mein Pferd allerdings an fünfzehn.«

Es fehlte nicht viel, und die Kreuzfahrer wären in die Flucht geschlagen worden – einige versuchten, schwimmend über den Fluss zu entkommen, und ein Augenzeuge »sah den Fluss übersät mit Lanzen und Schilden und voller Männer und Pferde, die im Wasser ertranken«. Für die Kämpfer in der Umgebung des Königs hatte es den Anschein, als nähme der Zustrom von Feinden kein Ende, und »für jeden getöteten [Muslim] erschien ein anderer, frisch und ausgeruht«. Doch Ludwig blieb standhaft und gab sich nicht geschlagen. Mit seiner Unerschütterlichkeit inspirierte er auch seine Gefolgschaft, und den Christen gelang es, einer Angriffswoge nach der anderen standzuhalten, bis schließlich am frühen Nachmittag die muslimische Offensive abflaute. Bis zum Anbruch der Nacht war es den Franken, wenn auch nur mit Mühe und großen Opfern, gelungen, ihre Position zu halten.[16]

Lateinische Quellen bezeichneten die Schlacht von Mansourah als einen großen Sieg der Kreuzfahrer, und in gewisser Hinsicht war es tatsächlich ein Triumph. Trotz erbitterten Widerstands der Feinde konnten die Franken am Südufer des Tanis einen Brückenkopf befestigen. Der Preis für diese Leistung war jedoch sehr hoch. Mit Robert von Artois und seiner Gefolgschaft sowie einem großen Teil der Templer verlor der Feldzug viele seiner tapfersten Kämpfer. In sämtlichen Kämpfen, die noch bevorstanden, sollte sich der Verlust empfindlich bemerkbar machen. Und die Kreuzfahrer hatten zwar den Fluss überquert, doch die Stadt Mansourah lag noch vor ihnen und blockierte ihren Weitermarsch.

Zwischen Sieg und Niederlage

Nach der Schlacht von Mansourah befand sich Ludwig IX. in einem strategischen Dilemma. Theoretisch hatte der König zwei Möglichkeiten: den Schaden zu begrenzen und sich wieder über den Fluss zurückzubewegen oder sich am Südufer festzusetzen in der Hoffnung, den ajjubidischen Feind irgendwie zu überwinden. Die erste Möglichkeit wäre einer Bankrotterklärung gleichgekommen. Ein so vorsichtiges Vorgehen hätte zwar eine Neustrukturierung des Kreuzzugsheers erlaubt, aber die Chance, ein zweites Mal mit einem mittlerweile dezimierten Heer ein Angriffsmanöver auf die andere Seite des Flusses zu unternehmen, war verschwindend gering. Hinzugekommen wären die Schande und die Enttäuschung, wenn eine Stellung wieder aufgegeben werden musste, die durch so viele Todesopfer unter den Christen gewonnen worden war. Ludwig mag erkannt haben, dass ein solcher Rückzieher die Stimmung bei den Franken empfindlich und womöglich auf Dauer beeinträchtigen konnte. In jener Nacht oder auch am nächsten Morgen hätte er einen Rückzug befehlen können, doch damit hätte er eingestanden, dass seine Strategie für Ägypten gescheitert war, und damit faktisch das Ende des Kreuzzugs angekündigt.

Ludwig glaubte fest daran, dass sein Handeln von Gott gewollt und unterstützt wurde, außerdem stand er unter dem ständigen Druck, die Ideale des Rittertums hochzuhalten und sich der Leistungen seiner Vorfahren in früheren Kreuzzügen würdig zu erweisen. Daher kann es nicht im Geringsten überraschen, dass er jeglichen Gedanken an Rückzug weit von sich wies. Stattdessen begann er umgehend, seine Stellung am Südufer des Flusses zu befestigen, er ließ Material aus dem eroberten Lager der Muslime herbeischaffen, darunter auch das Holz der

14 übrig gebliebenen Wurfmaschinen, um eine notdürftige Palisade zu errichten, außerdem wurde ein Verteidigungsgraben angelegt. Mehrere kleine Boote wurden aneinandergehängt, wodurch eine behelfsmäßige Brücke über den Tanis entstand, die das alte Lager im Norden mit dem neuen Außenposten der Kreuzfahrer verband. Mit diesen Maßnahmen bereiteten sich die Franken auf den Sturm vor, der ihnen – wie allen völlig klar war – bevorstand. In dieser Phase scheint Ludwig sich an dem früheren Überraschungssieg von Damiette orientiert zu haben: Er war überzeugt, dass der Widerstand der Ajjubiden bald zusammenbrechen musste.

Drei Tage später wurde den Hoffnungen des Königs ein erster Schlag versetzt. Am Freitag, dem 11. Februar, unternahmen die Mamelucken unter der Führung der Bahrijja einen massiven Angriff, der sich vom Morgen bis in den Abend hinzog. Tausende Muslime umzingelten das Lager der Kreuzfahrer; mit ständigem Beschuss und blutigen Nahkämpfen hofften sie, die Franken vertreiben zu können. Von christlicher Seite wurde später berichtet, sie hätten »mit so schrecklicher, entsetzlicher Beharrlichkeit« angegriffen, dass viele Lateiner aus Outremer »sagten, sie hätten noch nie einen derart verwegenen, gewalttätigen Anschlag erlebt«. Die ungezügelte Wildheit der Mamelucken schockierte die Kreuzfahrer; einer schrieb, dass sie »fast nichts Menschliches mehr an sich hatten, sie waren wie wilde Tiere, außer sich vor Wut«, und er fügte hinzu, dass »sie sicher Angst vor dem Tod nicht kannten«. Viele Franken hatten in der Schlacht von Mansourah Verletzungen davongetragen; Jean de Joinville etwa konnte wegen seiner Wunden keine Rüstung anlegen. Dennoch kämpften sie tapfer und wurden durch Geschosshagel aus dem alten Lager auf der anderen Seite des Flusses unterstützt. Wieder blieb Ludwig standhaft, und die Christen konnten ihre Stellung behaupten, doch erneut starben Hunderte Kreuzfahrer, und viele wurden verletzt, unter ihnen der Großmeister der Templer. Er hatte schon am 8. Februar im Kampf ein Auge verloren, nun wurde ihm auch das andere Auge ausgestochen, und kurz darauf starb er an seinen Verletzungen.

In den beiden fürchterlichen Schlachten dieser Woche hatten die Lateiner unglaubliches Stehvermögen bewiesen. Ihren eigenen Angaben zufolge hatten sie beim zweiten Zusammenstoß 4000 Muslime getötet.

Es gibt in arabischen Quellen keine vergleichbaren Zahlenangaben, mit denen sich das bestätigen ließe, doch selbst wenn die Behauptung zutrifft, scheinen diese Verluste an der überwältigenden Überzahl der Ajjubiden nicht viel geändert zu haben. Der lateinische Gegner hatte überlebt, war allerdings erheblich geschwächt. Es muss nun allen klar gewesen sein, dass die Kreuzfahrer nicht mehr in der Lage waren, von sich aus anzugreifen. Bestenfalls konnten sie hoffen, ihren Außenposten am südlichen Flussufer zu halten. Wenn es aber nicht möglich war, Mansourah anzugreifen – wie konnte der Krieg dann überhaupt gewonnen werden?

In den nun folgenden Tagen und Wochen wurde diese Frage immer dringlicher. Die Ägypter unternahmen immer wieder Probeangriffe, gaben sich aber im Großen und Ganzen damit zufrieden, die Christen innerhalb ihrer Einfriedung festzuhalten. Bis Ende Februar, als sich keinerlei Hoffnungsschimmer auf einen Fortschritt abzeichnete, wurde die Stimmung im Lager immer düsterer; verschärft wurde die Notlage der Kreuzfahrer noch durch den Ausbruch von Seuchen. Das hing zum Teil mit der riesigen Zahl von Toten an Land und im Wasser zusammen. Joinville schrieb, er habe gesehen, wie Hunderte Leichen von der Strömung den Tanis heruntergetrieben wurden, bis sie gegen die Behelfsbrücke aus fränkischen Booten stießen, sodass »der ganze Fluss voll war mit Leichen, von einem Ufer zum andern und so weit flussaufwärts, wie man einen kleinen Stein werfen konnte«. Außerdem erkrankten die Männer an Skorbut, weil die Lebensmittel knapp wurden.[17]

In dieser Situation wurde die Versorgungslinie nilabwärts nach Damiette zur Überlebensnotwendigkeit. Bislang konnte die Flotte der Christen ungehindert Material zu den Lagern bei Mansourah befördern, doch das sollte sich nun ändern. Am 25. Februar 1250 traf nach monatelanger Reise vom Irak der ajjubidische Erbe Ägyptens al-Muazzam Turanshah am Nildelta ein. Er brachte sofort neuen Schwung in die Aktionen der Muslime. Die Nilüberflutung war schon seit Langem zurückgegangen, der Mahalla-Kanal enthielt also zu wenig Wasser, um von Süden her schiffbar zu sein; daher ließ Turanshah ungefähr 50 Schiffe über Land zum nördlichen Oberlauf des Kanals transportieren. Von dort konnten die Schiffe nilabwärts segeln und die fränkische Flotte bei Mansourah umgehen. Joinville gesteht, dass dieser dramatische Schachzug »unser Volk in Angst und Schrecken versetzte«. Turanshahs Manöver entsprach praktisch genau der Falle, die man dem fünften Kreuzzug gestellt hatte, und für Ludwigs Unternehmung kam es einer Katastrophe gleich.

In den nächsten Wochen fingen ajjubidische Schiffe zwei Nachschubtransporte der Christen ab, die von Damiette in Richtung Süden unterwegs waren. Die Kreuzfahrer befanden sich in einer hoffnungslosen Lage. Ein lateinischer Zeitgenosse beschrieb die Verzweiflung, die nun das gesamte Heer ergriff: »Jeder rechnete damit, sterben zu müssen, keiner glaubte mehr an ein Entkommen. Es gab kaum einen Mann im ganzen Heer, der nicht einen toten Freund betrauerte, oder ein Zelt oder eine sonstige Unterkunft ohne Kranke oder Tote.« Joinvilles Wunden hatten sich mittlerweile entzündet. Er erinnerte sich später daran, wie er mit Fieber in seinem Zelt lag; draußen schnitten Bader den Kranken, die unter Skorbut litten, das verfaulende Zahnfleisch aus dem Mund, damit sie wieder Nahrung zu sich nehmen konnten. Joinville hörte die Schreie der Männer, die sich diesem grausigen Eingriff unterziehen mussten, durch das ganze Lager gellen und verglich sie mit den »Geburtswehen einer Frau«. Auch der Hunger forderte viele Opfer unter den Männern und ihren Pferden. Viele Franken ernährten sich vom Fleisch der toten Pferde, Esel und Maultiere, später wurden sogar Katzen und Hunde gegessen.[18]

Der Preis der Unschlüssigkeit

Anfang März 1250 waren die Umstände im Hauptlager der Christen am Südufer des Tanis unhaltbar geworden. Ein Augenzeuge berichtet, die Männer hätten »offen ausgesprochen, dass alles verloren war«. Die Hauptverantwortung für diesen katastrophalen Stand der Dinge lag bei Ludwig. Mitte Februar hatte er versäumt, die Risiken und den möglichen Nutzen realistisch einzuschätzen, wenn man das südliche Kreuzfahrerlager beibehielt; er hatte seine Hoffnungen einfach weiter ausschließlich auf die zunehmende Schwäche der Ajjubiden gesetzt. Außerdem unterschätzte er völlig, wie verwundbar seine Nachschub- und Versorgungsverbindung auf dem Nil war und wie viele Truppen er brauchte, um das ägyptische Heer bei Mansourah zu besiegen.

Man hätte einige Folgen dieser Fehlentscheidungen noch abmildern können, wenn der König sich jetzt zu entschlossenem Handeln hätte durchringen können, nachdem er eingestanden hatte, dass seine Position völlig unhaltbar geworden war. Die zwei Optionen, die ihm noch blieben, waren sofortiger Rückzug oder Verhandeln, doch Ludwig konnte sich den gesamten März hindurch für keine von beiden entscheiden. Er scheint vielmehr, während seine Männer um ihn herum immer schwächer wurden und starben, von seiner Entscheidungsunfähigkeit geradezu gelähmt gewesen zu sein; er konnte sich nicht eingestehen, dass seine hochfliegenden strategischen Pläne für Ägypten vereitelt waren. Erst Anfang April wurde Ludwig endlich aktiv, doch nun war es zu spät. Er versuchte, mit den Ajjubiden einen Waffenstillstand auszuhandeln, und bot offenbar an, Damiette im Austausch gegen Jerusalem aufzugeben (auch das wieder eine Parallele zum fünften Kreuzzug). Im Februar 1250 wäre ein derartiges Abkommen vielleicht noch möglich gewesen, vielleicht sogar noch im März, doch im April konnte es an der eindeutigen Vormachtstellung der Muslime keinerlei Zweifel mehr geben. Turanshah wusste, dass er eindeutig im Vorteil war, und mit dem Sieg unmittelbar vor Augen lehnte er Ludwigs Vorschlag ab. Den Christen blieb nun nichts anderes mehr übrig, als einen Rückzug in Richtung Norden zu versuchen, 60 Kilometer über offenes Gelände bis nach Damiette.[19]

Am 4. April wurden die erschöpften Männer des lateinischen Heeres aufgefordert, sich auf den Weg zu machen. Die Hunderte, womöglich gar Tausende Kranke und Verwundete sollten auf Schiffe gebracht und nilabwärts transportiert werden, in der Hoffnung, das eine oder andere Schiff werde den muslimischen Kordon passieren können. Die übrigen, körperlich nicht eingeschränkten Kreuzfahrer sollten über Land zur Küste zurückmarschieren.

In diesem Stadium war der König selbst schwer an Ruhr erkrankt. Viele führende Franken drängten ihn zu fliehen, entweder zu Schiff oder zu Pferd, um einer Gefangennahme zu entgehen. In einer Mischung aus Tapferkeit und Torheit jedoch verhielt Ludwig sich ostentativ solidarisch und weigerte sich, seine Männer im Stich zu lassen. Er hatte sie nach Ägypten geführt; nun hoffte er, sie auch wieder in Sicherheit hinauszugeleiten. Es wurde ein wenig durchdachter Plan ausgeheckt, sich im Schutz der Dunkelheit davonzumachen und die Zelte im südlichen Lager stehen zu lassen, damit die Muslime nicht merkten, dass eine Flucht stattfand. Ludwig befahl außerdem seinem Baumeister Joscelin von Cornaut, er solle, wenn alle den Tanis überquert hatten, die Seile durchtrennen, mit denen die Bootsbrücke über den Fluss befestigt war.

Leider erwies sich nur allzu schnell, dass der Plan untauglich war. Den meisten Kreuzfahrern gelang es, im Schutz der Dunkelheit das nördliche Ufer zu erreichen, doch eine Gruppe ajjubidischer Kundschafter bemerkte, was geschah, und schlug Alarm. Bei der Annäherung feindlicher Soldaten scheint Joscelin die Nerven verloren zu haben; jedenfalls ergriff er die Flucht – und die Brücke wurde nicht abgebrochen, vielmehr von Scharen muslimischer Soldaten benutzt, die den Franken nachsetzten. In der Dunkelheit breitete sich Panik aus, und es begann eine chaotische Flucht. Ein muslimischer Augenzeuge beschrieb, wie »wir ihnen auf den Fersen folgten; und die ganze Nacht hindurch schonten unsere Schwerter ihre Rücken nicht. Schande und Unglück kam über sie.«

Früher am selben Abend hatten Jean de Joinville und zwei seiner Ritter ein Schiff bestiegen und warteten darauf, dass es ablegte. Jean beobachtete, wie einige Verwundete, die man in dem allgemeinen Durcheinander ohne Schutz im alten Lager am Nordufer zurückgelassen hatte, zum Nilufer krochen und verzweifelt versuchten, auf irgendein Schiff zu gelangen. Er schrieb: »Als ich die Seeleute bedrängte, dass sie ablegen sollten, kamen die Sarazenen in das [nördliche] Lager, und ich sah im Licht der Feuer, wie sie die armen Kerle am Ufer abschlachteten.« Joinvilles Schiff legte ab, wurde von der Strömung ergriffen und nilabwärts getragen – ihm war die Flucht gelungen.[20]

Bei Tagesanbruch am 5. April 1250 wurde das volle Ausmaß der Katastrophe offenbar. An Land wurden unorganisierte Gruppen fränkischer Soldaten erbittert von Mamelucken verfolgt, die keinerlei Neigung zeigten, in irgendeiner Form Milde walten zu lassen. In den nächsten Tagen wurden viele Hundert fliehende Christen erschlagen. Eine Gruppe schaffte es, sich Damiette bis auf eine Tagesreise zu nähern, dort wurde sie umzingelt und musste kapitulieren. Die großen Symbole der stolzen fränkischen Unbezwingbarkeit wurden gestürzt: Die Oriflamme »wurde in Stücke gerissen«, die Standarte der Templer »niedergetrampelt«.

Auf ihrem Ritt in den Norden gelang es dem bejahrten Patriarchen Robert von Nantes und Odo von Châteauroux irgendwie, der Gefangennahme zu entgehen, doch nach den ersten 24 Stunden waren sie so erschöpft von den Strapazen, dass sie ihren Weg nicht fortsetzen konnten. Robert beschrieb später in einem Brief, wie sie zufällig auf ein Boot stießen, das am Ufer festgemacht war, und damit irgendwann Damiette erreichten. Nur wenige hatten so viel Glück. Die meisten Schiffe, die die Kranken und Verwundeten transportierten, wurden geplündert oder auf dem Fluss niedergebrannt. Joinvilles Schiff kam nur langsam voran. Fürchterliche Metzeleien musste er am Ufer mitansehen. Irgendwann wurden sie aufgehalten. Vier muslimische Schiffe griffen sie an, woraufhin Joinville sich an seine Gefolgsleute wandte und fragte, ob sie von Bord gehen und versuchen sollten, sich dort einen Fluchtweg zu erkämpfen, oder auf dem Schiff bleiben und sich gefangen nehmen lassen. Mit entwaffnender Ehrlichkeit gibt er wieder, was einer seiner Diener erklärte: »Wir sollten uns erschlagen lassen, denn dann gehen wir ins Paradies ein«, doch er fügte hinzu: »Keiner von uns befolgte diesen Rat.« Als sein Schiff geentert wurde, log Joinville, um zu verhindern, dass er auf der Stelle erschlagen wurde: Er behauptete, er sei ein Vetter des Königs. Man nahm ihn daraufhin gefangen.[21]

In diesem Chaos wurde König Ludwig vom Großteil seiner Truppen getrennt. Er litt nun derart heftig unter der Ruhr, dass er ein Loch in seine Hosen schneiden lassen musste. Eine kleine Gruppe seiner treuesten Gefolgsleute unternahm den tapferen Versuch, ihn in Sicherheit zu bringen, sie fanden Zuflucht in einem kleinen Dorf. Dort, halb tot in einer zerfallenden Hütte kauernd, wurde der mächtige König Frankreichs gefangen genommen. Sein grandioser Versuch, Ägypten zu erobern, war endgültig gescheitert.

Der Büßerkönig

Ludwigs Fehleinschätzung der Situation bei Mansourah, vor allem wohl sein Versäumnis, aus den Fehlern des fünften Kreuzzugs zu lernen, gipfelte nun darin, dass er selbst Gefangener der Muslime war. Nie zuvor war ein König aus dem lateinischen Westen während eines Kreuzzugs gefangen genommen worden. Diese unerhörte Katastrophe brachte Ludwig und die kümmerlichen Reste seines Heeres in eine äußerst lebensbedrohliche Lage. Sie befanden sich jetzt völlig in der Hand des Feindes; es gab keine Möglichkeit mehr, Übergabebedingungen auszuhandeln, und die Franken waren den Muslimen auf Gedeih und Verderb ausgeliefert. Ein muslimischer Zeitzeuge meldete triumphierend:

> Es wurde eine Berechnung über die Anzahl der Gefangenen angestellt, es waren mehr als 20 000; die Zahl derjenigen, die ertrunken waren oder getötet wurden, belief sich auf 7000. Ich sah die Toten, es waren so viele, dass man die Erde nicht mehr sehen

konnte [...]. Es war ein Tag, wie die Muslime ihn noch nie erlebt hatten; noch hatten sie von dergleichen je gehört.

Die Gefangenen wurden in Lagern im Bereich des Nildeltas zusammengetrieben und nach Ansehen und Besitz aufgeteilt. Eine arabische Quelle gibt an, dass Turanshah »befahl, die Masse der Gemeinen zu köpfen«; ein Hauptmann aus dem Irak erhielt den Befehl, die Exekutionen zu überwachen – diese grauenhafte Aktion wurde offenbar mit einer Hinrichtungsquote von 300 Mann pro Nacht vollzogen. Andere Franken durften sich entscheiden, ob sie lieber zum Islam übertreten oder sterben wollten, während höherrangige Adlige wie etwa Jean de Joinville verschont wurden – sie waren als Geiseln zu wertvoll, um hingerichtet zu werden. Joinville erwähnt, dass König Ludwig mit Folter bedroht wurde: Man habe ihm einen fürchterlichen hölzernen Schraubstock gezeigt, »versehen mit ineinandergreifenden Zähnen«, der dem Opfer die Beine zerquetschte, doch diese Drohung wird durch keine andere Quelle bestätigt. Trotz seiner Krankheit und der erniedrigenden Umstände seiner Gefangennahme scheint der König seine Würde gewahrt zu haben.[22]

Tatsächlich verbesserte sich Ludwigs Situation sogar, weil Turanshah gerade jetzt in immer größere Bedrängnis geriet. Seit seinem Eintreffen in Mansourah hatte der ajjubidische Erbe seine eigenen Soldaten und Beamten bevorzugt und damit viele Männer innerhalb der ägyptischen Militärhierarchie verprellt, darunter auch Aqtay, den Befehlshaber der Mamelucken, sowie die Bahrijja. Turanshah hatte größtes Interesse daran, einen Vertrag auszuhandeln, mit dem er seine Herrschaft über die Nilregion stärken konnte; daher stimmte er Verhandlungen zu, und in der zweiten Aprilhälfte wurden die Bedingungen ausgehandelt. Man vereinbarte einen zehnjährigen Waffenstillstand. Der König von Frankreich sollte freigelassen werden, und als Gegenleistung war Damiette umgehend auszuliefern. Für die 12 000 Christen, die sich in der Hand der Ajjubiden befanden, wurde ein beträchtliches Lösegeld von 800 000 Gold-Bezant (40 000 *livres tournois*) festgesetzt.

Anfang Mai jedoch sah es plötzlich ganz so aus, als sollte den Christen nicht einmal die Erfüllung dieser extremen Bedingungen ihre Freiheit zurückbringen, denn der ajjubidische Staatsstreich, auf den Ludwig bei Mansourah so lange gewartet hatte, fand endlich statt. Am 2. Mai wurde Turanshah von Aqtay und einem brutalen jungen Mamelucken aus dem Bahrijja-Regiment namens Baibars ermordet. Im anschließenden Machtkampf wurde zunächst Schadschar ed-Durr zur Repräsentationsfigur des ajjubidischen Ägypten. Tatsächlich vollzog sich jedoch schon eine tiefergreifende Umwälzung: Die Mamelucken wurden allmählich, aber unaufhaltsam immer stärker.

Trotz dieser dynastischen Verschiebungen wurde Damiette wie geplant wieder von den Muslimen übernommen, und am 6. Mai 1250 wurde Ludwig auf freien Fuß gesetzt. Er machte sich nun daran, das Lösegeld zusammenzutragen, von dem er die Hälfte – 200000 *livres tournois* – zu zahlen gedachte; 177000 wurden aus der Kriegskasse des Königs genommen, den Rest steuerten die Templer bei. Es dauerte zwei Tage, bis diese riesige Summe abgewogen und gezählt war. Am 8. Mai bestieg Ludwig mit den wichtigsten Männern seines Gefolges ein Schiff nach Palästina, darunter seine beiden überlebenden Brüder, Alfons von Poitiers und Karl von Anjou, sowie Jean de Joinville. Die meisten Kreuzfahrer befanden sich noch in Gefangenschaft.

Nachwirkungen der Niederlage

Sämtliche Hoffnungen Ludwigs IX. auf eine Eroberung Ägyptens und einen Sieg im Kampf um das Heilige Land hatten sich zerschlagen. In vielerlei Hinsicht kristallisierte sich jedoch erst nach dieser demütigenden Niederlage heraus, wie tief der König vom Kreuzzugsideal beseelt war und wie ernst er dieses Ideal nahm. Unter ähnlichen Voraussetzungen, nach einem so kompletten Debakel, hätten sich viele christliche Monarchen aus dem Staub gemacht, wären nach Europa zurückgekehrt und hätten den Dingen im Vorderen Orient ihren Lauf gelassen. Ludwig tat genau das Gegenteil. Wohl wissend, dass seine Männer in muslimischer Gefangenschaft vermodern würden, wenn sein Einfluss auf das ägyptische Regime wegen ihrer Freilassung nachließ, beschloss er, weitere vier Jahre in Palästina zu bleiben.

In dieser Zeit amtierte Ludwig als oberster Herrscher über Outremer, und bis zum Jahr 1252 hatte er die Befreiung seiner Männer durchgesetzt. Unermüdlich war er tätig, so packte er etwa die glanzlose Aufgabe an, die Verteidigungsanlagen des Königreichs Jerusalem an der Küste zu verstärken, und veranlasste eine umfangreiche Erneuerung der Festungsanlagen von Akkon, Jaffa, Cäsarea und Sidon. Außerdem stationierte er in Akkon eine ständige Garnison, bestehend aus 100 fränkischen Rittern, die von der französischen Krone mit rund 4000 *livres tournois* pro Jahr entlohnt wurden.

Bedenkt man den Hang zur Selbstrechtfertigung, wie er für andere prominente Kreuzzugspersönlichkeiten – von Richard Löwenherz bis zu Friedrich II. – kennzeichnend war, dann fällt die Bereitschaft Ludwigs auf, selbst die Verantwortung für die schrecklichen Rückschläge in Ägypten zu übernehmen. Die Gefolgsleute des Königs versuchten alles, um die Schuld auf Robert von Artois abzuwälzen; sie verwiesen darauf, dass auf dessen Beschluss hin im Herbst 1249 der Vormarsch auf Mansourah unternommen wurde, und kritisierten das rücksichtslose Vorgehen des Grafen am 8. Februar 1250. In einem Brief vom August 1250 jedoch lobte Ludwig Roberts Tapferkeit, er bezeichnete ihn als »unseren sehr geliebten und ruhmreichen Bruder ehrenvollen Angedenkens« und brachte seine Hoffnung und Überzeugung zum Ausdruck, dass er »die Krone der Märtyrer« empfangen habe. Im selben Dokument interpretiert der König das Scheitern des Kreuzzugs und seine eigene Gefangennahme als Strafen Gottes, die ihm auferlegt wurden, »wie unsere Sünden es verdienten«.[23]

Im April 1254 reiste er wieder nach Frankreich zurück. Seine Mutter Blanka war zwei Jahre zuvor gestorben, und das Kapetingerreich war zunehmend vom Zerfall bedroht. Der König kehrte als Verwandelter aus dem Heiligen Land zurück. Sein weiteres Leben war geprägt von äußerster Frömmigkeit und Askese – er trug ein härenes Büßergewand, nahm nur kleine Portionen einfachster Speisen zu sich und betete offenbar ohne Unterlass. Irgendwann erwog er sogar, auf die Krone zu verzichten und in ein Kloster einzutreten. Außerdem begleitete ihn die ständige Sehnsucht, einen weiteren Kreuzzug zu unternehmen, um dadurch vielleicht der Erlösung teilhaftig zu werden.

Der Feldzug nach Ägypten hatte nicht nur das Leben dieses Königs verändert, die Ereignisse am Nil hatten auch einen weiterreichenden Einfluss auf das gesamte lateinische Europa. Der Kreuzzug des Jahres 1250 war mit großer Sorgfalt geplant, finanziert und ausgerüstet worden; die Kreuzfahrer wurden von einem strahlenden Vorbild königlich-christlicher Tugenden angeführt. Und trotzdem stand am Ende eine vernichtende Niederlage. Nach eineinhalb Jahrhunderten fast chronischer Misserfolge im Krieg um das Heilige Land löste dieser jüngste Rückschlag im Abendland eine Welle des Zweifels und der Hoffnungslosigkeit aus. Es gab sogar Menschen, die vom christlichen Glauben abfielen. In der zweiten Hälfte des 13. Jahrhunderts, als Outremers Stärke weiter schwand und neue, offenkundig unbesiegbare Feinde die Bühne des Orients betraten, waren daher die Aussichten, einen weiteren Kreuzzug unternehmen zu können, wahrhaft düster.

Fünfter Teil

Sieg im Orient

22

Der Löwe von Ägypten

Auch über ein halbes Jahrhundert nach Saladins Tod im Jahr 1193 beherrschten die Mitglieder seiner ajjubidischen Dynastie den Islam im Vorderen Orient. Saladin hatte über die christlichen Franken in der Levante Tod und Verderben gebracht, Jerusalem zurückerobert und sich dem dritten Kreuzzug unter Richard Löwenherz in den Weg gestellt. Die Ajjubiden jedoch, die ihm nachfolgten, waren vorwiegend in ihre eigenen engstirnigen Rivalitäten verstrickt, sie hatten nichts dagegen, in relativem Frieden in der Nachbarschaft der noch existierenden Kreuzfahrerstaaten zu leben. Muslime und Christen hatten gleichermaßen ein Interesse daran, die für beide Seiten vorteilhaften Handelsverbindungen aufrechtzuerhalten, und so standen Verhandlungen, Kompromisse und Verträge auf der Tagesordnung. Die muslimischen Herrscher in Damaskus, Kairo und Aleppo sahen sich immer noch als Vorkämpfer des Dschihad, doch richtete sich ihr Kampf nun nach innen und drückte sich in Werken spiritueller Reinigung und religiöser Unterweisung aus. Statt sich im »heiligen Krieg« zu verausgaben, in der militaristischen Form des Dschihad gegen Andersgläubige, wollten die Ajjubiden hauptsächlich Konflikte begrenzen, denn es war klar, dass aggressive Übergriffe auf die Franken womöglich im Abendland wieder zum Aufruf zu einem gefährlichen Kreuzzug führen würden.

Dieser sorgfältig ausbalancierte *modus vivendi* sollte gekippt werden, als in der Levante zwei neue orientalische Großmächte auftraten: die Mamelucken und die Mongolen. Beide verfügten über furchterregende militärische Stärke, die alles bisher in den Kreuzzügen Dagewesene übertraf, und ihr titanischer Zusammenstoß markierte einen tiefen Einschnitt im Schicksal des Heiligen Landes und in der Geschichte der Kreuzzüge.

Das lateinische Outremer wurde im Schatten dieser beiden Giganten der dritte, häufig nur noch beiläufige Herausforderer im Kampf um die Herrschaft im Osten.

Neue Mächte im Vorderen Orient

Eine neue islamische Dynastie, das Sultanat der Mamelucken aus Mitgliedern der Militärelite, griff in Ägypten nach dem gescheiterten Kreuzzug König Ludwigs IX. von Frankreich nach der Macht. In den 1250er-Jahren tobte ein verwickelter Machtkampf: Mehrere Mameluckenführer versuchten, die letzten Spuren ajjubidischer Herrschaft in der Nilregion auszulöschen. Das Eliteregiment der Mamelucken, die Bahrijja, wurde 1254 gezwungen, aus Ägypten zu fliehen, nachdem ihr Befehlshaber Aqtay von dem skrupellosen Kriegsherrn Qutuz, dem Anführer einer rivalisierenden Mameluckengruppe, ermordet worden war. Drei Jahre später wurde Schadschar ed-Durr, die Witwe des letzten großen Ajjubiden-Sultans al-Salih, hingerichtet, und Qutuz übernahm allmählich die Herrschaft über Ägypten, während er offiziell noch im Namen des minderjährigen Marionettensultans al-Mansur Ali regierte.

Gleichzeitig begab sich die Bahrijja unter ihrem Anführer Baibars ins Exil. Baibars war an der Verschwörung des Jahres 1250 beteiligt gewesen, die zur Ermordung des ajjubidischen Erben Turanshah geführt hatte. Er war groß, dunkelhäutig und entstammte den Kyptschak-Türken, einem harten, kriegerischen Volk aus den sibirischen Steppen; in der Antike wurden sie auch Kumanen genannt. Er soll eine dröhnende Stimme gehabt haben, aber sein hervorstechendstes Merkmal waren seine blauen Augen (in einem Auge fiel ein kleiner, deutlicher weißer Fleck von der Größe eines Nadelöhrs auf). Im Alter von 14 Jahren war Baibars als Sklave gefangen genommen worden, damals begann seine Ausbildung zum Mameluck. Er ging durch die Hand mehrerer Besitzer, bevor er schließlich 1246 in die neue Bahrijja-Truppe von al-Salih aufgenommen wurde. Dort erkannte man rasch seine kriegerische Begabung und seine Führungsqualitäten, und 1250 in der Schlacht von Mansourah kämpfte er gegen die Kreuzfahrer unter König Ludwig.

In der zweiten Hälfte der 1250er-Jahre dienten Baibars und die Bahrijja mehreren unbedeutenden ajjubidischen Emiren, die sich in Syrien, Palästina und Transjordanien verzweifelt an die Macht klammerten. Zu ihnen gehörte auch an-Nasir Yusuf, der offizielle Herrscher von Aleppo und Damaskus – ein Emir aus einer der vornehmsten Familien, Enkel Saladins und dennoch völlig unfähig, mit den Turbulenzen dieser Epoche gewandelter Loyalitäten und neuer Weltmächte umzugehen. Damals perfektionierte Baibars seine Fertigkeiten als militärischer Befehlshaber, er konnte einige eindrucksvolle Erfolge für sich verbuchen, musste allerdings auch die eine oder andere demütigende Niederlage hinnehmen. Ihm zur Seite stand ein anderer Mameluck, ebenfalls aus dem Volk der Kyptschaken: Qalawun, wahrscheinlich sein bester Freund und Kampfgenosse. Baibars behielt die Ereignisse in Ägypten ständig im Blick. Zweimal versuchte er, in die Nilregion vorzudringen und Qutuz zu entmachten, aber da sein Heer zu klein war, blieb ihm ein Sieg verwehrt.

Vor 1259 hatte Baibars sich als fähiger Befehlshaber mit deutlichem Drang zu Höherem erwiesen, bislang hatte er jedoch noch keine echte Chance bekommen, seine ehrgeizigen Pläne oder seine augenfällige Begabung in die Tat umzusetzen. Diese Gelegenheit sollte sich sowohl für Baibars als auch für die gesamte Mameluckenherrschaft ergeben, als eine neue, verheerende Bedrohung für den muslimischen Orient auftauchte.[1]

Um das Jahr 1206 vereinte der Kriegsherr Temüdschin die nomadischen Mongolenstämme der weiten ostasiatischen Steppen und nahm den Titel eines Dschingis (oder Genghis) Khan an (was wörtlich »strenger Herrscher« bedeutet). Dschingis Khan und seine Nachfolger waren besessen von grenzenloser Kriegslust, und sie waren, ausgehend von ihren animistischen Vorstellungen, überzeugt, dass die Mongolen durch göttlichen Beschluss ausersehen seien, die gesamte Welt zu erobern. Mit eisernem Willen verwandelte Dschingis Khan die verfeindeten mongolischen Stämme, die sich alle durch außerordentliche Zähigkeit und unvergleichliches Geschick als Reiter und Bogenschützen auszeichneten, in ein nicht aufzuhaltendes Heer.

In den nun folgenden 50 Jahren breiteten sich die Mongolen – zunächst unter Dschingis Khan, dann unter seinen Söhnen – explosionsartig über die damals bekannte Welt aus. Eine Streitmacht wie die ihre hatte man in der mittelalterlichen Welt, vielleicht sogar in der gesamten Geschichte der Menschheit noch nie erlebt. Ihre Art der Kriegsführung war unerbittlich und absolut kompromisslos: Sie erwarteten von ihren Feinden sofortige, bedingungslose Unterwerfung, andernfalls hatten diese mit völliger Vernichtung zu rechnen. Um die Mitte des 13. Jahrhunderts erstreckte sich das Herrschaftsgebiet der Mongolen von China bis nach Europa, vom Indischen Ozean bis zu den nördlichen Regionen Sibiriens. Diese rasante Ausdehnung brachte die Mongolen zwangsläufig in Kontakt mit der christlichen und der muslimischen Welt.

Nachdem die Mongolen Nordchina unterworfen hatten, begannen sie 1229 nach Westen vorzurücken, wobei sie mit den muslimischen Herrschern im nördlichen Iran zusammenstießen. Das veranlasste die Choresmier, in den Nordirak zu fliehen, und führte 1244 zur Invasion der Choresmier ins Heilige Land. Zwischen 1236 und 1239 besiegte die Horde der Mongolen die christlichen Reiche Georgien und Großarmenien und drang 1243 in Kleinasien ein. Sie überwältigte die Dynastie der türkischen Seldschuken, die dort seit dem 11. Jahrhundert an der Macht gewesen waren. In den 1230er-Jahren eroberten die mongolischen Reiter außerdem die südlichen Steppengebiete Russlands und begründeten dort ein Reich, das unter dem Namen »Goldene Horde« bekannt wurde. Ironischerweise führte genau das zur Flucht vieler dort ansässiger Kyptschaken. Sie strömten in den Süden und fielen dort in die Hände von Sklavenhändlern. Deshalb gab es mit einem Schlag viel mehr mameluckische Rekruten für die Muslime Ägyptens.

Die Mongolen zogen weiter westwärts, und es kam zur Begegnung mit den lateinischen Christen in Europa, wo ihre Ankunft auf eine Mischung aus Angst, Verwirrung und Ratlosigkeit stieß. 1221 erreichte die Nachricht, die Muslime im Iran seien von einer unbekannten Macht aus dem fernsten Osten besiegt worden, die Teilnehmer des fünften Kreuzzugs in Ägypten; bei vielen Franken kam deshalb die Vorstellung auf, es könnte sich bei den Mongolen ja möglicherweise um wertvolle Verbündete handeln. Diese Meinung gewann zunächst dadurch an Glaubwürdigkeit, dass das wenige, was man über die Mongolen wusste, mit der alten Legende vom Priesterkönig Johannes verknüpft wurde, einem mächtigen christlichen König, der, so war es prophezeit worden, in der dunkelsten Stunde der Christenheit aus dem Osten auftauchen sollte. Später wurde bekannt, dass es nestorianischen Christen (einer Glaubensrichtung, die lange Zeit in Zentralasien beheimatet war) gelungen war, einen gewissen Einfluss auf die Mongolen zu gewinnen und sogar die Ehefrauen einiger ihrer militärischen Führer zur Taufe zu bewegen.

Allmählich wurde der lateinischen Christenheit jedoch klar, dass die Mongolen oder Tataren, wie sie in Europa genannt wurden, nicht lediglich eine ferne, fremde Macht waren, sondern eine unmittelbare, potenziell tödliche Bedrohung. 1241 bewegte sich das Reiterheer der Mongolen von Russland aus weiter westwärts, verwüstete und unterdrückte Polen, Ungarn und ostdeutsche Gebiete und verbreitete Angst und Schrecken.

Aber selbst nach diesem brutalen Einfall ließ eine Reaktion der abendländischen Herrscher, die in ihre dynastischen Streitigkeiten verstrickt waren, auf sich warten, und viele hielten auch weiterhin an ihren Vorstellungen von Verständigungs- oder Bündnismöglichkeiten fest. Nach 1245 entsandte der Papst zwei von Mönchen geleitete Delegationen mit missionarischem Auftrag zu den Mongolen. Diese fränkischen Gesandten legten viele Tausend Kilometer zurück, um den reichen Mongolenhof in der Stadt Karakorum (in der heutigen Mongolei) aufzusuchen, sie hofften, den Großen Khan zum Christentum bekehren zu können, doch sie brachten als Ergebnis ihres Besuchs lediglich ein schroffes Ultimatum zurück, mit dem Rom aufgefordert wurde, sich der mongolischen Herrschaft zu unterwerfen. Während seines Aufenthalts auf Zypern kam auch Ludwig IX. in Kontakt mit den Tataren. Er entsandte 1249 eigene Repräsentanten zu den Mongolen im Iran. Als die Gesandten 1251 zurückkehrten – damals hielt Ludwig sich schon in Palästina auf –, brachten auch sie nichts anderes mit als die brüske Aufforderung, sofort mit jährlichen Tributzahlungen zu beginnen, was Ludwig, wie kaum erwähnt werden muss, ignorierte.

Trotz dieser kompromisslosen Haltung in diplomatischen Fragen begann in der zweiten Hälfte des 13. Jahrhunderts der Niedergang des mongolischen Reiches, es wurde zersetzt von dynastischen Kämpfen und von den Problemen, wie sie die Verwaltung eines derart riesigen Reiches mit sich brachte. Dennoch blieben sie eine Furcht einflößende Macht. In den 1250er-Jahren kam es unter dem neuen Großkhan Möngke (dem Enkel Dschingis Khans) zu einer neuen Expansionswelle in die muslimische Welt des Vorderen Orients. Möngke setzte seinen Bruder Hülegü neben dem führenden mongolischen Hauptmann Kitbuqa an die Spitze eines riesigen Heeres aus mehreren Zehntausend Kriegern. 1256 marschierten sie durch den südlichen Iran und näherten sich Bagdad, wo ein unbedeutender Nachkomme aus der sunnitischen Abbasiden-Dynastie noch immer den Titel eines Kalifen führte. Im Februar 1258 fiel Hülegü über Bagdad her, ließ 30 000 Muslime niedermetzeln und zerstörte einen Großteil der einst so glanzvollen Metropole. Dann unterwarf er weite Gebiete Mesopotamiens und gründete das später sogenannte mongolische Ilkhanat Persien, das sich vom Irak bis zu den Grenzen Indiens erstreckte. Schließlich überquerte er den Euphrat und erreichte 1259 die Grenzen Syriens und Palästinas.

Natürlich löste der Einbruch der Mongolen bei den Bewohnern Nordsyriens panische Furcht aus. Die Christen allerdings hegten auch weiterhin die Hoffnung, Hülegü könnte sich als Verbündeter gegen den Islam einsetzen lassen, vor allem, weil seine Ehefrau der nestorianischen Kirche angehörte. König Hethum aus dem kilikischen Armenien hatte sich der mongolischen Herrschaft bereits 1246 unterworfen, ihm war gegen Zahlung eines jährlichen Tributs Teilautonomie zugestanden worden. Hethum überredete nun seinen Schwiegersohn Bohemund VI., den Herrscher über das Fürstentum Antiochia wie auch über die Grafschaft Tripolis, sich mit den Truppen Hülegüs zusammenzuschließen. Auch an-Nasir, der ajjubidische Herrscher über Aleppo und Damaskus, zahlte den Mongolen – seit dem Jahr 1251 – Tribut und hoffte, dadurch einer direkten Invasion zu entgehen. Als jedoch die Mongolen im Herbst 1259 nach Syrien vordrangen, wurden die Grenzen der Friedenspolitik offensichtlich.[2]

Die Schlacht von Ain Dschalut

Während die Ankunft der Mongolen in großen Teilen des muslimischen Vorderen Orients Panik und Chaos auslöste, vermittelte sie den Mamelucken mit der Gewissheit, für ein gemeinsames Ziel zu kämpfen, ein neues Gefühl von Zusammengehörigkeit. Im November 1259 nutzte Qutuz die Bedrohung durch die Mongolen, um den jungen Sultan zu stürzen und sich selbst als neuen Herrscher Ägyptens einsetzen zu lassen. Gleichzeitig verlor an-Nasir immer mehr an Macht und Ansehen. Der Emir, der in der Nähe von Damaskus residierte, war offenbar von Entsetzen gelähmt, als die Mongolen gegen Aleppo vorrückten – er zeigte keinerlei Reaktion, nicht einmal, als Ströme von Flüchtlingen, unter anderem aus so weit entfernten Regionen wie Persien, sich in den Süden Syriens ergossen.

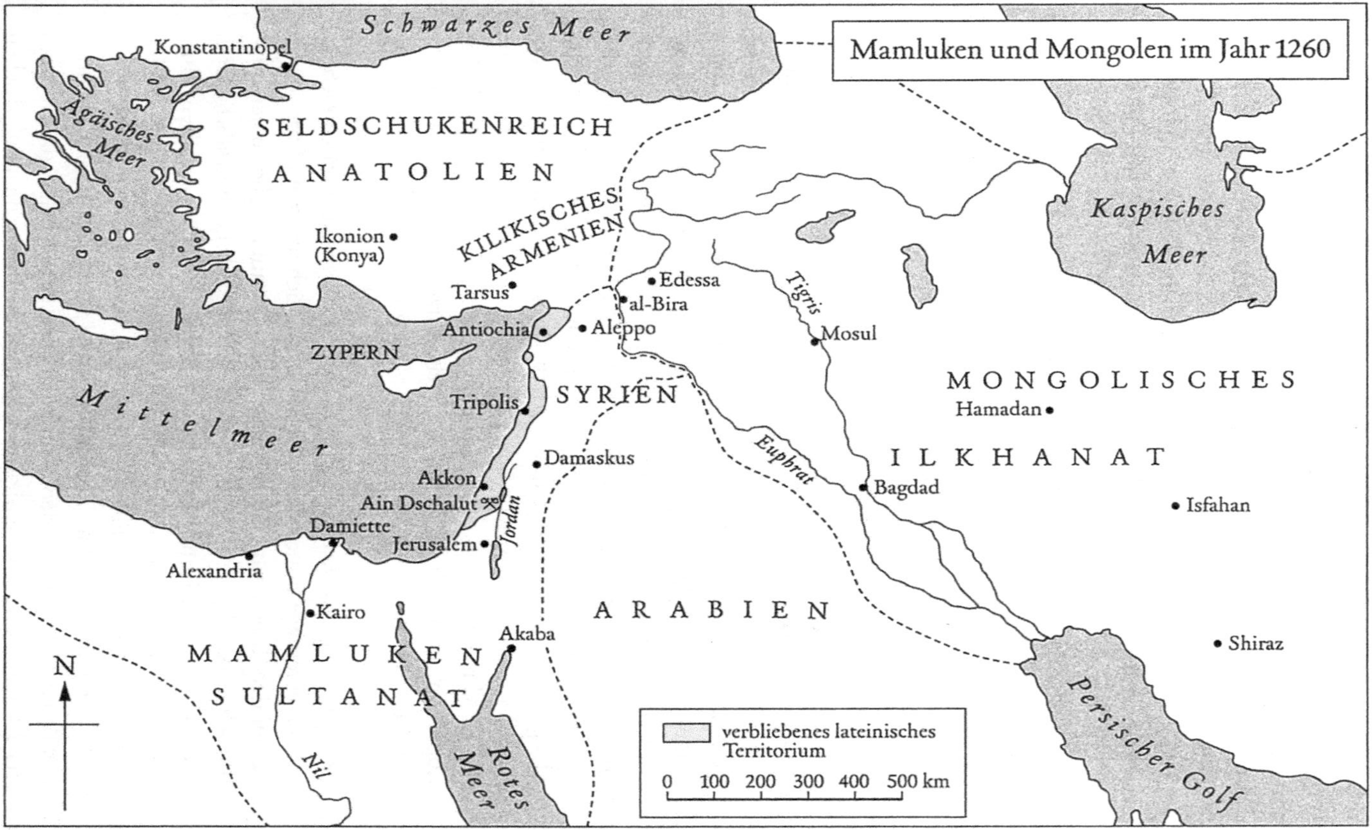

Mamluken und Mongolen im Jahr 1260
Schwarzes Meer
Konstantinopel
Ägäisches Meer
SELDSCHUKENREICH
ANATOLIEN
Ikonion (Konya)
KILIKISCHES ARMENIEN
Tarsus
Antiochia
ZYPERN
Mittelmeer
Tripolis
SYRIEN
Edessa
al-Bira
Aleppo
Damaskus
Akkon
Ain Dschalut
Jordan
Damiette
Jerusalem
Alexandria
Kairo
Nil
Akaba
MAMLUKEN SULTANAT
Rotes Meer
ARABIEN
Tigris
Mosul
Euphrat
Bagdad
MONGOLISCHES ILKHANAT
Hamadan
Isfahan
Shiraz
Kaspisches Meer
Persischer Golf
verbliebenes lateinisches Territorium
0 100 200 300 400 500 km
N

Anfang 1260 belagerte Hülegü mit der Unterstützung von Hethum und Bohemund VI. Aleppo, und bis Ende Februar war die Stadt eingenommen und fiel einer sechs Tage andauernden Gewaltorgie zum Opfer. Bohemund setzte persönlich die größte Moschee der Stadt in Brand. Zwar wurde er später exkommuniziert, weil er die Mongolen unterstützt hatte, doch konnte der Fürst als Ergebnis seines Paktes von 1260 bedeutende territoriale Zugewinne verbuchen, darunter auch erneut die Herrschaft über die Hafenstadt Latakia. Hülegü zog von Aleppo aus weiter und unterwarf Harim, Homs und andere Städte. Bald war das gesamte nördliche Syrien in seiner Hand. Als an-Nasir von diesen Ereignissen erfuhr, floh er aus Damaskus, und die Bevölkerung der Stadt beschloss, sich den Mongolen zu ergeben, um einem Schicksal wie dem Aleppos zu entgehen. Also traf im März 1260 der mongolische Hauptmann Kitbuqa ein, um die alte islamische Hauptstadt Syriens in Besitz zu nehmen. Der geflohene Emir wurde schnell gefasst und Hülegü überstellt, der ihn vorläufig als wertvolle Geisel behandelte – doch dann traf die Nachricht vom Tod Möngkes ein, und Hülegü beschloss, Syrien mit einem Großteil seines Heeres zu verlassen und in den Osten zurückzukehren, um die Nachfolge seines Bruders Kublai im Amt des Großkhans zu bewerkstelligen. Kitbuqa blieb als Oberbefehlshaber im mongolischen Syrien zurück. Es stand ihm zwar nur noch ein stark dezimiertes Heer zur Verfügung, doch das hinderte ihn nicht daran, im Sommer jenes Jahres das ajjubidische Transjordanien zur Übergabe zu bewegen.

Die Mongolen hatten also das Heilige Land weitgehend ungehindert übernehmen und die ajjubidische Welt stürzen können, und nun erhob sich die Frage, ob es irgendeine Machtinstanz in der Levante gab, die den Willen und die Ressourcen hatte, sich ihrem Vormarsch entgegenzustemmen. Die Franken im Königreich Jerusalem waren nicht so schnell bereit wie Bohemund von Antiochia, sich mit den Mongolen zu verbünden. Ihnen war zwar bewusst, dass sie damit lediglich einen muslimischen Feind gegen einen anderen, womöglich noch gefährlicheren nicht christlichen Feind austauschten, doch die Lateiner hofften, einer direkten Konfrontation aus dem Weg zu gehen, und verfolgten eine Politik strikter Neutralität.[3]

In der Mitte des Jahres 1260 blieb somit als einzige Macht, die noch das Potenzial hatte, sich den Mongolen entgegenzustellen, das Ägypten der Mamelucken. Baibars hatte nun erkannt, dass seine ajjubidischen

Zahlmeister nicht in der Lage wären, sich den Mongolen zu widersetzen, daher bemühte er sich um eine Annäherung an Qutuz und begab sich mit den überlebenden Männern der Bahrijja im März nach Kairo. Dort konnte ein gespanntes Einvernehmen aufrechterhalten werden, aber eine Unterströmung gegenseitiger Antipathie und Misstrauen blieb deutlich spürbar. Beide wussten um die Ambitionen des anderen, und Baibars erinnerte sich noch sehr genau, welche Rolle Qutuz bei der Ermordung Aqtays gespielt hatte. Ein muslimischer Chronist vermerkt, dass der tiefe Hass, den die beiden gegeneinander hegten, in ihren Augen unverhohlen zum Ausdruck kam.

Die Mamelucken standen nun vor der entscheidenden Frage: Sollten sie die Mongolen angreifen oder sich mit ihnen arrangieren? Die Antwort konnten Qutuz und Baibars immerhin einhellig geben. Im Frühsommer traf eine Gesandtschaft von Hülegü in Kairo ein und verlangte die Kapitulation der Mamelucken. Die Gesandten wurden einer wie der andere abgeschlachtet, ihre Leichen zweigeteilt und ihre Köpfe vor den Stadttoren Kairos aufgehängt. Mit diesem Affront begannen die Mamelucken den Krieg. Sie warteten nicht in Ägypten, was den Vorteil gehabt hätte, dass sie eine Invasion auf vertrautem Territorium hätten zurückschlagen können, sondern entschieden sich für einen Frontalangriff auf die Truppen Kitbuqas, während diese noch nicht einsatzbereit waren. Wenn der Plan aufging, dann würde er den Mamelucken die fast vollständige Kontrolle über den Vorderen Orient verschaffen. Die Risiken waren allerdings enorm, denn die Mamelucken mussten sich auf eine direkte Auseinandersetzung mit den Mongolen gefasst machen – mit einem unbesiegbaren Feind, vor dem alle anderen Heere bislang in die Knie gegangen waren.

Mitten im Sommer 1260 setzten sich die Mamelucken in Marsch und verließen Ägypten; ihnen schlossen sich noch einige muslimische Truppen an, die zuvor den Ajjubiden gedient hatten. Baibars wurde zum Befehlshaber der mameluckischen Vorhut ernannt und arbeitete zusammen mit Qutuz einen Angriffsplan aus. Mehrfach versuchte man, die Franken zu militärischer Unterstützung zu bewegen. Diese weigerten sich und hielten an ihrer Neutralität fest, erlaubten aber dem muslimischen Heer immerhin, durch ihr Gebiet zu ziehen. Die Nachricht von der Truppenbewegung veranlasste Kitbuqa, der sich damals in Baalbek im Libanon aufhielt, Richtung Süden vorzurücken; zusätzliche Truppen bekam er aus Georgien, dem kilikischen Armenien und dem muslimischen Homs.

Die große Schlacht, in der sich das Schicksal des Vorderen Orients entschied, fand bei Ain Dschalut in Galiläa statt, wo Saladin 1183 versucht hatte, die Franken anzugreifen. Baibars machte als Anführer der Vorhut das mongolische Heer ausfindig, das sein Lager neben dieser kleinen Siedlung am Fuß der Gilboa-Berge aufgeschlagen hatte. Er und Qutuz führten dann ihr Mameluckenheer in südöstlicher Richtung in die Jesreel-Ebene hinab und griffen am 3. September 1260 an. Die beiden Heere scheinen sich an Zahl ungefähr ebenbürtig gewesen zu sein – etwa 10 000–12 000 Mann auf jeder Seite –; nach den Regeln mittelalterlicher Kriegsführung gingen also beide Gegner ein hohes Risiko ein. Qutuz und Baibars erwiesen sich als fähige, tapfere Befehlshaber, sie konnten zwei massive Angriffe abwehren, und in einem entscheidenden Moment flohen die Muslime aus Homs, die am linken Flügel der Mongolen aufgestellt waren, vom Schlachtfeld. Das war der Umschwung zugunsten der Mamelucken, es gelang ihnen, die Mongolen zu umzingeln und Kitbuqa zu erschlagen. An einem der epochalen Wendepunkte der Geschichte wurde die scheinbar nicht zu bremsende Flut der Mongolen durch die neuen Anführer des Islam aufgehalten.

Aber es war nur ein Arm des riesigen mongolischen Imperiums vernichtet worden, Vergeltungsmaßnahmen waren also durchaus nicht ausgeschlossen – der erzürnte Hülegü konnte zwar nicht sofort in den Vorderen Orient zurückkehren, doch er reagierte auf die Nachricht von der mongolischen Niederlage mit der sofortigen Hinrichtung an-Nasirs. Für den Aufstieg des mameluckischen Sultanats jedoch erwies sich der Sieg von Ain Dschalut als entscheidend. Unmittelbar nach der Schlacht sicherte sich Qutuz die Herrschaft über Damaskus und Aleppo, indem er zwei seiner Verbündeten als Statthalter einsetzte. Baibars' ehrgeizige Erwartungen wurden dadurch enttäuscht, denn Qutuz brach ein Versprechen, mit dem er Baibars die Herrschaft über Aleppo zugesichert hatte (wahrscheinlich in der verständlichen Annahme, dass es töricht wäre, einen Rivalen im Kampf um die Macht so weit entfernt von Ägypten einzusetzen). Gemeinsam begaben sich der Sultan und sein verstimmter General auf die triumphale Rückreise nach Ägypten.[4]

Um den 22. Oktober 1260 durchquerten Qutuz und seine Emire die ägyptische Wüste auf ihrem Weg nach Kairo, als der Sultan eine Pause einlegen ließ, um einer seiner Lieblingsbeschäftigungen nachzugehen – der Hasenjagd. Baibars und eine kleine Gruppe von Mamelucken erklärten sich bereit, ihn auf der Jagd zu begleiten. Als sie aber das Lager hinter sich gelassen hatten, brachten sie Qutuz um. Es gibt zahlreiche unterschiedliche Darstellungen des Anschlags; am wahrscheinlichsten ist, dass Baibars den Sultan um einen Gefallen bat (wahrscheinlich, ein bestimmtes Sklavenmädchen als Geschenk zu erhalten), und als Qutuz ihm das zusagte, ging Baibars auf ihn zu, um ihm die Hand zu küssen. Dann ergriff Baibars beide Arme des Sultans, um zu verhindern, dass er nach einer Waffe griff, und ein anderer Emir versetzte ihm mit seinem Schwert einen Hieb in den Nacken. Nach diesem ersten Angriff stürzten auch die übrigen Verschwörer herbei. Unter einem Hagel von Schwerthieben starb der Sultan.

Baibars scheint der Kopf der Verschwörung gewesen zu sein, aber noch war seine Stellung nicht gesichert. Nach der Rückkehr ins Lager wurde im Zelt des Sultans eine Versammlung sämtlicher führender Mameluckenemire einberufen. Sie alle waren verbunden durch gemeinsame Wurzeln in den Turkstämmen, daher herrschte unter diesen Elite-Mamelucken ein starkes Gefühl von Gleichheit – es wurde erwartet, dass jeder neue Anführer durch Wahl aus ihren Reihen hervorgehen sollte. Baibars brachte ein kaum zu widerlegendes Argument in eigener Sache vor: Als Mörder des Sultans habe er sich das Recht verdient, nach der Macht zu greifen. Er versüßte seine Forderung mit dem Versprechen auf Belohnung und Schutz für seine Anhänger. Diese Mittel – Mord und Überredung – verhalfen Baibars zum Amt des neuen Mameluckensultans. Es war nun seine Aufgabe, die Muslime des Vorderen Orients gegen die Mongolen und gegen die Lateiner zu führen.[5]

Baibars und das Mameluckensultanat

Im Herbst 1260 hatte Baibars offenkundig erkannt, wie gefährdet seine Stellung als Sultan war. Rasch ergriff er die erforderlichen Maßnahmen, um seine Autorität in Kairo zu sichern: Er besetzte die große Zitadelle, den Sitz der Macht, den Saladin hatte erbauen lassen, und bedachte einen weiten Kreis von Emiren mit Ämtern und Wohlstand. Außerdem setzte er die überlebenden Mamelucken der Bahrijja als seine persönlichen Leibwächter ein. Ihre alten Regimentsgebäude am Nil wurden wiederaufgebaut und den zuverlässigsten Emiren des Sultans unterstellt, darunter auch Qalawun.

Zunächst und vor allem wollte der neue Sultan seine eigene Herrschaft legitimieren und die Macht der Mamelucken in ganz Ägypten festigen. Andererseits war er auch ein politischer und strategischer Visionär, der die neue Ordnung in der Levante überschauen und sich ihr anpassen konnte. In den vorausgegangenen Jahrzehnten hatten sich die muslimischen Führer bemüht, den Islam zu einen; in einigen Fällen hatten sie außerdem mit Waffengewalt versucht, die Franken aus dem Heiligen Land zu vertreiben. Nun hatten die Erfordernisse sich verschoben, ein neues Paradigma war entstanden. Nach 1260 lagen die gefährdeten Grenzen im Norden und Osten Syriens, von dort würde der jetzige Feind Nummer eins – das mongolische Imperium – heranrücken, um womöglich ein weiteres Mal zu versuchen, den Islam zu vernichten. Um diese Bedrohung abzuwehren, bedurften diese Grenzen eines besonderen Schutzes, und der ganze Landstrich musste in einen geeinten, uneinnehmbaren Festungsstaat verwandelt werden.

Die lateinischen Christen stellten im Vergleich dazu eine geringere Bedrohung dar. Ihre Siedlungsgebiete lagen in Syrien, am Libanon und in Palästina. Dieses Territorium musste Baibars jetzt einen und gegen die Mongolen sichern. Er erkannte richtig, dass die Franken nach Rückschlägen wie der Schlacht bei La Forbie so geschwächt waren, dass von ihnen kaum eine Bedrohung ausging. Als Verbündete einer anderen Macht jedoch – seien es die Mongolen oder ein Kreuzzug aus dem Westen – wären sie durchaus in der Lage gewesen, eine lästige zweite Front im Innern des Landes aufzubauen. Die Kreuzfahrerstaaten waren immanente Störfaktoren, die es unschädlich zu machen galt.

Baibars war sich darüber im Klaren und kümmerte sich in den frühen 1260er-Jahren hauptsächlich darum, den muslimischen Vorderen Orient von Grund auf umzugestalten und eine handlungsfähige Herrschaft zu begründen. Gleichzeitig bereitete er die Mamelucken auf einen Krieg vor – sei es gegen mongolische oder gegen christliche Feinde. Der neue Sultan verbrachte also seine ersten Jahre an der Macht vor allem damit, einen definitiven Sieg im Kampf um die Vormachtstellung in Palästina zu erringen.

Beschützer des Islam

Zunächst war Baibars' Machtposition alles andere als gesichert: Er übernahm einen Mameluckenstaat, der erst undeutliche Konturen hatte; und er war in die Ermordung von zwei früheren Sultanen – Turanshah und Qutuz – verwickelt gewesen. Bei dieser alles andere als vorbildlichen Vergangenheit war mit Aufständen in der Bevölkerung oder Gegenschlägen zu rechnen; auch auf die Treue seiner Mameluckenemire konnte er sich durchaus nicht blind verlassen. Ende 1260 jedoch profitierte er auch von einigen klaren Vorteilen. Nach der mongolischen Invasion und der Schlacht von Ain Dschalut waren die letzten Reste ajjubidischer Macht in Syrien und Palästina vernichtet, und das Heilige Land war reif für eine Mameluckenherrschaft. Im Unterschied zu Führern wie Nur ad-Din und Saladin, die sich jahrzehntelang abgemüht hatten, den Vorderen Orient zu einen, konnte sich Baibars schon in den ersten Jahren seiner Herrschaft die Kontrolle über Damaskus und Aleppo verschaffen und regionale Statthalter einsetzen, die nach den Vorgaben aus Kairo regierten.

Außerdem konnte Baibars, um seinen Machtanspruch zu rechtfertigen, von dem Triumph in der Schlacht bei Ain Dschalut profitieren. Er stellte sich als Retter des Islam dar, ließ ein Denkmal auf dem Schlachtfeld aufstellen und zerstörte das Grab von Qutuz, um jeglichen Gedanken fernzuhalten, der verstorbene Sultan könnte womöglich gleichfalls eine »heroische« Rolle in der Auseinandersetzung gespielt haben. In späteren Jahren schrieb Baibars' Kanzler und offizieller Biograf Abd al-Zahir die Geschichte der Schlacht in seiner Darstellung vom Leben des Sultans um und präsentierte sie als einen Sieg, der praktisch einzig durch Baibars' Einsatz erkämpft worden war. Der Sultan etablierte außerdem einen Personenkult, der sich in seinem Löwenemblem verkörperte (einem nach links voranschreitenden Löwen mit erhobener Vordertatze). Dieses majestätische Wappentier wurde auf die Münzen geprägt und an öffentlichen Gebäuden und Brücken angebracht, die in seinem Auftrag erbaut wurden. Der Mameluckenstaat stand nach 1260 zwar unter der Bedrohung durch mächtige Feinde, doch Baibars konnte wegen dieser offenkundigen Gefahren ein Programm militärischer Mobilmachung in bislang nicht gekanntem Ausmaß verwirklichen, und er genoss eine unbeschränkte Autorität.[6]

In mehreren genialen Schritten festigte er seine Machtstellung als Sultan. Um die neue Mameluckenherrschaft in die traditionelle juristische und religiöse Hierarchie des Islam einzufügen, ließ er das sunnitische Kalifat der Abbasiden wiederherstellen. Im Juni des Jahres 1261 behauptete er, eines der wenigen überlebenden Mitglieder dieser Dynastie aufgefunden zu haben. Der Stammbaum des Mannes wurde von einem handverlesenen Gremium von Juristen, Theologen und Emiren aus Kairo untersucht und begutachtet, und dann wurde er als der neue Kalif al-Mustansir bestätigt. Baibars leistete dem Kalifen den rituellen Treueeid: Er schwor, den Glauben zu beschützen und zu verteidigen, gerecht im Einklang mit dem Gesetz zu regieren, der sunnitischen Rechtgläubigkeit als Wächter zu dienen und den Dschihad gegen die Feinde des Islam zu führen. Als Gegenleistung setzte al-Mustansir Baibars als einzigen, allmächtigen Sultan der gesamten muslimischen Welt ein, eine Geste, die nicht nur seine Rechte auf Ägypten, Palästina und Syrien bestätigte, sondern auch stillschweigende Zustimmung zu einer massiven Expansionspolitik gab.

In einer abschließenden öffentlichen Demonstration der Rechtmäßigkeit seiner Herrschaft wurde Baibars in die Gewänder eines Sultans gekleidet: ein schwarzer runder Turban der Art, wie ihn die Abbasiden zu tragen pflegten, ein violettes Gewand, Schuhe mit goldenen Schnallen und ein Zeremonienschwert. In dieser prächtigen Aufmachung ritten er und der Kalif in einer Prozession durch das Zentrum Kairos. Von da an achtete Baibars, solange es seiner eigenen Macht nicht abträglich war, stets darauf, die Autorität des Kalifen zu stützen. Der Kalif wie auch der Sultan wurden im Freitagsgebet genannt, und die Münzen der Mamelucken trugen die Namen beider Herrscher.

Um die Aura von Tradition und Kontinuität im Zusammenhang mit dem Amt des Sultans zu verstärken, knüpfte Baibars explizit an zwei muslimische Vorgänger an. Der erste, al-Salih Ajjub (vormals Baibars' Dienstherr), wurde nun als letzter legitimer Sultan der Ajjubiden dargestellt, mit Baibars als direktem, rechtmäßigem Nachfolger – eine recht eigenwillige Manipulation der Vergangenheit, die geflissentlich die blutigen Auseinandersetzungen der 1250er-Jahre übersah. Außerdem stilisierte sich der Sultan zu einem zweiten Saladin, dem Sieger über die Franken und Inbegriff eines Gotteskriegers. Baibars ahmte dessen viel gerühmte Großzügigkeit als Schirmherr des Glaubens nach, indem er die mittlerweile stark verfallene al-Azhar-Moschee in Kairo wiederherstellen ließ. Außerdem ließ er in Kairo eine neue Moschee bauen sowie eine Koranschule beim Grab al-Salihs. Der Sultan besuchte Jerusalem und ließ den Felsendom und die al-Aqsa-Moschee instand setzen; beide waren unter der späteren Ajjubiden-Herrschaft baufällig geworden.

Ähnliche Ansätze sind in zahlreichen Verwaltungsmaßnahmen erkennbar, die Baibars in diesen frühen Jahren umsetzte. Er gab sich als archetypischer »gerechter Herrscher« und schaffte die Kriegssteuern ab, die Qutuz eingeführt hatte; in Kairo und Damaskus gründete er Schulen für islamisches Recht; und er ordnete an, dass den Händlern für Waren, die vom Staat eingefordert wurden, gerechte Preise gezahlt wurden. Dadurch brachte es der Sultan insgesamt zu ausnehmender Beliebtheit bei seinen Untertanen, was wiederum dazu beitrug, seine Stellung gegen Rivalen unter den Mamelucken, die ihm die Macht streitig machen wollten, unanfechtbar zu machen.[7]

Zentralisierung der Macht im Mameluckenstaat

Während Baibars sich bemühte, das Sultanat der Mamelucken und seinen eigenen Aufstieg zur Macht zu legitimieren, unternahm er auch entscheidende Schritte zur Zentralisierung von Regierung und Verwaltung. Kairo unter den Mamelucken entwickelte sich zur unangefochtenen Hauptstadt des muslimischen Vorderen Orients, und das Amt des Sultans wurde mit Machtbefugnissen ausgestattet, wie sie das Mittelalter bislang nicht gekannt hatte. In deutlichem Gegensatz zu vielen Vorgängern behielt Baibars die Staatsfinanzen und das Schatzamt der Mamelucken ständig im Auge, was ihm die Mittel für entscheidende Reformen verschaffte.

Baibars hielt es als Sultan für selbstverständlich, dass man in der gesamten mameluckischen Welt seinem Willen auf der Stelle Folge leistete, und er machte sowohl von direkter Gewaltanwendung als auch von Propaganda ausgiebig Gebrauch, um seine regionalen Verwalter zu Gehorsam und Diensteifer anzuhalten. So wurden etwa Emire, die nicht rasch ihre Truppen für einen Krieg zur Verfügung stellten, drei Tage lang an ihren Händen aufgehängt. Wer töricht genug war, einen Aufstand zu planen, musste mit kurzem Prozess rechnen: Das reichte von Foltermethoden wie Blendung oder dem Verlust von Gliedmaßen bis hin zur Kreuzigung. Wie andere Herrscher, auch Nur ad-Din und Saladin, vor ihm berief sich Baibars auf die Bedrohung durch äußere Feinde, um seinen autokratischen Herrschaftsstil zu rechtfertigen. Neu war allerdings, dass nunmehr die Mongolen zum eigentlichen Landesfeind erklärt wurden. So erhob man etwa gegen den unbedeutenden ajjubidischen Möchtegern-Fürsten al-Mughith, als der Sultan ihn abgesetzt haben wollte, Vorwürfe, er unterhalte Beziehungen zur Dynastie der Ilkhane von Persien, und man präsentierte als Beweis Briefe, die Hülegü angeblich an al-Mughith geschrieben hatte.

Der eigentliche Grundstein von Baibars' Autorität im Vorderen Orient jedoch war noch vor aller List und Brutalität die Kommunikation. Er war der erste Muslim des Mittelalters, dem es gelang, die gesamte Levante von Ägypten aus zu regieren, weil er Unsummen in Netzwerke zum Transport von Nachrichten investierte. Viele Jahrhunderte zuvor hatten die Byzantiner und die ersten Abbasiden bereits Gebrauch von einem System der Nachrichtenübermittlung mit Kurieren gemacht, doch das war schon längst aufgegeben. Baibars schuf sein eigenes *barid* (Postsystem), indem er Gruppen berittener Boten einsetzte, die sorgfältig ausgewählt wurden und deren Verlässlichkeit außer Frage stand. Sie wechselten ihre Pferde an gewissenhaft instand gehaltenen Poststationen entlang der wichtigsten Straßen durch das mameluckische Reich. So konnten diese Männer regelmäßig innerhalb von vier Tagen eine Botschaft von Damaskus nach Kairo befördern; mit einer Eilbotschaft schafften sie es sogar in drei Tagen. Ausschließlich der Sultan bediente sich des *barid*; und die beförderten Briefe wurden auch immer umgehend Baibars persönlich ausgehändigt und hatten, ganz gleich, womit der Sultan gerade beschäftigt war, oberste Priorität. Einmal soll ihm ein Bote seine Nachricht sogar im Bad vorgetragen haben. Um den reibungslosen und schnellen Transfer der Informationen zu garantieren, setzte man die größeren Straßen und Brücken wieder instand; neben den Boten bediente man sich auch eines Systems von Signalfeuern und setzte Brieftauben ein. Diese bemerkenswerte – und kostspielige – organisatorische Leistung ermöglichte es dem Sultan, mit den entferntesten Regionen des Mameluckenreichs in Kontakt zu bleiben, vor allem mit den Teilen im Norden und Osten, die an mongolisches Gebiet grenzten. So konnte er sowohl auf militärische Bedrohungen als auch auf Unruhen bei den eigenen Untertanen mit unerhörter Schnelligkeit reagieren.[8]

In Verbindung mit Baibars' persönlichem Herrschaftsstil führte dieses Bündel an praktischen und administrativen Reformen Mitte der 1260er-Jahre zur Konsolidierung des Mameluckenstaats und zur stabilen Verankerung der Zentralmacht. Allerdings hatte dieses Herrschaftssystem auch seine Schwächen. Der Erfolg der extrem zentralisierten Regierungstätigkeit des Sultans hing weitgehend von dessen Charakter und seinen persönlichen Fähigkeiten ab, was zwingend die Frage aufwarf, wie bereitwillig der Mantel des Herrschers später einmal an einen Nachfolger abgegeben würde. Baibars bemühte sich, die Vorstellung, der Sultan der Mamelucken müsse durch Wahl bestimmt werden, zum Verschwinden zu bringen: Im August 1264 versuchte er, eine eigene Dynastie zu begründen, indem er seinen vierjährigen Sohn Baraka als Mitregenten einsetzte.

Ob dieser Plan aufgehen konnte, blieb fraglich, weil die Elite der Mamelucken das persönliche Verdienst viel höher schätzte als ererbte Eigenschaften und Ansprüche.

Baibars knüpfte in diesen frühen Jahren außerdem eine Beziehung zu dem Sufi-Mystiker Hadir al-Mihrani, die sich später als ausgesprochen schädlich herausstellen sollte. Sie freundeten sich bei einem Besuch des Sultans in Palästina im Jahr 1263 an. Hadir behauptete, ein Prophet zu sein, galt jedoch in den Augen vieler Angehöriger des Mameluckenhofs als schönrednerischer Betrüger. Baibars war beeindruckt von den Vorhersagen des Sufis, der ihm für die Zukunft zahlreiche Erfolge der Mamelucken in Aussicht stellte (von denen viele tatsächlich eintraten), und belohnte ihn mit Ländereien in Kairo, Jerusalem und Damaskus. Hadir wurde uneingeschränkter Zugang zum engsten Kreis des Sultans gewährt, und er war offenbar – zum großen Verdruss der führenden Beamten – in sämtliche Staatsangelegenheiten eingeweiht. Diese merkwürdige Beziehung verrät, dass sogar ein kaltblütiger Despot wie Baibars durch Schmeichelei verführt werden konnte – seine Freundschaft mit Hadir war eine Lücke in seinem Verteidigungssystem, die zu gegebener Zeit geschlossen werden musste.

Mameluckische Diplomatie

In Anbetracht der Zeit und der Mittel, die Baibars in der muslimischen Levante einsetzte, als er in den frühen 1260er-Jahren seinen Mameluckenstaat aufbaute, und in Anbetracht der militärischen Aggressivität, die sein Handeln in späteren Jahren prägte, scheint die Vorstellung nahezuliegen, dass der Sultan sich von der Welt jenseits seiner Grenzen eher abkapselte und diplomatische Aktivitäten eher verschmähte. Tatsächlich jedoch trat er auf der internationalen Bühne als energischer, geschickter Akteur auf. Er nutzte das Mittel der Verhandlung, um drei ineinandergreifende Ziele zu verfolgen: Er wollte jeglicher Möglichkeit zuvorkommen, dass sich das Abendland mit den Mongolen verbündete; er wollte innerhalb der mongolischen Gruppen Zwietracht säen, indem er die Rivalitäten zwischen der Goldenen Horde und den persischen Ilkhanen unterstützte; und er wollte den reibungslosen Nachschub von Sklavenrekruten aus den sibirischen Steppen sicherstellen.

In seinem ersten Jahr als Sultan knüpfte er Kontakte mit dem Sohn des verstorbenen Kaisers Friedrich II., König Manfred von Sizilien (1258–1266). Der Sultan beabsichtigte, die traditionell engen Beziehungen zwischen Ägypten und den Staufern fortzusetzen und Manfreds antipäpstliche Politik zu unterstützen, daher schickte er Gesandte mit exotischen Geschenken an den königlichen Hof in Sizilien, darunter auch eine Gruppe mongolischer Gefangener, die in ihrer kompletten Ausrüstung, mit Pferden und Waffen, vorgeführt wurden – sie mussten als Beweis dafür herhalten, dass es mit ihrem Ruf, unbesiegbar zu sein, vorbei war. Nach dem Tod Manfreds erneuerte Baibars den Kontakt mit dessen Rivalen und Nachfolger Karl von Anjou, dem habgierigen Bruder Ludwigs IX. von Frankreich.

Außerdem trat der Sultan 1261 mit der Goldenen Horde in diplomatischen Kontakt. Der mongolische Herrscher dieser Region, Berke Khan (1257–1266), war zum Islam übergetreten und befand sich in einem heftigen Machtkampf mit dem persischen Ilkhanat. Baibars schmeichelte Berkes religiöser Überzeugung, indem er dessen Namen in die Freitagsgebete in Mekka, Medina und Jerusalem einschließen ließ, und erhielt aufgrund dieser ersprießlichen Beziehungen Zugang zu den Märkten innerhalb der Goldenen Horde, wo die Sklaven aus der sibirischen Steppe verkauft wurden. Gleichzeitig hatte er damit den Norden des Mameluckensultanats und die Grenzen nach Kleinasien gesichert. Um den ungestörten und effizienten Transport der Kyptschaken-Sklaven vom Schwarzen Meer nach Ägypten zu gewährleisten, schloss der Sultan auch mit den Genuesen Verträge ab, den wichtigsten Beförderern von Sklaven im Mittelmeerraum. Die italienischen Händler hatten erst kürzlich den sogenannten Krieg von Saint-Sabas verloren, eine zwei Jahre andauernde Auseinandersetzung mit Venedig um die wirtschaftliche und politische Vorherrschaft in Akkon und Palästina. Als dieser verbissene Bürgerkrieg 1258 mit der Niederlage der Genuesen endete, zogen sie sich nach Tyros zurück und waren in den 1260er-Jahren und darüber hinaus nur allzu gern bereit, in Handelsbeziehungen mit den Mamelucken zu treten. Um sicherzustellen, dass genuesische Schiffe auch weiterhin ungehinderten Zugang zum Bosporus hatten, nahm Baibars außerdem Kontakt zu dem jüngst wiedereingesetzten byzantinischen Kaiser Michael VIII. Palaiologos auf, der nach dem endgültigen Zusammenbruch des lateinischen Kaiserreichs Romania nach Konstantinopel zurückgekehrt war.[9] Für einen Mameluck, der auf dem Schlachtfeld weit eher zu Hause war als in den Intrigen höfischer Politik, meisterte Sultan Baibars den Umgang mit diesem verwickelten Netz diplomatischer Interessen mit erstaunlicher Virtuosität und großem Geschick, und nie ließ er dabei sein Ziel aus den Augen, das mongolische Ilkhanat und das lateinische Outremer voneinander fernzuhalten.

Perfektionierung der mameluckischen Militärmaschinerie

Zwischen 1260 und 1265 war Baibars auf dem Feld der Diplomatie und Staatskunst erstaunlich aktiv. Doch gleichzeitig traf er mit Nachdruck Vorbereitungen für einen Krieg und leitete ausgedehnte Maßnahmen zur Aufstellung von Truppen im mameluckischen Staat ein. Sein Ziel war es, gegen die Mongolen und die levantinischen Franken den Dschihad zu führen – Siege zu erkämpfen, die seinen Ruf und seine Position weiter stärken würden, und Gebiete zu erobern, um die muslimische Herrschaft über die gesamte Levante auszuweiten.

Von Anfang an wurden gewaltige Anstrengungen unternommen, um die Verteidigungsanlagen im gesamten Mameluckensultanat zu verstärken. In Ägypten wurden die Festungsmauern von Alexandria ausgebaut, und die Nilmündung bei Damiette wurde teilweise verschlossen, damit nicht noch einmal feindliche Schiffe in das Nildelta eindrangen, wie das unter der Führung Ludwigs IX. geschehen war. In ganz Syrien wurden Festungsanlagen, die von den Mongolen etwa in Damaskus, Baalbek und Shaizar zerstört worden waren, wieder instand gesetzt. Im Nordosten, entlang des Euphrat, der nun faktisch die Grenze zum persischen Ilkhanat darstellte, wurde die Burg al-Bira strategisch wichtig.

Die Festung wurde verstärkt und mit einer großen Garnison besetzt; ihre Sicherheit ließ Baibars mithilfe der *barid* Tag und Nacht überwachen. Wie wichtig al-Bira war, erwies sich in den letzten Monaten des Jahres 1264, als es den Truppen des Sultans von dort aus gelang, der ersten ernsthaften Offensive des Heeres aus dem Ilkhanat erfolgreich Widerstand zu leisten. Dieser Angriff, verursacht durch eine Kampfpause im Krieg zwischen der Goldenen Horde und dem mongolischen Persien, veranlasste den Sultan, seine Kriegstruppen zusammenzuziehen, doch noch während er sich bereit machte, von Ägypten aus loszumarschieren, trafen Berichte ein: Die Gegner hatten ihre aussichtslose Belagerung von al-Bira bereits abgebrochen und sich zurückgezogen.

Doch abgesehen von der unstrittigen Bedeutung von Festungen bedeutete das Heer für diesen Sultan das Fundament des mameluckischen Staates. Er übernahm das Rekrutierungssystem der Mamelucken und weitete es aus, indem er Tausende junge männliche Sklaven aus dem Stamm der Kyptschaken und später der Kaukasier einkaufte. Die Jungen erhielten eine militärische Ausbildung und wurden mit 18 Jahren freigelassen, um ihren ehemaligen Herren im mameluckischen Sultanat zu dienen. Das Vorgehen garantierte eine sich beständig selbst erneuernde Militärmacht – ein moderner Historiker nannte sie einen »auf eine Generation beschränkten Adelsstand« –, denn die Kinder von Mamelucken wurden nicht mehr als Teil der kriegerischen Elite betrachtet, sie hatten nur noch Zugang zur zweiten Garde der *halqa*-Reserve.

Baibars investierte riesige Summen in den Aufbau, die Ausbildung und die Vergrößerung des Mameluckenheers. Insgesamt erhöhte sich die Zahl der kämpfenden Mamelucken um das Vierfache auf rund 40 000 Mann. Den Kern dieser Streitmacht bildete das 4000 Mann starke königliche Mameluckenregiment, Baibars' neue Elite, die in einer besonderen Ausbildungseinrichtung innerhalb der Zitadelle von Kairo geschult wurde. Hier wurden die Rekruten in der Kunst des Schwertkampfs unterwiesen – sie lernten, präzise zuzuschlagen, indem sie denselben Streich bis zu 1000 Mal pro Tag wiederholten –, sowie im berittenen Kampf mit den mächtigen Komposit-Reflexbogen. Der Sultan legte Wert auf strenge Disziplin und drastischen militärischen Drill in jeder einzelnen Abteilung des Mameluckenheers. Während seiner Regierungszeit wurden in Kairo zwei riesige Hippodrome erbaut – Trainingsfelder, auf denen die Grundfertigkeiten im Reiten und Kämpfen perfektioniert werden konnten. Wenn Baibars sich in der Hauptstadt aufhielt, kam er täglich zum Kampftraining und lieferte so selbst das Vorbild für Professionalität und Engagement ab. Seine Mamelucken wurden ermuntert, mit neuen Waffen und Techniken zu experimentieren, und es gab Bogenschützen, die sogar versuchten, vom Rücken ihrer Pferde aus mit griechischem Feuer getränkte Pfeile abzuschießen.[10]

Wenn die Mamelucken erwachsen waren, erhielten sie einen Sold, doch es wurde von ihnen auch erwartet, dass sie über ein eigenes Pferd, Waffen und eine eigene Rüstung verfügten. Um sicherzustellen, dass sein Heer angemessen ausgerüstet war, hielt Baibars Truppeninspektionen ab, bei denen das gesamte Heer in voller militärischer Ausrüstung an einem einzigen Tag vor ihm vorbeizuziehen hatte (auch um sicherzustellen, dass nicht mehrere Männer sich dieselbe Ausrüstung teilten). Wer an dieser Parade nicht teilnahm, dem drohte die Todesstrafe. Auch zur Aufrechterhaltung der Ordnung bei Feldzügen wurde mit drakonischen Maßnahmen gearbeitet. Auf vielen Expeditionen war Wein verboten, und jeder Soldat, der dem Verbot zuwiderhandelte, wurde kurzerhand aufgehängt.

Materielle Unterstützung erhielten die Soldaten des mameluckischen Heeres durch Baibars' Investition in schwere Bewaffnung. Die technische Verbesserung von Belagerungswaffen, vor allem ausgeklügelter Katapulte, die mit Gegengewichten arbeiteten (im Französischen als *trébuchet* bezeichnet, im Deutschen als *Blide*), wurde energisch vorangetrieben. Diese Maschinen waren zentraler Bestandteil der mameluckischen Belagerungsstrategie. Sie konnten auseinandergenommen, zu einem bestimmten Ort transportiert und dort schnell wieder zusammengebaut werden; die größten dieser Maschinen konnten Steine schleudern, die über 500 Pfund wogen.

Neben der Ausübung roher militärischer Gewalt legte Baibars schließlich noch großen Wert auf genaue, aktuelle Informationen über den Feind. Daher unterhielt er im gesamten Vorderen Orient ein ausgedehntes Netzwerk von Spionen und Kundschaftern, und er erhielt Berichte von Agenten, die unter den Mongolen und den Franken lebten. Außerdem war der Sultan für die nomadischen Beduinen ein großzügiger Schutzherr und sicherte sich damit sowohl in militärischen Auseinandersetzungen als auch in der Informationsbeschaffung ihre wertvolle Unterstützung.

Durch all diese Maßnahmen erschuf Baibars das gewaltigste muslimische Heer in der gesamten Epoche der Kreuzzüge: eine Streitmacht, die größer, disziplinierter und grimmiger war als alle anderen, die bisher im Krieg um das Heilige Land aufgetreten waren – die perfekte Militärmaschine ihrer Zeit.[11] Nun, da der Sultan seine Machtposition umsichtig legitimiert und gesichert hatte und der geeinte islamische Vordere Orient hinter ihm stand, tat er den nächsten Schritt: Er setzte diese tödliche Waffe im Namen des Dschihad ein.

Der Krieg gegen die Franken

Im Unterschied zu seinen ajjubidischen Vorgängern hatte Sultan Baibars keinerlei Interesse daran, sich mit Outremer zu verständigen. Ihm ging es nicht darum, die Franken bei Laune zu halten, um Handelsbeziehungen nicht zu gefährden und einem Kreuzzug aus Westeuropa zuvorzukommen, er wollte die Lateiner in der Levante einfach nur komplett vernichten. Baibars rechnete damit, dass dann die Handelswaren wieder durch das mameluckische Ägypten fließen würden und dass jeder Invasionsversuch der Abendländer, wenn es erst im Heiligen Land keine lateinischen Stützpunkte mehr gab, zum Scheitern verurteilt war. Er blieb zwar auch gegenüber der Bedrohung durch die Mongolen wachsam, aber das hinderte ihn nicht daran, mehrere gnadenlose Schläge gegen die Kreuzfahrerstaaten zu führen.

Während in den frühen 1260er-Jahren die Vorbereitungsarbeiten rasch voranschritten, unternahm Baibars einige vereinzelte Erkundungsüberfälle ins fränkische Palästina; ihr einziges nennenswertes Ergebnis war die Zerstörung der Kirche in Nazareth. Um den Ausbruch verfrühter Feindseligkeiten in größerem Ausmaß zu verhindern, schloss der Sultan einige begrenzte Waffenstillstandsverträge mit unterschiedlichen Gruppen im lateinischen Königreich ab, das sich mittlerweile in einem bestürzenden Zustand der Zerstrittenheit und Schwäche befand. Den ergiebigsten Vertrag schloss er mit Johann von Ibelin, dem Grafen von Jaffa, ab, einem der letzten großen Barone von Outremer. 1261 entsprach Baibars den Friedensbitten Johanns und erhielt als Gegenleistung das Recht, den Hafen von Jaffa zum Transport von ägyptischen Getreidelieferungen in mameluckische Gebiete Palästinas zu benutzen. Nachdem jedoch 1265 die Belagerung der Mongolen von al-Bira gescheitert war, machte Baibars mit seiner Offensive gegen die Franken Ernst.

Eine Schneise der Zerstörung

In den nächsten drei Jahren verfolgte Sultan Baibars eine brutale Eroberungs- und Verwüstungsstrategie; seine kriegerischen Aktivitäten nahmen ein Ausmaß an, wie man es seit den Tagen von Hattin im Jahr 1187 nicht mehr gekannt hatte. Als formale Rechtfertigung für seinen Angriff benutzte der Sultan die jüngste mongolische Invasion in das Gebiet der Mamelucken im Norden, die, so sein Vorwurf, von den Franken angeblich unterstützt wurde. Zu Beginn des Jahres 1265 schlug er dann selbst zu. In der Vergangenheit wäre Baibars' erstes Ziel wohl die direkte Auseinandersetzung mit dem fränkischen Heer gewesen, aber davon waren nur noch kümmerliche Reste übrig. Dem Sultan stand es daher frei, sein Ziel, die lateinischen Ansiedlungen auszulöschen, relativ ungestört zu verfolgen.

Im Februar errichtete das Heer der Mamelucken in den Wäldern nahe der befestigten Küstenstadt Arsuf sein Lager. Baibars ließ neben dem Zelt des Sultans ein großes zweites Zelt aufstellen, in dem heimlich fünf riesige Bliden zusammengebaut wurden. Als der Belagerungszug bereit war, setzte sich das Heer am 27. Februar in Richtung des lateinischen Hafens Cäsarea in Marsch. Die Muslime tauchten so plötzlich und unvermittelt auf, dass sie schnell die Unterstadt besetzen konnten, während die christliche Bevölkerung sich in die Zitadelle rettete – sie gehörte zu den Bauwerken, die erst kürzlich mit dem Beistand König Ludwigs IX. wiederaufgebaut und neu verstärkt worden waren. Der Sultan setzte seine Katapulte ein und nahm die Stadt mit Felsbrocken und griechischem Feuer unter schweren Beschuss, während gleichzeitig ein Belagerungsturm errichtet wurde, auf dem der Sultan selbst kämpfte. Am 5. März waren die geschlagenen Verteidiger auf einigen aus Akkon entsandten Schiffen geflohen und hatten Cäsarea aufgegeben. Baibars befahl, Stadt und Zitadelle dem Erdboden gleichzumachen.

Wieder ohne Angabe seines Zieles wandte sich der Sultan am 19. März in Richtung Süden und begann die Belagerung von Arsuf. Die Stadt war damals von einem tiefen Burggraben umgeben und verfügte über einen mächtigen Wehrturm. Zunächst versuchten Einheiten der Mamelucken unter dem Befehl Qalawuns, zu den Mauern von

Arsuf einen Zugang zu bauen, indem sie den Burggraben abschnittsweise mit Riesenmengen Holz auffüllten, das sie aus den Wäldern der Umgebung geholt hatten. Den Verteidigern gelang es allerdings, das aufgeschichtete Holz über Nacht zu verbrennen. Nach diesem anfänglichen Rückschlag begann Baibars mit unaufhörlichem Beschuss, und am 30. April 1265 kapitulierte die Garnison und wurde gefangen genommen. Angesichts dieser übermächtigen Offensive waren die wenigen in Akkon stationierten Franken völlig hilflos. Selbst als Hugo von Lusignan, der nominelle Herrscher über das Königreich Jerusalem, am 23. April mit einer kleinen Unterstützungstruppe eintraf, wurde nichts unternommen, um der Invasion der Mamelucken Einhalt zu gebieten. Anfang Mai befahl Baibars seinen Männern, Arsuf zu zerstören, und führte die gefangenen Christen im Triumph nach Ägypten: Dort zwang er sie, mit zerbrochenen Kreuzen um den Hals in Kairo einzuziehen. Im Sommer schrieb der Sultan an König Manfred von Sizilien und berichtete von seinen Erfolgen. Manfred antwortete mit Gratulationsgeschenken, die er nach Ägypten schickte – eine deutliche Demonstration der achselzuckenden Gleichgültigkeit, die der Zukunft Outremers in gewissen westlichen Kreisen mittlerweile entgegengebracht wurde. Andere, darunter auch der Papst, begannen allerdings, sich Gedanken zu machen, was angesichts der Aggressivität der Mamelucken zu tun sei.

In dieser ersten Angriffswelle schlug Baibars mit ungeheurer Geschwindigkeit und Effizienz zu. Sein Vorgehen und seine Erfolge offenbarten die Belagerungskunst der Mamelucken und ihre Überlegenheit an Heeresstärke und Technik. Auch legte der Sultan eine bemerkenswerte Fähigkeit an den Tag, mit List vorzugehen; so konnte er verhindern, dass sich sein Opfer auf den Angriff vorbereiten konnte. In allen weiteren Feldzügen griff Baibars zu ungewöhnlichen Mitteln, damit das Überraschungsmoment gewahrt blieb. Durch Boten ließ er, ständig auf der Hut vor feindlichen Spionen und Kundschaftern, seinen Generälen versiegelte Befehle mit den Details über das nächste Ziel überbringen, die diese erst lesen durften, wenn sie schon aufgebrochen waren. Vor allem aber hatte es sich im Fall von Cäsarea und Arsuf nur zu deutlich gezeigt, dass das Ziel des Sultans nicht Besetzung, sondern Zerstörung war. Seine Strategie für die Mittelmeerküste sollte darin bestehen, die lateinischen Hafenstädte vom Territorium des Heiligen Landes hinwegzufegen und so die Eingänge, die Outremer mit dem Westen verbanden, einen nach dem anderen zu verschließen.

Bezwingung der Franken

Im Frühjahr 1266 setzte Baibars zu einer neuen Angriffsserie an. Ein Heer von rund 15 000 Mann unter Qalawun wurde in den Norden entsandt, um die Grafschaft Tripolis zu verwüsten; einige kleinere Festungen wurden eingenommen und geschleift. Im selben Sommer wurde eine zweite mameluckische Streitmacht entsandt, sie sollte die armenischen Christen Kilikiens für ihr Bündnis mit den Mongolen bestrafen. Das muslimische Heer drang im August 1266 in das Land ein und verwüstete einige armenische Siedlungen. Dieses erbarmungslose Vorgehen hinterließ das kilikische Königreich Hethums in einem desolaten Zustand.

Gleichzeitig führte der Sultan den Großteil seines Heeres in einer Serie vernichtender Überfälle längs der Küste nach Norden: Um Akkon, Tyros, Sidon und andere Städte herum entfesselte er seine Strategie der verbrannten Erde. Dann wandte sich das Heer der Mamelucken ins Landesinnere, um die große Templerfestung Safed in Galiläa anzugreifen, das letzte Bollwerk der Lateiner im Landesinnern Palästinas. Baibars' Kanzler erklärte, dass diese Burg ausgewählt wurde, weil »sie ein Kloß im Hals Syriens war und ein Hindernis, das der Brust des Islam das Atmen erschwerte«. Die Belagerung begann am 13. Juni 1266, Baibars setzte Katapulte und Sappeure ein, und obwohl die Templer sich tapfer verteidigten, mussten sie am 23. Juli um Einstellung der Kampfhandlungen bitten. Die ausgehandelten Kapitulationsbedingungen sollen angeblich den Franken freien Abzug zur Küste zugesichert haben, doch wurden sie nie umgesetzt. Ob es sich nun um einfachen Betrug oder, wie die meisten muslimischen Quellen es nahelegen, um eine Strafmaßnahme handelte – eine Reaktion darauf, dass die Tempelritter nicht wie vereinbart unbewaffnet von Safed abzogen –, jedenfalls befahl Baibars die Hinrichtung der Garnison. 1500 Christen wurden also auf einen nahe gelegenen Hügel geführt, den Ort, wo die Templer selbst ihre muslimischen Gefangenen hinzurichten pflegten, und alle wurden enthauptet. Nur ein einziger Franke wurde verschont und nach Akkon geschickt, um von den Ereignissen zu berichten und seine Landsleute in Angst und Schrecken zu versetzen.[12]

Nach diesem Massaker ließ der Sultan Safed mit großer Sorgfalt und sehr viel Geld wiederherstellen und besetzte die Festung mit muslimischen Truppen. Nicht nur die Festungsanlagen wurden verstärkt, innerhalb der Mauern wurden auch zwei Moscheen errichtet. Dies bildete die zweite Säule der Strategie des Sultans: die Verwendung größerer Burganlagen im Landesinnern als Verwaltungs- und Militärzentren der Mamelucken. In den darauffolgenden Monaten überrannte er noch mehrere weitere Burgen und Siedlungen in Palästina, darunter auch Ramla. Bis zum Ende des Sommers standen Galiläa und das Landesinnere Palästinas unter der Herrschaft der Mamelucken.

Nach zwei Jahren katastrophaler Niederlagen befand sich Outremer in einem Zustand völliger Auflösung. Die Lateiner wussten sich keinen Rat mehr, wie sie auf diesen offenbar unbesiegbaren Feind reagieren sollten. Im Oktober 1266 unternahm Hugo von Lusignan den tapferen Versuch, mit rund 1200 Mann in Galiläa einzufallen, doch die Hälfte seiner Truppe wurde von der mittlerweile in Safed stationierten muslimischen Garnison niedergemetzelt. Von da an begannen die Franken, sich mit aller Macht um Bedingungen für einen Frieden mit den Mamelucken zu bemühen, koste es, was es wolle. Es gab Fälle, in denen Baibars nichts dagegen hatte, potenzielle Gegner in Ruhe zu lassen und zu isolieren, während andernorts sein Werk der Eroberung und Zerstörung fortschritt. 1267 etwa stimmte der Großmeister der Johanniter einem erniedrigenden Zehnjahresvertrag zu, der die Festungen Krak des Chevaliers und Margat zum Gegenstand hatte. Er erklärte sich einverstanden, auf die bislang von den Muslimen in der Region geforderten Tributzahlungen zu verzichten, und akzeptierte auch das Baibars zugeschriebene Recht, den Vertrag zu annullieren, wann immer dieser es wünschte. Als allerdings die Franken von Akkon sich im März desselben Jahres verzweifelt um einen Friedensvertrag bemühten, lehnte Baibars ihr Ansinnen kurzerhand ab und unternahm im Mai einen weiteren Zerstörungszug in die Umgebung der Stadt, terrorisierte die Bevölkerung und verbrannte die Ernte. Ein lateinischer Chronist berichtet, dass die Mamelucken »mehr als 500 einfache Leute töteten«, die sie auf den Feldern gefangen genommen hatten, dann »schnitten sie ihnen das ganze Haar von den Köpfen bis unterhalb der Ohren ab«. Die Haarbüschel sollen an einem »Seil am großen Turm in Safed« aufgehängt worden sein. In muslimischen Quellen wird diese Geschichte nicht bestätigt, doch sie legt auf jeden Fall ein deutliches Zeugnis vom Ausmaß des Schreckens ab, den die Christen während der fürchterlichen Anschläge von Baibars entweder wirklich erfuhren oder aber sich in ihrer Vorstellung ausmalten.[13]

Das Schicksal Antiochias

Baibars' akribische Vorbereitungen in den frühen 1260er-Jahren hatten zu beachtlichen Erfolgen geführt. Die Außenposten des lateinischen Königreichs von Jerusalem wurden ganz nach Belieben zur Strecke gebracht, und das kilikische Armenien war faktisch entmachtet. Doch nach wie vor hatten die Mamelucken eine der großen Städte Outremers zu erobern, einen Kreuzfahrerstaat galt es noch zu vernichten, um definitiv deutlich zu machen, dass die Tage der Herrschaft der Lateiner in der Levante zu Ende gingen. Da es 1268 weiterhin keine Anzeichen dafür gab, dass die mongolischen Ilkhane eine weitere Invasion planten, beschloss der Sultan, dass die Zeit für eine solche Klarstellung gekommen war. Als Ziel wählte er das Territorium Bohemunds VI., des Herrn von Tripolis und Antiochia – desjenigen Fürsten also, der 1260 mit den Mongolen paktiert hatte.

Im Frühling dieses Jahres setzte sich Baibars von Ägypten aus in Richtung Norden in Marsch, sein Ziel war Antiochia. In Jaffa legte er eine kurze Pause ein. Der Waffenstillstandsvertrag, den er mit Johann von Ibelin abgeschlossen hatte, war abgelaufen (Johann selbst war 1266 gestorben), und der Sultan wies das Ansinnen, den Vertrag zu erneuern, schroff zurück. Die Hafenstadt fiel nach einem Angriff, der nur einen halben Tag dauerte, und wurde zerstört. Nach dieser kurzen Unterbrechung führte Baibars seine Truppen in die Grafschaft Tripolis, marschierte Anfang Mai der Küste entlang nordwärts und hinterließ eine Schneise der Verwüstung. Ein zeitgenössischer muslimischer Zeuge beschreibt, wie »die Kirchen vom Angesicht der Erde wegradiert wurden [...] an der Küste wurden die Toten zu Leichenbergen aufgehäuft«.

Bohemund VI. hatte sich in Tripolis niedergelassen und darauf eingestellt, einer Belagerung die Stirn zu bieten, doch die Mamelucken marschierten an der Stadt vorbei. Baibars' Ziel war Antiochia. Über Apamea zog er nordwärts und kam am 15. Mai 1268 vor der alten Stadt an. Die Macht des Kreuzfahrerstaats Antiochia war schon seit Langem geschwunden, doch seine mächtigen Mauern standen noch, und innerhalb dieser Mauern lebte eine Bevölkerung von mehreren Zehntausend Menschen. Zunächst ermutigte der Sultan die Antiochier offenbar, in Kapitulationsverhandlungen einzutreten, was diese jedoch brüsk ablehnten. Sie beschlossen, sich auf ebendiese Mauern zu verlassen, mit denen es gelungen war, die ersten Kreuzfahrer acht Monate lang aus der Stadt herauszuhalten, und die auch später zahlreiche muslimische Kriegsherren, von Il-Ghazi bis Saladin, abgewehrt hatten. Dieser Entschluss sollte sich als törichte, fatale Fehlentscheidung erweisen. Das Heer der Mamelucken umstellte am 18. Mai die Stadt, und es dauerte nur einen Tag, bis Baibars' Männern in der Nähe der Zitadelle auf dem Berg Silpius der Einbruch in die Stadt gelang. Ein grausames Massaker schloss sich an; es erinnerte an das Gemetzel, das die Franken angerichtet hatten, als sie fast genau 170 Jahre zuvor die Stadt eroberten. Der Sultan vergalt der Einwohnerschaft ihre Halsstarrigkeit, indem er die Stadttore verriegelte, sodass keiner mehr hinauskonnte.

Baibars, der sich mit der Selbstgefälligkeit des Siegers im Schrecken dieses Augenblicks sonnte, berichtete Bohemund VI. in einem Schreiben von der Plünderung Antiochias. In ironischen Wendungen beglückwünschte er den fränkischen Herrscher dazu, nicht in der Stadt gewesen zu sein, »denn andernfalls wärt Ihr jetzt entweder tot oder ein Gefangener«, und er beschrieb, wie Bohemund, wenn er anwesend wäre, »hätte sehen können, wie Eure Ritter unter den Hufen der Pferde hingestreckt liegen [...] Flammen wüten in Euren Palästen, und Eure Toten verbrennen in dieser Welt, bevor sie hinabfahren in die Flammen der nächsten.« Die Eroberung Antiochias brachte den Mamelucken eine Riesenmenge Plündergut ein – es heißt, es habe zwei Tage gedauert, bis die Beute auch nur aufgeteilt war –, und als sie alles abgeräumt hatten, verließen Baibars' Truppen Antiochia in einem Zustand völliger Zerstörung, von dem sich die Stadt jahrhundertelang nicht erholen sollte. Die wenigen verbleibenden Außenposten der Tempelritter im Norden wurden umgehend geräumt; der Patriarch von Antiochia erhielt die Erlaubnis, in seiner im Süden der Stadt gelegenen Burg bei Cursat noch einige wenige Jahre zu bleiben, allerdings nur als Untertan der Mamelucken. Das Fürstentum Antiochia – einst die mächtige Bastion Outremers im Norden – war vollständig besiegt und zu einer winzigen, isolierten Enklave hinter der Hafenstadt Latakia geschrumpft. Nun waren nur noch die exponierten Schatten von zwei Kreuzfahrerstaaten übrig: die Grafschaft Tripolis und das Königreich Jerusalem.[14]

In dieser drei Jahre dauernden Phase intensiver Kämpfe hatte Sultan Baibars die unbesiegbare Stärke der mameluckischen Militärmaschinerie bewiesen, er hatte seinen persönlichen Eroberungshunger demonstriert und seine Bereitschaft, sich bedingungslos für den Dschihad zu engagieren, und schließlich hatte er den erbärmlichen Zustand der Franken offengelegt. 1269 gewährte er seinen siegreichen Truppen eine Atempause und erlaubte sich selbst im Sommer dieses Jahres den Luxus der Pilgerfahrt nach Mekka, obwohl er sogar diese Reise inkognito unternahm, um das Sultanat durch seine Abwesenheit nicht für Bedrohungen, sei es von außen oder von innen, verwundbar zu machen. Nachdem er diesen Beweis für seine Treue zum Islam erbracht hatte, kehrte er nach Syrien zurück und unternahm während der Herbstwochen eine Reise durch seine Territorien. Zu dieser Zeit war er offenbar felsenfest davon überzeugt, dass es ihm gelingen werde, die letzten Spuren lateinischer Besiedlungen endgültig zu beseitigen und jegliche neue Bedrohung durch eine Invasion der Mongolen abzuschmettern.

Dann jedoch erreichten die Berichte über die Verwüstung Outremers und die Heimsuchung der Levante durch die entsetzlichen Mamelucken das Abendland. Alte und neue Kämpfer nahmen das Kreuz und wandten sich nach Osten – um einer letzten Chance willen, das Heilige Land zurückzugewinnen.

23

Rückgewinnung des Heiligen Landes

In den ausgehenden 1260er-Jahren war von den einst mächtigen Kreuzfahrersiedlungen in Outremer nur noch wenig übrig. Das Gebiet der Franken war reduziert auf einen Küstenstreifen, der von der Pilgerburg der Templer im Süden Haifas durch Akkon, Tyros, Tripolis und Margat bis zum Vorposten Latakia verlief. Nur eine Handvoll Burgen im Landesinnern hatte standgehalten, darunter Montfort, das Hauptquartier des Deutschen Ordens, und die mächtige Johanniterfestung Krak des Chevaliers. Unter den Franken schwelten interne Rivalitäten: Es gab mehrere Anwärter auf den Thron von Jerusalem, die Kaufleute aus Venedig und Genua kämpften um Handelsrechte, und sogar die Ritterorden waren in kleinliche Streitigkeiten verstrickt. Der Schock über die Eroberung Antiochias im Jahr 1268 trug in keiner Weise dazu bei, diesen Sog in den Abgrund von Uneinigkeit und Zerfall aufzuhalten.

Sultan Baibars hingegen hatte bedeutende Siege gegen die Christen erstritten und sein Engagement für den Dschihad mit aller Deutlichkeit unter Beweis gestellt. Sein erbarmungsloses Vorgehen im »heiligen Krieg« hatte die Kreuzfahrerstaaten in einen Zustand der Verwundbarkeit versetzt, der fast an Wehrlosigkeit grenzte. Doch durfte der Sultan die Bedrohung nicht außer Acht lassen, die von den Mongolen ausging. Die Probleme in Mesopotamien, Kleinasien und Russland, die sie jahrelang zur Bewegungslosigkeit verurteilt hatten – darunter langwierige dynastische Umwälzungen sowie die offene Feindschaft zwischen der Goldenen Horde und dem Ilkhanat Persien –, waren auf dem besten Weg, gelöst zu werden. Abaqa, ein starker neuer Ilkhan, war 1265 an die Macht gekommen und hatte umgehend Pläne für eine antimameluckische Allianz mit dem Abendland geschmiedet. Es drohte ein weiterer Angriff des Ilkhanats auf den Islam. Doch im Frühjahr 1270, gerade als Baibars erwog, wie mit dieser Bedrohung aus dem Norden umzugehen sei, erreichte ihn in Damaskus die Nachricht, dass die Franzosen sich auf einen neuen Kreuzzug vorbereiteten. Der Sultan erinnerte sich nur allzu deutlich an die Verwüstungen, die mit der letzten Invasion der Lateiner im Jahr 1249 in Ägypten verbunden waren, und kehrte umgehend nach Kairo zurück, um die muslimische Verteidigung aufzustellen.

Der zweite Kreuzzug Ludwigs IX.

In Rom war Papst Clemens IV. zutiefst beunruhigt von den brutalen Militäraktionen der Mamelucken, die 1265 begonnen hatten. Ihm war klar, dass es nicht mehr lange dauern würde, bis das Heilige Land gänzlich verloren war; daher begann er im August 1266, Pläne für einen relativ bescheidenen, dafür schnell in Gang zu bringenden Kreuzzug zu schmieden. Er rekrutierte mehrere Truppen, überwiegend aus den Niederlanden, die er anwies, spätestens bis zum April 1267 aufzubrechen; außerdem begann er Koalitionsgespräche mit Abaqa und dem byzantinischen Kaiser Michael VIII. Im Spätsommer 1266 jedoch erfuhr König Ludwig IX. von Frankreich von dem geplanten Unternehmen. Ludwig, Veteran des »heiligen Krieges«, war jetzt Anfang fünfzig, und seine Lebensführung war noch asketischer geworden; in dem von Clemens geplanten Kreuzzug erkannte er eine Chance, die bitteren Erfahrungen von Mansourah auszugleichen. Im September informierte er den Papst unter vier Augen von seinem Wunsch, sich dem Kreuzzug anzuschließen. In gewisser Hinsicht war Ludwigs Bereitschaft zur Teilnahme, die er öffentlich am 25. März 1267 mit einem Kreuzzugsgelübde besiegelte, ein Segen, ließ sie doch auf einen wesentlich umfangreicheren und mächtigeren Feldzug hoffen. Diese Perspektive veranlasste dann auch den Papst, das kleinere Unternehmen, das er ursprünglich geplant hatte, aufzuschieben. Unglücklicherweise führte dieser Aufschub – die Folge von Ludwigs Enthusiasmus – dazu, dass Baibars 1268 ungehindert Antiochia zerstören konnte.

Wie schon in den 1240er-Jahren traf Ludwig auch für seinen zweiten Kreuzzug sorgfältige finanzielle und logistische Vorbereitungen. Die Rekrutierung für die neue Kampagne gestaltete sich zäher – der alte Mitstreiter des Königs Jean de Joinville etwa ließ sich nicht mehr anwerben. Bedenkt man jedoch die Rückschläge durch die letzten Kreuzzüge sowie die Bedenken, die in einigen Kreisen angesichts des eklatanten Missbrauchs des Kreuzzugsideals durch den Papst kursierten, so war die Zahl der Teilnehmer doch immer noch überraschend hoch. Der bedeutendste Aspirant unter den zukünftigen Kreuzfahrern war der spätere König Eduard I. von England, damals noch als Lord Eduard bekannt. Er hatte gerade den Aufstand niedergerungen, der seinen Vater, König Heinrich III., bedroht hatte, und verpflichtete sich im Juni 1268, am Kreuzzug teilzunehmen. Ungeachtet früherer Animositäten gegen Frankreich erklärte er sich einverstanden, seinen Zug mit dem Unternehmen unter Ludwigs Führung zu koordinieren.

Im November 1268 jedoch starb Clemens IV., und da in der Kirche Uneinigkeit bestand hinsichtlich der Verhandlungen Roms mit dem ehrgeizigen und nach Ansicht gewisser Kreise unzuverlässigen Karl von Anjou (dem Bruder Ludwigs IX., mittlerweile König von Sizilien), konnte bis 1271 kein Nachfolger auf dem Stuhl Petri gefunden werden. Während dieses Interregnums löste sich das Gefühl von Dringlichkeit, das Clemens den Kreuzfahrern zu vermitteln versucht hatte, weitgehend auf, und der Aufbruch verzögerte sich, weil der Schwung dahin war, bis in den Sommer 1270. In der Zwischenzeit wurden neue Versuche unternommen, mit dem mongolischen Ilkhan Abaqa in Kontakt zu treten, und im März 1270 nahm auch Karl von Anjou das Kreuz.

Nachdem sich Ludwig im Juli 1270 endlich in Aigues-Mortes eingeschifft hatte, wuchs sich sein zweiter Kreuzzug zu einer tragischen Enttäuschung aus. Aus Gründen, die nie eindeutig aufzuklären waren, allerdings sehr wohl mit den Machenschaften seines intriganten Bruders Karl zusammenhängen könnten, wich Ludwig von seiner geplanten Route nach Palästina ab. Er segelte stattdessen nach Tunis, das damals von dem unabhängigen muslimischen Kriegsherrn Abu Abdallah regiert wurde. Als der französische König in Nordafrika eintraf, erwartete er offenbar, dass Abu Abdallah zum Christentum übertreten und mit ihm zusammen einen Angriff auf das mameluckische Ägypten unternehmen werde. Als das nicht geschah, wurde ein direkter Angriff auf Tunis geplant – doch dazu kam es nie. In der hochsommerlichen Hitze griffen im Lager der Kreuzfahrer Seuchen um sich, und Anfang August wurde auch Ludwig selbst krank. Innerhalb von drei Wochen verschlimmerte sich sein Zustand rapide, und am 25. August starb der fromme Kreuzfahrerkönig Ludwig IX. Seine letzte Tat war eine nutzlose Kampagne gewesen, weit vom Heiligen Land entfernt. Die Legende weiß, dass seine letzten geflüsterten Worte »Jerusalem, Jerusalem« waren. Die Träume des Königs, die Heilige Stadt zurückzuerobern, hatten sich in Luft aufgelöst, was seiner tiefen Frömmigkeit jedoch keinen Abbruch getan hatte. 1297 wurde Ludwig heiliggesprochen.[1]

Nach Ludwigs Tod begannen die Kreuzfahrer Mitte November, sich zum Aufbruch zu rüsten und in die Levante weiterzusegeln; als jedoch ein großer Teil der Flotte in einem schweren Sturm sank, kehrten die meisten Franken nach Europa zurück. Der Einzige, der von den Ereignissen profitierte, war Karl von Anjou: Er schloss mit Abu Abdallah einen Vertrag ab, der Sizilien beträchtliche Tributzahlungen sicherte. Von den führenden Kreuzfahrern ließ sich nur Eduard von England nicht von seinem Ziel ablenken. Er bestand darauf, seine Reise in den Vorderen Orient mit einer kleinen Flotte von 13 Schiffen fortzusetzen.

Die Schlinge wird enger gezogen

Rund sechs Monate zuvor, im Mai 1270, war Baibars nach Kairo zurückgekehrt, um sein Land auf die zu erwartende Invasion der Kreuzfahrer unter König Ludwig vorzubereiten. Baibars nahm die Bedrohung sehr ernst, er versetzte die Nilregion in Alarmzustand, zerstörte später die Verteidigungsanlagen von Askalon und füllte das Hafenbecken mit Felsbrocken und Holz auf, um es unbenutzbar zu machen. Als jedoch im Herbst in Kairo die Nachricht vom Tod des Königs von Frankreich eintraf, eröffnete sich dem erleichterten Sultan der Spielraum, das Heer der Mamelucken auf eine anderweitige Militärkampagne vorzubereiten.

Die uneinnehmbare Festung

Zu Beginn des Jahres 1271 zog Baibars Richtung Norden, um die noch unbezwungenen lateinischen Vorposten in den südlichen Ausläufern der Ansariyah-Berge, dem früheren Grenzgebiet zwischen Antiochia und Tripolis, anzugreifen. Dieses Gebiet wurde von einer angeblich uneinnehmbaren Festung der Johanniter überragt: dem Krak des Chevaliers. Noch nie seit Beginn der Kreuzzüge hatte ein muslimischer Führer ernsthaft versucht, diese Festung zu belagern, die von ihrem Standort auf einem steilen Gebirgsausläufer aus die gesamte Umgebung beherrschte. Im frühen 13. Jahrhundert war sie durch ausgedehnte Erweiterungsbauten entscheidend verstärkt worden und repräsentierte jetzt die fränkische Festungsbaukunst in vollkommener Weise. Aber selbst durch diese offenbar unüberwindliche Herausforderung ließ sich Baibars nicht abschrecken. Mit einem großen Heer und mehreren Wurfmaschinen begann er am 21. Februar die Belagerung der Burg.

Der einzige Zugang zum Krak verlief über den südlichen Bergrücken, und dort hatten die Johanniter ihre stärksten Befestigungen aufgerichtet: doppelte Mauern, verstärkt mit wehrhaften Rundtürmen, sowie einen inneren Festungsgraben, der auf ein Glacis (eine abgeschrägt gebaute Mauer) zuführte, das verhinderte, dass unter den Mauern hindurch Gräben angelegt wurden. Die Mamelucken konzentrierten ihr Bombardement dennoch unbeeindruckt auf diesen Abschnitt, und nach mehr als einem Monat, als ein Teil der südlichen Außenmauer zusammenbrach, zeigte der andauernde Beschuss erste Wirkungen. Das hieß nun noch nicht, dass der Weg ins Innere der Festung frei gewesen wäre, denn die Johanniter konnten sich immer noch in den inneren Bereich der Burg zurückziehen, in eine kompakte, praktisch unzerstörbare Zitadelle. Baibars sah ein, dass ein Angriff auf diese Zitadelle zum Tod vieler seiner Männer führen und außerdem die Burg selbst empfindlich beschädigen würde, daher entschied er sich für einen Strategiewechsel. Anfang April ließ er dem Anführer der lateinischen Garnison einen gefälschten Brief überbringen. Das Schreiben, das angeblich vom Großmeister der Johanniter stammte, wies die Ritter an, Friedensverhandlungen anzubieten und sich zu ergeben. Es ist nicht auszumachen, ob die Johanniter tatsächlich auf die List des Sultans hereinfielen oder ob sie sich lediglich eine Gelegenheit zur Kapitulation zunutze machten, ohne gänzlich das Gesicht zu verlieren. Jedenfalls ergaben sie sich am 8. April 1271 und erhielten freien Abzug nach Tripolis. Nach diesem sagenhaften Triumph soll Baibars stolz behauptet haben, dass »meine Männer unfähig sind, eine Festung zu belagern, ohne sie einzunehmen«. Der Krak des Chevaliers wurde sorgfältig wieder instand gesetzt und diente von da an als Befehlszentrale der Mamelucken in Nordsyrien.

Im Hochgefühl dieses ungewöhnlichen Erfolgs sammelte der Sultan nun seine Männer, um einen konzentrierten Angriff auf Tripolis zu unternehmen. Im Mai griffen die Muslime einige entlegene Festungen an, und voll Zuversicht richtete Baibars ein weiteres Schreiben an Bohemund VI.: Diesmal warnte er den Grafen von Tripolis, dass die Ketten für seine Einkerkerung bereits geschmiedet seien. Der Sultan befahl den eigentlichen Vormarsch für den 16. Mai, doch genau zu diesem Zeitpunkt erreichte ihn die Nachricht, dass Lord Eduard mit einem Kreuzfahrerheer in Akkon eingetroffen sei. Da er nicht wusste, in welchem Ausmaß Palästina nun bedroht war, blies Baibars den Überfall auf Tripolis ab und ließ sich mit Bohemund auf Verhandlungen zu einem Waffenstillstand ein, der dann auch für zehn Jahre festgeschrieben wurde.[2]

Lord Eduard von England

Der Sultan begab sich über Damaskus nach Nordpalästina; er rechnete mit einem Angriff von Eduards Kreuzfahrern von Akkon aus. Bald jedoch stellte sich heraus, dass der englische Prinz nur eine kleine Truppe mitgebracht hatte. Da Baibars sich also nicht weiter eingeschränkt fühlen musste, begann er prompt mit der Belagerung der Burg Montfort, dem Hauptquartier des Deutschen Ordens in den Bergen östlich von Akkon. Wieder war ihm der Sieg nur kurze Zeit später sicher. Die Mauern der Burg standen drei Wochen lang heftig unter Beschuss, auch Sappeure wurden eingesetzt; danach ergab sich die Festung am 12. Juni und wurde im Unterschied zum Krak des Chevaliers geschleift.

Im Juli 1271 unternahm Eduard einen kurzen Überfall in muslimisches Territorium östlich von Akkon, sah sich jedoch schnell zur Umkehr gezwungen, als seine Soldaten krank wurden; sie vertrugen die Hitze und die regionalen Speisen nicht. Von derart flüchtigen Überfällen ließ der Sultan sich kaum aus der Ruhe bringen. Ihm machte vor allem die Perspektive Sorgen, dass sich die englischen Kreuzfahrer womöglich mit den Mongolen im Ilkhanat zusammentun könnten. Aus christlichen Quellen geht auch tatsächlich klar hervor, dass Eduard bei seiner Ankunft in der Levante umgehend Boten zu Abaqa schickte, doch offenbar erhielt er keine Antwort. Dennoch kam es in diesem Herbst, ob nun durch Zufall oder geplant, zu offensiven Vorstößen der Mongolen und der Lateiner, die ungefähr gleichzeitig stattfanden. Im Oktober marschierten Truppen aus dem Ilkahant in Nordsyrien ein und verwüsteten die Gegend um den Ort Harim. Währenddessen unternahm Eduard Ende November einen zweiten Vergeltungsschlag in der Gegend südöstlich von Cäsarea. Allerdings stand hinter keinem der beiden Angriffe großer Nachdruck oder spürbare Entschlossenheit; so führte Abaqa seine Männer nicht selbst an, sondern beauftragte einen seiner

Hauptleute. Baibars musste ein paar Mameluckenabteilungen verlegen, doch wurde er mit diesen beiden unbedeutenden Vorkommnissen leicht fertig.

Da Eduard nur über begrenzte Ressourcen verfügte, hatte er kaum größeren Handlungsspielraum. Bei kriegerischen Unternehmungen in Europa hatte er sich als geschickter Befehlshaber und kaltblütiger Krieger bewährt – Eigenschaften, die sich vor allem in seinen Regierungsjahren noch deutlicher herauskristallisieren sollten –, in Palästina jedoch hatte Eduard kaum eine Möglichkeit, diese Begabungen zur Geltung zu bringen. Dennoch profitierte Outremer von dem englischen Kreuzzug: Der Angriff auf Tripolis war verhindert worden, und Baibars musste seine strategischen Prioritäten neu definieren. Die Offensive der Mongolen wurde zwar abgewehrt, doch schien sie eine neue Ära mongolischer Aggression anzukünden, und sie machte die Gefahren einer potenziellen Allianz zwischen Abaqa und den Franken deutlich. Deshalb beschloss der Sultan, sich die Sicherheit Palästinas etwas kosten zu lassen, und stimmte am 21. April 1272 einem zehnjährigen Waffenstillstandsvertrag mit dem Königreich Jerusalem zu. Der Vertrag enthielt kleinere territoriale Zugeständnisse für die Lateiner sowie die Zusicherung, dass Pilger die heiligen Stätten in Nazareth besuchen durften. Baibars war durchaus nicht abgeneigt, das Königreich Jerusalem auf dem Verhandlungsweg zu befrieden, doch hatte er bereits beschlossen, der anhaltenden, unabsehbaren Bedrohung, die Lord Eduard darstellte, mit gewalttätigeren Mitteln zu begegnen.

Irgendwann in den Monaten davor hatte der Sultan einen Assassinen angeheuert und ihn beauftragt, den englischen Kreuzfahrer zu ermorden. Mit einer langwierigen, akribischen Täuschungsaktion verschaffte sich dieser Muslim Zugang zu Akkon – er gab vor, sich taufen lassen zu wollen – und erschmeichelte sich dann eine Anstellung in Eduards Dienerschaft. Eines Abends im Mai überraschte er den Kreuzfahrer in seinen Gemächern und ging mit dem Dolch in der Hand auf ihn los. Eduard reagierte reflexartig und konnte dem Streich ausweichen, das Messer traf ihn lediglich oberflächlich, wahrscheinlich an der Hüfte. Der Attentäter wurde erschlagen, und da man befürchtete, dass womöglich auch Gift im Spiel gewesen war, verabreichte man dem englischen Prinzen umgehend ein Gegengift. Vielleicht war das eine überflüssige Vorsichtsmaßnahme; jedenfalls erholte sich Eduard nach wenigen Wochen wieder vollständig. Nachdem er dem Tod so knapp entronnen war, verließ er Palästina Ende September 1272.[3]

Neue Ziele

Da die Franken sich nun in den ausgehandelten Verträgen zu Wohlverhalten in Palästina und Tripolis verpflichtet hatten, konnte Baibars seine Aufmerksamkeit auf die Mongolen richten. Ende 1272 begann Abaqa eine weitere, besser koordinierte Offensive, die erst nach mehreren erbitterten Gefechten zurückgeschlagen werden konnte, in denen sich besonders Qalawun auszeichnete. Der Sultan beschloss, sich der Herausforderung durch die Mongolen jetzt direkt zu stellen und, statt auf weitere Invasionen zu warten, den Kampf in feindliches Territorium zu tragen. Daher begann er nach seiner Rückkehr nach Ägypten mit der Ausarbeitung von Plänen für den ehrgeizigsten Feldzug seiner bisherigen Laufbahn.

1273 jedoch wurde er durch zwei Ereignisse abgelenkt. Seit Jahren schon war sein verrufener Intimus, der Sufi Hadir al-Mirani, den führenden Emiren des Sultans ein Dorn im Auge. Hadir stand im durchaus begründeten Ruf zügelloser sexueller Perversion und wiederholten Ehebruchs; außerdem warf man ihm vor, die heiligen Stätten anderer Religionen zu entweihen und etwa am Heiligen Grab beträchtlichen Schaden angerichtet zu haben. Im Mai 1273 konnten ihm die Emire schließlich unwiderlegbare Fälle von Unterschlagung nachweisen, und sie zwangen den Sultan, die Untaten seines Wahrsagers bei einem in Kairo einberufenen Tribunal zur Kenntnis zu nehmen. Vorgeschlagen war die Todesstrafe, doch wurde sie in eine Gefängnisstrafe umgewandelt, als Hadir prophezeite, auf seinen eigenen Tod werde Baibars' Tod unmittelbar folgen.

Im Juli desselben Jahres ging der Sultan auch gegen die Assassinen vor. Die Gefährlichkeit des ismailitischen Ordens, der seinen Sitz nach wie vor an den westlichen Hängen der Ansariyah-Berge hatte, hatte im Lauf des 13. Jahrhunderts stark nachgelassen. Obwohl Baibars die Dienste der Assassinen 1272 noch in Anspruch genommen hatte, wollte er ihre traditionelle Unabhängigkeit nicht länger hinnehmen. Er kommandierte daher Mameluckentruppen ab, die alle Festungen, die noch in ihrem Besitz waren, darunter auch Masyaf, einnehmen sollten. Von da an standen die Überlebenden des Ordens unter der Kontrolle des Sultanats.

Abgesehen von diesen kleineren Ablenkungen konzentrierte Baibars in der Mitte der 1270er-Jahre seine gesamte Energie und all seine Ressourcen darauf, das Territorium des Ilkhanats anzugreifen. Einen Überfall auf den Irak schloss er aus, wahrscheinlich, weil die Truppen der Mamelucken und der Mongolen sich ebenbürtig waren; der Sultan traf vielmehr sorgfältige Vorbereitungen für eine Invasion in Kleinasien, das damals im Besitz des Ilkhanats war. Zu Beginn des Jahres 1277 führte er seine Truppen von Nordsyrien aus nach Anatolien hinein und war dort sensationell erfolgreich: Im April besiegte er das in Kleinasien stationierte mongolische Heer bei Elbistan. 7000 feindliche Soldaten wurden in der Schlacht getötet, Baibars ließ sich umgehend zum Sultan von Anatolien ausrufen, doch er konnte seinen Sieg nicht lange genießen. Während ein weiteres großes mongolisches Heer heranrückte, befanden sich die Mamelucken in einer gefährlich isolierten Position und mussten damit rechnen, von Syrien abgeschnitten zu werden. Der Sultan erkannte, dass er seine Kräfte überschätzt hatte, und befahl einen schnellen Rückzug. Er hatte bewiesen, dass es möglich war, der Bedrohung durch die Mongolen entgegenzutreten, doch musste er auch hinnehmen, dass sie auf ihrem eigenen Territorium nicht zu schlagen waren.

Baibars' entschlossenes Vorgehen gegen das persische Ilkhanat hatte ihn vom Krieg gegen die Franken abgelenkt. Auch dieser Kampf wäre womöglich noch ausgefochten worden, doch der Sultan erkrankte nach seiner Rückkehr nach Damaskus Mitte Juni 1277 an heftiger Dysenterie. Eine seiner letzten Handlungen bestand darin, einen Boten zu entsenden, der die Freilassung des Wahrsagers Hadir in die Wege leiten sollte. Am 28. Juli starb Baibars, der Löwe von Ägypten. Seine Botschaft kam in Kairo zwar an, aber da war es für eine Begnadigung zu spät. Hadir war bereits von Berke Qan, Baibars' Sohn und Erben, erdrosselt worden. Sei es durch Zufall oder weil der abergläubische Berke Qan den Tod seines Vaters beschleunigen wollte – jedenfalls hatte sich Hadirs Prophezeiung bewahrheitet.[4]

Baibars, Geißel der Franken

Sultan Baibars errang nie einen umfassenden Sieg im Kampf um die Herrschaft über das Heilige Land. Doch er hatte im Lauf seiner erstaunlichen Wirkungszeit das Sultanat der Mamelucken und den Islam gegen die Mongolen verteidigt und den Kreuzfahrerstaaten sehr schweren Schaden zugefügt; hier hatte er Wunden geschlagen, die sich als tödlich erweisen sollten. Historikerinnen und Historiker, die Baibars' Leistungen im Rahmen des Dschihad würdigen, betonen häufig die einschneidenden Veränderungen, die seine Herrschaft mit sich brachte: Die ajjubidische Politik eines entspannten, friedlichen Nebeneinanders wurde verworfen; an oberster Stelle stand der Krieg, zum Teil sogar an zwei Fronten. Nur wenige Forscherinnen und Forscher stellten sich die Frage, wie der Sultan in den Kontext der gesamten Epoche der Kreuzzüge einzuordnen ist und wie seine Strategie und seine Leistungen neben denen der anderen bedeutenden muslimischen Herrscher des 12. Jahrhunderts zu beurteilen sind.

Im Grunde vermischte und vervollkommnete Baibars die Herrschaftsstile seiner Vorgänger. Wie der Atabeg Zangi setzte er auf Furcht und Schrecken, um den Gehorsam seiner Untertanen und die Disziplin in seinem Heer zu sichern. Doch auch die Unterstützung und die Treue seiner Untertanen waren ihm ein Anliegen, deshalb machte er sich die mitreißende Kraft frommer Hingabe ebenso zunutze wie irreführende Propagandatechniken also, die auch Nur ad-Din und Saladin eingesetzt hatten. Ebenso wie seine drei Vorgänger war Baibars – in seiner Eigenschaft als Mameluck aus dem Volk der Kyptschaken – ein Außenseiter, und genau wie diesen ging es ihm darum, seine Herrschaft und seine Dynastie zu legitimieren, sich ein Ansehen als herausragender Gotteskrieger zu schaffen und diesen Ruf zu kultivieren.

Dabei übertraf er mit seinen Qualitäten und Erfolgen in vielerlei Hinsicht noch Zangi, Nur ad-Din, ja sogar Saladin. Der Mameluckensultan war als Staatsoberhaupt achtsamer und disziplinierter, und nie verlor er den finanziellen Aspekt des Regierens und der Kriegsführung aus den Augen. Die Zangiden und Ajjubiden hatten dem Islam im Vorderen Orient bestenfalls zu einem fragilen Anschein von Einheit verholfen – Baibars errang nahezu hegemoniale Macht über die Levante und baute ein unvergleichlich starkes, gehorsames Heer auf. Natürlich spielten auch die Gegebenheiten und Möglichkeiten mit hinein, doch vielleicht waren es vor allem seine Charaktereigenschaften, die ihn vor den anderen auszeichneten. In den 17 Jahren seines Sultanats legte er in unermüdlichem Eifer rund 40 000 Kilometer zurück und führte 38 Feldzüge an. Sein Genie als Feldherr bescherte ihm über 20 Siege gegen die Lateiner.

Vor allem war der Sultan ein absolut erbarmungsloser Gegner, dessen Ehrgeiz nicht einmal ansatzweise durch die Menschlichkeit und das Mitgefühl eines Saladin abgemildert wurde. Zweifellos war er ein gefühlloser Despot, und trotzdem hatte es keiner seiner Vorgänger vermocht, den Islam so nahe an einen endgültigen Sieg im Kampf um das Heilige Land heranzuführen.

Versuche und Triumphe

Baibars hatte beabsichtigt, das Mameluckensultanat an seinen Sohn und wohl auch Mitregenten Berke Qan weiterzugeben. Dieser jedoch erwies sich als unfähiger Nachfolger, der den inneren Kreis der Mameluckenemire bald brüskierte. Ein heftiger Machtkampf folgte, in dessen Verlauf Berke Qan gestürzt wurde; im November 1279 ging Qalawun daraus als Aspirant auf den Sultanstitel hervor. Allerdings gelang es auch Qalawun nicht vor 1281, seine Macht im muslimischen Vorderen Orient wirklich durchzusetzen.[5]

Qalawun und das Mameluckensultanat

In seinen ersten Jahren im Amt sah Qalawun sich mit einer ständig ansteigenden Welle mongolischer Aggression konfrontiert. Der Ilkhan Abaqa nutzte die ungeordneten Zustände unter den Mamelucken und ließ 1280 ein größeres Kommandounternehmen auf Nordsyrien los, was zur Flucht der gesamten Bevölkerung von Aleppo führte. Um 1281 stand fest, dass eine Invasion in großem Ausmaß, wie sie Baibars immer befürchtet hatte, nicht mehr lange auf sich warten ließ. Diese Schreckensvision ermöglichte es Qalawun schließlich, das Reich der Mamelucken zu gemeinsamem Handeln zu zwingen, und er musste außerdem die Friedensverträge mit den Franken erneuern. Sogar mit den Johannitern von Margat begann er Verhandlungen, obwohl diese den Angriff der Mongolen von 1280 ausgenutzt und einen Raubzug in muslimisches Territorium unternommen hatten.

Qalawun verfügte über Agenten, die im persischen Ilkhanat tätig waren; diese berichteten, Abaqa versetze sein Heer in Bereitschaft, woraufhin Qalawun seine eigenen Truppen vom Frühjahr 1281 an in Damaskus stationierte. Im Herbst überquerte ein riesiges Heer aus dem Ilkhanat den Euphrat, wahrscheinlich umfasste es um die 50 000 Mongolen und weitere 30 000 verbündete georgische, armenische und türkische Soldaten. Qalawun führte fast sämtliche verfügbaren Mameluckenregimenter ins Feld, doch selbst dann war er dem Gegner wohl an Zahl noch unterlegen. Trotzdem beschloss er, das Heer nordwärts in Richtung Homs in Marsch zu setzen und dem Feind entgegenzutreten. Nördlich der Stadt kam es am 29. Oktober 1281 zur Schlacht. Aufgrund der harten Disziplin und des virtuosen Umgangs mit den Waffen, die für das Mameluckenheer typisch waren, errang Qalawun einen zweiten historischen Sieg über die Mongolen, mit dem er an die Ruhmestaten von Ain Dschalut anschloss. Die mongolische Horde zog sich geschlagen über den Euphrat zurück. Nun, da die Übermacht der Mamelucken sich klar erwiesen hatte, war auch die Gefahr eines mongolischen Angriffs zunächst gebannt. In den folgenden Jahren festigte Qalawun seine Macht als Sultan, und Mitte der 1280er-Jahre war seine Position so gesichert, dass er seine Aufmerksamkeit wieder auf die Vernichtung Outremers richten konnte.[6]

Angriff auf Outremer

Obwohl die Mamelucken zeitweise mit anderen Bedrohungen zu kämpfen hatten, waren die Franken der Levante nach wie vor verwundbar und zerstritten. Das lateinische Königreich Jerusalem war durch Streitigkeiten um die Rolle des Herrschers zerrissen, die darin gipfelten, dass Städte wie Beirut und Tyros ihre Unabhängigkeit erklärten. In der Grafschaft Tripolis stand Bohemund VII. (Nachfolger seines Vaters nach dessen Tod 1275) in offenem Konflikt mit den Templern, weil ihm die außerordentliche Macht des Ordens Sorgen bereitete, die von Tortosa ausging; zudem musste er mit einer Rebellion in der südlichen Hafenstadt Jubail fertigwerden. Gleichzeitig waren die italienischen Handelsrepubliken – diesmal Venedig, Pisa und Genua – in einen weiteren erbitterten Handelskrieg verstrickt. In den 1280er-Jahren gingen die Genuesen aus diesem Gewirr als Sieger hervor und begannen, über den Handel im östlichen Mittelmeer eiserne Kontrolle auszuüben.

Die Kreuzfahrerstaaten hatten außerdem kaum Anlass zur Hoffnung, dass aus Europa Hilfe kam. In den frühen 1270er-Jahren, während Baibars' Aufmerksamkeit sich hauptsächlich auf die Mongolen konzentrierte, wurde endlich ein Nachfolger für Papst Clemens IV. gewählt. Der neue Papst Gregor X. hatte in der Zeit davor, als Lord Eduard in

Palästina kämpfte, Akkon besucht und kannte die Probleme Outremers nur zu genau. Als er dann in Rom sein Amt antrat, tat er alles, um die lateinische Christenheit auf die Schwierigkeiten im Heiligen Land aufmerksam zu machen; er setzte sich auch mit der weitverbreiteten, gegen das Kreuzzugswesen gerichteten Stimmung auseinander. Dazu gehörten die Verurteilung von Kreuzzügen gegen Christen, der Zynismus im Zusammenhang mit dem Ablasshandel und die Unruhen wegen der außerordentlichen Belastung durch Kreuzzugssteuern. Hinzu kamen gewisse kritische Stimmen, die proklamierten, die levantinischen Franken bedürften ohnehin eher der Unterstützung durch ein stehendes Berufsheer, das von Europa aus zu unterhalten sei; mangelhaft ausgestattete Kreuzzugsunternehmungen in größeren zeitlichen Abständen seien kaum hilfreich.

Papst Gregor ließ mehrere Untersuchungen zum aktuellen Stand der Kreuzzugsbewegung anstellen, doch er war auch entschlossen, die Kriegsbemühungen im Vorderen Orient selbst zu unterstützen. Im Mai 1274 berief er das Zweite Konzil von Lyon ein und stellte dort seinen Plan vor, zu einem neuen Kreuzzug aufzurufen, der 1278 aufbrechen sollte. Mit großem persönlichem Einsatz gelang es ihm, sich den Beistand Frankreichs, der deutschen Länder und Aragóns zu sichern, und er schlug vor, die Unternehmung mit einer Kirchensteuer von 10 Prozent für sechs Jahre zu finanzieren. Doch trotz seiner visionären Kraft löste sich das große Vorhaben des Papstes in Luft auf. Als Gregor 1276 starb, brach der geplante Kreuzzug zusammen, und das Schicksal Outremers fand keine öffentliche Aufmerksamkeit mehr, es ging unter im Intrigenwirrwarr der abendländischen Politik.[7]

Qalawun hatte daher praktisch freie Hand, als er seit etwa 1285 Schläge gegen fränkische Außenposten führte. Der Sultan gedachte, jede sich bietende Gelegenheit zu nutzen, um die älteren Verträge mit den Christen unwirksam zu machen, übte daher scharfe Kritik an den Johannitern für ihren Übergriff auf muslimisches Territorium und führte selbst im Mai 1285 einen Feldzug gegen Margat an. Es gelang den Sappeuren der Mamelucken, einen der Türme der Festung zum Einsturz zu bringen, und daraufhin gaben die Verteidiger auch die zweite größere Burg ihres Ordens in Syrien auf. Ebenso wie der Krak des Chevaliers wurde auch Margat wieder instand gesetzt und erhielt eine Mameluckengarnison. Im April 1287 bedrohte Qalawun das nördliche Territorium, indem er Latakia einnahm – er behauptete, der »antiochenische« Hafen werde von seinem Vertrag mit Tripolis nicht berührt.

Im Herbst dieses Jahres war Tripolis durch die Nachfolgekrise nach dem Tod Bohemunds VII. geschwächt. Ein Bürgerkrieg brach aus, in dessen Verlauf die Genuesen versuchten, die Herrschaft über die Stadt an sich zu reißen und damit ein neues Handelszentrum im Libanon zu errichten. Das ging schließlich so weit, dass eine rivalisierende Gruppe von italienischen Kaufleuten sich tatsächlich an Qalawun um Hilfe wandte. Der Sultan war natürlich höchst erfreut über diese schöne Gelegenheit, nicht nur eine Invasion in Tripolis zu rechtfertigen, sondern auch die Genuesen davon abzuhalten, Alexandria als wiederaufstrebendes Handelszentrum in den Schatten zu stellen. Er hielt sein Heer also in Kampfbereitschaft. Die Franken setzten ihre kleinlichen Streitigkeiten fort; die Gefahr, die ihnen drohte, entging ihrer Aufmerksamkeit vollständig. Nur Wilhelm von Beaujeu, der Großmeister der Templer – der wahrscheinlich selbst über Informanten innerhalb des Mameluckenreichs verfügte –, erkannte, dass Qalawun sich auf eine ausgedehntere Belagerung vorbereitete, doch seine Warnungen verhallten weitgehend ungehört.

Das Heer der Mamelucken sammelte sich am Krak des Chevaliers und bewegte sich dann auf Tripolis zu; am 25. März 1289 begann die Belagerung. Einen Monat lang wurde die Stadt unter Beschuss genommen, am 27. April stürmten die Mamelucken Tripolis, und eine blutige Plünderung begann. Hunderte, wenn nicht Tausende Männer wurden massakriert, Frauen und Kinder gefangen genommen. Einige Lateiner konnten auf Schiffen entlang der Küste südwärts fliehen. Andere flüchteten auf einem kleineren Schiff auf die winzige, direkt vor der Küste gelegene Insel St. Thomas, doch die Soldaten Qalawuns blieben ihnen auf den Fersen und brachten sie um. Ein Edelmann aus Hama, Abu'l Fida, der im Heer der Mamelucken kämpfte, schrieb später: »Nach der Plünderung [der Stadt] begab ich mich in einem Boot zu dieser Insel und fand sie übersät mit verwesenden Leichen; wegen des Gestanks war es unmöglich, dort an Land zu gehen.«

Nach der Einnahme von Tripolis befahl Qalawun, die Stadt bis auf die Grundfesten niederzureißen und in der Nähe eine neue Siedlung aufzubauen; möglicherweise wollte er mit dieser Aktion demonstrieren, dass er jegliche Erinnerung an die Franken auszulöschen gedachte. In den darauffolgenden Wochen ergaben sich die wenigen letzten Außenposten der Grafschaft Tripolis in schneller Folge; der lateinische Gouverneur von Jubail durfte bleiben, allerdings nur gegen Zahlung eines hohen Tributs. Auch Qalawun hatte damit, wie schon Baibars vor ihm, einen ganzen Kreuzfahrerstaat zerstört. Jetzt wandte sich sein Blick in Richtung Süden, zu den letzten Spuren fränkischer Besiedlung in Palästina: auf die Stadt Akkon. Der Sultan begann, eine massive Attacke auf die Hauptstadt des lateinischen Outremer vorzubereiten.[8]

1291 – Die Belagerung von Akkon

Durch den Schock über die Zerstörung von Tripolis gelangten nun immerhin einige lateinische Christen zu der Erkenntnis, dass eine Katastrophe unmittelbar bevorstand. In Europa bemühte sich Papst Nikolaus IV. nach Kräften, die ehrgeizigen Kreuzzugspläne Gregors X. wiederzubeleben. Er versuchte auch direkt zu helfen, indem er dem lateinischen Patriarchen von Jerusalem 4000 *livres tournois* zukommen ließ und 13 Galeeren zur Verteidigung Akkons bereitstellte. Im Februar 1290 rief der Papst zu einem neuen Kreuzzug auf – dieser sollte, so die recht optimistische Formulierung, die »völlige Befreiung des Heiligen Landes« bewirken. Der Papst verbot jeglichen kommerziellen Kontakt mit den Mamelucken und setzte als Aufbruchstermin den Juni 1293 fest. König Jakob II. von Aragón versprach daraufhin, Truppen in die Levante zu schicken, und Eduard I., mittlerweile König von England, entsandte 1290 ein Aufgebot an Soldaten nach Akkon; sie standen unter dem Oberbefehl von Otton de Grandson, Veteran aus Eduards Kreuzzug nach 1270. Des Weiteren brach an Ostern 1290 ein Truppenkontingent von etwa 3500 Kreuzfahrern aus Italien zu Schiff nach Palästina auf. Allerdings kam es neben diesen vielversprechenden Aufbrüchen auch noch zu anderweitigen Aktivitäten. Trotz seiner Zusagen gegenüber dem Papst handelte Jakob von Aragón mit den Mamelucken einen Vertrag aus, in dem er zusicherte, den Kreuzzug nicht zu unterstützen, und sich als Gegenleistung garantieren ließ, dass Pilger aus Aragón Zutritt zu den heiligen Stätten Jerusalems erhielten.

Qalawun söhnte sich außerdem mit den Genuesen aus.[9]

Zu diesem Zeitpunkt bereiteten sich die Mamelucken schon mit Nachdruck auf den Feldzug vor, doch noch befand sich Qalawun auf der Suche nach einem Vorwand, den bestehenden Friedensvertrag mit Akkon außer Kraft zu setzen. Er fand ihn im August 1290, als einige gerade erst eingetroffene Kreuzfahrer aus Italien eine Gruppe muslimischer Händler in Akkon angriffen. Die Franken weigerten sich, die Schuldigen der muslimischen Gerichtsbarkeit auszuliefern, und daraufhin erklärte der Sultan den Krieg. Im Herbst, als das Heer der Mamelucken in Ägypten kurz vor dem Abmarsch stand, wurde Qalawun krank; er starb am 10. November 1290. Ausnahmsweise gab es diesmal keine Schwierigkeiten bei der Nachfolge; sein Sohn und Erbe al-Ashraf Khalil konnte das Sultanat reibungslos übernehmen. Nach einer kurzen Unterbrechung übernahm Khalil die Aufgabe, das Werk zu Ende zu führen, das sein Vater begonnen hatte.

Die letzte Schlacht

Akkon war von einer doppelten Stadtmauer und zahlreichen Türmen geschützt, und sowohl Qalawun als auch Khalil wussten natürlich genau, dass die wehrhafte Stadt nicht so einfach einzunehmen war. Das Vorgehen der Muslime wurde daher sorgfältig geplant und vorbereitet. Die Strategie der Mamelucken beruhte auf zwei Prinzipien: zunächst einer gewaltigen Überzahl an Truppen – Zehntausende berittene Mamelucken wurden unterstützt von Infanterieformationen sowie Gruppen fachkundiger Sappeure –, zum andern auf einem umfangreichen Arsenal an Belagerungsmaschinen, das seit Baibars' Tagen stetig vergrößert worden war. Am Ende des Winters 1291 ließ Khalil rund 100 Wurfmaschinen aus der gesamten mameluckischen Levante nach Akkon transportieren. Einige waren riesig und von monströser Durchschlagskraft. Abu'l Fida zog im Beförderungstross eines Katapults mit, das vom Krak des Chevaliers stammte und den Spitznamen »der Siegreiche« trug; der Tross bestand aus 100 von Ochsen gezogenen Karren, die das in Einzelteile zerlegte Katapult beförderten. Abu'l Fida klagte, beim Marsch durch Regen und Schnee habe die schwer bepackte Kolonne einen Monat für eine Strecke gebraucht, die unter normalen Umständen zu Pferd in acht Tagen zu bewältigen war.

Am 5. April 1291 kreisten Khalils Truppen die Stadt Akkon von der Nordküste oberhalb von Montmusard bis hin zur Küste südöstlich des Hafens ein, und die Belagerung begann. Zu diesem Zeitpunkt hielten sich zahlreiche Mitglieder der Ritterorden in der Stadt auf, darunter auch die Großmeister der Tempelritter und der Johanniter; später stieß wegen der bedrohlichen Situation weitere Verstärkung hinzu, darunter auch, von Zypern kommend, König Heinrich II. (nominell Herrscher von Jerusalem) mit 200 Rittern und 500 Fußsoldaten. Dennoch waren die Christen an Zahl hoffnungslos unterlegen.

Khalil ging sein Ziel, Akkon zu Fall zu bringen, ganz methodisch an. Als sein Heer in einem Halbkreis um die Stadt herum aufgestellt war, begann der Beschuss. Die größten Katapulte, darunter »der Siegreiche« und ein weiteres namens »der Wütende«, waren zusammengebaut worden und hämmerten nun mit zentnerschweren Geschossen auf die Festungsanlagen ein. Gleichzeitig überschütteten kleinere Wurfmaschinen und Scharen von Bogenschützen die Stadt mit Wurfgeschossen und Pfeilen. Es hatte in den Kreuzzügen bislang nichts gegeben, was diesem Bombardement gleichgekommen wäre: Keine Sekunde ließ der intensive Beschuss nach. Die Mamelucken kämpften Tag und Nacht in vier minuziös durchgeplanten Schichten. Und jeden Tag ließ Khalil sein Heer ein kleines Stück weiter vorrücken und zog so allmählich die Schlinge um die Stadt immer enger zu, bis seine Männer am äußeren Verteidigungsgraben ankamen. Lateinische Zeugen berichten, dass es zwischendurch einmal zu Übergabeverhandlungen kam. Der Sultan bot den Christen wohl an, mit ihrer beweglichen Habe die Stadt zu verlassen, solange sie noch unbeschädigt war. Doch offenbar lehnte die fränkische Delegation dieses Angebot ab; die Unterhändler befürchteten, König Heinrich werde die Schande einer so bedingungslosen Kapitulation nicht ertragen können.

Während die Mamelucken Akkon bombardierten, versuchten sich die Christen – letztlich erfolglos – an einigen Gegenangriffen. Abu'l Fida, der am nördlichen Küstenabschnitt stationiert war, beschrieb, wie »sich ein [lateinisches] Schiff näherte, auf dem ein Katapult befestigt war, das uns und unsere Zelte vom Meer aus beschoss«. Dann versuchten Wilhelm, der Großmeister der Tempelritter, und Otton de Grandson einen kühnen nächtlichen Ausfall ins feindliche Lager; sie hofften, dort Verwirrung zu stiften und eine der riesigen Wurfmaschinen der Mamelucken in Brand zu setzen. Der Überfall scheiterte allerdings, als einige Christen über die Befestigungsseile der gegnerischen Zelte stolperten, was die Muslime aus dem Schlaf weckte. Sie warfen sich daraufhin scharenweise ins Getümmel, verfolgten die Franken und erschlugen 18 Ritter. Ein bedauernswerter Lateiner »fiel in die Latrinengrube eines

Emirs und seines Gefolges und wurde getötet«. Am nächsten Morgen präsentierten die Muslime dem Sultan stolz die abgeschlagenen Köpfe der von ihnen bezwungenen Feinde.[10]

Am 8. Mai waren die Reihen der Mamelucken dank der ausgefeilten Strategie Khalils so nah an die Stadt herangerückt, dass sich an den äußeren Stadtmauern die Sappeure ans Werk machen konnten. Sie nutzten die fortschrittliche Kanalisation der Stadt und erweiterten die nach draußen führenden Abflüsse zu Tunneln. Wie schon während der Belagerung von Akkon im dritten Kreuzzug im Jahr 1191 konzentrierten sich die Sappeure auf die Nordostecke der Stadt. Da Akkon mittlerweile jedoch von zwei Mauern geschützt wurde, galt es, zwei Verteidigungslinien zu durchbrechen. Die erste Linie stürzte beim Königsturm am Dienstag, dem 15. Mai, ein; am Morgen danach hatten Khalils Männer diesen Teil der äußeren Verteidigungslinien unter ihrer Kontrolle. In der Stadt kam Panik auf, und man begann, Frauen und Kinder zu Schiff zu evakuieren.

Nun bereitete der Sultan mit seinen Mamelucken einen konzentrierten Frontalangriff vor: durch die Bresche am Königsturm auf die innere Mauerlinie und den »Verfluchten Turm«. In der Dämmerung des 18. Mai 1291 erklang das Signal für den Angriff – das dumpfe Dröhnen der Kriegstrommeln, ein »schrecklicher, furchterregender Lärm« –, und Tausende Muslime stürmten vorwärts. Einige warfen Behälter mit griechischem Feuer, die Bogenschützen schossen Pfeile ab »in einer dichten Wolke, die wie Regen vom Himmel zu fallen schienen«. Die Mamelucken brachen, vorangetrieben von der überwältigenden Wucht dieses Ansturms, durch zwei Tore in der Nähe des »Verfluchten Turmes« ein und begannen, ins Stadtzentrum vorzurücken. Akkons Verteidigungsanlagen waren nun aufgebrochen; die Franken versuchten tapfer, sich gegen den Einbruch zu wehren, aber der Kampf gegen die muslimische Front kam, wie ein Zeuge vermerkte, dem Versuch gleich, sich »gegen eine steinerne Wand« zu werfen. Im Kampfgewühl wurde der Großmeister der Tempelritter Wilhelm von Beaujeu von einem Speer tödlich verwundet. Jean de Villiers, der Großmeister der Johanniter, wurde von einer Lanze zwischen den Schulterblättern getroffen. Schwer verletzt wurde er von den Mauern weggetragen.

Es dauerte nicht lang, bis die fränkischen Verteidiger bezwungen waren und die Plünderung der Stadt ihren Anfang nahm. Ein lateinischer Zeuge, der sich damals dort aufhielt, schrieb: »Es war ein fürchterlicher Tag, den keiner je vergessen wird. Die [einfachen Leute] flohen durch die Straßen, sie hielten ihre Kinder im Arm, weinten verzweifelt und flüchteten sich zu den Seeleuten, damit diese sie vor dem Tod retteten«, doch sie wurden verfolgt, Hunderte wurden niedergestreckt, und verlassene Kinder wurden unter den Füßen der Flüchtenden und ihrer Verfolger totgetrampelt. Abu'l Fida bestätigt, dass nach der Einnahme Akkons »die Muslime ungeheuer viele Menschen töteten und einen Riesenberg an Beute zusammentrugen«. Als die Mamelucken in die Stadt hineinströmten, versuchten viele verzweifelte Lateiner, auf irgendwelchen Schiffen zu entfliehen, und an den Anlegestellen am Hafen herrschte größtes Chaos. Einige, darunter auch König Heinrich und Otton de Grandson, konnten entkommen. Der schwer verwundete Jean de Villiers wurde auf ein Schiff in Sicherheit gebracht. Der lateinische Patriarch jedoch fiel ins Wasser und ertrank, als sein überlastetes Boot kenterte. Andernorts gab es Lateiner, die sich entschlossen, zu bleiben und sich ihrem Schicksal zu stellen. Die Männer Khalils stießen auf eine Gruppe von Dominikanern, die in ihrem Konvent »Veni Creator Spiritus« sangen, dieselbe Kreuzfahrerhymne, die auch Jean de Joinville im Jahr 1248 angestimmt hatte. Sie wurden bis auf den letzten Mann umgebracht.[11]

Viele Christen suchten Zuflucht hinter den starken Mauern der Niederlassungen der drei großen Ritterorden, einige schafften es auch, noch einige Tage lang durchzuhalten. Die wehrhafte Zitadelle der Templer wurde dann aber von Sappeuren unterminiert, sie brach am 28. Mai zusammen und begrub die Menschen im Innern unter sich. Andere, die bei den Johannitern Schutz gesucht hatten, ergaben sich, als Khalil ihnen freien Abzug zusicherte, doch aus muslimischen Chroniken geht hervor, dass der Sultan sein Versprechen kaltblütig brach und seine Gefangenen auf ein Feld vor der Stadt führen ließ. Fast genau 100 Jahre zuvor hatte Richard Löwenherz sein Versprechen, der ajjubidischen Garnison Akkons gegenüber Gnade walten zu lassen, gebrochen und 2700 Gefangene umgebracht. Nun, im Jahr 1291, ließ Khalil die Lateiner zu Gruppen zusammentreiben und »abschlachten, wie es die Franken damals mit den Muslimen gemacht hatten. So wurde Gott, der Allmächtige, an ihren Nachkommen gerächt.«

Der Untergang Akkons war die letzte und zugleich tödliche Katastrophe für die lateinischen Christen in Outremer. Ein fränkischer Zeuge, dem es gelungen war, zu Schiff zu entkommen, erinnert sich an die Plünderung der Stadt: »Keiner kann das Unglück dieses Tages ermessen und die Tränen zählen, die damals geflossen sind.« Der Großmeister der Johanniter, Jean de Villiers, überlebte und berichtete in einem Brief in die Heimat von seinen Erlebnissen, und er fügte auch hinzu, dass ihm das Schreiben wegen seiner Verwundung schwerfiel:

> Ich und ein paar unserer Brüder, die meisten verwundet und unheilbar verletzt, entkamen nach dem Willen Gottes, und wir wurden auf die Insel Zypern gebracht. Am Tag, da dieser Brief verfasst wird, sind wir noch immer hier, zutiefst betrübt, gefangen in gewaltigem Schmerz.

In den Augen der Muslime hingegen bestätigte der glorreiche Sieg von Akkon die Macht ihres Glaubens und besiegelte ihren Triumph im Krieg um das Heilige Land. Ein Zeuge beschrieb begeistert, wie »Gott nach der Einnahme von Akkon die Herzen der anderen Franken, die noch in Palästina lebten, mit Verzweiflung erfüllte«. Der Widerstand der Christen brach zusammen. Innerhalb eines Monats wurden die letzten Außenposten in Tyros, Beirut und Sidon von den Franken verlassen oder aufgegeben. Im August zogen sich die Tempelritter aus ihrer Festung auf Tortosa und aus dem Château Pèlerin zurück. Damit waren die Tage von Outremer, dem Land der Kreuzfahrer in der Levante, zu Ende. Abu'l Fida bedenkt dieses Wunder mit folgenden Worten:

> Diese Eroberungen [bedeuteten, dass] nun ganz Palästina sich in der Hand der Muslime befand, ein Ausgang, den keiner je zu hoffen oder zu wünschen gewagt hätte. So [wurde das Heilige Land] von den Franken gereinigt, die einst beinahe Ägypten erobert und Damaskus und andere Städte unterworfen hätten. Der Herr sei gepriesen.[12]

Nachwort

Das Fortleben der Kreuzzüge

Nach der Einnahme Akkons und dem Verlust der letzten noch bestehenden Festungen Outremers war die politische und militärische Präsenz der lateinischen Christenheit in der Levante an ihr definitives Ende gekommen. Der vollständige Sieg über die Kreuzfahrerstaaten bestärkte die Autorität der Mamelucken, und die Macht des Sultanats hatte im Vorderen Orient noch mehr als zwei Jahrhunderte lang Bestand. In Europa dagegen löste der Zusammenbruch des Königreichs Jerusalem allenthalben Furcht und Schrecken aus. Natürlich wurde nach Erklärungen, nach Schuldigen gesucht. Den Franken der Levante wurden ihr sündhafter Lebenswandel und ihr Hang zu internen Streitigkeiten vorgeworfen; die Ritterorden wurden dafür kritisiert, dass sie sich lieber in anderen Weltgegenden engagierten, als das Heilige Land zu verteidigen.

Die Handelsbeziehungen zwischen Europa und dem muslimischen Vorderen Orient hatten weit über das Jahr 1291 Bestand, und Zypern blieb bis ins späte 16. Jahrhundert hinein unter fränkischer Herrschaft. Die Levante selbst war auch weiterhin Ziel und Austragungsort »heiliger Kriege«. Seit den 1290er-Jahren wurden in Europa zahlreiche detaillierte Abhandlungen mit unterschiedlichen Plänen und Methoden zur Rückeroberung Jerusalems verfasst. Man erwog neue Strategien für Feldzüge in den Vorderen Orient, einige davon wurden auch umgesetzt, und ein Kreuzzug gipfelte gar in der kurzen Einnahme des ägyptischen Hafens Alexandria im Jahr 1365. Während des gesamten 14. Jahrhunderts und darüber hinaus erfolgten noch zahlreiche Aufrufe zu Kreuzzügen, und es wurde Krieg geführt, etwa gegen Andersgläubige, gegen die Osmanen und gegen die politischen Gegner des Papstes. Der Orden der Tempelritter wurde 1312 aufgelöst; eine habgierige französische Monarchie hatte

Anschuldigungen wegen Unterschlagungen und sexueller Verfehlungen laut werden lassen, andere Ritterorden jedoch überdauerten das Mittelalter. Die Johanniter gründeten neue Hauptniederlassungen, zuerst auf Zypern, dann auf Rhodos und später auf Malta, während die Deutschordensritter im Baltikum einen eigenen Ordensstaat gründeten. Kein Kreuzzug jedoch erhob je wieder die Forderung, Jerusalem solle an die Christen übergeben werden, und der Islam blieb in der Levante bis ins frühe 20. Jahrhundert hinein an der Macht.[1]

Gründe und Folgen

Zunächst ist festzustellen, dass die Kreuzzüge vonseiten der Christen mindestens zu gleichen Teilen Angriffs- wie Verteidigungskriege waren. Es trifft sicher zu, dass vom Islam im 7. Jahrhundert ohne vorausgehende Provokationen eine Invasions- und Angriffswelle ausgegangen war, doch der ursprüngliche Furor dieses Ansturms war schon längst abgeflaut. Der Aufruf zum ersten Kreuzzug war nicht die Reaktion auf eine überwältigende akute Bedrohung oder einen kürzlich erlittenen katastrophalen Verlust. Jerusalem, das explizite Ziel des Feldzugs, war von den Muslimen gut vier Jahrhunderte zuvor eingenommen worden; von einer akuten Kränkung konnte also keine Rede sein. Die Vorwürfe, christliche Bürger oder Pilger seien von den islamischen Herrschern der Levante systematisch oder in großem Ausmaß misshandelt worden, waren wohl weitgehend unbegründet. Nach dem offenkundig wunderbaren Erfolg des ersten Kreuzzugs und nach der Gründung der Kreuzfahrerstaaten wurde der Krieg um das Heilige Land in zyklisch neu auflebenden Schüben von Gewalt, Vergeltung und Rückeroberungen fortgeführt, in denen sowohl Christen als auch Muslime Akte wüstester Brutalität begingen.

Ein Konflikt ohnegleichen?

Zwei Jahrhunderte lang wirkten unterschiedliche Kräfte zusammen, die diesen Kampf schürten und am Leben hielten, angefangen beim Ehrgeiz der Päpste, für Rom den »gottgewollten« kirchlichen Primat durchzusetzen, bis hin zu den Wirtschaftsinteressen italienischer Händler; von sozialen Verpflichtungen und Lehnstreue bis zu einer sich allmählich herausbildenden Ritterethik. Führende Persönlichkeiten – seien es nun

Muslime oder Christen, weltliche oder geistliche Herren – bekamen ein immer deutlicheres Bewusstsein dafür, dass mit den Idealen des »heiligen Krieges« Zentralisierungs- und Militarisierungsprogramme zu rechtfertigen waren, ja dass mit ihrer Hilfe sogar autokratische Regime durchgesetzt werden konnten. In dieser Hinsicht glichen die Kriege der Kreuzfahrer einem Muster, das in vielen Phasen der Menschheitsgeschichte auftaucht: dem Versuch, Gewalt vorgeblich für ein höheres, der Allgemeinheit dienliches Gut einzusetzen, das doch letztlich nur die Interessen der herrschenden Eliten bedient.

Im Fall der lateinisch-christlichen Kreuzzüge und des islamischen Dschihad jedoch hatte dieses »öffentliche« Wohl auch immer eine zwingende religiöse Dimension. Das schloss Akte rohester Gewalt oder erbitterte Feindschaften zwar nicht unbedingt aus. Allerdings hatte es zur Folge, dass viele Teilnehmer am Kampf um die Macht im Heiligen Land zutiefst überzeugt waren, dass ihr Handeln eine religiös-spirituelle Dimension hatte. Päpste wie Urban II. und Innozenz III. formulierten Kreuzzugsaufrufe, um ihre Autorität zu bekräftigen, aber auch, weil sie hofften, sie könnten damit den Christen einen Weg zum Heil weisen. Den Kreuzfahrern, die von Venedig aus aufbrachen, ging es sicher einerseits um irdischen Gewinn, doch wie die anderen Teilnehmer an diesen »heiligen Kriegen« waren auch sie wohl von dem aufrichtigen Wunsch beseelt, sich geistigen Lohn zu erwerben. Selbst ein machthungriger Kriegsherr wie Saladin, der den Konflikt zwischen den Religionen durchaus für seine eigenen Ziele zu nutzen verstand, erfuhr offenbar ein sich zunehmend vertiefendes spirituelles Bedürfnis, Jerusalem wiederzugewinnen und zu verteidigen. Natürlich waren diese religiösen Impulse nicht bei sämtlichen Kreuzfahrern, fränkischen Siedlern oder muslimischen Kriegern gleich ausgeprägt, doch der durchdringende, anhaltende Pulsschlag des Glaubens blieb während des gesamten 200-jährigen Kampfes um die Levante immer spürbar.

Dieses religiöse Element verlieh den Kreuzzügen ihren besonderen Charakter, es war die Grundlage für unglaubliche Leistungen in Sachen Widerstandsfähigkeit, Tapferkeit, aber auch für Akte krassester Intoleranz. Und es macht verständlich, wie und warum Zehntausende Christen und Muslime über so viele Jahrzehnte hinweg nicht aufhörten, sich an diesem langwierigen Kampf zu beteiligen. Das Engagement der Muslime des Vorderen Orients ist dabei noch leichter zu verstehen.

Der Dschihad war eine religiöse Verpflichtung, keine freiwillige Bußübung; außerdem konnten Generationen von Muslimen sich von der steigenden Zahl zangidischer, ajjubidischer und mameluckischer Siege inspirieren lassen. Weniger leicht zu verstehen ist im Vergleich dazu der anhaltende Reiz des Kreuzzugsgedankens im Abendland, der bestehen blieb trotz einer langen Reihe kläglicher Niederlagen sowie der Umlenkung »heiliger Kriege« auf andere Konfliktschauplätze. Dass sich auch im 12. und 13. Jahrhundert und darüber hinaus Menschen für einen Kreuzzug anwerben ließen, belegt den unwiderstehlichen Reiz, der von dem Akt ausging, das Kreuz zu nehmen und sich als aktiver Teil einer Unternehmung anzuschließen, die die Ideale militärischen Dienstes und religiöser Bußübungen verschmolz und am Ende die Seele von allen Sünden zu reinigen versprach. Seit 1095 machten sich die lateinischen Christen aus ganzem Herzen die Vorstellung zu eigen, dass die Teilnahme an einem Kreuzzug eine zulässige und wirksame Form frommer religiöser Praxis darstellte. Es gibt so gut wie kein Anzeichen dafür, dass sich irgendjemand unter den mittelalterlichen Zeitgenossen kritische Gedanken gemacht hätte über diese Verschmelzung von Gewalt und Religion. Selbst als die Kritik am Kreuzzugsgedanken immer lauter wurde, bezogen sich die Fragen auf äußere Probleme wie die sinkenden Rekrutierungszahlen und die schwindende Spendenbereitschaft, nicht auf das zugrunde liegende Prinzip, dass Gott Kriege, die in seinem Namen geführt werden, gutheiße, unterstütze und belohne.[2]

Die Gründe für Sieg und Niederlage

Nicht nur die anhaltende Attraktivität des Kreuzzugsgedankens ist bemerkenswert, sondern auch das damit zusammenhängende Überleben des fränkischen Outremer über fast 200 Jahre. Doch kann man auch nicht die Augen davor verschließen, dass die Lateiner den Krieg um das Heilige Land am Ende verloren haben. Der Weg vom Sieg des ersten Kreuzzugs 1099 bis zum Untergang Akkons 1291 war zwar nicht einfach eine Abwärtsspirale aus Niederlagen und Verfall. Ebenso wenig kann jedoch – angefangen beim Scheitern des zweiten Kreuzzugs vor Damaskus im Jahr 1148 bis hin zur schmählichen Gefangennahme Ludwigs IX. in Ägypten im Jahr 1250 – von einer Woge des Erfolgs die Rede sein. Historikerinnen und Historiker pflegen diesen Trend überwiegend damit zu erklären, dass sie die Gründe beim Islam suchen – in der angeblich neu belebten Begeisterung für den Dschihad sowie im fortschreitenden Einigungsprozess im gesamten Vorderen Orient. Tatsächlich war jedoch bis zu der Zeit, als die Mamelucken an die Macht kamen, die Begeisterung für den »heiligen Krieg« ein eher sporadisches Phänomen, und die angebliche panlevantinische Einigkeit bestand bestenfalls oberflächlich. Natürlich wirkten sich die Ereignisse innerhalb des Islam auf den Ausgang der Kreuzzüge aus, doch gab es noch andere und wahrscheinlich schwerwiegendere Einflüsse.

Das Prinzip Kreuzzug als solches war der eigentliche Grund, warum die Christenheit am Ende im Kampf um die Herrschaft über den östlichen Mittelmeerraum scheiterte. Die Idee eines »heiligen Krieges« blieb zwischen 1095 und 1291 nicht unverändert. Sie entwickelte sich weiter und wurde fortgeschrieben – obwohl sich diese Veränderungen den Zeitgenossen nicht immer gleich erschlossen –, und sie wurde an die Entwicklungen im religiösen Denken insgesamt angepasst, etwa an die Vorstellungen von Mission und Bekehrung als Möglichkeiten, nicht christliche Gegner zu überwinden. Insgesamt waren die Unternehmungen der Kreuzfahrer mit der Aufgabe, das Heilige Land zu verteidigen oder zurückzuerobern, nur schlecht zu vereinbaren. Um zu überleben, waren die Kreuzfahrerstaaten unbedingt auf militärische Unterstützung von außen angewiesen; was sie allerdings gebraucht hätten, war ein stehendes (oder zumindest über längere Zeit anwesendes) Heer gut ausgebildeter, gehorsamer Soldaten. Die Kreuzzüge brachten aber in den meisten Fällen eher kurzfristigen Zustrom massiver Truppenverbände, die oft in ihrem kriegerischen Potenzial durch nicht kämpfende Teilnehmer geschwächt waren und von unabhängigen Potentaten angeführt wurden, denen es um ihre je eigenen Ziele ging.

Es kann nicht überraschen, dass die Bedürfnisse Outremers durch die Kreuzzugsbewegung nicht erfüllt werden konnten, denn diese Form des »heiligen Krieges« war nicht speziell zur Erfüllung dieser Bedürfnisse entworfen worden. Vielmehr war die Teilnahme an einem Kreuzzug auf einer elementaren Ebene eine freiwillige, persönliche Form der Buße. Die Teilnehmer wollten vielleicht ein vorgegebenes Ziel verfolgen – die Eroberung eines bestimmten Ortes oder die Verteidigung einer Region. Sie hatten möglicherweise auch die Vorstellung, dass sie Gott einen Dienst erwiesen, den sie ihm schuldeten; dass sie ihren Mitchristen zu Hilfe kamen, ja vielleicht sogar Jesus Christus auf seinem Weg des Leidens und der Schmerzen folgten. Im Innersten des Kreuzzugsimpulses jedoch wirkte das Versprechen individueller Rettung: die Zusicherung, dass die Strafe für gebeichtete Sünden durch die Teilnahme an einem bewaffneten Pilgerzug aufgehoben werden konnte. Darin bestand der überwältigende Reiz eines Kreuzzugs: Er konnte den Makel der Übertretung tilgen und einen Ausweg aus der Verdammnis eröffnen. Und deshalb nahmen im Mittelalter Hunderttausende das Kreuz.

Die fiebrige Frömmigkeit im Umfeld der meisten Kreuzzugsunternehmungen konnte bei den Teilnehmern ein Gemeinschaftsgefühl und eine unvergleichliche Zielstrebigkeit aufkommen lassen, die sie zu unglaublichen kriegerischen Leistungen befähigten. Nur in diesem sicheren Bewusstsein, den Willen Gottes zu tun und ein frommes Werk zu vollbringen, konnten die Gefolgsleute Ludwigs IX. die Schlacht bei Mansourah überleben, konnten die Teilnehmer des dritten Kreuzzugs die fürchterliche Belagerung von Akkon durchstehen; nur so war es den Franken möglich, bei ihrem Sturm auf Jerusalem im Jahr 1099 ihre vollständige Auslöschung zu riskieren. In ihrem glühenden Enthusiasmus wurden die Kreuzfahrer mit scheinbar unüberwindlichen Hindernissen fertig, aber immer wieder zeigte sich auch, dass diese Leidenschaft letztlich völlig unkontrollierbar war. Die Kreuzzugsheere setzten sich aus Tausenden Individuen zusammen, und jedem Einzelnen ging es eigentlich um nichts anderes als um den je eigenen Weg zur Erlösung. Daher konnten sie nicht wie andere, konventionelle militärische Einheiten geführt oder gesteuert werden. Das bekam während des ersten Kreuzzugs Raimund von Toulouse bei Marrat und dann wieder bei Arqa zu spüren; und auch Richard Löwenherz machte diese Erfahrung, als er zweimal vor den Mauern Jerusalems wieder umkehrte. Wahrscheinlich hat kein christlicher König oder Befehlshaber je wirklich verstanden, wie die Schlagkraft eines Kreuzfahrerheers nutzbar zu machen war.

Im Lauf des 13. Jahrhunderts bemühten sich Päpste wie Innozenz III., die Kreuzzugsbewegung unter Kontrolle zu bekommen, indem sie vermehrt Regeln einführten, um den »heiligen Krieg« in eine Institution von kontrollierbarer Effizienz zu verwandeln. Nun sahen sie sich allerdings mit der Schattenseite der Kreuzzugsidee konfrontiert: Wie war der inbrünstige Furor zu bändigen, ohne dass das Feuer erstickt wurde, aus dem die Stärke dieser »heiligen« Feldzüge herrührte? Auch ihnen gelang es nicht, eine praktikable Formel zu finden, und als schließlich Ideen aufkamen, wie die gesamte Basis der Kreuzzugsbewegung neu zu strukturieren sei – etwa durch Berufstruppen, die auf längere Dauer im Vorderen Orient stationiert waren –, war es zu spät für solche Neuerungen; sie stießen auf nur mehr verhaltene Resonanz.

Einige Historikerinnen und Historiker sind der Meinung, dass die Christen im Krieg um das Heilige Land besiegt wurden, weil nach 1200 der Kreuzzugsenthusiasmus allmählich nachließ, ein Missstand, der angeblich auf die päpstlichen Machenschaften und die Verwässerung des »Ideals« zurückzuführen war. Das greift zu kurz. Es gab zwar im 13. Jahrhundert nicht mehr solche Massenaufbrüche wie in der Zeit zwischen 1095 und 1193, doch eine ganze Reihe von Unternehmungen kleineren Umfangs hatte nach wie vor stattlichen Zulauf, sogar dann noch, als sie gegen andere Feinde und zu anderen Konfliktschauplätzen dirigiert wurden. Wenn überhaupt, so zeichnete sich ein Rückgang in der unmittelbaren Anteilnahme des lateinischen Europas am Schicksal des Heiligen Landes ab, doch auch diese offensichtliche Abschwächung darf nicht überbewertet werden. Die gewaltigen Aufbrüche des 12. Jahrhunderts waren ja ihrerseits Reaktionen auf immense Erschütterungen wie den Untergang Edessas und die Schlacht von Hattin; ansonsten schenkten die abendländischen Christen den Hilferufen aus Outremer häufig nur wenig Gehör. Die Probleme und Sorgen im eigenen Land, von Nachfolgestreitigkeiten und dynastischen Rivalitäten bis hin zu Missernten und »Ketzerbewegungen«, drängten nur allzu schnell die Notlage der hart umkämpften Kreuzfahrerstaaten in den Hintergrund. So faszinierend das Schicksal des Heiligen Landes und Jerusalems auch erscheinen mochte, zeigt doch die Geschichte der Kreuzzüge, dass die meisten Lateiner im Abendland sich nicht in einem andauernden Zustand der Sorge um die Ereignisse im Orient befanden und daher auch nur selten bereit waren, ihr Leben daheim hinter sich zu lassen, um einen weit entfernten Ort zu retten, und sei er noch so heilig.

Schließlich beeinflusste ein anderer, höchst pragmatischer Umstand den Ausgang des Kampfes um den Vorderen Orient. In den Köpfen der Menschen ebenso wie geografisch war die Levante von Westeuropa schlicht sehr weit entfernt. Christen, die in Frankreich, in deutschen Ländern oder in England lebten, hatten Reisen von mehreren Tausend Kilometern auf sich zu nehmen, um ins Heilige Land zu gelangen. Es waren die riesigen Entfernungen, die es so schwierig machten, Feldzüge zu organisieren oder auch nur regelmäßigen Kontakt mit den lateinischen Ansiedlungen im Orient zu halten. Ein Vergleich, der in manch anderer Hinsicht natürlich unzutreffend ist, bietet sich hier an: Die andere große territoriale Auseinandersetzung zwischen Lateinern und Muslimen, die sogenannte spanische Reconquista, ging für die Christen zumindest teilweise deshalb siegreich zu Ende, weil die Iberische Halbinsel sich in größerer geografischer Nähe zum übrigen Europa befindet. Ansatzweise wurde die Situation in Outremer durch die Entstehung und Ausbreitung der Ritterorden als übernationaler Organisationen sowie durch die immer enger werdenden Handelskontakte innerhalb des Mittelmeerraums erleichtert, doch konnte die Kluft zwischen Europa und Outremer am Ende nie geschlossen werden. Gleichzeitig gelang es den Franken in der Levante nicht, mit den ortsansässigen orientalisch-christlichen Verbündeten umfassend oder zumindest effektiv zu kooperieren, seien es nun die Christen des Byzantinischen Reiches, die kilikischen Armenier oder andere, die es vermocht hätten, die Isolation der Franken aufzubrechen; stattdessen verstrickten sie sich in zahllose interne Machtkämpfe.

Aus all diesen Gründen befand sich Outremer für einen Großteil des 12. und 13. Jahrhunderts in einem prekären Zustand der Verwundbarkeit. Aber trotz allem brauchte auch der Islam sehr viel Stärke und begünstigende Umstände, um die Schwäche der Franken ausnutzen zu können. Die Kreuzzugskriege wurden nicht in erster Linie im politischen oder kulturellen Kernland des Islam ausgetragen, sondern in der Grenzzone zwischen Ägypten und Mesopotamien, aber auch im Heiligen Land selbst siedelte ja keineswegs eine einheitliche muslimische Gesellschaft. Dennoch profitierte der Islam letztendlich von der geografischen Nähe des Kriegsschauplatzes Levante und von der unleugbaren Tatsache, dass der Krieg gewissermaßen auf heimischem Boden ausgetragen wurde. Während dieser langen Kriegsphase kamen der muslimischen Welt außerdem die kluge und charismatische Führung Nur ad-Dins und Saladins zugute sowie die schonungslose Unbarmherzigkeit von Baibars.[3]

Auswirkungen auf die Welt des Mittelalters

Die Kreuzzüge wurden immer wieder als internationaler Flächenbrand beschrieben, der die Welt von Grund auf neu gestaltete: Europa wurde durch sie aus dem finsteren Mittelalter heraus in die verheißungsvolle Ära der Renaissance befördert; der Islam hingegen, der sich in seinem Bemühen um den Sieg zunehmend militarisierte und radikalisierte, erntete am Ende nichts als jahrhundertelange Isolierung und Stagnation. Häufig sah man in diesen »heiligen Kriegen« apokalyptische Konflikte, die unauslöschliche Narben ethnischen und religiösen Hasses hinterließen und einen endlosen Teufelskreis von Feindseligkeiten in Gang setzten. Derartige Schlagworte können nur aus starker Vereinfachung und Übertreibung hervorgehen. Zweifellos gab es in der mittelalterlichen Welt zwischen den Jahren 1000 und 1300 Umwälzungen in vielfacher Hinsicht. Die Zeit war geprägt durch Bevölkerungswachstum, Migrationsbewegungen und Urbanisierung; Bildung, Technik und Kunst verzeichneten immense Fortschritte; der Fernhandel griff immer weiter aus. Welche Rolle die Kreuzzüge dabei im Einzelnen spielten, ist allerdings nach wie vor umstritten. Jeder Versuch, die Auswirkungen dieser Bewegung genau festzumachen, bringt erhebliche Probleme mit sich, weil er die Möglichkeit voraussetzt, im Gewebe der Geschichte einen einzigen Handlungsstrang aufzuspüren und von den anderen zu isolieren – und anschließend hypothetisch eine Welt zu rekonstruieren, in der dieser Strang nicht vorkommt. Einige Auswirkungen sind vergleichsweise deutlich zu erkennen, allerdings müssen viele Beobachtungen notgedrungen stark generalisierend ausfallen. Mit Sicherheit war der Krieg um das Heilige Land nicht die einzige Bewegung, die im Mittelalter eine Rolle spielte. Aber natürlich beeinflussten die Kämpfe in der Levante die Geschichte des Mittelalters, vor allem die Geschichte des Mittelmeerraums.

Das östliche Mittelmeer

Die – reale ebenso wie die imaginierte – Bedrohung durch die Franken konfrontierte die muslimische Welt mit einem Feind, gegen den sie sich zusammenschließen musste, und sie lieferte einen Grund, für den es zu kämpfen galt. Dadurch wurde Nur ad-Din und nach ihm Saladin in die Lage versetzt, die Idee des Dschihad neu zu beleben. Außerdem konnten sie den Islam des Vorderen Orients in einem Ausmaß zu einer Einheit zusammenschweißen, das alle Entwicklungen seit der frühen Ära der ersten muslimischen Expansion im 7. Jahrhundert übertraf. Als dann noch die Bedrohung durch die Mongolen hinzukam, kulminierte dieser Prozess in der Gründung eines einheitlichen Staates unter Baibars und Qalawun.

Allerdings veränderte sich das Verhältnis des Islam zu den abendländischen Christen kaum, obwohl es ja in dieser Zeit, sei es nun in Kriegs- oder in Friedensphasen, zu häufigen Kontakten zwischen Muslimen und Lateinern kam. Die alten Vorurteile blieben bestehen, darunter die bekannten Missverständnisse um den christlichen Glaubenssatz der Heiligen Dreifaltigkeit als angeblichem Polytheismus; die tief verwurzelte Skepsis im Blick auf die – im Islam verbotene – Verwendung religiöser Bilder und wilde Spekulationen über sexuelle Ausschweifungen der Franken. Die räumliche Nähe scheint wenig zur Förderung des Verständnisses oder der Toleranz beigetragen zu haben. Doch die Ankunft der Kreuzfahrer führte – entgegen der Darstellung einiger Historikerinnen und Historiker – auch nicht dazu, dass sich das Verhältnis der Muslime zu den Christen im Osten verschlechtert hätte. Vereinzelt kam es zu einer Abkühlung der Beziehungen, vor allem wenn einheimische Christen, die unter muslimischer Herrschaft lebten, verdächtigt wurden, die Franken zu unterstützen oder als Spione für sie tätig zu sein, doch insgesamt änderte sich bis zum Aufstieg der fanatischeren Mamelucken nur wenig.

Für den Islam wie auch für die abendländische Christenheit vollzog sich der wohl stärkste Wandel, den die Kreuzzüge bewirkten, auf dem Gebiet des Handels. Muslime aus der Levante pflegten bereits vor dem ersten Kreuzzug einige vereinzelte wirtschaftliche Kontakte in Europa, aber im Lauf des 12. und 13. Jahrhunderts nahmen diese Handelsbeziehungen – ganz überwiegend infolge der lateinischen Siedlungen im östlichen Mittelmeerraum – exponentiell zu. Die Kreuzzüge sowie die Existenz der Kreuzfahrerstaaten veränderten die mediterranen Handelsrouten – am signifikantesten wohl nach der Eroberung Konstantinopels im Jahr 1204 – von Grund auf; sie spielten eine entscheidende Rolle bei der Machtkonsolidierung der Handelsstädte Venedig, Pisa und Genua. Ebenfalls seit ungefähr 1200 wurden in Europa arabische Zahlzeichen verwendet, was auch auf den Handel mit den Muslimen zurückzuführen ist, wobei hier allerdings kein direkter Zusammenhang zur »Kreuzfahrerwelt« erkennbar ist.

Die Franken Outremers lebten nicht in einer hermetisch abgeschlossenen Umgebung. Der Alltag, also politische, militärische und wirtschaftliche Sachzwänge, brachte es mit sich, dass diese Lateiner häufig mit den einheimischen Bewohnerinnen und Bewohnern der Levante in Kontakt kamen – mit Muslimen, mit den Christen des Orients und später mit den Mongolen. So entstand durch die Kreuzzüge eine der Grenzzonen, in denen Europäer mit »orientalischer« Kultur in Kontakt kommen und sie theoretisch auch übernehmen konnten. Die »Kreuzfahrergesellschaft«, die sich in Outremer herausbildete, hatte zweifellos assimilative Züge, allerdings ist nicht genau auszumachen, ob die Annäherung auf bewusster Entscheidung beruhte oder sich aus organischer Entwicklung ergab. Mit Sicherheit war die Gesellschaftsstruktur im lateinischen Orient etwas ganz Einzigartiges, und das nicht, weil die Nähe zum Islam so besonders eng gewesen wäre – eine ähnliche, wenn nicht noch größere Nähe zu den Muslimen kann wohl für die Iberische Halbinsel und Sizilien vorausgesetzt werden –; und sie war auch nicht die Folge des anhaltenden »heiligen Krieges« im Vorderen Orient. Die besondere Atmosphäre des von den Kreuzfahrern besiedelten Outremer ergab sich vielmehr aus der außerordentlichen Vielfalt an levantinischen Einflüssen – von Griechen und Armeniern bis hin zu Syrern und Juden und natürlich Muslimen – sowie der Mischung unterschiedlicher Einflüsse aus europäischen Ländern wie Frankreich und Deutschland, Italien und den Niederlanden.[4]

Das Abendland

Schon seit Langem wissen Historikerinnen und Historiker, dass die Kontakte zwischen den abendländischen Christen und der muslimischen Welt oder überhaupt dem östlichen Mittelmeerraum eine wichtige, wenn nicht gar entscheidende Rolle bei der Entwicklung der europäischen Kultur spielten. Diese Kontakte führten zur Übernahme künstlerischer Einflüsse und zum Transfer von wissenschaftlichen, medizinischen und philosophischen Inhalten – all dies löste im Westen weitreichende Veränderungen aus und war letztlich auch ein entscheidender Faktor für den Beginn der Renaissance. Es ist ausgeschlossen, den jeweiligen Anteil der einzelnen Berührungspunkte am Gesamtprozess präzise zu bestimmen. Während etwa Kunst und Architektur in der Levante der Kreuzfahrer unverkennbare Anzeichen interkultureller Verschmelzung aufweisen, kann man bei der Buchmalerei oder beim Burgenbau keine eindeutigen »Kreuzfahrerstile« definieren; dort blieb ein europäisches Vorbild die einzige Inspirationsquelle. Naturgemäß lässt sich die in Texten festgehaltene Weitergabe von Wissen leichter zurückverfolgen. In dieser Hinsicht spielte Outremer eine beachtliche Rolle, wie sie etwa in den Übersetzungen zum Ausdruck kommt, die in Antiochia entstanden, doch ist sie im Vergleich zur Fülle kopierter und übersetzter Texte, die im Mittelalter auf der Iberischen Halbinsel entstanden, doch eher zweitrangig. Wir können bestenfalls den Schluss ziehen, dass die Kreuzzüge *eine* Tür zum Orient öffneten, doch gab es daneben durchaus noch andere Zugänge.

Andere Veränderungen im Zusammenhang mit den Kreuzzügen sind leichter festzustellen. In praktischer Hinsicht hatten groß angelegte Unternehmungen wie die Kreuzzüge bedeutenden politischen, sozialen und ökonomischen Einfluss auf Länder wie Frankreich und Deutschland, schließlich verließen ja mit den Kreuzfahrern zeitweise ganze Verwandtschaftsverbände und große Teile des Adels das Land. Die Abwesenheit der herrschenden Schicht, allen voran der Könige, konnte zu Instabilität und teilweise sogar zu Herrscherwechseln führen. Starken Einfluss auf das mittelalterliche Europa hatten dann die neuen Ritterorden und die Ausdehnung ihrer Macht in praktisch jeden Winkel Westeuropas – als neu auftretende, Respekt heischende Personen auf der lateinischen politischen Bühne besaßen diese Verbände eine Machtfülle, die die Autorität der bestehenden weltlichen und kirchlichen Instanzen durchaus in den Schatten zu stellen vermochte. Die Popularität des Kreuzzugsgedankens trug dazu bei, die Autorität des Papstes zu bestärken und das mittelalterliche Königtum neu zu gestalten. Außerdem beeinflusste sie die damals sich herausbildenden Vorstellungen von ritterlicher und höfischer Kultur. Als neue Formulierung des Bußgedankens lösten die »heiligen« Kriege außerdem eine Veränderung in den religiösen Bräuchen aus – dieser Prozess beschleunigte sich deutlich mit den zahllosen Kreuzzugspredigten im 13. Jahrhundert und mit der Ablasspraxis, der Möglichkeit, Kreuzzugsgelübde mit Geld abzulösen.

Für die gesamte Epoche gilt, dass es mehr lateinische Christen gab, die im Abendland blieben, als solche, die sich an Kreuzzugsunternehmungen beteiligten oder im Krieg um das Heilige Land mitkämpften.

Doch genauso sicher ist, dass zwischen 1095 und 1291 wohl kaum ein Mensch in Europa von den Kreuzzügen gänzlich unberührt blieb – sei es durch Teilnahme, durch Steuern oder dadurch, dass sich innerhalb der Gesellschaft eine deutlicher strukturierte lateinisch-christliche Identität herausbildete.[5]

Ein langer Schatten

Im Februar des Jahres 1998 erklärte eine radikale terroristische Organisation, die sich selbst als »World Islamic Front« bezeichnete, ihre Absicht, einen »heiligen Krieg gegen Juden und Kreuzfahrer« zu führen. Diese Organisation, angeführt von Osama bin Laden, wurde bekannt als al-Qaida (wörtlich: »Stützpunkt« oder »Fundament«). Fünf Tage nach den Angriffen al-Qaidas auf New York und Washington am 11. September 2001 trat George W. Bush auf den Südrasen des Weißen Hauses hinaus und unterstrich vor einer versammelten Menge internationaler Journalisten die Bereitschaft der USA, ihren Heimatboden zu verteidigen. Er warnte: »Dieser Kreuzzug, dieser Krieg gegen den Terrorismus, wird eine ganze Weile dauern.« Später, im Oktober desselben Jahres, reagierte Osama bin Laden auf die sich abzeichnende Invasion Afghanistans durch eine Allianz unter Führung der Amerikaner. Er bezeichnete die Operation als einen »christlichen Kreuzzug« und stellte fest: »Dieser Krieg findet nicht zum ersten Mal statt. Der ursprüngliche Kreuzzug brachte Richard aus Großbritannien, Ludwig aus Frankreich und Barbarossa aus Deutschland. Heute stehen die Kreuzfahrerländer Gewehr bei Fuß, sobald Bush das Kreuz erhebt. Sie haben der Regel des Kreuzes zugestimmt.«[6]

Wie konnte es dazu kommen, dass die Sprache eines mittelalterlichen »heiligen Krieges« in moderne Konflikte Eingang gefunden hat? Die Formulierungen sollen offenbar zu verstehen geben, dass die Kreuzzüge irgendwie seit dem Mittelalter unvermindert fortbestanden, dass seither der Islam und der Westen einander unversöhnlich gegenüberstehen, festgefahren in einem erbitterten Religionskrieg, der kein Ende kennt. In Wirklichkeit aber gibt es keine ununterbrochene Linie aus Hass und Zwietracht, die den mittelalterlichen Streit um die Herrschaft über das

Heilige Land mit den aktuellen Auseinandersetzungen im Nahen Osten verbinden würde. Die Kreuzzüge sind vielmehr ein mächtiges, alarmierendes und in unserer Gegenwart des frühen 21. Jahrhunderts äußerst gefährliches Beispiel für den okkupierenden, manipulativen, falschen Umgang mit der Geschichte. Und die Kreuzzüge beweisen außerdem, dass auch eine konstruierte Vergangenheit noch eine eigene Realität erschaffen kann, haben sie doch – obwohl ihre Darstellung zum größten Teil auf Illusionen beruht – erheblichen Einfluss auf unsere moderne Welt.

Zu den Gründen für dieses Phänomen gehört die Trennung zwischen dem *Interesse* an der mittelalterlichen Epoche der Kreuzzüge, und ihrer *Wahrnehmung*, wie sie in den beiden Sphären üblich ist, die ganz allgemein als muslimische Welt und Abendland bezeichnet werden können. Ganz deutlich kommt dieser Unterschied in der Terminologie zum Ausdruck. Seit ungefähr der Mitte des 19. Jahrhunderts wurden die Kreuzzüge im Arabischen als *al-hurub al-Salabiyya* (die »Kreuzkriege«) bezeichnet, ein Ausdruck, der das Element des christlichen Glaubens mit dem des militärischen Konflikts verbindet. Im Englischen dagegen[7] hat sich der Begriff »Kreuzzug« weitgehend von seinen mittelalterlichen und religiösen Ursprüngen gelöst; heutzutage wird als »Kreuzzug« vor allem das Engagement für eine – vorzugsweise als gerecht angesehene – Sache bezeichnet. Der Begriff »Kreuzzug« wird in den Medien und der westlichen Popkultur mit beiläufiger Ungezwungenheit verwendet. Es ist durchaus nicht ausgeschlossen, von einem Kreuzzug gegen religiösen Fanatismus, ja sogar einem Kreuzzug gegen Gewalt zu sprechen. Ähnlich dissonant ist die westliche Interpretation des arabischen Begriffs »Dschihad«. Viele Muslime interpretieren den Dschihad zunächst und vor allem als einen inneren, geistigen Kampf. Im Westen dagegen wird das Wort gemeinhin mit einer einzigen Bedeutung versehen: dem Austragen eines äußeren »heiligen Krieges« gegen konkrete Gegner. Wie so viele unserer Einstellungen zur Epoche der Kreuzzüge entstand auch dieses terminologische Problem erst in den vergangenen zwei Jahrhunderten. In gewissem Ausmaß allerdings tat sich die Kluft zwischen den Erinnerungen und Wahrnehmungen der Europäer auf der einen und der Muslime auf der anderen Seite bereits früher auf, in größerer zeitlicher Nähe zur Vernichtung Outremers.

Die Wahrnehmung der Kreuzzüge im ausgehenden Mittelalter und in der frühen Neuzeit

Zwischen dem 14. und dem 16. Jahrhundert, als Europa noch in Kämpfe gegen andere muslimische Feinde (allen voran das Osmanische Reich) verstrickt war, erlangten die mittelalterlichen Kreuzzüge eine fast mythische Aura. Bestimmte »Helden«, von denen man annahm, dass sie im Zentrum des Geschehens gestanden hatten, wurden idealisiert. Gottfried von Bouillon gehörte neben Alexander dem Großen und Julius Caesar in die Reihe der »Neun Guten Helden« – der verehrungswürdigsten Gestalten der Menschheitsgeschichte. Richard Löwenherz wurde als legendärer Krieger-König gefeiert, während Saladins Ruhm auf seinem ritterlichen Verhalten und seiner vornehmen Wesensart beruhte. In Dantes Jenseitsvision, die er in der *Göttlichen Komödie* (1321) festhielt, erscheint Saladin im ersten Kreis der Hölle, der Sphäre, die für die tugendhaften Nichtchristen reserviert ist.

Mit der Reformation jedoch und später in der Epoche der Aufklärung unterzogen europäische Theologen und Historiker die christliche Geschichte einer weitreichenden Umwertung. Im 18. Jahrhundert wurden die Kreuzzüge als Bestandteil einer dunklen, entschieden nicht erstrebenswerten mittelalterlichen Vergangenheit interpretiert. Der englische Historiker Edward Gibbon etwa vertrat die These, dass diese »heiligen Kriege« Ausdruck eines »wilden Fanatismus« seien, der aus der Religion entstehe. Der französische Intellektuelle Voltaire hingegen verurteilte zwar die Kreuzzugsbewegung als solche, versagte jedoch einzelnen Persönlichkeiten eine gewisse Bewunderung nicht – so pries er König Ludwig IX. für seine Frömmigkeit und beschrieb Saladin als »guten Menschen, einen Helden und Philosophen«.[8]

Im Unterschied dazu zeigten die Muslime des Vorderen Orients während der gesamten spätmittelalterlichen Periode sowie der beginnenden Neuzeit, der Zeit der Mamelucken- und Osmanenherrscher, kaum Interesse an den Kreuzzügen. Die meisten Muslime scheinen den Krieg um das Heilige Land als größtenteils irrelevanten Konflikt abgetan zu haben, ausgetragen in einer lang vergangenen Zeit. Mochten die barbarischen Franken auch in die Levante eingedrungen und Gewalttaten begangen haben, so waren sie doch am Ende empfindlich dafür bestraft und endgültig besiegt worden. Es verstand sich von selbst, dass der Islam gesiegt hatte und die Ära der fränkischen Einmischung zu einem klaren und triumphalen Abschluss gebracht worden war. Die »heroischen« Gestalten aus dieser Zeit, die als Vorbilder zitiert wurden, waren tendenziell andere als im Westen. Saladin hatte einen viel geringeren Stellenwert. Stattdessen wurde die Frömmigkeit Nur ad-Dins gepriesen, und vor allem Baibars spielte in volkstümlichen Überlieferungen vom 15. Jahrhundert an eine prominente Rolle. Während all dieser Jahrhunderte gab es offenbar nie das Gefühl, dass durch das aggressive Verhalten der Kreuzfahrer ein immerwährender »heiliger Krieg« angestoßen worden sei oder dass die von den Franken begangenen Gräueltaten noch einer wie auch immer gearteten Wiedergutmachung bedürften.[9]

Wie es dazu kommen konnte, dass die Kreuzzüge aus diesen verstaubten Ecken der Geschichte herauskamen, um in der Rhetorik der Moderne eine offenbar wieder durchaus wichtige Rolle zu spielen, kann nur geklärt werden, wenn wir die Forschungen in diesem Bereich sowie die soziale, politische und kulturelle Erinnerung an diese Kriege seit dem Beginn des 19. Jahrhunderts genauer in den Blick nehmen.

Die Kreuzzüge in der Geschichtsschreibung und im Gedächtnis des Abendlands

Zu Beginn des 19. Jahrhunderts bestand auf der Grundlage aufklärerischen Denkens weitgehende Einigkeit bezüglich der mittelalterlichen Kreuzfahrer: Sie wurden kritisiert für ihre barbarische, fehlgeleitete Brutalität, nur vereinzelt wegen ihrer Tapferkeit gerühmt. Diese Einstellung änderte sich jedoch, als die Romantik eine idealisierte Vision des Mittelalters entwarf. Angestoßen wurde diese Strömung durch die äußerst populären und einflussreichen Werke des englischen Schriftstellers Sir Walter Scott. Sein Roman *The Talisman* (1825; dt.: *Der Talisman oder Richard Löwenherz in Palästina*), der zur Zeit des dritten Kreuzzugs spielt, stellte Saladin als »edlen Wilden«, als ritterlich und weise dar, während König Richard I. als reichlich impulsiver Haudegen auftritt. Scotts Geschichte, weitere Romane aus seiner Feder wie etwa *Ivanhoe* (1819), aber auch die Werke anderer Autoren schufen eine Vision von den Kreuzzügen als kühnen Abenteuern.[10]

Ungefähr zur selben Zeit entwickelten einige europäische Gelehrte aus dem Wunsch, die moderne Welt in der Vergangenheit gespiegelt zu finden, die Methode des historischen Parallelismus: Sie beschrieben die Kreuzzüge und die Entstehung der Kreuzfahrerstaaten in triumphalistischen Tönen als löbliche Vorübungen in Sachen Kolonialismus. Damit waren erste Schritte in eine Richtung getan, in der die Kreuzzugsbewegung (und damit auch der Begriff »Kreuzzug« selbst) aus ihrem geistlich-religiösen Kontext herausgelöst wurde: Man rühmte nun den Krieg um das Heilige Land als primär weltliche Angelegenheit. Der französische Historiker François Michaud veröffentlichte eine viel gelesene, dreibändige Darstellung dieser »heiligen Kriege« (und in Verbindung damit noch vier weitere Bände mit Quellenmaterial), die nur so strotzt von irreführenden Behauptungen und fehlerhaften Darstellungen der Geschichte. Michaud zollte dem »Ruhm« Beifall, den sich die Kreuzfahrer verdient hätten, und stellt fest, ihr Ziel sei »die Eroberung und Zivilisierung Asiens« gewesen. Außerdem präsentiert er seine Nation als geistiges Zentrum der Bewegung und behauptet, dass »Frankreich eines Tages das Vorbild und der Mittelpunkt der europäischen Kultur werden sollte. Die heiligen Kriege trugen viel zu dieser glücklichen Entwicklung bei, das kann man vom ersten Kreuzzug an beobachten.« Michauds Veröffentlichungen waren sowohl Produkt als auch Stimulans machtvoller nationalistischer Gefühle in Frankreich – sie bedienten das Bedürfnis, eine nationale Identität zu formulieren, die den Krieg um das Heilige Land in eine fingierte Rekonstruktion »französischer« Geschichte einarbeitete.[11]

Doch war diese romantische, nationalistisch gefärbte Begeisterung für die Kreuzzüge durchaus keine Spezialität der Franzosen. Der neu gegründete Staat Belgien erklärte Gottfried von Bouillon zu seinem Helden, und auf der anderen Seite des Ärmelkanals wurde Richard Löwenherz zu einer Ikone englischer Tapferkeit stilisiert. Beide Männer sind seit der Mitte des 19. Jahrhunderts in eindrucksvollen Reiterstatuen verewigt. Die Statue Gottfrieds steht auf der Grand-Place von Brüssel, während Richard vor den Houses of Parliament in London mit erhobenem Schwert zu Pferd verewigt ist. Im gesamten 19. Jahrhundert war das Interesse an den Kreuzzügen weitverbreitet. Auch Benjamin Disraeli, der spätere britische Premierminister, war fasziniert – er unternahm 1831, bevor er ins Parlament gewählt wurde, eine Reise in den Vorderen Orient; später veröffentlichte er einen Roman, *Tancred or The New Crusade (Tankred oder der neue Kreuzzug)*, der von einem jungen Edelmann handelt, dessen Vorfahren an den Kreuzzügen beteiligt waren. Auch der amerikanische Schriftsteller Mark Twain reiste ins Heilige Land, er besuchte das Schlachtfeld bei Hattin und war tief beeindruckt von einem Schwert, das angeblich einst Gottfried von Bouillon gehörte: Es löste bei ihm »romantische Visionen« aus und »die Erinnerung an die heiligen Kriege«.

1898 unternahm Kaiser Wilhelm II. eine ausgedehnte Reise in das Land seiner Kreuzzugsfantasien. Während eines Besuchs in Palästina, herausgeputzt in pseudomittelalterlichem Ornat, zog er hoch zu Ross in Jerusalem ein und begab sich dann nach Damaskus, um Saladin die Ehre zu erweisen, den der Kaiser als »einen der ritterlichsten Herrscher der Menschheitsgeschichte« bezeichnete. Am 8. November legte er auf dem ziemlich heruntergekommenen Grab des Ajjubiden-Sultans einen Kranz nieder und spendete später Geld zur Restaurierung des Mausoleums.[12]

Natürlich waren nicht sämtliche westeuropäischen Untersuchungen der Kreuzzüge jener Zeit von so fantasievollen, romantisch-nationalistischen Tendenzen geprägt. Es setzte sich daneben auch eine präzisere, stärker an den Fakten orientierte Betrachtungsweise durch. Doch noch in den 1930er-Jahren stellte der französische Kreuzzugshistoriker René Grousset Vergleiche zwischen Frankreichs Beteiligung an den Kreuzzügen und der Rückkehr Frankreichs an die Macht in Syrien im frühen 20. Jahrhundert an. Und es waren natürlich die eher passionierten, unsachlichen Darstellungen, die die Wahrnehmung der breiteren Öffentlichkeit am meisten beeinflussten. Die Macht und die potenziellen Gefahren dieses oberflächlichen modernen Parallelismus wurden im Zusammenhang mit dem Ersten Weltkrieg offensichtlich. Während dieses europäischen Flächenbrands erhielt Frankreich vom Völkerbund den Auftrag, »Groß-Syrien« zu regieren – und französische Diplomaten bekräftigten die Ansprüche ihrer Nation auf dieses Territorium, indem sie auf die Geschichte der Kreuzzüge zurückgriffen.

Großbritannien wurde gleichzeitig mit der Verwaltung Palästinas beauftragt. Als General Edmund Allenby im Dezember 1917 in Jerusalem eintraf, war er sich offenbar (nicht zuletzt auch, weil muslimische Truppen in der britischen Armee kämpften) im Klaren darüber, welch einen Affront es für den Islam bedeuten musste, wenn er auf die Rhetorik oder den Triumphalismus der Kreuzfahrer zurückgriff. In markantem Kontrast zu Kaiser Wilhelm betrat Allenby die Heilige Stadt zu Fuß, und er soll außerdem den strikten Befehl erlassen haben, dass seine Untergebenen sich sämtlicher Anspielungen auf die Kreuzzüge enthielten. Fatalerweise konnte er mit seiner Behutsamkeit nicht verhindern, dass Teile der britischen Presse in der medialen Aufbereitung der Ereignisse schwelgten. Die satirische Zeitschrift *Punch* veröffentlichte unter der Überschrift »Der letzte Kreuzzug« eine Karikatur, auf der Richard Löwenherz von einem Berg aus auf Jerusalem herabschaut; die Bildunterschrift lautet: »Endlich ist mein Traum in Erfüllung gegangen.« Später kam ein unbestätigtes, allerdings hartnäckiges Gerücht auf, nach dem Allenby selbst verkündet haben soll: »Heute sind die Kreuzzüge beendet.«

Tatsächlich löste sich damals in der englischen Sprache der Begriff »Kreuzzug«, der bereits aus dem religiösen Kontext herausgetreten war, allmählich auch von seinen mittelalterlichen Wurzeln. 1915 beschrieb der britische Premierminister David Lloyd George in einer Rede den Ersten Weltkrieg als »großen Kreuzzug«. Im Zweiten Weltkrieg tauchte im Tagesbefehl General Eisenhowers für die Truppen der Alliierten am D-Day, dem 6. Juni 1944, die Ermahnung auf: »Ihr seid im Begriff, zu einem großen Kreuzzug aufzubrechen.« Eisenhowers Resümee des Krieges aus dem Jahr 1948 trug den Titel *Kreuzzug in Europa*.[13]

Der moderne Islam und die Kreuzzüge

Nach einer langen Periode der Gleichgültigkeit kamen in der muslimischen Welt in der Mitte des 19. Jahrhunderts erste Anzeichen von Interesse an den Kreuzzügen auf. Um 1865 erschien in der Übersetzung französischer Geschichtswerke durch arabisch sprechende syrische Christen erstmals der Begriff *al-hurub al-Salabiyya* (die »Kreuzkriege«) für die Ereignisse, die bislang als die Kriege der *Ifranji* (der Franken) bezeichnet worden waren. 1872 verfasste der Türke Namik Kemal die erste »moderne« muslimische Biografie Saladins – offenbar angelegt als Gegendarstellung zu Michauds Kreuzzugsgeschichte, die kurz zuvor ins Türkische übersetzt worden war. Der Besuch Kaiser Wilhelms II. 1898 fiel entweder mit einer weiteren Welle öffentlichen Interesses zusammen, oder er löste diese aus: Im Jahr danach stellte der ägyptische Historiker Sayyid Ali al-Hariri die erste arabische Geschichte der Kreuzzüge zusammen, sie trug den Titel *Ausgezeichnete Darstellungen der Kreuzfahrerkriege*. Darin berichtet al-Hariri, dass Sultan Abdülhamid II. (1876–1909) erst kürzlich die Okkupation von muslimischem Territorium durch den Westen als neuen »Kreuzzug« bezeichnet habe, was al-

Hariri mit den Worten kommentiert: Der Sultan »bemerkte zu Recht, dass Europa nun gegen uns einen Kreuzzug in Form einer politischen Kampagne durchführt«. Ungefähr gleichzeitig stellte der muslimische Dichter Ahmad Shaqwi in einem Gedicht die Frage, warum Saladin in den Jahrhunderten, bevor Kaiser Wilhelm die Aufmerksamkeit wieder auf ihn gelenkt hatte, im Islam so vollkommen in Vergessenheit geraten war.[14]

In den nun folgenden Jahren begannen die Muslime von Indien bis in die Türkei und die Levante die Ähnlichkeiten zwischen der Besatzung durch die mittelalterlichen Kreuzfahrer und die neuzeitlichen Übergriffe des Westens auszubuchstabieren – ein Vergleich, der bekanntlich im Westen bereits seit Jahrzehnten en vogue war. Die zunehmende Faszination, die von Saladin als heroischer muslimischer Galionsfigur ausging, kam auch bei der Eröffnung einer neuen Universität in Jerusalem im Jahr 1915 zum Ausdruck, die nach dem Sultan benannt wurde. Diese beiden parallelen Entwicklungen wurden durch Ereignisse im zu Ende gehenden Ersten Weltkrieg beschleunigt: die Übertragung von Völkerbundsmandaten in der Levante an Großbritannien und Frankreich, die ausführliche Berichterstattung zu Allenbys angeblicher Erwähnung der Kreuzzüge und die in Europa allseits ausgiebig genutzte Methode eines historischen Parallelismus. 1934 sah sich ein prominenter arabischer Autor zu der Äußerung veranlasst, dass »der Westen unter dem Mantel eines politischen und wirtschaftlichen Imperialismus immer noch Kreuzzugskriege gegen den Islam führt«.

Ein kritischer Umschlagpunkt war nach dem Zweiten Weltkrieg mit der Gründung des Staates Israel im Jahr 1948 erreicht – der Umsetzung des Zionismus in die Realität. Im Oktober dieses Jahres schrieb der Kommentator Abd al-Latif Hamza, dass »der Kampf gegen die Zionisten in unseren Herzen die Erinnerung an die Kreuzzüge wieder wachgerufen hat«. Seit 1948 engagierte sich die muslimische Welt in einer immer intensiveren Auseinandersetzung mit den Kriegen um das Heilige Land im Mittelalter. Die arabisch-islamische Kultur pflegte schon seit Langem, seit dem Hochmittelalter und davor, Fragen an die eigene Vergangenheit zu stellen. Es kann daher nicht überraschen, dass im gesamten Nahen Osten Gelehrte, Theologen und radikale Aktivisten nun ihre eigenen historischen Parallelen zogen und die Geschichte der Kreuzzüge für ihre Zwecke umschrieben.[15]

Die Prinzipien des »Kreuzzugsparallelismus«

Dieser Prozess einer historischen Annäherung ist bis heute nicht abgeschlossen. Die Epoche der Kreuzzüge war und ist für die Bedürfnisse von islamistischen Propagandisten außerordentlich einladend. Bereits vor nahezu 800 Jahren war sie zu Ende; die Ereignisse dieser Ära sind also mittlerweile so verschwommen, dass sie ohne Weiteres umgeformt und manipuliert werden können: Man kann die nützlichen »Fakten« auswählen; und genauso leicht können unbequeme Details aussortiert werden, die nicht mit der jeweiligen Ideologie zusammenpassen. Man kann aus den Kreuzzügen auch eine nützliche didaktische Erzählung konstruieren, enthalten sie doch beides: sowohl den Angriff des »Westens« als auch später den Sieg des Islam. Eine entscheidende Rolle spielt Jerusalem. Tatsächlich war die politische und religiöse Bedeutung, die die Muslime der Heiligen Stadt zumaßen, im Lauf des Mittelalters und auch in späteren Jahrhunderten ständig größeren Schwankungen unterworfen. Der Kampf um die Herrschaft über diese Stadt jedoch, der im Mittelalter ausgetragen wurde, ermöglicht es den Ideologien der Moderne, eine Vision von Jerusalem, allem voran des *Haram as-Sharif*, des Tempelbergs, zu entwerfen, in der der Ort zur allzeit heiligen und unantastbaren Hochburg des muslimischen Glaubens erklärt wird.

In den vergangenen 60 Jahren haben zahlreiche islamische Gruppen und Einzelpersonen, von Politikern bis hin zu Terroristen, Vergleiche zwischen der modernen Welt und den mittelalterlichen Kreuzzügen angestellt. Es gibt in den von ihnen propagierten Botschaften und Vorstellungen zahlreiche Unterschiede hinsichtlich der Details und der Gewichtungen, aber man kann auch eine relativ durchgängige Substruktur erkennen, die sämtlichen Argumenten zugrunde liegt, und diese Struktur stützt sich vor allem auf zwei Ideen. Da ist zunächst der Westen als einbrechende Kolonialmacht, der sich – genau wie vor 900 Jahren – verbrecherischer Handlungen gegen die Muslime schuldig macht; die mittelalterlichen Kreuzzüge werden in der modernen Welt reinszeniert. Allerdings wurde mit der vom Westen unterstützten Gründung des Staates Israel ein neues Handlungselement in die Geschichte integriert. In der aktuellen Fassung dieses Kampfes sind es nicht nur die imperialistischen Kreuzfahrer, sondern auch die Juden, die das Heilige Land in Besitz nehmen wollen. Beide werden zusammengefasst in der gegen den Islam gerichteten sogenannten »Kreuzfahrer-Zionisten-Allianz«.

Dieser befremdlichen Kombination versuchen Propagandistinnen und Propagandisten eine gewisse Glaubwürdigkeit zu verleihen, indem sie darauf hinweisen, dass Israel ungefähr dasselbe Territorium für sich in Anspruch nimmt wie vor Jahrhunderten das fränkische Königreich Jerusalem. In den letzten Jahrzehnten hat sich allerdings der geografische Bezugsrahmen dieser Ideologie rapide ausgedehnt. Neue vom Westen, vor allem von den USA, ausgehende Interventionen im Nahen Osten und in Zentralasien wurden dem arabisch-israelischen Konflikt und der Notlage der palästinensischen Bevölkerung zugesellt und vergrößerten die Masse der von der »Kreuzfahrer-Zionisten-Allianz« begangenen Untaten. Dazu gehören die beiden Golfkriege, der Kampf gegen die Taliban und al-Qaida in Afghanistan, und die Stationierung von US-Truppen – von Osama bin Laden als »Kreuzfahrerheere« bezeichnet, »die sich wie Heuschrecken ausbreiten« – im heiligen muslimischen Territorium Saudi-Arabiens.[16]

Der andere Pfeiler des »Kreuzzugsparallelismus« ist die angebliche Fähigkeit des Islam, aus der mittelalterlichen Epoche entscheidende Lektionen für die Gegenwart zu lernen. 1963 erschien eine zweibändige *Geschichte der Kreuzzüge* auf Arabisch, in der der muslimische Autor Said Ashur behauptet, dass die Situation der modernen Musliminnen und Muslime sich kaum von derjenigen ihrer Glaubensbrüder im Mittelalter unterscheidet; daher »sahen wir uns genötigt, die Entwicklung der Kreuzzüge minutiös und wissenschaftlich zu erforschen«. Zahlreiche islamische Ideologen benutzten den mittelalterlichen Krieg um das Heilige Land als Inspirationsquelle. Einige plädierten dafür, den Islam, wenn nötig mit Gewalt, zu einen, und stellten die unbeirrbare, unbarmherzige Praktizierung des Dschihad, wie sie angeblich die Muslime des Mittelalters geübt hatten, als Ideal und Vorbild dar. Viele Propagandisten weisen außerdem darauf hin, dass der Islam sich bereitwillig und mit großer Geduld darauf einstellen muss, einen langen Kampf zu kämpfen – immerhin dauerte es 88 Jahre, bis Jerusalem von den Franken zurückerobert, und fast zwei Jahrhunderte, bis Outremer endgültig vernichtet war. Eine sehr große Rolle spielen die muslimischen »Helden« der Kreuzzugsära, die zu leuchtenden Vorbildern erhoben werden, allen voran Saladin. Im Lauf des 20. Jahrhunderts bildete sich um den ajjubidischen Sultan als der zentralen islamischen Lichtgestalt im mittelalterlichen Kampf um das Heilige Land ein regelrechter Mythos heraus. Mittlerweile ist es Saladin und nicht mehr Sultan Baibars, der in der Arabisch sprechenden Welt Kultstatus genießt. Sein Sieg über die abendländischen Christen in der Schlacht bei Hattin gilt als einer der größten Siege in der muslimischen Geschichte, aber auch die anschließende Wiedereroberung Jerusalems durch Saladin ist Gegenstand höchsten panislamischen Stolzes.[17]

Arabischer Nationalismus und Islamismus

Auf der Grundlage der Ideen des arabischen Nationalismus und des Islamismus wurden verschiedene Vorstellungen konstruiert – etwa die einer wiederbelebten Offensive gegen die Kreuzfahrer, als deren instruktives Vorbild die Ereignisse der Vergangenheit dienen sollten. Die eigentliche Leistung dieser manipulativen Annäherung an die Vergangenheit wird allerdings erst in ihrer bemerkenswerten Flexibilität deutlich: Denn immerhin machen sich die Anhänger zweier diametral entgegengesetzter muslimischer Ideologien – die arabischen Nationalisten und die Islamisten – mit gleichem Enthusiasmus die Kreuzzugsgeschichte zunutze.

Die Grundsätze des arabischen Nationalismus haben überwiegend säkularen Charakter: Gefordert wird eine Trennung der geistigen von der weltlichen Autorität; die Regierung der muslimischen arabischen Staaten soll in der Hand politischer, nicht religiöser Führer liegen. Die Kreuzzüge in ihrer Eigenschaft als Religionskriege sind für die Führerpersönlichkeiten aus dem Kreis der arabischen Nationalisten daher kaum von Interesse, viel wichtiger ist die Vorstellung, dass einer auswärtigen imperialistischen Macht die Stirn geboten wird; außerdem schlachten sie das Propagandapotenzial aus, das der Vergleich zwischen der eigenen Vita und den Leistungen Saladins bietet. Gamal Abdel Nasser, der Premierminister (und spätere Präsident) Ägyptens zwischen 1954 und 1970, war einer der ersten Vertreter des arabischen Nationalismus. Er verkündete, dass die Gründung des Staates Israel »eine Neuauflage der Kreuzzüge« darstelle, entstanden aus dem »Pakt zwischen Imperialismus und Zionismus«. Nasser zog auch immer wieder Vergleiche zwischen seiner Person und Saladin. Es war kein Zufall, dass das berühmte filmische »Historien«-Epos *Saladin* aus dem Jahr 1963 – damals die teuerste arabische Filmproduktion überhaupt – in Ägypten mit einem Filmstar als männlichem Hauptdarsteller gedreht wurde, der Nasser auffallend ähnlich sah.

Der Präsident von Syrien, Hafiz al-Assad, kommentierte den arabisch-israelischen Konflikt 1981 mit der Aufforderung, die Muslime sollten »sich zurückversetzen in die Invasion durch die Kreuzfahrer. Sie kämpften 200 Jahre lang gegen uns, aber wir haben nicht aufgegeben und nicht kapituliert.« Assad bezeichnete sich selbst als »den Saladin des 20. Jahrhunderts« und ließ 1992 eine überlebensgroße Statue seines Helden in Damaskus aufstellen. Noch besessener von Saladin war der irakische Staatspräsident Saddam Hussein. Die kurdische Herkunft Saladins übersah er großzügig, dafür betonte er immer wieder den gemeinsamen Geburtsort Tikrit und ging überhaupt sehr weit in der Annäherung seiner eigenen Vita an die Saladins. Auf Briefmarken und Banknoten des Landes stand Saddam neben Saladin, und seine Paläste waren an den Außenmauern mit goldenen Statuen des Präsidenten dekoriert, gekleidet in Gewänder im Stil Saladins. Saddam gab sogar die Herstellung eines Kinderbuchs – *Saladin, der Held* – in Auftrag, in dem er sich als »zweiten Saladin« bezeichnen ließ.[18]

Der Islamismus ist als Ideologie das genaue Gegenteil des arabischen Nationalismus; er vertritt die Forderung, dass die Theokratie die für den Islam angemessene Regierungsform ist. Die Islamisten sind jedoch, wenn das überhaupt möglich ist, noch streitbarer in ihren Versuchen, angebliche Bezüge zwischen den mittelalterlichen Kreuzzügen und der modernen Welt aufzudecken. Die islamistische Propaganda stellt gemäß ihrer religiösen Grundausrichtung die Kreuzzüge als aggressive Religionskriege dar, die gegen den *Dar al-Islam* (das Territorium des Islam) geführt werden und auf die es nur eine Antwort geben kann: den gewaltsamen militärischen Dschihad. Einer der einflussreichsten islamistischen Ideologen, Sayyid Qutb (er wurde 1966 in Ägypten wegen Hochverrats hingerichtet), beschrieb den westlichen Imperialismus als eine »Maske, hinter der sich der Geist der Kreuzfahrer verbirgt«, und stellte fest, dass »die Seele der Kreuzfahrer im Blut sämtlicher Abendländer weiterlebt«. Außerdem, so Sayyid Qutb, stehe hinter den Übergriffen des Westens auf die Levante eine Verschwörung des »internationalen Kreuzzugswesens«; als Beweis zitierte er Allenbys angebliche Erwähnung der mittelalterlichen Kreuzzüge.

Qutbs Ideen haben zahlreiche radikale islamistische Organisationen beeinflusst, von der Hamas bis zur Hisbollah. Im 21. Jahrhundert jedoch sind die gefährlichsten Vertreter dieser besonderen Art des Extremismus

Osama bin Laden und sein enger Vertrauter Aiman az-Zawahiri – die beiden wichtigsten Stimmen des Terroristennetzwerks al-Qaida. In den Jahren vor 2001 waren ihre Reden gespickt mit Bezügen auf die Kreuzzüge. Als George W. Bush unmittelbar nach dem 9. September 2001 fatalerweise beschloss, seinen angekündigten »Krieg gegen den Terrorismus« als »Kreuzzug« zu bezeichnen (ein Begriff, der seither sorgfältig vermieden wird), erwies er al-Qaida damit einen großen Dienst. Ende 2002 gab bin Laden eine Erklärung ab, in der es hieß: »Eines der wichtigsten positiven Resultate der Überfälle auf New York und Washington war die Tatsache, dass die wahre Natur des Konflikts zwischen den Kreuzfahrern und den Muslimen offenbar wurde [sowie] das Ausmaß des Hasses, das die Kreuzfahrer uns entgegenbringen.« Dann, im März 2003, nach der von den USA angeführten Invasion im Irak, fügte Osama bin Laden hinzu: »Der aktuelle Feldzug der Zionisten und Kreuzfahrer gegen den Islam ist so gefährlich und wütend wie nie zuvor [... Um zu lernen], wie wir diesen feindlichen, von außen kommenden Streitkräften Widerstand leisten können, müssen wir uns an den früheren Kreuzzugskriegen gegen unsere Länder orientieren.« Diese irreführende, in manipulativem Umgang mit der Geschichte wurzelnde Hetzrhetorik hat seither nur unwesentlich nachgelassen.[19]

Die Kreuzzüge und ihr Ort in der Geschichte

»Kreuzzugsparallelismus« hat in der Ausprägung der modernen Welt eine entscheidende Rolle gespielt – eine Rolle, die in den letzten Jahren häufig missverstanden und unterschätzt wurde. Der manipulative Umgang mit der Geschichte der Kreuzzüge und der Erinnerung an sie begann mit der Romantik im 19. Jahrhundert und der triumphierend auftretenden abendländischen Kolonialpolitik. Fortgesetzt wurde er durch die politische Propaganda und die ideologischen Schmähreden innerhalb der muslimischen Welt. Sinn und Zweck der Identifizierung und Erforschung dieses Prozesses besteht nicht darin, die Ideologien des Imperialismus, des arabischen Nationalismus oder des Islamismus als solche entweder zu akzeptieren oder zu verdammen; vielmehr sollen die grobschlächtigen Vereinfachungen und eklatanten Ungenauigkeiten herausgestellt werden, die im Namen dieser Weltanschauungen begangen werden. Die politischen, kulturellen und religiösen Fakten der weit zurückliegenden Kreuzzüge – oder das, was von ihnen noch nachklingt – wurden durch einen spekulativ-unrealistischen Blick auf die Vergangenheit zurechtgebogen, einen Blick, der sich in Karikaturen, Zerrbildern und Lügengeschichten ausdrückt und nichts zu tun hat mit den mittelalterlichen Realitäten der von beiden Seiten ausgehenden Gewalt, der Diplomatie und des Handels, der Feindschaft und der Kooperation, die den Kern der Kreuzzugsbewegung ausmachen.

Natürlich hat die Menschheit schon seit jeher die Schwäche, geschichtliche Ereignisse entschieden verdreht darzustellen. Die Gefahren des »Kreuzzugsparallelismus« jedoch sind besonders bedrohlich. In den letzten beiden Jahrhunderten hat sich ein trügerisches Geschichtsmuster herausgebildet. Es suggeriert, dass die Kreuzzüge zum Dreh- und Angelpunkt für die Beziehung zwischen Islam und Abendland wurden, weil aus ihnen eine tief verwurzelte und unaufhebbare Antipathie entsprang, die beide Kulturen in einen destruktiven, kein Ende kennenden Krieg verstrickte. Diese Vorstellung einer direkten, ununterbrochenen Konfliktlinie, die das Mittelalter mit der Neuzeit verbindet, hat dazu geführt, dass man den titanischen Zusammenstoß der Kulturen ganz allgemein und fast schon fatalistisch als Notwendigkeit akzeptiert. Nun war die Ära der Kreuzzüge zwar ohne Zweifel eine finstere, ja grausame Zeit, doch sie hinterließ keine dauerhaften Spuren in der Gesellschaft der abendländischen Christen und der Muslime. In Wirklichkeit waren die Kriege um das Heilige Land bis zum Ende des Mittelalters praktisch in Vergessenheit geraten und kamen erst Jahrhunderte später wieder in den Blick.

Vielleicht können uns die Kreuzzüge tatsächlich Aufschluss geben über unsere Welt. Die meisten, wenn nicht gar all ihre Lehren lassen sich allerdings aus anderen Epochen der Menschheitsgeschichte genauso ziehen. In diesen Kriegen wurde deutlich, welch ein enormes Potenzial Glaube und Ideologie haben, leidenschaftliche Massenbewegungen und verbissene Zwietracht auszulösen; sie belegen, dass kommerzielle Interessen Konfliktgrenzen zu überschreiten vermögen; und sie illustrieren, wie einfach es ist, Hass und Argwohn gegenüber dem »Anderen« für die eigenen Ziele nutzbar zu machen. Die Vorstellung jedoch, dass der Kampf um die Herrschaft über das Heilige Land, der von lateinischen Christen und levantinischen Muslimen vor vielen Jahrhunderten ausgetragen wurde, einen direkten Einfluss auf die moderne Welt hat oder haben sollte, ist falsch. Die Realität dieser mittelalterlichen Kriege muss erforscht und verstanden werden, wenn man nicht propagandistischer Polemik und aufwieglerischen Feindbildern zum Opfer fallen will. Insgesamt jedoch sollte man die Kreuzzüge dort lassen, wo sie hingehören: in der Vergangenheit.

Anhang

Zeittafel

27. November 1095	Papst Urban II. ruft in Clermont zum ersten Kreuzzug auf.
18. Juni 1097	Nicäa kapituliert vor den ersten Kreuzfahrern.
1. Juli 1097	Schlacht von Doryläum
3. Juni 1098	Plünderung Antiochias
28. Juni 1098	Kampf gegen Kerboga von Mosul in Antiochia
15. Juli 1099	Einnahme Jerusalems durch die Teilnehmer am ersten Kreuzzug
Mai 1104	Schlacht von Harran
28. Juni 1119	Roger von Antiochia wird auf dem Blutfeld erschlagen.
Juni 1128	Zangi übernimmt die Herrschaft in Aleppo.
Dezember 1144	Zangi erobert Edessa.
1. Dezember 1145	Papst Eugen III. ruft zum zweiten Kreuzzug auf.
September 1146	Zangi wird ermordet; Nur ad-Din greift in Aleppo nach der Macht.
Juli 1148	Der zweite Kreuzzug scheitert mit seiner Belagerung von Damaskus.
29. Juni 1149	Schlacht von Inab
19. August 1153	Die Lateiner erobern Askalon.
April 1154	Nur ad-Din besetzt Damaskus.
11. August 1164	Nur ad-Din besiegt die Franken bei Harim.
März 1169	Saladin wird Wesir der Fatimiden in Ägypten.
September 1171	Ende des Fatimiden-Kalifats in Ägypten.
15. Mai 1174	Tod Nur ad-Dins; im Oktober gelangt Saladin in Damaskus an die Macht.
25. November 1177	Schlacht am Mont Gisard
12. Juni 1183	Saladin besetzt Aleppo.
Mai 1185	Tod Balduins IV. von Jerusalem
4. Juli 1187	Schlacht von Hattin

2. Oktober 1187	Saladin erobert Jerusalem zurück.
29. Oktober 1187	Papst Gregor VIII. ruft zum dritten Kreuzzug auf.
November 1187	Richard I. Löwenherz, König von England, nimmt das Kreuz.
28. August 1189	Guido von Lusignan belagert Akkon.
10. Juni 1190	Tod Kaiser Friedrichs I. Barbarossa in Kleinasien
8. Juni 1191	Richard Löwenherz trifft vor Akkon ein.
12. Juli 1191	Besetzung Akkons durch den dritten Kreuzzug
20. August 1191	Richard Löwenherz lässt vor den Toren Akkons muslimische Gefangene hinrichten.
7. September 1191	Schlacht von Arsuf
13. Januar 1192	Richard Löwenherz gibt zum ersten Mal den Befehl, von Beit Nuba aus den Rückzug anzutreten.
2. September 1192	Unterzeichnung des Vertrags von Jaffa
4. März 1193	Tod Saladins
15. August 1198	Papst Innozenz III. ruft zum vierten Kreuzzug auf.
12. April 1204	Eroberung und Plünderung Konstantinopels durch den vierten Kreuzzug
November 1215	Papst Innozenz III. leitet das Vierte Laterankonzil.
5. November 1219	Eroberung Damiettes durch den fünften Kreuzzug
17. März 1229	Kaiser Friedrich II. zieht in Jerusalem ein.
11. Juli 1244	Die Choresmier plündern Jerusalem.
18. Oktober 1244	Schlacht von La Forbie
5. Juni 1249	Ludwig IX., König von Frankreich, landet in Ägypten.
8. Februar 1250	Schlacht von Mansourah
April 1250	Ludwig IX. von Turanshah gefangen genommen.
Februar 1258	Plünderung Bagdads durch die Mongolen
3. September 1260	Schlacht von Ain Dschalut
Juni 1261	Baibars wird Sultan der Mamelucken.
19. Mai 1268	Baibars erobert und plündert Antiochia.
8. April 1271	Die Johanniter übergeben ihre Festung Krak des Chevaliers an Baibars.
27. April 1289	Qalawun erobert Tripolis.
18. Mai 1291	Eroberung Akkons durch die Mamelucken

Dank

Vielen, die mir in den letzten sechs Jahren während der Forschungen und des Schreibens dieses Buches geholfen haben, schulde ich Dank. Meine Kollegen im Department of History am Queen Mary College der University of London waren mir während der ganzen Zeit eine große Hilfe, ich möchte vor allem Virginia Davis, Julian Jackson, Peter Hennessy, Miri Rubin, Peter Denley, Yossi Rapoport, Dan Todman und Alice Austin danken. Auch meine Studierenden, vor allem diejenigen, die an meinem Forschungsprojekt über den ersten Kreuzzug und am Master-Studiengang *MA in Crusader Studies* teilgenommen haben, waren eine Quelle der Inspiration.

Die erste Fassung des Textes (noch um einiges länger als die jetzige Fassung!) las freundlicherweise Peter Edbury; sehr profitiert habe ich auch von der Freundschaft und Hilfe von Sue Edgington und William Purkis. Erste Vorstellungen von diesem Projekt entwickelte ich dank der Anregungen von Andrew Gordon und John Saddler, und dank der Geduld und Ermutigung von Mike Jones von Simon & Schuster sowie Dan Halpern und Matt Weiland von Ecco gelang es mir auch, das Buch fertigzustellen. Sue Phillpotts aufmerksamer Blick half bei der Verbesserung des Textes. Ganz besonders dankbar bin ich meiner Lektorin Katherine Stanton für ihre kompetente Begleitung und die große Sorgfalt, mit der sie meinen Text für die Veröffentlichung vorbereitet hat. Meine Agenten Peter Robinson und George Lucas waren unentwegte, unerschütterliche Helfer und Ratgeber. Sehr hilfreich waren die Diskussionen zum Thema »Welt der Kreuzfahrer« mit Tony To, Don MacPherson und Kario Salem im Blick auf den Plan, in diesem Buch zwischen der Perspektive des Christentums und der des Islam zu wechseln.

Von Herzen möchte ich all denen danken, die mir in diesen Jahren beigestanden haben: James Ellison, dem besten meiner Freunde und Kollegen; John Hardy, einem wahren Freund in jeder Situation; Steve Jones und Stuart Webber, die es immer wieder virtuos verstanden, im richtigen Augenblick nicht zu fragen, wie es mit dem Buch weitergeht, und Robert und Maria Oram, Simon Bradley, Anthony Scott, Daniel

Richards, Julie Jones und Lizzie Webber für ihren unermüdlichen Beistand. Meiner Familie – Per Asbridge, Camilla Smith, Jane Campbell, Margaret Williams und Craig Campbell – bin ich zutiefst dankbar dafür, dass sie mich immer wieder ermutigt hat. Wie immer waren meine Eltern außerordentlich aufgeschlossen, ohne ihre Hilfe wäre es völlig unmöglich gewesen, dieses Buch zu schreiben. Der Mittelpunkt meines Lebens waren und sind Christine und Ella, meine Frau und meine Tochter. Vor allem anderen haben mich ihre Geduld und Liebe gestärkt und gestützt; ihnen gilt mein tiefster Dank.

Verzeichnis der Karten

Bildnachweis

Bildteil

Abb. 1: Den Haag, Koninklijke Bibliotheek (sig 76F5).
Abb. 2: Bibliothèque nationale de France, LATIN 17716, Folio 91.
Abb. 3: Bibliothèque Municipale de Boulogne-sur-Mer/IRHT (MS 142, f°16r).
Abb. 4: © Gérard Degeorge/akg-images.
Abb. 5: Bibliothèque Municipale de Boulogne-sur-Mer/IRHT (MS 142, f°49v).
Abb. 6: © Thomas Asbridge.
Abb. 7: © Thomas Asbridge.
Abb. 8: © Thomas Asbridge.
Abb. 9: Bibliothèque nationale de France, Paris/Bridgeman Images (Fr 2630 f°111v).
Abb. 10: © Ashmolean Museum, University of Oxford
Abb. 11: © Thomas Asbridge.
Abb. 12: © British Library Board. All Rights Reserved/Bridgeman Images (MS Egerton 1139, binding).
Abb. 13: Mit freundlicher Genehmigung von Warden and Fellows of Keble College, Oxford (MS 49, f°162r).
Abb. 14: © Bettmann/Getty Images.
Abb. 15: © Private Collection/The Stapleton Collection/Bridgeman Images.
Abb. 16: © Thomas Asbridge.
Abb. 17: © Private Collection/Bridgeman Images.
Abb. 18: © Hahan Ischar/Getty Images.
Abb. 19: © Thomas Asbridge.
Abb. 20: © Thomas Asbridge.
Abb. 21: © DeAgostini/Getty Images.
Abb. 22: © Biblioteca Apostolica Vaticana/akg-images (Cod. Palatina 1071).
Abb. 23: Mit freundlicher Genehmigung von The Parker Library, Corpus Christi College, Cambridge (CCC MS 16, f°59v).
Abb. 24: © British Library Board. All Rights Reserved/Bridgeman Images (MS Royal. 16G VI, f°412).
Abb. 25: © British Library Board. All Rights Reserved/Bridgeman Images (Add. 18866, f°140).
Abb. 26: © Sherif Sonbol, Kairo/Museum Ohne Grenzen, Wien-Brüssel.
Abb. 27: © Chateau de Versailles, Frankreich/Bridgeman Images.
Abb. 28: © Thomas Asbridge.
Abb. 29: © Punch Cartoon Library/TopFoto
Abb. 30: © Roman Genn/National Review

Anmerkungen

Einleitung
Die Welt der Kreuzzüge

1. Noch in der modernen Geschichtswissenschaft waren viele von »westlichen« Gelehrten verfasste historische Darstellungen der Kreuzzüge bewusst oder unbewusst durch einen gewissen Grad an Voreingenommenheit geprägt, da diese Epoche meist von einem christlichen Standpunkt aus dargestellt wird. Diese implizite Parteinahme kann sich relativ subtil äußern – in der Entscheidung etwa, das Ergebnis einer Schlacht als Sieg oder Niederlage darzustellen, als Triumph oder Katastrophe. In meiner in fünf Teile gegliederten Darstellung versuche ich bewusst, dieser Tendenz entgegenzuwirken, indem ich in jedem größeren Abschnitt abwechselnd einen westlich-europäisch-christlichen Blickwinkel und eine östlich-muslimische Perspektive wähle. Der zentrale Teil des Buches, der den dritten Kreuzzug behandelt, stellt im Wechsel die beiden Hauptakteure – Saladin und Richard Löwenherz – und ihre jeweilige Sicht auf die Dinge vor.
2. Während des Mittelalters und darüber hinaus wurden Kreuzzüge auch in anderen Weltgegenden geführt, doch die den Begriff prägenden christlichen Unternehmungen zwischen 1095 und 1291 zielten hauptsächlich auf den Vorderen Orient. Infolgedessen konzentriere ich mich in diesem Buch auf die Ereignisse im Heiligen Land. Dabei habe ich einen weiten geografischen Begriff des Heiligen Landes zugrunde gelegt. Nach einer Definition fällt es ungefähr mit den Grenzen des modernen Staates Israel zusammen, eingeschlossen die Gebiete unter palästinensischer Verwaltung. Im Mittelalter hatten die lateinischen Christinnen und Christen jedoch häufig eine eher verschwommene Vorstellung vom Heiligen Land, die oft auch andere für den christlichen Glauben bedeutsame Orte mit umfasste, etwa Antiochia (im Südwesten der heutigen Türkei). Zur Zeit der Kreuzzüge bezogen sich auch muslimische Zeitgenossen auf *al-Quds* (die Heilige Stadt) sowie weiter ausgreifend auf eine Gegend namens *Bilad al-Sham* (die Küste). Die Kriege um das Heilige Land, die ich in diesem Buch untersuche, beziehen sich also auf Konflikte, die im modernen Israel, in Jordanien, im Libanon und in Syrien sowie in Teilen der Türkei und Ägyptens anzusiedeln sind. Überblicksdarstellungen zu neueren Forschungen finden sich bei: G. Constable, »The Historiography of the Crusades«, *The Crusades from the Perspective of Byzantium and the Muslim World*, hrsg. v. A. E. Laiou und R. P. Mottahedeh (Washington, D. C., 2001), S. 1–22; M. Balard, *Croisades et Orient Latin, XIe–XIVe siècle* (Paris, 2001); R. Ellenblum, *Crusader Castles and Modern Histories* (Cambridge, 2007);

C. Hillenbrand, *The Crusades: Islamic Perspectives* (Edinburgh, 1999); N. Housley, *Contesting the Crusades* (Oxford, 2006); N. Housley, *Fighting for the Cross* (New Haven und London, 2008); A. Jotischky, *Crusadin and the Crusader States* (Harlow, 2004); H. E. Mayer, *Geschichte der Kreuzzüge*, 10. völlig überarb. und erw. Aufl. (Stuttgart, 2005); T. F. Madden, *The New Concise History of the Crusades* (Lanham, 2006); N. Jaspert, *Die Kreuzzüge* (Darmstadt, 2003; 3. überarb. Aufl. 2006); J. Richard, *The Crusades, c. 1071–c. 1291,* übers. v. J. Birrell (Cambridge, 1999) (Original: *Histoire des croisades,* Paris, 1996); J. S. C. Riley-Smith (Hrsg.), *The Oxford Illustrated History of the Crusades* (Oxford, 1995) (Dt.: *Illustrierte Geschichte der Kreuzzüge,* übers. von Christian Rochow, Köln, 2004); J. S. C. Riley-Smith, *The Crusades. A History,* 2. Aufl. (London und New York, 2005); C. J. Tyerman, *God's War: A New History of the Crusades* (London, 2006).

3. B. S. Bachrach, »The pilgrimages of Fulk Nerra, count of the Angevins, 987 – 1040«, *Religion, Culture and Society in the Early Middle Ages,* hrsg. v. T. F. X. Noble und J. J. Contreni (Kalamazoo, 1987), S. 205–217..
4. Zwar sollte Frankreich eines der Zentren der Kreuzzugsbegeisterung werden, und dort wurden zu Beginn auch die meisten Anhänger gewonnen, doch nicht alle Kreuzfahrer kamen aus Frankreich. Dennoch bezeichneten Zeitgenossen – vor allem diejenigen, die wie die Muslime von außen auf Westeuropa blickten – oft alle christlichen Teilnehmer an diesen Kriegen als Franken (*Ifranj* im Arabischen). So kam es zu der allgemeinen Praxis, die Kreuzfahrer und die Menschen aus Westeuropa, die sich im Vorderen Orient niederließen, als Franken zu bezeichnen.
5. Raoul Glaber, *Opera,* hrsg. v. J. France, N. Bulst, P. Reynolds (Oxford, 1989), S. 192. Zur Epoche der Spätantike, der Bekehrung Europas zum Christentum und dem frühen Christentum: R. Fletcher, *The Conversion of Europe* (New York, 1998); P. Brown, *The Rise of Western Christendom* (Oxford, 1996); J. Herrin, B. Hamilton, *The Christian World of the Middle Ages* (Stroud, 2003). Zu den Franken: E. James, *The Franks* (Oxford, 1988). Zum Gebrauch des Begriffs »Franken« im Zusammenhang mit den Kreuzzügen: J. S. C. Riley-Smith, *The First Crusaders, 1095–1131* (Cambridge, 1997), S. 64–65. Zur Ära der Karolinger und der Welt des frühen Mittelalters: R. McKitterick, *The Frankish Kingdoms under the Carolingians 751–987* (London, 1983); R. McKitterick, *The Early Middle Ages: Europe 400–1000* (Oxford, 2001); C. Wickham, *Framing the Early Middle Ages: Europe and the Mediterranean, 400–800* (Oxford, 2005).
6. Die Anhänger dieses lateinischen Teils der Christenheit – heutzutage gemeinhin als römisch-katholisch bezeichnet – werden im mittelalterlichen Kontext präziser »Lateiner« genannt.
7. Die Päpste beriefen sich darauf, dass der wichtigste Apostel Christi, der heilige Petrus, auch Roms erster Bischof gewesen sei und dass daher seine Nachfolger nicht

nur als Haupt der lateinischen Kirche des Abendlands, sondern auch als oberste spirituelle Autorität über die gesamte christliche Welt anzusehen seien. Selbst verständlich passte diese Auffassung Männern wie dem griechisch-orthodoxen Patriarchen in Konstantinopel gar nicht, und ein Streit über dieses Prinzip und die damit verbundenen Glaubenssätze führte demzufolge im Jahr 1054 zu einer offenen Spaltung, dem Schisma, zwischen diesen beiden Zweigen der »europäischen« Christenheit. Zum Papsttum im Mittelalter, zu Papst Gregor VII und der päpstlichen Reform: W. Ullmann, *A Short History of the Papacy in the Middle Ages* (London, 1974) (Dt.: Kurze Geschichte des Papsttums im Mittelalter, übers. von A. Seifert, Berlin, 1978); C. Morris, *The Papal Monarchy: The Western Church from 1050 to 1250* (Oxford, 1989); H. E. J. Cowdrey, *Pope Gregory VII, 1073–1085* (Oxford, 1998); U.-R. Blumenthal, *The Investiture Controversy: Church and Monarchy from the Ninth to the Twelfth Century* (Philadelphia, 1988).

8. Raoul Glaber, *Opera*, S. 60; M. G. Bull, *Knightly Piety and the Lay Response to the First Crusade: The Limousin and Gascony, c. 970–c. 1130* (Oxford, 1993), S. 158. Zur mittelalterlichen Religiosität, zu Mönchswesen und Wallfahrtspraxis: M. Bull, »Ursprüng« *Illustrierte Geschichte der Kreuzzüge*, hrsg. v. J. S. C. Riley-Smith (Frankfurt/Main, New York, 1999), S. 22–45; B. Hamilton, *Religion in the Medieval West* (London, 1986); C. H. Lawrence, *Medieval Monasticism: Forms of Religious Life in Western Europe in the Middle Ages,* 3. Aufl. (London, 2001); J. Sumption, *Pilgrimage: An Image of Mediaeval Religion* (London, 1975); B. Ward, *Miracles and the Medieval Mind,* 2. Aufl. (London, 1987); D. Webb, *Medieval European Pilgrimage, c. 700–c. 1500* (London, 2002); C. Morris, *The Sepulchre of Christ and the Medieval West: From the Beginning to 1600* (Oxford, 2005).
9. Nach modernen Maßstäben waren die im Kampf eingesetzten Pferde des 11. Jahrhunderts ziemlich klein – im Durchschnitt zwölf Handlängen hoch; heute würde man sie wohl eher als Ponys bezeichnen. Trotzdem waren sie enorm teuer, im Kauf wie im Unterhalt (man brauchte Futter und Hufeisen und einen Knecht, der sich um das Pferd kümmerte). Man benötigte außerdem mindestens ein zusätzliches Pferd für die Reise. Doch so klein diese Schlachtrösser waren, sie verschafften den Kriegern hinsichtlich Größe, Ausdauer, Schnelligkeit und Beweglichkeit beachtliche Vorteile im Kampf Mann gegen Mann. Mit der Verbesserung von Ausrüstung, Kampftechniken und Trainingsmethoden kam der Gebrauch von Sätteln auf, die mit Steigbügeln versehen und deshalb auch stabiler waren; damit konnten die Ritter einen schweren Speer oder eine Lanze unter dem Arm führen, und sie lernten, einen gemeinsamen Vorstoß zu unternehmen.
10. Die beträchtlichen Kosten, die die Zugehörigkeit zur Gruppe der Ritter oder *milites* (Sg. *miles*) mit sich brachte und die vor allem durch Ausrüstung und Training entstanden, erschwerten den weniger Wohlhabenden als *miles zu wirken*, obwohl

bis dato die Gruppe noch nicht ausschließlich für den Adel zugänglich war. Es wurde von so gut wie allen männlichen Mitgliedern des weltlichen Adels erwartet, dass sie die Pflichten eines Ritters übernahmen, und die reichsten Vertreter dieser Schicht sicherten sich den Dienst einiger Ritter als Vasallen; als Gegenleistung für ihren militärischen Dienst erhielten diese ein Stück Land zur Bewirtschaftung und den Schutz des Feudalherrn. Dieser Brauch ermöglichte es auch ärmeren Männern, ein *miles* zu werden; was sie an Ausstattung brauchten, konnten sie sich durch ihre Arbeit verdienen. Zum Ritterstand und zur europäischen Kriegsführung im Mittelalter: J. France, *Western Warfare in the Age of the Crusades* (London, 1999).

11. I.S. Robinson, »Gregory VII and the Soldiers of Christ«, *History,* Bd. 58 (1973), S. 169–192; F.H. Russell, *The Just War in the Middle Ages* (Cambridge, 1975); T. Asbridge, *The First Crusade: A New History* (London, 2004), S. 21–31.
12. Im Lauf der Zeit bildeten sich innerhalb des Sunni-Islam vier unterschiedliche Gesetzes-»Schulen« bzw. *madhhabs* heraus: die Hanafiya, die Schafiya, die Hanbali und die Malaki. Während der Zeit der Kreuzzüge gewannen diese unterschiedlichen »Schulen« Popularität und wurden in unterschiedlichen Gegenden von unterschiedlichen Gruppen unterstützt. Die syrische Stadt Damaskus war beispielsweise ein Zentrum der Hanbali, während die türkischen Zangiden die Hanafiten unterstützten und die kurdischen Ajjubiden Schafiden waren.
13. Zur Geschichte des Islams im Mittelalter, dem Aufstieg der Seldschuken und der Lage im Nahen Osten zu Beginn des ersten Kreuzzugs: H. Kennedy, *The Prophet and the Age of the Caliphates: The Islamic Near East from the Sixth to the Eleventh Century* (London, 1986); J. Berkey, *The Formation of Islam: Religion and Society in the Near East, 600–800* (Cambridge, 2003); C. Cahen, »The Turkish Invasion: The Selchukids«, *A History of the Crusades,* hrsg. v. K.M. Setton, Bd. 1, 2. Aufl. (Madison, 1969), S. 135–176; Hillenbrand, *The Crusades: Islamic Perspectives,* S. 33–50; C. Cahen, *Introduction à l'histoire du monde musulman médiéval, Initiation à l'Islam,* Bd. 1 (Paris, 1982); C. Cahen, *Orient et Occident au temps des croisades* (Paris, 1983); P.M. Holt, *The Age of the Crusades: The Near East from the Eleventh Century to 1517* (London, 1986), S. 1–22; T. el-Azhari, *The Saljuqs of Syria during the Crusades 463–549 A.H./ 1070–1154 A.D.* (Berlin, 1997); S. Zakkar, *The Emirate of Aleppo, 1004–1094* (Beirut, 1971); J.-M. Mouton, *Damas et sa principauté sous les Saljoukides et les Bourides 468–549/1076–1154* (Kairo, 1994); M. Yared-Riachi, *La politique extérieure de la principauté de Damas, 468–549 A.H./1076 – 1154 A.D.* (Damaskus, 1997); A.F. Sayyid, *Les Fatimides en Égypte* (Kairo, 1992).
14. Der Grundbestandteil muslimischer Heere war das *askar* – das einem Adligen oder Emir persönlich unterstellte militärische Gefolge. In diesen Streitkräften waren vor allem hochprofessionelle »Sklavensoldaten« zusammengefasst (später wurden

sie als Mamelucken bezeichnet), die ursprünglich von den Turkvölkern Zentralasiens und den russischen Steppen stammten; später fanden sich darunter auch Armenier, Georgier, Griechen und sogar Slawen. Bei den Seldschuken wurden große Heere durch den Gebrauch des *iqta*-Systems ausgehoben – einem Emir wurde das Recht auf die Einkünfte eines Stücks Land überlassen als Gegenleistung dafür, dass er sein *askar* für Kriege und Feldzüge zur Verfügung stellte. Dieser Brauch wurde später auch in Ägypten übernommen. Zur islamischen Kriegsführung im Mittelalter: H. Kennedy, *The Armies of the Caliph* (London, 2001); Hillenbrand, *The Crusades: Islamic Perspectives*, S. 431–587.

15. Hillenbrand, *The Crusades: Islamic Perspectives*, S. 89–103; B. Z. Kedar, »Croisade et jihad vus par l'ennemi: une étude des perceptions mutuelles des motivations«, *Autour de la Première Croisade*, hrsg. v. M. Balard (Paris, 1996), S. 345–358; H. Dajani-Shakeel und R. A. Mossier (Hrsg.), *The Jihad and its Times* (Ann Arbor, 1991); R. Firestone, *Jihad. The Origins of Holy War in Islam* (Oxford, 2000); D. Cook, *Understanding Jihad* (Berkeley, 2005). Die schiitische Theologie war der Auffassung, dass es eine Pflicht zum äußeren Dschihad erst am Ende der Tage geben werde. Daher beteiligten sich die ismaelitischen Schiiten Ägyptens und die Zwölfer-Schiiten wie die Munqidh-Dynastie von Schaizar zwar an den Kriegen gegen die Franken, doch stellte das für sie keine Beteiligung an einem »heiligen Krieg« dar.
16. Al-Azimi, »La chronique abrégée d'al-Azimi«, hrsg. v. C. Cahen, *Journal Asiatique*, Bd. 230 (1938), S. 369; J. Drory, »Some observations during a visit to Palestine by Ibn alArabi of Seville in 1092–1095«, *Crusades*, Bd. 3 (2004), S. 101–124; Hillenbrand, *The Crusades: Islamic Perspectives*, S. 48–50.

1

»Heiliger Krieg«, Heiliges Land

1. Trotz der historischen Tragweite dieser Rede ist keine präzise Niederschrift der Worte Urbans auf uns gekommen. Zahlreiche Versionen, darunter drei von Augenzeugen, wurden nach dem Ende des ersten Kreuzzugs niedergeschrieben, doch waren sie alle durch die Brille des weiteren Verlaufs der Ereignisse betrachtet und können daher nicht als authentisch gelten. Möglich ist jedoch, diese Berichte mit Hinweisen auf den »Kreuzzug« in Briefen in Beziehung zu setzen, die der Papst in den Jahren 1095/1096 verfasste, und so eine Kernbotschaft zu rekonstruieren. Die Zeugenberichte aus erster Hand über die Predigt Urbans II. finden sich in Fulcher von Chartres, *Historia Hierosolymitana (1095–1127)*, hrsg. v. H. Hagenmeyer (Heidelberg, 1913), S. 130–138; Robert der Mönch, *Historia Iherosolimitana*, *RHC Occ.* III, S. 727–730; Guibert von Nogent, *Dei gesta per Francos*, hrsg. v. R. B. C. Huygens, *Corpus Christianorum, Continuatio Mediaevalis*, 127A

(Turnhout, 1996), S. 111–117; Baldric von Bourgueil, Bischof von Dol, *Historia Jerosolimitana, RHC Occ.* IV, S. 12–16. Die Briefe, die Urban zur Zeit des ersten Kreuzzugs abfasste, in: H. Hagenmeyer, *Die Kreuzzugsbriefe aus den Jahren 1088–1100* (Innsbruck, 1901), S. 136–138; *Papsturkunden in Florenz,* hrsg. v. W. Wiederhold, *Nachrichten von der Gesellschaft der Wissenschaften zu Göttingen, Phil.-hist. Kl.* (Göttingen, 1901), S. 313–314; *Papsturkunden in Spanien. I. Katalonien,* hrsg. v. P. F. Kehr (Berlin, 1926), S. 287–288.

2. Zu Papst Urban II. und der Predigt von Clermont: A. Becker, *Papst Urban II. (1088–1099), Schriften der Monumenta Germaniae Historica* 19, 2 Bde. (Stuttgart, 1964–1988); H. E. J. Cowdrey, »Pope Urban II's preaching of the First Crusade«, in: *History,* Bd. 55 (1970), S. 177–188; P. Cole, *The Preaching of the Crusades to the Holy Land, 1095–1270* (Cambridge, Mass., 1991), S. 1–36; J. S. C. Riley-Smith, *The First Crusaders, 1095–1131* (Cambridge, 1997), S. 60–75. Allgemeiner zu der Predigt und der Entwicklung des ersten Kreuzzugs: J. S. C. Riley-Smith, *The First Crusade and the Idea of Crusading* (London, 1986); J. France, *Victory in the East: A Military History of the First Crusade* (Cambridge, 1994); J. Flori, *La Première Croisade: L'Occident chrétien contre l'Islam* (Brüssel, 2001); T. Asbridge, *The First Crusade: A New History* (London, 2004). Eine schon ältere, stellenweise nicht ganz zuverlässige, doch lebendige Darstellung bietet S. Runciman, »The First Crusade and the Foundation of the Kingdom of Jerusalem«, in: *A History of the Crusades,* Bd. 1 (Cambridge, 1951) (dt. Übersetzung: *Der erste Kreuzzug und die Gründung des Königreichs Jerusalem,* übers. v. Peter de Mendelssohn [München, 1957]. Die Seitenangaben im Folgenden beziehen sich auf die einbändige Ausgabe der deutschen Übersetzung, München, 1995 [AdÜ]). Die wichtigsten Primärquellen zur Rekonstruktion der Geschichte des ersten Kreuzzugs sind: *Gesta Francorum et aliorum Hierosolimitanorum,* hrsg. und ins Engl. übers. v. R. Hill (London, 1962); Fulcher von Chartres, *Historia Hierosolymitana* (1095–1127), hrsg. v. H. Hagenmeyer (Heidelberg, 1913); Raimund von Aguilers, *Le »Liber« de Raimond d'Aguilers,* hrsg. v. J. H. Hill und L. L. Hill (Paris, 1969); Peter Tudebode, *Historia de Hierosolymitano itinere,* hrsg. v. J. H. Hill und L. L. Hill (Paris, 1977); Caffaro di Caschifellone, *De liberatione civitatum orientis,* hrsg. v. L. T. Belgrano, Annali Genovesi, Bd. 1 (Genua, 1890), S. 3–75; Ekkehard von Aura, *Hierosolimita, RHC Occ.* V, S. 1–40; Ralph von Caen, *Gesta Tancredi in expeditione Hierosolymitana, RHC Occ.* III, S. 587–716; *Historia Belli Sacri, RHC Occ.* III, S. 169–229; Albert von Aachen, *Historia Ierosolimitana,* hrsg. und [ins Engl.] übers. v. S. B. Edgington (Oxford, 2007); H. Hagenmeyer, *Die Kreuzzugsbriefe aus den Jahren 1088–1100* (Innsbruck, 1901); Anna Comnena, *Alexiade,* hrsg. und übers. v. B. Leib, 3 Bde. (Paris, 1937–1976), Bd. 2, S. 205–236, Bd. 3, S. 7–32 (dt. Übers. Anna Komnene, *Alexias,* übers. v. D. R. Reinsch, Köln, 1996); Ibn al-Qalanisi, *The Damascus Chro-*

nicle of the Crusades, Extracted and Translated from the Chronicle of Ibn al-Qalanisi, übers. v. H.A. R. Gibb (London, 1932), S. 41–49; Ibn al-Athir, *The Chronicle of Ibn al-Athir for the Crusading Period from al-Kamil fi'l-Ta'rikh,* übers. v. D. S. Richards, Bd. 1 (Aldershot, 2006), S. 13–22; Matthias von Edessa, *Armenia and the Crusades, Tenth to Twelfth Centuries: The Chronicle of Matthew of Edessa,* übers. v. A. E. Dostourian (Lanham, 1993), S. 164–173. Eine Auswahl übersetzter Quellen in E. Peters (Hrsg.), *The First Crusade: The Chronicle of Fulcher of Chartres and Other Source Materials,* 2. Aufl. (Philadelphia, 1998). Eine Einführung in diese Quellen bietet S. B. Edgington, »The First Crusade: Reviewing the Evidence«, in: *The First Crusade: Origins and Impact,* hrsg. v. J. P. Phillips (Manchester, 1997), S. 55–77. Außerdem: S. D. Goitein, »Geniza Sources for the Crusader Period: A Survey«, in: *Outremer,* hrsg. v. B. Z. Kedar, H. E. Mayer und R. C. Smail (Jerusalem, 1982), S. 308–312.

3. Fulcher von Chartres, S. 132–133; Robert der Mönch, S. 729; Guibert von Nogent, S. 113; Baldric von Bourgueil, S. 13.
4. Fulcher von Chartres, S. 134; Guibert von Nogent, S. 116; Hagenmeyer, *Kreuzzugsbriefe,* S. 136; Robert der Mönch, S. 727–728; B. Hamilton, »Knowing the Enemy: Western Understanding of Islam at the Time of the Crusades«, in: *Journal of the Royal Asiatic Society,* Serie 3, Bd. 7 (1997), S. 373–387.
5. Das Missverständnis, die Kreuzzüge hätten eine Art gewaltsame Bekehrungsaktion gebracht, ist weitverbreitet. Aber zumindest zu Beginn war Bekehrung zum Christentum kein zentraler Bestandteil der Kreuzzugsidee.
6. Hagenmeyer, *Kreuzzugsbriefe,* S. 136; Fulcher von Chartres, S. 134–135; Baldric von Bourgueil, S. 15; J.A. Brundage, »Adhémar of Le Puy: The bishop and his critics«, in: *Speculum,* Bd. 34 (1959), S. 201–212; J. H. Hill und L. L. Hill, »Contemporary Accounts and the Later Reputation of Adhémar, Bishop of Le Puy«, in: *Mediaevalia et humanistica,* Bd. 9 (1955), S. 30–38; H. E. Mayer, »Zur Beurteilung Adhémars von Le Puy«, in: *Deutsches Archiv für Erforschung des Mittelalters,* Bd. 16 (1960), S. 547–552. Urban scheint in seine »Kreuzzugs«-Botschaft noch zahlreiche zusätzliche Themen hineingewoben zu haben: Dass man als »Soldat Christi« im Kampf im Namen des Papstes quasi-feudale Verpflichtungen gegenüber Gott, dem Herrn des »himmlischen Königreiches«, erfüllen könne; dass man durch die Teilnahme am Kreuzzug Christi Nachfolge und die Leiden seiner Passion auf sich nehme; dass der Jüngste Tag bevorstehe und nur die Eroberung von Jerusalem die prophezeite Apokalypse ermögliche.
7. Zu Urban als dem Vater der Kreuzzüge, zum Stellenwert des Martyriums und zur Herausbildung der Kreuzzugsidee: C. Erdmann, *The Origin of the Idea of Crusade* (Princeton, 1977); J. T. Gilchrist, »The Erdmann Thesis and Canon Law, 1083–1141«, in: *Crusade and Settlement,* hrsg. v. P.W. Edbury (Cardiff, 1985), S. 37–45; E. O.

Blake, »The Formation of the ›crusade idea‹«, in: *Journal of Ecclesiastical History*, Bd. 21 (1970), S. 11–31; H. E. J. Cowdrey, »The Genesis of the Crusades: The Springs of Western Ideas of Holy War«, in: *The Holy War*, hrsg. v. T. P. Murphy (Columbus, 1976), S. 9–32; J. Flori, *La formation de l'idée des croisades dans L'Occident Chrétien* (Paris, 2001); J. S. C. Riley-Smith, »Death on the First Crusade«, in: *The End of Strife*, hrsg. v. D. Loades (Edinburgh, 1984), S. 14–31; H. E. J. Cowdrey, »Martyrdom and the First Crusade«, in: *Crusade and Settlement*, hrsg. v. P. W. Edbury (Cardiff, 1985), S. 46–56; J. Flori, »Mort et martyre des guerriers vers 1100. L'exemple de la Première Croisade«, in: *Cahiers de civilisation médiévale*, Bd. 34 (1991), S. 121–139; C. Morris, »Martyrs of the Field of Battle before and during the First Crusade«, in: *Studies in Church History*, Bd. 30 (1993), S. 93–104; J. S. C. Riley-Smith, *What Were the Crusades?*, 3. Aufl. (Basingstoke, 2002); C. J. Tyerman, »Were there any Crusades in the Twelfth Century?«, in: *English Historical Review*, Bd. 110 (1995), S. 553–577; C. J. Tyerman, *The Invention of the Crusades* (London, 1998).

8. Guibert von Nogent, S. 121; Anna Comnena, Bd. 2, S. 207; E. O. Blake und C. Morris, »A Hermit Goes to War: Peter and the Origins of the First Crusade«, *Studies in Church History*, Bd. 22 (1985), S. 79–107; C. Morris, »Peter the Hermit and the Chroniclers«, in: *The First Crusade: Origins and Impact*, hrsg. v. J. P. Phillips (Manchester, 1997), S. 21–34; J. Flori, *Pierre l'Ermite et la Première Croisade* (Paris, 1999); Riley-Smith, *The First Crusade and the Idea of Crusading*, S. 49–57; J. S. C. Riley-Smith, »The First Crusade and the Persecution of the Jews«, in: *Studies in Church History*, Bd. 21 (1984), S. 51–72; R. Chazan, *European Jewry and the First Crusade* (Berkeley, 1987); Asbridge, *The First Crusade*, S. 78–89, 100–103.
9. Diese Schätzung bewegt sich im Rahmen der von J. France angestellten Berechnungen, *Victory in the East*, S. 122–142. Weitere Beiträge zu diesem Problem: B. Bachrach, »The Siege of Antioch: A Study in Military Demography«, in: *War in History*, Bd. 6 (1999), S. 127–146; Riley-Smith, *The First Crusaders*, S. 109; J. S. C. Riley-Smith, »Casualties and the Number of Knights on the First Crusade«, in: *Crusades*, Bd. 1 (2002), S. 13–28.
10. Die ersten Kreuzritter waren mit einer nach den damaligen Maßstäben schweren Rüstung ausgestattet: ein konischer Eisenhelm über einer Halsberge sowie ein hüftlanges Ringpanzerhemd über einem wattierten Lederwams – damit konnte ein Streifschlag abgewehrt werden, aber kein frontaler Hieb mit Schwert oder Axt. Aus diesem Grund wurde auch ein großer hölzerner, mit Metall eingefasster Schild eingesetzt. Die üblichen Waffen beim Nahkampf waren die Lanze – sie wurde angelegt oder im erhobenen Arm geschwungen – und ein mit einer Hand zu führendes zweischneidiges Schwert von ungefähr 70 cm Länge. Diese schweren, gut aufeinander abgestimmten Waffen waren als Werkzeuge im Nahkampf nützlicher als scharf schneidende Waffen. Ritter und Fußsoldaten machten üblicherweise auch

Gebrauch von Langbögen – rund 1,80 m lang, mit denen Pfeile auf eine Distanz von 250 m abgeschossen werden konnten –, und einige setzten außerdem eine rudimentäre Form der Armbrust ein.

11. Guibert von Nogent, S. 87; J. H. und L. L. Hill, *Raimund IV, Count of Toulouse* (Syrakus, 1962).
12. Wilhelm von Malmesbury, *Gesta Regum Anglorum*, Bd. 1, hrsg. und übers. v. R. A. B. Mynors, R. M. Thomson und M. Winterbottom, Bd. 1 (Oxford, 1998), S. 693; Anna Comnena, Bd. 3, S. 122–123; R. B. Yewdale, *Bohemond I, Prince of Antioch* (Princeton, 1917); R. L. Nicholson, *Tancred: A Study of His Career and Work in their Relation to the First Crusade and the Establishment of the Latin States in Syria and Palestine* (Chicago, 1940).
13. J. C. Andressohn, *The Ancestry and Life of Godfrey of Bouillon* (Bloomington, 1947); P. Gindler, *Graf Balduin I. von Edessa* (Halle, 1901); C. W. David, *Robert Curthose, Duke of Normandy* (Cambridge, Mass., 1920); W. M. Aird, *Robert Curthose, Duke of Normandy* (Woodbridge, 2008); J. A. Brundage, »An Errant Crusader: Stephan of Blois«, in: *Traditio*, Bd. 16 (1960), S. 380–395; *Gesta Francorum*, S. 7; J. A. Brundage, *Medieval Canon Law and the Crusader* (Madison, 1969), S. 17–18, 30–39, 115–121; J. A. Brundage, »The Army of the First Crusade and the Crusade Vow: Some reflections on a Recent Book«, in: *Medieval Studies*, Bd. 33 (1971), S. 334–343; Riley-Smith, *The First Crusaders*, S. 22–23, 81–82, 114; Mayer, *The Crusades*, S. 21–23; RileySmith, *The First Crusade and the Idea of Crusading*, S. 47; France, *Victory in the East*, S. 11–16; Asbridge, *The First Crusade*, S. 66–76; Housley, *Contesting the Crusades*, S. 24–47.
14. Anna Comnena, Bd. 2, S. 206–207, 233. Zur Geschichte von Byzanz: M. Angold, *The Byzantine Empire, 1025–1204: A Political History*, 2. Aufl. (London, 1997). Zu den Beziehungen zwischen den Kreuzfahrern und Byzanz: R.-J. Lilie, *Byzantium and the Crusader States, 1096–1204*, übers. v. J. C. Morris und J. E. Ridings (Oxford, 1993), S. 1–60 (dt. Orig.: Byzanz und die Kreuzfahrerstaaten: Studien zur Politik des Byzantinischen Reiches gegenüber den Staaten der Kreuzfahrer in Syrien und Palästina bis zum vierten Kreuzzug [1096–1204] [München, 1981]); J. H. Pryor, »The Oaths of the Leaders of the First Crusade to Emperor Alexius I Comnenus: fealty, homage, pistis, douleia«, in: *Parergon*, Bd. 2 (1984), S. 111–141; J. Shepard, »Cross purposes: Alexius Comnenus and the First Crusade«, *The First Crusade: Origins and Impact*, hrsg. v. J. P. Phillips (Manchester, 1997), S. 107–129; J. Harris, *Byzantium and the Crusades* (London, 2006), S. 53–71.
15. Albert von Aachen, S. 84; Anna Comnena, Bd. 2, S. 220–234; Asbridge, *The First Crusade*, S. 103–113.
16. Raimund von Aguilers, S. 42–43; *Gesta Francorum*, S. 15; Fulcher von Chartres, S. 187; Albert von Aachen, S. 118–120.

17. Von Tatikios, nicht nur Eunuch, sondern auch ein fähiger General, wurde erzählt, zu einem früheren Zeitpunkt seiner Karriere sei ihm die Nase abgeschnitten worden, und seither trage er eine Nachbildung aus Gold.
18. *Gesta Francorum*, S. 15; Hagenmeyer, *Kreuzzugsbriefe*, S. 138–140; Anna Comnena, Bd. 2, S. 230, 234.
19. Fulcher von Chartres, S. 202–203; W. G. Zajac, »Captured Property on the First Crusade«, in: *The First Crusade: Origins and Impact*, hrsg. v. J. P. Phillips (Manchester, 1997), S. 153–186.
20. *Gesta Francorum*, S. 18–21; Fulcher von Chartres, S. 192–199; France, *Victory in the East*, S. 170–185; Asbridge, *The First Crusade*, S. 133–137.
21. Albert von Aachen, S. 138–140 (Zitat gekürzt). *Gesta Francorum*, S. 23.
22. T. S. Asbridge, *The Creation of the Principality of Antioch, 1098–1130* (Woodbridge, 2000), S. 16–19; France, *Victory in the East*, S. 190–196; Albert von Aachen, S. 170.

2

Syrisches Martyrium

1. Ich selbst habe 2004 diese These vertreten: Asbridge, *The First Crusade*, S. 153–157.
2. Hagenmeyer, *Kreuzzugsbriefe*, S. 150; Raimund von Aguilers, S. 47 f.
3. *Gesta Francorum*, S. 42; Fulcher von Chartres, S. 221; Albert von Aachen, S. 208–210, 236–238; Hagenmeyer, *Kreuzzugsbriefe*, S. 150; Matthias von Edessa, S. 167–168.
4. Fulcher von Chartres, S. 224–226; Asbridge, *The First Crusade*, S. 169–196. Zur Frage der Gründe für den Aufbruch des Tatikios: Lilie, *Byzantium and the Crusader States*, S. 33–37; J. France, »The Departure of Tatikios from the Army of the First Crusade«, in: *Bulletin of the Institute of Historical Research*, Bd. 44 (1971), S. 131–147; France, *Victory in the East*, S. 243. Zur ersten Belagerung Antiochias außerdem: R. Rogers, *Latin Siege Warfare in the Twelfth Century* (Oxford, 1992), S. 25–38.
5. Hagenmeyer, *Kreuzzugsbriefe*, S. 151; Raimund von Aguilers, S. 58. Zu den Beziehungen der ersten Kreuzfahrer zu den Muslimen: M. A. Köhler, *Allianzen und Verträge zwischen fränkischen und islamischen Herrschern in Vorderen Orient* (Berlin, 1991), S. 1–72; T. Asbridge, »Knowing the Enemy: Latin Relations with Islam at the Time of the First Crusade«, *Knighthoods of Christ*, hrsg. v. N. Housley (Aldershot, 2007), S. 17–25; Albert von Aachen, S. 268.
6. Fulcher von Chartres, S. 233; Albert von Aachen, S. 282–284; *Gesta Francorum*, S. 48.
7. *Gesta Francorum*, S. 48; Peter Tudebode, S. 97; Albert von Aachen, S. 298–300 (Zitat gekürzt).

8. Raimund von Aguilers, S. 75; *Gesta Francorum*, S. 65 f.
9. T. Asbridge, »The Holy Lance of Antioch: Power, Devotion and Memory on the First Crusade«, in: *Reading Medieval Studies*, Bd. 33 (2007), S. 3–36.
10. Matthias von Edessa, S. 171; Ibn al-Athir, Bd. 1, S. 16; Albert von Aachen, S. 320.
11. Ibn al-Qalanisi, S. 46. Zur Schlacht von Antiochia: France, *Victory in the East*, S. 280–296; Asbridge, *The First Crusade*, S. 232–240.
12. Raimund von Aguilers, S. 75; C. Morris, »Policy and Vision: The Case of the Holy Lance Found at Antioch«, in: *War and Government in the Middle Ages: Essays in Honour of J. O. Prestwich*, hrsg. v. J. Gillingham und J. C. Holt (Woodbridge, 1984), S. 33–45.
13. Fulcher von Chartres, S. 266–267; Raimund von Aguilers, S. 101; T. Asbridge, »The Principality of Antioch and the Jabal as-Summaq«, *The First Crusade: Origins and Impact*, hrsg. v. J. S. Phillips (Manchester, 1997), S. 142–152. Eine andere Interpretation dieser Vorfälle bietet Hill, *Raimund IV, Count of Toulouse*, S. 85–109; J. France, »The Crisis of the First Crusade from the Defeat of Kerbogha to the Departure from Arqa«, in: *Byzantion*, Bd. 40 (1970), S. 276–308.
14. Raimund von Aguilers, S. 120–124, 128–129; Fulcher von Chartres, S. 238–241.

3
Die Heilige Stadt

1. Albert von Aachen, S. 402.
2. Fulcher von Chartres, S. 281–292. Zum mittelalterlichen Jerusalem: A. J. Boas, *Jerusalem in the Time of the Crusades* (London, 2001); J. Prawer, »The Jerusalem the Crusaders Captured: A Contribution to the Medieval Topography of the City«, in: *Crusade and Settlement*, hrsg. v. P. W. Edbury (Cardiff, 1985), S. 1–16; France, *Victory in the East*, S. 333–335, 337–343.
3. Raimund von Aguilers, S. 139–141; Albert von Aachen, S. 410–412. Zur Belagerung von Jerusalem: France, *Victory in the East*, S. 332–355; Rogers, *Latin Siege Warfare*, S. 47–63; Asbridge, *The First Crusade*, S. 298–316.
4. Raimund von Aguilers, S. 141–142; Albert von Aachen, S. 422.
5. Raimund von Aguilers, S. 146–148; Albert von Aachen, S. 416.
6. Raimund von Aguilers, S. 148–149; Fulcher von Chartres, S. 296–299.
7. Raimund von Aguilers, S. 150; *Gesta Francorum*, S. 91; Robert der Mönch, S. 868.
8. Ibn al-Athir, S. 21–22; Fulcher von Chartres, S. 304–305; B. Z. Kedar, »The Jerusalem Massacre of 1099 in the Western Historiography of the Crusades«, *Crusades*, Bd. 3 (2004), S. 15–75.
9. Nach wie vor sind sich Historikerinnen und Historiker nicht über die genaue Bedeutung von Gottfrieds Titel einig. Möglicherweise benutzte er auch die Bezeichnung »Fürst«, doch ist es ziemlich sicher, dass er sich nicht als »König von

Jerusalem« darstellte. Dazu: J. S. C. Riley-Smith, »The Title of Godfrey of Bouillon«, in: *Bulletin of the Institute of Historical Research*, Bd. 52 (1979), S. 83–86; J. France, »The Election and Title of Godfrey de Bouillon«, in: *Canadian Journal of History*, Bd. 18 (1983), S. 321–329; A. V. Murray, *The Crusades Kingdom of Jerusalem: A Dynastic History, 1099–1125* (Oxford, 2000), S. 63–77.

10. Peter Tudebode, S. 146–147; France, *Victory in the East*, S. 360–365; Asbridge, *The First Crusade*, S. 323–327.
11. Zum Kreuzzug von 1101: Riley-Smith, *The First Crusade and the Idea of Crusading*, S. 120–134; J. L. Cate, »The Crusade of 1101 «, in: *A History of the Crusades*, hrsg. v. K. M. Setton, Bd. 1, 2. Aufl. (Madison, 1969), S. 343–367; A. Mullinder, *The Crusading Expeditions of 1101–2* (unveröffentlichte Doktorarbeit, University of Wales, Swansea, 1996).
12. Zur Diskussion um die Bedeutung der *Gesta Francorum* als Quelle für den ersten Kreuzzug und zur Identität des Autors: A. C. Krey, »A Neglected Passage in the Gesta and its Bearing on the Literature of the First Crusade«, in: *The Crusades and Other Historical Essays, Presented to Dana C. Munro by his Former Students*, hrsg. v. L. J. Paetow (New York, 1928), S. 57–78; K. B. Wolf, »Crusade and Narrative: Bohemond and the *Gesta Francorum*«, in: *Journal of Medieval History*, Bd. 17 (1991), S. 207–216; C. Morris, »The *Gesta Francorum* as Narrative History«, in: *Reading Medieval Studies*, Bd. 19 (1993), S. 55–71; J. France, »The Anonymous *Gesta Francorum* and the *Historia Francorum qui ceperunt Iherusalem* of Raymond of Aguilers and the *Historia de Hierosolymitano Itinere* of Peter Tudebode«, in: *The Crusades and Their Sources: Essays Presented to Bernard Hamilton*, hrsg. v. J. France und W. G. Zajac (Aldershot, 1998), S. 39–69; J. France, «The Use of the Anonymous *Gesta Francorum* in the Early Twelfth-Century Sources for the First Crusade«, in: *From Clermont to Jerusalem: The Crusades and Crusader Societies, 1095–1500*, hrsg. v. A. V. Murray (Turnhout, 1998), S. 29–42; J. Rubenstein, »What is the *Gesta Francorum* and who was *Peter Tudebode?*«, in: *Revue Mabillon*, Bd. 16 (2005), S. 179–204.
13. Kedar, *The Jerusalem Massacre of 1099*, S. 16–30; *La Chanson d'Antioche*, hrsg. v. S. Duparc-Quioc, 2 Bde. (Paris, 1982); *The Canso d'Antioca: An Occitan Epic Chronicle of the First Crusade*, übers. v. C. Sweetenham und L. Paterson (Aldershot, 2003). Einen Überblick über die Darstellung von Robert dem Mönch bietet: C. Sweetenham, *Robert the Monk's History of the First Crusade* (Aldershot, 2005), S. 1–71. Über die Funktion der Erinnerung: Asbridge, »The Holy Lance of Antioch«, S. 20–26; S. B. Edgington, »Holy Land, Holy Lance: Religious Ideas in the Chanson d'Antioche«, in: *The Holy Land, Holy Lands and Christian History, Studies in Church History*, hrsg. v. R. N. Swanson, Bd. 36 (Woodbridge, 2000), S. 142–153; S. B. Edgington, »Romance and Reality in the Sources for the Sieges of

Antioch, 1097–1098«, in: *Porphyrogenita*, hrsg. v. C. Dendrinos, J. Harris, E. Harvalia-Crook und J. Herrin (Aldershot, 2003), S. 33–46; Y. Katzir, »The Conquests of Jerusalem, 1099 and 1187: Historical Memory and Religious Typology«, in: *The Meeting of Two Worlds: Cultural Exchange between East and West in the Period of the Crusades*, hrsg. v. V. P. Goss (Kalamazoo, 1986), S. 103–113; J. M. Powell, »Myth, Legend, Propaganda, History: The First Crusade, 1140–c.1300«, in: *Autour de la Première Croisade*, hrsg. v. M. Balard (Paris, 1996), S. 127–141.

14. Ibn al-Qalanisi, S. 44, 48; Ibn al-Athir, S. 21–22; al-Azimi, S. 372–373; C. Hillenbrand, »The First Crusade: The Muslim perspective«, in: *The First Crusade: Origins and Impact*, hrsg. v. J. P. Phillips (Manchester, 1997), S. 130–141; Hillenbrand, *The Crusades: Islamic Perspectives*, S. 50–68.
15. Hillenbrand, *The Crusades: Islamic Perspectives*, S. 68–74; J. Drory, »Early Muslim Reflections on the Crusaders«, in: *Jerusalem Studies in Arabic and Islam*, Bd. 25 (2001), S. 92–101; D. Ephrat und M. D. Kahba, »Muslim Reaction to the Frankish Presence in Bilad al-Sham: Intensifying Religious Fidelity within the Masses«, in: *Al-Masaq*, Bd. 15 (2003), S. 47–58; W. J. Hamblin, »To Wage *jihad* or not: Fatimid Egypt during the Early Crusades«, in: *The Jihad and its Times*, hrsg. v. H. Dajani-Shakeel und R. A. Mossier (Ann Arbor, 1991), S. 31–40. Besonders bemerkenswert war Al-Sulami, weil er präzise angab, dass die Franken einen »heiligen Krieg« führten, in dem es letztlich um Jerusalem ging. Außerdem identifizierte er den Kreuzzug als Teil einer umfassenderen Offensive gegen den Islam, zu dem auch Konflikte auf der Iberischen Halbinsel und in Sizilien gehörten. E. Sivan, »La genèse de la contre-croisade: un traité Damasquin du début du XIIe siècle«, in: *Journal Asiatique*, Bd. 254 (1966), S. 197–224; N. Christie, »Jerusalem in the *Kitab al-Jihad* of Ali Ibn Tahir al-Sulami«, in: *Medieval Encounters*, Bd. 13.2 (2007), S. 209–221; N. Christie und D. Gerish, »Parallel Preaching: Urban II and al-Sulami«, in: *Al-Masaq*, Bd. 15 (2003), S. 139–148.

4
Die Entstehung der Kreuzfahrerstaaten

1. Der Begriff »Kreuzfahrerstaaten« ist eigentlich irreführend, weil er den Eindruck vermittelt, dass diese Gründungen ausschließlich von Kreuzfahrern besiedelt gewesen seien, dass also ihre Geschichte als Beispiel für anhaltende Kreuzzugsaktivitäten zu deuten sei. Die große Mehrheit der Überlebenden des ersten Kreuzzugs kehrte jedoch im Jahr 1099 in den Westen zurück und ließ Outremer in einem Zustand chronischer personeller Unterbesetzung zurück; man blieb angewiesen auf den Zustrom neuer Siedlerinnen und Siedler, von denen die meisten nicht im strengen Sinn das Kreuz genommen hatten. Das Thema des fortgesetzten Einflusses der Kreuzzugsideologie auf die Geschichte des lateinischen Ostens ist da-

gegen eine kompliziertere Frage. J. S. C. Riley-Smith, »Peace never Established: the Case of the Kingdom of Jerusalem«, in: *Transactions of the Royal Historical Society*, 5. Serie, Bd. 28 (1978), S. 87–102.

2. Für einen Überblick über die Geschichte der Kreuzfahrerstaaten in der ersten Hälfte des 12. Jahrhunderts: Mayer, *Geschichte der Kreuzzüge*, S. 81–119; Richard, *The Crusades*, S. 77–169; Jotischky, *Crusading and the Crusader States*, S. 62–102. Eine detaillierte und gut zu lesende, doch nicht immer ganz zuverlässige Darstellung dieser Periode bei S. Runciman, »Das Königreich Jerusalem und der fränkische Osten, 1100–1187«, in: *Geschichte der Kreuzzüge*, Bd. 2 (München, 1958). Detailliertere ortsbezogene Untersuchungen bei J. Prawer, *Histoire du Royaume Latin de Jérusalem*, 2. Aufl., 2 Bde. (Paris, 1975); J. Richard, *Histoire du royaume latin de Jérusalem*, 2 Bde. (Paris, 1970–1975); A. Murray, *The Crusader Kingdom of Jerusalem: A Dynastic History, 1099–1125* (Oxford, 2000); C. Cahen, *La Syrie du Nord à l'époque des Croisades et la principauté Franque d'Antioche* (Paris, 1940); T. Asbridge, *The Creation of the Principality of Antioch* (Woodbridge, 2000); J. Richard, *Le comté de Tripoli sous la dynastie toulousaine (1102–1187)* (Paris, 1945); M. Amouroux-Mourad, *Le comté d'Édesse, 1098–1150* (Paris, 1988); C. MacEvitt, *The Crusades and the Christian World of the East* (Philadelphia, 2008). Die wichtigsten Chroniken und narrativen Primärquellen für die frühe Geschichte Outremers sind Fulcher von Chartres, *Historia Hierosolymitana (1095–1127)*, hrsg. v. H. Hagenmeyer (Heidelberg, 1913); Albert von Aachen, *Historia Hierosolimitana*, hrsg. und [ins Engl.] übers. v. S. B. Edgington (Oxford, 2007); Walter der Kanzler [Gualterus Cancellarius], *Bella Antiochena*, hrsg. v. H. Hagenmeyer (Innsbruck, 1896); Orderic Vitalis, *The Ecclesiastical History of Orderic Vitalis*, hrsg. und [ins Engl.] übers. v. M. Chibnall, Bde. 5 und 6 (Oxford, 1975); Wilhelm von Tyrus, *Chronicon*, hrsg. v. R. B. C. Huygens, *Corpus Christianorum, Continuatio Mediaevalis*, 63–63A, 2 Bde. (Turnhout, 1986); Ibn al-Qalanisi, *The Damascus Chronicle of the Crusades, Extracted and Translated from the Chronicle of Ibn al-Qalanisi*, [ins Engl.] übers. v. H. A. R. Gibb (London, 1932); Ibn al-Athir, *The Chronicle of Ibn al-Athir. Part 1*, [ins Engl.] übers. v. D. S. Richards (Aldershot, 2006); Kemal ad-Din, *La Chronique d'Alep*, *RHC Or.* III, S. 577–732; Anna Comnena, *Alexiade*, hrsg. und übers. v. B. Leib, Bd. 3 (Paris, 1976) (dt. Übers.: Anna Komnene, *Alexias*, übers. v. D. R. Reinsch [Köln, 1996]); John Kinnamos, *The Deeds of John and Manuel Comnenus*, [ins Engl.] übers. v. C. M. Brand (New York, 1976); Matthew of Edessa [Matthias von Edessa], *Armenia and the Crusades, Tenth to Twelfth Centuries: The Chronicle of Matthew of Edessa*, [ins Engl.] übers. v. A. E. Dostourian (Lanham, 1993); Michael the Syrian [Michael der Syrer], *Chronique de Michel le Syrien, patriarche jacobite d'Antioche (1166–1199)*, hrsg. und übers. v. J. B. Chabot, 4 Bde. (Paris, 1899–1910); Anonymous Syriac Chronicle, »The First and Second

Crusades from an Anonymous Syriac Chronicle«, hrsg. und [ins Engl.] übers. v. A. S. Tritton und H. A. R. Gibb, in: *Journal of the Royal Asiatic Society*, Bd. 92 (1933), S. 69–102, 273–306.

3. Albert von Aachen, S. 514; Murray, *The Crusader Kingdom of Jerusalem*, S. 81–93; B. Hamilton, *The Latin Church in the Crusader States. The Secular Church* (1980), S. 52–55.
4. Wilhelm von Tyrus, S. 454; Fulcher von Chartres, S. 353.
5. Über die Gründung der lateinischen Kirche in Palästina und die Beziehungen zwischen dem Patriarchen und dem König von Jerusalem: Hamilton, *The Latin Church in the Crusader States*, S. 52–85; K.-P. Kirstein, *Die lateinischen Patriarchen von Jerusalem* (Berlin, 2002). Zum Wahren Kreuz von Jerusalem: A. V. Murray, »›Mighty against the Enemies of Christ‹: The Relic of the True Cross in the Armies of the Kingdom of Jerusalem«, in: *The Crusades and Their Sources: Essays Presented to Bernard Hamilton*, hrsg. v. J. France und W. G. Zajac (Aldershot, 1998), S. 217–237.
6. Fulcher von Chartres, S. 387–388, 460–461; J. Wilkinson (Übers.), *Jerusalem Pilgrimage, 1099–1185* (London, 1988), S. 100–101; Albert von Aachen, S. 664. Der nordfranzösische Kleriker Fulcher von Chartres trat den ersten Kreuzzug im Gefolge des Grafen Stephan von Blois-Chartres an, wechselte aber später zum Trupp Balduins von Boulogne über und wurde dessen Kaplan. Fulcher begleitete Balduin nach Edessa und zog im Jahr 1100 mit ihm nach Jerusalem, wo er die folgenden drei Jahrzehnte verbrachte. In den ersten Jahren des 12. Jahrhunderts verfasste Fulcher eine Geschichte des ersten Kreuzzugs (die teilweise auf den *Gesta Francorum* beruhte). Später erweiterte er seinen Bericht, um auch die Ereignisse in Outremer zwischen 1100 und 1127 einzubeziehen. Mit dem Jahr 1127 bricht die Chronik plötzlich ab. Die *Historia* Fulchers stellt das Werk eines gut informierten Augenzeugen dar und ist daher eine unschätzbare Quelle: V. Epp, *Fulcher von Chartres: Studien zur Geschichtsschreibung des ersten Kreuzzuges* (Düsseldorf, 1990).
7. Fulcher von Chartres, S. 397, 403. Zu den Beziehungen zwischen Outremer und den italienischen Kaufmannsgemeinschaften: M. L. Favreau-Lilie, *Die Italiener im Heiligen Land vom ersten Kreuzzug bis zum Tode Heinrichs von Champagne (1098–1197)* (Amsterdam, 1989).
8. Im Jahr 1103 wurde das muslimische Akkon aus einer früheren fränkischen Eroberung durch die rechtzeitige Ankunft einer ägyptischen Flotte gerettet. Möglicherweise plünderten die Genuesen im Jahr 1104 nach Akkons Fall die Stadt.
9. Dieser Zwischenfall wird sowohl in lateinischen wie auch in muslimischen Quellen erwähnt: Albert von Aachen, S. 808–810; Ibn al-Qalanisi, S. 108–110.
10. Zu den Beziehungen zwischen dem König von Jerusalem und der fränkischen Aristokratie: Murray, *The Crusader Kingdom of Jerusalem*, S. 97–114; S. Tibble,

Monarchy and Lordships in the Latin Kingdom of Jerusalem, 1099–1291 (Oxford, 1989).

11. Fulcher von Chartres, S. 407–424; Albert von Aachen, S. 580–582. Zur ersten Schlacht von Ramla und den beiden anschließenden Feldzügen in den Jahren 1102 und 1105: R.C. Smail, *Crusading Warfare, 1097–1193* (Cambridge, 1956), S. 175–177; M. Brett, »The Battles of Ramla (1099–1105)«, in: *Egypt and Syria in the Fatimid, Ayyubid and Mamluk Eras*, hrsg. v. U. Vermeulen und D. De Smet (Leuven, 1995), S. 17–39. Zur fatimidischen Kriegsführung: B.J. Beshir, »Fatimid Military Organization«, in: *Der Islam*, Bd. 55 (1978), S. 37–56; W.J. Hamblin, »The Fatimid Navy during the Early Crusades: 1099–1124«, in: *American Neptune*, Bd. 46 (1986), S. 77–83.
12. Wilhelm von Malmesbury, S. 467; Fulcher von Chartres, S. 446; Albert von Aachen, S. 644.
13. Atabegs versahen normalerweise das Leibwächteramt für die Fürsten, wirkten aber häufig auch als regionale Befehlshaber oder Kriegsherren.
14. Ein muslimischer Pilger von der Iberischen Halbinsel, Ibn Dschubair, reiste 70 Jahre danach durch die Terre de Sueth und bezeugte, dass die lateinisch-muslimische Agrarkooperative in dieser fruchtbaren Region nach wie vor Bestand hatte, offensichtlich unbeeinträchtigt von dem Krieg, der sich zwischen Saladin und dem Königreich Jerusalem zusammenbraute. Ibn Dschubair beschrieb, dass »die agrarische Nutzung dieses Tales zwischen den Franken und den Muslimen aufgeteilt ist […]. Sie teilen die Ernten gerecht unter sich auf, und ihre Tiere weiden zusammen, und es gibt keine Streitigkeiten zwischen ihnen.« Ibn Dschubair, *The Travels of Ibn Jubayr*, übers. v. R.J. C. Broadhurst (London, 1952), S. 315.
15. Matthias von Edessa, S. 192. Zur Geschichte des frühen fränkischen Antiochia: Asbridge, *The Creation of the Principality of Antioch*, S. 47–58.
16. Ibn al-Qalanisi, S. 61; Ralph von Caen, S. 712; Smail, *Crusading Warfare*, S. 177–178, Nr. 6.
17. Radulf von Caen, S. 713–714. Radulf war ein normannischer Priester, der sich Bohemunds Kreuzzug der Jahre 1107–1108 anschloss und sich danach im Fürstentum Antiochia niederließ. Er schrieb eine Geschichte des ersten Kreuzzugs und der Kreuzfahrerstaaten bis zum Jahr 1106. Sein Bericht konzentriert sich auf den Werdegang von Bohemund und Tankred. Eine Einführung in Radulfs Werk bieten B.S. Bachrach und D.S. Bachrach (Übers.), *The Gesta Tancredi of Ralph of Caen* (Aldershot, 2005), S. 1–17.
18. Albert von Aachen, S. 702; Radulf von Caen, S. 714–715; Asbridge, *The Creation of the Principality of Antioch*, S. 57–65.
19. Anna Comnena, Bd. 3, S. 51. Bis heute ist die Standardarbeit zu Bohemunds

Feldzug J. G. Rowe, »Paschal II, Bohemund of Antioch and the Byzantine Empire«, in: *Bulletin of the John Rylands Library*, Bd. 49 (1966), S. 165–202. Rowes Argumente bedürfen einer aktualisierenden Überprüfung. Dazu auch: Yewdale, *Bohemond I*, S. 106–131.

20. Möglicherweise kämpfte Tankred im Jahr 1109 zusammen mit Ridwan von Aleppoin einer zweiten Auseinandersetzung gegen Chavli von Mosul und Balduin von Edessa. Ibn al-Athir, Bd. 1, S. 141; Asbridge, *The Creation of the Principality of Antioch*, S. 112–114.
21. Albert von Aachen, S. 782, 786, 794–796; Asbridge, *The Creation of the Principality of Antioch*, S. 114–121. Zur frühen Geschichte der lateinischen Kirche in Nordsyrien und zum theologischen Streit zwischen Antiochia und Jerusalem: Hamilton, *The Latin Church in the Crusader States*, S. 18–51; J. G. Rowe, »The Papacy and the Ecclesiastical Province of Tyre, 1110–1187«, in: *Bulletin of John Rylands Library*, Bd. 43 (1962), S. 160–189; Asbridge, *The Creation of the Principality of Antioch*, S. 195–213.
22. Zeitgenossen waren sich des Hindernisses bewusst, das die Belus-Berge darstellten: Ein lateinischer Augenzeuge, Walter der Kanzler (S. 79), erwähnt den Schutz, den die »Berge [und] Felsen« Antiochia gewähren; moderne Historikerinnen und Historiker haben jedoch zum großen Teil die Bedeutung der Belus-Berge ignoriert. Da sie nicht sehr hoch sind, sind sie auf Landkarten der Gegend nur selten verzeichnet. Ich bin über den Bergzug (tatsächlich) gestolpert, als ich diese schöne, karge Landschaft zu Fuß durchquerte, eine Erfahrung, die mich bewog, den Einfluss dieser topografischen Gegebenheiten auf die Geschichte Antiochias neu zu bewerten. P. Deschamps, »La défense du comté de Tripoli et de la principauté d'Antioche«, in: *Les Châteaux des Croisés en Terre Sainte*, Bd. 3 (Paris, 1973), S. 59–60; Asbridge, *The Creation of the Principality of Antioch*, S. 50; T. Asbridge, »The Significance and Causes of the Battle of the Field of Blood«, in: *Journal of Medieval History*, Bd. 23.4 (1997), S. 301–316.
23. Matthias von Edessa, S. 212; T. Asbridge, »The ›Crusader‹ Community at Antioch: The Impact of Interaction with Byzantium and Islam«, in: *Transactions of the Royal Historical Society*, 6. Ser., Bd. 9 (1999), S. 305–325; Asbridge, *The Creation of the Principality of Antioch*, S. 65–67, 134–139.
24. Fulcher von Chartres, S. 426; Runciman, *Geschichte der Kreuzzüge*, S. 433–434; Smail, *Crusading Warfare*, S. 125; Richard, *The Crusades*, S. 135; Ibn al-Qalanisi, S. 137.
25. Zu den Assassinen: M. G. S. Hodgson, *The Secret Order of the Assassins* (Den Haag, 1955); B. Lewis, *The Assassins* (London, 1967); B. Lewis, »The Isma'ilites and the Assassins«, in: *A History of the Crusades*, hrsg. v. K. M. Setton, Bd. 1, 2. Aufl. (Madison, 1969), S. 99–132; F. Daftary, *The Isma'ilis: Their History and Doctrines* (Cambridge, 1990).

26. Smail, *Crusading Warfare,* S. 143–148, 178–179; Asbridge, *The Creation of the Principality of Antioch,* S. 70–73.
27. Albert von Aachen, S. 866–868. Während seiner Krankheit zu Beginn des Jahres 1117 konnte Balduin die fränkische Aristokratie Palästinas nur eingeschränkt regieren. Da er keinen Erben hinterließ, wurde er von den Adligen unter Druck gesetzt, seine dritte Frau Adelheid, die verwitwete Mutter Rogers, des jungen Grafen von Sizilien, wegen Bigamie zu verstoßen, um zu vermeiden, dass ein Herrscher aus Sizilien den Thron von Jerusalem erbte. Murray, *The Crusader Kingdom of Jerusalem,* S. 115–117.

5
Outremer

1. Kemal al-Din, S. 617; C. Hillenbrand, »The Career of Najm al-Din Il-Ghazi«, in: *Der Islam*, Bd. 58 (1981), S. 250–292. König Balduin II. kam im Jahr 1118 in Jerusalem erst nach einem Nachfolgestreit an die Macht, der Gegenkandidat war der Bruder von Balduin I., Eustach von Boulogne. H. E. Mayer, »The Succession of Baldwin II of Jerusalem: English Impact on the East«, in: *Dumbarton Oaks Papers,* Bd. 39 (1985), S. 139–147; A. Murray, »Dynastic Continuity or Dynastic Change? The Accession of Baldwin II and the Nobility of the Kingdom of Jerusalem«, in: *Medieval Prosopography*, Bd. 13 (1992), S. 1–27; A. Murray, »Baldwin II and his Nobles: Baronial Faction and Dissent in the Kingdom of Jerusalem, 1118–1134«, in: *Nottingham Medieval Studies*, Bd. 38 (1994), S. 60–85.
2. Walter der Kanzler, S. 88, 108; Ibn al-Qalanisi, S. 160–161; Smail, *Crusading Warfare*, S. 179–181.
3. Walter der Kanzler, S. 78; Asbridge, »The Significance and Causes of the Battle of the Field of Blood«, S. 301–316. Möglicherweise waren die Vorwürfe sexueller Ausschweifungen nicht ganz unbegründet – sogar sein Gefolgsmann Walter der Kanzler gibt Hinweise in diese Richtung –, doch andererseits scheint Roger unangefochten als legitimer Fürst regiert zu haben. Die Vorstellung, er habe sich unberechtigterweise über die Ansprüche Bohemunds II. hinweggesetzt, entstand wohl erst postum, einerseits als Grund für die Bestrafung des Bösewichts und andererseits, um die Position des jungen designierten Fürsten zu bestärken. Es wirkte sich auf Rogers Nachruhm fatal aus, dass diese Verleumdungen für bare Münze genommen wurden und er seitdem als vom Unglück verfolgter, habgieriger Regent gilt. Zur Einschätzung von Rogers politischer und moralischer Disposition: Asbridge, *The Creation of the Principality of Antioch*, S. 139–143; T. Asbridge und S. E. Edgington (Übers.), *Walter the Chancellor's The Antiochene Wars* (Aldershot, 1999), S. 12–26.
4. Murray, *The Crusader Kingdom of Jerusalem*, S. 135–146; H. E. Mayer, »Jérusalem

et Antioche au temps de Baudoin II«, in: *Comptes-rendus de l'Académie des Inscriptions et Belles-Lettres, Nov.–Déc. 1980* (Paris, 1980); T. Asbridge, »Alice of Antioch: a Case Study of Female Power in the Twelfth Century«, in: *The Experience of Crusading 2: Defining the Crusader Kingdom*, hrsg. v. P.W. Edbury und J. P. Phillips (Cambridge, 2003), S. 29–47.

5. *»Liber ad milites Templi de laude novae militiae«, Sancti Bernardi Opera*, Bd. 3, hrsg. v. J. Leclercq und H. M. Rochais (Rom, 1963), S. 205–239. Eine englische Sammlung von Primärquellen zu den Templern bieten M. Barber und K. Bate (Übers.), *The Templars: Selected Sources Translated and Annotated* (Manchester, 2002). Zur Geschichte der Templer und Johanniter: M. Barber, *The New Knighthood. A History of the Order of the Templars* (Cambridge, 1994); H. Nicholson, *The Knights Templar* (London, 2001); J. S. C. Riley-Smith, *The Knights of St John in Jerusalem and Cyprus, 1050–1310* (London, 1967); H. Nicholson, *The Knights Hospitaller* (Woodbridge, 2001); A. Forey, *The Military Orders. From the Twelfth to the Early Fourteenth Centuries* (London, 1992). Zu den Burgen in den Kreuzfahrerstaaten während des 12. Jahrhunderts: Smail, *Crusading Warfare*, S. 204–250; H. Kennedy, *Crusader Castles* (Cambridge, 1994); R. Ellenblum, »Three Generations of Frankish Castle-building in the Latin Kingdom of Jerusalem«, in: *Autour de la Première Croisade*, hrsg. v. M. Balard (Paris, 1996), S. 517–551.
6. Ungefähr zur gleichen Zeit begann die aufstrebende armenisch-christliche Dynastie der Rubeniden, von ihrem Stammsitz im östlichen Taurus-Gebirge aus zu expandieren. Sie gehörte später zu den Großmächten in der Levante, doch trotz relativ freundlicher Beziehungen zu Edessa brachte sie das Bestreben, in Kilikien ein Königreich zu begründen, in Konflikt mit Antiochia.
7. Lilie, *Byzantium and the Crusader States*, S. 109–141; Harris, *Byzantium and the Crusades*, S. 74–92.
8. Die Venezianer erhielten als Gegenleistung für ihre Unterstützung erstaunlich viele Zugeständnisse vom Königreich Jerusalem, darunter ein Drittel der Stadt und Herrschaft über Tyros, dazu eine jährliche Zahlung von 300 Gold-Bezant aus den königlichen Einkünften von Akkon; Erlass sämtlicher Steuern, ausgenommen solcher, die für die Begleitung der Pilgerinnen und Pilger ins Heilige Land eingezogen wurden; das Recht, beim Handel venezianische Maße und Gewichte zugrunde zu legen; und ein ausgewiesenes Viertel in jeder Stadt des Königreichs (bestehend aus einer Straße und einem Platz, dazu einer Kirche, einer Bäckerei und einem Badehaus), zu zeitlich unbegrenztem Besitz. Balduin II. konnte später einige Modifikationen an der Vereinbarung vornehmen – vor allem, dass die Ländereien im Herrschaftsbereich Tyros den Venezianern zu Lehen gegeben wurden, für die der Krone im Gegenzug Militärdienst zu leisten war –, trotzdem wurde

und blieb Venedig durch diesen Vertrag die bedeutendste Handelsmacht in der fränkischen Levante.

9. Wilhelm von Tyrus, S. 656; H. E. Mayer, »The Concordat of Nablus«, in: *Journal of Ecclesiastical History*, Bd. 33 (1982), S. 531–543. Zu den Beziehungen zwischen Outremer und Westeuropa in dieser Zeit: J. S. Phillips, *Defenders of the Holy Land. Relations between the Latin West and East, 1119–87* (Oxford, 1996). Zum Verlauf und zu den Folgen des Streites zwischen König Fulko und Königin Melisende: H. E. Mayer, »Studies in the History of Queen Melisende of Jerusalem«, in: *Dumbarton Oaks Papers*, Bd. 26 (1972), S. 93–183; H. E. Mayer, »Angevins versus Normans: The New Men of King Fulk of Jerusalem«, in: *Proceedings of the American Philosophical Society*, Bd. 133 (1989), S. 1–25; H. E. Mayer, »The Wheel of Fortune: Seignorial Vicissitudes under Kings Fulk and Baldwin III of Jerusalem«, in: *Speculum*, Bd. 65 (1990), S. 860–877; B. Hamilton, »Women in the Crusader States. The Queens of Jerusalem (1100–1190)«, in: *Medieval Women*, hrsg. v. D. Baker (Studies in Church History, Subsidia, 1) (1978), S. 143–174; J. S. C. Riley-Smith, »King Fulk of Jerusalem and ›the Sultan of Babylon‹«, in: *Montjoie: Studies in Crusade History in Honour of Hans Eberhard Mayer*, hrsg. v. B. Z. Kedar, J. S. C. Riley-Smith und R. Hiestand (Aldershot, 1997), S. 55–66.

10. Melisende Psalter, Egerton 1139, MS London, British Library; J. Folda, *The Art of the Crusaders in the Holy Land, 1098–1187* (Cambridge, 1995), S. 137–163; L.-A. Hunt, »Melisende Psalter«, in: *The Crusades: An Encyclopaedia*, hrsg. v. A. Murray, Bd. 3 (Santa Barbara, 2006), S. 815–817. Zur Kreuzfahrerkunst insgesamt: J. Folda, *Crusader Art in the Twelfth Century* (Oxford, 1982); J. Folda, *The Nazareth Capitals and the Crusader Shrine of the Annunciation* (University Park, PA, 1986); J. Folda, *The Art of the Crusaders in the Holy Land, 1098–1187* (Cambridge, 1995); J. Folda, »Die Kunst im lateinischen Orient, 1098 bis 1291«, in: *Illustrierte Geschichte der Kreuzzüge*, hrsg. v. J. S. C. Riley-Smith (Frankfurt/New York 1999), S. 167–187; J. Folda, »Crusader Art. A multicultural Phenomenon: Historiographical Reflections«, in: *Autour de la Première Croisade*, hrsg. v. M. Balard (Paris, 1996), S. 609–615; J. Folda, *Crusader Art in the Holy Land, 1187–1291* (Cambridge, 2005); J. Folda, *Crusader Art: The Art of the Crusaders in the Holy Land, 1099–1291* (Aldershot, 2008); H. W. Hazard (Hrsg.), *Art and Architecture of the Crusader States* (*History of the Crusades*, Bd. 4) (Madison, Wis., 1977); L.-A. Hunt, »Art and Colonialism: The Mosaics of the Church of the Nativity at Bethlehem and the Problem of Crusader Art«, in: *Dumbarton Oaks Papers*, Bd. 45 (1991), S. 65–89; N. Kenaan-Kedar, »Local Christian Art in Twelfth-century Jerusalem«, in: *Israel Exploration Journal*, Bd. 23 (1973), S. 167–175, 221–229; B. Kühnel, *Crusader Art of the Twelfth Century* (Berlin, 1994); G. Kühnel, *Wall Painting in the Latin Kingdom of Jerusalem* (Berlin, 1988).

11. Im 19. und frühen 20. Jahrhundert pflegte man die Kreuzfahrerstaaten in durchaus positiver Sicht als eine Vorform des Kolonialismus zu interpretieren. Vor allem unter französischen Wissenschaftlerinnen und Wissenschaftlern wie etwa Emmanuel Rey wurden die Kräfte der Integration, der Anpassung und Assimilierung betont, und Outremer erhielt die Konturen einer ruhmreichen franko-syrischen Nation. Die genau entgegengesetzte Sicht formulierte um die Mitte des 20. Jahrhunderts unter anderem der israelische Gelehrte Joshua Prawer: Hier erschienen die Kreuzfahrerstaaten als unterdrückerische, intolerante koloniale Herrschaftsgebilde, in denen lateinische Eroberer die Levante zu ihrem eigenen materiellen Vorteil und dem ihrer westeuropäischen Heimat ausbeuteten, wobei sie ihre fränkische Identität stur beibehielten, indem sie ganz ähnlich wie später die Apartheidsbewegung streng auf Rassentrennung achteten. E. G. Rey, *Les Colonies Franques de Syrie aux XIIe et XIIIe siècles* (Paris, 1883); J. Prawer, »Colonisation Activities in the Latin Kingdom of Jerusalem«, in: *Revue Belge de Philologie et d'Histoire*, Bd. 29 (1951), S. 1063–1118; J. Prawer, *The Latin Kingdom of Jerusalem: European Colonialism in the Middle Ages* (London, 1972); J. Prawer, »The Roots of Medieval Colonialism«, in: *The Meeting of Two Worlds: Cultural Exchange between East and West during the Period of the Crusades*, hrsg. v. V. P. Goss (Kalamazoo, 1986), S. 23–38. Die Ergebnisse eines wegweisenden Symposiums zu diesem Thema im Jahr 1987 sind versammelt in »The Crusading Kingdom of Jerusalem – The First European Colonial Society?«, in: *The Horns of Hattin*, hrsg. v. B. Z. Kedar (Jerusalem, 1992), S. 341–366. Aktuellere Überblicke finden sich bei Jotischky, *Crusading and the Crusader States*, S. 123–154; Ellenblum, *Crusader Castles and Modern Histories, S. 3*–31.
12. Fulcher von Chartres, S. 748. In besonderen Ausnahmefällen konnten muslimische Adlige sogar Land innerhalb eines Kreuzfahrerstaats besitzen. Einer von ihnen, Abd al-Rahim, gewann nach dem Jahr 1111 die Freundschaft Alans, des Herrn von al-Atharib; ihm wurde eine in der Nähe gelegene Ortschaft übereignet, und er war als Verwalter des Fürstentums an Antiochias Ostgrenze tätig. R. Ellenblum, *Frankish Rural Settlement in the Latin Kingdom of Jerusalem* (Cambridge, 1998); H. E. Mayer, »Latins, Muslims and Greeks in the Latin Kingdom of Jerusalem«, in: *History*, Bd. 63 (1978), S. 175–192; B. Z. Kedar, »The Subjected Muslims of the Frankish Levant«, in: *Muslims under Latin Rule*, hrsg. v. J. M. Powell (Princeton, 1990), S. 135–174; Asbridge, »The ›Crusader‹ Community at Antioch«, S. 313–316; J. S. C. Riley-Smith, »The Survival in Latin Palestine of Muslim Administration«, in: *The Eastern Mediterranean Lands in the Period of the Crusades*, hrsg. v. S. Holt (Warminster, 1977), S. 9–22.
13. Eine deutsche Übertragung erschien unter dem Titel »Ein Leben im Kampf gegen Kreuzritterheere« (AdÜ).

14. Usama Ibn Munqidh, *The Book of Contemplation*, [ins Engl.] übers. v. S. M. Cobb (London, 2008), S. 144, 147, 153 (Dt.: Usâma Ibn Munqidh, *Ein Leben im Kampf gegen Kreuzritterheere*, aus dem Arabischen übertragen und bearbeitet von Gernot Rotter [Lenningen, 2004], S. 156–158). Zu Leben und Werk Usamas: R. Irwin, »Usamah Ibn-Munqidh, an Arab-Syrian Gentleman at the Time of the Crusades«, in: *The Crusades and Their Sources: Essays Presented to Bernard Hamilton*, hrsg. v. J. France und W. G. Zajac (1998), S. 71–87; S. M. Cobb, *Usama Ibn Munqidh: Warrior-Poet of the Age of the Crusades* (Oxford, 2005); S. M. Cobb, »Usama Ibn Munqidh's Book of the Staff: Autobiographical and Historical Excerpts«, in: *Al-Masaq*, Bd. 17 (2005), S. 109–123; S. M. Cobb, »Usama Ibn Munqidh's Kernels of Refinement (Lubab al-Adab): Autobiographical and Historical Excerpts«, in: *Al-Masaq*, Bd. 18 (2006); N. Christie, »Just a Bunch of Dirty Stories? Women in the Memoirs of Usamah Ibn Munqidh«, in: *Eastward Bound: Travel and Travellers, 1050–1550*, hrsg. v. R. Allen (Manchester, 2004), S. 71–87. Neben der Übernahme von bestimmten Gebräuchen scheint es auch in der Kleidung gewisse Anpassungen an das Klima in der Levante gegeben zu haben, unter anderem die Verwendung von mehr Seide in den Gewändern der Aristokratie und des höheren Klerus, doch setzte sich das nicht allgemein durch. Von fränkischen Gesandten aus Outremer, die den großen Anführer der Muslime Saladin im Februar 1193 aufsuchten, wurde erzählt, dass der kleine Sohn des Sultans bei ihrem Anblick in Tränen ausgebrochen sei, weil ihn »ihre rasierten Gesichter und ihre kurz geschnittenen Haare und die ungewöhnliche Kleidung, die sie trugen«, so erschreckt hätten. Baha al-Din Ibn Shaddad, *The Rare and Excellent History of Saladin*, [ins Engl.] übers. v. D. S. Richards (Aldershot, 2001), S. 239.
15. Ibn Dschubair, S. 316–317, 321–322. Allerdings ist darauf hinzuweisen, dass Ibn Dschubair nur einen kleinen Teil von Outremer bereiste und dass dieser Abschnitt seiner Reise lediglich einige wenige Wochen dauerte; sein Zeugnis ist also vielleicht nicht wirklich repräsentativ. Außerdem weiß man, dass er seinen Bericht teilweise mit der Absicht abfasste, für muslimische Bauern unter maurischer Herrschaft in Spanien gerechtere Behandlung zu erwirken, er hat also möglicherweise seine Darstellung der lateinischen Herrschaft etwas geschönt.
16. Im Jahr 1978 fasste Hans Mayer seine Untersuchungen in der Feststellung zusammen, dass »Muslime [mit Sicherheit im Königreich Jerusalem] ihre Religion nicht ausüben durften« (Mayer, »Latins, Muslims and Greeks in the Latin Kingdom of Jerusalem«, S. 186), doch mittlerweile wurde seine Analyse überzeugend widerlegt (Kedar, »The Subjected Muslims of the Frankish Levant«, S. 138–139). Nicht alle Muslime, die in Outremer lebten, waren Bauern: In Nablus etwa logierte Usama Ibn Munqidh in einem von Muslimen betriebenen Gasthof. Allerdings beschlossen um das Jahr 1150 herum einige muslimische Bauern, Angehörige

der Hanbaliten, die in der Nähe von Nablus (im Herrschaftsbereich Balduins von Ibelin) lebten, das fränkische Territorium als Flüchtlinge zu verlassen und sich in Damaskus anzusiedeln. Der muslimische Chronist Diya al-Din berichtet, dass Balduin die Kopfsteuer, die die Dorfbewohner zu entrichten hatten, vervierfachte (von einem auf vier Dinare) und dass »er außerdem ihre Beine zu verstümmeln pflegte«. Allerdings nahmen die Hanbaliten in Bezug auf die Franken eine besonders erbitterte Position ein, sogar Diya al-Din gestand ein, dass der Anführer der Gruppe »der Erste war, der aus Angst um sein Leben auswanderte und weil es ihm nicht möglich war, seine Religion auszuüben«. J. Drory, »Hanbalis of the Nablus region in the Eleventh and Twelfth Centuries«, in: *Asian and African Studies*, Bd. 22 (1988), S. 93–112; D. Talmon-Heller, »Arabic Sources on Muslim Villagers under Frankish Rule«, in: *From Clermont to Jerusalem. The Crusades and Crusader Society, 1095–1500*, hrsg. v. A. Murray (Turnhout, 1998), S. 103–117; D. Talmon-Heller, »The Shaykh and the Community: Popular Hanbalite Islam in 12th–13th Century Jabal Nablus and Jabal Qasyun«, in: *Studia Islamica*, Bd. 79 (1994), S. 103–120; D. Talmon-Heller, »›The Cited Tales of the Wondrous Doings of the Shaykhs of the Holy Land‹ by Diya' al-Din Abu 'Abd Allah Muhammad b. 'Abd al-Wahid al-Maqdisi (569/1173–643/1245): Text, Translation and Commentary«, in: *Crusades*, Bd. 1 (2002), S. 111–154.

17. Fulcher von Chartres, S. 636–637; Ibn al-Qalanisi, S. 162–163, 246. Zangi stimmte außerdem einem »Waffenstillstand« mit dem fränkischen Antiochia zu, der es offenbar Hunderten von »muslimischen Kaufleuten und Männern von Aleppo und Händlern« gestattete, im lateinischen Fürstentum ihren Aktivitäten nachzugehen. Dieser Handelsvertrag hatte bis zum Jahr 1138 Bestand; dann wurde er von Fürst Raimund gebrochen (vielleicht weil das Heer des byzantinischen Kaisers in Nordsyrien einmarschiert war). Zum Thema Handel und Verkehr in den Kreuzfahrerstaaten: E. Ashtor, *A Social and Economic History of the Near East in the Middle Ages* (London, 1976); J. H. Pryor, *Commerce, Shipping and Naval War fare in the Medieval Mediterranean* (London, 1987); D. Jacoby, »The Venetian Privileges in the Latin Kingdom of Jerusalem: Twelfth- and Thirteenth-century Interpretations and Implementation«, in: *Montjoie: Studies in Crusade History in Honour of Hans Eberhard Mayer*, hrsg. v. B. Z. Kedar, J. S. C. Riley-Smith und R. Hiestand (Aldershot, 1997), S. 155–175. Eine Auswahl von Aufsätzen dieses Autors liegt vor in den Bänden: D. Jacoby, *Studies on the Crusader States and on Venetian Expansion* (London, 1989) und D. Jacoby, *Commercial Exchange across the Mediterranean* (Aldershot, 2005).
18. C. Burnett, »Antioch as a Link between Arabic and Latin Culture in the Twelfth and Thirteenth Centuries«, in: *Occident et Proche-Orient: contacts scientifiques au temps des croisades*, hrsg. v. I. Draelants, A. Tihon und B. van den Abeele (Louvain-

la-Neuve, 2000), S. 1–78. Wilhelm von Tyrus, der lateinische Geschichtsschreiber von Outremer, war höchst fasziniert vom Islam. Um das Jahr 1170 herum betrieb er systematische Forschungen und verfasste eine detaillierte Geschichte der muslimischen Welt, allerdings war er selbst wahrscheinlich des Persischen und Arabischen nicht mächtig und musste sich daher auf Übersetzer verlassen. Leider ist keine Abschrift seines Textes überliefert – und allein dieser Umstand legt nahe, dass das Werk im Westen nur auf begrenztes Interesse stieß. P. W. Edbury und J. G. Rowe, *William of Tyre: Historian of the Latin East* (Cambridge, 1988), S. 23–24.

19. C. Burnett, »Stephen, the Disciple of Philosophy, and the Exchange of Medical Learning in Antioch«, in: *Crusades,* Bd. 5 (2006), S. 113–129. Al-Majusis *Königliches Buch* enthält eine bemerkenswerte Anzahl medizinischer Behandlungsmethoden, einige selbst nach modernen Maßstäben sinnvoll, andere erstaunlich bizarr. Die Abteilung »Über die Verschönerung des Körpers« bietet Ratschläge, wie unerwünschter Haarwuchs zu beseitigen ist, wie man mit spröder Haut an den Lippen und Händen umgeht, wie man den Wuchs von Brust und Hoden anregt, wie mit Körpergeruch zu verfahren ist. Ein anderes Kapitel, »Über die medizinische Behandlung von Reisenden zu Land und auf See«, ist eine Fundgrube nützlicher Informationen für Pilgerinnen und Pilger: Sonnenstich kann gelindert werden, indem gekühltes Rosenwasser über den Kopf gegossen wird; erfrorene Körperteile sollen mit Öl und Eichhörnchenfell eingerieben werden; es wird auch ein Mittel gegen Seekrankheit vorgestellt: ein Sirup aus dem Saft von sauren Trauben, Granatäpfeln, Minze, Äpfeln und Tamarinde. Der Rat, dass Lausbefall durch Abreiben des Körpers mit einem Quecksilberwickel beseitigt werden kann, klingt im Vergleich dazu weniger vernünftig.

20. Es stellt sich die spannende Frage, was dieser Befund über die Verhältnisse in Outremer im 12. Jahrhundert eigentlich aussagt. Bestellten die Adligen, die solche Arbeiten in Auftrag gaben, ausdrücklich Stücke, die die gemischte Kultur des Ostens widerspiegelten; beschäftigten sie lateinische Handwerker, die orientalische Stile und Techniken verwendeten, sei es durch direktes Studium des ihnen fremden Stils oder durch organische Übernahme? Wenn das der Fall sein sollte, kann man davon ausgehen, dass sich in der fränkischen Levante eine lebendige, von vielen Seiten inspirierte eigene Kultur entwickelte. Es ist allerdings möglich, dass eher praktische Erwägungen eine Rolle spielten; dass die lateinischen Auftraggeber einfach die besten Handwerker einstellten, die zur Verfügung standen. Usâma Ibn Munqidh, S. 157 (der dt. Übers.); S. Edgington, »Administrative Regulations for the Hospital of St John in Jerusalem Dating from the 1180s«, in: *Crusades,* Bd. 4 (2005), S. 21–37. Zur Grabeskirche, zur Kreuzfahrerarchitektur und zur materiellen Kultur in Outremer: Folda, *The Art of the Crusaders,* S. 175–245; A. Boas, *Crusader Archaeology: The Material Culture of the Latin East* (London,

1999); N. Kenaan-Kedar, »The Figurative Western Lintel of the Church of the Holy Sepulchre in Jerusalem«, in: *The Meeting of Two Worlds, Cultural Exchange between East and West during the Period of the Crusades*, hrsg. v. V. P. Goss (Kalamazoo, 1986), S. 123–132; N. Kenaan-Kedar, »A Neglected Series of Crusader Sculpture: the Ninety-six Corbels of the Church of the Holy Sepulchre«, in: *Israel Exploration Journal*, Bd. 42 (1992), S. 103–114; D. Pringle, »Die Architektur im lateinischen Orient, 1098 bis 1571«, in: *Illustrierte Geschichte der Kreuzzüge*, hrsg. v. J. S. C. Riley-Smith (Frankfurt/New York 1999), S. 188–213; D. Pringle, *The Churches of the Latin Kingdom of Jerusalem*, 3 Bde. (Cambridge, 1993–2007).

21. B. Hamilton, »Rebuilding Zion: the Holy Places of Jerusalem in the Twelfth Century«, in: *Studies in Church History*, Bd. 14 (1977), S. 105–116; B. Hamilton, »The Cistercians in the Crusader States«, in: *Monastic Reform, Catharism and the Crusade* (1979), S. 405–422; B. Hamilton, »Ideals of Holiness: Crusaders, Contemplatives, and Mendicants«, in: *International History Review*, Bd. 17 (1995), S. 693–712; A. Jotischky, *The Perfection of Solitude: Hermits and Monks in the Crusader States* (University Park, PA, 1995); A. Jotischky, »Gerard of Nazareth, Mary Magdalene and Latin Relations with the Greek Orthodox Church in the Crusader East in the Twelfth Century«, in: *Levant*, Bd. 29 (1997), S. 217–226; B. Z. Kedar, »Gerard of Nazareth, a Neglected Twelfth-century Writer of the Latin East«, in: *Dumbarton Oaks Papers*, Bd. 37 (1983), S. 55–77; B. Z. Kedar, »Multidirectional Conversion in the Frankish Levant«, in: *Varieties of Religious Conversion in the Middle Ages*, hrsg. v. J. Muldoon (1997), S. 190–197; B. Z. Kedar, »Latin and Oriental Christians in the Frankish Levant«, in: *Sharing the Sacred: Contacts and Conflicts in the Religious History of the Holy Land*, hrsg. v. A. Kofsky und G. Stroumsa (1998), S. 209–222; B. Z. Kedar, »Convergences of Oriental Christian, Muslim and Frankish Worshippers: the Case of Saydnaya and the Knights Templar«, in: *The Crusades and the Military Orders*, hrsg. v. Z. Hunyadi und J. Laszlovszky (Budapest, 2001), S. 89–100.

22. Sogar Ibn Dschubair – die Quelle für so viele frappierende Einsichten in transkulturelle Begegnungen – berichtete in einer hasserfüllten, vorurteilsbeladenen Sprache: Balduin IV. von Jerusalem beschrieb er als den »verfluchten König« und als »Schwein«, Akkon bezeichnete er als »stinkende Brutstätte des Unglaubens und der Gottlosigkeit«, die Gott hoffentlich vernichten werde (S. 316, 318). Hillenbrand, *The Crusades: Islamic Perspectives*, S. 257–429.

23. C. Hillenbrand, »Abominable Acts: the Career of Zengi«, in: *The Second Crusade: Scope and Consequences*, hrsg. v. J. P. Phillips und M. Hoch (Manchester, 2001), S. 111–132; Holt, *The Age of the Crusades*, S. 38–42; H. Gibb, »Zengi and the Fall of Edessa«, in: *A History of the Crusades*, Bd. 1, hrsg. v. K. M. Setton und M. W. Baldwin (Philadelphia, 1958), S. 449–462.

24. Im Jahr 1140 erreichte Zangi, dass sein Name in der *khutba* (dem Freitagsgebet) als Herr von Damaskus erwähnt wurde, doch war das in Wahrheit nur eine leere Geste. Wilhelm von Tyrus, S. 684.
25. Wilhelm von Tyrus wurde 1130 in der Levante geboren, später war er Kanzler des lateinischen Königreichs Jerusalem und Erzbischof von Tyros. Zwischen ungefähr 1174 und 1184 verfasste er einen für die Nachwelt unschätzbar wertvollen, umfassenden Bericht über die Geschichte Outremers seit dem ersten Kreuzzug.
26. Matthias von Edessa (Continuation), S. 243; Wilhelm von Tyrus, S. 739; Bernhard von Clairvaux, »Epistolae«, in: *Sancti Bernardi Opera*, Bd. 8, hrsg. v. J. Leclercq und H. M. Rochais (Rom, 1977), S. 314–315.

6

Die Wiedergeburt der Kreuzzugsidee

1. Zu Geschichte und Bedeutung des Brauchs, Kreuzzugsunternehmungen durchzunumerieren: Constable, »The Historiography of the Crusades«, S. 16–17.
2. Calixtus II., *Bullaire*, hrsg. v. U. Roberts (Paris, 1891), Bd. 2, S. 266–267; D. Girgensohn, »Das Pisaner Konzil von 1153 in der Überlieferung des Pisaner Konzils von 1409«, in: *Festschrift für Hermann Heimpel*, Bd. 2 (Göttingen, 1971), S. 1063–1100; Bernard of Clairvaux, »Epistolae«, S. 435.
3. Der Text der Bulle »Quantum praedecessores« bei R. Grosse, »Überlegungen zum Kreuzzugsaufruf Eugens III. von 1145/6. Mit einer Neuedition von JL 8876«, in: *Francia*, Bd. 18 (1991), S. 85–92. Zur Geschichte des zweiten Kreuzzugs: V. Berry, »The Second Crusade«, in: *A History of the Crusades*, Bd. 1, hrsg. v. K. M. Setton und M. W. Baldwin (Philadelphia, 1958), S. 463–511; G. Constable, »The Second Crusade as Seen by Contemporaries«, in: *Traditio*, Bd. 9 (1953), S. 213–279; M. Gervers (Hrsg.), *The Second Crusade and the Cistercians* (New York, 1992); A. Grabois, »Crusade of Louis VII: a Reconsideration«, in: *Crusade and Settlement*, hrsg. v. P. W. Edbury (Cardiff, 1985), S. 94–104; J. P. Phillips und M. Hoch (Hrsg.), *The Second Crusade: Scope and Consequences* (Manchester, 2001); J. P. Phillips, *The Second Crusade: Extending the Frontiers of Christendom* (London, 2007). Die wichtigsten Primärquellen für die Rolle des Vorderen Orients im zweiten Kreuzzug sind: Odo of Deuil, *De profectione Ludovici VII in Orientem*, hrsg. und übers. v. V. G. Berry (New York, 1948); Otto von Freising, *Gesta Frederici seu rectius Chronica*, hrsg. v. G. Waitz, B. Simon und F.-J. Schmale, übers. v. A. Schmidt (Darmstadt, 1965); Wilhelm von Tyrus, S. 718–770; John of Salisbury, *Historia Pontificalis*, hrsg. und [ins Engl.] übers. v. M. Chibnall (London, 1956), S. 52–59; John Kinnamos, *The Deeds of John and Manuel Comnenus*, [ins Engl.] übers. v. C. M. Brand (New York, 1976), S. 58–72; Niketas Choniates, *O City of Byzantium: Annals of Niketas Choniates* (Detroit, 1984), S. 35–42; Ibn al-Qalanisi,

S. 270–289; Ibn al-Athir, *The Chronicle of Ibn al-Athir for the Crusading Period from al-Kamil fi'l-Ta'rikh*, [ins Engl.] übers. v. D. S. Richards, Bd. 2 (Aldershot, 2007), S. 7–22; Sibt Ibn al-Jauzi, »The Mirror of the Times«, in: *Arab Historians of the Crusades*, [ins Engl.] übers. v. F. Gabrieli, S. 62–63; Michael der Syrer, *Chronique de Michel le Syrien, patriarche jacobite d'Antioche* (1166–1199), hrsg. und [ins Frz.] übers. v. J. B. Chabot, Bd. 3 (Paris, 1905); Anonymous Syriac Chronicle, »The First and Second Crusades from an Anonymous Syriac Chronicle«, hrsg. und [ins Engl.] übers. v. A. S. Tritton und H. A. R. Gibb, *Journal of the Royal Asiatic Society*, Bd. 92 (1933), S. 273–306.

4. Zum heiligen Bernhard und zu den Zisterziensern: G. R. Evans, *Bernard of Clairvaux* (New York, 2000); C. H. Berman, *The Cistercian Evolution* (Philadelphia, 2000).
5. Odo von Deuil, S. 8–9; Bernhard von Clairvaux, »Epistolae«, S. 314–315, 435; Phillips, *The Second Crusade: Extending the Frontiers of Christendom*, S. 61–79.
6. *Vita Prima Sancti Bernardi, Patrologia Latina*, J. S. Migne, Bd. 185 (Paris, 1855), col. 381; Tyerman, *God's War*, S. 280; J. Phillips, »Papacy, Empire and the Second Crusade«, in: *The Second Crusade: Scope and Consequences*, hrsg. v. J. S. Phillips und M. Hoch (Manchester, 2001), S. 15–31; G. A. Loud, »Some Reflections on the Failure of the Second Crusade«, in: *Crusades*, Bd. 4 (2005), S. 1–14. Graham Loud hatte die von Phillips 2001 vorgetragenen Argumente überzeugend widerlegt, dennoch unternahm Phillips im Jahr 2007 einen recht unglücklichen Versuch, seine These zu verteidigen, dass Papst Eugen bei der Anwerbung von Konrad eine Rolle gespielt habe. Im Unterschied dazu können Phillips' Beobachtungen zum Einfluss von Erinnerung und Familientradition wesentlich mehr überzeugen (Phillips, *The Second Crusade: Extending the Frontiers of Christendom*, S. 25, 87–98, 99–103, 129–130).
7. »Chevalier, Mult es Guariz«, in: *The Crusades: A Reader*, hrsg. v. S. J. Allen und E. Amt (Peterborough, Ontario, 2003), S. 213–214. Eine Einführung in die Kreuzzugslieder bietet M. Routledge, »Kreuzzugslieder«, in: *Illustrierte Geschichte der Kreuzzüge*, hrsg. v. J. S. C. Riley-Smith (Frankfurt/New York 1999), S. 110–133.
8. Helmold von Bosau, *Chronica Slavorum*, hrsg. u. übers. v. H. Stoob (Darmstadt, 1963), S. 216–217; Eugen III., *Epistolae et privilegia, Patrologia Latina*, J. P. Migne, Bd. 180 (Paris, 1902), col. 1203–1204; Constable, »The Second Crusade as Seen by Contemporaries«, S. 213–279; A. Forey, »The Second Crusade: Scope and Objectives«, in: *Durham University Journal*, Bd. 86 (1994), S. 165–175; A. Forey, »The Siege of Lisbon and the Second Crusade«, in: *Portuguese Studies*, Bd. 20 (2004), S. 1–13; Phillips, *The Second Crusade: Extending the Frontiers of Christendom*, S. 136–167, 228–268.
9. Sigurd von Norwegen, der im Jahr 1110 in die Levante zog, war zwar König, doch

er teilte sich den norwegischen Thron mit zweien seiner Brüder.

10. Lilie, *Byzantium and the Crusader States*, S. 142–169; Phillips, *Defenders of the Holy Land*, S. 73–99; P. Magdalino, *The Empire of Manuel Komnenos*, 1143–1180 (Cambridge, 1994).
11. Odo von Deuil, S. 16–17.
12. Suger, *Epistolae, Recueil des historiens des Gaules et de la France*, hrsg. v. M. Bouquet et al., Bd. 15 (Paris, 1878), S. 496; Wilhelm von Tyrus, S. 751–752.

7

Wiedererwachen des Islam

1. Ibn al-Qalanisi, S. 266; Hillenbrand, *The Crusades: Islamic Perspectives*, S. 112–116; Hillenbrand, »Abominable Acts: the Career of Zengi«, S. 111–132; C. Hillenbrand, »Dschihad Propaganda in Syria from the Time of the First Crusade until the Death of Zengi: the Evidence of Monumental Inscriptions«, in: *The Frankish Wars and Their Influence on Palestine*, hrsg. v. K. Athamina und R. Heacock (Birzeit, 1994), S. 60–69; H. Dajani-Shakeel, »Dschihad in twelfth-century Arabic Poetry«, in: *Muslim World*, Bd. 66 (1976), S. 96–113; H. Dajani-Shakeel, »*Al-Quds:* Jerusalem in the Consciousness of the Counter-crusade«, in: *The Meeting of Two Worlds*, hrsg. v. V. S. Goss (Kalamazoo, 1986), S. 201–221.
2. Ibn al-Athir, Bd. 1, S. 382; Hillenbrand, »Abominable Acts: the Career of Zengi«, S. 120.
3. Ibn al-Qalanisi, S. 271–272; Ibn al-Athir, Bd. 2, S. 222; Wilhelm von Tyrus, S. 956. Zum Werdegang von Nur ad-Din: H. Gibb, »The Career of Nur ad-Din«, in: *A History of the Crusades*, Bd. 1, hrsg. v. K. M. Setton und M. W. Baldwin (Philadelphia, 1958), S. 513–527; N. Elisséeff, *Nur ad-Din: un grand prince musulman de Syrie au temps des Croisades*, 3 Bde. (Damaskus, 1967); Holt, *The Age of the Crusades*, S. 42–52; Hillenbrand, *The Crusades: Islamic Perspectives*, S. 117–141.
4. Ibn al-Qalanisi, S. 272; Ibn Dschubair, S. 260. In den Jahrhunderten, bevor die Kreuzfahrer kamen, wurde Aleppo zunächst, in der Periode des Hellenismus (die auf die Eroberungen Alexanders des Großen folgte), von den Seleukiden beherrscht, dann gedieh die Stadt sechs Jahrhunderte unter den Römern, bevor sie im Jahr 637 n. Chr. an die Araber fiel und nach Damaskus nur noch eine sekundäre Rolle spielte. Unter der irakischen Dynastie der Hamdaniden (944–1003) ging es mit der Stadt wieder aufwärts, und nachdem sie im Jahr 1070 von den seldschukischen Türken erobert worden war, diente sie als Festung an der Grenze zum Byzantinischen Reich.
5. Ibn al-Qalanisi, S. 274–275; Michael der Syrer, Bd. 3, S. 270; Matthias von Edessa (Continuation), S. 244–245; Ibn al-Athir, Bd. 2, S. 8.
6. Ibn al-Athir, Bd. 1, S. 350; Ibn al-Qalanisi, S. 280–281.

7. Ibn al-Qalanisi, S. 281–282. Der verdiente deutsche Historiker Hans Mayer ging so weit, den Angriff auf Damaskus als »unbegreiflich«, ja sogar »grotesk« zu bezeichnen (Mayer, *Geschichte der Kreuzzüge*, S. 132). Dazu: M. Hoch, *Jerusalem, Damaskus und der Zweite Kreuzzug: Konstitutionelle Krise und äußere Sicherheit des Kreuzfahrerkönigreiches Jerusalem, A. D. 1126–54* (Frankfurt, 1993); M. Hoch, »The Choice of Damascus as the Objective of the Second Crusade: A Re-evaluation«, in: *Autour de la Première Croisade*, hrsg. v. M. Balard (Paris, 1996), S. 359–369; Phillips, *The Second Crusade: Extending the Frontiers of Christendom*, S. 207–218.
8. Sibtibnal-Jauzi, S. 62; Ibn al-Athir, Bd. 2, S. 22; Ibn al-Qalanisi, S. 286; *Die Urkunden Konrads III. und seines Sohnes Heinrich*, hrsg. v. F. Hausmann, Monumenta Germaniae Historica, Diplomata, Bd. 9 (Wien, 1969), Nr. 197, S. 357; Wilhelm von Tyrus, S. 760–770; A. Forey, »The Failure of the Siege of Damascus in 1148«, in: *Journal of Medieval History*, Bd. 10 (1984), S. 13–24; M. Hoch, »The Price of Failure: The Second Crusade as a Turning Point in the History of the Latin East«, in: *The Second Crusade: Scope and Consequences* (Manchester, 2001), S. 180–200; Phillips, *The Second Crusade: Extending the Frontiers of Christendom*, S. 218–227.
9. Ibn al-Athir, Bd. 2, S. 39–40; Lilie, *Byzantium and the Crusader States*, S. 163–164.

8

Nur ad-Din – Licht des Glaubens

1. Ibn al-Athir, Bd. 2, S. 1–4, 222–223. Eine Quelle, die ein gewisses Ausmaß an Ausgewogenheit bietet, stammt von Ibn al-Qalanisi (gest. 1160), der an seiner Chronik von Damaskus arbeitete, als er um die Mitte des 12. Jahrhunderts in dieser Stadt lebte, doch auch seine Chronistentätigkeit fällt in die Zeit der Herrschaft der Zangiden. Ibn al-Qalanisi hatte zweimal das Amt eines Reis inne – eines Vertreters der Bürger und Oberhaupts der städtischen Miliz (Ibn al-Qalanisi, S. 7–14). Zu den arabischen Quellen für diese Zeit: F. Gabrieli, »The Arabic Historiography of the Crusades«, in: *Historians of the Middle East*, hrsg. v. B. Lewis und P. M. Holt (London, 1962), S. 98–107; D. S. Richards, »Ibn al-Athir and the Later Parts of the Kamil«, in: *Medieval Historical Writing in the Christian and Islamic Worlds*, hrsg. v. D. O. Morgan (London, 1982), S. 76–108; A. M. Eddé, »Claude Cahen et les sources arabes des Croisades«, in: *Arabica*, Bd. 43 (1996), S. 89–97.
2. Für Sir Hamilton Gibb, den angesehenen britischen Spezialisten für arabische Geschichte, vollzog sich der Wandel im Jahr 1149. Gibb erklärt, dass hier »der Wendepunkt in [Nur ad-Dins] eigener Vorstellung von seiner Mission und in der Geschichte des muslimischen Syrien« zu sehen ist. »In den Augen des gesamten Islam war er zum Vorkämpfer des Glaubens geworden, und nun entschied er sich selbstbewusst dafür, die Pflichten dieser Rolle zu erfüllen« (Gibb, »The

career of Nur ad-Din«, S. 515). Knapp ein Jahrzehnt später, im Jahr 1967, veröffentlichte Nikita Elisséeff eine einflussreiche, dreibändige Biografie des »großen muslimischen Fürsten von Syrien«, die auf dieser Interpretation fußte und sie weiterentwickelte. Elisséef meint, dass die wahre Motivation durch die Sache des Dschihad sowie ein übermächtiger Wunsch, Jerusalem zurückzuerobern, bei Nur ad-Din erst nach dem Jahr 1154 wirklich zutage kam (Elisséef, *Nur ad-Din*, II, S. 426). Im Jahr 1991 bediente sich Michael Köhler eines weniger einfühlsamen Ansatzes: Er vertritt die These, dass Nur ad-Din sich nie eigentlich der Sache einer Rückeroberung der Heiligen Stadt verschrieben, sondern die Dschihad-Propaganda nach dem Jahr 1157 lediglich für seine eigenen politischen Ziele eingesetzt habe (*Köhler, Allianzen und Verträge*, S. 239, 277). Dazu: Hillenbrand, *The Crusades: Islamic Perspectives*, S. 132–141.

3. Zur Schlacht bei Inab: Ibn al-Qalanisi, S. 288–294; Ibn al-Athir, Bd. 2, S. 31–32; Wilhelm von Tyrus, S. 770–774; Johannes Kinnamos, S. 97; Matthias von Edessa (Continuation), S. 257; Michael der Syrer, Bd. 3, S. 288–289; Abu Shama, *Le Livre des Deux Jardins, RHC Or.* IV–V, S. 61–64.
4. Ibn al-Athir, Bd. 2, S. 31–32, 36; Ibn al-Qalanisi, S. 295; Gibb, »The Career of Nur ad-Din«, S. 515–516; Holt, *The Age of the Crusades*, S. 44; Mayer, *Geschichte der Kreuzzüge*, S. 135–136; Richard, *The Crusades*, S. 171; Jotischky, *Crusading and the Crusader States*, S. 111.
5. Ibn al-Athir, ein Anhänger der Zangiden, erklärte später, dass in den frühen 1150er-Jahren »Nur ad-Din keine Möglichkeit hatte, [die Franken] aufzuhalten, weil Damaskus sich als Hindernis zwischen [ihnen] befand«. Man befürchtete, so der Chronist, dass die Franken diese alte Metropole bald besetzen würden, denn mit ihren beträchtlichen jährlichen Tributforderungen, die von »ihren Beamten eingezogen wurden, die in die Stadt kamen und sie […] von der Bevölkerung einsammelten«, saugten sie den ganzen Wohlstand aus der Stadt (Ibn al-Athir, Bd. 2, S. 71). Nur ad-Din war sich der Durchschlagskraft dieser Argumente nur zu bewusst und führte einen aktiven Propagandakrieg gegen Damaskus, indem er die Abfassung von poetischen Werken förderte, die die von Damaskus geübte Bündnispolitik mit den Franken in Misskredit brachte. Zum Königreich Jerusalem in dieser Periode: Mayer, »Studies in Queen Melisende«, S. 95, 183; M.W. Baldwin, »The Latin States under Baldwin III and Amalric I, 1143–74«, in: *A History of the Crusades*, Bd. 1, hrsg. v. K.M. Setton und M.W. Baldwin (Philadelphia, 1958), S. 528–562.
6. Ibn al-Qalanisi, S. 296–327. Elisséeff gibt die Auffassung, Nur ad-Din habe sich nach der Einnahme von Damaskus ganz auf den »heiligen Krieg« konzentriert, unhinterfragt wieder und behauptet, der Emir sei nach 1154 nur noch »im Namen des Dschihad gegen die Kreuzfahrer vorgegangen« und habe »bei der Neu-

belebung des Sunni-Islam geholfen« (Elisséeff, *Nur ad-Din*, II, S. 426). Hillenbrand, *The Crusades: Islamic Perspectives*, S. 134.

7. Ibn Dschubair, S. 271–272, 279; R. Burns, *Damascus* (London, 2004), S. 169. Damaskus entwickelte sich um eine Oase herum, die von einem Delta des in den Bergen des Libanon entspringenden Flusses Barada gebildet wird. Muslime eroberten die Stadt während der ersten arabisch-islamischen Expansionswelle im 7. Jahrhundert n. Chr., und bis zum Jahr 750 blieb Damaskus Hauptstadt des Omaijadenreichs und Sitz des Kalifats.
8. Ibn al-Qalanisi, S. 340; B. Hamilton, »The Elephant of Christ: Reynald of Châtillon«, in: *Studies in Church History*, Bd. 15 (1978), S. 97–108.
9. Wilhelm von Tyrus, S. 860–861; Phillips, *Defenders of the Holy Land*, S. 100–139; Lilie, *Byzantium and the Crusader States*, S. 163–187.
10. Ibn al-Athir, Bd. 2, S. 141–142; Wilhelm von Tyrus, S. 873–874.
11. Ibn al-Athir, Bd. 2, S. 146–150; Wilhelm von Tyrus, S. 874–877; Cahen, *La Syrie du Nord*, S. 408–409.
12. An anderen Orten seines Reiches setzte Nur ad-Din ähnliche Bauprogramme um: Im Jahr 1159 förderte er die Erbauung der *Madrasa al-Shu'aybiyya* in Aleppo, eines von 42 islamischen Lehrgebäuden, die in dieser Stadt während seiner Regentschaft entstanden, die Hälfte davon stand unter seiner persönlichen Protektion. Nur ad-Dins Kanzel blieb über 800 Jahre lang intakt. Im Jahr 1969 jedoch wurde sie durch einen fanatischen Australier zerstört, der das Kunstwerk anzündete. Hillenbrand, *The Crusades: Islamic Perspectives*, S. 118–167; D. S. Richards, »A Text of Imad ed-Din on Twelfth-century Frankish-Muslim Relations«, in: *Arabica*, Bd. 25 (1978), S. 202–204; D. S. Richards, »Imad ed-Din al-Isfahani: Administrator, Littérateur and Historian«, in: *Crusaders and Muslims in Twelfth-Century Syria*, hrsg. v. M. Shatzmiller (Leiden, 1993), S. 133–146; E. Sivan, »The Beginnings of the Fada'il al-Quds Literature«, in: *Israel Oriental Studies*, Bd. 1 (1971), S. 263–272; E. Sivan, »Le caractère sacré de Jérusalem dans l'Islam aux XIIe–XIIIe siècles«, in: *Studia Islamica*, Bd. 27 (1967), S. 149–182; N. Elisséeff, »Les monuments de Nur ad-Din«, in: *Bulletin des Études Orientales*, Bd. 12 (1949–1951), S. 5–43; N. Elisséeff, »La titulaire de Nur ad-Din d'après ses inscriptions«, in: *Bulletin des Études Orientales*, Bd. 14 (1952–1954), S. 155–196; I. Hasson, »Muslim Literature in Praise of Jerusalem: Fada'il Bayt al-Maqdis«, in: *The Jerusalem Cathedra* (Jerusalem, 1981), S. 168–184; Y. Tabbaa, »Monuments with a Message: Propagation of Dschihad under Nur ad-Din«, in: *The Meeting of Two Worlds*, hrsg. v. V. S. Goss (Kalamazoo, 1986), S. 223–240.
13. Ibn al-Qalanisi, S. 303.

9
Der Reichtum Ägyptens

1. Wilhelm von Tyrus, S. 903; Ibn al-Athir, Bd. 2, S. 62; C. F. Petry (Hrsg.), *Cambridge History of Egypt: Islamic Egypt, 640–1517* (Cambridge, 1998); Y. Lev, *State and Society in Fatimid Egypt* (Leiden, 1991); Y. Lev, »Regime, Army and Society in Medieval Egypt, 9th–12th Centuries«, in: *War and Society in the Eastern Mediterranean, 7th–15th Centuries*, hrsg. v. Y. Lev (Leiden, 1997), S. 115–152.
2. Ibn al-Athir, Bd. 2, S. 138; Wilhelm von Tyrus, S. 864–868. Zu den ägyptischen Feldzügen in den 1160er-Jahren aus lateinischer Sicht: Mayer, *Geschichte der Kreuzzüge*, S. 145–152; Phillips, *Defenders of the Holy Land*, S. 140–167.
3. Wilhelm von Tyrus, S. 871; Ibn al-Athir, Bd. 2, S. 144; M. C. Lyons und D. E. P. Jackson, *Saladin. The Politics of the Holy War* (Cambridge, 1979), S. 6–9.
4. Ibn al-Athir, Bd. 2, S. 144, 163; Wilhelm von Tyrus, S. 922; Lyons und Jackson, *Saladin*, S. 9–25; Smail, *Crusading Warfare*, S. 183–185.
5. Ibn al-Athir, Bd. 2, S. 175, 177; Lyons und Jackson, *Saladin*, S. 25–29.
6. Holt, *The Age of the Crusades*, S. 48–52; Mayer, *Geschichte der Kreuzzüge*, S. 152; Jotischky, *Crusading and the Crusader States*, S. 115–16; Madden, *The New Concise History of the Crusades*, S. 68. Zu Saladins Herrschaft in Ägypten: Y. Lev, *Saladin in Egypt* (Leiden 1999); Lyons und Jackson, *Saladin*, S. 31–69.
7. Diese pittoreske Begebenheit gibt eine schöne Geschichte ab, die zwar tatsächlich passiert sein könnte, doch wird sie nur in den ajjubidischen Quellen erwähnt und bleibt daher unbestätigt. Es könnte sein, dass einige Details erfunden wurden, um das scharfe Vorgehen Saladins am Hof der Fatimiden zu rechtfertigen. Lyons und Jackson, *Saladin*, S. 33–34.
8. Ibn al-Athir, Bd. 2, S. 180. Zu den Beziehungen von Outremer mit Byzanz und dem Abendland: J. L. La Monte, »To What Extent was the Byzantine Emperor the Suzerain of the Latin Crusading States?«, in: *Byzantion*, Bd. 7 (1932), S. 253–264; R. C. Smail, »Relations between Latin Syria and the West, 1149–1187«, in: *Transactions of the Royal Historical Society*, 5. Ser., Bd. 19 (1969), S. 1–20; Lilie, *Byzantium and the Crusader States*, S. 198–209; Phillips, *Defenders of the Holy Land*, S. 168–224.
9. Ein arabischer Chronist behauptet, al-Adid sei vergiftet worden, doch selbst wenn Saladin tatsächlich am vorzeitigen Ableben des Kalifen beteiligt war, hätte man einem Blutbad, wie es in Ägypten mehrfach angerichtet worden war, eine unauffälligere Art des Attentats vorgezogen.
10. Lyons und Jackson, *Saladin*, S. 46–49, 61–65; Ibn al-Athir, Bd. 2, S. 197–200, 213–214.
11. Baha al-Din Ibn Shaddad, *The Rare and Excellent History of Saladin*, [ins Engl.] übers. v. D. S. Richards (Aldershot, 2001), S. 49.
12. Ibn al-Athir, Bd. 2, S. 221–222; Wilhelm von Tyrus, S. 956.

10
Erbe oder Usurpator

1. Baha al-Din, S. 28; Imad ed-Din al-Isfahani, *Conquête de la Syrie et de la Palestine par Saladin*, [ins Frz.] übers. v. H. Massé (Paris, 1972); Ibn al-Athir, Bd. 2, S. 223–409; Abu Shama, »Le Livre des Deux Jardins«, IV, S. 159–V, S. 109; Gabrieli, *Arab Historians of the Crusades*, S. 87–252; Lyons und Jackson, *Saladin*, S. 435–436. Zu den Quellen für Saladins Biografie: H. A. R. Gibb, »The Arabic Sources for the Life of Saladin«, in: *Speculum*, Bd. 25.1 (1950), S. 58–74; D. S. Richards, »A Consideration of two Sources for the Life of Saladin«, in: *Journal of Semitic Studies*, Bd. 25 (1980), S. 46–65. Zu Saladins Werdegang nach 1174: S. Lane-Poole, *Saladin and the Fall of the Kingdom of Jerusalem* (London, 1898); H. Gibb, »Saladin«, in: *A History of the Crusades*, Bd. 1, hrsg. v. K. M. Setton und M. W. Baldwin (Philadelphia, 1958), S. 563–589; H. A. R. Gibb, »The Armies of Saladin«, in: *Studies in the Civilization of Islam*, hrsg. v. S. J. Shaw und W. R. Polk (London, 1962), S. 74–90; H. A. R. Gibb, »The Achievement of Saladin«, in: *Studies in the Civilization of Islam*, hrsg. v. Shaw und Polk, S. 91–107; H. A. R. Gibb, *The Life of Saladin* (Oxford, 2006); A. Ehrenkreutz, *Saladin* (Albany, 1972); Lyons und Jackson, *Saladin*, S. 71–374; H. Möhring, »Saladins Politik des Heiligen Krieges«, in: *Der Islam*, Bd. 61 (1984), S. 322–326; H. Möhring, *Saladin: Der Sultan und seine Zeit, 1138–1193* (München, 2005); Hillenbrand, *The Crusades: Islamic Perspectives*, S. 171–195. Zu Saladins Übernahme des Titels »Sultan«: S. M. Holt, »The Sultan as Idealised Ruler: Ayyubid and Mamluk Prototypes«, in: *Suleyman the Magnificent and His Age*, hrsg. v. M. Kunt und C. Woodhead (Harrow, 1995), S. 122–137.
2. Lyons und Jackson, *Saladin*, S. 73–74.
3. Lyons und Jackson, *Saladin*, S. 79–84; Baha al-Din, S. 51; Wilhelm von Tyrus, S. 968.
4. Lyons und Jackson, *Saladin*, S. 85–86.
5. Der erste Vertrag wurde wohl insgeheim mit dem Grafen von Tripolis im Frühjahr 1175 abgeschlossen (unmittelbar vor der ersten Schlacht gegen das Bündnis zwischen Aleppo und Mosul), um einer zweiten Frontlinie gegen die Christen vorzubeugen. Im Juli desselben Jahres begann der Sultan einen öffentlicheren Dialog mit einem hochrangigen Diplomaten aus dem Königreich Jerusalem. Allerdings stimmen muslimische und lateinische Quellen offenbar darin überein, dass Saladin in diesen Verhandlungen bessere Voraussetzungen hatte; er versprach, einige fränkische Gefangene aus Homs als Gegenleistung für die sichere Zusage freizulassen, dass er seine Aktivitäten gegen Aleppo unbehelligt durchführen konnte. Lyons und Jackson, *Saladin*, S. 86–110.
6. Wilhelm von Tyrus, S. 953–954.
7. Lewis, *The Assassins*, S. 116–117.

8. Ismat starb im Januar 1186, zu einer Zeit, da Saladin selbst schwer krank war. Aus Angst, ihm einen zu großen Schock zu versetzen und ihn in Verzweiflung zu stürzen, verheimlichten ihm seine engsten Berater zwei Monate lang den Tod seiner Frau.
9. Lyons und Jackson, *Saladin*, S. 130; S. B. Edgington, »The Doves of War: the Part Played by Carrier Pigeons in the Crusades«, in: *Autour de la Première Croisade*, hrsg. v. M. Balard (Paris, 1996), S. 167–176; D. Jacoby, »The Supply of War Materials in Egypt in the Crusader Period«, in: *Jerusalem Studies in Arabic and Islam*, Bd. 25 (2001), S. 102–132.
10. Wilhelm von Tyrus, S. 961–962.
11. B. Hamilton, »Baldwin the Leper as War Leader«, *From Clermont to Jerusalem*, hrsg. v. A. V. Murray (Turnhout, 1998), S. 119–130; B. Hamilton, *The Leper King and His Heirs: Baldwin IV and the Crusader Kingdom of Jerusalem* (Cambridge, 2000).
12. Wilhelm von Tyrus, S. 961. Piers Mitchell erstellte als Anhang zu Bernd Hamiltons Biografie über den Leprakönig eine nützliche Studie der Lepraerkrankung Balduins IV. (Hamilton, *The Leper King*, S. 245–258).
13. *Anonymi auctoris Chronicon ad A. C. 1234 pertinens*, hrsg. v. I. B. Chabot, übers. v. A. Abouna, 2 Bde. (Löwen, 1952–1974), S. 141.
14. Wilhelm von Tyrus, S. 991; Ibn al-Athir, Bd. 2, S. 253; Baha al-Din, S. 54; Lyons und Jackson, *Saladin*, S. 121–126; Hamilton, *The Leper King*, S. 132–136.
15. Lyons und Jackson, *Saladin*, S. 130–133.
16. Die Ausgrabung der Burg an der Jakobsfurt wurde von Professor Ronnie Ellenblum von der Hebrew University in Jerusalem initiiert; sie ist ein Meilenstein im Bereich der Kreuzzugsforschung. Die Grabung erlaubt einen erstaunlich detaillierten Blick in die Welt der Kreuzfahrer, sie bietet so etwas wie eine Augenblicksaufnahme aus dem 12. Jahrhundert, denn Jakobsfurt ist die erste Burg, bei der man – entsprechend den Ereignissen des Jahres 1179 – die Erschlagenen noch innerhalb der Mauern fand. Viele Funde können mit großer Präzision auf den Morgen des 29. August 1179 datiert werden, weil sie unter Gebäuden liegen, von denen man weiß, dass sie gebrannt haben und zusammenbrachen, als die Festung eingenommen wurde. Ironischerweise erhöht der Umstand, dass die Festung nicht fertiggestellt war, noch ihren archäologischen Wert, da die Überreste unschätzbare Erkenntnisse zu den Konstruktionstechniken im mittelalterlichen Burgenbau bieten. Wilhelm von Tyrus, S. 998; M. Barber, »Frontier Warfare in the Latin Kingdom of Jerusalem: the Campaign of Jacob's Ford, 1178–79«, in: *The Crusades and Their Sources: Essays Presented to Bernard Hamilton*, hrsg. v. J. France und W. G. Zajac (Aldershot, 1998), S. 9–22; R. Ellenblum, »Frontier Activities: the Transformation of a Muslim Sacred Site into the Frankish Castle of Vadum Jacob«, in:

Crusades, Bd. 2 (2003), S. 83–97; Hamilton, *The Leper King*, S. 142–147; Lyons und Jackson, *Saladin*, S. 133–143.

11
Der Sultan des Islam

1. Lilie, *Byzantium and the Crusader States*, S. 211–230. Der offensichtliche Nutzen, den der Tod al-Salihs für Saladin mit sich brachte, ließ Gerüchte aufkommen, ajjubidische Agenten hätten den Erben der Zangiden vergiftet. Andererseits deutet Saladins erste Reaktion auf den Tod von al-Salih, die nur sehr zögerlich und relativ unbeholfen ausfiel (wodurch Imad ad-Din Zangi überhaupt erst in Aleppo an die Macht kommen konnte), wohl doch darauf hin, dass der Sultan nichts damit zu tun hatte. Lyons und Jackson, *Saladin*, S. 143–160.
2. Lyons und Jackson, *Saladin*, S. 165–170; Hamilton, *The Leper King*, S. 172–175.
3. Lyons und Jackson, *Saladin*, S. 170–175; Hamilton, *The Leper King*, S. 175–177.
4. Wilhelm von Tyrus, S. 1037.
5. Saladin musste aufgrund dieser Gebietserweiterung die Macht und die Kompetenzen in seinem Reich neu verteilen. Seinen Bruder al-Adil, der seit 1174 Ägypten regiert hatte, holte er nach Syrien, um ihm die Herrschaft über Aleppo zu überlassen – vielleicht mit dem Hintergedanken, dass er eventuell halb unabhängigen Expansionsbestrebungen in der Dschazira nachgehen konnte. Der Neffe des Sultans, Taqi ad-Din, rückte zum Verantwortlichen für die Nilregion auf. Farrukh-Shah, Saladins anderer zuverlässiger Neffe, war Ende 1182 infolge einer Krankheit gestorben; bis auf Weiteres wurde er in Damaskus durch Ibn al-Muqaddam ersetzt. Lyons und Jackson, *Saladin*, S. 202.
6. Früher war es üblich, die lateinische Adelsschicht am königlichen Hof von Jerusalem in dieser Zeit als eine deutlich zweigeteilte Gruppe zu beschreiben; beide Seiten kämpften, während Balduins IV. Zustand sich ständig verschlechterte und sein Einfluss zurückging, erbittert um die Macht. Auf der einen Seite sollen die »einheimischen Barone« wie etwa Graf Raimund III. von Tripolis und die Ibelinen gestanden haben, die mit den politischen und militärischen Verhältnissen in der Levante vertraut und daher bereit waren, in ihren Verhandlungen mit Saladin und dem Islam eine Position vorsichtiger Annäherung zu vertreten; auf der anderen Seite habe es die aggressiven Neuankömmlinge, die »Hof-Partei« gegeben, darunter Guido von Lusignan und Sibylla, Agnes und Joscelin von Courtenay sowie Rainald von Châtillon, die eher als verbohrte Fanatiker galten. Leider hat diese Darstellung, die etwa von Steven Runciman in den 1950er-Jahren vertreten wurde, mit der Realität nur wenig zu tun. Die Zusammensetzung und die politische Richtung dieser »Parteien« war nie so holzschnittartig; und die Mitglieder der »Hof-Partei« waren nicht durchweg uninformierte Neulinge – Rainald von Châtil-

lon etwa und die Courtenays waren schon sehr lange in Outremer. Dieses traditionelle Bild von chronischen politischen Streitigkeiten in den 1180er-Jahren ist allein schon deswegen fragwürdig, weil es dazu tendiert, unkritisch die Ansichten und Vorurteile Wilhelms von Tyrus zu übernehmen, der selbst in die Ereignisse verwickelt und zudem ein glühender Anhänger Raimunds von Tripolis war. P. W. Edbury, »Propaganda and Faction in the Kingdom of Jerusalem: The Background to Hattin«, in *Crusaders and Muslims in Twelfth-Century Syria*, hrsg. v. M. Shatzmiller (1993), S. 173–189; Hamilton, The *Leper King*, S. 139–141, 144–145, 149–158.

7. Ernoul, *La Chronique d'Ernoul*, hrsg. v. L. de Mas Latrie (Paris, 1871), S. 69–70; Abu Shama, S. 231; Lyons und Jackson, *Saladin*, S. 185–188; Hamilton, »The Elephant of Christ«, S. 103–104; Hamilton, *The Leper King*, S. 179–185.
8. Dazu gehörte auch Raimund von Tripolis, der nach dem versuchten Anschlag im Jahr 1180 zwei Jahre in der Grafschaft Tripolis zugebracht hatte (faktisch als aus Palästina Exilierter), bevor im Frühjahr 1182 eine Versöhnung mit Balduin IV. stattfand. Wilhelm von Tyrus, S. 1048–1049; R. C. Smail, »The Predicaments of Guido of Lusignan, 1183–87«, *Outremer*, hrsg. v. B. Z. Kedar, H. E. Mayer und R. C. Smail (Jerusalem, 1982), S. 159–176.
9. Bedenkt man die jahrelange Feindschaft zwischen Saladin und Rainald von Châtillon und wie Saladin später mit Rainald verfuhr, wird er wohl im Fall des Herrn von Kerak nicht die Absicht gehabt haben, Lösegeld für Rainald zu fordern.
10. Wilhelm von Tyrus, S. 1058.
11. Ibn Dschubair liefert auch eine detaillierte Beschreibung der Abgaben, die sowohl die Muslime als auch die Lateiner von »fremden« Händlern einzogen. Unter normalen Umständen zahlten muslimische Kaufleute, die entweder durch Transjordanien oder durch Galiläa reisten, den Franken eine Zollgebühr. Das könnte möglicherweise darauf schließen lassen, dass Saladin sich zum Teil deswegen auf diese beiden Regionen konzentrierte, weil er die Händler von Abgaben an die Christen befreien wollte. Ibn Dschubair, S. 300–301.
12. Lyons und Jackson, *Saladin*, S. 234–239. Ibn al-Athir berichtet (Bd. 2, S. 309): Nasir ad-Din »trank eine übergroße Menge Wein, und am Morgen war er tot. Ein paar Leute haben erzählt – sie sind es, die das behaupten, nicht ich –, dass Saladin einen Mann namens al-Nasih gedungen habe, der stammte aus Damaskus und sollte zu Nasir ad-Din gehen, mit ihm zechen und ihm einen vergifteten Trank verabreichen. Am Morgen danach war al-Nasih spurlos verschwunden.«
13. Lyons und Jackson, *Saladin*, S. 239–241.
14. Ehrenkreutz, *Saladin*, S. 237; Ellenblum, *Crusader Castles and Modern Histories*, S. 275 ff.
15. Wilhelm von Tyrus, S. 968. Ungefähr gleichzeitig pries Ibn Dschubair (S. 311) Saladins »denkwürdige Taten, die er auf weltlichem und religiösem Gebiet voll-

bracht hat, und seinen Eifer im ›heiligen Krieg‹ gegen die Feinde Gottes«, und er fügt hinzu, dass »seine Bemühungen um Gerechtigkeit und seine Kämpfe für die Verteidigung der islamischen Gebiete zu zahlreich sind, als dass man sie einzeln aufführen könnte«. Dieser Beleg ist aufschlussreich, weil er nicht durch spätere Ereignisse gefiltert und verfälscht wurde.

12

Der heilige Krieger

1. Lyons und Jackson, *Saladin*, S. 243–246.
2. S. Balog, *The Coinage of the Ayyubids* (London, 1980), S. 77; N. Jaspert, *Die Kreuzzüge*, S. 80.
3. Ibn al-Athir, Bd. 2, S. 320; Hillenbrand, *The Crusades: Islamic Perspectives*, S. 175–185.
4. Imad ed-Din, S. 22; C. S. Melville und M. C. Lyons, »Saladin's Hattin Letter«, in: *The Horns of Hattin*, hrsg. v. B. Z. Kedar (Jerusalem, 1992), S. 208–212.
5. Imad ed-Din, S. 23. Zu Saladins Sieg über die Franken: *Libellus de expugnatione Terrae Sanctae per Saladinum, Radulphi de Coggeshall Chronicon Anglicanum*, hrsg. v. J. Stevenson, Rolls Series 66 (London 1875), S. 209–262. Eine Übersetzung dieses Textes [ins Engl.] enthält J. A. Brundage, *The Crusades: A Documentary Survey* (Milwaukee, 1962), S. 153–163. Zur Schlacht von Hattin: Smail, *Crusading Warfare*, S. 189–197; S. Herde, »Die Kämpfe bei den Hörnern von Hattin und der Untergang des Kreuzritterheeres«, in: *Römische Quartalschrift für christliche Altertumskunde und Kirchengeschichte*, Bd. 61 (1966), S. 1–50; Lyons und Jackson, *Saladin*, S. 255–266; B. Z. Kedar, »The Battle of Hattin Revisited«, in: *The Horns of Hattin*, hrsg. v. B. Z. Kedar (Jerusalem 1992), S. 190–207.
6. Imad ed-Din, S. 25. Ich bin im Juli 1999 selbst durch Israel gewandert, von der Grenze zum Libanon bis nach Jerusalem, und bekam dabei am eigenen Leib zu spüren, wie überlebensnotwendig Wasser während eines Feldzugs im Hochsommer ist. Mein Wasserverbrauch erreichte an besonders heißen Tagen einen Spitzenwert von 17 Litern pro Tag! Ich hatte glücklicherweise mehr als genug Gelegenheiten, meine Wasserflaschen zu füllen – die Lateiner dagegen waren im Jahr 1187 in einer wesentlich unglücklicheren Lage.
7. Eracles, *L'Estoire de Eracles empereur et la conqueste de la Terre d'Outremer, RHC Occ.* II (Paris, 1859), S. 62–65; Ibn al-Athir, Bd. 2, S. 321; Imad ed-Din, S. 26.
8. Imad ed-Din, S. 26; Ibn al-Athir, Bd. 2, S. 322.
9. Ibn al-Athir, Bd. 2, S. 323; Imad ed-Din, S. 26.
10. Ibn al-Athir, Bd. 2, S. 323–324. Diese berühmte Episode taucht in mehreren muslimischen und christlichen Berichten auf, mit kleineren Abweichungen hinsichtlich des Verhaltens von Rainald (einige westliche Quellen behaupten, er habe

seine herausfordernde Haltung bis zum Schluss nicht aufgegeben) und bezüglich der Frage, ob Saladin Rainald eigenhändig getötet habe. Vgl. etwa Melville und Lyons, »Saladin's Hattin Letter«, S. 212; Imad ed-Din, S. 27–28; Baha al-Din, S. 74–75; *La Continuation de Guillaume de Tyr (1184–1197)*, hrsg. v. M. R. Morgan (Paris, 1982), S. 55–56.

11. Imad ed-Din, S. 28–29; Ibn al-Athir, Bd. 2, S. 324.
12. Imad ed-Din, S. 31. Ein ähnlich fürchterliches Spektakel dilettantischer Schlachterei zur Unterhaltung der zuschauenden Menge fand im Jahr 1178 statt. Damals wurde Imad ed-Din selbst von Saladin aufgefordert, an einer Massenhinrichtung von gefangenen Christen mitzuwirken; er lehnte jedoch ab, nachdem er feststellen musste, dass das Opfer, das man für ihn ausgelost hatte, noch ein kleiner Junge war. Lyons und Jackson, *Saladin*, S. 131–132. Melville und Lyons, »Saladin's Hattin Letter«, S. 210, 212; Z. Gal, »Saladin's Dome of Victory at the Horns of Hattin«, in: *The Horns of Hattin*, hrsg. v. B. Z. Kedar (Jerusalem, 1992), S. 213–215.
13. »Historia de expeditione Friderici Imperatoris«, in: *Quellen zur Geschichte des Kreuzzuges Kaiser Friedrichs I.*, hrsg. v. A. Chroust, *Monumenta Germaniae Historica: Scriptores rerum Germanicarum in usum scholarum* (Berlin, 1928), S. 2–4; *La Continuation de Guillaume de Tyr*, S. 56–58. Akkons immenser Reichtum und seine wertvollen Ländereien wurden an drei der wichtigsten Befehlshaber Saladins verteilt – al-Afdal, Taqi ad-Din und Isa –, obwohl sogar Imad ed-Din später zugab, der Sultan wäre besser beraten gewesen, wenn er wenigstens einen kleinen Teil der Beute für seine eigene Schatzkammer in Anspruch genommen hätte. Zu Saladins Strategie nach Hattin: W. J. Hamblin, »Saladin and Muslim Military Theory«, in: *The Horns of Hattin*, hrsg. v. B. Z. Kedar (Jerusalem, 1992), S. 228–238.
14. Ibn al-Athir, Bd. 2, S. 328; Runciman, *A History of the Crusades*, Bd. 2, S. 471 [dt. S. 766].
15. Diese enorm einflussreichen Vorstellungen kann man durch die gesamte moderne Forschung hindurch verfolgen. In den 1950er-Jahren schrieb Hamilton Gibb, Jerusalem habe sich »zu Bedingungen« ergeben, »die – wenn es dessen bedurft hätte – Saladins Ruf eines unendlich wohlwollenden und großzügigen Mannes bestätigten«. (»Saladin«, S. 586). Ungefähr gleichzeitig äußerte Steven Runciman – dessen dreibändige Darstellung der Kreuzzüge trotz ihrer vielen historischen Ungenauigkeiten immer noch breit rezipiert wird –, der Sultan habe bei den Verhandlungen mit Balian eigens auf die Ereignisse des Jahres 1099 hingewiesen. Runciman fügte hinzu, dass »Saladin zu Großmut bereit war, wenn nur seine Macht anerkannt wurde, und er wünschte auch, dass Jerusalem so wenig Schaden nehmen solle wie möglich« (*Eine Geschichte der Kreuzzüge*, S. 764). Auch Hans Mayer äußerte sich 1988 ähnlich: Die Bewohner Jerusalems »hatten Grund zur Dankbarkeit, dass sie der Gnade eines gnädigen Feindes ausgeliefert waren« (*The*

Crusades, S. 135–136). Und Carole Hillenbrand strich in ihrer bahnbrechenden Studie zu den Kreuzzügen aus islamischer Perspektive (1999) die Großherzigkeit Saladins heraus: Für die muslimischen Chronisten sei »der Propagandawert der unblutigen Eroberung Jerusalems durch Saladin viel höher zu veranschlagen« gewesen »als die schnell bezwungene Versuchung, Vergeltung zu üben« (*The Crusades: Islamic Perspectives*, S. 316).

16. Imad ed-Din, *Arab Historians of the Crusades*, S. 156–158. Massé behauptet an dieser Stelle (S. 46, Nr. 2), dass Abu Shama Imad ed-Dins Bericht aufgreift (obwohl das nicht der Fall ist), und gibt daher diesen Teil des Textes nicht wieder. Ich zitiere deshalb hier die Übersetzung von Gabrieli. Baha al-Din, S. 77–78; Lyons und Jackson, *Saladin*, S. 273–276; Richard, *The Crusades*, S. 210. Erst in späteren Quellen wird auf den Präzedenzfall des ersten Kreuzzugs Bezug genommen: Ibn al-Athir, Bd. 2, S. 332; *La Continuation de Guillaume de Tyr*, S. 66–67.
17. Möglicherweise versuchte Saladin Anfang September eine Übergabe Jerusalems auf dem Verhandlungsweg zu erreichen, während er mit der Belagerung Askalons beschäftigt war, die Franken jedoch lehnten ab. *La Continuation de Guillaume de Tyr*, S. 61–63; Lyons und Jackson, *Saladin*, S. 271–272.
18. Imad ed-Din, *Arab Historians of the Crusades*, S. 158; Ibn al-Athir, Bd. 2, S. 333–334. Das Hospital in Jerusalem durfte noch ein weiteres Jahr geöffnet bleiben, um den Patienten nicht unnötig Schaden zuzufügen; danach wurde es in eine Schule für islamisches Recht umgewandelt. Saladin folgte außerdem einer Bitte Isas und erlaubte den »östlichen« Christen, in der Heiligen Stadt zu bleiben, wenn sie sich mit dem Status als Untertanen abfanden und ein Lösegeld bezahlten sowie die für unter islamischer Herrschaft lebende Nichtmuslime übliche Kopfsteuer.
19. Lyons und Jackson, *Saladin*, S. 275–276.
20. Hillenbrand, *The Crusades: Islamic Perspectives*, S. 188–192, 286–291, 298–301, 317–319.
21. Ibn al-Athir, Bd. 2, S. 335; Hillenbrand, *The Crusades: Islamic Perspectives*, S. 316.

13

Zum Kreuzzug gerufen

1. Der dritte Kreuzzug ist die erste Unternehmung dieser Art, für die den modernen Historikerinnen und Historikern ausführliche, detaillierte Augenzeugenberichte sowohl von lateinisch-christlicher wie auch von muslimischer Seite vorliegen. Zu den westlichen Beobachtern gehört Ambroise, ein normannischer Geistlicher, der mit Richard Löwenherz auszog und zwischen 1194 und 1199 ein über 12 000 Verse umfassendes Epos in altfranzösischer Sprache verfasste, die *Estoire de la guerre sainte (Geschichte des Heiligen Krieges)*, in dem er von dem Feldzug berichtet. Die Darstellung von Ambroise wurde wahrscheinlich von

einem anderen Kreuzfahrer, Richard de Templo, benutzt für seine erzählende Darstellung der Geschichte des Kreuzzugs in lateinischer Sprache, dem *Itinerarium Peregrinorum et Gesta Regis Ricardi (Die Reise der Pilger und die Taten König Richards)*. Die Erzählungen, Biografien und Briefe, die von drei hohen Beamten an Saladins Hof verfasst wurden – von Imad ed-Din, Baha al-Din und dem Kadi al-Fadil – lassen wertvolle Rückschlüsse auf die muslimische Deutung der Kreuzzüge zu. Außerdem erlauben sie einen Vergleich mit den Texten des Historikers Ibn al-Athir aus Mosul, der den Ajjubiden kritisch gegenüberstand. Trotz dieser Fülle an Primärmaterial gibt es einen erstaunlichen Mangel an maßgeblichen Forschungen aus neuerer Zeit, die sich speziell mit dem dritten Kreuzzug befassen. Daher habe ich den dritten Teil dieses Buches ausschließlich dem dritten Kreuzzug gewidmet. Die wichtigsten Primärquellen für diesen Feldzug sind Baha al-Din, S. 78–245; Imad ed-Din, S. 63–434; Ibn al-Athir, Bd. 2, S. 335–409; Abu Shama, *Le Livre des Deux Jardins*, *RHC Or.* IV, S. 341–522, V, S. 3–101; Ambroise, *The History of the Holy War: Ambroise's Estoire de la Guerre Sainte*, hrsg. und übers. v. M. Ailes und M. Barber, 2 Bde. (Woodbridge, 2003) (sämtliche Angaben zu Ambroise beziehen sich im Folgenden auf die altfranzösische Versversion in Bd. I). *Itinerarium Peregrinorum et Gesta Regis Ricardi*, *Chronicles and Memorials of the Reign of Richard I*, Bd. 1, hrsg. v. W. Stubbs, Rolls Series 38 (London, 1864). Eine [englische] Übersetzung und eine nützliche Einführung in die komplexe Problematik des Textes bietet die *Chronicle of the Third Crusade: A Translation of the Itinerarium Peregrinorum et Gesta Regis Ricardi*, übers v. H. Nicholson (Aldershot, 1997). *La Continuation de Guillaume de Tyr*, S. 76–158. Eine [englische] Übersetzung dieses Textes und einiger weiterer Quellen aus diesem Kontext in S. W. Edbury (Übers.), *The Conquest of Jerusalem and the Third Crusade: Sources in Translation* (Aldershot, 1996). Dazu außerdem: C. Hanley, »Reading the Past through the Present: Ambroise, the Minstrel of Reims, and Jordan Fantosme«, in: *Mediaevalia*, Bd. 20 (2001), S. 263–281; M. J. Ailes, »Heroes of War: Ambroise's Heroes of the Third Crusade«, in: *Writing War: Medieval Literary Responses*, hrsg. v. F. Le Saux und C. Saunders (Woodbridge, 2004); S. W. Edbury, »The Lyon Eracles and the Old French Continuations of William of Tyre«, in: *Montjoie: Studies in Crusade History in Honour of Hans Eberhard Mayer*, hrsg. v. B. Z. Kedar, J. S. C. Riley-Smith und R. Hiestand (Aldershot, 1997), S. 139–153. An Sekundärliteratur zum dritten Kreuzzug ist zu nennen: S. Painter, »The Third Crusade: Richard the Lionhearted and Philipp Augustus«, in: *A History of the Crusades*, Bd. 2, hrsg. v. K. M. Setton (Madison, 1969), S. 45–85; Lyons und Jackson, *Saladin*, S. 279–363; H. Möhring, *Saladin und der dritte Kreuzzug* (Wiesbaden, 1980); J. Gillingham, *Richard I* (New Haven und London, 1999); Tyerman, *God's War*, S. 375–474.

2. *Annales Herbipolenses, Monumenta Germaniae Historica, Scriptores*, hrsg v. G. H. Pertz et al., Bd. 16 (Hannover, 1859), S. 3.
3. A. Haverkamp, *Medieval Germany, 1056–1273* (Oxford, 1988); E. Hallam, *Capetian France, 987–1328*, 2. Aufl. (Harlow, 2001); W. L. Warren, *Henry II* (London, 1973); J. Gillingham, *The Angevin Empire*, 2. Aufl. (London, 2001).
4. *Historia de expeditione Friderici Imperatoris*, S. 6–10. Eine [englische] Übersetzung der Bulle »Audita Tremendi« findet sich in Riley-Smith, *The Crusades: Idea and Reality*, S. 63–67.
5. Gerald of Wales [Giraldus Cambrensis], *Journey through Wales*, übers. v. L. Thorpe (London, 1978), S. 204. Zur Predigtkampagne für den dritten Kreuzzug: C. J. Tyerman, *England and the Crusades* (Chicago, 1988), S. 59–75; Tyerman, *God's War*, S. 376–399. Nach muslimischen Zeugnissen benutzten lateinische Prediger in Europa auch große Gemälde, auf denen zum Beispiel die Entweihung des Heiligen Grabes dargestellt war –, um ihre Zuhörer aufzuwiegeln und die Rekrutierung anzuheizen. Baha al-Din, S. 125; Ibn al-Athir, Bd. 2, S. 363. In westlichen Quellen ist davon nichts erwähnt.
6. Routledge, »Songs«, S. 99. Andere Autoren weiteten diese Gedanken noch aus. Vor allem wurde denjenigen, die nicht das Kreuz nahmen, Feigheit und Kampfunwille vorgeworfen. In einigen Kreisen wurde es Sitte, denen, die nicht mitzogen, »Wolle und einen Spinnrocken« zu geben, um deutlich zu machen, dass sie zu nichts anderem imstande seien als zu Frauenarbeit – ein früher Vorläufer der weißen Feder.
7. *Itinerarium Peregrinorum*, S. 33; Routledge, »Songs«, S. 108.
8. *Itinerarium Peregrinorum*, S. 143–144.
9. Gillingham, *Richard I*, S. 1–23. Im Jahr 1786 machte sich der englische Historiker David Hume über Richard Löwenherz lustig, der England vernachlässigt habe; die eigentliche Flut der Kritik begann jedoch im Jahr 1867 mit William Stubbs, der den König als »einen schlechten Sohn« beschrieb, »einen schlechten Ehemann, einen egoistischen Herrscher und einen Bösewicht«, »einen blutrünstigen Menschen [...], dem blutiges Gemetzel zu leichtfiel«. In Frankreich schloss sich 1936 René Grousset dieser Auffassung an. Er charakterisierte Richard als »brutalen, undiplomatischen Ritter«; in A. L. Pooles Geschichte Englands im Mittelalter aus dem Jahr 1955 heißt es, Richard habe »England quasi als Bankkonto benutzt, auf das er wieder und wieder zurückgreifen, das er aber auch überziehen konnte, um seine ehrgeizigen Großtaten im Ausland zu finanzieren«. 1974 erklärte der amerikanische Historiker James Brundage, Richard sei eine »unvergleichlich effiziente Tötungsmaschine« gewesen, dafür »am Verhandlungstisch eine komplette Fehlbesetzung«, und er schließt mit der selbstbewussten Beobachtung, dass Richard I. »mit Sicherheit einer der schlechtesten Herrscher« war, »die England je hatte«.

Während der viktorianischen Epoche hielt dieser vernichtenden Abwertung immerhin die volkstümliche Romantisierung der Regierungszeit Richards die Waage, etwa in den Romanen Walter Scotts. Mitte des 19. Jahrhunderts wurde eine monumentale Bronzestatue von Richard Löwenherz auf seinem Streitross vor den Houses of Parliament in London aufgestellt, womit man dem »großen englischen Helden« Tribut zollte. Finanziert wurde dieses Denkmal durch öffentliche Subskription. Weitere wissenschaftliche Untersuchungen zu Richard I. aus jüngerer Zeit: J. L. Nelson (Hrsg.), *Richard Cœur de Lion in History and Myth* (London, 1992); J. Gillingham, »Richard I and the Science of War«, in: *War and Government: Essays in Honour of J. O. Prestwich*, hrsg. v. J. Gillingham und J. C. Holt (Woodbridge, 1984), S. 78–79; R. A. Turner und R. Heiser, *The Reign of Richard the Lionheart: Ruler of the Angevin Empire* (London, 2000); J. Flori, *Richard the Lionheart: Knight and King* (London, 2007). Außer den Zeugnissen bei Ambroise und im *Itinerarium Peregrinorum* sind die wichtigsten Primärquellen für Richard und den Kreuzzug Roger of Howden, *Gesta Regis Henrici II et Ricardi I*, 2 Bde., hrsg. v. W. Stubbs, Rolls Series 49 (London, 1867); Roger of Howden, *Chronica*, Bde. 3 und 4, hrsg. v. W. Stubbs, Rolls Series 51 (London, 1870). Zu Roger: J. Gillingham, »Roger of Howden on Crusade«, in: *Medieval Historical Writing in the Christian and Islamic Worlds*, hrsg. v. D. O. Morgan (London, 1982). Richard of Devizes, *The Chronicle of Richard of Devizes of the Time of Richard the First*, hrsg. u. übers. v. J. T. Appleby (London, 1963); William of Newburgh, *Historia Rerum Anglicarum, Chronicles of the Reigns of Stephen, Henry II and Richard I*, Bd. 1, hrsg. v. R. Howlett, Rolls Series 82 (London, 1884); Ralph of Coggeshall, *Chronicon Anglicanum*, hrsg. v. J. Stevenson, Rolls Series 66 (London, 1875); Ralph of Diceto, *Ymagines Historiarum, The Historical Works of Master Ralph of Diceto*, Bd. 2, hrsg. v. W. Stubbs, Rolls Series 68 (London, 1876).

10. *Itinerarium Peregrinorum*, S. 143.
11. Roger of Howden, *Gesta*, Bd. 2, S. 29–30. Zu Philipp August: J. Richard, »Philippe Auguste, la croisade et le royaume«, in: *La France de Philippe Auguste: Le temps des mutations*, hrsg. v. R.-H. Bautier (Paris, 1982), S. 411–424; J. W. Baldwin, *The Government of Philipp Augustus: Foundations of French Royal Power in the Middle Ages* (Berkeley und London, 1986); J. Bradbury, *Philipp Augustus, King of France, 1180–1223* (London, 1998); J. Flori, *Philippe Auguste, roi de France* (Paris, 2002).
12. Zu Friedrich Barbarossa und seinem Kreuzzug: P. Munz, *Frederick Barbarossa: A Study in Medieval Politics* (London, 1969); F. Opll, *Friedrich Barbarossa* (Darmstadt, 1990); E. Eickhoff, *Friedrich Barbarossa im Orient: Kreuzzug und Tod Friedrichs I.* (Tübingen, 1977); R. Chazan, »Emperor Frederick I, the Third Crusade and the Jews«, in: *Viator*, Bd. 8 (1977), S. 83–93; Lilie, *Byzantium and the Crusader*

States, S. 230–242; H. E. Mayer, »Der Brief Kaiser Friedrichs I. an Saladin vom Jahre 1188«, in: *Deutsches Archiv für Erforschung des Mittelalters*, Bd. 14 (1958), S. 488–494; C. M. Brand, »The Byzantines and Saladin, 1185–92: Opponents of the Third Crusade«, in: *Speculum*, Bd. 37 (1962), S. 167–181. Früher nahm man an, Friedrich selbst habe zu diesem Zeitpunkt mit Saladin Kontakt aufgenommen, doch die beiden lateinisch geschriebenen Briefe, die angeblich Abschriften ihrer Korrespondenz waren, haben sich mittlerweile als Fälschungen herausgestellt. Allerdings ändert das nichts daran, dass Barbarossa wahrscheinlich in den 1170er-Jahren mit Saladin in irgendeiner Art von diplomatischem Kontakt stand.

13. Gerald von Wales, »Liber de Principis Instructione«, in: *Giraldi Cambrensis Opera*, Bd. 8, hrsg. v. G. F. Warner, Roll Series 21 (London, 1867), S. 296.
14. Auch die Zahl der Angeworbenen wurde durch die Abgabe noch einmal beeinflusst, weil jeder, der sich dem Kreuzzug anschloss, von Steuern befreit war; das hatte zur Folge, wie Roger von Howden beobachtete, dass »alle wohlhabenden Männer [des angevinischen Reichs], geistliche wie weltliche Herren, in Scharen herbeigeeilt kamen, um das Kreuz zu nehmen«. Roger of Howden, *Gesta*, Bd. 2, S. 32, 90.
15. Roger of Howden, *Gesta*, Bd. 2, S. 110–111. Zur Frage des Transports auf dem Seeweg: J. H. Pryor, *Geography, Technology and War: Studies in the Maritime History of the Mediterranean, 649–1571* (Cambridge, 1987); J. H. Pryor, »Transportation of Horses by Sea during the Era of the Crusades: Eighth Century to 1285 A. D., Part I: To c. 1225«, in: *The Mariner's Mirror*, Bd. 68 (1982), S. 9–27, 103–125.
16. Roger of Howden, *Gesta*, Bd. 2, S. 151–155; Gillingham, *Richard I*, S. 123–139.

14

Neue Herausforderungen für den Eroberer

1. Lyons und Jackson, *Saladin*, S. 277, 280–281.
2. Ibn Dschubair, S. 319; D. Jacoby, »Conrad, Marquis of Montferrat, and the Kingdom of Jerusalem (1187–92)«, in: *Dai feudi monferrini edal Piemonte ai nuovi mondi oltre gli Oceani* (Alessandria, 1993), S. 187–238.
3. Roger of Howden, *Gesta*, Bd. 2, S. 40–41; Ibn al-Athir, Bd. 2, S. 337.
4. Imad ed-Din, S. 108. Eine Darstellung des Werdegangs von Baha al-Din findet sich in Donald Richards' Einleitung zu seiner Übersetzung der *Geschichte Saladins* von Baha al-Din (Baha al-Din, S. 1–9). Außerdem: Richards, »A Consideration of two Sources for the Life of Saladin«, S. 46–65.
5. Lyons und Jackson, *Saladin*, S. 296, 307.
6. Ambroise, S. 44–45, gibt an, dass Guido an der Spitze von 400 Rittern und 7000 Fußsoldaten anrückte. *Itinerarium Peregrinorum*, S. 61, spricht von 700 Rittern und einer Gesamtstreitmacht von 9000 Männern.

7. Ibn Dschubair, S. 318; *Itinerarium Peregrinorum*, S. 75–76. Zur Belagerung von Akkon und zu Belagerungswaffen allgemein: Rogers, *Latin Siege Warfare*, S. 212–236, 251–273. Zur Topografie Akkons: D. Jacoby, »Crusader Acre in the Thirteenth Century: Urban Layout and Topography«, in: *Studia Medievali*, 3. Serie, Bd. 10 (1979), S. 1–45; D. Jacoby, »Montmusard, Suburb of Crusader Acre: The first Stage of its Development«, in: *Montjoie: Studies in Crusade History in Honour of Hans Eberhard Mayer*, hrsg. v. B. Z. Kedar, J. S. C. Riley-Smith und R. Hiestand (Aldershot, 2000), S. 205–217.
8. *La Continuation de Guillaume de Tyr*, S. 89; Ambroise, S. 45. Andere Namen für Toron, den Hügel, auf dem Guido sich festsetzte, sind Tell al-Musallabin oder Tell al-Fukhkar.
9. Abu Shama, S. 412–415; *Itinerarium Peregrinorum*, S. 67.
10. Ambroise, S. 46; *Itinerarium Peregrinorum*, S. 67.
11. Imad ed-Din, S. 172; Lyons und Jackson, *Saladin*, S. 301–302.
12. Baha al-Din, S. 102–103; *Itinerarium Peregrinorum*, S. 70, 72.
13. Baha al-Din, S. 104; Tyerman, *God's War*, S. 353–354.
14. *Itinerarium Peregrinorum*, S. 73; Ibn al-Athir, Bd. 2, S. 369.
15. Baha al-Din, S. 107–108; Ambrosius, S. 52.
16. Imad ed-Din, *Arab Historians of the Crusades*, übers. v. F. Gabrieli, S. 204–206; Baha al-Din, S. 27, 100–101; Ambroise, S. 55, 58; B. Z. Kedar, »A Western Survey of Saladin's Forces at the Siege of Acre«, in: *Montjoie: Studies in Crusade History in Honour of Hans Eberhard Mayer*, hrsg. v. B. Z. Kedar, J. S. C. Riley-Smith und R. Hiestand (Aldershot, 2000), S. 113–122.
17. Ambroise, S. 52, 55; *Itinerarium Peregrinorum*, S. 80, 82; Baha al-Din, S. 124, 127.
18. Sein Sohn al-Zahir von Aleppo und Kukburi von Harran stießen am 4. Mai zu Saladin; am 29. Mai kam Imad ad-Din Zangi, der Herr von Sindschar, am 13. Juni Sanjar Shah, der Herr von Jaziral; am 15. Juni trafen Truppen aus Mosul ein unter Ala ad-Din, dem Sohn von Izz ad-Din Masud; Ende Juni oder Anfang Juli kam Zayn ad-Din aus Irbil. Baha al-Din, S. 109–112.
19. Baha al-Din, S. 106; Lyons und Jackson, *Saladin*, S. 312–313, 316. Saladin schickte Truppen nach Manbij, Kafartab, Baalbek, Shaizar, Aleppo und Hama. Unter den Kämpfern, die von Akkon abgezogen wurden, befand sich auch al-Zahir.
20. Baha al-Din, S. 124.
21. Baha al-Din, S. 110–111; Ibn al-Athir, Bd. 2, S. 373; Ambroise, S. 55.
22. Baha al-Din, S. 123; Ambroise, S. 59.
23. *La Continuation de Guillaume de Tyr*, S. 105; *Itinerarium Peregrinorum*, S. 74; Ambroise, S. 56.
24. *La Continuation de Guillaume de Tyr*, S. 98; Ibn al-Athir, Bd. 2, S. 375.
25. Ambroise, S. 52, 61–63. Die Anwesenheit Friedrichs von Schwaben, der als Herr-

scher einen so großen Teil seines Heeres verloren hatte, ließ komplizierte Fragen zum Oberkommando und zum Status von König Guido aufkommen. Baha al-Din (S. 128–131) glaubt, dass Friedrich kurze Zeit nach seinem Eintreffen eine neue Offensive gegen Akkon anführte, bei der er mit einer neuen Militärtechnik experimentierte. Es handelte sich dabei um das mittelalterliche Äquivalent eines Panzers – ein riesiges Gebilde auf Rädern, überzogen mit Metallplatten, in dem sich ein massiver Rammbock mit einer Eisenspitze befand. Lateinische Augenzeugen berichten allerdings, der Anstoß dazu sei von den Franzosen ausgegangen; jedenfalls wurde der »Panzer«, als er am Fuß der Stadtmauern angekommen war, alsbald unter einer Ladung von Wurfgeschossen und dem Beschuss mit griechischem Feuer zerstört.

26. Baha al-Din, S. 130, 132; Lyons und Jackson, *Saladin*, S. 318–320. Ungefähr zur selben Zeit wurde in Ägypten mit Nachdruck an der Verstärkung der Verteidigungsanlagen von Alexandria und Damiette gearbeitet, und in ganz Syrien wurde der Befehl ausgegeben, Getreide aus der diesjährigen Ernte für den Fall einer Invasion einzulagern.
27. Baha al-Din, S. 140, 143; Lyons und Jackson, *Saladin*, S. 323–324; *Itinerarium Peregrinorum*, S. 127, 129–130; Ambroise, S. 68–71, 73.
28. Baha al-Din, S. 141–142; Lyons und Jackson, *Saladin*, S. 323–325.

15
Die Ankunft der Könige

1. Ambroise, S. 38; Baha al-Din, S. 150.
2. *Itinerarium Peregrinorum*, S. 204–205; S. W. Edbury, *The Kingdom of Cyprus and the Crusades, 1191–1374* (Cambridge, 1991), S. 1–12.
3. Baha al-Din, S. 145, 149–150; *La Continuation de Guillaume de Tyr*, S. 109, 111.
4. Baha al-Din, S. 146; R. Heiser, »The Royal *Familiares* of King Richard I«, in: *Medieval Prosopography*, Bd. 10 (1989), S. 25–50.
5. *Itinerarium Peregrinorum*, S. 206, 211; Baha al-Din, S. 155.
6. Baha al-Din, S. 153, 156, 159.
7. *Itinerarium Peregrinorum*, S. 211; Ambroise, S. 74.
8. *Codice Diplomatico della repubblica di Genova*, hrsg. v. C. Imperiale di Sant'Angelo, 3 Bde. (Genua, 1936–1942), Bd. II, Nr. 198, S. 378–380; J. S. C. Riley-Smith, *The Feudal Nobility and the Kingdom of Jerusalem, 1174–1277* (London, 1973), S. 112–117.
9. *Itinerarium Peregrinorum*, S. 218–219. Details zu diesen Belagerungswaffen, ihren Ursprüngen und ihrer Bauweise können kaum rekonstruiert werden, da die zeitgenössischen Quellen enttäuschend ungenau sind. Es ist möglich, dass diese Steinwurfmaschinen nach dem Hebelarmprinzip funktionierten (ein Gegengewicht sorgte für die notwendige Beschleunigung – die Norm waren Katapulte,

die mit Zugkraft arbeiteten). Es ist auch möglich, dass die Technologie und die Materialien für diese Maschinen aus Europa mitgebracht wurden oder dass gefangen genommene Ingenieure deren Entwicklung vorantrieben. Die Datierung des Angriffs, den Philipp August allein unternahm, ist problematisch, er fand irgendwann zwischen dem 17. Juni und dem 1. Juli statt. Hugo von Burgund, die Tempelritter und die Johanniter hatten wahrscheinlich jeweils ihre eigenen Katapulte. Richard ließ offenbar in Akkon einen Belagerungsturm bauen, der durch »Leder, Seile und Holz« geschützt war, doch scheint diese Konstruktion beim Angriff keine größere Rolle gespielt zu haben.

10. Baha al-Din, S. 155–157.
11. Baha al-Din, S. 156–157; *Itinerarium Peregrinorum*, S. 223–234.
12. Ambroise, S. 80; *Itinerarium Peregrinorum*, S. 225.
13. Ambroise, S. 82, 84; Baha al-Din, S. 161; *La Continuation de Guillaume de Tyr*, S. 125.
14. Baha al-Din, S. 161; Imad ed-Din, S. 318; *Itinerarium Peregrinorum*, S. 233; Ambroise, S. 84.
15. *Itinerarium Peregrinorum*, S. 233–234.
16. Baha al-Din, S. 162; Lyons und Jackson, *Saladin*, S. 331; Gillingham, *Richard I*, S. 162; Pryor, *Geography, Technology and War*, S. 125–130.
17. Ambroise, S. 85; Rigord, *»Gesta Philippi Augusti«, Œuvres de Rigordet de Guillaume le Breton*, hrsg. v. H. F. Delaborde, Bd. 1 (Paris, 1882), S. 116–117; Howden, *Gesta*, Bd. 2, S. 181–183; Gillingham, *Richard I*, S. 166.
18. *»Epistolae Cantuarienses«, Chronicles and Memorials of the Reign of Richard I*, hrsg. v. W. Stubbs, Bd. 2, Rolls Series 88 (London, 1865), S. 347.
19. Baha al-Din, S. 164–165; Imad ed-Din, S. 330; Ibn al-Athir, Bd. 2, S. 390; Lyons und Jackson, *Saladin*, S. 331–333.
20. Howden, *Chronica*, Bd. 3, S. 127, 130–131; Howden, *Gesta*, Bd. 2, S. 187, 189; Ambroise, S. 87–89; *Itinerarium Peregrinorum*, S. 240–243; *La Continuation de Guillaume de Tyr*, S. 127–129; *»Historia de expeditione Friderici Imperatoris«*, S. 99; R. Grousset, *Histoire des Croisades*, 3 Bde. (Paris, 1936), Bd. 3, S. 61–62; Gillingham, *Richard I*, S. 166–171.

16
Löwenherz

1. Richard profitierte außerdem sehr davon, dass er enge Beziehungen zu den führenden Männern der beiden wichtigsten Ritterorden unterhielt. Robert von Sablé, der im Jahr 1191 die frei gewordene Position des Großmeisters der Templer übernahm, war einer der führenden Vasallen Richards aus dem Sarthe-Tal und hatte während der Reise in die Levante als einer von fünf Kommandanten den Ober-

befehl über die Flotte gehabt. Garnier von Nablus, der Ende 1189 oder Anfang 1190 zum Großmeister der Johanniter gewählt wurde, war ehemaliger Prior von England und Großkomtur von Frankreich. Er kam mit Richards Heer in den Vorderen Orient.

2. Smail, *Crusading Warfare*, S. 163; Gillingham, *Richard I*, S. 174; J. F. Verbruggen, *The Art of Warfare in Western Europe during the Middle Ages* (Woodbridge, 1997), S. 232–239; Ambroise, S. 91–92.
3. Ambroise, S. 92.
4. Baha al-Din, S. 170; Ambroise, S. 93.
5. Ambroise, S. 94; Baha al-Din, S. 170.
6. Ambroise, S. 96; *Itinerarium Peregrinorum*, S. 253, 258–259; Baha al-Din, S. 171.
7. Ambroise, S. 97; Baha al-Din, S. 171–172.
8. Baha al-Din, S. 172–173; Ambroise, S. 98; Lyons und Jackson, *Saladin*, S. 336.
9. Ambroise, S. 99–107; *Itinerarium Peregrinorum*, S. 260–280; Howden, *Chronica*, Bd. 3, S. 130–133; Baha al-Din, S. 174–176; Imad ed-Din, S. 344.
10. Ambroise, S. 100–101, 103.
11. *Itinerarium Peregrinorum*, S. 264; Howden, *Chronica*, Bd. 3, S. 131; Baha al-Din, S. 175.
12. *Itinerarium Peregrinorum*, S. 268–269; Ambroise, S. 104.
13. *Itinerarium Peregrinorum*, S. 270; Howden, *Chronica*, Bd. 3, S. 129–131. Richard verfasste am selben Tag noch einen zweiten Brief (der sich insgesamt an die Untertanen seines Königreichs wandte), in dem von der Schlacht noch weniger die Rede war. Darin hieß es lediglich: »Als wir uns Arsuf näherten, fiel Saladin über uns her.«
14. *Itinerarium Peregrinorum*, S. 274–277; Ambroise, S. 107–109. Richard I. bezeichnete Jakob von Avesnes als den »besten Mann, dessen Verdienste ihn im ganzen Heer beliebt machten«, und als die »Säule« des Kreuzzugs (Howden, *Chronica*, Bd. 3, S. 129–131). Ambroise beschreibt die Umstände des Todes von Jakob folgendermaßen: »Es gab einige, die ihm nicht zu Hilfe eilten, was zu viel Gerede führte; es sei einer der Barone von Frankreich gewesen, behaupteten sie, der Graf von Dreux, er und seine Männer. Ich habe von so vielen Seiten böse Gerüchte gehört, dass sie wohl nicht zu leugnen sind.« Leider gibt es keine nähere Angabe zu den Gründen, warum Robert von Dreux Jakob nicht half.
15. Flori, *Richard the Lionheart*, S. 137–138. Viele Historikerinnen und Historiker haben ähnliche Auffassungen geäußert, in dem Sinne, dass Richard bei Arsuf aktiv auf die Schlacht hingewirkt habe. Dazu gehören: Gillingham (*Richard I*, S. 173–178), der explizit angibt, dass seine Darstellung der Ereignisse von Arsuf auf Ambroise beruht, und der die Schlacht als den »Gipfelpunkt von Richards Ruhm«, das Vorgehen des Königs während des Kampfes als »meisterhaft« bezeichnet; Ver-

bruggen (*The Art of Warfare*, S. 232), der in Arsuf »den letzten großen Triumph der Christen im Vorderen Orient« sieht; und S. Runciman (»The Kingdom of Acre and the Later Crusades«, in: *A History of the Crusades*, Bd. 3 [Cambridge, 1954], S. 57 [dt. S. 829]), der der »glänzenden Feldherrenkunst« von Löwenherz Beifall zollte. Tyerman (*God's War*, S. 458–459) bewertet die Bedeutung der Schlacht als etwas geringer, bleibt jedoch dabei, dass Richard Saladin in einen Kampf verwickeln wollte und einen massiven Angriff der Kavallerie plante. Andere, wie etwa J. P. Phillips (*The Crusades, 1095–1197* [London, 2002], S. 146, 151) rühmen Richards »brillante Feldherrnkunst bei Arsuf« und lassen die Frage, ob Richard es von Anfang an auf eine Schlacht anlegte, ganz außen vor. Smail (*Crusading Warfare*, S. 163) beschreibt Arsuf zwar als ein Ereignis, das lediglich einen quasi natürlichen Bestandteil eines Heeresmarschs darstellt, doch auch er ist überzeugt, dass Richard den Angriff der Kreuzfahrer geplant hatte (S. 128–129).

16. Baha al-Din, S. 175–177; Lyons und Jackson, *Saladin*, S. 338–339.

17
Jerusalem

1. Baha al-Din, S. 178; Lyons und Jackson, *Saladin*, S. 338–342.
2. *Itinerarium Peregrinorum*, S. 284; Ambroise, S. 114. Es kann kaum bezweifelt werden, dass Richard seit diesem Herbst einen Feldzug nach Ägypten in Erwägung zog. In Briefen an die Genuesen aus dem Oktober des Jahres 1191 ist von Plänen die Rede, im kommenden Sommer »mit all unseren Truppen nach Ägypten zu eilen«, »zum Nutzen« des Heiligen Landes. *Codice Diplomatico della repubblica di Genova*, Bd. 3, S. 19–21. Richard zeigte bemerkenswertes diplomatisches Geschick darin, sich die Unterstützung der Genuesen zu erschmeicheln, während er sich gleichzeitig den Rückhalt seiner bewährten Verbündeten, der Pisaner, bewahrte. Favreau-Lilie, *Die Italiener im Heiligen Land*, S. 288–293.
3. *Itinerarium Peregrinorum*, S. 293; Ambroise, S. 118–119; Gillingham, »Richard I and the Science of War«, S. 89–90; D. Pringle, »Templar Castles between Jaffa and Jerusalem«, in: *The Military Orders*, Bd. 2, hrsg. v. H. Nicholson (Aldershot, 1998), S. 89–109.
4. Baha al-Din, S. 179.
5. Baha al-Din, S. 185–188; Imad ed-Din, S. 349–351. Gillingham, *Richard I*, S. 183–185; Lyons und Jackson, *Saladin*, S. 342–343. Die altfranzösische Fortsetzung von Wilhelm von Tyrus (*La Continuation de Guillaume de Tyr*, S. 151) erwähnt die geplante Heirat zwischen al-Adil und Johanna, doch dieser Text (auch bekannt unter dem Titel »Lyon *Eracles*«) entstand erst in der Mitte des 13. Jahrhunderts. Der Grund für die Weigerung Johannas ist nicht mit Sicherheit rekonstruierbar. Baha al-Din berichtet, sie sei sehr wütend geworden, als Richard

ihr seinen Plan schließlich enthüllte. Imad ed-Din dagegen meint, sie sei zu einer solchen Verbindung durchaus bereit gewesen, doch der lateinische Klerus habe sie zur Ablehnung gezwungen.

6. Baha al-Din, S. 193–195; Imad ed-Din, S. 353–354; Ibn al-Athir, Bd. 2, S. 392; *Itinerarium Peregrinorum*, S. 296; Ambroise, S. 120. Imad ed-Din bezeichnet Richards Vorschläge als Heuchelei. Baha al-Din hingegen erklärt, dass Saladins eigentliches Ziel darin bestand, »die Friedensgespräche zu unterlaufen«. Er berichtet von einer Unterredung, in der der Sultan darauf hinwies, dass mit einem Friedensschluss die Gefahren für den Islam nicht beseitigt sein würden. Er nahm den Zusammenbruch der muslimischen Einheit nach seinem Tod sowie die wiedererstarkende Macht der Franken vorweg, als er sagte: »Wir tun am besten daran, den Dschihad fortzusetzen, bis wir sie von der Küste vertrieben haben oder selber sterben.« Baha al-Din schließt, dass »dies seine eigene Auffassung war, und nur gegen seinen Willen konnte er dazu bewegt werden, Frieden zu schließen«. Allerdings handelt es sich hierbei wahrscheinlich um Propaganda, die Saladins Image als unbesiegbarer Mudschahid stützen sollte.
7. Baha al-Din, S. 194–196.
8. Ambroise, S. 123–124; *Itinerarium Peregrinorum*, S. 304.
9. *Itinerarium Peregrinorum*, S. 305; Ambroise, S. 126; Mayer, *Geschichte der Kreuzzüge*, S. 181; Gillingham, *Richard I*, S. 191; Phillips, *The Crusades*, S. 151.
10. Ambroise, S. 126; Ibn al-Athir, Bd. 2, S. 394.
11. *Itinerarium Peregrinorum*, S. 323; D. Pringle, »King Richard I and the Walls of Ascalon«, in: *Palestine Exploration Quarterly*, Bd. 116 (1984), S. 133–147.
12. Baha al-Din, S. 200.
13. *La Continuation de Guillaume de Tyr*, S. 141. Richard betrieb einigen Aufwand, um Verdächtigungen und Schuldzuweisungen von sich zu weisen; an den Höfen Europas war das Thema seiner Mitwirkung an dem Anschlag in aller Munde. Später verfielen seine Anhänger auf eine Lösung, die Löwenherz entlastete – sie präsentierten im Jahr 1195 einen Brief, der angeblich von Sinan, dem alten Mann vom Berge, selbst stammte und in dem versichert wurde, dass die Assassinen den Anschlag aus eigenem Antrieb wegen einer alten Verstimmung gegen den Grafen verübt hätten. Bei dem Brief handelt es sich allerdings mit ziemlicher Sicherheit um eine Fälschung. Gillingham, *RichardI*, S. 199–201.
14. *Itinerarium Peregrinorum*, S. 359; Ambroise, S. 153.

18

Schwere Entscheidungen

1. Baha al-Din, S. 199–202; Lyons und Jackson, *Saladin*, S. 346–348.
2. Ambroise, S. 153.

3. *Itinerarium Peregrinorum*, S. 390; Baha al-Din, S. 208–209.
4. Baha al-Din, S. 209–212.
5. Ambroise, S. 163–165; *Itinerarium Peregrinorum*, S. 379–382.
6. *Itinerarium Peregrinorum*, S. 393; Ambroise, S. 172. Zahlreiche lateinische christliche Zeitgenossen waren bestürzt über diesen zweiten Rückzug. Augenzeugen wie Ambroise berichten zweifelsfrei, dass es König Richard war, der sich dem Versuch widersetzte, Jerusalem zu belagern. Im Westen boten andere Chronisten jedoch eine andere Version der Ereignisse und sprachen Richard von der Verantwortung frei. Roger von Howden (*Chronica*, Bd. 3, S. 183) gibt an, Richard sei entschlossen gewesen, die Heilige Stadt einzunehmen, sei jedoch von den Franzosen daran gehindert worden, die eine Teilnahme verweigerten, weil der König von Frankreich ihnen befohlen hatte, nach Europa zurückzukehren. Ralph von Coggeshall (S. 38–40) erklärt, Richard sei im Begriff gewesen, das Heer nach Jerusalem zu führen; Hugo von Burgund, die Templer und die Franzosen jedoch hätten sich geweigert zu kämpfen, da sie befürchteten, sich den Zorn Philipp Augusts zuzuziehen, wenn sie dem angevinischen König halfen, die Heilige Stadt einzunehmen. Ralph fügt hinzu, später habe sich herausgestellt, dass Hugo schändlicherweise einen geheimen Pakt mit Saladin abgeschlossen habe. Ironischerweise konnte die Vorstellung sich halten, dass die Franzosen die Versuche Richards, Jerusalem zu erobern, vereitelt hätten, und ab der Mitte des 13. Jahrhunderts war sie fest im kollektiven Gedächtnis verankert. Gillingham, *Richard I*, S. 208–210; Lyons und Jackson, *Saladin*, S. 353–354. M. Markowski (»Richard the Lionheart: Bad King, Bad Crusader«, in: *Journal of Medieval History*, Bd. 23 [1997], S. 351–365) kritisiert Richards Verhalten während des dritten Kreuzzugs, er kanzelt ihn als »Fehlbesetzung für den Anführer eines Kreuzzugs« ab, allerdings aus völlig anderen Gründen – vor allem weil »jeder gute Anführer eines Kreuzzugs das hätte tun sollen, was das Heer erwartete«, indem er einen Angriff auf Jerusalem unternahm, ob das nun militärisch sinnvoll war oder nicht.
7. *Itinerarium Peregrinorum*, S. 422; Baha al-Din, S. 223, 225–226. Die einflussreichsten der neuen Verbündeten Richards waren al-Mashtub – der kurdische Emir, der sich seit 1169 in Saladins Diensten befand, der im Jahr 1191 die Garnison von Akkon unter sich hatte und der erst kurz zuvor (wohl durchaus mit Kalkül) von Richard freigelassen worden war – und ein weiterer Feldherr Saladins, Badr ad-Din Dildirim al-Yaruqi. Beide waren während des ganzen Sommers 1192 als Vermittler und Verhandlungspartner tätig.
8. Baha al-Din, S. 231; Imad ed-Din, S. 388–391. Zu den Folgen dieser Einigung: J. H. Niermann, »Levantine Peace Following the Third Crusade: a New Dimension in Frankish-Muslim Relations«, in: *Muslim World*, Bd. 65 (1975), S. 107–118.
9. Baha al-Din, S. 235, 239, 243.

10. Hillenbrand, *The Crusades: Islamic Perspectives*, S. 195; Ibn al-Athir, Bd. 2, S. 408–409; Lyons und Jackson, *Saladin*, S. 361–374; Möhring, *Saladin: Der Sultan und seine Zeit*, S. 105–108.
11. Zu Richards späteren Jahren: Gillingham, *Richard I*, S. 222–348. Zu den Legenden um Richard Löwenherz: B. B. Broughton, *The Legends of King Richard I* (Den Haag, 1966).

19

Erneuerung

1. Morris, *Papal Monarchy*, S. 358–86, 452–462, 478–489; B. Z. Kedar, *Crusade and Mission. European Approaches towards the Muslims* (Princeton, 1984); R. I. Moore, *The Formation of a Persecuting Society. Power and Deviance in Western Europe, 950–1250*, 2. Aufl. (Oxford, 2007); M. D. Lambert, *Medieval Heresy: Popular Movements from the Gregorian Reform to the Reformation*, 3. Aufl. (Oxford, 2002) (dt.: *Häresie im Mittelalter: von den Katharern bis zu den Hussiten*. Übers. aus dem Engl. von Raul Niemann [Darmstadt, 2001]); C. H. Lawrence, *The Friars: The Impact of the Early Mendicant Movement on Western Society* (London, 1994).
2. H. Roscher, *Innozenz III. und die Kreuzzüge* (Göttingen, 1969); H. Tillmann, *Pope Innocent III* (Amsterdam, 1980) (Orig. dt.: *Papst Innocenz III.* [Bonn, 1954]); J. Sayers, *Innocent III: Leader of Europe* (London, 1994); B. Bolton, *Innocent III: Studies on Papal Authority and Pastoral Care* (Aldershot, 1995); J. C. Moore, *Pope Innocent III: To Root Up and to Plant* (Leiden, 2003); J. M. Powell (Hrsg.), *Pope Innocent III: Vicar of Christ or Lord of the World?* (Washington, D. C., 1994); Morris, *Papal Monarchy*, S. 417–451. Heinrich VI. starb, bevor er an einem Kreuzzug ins Heilige Land teilnehmen konnte. Es gab allerdings einige deutsche Kreuzfahrer, die in den Jahren 1197 und 1198 im Vorderen Orient kämpften. C. Naumann, *Der Kreuzzug Kaiser Heinrichs VI.* (Frankfurt, 1994).
3. Innozenz III., *Die Register Innocenz' III.*, hrsg. v. O. Hageneder und A. Haidacher, Bd. 1 (Graz, 1964), S. 503.
4. M. Angold, »The Road to 1204: the Byzantine Background to the Fourth Crusade«, in: *Journal of Medieval History*, Bd. 25 (1999), S. 257–268; M. Angold, *The Fourth Crusade: Event and Context* (Harlow, 2003); C. M. Brand, »The Fourth Crusade: Some Recent Interpretations«, in: *Mediaevalia et Humanistica*, Bd. 12 (1984), S. 33–45. Harris, *Byzantium and the Crusades*, S. 145–162; J. Pryor, »The Venetian Fleet for the Fourth Crusade and the Diversion of the Crusade to Constantinople«, in: *The Experience of Crusading: Western Approaches*, hrsg. v. M. Bull und N. Housley (Cambridge, 2003), S. 103–123; D. Queller und T. F. Madden, *The Fourth Crusade: The Conquest of Constantinople, 1201–1204*, 2. Aufl. (Philadelphia, 1997).

5. J. R. Strayer, *The Albigensian Crusades* (Ann Arbor, 1992); M. D. Costen, *The Cathars and the Albigensian Crusade* (Manchester, 1997); M. Barber, *The Cathars: Dualist Heretics in Languedoc in the High Middle Ages* (London, 2000); G. Dickson, *The Children's Crusade: Medieval History, Modern Mythistory* (Basingstoke, 2008).
6. J. M. Powell, *Anatomy of a Crusade, 1213–1221* (Philadelphia, 1986), S. 1–50.
7. Jakob von Vitry, *Lettres*, hrsg. v. R. B. C. Huygens (Leiden 1960), S. 73–74, 82; Jakob von Vitry, *»Historia Orientalis«, Libri duo quorum prior Orientalis … inscribitur*, hrsg. v. F. Moschus (Farnborough, 1971), S. 1–258; Jakob von Vitry, *Historia Occidentalis*, hrsg. v. J. Hinnebusch (Freiburg, 1972); C. Maier, *Crusade Propaganda and Ideology: Model Sermons for the Preaching of the Cross* (Cambridge, 2000).
8. Zu den Kreuzfahrerstaaten in der ersten Hälfte des 13. Jahrhunderts: Mayer, *Geschichte der Kreuzzüge*, S. 280–302; J. S. C. Riley-Smith, *The Feudal Nobility and the Kingdom of Jerusalem, 1174–1277* (London, 1973); P. W. Edbury, *John of Ibelin and the Kingdom of Jerusalem* (Woodbridge, 1997); Cahen, *La Syrie du Nord*, S. 579–652.
9. Zur ajjubidischen Welt nach Saladin: Holt, *The Age of the Crusades*, S. 60–66; Hillenbrand, *The Crusades: Islamic Perspectives*, S. 195–225; R. S. Humfrieds, *From Saladin to the Mongols: The Ayyubids of Damascus, 1193–1260* (Albany, 1977); R. S. Humfrieds, »Ayyubids, Mamluks and the Latin East in the Thirteenth Century«, in: *Mamluk Studies Review*, Bd. 2 (1998), S. 1–18; E. Sivan, »Notes sur la situation des Chrétiens à l'époque Ayyubide«, in: *Revue de l'Histoire des Religions*, Bd. 172 (1967), S. 117–130; A.-M. Eddé, *La principauté ayyoubide d'Alep* (579/1183–658/1260) (Stuttgart, 1999).
10. Ganz allgemein waren alle drei Orden unterteilt in die Gruppe der Ritter im engeren Sinn, die über drei bis vier Pferde zu verfügen hatten, die Gruppe der Sergeanten, der weniger gut ausgerüsteten Dienstleute der Ritter, und die Priester-Brüder, die ordinierten Kleriker, die nicht militärisch aktiv wurden und verantwortlich waren für das geistliche Wohlbefinden der Brüder. Es war üblicherweise auch möglich, für einen vorgegebenen Zeitraum (etwa für ein Jahr) befristet in den Orden einzutreten. A. Forey, »Die Ritterorden, 1120–1312«, in: *Illustrierte Geschichte der Kreuzzüge*, hrsg. v. J. S. C. Riley-Smith (Frankfurt/New York, 1999), S. 214–250; J. Upton-Ward (Übers.), *The Rule of the Templars* (Woodbridge, 1992).
11. Die wichtigste Festung der Templer, die Pilgerburg (Athlit), wurde mit der Hilfe und auf Initiative lateinischer Pilger begonnen. Es hieß, sie habe 4000 Personen aufnehmen können. Heute ist sie nur noch eine Ruine, dient allerdings als israelische Militärbasis und kann daher nicht besichtigt werden. Der Orden baute außerdem im frühen 13. Jahrhundert auch die große Burg Safed im Landesinnern von Nordgaliläa wieder auf.

12. P. Deschamps, »Le Crac des Chevaliers«, in: *Les Châteaux des Croisés en Terre Sainte*, Bd. 1 (Paris, 1934); Kennedy, *Crusader Castles*, S. 98–179; C. Marshall, *Warfare in the Latin East, 1192–1291* (Cambridge, 1992).
13. Jakob von Vitry, *Lettres*, S. 87–88; D. Jacoby, »Aspects of Everyday Life in Frankish Acre«, in: *Crusades*, Bd. 4 (2005), S. 73–105; D. Abulafia, »The Role of Trade in Muslim-Christian Contact during the Middle Ages«, in: *Arab Influence in Medieval Europe*, hrsg. v. D. A. Agius und R. Hitchcock (Reading, 1994), S. 1–24; D. Abulafia, »Trade and Crusade, 1050–1250«, in: *Cross-cultural Convergences in the Crusader Period*, hrsg. v. M. Goodich, S. Menache und S. Schein (New York, 1995), S. 1–20.

20
Neue Wege

1. D. Abulafia, *Frederick II: A Medieval Emperor* (London, 1988); W. Stürner, *Friedrich II.*, 2 Bde. (Darmstadt, 1994–2000).
2. Jakob von Vitry, *Lettres*, S. 102. Zum fünften Kreuzzug: Powell, *Anatomy of a Crusade*, S. 51–204; J. Donavan, *Pelagius and the Fifth Crusade* (Philadelphia, 1950); T. C. Van Cleve, »The Fifth Crusade«, in: *A History of the Crusades*, Bd. 2, hrsg. v. K. M. Setton (Madison, 1969), S. 377–428.
3. Oliver von Paderborn, »The Capture of Damietta«, in: *Christian Society and the Crusades, 1198–1229*, hrsg. v. E. Peters, übers. v. J. J. Gavigan (Philadelphia, 1971), S. 65, 70, 88.
4. Mayer, *Geschichte der Kreuzzüge*, S. 262–263; Oliver von Paderborn, S. 72; Jakob von Vitry, *Lettres*, S. 116.
5. Jakob von Vitry, *Lettres*, S. 118.
6. Oliver von Paderborn, S. 88.
7. J. M. Powell, »San Francesco d'Assisi e la Quinta Crociata: Una Missione di Pace«, in: *Schede Medievali*, Bd. 4 (1983), S. 69–77; Powell, *Anatomy of a Crusade*, S. 178–179.
8. Powell, *Anatomy of a Crusade*, S. 195–204.
9. Abulafia, *Frederick II*, S. 251–289; F. Gabrieli, »Frederick II and Muslim culture«, in: *East and West* (1958), S. 53–61; J. M. Powell, »Frederick II and the Muslims: The Makings of a Historiographical Tradition«, in: *Iberia and the Mediterranean World of the Middle Ages*, hrsg. v. L. J. Simon (Leiden, 1995), S. 261–269.
10. Abulafia, *Frederick II*, S. 148–201; T. C. Van Cleve, »The Crusade of Frederick II«, in: *A History of the Crusades*, Bd. 2, hrsg. v. K. M. Setton (Madison, 1969), S. 429–462; R. Hiestand, »Friedrich II. und der Kreuzzug«, in: *Friedrich II.: Tagung des Deutschen Historischen Instituts in Rom im Gedenkjahr 1994*, hrsg. v. A. Esch und N. Kamp (Tübingen, 1996), S. 128–149; L. Ross, »Frederick II: Tyrant or Benefactor of the Latin East?«, in: *Al-Masaq*, Bd. 15 (2003), S. 149–159.

11. H. Kluger, *Hochmeister Hermann von Salza und Kaiser Friedrich II.* (Marburg, 1987).
12. Ibn Wasil, *Arab Historians of the Crusades*, übers. v. F. Gabrieli (London, 1969), S. 270. Sibt Ibn al-Jauzi (S. 273–275) beschrieb die verbreitete Trauer folgendermaßen: »Die Nachricht, dass Jerusalem verloren sei, erreichte Damaskus, und alle Länder des Islam waren getroffen von der Katastrophe. Es war eine so große Tragödie, dass öffentliche Trauerzeremonien eingeführt wurden.« Roger von Wendover, *Flores Historiarum*, hrsg. v. H. G. Hewlett, 3 Bde., Rolls Series 84 (London, 1887), Bd. 2, S. 368.
13. Matthew Paris, *Chronica Majora*, hrsg. v. H. R. Luard, 7 Bde., Rolls Series 57 (London, 1872–1883), Bd. 3, S. 179–180. Zur Echtheit des Briefes: J. M. Powell, »Patriarch Gerold and Frederick Barbarossa: The Matthew Paris Letter«, in: *Journal of Medieval History*, Bd. 25 (1999), S. 19–26. Philip of Novara, *Mémoires*, hrsg. v. C. Kohler (Paris, 1913), S. 25; B. Weiler, »Frederick II, Gregory IX and the Liberation of the Holy Land, 1230–9«, in: *Studies in Church History*, Bd. 36 (2000), S. 192–206.
14. Die Staufer wurden als abwesende Könige nominell noch bis zum Jahr 1268 anerkannt: M. Lower, *The Barons' Crusade: A Call to Arms and its Consequences* (Philadelphia, 2005); P. Jackson, »The Crusades of 1239–41 and their Aftermath«, in: *Bulletin of the School of Oriental and African Studies*, Bd. 50 (1987), S. 32–60.
15. Rothelin Continuation, *Continuation de Guillaume de Tyr de 1229 à 1261, dite du manuscrit de Rothelin, RHC Occ. II*, S. 563–564. (Englische) Übersetzung dieses Textes: J. Shirley (Übers.), *Crusader Syria in the Thirteenth Century* (Aldershot, 1999), S. 13–120.
16. Rothelin Continuation, S. 565.

21
Ein Heiliger im Krieg

1. Matthew Paris, *Chronica Majora*, Bd. 4, S. 397. Zum Leben Ludwigs IX. und zu seinem Kreuzzug: J. Richard, *Saint Louis: Crusader King of France*, [ins Engl.] übers. v. J. Birrell (Cambridge, 1992); W. C. Jordan, *Louis IX and the Challenge of the Crusade: A Study in Rulership* (Princeton, 1979); J. Strayer, »The Crusades of Louis IX«, in: *A History of the Crusades*, Bd. 2, hrsg. v. K. M. Setton (Madison, 1969), S. 487–518; C. Cahen, »St Louis et l'Islam«, in: *Journal Asiatique*, Bd. 258 (1970), S. 3–12. Zu Ludwigs Frömmigkeit: E. R. Labande, »Saint Louis pèlerin«, in: *Revue d'Histoire de l'Église de France*, Bd. 57 (1971), S. 5–18.
2. Jean de Joinville, *Vie de Saint Louis*, hrsg. v. J. Monfrin (Paris, 1995). Deutsche Übersetzung: *Das Leben des heiligen Ludwig: Die Vita des Joinville*, übers. v. Eugen Mayser (Düsseldorf, 1969). Außerdem: C. Smith, *Crusading in the Age of Joinville*

(Aldershot, 2006). Eine reichhaltige Sammlung weiterer westlicher und arabischer Primärquellen liegt in englischer Übersetzung vor: P. Jackson (Übers.), *The Seventh Crusade, 1244–1254: Sources and Documents* (Aldershot, 2007). Außerdem: A.-M. Eddé, »Saint Louis et la Septième Croisade vus par les auteurs arabes«, in: *Croisades et idée de croisade à la fin du Moyen Âge, Cahiers de Recherches Médiévales (XIIIe–XVe s.)*, Bd. 1 (1996), S. 65–92.

3. Jordan, *Louis IX and the Challenge of the Crusade*, S. 65–104.
4. Jean de Joinville, S. 62; J. H. Pryor, »The Transportation of Horses by Sea during the Era of the Crusades«, in: *Commerce, Shipping and Naval Warfare in the Medieval Mediterranean*, hrsg. v. J. H. Pryor (London, 1987), S. 9–27, 103–125.
5. Jean de Joinville, S. 72.
6. Jean de Joinville, S. 72–76.
7. Matthew Paris, *Chronica Majora*, Bd. 6, Additamenta, S. 158; Rothelin Continuation, S. 590; Jean de Joinville, S. 78; P. Riant (Hrsg.), »Six lettres aux croisades«, in: *Archives de l'Orient Latin*, Bd. 1 (1881), S. 389.
8. Humfrieds, *From Saladin to the Mongols*, S. 239–307.
9. Nizam al-Mulk, *The Book of Government or Rules for Kings*, [ins Engl.] übers. v. H. Darke (London, 1960), S. 121; Ibn Wasil, *The Seventh Crusade*, [ins Engl.] übers. v. P. Jackson, S. 134; D. Ayalon, »Le régiment Bahriyya dans l'armée mamelouke«, in: *Revue des Études Islamiques*, Bd. 19 (1951), S. 133–141; R. S. Humfrieds, »The Emergence of the Mamluk Army«, in: *Studia Islamica*, Bd. 45 (1977), S. 67–99.
10. Jean de Joinville, S. 90; Ibn Wasil, *The Seventh Crusade*, [ins Engl.] übers. v. P. Jackson (Aldershot, 2007), S. 141.
11. Rothelin Continuation, S. 596; Ibn Wasil, *The Seventh Crusade*, S. 133–140; *Historiae Francorum Scriptores ad Ipsius Gentis Origine*, hrsg. v. A. Du Chesne, Bd. 5 (Paris, 1649), S. 428.
12. Rothelin Continuation, S. 600; Matthew Paris, *Chronica Majora*, Bd. 6, Additamenta, S. 195; Jean de Joinville, S. 100–102.
13. Rothelin Continuation, S. 602.
14. Rothelin Continuation, S. 603–604.
15. Rothelin Continuation, S. 604–605; Ibn Wasil, *The Seventh Crusade*, S. 144.
16. Rothelin Continuation, S. 606; Jean de Joinville, S. 110, 116.
17. Rothelin Continuation, S. 608; Jean de Joinville, S. 142–144.
18. Jean de Joinville, S. 144, 150; Rothelin Continuation, S. 609.
19. Rothelin Continuation, S. 610. Es ist nicht ausgeschlossen, dass König Ludwig IX. in diesen dunklen Tagen den Bereich rationaler Entscheidungsfindung verließ und stattdessen im Gebet Gott um sein Eingreifen in Form eines Wunders anflehte. Im Rahmen eines Kreuzzugs war das durchaus vorstellbar. Ludwig jedoch war der Auffassung, dass göttlicher Beistand mit der konkreten Verantwortung des Men-

schen auszubalancieren sei, und von daher wird es sich für ihn verboten haben, ausschließlich auf das Eingreifen himmlischer Mächte zu warten.

20. Sibt Ibn al-Jauzi, *The Seventh Crusade*, übers. v. P. Jackson (Aldershot, 2007), S. 159; Jean de Joinville, S. 150.
21. Matthew Paris, *Chronica Majora*, Bd. 6, Additamenta, S. 195; Jean de Joinville, S. 156–158.
22. Sibt Ibn al-Jauzi, *The Seventh Crusade*, S. 160; Jean de Joinville, S. 166.
23. *Historiae Francorum Scriptores ad Ipsius Gentis Origine*, S. 429.

22
Der Löwe von Ägypten

1. D. Ayalon, *Le phénomène mamelouk dans l'orient Islamique* (Paris, 1996); R. Amitai-Preiss, *Mongols and Mamluks: The Mamluk–Ilkhanid War, 1260–1281* (Cambridge, 1995). Die wichtigste Studie zu Baibars ist P. Thorau, *Sultan Baibars I. von Ägypten: ein Beitrag zur Geschichte des Vorderen Orients im 13. Jahrhundert* (Wiesbaden, 1987). Außerdem: A. A. Khowaiter, *Baibars the First* (London, 1978). Eine (englische) Übersetzung der Auszüge aus Ibn 'Abd al-Zahirs Biografie von Baibars bei S. F. Sadaque, *The Slave King: Baibars I of Egypt* (Dacca, 1956). D. P. Little, *An Introduction to Mamluk Historiography* (Montreal, 1970); P. M. Holt, »Three Biographies of al-Zahir Baibars«, in: *Medieval Historical Writing in the Christian Worlds,* hrsg. v. D. Morgan (London, 1982), S. 19–29; P. M. Holt, »Some Observations on Shafi' b. Ibn 'Ali's Biography of Baibars«, in: *Journal of Semitic Studies,* Bd. 29 (1984), S. 123–130; Y. Koch, »Izz al-Din ibn Shaddad and his Biography of Baibars«, in: *Annali dell'Istituto Universitario Orientale,* Bd. 43 (1983), S. 249–287.
2. D. Morgan, *The Mongols,* 2. Aufl. (Oxford, 2007); J.-P. Roux, *Genghis Khan and the Mongol Empire* (London, 2003); P. Jackson, *The Mongols and the West, 1221–1410* (Harlow, 2005); J. Richard, *La papauté et les missions d'Orient au Moyen Âge* (Rom, 1977); J. D. Ryan, »Christian Wives of Mongol Khans: Tatar Queens and Missionary Expectations in Asia«, in: *Journal of the Royal Asiatic Society,* 3. Serie, Bd. 8.3 (1998), S. 411–421; P. Jackson, »Medieval Christendom's Encounter with the Alien«, in: *Historical Research,* Bd. 74 (2001), S. 347–369.
3. D. Morgan, »The Mongols in Syria 1260–1300«, in: *Crusade and Settlement,* hrsg. v. P. W. Edbury (Cardiff, 1985), S. 231–235.
4. P. Jackson, »The crisis in the Holy Land in 1260«, in: *English Historical Review,* Bd. 95 (1980), S. 481–513; Amitai-Preiss, *Mongols and Mamluks,* S. 26–48; J. M. Smith, »Ayn Jalut: Mamluk Success or Mongol Failure«, in: *Harvard Journal of Asiatic Studies,* Bd. 44 (1984), S. 307–347; P. Thorau, »The Battle of Ayn Jalut: A Re-examination«, in: *Crusade and Settlement,* hrsg. v. P. W. Edbury (Cardiff, 1985), S. 236–241.

5. Thorau, *Sultan Baibars I. von Ägypten,* S. 91–105.
6. Thorau, *Sultan Baibars I. von Ägypten,* S. 109–141.
7. Hillenbrand, *The Crusades: Islamic Perspectives,* S. 225–246; D. P. Little, »Jerusalem under the Ayyubids and Mamluks, 1197–1516 AD«, in: *Jerusalem in History,* hrsg. v. K. J. Asali (London, 1989), S. 177–200.
8. Thorau, *Sultan Baibars I. von Ägypten,* S. 126–130.
9. P. M. Holt, »The Treaties of the Early Mamluk Sultans with the Frankish States«, in: *Bulletin of the School of Oriental and African Studies,* Bd. 43 (1980), S. 67–76; P. M. Holt, »Mamluk–Frankish Diplomatic Relations in the Reign of Baibars«, in: *Nottingham Medieval Studies,* Bd. 32 (1988), S. 180–195; P. M. Holt, *Early Mamluk Diplomacy* (Leiden, 1995).
10. D. Ayalon, »Aspects of the Mamluk Phenomenon: Ayyubids, Jurds and Turks«, in: *Der Islam,* Bd. 54 (1977), S. 1–32; D. Ayalon, »Notes on Furusiyya Exercises and Games in the Mamluk Sultanate«, in: *Scripta Hierosolymitana,* Bd. 9 (1961), S. 31–62; H. Rabie, »The Training of the Mamluk Faris«, in: *War, Technology and Society in the Middle East,* hrsg. v. V. J. Parry und M. E. Yapp (London, 1975), S. 153–163.
11. Der Sultan versuchte außerdem, allerdings ohne Erfolg, eine Elefanten-»Kavallerie« zu bilden. Es wurden Anstrengungen unternommen, eine mameluckische Flotte zusammenzustellen – seit dem dritten Kreuzzug war der Islam im Mittelmeer kaum oder gar nicht präsent gewesen –, doch die Konstruktion von Baibars' Schiffen war offenbar qualitativ minderwertig; bei einem späteren Versuch, Zypern anzugreifen, sanken die meisten.
12. Thorau, *Sultan Baibars I. von Ägypten,* S. 201.
13. »Les Gestes des Chiprois«, in: *Recueil des historiens des croisades, Documents arméniens,* Bd. 2, hrsg. von der Académie des Inscriptions et Belles-Lettres (Paris, 1906), S. 766. (Ins Englische) übersetzt findet sich dieser Text in P. Crawford (Übers.), *The »Templar of Tyre«: Part III of the »Deeds of the Cypriots«* (Aldershot, 2003).
14. Ibn 'Al-Zahir, *Arab Historians of the Crusades,* übers. v. F. Gabrieli (London, 1969), S. 310–312.

23

Rückgewinnung des Heiligen Landes

1. Guillaume de Saint-Pathus, *Vie de saint Louis,* hrsg. v. H.-F. Delaborde (Paris, 1899), S. 153–155.
2. Ibn al-Furat, *Arab Historians of the Crusades,* übers. v. F. Gabrieli (London, 1969), S. 319.
3. S. Lloyd, »The Lord Eduard's Crusade, 1270–72«, in: *War and Government: Essays*

in Honour of J. O. Prestwich, hrsg. v. J. Gillingham und J. C. Holt (Woodbridge, 1984), S. 120–133; Tyerman, *England and the Crusades*, S. 124–132.

4. Thorau, *Sultan Baibars I. von Ägypten*, S. 267–273, 281–293.
5. L. Northrup, *From Slave to Sultan: The Career of al-Mansur Qalawun and the Consolidation of Mamluk Rule in Egypt and Syria (678–689 A. H./1279–1290 A. D.)* (Stuttgart, 1998); P. M. Holt, »The Presentation of Qalawun by Shafi' b. ibn 'Ali«, in: *The Islamic World from Classical to Modern Times*, hrsg. v. C. E. Bosworth, C. Issawi, R. Savory und A. L. Udovitch (Princeton, 1989), S. 141–150.
6. Amitai-Preiss, *Mongols and Mamluks*, S. 179–201.
7. Richard, *The Crusades*, S. 434–441; P. M. Holt, »Qalawun's Treaty with the Latin Kingdom (682/1283): Negotiation and Abrogation«, in: *Egypt and Syria in the Fatimid, Ayyubid and Mamluk Eras*, hrsg. v. U. Vermeulen und D. de Smet (Leiden, 1995), S. 325–334.
8. Abu'l Fida, *Arab Historians of the Crusades*, [ins Engl.] übers. v. F. Gabrieli (London, 1969), S. 342; R. Irwin, »The Mamluk Conquest of the County of Tripolis«, in: *Crusade and Settlement*, hrsg. v. P. W. Edbury (Cardiff, 1985), S. 246–250.
9. Richard, *The Crusades*, S. 463–464.
10. Abu'l Fida, *Arab Historians of the Crusades*, S. 344–345; »Les Gestes des Chiprois«, S. 811; D. P. Little, »The Fall of Akka in 690/1291: the Muslim Version«, in: *Studies in Islamic History and Civilisation in Honour of Professor David Ayalon*, hrsg. v. M. Sharon (Jerusalem, 1986), S. 159–182.
11. Abu'l-Mahasin, *Arab Historians of the Crusades*, [ins Engl.] übers. v. F. Gabrieli (London, 1969), S. 347; »Les Gestes des Chiprois«, S. 812, 814; Abu'l Fida, *Arab Historians of the Crusades*, S. 346.
12. Abu l-Mahasin, *Arab Historians of the Crusades*, S. 349; »Les Gestes des Chiprois«, S. 816; J. Delaville le Roulx (Hrsg.), *Cartulaire général de l'Ordre des Hospitaliers, 1100–1310*, Bd. 3 (Paris, 1899), S. 593; Abu'l Fida, *Arab Historians of the Crusades*, S. 346.

Nachwort

Das Fortleben der Kreuzzüge

1. M. Barber, *The Trial of the Templars* (Cambridge, 1978); N. Housley, »Die Kreuzzugsbewegung 1274–1700«, in: *Illustrierte Geschichte der Kreuzzüge*, hrsg. v. J. S. C. Riley-Smith (Frankfurt/New York, 1999), S. 299–337; N. Housley, *The Later Crusades* (Oxford, 1992).
2. E. Siberry, *Criticism of Crusading, 1095–1274* (Oxford, 1985). Bislang wurde von der Geschichtswissenschaft kein Beweis dafür erbracht, dass die Kriegsführung im Rahmen der Kreuzzüge im Vergleich mit anderen kriegerischen Konflikten im Mittelalter besonders gewalttätig oder extrem war. Auf diesem grundlegenden Gebiet sind weitergehende Forschungen ein dringendes Desiderat.

3. Ein interessanter Versuch, das Kreuzzugswesen in den größeren Kontext der Beziehungen zwischen Christen und Muslimen zu stellen, stammt von R. Fletcher, *Ein Elefant für Karl den Großen: Christen und Muslime im Mittelalter,* übers. v. D. Oetzmann (Darmstadt, 2005).
4. Hillenbrand, *The Crusades: Islamic Perspectives,* S. 257–429; Housley, *Contesting the Crusades,* S. 144–166; C. J. Tyerman, *Fighting for Christendom: Holy War and the Crusades* (Oxford, 2004), S. 79–92, 155–170.
5. C. J. Tyerman, »What the Crusades meant to Europe«, *The Medieval World,* hrsg. v. P. Linehan und J. L. Nelson (London, 2001), S. 131–145; Tyerman, *Fighting for Christendom,* S. 145–154.
6. J. S. C. Riley-Smith, »Islam and the Crusades in History and Imagination, 8 November 1898–11 September 2001«, in: *Crusades,* Bd. 2 (2003), S. 166.
7. Das gilt im Großen und Ganzen auch für das Deutsche (AdÜ).
8. Constable, »The Historiography of the Crusades«, S. 6–8; Tyerman, *The Invention of the Crusades,* S. 99–118.
9. Hillenbrand, *The Crusades: Islamic Perspectives,* S. 589–600; R. Irwin, »Der Islam und die Kreuzzüge, 1096 bis 1699«, in: *Illustrierte Geschichte der Kreuzzüge,* hrsg. v. J. S. C. Riley-Smith (Frankfurt/New York, 1999), S. 251–298.
10. E. Siberry, »Das Bild der Kreuzzüge im 19. und 20. Jahrhundert«, *Illustrierte Geschichte der Kreuzzüge,* hrsg. v. J. S. C. Riley-Smith (Frankfurt/New York, 1999), S. 418–441; E. Siberry, *The New Crusaders: Images of the Crusades in the Nineteenth and Early Twentieth Centuries* (Aldershot, 2000); E. Siberry, »Nineteenth-century Perspectives on the First Crusade«, in: *The Experience of Crusading, 1. Western Approaches,* hrsg. v. M. G. Bull und N. Housley (Cambridge, 2003), S. 281–293; R. Irwin, »Saladin and the Third Crusade: A Case Study in Historiography and the Historical Novel«, in: *Companion to Historiography,* hrsg. v. M. Bentley (London, 1997), S. 139–152; M. Jubb, *The Legend of Saladin in Western Literature and Historiography* (Lewiston, 2000).
11. Riley-Smith, »Islam and the Crusades in History and Imagination«, S. 155–156. Das Bedürfnis, an die mittelalterliche Vergangenheit anzuschließen, kam auch in Versailles zum Ausdruck. Der französische König Louis Philippe I. ließ fünf Räume des Palastes – die »Salles des Croisades« – mit monumentalen Gemälden ausstatten, die Szenen aus den Kreuzzügen darstellten. Französische Adelsfamilien, die Kreuzfahrer unter ihren Vorfahren hatten, durften ihre Wappen in diesen Räumen aufstellen; ursprünglich, als die Salles im Jahr 1840 eröffnet wurden, hingen dort 316 Wappen. Allerdings führten wortreiche Proteste von Adligen, die sich ausgeschlossen fühlten, dazu, dass die Räume fast sofort wieder für drei Jahre geschlossen wurden, damit noch weitere aristokratische Dynastien dargestellt werden konnten. Das löste einen schwunghaften Handel mit gefälschten Dokumen-

ten aus, die angeblich einen Kreuzfahrer-Stammbaum belegten; sie wurden (gegen deftige Preise) von einem scharfsinnigen Opportunisten namens Eugène-Henri Courtois geliefert. Der Schwindel wurde erst im Jahr 1956 aufgedeckt.

12. Siberry, »Das Bild der Kreuzzüge im 19. und 20. Jahrhundert«, S. 420–422, 434–435; Riley-Smith, »Islam and the Crusades in History and Imagination«, S. 151–152; J. Richard, »National Feeling and the Legacy of the Crusades«, in: *Palgrave Advances in the Crusades*, hrsg. v. H. Nicholson (Basingstoke, 2005), S. 204–222.
13. Siberry, »Das Bild der Kreuzzüge im 19. und 20. Jahrhundert«, S. 439–441.
14. E. Sivan, »Modern Arab Historiography of the Crusades«, in: *Asian and African Studies*, Bd. 8 (1972), S. 112; Hillenbrand, *The Crusades: Islamic Perspectives*, S. 590–592; Riley-Smith, »Islam and the Crusades in History and Imagination«, S. 155.
15. Sivan, »Modern Arab Historiography of the Crusades«, S. 112–113.
16. B. Lewis, »License to Kill: Usama bin Ladin's Declaration of Jihad«, in: *Foreign Affairs* (November/Dezember 1998), S. 14.
17. Sivan, »Modern Arab Historiography of the Crusades«, S. 114; Hillenbrand, *The Crusades: Islamic Perspectives*, S. 592–600.
18. E. Karsh, *Islamic Imperialism* (London, 2006), S. 134–135; U. Bhatia, *Forgetting Osama bin Munqidh, Remembering Osama bin Laden: The Crusades in Modern Muslim Memory* (Singapur, 2008), S. 39–40, 53.
19. Hillenbrand, *The Crusades: Islamic Perspectives*, S. 600–602; Bhatia, *Forgetting Osama bin Munqidh, Remembering Osama bin Laden*, S. 23, 52–53.

Register

B

E

I

J

L

S

Die große Biographie des
berühmten deutschen Mystikers

[illegible]

Siedler